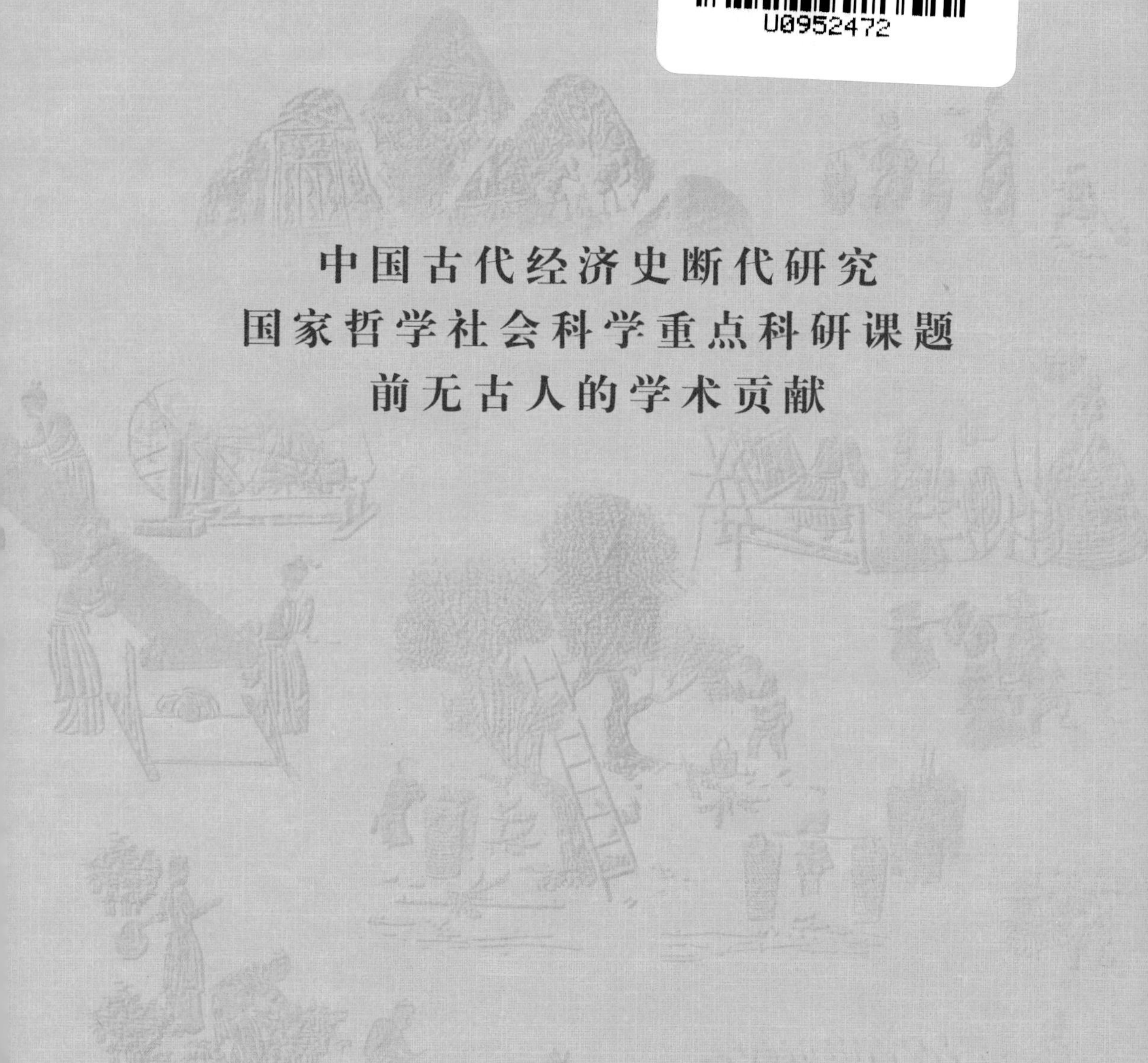

中国古代经济史断代研究

国家哲学社会科学重点科研课题

前无古人的学术贡献

中國經濟通史

魏晋南北朝（上）

高敏 主编

经济日報出版社

图书在版编目（CIP）数据

中国经济通史．魏晋南北朝/高敏主编．—2版
北京：经济日报出版社，2007.1
ISBN 7-80180-610-7

Ⅰ.中…
Ⅱ.高…
Ⅲ.经济史-中国-魏晋南北朝时代
Ⅳ.F129

中国版本图书馆CIP数据核字（2006）第115034号

书　　名：中国经济通史．魏晋南北朝
本卷主编：高　敏
责任编辑：王　含
责任校对：谷久艳　魏　冬　李秀英
出版发行：经济日报出版社
地　　址：北京市宣武区白纸坊东街2号（邮编：100054）
电　　话：010-63568136　63567690　63567691（编辑部）63567687（邮购部）
010-63567683　63568621　63588445　63588447　83538863（发行部）
网　　址：www.edpbook.com.cn
E-mail：cehuabu@vip.sina.com
经　　销：全国新华书店
印　　刷：北京市耀华印刷有限公司
特种纸商：北京灵创魔丽商贸中心
开　　本：710×1000　1/16
本卷印张：60.75
本卷字数：880千字
版　　次：2007年1月第二版
印　　次：2007年1月第一次印刷
书　　号：ISBN 7-80180-610-7/F.251
全套定价：1200.00元（九卷十六册·精装）

目 录（上）

第一章　绪　论

当我们着手探讨魏晋南北朝时期的经济史的时候，首先有必要从整体上了解这一历史时期的全面梗概。这是因为，这时期的经济史，是同这时期的政治史、军事史、农民战争史及思想文化史等有机联系在一起的；该时期社会经济的各项制度、社会经济状况、发展水平和重大特征等等方面，都不可避免地要受到该时期的政治、军事、思想与文化的制约和影响。然而，作为魏晋南北朝时期的经济史，在其叙述过程中，又必须把它从整个该时期的历史中独立出来，以便于考察这时期社会经济的各个方面、各种事实、各项制度及其变化发展的内在规律的全过程，而略去这时期的政治事件、政治制度、军事制度、军事斗争以及思想文化等方面的论述。如果这样，就容易造成这时期的经济史同这时期的政治史、军事史、农民战争史及思想文化等方面彼此孤立、互不相关的错误印象。因此，为了便于考察这时期的经济史同这时期的其他专史之间相互联系，既体现出部分与整体之间的关系，又避免经济史同其他专史的过多重合，便采用简单阐述这时期历史特点、社会经济总貌和历史地位的办法，对该时期的整个历史概况作一鸟瞰式的描述；与此同时，又企图为《魏晋南北朝经济史》一书的编写，设计出一个大体框架，从而本书的章节安排和多少带有全书一致性的一些理论问题，也将在这里概要说明。

第一节　魏晋南北朝时期的历史特征

所谓历史特征，是指某一历史时期所独有的或者特别突出的情况而言，而且是相对于前一历史时期的社会状况而言的。如果把握准了某一历史时期的特征，就能显示出这一历史时期的个性来，也能把它同前一历史时期彼此区分开来。

我们知道，在魏晋南北朝这一历史时期之前，是我国历史上光辉灿烂的秦汉时期。就整个秦汉时期看，虽然也有过社会的动乱和残酷的战争，也有过不同政权的更替和社会经济发展的起伏，还有过地方割据势力的存在和少数民族同汉族杂居的情况等等，但是，秦和汉这两个王朝，作为广大中原地区的政权，其统治形式是单一的，其统治民族是汉族，其国家政权是统一的，因而，充分体现出秦、汉时期的书同文、车同轨、政同令、民同俗的伟大气概，乃至于这时社会经济的发展状况各地区之间也大体上是同步的，至少在广大中原地区是这样。然而，当历史的车轮驶入东汉后期特别是魏晋南北朝时期以后，上述诸情况就发生了巨大的变化。质言之，有如下一些方面：

一、统治民族的众多和民族关系的空前复杂

魏晋南北朝时期的国内民族，除仍以汉族为主体外，少数民族的族别与数量都有明显的增加，而且大都在一定时期和一定地区成了占统治地位的民族，尽人皆知的匈奴、鲜卑、羯、氐、羌“五胡”，就是其代表。实际上，当时国内少数民族的族别，远不止此；曾作为统治民族的少数民族，也不止此5个。以当时的北方来说，除“五胡”之外，还有乌丸人、卢水胡人、山胡人、稽胡人。高车人、丁零人、柔然人及契胡人等，举不胜举；在江南、岭南，则有蛮人、俚人、僚人、山越人和溪人等，名目也不少，而且都是早已居住在今天中国这块土地上的古老少数民族。少数民族不仅族别甚多，而且数量不少。《晋书·文帝纪》曾对当时北方的少数民族内徙者的数量作过估计，谓曹魏之末的景元四年（263），“九服之外，绝域之氓，旷世所希至者，咸浮海来享，鼓舞王德，前后至者八百七十余万口”，几乎占西晋灭亡吴国后全国总人口数1600多万的一半还多。这一内徙少数民族人口的数字虽不免有歌颂司马昭功德的夸大成分，但实际上也确实不在少数。例如西晋初年的郭钦就曾指出：“魏初人寡，西北诸郡，皆为戎居”[①] 随后，江统也说：“关中之人，百余万

① 《晋书》卷97，《匈奴传》。

口，率其少多，戎狄居半”[①]，即少数民族占百万关中人口的50万。又如南匈奴归附东汉后，当其盛时，“领户三万四千，口二十三万七千三百”[②]，到西晋时，南匈奴人口又有增加，故江统说：南匈奴“五部之众，户至数万，人口之盛，过于西戎”[③]，即在50万之上。至于鲜卑族的宇文部与段部，西晋时“户重十万”，则人口至少在50万左右，还有拓跋部的人口未计算在内。此外，还有羯人、乌丸人、丁零人及卢水胡人等，他们的人口数量大体同南匈奴相差不多。因此，总而计之，魏晋南北朝北方的内徙少数民族人口，虽无870余万口之多，却也不会相差太远。这么多的少数民族进入中原地区，同汉族杂居，由于各自的生活方式与风俗习惯的不同，必然要带来许多新的矛盾和复杂的关系，从而给整个北方埋下了长期动乱的导火线。

我们知道，在封建剥削制度之下的各民族之间的关系，是要受封建生产关系制约的，即本质上是阶级压迫与阶级剥削的关系。但是，各个民族内部除了都有统治阶级、剥削阶级同被统治阶级、被剥削阶级之间的对立之外，他们毕竟属于同一个民族，有着共同的生活方式、风俗习惯、语言乃至心理特征。这些因素的存在，必然要模糊他们的阶级视线，错误地把阶级压迫、剥削视为民族压迫、剥削，特别是属于统治地位的民族同被压迫、被剥削者不属于同一民族时会是如此。在这样的情况下，一方面，会使矛盾极端复杂化，会同时存在少数民族统治者同汉族统治者之间的统治阶级内部矛盾、各少数民族统治者之间的矛盾、汉族统治者不同集团之间的矛盾、少数民族人民同汉族统治者之间的矛盾、汉族人民同汉族统治者之间的矛盾、各少数民族人民之间的矛盾以及少数民族人民同汉族人民之间的矛盾等等。这许多矛盾，实际上可分为三个类：即统治阶级内部矛盾，压迫、剥削者与被压迫、被剥削者之间的阶级矛盾和民族矛盾。另一方面，也会使得本来属于各族统治阶级之间的内部矛盾以及各族人民同统治阶级之间的阶级矛盾，在外观上往往以民族矛盾的形式表现出来，特别是各族统治者各自在本族内部进行挑拨、离间、煽动和利用阶级矛盾

① 《晋书》卷56，《江统传》所载《徙戎论》。
② 《后汉书》卷89，《南匈奴传》。
③ 《晋书》卷56，《江统传》。

时，会使阶级矛盾和民族矛盾交织在一块而呈现出非常复杂的情况，并往往以民族的外观出现。

魏晋南北朝时期社会矛盾的实况就是如此。当少数民族刚刚内徙的时候，他们的本族豪酋，各自同本民族的一般成员之间是存在着阶级压迫与剥削关系的。当他们既经内徙并同汉族杂居以后或集中居住以后，由于生活习惯和生活方式等等既同汉族不同，各少数民族之间也有差异，于是少数民族同汉族以及各少数民族之间不协调状况就会发生。基于民族差异而产生的民族矛盾就会日趋明朗。与此同时，内徙各族的统治者，同汉族统治者之间的矛盾也在加剧，因为他们不安于失去其原有的特权地位，像南匈奴贵族刘宣所说的“汉亡以来，魏、晋代兴，我单于虽有虚号，无复尺土之业，自诸侯王降同编户”①。那样，就反映了匈奴统治者与汉族统治者之间的矛盾。至于汉族统治者对待各少数民族的人民，更是极尽其压迫、剥削之能事。他们既强迫各少数民族人民为自己当兵打仗，如汉末三国时期的公孙瓒、袁绍、马超、董卓、刘备、曹操等人，就曾各自拥有由匈奴人、丁零人、羌人、氐人、乌丸人以及鲜卑人组成的军队；② 又强制解散少数民族的部落组织，把他们变成纳税服役的编户齐民，如雁门郡的乌丸人，就有输“租调”的义务；③ 即使是远离中原地区的少数民族人民，也得“输賨布”“输义米”④ 于官府；更有甚者，不少汉族官吏和地主，往往好购买少数民族人民为奴隶，以致当时史籍中经常出现“羯奴”⑤“鲜卑奴”⑥ 及“胡奴”⑦ 等称号；有些少数民族人民，则被沦为依附民，如魏末晋初之时，“太原诸郡”的地主、官吏，“以匈奴、胡人为田客”者甚多，地主或官吏拥有田客最多者达到“数千”人；⑧ 还有些边郡官吏，将

---

① 《晋书》卷101，《刘元海传》。

② 唐长孺先生：《魏晋南北朝史论丛》，第127～133页。

③ 《三国志》卷26，《魏书·牵招传》谓他为雁门太守时，曾“表复乌丸五百余家租调”，可见乌丸人是要纳租调的。

④ 《晋书》卷26，《食货志》。

⑤ 《太平御览》卷598，《文部·契卷门》引石崇《奴券》。

⑥ 《世说新语》卷1上，《任诞篇》阮仲先条。

⑦ 《晋书》卷100，《祖约传》。

⑧ 《晋书》卷93，《外戚·王恂传》。

虏获的“群胡”，解送内地，“卖充军实”，连石勒也曾遭到如此厄运。[①] 这样一来，使内徙的少数民族人民，“或倥偬于豪右之手，或屈折于奴仆之勤”[②]，致使各少数民族人民同汉族统治者与地主之间的矛盾日益尖锐。但是，所有这些少数民族统治者与汉族统治者之间的矛盾以及少数民族人民同汉族统治者之间的矛盾，尽管本质上属于统治阶级内部矛盾和对抗性阶级之间的阶级矛盾，却因为矛盾的双方各属于不同的民族，就使得这些矛盾也经常带民族压迫的外观。正因为如此，少数民族的统治者就可以加以利用，各自在本民族内部煽动民族仇恨，像匈奴贵族所说的“晋为无道，奴隶御我”[③] 就是例证。他们故意把匈奴贵族与匈奴人民混为一谈，并把仇恨引向汉族统治者西晋政权，以达其“复呼韩邪单于之业”[④] 的目的；汉族统治者也高喊什么“非我族类，其心必异[⑤]”，要采取驱赶少数民族人民的措施。于是，本质上的阶级矛盾与统治阶级内部矛盾，就被他们偷换和转移成了少数民族同汉族之间的民族矛盾，从而导演出了一幕又一幕民族间的大仇杀悲剧。在一系列无休止的大仇杀过程中，各族人民死亡相继，白骨蔽野，大都名城，化为灰烬，造成了社会生产的严重的破坏。

在少数民族豪酋所挑起的一系列大仇杀中，一旦少数民族豪酋获得胜利，他们就在中原地区建立起以其民族为核心的政权，于是，他们就上升成了中原地区的统治民族，局部地取代了汉族的统治民族地位。每当他们建立政权之初，为了安抚和欺骗其本族人民，往往人为地把少数民族人民同汉族人民对立起来，一方面禁止汉人称呼他们为“胡人”，颁布所谓“讳胡之禁”；另一方面，又把其本民族的成员，一律称为“国人”，给以特殊的地位。进而在统治形式方面，还采取了两套统治系统，把汉族人民与少数民族人民分属于两个不同的统治系统之中，即州郡统治制与单于统治制。例如前赵，在皇帝之下设立左右司隶和内史，分统所属的汉族人民；用大单于、单于左右辅及都尉，分统

---

① 《晋书》卷104，《石勒载记上》。
② 《后汉书》卷87，《西羌传》。
③ 《晋书》卷101，《刘元海载记》。
④ 《晋书》卷101，《刘元海载记》。
⑤ 《晋书》卷56，《江统传》。

各少数民族人民。前者以户计，后者以落计，亦即分别保留其按地域划分与按血缘部落划分的组织特征。[①] 皇帝则兼为大单于，合胡汉居民于一体，而行胡、汉分治之实。然后，又改为皇帝与大单于不相兼，以大单于之名给予继位的皇太子，且改内史为郡，其依靠汉族原有的州郡县制度去统治汉人和胡人原有的部落形式去统治胡人的双重统治形式进一步明朗化了。后来，先后建立的其他少数民族政权，大抵都采用这样的双重统治形式，实行胡、汉分治，其目的既在于适应新的形势，又在于显示居于统治地位的少数民族的特殊地位，借以掩盖其对汉族人民与本民族人民同样实行阶级压迫、剥削的实质。然而，这样的骗局是不能持久的，各族人民同受居于统治地位的民族的统治者的压迫与剥削的事实，使他们日益觉醒而产生共同的利害与感受，从而走上了反抗少数民族政权的阶级统治与剥削的道路。在这样的情况下，少数民族统治者，又转而同汉族地主结成联盟，大批大批地起用汉族地主为官，采取保护汉族地主阶级特权和尊重汉族文化的种种措施，以建立胡、汉地主之间的联合统治，去共同对付各族人民的联合反抗。这样一来，在整个十六国、北朝时期，构成了胡、汉人民之间既有矛盾又有一致，胡、汉地主之间也既有冲击又有联合的错综复杂的关系，以致各式各样的摩擦、对抗乃至流血的战争，总是围绕这些基本关系而时起时伏，时显时隐，从而使整个北部中国长期处于动荡不安之中。

二、门阀制度的形成、固化与社会阶级、阶层结构的复杂化

早在春秋战国之际地主阶级开始出现于政治舞台的时候，从地主阶级成员的来源来说，是比较复杂的，至少应包括没落的奴隶主贵族、新兴的士阶层、通过立军功而来的地主、因商贾致富而购买土地者以及小农中上升来的部分等多种来源。但是，在这时地主阶级的内部，并未形成严格的和不可逾越的等级阶梯。恰恰相反，这时地主阶级内部的等级阶梯是不稳定的和可变的，并没有僵硬化、固定化。例如没落的奴隶主贵族，他们除了在奴隶主地主化的过程中仍然保存了其原有政治权力的一小部分以外，大都失去了昔日作为奴隶主贵族

① 均见《晋书》卷102，《刘聪载记》。

的世卿世禄的特权地位，变成了"虽富无所芬华"[①] 的地主，这说明这部分地主时刻处在变化之中。再以奴隶社会的"士"阶层来说，他们的分化与升降，大体同奴隶主贵族的分化与升降是同步的，即有的随奴隶主贵族的没落而没落，有的则随奴隶主贵族的转化而上升。至于靠立军功而上升来的新贵地主，虽然顷刻之间变得既富且贵，却也根基不牢，羽毛不丰，作为后来特权地主所拥有的一系列庇荫特权尚在逐步形成之中，因而他们也未固化为地主阶级的特权阶层，说到商贾出身的地主与由小农上升来的地主，在有市籍商贾不许入仕、不得名田宅和对商贾实行种种重税政策的情况下，虽然限制了他们的发展，但由于有訾选制度的存在，这些原来毫无政治权力的地主，并未完全断绝其进入政治舞台的可能性；特别是由于某些政治的原因和王朝的更替，会使一大批本来出身于平民的人进入仕流，从而表现出其身份、地位的可变性。总之，从战国到秦和两汉时期，地主阶级内部其成员之间地位与身份并没有牢固化，还时刻处在一个上升与下降的变化过程中。因而在社会的阶级、阶层结构方面，还未形成固定不变的层层密密的等级阶梯。

但是，在经过了秦和西汉的200多年以后，情况就大不相同了。获得了爵位与官位的军功地主，在西汉前期长期的社会安定局面下，居官不变，权位固化，出现了"为吏者长子孙，居官者以为姓号"[②] 的状况，逐步形成了"役财骄溢"、"武断乡曲"[③] 的特权阶层。加上西汉政权对在职官吏，实行了普遍赐爵的"赐吏爵"制[④]，确立了以财产多少为任官条件的"訾选"制度，推行了旨在保证官吏子孙特权地位得以世袭的"任子"制度[⑤]等，就使得地主阶级中的一部分逐渐成了世代相袭的特权地主，以致到东汉时期，一个屡代为官、富甲乡里、纠集宗族、垄断文化和门生故吏遍于天下的世族地主阶层正式形成了。与此同时，也使得地主阶级中的士、庶阶层之别逐步明朗与日趋严格。及

① 《史记》卷68，《商君列传》。

② 《史记》卷30，《平准书》。

③ 《史记》卷30，《平准书》。

④ 《汉书》卷8，《宣帝纪》有"赐天下吏爵"语；参阅高敏《秦汉史论集》中的《论两汉赐爵制度的历史演变》一文。

⑤ 参阅高敏：《秦汉史论集》中的《关于汉代"任子"制的几个问题》一文。1982年8月，中州书画社出版。

乎曹魏，正式制定了九品官人法，任官以门第高低为准则；而门第的高低，则以世官、本人官阶及其婚姻关系为依据。久而久之，便形成了“上品无寒门，下品无势族”① 的状况，进一步为地主阶级的士、庶之分确立了政治基础。再进而有占田、占客法令的颁行，使得早已存在的占田以为私有、占客以为私属的世族地主土地私有制和佃客部曲制，获得了法律的许可而合法化了。于是，产生了一整套维护世族地主阶层利益的门阀制度，士、庶的天壤之别便僵化了、固定了和不可逾越了，以致在地主阶级内部明显地被划分为高门世族地主与寒门庶族地主两大阶层，使地主阶级内部的阶层关系复杂化了，地主阶级内部不同阶层之间的矛盾也随之多起来了。

由于地主阶级内部阶层关系的复杂化，在他们的称谓上也出现了五花八门的不同名称。以对高门世族地主的称谓来说，有的以其门第命名，谓之“高门”、“名门”、“旧门”、“门望”；有的以其身份特征命名，叫做“膏腴”、“膏粱”、“华侨”、“华裔”、“华胄”；有的从其权势着眼，称为“势族”、“势家”、“贵势”、“贵族”；有的从其家族名望着眼，谓之“甲族”、“名族”、“华族”、“高族”、“鼎族”、“旧族”、“冠族”、“望族”、“茂族”、“豪族”、“右族”、“大族”、“右姓”、“耆姓”、“公族”；有的以家族世代为官的特征命名，叫做“世族”、“世胄”、“门胄”、“世家”；有的以其社会地位的特征称呼，谓之“门阀”、“华阀”、“阀阅”；还有的以其文化素养命名，称为“士族”、“士流”、“儒宗”、“宿儒”、“名儒”。如此等等，不一而足。称谓虽不同，本质都是门阀世族地主，即门阀地主。同样，庶族地主则被称为“细族”、“孤门”、“寒族”、“孤寒”、“寒门”、“单家”、“庶民”、“百姓”等，其中拥有宗族势力和横行乡里者，则被称为豪强、豪右、豪家、豪民等。这些情况，表明随着地主阶级阶层划分的复杂化与固定化来的，在称谓方式与观念反映方面也复杂化了。

魏晋南北朝时期的地主阶级，除了有上述两个阶层的划分之外，还有僧侣地主阶层的出现。僧侣地主阶层的形成，是随着佛教的传入、传播和道教的创立与发展而产生的寺院道观土地私有制（简称寺院地主土地私有制）下的产

---

① 《晋书》卷45，《刘毅传》。

物。由于佛教的传播与道教的创立都是东汉以后的事，故道僧人数的增加及其地主化，实萌芽于魏晋时期而兴盛于南北朝时期，它的基础是寺院土地私有制。由于寺院土地私有制的形成与发展，就使得寺院僧侣的上层分子，有可能把持寺院土地并利用它去剥削下层僧侣及寺院周围的贫苦农民，加上佛教地位的日益提高和寺院上层僧侣的僧官化，就逐渐在僧侣中形成了一个特权阶层，从而更巩固了他们把持与控制寺院土地和其他寺院经济的权力，终于使他们成了披着宗教外衣和以整个寺院的代表而出现的特殊地主阶层，即僧侣地主阶层。① 它们既不同于高门世族地主阶层，又不同于寒门庶族地主阶层，同时又与这两个阶层及各国君主都有千丝万缕的联系，在土地与劳动力的分配方面，又时而产生矛盾，从而使这时的阶级、阶层关系进一步复杂化。

从魏晋南北朝时期的被压迫、被剥削阶级来说，也同样呈现出十分复杂的情况。在秦汉时期，被压迫、被剥削者主要是农民阶级和奴隶社会残留下来的奴隶。在农民阶级中，由于封建剥削制度的存在和小农土地私有制的不稳定性与脆弱性，使农民阶级不断产生分化，出现了自耕小农、贫农、佃农以及少量的临时性的雇佣劳动者。其中的贫农、佃农和雇佣劳动者，由于地主土地私有制的发展和地主阶级中特权阶层的逐步形成，他们依附于地主阶级的程度在逐步加深，其依附的数量也在日益增多；自耕小农的人数在日益减少，丧失土地的流民群在增加，并日益补充到封建依附民中去。于是在西汉后期和东汉时期，逐步产生了人身依附性较强的“客”、“宾客”、“奴客”和“徒附”等地主阶级的“私属”②。到魏晋南北朝时期，随着封建生产关系的发展、地主阶级中阶层划分的明朗化、少数民族内徙所带入的奴隶制因素的增加以及封建国家对劳动人口的控制与掠夺的加剧等因素而来的，不仅使秦汉时期逐步形成的封建依附民的人身依附性在进一步加强，而且使这时封建依附民的名称与类型更加复杂和多样化了，以致产生了五花八门的名目。例如从他们必须为封建国家和地主阶级无偿服劳役的角度而言，就产生了“役门”、“露门”、“次门”、

① 参阅高敏：《秦汉魏晋南北朝土地制度研究》一书的第七章，1986 年 12 月，中州古籍出版社出版。

② 参阅高敏：《秦汉史论集》中的《两汉时期的”客”和”宾客”的阶级属性》一文，1982 年 8 月，中州书画出版社出版。

“三五门”及“露户役民”等称谓；从他们脱离国家版籍而为私家所占有的角度来说，则有“漏户”、“匿户”、“隐匿”、“逃户”、“隐户”等名目；从其同所依附的主人的关系的角度而言，则有“客户”、“客”、“佃客”、“部曲”、“衣食客”、“浮客”、“荫户”、“荫丁”、“左右”、“典计”、“十夫客”、“干”、“食干”，“恤”、“扶”、“私属”、“乐属”、“程荫”、“奴客”、“免奴客”等名称；从其隶属于官府从事专门劳役的角度而言，则有“屯田客”、“屯田部民”、“屯户”、“吏户”、“兵户”、“兵家”、“士家”、“新民”、“军户”、“营户”、“乐户”、“牧户”、“伎作户”、“杂户”、“百杂之户”。“罗縠户”、“渔猎户”、“细茧户”、“绫罗户”、“百工户”、“滂户”等等称呼；从其受庇荫于寺院僧侣而受寺院奴役的劳动者来说，则有“僧祇户”、“寺户”、“白徒”、“养女”等等名称。所有这些人，或由流民沦落而来，或由官府以战争俘虏配置于一定部门而来，或由官府赏赐而来，或由强制迁徙而来，或由被迫投依世俗地主和寺院僧侣地主而来，而归根到底，绝大部分都是由自耕小农贫穷破产后沦落而来，都属于封建的依附民阶层，都是封建国家和地主阶级压迫、剥削的对象。但是，他们的共同阶级属性，并不能掩盖他们之间在被压迫被剥削的程度上有差别；在其人身不自由即依附于其主人的程度方面也有不同。基于此，使得秦汉以来逐步形成的这个封建依附民阶层，又产生出许多色层，从而使被压迫、被剥削的封建依附民阶层中的层次划分空前地复杂起来，他们相互之间的阶层关系也随之而复杂化。

至于奴隶阶级，虽然就整体而言，自秦汉以来已只是奴隶社会的残余，而且由于受到封建生产关系的影响而使奴隶的存在形式发生了许多变异。但是，就整个魏晋南北朝时期而言，奴隶制的残余因素不是削弱了而是加强了；奴隶的数量不是减少了而是增加了，尤以十六国、北朝为最。究其原因，一方面同继承了秦汉时期奴隶制残余因素有关，同秦汉以来直接生产者人身依附关系的普遍强化也有联系；另一方面，则同魏晋南北朝时期少数民族数量激增分不开，因为少数民族的大量内徙，不可避免地要把他们原有的奴隶制因素带到中原，甚至还企图在中原地区发展奴隶制。由于魏晋南北朝时期的奴隶制残余因素超过秦汉时期，就给这时的奴隶阶级也带来了复杂化的倾向。以这时奴隶的存在形式来说，除同秦汉时期一样有官府奴隶与私家奴隶之分外，还出现了寺院奴隶；以奴隶的来源而言，则有战俘奴隶、罪人奴隶、买卖奴隶、债务奴隶与自然繁殖奴隶即奴产子女等差别；就对奴隶的奴役方式而言，则有举部为奴的种族奴隶制与单身为奴的非种族奴隶制的分别；就奴隶的名称来说，有“僮”、“奴”、“奴隶”、“奴婢”、“臧获”、“牧子”、“隶户”、“苍头”、“佛图户”、“皂隶”、“童仆”、“群隶”、“役隶”、“僮隶”等不同称谓；就其种族来说，则有“鲜卑婢”、“昆仑奴”、“僰奴”、“僰童”、“羯奴”及汉人为奴者等等不同族别；就奴隶从事无偿劳役的类别来说，则有生产性奴隶与非生产性奴隶之分。总之，由于这一切，也给奴隶阶级的内部带来了各种不同的差别与特征，特别在种族奴隶与隶户、佛图户等奴隶的身份特征与表现形式方面产生了复杂的情况，以致有的同人身依附性极强的封建依附民难于区分。

由于如上所述阶级、阶层结构较秦汉时期大为复杂化，也反映出决定着这些阶级、阶层结构的生产资料所有制形式的复杂性，如作为封建社会主要生产资料——土地的世族地主土地私有制、庶族地主土地私有制、寺院僧侣地主土地私有制和小农小块土地私有制等等同时并存；甚至还反映出各个阶级、阶层的生活方式的差异和户籍制度与服饰等方面的等级阶梯。如“军户”、“吏户”及“百杂之户”，各有专门的户籍，且“皆用赤纸为籍”①；而侨户则用白纸造籍，谓之“白籍”；上著居民则用黄纸造籍，谓之“黄籍”②；士人之籍，也用黄纸③。“士卒百工的履色，无过绿、青、白”④ 三色。这些情况的出现，都同这时阶级、阶层结构的复杂化有关。

如上所云，魏晋南北朝时期的社会阶级结构，可分统治者剥削者阶级和被统治被剥削者阶级两大对立的营垒。

前者，由三个阶层构成，即由（一）高门世族地主阶层（包括当时的皇族、贵戚、高官、世官及大牧场主），（二）寒门庶族地主阶层（包括一般浊官、中低级将领、平民地主、地方巨富、富商大贾转化来的地主及少数民族的

---

① 《左传》襄公二十三年孔颖达疏引《魏律》。

② 参阅高敏：《魏晋南北朝社会经济史探讨》一书中《关于东晋时期黄、白籍的几个问题》一文，1987年10月，人民出版社出版。

③ 《晋书》卷106，《石季龙载记上》。

④ 《太平御览》卷697，引《晋令》。

一般豪酋等），以及（三）寺院僧侣地主阶层（包括僧官、寺院主事僧、寺主等）构成。其中一、二两个阶层，相对于僧侣地主而言，又是世俗地主阶层。

后者，则由5个阶层构成，即由（一）编户齐民中个体小农和个体手工业者（这一阶层中又包括自耕小农、贫农、雇农等层次），（二）官府控制的军户、吏户、营户和百杂之户，（三）世俗地主控制的佃客、部曲、浮客等依附民，（四）僧侣地主控制的僧祇户、白徒、养女、寺户等依附民及（五）奴隶（包括寺院的佛图户、私家奴仆及官府奴隶等）构成。其中第一个阶层，在法律上属于自由人，同统治者剥削者阶级中的寒门庶族地主阶层一样属于良民等级；第二、三、四3个阶层，在法律上属于半自由人；第五个阶层则属于完全不自由的人。这些半自由人与非自由民，在法律上都属于当时的贱民等级。

质言之，当时的社会阶级、阶层结构，可以简化为下表所示：

- 统治者剥削者阶级
  - 高门世族地主阶层——特权贵族等级
  - 寒门庶族地主阶层
  - 寺院僧侣地主阶层
- 被统治被剥削者阶级
  - 个体小农与个体手工业者
  - 军户、吏户、营户和百杂之户
  - 佃客、部曲、浮客等世俗地主的依附民
  - 白徒、养女、僧祇户与寺户等寺院依附民
  - 各种奴隶——非自由民等级

（寒门庶族地主阶层、寺院僧侣地主阶层、个体小农与个体手工业者：法律上的自由民等级即良民等级）

（军户、吏户、营户和百杂之户；佃客、部曲、浮客等世俗地主的依附民；白徒、养女、僧祇户与寺户等寺院依附民：法律上的半自由民等级）

（法律上的半自由民等级与各种奴隶：贱民等级）

如上表，魏晋南北朝时期的社会阶级、阶层结构，可分两大营垒、4个等级和8个阶层的明显划分。实际上，每个阶层之中，还存在不同的层次，致使整个社会阶级、阶层关系空前复杂化；随之而来的分配关系、消费关系与交换关系等同样复杂化；由此而决定的阶级、阶层之间的矛盾与斗争，也空前尖锐与复杂化。

三、政治上的政权林立和南北分裂与统治中心的多元化

秦王朝时期，在全国实行郡县制，地方官吏均由中央政府任命，除岭南、

西南仍有少数民族政权外，整个黄河流域与长江流域，都只存在一个政权，全国只有一个统治中心。到两汉则连岭南、西南的少数民族政权也不存在了，国家进一步统一。尽管当时的封国有坐大之势，多少隐藏着分裂割据的因素，但始终没有正式建立独立的国家政权；虽然西汉末年和东汉初年也出现过分裂割据状况，但也只是昙花一现，很快又归于统一。因此，可以说整个秦汉时期基本上不存在政权林立、分裂割据和统治中心多元的状况。然而，到魏晋南北朝时期，情况就判然不同了。首先表现为东汉末期的群雄割据，只有一个名义上的汉献帝；接着，是三国鼎立，连象征性的统一政权也不存在了。曹魏灭蜀后，虽然司马氏代魏灭吴，又统一了中国，但内部有八王之乱，边疆有少数民族的豪酋割据，统一的政权形同虚设。不久，西晋政权瓦解，连形式上的统一局面也不存在了。从此南北分裂，北部中国到处是少数民族政权，由汉国到前赵，又由前赵到后赵，加上前秦、前燕、前凉与成汉，或前后相承，或同时并立，单讲北部中国的统一局面也不存在了。后来前秦虽统一了北部中国，但又旋即瓦解，一时后燕、西燕、南燕、北燕、后凉、西凉、北凉及后秦、西秦、夏国与代国，又几乎同时并起。总之，自匈奴人建立汉国开始，到北魏统一北部中国为止的百余年间，整个北方处于四分五裂之中。即使北魏统一北中国后，仍然南北分裂对峙，战争不已，直至6世纪末才由隋统一了中国。即使在北朝与南朝分别统一北部中国与南部中国的时期，也不免于南北双方内部的分裂。如北朝有东魏、西魏的分裂与北齐、北周的对峙，南朝有宋、齐、梁、陈的嬗递和后梁同梁、陈政权的对立。因此，整个魏晋南北朝时期，全国统一的局面仅有西晋时期的30余年，其余时期都是南北分裂和南北双方又各自政权林立的大分裂时期。从而在中国境内造成了统治中心多元化的倾向，在北方有河西走廊的姑藏（今之武威）、关中的长安、中原的洛阳和山东的邺城4个统治中心，在南方则有建康和江陵两个统治中心；益州的成都，由于交通不便，又具有地区经济的特征，历来都是半独立的统治中心。秦汉时期，全国以长安、洛阳为统治中心的状况不复存在了。

统治中心的多元化倾向之所以形成，除了长期南北分裂和南北双方各自分裂割据这一重要因素外，自然还有少数民族的大量内徙、地主土地私有制的发展和封建经济本身的封闭性等因素，也不可忽视；此外，还同这时南北双方都在不同程度上实行了将军兼领州牧并都督若干州军事的政治体制不无关系。此制的渊源，始于东汉的改州刺史为州牧。州牧权力的扩大，就给当时袁绍、曹操、公孙瓒、刘焉、刘表与孙氏父子等人，获得控制一州之民政、经济与军事的权力创造了条件。到曹魏文帝黄初年间（220～226），又实行以将军“假节都督诸军”并“领州刺史”之制，例如曹休，“文帝即王位，为领军将军”，不久，又以“为镇南将军，假节部督诸军事”，“迁征东将军，领扬州刺史，进封安阳乡侯”[①]，这便是以将军都督诸军事并领州刺史制度的开始。自此以后，此制盛行，据《隶释》卷十九《魏公卿上尊号奏》所记诸大臣之具有都督衔者有曹真、曹休、夏侯尚、臧霸等人，分别均有“使持节、行都督、督军”及“××将军”，其中兼领州刺史者有曹休与臧霸二人。到西晋时期，其宗王大都出任都督，其以将军持节、都督诸军事并兼领州刺史者甚多。[②] 及乎南北朝，无论南朝还是北朝，都实行此制，从而使得地方权力增大，中央皇权相对削弱，从而也助长了地方势力的强大、割据势力的形成和统治中心多元化局面的出现。

随着统治中心多元化局面的出现而来的，不仅使这时政令的传播与行政区划的划分都必须以此为依归；也使得水利的兴建、驿道的系统、城防及关隘的布局，也必须服从于当时统治中心多元化的政治需要。因而久而久之，在经济与文化方面，也逐步形成了同统治中心多元化相适应的经济与文化的多中心状况，以致在当时人的气质、文风、生活习惯和个人好尚等方面，南方与北方也发生了差异。北齐和隋人颜之推，就曾在其《颜氏家训》中，谈及了当时北人、南人在许多方面的差异之处；甚至当时的南北统治者，也有同样的看法。例如南朝的统治者，往往以江南是华夏衣冠文物之邦自诩，“艺文儒术，斯之为盛”[③]；北朝的统治者，也承认“江东……专事衣冠礼乐”[④]，因而他们或者重用南人以兴其衣冠礼乐，或者害怕北朝人才流移到南方的“萧衍老翁”那里去。所有这些由于长期南北分裂和统治中心多元化等造成的南人、北人的文

① 《三国志》卷9，《魏书·曹休传》。
② 参阅唐长孺先生：《魏晋南北朝史论拾遗》中的《西晋分封与宗王出镇》一文。
③ 杜佑：《通典·州郡典》。
④ 《北齐书》卷24，《杜弼传》。

化与心理状态等的差异，又会反过来影响政治上的分裂局面与统治中心的多元化倾向的持续发展，也会带来各种新的社会矛盾，使前述社会矛盾本来就很复杂的情况进一步复杂化。

但是，值得指出的是：统治中心的多元化倾向，也带来了积极的后果。首先，这一情况的出现，打破了一贯由中原地区的汉族占据历史舞台的局面，给少数民族登上中原地区的历史舞台和发挥其政治、经济、军事、艺术才能提供了条件。其次，由于统治中心的多元化，也给除中原地区以外的其他地区，特别是边远地区的开发和经济发展带来了新的生机，缩小了长期以来中原地区同边远地区经济发展水平的差距。这是因为每一个割据性政权，都需要全力发展本地区的社会经济，才有可能站稳脚跟和巩固其统治；而各统治中心人才的集中，也为各地区经济的发展提供了条件。因此，统治中心的多元化倾向的出现，虽然成了对秦汉以来全国统一的中央集权制度的削弱或者破坏期，但同时却是封建的地方分权制的发展期，也是地区经济的发展期；同时又是下一个统一王朝加强中央集权制的准备期，也是下一个社会经济发展高峰的奠基期。至于本时期经济区划的变化和各地区经济发展的梗概，将于下一节述及。

四、战争的无比频繁和人口流动的异常剧烈

自东汉灵帝中平六年（189）董卓之乱后，到隋文帝开皇九年（589）统一中国的整整400年间，可视为我国历史上战争最多和动乱最烈的时期。据统计，这一时期的农民起义与农民战争，就多达330次，[①] 至于汉族政权内部中央皇权同地方割据势力之间的火并战争、地方割据势力之间的混战、汉族政权同少数民族政权之间的争夺战争、少数民族豪酋之间的互相攻伐。少数民族统治者同北方汉族地主集团之间攻守之战等等，几乎无日无之。以致干戈扰攘，几无宁日，其涉及地区之广、次数之多、规模之大和破坏之烈，较之多达330次的农民起义与农民战争又有过之。例如自董卓之乱以后直到三国鼎立局面形成之前，各地割据势力之间的战争，此伏彼起；三国既立，彼此之间的争夺战争又不断进行；与此同时，曹魏与东吴内部，又各有局部战争；西晋统一之

① 朱大渭主编之《中国农民战争史·魏晋南北朝卷》，第37页。

后，立即就爆发了八王之乱，战争不已；八王之乱未止，少数民族豪酋建立的政权同西晋政权之间的战争又开始了；西晋灭亡之后，北方五胡政权林立，相互厮杀，战火更旺，或是少数民族政权之间的争夺战，或是汉族坞堡主同少数民族政权的对抗战，或是同一少数民族内部的火并战，或是南北双方的拉锯战，几乎无日无战争；当北魏统一北方和江南的东晋为刘裕所取代以后，不仅南北之间的战争愈演愈烈，南北两方内部的战争也更为频繁。因此，战争连绵，烽烟不熄，确是这一历史时期的重大特征之一。

我们知道，战争，不论是正义的战争和非正义的战争，首先都必然造成人力、物力的消耗，也直接影响社会的安定和生产、交换的正常进行，因而必然要破坏当时现存的社会生产力。所以，每次大规模的战争之后，总是生产凋敝，城市丘墟，粮食缺乏，州郡萧条，直接造成人口大量死亡与流移的惨局。

由于连绵不断的战争而造成的人口死亡与流移异常频繁的状况，史书有明确记载。东汉后期，人口已达5000万左右，而经过汉末的战乱之后，三国时期的人口之在籍者，仅800万，不及东汉盛时的六分之一。人口的锐减，固然同人口的大量死亡分不开，但主要还是由于依附人口的迅速增加和人口大量流移失籍而造成的。例如汉末三国时期，出现了中原人口大量流移江南、东北、西北及西南的第一次流动高潮。此次人口流徙的方向，或由关中流入长江中游之荆、襄一带，或由中原流入东北地区，或由中原黄淮地区流入江南，[①] 或由南阳流入四川和由关陇流入巴蜀（详见《华阳国志》及《三国志·蜀志·二牧传》与注）。经过西晋的短期统一之后，又由于战乱而导致了中原人口的第二次大流徙高潮。这次人口流移，因为发生于西晋怀帝永嘉年间(307~312)，而且主要是流向江南地区，故史称“永嘉南渡”。实则大批人口流移在惠帝时已经开始，其流向除人口南渡江南之外，还不乏于惠帝元康六年（296）由秦、雍等6州流入汉中者，[②] 也有由秦、雍诸州流入江淮间者，[③] 还有由并州流向太行山以东的冀州地区者，[④] 更有由中原流向西北凉州及流入东北辽河流

① 李剑农：《魏晋南北朝隋唐经济史稿》，第2~3页。

② 《晋书》卷120，《李特载记》。

③ 《晋书》卷100，《王如传》及《晋书》卷120，《李特载记》。

④ 《晋书》卷101，《刘元海载记》及卷59，《东海王越传》。

域者[①]，不过主要是流向江南而已[②]。实则这次人口南移的高潮时期，并不限于永嘉年间，西晋愍帝建兴年间（313～316）及东晋元帝建武（317）、大兴年间（318～321），仍在继续，故可视为西晋末年和东晋初期的人口流动剧烈期。史称“自夷狄乱华，司、冀、雍、凉、青、并、兖、豫、幽、平诸州，一时沦没，遗民南渡”[③]，就是指这段时期的状况而言。东晋政府为了安置这些流移人口，乃有侨州郡县之制的设置。由于侨户新到江南，既无土地，又无居处，为了安抚他们，不仅允许其保持原有郡县名称，以存郡望；而且免其租赋徭役，另立白籍户口，与黄籍分张，以济其困。随后，东晋成帝时期（326～342），又由于江淮地区的苏峻、祖约之乱和北方石勒乘机发动的对中原的进攻，使东晋政权又失去了对黄河以南和淮水以北地区的控制，又造成了北方人口南移的第三次高潮。《宋书·州郡志》扬州淮南太守条所谓“成帝初，苏峻、祖约为乱于江淮，胡寇大至，民南渡者转多，乃于江南侨立淮南郡及诸县”，即指此事。到东晋穆帝时（345～361），中原地区先后爆发农民起义、后赵石虎死及冉魏政权建立后的大屠杀，使北方各族人民再次发生激烈动荡，四处流徙（事详《晋书·石季龙载记》及《褚裒传》等），是为北人南渡的第四次高潮。及乎淝水之战后，北方再次分裂，战火遍地燃烧，从而出现了北方人口南移的第五次高潮。史称“胡亡氐乱，秦、雍流民多南出樊沔，晋孝武帝始于襄阳侨立雍州，并立侨郡县”[④]，便是此事。经过前后5次人口流移的高潮，还不包括一些小规模的人口流动，充分反映魏晋南北朝时期人口流动的剧烈。但对于当时人口流动的总量，史书缺乏统计，谭其骧于1934年作《晋永嘉之乱后之民族迁徙》一文，对此曾据《宋书·州郡志》《南齐书·州郡志》及《晋书·地理志》等，仔细推寻，通过精审考证，得出了如下明确的结论：上起永嘉年间，下迄宋初，以侨州郡县之户口数为南渡人口约数，前后合计不下90万，占当时全国境内人口540万的六分之一。南渡人口中之侨于今江苏省内者，为26万，数量最多；其次是山东21万，安徽约17万，四

① 《晋书》卷86，《张轨传》及卷108，《慕容廆载记》等。
② 李剑农：《魏晋南北朝隋唐经济史稿》，第3～6页。
③ 《宋书》卷35，《州郡志一·序》。
④ 《宋书》卷37，《州郡志三·雍州》条。

川约10万，湖北约6万，陕西约5万，河南约3万；再次江南、湖南得各1万余。又江苏省的南徐州，有侨口22万，占江苏侨口26万的十分之九；当时南徐州共有人口42万余，侨口实占一半以上。① 实际上，当时侨户未登记户籍者不少，沦为世家大族佃客部曲者尤多，故实际上的南渡人数，当在侨州郡县所辖侨户数量之上。单以上述统计数字而言，就足见此时人口流移比例之高，是任何历史时期所不可比拟的。故由此而来的影响，无疑是多方面的和无比深远的。例如中原地区与江南地区在经济、政治与文化发展等方面的轩轾状况，从此以后逐步发生了变化，在南北对比的天平上，虽然还没有出现均等的状况，至少天平的砝码增加给江南的部分在日益超出增加给北方的部分，以致一向被视为蛮夷之区的江南，成了“衣冠礼乐之所就”②，出现了“艺文儒术，斯之为盛”③ 的局面。特别是在人口的大流徙中，打破了原来固化了的阶级统治关系与宗族聚居关系，从而削弱了血缘因素在国家政治生活中的作用；与此同时，在迁徙过程中，又加强了一些豪族同本族成员和他族成员在共同利害基础上形成的新的血缘与地域相结合的集团，从而加速了大家族制的发展。至于由于侨州郡县制的设置与黄、白籍的分张等等而引起的后果，以及由于北方士族南渡而加剧的同江南土著士族的矛盾等等，都会影响到江南政治、经济、文化的各个方面，将在以后各章中具体加以论述。

五、自然经济比重的增长和商品经济比重的相对下降

我们知道，战国、秦和西汉时期，随着奴隶制度的瓦解，集体性的大生产制度也随之崩溃，于是，以个体生产为特征的小农经济产生和发展起来了。商鞅变法时令“民有二男以上不分异者倍其赋”④ 的措施，就是关于发展小农经济的立法。有了小农，他们在一小块土地上使用最简单的生产工具进行粮食生产，同时饲养牲畜，为粮食生产提供畜力；饲养猪、羊、鸡、鸭，以获得生活必需品；结合粮食生产种植桑麻，为家庭手工业提供原料。于是，这种以农为

---

① 原载《燕京学报》第十五期，现已收入《长水集》。

② 《文中子中说述史篇》。

③ 杜佑：《通典·州郡典》。

④ 《史记》卷68，《商君列传》。

主，以畜为辅的农业与家庭手工业相结合的男耕女织的生产组织形式，就成了保证社会各阶层衣食所需的最好形式。是以各封建王朝的各级官府，无不重视保护和发展小农经济，借以保证封建国家的税源、役源与兵源。因此，小农经济成了巩固封建统治的基础；小农土地私有制，则成了地主土地私有制的补充物；同时也给整个封建经济带来了自给自足性的自然经济特征。但是，个体小农的农业与家庭手工业相结合的自给自足性经济，并不绝对排斥为卖而买和为获得价值而生产的商品经济。例如小农使用的铁制农具，小农自身是无法生产出来的；食用的盐类，小农也无法在不产盐的地区生产出来；至于衣着服饰的装饰品，即使是十分简单的物品，小农也无兴趣、无时间和无条件去做那些得不偿失的事。因此，小农也需要依赖市场以获得其必要的生活资料。加上他们自身生产的粮食、猪羊鸡鸭等肉食品，也非纯粹以保证其自身的生活需要为其量的准则。一旦用而有剩余，也需要有市场出卖其剩余产品。这样，就更加深了小农对市场的依赖性。因此，总的说来，以自给自足为特征的自然经济，并不绝对排斥商品经济，有时甚至可以说它是需要商品经济作它的补充的。因此之故，当时人就悟出了这一道理，认为“古之立国家者，开本末之途，通有无之用，市朝以一其求，致士民，聚万货，农商工师，各得所欲，交易而退……故工不出，则农用乖；商不出，则宝货绝。农用乏，则谷不殖；宝货绝，则财用匮。”[①] 因而随着战国、秦和西汉时期小农经济的迅速发展而来的，既为整个社会的非农业人口提供了剩余粮食，也为独立的手工业者提供了原料，于是，国内市场在兴起，商品货币经济获得了迅速发展，大都名城也相继出现，一些全国性大商人便应运而生，以货币为支付手段的范围在迅速扩大，乃至于国家的赋税、官吏的俸禄、国家的赏赐和对外的赠与都以货币充当。甚至在人们的思想意识方面，也充分看到了钱——货币的作用与力量，认为钱能神通，有钱就等于有了一切，产生了某种类似商品拜物教的思想萌芽，鲁褒的《钱神论》即其代表之一。但是，与此同时，自给自足性的封建经济体系，并没有遭到破坏，尽管出现了“法律贱商人，而商人已富贵矣；尊农夫，而农

① 《盐铁论·本议》。

夫已贫贱矣"[①] 的局面，土地兼并的高潮也时有发生，自给自足性的自然经济仍在持续发展之中。

但是，到了东汉时期，情况却发生了变化。首先，是西汉末年的动乱，严重破坏了小农经济，因而也破坏了国内市场；其次，是封建生产关系的发展，地主阶级特权阶层的形成，在其经营土地的方式上发生了具有封闭性的自给自足性严重的田庄经营形式，以致使依附农民与地主对市场的需要程度降低了。其三，与此相适应的，铜钱的使用量日益减少，黄金几乎默默无闻地退出了流通领域，布帛谷粟等实物货币的地位日益上升，国家赋税的征收、官吏俸禄的给予和国家的赏赐，日益以实物作为支付手段，甚至还有人主张完全取消铜钱，一律以实物作为等价物，因而造成了商品经济比重在整个社会经济中的下降趋势。

到魏晋南北朝时期，由于汉末频繁的战争使大部名城夷为平地，人口的大量死亡与移徙给整个社会经济带来的严重破坏，加上因政治上与军事上的需要而兴起的坞屯壁垒等军事组织形式出现的自给自足性地主田庄的普遍化，以及南北分裂和少数民族的落后因素的不断涌入中原，更加阻碍了商品经济的恢复与发展；特别是官府对手工业者严格人身控制，不仅使他们失去了从事商品生产的可能性与积极性，甚至连私营手工业者存在的合法性也遭到了否定，至少在北朝前期是如此。由于这一系列因素的综合和交织，就使得这时的商品经济比重在整个社会经济中进一步下降，尤以北部中国为烈。由于自然经济因素的增长，使得金属货币的存在与铸造也失去了必要性，故魏文帝曹丕有罢五铢钱，使百姓以布帛为市的诏令；魏明帝又重申废钱之令；北魏从建国到孝文帝前，一直无钱币的使用与铸造，孝文帝太和年间才恢复用铸钱及允许手工业者私营制作工艺，商业活动才逐步有所恢复。南朝的工商业虽然较北部中国大为发达，但主要表现在沿海对外贸易及造纸手工业等方面，其工商业发达的根基，并不是建立在农业经济发展的基础上，而是建立在弃农贩运和奢侈品的制作与经营的基础上，形成一种畸形发展的工商业，从而并未能改变江南地区的自然经济状况，也没有给整个社会经济带来积极的结果，更没有导致建立于江

① 《汉书》卷24，《食货志上》。

南地区的政权的强大。

由于上述有关魏晋南北朝时期的诸历史特征的存在，就给这时的整个社会经济的状况、性质、发展水平和发展过程等等，带来了直接的和间接的影响，从而也规定了魏晋南北朝时期经济史的若干特征。

第二节 魏晋南北朝时期的社会经济总貌

如上节所述，魏晋南北朝时期具有战争频繁、人口流徙剧烈、社会阶级结构复杂、门阀世族地主统治腐朽、政权林立、南北分裂和商品经济比重下降等政治、经济和社会特征，从而给人以这样的印象：这一历史时期，是一个政治上大分裂、经济上大破坏和整个社会大倒退的时期，其实并不尽然。单以社会经济方面的情况来说，就表现出如下一些值得注意的新倾向，反映出历史前进、发展的新趋势。这些新倾向是：一为中原经济区的破坏、衰落和江南、边远地区经济开发新格局的初步形成；二为江南农田灌溉的陂塘化、水稻种植技术的进步和北方农业区的牧场化倾向的出现；三为地主土地所有制形态的多样化和地主土地经营形式的坞壁化与田庄化；四为直接生产者人身依附性的普遍深化与奴隶制残余因素的明显强化。分别简述其梗概如下：

一、中原经济区的破坏、衰落与江南、边远地区的逐步开发和社会经济迅速发展的新格局的初步形成

我们知道，殷周时期主要以关东地区为其活动中心，西周和秦，起于西部，其主要活动中心是关中一带。因此，春秋、战国乃至秦汉时期，都是以关中和关东两大经济区为其根基的。由于这两个经济区，在地理上紧密相连，因此，可以合称为中原经济区。以致这个经济区的兴盛和社会经济的发展水平之远远超过国内其他地区，是从殷周到秦汉以前的共同情况。但是，当历史的车轮进入魏晋南北朝时期，中原经济区独占鳌头的局面不复存在了，其地位与作用下降了，相反，却出现了江南经济区的迅速形成与发展，以及一些边远地区的社会经济获得显著发展的新格局。其中的中原经济区，由于政治、经济、军事和民族等多方面的原因，又人为地分裂为关中经济区与关东经济区，彼此之

间的联系减少了和一体性程度降低了；而新兴的江南经济区，又是由三吴地区、会稽地区、番禺地区与荆湘地区等地方性经济区域组成，处于彼此相连而又各有各自特点的上升运动过程中；北方的陇西地区与代北地区，也有日益上升而同古老的关中及关东经济区并存的趋势。因而总的说来，整个魏晋南北朝时期，就社会经济的发展状况而言，呈现出中原经济区先进的生产技术向江南与边远地区推广、扩展的势态；呈现出包括关中和关东在内的广大地区经济发展速度的缓慢与江南及边远地区经济发展速度较为迅速的下降与上升的相对运动，其结果导致整个中国国内老经济区的衰落与新兴经济区的形成，产生了若干个新、老经济区并存的状况，使长期以来的南北经济发展的不平衡性与悬殊性缩小了，甚至萌发了全国经济重心逐步向江南地区转移的幼芽。如果说这一过程完成于唐、宋时期的话，则魏晋南北朝时期实为这一历史过程的胚胎期。

关中与关东两个古老经济区组成的中原经济区之所以在此时期呈现出破坏、衰落景象，原因是复杂的。但大体说来，约有如下几个方面的因素：一是关中与关东两个经济区的土地自然肥沃程度下降和地域的限制，致使该区所能提供的生活必需品，日益不适应其社会人口增长的需求，而且早在东汉时期就已见端倪。二是汉末到魏晋南北朝的许多次战乱，大都集中于这两个经济区，因而也就给该区带来了较其他经济区更为严重的破坏。特别是十六国时期和东西魏以及北齐、北周等时期，古老的中原经济区被人为地划分为两个彼此对立的国度，失去了协调发展的可能性。三是少数民族的内徙，不可避免地带入了一些落后的因素，例如奴隶制的强制推行和部分耕地的牧场化等，自然也会在一定程度上妨碍甚至破坏这两个古老经济区的发展。四是大量掌握了先进生产技术的劳动者向江南与向边远地区流徙，也会削弱这两个古老经济区的经济发展潜力。五是各地区建立的政权机构，都从自身的利益出发，致力于发展本地区的经济，以求自给和站稳脚跟，从而使这两个古老经济区的地位与作用相对下降。上述这一系列的因素，无一不是削弱中原经济区而同时却又是加强江南地区与边远地区经济发展的因素，即使这时的中原经济区仍保持其自殷周秦汉以来的发展速度，也会出现相对的上升与下降的变化，从而使之逐步丧失独占鳌头的优越地位。

在上述社会经济区域格局的变化中，江南扬州地区的经济发展情况尤为突出。我们知道，秦岭淮河以南的广大地区，西汉时期还是“人口稀少”，经济发展处于“火耕水耨”的状况。[①] 这种情况，到东汉时期已经发生变化，这时江南地区的人口在增加，郡县也增置了。据不完全统计，东汉时期各郡国人口增于西汉同一郡国者达29郡国，东汉时期新设的郡国及属国都尉约7个，合计凡36郡国，均为人口增于西汉者。而36郡国中，包括益州在内的江南地区占23个，占东汉人口增于西汉人口的36郡国的三分之二，足见东汉时期人口增长的地区主要在江南。反之，东汉人口减少于西汉的郡国，约有66个郡国，而且绝大部分在北部中国的关东经济区与关中经济区。两相比较，就表明东汉时期江南社会经济的发展速度超过了北方。[②] 三国时期的吴、蜀二国，立国于江南地区，各自在本地区采取了发展经济的措施，如蜀国之开南中地区，东吴之镇压山越而开发山区等均属之。在吴蜀二国开发江南的基础上，给江南经济带来了不小的变化。单以吴国建都的建康来说，这里的手工业与商业特别发达，而且在持续发展，以致它在整个魏晋南北朝时期的都会中占有重要地位，唐人许嵩所撰《建康实录》，记述了作为六朝国都的建康的繁荣景象。再以今浙江地区的开发过程来说，据谭其骧考证，先秦时代的吴越民族之生聚繁殖重心在杭州湾两岸，秦时置县15个，两汉增设5县，逐渐离开了杭州湾而入于浙西、浙东，其中浙西占2县，浙东占3县，表明了自然开发的结果；孙吴时再新置23县，总数达到40多县，其中浙西山区占11县，几乎全是征服山越人后而新设之县，[③] 足见孙吴时期是浙江地区经济的迅速发展时期。随后的东晋、宋、齐、梁、陈，均以建康为都，使以此为中心的经济区经久不衰。建康之所以长期繁荣，除了它本身所具有的地理条件的优越性之外，实与当时三吴地区及会稽地区经济的发展分不开。六朝时期，不仅在三吴和会稽地区兴建了巨大的、众多的和以陂塘储水灌溉为特征的水利工程，而且开凿和连通了浙东运河与江南运河，既为隋唐以后大运河的开通奠定了基础，也便利了魏晋南北朝时期江南地区东南部的水上交通，使建康成了三吴、会稽等地物资聚散的经

① 《汉书》卷28，《地理志下》。

② 参阅高敏：《秦汉史论集》中的《秦汉史杂考十二题》之一《从〈续汉书·郡国志〉所载各郡国人口分布状况看东汉时期江南经济的发展》但数字略有变化。

③ 参阅谭其骧：《浙江省历代行政区域——兼论浙江各地区的开发过程》一文，载《长水集》。

济中心，从而更加强了它作为政治中心的地位。据陈桥驿考证，连通三吴地区与会稽地区的浙东运河，即后来大运河的最南段，始凿于春秋时期的越国，《吴越春秋》与《越绝书》等均有记载。但真正开通这条运河的时间，还是在西晋人贺循于公元300年出守会稽之时，《嘉庆会稽志》对此有所记述。[①] 至于江南运河，始凿于公元前484年吴王夫差北上争霸中原之时。他为转运兵、粮之便，筑邗城，并开凿沟通江、淮的邗沟。随后，又开凿了江南运河的北段，即今丹阳至镇江的一段运河。秦始皇南巡时，又利用和改造过这段运河。[②] 又据魏嵩山、王文楚等人考证，秦始皇时不仅曾对江南运河北段的岗陇地区进行过开凿，而且从由拳到钱塘还开凿了人工渠道，即为后日江南运河自京口到钱塘的前身，其根据就是《南齐书·州郡志》的“丹徒水道入通吴、会”语及《越绝书·吴地记》载“秦始皇造道通陵南，可通陵道，到由拳，塞同起马塘，湛以为陂，治陵水道，到钱塘越地，通浙江。秦始皇发会稽适戍卒治通陵高以南陵道，县相属”等语。他们认为古“陵”与“陆”通，陵道即陆道，而“陵水道”则是挖土修筑的人工渠，也就是后来江南运河自京口到钱塘段的前身。[③] 到东吴孙权赤乌八年（245），“遣校尉陈勋将屯田及作士三万人凿句容中道，自小其至云阳西城，通会市，作邸阁”，显然是对江南运河的改造工程。《建康实录》卷2对此记述更详，它谓陈勋凿句容中道后，“以通吴、会船舰，号破岗渎，上下一十四埭，通会市，作邸阁；仍于山南截淮立埭，号曰方山埭，今在县东南七十里”。可见孙权确曾改造江南运河中段，以此沟通建康、三吴及会稽的水路交通。至吴国末年，又有岑昏其人曾再次改造江南运河北段，“凿丹徒至云阳、杜野、小其间，皆斩绝陵袭，施力艰辛”[④]。西晋之时的陈敏，曾有以洛阳为中心开凿一条沟通南北大运河的设想，目的是想调运江南粮食以济中原，后来这一计划虽未实现，但当他任合肥、广

① 参阅《运河访古》一书中的《浙东运河的变迁》一文。

② 参阅《元和郡县志》卷25，《闰州·丹徒县》条，《太平御览》卷660，《地部》引《京口记》和周必大：《南归录》与《奏事录》等书。

③ 参阅《中华文史论丛》，1979年第2辑。

④ 《太平御览》引《吴志》；王鸣盛：《十七史商榷》卷42，《小其》条，对此有所考证，可参阅。

陵太守时，曾以运兵修建练湖，用以调剂江南运河的水量，[1] 这也未尝不是一个贡献。以后历东晋、宋、齐、梁、陈，江南运河仍然不断有所修建，上引《建康实录》卷2赤乌八年条的按语，对此有明确交代。上述江南运河与浙东运河的修建，不仅加速了吴、会地区经济的发展，也巩固了建康的中心地位。以致整个建康周围的广大地区，水利灌溉工程也不少，“富室承坡之家，处处而是”[2]，原来的荒废之地，也变成了膏腴良田，故《禹贡》中所说的荆、扬之地，“厥土涂泥”、“厥田下中”和“下下”的状况，秦汉时无多改变，而魏晋南北朝时期，则变成了肥田沃土，所以宋人沈约在描述当时建康、三吴、会稽地区的变化时说：“江南之为国盛矣！……考之汉域，惟丹阳、会稽而已。自晋氏迁流，迄于太元（晋武帝年号）之世，百许年中，无风尘之警，区域之内，宴如也……自此以至大明（宋武帝年号）之季，年逾六纪，民户繁育。……地广野丰，民勤本业，一岁或捻，则数郡忘饥。会土带海傍湖，良畴亦数十万顷，膏腴上地，亩值一金，鄠杜之间，不能比也。荆域跨南楚之富，扬部有全吴之沃。鱼盐杞梓之利，充牣八方；丝绵布帛之饶，覆衣天下”[3]。丹阳等地更是“良畴美拓，畦畎相望，连宇高甍，阡陌如绣”[4]，总之，“三吴奥壤，旧称饶沃；虽凶荒之余，犹为殷盛”[5]。可见建康所依赖的三吴地区，确是当时的农业、手工业与商业都相当发达的地区。

与扬州地区的经济发展状况媲美者，要称荆州地区。它地处长江中游，南有湘州、豫章两湖平原，北有襄、樊为障，从地理上来说，本是湖泊、沼泽密布和江、汉、夏、沮等水奔流的地带，洪水经常泛滥成灾。在长期的河流冲积下，古代的云梦泽在日益缩小而成为平陆，历秦汉魏晋，在辽阔的江汉平原上逐渐增设了一些县邑，再加上东汉以来在这里的水利兴建，使这一古老的泽国地区的经济发生了变化，仅东汉时期这里的人口就已由72万增长到384万之

---

① 《晋书》卷100，《陈敏传》。
② 《宋书》卷91，《孝义传·徐耕传》。
③ 《宋书》卷54，《孔季恭传史臣曰》。
④ 《陈书》卷5，《宣帝纪》。
⑤ 《陈书》卷25《裴忌传》。

多。[①] 汉末魏初，北方人口流入荆州地区者不少，仅从关中流入荆州者就达十余万家。[②] 西晋永嘉之乱后，流入荆襄一带的人口亦复不少；后来，北方后赵政权瓦解之时和前秦政权崩溃之际，都有大批北人流入江汉，以致以襄阳为中心的地区，先后出现了北方的司、梁、雍、秦、冀、并、豫诸州的侨郡县，从而加速了以侨民为主力的开发襄阳及江汉平原的活动。早在西晋平吴之时，杜预、王浚等人便在江汉地区“开扬口，起夏水，达巴陵千余里，内泻长江之险”[③]；与此同时，又“修召信臣遗迹，激用浊、清诸水，浸原田万余顷”[④]；两晋时期一些有政绩的荆州地方官，多在这里兴建水利和开垦屯田；再加上湘州与豫章的两湖沃土的垦辟，使“极膏腴者，一亩二十斛”[⑤]，粮食充积，如《南史·孔觊传》所云：“自古以来，无有载米上水者”，逐渐使荆、襄地区与南面两湖平原连成一个经济上的整体，以致以荆州为中心的经济区，可以从政治上、经济上与军事上同以扬州、建康为中心的经济区相抗衡，出现了“荆、扬二州，户口半天下”[⑥] 及“荆城跨南楚之富，扬部有全吴之沃”[⑦] 的并驾齐驱格局；以军事实力而言，“荆州居上流之重，资实兵甲居朝廷之半”[⑧]。至于交广地区，自汉代九真太守任延“教耕犁”之后，稻米一年两熟，“恒为丰国；桑蚕年八熟茧，《三都赋》所谓八蚕之绵者”[⑨] 即指此。至于番禺的海外贸易之发达，更是众所周知的事实。总之，秦岭淮水以南的广大地区的经济发展状况，虽然在总产量方面仍然比不上北方，但较之秦汉时期的江南已有巨大发展。

介乎南北交界地带的淮南、寿春等地，也发展成了一地方经济区。早在东汉、三国时期，淮南地区的水利建设获得了发展，特别是三国时期，由于军事

---

① 详见《续汉书·郡国志》江汉平原一带的人口统计。
② 《三国志》卷21，《魏书·卫觊传》。
③ 《晋书》卷34，《杜预传》。
④ 《水经·沔水注》。
⑤ 《太平御览》卷821，《资产部·田》引《豫章记》。
⑥ 《宋书》卷66，《何尚之传》。
⑦ 《宋书》卷54，《孔季恭传》。
⑧ 《南史·宋宗室及诸王传·武帝诸子·临川烈武王道规传》。
⑨ 《水经注疏》卷36，《温水注》。

上和政治上的原因，这一带是屯田集中的地带之一。及至晋末和南北对峙时期，这里又成了流人集中地区和中转站，同时又是南北互市的枢纽。加上这一地区有“南引荆、汝之利，东连三吴之富，北接梁、宋，平途不过七日；西接陈、许，水陆不出千里。外有江、湖之阻，内保淮、淝之固”的优越地理条件；又有“龙泉之陂，良畴万顷；舒、六之贡，利尽蛮越。金石皮革之具萃焉，苞木箭竹之族生焉。山湖薮泽之隈，水旱之所不害；土产草滋之实，荒年之所取给”的自然资源，诚如伏滔所谓“此则系乎地利者也”①。故“晋自过江……淮水北有大市百余，小市十余所”②，商业颇为发达。于是，淮南、寿春等地，便成了当时的都会，“地方千余里，有陂田之饶”③，自然构成了一地方经济区。

此外，西北的陇西地区与河西走廊，辽东的前燕、北燕统治区域，在北部中国混战连绵的年代里，这些地区都有相对的安定局面。以致北方的幽、冀之民，多流入辽东；关东及关中地区的人口，亦不乏西徙河西、陇西者。特别是前凉统治的地区，曾一时成为中原文化集中点之一，不少中原地区的衣冠之士流寓于此。根据近代考古发掘，不论是河西地区的出土文物，还是辽东出土的前燕、北燕墓葬中文物，不仅反映出这些地区的雕塑、绘画艺术等的高超，而且反映出汉族文化与少数民族文化融合的程度，如果这些地区没有较为发达的社会经济条件，取得如此艺术上的成就和文化上的繁荣，几乎是不可能的。因此，应当承认魏晋南北朝时的陇西、河西与辽东，也各自形成了地方性经济区，这也为当地的割据政权提供了存在的经济基础。至于代北地区，魏晋南北朝时期，尤其有长足的发展。早在秦汉时期，这里经常遭到匈奴人的骚扰，还是少数民族杂居之地，其居民基本上不经营农业，只有不甚发达的畜牧业。但是，到了拓跋族在这里建立代国和建立北魏王朝以后，便在这里推行屯田制与畿内课田制，初步实现了畜牧业经济向农业经济的转化；又通过多次移民于此，代北地区的人口也有了较大的增长，先进的生产技术也不断传到这一地

---

① 《晋书》卷92，《文苑·伏滔传》载《正淮论》。

② 《隋书》卷24，《食货志》。

③ 《南齐书》卷14，《州郡志上》。

区。随着北魏都城的营建于此，昔日往往被视为不毛之地的代北，逐步成了北中国边陲地带的一个政治、经济与文化中心，恐怕也不能不以当时的一个地方经济区视之！

与上述江南地区与边远地的若干地方性经济区分别获得发展的同时，作为北部中国古老的关中与关东两大经济区，虽然在农产品的品种、农业的单位面积产量、水利灌溉的兴建以及生产工具的改进和生产经验的积累等方面，仍然超过边远地区和江南地区，但相对于它们昔日独占鳌头的繁华景象来说，未免显得相形见绌而呈现出衰落、下降的趋向。

二、江南地区耕作技术的进步、农田灌溉的陂塘化倾向与北方农业区的牧场化和畜牧业经济比重上升倾向的出现

魏晋南北朝时期江南地区农业经济的发展，不仅表现在一些地区水利的兴建、土壤的改良、单位面积产量的提高以及人口的增长等方面，而且更重要的表现在水稻种植面积的扩大，生产技术的进步与农田灌溉的陂塘化倾向的出现。这些情况，在秦汉时期已见端倪，《史记·河渠书》叙述战国时吴国的水利情况时说："于吴，则通渠三江、五湖……此渠皆可行舟，有余则用溉浸，百姓享其利。至于所过，往往引其水益用溉田畴之渠，以万亿计，然莫足数也。"东汉时期尤有明显发展，如东汉之邓晨，曾在汝南"兴鸿郤陂数千顷田，汝土以殷，鱼稻之饶，流衍它郡"①；东汉明帝时，王景为庐江太守，修复"楚相孙叔敖所起芍陂稻田"的"荒废"②；西汉的召信臣，曾在南阳兴建水利，利用郡中"水泉，开通沟渎"③，及东汉杜诗，又继承其业，在这里"修治陂池"④；东汉许扬在鸿郤陂兴建的水利工程，系"起陂塘四百余里"⑤；东汉章帝时的马棱，在广陵兴建水利，也是"兴建陂湖"⑥；特别是顺帝时的

① 《后汉书》卷15，《邓晨传》。
② 《后汉书》卷76，《循吏·王景传》。
③ 《汉书》卷89，《召信臣传》。
④ 《后汉书》卷31，《杜诗传》。
⑤ 《后汉书》卷82上，《方术·许扬传》。
⑥ 《后汉书》卷24，《马援传附马棱传》。

马臻，曾在会稽、山阴两县界筑镜湖，“堤塘周三百一十里，溉田九千余顷”①。所有这些事实，都证明早在汉代便已在江淮与江南地区发展水稻生产，而且显示了水利建设工程的陂塘化倾向的端倪。这一倾向，到魏晋南北朝时期更为明显了。例如曹魏为了在江淮地区发展屯田事业，曾先后命地方官和将领在这里致力于修复昔日兴建的陂塘水利，仅刘馥任扬州刺史时，就修治了芍陂、茹陂、七门、吴塘诸堨，“以溉稻田”，使“官民有畜”②。《水经·淝水注》谓芍陂“陂周一百二十许里，在寿春南八十里”；至于茹陂，在光川固始县东西，七门堰在庐州庐江县南，吴陂塘在舒州怀宁县西，③ 可见江淮地区是魏晋南北朝时期陂塘水利工程的集中地之一。又《建康实录》卷3《景皇帝》条载永安二年秋，“使都尉严密作浦里塘，开丹杨湖田，卫将军濮阳兴率兵会成之”④；卷5《中宗元皇帝》条载永兴五年“扬州大旱，晋陵内史张闿立曲阿新丰塘，溉田八百余顷”；卷8《孝宗穆皇帝》条载永和元年孔愉为会稽内史时，曾“修复故堰，溉田二百余顷，皆成良业”。此外，卷10有“长塘”之名及“倪塘”之号，卷17谓天监九年“新作缘淮塘”。山阴的鉴湖，沿湖开水门60余座，溉田多至万顷。⑤ 至于南徙世族地主与江南土著世族地主在争夺土地过程中，莫不占领山泽、湖泊建陂塘之事，屡见不鲜，以致江南的世族地主田庄，往往包含山泽、湖泊、陂塘，谢灵运《山居赋》，⑥ 曾对此作了典型的描述。由于陂塘兴建甚多，以致造成了一种专门的徭役，谓之“丁功”，也叫“塘役”，会稽地区的情况尤为突出，因而出现了“会稽边带湖海，民丁无士庶皆保陂塘”的状况。齐武帝时的东扬州刺史王敬则，鉴于官府摊派的塘役甚多，使用不完，便主张“悉课敛为钱，送台库”，从而增加一项新税塘丁钱。⑦ 陂塘的集中地带，不仅会稽为然，丹阳地区也不例外。萧子良于建元三年（481）上表称：丹阳“旧堨古塘，非唯一所”，由于陂塘废弃，造

---

① 《太平御览》卷66，引《会稽记》。

② 《三国志》卷15，《魏书·刘馥传》。

③ 详见《太平寰宇记》卷125、126、127。

④ 此事亦见于《三国志》卷64，《吴书·濮阳兴传》。

⑤ 《嘉泰会稽志》卷10及《水经注》卷40。

⑥ 详见《宋书》卷67，《谢灵运传》。

⑦ 《南齐书》卷7，《东昏侯纪》及卷26，《王敬则传》。

成“地利久荒”，故他主张修治陂塘，发展稻作。据他对4个县的统计，“合计荒熟地八千五百五十四顷，修治塘遏，可用十一万八千余夫”[①]，便可得利。又晋陵一带，也多“水陂之田”[②]。由此可见，魏晋南北朝的江南地区，确实发展了东汉以来的水利兴建的陂塘化倾向。

水利兴建的陂塘化倾向，较之昔日北方流行的渠灌法是一个重大的进步。因为渠灌法，只是对既有的江、河水量的利用，如果江、河水少，就会严重影响农田的灌溉。而陂塘化以后，既有防洪的功能，又有蓄水的效用，可以利用江、河水盛之时储水以备旱灾。且启闭由人，大小任意，视农田需要而定，不若渠灌之被动。因此，当时的陂塘，实类似乎今天的水库，它较之单纯依赖自然水源的利用，具有明显的优越性，也大大提高了对自然水资源的利用率和人工控制水利的能力，对农业的发展无疑起着巨大作用。所以，江南水利兴建的陂塘化倾向的出现，实为江南农业的发展特别是水稻田发展提供了良好条件，它标志着江南农业特别是水稻生产步入了一个新阶段。

关于江南地区的水稻耕作技术的提高，其萌芽时期也在东汉。据《史记》《汉书》等记载，西汉时期的广大江南地区的农业生产还是以“火耕水耨”的方式进行。但关于“火耕水耨”的解释，颇不一致。《史记·平准书》《集解》引应劭语释“江南火耕水耨，令饥民得流就食江淮间”时曰：“烧草下水种稻，草与稻并生，高七八寸，因悉芟去，复下水灌之，草死，独稻长，所谓火耕水耨也。”《汉书·武帝纪》元鼎二年秋九月条，颜注引应劭释“江南之地，火耕水耨”语，与上全同。据应劭所云，表明东汉时期的“火耕水耨”是水稻的直播法，故稻与草并生，需要芟稻并灌水以湮草。又《史记·货殖列传》唐人张守节《正义》释“楚、越之地，地广人稀，饭稻羹鱼，或火耕而水耨”时说：“言风草下种，苗生大而草生小，以水灌之，则草死而苗无损也。耨，除草也。”按照张守节的解释，是先用火烧草，再直播稻种，故苗大而草小，再灌水以死草。同书《集解》引徐广语曰：“耨，除草也。”徐广只解释了“耨”是除草之意，未言火耕。桓宽《盐铁论·通有篇》曰：荆扬之地，“伐

① 《南齐书》卷40，《武十七王·竟陵文宣王子良传》。
② 《宋书》卷91，《孝义·徐耕传》。

木而树谷，潘莱而播粟，火耕而水耨。”《后汉书·杜笃传》载其《论都赋》有雍州之地，“火耕流种”语，李贤注此语曰：“以火烧所伐林株，引水溉之而布种也。”这是说谷、粟、稻三种作物的不同耕作方法，其共性都是原始的直播法。言稻作方法最早者，要算《周礼·地官·稻人》条，其云：“稻人，掌稼下地，以潴蓄水，以防止水，以沟荡水，以遂均水，以列舍水，以浍写水，以涉扬其芟，作田。凡稼泽，夏以水殄草而芟夷之。泽草所生，种之芒种。”郑玄释此条曰：“偃猪者，蓄流水之陂也；防猪，旁堤也；遂，田首受水小沟也；列，田之畦畤也；浍，田尾去水大沟；作，犹治也；开遂舍水于列中，因涉之，扬去前年所芟之草，而治田种稻。”“将以泽地为稼者，必于夏六月之时，大雨时行，以水病绝草之后生者，至秋水涸，芟之，明年乃稼。”《周礼·地官·稻人》条所云，是讲掌管稻田生产官吏的职责和灌水、排水系统的修建规格，讲到水稻的耕作方法者，仅“凡稼泽，夏以水殄草而芟夷之”一句，而郑注的发挥，也非他个人独创，而是根据《礼记·月令》而来。按《礼记·月令》云：“季夏……大雨时行，乃烧、薙、行水，利以杀草，如以热汤，可以粪田畴，可以美土疆。”郑玄注曰：“薙，谓迫地杀草。此谓故稼莱地，先薙其草，草干烧之，至此月，大雨流潦，畜于其中，则草死不复生，而地美可稼也”且引《薙氏》曰：“薙氏，掌杀草。春始生而萌之，夏日至而夷之，秋绳而芟之，冬日至而耜之。若欲其化也，则以水火变之。”这可以说是关于火耕水耨方式的最完整的解释。不论这些解释多么分歧和难以理解，但有一点却是很清楚的，即江南地区的火耕水耨方式是用于水稻生产，是一种直播耕作法。对此，日本人西岛定生已有论述，[①] 但他认为这种水稻生产的直播耕作法，直到公元6世纪“基本上没有改变”[②] 的看法，却未必准确。据东汉人崔寔《四民月令》云：五月“可别稻及篮”。对于这里的“别稻”，有人理解为后世的插秧，意即到了每年的五月，可以把培育的稻苗及篮苗分栽了。但也有人不同意这种说法，认为是把丛生稻苗拔出来分栽而非插秧于大田，日本

① 西岛定生：《中国经济史研究》中译本，第132～166页；西岛定生著：《中国古代的社会与经济》一书，日文本，第117～129页。

② 西岛定生：《中国经济史研究》。

人西岛定生就是这种看法的主张者。① 实则把丛生的稻苗拔出来分栽，就是移栽耕作法，至少是移栽法的萌芽。不论稻苗是被移栽于同一块土地上，还是被移栽于大田，这同直播法已经发生了本质的差别。又《齐民要术》卷2《水稻第十一》条云："北土高原，本无陂泽，随逐隈曲而田者，二月，冰鲜地干，烧而耕之，仍即下水；十日，块既散液，持木斫平之，纳种如前法。既生七八寸，拔而栽之。原注曰：既非岁易，草、稗俱生，芟亦不死，故须栽而薅之。"又同书《旱稻第十二》条云："苗长三寸，杷、劳而锄之。锄唯欲速。每经一雨，辄欲杷、劳。苗高尺许则锋。天雨无所作，宜冒雨薅之。科大，如概者，五六月中霖雨时，拔而栽之。入七月，不复任栽。"如果说前面所言高原地区的水稻生长七八寸时"拔而栽之"是为了间苗、薅草的话，则后面旱稻的趁霖雨时"拔而栽之"，就不是为了间苗、薅草，而应是类似后世拔稻苗而移栽于大田的做法。正因为《齐民要术》成书之时，已相当普遍地实行了水稻的移植耕作法，以致当时产生了"莳田"。"莳苗"的新概念，如《全梁诗》卷6范云《治西湖》诗中，有"已集故池鹜，行莳新田苗，何吁畚筑苦，方欢鱼稻饶。"查《梁书》卷13，有《范云传》，称其历任零陵内史、始兴内史、广州刺史等地方官，每到一处，能"洁己，省苛烦，去游赏"和惩治"豪猾大姓"，宜乎其为农业的发展而高兴。诗中的"行莳新田苗"的"莳"，即为插秧之意，故唐代以后称插秧曰"莳秧"者甚多。如上所云，表明魏晋南北朝时期的水稻生产技术，已由直播耕作法进入了移栽耕作法，这无疑是水稻生产技术的一个重大进步。②

除此之外，魏晋南北朝时期水稻生产的集约化程度也有所提高。《齐民要术》卷2《水稻第十一》条云："稻，无所缘，唯岁易为良。"所谓"岁易"，即种水稻之田与种其他作物之田每年进行轮换，此实为轮种、套种法的采用。至于土地耕耘，更为讲究：水区种稻，"先放水，十日后，曳陆轴十遍（原注："遍数唯多为良"）。地既熟，净淘种子（原注："浮者不去，秋则生

① 西岛定生：《中国经济史研究》中译本，第151页。

② 关于魏晋南北朝时期水稻移栽法的实行和水稻田耕作技术的进步，拟另作专文探讨，而且已在高敏所著《秦汉时期的农业》一文中已初步涉及，此文收入《秦汉史探讨》一书，1998年中州古籍出版社出版。

稗")，渍经三宿，漉出，内草篅中裛之。复经三宿，芽生，长二分。一亩三升掷。三日之中，令人驱鸟。" 在这里，反映出稻田的精耕细作，选种、泡种和育种的生产过程，十分讲究。至于无陂泽区种旱稻，同书卷2《旱稻第十二》条，对土地"杷、劳"及锄、薅草等讲得也很细致。所有这一切，都说明这时不论水稻与旱稻的耕作技术均有提高，在一定程度上反映出水稻生产的集约化程度的提高，而且主要说明江南地区生产技术的进步，因为水稻的种植区主要在江南之故。

正当江南地区土地垦辟、耕作技术进步和农田灌溉陂塘化的时候，北方却处于耕地荒废和牧场化的时期。汉末、三国之时，北方的荒废农田，到处可见，以致由今洛阳向东以至今郑州一带，还是森林密布，野兽出没无常。西晋之时，"州司十郡，土狭人繁，三魏尤甚，而猪羊马牧，布在其境"。这就是说，即使是人口甚多的地区，尚且有农田化为马牧场之事，故束晳说："悉徙诸牧以充其地，使马牛猪羊龁草于空虚之田"①。至于北魏时期，由于拓跋族以游牧民族初入中原，自然重视畜牧业。它除了在塞北地区建立了辽阔的国有牧场之外，还于代京附近也提倡畜牧业与农业并重，故拓跋嗣泰常六年(421)三月曾制定"六部民，羊满百口，输戎马一匹"②的赋税制度，足见私家畜牧业亦不少。以尔朱荣而言，其家牛羊驼马，"色别谷量"③；广阳王元深，在恒州时，为了勒索百姓，规定凡私家有马千匹者，必取百匹，④可见养马之家不少；拓跋焘平统万后，"以河西水草善，乃以为牧地，畜产滋息，马至二百余万匹，橐驼将半之，牛羊则无数。高祖即位之后，复以河阳为牧场，恒置戎马十万匹，以拟京师军警之备。每岁自河西徙牧并州，以渐南转，欲其习水土而无死伤也，而河西之牧弥滋矣。"⑤ 孝文帝时，主领马牧之政的宇文福，曾"规石济以西，河内以东，拒黄河南北千里为牧地，事寻施行，今之

---

① 《晋书》卷51，《束晳传》。

② 《魏书》卷3，《太宗明元帝纪》。

③ 《魏书》卷74，《尔朱荣传》。

④ 《北史》卷16，《广阳王深传》，《魏书》卷18作元琛。

⑤ 《魏书》卷110，《食货志》。

马场是也。及从代移杂畜于牧所，福善于将养，并无损耗”[①]。连黄河以北的老农业区，也变成了牧场，可见北方确存在一个农田牧场化倾向。

由于北魏前期的统治者重视畜牧业，以致畜牧业经济在整个国民经济中的比重增加了。即使到了拓跋焘统一了北部中国以后，仍未改变国家以畜牧业收入为主的状况。当他们遇到代北饥荒，有人建议迁都中原以就谷帛时，拓跋焘还是反对以依靠黄河流域的“谷帛”为其巩固统治的经济基础，相反，他认为“国人本着羊皮袴，何用绵帛?”[②] 他的大臣崔浩也附和其意，认为应当采取“居广漠之地”，依靠“乳酪”以统治中原的政策。[③] 由此可见，至少到拓跋焘时期，整个北魏政权的社会经济，应当说还是以畜牧业为主而农业次之。这同秦汉时期社会经济中的农、牧业比重是大不一致的，直到孝文帝改革以后，由于均田制的实行和农业的恢复与发展，才使农业在国民经济中的比重明显地增加。

三、地主土地所有制形态的多样化和地主土地经营形式的坞壁化与田庄化

早在西周末期和春秋时期，国有土地制——井田制就开始逐步瓦解。在井田制逐步瓦解的基础上，私有土地制度在逐步形成与发展中。春秋、战国之际的爰田制的出现与战国时期名田制的产生，就是私有土地制的最初形态。[④] 随后，私有土地制日益发展、壮大，逐渐形成了封建地主的大土地私有制。由于封建地主在身份上有社会地位与政治身份的明显不同，这就规定了他们的私有土地的来源途径与方式的差别。凡社会地位高的官吏、将领、贵戚，其土地多源于官府的赏赐；反之，“虽富而无所芬华”的地主，其土地多来源于金钱买得。由于其土地来源途径与方式的不同，就决定了这两种地主的私有土地同国有土地之间的不同关系：土地靠官府赏赐而来的地主，其私有土地以国有土地制度的存在为其存在的前提；反之，土地靠自己用金钱买得的地主，其私有土地以国有土地制度的破坏为存在与发展的条件。随之而来的，就是在地主对其

---

① 《魏书》卷44，《宇文福传》。

② 《资治通鉴》卷125，《宋纪》元嘉二十七年条。

③ 《魏书》卷35，《崔浩传》。

④ 参阅高敏：《秦汉魏晋南北朝土地制度研究》一书第一章。

土地的私有权的程度上发生了差别。前者，往往表现出官府对其土地所有权的干预，可以因政权的嬗递而改变，也可以因地主本人地位的变化而追收。反之，后者往往较少有官府对其土地所有权的干预，其私有土地不会因为政治上的原因而发生变化，甚至官府的法律还明令予以保护。再加上由于私有土地制度的存在给土地私有者原有社会地位与政治身份的固化作用，使土地私有权往往同其门第、身份联系起来，而打上了政治的、社会的印记，从而使得地主阶级内部的士、庶之分日益明朗化。基于上述这一系列的差别，就使得地主土地私有制产生了世族地主土地私有制与庶族地主土地私有制的类别划分。这两种类型的分野，萌芽于战国、秦和西汉初期，当时的军功地主土地私有制，就是世族地主土地私有制的最初形态；从小农上升来的地主和从富商大贾转化来的地主，则是这时庶族地主土地私有制的雏形。经过两汉时期的任子制、赐吏爵制、察举制和魏晋南北朝的九品中正制等，使得军功地主与在职官吏的政治特权固化了，因而逐步成了地主阶级中的特权阶层；又通过以名占田和占田法令，使他们又获得了按其品阶品级的高低而得到不同数量的土地与佃客的经济特权，从而使他们的政治特权更加巩固和制度化了，因而成了门阀地主阶层。另一方面，随着工商业发展、土地买卖的盛行和土地所有权转移的加速，使国有土地制日趋没落，靠土地买卖的地主人数日益增多，就正式形成了由汉代的豪富之民到魏晋南北朝的庶族地主阶层。因而魏晋南北朝时期世族地主土地私有制与庶族地主土地私有制两种形态的并存，是地主土地私有制形态多样化表现之一。

与此同时，自东汉时期佛教的传入，便开始在国内广泛传播。随着佛教的传播，寺院的兴建日多，寺院僧侣的人数也与日俱增，而且日益形成为一个社会阶层。随着寺院增多与僧侣人数激增而来的，以寺院为单位所拥有的土地也出现了。这种寺院土地，或来源于官府赐予，或来源于信徒捐赠，或是用钱购买。因而在土地来源的途径与方式上，既不同于世族地主土地私有制，又不同于庶族地主土地私有制。从其土地的拥有者来说，表面是属于整个寺院集体所有的，但实际上却操纵于寺院上层僧侣之手，本质上属于少数上层僧侣的私有土地，因而在表现形态上，也不同于上述世族地主土地私有制与庶族地主土地私有制。这种土地所有制形态，我们称之为寺院僧侣地主土地私有制。由于秦汉以前不存在这种形态，魏晋时期还处于萌芽阶段，它的正式形成，仍在南北朝时期。[①] 这种新的地主土地私有制形态的出现，又构成了这一时期土地私有制形态多样化的表现之二。

此外，十六国、北朝时期，由于少数民族的内徙和政权建立，致使北部中国的畜牧业经济比重有所增加，已于前述。而北方的畜牧业，也同样有官府畜牧业与民间的私营畜牧业之分；而畜牧业需要牧场，于是，在牧场方面又产生了官府牧场与私家牧场之别。因而在当时的北方，在土地制度方面，除了存在国有牧场制（即国有土地制的变态）、世族地主土地私有制、庶族地主土地私有制及寺院僧侣地主土地私有制之外，还存在牧场主的私有牧场制形态，从而使地主土地私有制的表现形态进一步复杂化和多样化。

封建地主的私有土地的经营形式，也随着地主土地私有制的发展和存在形态的多样化而获得了发展，除了秦汉时期早已存在的租佃制、佣工制和奴隶生产制之外，还出现佃客部曲制、牧子制、寺户制等经营形式，因而在地主经济的经营形式方面，也相应地出现了地主田庄的模式。每一个地主的田庄，既有生产粮食的土地，也有种植各种经济作物的空间，还养有鱼、鸭，饲有猪羊，栽有果树，植有树木，从地貌上而言，往往包山带湖，建塘修堰；其间亭台楼阁，样样俱全；各种加工工业，也件件皆有。几乎田庄内人口的日用必需品及食用品，样样都可以自我解决，呈现出高度的自给自足性。至于田庄的建筑形式，由于自汉末三国以来战乱频仍，加上各种社会矛盾异常复杂和激烈，以致他们往往采取坞壁堡寨式的军事性建筑形式，既以保护私家，又以抵御侵袭。从而使得魏晋南北朝时期的地主私有土地的经营形式方面，不仅继承了汉代以来的坞壁化与田庄化倾向，而且获得了更为普遍化的发展。直到南北朝后期，随着民族融合程度的加深和战争的相对减少，地主田庄的建筑形式上的坞壁化才逐步失去作用而退出历史舞台，又日益为以生产分工为特征的屯、邸、别墅等组织形式所代替。[②]

与地主土地私有制的发展和地主土地经营方式的变化相适应，在家族关系

① 参阅高敏：《秦汉魏晋南北朝土地制度研究》，第七章。

② 参阅高敏：《秦汉魏晋南北朝土地制度研究》，第三至六章。

方面，也发生了相应的变化。我们知道，春秋战国之际，随着以小农经济为主要生产形式的封建制度的形成与发展，宗法制度也随之解体，形成了小家族制。但是，到了西汉与东汉时期，由于封建大土地私有制的发展，小家族制又有向大家族制发展的新趋向。特别是到了魏晋南北朝的动乱年代，地主阶级更需要大家庭制作为他们组织家兵、部曲的手段，又需要以宗族关系去掩盖阶级剥削关系的实质，于是聚族而居、以宗族组织为外观的地主田庄便应运而生了。在这种情况下，地主同时又是宗主，佃客同时又是宗民，于是以“宗部”、“宗伍”等名目出现的武装组织或势力集团，屡见于这时的史籍；“宗帅”、“宗主”与“坞主”合一的地主阶级头目，也活跃于这时的历史舞台。总之，宗族血缘关系在新的历史条件下获得了新的发展与新的形式，而其本质仍然是维护剥削制度的工具。①

四、直接生产者人身依附性的普遍深化和奴隶制残余因素的明显加强

在这里没有必要逐项论述各种不同身份的直接生产者的人身依附性的表现形式及其内涵，因为在本书的后面将有专章论及。也没有必要详细说明这时奴隶的类别、来源、身份特征、社会地位、生活状况和从事生产的范围等等，因为在本书的相应部分将也有所叙述。在这里，仅就兵士、自耕农、佃农、百杂之户等类直接生产者自秦汉以来迄于魏晋南北朝时期人身依附性加深的表现加以阐述，借以显示封建生产关系发展的历史过程的一个侧面。

以兵士和自耕小农而言，秦汉时期的兵士，除有少量的来源于刑徒、弛刑士及有罪者戍边之外，绝大部分为征发来的自耕小农。他们虽无官位，但一般都拥有低级爵位，身份是自由的，政治上属于平民，当时谓之“良家子”。他们自立门户，单独立籍，不依附于任何权门势族，谓之“编户齐民”，法律上还“尊农夫”，至少是享有平等权利的。原则上除每年服一月的“更役”和一生为正卒一岁、屯戍一岁之外，别无其他无偿劳役负担。其为兵士，按适龄征发，有钱者还可以雇人代替更役。官府征收的田租，按他们私有土地的多少征收，与他们的人身并不发生关系。他们一旦入伍为兵，特别是戍边之卒，有功

① 关于这个问题，已另有专文论述，此不详述。

则赏，官府专门制定了《功令》与《北边絜令》等以奖励边防戍卒的法令，[①]又有《中劳律》等专为戍边之卒评定功劳的规定。[②] 兵士中之有爵者，一般可以担任燧长、坞长、亭长等职，有的还可以升任侯官。爵至第八级——公乘，有权利乘坐属于官府的车子。服役时，有一定的俸禄，虽很微薄，尚可以在戍地从事佣工、借贷和做买卖等活动，甚至可以携带家属，家属的口粮也由官府供给。[③] 服役期满，则依制瓜代归老家，谓之“罢卒”。所有这一切，都说明秦汉时期的自耕小农与兵士的人身是自由的，人格上并不依附于他人。然而，到了魏晋南北朝时期，情况就大不相同了。早在西汉武帝时期，在实行征兵制的同时，也开始了部分募兵的做法。东汉光武帝诏罢郡国材官、骑士、楼船士以后，募兵制便开始全面取代征兵制，征兵制已只剩下一些残余因素。随着募兵制的实行而来的，兵士便职业化、专门化了。随着职业兵的出现，兵士与将领之间的关系也发生了变化，逐渐产生职业兵对固定将领之间隶属关系。到汉末三国时期，招募私兵的风气更为盛行，甚至将领们职位的高低，同其所招募的兵员人数成正比。这样一来，兵、将之间的关系逐渐由统属关系而变成一种人身依附关系。与此同时，兵士的身份也开始变化，由国家的武装人员变成了将领私家的工具和附属物，兵士本身由职业化而变成了世袭兵，并被另立户籍，谓之“士家”，不许改业，父死子继；其女也只能嫁给“士家”；平时，兵士的家属要当做人质，集中居住；当兵者本人死亡，其妻子也只能在兵士中改嫁。这些作法，开始颇有看重“士家”、依靠“士家”的用意，也是出于当时人口锐减、兵源短缺，为了控制人口、保证兵员和防止兵士逃跑而采取的措施。但是，一旦形成“士家”制度，兵士的自由身份和独立人格较之募兵又有进一步的丧失，完全变成了兵士招募者、掌握者的依附民，从兵士本身到其家属莫不如此。自汉末、三国时期开始出现“士家”制度起，历两晋而南北朝，兵士的身份地位一降再降，终于形成了世兵制。凡民户之身强者补兵，其兵士之家属即为兵家或兵户，兵家之户籍谓之“兵籍”，与一般编户齐民分

① 《北边絜令》，见《居延汉简甲乙编》10，28 号简文及《汉书·贾谊传》；《功令》见同书 45.21、45.23 及 285.27 等号简文。

② 《中劳律》之名，见《睡虎地秦墓竹简》。

③ 均详见《居延汉简甲乙编》。

开，不焚烧其"兵籍"，其世代为兵的身份永不可变，其不自由和身份低下之状，远甚于编户齐民。[①]

至于魏晋南北朝时期一般的自耕小农，虽然在法律上仍属于自由民，但实际上其人身隶属于封建官府的性质大为加深。例如秦汉时期的田租征收，均按田亩多少和定率征收，自曹魏起，改为按田亩定额征收，至西晋又改为按丁确定课田数，然后按课田数每亩定额征收，以致使田租开始向"丁租"转化，东晋南朝时期，这种丁租化倾向愈演愈烈，到了梁陈时期，正式确定了"丁租"之名。[②] 由于田租的丁租化，使得自耕小农向官府缴纳的田租的多少，不再取决于他们实际私有土地的数量，而取决于他们是否为了及据丁而强行规定的课田数，以致经济剥削的人身强制性强化了，从而导致了自耕小农对封建官府的人身依附性的加深。[③]

以佃农的情况来说，也是一样。秦汉时期的佃农，由于刚刚从自耕小农中分化出来，其人身还是比较自由的。他们虽然由于缺少土地不得不去租种地主的土地，即"耕豪民之田"，但是，他们同地主之间还没有形成十分牢固的隶属关系。然而，随着时间的推移，他们同其所投靠的主人之间的隶属关系在加深。正因为如此，在西汉武帝以后，对其主人具有一定人身依附色彩的"客"和"宾客"这个阶层产生了，而且逐步把"客"和奴隶连称，谓之"奴客"、"家奴"或"私奴客"，表明"客"和"宾客"已经是一种近乎奴隶的人的称呼了。到了东汉时期，这种身份的"客"和"宾客"更多了，而且其人身依附性更明显了。到了汉末、三国时期，就正式出现了"徒附"、"佃客"、"部曲"等名称，甚至取代了西汉后期以来具有人身依附性的"客"和"宾客"的地位。从三国时期开始，以"佃客"充赏赐的情况与日俱增，"佃客"的户籍附于其主人户籍的状况也产生了，他们平时为其固定的主人耕田，战时为其主人打仗的事日益普遍和合法化，以致这时的佃客部曲成了中国式的农奴的代名词。[④] 上述这一过

---

① 详见高敏著《魏晋南北朝兵制研究》一书，1997年12月，大象出版社出版。

② 参阅高敏：《魏晋南北朝社会经济史探讨》中的《两晋南朝租调制度考辨》一文。

③ 参阅高敏：《魏晋南北朝社会经济史探讨》中的《关于西晋占田、课田制的几个问题》一文最后部分。

④ 参阅高敏：《秦汉史论集》中的《两汉时期的"客"和"宾客"的阶级属性》一文。

程，清楚地反映出佃农身份的逐步下降和人身依附性逐步加深的历史过程；而且在直接生产者的编制方式上，出现了军事化编制的倾向，例如对待屯田客的编制形式和对待营户、杂户、隶户等的编制方式，都呈现此种现象，这就更强化了佃客这个阶层的人身依附性程度。①

再以百杂之户的情况而言，也反映出他们的人身依附性有一个逐步加深的过程。秦汉史籍中无“杂户”、“伎作户”、“营户”等名称，也无乐户、牧户、屯户、军户、细茧户、罗縠户等称谓，足见当时的直接生产者中还不存在这些特殊的阶层。但是，到了魏晋南北朝，这些人身依附性特别严格的“百杂之户”都相继出现了。以百工来说，在云梦秦简的《均工律》中，称在官府手工业作坊中劳动的工匠为“工师”，一般的技术工人谓之“故工”或“新工”，都属于自由人，而人身不自由的官府奴隶之从事百工技艺者，则谓之“工隶臣妾”，见于《均工律》及《军爵律》等。汉代仍称之为“工匠”或“匠”，东汉时期还有尊称为“织师”者。随着汉末、三国时期对人口进行掠夺、控制的高潮而来的，工匠也被各割据势力集团强制占有，而且有了专门的户籍，父子相袭，不得改业，成了身份低贱的“百工”户或“伎作户”。与此同时，一些脱籍流亡的小农，在战乱中或投依大姓以为“荫户”，其人身立即就成了其主人的私附人口。加上，自三国时期以后，盛行以军事组织形式去编制劳动人手的做法，例如屯田民、屯田客就是如此，于是，一些流民一旦成为“荫户”，也同样被其主人以军事组织形式编制起来，或则成了“部曲”，或者成了“营户”，如前燕境内许多“隐附”之民，就成了“诸军营户”②。从此以后，不论南朝还是北朝，以“营户”形式去控制直接生产者的情况，指不胜屈。流亡人户一旦成为荫户，又被编制成“营户”之后，不仅丧失了人身自由。成了不折不扣的封建依附民中的一个特定阶层，而且其社会地位又在已经强化了人身依附性的小农之下。随后，随着大量带着奴隶制尾巴进入中原的少数民族政权的先后建立，致使中原地区的大批被俘人口，相继沦为营户、屯

---

① 参阅高敏：《魏晋南北朝社会经济史探讨》一书的《杂户考》一文，1987年10月，人民出版社出版。

② 语见《晋书·慕容暐载记》，《资治通鉴》卷101，《晋纪》海西公大初二年条及卷105，《晋纪》武帝太元二十一年条胡三省注，对此言之甚明，可以参阅。

户、牧户、隶户、罗縠户、细茧户、绫罗户、僧祇户等，而且在这一过程中，正式出现了“杂户”的名称，如前赵就以杂户之名去称呼所有被他们驱掠而来的人口，[①] 从而不仅在史籍中正式出现了“杂户”这一专名，而且所有上述丧失人身自由和加深了人身依附性的各色人口，都被称之为“百杂之户”[②]。至于“隶户”、“吏户”等身份特别低下和人身依附性格外严格的人户，也同样形成于这一时期。[③] 因此，综而观之，魏晋南北朝时期，确是各类直接生产者的人身依附性加深的时期，这正反映此时是我国封建生产关系的发展期，是中国式的农奴化时代。[④]

与上述各类直接生产者的人身依附性显著加深的同时，奴隶制的残余因素，较之两汉时期，也不是削弱了，而是加强了。两汉时期虽然也存在官府奴隶与私家奴隶，而且数量也不算大小，但毕竟不如魏晋南北朝时期的奴隶人数众多。由于这一时期战乱频繁，一般小农因破产流亡而被人掠卖为奴隶的事实大有增加；因家庭经济困难，无法克服而自卖为奴的情况也为数不少；特别是在战争中，因双方掳掠人口而把战俘、驱掠人口和强迫迁徙的人口人为下降为奴隶者，更是指不胜屈。又由于这时国内存在尖锐的民族矛盾，以致南人以北人为奴，北人以南人为隶，各少数民族相互把对方人口当做奴隶看待者，也大大超过两汉时期。更由于少数民族进入中原之时，其本身处于奴隶社会阶段，或处于氏族社会末期和奴隶社会刚刚形成之时，因而按照他们自身的社会发展规律，都希望能在北部中国建立奴隶制度，且不论他们的企图之必然落空和无法实现，却并不能阻止他们曾经有这样的妄想，也不能否定他们企图实现这一妄想而作过的种种努力，像北魏前期统治者所作的那样。正因为这一情况的存在，使得奴隶制的因素普遍有所增加，甚至局部地区会发生逆转现象。还有一个情况，也同这时奴隶人数的众多不无关系：北魏在实行均田制以后，奴婢可以随良人一样受田，北齐、北周时期虽然对奴隶受田的人数作了限制，但限额

① “杂户”之名的正式出现，始于《晋书·石勒载记》。

② “百杂之户”语，见《魏书·前废帝纪》普泰元年三月己巳诏。

③ 关于“吏户”的形成过程，可参阅高敏：《秦汉史论集》中的《试论汉代“吏”的阶级地位和历史演变》一文。

④ 以上所述，可参阅高敏：《魏晋南北朝社会经济史探讨》一书中的《杂户考》一文。

还是大得惊人的；而当时南朝与北朝地主田庄的普遍化，急需大批的劳动人手为之效力，而奴隶劳动在当时的社会生产力水平低下的情况下，还是有利可图的，甚至是必要的。这样，自然会造成封建地主也广泛使用奴隶劳动的情况。上述一系列的特殊社会状况与历史条件，是魏晋南北朝奴隶人数众多和奴隶制残余因素得以加强的根源。当然，也正是由于上述特殊社会状况与历史条件，也会给这时的奴隶制残余因素带来自己的特征：一是从事社会生产的奴隶的比重，似乎较两汉时期有所增加，特别是在农业劳动中使用奴隶的情况更是如此；二是奴隶的民族成分复杂化了，较汉代之多以汉族罪人及其家属为奴的情况不同了；三是由于整个社会封建生产关系的发展和固化，这种封建生产关系不能不给这时的奴隶带来身份的变化和某些特征，以致奴隶有家庭、以户计和拥有小量私有经济的情况出现了，甚至在奴隶取赎的途径与方式方面，也出现了新情况；四是由于第三个特征而引起的，奴隶社会地位的逐步提高和大批非奴隶身份的直接生产者人身地位的下降与人身依附性的加深，会产生某些二者合流或日益接近的迹象。总之，所有上面这一切，都只有置于魏晋南北朝时期这个特定的历史条件下才可能理解。①

五、北方商品经济的严重破坏与江南商品经济的畸形发展及海外贸易的空前繁荣

自春秋、战国之际到秦、西汉时期的商品经济，其发展程度已经超出了封建经济所能允许的限度，因而有轻商、抑商政策的制定，藉以限制商人，削弱他们同地主争夺土地与劳动力的斗争，同时也用以打击以工商业奴隶主为代表的奴隶制残余势力，为发展地主经济和维护小农经济廓清道路。随着轻商、抑商政策的实行而来的，既削弱了商人的经济势力，又促进了地主土地私有制的发展和保持了小农经济的稳定局面，从而加强了封建经济的自给自足性质。②到东汉时期，随着封闭型地主田庄的兴起，商品的流通量进一步减少了，金属货币的使用量也降低了，货币的实物化倾向开始出现，甚至还第一次出现了全

---

① 关于魏晋南北朝的奴隶制残余存在形式、形成原因及其特征等问题，已另作专文，此不详述。
② 详见高敏：《秦汉史论集》中的《论汉代抑商政策的实质》一文。

面取消钱币的主张。随后，东汉末年以后的战争连绵和社会长期动乱更加深了上述倾向。特别是十六国时期，由于少数民族的大量内徙，以致落后生产关系的因素增加，直接降低了对商品经济的需要程度；农业、手工业的严重破坏，使商品经济失去了发展的条件；战争的连绵不断，尤使商业活动无法进行。因此，这时的民间私营手工业与商业，几乎成了非法的和处于无法存在的状况，代之而起的，是官府的手工业和商业。这种情况一直持续到北魏孝文帝改革时期。从此以后，随着汉化政策的推行与社会经济的封建化，又恢复了允许私营手工业与商业合法存在的汉族传统政策，同时还极力招诱西域胡商与江南豪富到洛阳来经商和居住，国内国际性质的贸易逐步获得了恢复。

但是，即使如此，整个北朝时期北方商品经济的发展程度仍然不如南方。江南地区，自东汉以后，农业与手工业的发展都有了明显的进展，孙吴立国于江南，在这里兴建屯田，占有了山越人开发的山区，同时因对付曹魏的需要而发展了造船手工业和海外贸易。东晋、宋、齐、梁、陈继之，在以建康、三吴、会稽、番禺、荆襄、寿春、豫章等地为中心的经济区获得发展以后，不论是国内工商业与对外贸易，都在孙吴时的基础上又有发展。首先，以金属货币的铸造与流通来说，从未像北方那样停顿过，而是处在继续不断的发展之中。其次，江南地区虽然也存在货币的实物化倾向，但是越到后来，官府取之民的租调，也出现了以金属货币折纳的趋势；官府的支出与官吏俸禄的支付，也发生了以钱支付的苗头。其三，江南各地区之间有频繁的经济交流，以致出现了建康、江陵、扬州、吴、会、番禺、寿春等一系列经济性城市，也有一批墟市、草市的兴起，[①] 初步形成了地区性的市场网络。其四，商品的范围扩大了，不仅有自然物的土特产品，也有经过精心加工制作的手工业品，还有从国外运入的奇珍异物，官府还为商业的发展与管理制定了法律，《隋书·食货志》所云："晋自过江，凡货卖奴婢、马牛、田宅，有文券者，率钱一万，输传估四百入官：卖者三百，买者一百。无文券者，随物所堪，亦百分收四，名为散估。历宋、齐、梁、陈，如以此为常。"这等于保障商贾贸易的合法性；

① 草市的出现，即在魏晋南北朝时期的江甫地区，关于这一点，日人加藤繁已有考证，详见其《中国经济史考证》中译本，卷1，《唐宋时代的草市及其发展》一文。

同书又载建康之西设有石头津，东有方山津，各设专门官吏，以检查货物并征收十一之税，如果商业不发达，为此而设置专门机构与官吏的做法，就毫无必要了。其五，不少官吏、贵戚和皇族成员，往往兼营商业，并广占山泽，在山泽地区建立经营与制作手工业产品的屯、邸、别墅，使手工业与商业的经营形式进入了一个新阶段。其六，由于国内市场的发展，城市中的传统的固定市场体制——坊市制度，已开始不适应手工业与商业发展的需要，从而产生了突破固定市场体制的草市、墟市制度，而且为唐宋以后草市、墟市的发展奠定了基础。所有这些情况，都是当时的北部中国所看不到的；也表明这时江南商品经济的发展程度，甚至有超过战国与秦汉时期之势，至少在海外贸易方面是这样。

不过，江南地区的商品经济，有其时代的特征，并规定了它的虚弱本质。首先，以商品的类别来说，高级奢侈品占有整个商品的颇大比重，因而对整个社会经济的发展作用不大；其次，以商业经营的形式来说，多系不同地区之间的长途贩运，商人的获利多来源于地区差价，而不是靠丰富商品种类、提高商品质量和改善经营方式获得的，因而本质上无助于商业与手工业的发展；其三，正因为江南的商业主要靠地区之间的差价获利，这就表明其商业与手工业的发展并不是以农业的发展为前提条件的，因而缺乏广阔的国内市场；其四，官吏、贵戚与皇族成员的经营商业，既限制了民间手工业与商业的发展，又使商业与手工业更附属于封建的地主经济，因而这时的墟市、草市虽已萌芽，却并未能获得显著发展，更未能真正突破传统的固定市场制度——坊市制度。正由于这些特征，就使得江南地区的商品经济，是一种畸形发展的商品经济。它的后果，反而使得民间的手工业与商业不甚发展，因而江南地区商品经济发展所带来的，不是国力的强盛，而是农业与民间手工业的破坏和国力的衰弱。故东晋南朝时期，江南地区徒有商品经济繁荣的假象，却始终未能改变在国势上的北强南弱局面。

上述魏晋南北朝时期的社会经济在总体方面所反映出来的时代特征，既是秦汉时期历史发展的必然结果，也为隋唐时代我国封建经济的高度发展准备了必要的条件，同时又通过它们把这一历史时期社会经济状况同其他历史时期区分开来。因此，作为魏晋南北朝时期的经济史，将在以后各章节中详细阐述这些时代特征的具体内涵、表现形式、形成原因及其作用与意义。

第三节 魏晋南北朝时期的历史地位

在简略阐明了魏晋南北朝时期的历史特征和它的社会经济总貌的状况以后，使我们有可能对这一历史时期的历史地位作出符合实际的判断。

在欧洲资产阶级革命的过程中及其取得胜利以后，欧洲的史学界对欧洲历史的研究，曾经出现过一种颇为流行的观点：即往往忽视欧洲中世纪的历史地位，把它看成是黑暗的时代、野蛮的历史和人类历史进程的中断时期。恩格斯曾经公开地批判这种观点，指出它是一种非历史主义的观点。他说："这种非历史主义的观点也表现在历史研究领域中。在这里，反对中世纪残余的斗争限制人们的视野。中世纪被看做是由千年来普遍野蛮状态所引起的历史的简单中断，中世纪的巨大进步——欧洲文化领域的扩大，在那里一个挨着一个形成的富有生命力的大民族，以及14 和15 世纪的巨大的技术进步，这一切都没有被人看到。这样一来，对伟大历史联系的合理看法就不可能产生，而历史至多不过是一部供哲学家使用的例证和插图的汇集罢了。"① 无独有偶，在历史演进了几百年之后，同样的观点，也在我国史学界涌现出来，所不同者，在于它所否定的不是欧洲的中世纪的历史地位，而是作为中国中世纪历史的一个重要历史时代——魏晋南北朝时期的历史地位。在他们看来，上起汉末董卓之乱，下迄隋开皇九年统一中国的整整400 年的历史，是分裂割据的"大混乱、大破坏"的历史，是各族人民互相残杀的历史，是社会人口不断流移和不断死亡的历史，是社会经济遭到严重破坏而"一落千丈地下降到深渊"的历史，也是麻醉人民的鸦片——佛教、道教和空洞无物的玄学思想盛极一时的历史，还是腐败无能的高门世族地主垄断一切和横行无忌的历史。"总之，这一个阶段（指魏晋南北朝时期——引者注），是社会经济的大衰落时期，是国家的大分裂时期，是整个历史的大倒退时期"，以致"前一时期的社会经济的运动规

① 恩格斯：《路德维希·费尔巴哈和德国古典哲学的终结》，见《马克思恩格斯选集》第四卷，第225 页。

律，在这一时期是完全不适用了”[1]，甚至“奴隶制度”在这一时期获得了“突出发展”[2]。这种充满了大分裂、大混乱、大衰落、大破坏、大倒退乃至大屠杀的历史，无疑是中国历史上的黑暗时代，充其量也不过是处在秦汉与隋唐盛世这些雄浑博大的交响乐中的一个小插曲而已！这难道不是同资产阶级史学家对欧洲中世纪历史地位的否定如出一辙吗？

应当承认，在整个魏晋南北朝时期，确实是一个政权林立、分裂割据和战争频繁的时代，社会人口的流移和死亡，也确实是比较突出的历史时期，由于这些，给社会生产带来的破坏也确实是严重的和惊人的；宗教和玄学的盛行以及世族地主垄断一切与腐朽无能等等，也确是客观存在的事实；民族之间的仇杀因素，也不能完全排除；奴隶制因素的上升，也非子虚乌有。但是，所有这一切，并没有倒转当时整个社会历史前进的车轮，更没有造成整个历史的大倒退而形成所谓黑暗时代。正如马克思在论述英国对印度的统治时所说：“内战、外侮、政变、被征服、闹饥荒——所有这一切接连不断的灾难，不管他们对印度斯坦的影响说得多么复杂、猛烈和带有灾难性，只不过触动它的表面”[3]。同样，魏晋南北朝时期的战乱、饥馑、人口死亡与流徙等等，也只是触动了这个社会的表面，并没有动摇它的根基，更没有改变它的整个社会结构和发展方向。

为什么上述一系列有关魏晋南北朝时期的消极因素，没有也不可能改变这时历史发展的进程而形成什么大倒退的时代呢？这是因为，决定历史过程的因素是多式多样的，而且这些因素的作用，有主次之分，有轻重之别。一般说来，在众多的影响历史进程的因素中，最终是社会生产力的发展水平决定与之相适应的生产关系，是社会生产力发展的需求决定生产关系的变化与发展。由于生产力中的决定因素是人，是掌握了生产技术和代表着各个不同民族文化的人，因而最终是人们的意愿决定着历史发展的方向与进程。在阶级社会里，人们又是被划分为不同阶级的，而不同阶级的人，由于其利益、需要和要求的不

---

① 傅筑夫：《中国封建社会经济史》第三卷《总论》。

② 傅筑夫：《中国封建社会经济史》第三卷《总论》。

③ 马克思：《不列颠在印度的统治》，见《马克思恩格斯选集》第二卷，第64页。

同，又会产生不同的意向，因而在阶级社会，历史发展的方向与进程又是由不同阶级意向的人们的愿望与斗争交叉和综合地起作用的结果，绝不是某一方面或某一因素单一地起作用的结果。所以，生产力决定生产关系，在阶级社会里，人们的生产斗争与阶级斗争决定着历史发展的方向与进程，乃是不以人们的意志为转移的客观规律。秦汉时期是阶级社会，魏晋南北朝时期也是阶级社会。既然二者都是阶级社会，为什么会出现“前一时期的社会经济的运动规律，在这一时期是完全不适用了”的状况呢？因而这种历史倒退论在理论上是站不住脚的。

由于决定历史进程的因素是复杂的，而这些因素又彼此交织和互相渗透，因而当我们考察诸因素如何决定历史进程问题时，也必须充分看到其相互作用过程中的复杂性。例如同一因素，在不同历史条件下，可能发生不同的历史作用；有些表面上看来是坏的因素，有时却可以起好的作用。前者，如人口的大量脱离官府版籍而流移，如果发生在社会经济上升时期，如果流动的范围仅限于经济比较发达的地区，则这种流移肯定会带来更多的消极后果。反之，如果发生在社会经济的动荡年代，如果流动的空间是由经济发达地区流向不发达地区，其产生的后果肯定是不相同的。后者，例如战争，表面上看来，凡战争都有破坏原有社会状况的一面，但也有冲破老的格局而孕育着新的格局的一面，某些有发展前途的新事物，往往是在战争的过程中或战争以后的新格局中得以萌发和成长起来的。因此，我们不能把魏晋南北朝时期的人口剧烈流动和战争频繁，完全当做消极因素甚至破坏因素去看待。

何况，要观察一个时代的历史地位，不能局限于这个时代的当时状况去理解，而要从历史发展的漫长链条中去考察组成这一链条的每一个环节的作用，才有可能接近历史的真实。这就是说，有些事物的历史地位与作用，往往要到下一个时代的历史趋向中寻找。在当时起消极作用的一些因素，也许到下一个历史时期便能显示出它的积极作用。

正是基于上述的一些认识，便不能把魏晋南北朝时期的长期分裂、战争频繁、人口流移与死亡、民族矛盾的尖锐以及佛教、道教、玄学的盛行等等，都看成是纯粹消极的因素。以战争来说，如果没有东汉末各势力集团之间的一系列武装冲突，群雄割据的局面就无法消除；如果没有黄巾大起义与魏晋南北朝此伏彼起的一系列农民起义和各种反抗斗争，则两汉以来的土地占有关系就无法打破，少数民族统治者妄想在北中国实行奴隶制的企图也无法阻挡，江南山湖陂泽地区的开发也将受到影响。以少数民族内徙和社会人口的流动来说，如果没有自东汉以来的大批少数民族的内徙中原和少数民族在中原及边境地区建立政权的活动，就不可能真正促进边境地区的经济开发，更不可能增加以汉族为主体的中华民族的新血液，从而促进我中华民族的形成与发展，以及疆域的开拓与奠定；如果没有大批北方人口的南移，则北方的先进生产技术无法如此集中地和显著地传播江南，江南地区水稻耕作技术由直播法到移栽法的变化时日也将推迟，水利灌溉事业的陂塘化倾向也许将延缓时日。如果没有佛教的传入和道教的创立，也不可能有玄学的出现；如果没有佛教的传播、道教的兴盛与玄学的流行，则唯心主义哲学思想的发展也将受到局限，中国传统的儒家思想对外来思想、文化的吸收、改造与熔铸的可能性也将受阻。至于雕刻、绘画与塑造等艺术形式的形成与发展，更将因而失去它们的营养与条件。其他如汉语语言的丰富、词汇的吸收、文体的变化、音乐的发展和音韵学的创立等等，都将蒙受不可设想的损失。因此，总的说来，坏的东西，往往能带来意想不到的好的结果，在当时并不起好作用的一些因素，在较长的历史过程中，也许会日益显示出它的积极方面。所以，魏晋南北朝时期的频繁的战争，既是破坏当时社会生产的因素，却又是清扫旧的历史地基的手段，从而是孕育新的历史条件的接生婆；人口的大量流移，既会给当时的社会生产带来无比严重的灾难，却也是促进各地区之间经济文化交流的重要方式；少数民族的大量内迁，既带来了许多落后的因素，却也增添了不少新的文化传统、风俗习惯和民族血液，有利于民族素质的更新；南北分裂和政权林立，既有阻碍整个中国内部经济文化交流和发展的一面，也有促使各地方政权各自努力开发本地区经济的一面，从而加速了中原地区先进的封建经济与高度发展的封建文化向四周边远落后地区传播的速度，正是由于中原地区高度发展的经济与文化向四周落后地区的辐射力的加强，才使得中华民族日益成为一个不可分割的整体；至于南北分裂的对立格局，虽然暂时妨碍国内的统一，却也促进了江南政权向海外发展，以求立足；北方政权则保持同西域的陆路通道，以求生存。而且在南北分裂、对峙的政治形势下，各自在争正朔、竞长短、赛势力，在这一过程中，无形中加速了各种文化的融合。这就是说，上述一系列的消极现象与因素，从长远与整体的角度来看，都带来了意想不到的积极后果，不仅直接或间接地促进了这时经济区域的变化、对外交通的发展、科学技术的繁荣、史学的兴盛、哲学的发展、目录学与音韵学的成就、艺术题材的多样化与艺术水平的提高、书法的独创和民族的大融合；也导致了中华民族的民族血液的更新、民族精神生活的丰富和共同创造中国历史的民族大家庭的和谐气氛的形成。所有这些方面，都为隋唐盛世的到来创造了必要的条件和奠定了牢固的基础。至于魏晋南北朝的土地制度、租税制度、徭役制度、兵制、官制和选举制度等等方面，也无一不是上承秦汉和下启隋唐的完备期和充实期。由于这些方面，几乎是人所共知的事实，恕不在这里细述。因此，我们可以实事求是地、毫不夸张他说：整个魏晋南北朝时期的历史，在我国封建社会的全部过程中，是一个各族人民共同创造中国民族历史的民族融合的伟大时代；是一个上承秦汉、下启隋唐和吸取多民族文化传统和外来思想文化而加以改造、熔铸的伟大时代；是中原地区高度发展的封建经济与文化向江南地区与边远落后地区迅速传播的伟大时代；是中华民族的形成历史过程中大放异彩的伟大时代。

第四节　关于几个带共性的理论性问题的简略阐述

在研究魏晋南北朝经济史的过程中，不同章节都不可避免地要涉及到一些带共性的问题。例如，魏晋南北朝时期的社会性质问题，与此相关的就是庄园制经济制度问题，还有这一时期的社会主要矛盾的变化发展问题和南北社会的不同发展道路问题等等。为了表明我们对这些问题的看法，也便于在本书的各个章节中贯穿这些观点，不妨也在这里作一粗略的简单说明。

一、关于魏晋南北朝的社会性质问题

我们是不同意此时为我国封建社会开始期的说法的。我们认为，春秋、战国之际，基本上是我国由奴隶制向封建制的转变期。由于封建因素的形成与增长在各国的不平衡性，从而使各国实现这种转变的变法措施的时间与程度也各不相同。秦国的商鞅变法，虽是诸国变法中比较晚的，但也是最彻底和没有逆

转现象的一次变法，故基本上可以作为封建制全面确立的时间界限。既然如此，秦汉时期自然是上承战国时期封建制确立后的第一个中央集权的封建主义时代；魏晋南北朝时期是我国封建社会的发展期而非开创期。这不仅是因为作为封建社会的私有土地制度逐步形成和确立于战国、发展于秦汉和巩固于魏晋南北朝；而且基于封建土地私有制的一整套封建的分配制度包括租赋制度、徭役制度和地租制度等等，都始于战国和逐步发展于秦汉，魏晋南北朝完全继承了这些制度；社会直接生产者对于地主阶级和官府的人身依附性，也逐步形成于战国与发展于秦汉，在魏晋南北朝时期得到了前所未有的加强；决定于封建的经济基础的整个上层建筑，也同样产生于战国，确立于秦汉，发展于魏晋南北朝，例如代表地主阶级利益的中央集权制度，赋予新兴地主阶级以政治和经济特权的赐爵制度以及维护地主阶级利益的各种立法等等，它的创立与发展都同我国封建制度的形成与发展的历史过程是同步的。这些绝非巧合的一致性，正反映出它们之间不可分割的联系性。因此，魏晋南北朝时期与秦汉时期，不论从哪个方面来说，它们之间的联系性和一致性，远远超出它们之间的差异性。换言之，它们应当是属于同一社会形态——封建社会的不同发展阶段，而不应是一为奴隶社会，一为封建社会。

包括中外的一些学者在内，他们之所以认为我国魏晋南北朝时期是封建社会的形成期，其重要的根据之一，就是同西欧的中世纪进行类比。在他们看来，正当日耳曼人进入西欧的时候，正当罗马帝国的奴隶制处于穷途末路的时候，这同我国北方匈奴、鲜卑、羯等少数民族内徙中原的时间大体上差不多，同东汉帝国处于奴隶制末期的情况也大体相同。既然西欧的封建制始于日耳曼人进入罗马帝国领土之时，那么我国的封建社会也应当始于“五胡”民族大批进入中原地区之日；更何况西欧的中世纪有庄园制与贵族制，而我国自东汉以后也有庄园制与贵族制呢？这岂不是我国的历史进程，与西欧完全一致吗？要知道，这样的类比研究法，未免把历史发展过程看得太简单了。比较研究的方法是必要的和不可缺少的，但它同不顾具体历史环境的不同而进行简单类比的方法是格格不入的。正如马克思在1877年《给〈祖国纪事〉杂志编辑部的信》中所指出的：“极为相似的事情，但在不同的历史环境中出现就引起了完全不同的结果。如果把这些发展过程中每一个都分别加以研究，然后再把它们加以比较，我们就会很容易地找到理解这种现象的钥匙”[①]；马克思又在《十八世纪外交史内幕》一文中说：“要了解一个限定的历史时期，必须跳出它的局限，把它与其他历史时期相比较。”[②]“但是，使用一般历史哲学理论这一把万能钥匙，那是永远达不到这种目的的，这种历史哲学理论的最大长处就在于它是超历史的。”[③] 这就是说，马克思主义是十分重视比较研究方法的，不过他们所重视的，不是抛开具体历史环境的简单的类比法。同样以这个问题为例，当日耳曼人进入西欧的时期，正是罗马的奴隶制内部产生出隶农制的时候；日耳曼人摧毁了罗马的奴隶制政权后，便把占领的土地由其首领实行以采邑形式出现的土地分割制，从而形成了土地的等级所有制。而这些情况，当我国的“五胡”民族进入中原时是不存在的。作为“五胡”民族本身，有的已进入奴隶社会，有的正处于氏族制末期。按照它们自身的发展规律，几乎无不希望在中原地区推行其奴隶制度；但从其处于封建制度与封建经济的包围之中的状况而言，它们又不可能不实行封建化的措施。因此，魏晋南北朝时期五胡政权的封建化措施，同西欧日耳曼人在隶农制基础上实行的采邑、封地制度，是完全不同的两码事。前者是因袭，后者是创举，故不能说我国的封建制也同西欧一样始于少数民族内迁之时。

二、关于庄园制度或庄园经济的问题

在汉以后经魏晋南北朝、隋唐到宋代的史籍中，的确经常出现“园”、“庄”等名称，后来逐渐出现了庄与田连称，谓之“庄田”；庄与宅连称，谓之“庄宅”；主管庄宅的官吏，叫做“庄宅使”；甚至庄与园连称，叫做“庄园”，正式出现于南北朝后期的史籍。不过，我国古代史籍中的庄或园，涵义是复杂的，而且处在一个变化过程中。早在西汉时期，不少王公贵戚及高赀富人，大都有“园”，而且往往栽种花木，是供其欣赏游览的场所，是其住宅地的一个附属部分。但是，这种供地主娱乐游玩场所的“园”一旦出现，它就

① 《马克思恩格斯全集》第19卷，第131页。
② 《马克思恩格斯全集》第44卷，第287页。
③ 《马克思恩格斯全集》第19卷，第131页。

会同地主的住宅与田地发生联系，于是“园田”、“田园”、“庄”、“庄宅”、“庄田”、“庄园”等名称就相继出现了。而且日益成了地主阶级对其土地的一种经营形式或者组织形式。东汉时期这种地主田庄便多起来了。地主为了对抗农民起义和保护私有财产，往往对其位居的中心——庄宅或庄院，采用军事建筑的形式，谓之坞、堡、营、寨、壁、垒、屯。其中地主居住的地方叫庄院、本庄；种植庄稼、蔬菜、果木、药物、桑麻和饲养牲畜的场所，统称为庄园或田园，其范围之大，可以包括山、水、湖泊在内；此外，还有耕种田庄土地的劳动者，在东汉后期叫做“徒附”、“私属”，后来便叫“佃客”、“客户”、“部曲”，到唐代便叫“庄荫家”[①]。至于地主在外地的田庄，则叫做“别业”或“别墅”，魏晋南北朝时期盛行之，到唐代便叫做“别庄”、“寄庄”等。[②]一言以蔽之，在我国史籍中的“庄”、“庄田”或“庄园”，是指地主阶级经营其土地的一种组织形式，它本身并不是一种所有制的形态。目前不少史家所使用的关于我国魏晋南北朝时期的庄园制与庄园经济等等，就是指这种具有自给自足性质的地主田庄的经营形式而言。但是，也有人把这个概念同西欧中世纪的领主制经济下的庄园制混为一谈的。换言之，他们把魏晋南北朝时期的所谓“庄园制”与“庄园经济”等概念，同西欧中世纪领主制经济下的庄园制等同起来进行类比，认为西欧中世纪存在的庄园制与贵族制，同魏晋南北朝时期的庄园制与贵族制是一模一样的，并用以反证我国的封建制度应肇始于此时，实际上，西欧中世纪的庄园制，是一种土地所有制形态，是国王把国有土地以采邑、封地等形式分割给大大小小的领主，然后由领主再把其领有的土地分为领主自用地与农奴份地两大部分，农奴各自耕种自己的份地，并用自己的工具为领主耕种自用地。份地的收入归农奴，而领主自用地的收入归领主。这种土地是不允许买卖的。所以，西欧中世纪的庄园制，是封建领主通过超经济的强制力迫使农奴无偿地为自己提供劳役地租的一种土地所有制形态与剥削形式，同我国汉魏晋南北朝以来的地主通过把土地租佃给农民从而榨取其实物地租的庄园经营形式不是一回事。因此，为了避免这种由于名称相同而内涵不同又易于

① 《唐会要》卷85,《籍帐》宝应二年九月敕。

② 参阅日人加藤繁著《中国经济史考证》的有关篇目。

造成混乱的情况，最好不使用“庄园制”或“庄园经济”等概念。在这个问题上，胡如雷曾经发表了很好的见解。长期以来，我们有不约而同的看法，[①]此不赘述。

三、关于民族矛盾和社会主要矛盾问题

魏晋南北朝时期，由于民族关系空前复杂化，从而使得在此之前的时期国内民族矛盾并不十分尖锐的情况变化了，出现了民族矛盾十分激烈的状况。但是，长期以来，有一种否认民族矛盾存在的倾向，从而使得与此有关的一些问题得不到合乎情理的理解。无可否认，在阶级社会里，阶级矛盾是无所不在的，而且一切社会矛盾，都会受到阶级矛盾的影响与制约，或者带有阶级矛盾的色彩。然而，并不能因此而否认民族矛盾的存在。这是因为，国内各民族之间的矛盾，来源于各民族之间的自然形成的差异。例如民族血缘关系的不同，主要居住地区的差别，各民族文字和语言、风俗和习惯乃至心理特征、生活方式等等的不一致，都会在各民族之间产生各式各样的矛盾。即使在没有各民族统治者制造和挑拨民族纠纷的情况下，这些差异与矛盾，也是客观存在的。假如各民族之间根本不存在上述的民族之间的差异，就无所谓有民族成分的不同，各族统治者虽欲制造和挑拨民族纠纷，也是不能得逞的。因此，完全否认民族矛盾的客观存在，是不符合历史实际的。我们只有既看到存在民族矛盾的客观事实，又承认阶级矛盾的存在对民族矛盾的影响，才有可能正确认识这一时期民族矛盾与阶级矛盾的交织状况与此消彼长的复杂关系，换言之，我们要承认这时有民族矛盾的存在，而且不能把任何民族矛盾都说成是阶级矛盾。否则，对民族矛盾日趋消失，而阶级矛盾却长期存在的事实就无法解释。

于应当承认民族矛盾存在的同时，还有一个魏晋南北朝时期的社会主要矛盾的变化发展问题。过去有一种说法，封建社会的主要矛盾，自始至终是

---

① 胡如雷的看法，详见其《中国封建社会形态研究》，第58～64页。20世纪50年代我作研究生时所写的论文《唐代土地制度研究》已论述了这一问题。高敏《秦汉魏晋南北朝土地制度研究》一书的《绪论》也说明了不使用“庄园制”或“庄园经济”等概念的原因，均可参考。

农民阶级与地主阶级之间的矛盾，按照这种说法，就排除了与上述矛盾同时存在的统治阶级之间的内部矛盾与民族矛盾有成为社会主要矛盾的可能。毛泽东同志曾经指出：所谓主要矛盾，就是在复杂事物的发展过程中，在有许多矛盾并存的情况下，其中能规定或影响其他矛盾的存在与发展的那种矛盾。在多民族国家的阶级社会里，一般都存在着对抗性阶级之间的阶级矛盾、统治阶级的内部矛盾和民族矛盾这三种基本矛盾。这三个基本矛盾，都可以成为社会的主要矛盾。例如当统治阶级内部因争权夺利而发展到流血冲突的时候，就不能不承认这时的统治阶级内部矛盾，就成了当时社会的主要矛盾。当对抗性阶级之间的矛盾激化到武装冲突时，这时统治阶级的内部矛盾就降到次要地位，统治阶级中的各个集团就可以暂时团结一致，共同对付被压迫阶级的起义或革命，这样的事例在封建社会中屡见不鲜。这就是说，封建社会中的对抗性阶级矛盾与统治阶级内部矛盾，都可以因具体情况的变化而成为某一时期的社会主要矛盾。那么，封建社会的民族矛盾，在某种特殊情况下，也应当可以成为某一时期的社会的主要矛盾。既然如此，我们决不应当讳言魏晋南北朝时期民族矛盾的存在与激烈程度，更不应当把民族矛盾都当做阶级矛盾去理解。至于魏晋南北朝时期社会主要矛盾的演变过程，将在另文中专题论述，此不赘述。[①]

四、关于魏晋南北朝时期南方与北方社会的不同发展道路问题

在秦汉时期，尽管南方与北方在政治、经济与文化的发展水平上存在着不平衡性，但几百年间，毕竟是处在同一个中央集权制政权的控制之下，其发展的方向是一致的，发展的速度基本上是同步的。然而，到了魏晋南北朝时期，情况就发生了变化。首先，是由于全国在政治上的分裂、对峙，使南方与北方在政治、经济与文化的发展上失去了同步性；其次，是由于北方大量少数民族的内迁，带入了严重的落后的社会生产关系，这不仅影响北方的政治、经济等在发展速度上同南方的同步性，而且在发展的方向上还有可能产生同南方的不一致性，甚至在个别短暂时期，北方的社会可能出现社会性质的逆转，而

① 见高敏：《试论两晋时期社会主要矛盾的演变过程》一文，刊《史学史研究》，1989 年第 2 期。

南方则是朝封建生产关系不断强化的方向发展。事实证明，十六国时期的统治者，曾以部落与州郡两种形式统治其居民，本质上反映了其社会性质的复杂性；北魏前期，统治者的奴隶社会化措施，则更是社会性质的逆转期。因而北方的少数民族政权内部，总是不断出现一个奴隶社会化与封建化的矛盾斗争，而最终是封建化取得胜利；而南方则不存在这种社会发展的迂回曲折的情况。

由于在南北双方总的社会形态发展方面与道路的差别，以致在其他方面也产生不同。例如商品货币经济的发展水平与速度，北方远远落后于南方；地主土地私有制的发展速度与情况，也有北不如南的差异；在封建政治体制与封建文化素养方面，也相应出现南胜于北的情况，乃至北方的统治者也承认南方是汉族文化的衣冠礼乐之邦，而北方则是胡化文化传播较深较广的地区。只有在军事方面，始终表现为北强南弱的状况。所有这些差异，最后都是通过北方少数民族政权的封建化措施和文化上的汉化措施，才逐步缩小了同南方的差异，从而为全国统一局面的出现准备了政治、经济与文化方面的各种条件。

第五节 编写魏晋南北朝经济史的总体设想述略

经济史，不论是经济通史还是断代经济史，它首先是历史科学的一个组成部分。它所不同于作为一般历史科学的地方，在于它是以人类社会历史中的社会经济部分作为研究对象的科学，所以，它是整个历史科学中以社会经济为研究对象的专门史。正因为如此，它与政治经济学之以“研究人类社会中支配物质生活资料的生产和交换的规律的科学”① 不同，它不单纯以“研究人们在生产上的社会关系、生产的社会制度”② 为研究对象，即不单纯以人类社会的生产、分配，交换与消费等社会关系为研究对象；因为它是社会经济发展状况的历史，因此，除了要研究社会生产关系的诸方面外，还应当研究社会生产力

① 《马克思恩格斯选集》第3卷，第186页。
② 列宁：《俄国资本主义的发展》，第33页。

的状况和发展，以及社会生产力同生产关系之间的作用与反作用关系，并把这些变化发展的历史过程展现出来，这便是经济史作为历史科学的组成部分之一的本质特征所在。

但是，经济史之研究社会生产力的状况与发展，又不同于专门的生产工具发展史和手工业史、商业史和货币史等部门经济史。由于它们之间在具体研究对象上的广狭和范围的差异，作为经济史，只能是从一定社会的生产力总体的角度，去阐明一定历史时期社会生产力的总体状况、特征以及组成社会生产力诸因素之间的相互关系和作用等等。因此，经济史对一定社会的生产力的探讨，不应当也不可能是生产工具发展史与部门经济史的翻版。

按照社会生产关系一定要适应社会生产力发展水平的性质的规律，在经济史的编写结构上，应当先讲社会生产力的状况，然后再讲社会生产关系的各种表现，借以显示生产力对生产关系的决定作用，用以说明生产关系变化发展的根源。毫无疑问，在阐明不同社会形态的生产关系变化时，采用这样的逻辑结构是完全必要的。但是，在同一社会形态内部，在总的决定社会性质的生产关系的形态没有变化的情况下，如果按照这样的逻辑结构去安排篇章节目，不仅会显得千篇一律，而且也不能单纯从这一角度去阐明这样的情况：在同样的社会生产力水平的情况下，为什么也会发生生产关系的局部调整和变化？为什么社会生产力水平的变化迟缓，而社会生产关系的变化却无时不有？有鉴于此，本卷章节的安排，就没有按照先述社会生产力诸因素，后讲社会生产关系诸状况的逻辑结构，而是按照突出重点和特点的原则，以概论叙述对魏晋南北朝经济史发展过程的总体认识，作为全书的纲领；再以魏晋南北朝的疆域与自然条件为中心，阐明该时期社会经济变化发展的客观条件；再述该时期的人口的社会组织形式与户籍制度兼及人口数量、增减、迁徙、流向与分布，以显示此时人口问题的特征；然后集中讲各种经济关系，即封建的土地所有制关系、阶级关系与分配关系等；接着讲这时社会的各个生产部门，分别从农业、畜牧业、手工业与商业等不同领域论述此时经济发展的水平与特征；把生产力的发展水平与生产工具的状况，分别附于相应章节说明；最后讲这时的各种经济思想，通过全书各章节，希望能将这一时期有关社会经济的各个方面的总体状况反映出来，借以显示魏晋南北朝作为我国封建社会的一个发展阶段的面貌与特征，并初步揭示出各项社会经济制度自身的发展过程与规律，以明其在我国整个封建社会经济史中的地位与作用。

在经济史的研究中，比较研究的方法是不可缺少的。马克思在研究资本主义社会的时候，就充分运用这种方法。恩格斯说："要对资产阶级经济学全面地进行这样的批判，只知道资本主义的生产、交换和分配的形式是不够的。对于发生在这些形式之前的或者在比较不发达的国家内和这些形式同时并存的那些形式，同样必须加以研究和比较，至少是概括地加以研究和比较。到目前为止，总的说来，只有马克思进行过这种研究和比较，所以，到现在为止在资产阶级以前的理论经济学方面所确立的一切，我们也差不多完全应当归功于他（指马克思——引者注）的研究。"① 在这里，恩格斯不仅强调了比较研究法的重要性，而且指出了纵向比较法与横向比较法两种具体运用法。当然这种比较，不是抛开具体的历史环境的不同去进行简单的类比，更不是随心所欲地利用历史上某些相似之处去进行类比，正如马克思所指出的："极为相似的事情，但在不同的历史环境中出现就会起完全不同的结果。"②

经济史的研究，还必须重视量的概念。毫无疑问，定性的分析是完全必要的和不可缺少的，但对于经济史来说，如果没有定量分析，没有数量的概念，就会流于空洞的说教而缺乏科学性。因此，经济史研究中的定量分析法，也同样是不可缺少的。不过，由于古代的封建史家，并没有给我们留下精确的统计数字，甚至连比较含糊的不甚准确的数据也十分缺乏。在这样的情况下，就需要我们自己动手去做一些必要的统计工作，在可能范围内，最好能求得一些量的说明。正如恩格斯所指出的："对于一个时期的经济史的明确观念，决不能和事件本身同时得到。在这里，统计是必要的辅助手段。"③ 不过，需要说明的是，有许多需要数据的地方，却根本无法正确计算出可靠的数据来。例如在分析某一历史时期的阶级结构时，如果能计算出各个不同阶级的人数比例，则许多问题的分析就可以立于牢固的根基之上，然而，这是完全无法办到的。又

---

① 《马克思恩格斯选集》第3卷，第190页。

② 《马克思恩格斯全集》第19卷，第131页。

③ 《马克思恩格斯全集》第22卷，第591页。

如说某一历史时期的农业、手工业或者商业发展了，却无法以百分比去说明其发展的程度，更无法计算出同一时期农业、手工业与商业在整个国民经济中所占的比重的大小。同样的例子还有很多，这是研究魏晋以前的古代社会经济史所无法克服的困难。

另外，研究魏晋南北朝经济史，还有其特殊的艰难性。一是由于史料奇缺，特别是经济史料奇缺，以致许多经济方面的问题，根本无记载，或者连一些重要的经济制度，也矛盾百出，或前后线索不明，令人望而却步。二是头绪繁多，社会经济关系特别复杂，而前人研究者又十分稀少，从而可供借鉴的研究成果不多。以前者而言，情况尤为突出。以西汉来说，关于社会经济的集中记述，《史记》有《平准书》《河渠书》《货殖列传》等，《汉书》也有《食货志》《沟洫志》《地理志》与《货殖列传》，外加《盐铁论》和各地出土的汉简，经济史料还是比较多的；《续汉书》无《食货志》，故对东汉社会经济的了解就不及西汉，尚幸还有《四民月令》《政论》《潜夫论》与《昌言》等书可以弥补一二。而魏晋南北朝的诸正史，除《晋书》《后魏书》及《隋书》有《食货志》外，其余均无；《河渠书》与《沟洫志》亦无踪影；有《地理志》《地形志》及《州郡志》者，也不甚多；今存比较完整的当时人著作，唯有《齐民要术》《水经注》《颜氏家训》《抱朴子》《洛阳伽蓝记》《高僧传》《历代三宝记》《华阳国志》《建康实录》《世说新语》刘孝标注及《昭明文选》中的个别篇章与李善注中保存了极个别的社会经济史料；其他许多私人著述与地志，鲜有存者；《太平御览》《北堂书钞》及《初学记》等书的引书中虽然也保留了个别的社会经济史料，数量也少得可怜；《通典》中所存宋孝王《关东风俗传》，虽有几条重要的经济史料，可惜可补南北诸史者甚少。至于《乐府诗集》《全上古三代秦汉三国六朝文》及《全汉三国晋南北朝诗》，对于研究社会文化虽有价值，却除个别篇目外，大都无经济史料价值。地下出土的魏晋简牍，又数量极稀；出土的魏晋南北朝墓志碑碣虽然不少，但已经整理出版者并不多，其中的经济史料尤为缺乏。所有这些情况，就给魏晋南北朝社会经济史的研究带来了巨大的甚至是无法克服的困难。从现存社会经济史料的多少与质量而言，魏晋南北朝前不及秦汉，后不及隋唐，可以说是一个经济史料极端贫乏的时代。正因为这个原因，就造成了研究魏晋南北朝经济史者人数较少的状况。司马光《资治通鉴》，有补于此时经济史研究者甚少；马端临《文献通考》，涉及魏晋南北朝经济史的地方不多，且基本无新史料；《通志》的情况，也不比上述二书好；清代的一系列考据家的研究，虽然增补了有关魏晋南北朝时期正史的许多《表》《志》，却很少有《食货志》之补；即使有之，也仅限于正史诸列传及本纪中已有材料的罗列抄录，无所裨益；公认的名著如《容斋随笔》《续笔》《二十二史考异》《廿二史札记》《十七史商榷》《陔余丛考》《日知录》《十驾斋养心录》《癸巳存稿》《癸巳类稿》等等，有关此时经济史者，少而又少；清人杨晨的《三国会要》，同样是已有材料的汇抄，而且多所遗漏；至于清人朱铭盘的《南朝宋会要》《南朝齐会要》《南朝梁会要》及《南朝陈会要》等书，同样毫无新的经济史料，而且正史中有的还遗漏不少；清人郝懿行的《补宋书·食货志》，汪士铎的《南北史补志》，及30年代陶元珍的《三国食货志》，除《三国食货志》所引经济史料略有超出《三国志》本身及裴注者外，其余二者均限于相应正史，无所补益。至于今人之研究魏晋南北朝经济史者，仅有全汉升的《中古自然经济》、李剑农的《魏晋南北朝经济史稿》中册、唐长孺的《三至六世纪江南大土地所有制的发展》与有关论文，谭其骧的《长水集》的个别篇目、周一良的《魏晋南北朝史论集》及《魏晋南北朝史札记》二书中的个别篇目、韩国磐的《北朝经济试探》与《南朝经济试探》、傅筑夫的《中国封建社会经济史》第三册等书文而已。著名史学家陈寅恪、吕思勉等前辈，虽然都是研究魏晋南北朝史的大师，却不曾研究经济史。因此，可供借鉴的经济史专著不多。甚至有关魏晋南北朝时期的一些重要经济制度的脉络也不清楚，如南朝、北朝的租调制度，就存在这种情况；黄籍与白籍的有关问题，也多含糊不清；曹魏、西晋的错役制，不知所云；南朝的滂户，仅有一二条材料；寺院中的“白徒”、“养女”，也莫明其身份；南北朝的营杂户制度，纠葛不少；东魏、北齐的食干制，也一样缺乏系统记载；其他如“给荫丁”、“给兵”、“给吏”、“给客”。“给干僮”与“给扶”等等制度的内涵与实质，“十夫客”、“渔猎户”、“隶户”、“城人”等等的阶级内涵，都存在着不同程度的疑问。类似情况，几乎举不胜举。因此，在魏晋南北朝经济史的研究中，首先存在一个弄清基本事实真相的问题，这就不可避免地需要进行必不可少的史实考证，至于实质的阐发与规律的揭示，都只有在弄清基本事实的基础上才有可能，否则就只能是缺乏根据的空谈。然而，要做到这一点，哪怕是解决一两个细小的问题，都不是轻而易举的。故对本书的写作，采取实事求是的态度，或提出问题，或发表某些不成熟的看法，知之为知之，不知为不知，如能弄清某些基本事实，对此时的社会经济状况能勾画出一个粗略的轮廓，就算达到目的了。至于经济史体系的建立，断代经济史编写体例的创新，若干经济史上理论问题的探讨等等，则有俟于来者！

第二章　魏晋南北朝时期的疆域概况

魏晋南北朝时期，各政权之间的疆域变化十分频繁，因此，不可能详列每一个政权自建立至灭亡期间的疆域变化详情，在这里，参阅谭其骧先生的《中国历史地图集》，并以某一标准年代为界划，试将这一时期各个政权的疆域粗略勾出，仅注明政权名称、都城所在及一些主要民族的活动范围。

三国时期的全图，反映的是262年时魏、蜀、吴的疆域概况。

西晋时期的全图，反映的是西晋太康二年（281）时西晋的疆域概况。

东晋十六国时期的全图，反映的是382年时的疆域概况。

成、前赵、前凉、后赵的图幅，反映的是327年时的疆域概况。

前凉、前秦、前燕、代的图幅，反映的是366年时的疆域概况。

前秦的图幅，反映的是382年时的疆域概况。

后秦、后燕、西秦、后凉、魏的图幅，反映的是395年时的疆域概况。

后秦、魏、南凉、北凉、西凉、南燕、夏、西秦、北燕的图幅，反映的是409年时的疆域概况。

南北朝时期，共有4幅图：

宋、魏时期全图，反映的是449年时的疆域概况。

齐、魏时期全图，反映的是497年时的疆域概况。

梁、东魏、西魏时期全图，反映的是546年时的疆域概况。

陈、齐、周时期全图，反映的是572年时的疆域概况。

三国时期全图

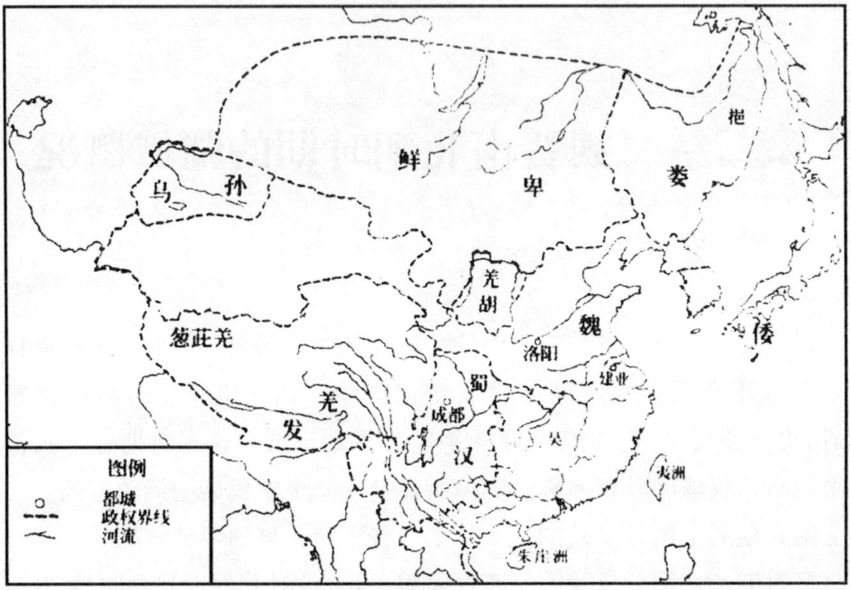

西晋时期全图

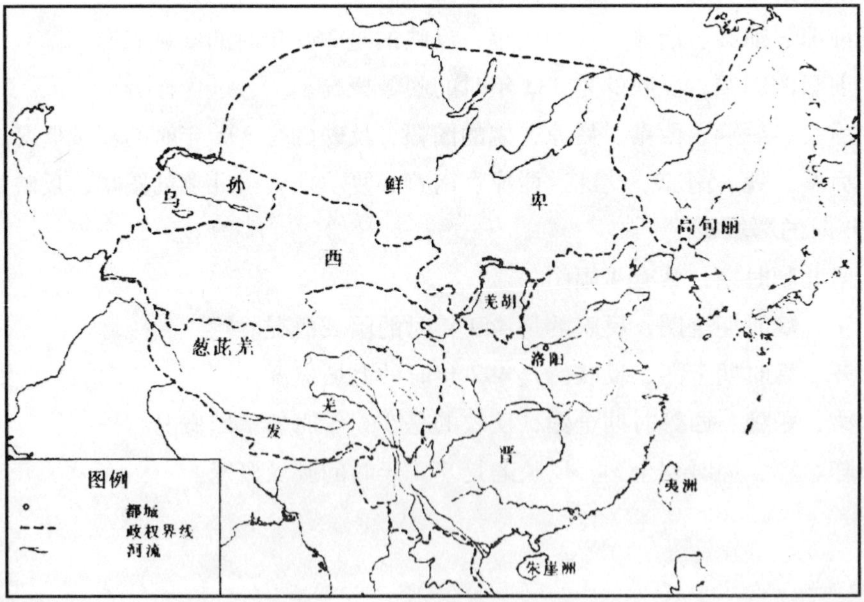

东晋十六国时期全图

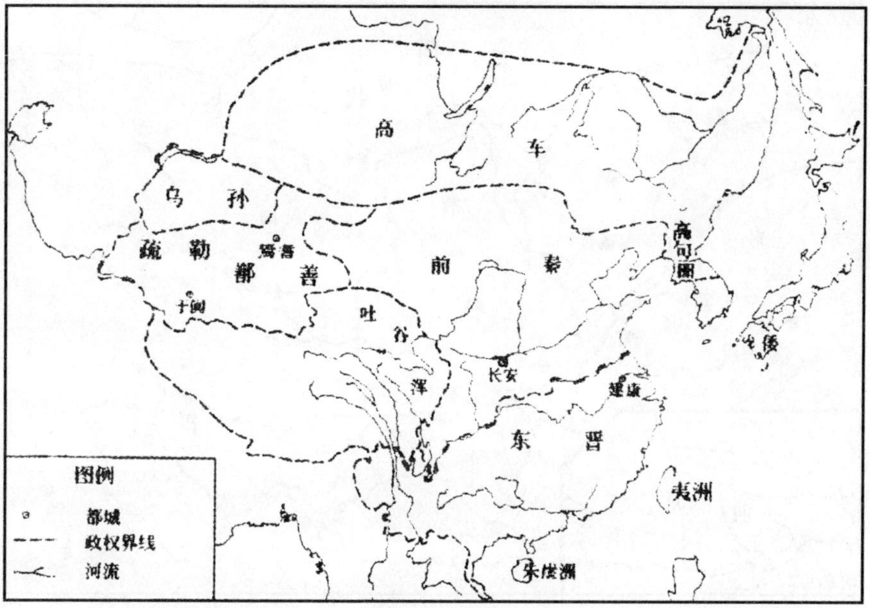

成　前赵　前凉　后赵

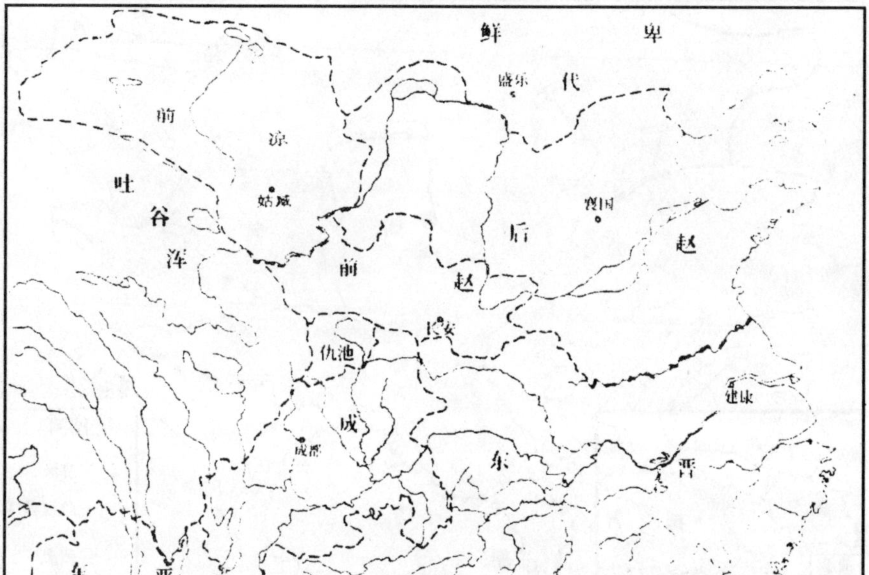

前凉　前秦　前燕　代

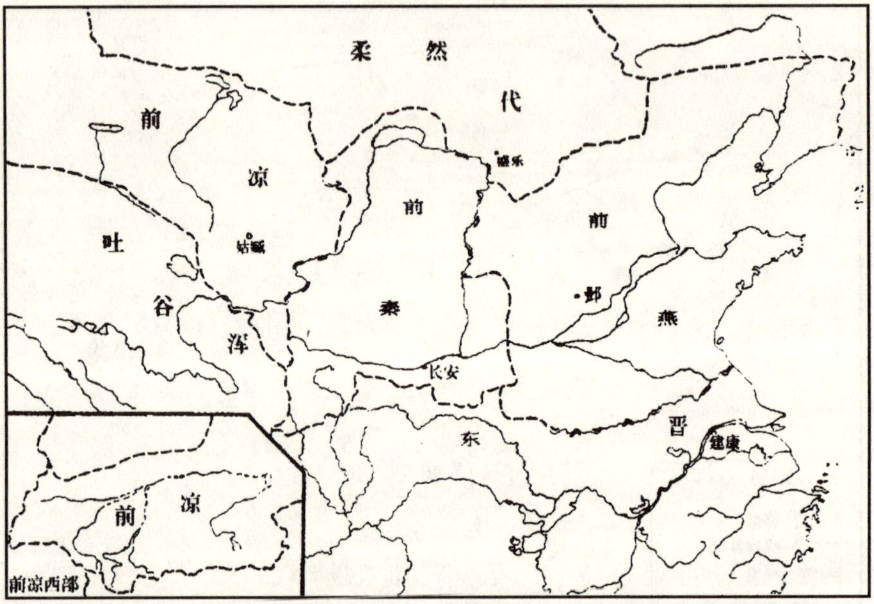
柔然
代
盛乐
前凉
姑臧
吐谷浑
前秦
前燕
邺
长安
东晋
建康
前凉
前凉西部

前秦

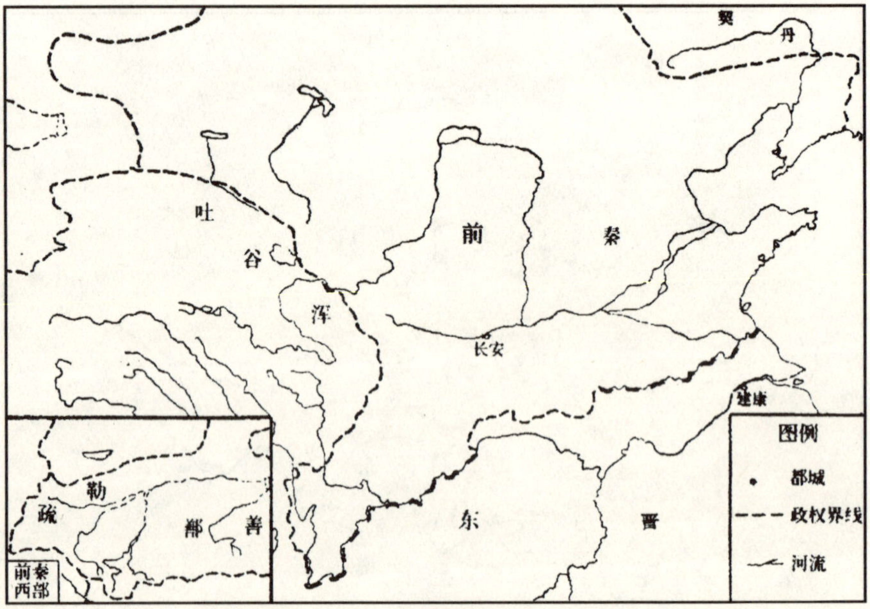
契丹
吐谷浑
前秦
长安
建康
东晋
疏勒
鄯善
前秦西部
图例
都城
政权界线
河流

后秦　后燕　西秦　后凉、魏

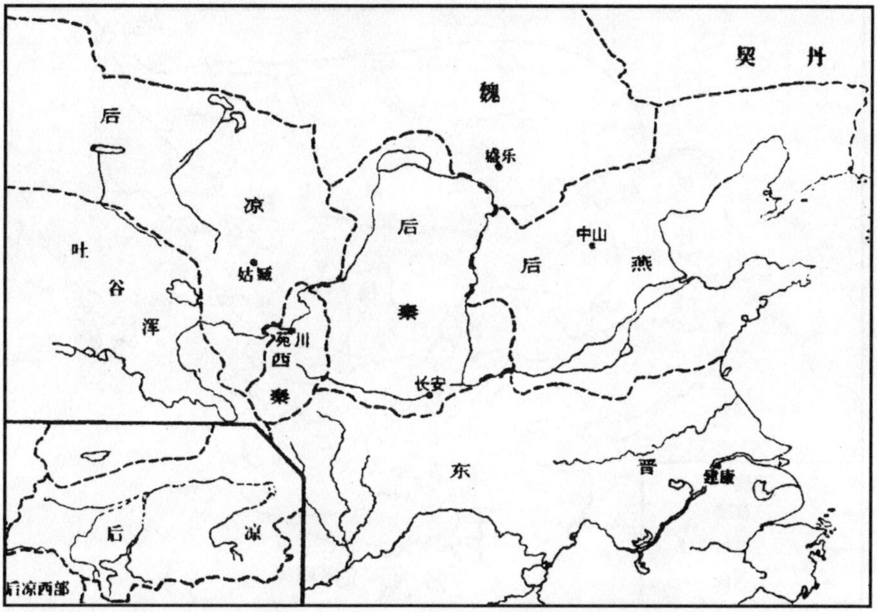

后秦　魏　南凉　北凉　西凉　南燕　夏　西秦　北燕

宋 魏时期全图

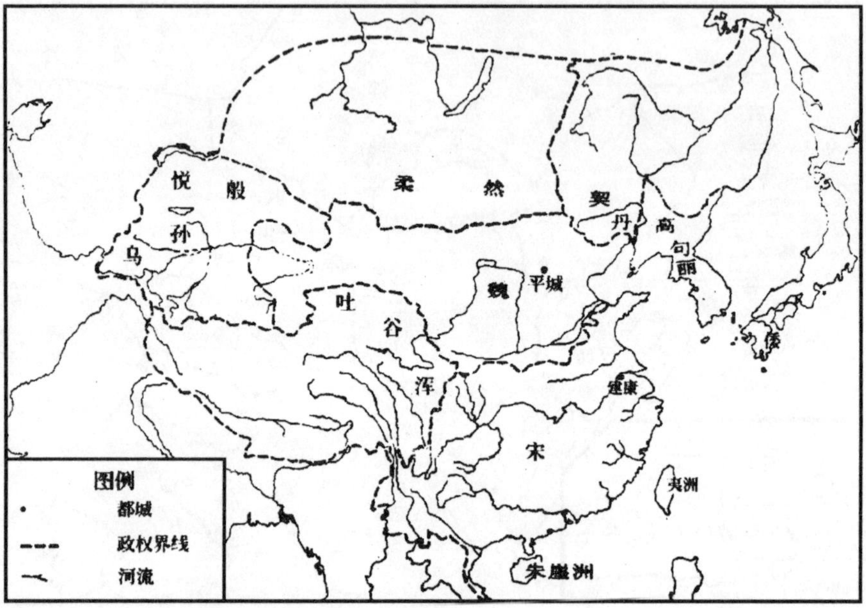

齐 魏时期全图

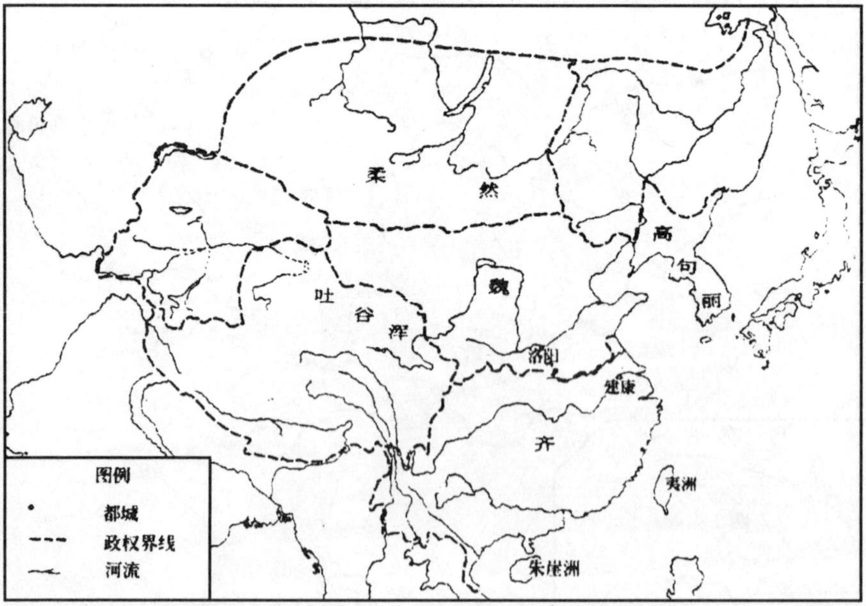

梁　东魏　西魏时期全图

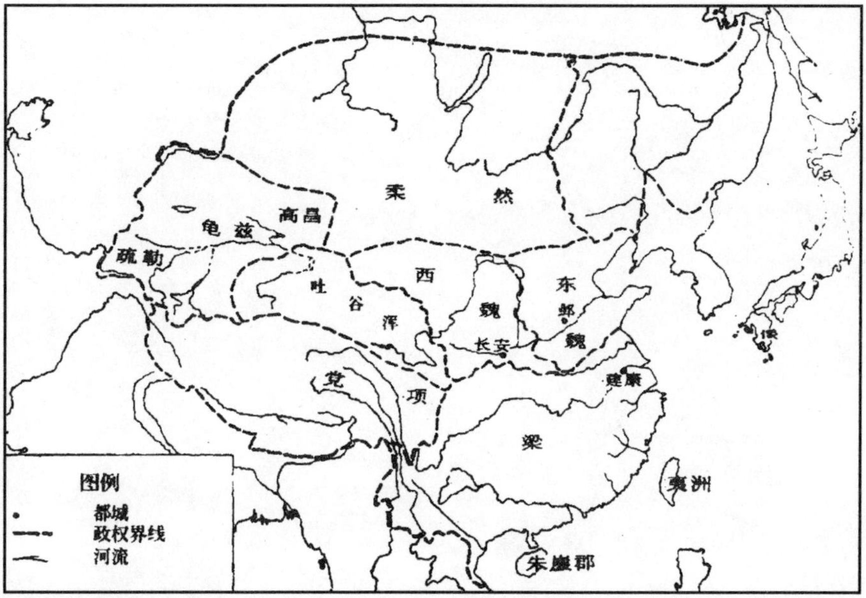

陈　齐　周时期全图

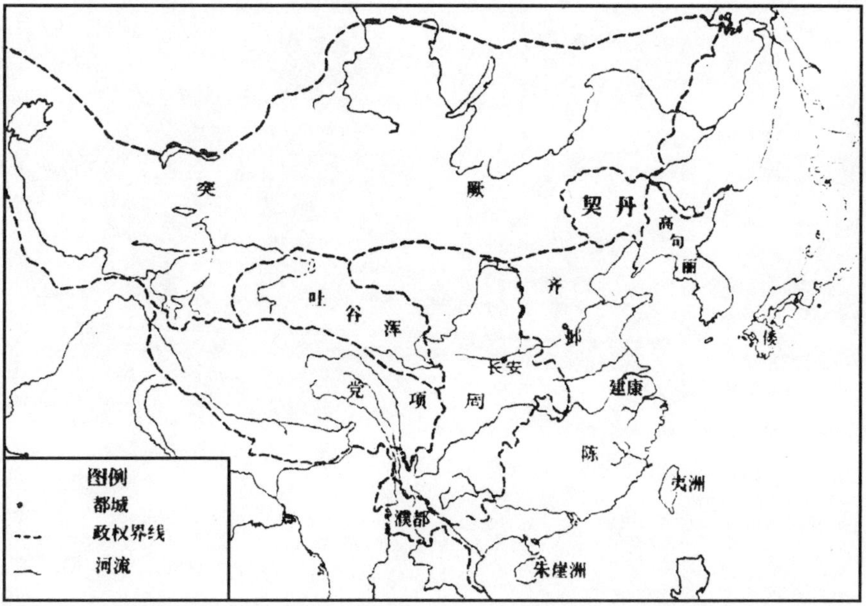

第三章 魏晋南北朝时期的户口、户籍制度与社会组织

第一节 魏晋南北朝时期的户口

一、三国西晋时期的户口

三国西晋时期，中国社会由分裂割据的局面，逐渐走向短暂的统一。对这一时期的人口发展概况，不少史家都有论述，几乎都众口一词地认为，三国时期的户口是不断大幅度减少的时期；西晋的短暂统一，方使人口数量有了较快速度的增长。我们认为，这些说法不一定完全正确。考之史实，这一时期的人口发展概况，基本上可以划分为两个阶段，即三国中前期为一个阶段。三国后期和西晋至永嘉之乱前为又一个阶段。在前一个历史阶段，中国人口数量的变化，可以说从汉末的战乱开始，大幅度锐减的局面已经结束，基本上是处于相对稳定阶段。而从三国后期开始至西晋永嘉之乱前夕，中国人口数量出现了一个前所未有的补偿性的高速增长时期。可以说，这是三国西晋时期人口发展的特点。

何以说三国中前期中国人口大幅度减少的局面已经结束，而出现了一个相对稳定的局面呢？在这里有必要追溯一下东汉时期户口发展变化概况，便可以帮助我们更好地解决这一问题。

（一）从桓帝到献帝时期中国人口的急剧下降

东汉时期，人口数量达到最高峰的时期是桓帝时期。根据应邵《汉官仪》所引伏无忌的数字可知，光武帝中元二年（公元57）时，全国的户口数字为：户4279634，口21007820。明帝永平十八年（公元75）时，全国的户口数字

为：户5860573，口34125021。章帝章和二年（公元88）时，全国的户口数字为：户7456784，口43356367。和帝永兴元年（105）时，全国的户口数字为：户9237112，口53256229。安帝延光四年（125）时，全国的户口数字为：户9647838，口48690789。顺帝建康元年（144）时，全国的户口数字为：户9906919，口49730550。冲帝永高元年（145）时，全国的户口数字为：户9937680，口49524183。质帝本初元年（146）时，全国的户口数字为，户9348227，口47566772。桓帝永寿三年（157）时，全国的户口数字据《晋书·地理志》所载为：户10677960，口56486856。[①] 可以说，永寿三年的人口乃是史籍所记载的东汉时期的最高人口数字。从这些数字可以看出，自光武帝末年至桓帝时期，在100年内，东汉王朝的人口数量基本上呈逐步增长的趋势，中间无大的起伏变化。其中个别年份的人口有缩减之现象，但数量不大，其原因大概与天灾之频发和对羌战争有直接关系。

从东汉桓帝年间开始，东汉王朝的人口数量出现了一个新的趋势，即大幅度下降时期，这种下降的趋势一直持续到三国初年才算得到刹车，告一段落。为什么从桓帝年间开始人口逐渐锐减呢？其间有灾荒、战乱等因素的影响，但疾病之流行，是东汉人口大幅度减少的主要因素。尽人皆知，东汉末年，宦官当权，政治黑暗，土地兼并相当严重，许多农民纷纷破产。如果稍遇气候不适，各种灾害便会相继袭来，造成大的灾荒，哀鸿遍野的局面就会出现。而灾民饥困，身体素质差，抵抗能力下降，易于染病，因而易于引起疾疫的流行，这种连锁反应，形成了恶性循环，日益严重。据《后汉书·桓帝纪》所载，其大的灾疫几乎持续了桓帝一世。和平元年（150），“京师大疫”。元嘉元年（151），“京师大疫”。永兴二年（154）出现了蝗灾。永寿元年（155），司隶、冀饥，人相食。延熹九年（166），“比岁不登，又有水旱疾疫之困，司

① 关于桓帝永寿年间的户口数字，《续汉书·郡国志》刘昭补注引《帝王世纪》的说法与《晋书·地理志》的记载不同。《帝王世纪》云：“至于孝桓，颇增于前。永寿二年（156）（户）二千六百七万九百六、口五千六万六千八百五十六人”（按：中华书局标点本《后汉书》已将“二千六百七万九百六”改写为：“户千六百七万九百六”）。其他还有《通典》《册府元龟》《资治通鉴》《后汉书·补注续》《文献通考》等，这些著作在言及桓帝永寿年间的户口时，或肯定前者，或赞同后者，十分棘手。高敏在《魏晋南北朝社会经济史探讨》一书中，经过详细考证，认为《晋书·地理志》所载之数据是正确的。

隶、豫饥死者什四五。”

不但桓帝年间的灾疫如此，而灵帝之世，仍然是灾疫频发如故，加之政局动荡，战事纷起，杀伤之数，亦不在少。据《后汉书·灵帝纪》所载，灵帝熹平二年（173）大疫。中平二年（185）大疫。可见疫病之流行是相当严重，如若不然，张角兄弟怎能以疗病为名，招收徒众，并且很快发展到几十万人呢？疫病的死亡率相当高，南阳涅阳（今河南邓县穰东）人张仲景（约 150 ~ 219）的家族，有百余口人，由于疫病的流行，在十多年内，便死了三分之二。

除了天灾疫病之外，人为的祸乱，也使人口为之骤减。董卓、李傕、郭汜大乱之前，三辅的人口尚有数十万户，但放兵劫掠，攻剽城邑的结果，在两年的短暂时间内，三辅满目萧条，人口便“相食略尽”。

从桓帝年间的人口减少现象一直延续到赤壁之战前后，这一时期特别是曹操、孙权、刘备三者之间相互的战争可以说是此起彼伏。战乱对生产力的破坏是相当严重的，死于战乱和饥馑的人口不在少数，以至于大片良田变成千里无人烟的荒野。这一时期，疾疫的蔓延，愈来愈炽。因为前一时期疾疫猖獗的地区仅限于中原地区、巫峡以东，而到这一时期，流行病穿过巴峡和巫峡进入了成都平原，连诸葛亮也忧心忡忡地说：“自顷以来，军数征远，或遇疫气，吏士死亡不归，家室怨旷，百姓流离”[①]。建安二十三年（218），他又哀叹：“去冬天降疫病，民有凋伤。”[②] 可以想见，在这一时期，蜀地的人口自然会有减少。不但蜀地的情况如此，曹操和孙权控制的中原和江东地区，亦是满目萧条，难见炊烟，连曹操也深有感慨他说：“出门无所见，白骨蔽平原。”[③]

以上所述，不难看出，自桓帝年间到赤壁大战前后，中国人口之数量是处于不断减少的时期。

（二）三国中前期中国人口数量由减少趋于稳定

中国人口从桓帝年间的减少趋势一直延续到献帝建安末年才告一段落。从此以后，中国人口进入了另一个新的时期，即短暂的相对稳定时期。不少文献

① 《三国志》卷 35，《蜀书·诸葛亮传》。
② 《三国志》卷 35，《蜀书·诸葛亮传》。
③ 《蒿里行》。

材料的记载，都反映了这一事实。

我们首先来看一下蜀地的人口状况便可明了。据《三国志·蜀书·庞统传》注引《九州春秋》所载可知，早在赤壁大战前后，庞统劝刘备及早夺取益州时，言说“今益州国富民强，户口百万。”到了221年刘备称帝时，其户口约为90来万，《晋书·地理志》载刘备章武元年（221）时，蜀国的户数为20万，男女人口为90万，与刘备入川前的口数相差不远。随着历史的发展，到了263年蜀国灭亡之时，蜀国的人口仍然是90来万。《三国志·蜀书·后主传》延兴元年（263）条注引王隐《蜀记》云：“（刘）禅……又遣尚书郎李虎送士民簿，领户二十八万，男女口九十四万，带甲将士十万二千，吏四万人。”

从以上三条史料足以看出，在长达40多年的时间内，益州的人口始终在90～100万之间浮动，可以说变化不大，是处于相对稳定阶段，自桓帝以来的人口急剧不断下降的趋势，起码说在益州已经停止。

吴国的情况也与蜀国基本相同。《晋书·地理志》记载了有关孙权时期的人口数量：

> 孙权赤乌五年，亦取中州嘉号封建诸王，其户五十二万三千，男女口二百四十万。

《晋阳秋》还记载了东吴亡国时候的人口统计，《三国志·吴书·孙皓传》天釜四年（280）条注引《晋阳秋》曰：

> （王）濬收其图籍，领州四，郡四十二，县三百一十二，户五十二万三千，吏三千二百，兵二十三万，男女口二百三十万。

从以上两条史料可以看出，从242年到280年将近40年间，东吴的户口数基本上维持不变，这也说明了自桓帝以来人口急剧减少的趋势在三国时期的吴国已经停止，继之而来的是相对稳定时期。

关于三国时期，曹魏的户口状况，《续汉书·郡国志》注引西晋皇甫谧的《帝王世纪》有所反映：

> 文帝受禅，人口之损，万有一存。景元四年，与蜀统计，民户九十四万三千四百二十三，口五百三十七万二千八百九十一人。

《帝王世纪》所记载的曹魏户口，是灭蜀之后，魏蜀两地所进行的人口统计数字。而前已言及，王隐《蜀记》记载了蜀在灭亡之时的人口数据为“户二十八万，男女口九十四万”。从总户口中减去蜀地的人口则为“户六十六万三千四百二十三，口四百四十三万二千八百九十一。”这一数字便是曹魏灭蜀之前（263 年前）的人口数据。

以上所引可以看出，在现有的文献材料中，有关三国时期各国人口的总数仅有 5 条记载（《通典》《册府元龟》《文献通考》等虽也有记载，有的数字与上述数字完全相同，有的虽有不同，析其原因概属转抄时的错误和计算时的差错所致），其中有关吴国和蜀国的各两条，而有关魏国的仅有一条。从这些仅有的材料中，我们已经发现 221 年时蜀国的户口与 263 年时的户口基本相同。242 年时吴国的户口与 280 年时的户口基本相同。魏国的人口数据虽然只有一条，但根据吴国和蜀国的人口状况分析，在三国中前期，魏国的人口也可能持平，处于稳定时期。尽管许多学者认为上述几个人口数字偏低，与实际人口数据有一定差距，[①] 但这些数据却反映了一个问题，即中国人口从桓灵之世的大幅度骤减，到三国初年已经基本结束。继之在三国中前期，中国人口数量规模增减平衡处于相对稳定时期。一直到三国的后期，特别是在灭蜀之后，中国人口数量规模又走向急剧高速增长时期。

（三）三国后期开始、到永嘉之乱前是中国人口的快速增长时期

上已提及，从三国后期开始，中国人口数量规模在相对稳定数十年之后，随着中国逐渐走向统一，战乱之减少，社会经济的发展，又开始了快速增长的新时期，其中尤以魏、蜀两地的情况突出。

早在景元四年（263），蜀、魏两地的人口为民户 943423，口 5372891 人。可是到了西晋太康元年之时，历时 17 年，中国人口数量总数增长了一倍多。《晋书·地理志》云：

> 太康元年，平吴，太凡户二百四十五万九千八百四十，口一千六百一十六万三千八百六十三。

如果减去太康元年平吴时所得之户 523000、口 230 万，则魏、蜀故地的人

① 根据上述几条材料进行分析，三国中、前期，整个中国的人口数字为 700～800 万，唐长孺、高敏、张旭华都认为这一数字偏低，并不可靠。估计三国时期的中国人口数为千万以上，另见专文。

口这时应为户 1936840，口为 13863863 人。与景元四年（263）时相比，魏、蜀两地的户数增加了 993417、口数增加了 8490972 人。其户数的年平均自然增长率为 43‰，其人口的年平均自然增长率为 57‰。

西晋时期中国的人口总数，除了《晋书·地理志》有记载之外，《隋书·地理志》和《晋太康三年地记》亦有记载。有的数字注明年份，有的未注明是何年之数字。《隋书·地理志》载：

（大康之后）有户二百六十余万。

《三国志·魏书·陈群传》裴松之案引《晋太康三年地记》云：

晋户有三百七十七万。

《隋书·地理志》所记载的晋太康后的中国人口数字，未注明年份，但我们稍加分析便可明了，晋太康年间，出现了短期的安定统一的局面，大乱之后的这种局面，正是人口补偿性地增长时期，其人口会逐年增加，后期会超过前期，这是疑问不大的。根据这一原则，我们发现，《隋书·地理志》所载之户数，虽高于晋太康元年全国 240 多万的总户数，但低于晋太康三年全国 370 多万的总户数。据上推测，我们认为，《隋书·地理志》所载之晋太康后的全国总户数，其数字应为太康二年时的数字。这样一来，我们便可以计算出从太康元年到太康二年时西晋全国户数的增长率为 57%，从太康二年到太康三年时西晋全国户数的增长率为 45‰。

从人口户数的年平均自然增长率当中，我们可以明显看出，自景元四年开始到太康年间，中国人口增长速度是十分惊人的。从太康之后到永嘉之乱，其间虽有八王之乱，混乱十多年，但涉及的范围并不十分广泛，所以我们可以肯定，自三国后期开始，到永嘉之乱之前，这一时期是中国人口的高速增长时期，自永嘉之乱以后，中国人口之发展又趋于减少阶段。

需要说明的是，上述有些年份，人口年平均自然增长率高得出奇，这样高的人口自然增长率在生活条件、医疗卫生条件、营养条件都远远超过古代社会的、当今非洲的一些未实行计划生育的国家里也不曾出现过，[①] 其原因何在呢？是不是《晋书·地理志》《隋书·地理志》《三国志》裴注所引之记载失

① 据联合国统计数字可知，非洲国家年人口最高增长率不到 30‰。

实呢？我们的回答是否定的。上述高自然增长率的出现有以下诸种因素：其一，三国后期，战争较少，社会相对安定，各国间所实行的安民屯田政策收到了较好的效益，社会经济在恢复的基础上有了发展，当然会促进人口的快速增长。其二，这是最主要的原因，在魏末晋初，两次颁发命令，废除屯田制度，屯田户口入籍于郡县。而在此之前，魏国的户口版籍，并未把这部分人的户口登记在内，现在这部分人的户口都被登录了，自然从数字上会看出户口的急剧增长，但需要指出的是，这种激增，并非属自然增殖，而是属于漏登。其三，正是由于屯田户口以前未入全国版籍加以统计，三国中、前期户口数字之统计是不真实的，因为它遗漏了屯田户口之数字，所以我们认为，三国时期的人口数据是偏低的。如果把上述诸种因素考虑在内，我们再来看看属于太康年间所出现的几个人口数字便易于理解、不足为怪了。

（四）永嘉之乱后，中国人口的耗减

早在永嘉之乱前，西晋王朝内外矛盾已经十分尖锐。首先是从291年开始的八王之乱，后来一直延续了16年之久，波及的地区有长安、洛阳和黄河南北。八王之乱又导致了少数民族被汉人引诱的入侵，暴掠破坏，摧残亦为严重。继之是因为动荡的社会，百姓无法安其生业，出现了大规模的流民，这些脱离土地、背井离乡的流民，给社会生产力所带来的破坏是无法估量的，当然这种破坏是由统治阶级的残酷剥削所造成的。特别是一些少数民族在中原土地上所建立的政权，实行民族仇杀政策，致使离乱加剧。总之，所有这些原因，使得中国人口出现了下降的趋势。

二、东晋、十六国时期的户口

东晋十六国时期，南北对峙的局面开始形成，南方的东晋较为安定，黄河流域之内，少数民族和汉族所建立的政权不断嬗递变换，十分复杂，在长达近百年的时间里，南北户口都有变化，不能一概而论，下面分别作一论述。

（一）东晋时期的户口状况

316年，司马睿在南北方士家大族的支持下在建康建立了东晋政权，至420年被刘宋所取代，经历了近百年的时间。有关东晋一代的户口数字，史书缺载，其发展变化，很难说清，可喜的是目前学术界对这一问题已有讨论，王育民在《东晋南朝时期户口试探》[1] 一文中引用《宋书》卷五四《传论》和《晋书》卷二六《食货志》的材料认为："在东晋统治的'百许年中，无风尘之警，区域之内晏如也'。由于政局稳定，经济有了发展，'时和年丰，百姓乐业，谷帛殷阜，几乎家给人足矣'。"以此论断东晋时期的户口"当有更迅速的增长"，"实际户数当不会少于三百万"[2]。总之，该文认为东晋时期的户口一直在持续增长，从太康初年的近 80 万户（在太康元年时，相当于东晋版图的户口统计）时经 90 多年增长了 4 倍。对此观点我们不敢苟同，东晋时期的户口，基本上是在西晋的基础上是趋于逐年下降。

首先，我们可以从江南户口在西晋太康初年的数据，与刘宋大明八年时的数据相比，便可粗略了解。据统计，早在太康元年之时，相当于日后东晋版图内的户口统计约为近 80 万户。若以每户 6.57 人计算，[3] 则口数约有 500 多万人。而到了刘宋大明八年（464）的时候，时过 180 多年，并且刘宋的地域与东晋相比又有扩大，据《宋书·州郡志》所载，其口数约有 510 多万，但大明八年的户口，是在元嘉休养生息之后所达到的数据。所以从这些数据上分析，东晋时期的户口在西晋的基础上是趋于下降了，而不是增多了。

其次，从当时各方面的情况来分析，东晋的户口也没有增长的条件与可能性。一般说来，户口之增长，与社会的安定有直接联系，但更为主要的是，灾荒疾疫是制约人口增长更为重要的因素。东晋王朝自建国初年之日起，就命运不佳，大自然连降灾异，原来人口增长的势头，现在开始出现逆转。太兴二年（319），"徐、扬及江西诸郡蝗，吴郡大饥……三吴大饥。"[4] 太兴元年（318）

---

① 《上海师范大学学报》，1987 年第 1 期。

② 《试探》认为："东晋太和五年（370），北方前秦苻坚攻下前燕首都邺城时，从所得图籍中，获知前燕户口数为二百四十五万八千九百六十九户。前燕版图仅包括关东、河北及辽东地区，其户口已基本上相当于西晋太康元年的全国户数。西晋太康初，相当于前燕统治地域的各州郡，有户一百一十万一千六百一十七，至东晋太和五年的九十年间，户数已增加了一点二倍，其年增长率为千分之八点九。以此类推，西晋太康年间相当于东晋统治地域的各州郡、有户七十九万一千六百亦按增长一点二倍计，则东晋太和五年有户一百七十四万三千六百九十八。"并且认为《晋书·地理志》所载太康元年的户数，本有不实之处，"其实际户数当不会少于三百万"。

③ 《晋书》卷 14《地理志》载太康初年，全国有口 16163863，有户 2459840，每户平均 6.57 人。

④ 《晋书》卷 6，《元帝纪》。

"江东三郡饥"①。永昌元年（322）十月，"大疫，死者十二三"②。这是晋元帝时的灾疫状况，到了晋明帝（322～326年在位）之时，"兵凶岁饥，死疫过半，虚蔽既甚，事极艰虞"③。晋成帝之时，情况仍未好转，咸和五年（330），"旱，且饥疫"④。咸康元年（335）"扬州诸郡饥，大旱，会稽余姚尤甚，米斗五百价，人相卖。"⑤ 穆帝时期，情况更为严重，永和六年（350），"是岁大疫。"⑥ 永和末年，可以说传染病猖獗之处，无家不染，以至于造成大臣不能上朝的局面。⑦ 这种恶性传染病，可以说与东晋王朝相始终，太元（376～396）中人范宣，《晋书·儒林传》载其素贫，又"加年荒疾疫"，庚爰之欲"厚饷给之"，但宣不受，这反映了此时的灾疫仍然在蔓延。又据《晋书·孝友传》载，晋末刘宋初人吴逵，家居吴兴，"经荒饥疾病，合门死者十又三人。"

总之，从整个东晋一代来看，其人口在西晋盛世的基础上呈下降趋势，有时虽然略有持平，但只是短暂的现象。所以西晋太康初年，相当于东晋方域内的人口有500多万，到了刘宋大明年间，虽然领土与东晋相比大有增加，但人口仍然是500多万。

（二）十六国时期的户口状况

十六国时期的北方户口状况，可分为两个时期来叙述。

淝水之战（383）之前，黄河流域经过一段时间的战乱，后来被前秦所统一，北部中国的户口，在永嘉之乱后有所减少，后来有所回升，到383年前，黄河流域的户口基本上达到了西晋太康年间的水平。

淝水之战以前，北部中国所建立的割据政权大致有这么一些。

---

① 《晋书》卷6，《元帝纪》。

② 《晋书》卷6，《元帝纪》。

③ 《晋书》卷6，《明帝纪》。

④ 《晋书》卷7，《成帝纪》。

⑤ 《晋书》卷7，《成帝纪》。

⑥ 《晋书》卷8，《穆帝纪》。

⑦ 《晋书》卷76，《王廙传附王彪之传》载："永和末，多疾疫，旧制，朝臣家有时疾，染易三人以上者，身虽无病，百日不得入宫，至是，百官多列家疾，不入。彪之又言：疾疫之年，家无不染，若以之不复入宫，则直侍顿阙，王者宫省空矣。朝廷从之。"

汉（304～318）：永兴元年（304），匈奴刘渊起兵建汉反晋，建兴四年（316）攻入长安，晋朝灭亡。318年被镇守关中的刘曜所灭。

前赵（318～329）：318年，镇守关中的刘曜灭掉汉政权，建立了前赵，据有关中和幽、冀、并等地区。329年被石勒所灭。

后赵（319～350）：刘曜在关中称帝后，他让羯人石勒在关东地区称赵王，这便是后赵。不久后赵灭了前赵。350年，后赵大将汉人冉闵，夺得后赵政权，建立了魏，352年被前燕慕容氏所灭。

前燕（337～370）：337年，生活在龙城（今辽宁朝阳地区）周围的鲜卑族在其首领慕容皝的领导下称王建燕国，352年灭掉冉魏，在邺城建都，370年被前秦所灭。

前秦（351～394）：当后赵灭亡之时，氐人苻坚于351年在关中建立了前秦。370年灭了前燕，376年灭了前凉和代，这样北方走向了短暂的统一。

从304～318年，北部中国的人口，出现了大幅度下降的趋势。太康初年，北部中国约有户140多万，而此时估计下降到不足百万户。据《晋书·刘聪载记》所述可知，刘聪继刘渊称帝后，"置左、右司隶，各领户二十余万，万户置一内史，凡内史四十三。单于左、右辅，各主六夷十万落，万落置一部尉。"总共加起来，刘聪的汉政权所控制下的户口不足70万户。如果再加上314年在甘肃一带张轨所建立的前凉的户口，以及隐漏户口在内，恐怕也不及100万户。

这一时期，北方人口耗减的因素很多，首先是战乱，灾荒和饥疫的袭击。如《宋书·周朗传》言说当时北方中国："华夷争杀，戎夏竞威，破国则积尸竞邑，屠将则覆军满野，海内遗生，盖不余半。"不但有战祸，而且灾荒疾疫的袭击也相当严重。永嘉六年（312），"是岁大疫。"[①] 建兴四年（316），"京师饥甚，米斗金二两，人相食，死者大半。"[②] 建兴五年（317），"秋七月，大旱，司、冀、青、雍等四州螽蝗。"[③] 其死亡人数为数不少。再者，由于北方

① 《晋书》卷5，《怀帝纪》。
② 《晋书》卷5，《愍帝纪》。
③ 《晋书》卷5，《愍帝纪》。

战乱，南方相对稳定，所以在晋亡前后，大批北方人口流向南方，特别是士大夫阶层尤为如此，据统计，在永嘉前后，北方流入南方的人口近百万之多。以至于造成长安城中的户口不满百户，[①] 并州地区的户数不到2万。[②] 而人口的大量转移迁徙，也是北方人口的大量减少的一个重要原因。

318～329年间，北部中国的户口。

在这一时期中国北部所建立的主要政权有前赵、后赵和前凉，这时北部中国的户数估计仍停留在百万户以下。318年，刘曜在长安建立前赵，此后，他以“河内、魏、汲、顿丘、平原、清河、钜鹿、常山、中山、长乐、乐平11郡并前赵国、广平、阳平、章武、渤海、河间、上党、定襄、范阳、渔阳、武邑、燕国、乐陵13郡合24郡、户29万，[③] 让石勒为王。这24郡多集中在今日之河北境内及山东西北部、河南东北部地区。而关东地区、淮河以北的地区尚有今日之山西，河南之中、东部地区，山东之大部分及安徽、江苏的部分地区的户口尚未统计在内，估计这些地区的户口也近20余万。据此分析，关东地区的户口约有60万户，另外，关中的户口我们可作一大致的估计，其户数也不下40万。其中上郡氐羌有10万多户，[④] 雍城地区的少数民族有10多万人约2万户，[⑤] 安定氐羌也不下几万家，[⑥] 关中的巴、羯人数亦有几万家，[⑦] 雄踞凉州地区的陈安，其所控制的户数亦不下六七万。[⑧] 这是见于记载的关中及凉州地区某些州郡的人口，如果全部统计，关中及河西的户数不会少于40万。

所以我们认为，在318～329年间，中国北半部的户数可能仍是在百万户

---

① 《晋书》卷5，《愍帝纪》载，永嘉乱后“长安城内户不盈百”。

② 《晋书》卷62，《刘琨传》载：并州刺史刘琨在上表中说：“臣自涉州疆，目睹困乏，流移四散，十不存二。”又载：“时东嬴公5腾自晋阳镇邺，并土饥荒，百姓随腾南下，余户不满二万。”

③ 《太平御览》卷120，引《前赵录》作“十九万”。

④ 《晋书》卷103，《刘曜载记》云：“先是，上郡氐羌十余万落保险不降。”

⑤ 《晋书》卷103，《刘曜载记》云：“（游）子远次于雍城，降者十余万”。

⑥ 《晋书》卷103，《刘曜载记》云：“（游子远）进军安、定，氐羌悉下，唯句氏宗党五千余家保于阴密”，故推知安定氐羌不下几万家。

⑦ 《晋书》卷103，《刘曜载记》云：刘曜杀巴酋徐库彭之后，“于是巴、氐尽叛，推巴归善王句渠知为主，四山羌、氐、巴、羯应之者三十余万”。

⑧ 《晋书》卷103，《刘曜载记》云：“（陈）安士马雄盛，众十余万，自称使持节，大都督，假黄钺、大将军、雍、凉、秦、凉四州牧、凉王。”

左右。其口数约在700多万人上下。

329～352年间的中国北方人口。

329年，石勒灭掉刘曜的前赵政权，此后又存在了20余年，在此期间，北部中国的主要割据政权有后赵、前凉及337年建国的前燕政权。这一时期中国北半部的人口有所增长，估计会超过千万以上。

首先我们估算一下在灭冉魏之前的前燕的户口数。342年徙都于龙城（今朝阳）后，前燕不断对周围部族进行掠夺，单单掠夺的户数也在10万以上、15万以下。[①] 而归附的流民也很多，史载："自永嘉丧乱，百姓流亡……故九州之人，塞表殊类，襁负万里，若赤子之归慈父，流亡之多，旧土十倍有余，人殷地狭，无田者十有四焉。"[②] 慕容氏所居之地，是西晋的平州地区，早在太康元年之时，平州地区的户数为18000余户，由于晋初曾经有过一段安定的和平环境，特别是平州地区，远离中原，也未受到八王之乱的战乱影响，估计到永嘉年同时其户数会增长到25000户以上（近30年时间），加上永嘉乱后涌向辽东地区的流民及其用战争所掠夺的户数，慕容皝初年，辽东地区的户数有40万之多，其口数有200多万。到了慕容儁与冉魏对峙之时，随着领土的扩大，前燕的户数超过80万户以上，[③] 估计口数有400多万人。

后赵到冉魏时期，关中和关东地区的户口也不下500万人。《晋书·孙楚传附孙绰传》记载当冉闵灭亡之时，"青、雍、幽、荆州徙户及诸氐、羌、胡、蛮数百余万，各还本上，道路交错，互相杀掠，且饥疫死亡，能达者十有二三。"这些徙户若以200万人计算，其户数也在40万以上，加上本土居民，冉魏控制区的人数不会少于500万。

前凉控制区的户数，这时估计已达20万户，百余万人口。

---

① 《魏书》卷95，《徒何慕容廆传》，载，"元真袭石虎至于高阳，掠徙幽、冀二州三万户而还……（元真袭高丽）掠男女五万余口"，"又大破宇文，开地千里，徙其部民五万余家于昌黎"。《晋书·慕容皝载记》云："慕容皝派兵东击夫余"，"克之，虏其王及部众五万口以还"。同书还载：以兵力所徙的句丽、百济及宇文段部之人约有10万。

② 《晋书》卷109，《慕容皝载记》。

③ 《晋书》卷110，《慕容儁载记》云，慕容儁灭冉魏之时，"乃令州郡校阅见丁，精覆隐漏，率户留一丁，余悉发之，欲使步卒满一百五十万。"若以每户2丁从役计算，则75万户之丁，尚能征满150万步卒。

总之，在350年前后，前燕、后赵及前凉的总户数约有180万户，1000多万人口，可以说，这时北部中国的人口，已经达到西晋太康初年时的水平。

352~383年期间中国北方的人口。

352年以后，中国北方的人口有了较大幅度的增长，这时中国北方的人口数量超过了西晋太康初年中国北方人口的数字，估计其口数在1800万~2000万左右。

350年石赵发生内乱，当石赵灭亡之时，351年，河套和关中地区被氐族的苻健建立了前秦政权。前秦的统治者废除了后赵时期的苛政，任用汉人王猛治理国家，注意发展农业生产，重视文化教育，因此，“四夷宾服，凑集关中，四方种人，皆奇貌异色。”① 其户口有了较快速度的增长，从其兵员状况估计，在370年前，前秦的人口在500万以上。

在关东地区，取代冉魏的统治的前燕政权，也是比较注意发展农业生产，一再减轻剥削量，兴办学校，使得关东地区自永嘉乱后，获得了前所未有的速度向前发展。当370年苻坚灭亡前燕时，（苻）“坚入邺宫，阅其名籍，凡郡百五十七，县一千五百七十九，户二百四十五万八千九百六十九，口九百九十八万七千九百三十五人。”②

总之，在370年时，中国北方的人口约有一千六七百万，超过了太康初年时中国北方的人口总数。

前秦在370年之后，逐步统一了北方的前凉和代，后来又夺得了四川，进入西域。社会的安定又带来了户口的激增，到383年之时，中国北方的人口已达二千二三百万之多，而这一估计数字也不是毫无根据的。苻坚在淝水之战以前，“下书悉发诸州公私马，人十丁遣一兵”③。

> 遣征南苻融、骠骑张蚝、抚军苻方、卫军梁成、平南慕容暐、冠军慕容垂率步骑二十五万为前锋。坚发长安，戎卒六十余万，骑二十七万，前后千里，旗鼓相望。④

---

① 《太平御览》卷363，引车频：《秦书》。
② 《晋书》卷113，《苻坚上》。
③ 《晋书》卷114，《苻坚下》。
④ 《晋书》卷114，《苻坚下》。

从苻坚所发兵员来看近90万卒，按十丁遣一计算，全国的丁额在900万以上，加上老弱妇幼，全国当时的人口约在二千二三百万左右。可以说，这是自东汉之后，北方人口的最高数额。

淝水战后至北魏统一北方时期中国北方的人口（384～439）：

淝水之战以后，由于前秦的失败，北方的统一局面又告结束，继之是政权林立的混战局面。在这一时期，中国北方先后出现了12个割据政权，[①] 其混战的程度是可想而知。对于这一时期中国北方的人口，估算比较困难，在这里，仅就400年前后时中国北方的人口作一粗略的估计。在这一时期，北方所存在的主要政权有北魏、后燕、南燕、后秦、西秦及河西地区的诸凉国。

南燕的户口。南燕是鲜卑人慕容德建立的。早在隆安二年（398）之时，慕容德"率户四万，车二万七千乘，自邺将徙于滑台"[②]。而当时是"介于魏晋之间，地无十城，众不过数万"[③]。估计其徙滑后，户数不足十万。后来，有人建议慕容德徙于彭城，言说青、齐地区十分富庶民户超过十万。慕容德接受了建议，当其进据琅邪之后，徐兖之士附者十余万，自琅邪之北迎者4万余，估计定居青、齐之后，其所控制的民户不下30万户。后来慕容德的尚书韩谆建议清查户口，在青兖地区又查出荫户58000。总之，慕容德统治下的南燕户数不下35万，口近200万。

后秦的户口。后秦是羌族人姚苌所建，割据于河套和关中地区。当苻坚淝水战争失败之后，令姚苌攻打慕容泓，结果失利。姚苌惧怕，奔于渭北，遂入马牧，"西州豪酋尹详等率五万余家咸推苌为盟主"[④]。此后，"北地、新平、安定羌胡降者十余万户。"[⑤] 姚苌攻打苻坚的秦州刺史王统时，天水屠各、略阳羌胡应苌者2万余户、统惧乃降。[⑥] 以上仅是西州、北地、新平、安定、天

① 后秦（384～417），羌人姚苌所建，后被东晋所灭。后燕（384～398），鲜卑人慕容垂所建。南燕（398～410），鲜卑人慕容德所建，后被东晋所灭。北燕（409～436），汉人冯跋所建，后被北魏所灭。

② 《晋书》卷127，《慕容德载记》。

③ 《晋书》卷127，《慕容德载记》。

④ 《晋书》卷116，《姚苌载记》。

⑤ 《晋书》卷116，《姚苌载记》。

⑥ 《晋书》卷116，《姚苌载记》。

水、略阳数郡的人口累计近20万户。此外，关中还有多郡，估计其户数也不下30万。总之，后秦姚兴前后，其户数约有50万户，250多万人口。

今山西境内有户7万多。据《晋书·慕容垂载记》可知，慕容垂打败盘踞于山西的慕容永之后，"进军人城……永所统新旧八郡户七万六千八百……悉获之。"

今河南境内北部地区有户近4万（濮阳以南黄河以北地区）。据《晋书·慕容垂载记》所载，慕容农追击翟钊，尽擒其众，"钊单骑奔长子，钊所统七郡户三万八千皆安堵如故"（今濮阳以南、黄河以北地区）。

今日之河北及辽宁部分地方，其户数也不下50万。

凉州的户数约有25万。

据以上计算，在400年前后，中国北方的人口可能在200万户以下，口数不及1000万。

三、南北朝时期的户口

420年，东晋的大将刘裕逼迫晋朝皇帝退位，自己登上了皇帝的宝座，建立了刘宋政权。刘宋的疆域基本上是江淮流域。此后南部中国又依次出现了齐、梁、陈几个政权。

439年，北魏的拓跋氏统一北部中国。后来北魏又分裂为东魏和西魏两个政权，分别控制关东和关中地区。东魏、西魏继之由北齐和北周所取代，直到589年中国南北方才又告统一。在长达100多年的时间里，中国南方和北方的户口发展状况是各不相同的，兹分别叙述于下。

（一）南朝时期的户口概况

自刘宋建立之后，开国君主刘裕和继位者刘义隆比较注意发展生产，安抚流民，到了元嘉末年的时候，经过几十年的休养生息，户口有了明显的增加。《宋书·州郡志》载，"自义熙十一年司马休之外奔，至于元嘉末，三十有九载，兵车勿用，民不多劳，役宽务简，氓庶繁息，至余粮栖亩，户不夜扃，盖东西之极盛也。"而这种增长只是与东晋末年的情况相对而言，总之，元嘉时期是刘宋户口的最盛时期，可惜史书中没有留下有关数字记载。刘宋时期的户口，只有元嘉之后、大明年间的人口数据。根据《宋书·州邵志》所载的数字逐一进行统计，在大明八年（464）之时，刘宋共有22州1265县之地，户数为901769，口数为5174074人。每户平均口数近6人。而关于该年的人口数据，另有一说，《通典·食货·历代户口盛衰》却言在大明八年之时，刘宋有户906870，有口4685510。上述说法基本上与实际情况相符，当时人庾悦也曾说："今江右区区，户不盈数十万，地不逾数千里。"①

大明年间的户口与元嘉年间的户口相比，肯定大有减少，其原因在于，统治者不恤民事，加之"大明之末，积旱成灾，虽敝同往困，而救非昔主，所以病未半古，死已倍之，并命比室，口减过半。"② 据此估计，元嘉盛世，刘宋的人口可能达到七八百万之多。但总的说来，刘宋人口的增长速度不如北方。南方不举子之风甚盛。史载刘宋时："重以急政严刑，天灾岁疫，贫者但供吏，死者弗望埋，鳏居有不愿娶，生子每不敢举。又戍淹徭久，妻老嗣绝、及淫奔所孕，皆复不收。是杀人之日有数途，生人之岁无一理，不知复百年间，将尽以草木为世邪。……法虽有禁杀子之科，设早娶之令，然触刑罪，忍悼痛而为之。"③

继宋之后，南方出现了萧齐政权。萧齐存在的时间不到30年。当时人虞玩之言其户口数与元嘉时期不相上下，④ 其实这里面有夸大之词。元嘉时期约有二百几十万户，口有七八百万之多，萧齐的户口，据当时人崔思祖所言，尚不到100万户。⑤

萧梁时期，虽然有数十年的安定局面，但由于政府剥削沉重，梁武帝又信佛、事佛，以致造成南朝寺院林立，寄生人员越来越多，劳动人民不堪刻剥，便大量流亡。从国家掌握的户口来说，尚不及萧齐时多。如《梁书·贺琛传》载贺琛在上疏中说："今北边稽服，戈甲解息，政时生聚教训之时，而天下户口减落，诚当今之急务。"还言"东境户口空虚"。这都反映了萧梁时期人口

---

① 《宋书》卷52，《庾悦传》。《宋书·良吏传》说："元嘉二十七年，北狄南侵，戎役大起……天下骚动，自兹于孝建，兵连不息，以区区之江东，地方不至数千里，户不盈百万。"

② 《宋书》卷54，《沈昙庆传》。

③ 《宋书》卷82，《周朗传》。

④ 《南齐书》卷34，《虞玩之传》。

⑤ 《南齐书》卷28，《崔祖思传》：祖思上书说："今户口不能百万，而太乐雅、郑，元徽时校试千有余人，后堂杂技，不在其数，糜废力役，伤败风俗。"

生产之萧条，估计萧梁时期的人口不可能高于萧齐时期。特别是萧梁末年，发生了侯景之乱，它对社会经济的破坏相当严重。史称自此之后，江东地区是“千里无烟，人迹罕至”的局面，此后人口便大幅度下降。

逮于陈朝，《隋书·地理志》言其“土宇弥蹙，西亡蜀汉，北丧淮、肥。威力所加，不出荆扬之域”。州有42，郡唯190，县438，户60万。与刘宋时期相比，郡县的数目均减少三分之二。[①] 到了陈末陈后主时期，《北史·隋本纪》言其户50万，口200万。并将此条系于隋开皇九年（589，即陈后主侦明三年）。稍后晚出的史籍，对陈的户口亦有记载，如《通典·食货·历代户口盛衰》一文中云：“宣帝勤恤人隐，时称令主，阅其本史，户六十万……至后主灭亡之时，隋家所收户五十万，口二百万。”可见《通典》认为陈时的最高户数是陈宣帝时期，即569~582年间。嗣后，《册府元龟》《文献通考》等均依杜氏之说，然而我们分析，杜氏之说，本于《隋书·地理志》，而《隋书·地理志》只言及户数，并未言及该户数是何年之数字。

总之，宋、齐、梁、陈的户口数字，与差不多同时期北方的户口相比，差距很大（北朝的户口下面言及）。何以会出现这种情况呢？一方面，南方的户口增殖状况确实不如北方，但另一方面，也应看到南方户口有不实之处。高敏认为，“这与北方普遍实行均田制和南方普遍实行占田占客制有密切关系。实行均田制者，农民必须登记户口方可获得均田，故户口隐匿者较少。实行占田占客制者，由于‘客皆注家籍’，不另立户口，加上黄籍户口的逃亡隐匿十分严重，故户口不实的情况也格外突出。”[②] 由此看来，南方户口数字有不实之处，引用之时，需慎之。

（二）北朝时期的户口概况

439年，鲜卑族的拓跋氏统一了北方，建立了北魏政权。经历了约近百年的时间，到了534年，北魏政权分裂为东魏（关东地区）和西魏（关中地区）两个政权。到了550年以后，东魏和西魏又分别被北齐和北周所代替。581年，隋统一了北方。在这140余年的时间内，北部中国的户口又产生了新的变

① 《资治通鉴·宋纪》载大明八年时，刘未有郡274，县1299。

② 高敏：《魏晋南北朝社会经济史探讨》，人民出版社1987年版，第361页。

化，从400年前后，北部中国口数在不足1000万的基础上，到北魏正光（520）以前北魏的户数已增长到500来万、口数约在2000万以下。525～527年是北魏户口急剧减少时期，户数不足300万。大概在530年之后，北部中国的户口才缓慢地回升，户数在三四百万之间，口数约在2000万以内。到了577年北部中国的户口已达600万户，口近3000万人。

北魏前期，虽然统一了中国的北方，但各种矛盾十分尖锐，鲜卑族的汉化过程，即由原始部落后期向封建制的转化尚未完成，因之社会生产力比较低下，社会经济发展十分缓慢。所以在439年之时，北部中国的人口，可能仍停留在十六国末年的水平，有户200万，有口千余万。

自从孝文帝（471～499）即位之后，社会改革的步伐加快了，在政治方面，实行吏治改革，颁行俸禄制，考评官吏的治绩，加速了封建化的进程。在地方基层组织方面，实行三长制，括出了大量的隐户，从豪族势力手中争得了剥削对象。在经济方面，颁布了均田令以及征收租调的具体规定。在习俗方面，大力推行汉化政策。总之，孝文帝所采取的一系列措施，使得落后的鲜卑族，一跃而进入了封建社会，与中原人民同步前进。生产方式的变化，促进了生产力的迅速发展，农业、手工业、商业均得到了长足发展。在这样的条件下自然会迎来人口的激增，根据《魏书·地形志》可知，在北魏正光（520）以前，是北魏户口的最盛时期，其“户口之数，比夫晋之太康，倍而已矣”，《通典·食货》言当时的户数约有500万。[①] 在封建社会里，由于统治者所颁行的政策不一，家庭人口的数量规模在不同时期亦有不同。西晋时期每户平均高达6.7人，而据《魏书·地形志》所载计算所得，在武定年间（543～550）每户平均人口仅有3.85人。以此计算，则正光以前，北部中国的人口，约在2100万左右。

正光年间之后，由于北魏统治阶级的腐败和阶级矛盾的尖锐化，镇兵和农民起义正在酝酿之中。特别是“孝昌（525～527）之际，乱离尤甚，恒、代而北，尽为丘墟；崤、潼已西，烟火断绝；齐方全赵，死如乱麻。于是生民耗

① 《通典·食货》引用了《魏书》卷106，《地形志》的说法，并注云：“今云倍而余者是其盛时，则户有至五百余万矣。”

减，且将大半。”[①] 这主要是指破六韩拔陵所领导的北方六镇起义、万俟奴所领导的关陇起义及葛荣所领导的河北义军。这些起义，使得北魏政权分崩离析，从此分裂为东、西魏。当然北方户口是会受到耗减，但耗减的程度，不至于“且将大半”。《通典·食货·历代盛衰户口》言，“及尔朱之乱，政移臣下，或废或立，甚于弈棋。遂分为东西二国，皆权臣擅命，战争不息，人口流离，官司文簿，又多散弃，今按旧史，户三百三十七万五千三百六十八。”这大概是北魏末年（530 年左右）时的户口状况。

534 年，魏孝武帝在将领高欢的逼迫下西逃长安，高欢另立孝静帝，都于邺城。535 年，西逃长安的孝武帝被宇文泰所酖杀，并另立新帝，史称西魏。在这一时期，户口数字，在北魏末年近 340 万户的基础上可能略有上升。温子升曾言：“今天下户口减半，未宜穷兵极武。”[②] 苏绰在 545 年曾言：“案今吏员，其数不少，昔民殷事广，尚能克济，况今户口减耗，依员而置，犹以为少。”[③] 这虽说明户口的下跌，但是对北魏极盛而言。西魏的户口数字已经不可详究。东魏部分州郡武定年间（543 ~ 550）的户口数据，《魏书·地形志》有不完全记载。在这里借用梁方仲的统计数字可知，在东魏的 80 州中，有户口载录的仅有 47 州，这 47 州有户 1999786，有口 7703942 人。[④] 每户平均为 3.85 人。估计加上西魏的户口及东魏未曾载录的户口，在 550 年之时，北部中国的户数可能在 400 万以内，其口数约在 2000 万以内（西魏约有户 150 万，东魏约有户 250 万）。

550 年，高欢之子高洋废东魏，建立北齐政权。557 年，宇文泰之于宇文觉废西魏，建立北周。北齐和北周时期，人口数量大幅度增长，在短短的 30 年中，人口几乎增加了三分之一强，但仍不可能超过东汉时北方的人口密度。

就北齐来说，在建德六年（577）被北周所灭。当时北齐辖境有州 55，郡

---

① 《魏书》卷 106，《地形志》。
② 《北齐书》卷 1，《神武帝纪》。
③ 《北周书》卷 23，《苏绰》。
④ 《中国历代户口、田地、田赋统计》。

162，县385，户3302528，口20006880。[①] 与东魏武定年间的人口相比，几乎增加了一倍。当然这种增加，不纯粹是自然增长，而部分增加是因夺取了南方政权的江北、淮南之地。北齐的户口增长状况还是比较符合实际的。北齐的皇帝虽然十分昏庸，但臣下比较清明，史称："北齐承魏末丧乱，与周人抗衡，虽开拓淮南，而郡县褊小，文宣受禅，性多暴虐，而能委政宰辅杨遵彦，十数年间，亦称为理，故其时以为主昏于上，政清于下。"[②] 因而人口有较快速度的增长。

北周时期的户口数据《周书·武帝纪》所言，北周在大象年间（579～580）有户359万，有口9009640。[③] 对于北周的户口问题，不少专家认为有误，我们认为，这一数据还是比较可信的，虽然每户平均尚不到3人。袁祖亮在《宋代户口之我见》[④] 中曾指出，在封建社会里，家庭数量规模的大小，在很大程度上取决于封建统治者的剥削方式。封建剥削者总想尽量多榨取人民的血汗，而劳动人民也本能地进行反抗，当他们觉得家庭人口数量规模过大不利于自身生活时，便自行分异。北周的情况比较复杂，首先北周颁行过"先修心，敦教化，尽地利，擢贤良，恤狱讼，均赋役"的6条诏令，当然有利于人口的增殖，所以北周大象中北周本上人口近千万还是有其基础的。其次北周统治者颁布均田令，均田令以一夫一妇为受田纳赋单位，如果统治者认真推行，赋役稍轻的话，劳动人民每当成年是乐意受田的。再加之北周还实行强制政策，清查户口，大概是迫令受田，努力耕作，这样自然会引起家庭人口数量规模的小型化。而北齐的情况却有不同，北齐统治者虽然也实行均田制，但因为"由于鲜卑贵族的兼并和租调兵徭的沉重。北齐均田农民的土地非常不足，经济地位十分不稳定，他们不得不出卖自己的土地，甚至出卖按制度不许买卖的露田，逃亡异乡，或者托身寺院，以躲避统治者所加的不堪忍受的压迫。"[⑤] 而且北齐的均田制并不像北周那样得到认真执行，因此家庭人口数量规模较

---

① 《北周书》卷2，《武帝下》。但《通典·食货七》所载北齐户为"三百三万二千五百三十八"，可能转抄有误。

② 《通典·食货七》。

③ 北周的户口数不纯粹属于自然增长，因为在北周时期夺取了南方政权的今四川盆地和其他一些地区。

④ 《中国史研究》，1987年第3期。

⑤ 剪伯赞：《中国史纲要》，第323页。

大，每户平均为5口人左右。

总之，北周大象年间，北部中国的户数为6892528，口数为2900多万（加入北齐数），这一数字是自东汉以来北方户口的最高数字。

第二节　魏晋南北朝时期的人口迁移

人的迁移和流动，是人口运动中的常见现象，而且每时每刻都在进行着。这是因为，人类是活动着的高级动物，人们总是寻找最适合于自己谋生的地方去生活，人们总是避开不利的生活环境，去找寻现实中的乐土，因而造成了人口不停地迁徙，不停地流动，这是人口迁移的自然属性。再者，人是属于社会中的人，人的活动也毫不例外地受到社会的支配，人不可能不受社会上诸政治因素或其他因素的干扰，因而这些因素的干扰，也是人口不断迁徙流动的重要因素之一。

魏晋南北朝时期，是中国历史上迄今为止最为动乱的时期。在动乱的年代里，战火四起，经年不熄，祸乱所及，生产力受到了不同程度的破坏，经济萧条，这就迫使一部分人，不得不到其他的地方去谋生。再者，统治者在相互的角逐中，为了削弱对方和加强自己的实力，便大肆掳掠人口，强迫移民，这些都是政治方面的因素。另外，从自然方面的因素讲，凡是气候宜人、雨量丰沛、土质肥沃、经济发达的地区，也是人们向往和乐迁的地方。总之，由于种种原因，这一时期形成了空前的人口大迁徙，其规模之大，范围之广，民族之多，持续时间之久，在中国历史上是仅见的。这次大迁徙对中国社会的发展变化产生了极为深刻的重大影响，试分别叙述之。

一、三国西晋时期的人口迁徙

（一）三国时期的人口迁徙

1. 少数民族的内迁

少数民族在我国大部分都居住在周边地区。居住在我国北方一带的少数民族，从事放牧，随着历史的发展，社会的变化，周边、特别是北方的少数民族不断内迁。这种内迁活动，早在东汉时期已经出现了端倪。

（1）匈奴族的内迁

据《后汉书·南匈奴传》载，在公元83~87年间，内徙的匈奴人，就高达20多万人。内迁分布的区域是在今日之陕西、山西之北部一带。也即东汉末期的北地、朔方、五原、云中、定襄、雁门、代郡等郡份。此后，历时百余年，到了187年黄巾起义的时候，因为东汉政府感到兵力不足，不得不征调住在上述诸郡的匈奴人来南下镇压农民起义。这样，匈奴人又得到了进一步南迁的机会，这次南迁分布在汾河流域。216年，曹操把这部分内迁的匈奴人分成5个部分，令其散居在新兴（今山西忻县）4000余落、大陵（今山西文水）6000余落、蒲子（今山西隰县）3000余落、泫氏（今山西汾阳）万余落、祁县（今山西祁县）6000余落。[①] 总共约有3万落、15万多人。这样，匈奴人便进入了山西的中部地区。

221年，并州（今山西省）陉北的广大地区被曹魏所放弃，这样，河套和陕西、山西的北部地区，就完全变成了匈奴的统治区。[②] 除了北部地区之外，西部和西北部的甘、青地区也有为数不少的匈奴人迁入。据《三国志·魏志》卷30注引《魏略·西戎传》载，“赀虏，本匈奴也，匈奴名奴婢为赀。始建武时匈奴衰，分去。其奴婢亡匿在金城、武威、酒泉北、黑水西河东西……凉州郡落稍多，有数万。”可见内迁至今日甘肃、青海一带的匈奴人也为数不少。

（2）氐族的内迁

氐族原居住在武都郡（今甘肃和县、成县周围地区），因为常与西汉发生矛盾，所以远在汉武帝时期，就把一部分氐人迁到了河西酒泉郡。[③] 东汉末年，曹操为了壮大自己的力量，控制人口，便把武都氐人，由西向东迁到了扶风（今陕西兴平县境）、始平（陕西兴平县）一带。[④]

由今四川东部迁到关中、陇西的氐人也有数十万人。在汉时，巴郡（今四川东部）也是氐人的聚居区之一，因此，这里的氐人因以郡名，称为“巴氐”。东汉末年，天师道首领张修在巴郡起义，很多巴氐人不堪东汉的压迫，

① 《读史方舆纪要》卷2，《历代州域形势》三国并州注。
② 《晋书》卷97，《北狄匈奴传》。
③ 《后汉书》卷86，《西南夷传》。
④ 《晋书》卷56，《江统传》。

也加入了农民起义队伍的行列，后来跟随张鲁到汉中建立了政权。当张鲁政权被打垮之后，曹操把巴氐人迁到关中、略阳（今甘肃秦安县境）等处。[①]《十六国春秋辑补》卷76《蜀录》记载，曹操将迁于汉中的賨人万余家迁到陇右及三辅诸郡。《三国志·魏书·张既传》的记载更详，言说“（张）鲁降，既说太祖拔汉中民数万户以实长安及三辅……（太祖）令既之武都，徙氐五万余落出居扶风、天水界。”

（3）羯族的内迁

根据《史记·大宛列传》《北史·西域传》和唐长孺先生《魏晋杂胡考》可知，这一民族系被匈奴所征服的原住在河西的月氏人，与中亚的康居、大月氏等国的人在血统上相近。羯人内迁的区域是山西东南部的上党郡（东汉时治所在今长治北）。

（4）羌族的内迁

羌族原来的居住区是在青海湟水流域，西汉景帝之时把他们迁到安故（今甘肃临洮）、羌道（今甘肃岷县）等处。东汉初年，凉州各郡皆已有羌族杂居其间，马援曾把一部分羌族迁到天水（今甘肃通渭）、扶风（今陕西兴平县境）一带。后来羌族渐次向三辅迁移。东汉时期对羌人曾经进行过旷日持久的战争，羌人便在陕、甘一带杂居下来。[②] 到了三国时期，羌人在关中、甘肃一带的人数逐渐发展。

（5）鲜卑族的内迁

鲜卑族是东胡的一种，秦汉时代，住在鲜卑山一带（今内蒙古科尔沁右翼）。东汉初年，匈奴分裂，南匈奴迁到内地，北匈奴西迁，此后鲜卑人遂占据了蒙古高原，匈奴人还有十余万落都加入了鲜卑。鲜卑族逐渐强大起来，到了东汉末年，击败了丁零、扶余、乌孙，完全占据了匈奴故地，立单于庭在高柳北弹汗山（今内蒙古商都）。由此可见，鲜卑和匈奴一样，也是包括很多部族的。后来鲜卑分成三部，逐渐向南迁移，在三国初期进入塞内，在入塞各族中，鲜卑是最后的一个。

---

① 《十六国春秋辑补》卷76，《蜀录》。

② 韩时勉：《两晋时代北方各族活动情况简介》，刊《历史教学》，1962年第11期。

东部，慕容氏在三国初年进入辽西，住在棘城一带（今辽宁朝阳），后来迁到辽东。还有宇文氏和段氏也在三国时期进入辽西。

中部，东汉末年，南匈奴大量南迁到陕西北部和山西南部的时候，鲜卑人就迁到河套地区。三国时，拓跋力微在盛乐（今内蒙古和林格尔）建国，这是北魏的前身。当时东汉已经放弃这个地区，可以说还没有迁到汉境内。西晋时，刘渊建国以后，并州刺史刘琨为了求鲜卑帮助打刘渊，鲜卑才迁入塞内，分散在代、新兴、雁门等郡。

西部，三国时候，邓艾为攻灭蜀汉，招鲜卑人移居雍州、凉州一带，这是鲜卑人迁到甘肃的开始，后来屡有迁来。其姓氏有陇西的乞伏氏，河西的秃发氏。

此外，还有吐谷浑，在西晋永嘉时候，从辽东迁到枹罕（今甘肃临夏），不久又迁出，到青海一带建国。

2. 因避乱而引起的民人迁徙

三国时期，魏、蜀、吴之间不断发生内战，加之以前汉末大乱，使得一些人不安生业，于是便四出奔逃，去寻找安逸的乐土，因而便形成了民人的迁徙运动。在这一迁徙运动中，既有士大夫及豪民阶层，也有贫苦百姓。迁徙的去向大部分是奔向长江流域，但也有少部分北上出塞者，既有由西而东者，亦有由东徙西者。他们出徙的目的地，一方面是经济发达、容易谋生之地，但最为主要的是为了避开战祸的威胁，寻找相对安静之区，因此方向不定。

（1）由关中向荆襄地区的迁徙

东汉末年，董卓祸乱关中洛阳一带，继之，袁绍和曹操又在黄河中下游地区不断展开争夺，使得关中和中原地区的经济遭受严重的破坏。这一地区的人民大批外徙，流向异地，其迁徙的去向和路线主要是南向荆襄一带。《三国志·魏书·卫觊传》载卫觊与荀彧书言：关中青腴之地，顷遭荒乱，人民流入荆州者数十万家。这是一般民人的迁徙，而北方士人避乱的走向亦是奔向荆襄方面。《王粲传》载“刘表雍容荆州，坐观时变，自以为西北可规，士之避乱荆州者皆海内之俊杰。”

（2）由关西向陕南地区的迁徙

《后汉书·张鲁传》载，由于韩遂和马孟起之乱，关西之民从子午谷南下汉中，奔张鲁者有数万家。

（3）由三辅、南阳向四川地区的迁徙

《后汉书·刘焉传》记载，南阳、三辅地区的民户有数万之多，后来流入益州，刘焉全部把他们收编为军队，名之曰东州兵。

（4）由中原向徐州地区的迁徙

《后汉书·陶谦传》记载，当时徐州地区百姓殷盛，谷米丰赡，老百姓多流归徐州。

（5）由青、徐、淮北一带向江南地区的迁徙

例如鲁肃，他听说袁术纲纪不严，不足立事，就携带老弱、轻侠少年100多人，南到居巢投奔周瑜。“瑜之渡江，因与同行”①。笮融在陶谦遭到曹操的攻击之后，感到徐州地区不安全，便“将男女万口、马三千匹走广陵……因以过江南奔豫章”②。此外，又如彭城人张昭、临淮人步骘……带领北方民众到江南者亦不乏其例。从上可以看出，向扬州地区的徙民，多是兖、青、徐、淮北一带的人，这是由于地域关系所造成的，上述地区与扬州临近，便于径直南下。

（6）向塞外地区的迁徙

除了向南方移民外，离开中原本土，徙向塞外的民众和大姓也是有的。如管宁，他听说公孙度令行海外，“遂与（邴）原及平原王烈等至于辽东……时避难者多居郡南，而宁居北，示无迁志，后渐来从之。”③ 又如世为著姓的苏则，早在兴平年间，三辅饥穷的时候，“避难北地，客安定”④。除了豪族大姓，客徙边地，聚族而居而且还招引其他流徙的民众外，在北徙的流人当中，也有为数不少的人投奔鲜卑，这部分人多为贫民。《三国志·鲜卑传》载，自从袁绍据河北之后，“中国人多亡叛归之”（指鲜卑小种轲比能）。当时边民流散山泽，“又亡叛在鲜卑中者处有千数”⑤。内地的这部分汉人后来便与鲜卑人

① 《三国志》卷54，《吴书·鲁肃传》。

② 《后汉书》卷73，《陶谦传》。

③ 《三国志》卷11，《魏书·管宁传》注引《傅子》曰：“越海避难者，皆来就之而居，旬月而成邑。”

④ 《三国志》卷16，《魏书·苏则传》注引《魏略》。

⑤ 《三国志》卷26，《魏书·索招传》。

相融合。

3. 军事强制性掳掠徙民

汉末大乱，给社会经济带来了严重的破坏，随之，又受到灾荒疾疫的扫荡，使得全国人口骤然下降。在这种情况下，魏、蜀、吴的统治者不但深感财力、物力的不足，更为突出的一点是深感人力的不足。为了争得劳动人手和补充兵员，单靠提倡生育是远水不解近渴的，它不能立即解决频繁激战中的兵员补充问题。在这种情况之下，交战中的各方，除了对对方的经济进行摧毁之外，另一个极为重要的目的，便是在摧毁对方有生力量的同时，大量掳掠人口，迫使他们迁徙到自己的辖区，以便增加劳动人手和补充兵员，这种例子比比皆是。

（1）曹魏对人口的掳掠和迁徙

曹魏对人口的掳掠与迁徙，分为两种情况，一是在战胜之后，掠其民众。另一种情况是为了实内加强控制，把边远地方的人迁到内地。属于前者的记载很多，如曹操当初与袁绍争夺对黄河中下游的控制权时，曾徙燕地和白马之民。[①] 在进攻袁谭、袁尚攻拔阴安之后，让张辽、乐进“徙其民河南”。[②] 当曹魏降巴东（今四川奉节县境）、巴西（今四川阆中）二郡之后，“徙其民于汉中”。[③] 在曹操攻破荆州之后，曾将荆州之民徙至豫州之汝南郡耕田，邓艾当时就在被徙之列。[④] 王昶击吴，得胜后纳降数千口，于是移其民，置夷陵县。[⑤]

此外，敌国将领率众投降徙民者亦有之。《三国志·吴书·韩当传》载，吴将韩综以家属部曲男女数千奔魏。

除了上述种种徙民外，曹魏还在本辖区内不断进行移民，这主要是将曹魏周边地区的人民徙往首都，徙往内腹地区，其用意一方面是便于直接监视和控制，另一方面，不至于被周围邻国所袭掠。见于记载的主要有向关中、洛阳、邺地的移民。如刘备取汉中之后，直逼下辩，曹操认为武都孤远，“前后徙民

① 《三国志》卷14，《魏书·蒋济传》。
② 《三国志》卷17，《魏书·张辽传》。
③ 《三国志》卷17，《魏书·张郃传》。
④ 《三国志》卷28，《魏书·邓艾传》。
⑤ 《三国志》卷27，《魏书·王基传》。

氏，使居京兆、扶风、天水界者万余户”①。自天子西迁洛阳人民单尽，（钟）繇徙关中民于洛阳。② 至于移民实邺的例子就为数更多了。杜袭留督汉中军事时，“绥怀开导，百姓自乐出徙洛、邺者，八万余口”③。李典曾“徙部曲宗族万三千余口居邺”④。梁习到北部边界地区任职之后，曾将当地的数万口人送往邺地。⑤

对于空旷之地，为了发展经济，曹魏大力推行移民政策，曹丕曾打算徙冀州士家10万户以实河南，但由于连年发生蝗灾，民人大饥，后来只徙了5万家于河南。⑥

通过移民，曹魏的腹心地区和其所控制的主要城市的经济有了恢复和发展，这为曹魏势力的发展，以及为西晋统一全国打下了基础。

（2）吴国对人口的掳掠

同曹魏一样，孙吴政权在战争中对人口之掳掠数量也是很大。《三国志·吴书·诸葛恪传》载，诸葛恪率众佃庐江皖口，“因轻兵袭舒，掩得其民而还。”《三国志·吴书·孙休传》载，孙怡到辽东地区击魏，虏得男女而还；诸葛恪攻六安，收其民人；永安七年（264）吴军人句章得200余口还；赤乌二年（239），孙吴人夷洲得数千人还。

除了用战争的方式掳掠民众外，吴国受降异国人口的例子也不乏见到。如《三国志·吴书·孙休传》载，魏将毋丘俭等，以淮南之众，西入降吴。《三国志·魏书·蒋济传》载，曹操想徙淮南之民加以控制，这个消息走漏之后，当地居民不乐北上，十万多人，便南下逃奔吴国。

（3）蜀国对人口的掳掠

三国时期，在掳掠人口方面，并非是仅限于魏和吴，蜀汉对人口之掳掠也时有出现，可以说，掳掠人口是三个政权的共同特征。例如《三国志·蜀

① 《三国志》卷25，《魏书·杨阜传》。
② 《三国志》卷15，《魏书·张既传》。
③ 《三国志》卷23，《魏书·杜袭传》。
④ 《三国志》卷18，《魏书·李典传》。
⑤ 《三国志》卷15，《魏书·梁习传》。
⑥ 《三国志》卷25，《魏书·辛毗传》。

书·诸葛亮传》载，诸葛亮出祁山的时候，“拔西县千余家，还汉中。”

总之，三国时期，三个政权国家对人口的掳掠，是十分频繁的，都想在战乱之中控制更多的民众、劳动人手和兵员，因之，强迫性军事移民，是这一时期的移民的重要特征之一。

二、西晋时期的人口迁徙

西晋在统一全国之后，曾经出现过短暂的安定局面，但好景不长便暴发了八王之乱。司马氏宗族在长达十几年的骨肉混战中，使得中原、关中地区的社会生产力受到了严重的破坏。加之天灾，数以百计的百姓漂流异乡，出现了民人的大迁徙。而且有些地区的流民举行了起义，沉重打击了西晋政权的统治。在西晋政权力量大为减弱的情况下，匈奴族又看准了时机，进兵中原，发生了永嘉之乱，在不太长的时间内灭亡了西晋，大量向中原地区移民，形成了少数民族的进一步内迁。在这种情况下，北方的士大夫阶层及富豪地主，不甘心受少数民族的统治，便率领宗亲纷纷渡江，形成了规模较大、时间持久的人口大迁徙。

永嘉之乱以前，西晋社会的内部矛盾已经相当尖锐，出现了流民的迁徙运动。其迁徙的路线是由北向南，由西而东。在晋惠帝八年（298），大规模的流民迁徙运动已经开始了，关西百姓“流移就谷，相与入汉川者数万家……由是散在益、梁，不可禁止”①。雍州之流民直下东南，到达南阳者也不在少数，② 据《资治通鉴·晋纪》言，这批流民多达四五万。关东地区也出现了流民，其中并州地区的河东郡、平阳郡、上党郡以及弘农郡的百姓流散在颍川、襄城、汝南、南阳者有数万家。③《晋书·刘琨传》言说当时并州之人，十不二存，东嬴公自晋阳镇邺，百姓随其南下者，户不满二万。不但关西和并州地区流人外逃，而一向被称为天府的巴蜀也出现流民外徙的情况。巴蜀流人汝班蹇硕等数万家分布在荆、襄。《晋书·刘弘传》还载：“盖梁流人萧条，在荆州者十余万户，羁旅贫乏”，可见事态的严重程度。不但中国的西半部地区出

① 《晋书》卷120，《李特载记》。
② 《晋书》卷100，《王如传》。
③ 《晋书》卷100，《王弥传》。

现了流民，东部地区的局势亦相当严峻，“顿丘太守魏植为流人所逼，众五六万，大掠兖州”①。而南部中国，这时流民已深入到云南、广西、交阯地区。

到了晋怀帝的时候，中州士女纷纷渡江南迁者不可胜数。特别是自永嘉之乱以后，“百姓流亡，中原萧条，千里无人烟”②。

谭其骧根据《宋书·州郡志》《南齐书·州郡志》《郡书·地理志》将永嘉乱后，接受移民的省份分为两大区，六小区。

东区，包括长江下游和淮河流域，在这一区域内，其流民的来源是以黄河下游、山东、河北及河南东部之人为移民主体。在这一个大区之内，又可分为3个小区：其一是地跨大江南北的江苏，该小区的移民是以山东、苏北的移民较多，而河北、皖北迁往此地的移民较少。其二是河南、湖北、江西、安徽4省的交界及其周围地区。该小区的移民，是以河南和安徽北部之人为移民主体，河北、苏北的移民次之。其三是山东的黄河以南部分地区，这一小区的移民来源，系以河北和山东黄河以北地区的移民为主体。

西区，包括长江上游及汉水流域。这一地区的流民来源，是以甘肃、陕西、山西及河南西部的人为移民主体。在这一大区之内，又可分为3个小区。其一，湖北西部及湖南北部。这一小区内的移民是以山西的移民为主体，河南的移民为辅。其二，四川及陕南汉中地区。该小区的移民是以甘肃及陕西北部之人居多，川北之人次之。其三，河南、湖北交界处的汉水岸旁，该小区的移民是以陕西及河南西北部地区的人为主体。

自永嘉乱后到刘宋（307～477）共计170年间，我国北方之人流移南迁者达90余万。现据谭其骧所制表格，③ 录之于下，以明分布迁徙情况。

北人南迁表

迁　出　地	迁　入　地	流　徙　人　数
山东、河北等省	江苏省	260000
河北省	山东省	210000

① 《晋书》卷66，《刘弘传》。

② 《晋书》卷121，《李雄载记》。

③ 《晋永嘉丧乱后之民族迁徙》，《燕京学报》，第15期。

续表

迁出地	迁入地	流徙人数
河南、河北等省	安徽省	170000
陕西、甘肃等省	四川省	50000
山西、陕西、河南等省	湖北省	60000
陕西、甘肃等省	河南省	30000
安徽、河南、湖北等省	江西、湖南等省	20000
甘肃、四川等省	陕西省	100000
合　计		900000

三、东晋十六国时期的人口迁徙

西晋灭亡之后，镇守建康的琅邪王司马睿在江南称帝，时在317年。东晋存在了百余年的时间，到420年被刘宋所取代，在此期间，北方士大夫阶层和大批百姓纷纷渡江，以避战乱，这一时期的人口迁徙情况，在上面永嘉乱后的人口迁徙中已有涉及，在这里不再过多重复。

西晋灭亡之后，我国的北方陷入了空前的分裂割据状态，直到439年北魏统一北方，极度的混战才算结束。在长达100多年的时间里，北方封建割据政权林立，更迭频繁，这些政权之间，不断发生战争，而战争之主要目的是削弱和摧毁对方，扩大自己的势力范围，因此，掳掠人口，成了这一时期中交战双方的显著特点。这样一来便造成了人口的大迁徙，其范围之广、数量之大，不亚于永嘉乱后北方人口的南迁运动。兹将北方这一时期的人口大迁徙分为两个阶段来叙述。第一个阶段是十六国前期的人口迁徙情况，即从西晋灭亡到383年前秦统一北方是为十六国前期。第二个阶段是前秦失败北方再度陷入混战到439年北魏统一北方，是为十六国后期。

1. 十六国前期的人口迁徙

（1）前凉政权对人口的迁徙

前凉是汉人张轨所建，地处今甘肃西部地区。当北方沦陷，西晋灭亡后，咸和初年（326～335），恐被刘曜所逼，前凉政权就使将军宋辑、魏纂将兵徙陇西、南安人2000余家于姑臧（今甘肃武威）。[①] 这种徙民是由东而西收缩式的徙民，是出于恐被敌方所掠的用意。

（2）汉对人口的迁徙

汉是匈奴贵族刘渊在永嘉二年（308）于平阳（今山西临汾）所建立的政权。这一地区民族关系极为复杂，早在三国时期，北方一些少数民族便迁入这一地区，在刘渊的控制内，有40多万户汉人和20万落包括匈奴和其他胡人在内的少数民族。[②] 刘聪时期，曾对关中之民进行大规模的掳掠，他派将领麴特围长安、"刘曜连战败绩，乃驱掠士女八万余口退还平阳，因攻司徒傅祗于三渚……祗病卒，城陷，迁祗孙纯、粹并其二万余户于平阳"[③]。这是属于用战争的方式由关中向关东临汾地区的强制性移民。

（3）前赵政权对人口的迁徙

前赵是318年刘曜灭汉之后在长安所建立的政权。刘曜在短时期内曾徙秦州（今甘肃天水）大姓杨、姜诸族2000余户于长安。[④] 而割据政权之间截留徙民者有之，如"石勒将石他自雁门出上郡，袭安国将军、北羌王盆句除，俘三千余落"，刘曜闻悉之后，派兵击败石他，"悉收所虏"[⑤]。另外，还击败了雄踞上郡地区的氐羌10多万落，徙其部落20余万口于长安，[⑥] 这是由长城一线向关中长安移民。

（4）后赵政权对人口的迁徙

刘曜称帝之后，石勒在襄国（今河北邢台）称王，329年又灭掉前赵称帝，都于邺城（今河北临漳）。后赵时期对人口的徙掠不但更为频繁，而且数量更大，所徙之人，一般都安置在襄国和司州，其徙民的成分，既有少数民族也有汉人。史载刘聪死后，其大将靳准杀聪子粲，石勒率军讨准，据襄陵北原，羌羯降者4万余落……勒攻准于平阳小城，平阳大尹周置等率杂户6000

---

① 《晋书》卷86，《张轨传》。

② 《晋书》卷102，《刘聪载记》。

③ 《晋书》卷102，《刘聪载记》。

④ 《晋书》卷103，《刘曜载记》。

⑤ 《晋书》卷103，《刘曜载记》。

⑥ 《晋书》卷103，《刘曜载记》。

降于勒，巴帅及诸羌羯降者十余万落，徙之司州诸县。[①] 石勒还派其从子石季龙攻集木且羌于河西，克之，俘获数万，秦陇悉平，凉州牧张骏大惧，遣使称藩，贡方物于勒，“徙氐羌十五万落于司、冀”[②]。至于移民国都者，为数更多。《晋书·刘曜载记》载石勒战败刘曜之后，徙其台省文武关东流入、秦雍大族9000余人于襄国。石勒将领攻破前燕的酸枣之后，“徙降人二万余户于襄国”[③]。石勒将支雄、逯明击宁黑于东城阳得胜之后《徙其众万余于襄国》。[④] 石赵还徙平原乌丸、尸广、刘哆等部落3万余户于襄国。[⑤] 迁乌丸审广、渐裳、郝袭、靳市等于襄国。[⑥] 徙往司、雍之地的户数也不少。《晋书·段匹磾传》云，地处辽水流域胡汉杂处之人有3万余家，后被石季龙所破，“徙其遗黎数万家于司雍之地。”

从以上简略统计可知，石赵政权所徙之户恐怕在50万户以上，人口在数百万以上，所徙往的主要地区是襄国、司州、冀、司雍等地。移民的来源主要是青、雍、幽、荆州，其成分是氐、羌、胡、蛮[⑦]等。

（5）前燕政权对人口的迁徙

前燕是鲜卑人慕容氏所建，当初其统辖范围在今河北北部及辽宁一带，后来南下灭了冉魏。前燕对人口的迁移主要是掠取东北地区的各少数民族，以及因避乱而北上的流民。见于前者的有，元真袭高丽，“掠男女五万余口……又大破宇文，开地千里，徙其部民五万余家于昌黎”[⑧]。《晋书·慕容皝载记》云：“句丽、百济及宇文、段部之人，皆兵势所徙，非如中国慕义而至，咸有思归之心。”可见被强迫迁徙的民族并非一两个。至于因避乱而北上的徙民也数量很大，史载“自永嘉丧乱，百姓流亡……故九州之人，塞表殊类，襁负

① 《晋书》卷104，《石勒载记上》。
② 《晋书》卷104，《石勒载记上》。
③ 《晋书》卷104，《石勒载记上》。
④ 《晋书》卷104，《石勒载记上》。
⑤ 《晋书》卷104，《石勒载记上》。
⑥ 《晋书》卷104，《石勒载记上》。
⑦ 《晋书》卷56，《孙楚传附孙绰传》载，继石赵之后的短命政权冉魏灭亡时“青、雍、幽、荆州徙户及诸氐、羌、胡、蛮数百万各还本土。”这些都是后赵时的移民。
⑧ 《晋书》卷109，《慕容皝载记》。

万里，若赤子之归慈父，流人之多，旧土十倍有余"[1]。

总之，从十六国前期的移民情况看，有如下特点，其一是以军事掠夺为主，进行强迫性移民。其二是徙民所安排的处所一般都是本政权所控制的腹心地带，或都城附近。其三是因战乱而造成自动性迁徙移民的情况虽然也有一部分，但在这一时期内并不占主导地位。其四是移民的成分复杂，有多种民族。

2. 十六国后期的人口迁徙

383 年淝水一战，前秦失败，氐族贵族所统治下的政权便宣告瓦解，这样我国北方又陷入了更为复杂的混战局面。北方各族贵族纷纷建立政权，先后存在的政权有后燕、西燕、后秦、西秦、后凉、南燕、北燕、夏、南凉、北凉、西凉等 10 多个政权。割据状况的存在必然引起战争，对人口的掠虏迁徙与十六国前期相比无论在数量上或在频繁的程度上都有过之而无不及。

首先我们来看看关中和河西地区所建立的政权其迁徙人口的情况。

（1）后秦政权对人口的迁徙

后秦（384～417），羌人姚苌所建，地处今河套和关中一带。后秦时的移民，有很大一部分是迁徙流民。如：姚兴攻打弘农（今河南陕西交界处），"徙流人西河严彦，河东裴岐、韩袭等二万余户而还。"[2] 武都氐人反叛，后秦派兵进行镇压，并"迎流人曹会、牛寿万余户于汉中"[3]。后秦还曾"徙汉中流人郭陶等三千余家于关中"[4]。除了对流民进行迁徙之外，后秦时期对一些地方豪右也多所迁徙，大概是为了就近监视防其作乱。如：姚兴曾"徙河西豪右万余户于长安"[5]。当初，姚兴曾徙李闰羌 3000 家于安定，寻徙新支，但羌酋党容率部反叛，返回故地，后秦遣军讨平之，并"徙其豪右数百户于长安"[6]。后秦不但对羌酋豪右进行迁徙，而对胡酋豪右也实行迁徙政策。如《晋书·姚泓载记》记载并州、定阳、贰城地方的胡人数万落叛姚泓，入于平

① 《晋书》卷 109，《慕容皝载记》。
② 《晋书》卷 117，《姚兴载记上》。
③ 《晋书》卷 117，《姚兴载记上》。
④ 《晋书》卷 117，《姚兴载记上》。
⑤ 《晋书》卷 117，《姚兴载记上》。
⑥ 《晋书》卷 117，《姚兴载记上》。

阳（今山西临汾），并推匈奴曹弘为大单于进行残掠。后秦派“征东姚懿自蒲坂讨弘，战于平阳，大破之，执弘，送于长安，徙其豪右万五千落于雍州”。这种徙豪政策，在十六国时期的移民当中是不多见的。除此之外，后秦对人口的迁徙例子还很多，“鲜卑越质诘归，率户二万叛乞伏乾归，降于姚兴，兴处之以成纪（今甘肃宁静县）。”[①] 姚兴派兵讨河东太守柳恭，柳恭请降，“徙新平、安定新户六千于蒲板（今山西永济县境）”[②]。姚兴“徙阴安三万户于长安，分大营户为四，置四军以领之”[③]。值得注意的是，在后秦的徙民当中有一部分是强迫为兵，以为营户，这种例子，在文献材料的记载中也是不多见的。

（2）西秦政权对人口的掠徙

西秦（385～431）是鲜卑人乞伏国仁所建，地处今兰州至天水之间，国土比较狭小。到乞伏国仁建国之时，有众重十余万，[④] 但在几十年间，其受降和掳掠的人口竟在65万以上，[⑤] 超过了原有人口，此种情况在十六国后期的历史上还为数不多。

（3）南凉政权对人口的迁徙

南凉（397～414），是鲜卑族的秃发乌孤所建，地处今日之武威、西宁周围。虽然其存在时间仅有17年，但它对人口的掳掠也是十分惊人的。南凉对人口的掳掠，主要对象是其南部和西北部地区。秃发乌孤战败吕光之后“降

① 《晋书》卷117，《姚兴载记上》。

② 《晋书》卷117，《姚兴载记上》。

③ 《晋书》卷117，《姚兴载记上》。

④ 《晋书》卷125，《乞伏国仁载记》。

⑤ 《晋书·乞伏国仁载记》载：“鲜卑匹兰率众五千降。”“南安祕宜率众三万余户降。”《晋书·乞伏炽磐载记》载：义熙九年乞伏炽磐讨伐吐谷浑，“虏二千余户而还”。又东破休官权小郎、吕破胡于白石川“虏其男女万余口”。攻吐谷浑，皆破之，“前后俘获男女二万八千”。讨秃发傉檀得胜之后，“徙武台与其文武及百姓万余户于枹罕”。乞伏炽磐派兵破黄石、大羌二戍，“徙五千户于枹罕”。讨吐谷浑树洛干于塞上，“俘获五千余口而还……”，“乙弗鲜卑乌地延率户二万降于炽磐”。乞伏炽磐派兵讨吐谷浑觅地于弱水南，大破之，“觅地率众六千降于炽磐”。又派兵讨彭利和于漒川，大破之，“徙羌豪三千户于枹罕。”《晋书·乞伏乾归载记》载，攻克略阳、南安、陇西诸郡后，“徙二万五千户于苑川、枹罕。”伐秃发傉檀获胜后，“徙四千余户于苑川、三千余户于谭郊”。征西羌彭利发获胜后，“收羌户一万三千”。此外，自动归降者亦有，如《晋书·乞伏乾归载记》载，“孛虏秃发如苟率户二万降之”。鲜卑族的叠掘河内“率户五千自魏降乾归”。总共加在一起，西秦掳掠、受降的人口约在65万上下。当然有些是属于叛后又虏的重复情况。

光乐都、湟河、浇河三郡，岭南羌胡数万余落皆附之。光降将杨轨、王乞基率户四千来奔”[①]。在秃发利鹿孤执政期间，派秃发傉檀打败吕纂的进攻，虏8000余户而归。[②] 在秃发傉檀执政时期，“袭徙西平、湟河诸羌三万余户于武兴、番禾、武威、昌松四郡”[③]。攻吕隆，“徙显美、丽靬二千余户而归”[④]。攻蒙逊至松昌，“徙凉泽、段冢五百余家而归”[⑤]。据以上统计，在短短的17年中，见于文献记载的掠迁人口约有5万多户。

（4）北凉政权对人口的迁徙

北凉（397～439），是汉人段业所建。从401年起，卢水胡的匈奴沮渠部的沮渠蒙逊为北凉的统治者。其地域仅限于以张掖为中心的西南、东北走向的一个狭长地带。北凉掠夺人口的对象主要是与其比邻的南凉和北部大沙漠一带的少数民族。其中对南凉的人口掳掠数量最大。《晋书·秃发傉檀载记》云：蒙逊击傉檀于姑臧，傉檀败，“蒙逊徙其众八千余户而归”。同书还载，蒙逊攻西平，“徙户掠牛马而还”。蒙逊又攻乐都，“镇南文支以湟河降蒙逊，徙五千余户”。《晋书·沮渠蒙逊载记》记载，蒙逊伐傉檀至显美，“徙数千户而还。……乘胜至于姑臧，夷夏降者万数千户”。除了对南凉的掳掠之外，蒙逊进行东征，到大沙漠一带去掳掠不少的少数民族人口。

从以上不完全统计可知，小小的北凉掳掠的户数有近3万户之多。

（5）夏政权对人口的迁徙

夏（407～431）是匈奴人赫连勃勃所建，当初其控制的地域在今陕西庆阳、延安以北地区。419年以后，南下进入关中的渭河流域，打败了东晋的刘裕。夏对人口的掠徙，其主要对象是后秦和南凉。

当初匈奴铁弗部的赫连勃勃是被后秦的姚兴封为安北将军、五原郡公，率有鲜卑及杂虏2万余落，镇守在朔方，并吞了河西鲜卑杜仑的3万多人，势力逐渐发展起来。后来，不断与后秦的姚兴进行战争，据《晋书·赫连勃勃载

① 《晋书》卷126，《秃发乌孤载记》。
② 《晋书》卷126，《秃发鹿利孤载记》。
③ 《晋书》卷126，《秃发傉檀载记》。
④ 《晋书》卷126，《秃发傉檀载记》。
⑤ 《晋书》卷126，《秃发傉檀载记》。

记》记载，大的掳掠有这么几次：赫连勃勃攻安定，姚兴败北，“降其众四万五千”。败姚兴于东乡，“徙其三千余户于贰城”。败姚兴于支阳，“驱掠二万七千口”。败姚兴于青石原，“获七千余人”。“俘其将士万有三千”。败姚兴于黄石固，“徙七千余家于大城”。败姚兴于清水城，“徙其人万六千家于大城”。除此之外，赫连勃勃还“掠平凉杂胡七千余户以配后军”[1]。义熙三年（407）赫连勃勃讨鲜卑薛干等三部破之，“降众万数千”[2]。赫连勃勃也曾与南凉发生战争，“驱掠傉檀二万七千口”[3]。也有降于夏的，“安定人胡俨、华韬率户五万降于勃勃”[4]。

据以上不完全统计，夏对人口的徙掠和接受降人，在12万户以上。

（6）关东地区的徙民

在十六国后期，关东地区的徙民，不如关中和陇西地区频繁，数量和规模也较小。其中后燕的慕容德曾率户4万来了个大转移大迁徙，最初由邺（今河北临漳）地区迁到滑台（今河南滑县东），后来又由滑台迁至今山东半岛一带，[5] 建立了南燕。

十六国后期，关东地区移民掳掠较为频繁的是北魏。为了明了起见，现列表如下：

年　代	徙民来源	数　量	迁入地	资料出处
登国三年（338）	讨解如部	男女杂畜十数万		《魏书·太祖纪》
登国五年（390）	击高车袁纥部	生口马牛羊 20余万		同上
登国八年（393）	薛子部	徙其民		《魏书·太祖纪》
同上	破类拔部	徙其部落		同上
登国十年（395）	破慕容宝	获文武将吏数千		同上

① 《晋书》卷130，《赫连勃勃载记》。
② 《晋书》卷130，《赫连勃勃载记》。
③ 《晋书》卷130，《赫连勃勃载记》。
④ 《晋书》卷130，《赫连勃勃载记》。
⑤ 《晋书》卷127，《慕容德载记》。

续表

年　代	徙民来源	数　量	迁入地	资料出处
登国年间（386～396）	大败蠕蠕	虏其半部		《魏书·蠕蠕传》
同上	讨河西敕勒	掠男女万余口		《魏书·源贺传》
天兴元年（398）	迁山东六州民吏及徒何、高丽杂夷	36万口	京师	《魏书·太祖纪》
同上	百工技巧	10余万口	京师	同上
天兴元年（398）	6州22郡守宰豪杰吏民	2000家	代都郡	《魏书·太祖纪》
天兴二年（399）	高车杂种30余部	7万余口		同上
同上	高车7部	2万余口		同上
同上	陈郡、河南流民	万余口	内徙	同上
天兴三年（400）	高车别帅敕力犍	900余落	内属	同上
天兴四年（401）	高车	3000余落	内附	同上
天兴四年（401）	讨杨干	尽徙其人	京师	《魏书·高车传》
天兴五年（402）	卫辰、屈丐部	不详	京师	《魏书·太祖纪》
天兴六年（403）	朔方尉迟部别率	万余家	云中	同上
天赐元年（404）	破姚兴太平太守	3000余口		同上
天赐五年（408）	平统万、薛干五中类	皆得为编户		《魏书·高车传》
永兴五年（413）	转牧跋那山西	徙其人而还		同上
同上	越勤倍泥部落	2万余家	大宁	《魏书·太宗纪》
太常三年（418）	攻弱水	降3000余人		同上
同上	冀、幽、定三州迁徙		京师	同上
同上	龙城	万余家		同上
始光三年（426）	赫连昌民	万余家		《魏书·世祖纪》
始光四年（427）	虏昌群弟及其诸姊妹妻妾宫人	万数		同上
延和元年	营丘、成周、辽东、乐浪、带方、玄菟	3万余家	幽州	同上

续表

年　代	徙民来源	数　量	迁入地	资料出处
延和三年（434）	和龙	徙其民		同上
延和三年（434）	雍州在汉中流民	7000 家	长安	《魏书·世祖纪》
太延五年（439）	凉州	3 万余家	京师	同上
同上	乐都	掠数千家		
不详	敕勒新民	3 万余落	河西	《魏书·齐洁传》

此表参阅朱绍侯的《北魏徙新民一览表》，并加以补充而制作。

东晋十六国时期的人口迁徙，与三国西晋时期的人口迁徙有其不同之处与本身的特点。三国西晋时期的人口迁移，基本上是自北而南，数量较多，而东晋十六国时期的人口迁徙，方向不仅限于自北而南，自南向北以及由东徙西、由西赴东者都很频繁。三国西晋时期的人口迁移，战争的掳掠固然占一部分，但是流民的自动流移所占的比重会更大一些。而东晋十六国时期的人口迁徙，有很大一部分是战争中的掳掠，以及在军事力量威胁下的受降。十六国时期北方之间的移民，其待遇极为低下，大部分被罚做奴隶，供人驱使，或被充当营户执戟作战。

四、南北朝时期的人口迁徙

南北朝时期的人口流动迁徙，虽然不像两晋十六国时期规模之大，次数之频繁，然而这一时期的人口流动量也是值得关注的。总的看来，这一时期人口流动迁徙的特点是：其一，鲜卑族入主中原的初期阶段，由于其处于由奴隶社会向封建社会的过渡阶段，尚未完全脱离原来的旧习，因而对周围民族的掳掠时有发生。其二，这一时期是南北政权的相持阶段，特别是在双方交界的边界临近区，为了防止对方袭掠人口，一般都采取收缩政策，将边民进行内徙。其三，由于双方的对峙，互相袭掠也是难免，而政权之间部分军民的投降归附活动也互有出现，因而造成了这一时期人口流动迁徙的数量不容忽视。

1. 北朝时期的人口迁徙

429 年，北魏统一北方，在北魏初期数十年间，鲜卑族的掳掠习性仍然未变，因而迁徙比较频繁，特附表如下：

时 间	徙民来源	数 量	迁入地	资料出处
太平真君二年（441）	酒泉	4000 口		《魏书·世祖纪》
太平真君五年（444）	北部民		冀、相、定三州	同上
太平真君六年（445）	青、徐		河北	同上
同上	枹罕民	1000 家	上邽	同上
同上	诸种杂人	5000 家	北边	同上
太平真君七年（446）	金乡、方与	5000 家	河北	同上
同上	东平陵	6000 家	河北	同上
同上	长安城工巧	2000 家	京师	同上
太平真君八年（447）	高阳易县		北地	同上
同上	定州丁零	3000 家	京师	同上
太平真君九年（448）	西河离石	5000 家	同上	同上
正平元年（451）	刘宋降民	5 万余家	近畿	同上
皇兴三年（469）	青 州		京师	《魏书·显祖纪》
延兴元年（471）	沃野统万		冀、定、相三州	《魏书·高祖纪》
延兴二年（472）	连川敕勒		青、徐、齐兖	同上

此表系参阅朱绍侯：《魏晋南北朝土地制度与阶级关系》一书中的《北魏徙民表》并加以补充而制作。

此外，具体徙民确切年代不可考的还有一些，如魏在平定中山之后，曾“徙七万余家”于北方。[①] 显祖之世，有蠕蠕万余户降附，“居于高平、薄骨津二镇，太和之末，叛走略尽，唯有一千余家”，后被徙于济州缘河居之。[②] 孝静帝时期，讨伐山胡，“浮获一万余户，分配诸州”[③]。分配于诸州的可能是充做奴隶。似此徙民罚做奴隶的为数不少。《魏书·慕容白曜传》记载北魏攻打青州，占领历城之后，乃“徙二城民望于下馆，朝廷置平齐郡怀宁、归安二县以居之，自余悉为奴婢分赐百官”。同书《崔亮传》《崔光传》《傅永传》《蒋少游传》亦有这方面的记载。

① 《魏书》卷 33，《张济传》。
② 《魏书》卷 58，《杨播传》。
③ 《魏书》卷 12，《孝静帝纪》。

北朝后期，即北周、北齐时期，徙民的记载仍然不少。大统十二年(546)，独孤信平凉州，擒仲和，迁其民6000余家于长安。[①] 北周建德六年(577)，移并州军人4万户于关中。[②]

北齐的徙民也主要是战争获胜后的强迫移民。天平元年（534），“神武西伐费也头虏纥豆陵伊利于河西，灭之，迁其部于河东”[③]。北周讨山胡，“破之，获一万余口，分配诸州”[④]。

以上所述，是各割据政权以武力胁迫的方式进行移民，除了武力胁迫移民之外，自动迁移亦有不少数量，特别是自南而北的大规模自动移民实属少见。《魏书·蛮传》载：“自刘石乱后，诸蛮无所忌惮，故其族类，渐得北迁，陆浑以南，满于山谷，宛洛萧条，略为丘墟矣……延兴中，大阳蛮酋桓诞拥沔水以北，滍叶以南八万余落，遣使内属……（大和十七年）萧赜征虏将军、直阁将军蛮酋田益宗率部曲四千余户内属，襄阳蛮雷婆恩等十一人率户千余内徙，求居大和川，诏给廪食。后开南阳，令有沔北之地。”由此看来，不但北方的少数民族向中原迁徙，而南方的蛮族也在不断地向中原这块宝地挺进，使得民族之间的融合更加广泛。

2. 南朝时期的户口迁徙

南朝从420年刘裕建宋时开始，到589年隋灭陈朝为止，共经历了近180年的时间。在这一时期内，其人口的迁徙几乎是在持续不断地进行着，其中有江北士人持续不断地摆脱狄族的控制移居江南。同时，统治阶级为了调整边疆地区的人口分布，免遭敌方的掳掠也不断地徙往内地或徙往军事重镇。同时也有将少数民族驱下山区以充兵员、营户和奴婢的。

属于收缩防线，将民众移往内地和军事重镇的例子多出现在刘宋时期。元嘉二十二年（450），“移一万四千余口于京师”[⑤]。元嘉二十三年，“迁汉川流

① 《周书》卷1，《文帝纪》。
② 《周书》卷5，《武帝纪》。
③ 《北齐书》卷1，《神武下》。
④ 《北齐书》卷1，《神武下》。
⑤ 《宋书》卷5，《文帝纪》。

民于沔次”[1]。元嘉二十六年，诏曰：“京口肇祥自古，著符近代……顷年岳牧迁回；军民徙散，廛里庐宇，不逮往日。皇基旧乡，地兼蕃重，宜令殷阜，式崇形望。可募诸州乐移者数千家，给以田宅，并蠲复。”[2] 元嘉二十八年，“徙彭城流民于瓜步、淮西流民于姑孰，合万许家”[3]。同年，“征北参军程天祚徙江西流民于南州”[4]《宋书·何承天传》载何承天上疏：“今青、兖旧民，冀州新附，在界首者二万家，此寇之资也，今悉可内徙。青州民移东莱、平昌、北海诸郡。兖州、冀州移泰山以南。南至下邳，左沭右沂，田良野沃，西阻兰陵，北阨大岘，四塞之内，其号险固。”估计何承天的建议，会被当局者所采纳。

在人口的大迁徙中，江北士大夫阶层及一般民众不断过江的运动，一直持续到陈朝末年，其间有大量人口南移。《陈书·宣帝纪》载：“太建二年诏曰：‘怀远以德，抑惟恒典。去戎即华，民之本志。顷年江介，襁负相随。崎岖归化，亭候不绝。宜加恤养，答其诚心。’”便说明了北方人士持续不断地南迁活动。

南朝的统治者，大量掠徙少数民族人口，迫使他们迁到京城作为营户，也是当时人口迁移中的重要组成部分。《宋书·沈庆之传》载，在元嘉十九年的时候，雍州刺史刘道产死了以后，雍州地区的蛮族不断进行反抗斗争。宋派沈庆之领兵进讨，大破沔水流域的蛮人。“擒生口七千人，进征湖阳，又获万余口……时蛮寇大甚，水陆梗碍，世祖停大隄不得进，分军遣庆之掩讨，大破之，降者二万口。世祖至镇，而驿道蛮反杀深式，遣庆之又讨之。王玄漠领荆州，王方四领台军并会，平定诸山，获七万余口。郧山蛮最强，鲁宗之屡讨不能克，庆之剪定之，禽三万余口……顷之，南新郡蛮帅田彦生率部曲十封六千余人反叛……庆之引军自茹丘山出检城，大破诸山，斩首三千级，虏生蛮二万八千余口，降蛮二万五千口，牛马七百余头，米粟九万余斛……庆之前后所获蛮，并移京邑，以为营户。”单从以上这些数字统计，沈庆之所迁之蛮族就有近20万口，而在整个南朝时期，前后连续不断地有掳掠少数民族为营户者，

---

① 《宋书》卷5，《文帝纪》。
② 《宋书》卷5，《文帝纪》。
③ 《宋书》卷5，《文帝纪》。
④ 《宋书》卷77，《沈庆之传》。

所以这个方面的移民也是值得重视的。

综上所述，魏晋南北朝时期的人口迁移，其规模之大、持续时间之长久、牵扯地域之广大、民族之众多在我国的历史上也是仅见的。其迁移的方式有流徙、掳掠、投诚等多种形式。人口迁移的方向也并不固定，十分复杂，东、西、南、北均有人口的流向。人口迁移的阶层并不限于一般民众，士大夫阶级以及豪酋首领也包括在内。这次人口大迁徙在我国历史上产生了重大的影响。首先，它加速了少数民族由奴隶社会向封建社会的过渡。在魏晋南北朝以前的一个时期内，我国境内的众多少数民族一般正处在奴隶社会阶段，有的甚至还处在原始社会的末期阶段，通过民族大迁徙，少数民族受到了汉族的先进的封建文化的影响，便加速了本民族由原有生产方式向先进生产方式的转化。其二，通过人口大迁徙，各民族之间的文化来了个大交流，大融合。各少数民族与汉族杂居共处，先进的管理制度，先进的生产经验，各民族的有生命力的独特文化都被对方所吸取，最后形成了以汉族为主体的融合有各民族之长的新的文化体系。其三，由于人口大迁徙，各民族间不可避免地要互通婚姻，这样在血统上汉族与其他少数民族，以及少数民族之间进一步融合加深，而且这种血缘关系也起到了各民族之间加强团结的纽带作用。其四，通过人口大迁徙，对我国当时社会经济发展的不平衡性起到了良性的调节作用，它对落后地区的开发起到了很大的促进作用。总之，这次人口大迁徙，在我国历史上产生了重大影响。

第三节　魏晋南北朝时期的人口分布

对封建社会来说，人口分布密度之高低，反映了该地区经济发展之状况，所以人们都十分注意这一问题。魏晋南北朝时期的人口分布，资料很少，仅有西晋太康元年（280）、刘宋大明八年（464）、东魏武定年间（543～500）的数据。而且，这三个朝代的人口数据，也不是该朝代极盛时期的人口数字。不过，从这三个朝代人口分布的数据中我们发现，中国人口分布之密度有一个特点，这就是，中原地区人口的密度在逐渐减少，而江南，特别是长江三角洲下游地区，和荆襄地区的人口密度在逐渐增高。这说明江南地区的经济开发和社会生产力的发展有了迅速的增长。现根据《晋书·地理志》《宋书·州郡志》

《魏书·地形志》的记载，列表如下：

一、西晋太康元年（280）的人口分布

州　别	郡　国	县　数	户　数	备　注
司州	河南郡	12	114400	
	荥阳郡	8	34000	
	弘农郡	6	14000	
	上洛郡	3	17000	
	平阳郡	12	42000	
	河东郡	9	42500	
	汲郡	6	37000	
	河内郡	9	52000	
	广平郡	15	35200	
	阳平郡	7	51000	
	魏郡	8	40700	
	顿丘郡	4	6300	泰始二年置
合计		99	486100	
兖州	陈留国	10	30000	
	濮阳国	4	21000	
	济阴郡	9	7600	
	高平国	7	3800	
	任城国	3	1700	
	东平国	7	6400	
	济北国	5	3500	
	泰山郡	11	9300	
合计		56	83300	
豫州	颍川郡	9	28300	
	汝南郡	15	21500	
	襄城郡	7	18000	泰始二年置
	汝阴郡	8	8500	泰始二年复置

续表

州 别	郡 国	县 数	户 数	备 注
豫州	梁国	12	13000	
	沛国	9	5096	
	谯郡	7	1000	
	鲁郡	7	3500	
	弋阳郡	7	16700	
	安丰郡	5	1200	
合计		86	116796	
冀州	赵国	9	42000	
	巨鹿国	2	10040	
	安平国	8	21000	
	平原国	9	31000	
	乐陵国	5	33000	
	勃海郡	10	40000	
	章武国	4	13000	泰始元年置
	河间国	6	27000	
	高阳国	4	7000	泰始元年置
	博陵郡	4	10000	
	清河国	6	22000	
	中山国	8	32000	
	常山郡	8	24000	
合计		83	312040	
幽州	范阳国	8	11000	
	燕国	10	29000	
	北平郡	4	5000	
	上谷郡	2	4070	
	广宁郡	3	3950	
	代郡	4	3400	
	辽西郡	3	2800	

续表

州 别	郡 国	县 数	户 数	备 注
合计		34	59220	
平州	昌黎郡	2	900	
	辽东国	8	5400	
	乐浪郡	6	3700	
	玄菟郡	3	3200	
	带方郡	7	4900	
合计		26	18100	
并州	太原国	13	14000	
	上党郡	10	13000	
	西河国	4	6300	
	乐西郡	5	4300	
	雁门郡	8	12700	
	新兴郡	5	9000	
合计		45	59300	
雍州	京兆郡	9	40000	
	冯翊郡	8	7700	
	扶风郡	6	23000	
	安定郡	7	5500	
	北地郡	2	2600	
	始平郡	5	18000	泰始二年置
	新平郡	2	2700	
合计		39	78800	
凉州	金城郡	5	2000	
	西平郡	4	4000	
	武威郡	7	5900	
	张掖郡	3	3700	
	西郡	5	1900	
	酒泉郡	9	4400	

续表

州 别	郡 国	县 数	户 数	备 注
凉州	敦煌郡	12	6300	
	西海郡	1	2500	
合计		46	30700	
秦州	陇西郡	4	3000	
	南安郡	3	4300	
	天水郡	6	8500	
	略阳郡	4	9320	泰始中更名
	武都郡	5	3000	
	阴平郡	2	3000	泰始中置
合计		24	31120	
梁州	汉中郡	8	15000	
	梓潼郡	8	10200	
	广汉郡	3	5100	
	新都郡	4	24500	泰始二年置
	涪陵郡	5	4200	
	巴郡	4	3300	
	巴西郡	9	12000	
	巴东郡	3	6500	
合计		4	80800	
益州	蜀郡	6	50000	
	犍为郡	5	10000	
	汶山郡	8	16000	
	汉嘉郡	4	13000	
	江阳郡	3	3100	
	朱提郡	5	2600	
	越嶲郡	5	53400	
	牂牁郡	8	1200	
合计		44	136560	

续表

州别	郡国	县数	户数	备注
宁州	云南郡	9	9200	
	兴古郡	11	6200	
	建宁郡	17	29000	
	永昌郡	8	38000	
合计		45	82400	
青州	齐国	5	14000	
	济南郡	5	5000	
	乐安国	8	11000	
	城阳郡	10	12000	
	东莱国	6	6500	
	长广郡	3	4500	咸宁三年置
合计		37	53000	
徐州	彭城国	7	4121	
	下邳国	7	7500	
	东海郡	12	11100	
	琅邪国	9	29500	
	东莞郡	8	10000	
	广陵郡	8	8800	
	临淮郡	10	10000	
合计		61	81021	
荆州	江夏郡	7	24000	
	南郡	11	55000	
	襄阳郡	8	22700	
	南阳国	14	24400	
	顺阳郡	8	20100	
	义阳郡	12	19000	太康中置
	新城郡	4	15200	
	魏兴郡	6	12000	

续表

州别	郡国	县数	户数	备注
荆州	上庸郡	6	11448	
	建平郡	8	13200	
	宜都郡	3	8700	
	南平郡	4	7000	
	武陵郡	10	14000	
	天门郡	5	3100	
	长沙郡	10	33000	
	衡阳郡	9	23000	
	湘东郡	7	19500	
	零陵郡	11	25100	
	邵陵郡	6	12000	
	桂阳郡	6	11300	
	武昌郡	7	14800	
	安成郡	7	3000	
合计		169	391548	
扬州	丹阳郡	11	51500	
	宜城郡	11	23500	太康二年置
	淮南郡	16	33400	
	庐江郡	10	4200	
	毗陵郡	7	12000	太康二年置
	吴郡	11	25000	
	吴兴郡	10	24000	
	会稽郡	10	30000	
	东阳郡	9	12000	
	新安郡	6	5000	
	临海郡	8	18000	
	建安郡	7	4300	
	晋安郡	8	4300	太康三年置

续表

州别	郡国	县数	户数	备注
扬州	豫章郡	16	35000	
	临川郡	10	8500	
	鄱阳郡	8	6100	
	庐陵郡	10	12200	
	南康郡	5	1400	太康三年置
合计		173	310400	
交州	合浦郡	6	2000	
	交阯郡	14	12000	
	新昌郡	6	3000	
	武平郡	7	5000	
	九真郡	7	3000	
	九德郡	8	户缺载	
	日南郡	5	600	
合计		53	25600	
广州	南海郡	6	9500	
	临贺郡	6	2500	
	始安郡	7	6000	
	始兴郡	7	5000	
	苍梧郡	12	7700	
	郁林郡	9	6000	
	桂林郡	8	2000	
	高凉郡	3	2000	
	高兴郡	5	1200	
	宁浦郡	5	1220	
合计		68	43120	

西晋太康元年时期的人口分布，与东汉永和五年时期的人口分布相比有其不同的特点，比较明显的一点，就是西晋时期的人口与东汉时期的人口相比普遍有所下降。若以现今省份为单位，分别统计其在东汉、西晋时期该地域内的

人口，便可清楚地说明这一点。

河北省区，东汉永和五年时该地域内约有户98万，而西晋太康元年时约有户38万，[①] 西晋与东汉时期相比减少了60万户，其减少的比例是61%。

山西省区，东汉永和五年时该地域内约有户21万，而西晋太康元年时约有户15万，西晋与东汉时期相比减少了6万户，其减少的比例是29%。

山东省区，东汉永和五年时该地域内约有户143万，而西晋太康元年时约有户25万，西晋与东汉时期相比，约减少了118万户，其减少的比例是83%。

河南省区，东汉永和五年时该地域内约有户191万，而西晋太康元年时约有户45万，西晋与东汉时期相比，约减少了146万户，其减少的比例是76%。

安徽省区，东汉永和五年时该地域内约有户47万，而西晋太康元年时约有户13万，西晋与东汉时期相比，约减少了34万户，其减少的比例是72%。

江苏省区，东汉永和五年时该地域内约有户70万，而西晋太康元年时约有户7万，西晋与东汉时期相比，约减少了63万户，其减少的比例是90%。

湖北省区，东汉永和五年时该地域内约有户22万，西晋太康元年时约有户21万。西晋与东汉时期相比，约减少了1万户，其减少的比例是6%。

陕西省区，东汉永和五年时该地域内约有户18万，而西晋太康元年时约有户10万，西晋与东汉时期相比。减少了8万户，其减少的比例是40%。

四川省区，东汉永和五年时该地域内约有户120万，而西晋太康元年时约有户23万，西晋与东汉时期相比，减少了97万户，其减少的比例是81%。

湖南省区，东汉永和五年时该地域内约有户44万，而西晋太康元年时约有户12万，西晋与东汉时期相比，减少了32万户，其减少的比例是73%。

浙江省区，东汉永和五年时该地域内约有户12万，而西晋太康元年时约有户9万，西晋与东汉时期相比，减少了3万户，其减少的比例是25%。

江西省区，东汉永和五年时该地域内约有户44万，而西晋太康元年时约有户6万，西晋与东汉时期相比，减少了38万户，其减少的比例是86%。

广东省区，东汉永和五年时该地域内约有户9万，而西晋太康元年时约有户2万，西晋与东汉时期相比，减少了7万户，其减少的比例是78%。

---

① 陈彩章：《中国历代人口变迁之研究》，1946年油印本。刘宋和魏时的数字亦参考陈文。

广西省区，东汉永和五年时该地域内约有户 32 万，而西晋太康元年时约有户 5 万，西晋与东汉时期相比，减少了 27 万户，其减少的比例是 84%。

贵州省区，东汉永和五年时该地域内约有户 3 万，而西晋太康元午时约有户 7000，西晋与东汉时期相比，减少了 23000 户，其减少的比例是 77%。

云南省区，东汉永和五年时该地域内约有户 23 万，而西晋太康元年时约有户 8 万，西晋与东汉时期相比，减少了 15 万户，其减少的比例是 25%。

二、刘宋大明八年（464）的人口分布

州 别	郡 别	县 数	户 数	口 数	备 注
扬州	丹阳	8	41010	237341	
	会稽	10	52228	348014	
	吴郡	12	50488	424812	
	吴兴	10	49609	316173	
	淮南	6	5362	25840	
	宜城	10	10120	47992	
	东阳	9	16022	107965	
	临海	5	3961	24226	
	永嘉	5	6250	36680	
	新安	5	12058	36651	
合计		80	247108	1605694	
南徐州	南东海	6	5342	33658	
	南琅邪	2	2789	18697	
	晋陵	6	15382	80113	
	义兴	5	13496	89525	
	南兰陵	2	1593	10634	
	南东莞	3	1424	9854	
	临淮	7	3711	22886	
	淮陵	3	1905	16030	
	南彭城	12	11758	68163	

续表

州 别	郡 别	县 数	户 数	口 数	备 注
南徐州	南清河	4	1849	7404	
	南高平	3	1718	9731	
	南平昌	4	2178	11742	
	南济阴	4	2655	8193	
	南濮阳	2	2026	8239	
	南泰山	3	2499	13600	
	济阳	2	1232	8192	
	南鲁郡	2	1211	6818	
合计		70	72768	423479	
徐州	彭城	5	8627	41231	
	沛郡	3	5209	25170	
	下邳	3	3099	16088	
	兰陵	3	3164	14597	
	东海	2	2411	13941	
	东莞	3	887	7320	
	东安	3	1285	10755	
	琅邪	2	1818	8243	
	淮阳	4	2855	15363	
	阳平	3	1725	13330	
	济阴	3	2305	11928	
	北济阴	3	927	3810	
	钟离	3	3272	17832	
	马头	3	1332	12310	
合计		43	38916	211918	
南兖州	广陵	4	7744	45613	
	海陵	6	3626	21660	
	山阳	4	2814	22470	
	盱眙	5	1518	6825	

续表

州 别	郡 别	县 数	户 数	口 数	备 注
南兖州	秦郡	4	3333	15296	
	南沛	3	1109	12970	
合计		26	20144	124834	
兖州	泰山	8	8177	45581	
	高平	6	6358	21112	
	鲁郡	6	4631	28307	
	东平	5	4159	17295	
	阳平	5	2857	11271	
	济北	3	3158	17003	
合计		33	29340	140569	
南豫州	历阳	5	3156	19470	
	南谯	6	4432	22358	
	庐江	3	1909	11997	
	南汝阴	5	2701	19585	
	南梁	9	6212	42754	
	晋熙	5	1521	7497	
	弋阳	6	3275	24262	
	边城左郡	4	417	2479	
合计		43	19623	150402	
豫州	汝南	11	11291	89349	
	新蔡	4	2774	19880	
	谯郡	6	1424	7404	
	梁郡	2	968	5500	
	陈郡	4	693	4113	
	南顿	2	526	2365	
	颖川	3	649	2597	
	汝阳	2	941	4495	
	汝阴	4	2749	14335	

续表

州　别	郡　别	县 数	户　数	口　数	备　注
豫州	陈留	4	196	2413	
合计		42	22211	152451	
江州	寻阳	3	2720	16008	
	豫章	12	16139	122573	
	鄱阳	6	3242	10950	
	临川	9	8983	64805	
	庐陵	9	4455	31271	
	安城	7	6116	50323	
	南康	7	4493	34684	
	南新蔡	4	1730	8848	
	建安	7	3042	17686	
	晋安	5	2843	19838	
合计		69	53763	376986	
青州	齐郡	7	7346	14889	
	济南	6	5056	38175	
	东安	3	2259	14991	
	高密	6	2304	13802	
	平昌	5	2270	15050	
	北海	6	3968	35995	
	东莱	7	10131	75149	
	太原	3	2757	24694	
	长广	4	2966	20023	
合计		47	39057	252768	
冀州	广川	4	3250	23614	
	平原	8	5913	29267	
	清河	7	3794	29274	
	乐陵	5	3103	16661	
	魏郡	8	6405	33682	

续表

州 别	郡 别	县 数	户 数	口 数	备 注
冀州	河间	6	2781	17700	
	顿丘	4	1238	3851	
	高阳	5	2297	14725	
	新城	3	1905	12166	
合计		50	30686	180940	
司州	义阳	7	8031	41597	
	随阳	4	4600	口缺	
	安陆	2	6043	25084	
合计		13	18674	66681	
荆州	南郡	6	14544	75087	
	南平	4	12392	45049	
	天门	4	3195	口缺	
	宜都	4	1843	34220	
	巴东	7	13795	45237	
	汶阳	3	958	4914	
	南义阳	2	1607	9741	
	新兴	3	2301	9584	
	南河东	4	2423	10487	
	建平	7	1329	20814	
	永宁	2	1157	4274	
	武宁	2	958	4914	
合计		48	56502	264321	
郢州	江夏	7	5072	23810	
	竟陵	6	8591	44375	
	武陵	10	5090	37555	
	巴陵	4	5187	25316	
	武昌	3	2546	11411	
	西阳	10	2983	16120	

续表

州 别	郡 别	县 数	户 数	口 数	备 注
合计		40	29469	158587	
湘州	长沙	7	5684	46213	
	衡阳	7	5746	28991	
	桂阳	6	2219	22192	
	零陵	7	3828	64828	
	营阳	4	1608	20927	
	湘东	5	1396	17450	
	邵陵	7	1916	25565	
	广兴	7	11756	76328	
	临庆	9	3715	31587	
	始建	7	3830	22490	
合计		66	41698	356571	
雍州	襄阳	3	4024	16496	
	南阳	7	4727	38132	
	新野	5	4235	14793	
	顺阳	7	4163	23163	
	京兆	3	2307	9223	
	始平	4	2797	5512	
	扶风	3	2157	7290	
	南上洛	2	144	477	
	河南	5	3541	13470	
	广平	4	2627	6293	
	义成	2	1521	5101	
	冯翊	3	2078	5321	
	南天水	4	687	3122	
	建昌	2	732	4264	
	华山	3	1399	5342	
合计		57	37139	157999	

续表

州　别	郡　别	县　数	户　数	口　数	备　注
梁州	汉中	4	1786	10334	
	魏兴	13	缺载	缺载	
	新城	6	1668	7594	
	上庸	7	4554	20653	
	华阳	4	2561	15494	
	新巴	3	393	2749	
	北巴西	4	缺载	缺载	
	北阴平	2	506	2124	
	南阴平	2	407	缺载	
	巴渠	7	500	2183	
	怀安	2	407	2366	
	宋熙	5	1385	3128	
	白水	6	605	缺载	
	南上洛	6	缺载	缺载	
	北上洛	7	254		
	怀汉	3	419	缺载	
合计		81	15445	66625	
秦州	武都	3	1274	6140	
	略阳	3	1359	5657	
	安固	2	1505	2044	
	南桓陵	3	693	4552	
	南太原	1	233	1156	
	南安	2	620	3089	
	冯翊	5	1490	6854	元嘉初以关中民3236户归化之
	陇西	6	1561	7530	
	始平	3	859	5441	
	金城	2	375	1000	
	安定	2	640	2158	

续表

州 别	郡 别	县 数	户 数	口 数	备 注
秦州	天水	2	893	5228	
	西扶风	2	144	缺载	
合计		36	11646	50849	
益州	蜀郡	5	11902	60876	
	广汉	6	4586	27149	
	巴西	9	4954	33346	
	梓潼	4	3034	21976	
	巴郡	4	3734	13183	
	遂宁	4	3320	缺载	
	江阳	4	1525	8027	
	怀宁	3	1315	5950	
	宁蜀	4	1643	缺载	
	越巂	8	1349	缺载	
	汶山	2	1107	6105	
	南阴平	2	1240	7597	
	犍为	5	1390	4057	
	始康	4	1063	4226	
	晋熙	2	785	3925	
	晋原	5	1272	4960	
	宋宁	3	1036	8342	
	安固	6	1120	6557	
	南汉中	5	1084	5246	
	北阴平	4	1053	6764	
	武都	5	982	4401	
	新城	2	753	5971	
	南新巴	6	1070	2683	
	南晋寿	5	1057	1943	
	宋兴	3	496	1943	

续表

州别	郡别	县数	户数	口数	备注
益州	南宕渠	3	504	3127	
	天水	3	461	缺载	
	东江阳	2	142	740	
	沈黎	4	65	缺载	
合计		122	54042	249094	
宁州	建宁	13	2563	缺载	
	晋宁	7	637	缺载	
	牂牁	6	1970	缺载	
	平蛮	2	245	缺载	
	夜郎	4	288	缺载	
	朱提	5	1010	缺载	
	南广	4	440	缺载	
	建都	6	107	缺载	
	西平	5	176	缺载	
	西河阳	3	369	缺载	
	东河阳	2	152	缺载	
	云南	5	381	缺载	
	兴宁	2	753	缺载	
	兴古	6	386	缺载	
	梁水	7	431	缺载	
合计		77	9908		
广州	南海	10	8574	49157	
	苍梧	11	6593	11753	
	晋康	14	4547	17710	
	新宁	14	2653	10514	
	永平	7	1609	17202	
	郁林	17	1121	5721	
	桂林	7	558	2205	

续表

州 别	郡 别	县 数	户 数	口 数	备 注
广州	高凉	7	1429	8123	
	新会	12	1739	10509	
	东官	6	1332	15696	
	义安	5	1119	5522	
	宋康	9	1513	9131	
	绥建	7	3764	14491	
	海昌	5	1724	4074	
	宋熙	7	2084	6450	
	宁浦	6	缺载	缺载	
	晋兴		缺载	缺载	
	乐昌		缺载	缺载	
合计		144	40359	188258	
交州	交阯	12	4233	缺载	
	武平	6	1490	缺载	
	九真	12	2328	缺载	
	九德	11	809	缺载	
	日南	7	402	缺载	
	宋平		缺载	缺载	
合计		48	9262		
越州	合浦	7	938	缺载	
合计		7	938		

刘宋大明八年时的人口分布，与西晋太康元年时的人口分布相比，又出了新的格局，有些地区的人口与西晋时期相比有所减少，而有些地区的人口与西晋时期相比有所增加，若以现省区为单位进行统计，便可清楚地说明这一点。

山东省区，西晋太康元年时约有户 25 万，而刘宋大明八年时约有户 11 万，刘宋与西晋时期相比，减少了 14 万户，其减少的比例是 56%。

河南省区，西晋太康元年时约有户 45 万，而刘宋大明八年时约有户 8 万，刘宋与西晋时期相比，减少了 37 万户，其减少的比例是 82%。

安徽省区，西晋太康元年时约有户 13 万，而刘宋大明八年时约有户 8 万，刘宋与西晋时期相比，减少了 8 万户，其减少的比例是 38%。

江苏省区，西晋太康元年时约有户 7 万，而刘宋大明八年时约有户 18 万，刘宋与西晋时期相比，增加了 11 万户，其增加的比例是 157%。

湖北省区，西晋太康元年时约有户 21 万，而刘宋大明八年时约有户 9 万，刘宋与西晋时期相比，约减少了 3 万户，其减少的比例是 14%。

陕西省区，西晋太康元年时约有户 10 万，而刘宋大明八年时约有户 2 万，刘宋与西晋时期相比，约少了 8 万户，其减少的比例是 80%。

四川省区，西晋太康元年时约有户 23 万，而刘宋大明八年时约有户 10 万，刘宋与西晋时期相比，约减少了 12 万户，其减少的比例是 52%。

湖南省区，西晋太康元年时约有户 12 万，而刘宋大明八年时约有户 10 万，刘宋与西晋时期相比，约减少了 2 万户，其减少的比例是 17%。

浙江省区，西晋太康元午时约有户 9 万，而刘宋大明八年时约有户 10 万，刘宋与西晋时期相比，增加了 1 万户，其增加的比例是 10%。

江西省区，西晋太康元年时约有户 6 万，而刘宋大明八年时约有户 5 万，刘宋与西晋时期相比，减少了 1 万户，其减少的比例是 17%。

广东省区，西晋太康元年时约有户 2 万，而刘宋大明八年时约有户 4 万，刘宋与西晋时期相比，约增加了 2 万户，其增加的比例是 100%。

广西省区，西晋太康元年时约有户 5 万，而刘宋大明八年时约有户 2 万，刘宋与西晋时期相比，减少了 3 万户，其减少的比例是 60%。

贵州省区，西晋太康元年时约有户 7000，而刘宋大明八年时约有户 5000，刘宋与西晋时期相比，约减少了 2000 户，其减少的比例是 28%。

云南省区，西晋太康元年时约有户 76000，而刘宋大明八年时约有户 4000，刘宋与西晋时期相比，减少了 72000 户，其减少的比例是 94%。

三、东魏武定年间（543～550）的人口分布

州别	郡别	县数	户数	口数	备注
司州	魏尹	13	122613	438024	
	阳平	8	47444	162075	
	广平	6	23750	103403	
	汲郡	6	29883	102997	
	广宗	3	13262	55897	
	东郡	7	30521	107717	
	北广平	3	16691	91148	
	林虑	4	13821	52372	
	顿屯	4	17022	87063	
	濮阳	4	18664	55512	
	黎阳	3	11980	50457	
	清河	4	26033	123670	
合计		65	371684	1430335	
定州	中山	7	52592	255241	
	常山	7	56890	248622	
	钜鹿	3	27172	130239	
	博陵	4	27812	135070	
	北平	3	13034	65102	
合计		24	177500	834274	
冀州	长乐	8	35683	143145	
	渤海	4	37972	140482	
	武邑	5	29775	144579	
	安德	4	22216	68396	
合计		21	125646	496602	
并州	太原	10	45006	207578	
	上党	5	25937	104475	
	乡郡	4	16210	55961	

续表

州 别	郡 别	县 数	户 数	口 数	备 注
并州	乐平	3	18267	68159	
	襄垣	4	7513	36567	
合计		26	112933	472740	
瀛洲	高阳	9	30586	140107	
	章武	5	38754	162870	
	河间	4	35809	148565	
合计		18	105149	451542	
殷州	赵郡	5	31899	148314	
	钜鹿	4	13997	58549	
	南赵郡	6	32046	150113	
合计		15	77942	356976	
沧州	浮阳	4	26880	98458	
	乐陵	4	24998	85284	
	安德	4	19925	68137	
合计		12	71803	251879	
肆州	永安	5	22748	104185	
	秀容	4	11506	47024	
	雁门	2	6328	30434	
合计		11	40582	181643	
幽州	燕郡	5	5748	22559	
	范阳	7	26848	88707	
	渔阳	6	6984	29670	
合计		18	39580	140936	
晋州	平阳	5	15734	58571	
	北绛	2	1740	6292	
	永安	2	2932	10540	
	北五城	3	212	864	
	定阳郡	3	498	1941	

续表

州 别	郡 别	县 数	户 数	口 数	备 注
晋州	敷城	1	90	359	
	河西	1	256	1144	
	五城	3	411	1618	
	西河	3	1761	4997	
	冀氏郡	2	1302	5316	
	南绛	2	836	2991	
	义宁	4	2478	8466	
合计		31	28250	103099	
怀州	河内	4	9905	42601	
	武德郡	4	11835	55714	
合计		8	21740	98315	
建州	高都	2	6499	27635	
	长平	2	5412	22778	
	安平	2	5658	19557	
	泰宁	4	1335	5330	
合计		10	18904	75300	
汾州	西河	3	5388	25388	
	吐京	2	384	1513	
	五城	3	257	1101	
	定阳	2	797	3208	
合计		10	6826	31210	
东雍州	邵郡	4	52	158	
	高凉	2	4445	21853	
	正平	2	1744	8389	
合计		8	6241	30400	
安州	密云	3	2231	9011	
	广阳	3	2008	8919	
	安乐	2	1166	5219	

州别	郡别	县数	户数	口数	备注
合计		8	5405	23149	
义州	五城	3	2100	17069	
	泰宁	3	228	1127	
	新安	3	394	1595	
	渑池	3	166	828	
	恒农	3	93	543	
	宜阳	3	169	686	
	金门	1	278	1217	
合计		19	3428	23065	
南汾州	北吐京	4	88	351	
	西五城	3	247	1118	
	南吐京	1	32	73	
	西定阳	1	42	140	
	定阳	1	54	190	
	北乡	2	209	759	
	五城	2	214	884	
	中阳	2	468	1637	
	龙门	2	578	2496	
合计		18	1932	7648	
南营州	昌黎	3	509	2658	
	辽东	2	565	2634	
	建德	2	178	814	
	营丘	3	512	2727	
	乐良	1	49	203	
合计		11	1813	9036	
东燕州	平昌	2	450	1713	
	上谷	2	942	3093	
	遍城	2	374	1513	
合计		6	1766	6319	

续表

州 别	郡 别	县 数	户 数	口 数	备 注
营州	昌黎	3	201	918	
	建德	3	200	793	
	辽东	2	131	855	
	乐良	2	219	1008	
	冀阳	2	89	296	
	营丘	2	182	794	
合计		14	1022	4664	
平州	辽西	3	537	1905	
	北平	2	430	1836	
合计		5	967	3741	
兖州	泰州	6	26800	91873	
	鲁郡	6	15160	47329	
	高平	4	11124	25896	
	任城	3	8050	21789	
	东平	7	20752	61810	
	东阳平	5	6146	18094	
合计		31	88032	266791	
青州	齐郡	9	30848	82100	
	北海	5	17587	46549	
	乐安	4	5916	13239	
	渤海	3	5279	13705	
	高阳	5	6322	17667	
	河间	6	5830	14818	
	乐陵	5	7971	18515	
合计		37	79753	206593	
齐州	东魏郡	9	19130	73570	
	东平原	6	13929	40403	
	东清河	7	6810	22574	

续表

州　别	郡　别	县　数	户　数	口　数	备　注
齐州	广川	3	3945	13472	
	济南	6	20017	68820	
	太原	4	13560	50823	
合计		35	77391	269662	
郑州	许昌	4	25327	104463	
	颍川	3	22044	105909	
	阳翟	2	14802	63870	
合计		9	62173	274242	
济州	济北	3	9467	29399	
	平原	4	22250	59437	
	东平	2	8896	25103	
	南清河	3	10135	13985	
	东济北	3	2464	6678	
合计		15	53212	134602	
光州	东莱	4	19195	62044	
	长广	6	15833	51567	
	东牟	4	10748	47338	
合计		14	45776	160949	
梁州	阳夏	5	16549	63559	
	开封	2	8207	36602	
	陈留	3	19612	82742	
合计		10	44368	182903	
豫州	汝南	8	15889	37061	
	颍川	3	8396	20640	
	汝阳	3	7254	15245	
	义阳	5	1790	4595	
	新蔡	3	1917	4778	
	初安	4	2026	5922	

续表

州 别	郡 别	县 数	户 数	口 数	备 注
豫州	襄城	3	1446	4063	
	城阳	5	546	1388	
	广陵	5	1906	3224	
合计		39	41170	96916	
北豫州	广武	5	15596	74519	
	荥阳	5	21472	92310	
	成皋	2	3660	15740	
合计		12	40728	182569	
徐州	彭城	6	6339	23841	
	南阳平郡	3	3071	6358	
	蕃郡	3	4392	18842	
	沛郡	4	4419	12278	
	兰陵	4	7424	15776	
	北济阴	3	8546	21988	
	砀郡	2	3621	8754	
合计		24	37812	107837	
西兖州	沛郡	3	7571	20314	
	济阴	4	29836	83580	
合计		7	37407	103894	
南兖州	陈留	5	6230	16749	
	梁郡	2	10359	25995	
	下蔡	4	3362	7973	
	谯郡	3	5133	12991	
	北梁郡	2	8231	41738	
	沛郡	2	1848	4565	
	马头	3	1968	5528	
合计		21	37131	115539	
广州	南阳	2	7489	26728	

续表

州别	郡别	县数	户数	口数	备注
广州	顺阳	2	2045	7252	
	定陵	3	3690	8756	
	鲁阳	2	245	775	
	汝南	2	783	2344	
	广汉	2	6200	8017	
	襄城	2	8244	42878	
合计		15	28696	96750	
胶州	东武郡	3	8617	18757	
	高密	5	7505	16153	
	平昌	6	10440	25472	
合计		14	26562	60382	
洛州	洛阳	2	3659	15072	
	河阴	1	2767	14715	
	新安	3	490	1911	
	中川	2	2078	8225	
	河南	1	3642	14715	
	阳城	3	3043	11883	
合计		12	15679	66521	
南青州	东安	3	4640	16551	
	东莞	3	9620	26506	
	义塘	3	764	2265	
合计		9	15024	45322	
北徐州	东泰山	3	5007	16381	
	琅邪	2	9774	23744	
合计		5	14781	40125	
北扬州	陈郡	4	3024	7669	
	南顿	4	2520	7265	
	汝阴	3	1794	8498	

续表

州 别	郡 别	县 数	户 数	口 数	备 注
北扬州	丹阳	4	2144	7931	
	陈留郡	4	367	775	
合计		19	9849	32138	
东楚州	宿豫郡	4	1655	7307	
	高平	4	920	3096	
	淮阳	4	1617	7277	
	晋宁	4	1222	5023	
	安远	2	580	2382	
	临沭	2	535	2107	
合计		20	6529	27192	
东徐州	下邳	6	1148	3739	
	武原	3	2817	20055	
	郯郡	4	1219	3308	
	临清	3	1517	3563	
合计		16	6701	30665	
海州	东彭城	3	800	3469	
	东海郡	4	1242	5904	
	海西	3	860	3950	
	沭阳	4	1397	7583	
	琅邪	3	356	1371	
	武陵	2	223	733	
合计		19	4878	23010	
东豫州	汝南	5	1629	6482	
	东新蔡	4	247	677	
	新蔡	2	465	1513	
	弋阳郡	1	137	533	
	长陵	3	387	1363	
	阳安	1	22	133	

续表

州　别	郡　别	县　数	户　数	口　数	备　注
合计		16	2887	10701	
义州			215	322	
颍州	汝阴 弋阳	7	1665	6078	
	北陈留 颍川	5	351	1272	
	财丘 梁兴	4	283	1069	
	西恒农 陈南	3	231	864	
	东郡 汝南	2	147	621	
	清河 南阳	3	132	550	
	东恒农	3	119	440	
	新蔡 陈留	1	357	1242	
	荥阳 北通	4	177	472	
	汝南 太原	4	87	406	
	新兴	4	112	324	
合计		40	3661	13338	
谯州	南谯郡	4	476	1734	
	汴郡	2	253	829	
	尤亢郡	2	333	1066	
	蕲城郡	2	324	706	
	下蔡郡	2	340	878	

续表

州　别	郡　别	县 数	户　数	口　数	备　注
谯州	临涣	3	709	2062	
	蒙郡	2	181	546	
合计		17	2616	7821	
北荆州	伊阳	1	48	283	
	新城	2	331	1484	
	汝北郡	5	554	2289	
合计		8	933	4056	

东魏武定年间的人口分布，由于资料残缺不全，在东魏的80州之地中，有户口登录的仅有半数，所以很难作出较为全面的估计，据陈彩章计算，河北、山东的户口与西晋时期相比都有较大幅度的增长。但也有个别省份的户口不及西晋时期。

第四节　户籍制度和人口编制形式的军事化

一、三国的州郡领民籍与屯田民籍

三国时期的户籍制度，大致说来，分为两种类型，一种是州郡领民籍，另一种是屯田民籍。就其主流来说，仍是以州郡领民籍为主，以屯田民籍为次。随着当时社会政治经济等方面情况的变化，这两种户籍的数量之间互有消长是不可避免的，不过仍是以州郡领民籍为主要形式。

（一）州郡领民籍

州郡领民籍，在三国时期，仍然是沿袭东汉时期的做法，中央政府把地方划分成若干州，每州划分为若干郡，郡下面是县，县下为乡，乡下是里，里是基层组织单位，里下面编为什伍组织。在这种宝塔式的各级机构中，都有相应的专管户籍的官吏，依靠这种制度，中央对民众进行统治和施行赋役剥削。

户籍登录的主要内容有籍贯、家庭成员名称、性别、年龄、总人口数、士人的品第、户第的高低、赋役状况等等。封建政府规定，每年秋冬之际要进行一次户口检核，生者登录，死者削去，与此同时，还要核对相貌特征等方面的情况，检查是否有不实之处。在核对检查完毕之后，采取逐级上报的办法，当时叫“上计”，把所得的年度情况汇报中央，中央以此作为征发徭役和征收租税的依据。

（二）屯田民籍

在三国时期，除了州郡的领民籍之外，还存在有大量的另一种非州郡管理的屯田民籍。屯田民籍又分为两种形式，一种是军屯籍，另一种是民屯籍。它的出现，是当时特殊的社会政治经济情况所决定的，将在有关土地制度的章节中说明，这里不作赘述。

军屯籍，顾名思义是由兵士及其家属屯田者构成的户籍，魏、蜀、吴三个政权国家都曾程度不同地实行过。它与州郡领民籍不同，由于他们已从小农户中分离出来，所以需要另立户籍，系统单列，不属州郡。其基层组织单位，曹魏称为“屯”或“营”，每营60人，① 隶属于中央的司农度支校尉管理。在东吴，其基层军事屯田机构称“屯”，诸屯之上，由所属各级将领统摄。

民屯籍，顾名思义是民人屯田系统所建立的户籍。这种户籍制度也是单列的，不属于郡县行政系统的管辖，是一种半军事化的户籍制度。其组织系统与魏、吴两国相比，既有相同之处，亦有差别所在。就曹魏来说，其基层单位为“屯”，每屯50人编制，设屯司马一人。屯之上设屯田都尉、典农都尉，与县令长平级。屯田都尉或典农都尉之上设典农校尉，或典农中郎将，与郡太守平级，最后总隶于中央的大司农管辖。就东吴来讲，屯田民籍的基层机构设置也叫“屯”，并有设“屯府”者。屯和屯府之上设屯田都尉，亦可称典农校尉，与县平级。在郡一级的民屯籍的管理系统中，设有典农校尉，在中央设立监农御史，专管民屯户籍。②

总之，三国时期，由于特定的社会条件，决定了当时的户籍制度分为两种不同的类型，统治者利用这两种办法，对民众进行统治，特别是户籍编制的军事化形式是前所未有的，从三国之后，一直到十六国北朝时期，仍然在编户齐民的户籍之外，存在有军籍，其子弟世袭当兵，而身份低于编户齐民。这种单

① 《晋书》卷26，《食货志》。

② 参阅高敏：《魏晋南北朝社会经济史探讨》中的《东吴屯田制略论》一文。

列特殊户籍的办法，直到开皇十年（590），政府才允许军人“可悉属州县，垦田籍帐，一与民同”①，从此才改变了兵、民不同的两种户籍制度。

二、西晋时期的黄籍

关于户口造籍的书写用物，早在东汉时期还是写在竹简上或木牍上，当时并无黄籍的出现。所谓黄籍，从外表看是指户口册子用黄纸所造的户籍。据高敏考证，在三国曹魏时期，已有用黄纸登记士人品第的做法，但当时这种做法并不称黄籍，也没有发现用黄纸造籍的例子，因疑三国时期用黄纸登记士人品第的做法是西晋时期黄籍出现的前身。②

到了西晋时期，“黄籍”一词便正式出现了，《太平御览》卷606引《晋令》云：

郡国诸户口，黄籍，籍皆用一尺二寸札，已在官役者载名。

据此可知，西晋时期的户口册子叫黄籍，且载入了《晋令》。它主要是将承担国家赋役的人户载入籍册，以作为维护封建统治、封建剥削的依据和工具。

据从有关史料分析，西晋黄籍户口册子上所登录的主要内容是：户主的姓名、年龄。家庭成员的姓名、年龄。家庭成员与户主之间的关系。性别、户口总数、男女口别，爵位、丁员状况。健康状况、死亡情况等。一般说来，户主名列首位，其后列出户主的妻子，多妻者还要注明嫡妻、继室及妾的不同身份。妻妾之下，按年龄大小排列长幼子女，且在嫡子下面亦加以注明。西晋的黄籍还注明门第、户等的高低。

总之，西晋时期的黄籍已经制度化、法典化，黄籍当中，除了少数人是免除了赋役的高门士族地主外，其余是服役纳税的农民及其他阶层的民众。户籍册子之所以用黄纸为之，一方面是因为当时造纸技术的发展，已经能造出青、缥、赤、绿、黄、白诸色纸，为当时用黄纸造籍提供了条件与可能，但更为主要的是，可能与当时崇尚黄色有关。③

---

① 《隋书》卷2，《高祖纪下》。

② 高敏：《魏晋南北朝经济史探讨》。

③ 高敏：《魏晋南北朝经济史探讨》中的《关于东晋时期黄、白籍的几个问题》一文。至于西晋户口册的登记内容、创立根据《通典·食货典》、两晋南朝有关史籍及敦煌户口册推断出来的。

三、十六国北朝时期的诸种户籍制度

（一）十六国州郡领民制和单于领民制

304 年，匈奴贵族刘渊起兵，308 年建汉称帝于平阳，后来灭了西晋，这样便揭开了我国历史上十六国的序幕。这一时期我国北方所出现的国家，绝大部分是少数民族的上层分子所建，其中也有少数是汉族地主所建之政权。

一些少数民族，进入中原之后，在如何统治胡汉劳动人民方面，采用了不同的形式。这是因为，胡人绝大多数都是游牧民族，而汉族是农业民族，生产经营方式不一样。胡人以放牧为业，流动性大，汉人以农业为主，居住相对稳定。从生活习惯来讲，胡人以乳肉为主食，汉人以粮食为主食。由于上述种种不同和各具特点，在如何对民众实行统治方面，不可能采用相同的办法，故十六国的统治者在户籍管理方面，采用了以汉法治汉人和以胡法治胡人的办法。在对待汉人方面，统治者设左右司隶、内吏、令长的办法统治汉人。在对待胡人方面，设单于左右辅、都尉统治包括以匈奴族为主的其他少数民族。《晋书》卷 102《刘聪载记》有明确记载，言说刘曜“大定百官……置左右司隶，各领户二十余万，万户置一内史，凡内史四十三。单于左右辅，各主六夷十万落，万落置一都尉。”

继汉之后，前赵时期，仍然沿用汉的胡汉分治法，估计这种胡、汉不同的户籍制度及行政管理办法，在少数民族刚刚进入中原之初是持续了一段时间的，因为他们的生活方式和生产方式还没有被农业民族所同化。但随着时间的推移，随着少数民族由游牧生活方式逐渐向农耕生活方式的转化，单于领民制就逐渐过渡到州郡领民制。

十六国时期的户籍制度及其登记内容，今将西凉建初十二年（416）户籍残卷一份照录于下，以供参考：

敦煌郡敦煌县西宕乡高昌里兵吕德年四十五

唐妻年卌一	丁男二
息男巽年十七	小男二
巽男弟受年十	女口二
受女妹媚年六	凡口六

媚男弟兴年二　　　居赵羽坞①

（二）领民酋长制

继三国、西晋时期之后，匈奴族的势力削弱了，蒙古大草原及长城一线，成了鲜卑族的势力范围。在鲜卑族的内部也有不同的支属，在这些众多的部落之间，由于诸种因素的影响，其发展的缓慢程度也不尽相同。其中的拓跋部，大概在登国初年（386年为拓跋珪登国元年）之时，由原来“四方诸部，岁时朝贡”② 的形式，发展过渡到“离散诸部，分土定居，不听迁徙，其君长大人皆同编户”③ 的社会组织形式。但是这种社会组织形式并不是唯一的形式，仍有例外情况。④ 对于那些粗犷难驯的部落如高车；“并、肆、汾、晋、冀、定、安诸州之山胡、蜀、丁零”⑤ 等部落来说，他们还没有实行编户制度，而实行的是领民酋长制。这种领民酋长制从北魏初年开始，迄于北齐，在170余年间未尝废罢。⑥ 魏政权就是利用这种组织形式对那些一时还未安土定居的部落进行统治的。

对于这些部落首领的称呼，也不相同，一般来说称为领民酋长。如《魏书·尔朱荣传》载：“北秀容人也，其先居于尔朱川，因为氏焉，常领部落，世为酋帅，高祖羽健登国初为领民酋长。”

有称第一领民酋长者：

《周书·高琳传》载：“其先高句丽人也……五世祖率众归魏，拜第一领民酋长。”

有称第二领民酋长者：

《北齐书·斛律金传》载：在正光末年，破六韩拔陵起义的时候，斛律金率众参加，但后来“金度陵终败灭，乃统所部万户诣云州请降，即授第二领民酋长。”

---

① 见《敦煌资料》第1辑。

② 《魏书》卷113，《官氏志》。

③ 《魏书》卷83，《贺讷传》。

④ 周一良：《魏晋南北朝史论集》，第77页。

⑤ 周一良：《魏晋南北朝史论集》，第178页。

⑥ 周一良：《魏晋南北朝史论集》，第178页。

有称第三领民酋长者：

《北齐书·步大汗萨传》载：在正光末年六镇起义的时候，“萨乃将家避难南下，奔尔朱荣于秀容。兆败，萨以所部降高祖，以为第三领民酋长。”

从史籍看来，凡系领民酋长者，“皆鲜卑或服属于鲜卑之敕勒、匈奴、契胡族……或系胡化甚深之汉人”①。

到了北齐的时候，还出现了领民酋长和领民庶长，周一良认为，这是领民职务在等级上的差别，大概早在北魏初年的时候，已有等级。②

上述领民组织，后来又有演化，出现有领民大都督之称。总之，魏政权利用这一组织形式，对北方一些部族实行统治，达到羁縻的目的。这种制度，在魏晋南北朝的户籍制度当中，是一种特殊的制度。

（三）宗主督护制

西晋自永嘉之乱以后，中国北方陷入了空前的分裂割据状态，人口流亡迁徙者很多，原有的户籍制度大乱，已不能维护下去。在大乱之中，一些不曾南迁的豪强地主为了自己的利益，纷纷结寨自保，于是相继建立起一个一个的坞堡，借以维护自己的财产不受侵犯。而战乱给普通百姓带来了更大的灾难，为了避乱和死里逃生，不得不去投靠坞壁主，受其奴役和剥削，坞壁与避难的百姓，多为同宗之人。北魏拓跋氏进入中原之初，对于采用何种形式统治中原人民，亦一时拿不出别的好办法。于是只好承认现实，即承认坞壁主对基层民众的统治，委任坞壁主为其同宗之人的宗主，由他们负责统治同宗之人，收缴赋税和催征徭役，故谓之宗主督护制。

一个坞壁的户数有1500~5000家不等。对于这样的坞壁，关中一带的大地主称其为“堡户”（《晋书·姚兴载记上》载姚兴所下诏令中称“堡户给复二年”，故知亦有称“堡户”者）。在这些坞壁或堡户中，坞壁主即宗主是一壁一堡的统治者。投靠坞壁主的民众，其身份是地主的佃客、部曲，这些民众平时从事生产、遇到战事便要执行战斗任务，总之受宗主的奴役。

这种宗主督护制度是有很大弊病的，其原因在于，这些宗主投机取巧，采

---

① 周一良：《魏晋南北朝史论集》，第185页。

② 周一良：《魏晋南北朝史论集》，第182页。

用隐瞒的手法，不如实上纳赋税，不如实上报坞壁当中的实有户数，把小户合成大家，以求规避赋役。结果出现了一些虚假现象，“五十、三十家方为一户”（《魏书·高祖纪上》），甚至出现了“百室合户，千户共籍”的情况。这种现象的存在，对北魏政权的财政收入十分不利。宗主与中央政权争夺剥削对象，如果置之不理，割据势力便会滋长，它将威胁到北魏中央政权之稳固。如果说北魏政权初入中原之时，尚能容忍宗主势力的存在，那是因为当时拓跋氏政权还未站稳脚跟。随着北魏政权的巩固，他们逐步向宗主们开刀，削夺其权力、改变机构组织，重新建立新的更为有利于统治的户籍制度，这便是魏孝文帝年间所颁行的三长制。

（四）三长制

在宗主督护制度下，出现了许多弊病，首先是地主对农户控制极严，农民所受坞壁主的剥削量远远超出国家对农民剥削量的一倍。《魏书·食货志》记载：“荫附者皆无官役，豪强征敛，倍于公赋。”早在延兴三年（473）的时候，北魏政府派人到各地去检查户口，清查隐匿，开展同豪强地主争夺剥削对象的斗争，在这次清查中，被派往冀州、定州、相州等地的韩钧就括出隐户十多万，可见隐匿现象十分严重。当北魏政权在中原站稳脚跟之后，他们对这种严重的隐匿现象再也不能容忍下去了，便开始对其占领区内的旧有户籍制度进行整顿。早在太和九年（485）时，李冲提出建议，实行三长制，其内容是：五家立一邻长，五邻立一里长，五里立一党长。这三级头头的人选是本地的“强谨”之人充当。此制的建立意在取代原来的宗主督护制。当李冲提出此一建议之后，在北魏统治者内部进行了较长时间的利弊得失的辩论。鲜卑贵族对三长制表示拥护，此制的推行，对其剥削量并无影响，因为他们的剥削对象是奴隶和国家所赏赐的隶户，三长制对此无利害可言。但三长制的推行对汉族大地主则是一个沉重的打击，因为他们的剥削对象是苞荫户。如果推行三长制，苞荫户就会转化为封建政府控制下的直接剥削对象，那些作为宗主督护的豪强地主就会成为孤家寡人。他们原来所赖以吮血的对象——大量的苞荫户就会完全丧失，所以宗主豪强竭力进行反对。当时执掌大政的冯太后，考虑到国家的强盛和前途，毅然决然地下决心整顿户籍。太和十年（486）把三长制推行于全国各地。

三长制推行的结果，效果良好，它打击了豪强地主对户口的隐匿庇荫，使得原来大量受豪强地主盘剥的农户转化成封建政府的直接剥削对象。农民所受的剥削与原来相比有所减轻，政府的赋役征收量有了增加，豪强地主的政治势力和经济势力受到了限制和削弱，对稳定北魏政权的统治局势起到了重要的作用。

(五) 营杂户制

在魏晋南北朝时期，“杂户”的内涵是比较广泛的，它是“当时相对于‘编户齐民’这些正常人户而言的所有特殊人户的总称”[①]。杂户造籍所用之纸是红色的。据《左传》襄公二十三年条裴豹烧丹书之事，孔颖达作注曰：“近世《魏律》：缘坐配没为工乐杂户者，皆用赤纸为籍，其卷以铅为轴，此亦古人丹书之遗法。”

杂户所包括的内容有隶户、细茧户、罗縠户、绫罗户、金户。牧子、牧户、工户、乐户、营户、军户、屯户、伎作户[②]等等。

秦汉时期，无上述称谓。这些称谓的出现，是有一个过程的。最早进入“杂户”行列的是“百工”与“鼓吹”，时间约在汉末三国之际。其次进入杂户行列的是军户与营户。“屯户”与“牧户”进入杂户行列的时间是北魏时期。此外，如细茧户、罗縠户、绫罗户，甚至包括寺院的僧祇户、佛图户都是北朝时期出现的一些新的杂户的名称。[③]

如上所述，我们了解到杂户中的“百工”、“鼓吹”（即“乐户”）开始形成于汉末三国之际，杂户中的“屯户”，虽可追溯到曹魏时期的“屯田客”，但近乎战俘身份的屯户，还是在北魏时期才多起来。“营户”、“军户”等以军事组织形式编制的杂户，虽渊源于三国的以军营编制兵士家属之制，但其确立和盛行的时间却在十六国及北魏。“牧子”或“牧户”这种杂户的出现，则与十六国及北魏统治者奴役各族人民的特殊方式有关。其他如“细茧”、“罗縠”、“绫罗”等杂户，则完全是北魏时期的产物。因此，整个魏晋南北朝时

① 高敏：《魏晋南北朝经济史探讨》，第 280～281 页。
② 高敏：《魏晋南北朝经济史探讨》，第 280～281 页。
③ 高敏：《魏晋南北朝经济史探讨》，第 288 页。

期，虽然都存在着杂户，但杂户制度的盛行是十六国和北魏。[①]

杂户来源的途径，在随着时间的推移而变化。汉末三国时期的杂户，主要限于“百工”、“鼓吹”及屯田户等，且多来源于强制性的征发，亦杂以个别招募与雇佣者。两晋以后，杂户的类别虽然多了，但征发、招募与雇佣之制几乎绝迹了。以军事组织形式去编制隐户、荫户、封户特别是编制战俘与驱掠人口，成了杂户的主要来源途径……大约是南北朝中期以后，随着各政权之间战争的日益减少，以战俘与驱掠人口为杂户的途径也日益闭塞，于是以社会罪犯及其家属配充杂户的形式成了主要的来源途径，换言之，自此之后，杂户的来源日益枯竭了。[②]

所有的杂户，在户籍制度方面，与普通的编户齐民不同。杂户的社会地位是十分低下的，非经放免，不能等同于常人。如《北齐书·后主纪》载天统三年诏：“诸寺署所缩杂保户姓高者，天保之初虽有优敕，权假力用未免者，今可悉蠲杂户，任属郡县，一准平人。”可见其社会地位之低下。

在杂户当中，屯户、军户、营户、府户其户籍制度是以军事组织的形式编制的，人身极不自由。府户的具体军事编制情况《魏书》卷58《杨播传附杨椿传》有记载：“自太祖平中山，多置军府以相威慑，凡有八军，军各配兵五千，食禄主帅，军各四十六人。自中原稍定，八军之兵，渐割南戍，一军兵方千余，然主帅如故。”营户的具体编制情况，《魏书·刁雍传》有载：“招集礁、栗、彭、沛民五千余家置二十六营”，可知每营有近200家。

所有的屯户、军户、营户、府户非经放免不能成为自由人。这方面的例子不胜枚举，《宋书》卷6《孝武帝纪》大明二年诏：“军户免为平民。”同书卷45《刘粹传附弟道济传》载：“免吴兵三十六营以为平民”。《北齐书·文宣纪》天保二年诏：“诏免诸伎作、屯、牧、杂色役隶之徒为白户。”都清楚他说明了这一问题。

这些以军事编制形式入籍的杂户，地位低下，“号曰府户，役同厮役”[③]。

---

① 高敏：《魏晋南北朝经济史探讨》，第288页。

② 高敏：《魏晋南北朝经济史探讨》，第296页。

③ 《北齐书·魏兰根传》。

不但如此，而且一旦加入此种名目的军事编制，永远不能出仕当官。《魏书·抱嶷传》曾载："籍贯兵伍，地隔宦流，处世无入朝之期，在生绝冠冕之望"，便是明证。

在杂户当中，牧户、牧子是少数民族的豪酋奴役本族人民和被征服的其他各族人民的一种制度，它是伴随着少数民族进入中原，或征服邻近部落时强迫被征服者变为自己的放牧奴隶而产生的。

杂户当中的隶户，《隋书·刑法志》释为"魏虏西凉之人，没入名为隶户。"同书还载："魏武入关，隶户皆在东魏，后齐因之，仍供厮役。"直到北周灭北齐之后，才下令"悉放为民"。

杂户当中的工乐户，据《唐律疏议》卷3《名刑》可知，"工乐者，工属少府，乐属太常"，他们的户籍并不是隶属于州、县管理，而是这些杂户的户籍是"散属诸司上下"的少府、太常所管。再由《魏书·世祖纪下》可以补证，"金银工巧之人，在其家者，皆遣诣官曹，不得容匿"，进一步说明这些人的户籍是另外单列的。

杂户当中的绫罗户、罗縠户的来源，《魏书·食货志》言谓：魏初禁网疏阔，民户隐匿漏脱者多。东州既平，绫罗户民乐葵因是请采漏户，供为纶绵，自后逃户占为细茧罗縠者非一。于是杂营户帅遍于天下，不属守宰，发赋轻易，民多私附，户口错乱，不可检括。后来有人奏议罢之属于郡县。

杂户的放免为民，是在北周武帝的时候。《周书·武帝纪》建德六年诏："以刑止刑，世轻世重，罪不及嗣，皆有定科。杂役之徒，独异常宪，一从罪配，百世不免，罚既无穷，刑何以措，道有沿革，宜从宽典，凡诸杂户，悉放为民，配杂之科，因之永削"。这样一来，才恢复了自由民身份。

（六）僧尼籍

南北朝时期，是佛教在我国的大发展时期。到处寺院林立，诗人曾有"南朝四百八十寺，多少楼台烟雨中"的诗句来形容南朝寺院之多。据统计，单单南朝都城的僧尼就有十余万人。这些人"皆不贯人籍"①。北朝的情况也是如此。国家设立专门机构来管理僧尼之事，中央设道人统（后来名为沙门

① 《南史·郭祖深传》。

统）、都维那管理全国的寺院僧尼。此外，每州仿照中央设州统和州维那，每郡设郡统和郡维那。就寺院来说，还设上座、寺主、维那、知客等头目。在寺院当中，除了僧尼籍外，还有僧祇户和佛图户，他们都是被寺院所奴役的户口。僧祇户的来源是“平齐户及诸民，有能岁输谷六十斛入僧曹者，即为僧祇户”①。当时僧祇户多到“遍于州镇”② 的地步。佛图户的来源与此略同，“民犯重罪及官奴以为佛图户，以供诸寺扫洒，岁兼营田输粟”③。由《历代三宝记》所载，周武帝灭佛后，“三方释于，减三百万，皆复军民，还归编户”的记载看来，当时寺院的僧尼和其依附人口，非经释放，是不能还归民籍的。

四、东晋南朝时期的户籍制度

（一）东晋南朝的黄籍与白籍

永嘉之乱，北方被少数民族所占领，西晋的宗室司马睿在江南建立了偏安一隅的东晋政权。东晋时期的户籍制度，既有与西晋相同之处，又有与西晋的不同之处。一方面东晋时南方的土著居民仍然实行黄籍制度，而在实行黄籍的同时，出现了另一种户籍叫白籍。白籍的出现与永嘉之乱后，北方地区沦陷，少数民族入主中原，中原的士大夫阶层便纷纷南逃有关。南逃的北方士人，当然仍怀念中原故土，希望东晋政府有朝一日收复中原后返归故里。所以他们在政府的允准下，在南方暂时寓居，侨立州、郡、县。于是北方逃往南方的同州望、郡望、县望的人，便聚族而居于江南的某一地域之内。因为是暂居户口，所登记的户籍称为白籍。

黄籍与白籍之根本区别何在，历来说法不一，周一良认为，“以蘖汁染纸，谓之入潢，则纸不生蠹虫，缝不绽解，盖土著户籍原为保存久远，故用入潢之黄色纸。侨人户籍原系临时性质，故用普通白纸”④。史炤认为，“白籍，谓白丁之籍耳”⑤。今人赖家度仍主史炤说，并谓在“白籍”上登记户口的叫

① 《魏书》卷114，《释老志》。
② 《魏书》卷114，《释老志》。
③ 《魏书》卷114，《释老志》。
④ 周一良：《魏晋南北朝史札记》，第246页。
⑤ 史炤：《通鉴释文》。

"白籍农民"[1]，给人的印象是，白籍只是农民阶级的户口册。胡三省认为，白籍是用白纸所造之籍。[2] 贺昌群认为黄、白籍是分别代表士族的户籍和庶族的户籍。[3] 高敏认为，黄籍与白籍的区别，不仅仅是造册纸的颜色的不同，而其本质的区别在于黄籍是一种正规的户口册，白籍是一临时性的措施。黄籍是江南土著户的版籍，白籍是中原南渡人口即侨寓户的户口册。黄籍是服役的实户的版籍，白籍是不纳税不服役的空虚户口的版籍。白籍的最早出现是在太兴三年（320），《宋书》卷25《州郡志》南徐州南琅邪郡条云："晋乱，琅邪国人随元帝过江千余户，太兴三年立怀德县以处之。"这是东晋设置侨州郡县之始，随后到南朝时期沿袭数百年之久。[4]

（二）土断白籍

上面言及，白籍之户不服役、不纳税。刚刚过江之时，因为立脚未定，还情有可原，但时间久了，这些寓居之户已经有了家业，况且这部分人不服役纳税对东晋政府来说，也是一项很大的损失，范宁对此事提出了建议：

> 古时分土割境，以益百姓之心，圣王作制，籍无黄白之别。昔中原丧乱，流寓江左，庶有旋反之期，故许其挟注本郡。自尔渐久，人安其业，丘垄坟柏，皆已成行。虽无本邦之名，而有安土之实，今宜正其封疆，以土断人户，明考课之科，修闾伍之法。[5]

范宁的建议，后来被采纳了，东晋政府和南朝政府进行了大规模的土断。成帝咸和年间（326～334）是东晋政府开始进行土断的酝酿阶段。成帝咸康七年（341）明令："实编户，王公以下，皆正土断白籍"[6]。哀帝兴宁二年（364）又进行了著名的"庚戌土断"，《晋书·哀帝纪》载，"大阅人户，严法禁"。安帝义熙九年也是一次较大规模的土断，《宋书·武帝纪》载："准庚戌土断之科，依界土断"。结果"诸流寓郡县多被并省"[7]。土断白籍之后，北方南去

---

① 赖家度：《从南朝的士族制度看唐寓之所领导的农民起义》，刊《历史教学》，1952年第2期。
② 胡三省：《通鉴释文辨误》卷四。
③ 贺昌群：《汉唐间封建的国有土地制与均田制》，第81、105页。
④ 高敏：《魏晋南北朝经济史探讨》中的《关于东晋黄、白籍的几个问题》一文。
⑤ 《晋书》卷75，《范汪传附子范宁传》。
⑥ 《晋书》卷7，《成帝纪》。
⑦ 《宋书》卷2，《武帝纪》。

的侨寓户，从此便开始土著化，此后与南方黄籍的土著居民一同对待，服役纳税，以其现居地为桑梓之乡。

虽然南方政府一再进行土断，但南方白籍依然存在，《陈书·世祖纪》还载："来岁不问侨旧，悉令著籍，同土断之例。"这是因为，在长达几百年的时间里，不断有北方之人缀负南下，旧的白籍刚刚土断，又出现新的白籍，此其原因之一。再者土断白籍往往会遭到侨寓户的反对，因为土断之后，原来的优容便会被取消，因此土断不尽，也不可能彻底，是白籍长存的一个重要原因。其三，土断的深度和广度不同，规模也是有限的，这些都是虽然南方政权一方面实行土断，而白籍还长期残存的主要原因。

（三）客注家籍

客注家籍是魏晋南北朝时期户籍制度的一项重要内容，它是有其自身的发生发展过程的。早在曹魏的后期，便实行给客制度，即对于宗室公卿、官吏予以优待，实行给客制度。《晋书·王恂传》载，"魏氏给公卿以下租牛、客户数各有差，自后小人惮役多乐为之，贵势之门动有百数，又太原诸部亦以匈奴胡人为田客，多者数千"。不但曹魏如此，而孙吴政权对公卿豪族亦有类似优待，它实行的是复客制度，即国家赐予公卿大臣数量不等的佃客，而复除这些佃客的赋役，即等于增加了佃客占有者的剥削量。如《三国志·吴书·潘漳传》载，政府曾赐给潘家"复客五百家"。《三国志·吴书·陈武传》记载陈武的儿子"受赐复人得二百家"。

曹魏、孙吴的给客制和复客制，到了西晋时期便形成了占客、荫客制。贵族官僚还可以荫亲属，多者九族，少者三族。从一品官到九品官还可以荫佃客15户到1户，荫衣食客3人到1人。这样便以法律的形式固定下来。所荫之户口，当然要免纳政府的赋役。

从曹魏、西晋一直到东晋十六国和南北朝时期，这种荫客制度有不同程度的发展。除了这些官员有权荫佃客、部曲之外，他们还庇荫了大量的劳动人手——奴婢，而且发展的结果，不但官员贵戚而且私家也拥有大批的奴婢。

这些佃客、部曲和奴婢的户籍是自成系统的。官员贵戚们的法定荫客，即佃客、部曲是要注家籍的。由于他们的身份不能完全独立，所以，他们虽有户籍，并不属官府管辖，只是附于其主人的户籍中，所谓"客皆注家籍"者，就是法律上的明文规定。

官府所拥有的奴婢，其户籍是不同于民户户籍的另一种户籍。至于私家的奴隶，既不能入民籍，也不入官府奴婢籍，他们的户籍，被列入其主人的资簿，因为他们是其主人的私有财产，故被统计到主人的资产项目。只有当他们被放免之后，才能成为编户。即使在北朝推行均田制以后，奴婢的户籍仍附注在主人的户籍上。

（四）校订户籍与检括户口

自从元帝渡江之后，南方的户籍制度比较混乱，其混乱的原因有以下几个方面：首先大批中原人士南逃，过江之后，侨置州郡，不受政府赋役约束，与南方的土著有别，客观上造成了不一致之处。其次是南逃之人，虽然有一部分被编入白籍，但大部分属于流浪之人，仍然不著户籍，这部分人的存在给社会造成了不安定因素。第三，由于户籍多种，流入又多，这便给南方大地主庇荫人口造成了可乘之机。他们招隐亡人，成为自己的隐民，肆意进行剥削，而国家掌握的剥削对象越来越少。这种情况相当严重。若任其下去，势必会危及封建政权，所以自东晋到南朝的历代政府，都实行过校订和检括户口的工作。

封建政府的每次土断白籍的同时，就对全国的户口进行一次核对检查，对于世族地主隐匿人口的处置相当重。如在庚戌土断之时，司马玄因匿藏5户人家，桓温就“表玄犯禁，收付廷尉”[1]，进行制裁，可见对校订户口之严格。诸如此类检查豪强隐占人口的例子还很多，如余姚令山遐、会稽内史王彪都是在清理豪强隐占人口方面的突出官吏，括出上万口隐户。

在对待不著户籍的流民来说，封建政府也想尽一切办法，使其就网傅籍。如《晋书·毛宝传附毛璩传》载，海陵县界，四面是湖泽，“皆是菰葑，逃亡所聚，威令不能及”，毛璩趁天旱之时，放火烧菰葑，结果逃亡“悉出诣璩自首，近有万户”。

刘宋萧齐时期的户籍更加混乱，梁沈约说：“宋元嘉二十七年始以七条征发，既立此科，苟有回避，奸伪互起，岁月滋广，以至于齐。于是东堂校籍，

---

① 《晋书·宗室传》。

置郎令史以掌之，而簿籍于此大坏。”[①] 籍簿大坏的原因是由于人们逃避赋役剥削和豪强大族与封建政府争夺剥削对象或争取免赋特权所造成的。为了达此目的，“至有窃注爵位，盗易年月，增损三状，贸袭万端。或户存而文书已绝，或人在而托死板，停私而云隶役，身强而称六疾，编户齐家不少如此”[②]。有的“改注籍状，诈入士流”，有的“生不长发，便谓为道”，有的“抱子并居，竟不编户”，有的“迁徙去来，公违土断。”

由于当时户口混乱到了极点，所以萧齐政权不得不下令进行整顿。建元二年（480）检查工作全面铺开，其标准是以元嘉二十七年为准，凡是擅自改动与元嘉二十七年登记状况不合者，退回改正，被退之户，称却籍户。由于当时从事检查的地方官吏十分腐败，收受贿赂，该却者不却，不该却者却予退回，结果这次检查户口，成绩不大，反而又激化了矛盾。

① 《通典》卷3，《食货三》。
② 《南齐书》卷34，《虞玩之传》。

第四章　魏晋南北朝封建国有土地制度的诸形态及其演变（上）

生产资料的所有制形式，决定着社会物质生活资料的分配、消费和交换。封建社会的生产资料所有制，主要表现为土地所有制。因此，当我们考察魏晋南北朝的社会经济状况时，有必要首先从其土地所有制的形态、性质、特征和内在发展规律入手。

又由于封建社会的生产资料——土地所有制，存在封建国家所有和私人所有之分，因而封建社会的土地所有制，在其所有权的性质上就存在封建的国有土地制度与封建的私有土地制度之分。尽管二者并不存在什么不可逾越的鸿沟，有时甚至可以互相补充和互相转化，但毕竟是两种不同性质的封建土地所有制形态。

不同的社会形态，有不同的国有土地制形态。我国奴隶社会的国有土地制，表现为"田里不鬻"[①] 和规划方整的井田制度。封建社会的国有土地制，则随着对国有土地的经营形式的不同，而有授田制、假田制、王田制、屯田制、国有牧场制、山林川泽公有制乃至均田制等表现形式。这些表现形式，有时以一种为主要形式，有时几者同时并存，而且总的趋势是表现形式越到后来越多样化、复杂化。

作为封建国有土地制下的国有土地量，有一个时升时降、时多时少的变化过程，因而它对封建私有土地制度下的私有土地量之比，是经常处于变化的动态之中，而且总是此有所升则彼有所降，反之亦然。我们虽然无法求得封建社会各个不同时期内二者之间的绝对比值，但大体的升降变化是可得而知的。一

① 《礼记·王制》。

般说来，战国时期的封建国有土地量是比较多的，因为当时封建的私有土地制还处在初步形成的过程中。随着封建私有土地制的确立和发展而来的，必然是封建国有土地量的减少。故秦时的国有土地量少于战国，西汉又少于秦。汉武帝时期与王莽时期，由于各自采取了扩大国有土地量的措施，国有土地量可能有所上升，但东汉时期在一直向下滑落。直到东汉末期，由于社会的大动荡，又给国有土地量的增加提供了条件，以致三国时期的国有土地量显然有所上升。西晋以后，又开始了下降的过程。随后南北分裂，北方的十六国北朝时期，国有土地量又明显有所上升，而南方的东晋、宋、齐、梁、陈时期，国有土地量处于节节下降的状态。国有土地量的这种上升和下降的演变，是一系列的社会因素造成的，当然主要同封建的私有土地制度的变化、发展密切相关。

第一节　曹魏国有土地制的发展与屯田制的实行

一、曹魏屯田制产生的历史条件

所谓屯田，就其土地所有权的性质来说，是属于封建国有土地的一种存在形式；就其经营形式而言，则是我国历史上各封建王朝都在不同程度上采用过的、按照一定的组织系统、为着军事的目的而把军队或平民编制起来，并强迫他们在国有土地上为官府从事农业生产的一种形式。所谓屯田制，则是这种土地所有权形态与经营形式相结合的制度化。它起源甚早，至晚在西汉文帝时期便已有徙民于边陲地区从事农垦的情况存在。[①] 自此以后，屯田的地区日广，到汉武帝时期几乎遍及于整个西北和北部边陲地区。屯田的数量与规模，也在不断增加和扩大。屯田劳动的负担者，也逐步由徙民、庶民发展到了兵士，出现了民屯与军屯两种不同类型的屯田。屯田的管理机构与组织系统，也日趋完备，出现了“屯田校尉”[②]、“渠犁田官”[③]、“农都尉”[④] 等专门管理屯田的官

---

① 《汉书》卷49，《晁错传》，并参阅高敏：《论曹魏屯田制的历史渊源》，见《魏晋南北朝社会经济史探讨》一书。

② 《汉书》卷96，《西域传》。

③ 《汉书》卷96，《西域传》。

④ 《汉书》卷100，《叙传》及《续汉书·百官志五》。

吏；在居延出土的汉简中，除同样有“农都尉”的官名外，还有“护田校尉”[①]、“候农令”[②]、“别田令史”[③]、“农部第四长”[④]、“骍马农令”[⑤]及“居延农亭长”[⑥]等管理屯田的官吏；而且在西北及北部屯戍地区，形成了与军事组织配套的屯田组织系统。从屯田的地区分布来说，自西汉宣帝以后，屯田地区由边陲逐步有内移的迹象，如赵充国与冯奉世等人的屯田于羌人居住地区，较之文帝、武帝时期屯田集中于边陲者已有所内移。及乎东汉，屯田地区进一步内移，如马援之屯田三辅，张纯之屯田南阳，刘隆之屯田武当及李通之屯田顺阳等等均属之。[⑦]但是，即便如此，终两汉之世，并未将屯田制普遍推广于全国各地，也没有把民屯作为主要的屯田方式，屯田的数量更不可同当时的私有土地量相比拟。虽然如此，汉代的屯田，还是在组织系统、管理机构、剥削方式、屯田的经营方式以及屯田的类别等方面，为三国时期屯田制的普遍推行准备了充分的历史条件。

三国以前已有屯田的历史传统，并不等于三国时期一定要实行这一制度。因此，魏、蜀、吴三国之所以不约而同地各自在其所辖地区内普遍推行屯田制，还有其客观形势的必要性与可能性。特别是地处中原的曹魏政权尤其如此。

东汉末年，由于各种社会矛盾的激化，于灵帝中平元年（184）爆发了震撼东汉王朝统治的黄巾大起义。紧接着又是早已实力膨胀的世族地主与地方豪强，利用了镇压黄巾军的机会，迅速壮大了势力和扩大了控制的地盘，成了一大批大大小小的割据势力，无休止地展开了你争我夺的混战局面。通过这一系列战争，给当时社会的阶级结构与经济状况，带来了一系列新的情况：首先，是黄巾军沉重地打击了世族、豪强地主，使他们中的不少人，或丧生于起义农民的铁拳之下，或在战火中逃离了故土。于是，原来被他们占有的大量土地，

---

① 《居延汉简甲乙编》（以下简称《甲乙编》）4·1号简文。

② 《甲乙编》520·13号简文。

③ 《甲乙编》47·5号简文。

④ 《甲乙编》273·9号简文。

⑤ 《甲乙编》515·20号简文。

⑥ 《甲乙编》557·8号简文。

⑦ 各详见《后汉书》本传。

顿时之间成了无主荒田，为封建官府依据“其地有草者，尽曰官田”[1]的原则，以扩大国有土地的数量提供了十分有利的客观条件。当时人司马朗所说的：“今承大乱之后，民人分散，土业无主，皆为公田”[2]，就是对这一情况的真实反映。其次，随着各割据势力之间连年混战而来的，是人口的大量死亡与逃散。正如山涛之子山简所说：“自初平之元（190），讫于建安之末（220），30年中，万姓流散，死亡略尽，斯乱之极也。”[3]根据当时人的估计，“是时天下户口减耗，十裁一在”[4]，或“人众之损，万有一存”[5]。暂不论这些估计数字的精确程度如何，但当时人口的死亡与逃散者之多得惊人，确是无可怀疑的。这一情况的存在，既为官府改变土地占有关系提供了可能，又为割据势力的代表人物提出了控制人口、争夺人口和重新编制版籍以有效地组织社会生产必要性的问题。其三，随着上述两方面的情况而来的，必然是社会生产的严重破坏。而社会生产的破坏，立即就会影响到必要生活资料——粮食的奇缺，从而酿成了严重的饥荒岁月。例如汉代农业发达和人口稠密的三辅地区，在经过连年的战乱之后，“人民饥困，二年间，相啖食略尽”[6]；物产丰富的江淮地区，经过战乱破坏，也是“士卒冻馁”，“人民相食”[7]。曹操曾概括性地指出当时粮食严重缺乏的情况说：“自遭荒乱，率乏粮谷”；“袁绍之在河北，军人仰食桑堪；袁术在江淮，取给蒲主赢”；中原大地的普遍情况是：“民人相食，州里萧条”[8]。所有的割据势力，无不苦于缺乏粮食。曹操自己的情况，也并不比其他割据势力美妙。当他同吕布争夺兖州之时，因军队缺粮，东阿人程昱“略其本县”，才得以“供三日粮”，其中还“颇杂以人脯”[9]。面对如此严重的粮食危机，各个割据势力如欲存在下去和打败对手，就必须首先解决军粮问题。

---

① 《后汉书》卷49，《仲长统传》附《昌言·损益篇》。
② 《三国志·魏书》卷15，《司马朗传》。
③ 《晋书》卷43，《山涛传附子简传》。
④ 《三国志·魏书》卷8，《张绣传》。
⑤ 《续汉书·郡国志一》刘昭补注引《帝王世纪》。
⑥ 《三国志·魏书》卷6，《董卓传》。
⑦ 《三国志·魏书》卷6，《袁术传》。
⑧ 《三国志·魏书》卷1，《武帝纪》建安元年条注引《魏书》。
⑨ 《三国志·魏书》卷14，《程昱传》注引《世语》。

如果没有足够的粮食，不仅军队本身无法存在，要想控制和保存已经少得可怜的民力，也是不可能的。这样，自然更谈不上在争夺战中成为胜利者了！因此，曹操通过他自身的实践活动，总结了“诸军并起，无终岁之计，饥则寇略，饱则弃余，瓦解流离，无敌自破者不可胜数”[①] 的经验教训，从而决定在许下大规模推广屯田制。不独曹操如此，其他割据者也不例外。如早在灵帝中平末年（189）前后，徐州牧陶谦就已在徐州境内实行屯田[②]；割据幽州的公孙瓒，也于兴平二年（195）在易京一带“开置屯田”[③]。足见采取屯田的办法以恢复和发展农业生产，借以解决紧迫万分的军粮问题，确是当时客观形势所决定的必然措施。所以，不独曹魏政权有这种必要，孙吴与西蜀政权也同样有此必要。

如上所述，各地割据势力集团，既有恢复与发展农业生产以解决军粮问题的迫切需要；又有大量的无主荒田存在，不像“往者，人民各有累世之业，难中夺之”[④]，无法扩大国有土地；还有大量的流亡人口存在，被征服之后黄巾义军及其家属，为恢复与发展农业生产提供了充足的人力资源。正是这种恢复与发展农业生产的必要性，同大量无主荒田和流亡人口的存在给恢复与发展农业生产提供的可能性的结合，就使得屯田制应运而生了。因为这种经营方式，既便于利用流亡人口去耕种无主荒田，又有利于控制劳动人手不使流散。因此，魏、蜀、吴三国几乎不约而同地普遍实行屯田制，绝非历史的偶然，而是在当时历史条件下的必然选择。无怪乎曹操在许下推广屯田之制时说：“夫定国之术，在于强兵、足食。秦人以急农兼天下，孝武以屯田定西域，此先代之良式也”[⑤]；又说：“及破黄巾，定许，得贼资业，当兴立屯田”[⑥]。前者，强调了屯田方式是强兵、足食的重要办法；后者，突出了因镇压黄巾而获得的“资业”与人力，为屯田制的实行提供的条件[⑦]。

---

① 《三国志·魏书》卷1，《武帝纪》注引《魏书》。

② 《三国志·魏书》卷7，《吕布传附陈登传》注引《先贤行状》；参阅高敏：《魏晋南北朝社会经济史探讨》，第30页注⑥。

③ 《后汉书》卷73，《公孙瓒传》。

④ 《三国志·魏书》卷15，《司马朗传》。

⑤ 《三国志·魏书》卷1，注引《魏书》。

⑥ 《三国志·魏书》卷16，《任峻传》注引《魏武故事》所载曹操的《褒封枣祗令》。

⑦ 高敏：《魏晋南北朝社会经济史探讨》，第1～26页。

二、曹魏屯田制的形成过程

魏、蜀、吴三国虽然都实行了屯田制，但规模最大、分布地区最广、组织机构与管理系统最完备和效果最为突出的，还是曹魏的屯田制。

关于曹魏的屯田制，一般认为始于建安元年（196），屯田的始行地区则在许下。实则在此之前，已有实行屯田制的若干迹象，屯田地区开始在兖州一带。我们知道，曹操于献帝初平三年（192）镇压了百万青州黄巾军以后，曾“受降卒三十余万，男女百余万口”①，并正式占据了兖州地盘。在他既获得了土地，又有了劳动力的情况下，完全具备了像他后来破颍川黄巾军因“得贼资业，当兴立屯田”时的客观条件。何况当时新编“青州兵”30万，使军粮的需要量顿增；黄巾军的老弱者及收编后的“青州兵”的家属，曹操决不会闲置不用。恰恰在这时，毛玠提出了“修耕殖，畜军资”② 的建议；而曹操也同意了毛玠关于“天下分崩，国主迁移，生民废业，饥馑流亡，公家无经岁之储，百姓无安固之志，难以持久”的分析，从而“敬纳”了毛玠的建议。所谓“修耕殖，畜军资”，无非是恢复与发展农业生产以解决军粮问题。因此，毛玠的建议，很可能就是关于实行屯田制的主张，至少也应是类似于屯田制的某种设想。随后不久，又有枣祗其人，于兴平元年（194）为东阿守时，曾以其县所储粮食供给曹操，使得“粮乏”的曹军，“得东阿以继”③。如果枣祗在东阿没有类似乎屯田的措施，在当时遍地饥荒的情况下是难以有余粮的。在此稍前，有韩浩其人，于初平四年（193）建议“当急田，太祖善之”④。结合曹操于建安元年在许下屯田时“用枣祗、韩浩议，始兴屯田”⑤ 的话考察，表明枣祗，韩浩确曾提出过实行屯田制的建议，则韩浩的“当急田”，有可能即属此类建议。何况夏侯惇“领陈留、济阴太守”时，“断太寿水作陂，身自

① 《三国志·魏书》卷1，《武帝纪》。
② 《三国志·魏书》卷12，《毛玠传》。
③ 《三国志·魏书》卷16，《任峻传》注引《魏武故事》及前揭高敏著，第26～27页。
④ 《三国志·魏书》卷9，《夏侯惇传》。
⑤ 《三国志·魏书》卷1，《武帝纪》。

负土，率将士劝种稻”[1]，其时间约在兴平元年（194）[2]；又兴平二年（195）夏，曹操与吕布发生争夺战时，由于曹操之“兵皆出取麦，在者不能千人，屯营不固”，以致他只得利用“妇人守陴”，设伏以破吕布[3]。前者似为军屯与民屯的结合型，后者似为军屯。暂不论其是何种类型，其为屯田是十分明显的。兴平二年夏既可收麦，则其播种无疑在兴平元年（193）冬。与上述毛玠、韩浩之建议及枣祗之积谷于东阿的时间极为相近。因此，曹操实行的屯田制，并非确立于一朝一夕，而是在一个逐步探索的过程中形成的。大体说来，此制似萌芽于献帝初平三年（192）冬毛玠建议“修耕殖，畜军资”之际；继续于枣祗积粮于东阿和韩浩的“以为当急田”之时；兴平元年冬，曹操的军队已有种麦而次年收取之事；兴平二年，夏侯惇在陈留、济阴率先屯田；至于此制的正式确立和推广，则在建安元年屯田许下之时[4]。

由于曹魏屯田制的确立经历了一个过程，所以，在剥削方式上也经历了两个不同的阶段：建安元年之前为第一阶段，其剥削方式是民僦官牛，然后由官府“计牛输谷”，或者叫“僦牛输谷”[5]。建安元年以后为第二阶段，其剥削方式是按成收租。按照前者，屯田者纳租量的多少，既不按耕种土地的多少，也不按产量的高低，而是按他们租用国家耕牛的数量来计算的，这等于是依牛数定额的定额地租。所以，丰收的年岁，并不增加地租量，即“大收不增谷”，“有水旱时”[6]，还可以免除地租。这是一种对屯田者比较有利的办法。按照后者，屯田者缴纳地租的多少，是以其屯田收获量的多少按比例计算的，其比例是：“旧：兵持官牛者，官得六分，士得四分；自持私牛者，与官中分”[7]。这种按成收租的办法，屯田者纳租量的多少，随屯田单位面积产量的高低而浮动，即增产又增租。显然是一种“于官便，于客不便”[8] 的剥削办法。由“僦牛输

① 《三国志·魏书》卷9，《夏侯惇传》。
② 高敏：《魏晋南北朝社会经济史探讨》，第35页。
③ 《三国志》卷1，《武帝纪》注引《魏书》。
④ 高敏：《魏晋南北朝社会经济史探讨》，第27～36页。
⑤ 《三国志·魏书》卷16，《任峻传》注引《魏武故事》。
⑥ 《三国志·魏书》卷16，《任峻传》正文及注引，《魏武故事》。
⑦ 《晋书》卷47，《傅玄传》。
⑧ 《三国志·魏书》卷16，《任峻传》正文及注引，《魏武故事》。

谷”到按成收租的变化，反映出曹魏的屯田剥削量有一个逐步加重的过程。

三、曹魏屯田制的具体内容

曹魏的屯田制，依其屯田者的身份不同而划分为两种类型：一曰军屯，系以兵士屯田；二曰民屯，系强制或招募流民屯田。屯田的兵士，当时被称之为“屯兵”、“田兵”、“田卒”或“佃兵”，也有单称为“兵”或“士”的。从事民屯的屯田者，被专称为“屯田客”、“屯田民”或“屯田部民”。兵士之屯田者，其收获物应是全部归国家所有，因为兵士的家属不在兵营，往往被集中于邺城、洛阳、许昌等地，而兵士本人的衣食费用又由国家供给，故兵屯的收入不应有个人保留的部分。因此之故，疑上引《晋书·傅玄传》所云：“旧，兵持官牛者，官得六分，士得四分；自持私牛者，与官中分”等语中的“兵”与“士”的按成收租办法，应当是指从事民屯的“屯田客”而言。何况兵士所用之牛，决无“自持私牛”之理。[①] 至于前引《三国志·魏书，任峻传》注引《魏武故事》中所反映的不同于“僦牛输谷”的按成收租办法，则明显是课之于“屯田客”而非取之于“兵”，故有“于官便，于客不便”的说法，这也进一步说明《傅玄传》所云，确只适用于民屯而非军屯的地租率。

两种不同类型的屯田，不仅其屯田者的身份与剥削办法不同，而且其管理机构的组织系统也判然有别。以军屯来说，一般按军队原有的编制进行组织与管理。按东汉时期军队的编制系统是军、部、曲、屯[②]，故军屯的最基层组织应叫做“屯”。不过，到后来有所变化，如《晋书·食货志》载正始四年（243）的淮南军屯情况时说：“北临淮水，自钟离而南，横石以西，尽沘水四百余里，五里置一营，营六十人，且佃且守。”这里明言每5里设一“营”，则军屯的最基层组织变成了“营”[③]；而且每营60人，与民屯之每屯50人者

---

① 高敏：《〈晋书·傅玄传〉中所见军屯制度辨析》一文，刊《信阳师范学院学报》，1984年第3期。

② 《续汉书·百官志一》。

③ 《三国志·魏书》卷1，《武帝纪》注引《魏书》，载兴平二年夏，曹操以“兵皆出取麦”时，有“屯营不固”之语，可见军屯的基层组织，一开始就叫“屯”或“营”，也可“屯营”连称。两者并存之，以俟贤者正之！

不同。“屯”或“营”之上，开始时可能是同军队的编制系统一致的。不过，到了魏文帝黄初四年（223），才专门设置司农度支校尉一官，官秩比2000石，“掌诸军屯（兵）田”[1]，可见军屯的管理，由中央的司农度支校尉总其成。至于民屯的管理机构的组织系统，与军屯大不相同，也有别于地方行政系统。民屯的基层组织叫做屯，每屯50人。《晋书·食货志》云：咸宁元年（275）十二月诏：“今以鄃奚官奴婢著新城，代田兵种稻，各五十人为一屯，屯置司马，使皆如屯田法。”这说的是以奴婢屯田，故属于民屯。此事发生于西晋武帝时期，这时已废除民屯制度，故以奴隶代田兵。其组织情况是每50人为一屯，屯置司马，“使皆如屯田法”，即都同曹魏时的民屯制度一样去组织屯田奴婢，可见曹魏时期的民屯组织就是如此。这种“屯司马”，在曹魏末年，又叫“农司马”，如石苞其人，当“县召为吏”时，曾“给农司马”[2]可证。“屯司马”或“农司马”之上，则有典农都尉，秩600石或400石，是相当于县令、长级的地方农官；典农都尉之上，则为典农校尉或典农中郎将，二者均相当于郡太守级地方官，只是官秩略有差别，其中典农中郎将，秩2000石；典农校尉，秩比2000石。二者均可简称为“典农”。典农中郎将与典农校尉之下，则设校尉丞属官。这两级管理民屯田的官吏，都是曹操时所制定的。[3]最后，各郡的典农中郎将或典农校尉，皆统属于中央的大司农，例如洛阳的典农，就要听命于大司农。[4]此外，在县级的典农都尉之下与屯司马之上，还有典农功曹、典农司马与典农纲纪等官吏[5]，更有“屯田都尉”与“绥集都尉”等不同于典农都尉的名称。[6]也有上计吏、稻田守、丛草吏及屯田掌犊人等职役性属员。典农中郎将与典农校尉，同郡太守的关系，以及典农都尉同县令长

① 《太平御览》卷242，引《魏略》。但《北堂书钞》卷61，《城门校尉》条引；《魏略》此句作“掌诸军屯田”。二书同引《魏略》又讲司农校尉职掌，而一作“兵田”，一作“屯田”，“兵田”显然不可解，疑为“屯田”之误刊。

② 《晋书》卷33，《石苞传》。

③ 《续汉书·百官志三》刘昭补注引，《魏志》云：“曹公置典农中郎将，秩二千石。典农都尉，秩六百石，或四百石。典农校尉，秩比二千石，所主如中郎。部分别而少，为校尉丞。”

④ 《三国志·魏书》卷9，《曹真传附子爽传》注引《魏略》所载桓范事。

⑤ 《三国志·魏书》卷28，《邓艾传》及注引《世语》和《晋书》卷48，《段灼传》等。

⑥ 分别见《三国志》卷16，《魏书·任峻传》注引《魏武故事》及同书卷16，《仓慈传》。

的关系，都是平行的，前者主管民屯事宜，后者主管郡县编户齐民，地位相同，互不统辖，互不干涉，各司其职。不过，偶亦有由地方官兼领农官者，如《三国志》卷16《魏书·杜畿传附子恕传》注引《魏略》载孟康事，谓“正始中，（孟康）出为弘农，领典农校尉”，即其一例。一般说来，兼领者少。但是，由于民屯田地往往同郡县所辖土地犬牙交错，各自的系统虽不同，但地区却往往相同，其间难免不发生各种联系，也存在利益方面的矛盾。特别是当一般编户齐民为了逃避徭役与租调剥削，往往逃亡隐匿到附近的典农部民中去，使地方官府的剥削出现漏洞，甚至经常引起地方官与屯田系统官吏之间的争吵，如弘农太守贾逵，就曾因同“典农校尉争公事不得理”而发愤致死①，就表明二者之间争夺之激烈。至于民屯系统管理之下的屯田部民，除了要向国家缴纳苛重的地租之外，还有其他许多杂役②，而且地位低下，又时刻处于军事组织系统的严格控制之下，人身极不自由，因而同州郡管辖下的编户齐民相比，就表现出“政役不均”的情况③。总之，这些矛盾，就埋下了民屯制度内部危机的种子，将会成为它日益丧失其存在必要性的内因。

曹魏军屯与民屯的土地，都属于国家所有。但在其国有土地是如何分配给兵士与屯田民耕种的问题上，还存在许多不甚明白的地方。大略言之，军屯的国有土地，大约由所属的屯、营等基层组织集体掌握，并不分配给每个田兵；生产时也以“屯”或“营”为一个生产单位，进行集体耕作；军屯的产品，全部归所属军队所有，然后由管理诸军屯田事宜的典农度支校尉统一调度。然而民屯就不能以这种方式进行生产。因为从事民屯的屯田民，都是有家属的，如蕲春典农谢奇所率领的“屯皖田乡”的屯田客孙子才、宋豪等人，在同孙吴吕蒙的一次战斗中，曾“携其老弱，诣蒙降”④。既然屯田民皆有家属，则他们耕种的国有土地，就不可能像军屯那样采取用集体耕作的方式，而只能在一“屯”之内从事个体生产。又由于缴纳地租时，有“持官牛者”与“自持

① 《三国志》卷15，《魏书·贾逵传》注引《魏略》。

② 高敏：《魏晋南北朝社会经济史探讨》一书的第41～49页。

③ 《三国志·魏书》卷3，《陈留王奂传》云：景元元年（260），“是岁，罢屯田官以均政役，诸典农皆为太守，都尉皆为令、长”，既然罢之是为了“均政役”，可见未罢之前是“政役不均”的。

④ 《三国志·吴书》卷9，《吕蒙传》。

私牛者”之分，如果他们同在一块土地上从事集体耕作，无疑是无法区分“持官牛者”与“自持私牛者”的地租差别的。因此，从这一角度着眼，民屯应是以单个家庭的形式进行个体生产的。果如此，则随着个体生产与按成收租办法而来的，就引起了一个把国有土地分配给每个屯田民耕种的问题。结合枣祗与侯声等辩论时所力主的“执分田之术”① 的主张，很可能是把国有土地分成一份一份的份地，然后以早已存在的“授田于民”的方式分配给屯田民，然后向屯田民按产量的比例课取地租。因此，按剥削的方式而言，属于租佃制的类型。正因为如此，史籍中称屯田民耕种国有土地的方式叫做“佃”②，有关屯田的规定叫“佃科”③。如上所述，表明曹魏的民屯制度，是封建国家用军事组织形式把流民编制起来并强迫他们去佃种国有土地的制度，屯田民实质上是国家佃农。其地租剥削率也基本上沿袭了秦汉以来军功地主及东汉时期世族、豪强地主剥削租种其土地的佃农的传统而稍偏重，即由“耕豪民之田，见税什五”④ 的地租率增加到了借用官牛者，以收获物的60%纳地租，用私牛者也得缴纳50%的地租。

屯田民除了缴纳收获物50%～60%的高额地租外，还有一定的兵役与徭役负担。例如建安十五、十六年（210～211）间，曹魏薪春典农谢奇屯田于皖，曾率由其屯田民组成的“部伍”同孙吴政权的吕蒙作战⑤；又建安二十三年（218）留守许昌的丞相长史王必，曾与颍川典农中郎将严匡率兵讨伐太医令吉本的叛乱⑥；正始中（240～248），洛阳典农中郎将司马昭，曾“蠲除苛碎，不夺农时”⑦，表明洛阳屯田民有“苛碎”之役，影响农时；正元二年(255)，曹髦曾诏“所在郡典农及安抚夷二护军、各部大吏，慰恤其户，无差

---

①《三国志·魏书》卷16，《任峻传》注引《魏氏故事》；参阅高敏：《魏晋南北朝社会经济史探讨》，第38～41页。

②《晋书》卷26，《食货志》云：“嘉平四年，关中饥，宣帝（司马懿）徙冀州农夫五千佃上邽。”按此处纪年有误，据《晋书》卷37，《安平献王孚传》及同书卷1，《宣帝纪》，均作魏明帝太和五年。又《三国志·魏书》卷27，《徐邈传》也说：“为凉州刺史……广开水田，募民佃之。”

③《三国志·魏书》卷16，《任峻传》注引《魏武故事》。

④《汉书》卷24，《食货志》。

⑤《三国志·吴书》卷9，《吕蒙传》。

⑥《三国志·魏书》卷1，《武帝纪》。

⑦《晋书》卷2，《文帝纪》。

赋役一年；其力战死事者，皆如旧科，勿有所漏”[1]，这说明屯田户不仅有赋役负担，而且有参加战斗的任务，因而才有“力战死事者”。所有这些，虽系个别事件，但都说明典农及典农中朗将所管辖的屯田民不仅有赋役负担，还有协助屯田区战斗的任务。特别是“自黄初以来，听典农治生，各为部下之计”，以致“诸典农吏民，末作治生，以要利入”，即诸典农以其所统屯田民中的一部分去从事商贾贸易，为他们牟利。而这些屯田民所留下的屯田劳动，得由其他屯田民去分担，这就是“留者为行者宗田计，课其力”。何况，作为屯田民，除去“自正月耕种，耘锄条桑，耕熯种麦，获刈筑场，十月乃毕”等屯田劳动外，还有“治廪系桥，运输租赋，除道理渠，墐涂宅屋”等杂役[2]；甚至兴建洛阳宫殿，也要征发屯田民参加，故毌丘俭为洛阳典农时，曾反对官府“取农民以治宫室”[3]，显然也是包括屯田民在内。因此，总的说来，曹魏民屯制度下的屯田民，并不是除屯田劳动之外没有其他徭役、兵役负担的[4]，屯田民所受的剥削是相当残酷的。屯田民本身除毫无生产资料——土地之外，甚至也缺少其他生产资料，如耕牛、种子等，以致不得不向封建国家“僦牛”或“租牛”，终年劳动所得，除缴纳高额地租以外，就所余无几。为了获得一份国有土地从事生产，还牺牲了改业、迁徙和自由流动等全部人身自由，只能世世代代被束缚于屯耕的土地之上，接受军事性的编制控制。有时官府为了安抚他们以缓和矛盾，也只适应于“老耄须侍养者”，而且“年九十以上”的人，其家才可以有一人“复不事”[5]。甚至连他们的人身，也可以由国家赏赐给公卿以下的各级官吏为私家佃客。[6] 这一切，表明屯田制度下的屯田民，已不同于享有人身自由的独立的小农，已沦落为地位低下和人身不自由的严格隶属于封建国家的依附农民，也可以说是中国式的农奴，从而导致了整个封建生产关系的发展。因此，曹魏屯田制的实行，并没有给当时的屯田民带来

① 《三国志·魏书》卷3，《高贵乡公纪》。
② 《三国志·魏书》卷12，《司马芝传》。
③ 《三国志·魏书》卷28，《毌丘俭传》。
④ 高敏：《魏晋南北朝社会经济史探讨》，第41~49页。
⑤ 《三国志·魏书》卷1，《武帝纪》注引《魏书》。
⑥ 《晋书》卷93，《外戚·王恂传》。

什么好处，相反却导致了灾难的加深。尽管通过民屯制度，使他们获得了一块土地可以从事生产，生产的基本条件也获得了一定的保证，但这是以人身自由的丧失为代价的。

曹魏军屯制度下的兵士，所受的剥削同样是十分残酷的。所谓军屯，系以兵士屯田，且耕且守。细分之，其方式又可区分为两种类型：一是以全部兵士闲时屯田，战时作战，即所谓“出战入耕”；一是把兵士区分为戍卒与佃兵两个部分，戍卒以守备与作战为主要任务，田兵则以屯耕为主要职守，故史籍中常见“佃兵”、“田兵”、“田卒”及“屯兵”等称谓[①]。这种区分到曹魏后期才比较明显，到西晋以后便制度化了[②]。兵士屯田，不仅涉及当兵者本人，还要涉及其家属。由于当时的兵士及其家属被称为“士家”，因而这种屯田，又可名之曰士家屯田。在士家制度下，兵士被称为“士”，其子谓之“士息”，女谓之“士女”，妻谓之“士妻”，其户籍谓之“士籍”。一旦列入“士籍”，便要父死子继，世代为兵，不许改业，更不许为官作吏。为了防止兵士逃亡以确保兵士的数量，除了“重士亡之法”外，还把兵士的家属集中居住于许昌、邺城、洛阳等地以为人质，一旦兵士逃亡，就要罪妻儿子女。甚至兵士的婚姻，官府也要进行干预，“士女”只能嫁士家，兵士死亡，士妻要嫁给另外的兵士。因此，作为士家，不但地位低下，人身极不自由，连一些基本的人权也被剥夺。有的士家子弟，为了求得一官半职，必须要千方百计首先摆脱“士籍”的束缚。例如出生于曹魏时期的赵至，寓居于洛阳缑氏，出身于“士伍”，由于他想“宦学立名”，便只得装疯卖傻，到16岁那年，便正式出走，到辽西占户，且改名换姓，长期不敢回家，其原因就在于他属于士家子弟，其父便是田兵[③]。因此，曹魏士家制度下的士家，完全不同于秦汉时期自耕农之当兵服役者，他们是人身极不自由、地位特别低下和军役、劳役都极其繁重的封建依附农民，本质上是武装化了的屯田客。

---

① “佃兵”一词，见于《晋书》卷47，《傅玄传》；“田兵”一词，见于《晋书》卷26，《食货志》；“田卒”、“屯兵”则渊源于汉代。

② 高敏：《〈晋书·傅玄传〉中所见军屯制度辨析》。

③ 《晋书》卷93，《文苑·赵至传》；参阅唐长孺著：《魏晋南北朝史论丛》中的《〈晋书·赵至传〉所见的曹魏士家制度》一文。

四、曹魏屯田的分布地区

曹魏的屯田，分布地区十分广泛。除前面已经提到的曹操在鄄城、枣祗在东阿等地有可能已经开始屯田以外，还有有确凿证据可查的地区，计有陈留、济阴、东郡东阿、许下、颍川、洛阳、荥阳、原武、弘农、宜阳、河东、上党、曲沃、小平、河内、野王、汲郡、襄城、南皮、梁国、沛国、谯郡、南阳、魏郡、邺城、钜鹿郡列人、阳平、顿丘、长安、上邽、芍陂、茹陂、皖城、蕲春、寿春、义阳、广陵、睢阳、蓟、扶风、陈仓、淮南与淮北等地[①]，此外，《水经·河水注》谓河水流经“典农城”，城以“典农”命名，应为屯田而得名。据徐坚《初学记》卷8《关内道第三》，谓“典农城”属唐之灵州，即今甘肃灵武一带，表明当时凉州境内也有屯田；至于《三国志·魏书·徐邈传》所载“邈脩武威、酒泉盐以收虏谷，又广开水田，募贫民佃之，家家丰足，仓库盈溢”等事，有人认为是民屯，也有人认为是徐邈为凉州刺史时发展小农经济的措施而非民屯。由此可见，在西起凉州，中经关中、中原，东到海滨，北极燕蓟，南至江淮的广大地区内，都有曹魏屯田的分布，其中同吴国接壤的江、淮地区，与蜀国邻近的上邽、天水地区，以及水利条件较好、土地肥沃的伊洛平原、沁水流域、漳水流域、淮河流域和军事战略意义的交通要道等地，都是曹魏屯田格外集中的地区。这说明曹魏实行屯田制，既是基于经济上的需要，也有战略意义上的考虑。[②]

上述分布的屯田，并非建置于一朝一夕，而是逐步推广扩大而来。大抵随着曹操对黄巾军的镇压和同其他割据势力进行争夺战的胜利，其控制地盘由小到大，故屯田面积也由狭变广。开始可能在兖州境内试行屯田，接着于建安元年在许下扩大屯田，经过几年的实践，证明屯田效果良好以后，于是又推广及于曹魏政权所能管辖的全部地区，而所谓“州郡例置田

① 据清人杨晨：《三国会要》卷19、陶元珍：《三国食货志》、俞正燮：《癸巳类稿》及《曹真碑》等统计，并参阅了王仲荦：《魏晋南北朝史》上册，第138～140页、唐长孺：《魏晋南北朝史论丛》中的《西晋田制试释》一文及何兹全：《三国时代的三种领民》（刊《食货》第1卷第十一期）。

② 高敏：《曹魏屯田的分布地区与经营年代考略》一丈，刊中华书局《文史》，第42辑，1997年1月出版。

官，所在积谷”[1]，统一北方以后，又在同吴国接壤的地区大力发展军屯，出现了军屯的高潮期。因此，综观曹魏屯田的发展过程，大体表现出如下几个阶段：兴平元年以后到建安元年之前，为屯田制的试行期或草创期，民屯与军屯几乎同时出现；建安元年以后，到建安末年，为发展期或扩大期，而且主要是民屯类型。这是因为《晋书·宣帝纪》讲到：“魏国既建”之后，司马懿对曹操说：“今天下不耕者盖二十余万，非军国远筹也。虽戎甲未卷，自宜且耕且守”，对此意见，“魏武纳之”。以此观之，表明“魏国既建”之后，当时没有从事军屯的兵士还有20余万人，故他主张要这些军队“且耕且守”，即发展军屯。这就是说，在此之前，军屯还未大力发展。按“魏国既建”之时，若以曹操进封为公起算，为建安十八年；若以晋封为王起算，则为建安二十一年。则司马懿作此建议的时间应在建安二十一年以后，因此已近建安之末。从建安末到魏文帝、明帝和齐王芳统治时期，为军屯的扩大期。例如总管军屯事务的“司农度支校尉”，便是“黄初四年（223）置”[2]；与蜀国邻近的上邽地区的“秋冬习战阵，春夏修田桑”的5000人的军屯，便兴建于此时期[3]；邓艾在江淮地区的大兴军屯，也主要在正始年间（240～249）[4]。

为了便于把握上述曹魏屯田的分布地区、建置年代、屯田类型、发展阶段和材料来源，试表列如下，以便概览和查阅：

屯田主持者	经营时间	屯田地区	屯田类型	材料依据
曹操	献帝兴平元、二年间	兖州济阴郡之鄄城一带	军屯	《三国志》卷1《魏书武帝纪》兴平二年条及注引《魏书》
枣祗	兴平元、二年间	兖州东郡东阿一带	民屯	《三国志》卷16《任峻传》注引《魏武故事》、卷1《武帝纪》及卷14《程昱传》等
夏侯惇	兴平元、二年间	兖州陈留郡、济阴郡一带	军、民屯	《三国志》卷9《魏书·夏侯惇传》

① 《三国志，魏书》卷1，《武帝纪》注引《魏书》；《三国志·魏书》卷16，《任峻传》作“郡国列置田官，数年中，所在积粟”。

② 《太平御览》卷242引，《魏略》。

③ 《晋书》卷37，《宗室·安平献王孚传》。

④ 高敏：《魏晋南北朝社会经济史探讨》，第49～52页。

续表

屯田主持者	经营时间	屯田地区	屯田类型	材料依据
任峻	建安元年	豫州颍川郡许下	民屯	《三国志》卷16《魏书·任峻传》、卷1《武帝纪》注引《魏书》《晋书》卷26《食货志》
袁涣	建安四年左右	豫州沛国	民屯	《三国志》卷11《魏书·袁涣传》
刘馥	建安五年至十三年	扬州合肥	民屯	《三国志》卷15《魏书·刘馥传》及《资治通鉴》卷63
弁揖	建安十年左右	东郡濮阳	民屯	高诱《淮南子注序》
时苗	建安、正始之间	淮南郡	民屯	《三国志》卷23《魏书·常林传》
	建安十四年	扬州寿春	民屯	《三国志》卷1《魏书·武帝纪》《水经·肥水注》
仓慈	建安年间	淮南地区	民屯	《三国志》卷16《魏书·仓慈传》
	建安年间	冀州阳平郡之阳平、顿丘	民屯	《晋书》卷51《束皙传》《水经·淇水注》
梁习	建安十八年	并州上党郡	民屯	《三国志》卷15《梁习传》
谢奇	建安十九年前	扬州蕲春	民屯	《三国志》卷54《吴书·吕蒙传》及《资治通鉴》卷59
朱光	建安十九年	扬州皖城	民屯	同上
	建安十九年前	豫州弘农	民屯	《三国志》卷15《魏书·贾逵传》
	建安二十年	雍州扶风、陈仓	民屯	《三国志》卷23《赵俨传》及《资治通鉴》卷60建安二十年条
严匡	建安二十三年前	豫州颍川	民屯	《三国志》卷1《魏书·武帝纪》

续表

屯田主持者	经营时间	屯田地区	屯田类型	材料依据
	建安二十四年前	荆州汉川地区	民屯	《晋书》卷1《宣帝纪》《资治通鉴》卷68及胡注
	建安末年	冀州渤海郡之南皮或豫州颍川郡之襄城	民屯	《晋书》卷33《石苞传》及《三国志》卷28《魏书·邓艾传》注引《世语》
	黄初三年	许昌	军屯或民屯	《三国志》卷13《魏书·王朗传》
黄朗	黄初年间	豫州颍川郡襄城	民屯	《三国志》卷23《魏书·裴潜传》注引《魏略》
王昶	黄初初年	豫州洛阳	民屯	《三国志》卷27《魏书·王昶传》
徐邈	黄初年间	豫州颍川	民屯	《三国志》卷27《魏书·徐邈传》
裴潜	黄初年间	冀州魏郡	民屯	《三国志》卷23《魏书·裴潜传》
裴潜	黄初年间	冀州颍川	民屯	同上
卢毓	黄初中	豫州梁郡、谯郡	民屯	《三国志》卷22《魏书·卢毓传》
卢毓	黄初中	豫州睢阳	民屯	同上
司马孚	黄初年间	河内野王	民屯	《晋书》卷37《宗室·安平献王孚传》及《水经·沁水注》
赵俨	黄初年间	并州河东	民屯	《三国志》卷23《魏书·赵俨传》
司马懿	太和五年	雍州上邽	军屯	《晋书》卷1《宣帝纪》、卷37《宗室·安平献王孚传》及《晋书》卷26《食货志》等
刘龟	太和年间	宜阳	民屯	《三国志》卷24《高柔传》
	太和年间	曲沃	民屯	《八琼室金石补正》卷8《大将军曹真碑阴题名》

续表

屯田主持者	经营时间	屯田地区	屯田类型	材料依据
	太和年间	小平	民屯	同上
张烈	太和四年之前	长安	民屯	《全晋文》卷1《上言得玉印》及《通典》卷55《礼典·告礼》
何曾	太和或青龙年间	汲郡	民屯	《晋书》卷33《何曾传》
	青龙年间	长安	民屯	《三国志》卷16《魏书·仓慈传》注引《魏略》载颜斐事迹
毌丘俭	青龙年间	洛阳	民屯	《三国志》卷28《魏书·毌丘俭传》
毛曾	景初年间	原武	民屯	《三国志》卷5《魏书·后纪传·明悼毛皇后附弟曾传》
	正始中	洛阳野王	民屯	《三国志》卷9《魏书·曹真传附子爽传》
邓艾	正始年间	淮南、淮北	军屯	《三国志》卷28《魏书·邓艾传》及《晋书》卷26《食货志》
司马昭	正如初年	洛阳	民屯	《晋书》卷2《文帝纪》
	正如末年	洛阳	民屯	《三国志》卷9《魏书·曹真传附子爽传》注引《魏略》载桓范事迹
王昶	正始年间	宛县、新野	民屯	《三国志》卷27《魏书·王昶传》
李胜	正始初年	原武	民屯	《水经·济水注》
		荥阳	民屯	《水经·济水注》
	正始年间	邺城	民屯	《晋书》卷33《石苞传》
胡质	正始七年前	宜城	军屯	《三国志》卷27《魏书·胡质传》
孟康	正始年间	弘农	民屯	《三国志》卷16《杜畿传附子恕传》注引《魏略》载孟康事迹

续表

屯田主持者	经营时间	屯田地区	屯田类型	材料依据
邓艾	正始年间	青州广陵郡安平县	民屯	杨晨《三国会要》卷8《方域下》及清人俞理初《癸巳类稿》卷11
胡质	正始七年后与嘉平年间	青州、徐州	军屯	《三国志》卷27《魏书·胡质传》
邓艾	正元、甘露年间	陇右	军屯	《三国志》卷28《魏书·邓艾传》及《晋书》卷48《段灼传》
刘靖	嘉平年间到魏末	蓟北	军屯	《水经·鲍丘水注》
毌丘俭	嘉平年间到正元二年	淮南、淮北	军屯	《三国志》卷28《魏书·毌丘俭传》
诸葛诞	甘露年间	淮南、淮北	军屯	《三国志》卷28《魏书·诸葛诞传》
王弘直		列人	民屯	《三国志》卷29《魏书·方伎·管辂传》
孟荆州		列人	民屯	同上
司马望	嘉平三年之前	洛阳	民屯	《晋书》卷37《宗室·安平献王孚传附子望传》及《三国志》卷4《魏书·三少帝纪》
侯史光	魏末	洛阳	民屯	《晋书》卷45《侯史光传》
司马洪	魏末	原武	民屯	《晋书》卷37《宗室·安平献王孚传附孙洪传》
贾充	魏末	汲郡	民屯	《晋书》卷40《贾充传》
傅玄	魏末	弘农	民屯	《晋书》卷47《傅玄传》
		青州广陵郡海西、淮浦	民屯	《三国志》卷22《魏书·徐宣传》
		南阳郡涅阳	民屯	《水经·淯水注》
		凉州	民屯	《水经注》卷3《河水注》
		汝南郡西平	军屯或民屯	《三国会要》卷8《方域下》

综观上表，我们不难发现如下一些特征：第一，从整个曹魏屯田来说，民屯占的比重超过军屯；第二，从军屯、民屯的发展过程来说，魏文帝之前，军屯数量甚少，到文帝以后才逐渐增加，反映出前面关于司马懿建议之后军屯才获得发展的看法是可信的；第三，军屯多集中于青、徐二州，淮南、淮北地区及关中地区，显然同对吴、蜀作战的军事需要密切相关；第四，民屯的集中点，在洛阳、颍川、弘农、魏郡、汲县、河内等地，故先后担任这些地区的典农校尉或典农中郎将者不少；第五，据文献记载，司农度支校尉为黄初四年所设，已于前述，而表中建安末年与黄初年间的军屯并不多，可见有许多军事地点，史书缺载，民屯想也不例外。故表中所列，仅仅是见于记载中的军屯、民屯地区，并非曹魏时军屯与民屯的全部情况。

五、曹魏屯田制的作用

曹魏实行屯田制，收到了比较明显的效果。首先，它缓解了当时严重的社会粮荒问题，如“募兵屯田许下”后，“得谷百万斛”①；其他地区的屯田，也“所在积谷，仓廪皆满”②；收到了“官民有畜”③和“百姓大悦”④的效果。其次，随着推广屯田而来的，是水利兴建事业获得了发展，如夏侯惇之于济阴郡“断太寿水作陂”⑤；贾逵之“遏鄢、汝、造新陂，又断山溜长溪水作小弋阳陂，又通运渠二百余里，所谓贾侯渠者也”⑥；曹丕时太守郑浑之在萧、相二县造郑陂⑦；青龙元年（233），在关中地区新穿了成国渠，修建了临晋陂，溉田达数千顷⑧；特别是江淮地区，曹操时刘馥在合肥一带兴建芍陂、茹陂、七门、吴塘诸堨⑨；正始四年（243），又在淮水流域开凿了淮阳、百尺二渠，还有颍水南北修建了许

① 《三国志·魏书》卷1，《武帝纪》裴松之注引《魏书》。
② 《三国志·魏书》卷16，《任峻传》。
③ 《三国志·魏书》卷15，《刘馥传》。
④ 《三国志·魏书》卷11，《袁涣传》。
⑤ 《三国志·魏书》卷9，《夏侯惇传》。
⑥ 《三国志·魏书》卷15，《贾逵传》。
⑦ 《三国志·魏书》卷16，《郑浑传》。
⑧ 《晋书》卷1，《宣帝纪》及卷26，《食货志》。
⑨ 《三国志·魏书》卷15，《刘馥传》。

多陂塘[1]。此外，在野王（今河南沁阳附近），兴建了沁水石门堰[2]；在幽州蓟县一带，建城乡侯刘靖于嘉平二年（250）导高粱河，造戾陵堨，开车箱渠，"灌田万有余顷"[3]。其三，随着灌溉陂塘渠堰的兴建而来的，即扩大了耕地面积，又为在北方种植水稻创造了条件，以致有水利条件的屯田，大都是水稻田，形成了在北方种植水稻的高潮时期。如许昌附近"多稻田"，从汝、颍到寿春一带的屯田，更大都是水稻田，产量常3倍于其他屯田[4]，故西华县一带有"邓艾营稻陂"[5]；沈丘县"邓艾于此置屯种稻"[6]；郑浑在萧、相二县兴建的郑陂，所溉也是"稻田"，收到了"鱼稻经久之利"[7]；夏侯惇在陈留、济阴的屯田，又是"率将士劝种稻[8]；今河南北部沁水流域的屯田，也是稻田，故有溉渠"木门朽败，稻田泛滥"之事发生[9]；刘靖在开屯田，也是"三更种稻"[10]。由于屯田所种多系水稻，于是在汉代于北方种植水稻的基础上，把北方的水稻种植推进了一步。[11] 其四，由于屯田制的推广，也给流民提供了进行农业生产的条件，故在一定程度上恢复与发展了遭到严重破坏的北方农业，从而为军粮储蓄创造了条件，保证了曹操统一战争的粮食需要，起到了良好的政治作用，正如旧史家所说：使曹操"征伐四方，无运粮之劳，遂兼灭群贼，克平天下"[12]。因此，曹魏屯田制度的历史作用是不容否认的。

但是，对曹魏屯田制的积极作用，不宜估计过高。因为粮食问题的解决，主要限于军粮。史籍所谓"仓廪皆满"，只是官府的储粮丰富，获利者并非屯田民。何况在起义中农民获得的土地。耕牛等"资业"，在屯田制推行过程中

---

① 《晋书》卷1，《宣帝纪》、卷26，《食货志》及《三国志·魏书》卷28，《邓艾传》。
② 《水经·沁水注》引《魏土地记》。
③ 《水经·鲍丘水注》引《刘靖碑文》。
④ 《三国志·魏书》卷28，《邓艾传》。
⑤ 《太平寰宇记》卷10，西华县条引《古老经》。
⑥ 《太平寰宇记》卷11，沈丘县条。
⑦ 《三国志·魏书》卷16，《郑浑传》。
⑧ 《三国志·魏书》卷9，《夏侯惇传》
⑨ 《水经·沁水注》卷9，引《魏土地记》。
⑩ 《三国志·魏书》卷15，《刘馥传附于靖传》。
⑪ 高敏：《古代豫北的水稻生产问题》，刊《郑州大学学报》，1964年第2期。
⑫ 《三国志·魏书》卷1，《武帝纪》注引《魏书》。

都被曹操夺走了；原来享有人身自由的小农，一旦沦为屯田民，身份显著下降，人身自由也丧失了。正因为如此，农民并不乐于作屯田民，或者以逃亡相抵制，或者以武装起义示反抗。早在建安初年，就有“襄陵校尉杜松部民炅母等作乱”①；建安二十年（215），又有“屯田客吕并自称将军，聚党据陈仓”②。此外，还有多次农民起义，似乎也与反对屯田制有关。③因此，屯田制度对于屯田农民来说，仅仅为他们提供了进行生产的条件而已。至于它对当时社会经济恢复与发展的作用，则以屯田民苦难的加深为代价实现的。

六、曹魏屯田制的破坏

曹魏的屯田制，从公元2世纪90年代开始，延续到魏末晋初才废除其中的民屯制度。《三国志·魏志·陈留王纪》云：“是岁（咸熙元年，264），罢屯田官以均政役，诸典农皆为太守，都尉皆为令长。”《晋书·武帝纪》也说：泰始二年（266）“十二月，罢农官为郡县”。两个记载，讲的是同一件事。其所以年代不同，恐是西晋武帝即位之初对魏末规定的重申。废除民屯制度的原因，诏令中只说了“以均政役”一条，即为解决屯田民与编户齐民分属两个不同系统管辖和两种剥削办法并存所造成的矛盾。无疑这是此制的内在缺陷，自然是造成此制破坏的原因。但除内因之外，还应同地主阶级对国有土地——屯田的侵占和封建国家以国有土地与屯由民充赏赐等因素有关。前者，如何晏等“专政”时，“共割洛阳，野王典农部桑田数百顷”④一事，便是例证；后者，如《晋书·外戚·王恂传》所云：“魏氏给公卿以下租牛客户数各有差”及司马师兄弟“募取屯田，加其复赏，阻兵安忍，坏乱旧法”⑤等记载，均可为证。由于这种情况的存在，就使得屯田制下的国有土地和劳动力，都在不断私有化，从而使屯田制逐步丧失了继续存在下去的条件。最后，屯田民的不断反抗和社会阶级矛盾的加剧，也是迫使统治者放弃屯田制残酷剥削方式的原

---

① 《三国志·魏书》卷18，《吕虔传》。
② 《三国志·魏书》卷23，《赵俨传》。
③ 高敏：《魏晋南北朝社会经济史探讨》，第52~56页。
④ 《三国志·魏书》卷9，《曹真传附子爽传》。
⑤ 《三国志·魏书》卷28，《毌丘俭传》注引文钦等对司马氏《表》文。

因，前面所说的“以均政役”的说法，也隐隐地反映了统治者这种不可告人的内心恐惧。在这一系列因素的相互作用下，民屯制度终于被废除了。实际上，民屯制度的破坏过程，早已开始了。司马芝所说的自黄初以来，“诸典农治生，各为部下之计”，以致“商事杂乱”，妨害“农桑为务”[①]，就是此制破坏的开端。随后到明帝时期，徭役大增，往往“丁夫疲于力作，农者离其南亩”[②]，“众役并兴”[③]，“士民饥冻”[④]，民屯制度已临近破坏边缘。咸熙元年之废除民屯制度，不过是这一破坏过程的终结而已。

第二节　孙吴与西蜀的屯田制

在曹魏实行屯田制的影响下，加上军事上、政治上的需要，与曹魏实行屯田制的同时或稍晚，孙吴与西蜀也相继实行了屯田制，只是西蜀的屯田制，并非占主导地位的土地所有制形态，只有孙吴的屯田制，其屯田规模之大、屯田数量之多、屯田组织系统之完备与屯田的类别划分等等，足以与曹魏屯田制相媲美。

一、孙吴的屯田制

早在孙坚时，虽然已经有“军粮不继”所带来的危险局面[⑤]，但由于当时还没有得到立足的固定地盘，尚无法实行屯田制。及建安初年，孙策已据有江东，且已打败了丹阳等地的山越大帅祖郎及吴郡严白虎等宗族武装集团，控制了不少山越人,[⑥] 由此具备了实行屯田制的初步条件，有可能开始试行屯田之制。与此同时，太史慈在泾县“立屯府，大为山越所附”[⑦]，也有可能是在丹阳郡境内实行屯田。不久，太史慈被孙策征服，“（孙）策于是分海昏、建昌

---

① 《三国志·魏书》卷12,《司马芝传》。
② 《三国志·魏书》卷13,《王朗传附子肃传》。
③ 《三国志·魏书》卷25,《高堂隆传附栈潜传》。
④ 《三国志·魏书》卷28,《毌丘俭传》。
⑤ 《三国志·吴书》卷1,《孙坚传》注引《江表传》载孙坚语。
⑥ 《三国志·吴书》卷1,《孙策传》注引《江表传》。
⑦ 《三国志·吴书》卷4,《太史慈传》。

左右六县，以慈为建昌都尉，治海昏，并督诸将拒（刘）磐”[1]。这个“建昌都尉”，不同于孙吴政权后来所设置的以统兵为职责的“都尉”，带有以将领兼领地方官的色彩，且曾率领“部伍”屯田于毗陵的陈表与顾承，一为“新都都尉”，一为“吴郡都尉”[2]，表明吴之都尉之兼领地方官者，同主管屯田的“屯田都尉”有相同之处，因疑太史慈所任“建昌都尉”，有可能是孙策时主管屯田者。至于比较明确的屯田记载，是从建安五年（200）孙权任讨虏将军以后开始的。《三国志·吴书·陆逊传》云：“孙权为将军，（陆）逊年二十一。始仕幕府，历东西曹令史，出为海昌屯田都尉，并领县事。”按孙权为讨虏将军，在建安五年，孙策死后不久，《三国志·吴书·孙权传》及《资治通鉴》对此均有明确记载。然则陆逊之始仕幕府，最早也应为建安五年。又据《陆逊传》，陆逊死于赤乌七年以后，年63岁，《资治通鉴》系陆逊死年于赤乌八年（245）[3]，清洪饴孙《三国职官表》同。既知其死于赤乌八年，又知死时为63岁，则从此年上推至陆逊21岁时，则为建安八年。陆逊始仕孙权幕府既为建安八年，则其“出为海昌屯田都尉”的时间当在建安九年或十年，因为其间还经过了“历东西曹令史”的时间。又陆逊之“出为海昌屯田都尉”，并非海昌有屯田都尉之始。那么，陆逊出任海昌屯田都尉之前，就应当已经有屯田制的实行。故可以认定：建安五年左右，孙权确已实行了屯田制。[4] 又据《宋书·州郡志》扬州吴郡条云：“盐官令，汉旧县。《吴记》云：‘盐官本属嘉兴，吴立为海昌都尉治，此后改为县。’非也。”这里虽然否定盐官县为孙吴海昌都尉所改的说法，但“吴立为海昌都尉”一语很值得重视，因为它同上引《陆逊传》中的“海昌屯田都尉”可以互相印证。同一海昌县，前云“海昌屯田都尉，并兼领县事”；此云“海昌都尉，此后改为县”，益见“海昌都尉”即“海昌屯田都尉”。如此类推，则太史慈所任“建昌都尉”，也有可能是“建昌屯田都尉”之省。从这一切联系起来考察，就大致可以判断：孙吴的屯田制，确有开始于孙策死前的建安四年左右和孙权袭位之初

---

① 《三国志·吴书》卷4，《太史慈传》。

② 《三国志·吴书》卷7，《诸葛瑾传附子传》注引《吴书》。

③ 《建康实录》卷2，《太祖下》，亦载陆逊死于赤乌八年。

④ 高敏：《魏晋南北朝社会经济史探讨》，第80~83页。

的可能[1]。

孙吴屯田制的推广期，始于孙权黄武五年（225）春，《三国志·吴书·孙权传》所云："（黄武）五年春，令曰：'军兴日久，民离农畔，父子夫妇，不听相恤，孤甚愍之。今北虏缩窜，方外无事，其下州郡，有以宽息。'是时陆逊以所在少谷，表令诸将增广农亩。权报曰：'甚善。今孤父子亲自受田，车中八牛以为四耦，虽未及古人，亦欲与众均等其劳也，'"便是确证。通过这件事，更说明在黄武五年以前，不仅有陆逊在海昌屯田，诸将之经营屯田者不少，只是史书缺载而已。孙氏父子"亲自受田"的做法，说明诸将所经营的屯田，都是采用的"授田于民"的方式，这同曹魏之"执分田之术"有一致之处。陆逊之所以建议"增广农亩"，是由于"所在少谷"，可见孙吴扩大屯田的目的，也同曹魏实行屯田制的目的如出一辙。

孙吴的屯田，在类别方面也同曹魏的屯田制一样，可分为军屯与民屯两种类型。如曹魏明帝青龙三年（235），孙权曾"遣兵数千家佃于江北"，魏将满宠认为：利用其收获季节，"男女布野"及"其屯卫兵去城远者数百里"的有利条件，"可以掩击也"，结果"摧破诸屯，焚烧谷物而还"[2]。这里前云"遣兵数千家"，后又云"其屯卫兵去城数百里"，可见这些"佃于江北"者，都属于兵士，系军屯类型。又《三国志·吴书·诸葛瑾传附子融传》注引《吴书》所说："赤乌中（238～250），诸郡出部伍，新都都尉陈表。吴郡都尉顾承，各率所领人会佃毗陵，男女各数万口"一事，也有可能是军屯。这是因为：第一，陈表、顾承所率为诸郡"部伍"，显系军队；第二，顾承所率"部伍"，本源于他同诸葛恪"共平山越"时所得"精兵八千人"[3]，确为兵士；第三，孙吴兵士的家属是随军行动的[4]，不能以其所率有"男女各数万口"而

① 高敏：《魏晋南北朝社会经济史探讨》，第81～83页。

② 《三国志·魏书》卷26，《满宠传》。

③ 《三国志·吴书》卷7，《顾雍传附孙承传》。

④ 关于孙吴兵士家属随军营活动的记载不少。《三国志·吴书》卷10，《韩当传》谓韩当之子韩综，因惧罪而"将母家属、部曲男女数千人奔魏"，可见其部曲的家属随营居住。又《三国志·吴书》卷11，《朱桓传》，谓魏曹仁遣兵别袭孙吴之"中州"。而"中州者，部曲妻子所在也。"此外，《三国志·吴书》卷5，《妃嫔传》、同书卷3，《孙皓传》注引《吴录》，均有类似记载。可参阅高敏：《魏晋南北朝社会经济史探讨》，第85页。

否定其为军队。又《三国志·魏书·王基传》注引司马彪《战略》曰："景元二年（261）春三月，襄阳太守胡烈表上'吴贼邓由、李光等，同谋十八屯，欲来归化，遣将张吴、邓生，并送质任，克期欲令郡军临江迎拔。'"这是孙吴在同曹魏接壤的襄阳地区有军屯之证。这些例证，都表明孙吴确有军屯之制。而且直到孙吴政权末期，仍然存在军屯制度。《三国志·吴书·陆凯传》末所附陆凯谏孙皓二十事中，其第十五事云："先帝战士，不给他役使，使春惟知农，秋惟收稻，江渚有事，责以死效。今之战士，供给众役，廪赐不赡，是不遵先帝十五也。"据此，知军屯之制，从孙权时到孙皓时，始终存在，只是对兵士的剥削程度有所加深而已。

军屯之外，还有民屯。如孙休永安六年（263），丞相濮阳兴建议"取屯田万人以为兵"[①]，此处"屯田"为"屯田民"之省称甚明。史籍中这种称屯田民为"屯田"者，还有其例。《三国志·吴书·吕蒙传》载蒙因为立了战功，孙权"别赐寻阳屯田六百人"，就是其证。前引《陆逊传》所载海昌屯田都尉，便是主管民屯事务的农官。

从事军屯的兵士，一般被称为"佃兵"、"屯兵"，也有称为"作士"[②]的。从事民屯者，则被称为"屯田户"、"屯田客"，也有单称为"客"[③]的或者称为"屯田"的，已于上述。

根据十分有限的史料，可知东吴的军屯与民屯两种类型，分别属于两个不同的组织系统，由不同的机构与官吏管理之。

以军屯来说，其最基层的组织也同曹魏的屯田制一样叫做"屯"，上引《三国志·魏书·满宠传》的"摧破诸屯"、同书《王基传》注引《战略》所谓"吴贼邓由、李光等同谋十八屯"及《晋书·王浑传》载王浑遣军攻破东吴在皖城的屯田区时的"并破诸别屯"等记载，均其证据。在诸屯之上，则由所属各级将领统摄，如前引《吴书》所载新都都尉陈表与吴郡都尉顾承，其所统"部伍"，既作战，又屯田，正如陆逊所说："先帝战士"，"春惟知农，

① 《三国志·吴书》卷3，《孙休传》。
② 《三国志·吴书》卷2，《孙权传》。
③ 《三国志·吴书》卷10，《陈武传》注引《江表传》。

秋惟收稻，江渚有事，责以死效”。

至于民屯，其基层机构也叫“屯”，且有名之曰“屯府”的，见《太史慈传》；也有叫“屯居”的，详见《诸葛恪传》。诸屯之内，设有“屯吏”，专司屯田事务。《三国志·吴书》卷10《蒋钦传》云：“初，钦屯宣城，尝讨豫章贼。芜湖令徐盛收钦屯吏，表斩之，权以钦在远，不许。”由蒋钦管辖的“屯吏”，显然是专管屯田事务的低级官吏。在民屯的诸屯之上，则设典农都尉与典农校尉，专管民屯事务。其中典农都尉，又叫屯田都尉，属于县级农官。典农都尉一名见于《华覈传》；“屯田都尉”之名，则见于《陆逊传》。典农校尉，又叫“督农校尉”，为郡级农官。其中“典农校尉”之名见于《宋书》卷35《州郡志》南徐州晋临郡条之“毗陵典农校尉”；“督农校尉”之名，则见于《宋书》卷35扬州淮南郡于湖令条。“典农都尉”或“屯田都尉”又可省称为“都尉”，如《陆逊传》所载之“海昌屯田都尉”，在《宋书》卷35《州郡志》扬州吴郡条作“海昌都尉”；“典农校尉”，亦可省称为“校尉”，如《宋书》卷35《州郡志》南徐州晋陵郡条之“毗陵典农校尉”，到“晋武帝太康二年（281）”，作“省校尉”，而不曰“省典农校尉”；又如《三国志·吴书·孙权传》赤乌八年条所载“校尉陈勋”，便是“典农校尉陈勋”之省称，因为陈勋所统明显是屯田民。不过，反过来说，史书中凡称“都尉”、“校尉”者，不能一律视为“典农都尉”与“典农校尉”之省称，必须依据具体情况作具体分析，方可判断。如上所述，表明孙吴时期郡县两级农官的名称，除孙吴无典农中郎将的名称外，其余都是大体与曹魏相同的。

但是，孙吴时期在郡、县两级农官与同级地方官的关系方面，却与曹魏农官与地方官的关系有很大的差别。首先，不论郡级农官与太守、县级农官与令长，孙吴时期均不并设，往往以典农校尉兼太守，县级亦然。最明显的例证莫过于《陆逊传》所云：孙权时，陆逊由“东西曹令史，出为海昌屯田都尉，兼领县事”，这是县级地方官与县级农官不并设的明显例证。其实，例证尚不止此。《宋书·州郡志一》，记载了孙吴政权把若干汉代的县改为典农都尉的事件。如扬州丹阳郡之溧阳县，本“汉旧县，吴省为屯田。晋武帝太康元年复之”；吴郡之盐官县，“汉旧县。《吴记》曰：盐官实属嘉兴，吴立为海昌都尉治，此后改为县”。又湖熟县，“吴省为典农都尉，晋武帝太康元年复立”；

南徐州南琅邪郡之江乘县，亦“汉旧县。本属丹阳，吴省为典农都尉。”这就是说，这些县，本来都是汉代的旧县名称，吴时省去了县的设制，而改变成了屯田都尉或典农都尉。到晋代武帝太康元年才恢复县的设制。由此可见，孙吴时期凡有屯田的地方，都是以屯田农官兼领地方官，甚至屯田的管理机构也代替了县级地方行政机构。同样的情况，也见于郡级。《宋书》卷35《州郡志》南徐州晋陵郡条云：“晋陵太守，吴时分吴郡无锡以西为毗陵典农校尉。晋武帝太康二年，省校尉，立以为毗陵郡，治丹阳，后复还毗陵。”这里说，孙吴时期把晋陵郡的一部分划出来设立毗陵典农校尉，西晋武帝才省去农官，改为毗陵郡。由此可见，孙吴时相当于郡太守级的毗陵典农校尉，没有太守之设，也无郡的设制，即以郡级农官取代郡级地方行政机构及郡级地方官。这种以农官系统代替地方行政系统和以农官代行地方官职权的制度，在曹魏的民屯制度中是比较少见的。其次，孙吴时期，不仅郡级农官与地方官不并设，就连县级武官与农官也有可以兼领而不并置的迹象。《三国志·吴书·华覈传》云：覈“始为上虞尉、典农都尉，以文学入为秘书郎，迁中书丞。”“上虞尉”，是上虞县的县级武官；典农都尉，是县级农官。华覈其人，一身二任，表明县级武官可以兼任县级农官。至于郡级武官有无兼任郡级农官之制，由于史书缺载，暂无法确定。其三，孙吴政权的中央机构中，设有“监农御史”，专门主管屯田事务。《三国志·吴书·楼玄传》曰：“孙权时，（玄）为监农御史。孙皓即位，与王蕃、郭连、万彧俱为散骑常侍，出为会稽太守，入为大司农。”由此可见，吴之“监农御史”，是在大司农之外的另一级机构。这同曹魏民屯事务之总于中央大司农者不同。其四，关于军屯的管理，曹魏是设农度支校尉总领军屯事宜，而孙吴则以“节度”一官总领军屯事务，亦不同于曹魏。例如孙权欲试诸葛恪的才能，曾“令守节度。节度，掌军粮谷?”[①]。《江表传》载此事谓：“（孙）权为吴王，初置节度官，使典军粮，非汉制也。”[②] 诸葛恪之后，又有顾雍之孙顾谭，于“赤乌中，代恪为左节度”[③]。由此可见，孙吴不仅以

---

① 《三国志·吴书》卷19,《诸葛恪传》及注引《江表传》。

② 《三国志·吴书》卷19,《诸葛恪传》及注引《江表传》。

③ 《三国志·吴书》卷7,《顾雍传附孙谭传》。

“节度”主军屯，而且节度有左右之分。所以这些，都是孙吴屯田的组织系统与管理制度之明显不同于曹魏屯田制的地方。这表明清人俞正燮在其《癸巳类稿》卷11《魏屯田记》中所说：东吴“其屯田与农官，有兵民之制，其不隶郡县，则同魏”等语，既甚简略，又不符合实际。颇失之！①

孙吴屯田的分布地区，主要集中于3个地带：

首先，是同曹魏接壤的长江以北地区：赤壁之战后，孙吴把屯田推向了荆湘地区与长江以北地区。以吕蒙为例，夷陵之战以后，他曾率军“渡江立屯”后为武昌郡的寻阳令，寻阳屯田可能始于此时，故孙权能够“赐（蒙）寻阳屯田六百户。”当鲁肃代周瑜统兵去陆口途中，曾“过蒙屯下”。后来，吕蒙又败魏国兵于皖城，又把屯田扩大到此。与吕蒙同时屯于江北的，还有成当、宋定与徐顾等将领。吕蒙并三将之兵以后，就同屯于皖城的曹魏蕲春典农谢奇相去不远。② 建安十九年，孙权攻克了曹魏屯田于皖城的朱光，俘虏其屯田男女数万口，从而使孙吴政权扩大了皖城（今安徽潜江）屯田区。③ 故随后诸葛恪能“率众佃庐江皖口”④，得以此为基地。到魏明帝青龙三年（235），孙权曾：“遣兵数千家佃于江北”，其屯田区有离军队驻地数百里者。⑤ 到西晋初年，皖城屯田依然甚多，仅一次被王浑烧坏的就有“稻田四千余顷”。⑥ 至于孙吴将领邓由、李光等人，到孙吴末年还在同魏国襄阳地区接壤的地带屯田，且军屯数量不少，仅投降曹魏者就达18屯之多⑦。

其次，临近长江之南的毗陵、丹阳、豫章、鄱阳及江夏等地，是孙吴屯田的另一集中地带。以毗陵屯田来说，陈表与顾承等人会佃于此时，有可能是军屯，但当设置毗陵典农校尉以后，就变成了固定的民屯点。它系分吴郡无锡以西地区而设，辖毗陵、武进、云阳等县之地，范围相当宽广。据《宋书·州郡志》，丹阳郡之湖熟县（今江苏南京以南）、溧阳县（今江苏淳东县固城

① 高敏：《魏晋南北朝社会经济史探讨》，第87～91页。
② 《三国志·吴书》卷9，《吕蒙传》。
③ 《三国志·吴书》卷9，《吕蒙传》，《资治通鉴》卷59及《太平寰宇记》。
④ 《三国志·吴书》卷19，《诸葛恪传》。
⑤ 《三国志·魏书》卷26，《满宠传》。
⑥ 《晋书》卷42，《王浑传》。
⑦ 《三国志·魏书》卷27，《王基传》注引司马彪《战略》。

镇）、南徐州之江乘县（今江苏句容北）、淮南郡之于湖县（今安徽当涂南）等地，吴时都废除了县的设制，而改成了典农都尉，可见都是民屯集中之地。又扬州宣城郡之宣城县，吴有屯田，受蒋钦管辖的“屯吏”便在这里，今安徽繁昌县，也有吴之屯田，当时这里建有赭圻城。[①] 至于沿江上下，几乎到处是吴之屯田区，见于《水经注》者，有长江右岸的陆口（又叫蒲矶口）屯田，为吴将陆涣所屯；在蒲圻洲北有麻屯口，又叫沙屯，“吴所屯也”；在江津有屯田，“洲上有奉城，故江津长所治”，吴将“陆抗屯此，与羊祜相对”；在“荆州之江夏，有黄军浦，昔吴将黄盖军师所屯，故浦得其名”；在巴山也有屯田，“江水左侧巴水注之，水出雩娄县之下灵山，即大别山也，与决水同出一山，故世谓之分山水，亦或曰巴水。南历蛮中，吴时，旧立屯于水侧，引巴水以溉野”；武水口有屯田，其地“南直武洲，洲南对杨桂水口，江水南出也，通金女、大文、桃班三治，吴旧屯所在”；下雉、阳新也有屯田，巴水之下又有富水，源“出阳新县之春溢山西北”，流经下雉县，“并阳新县水之左右，公私裂溉，咸成沃壤，旧吴屯所在也”。总之，从江夏郡沿江而下，大江中的洲渚及两岸水利条件好的地区，大抵均有吴国屯田，故《水经注》带有概括性地指出：“大江右岸有厌里口、安乐浦，从此至武昌（今湖北鄂城）尚方作部，诸屯相接，枕带长江”[②]；杨守敬也说：“尚方所部诸屯无考，疑灵屯也。”此外，长沙之沤口，也有屯田，为吴将吕岱所屯[③]，后吕岱迁蒲圻，则蒲圻的陆口屯田，也与吕岱有关，不独陆涣曾屯田于蒲圻而已；还有牛渚（今安徽当涂），孙权时，曾以全琮屯田于此[④]；还有今安徽当涂县的慈湖，“在县北六十五里，吴将卞融于此屯兵”[⑤]；夷陵（今湖北宜昌）地区，吴将朱然、步骘都曾屯驻于此。其地临近江陵，“有沮、漳之水，溉灌膏腴之田以千数。安陆左右，陂池沃衍”，自然是东吴屯田的好地方[⑥]。由此可见，沿长江

① 《元和郡县图志》卷28，《江南道》宣州宣城县条。
② 《水经·江水注》。
③ 《三国志·吴书》卷15，《吕岱传》。
④ 《三国志·吴书》卷15，《全琮传》。
⑤ 《元和郡县图志》卷28，《江南道》定州当涂县条。
⑥ 《三国志·魏书》卷27，《王基传》，参阅《水经·江水注》。

南北两岸地区，确是东吴屯田集中之地，而且大抵多为军屯，其目的显然在于汇合江北军屯以抗拒曹魏。

其三，山越集中居住的地区，也往往是屯田集中的地区。上述丹阳、豫章、鄱阳三郡，既是山越人比较集中的地区，同时也是屯田较多的地区。另外，还有吴郡、会稽郡与新都郡，更是山越人集中的地方，因而屯田也更多。单以新都郡来说，早在孙策掌权的建安初年，就以永宁长贺齐代韩晏领南部都尉，开始了对山越人的镇压。建安八年（203），又建都尉府于建安，不断对山越人进讨，以此拜东平校尉。及建安十三年，贺齐又进讨丹阳郡黟、歙二县的山越人，降其武强、叶乡、东阳、丰浦4乡，并表请以叶乡为始新县，接着又分歙县为新定、黎阳与休阳三县，并黟、歙为6县，并加偏将军。[①] 按照孙吴以将领兼领地方官和兼领农官的制度，贺齐为新都郡太守之后，必在此以山越人屯田。到赤乌年间，陈表曾为新都都尉，且率其"部伍"去毗陵屯田，可见新都郡确有屯田。又本属于会稽郡的东阳郡之新安县，陈表于嘉禾三年（234）曾为新安都尉，孙权所赐屯田客200家即在此县，[②] 可见新安县也有屯田。前引《华覈传》，谓吴郡上虞有典农都尉；《陆逊传》谓海昌有屯田都尉，海昌即今浙江嘉兴，《宋书》卷35《州郡志》引《吴记》谓"盐官本属嘉兴，吴立为海昌都尉治"；俞理初《癸巳类稿》卷11《魏典农记》引《奇鬼录》，谓吴时"嘉兴有典农"。这一切，都证明吴郡、会稽与新都诸郡，确是屯田集中的地区。究其原因，一为征讨山越人的便利，同时又有利用被征服之山越人以为屯田民的便利条件。

孙吴的屯田制，虽然有些地方与曹魏屯田制相近，但也有其明显的差异。首先，最大的差别就是孙吴民屯组织的农官系统与地方官系统的区分不严格，而且往往合二而一。已于前述。造成这种状况的原因，在于孙吴实行了以将领兼领地方官的领郡制度。所谓将领领郡制，就是孙权政权在一边开拓疆土、一边设置郡县的过程中，为了巩固孙氏父子同其他宗族豪强地主集团的政治联盟，在实行旨在瓜分军事指挥权的世袭领兵制的基础上，又以世袭将领兼领

---

① 《三国志·吴书》卷15，《贺齐传》。

② 《三国志·吴书》卷10，《陈武传附子陈表传》。

郡、县两级地方官，如孙奂“以扬武中郎将领江夏太守”，孙奂死后，其子孙承“以昭武中郎将代统兵、领郡”[①]；孙贲定豫章后，“领太守”，后拜征虏将军，“领郡如故”，贲死，其子孙邻“代领豫章”[②]；其他如步骘、甘宁、朱治等将领，皆领地方官，而且所领地方官的大小，同其所任军职的高低成正比例，其子孙还有权世袭，从而形成世将与世官相结合的一种制度[③]。由于这种制度的实行，兼领郡县地方官的将领，同主管屯田事务的将领便重合起来了，而一旦作为将领，既有领兵权，又有主管屯田的职责，还可以兼做地方官，这样自然就没有郡县机构与屯田机构并立及地方官与农官分张的必要了。这是孙吴屯田制度在管理机构与官吏设置方面不同于曹魏屯田制的最显著之点。其次，在屯田民所受剥削的程度上也有差别。如前节所云，曹魏的屯田民虽然还有杂役及应急性的兵役，但不像士家那样要远离本土服役，开始也不见有以屯田民充赏赐的制度；但东吴的屯田民却不然。东吴屯田民除缴纳地租外，还随时同兵士一样被征调服其他劳役，如赤乌八年（245）八月，孙权“遣校尉陈勋将屯田及作士三万人凿句容中道，自小其至云阳西城，通会市，作邸阁”；赤乌十年，“改作太初宫，诸将及州郡皆义作”[④]；孙休永安三年（260），都尉尹密建丹阳湖田，作浦里塘，曾为丞相的濮阳兴力主“会诸兵民就作”[⑤]。兵士屯田、打仗之外还从事其他劳役，屯田民也一样，可见东吴的屯田兵、民，一开始所受的剥削就比曹魏要严重。特别值得一提的是，早在孙权时期，就实行了“复客”制，即把屯田客的赋役免除，然后把他们赏赐给有功将领，使之向受赐将领纳税服役的制度。[⑥] 这样，就把屯田民的身份降低到了与奴仆相同的地位。而这种制度只出现于曹魏晚期，可见东吴的屯田民所受剥削的程度

---

① 《三国志·吴书》卷6，《宗室·孙静传附子奂传》。

② 《三国志·吴书》卷6，《宗室·孙贲传》。

③ 高敏：《魏晋南北朝社会经济史探讨》，第95～96页及高敏：《孙吴世袭领兵制探讨》一文，刊《唐长孺教授八十大寿纪念专集》，武汉大学出版社1991年7月版。

④ 《三国志·吴书》卷2，《孙权传》。《建康实录》卷2，《太祖下》赤乌八年八月条，亦载此事，内容较此为详，可以参阅。

⑤ 《三国志·吴书》卷19，《濮阳兴传》。

⑥ 唐长孺先生：《魏晋南北朝史论丛》，第25页。

比曹魏更为严重，这可能同黄巾起义的中心不在江南地区有关[①]。其三，民屯的劳动力来源与历史作用方面，也有不同于曹魏的地方。如前节所云，曹魏民屯的劳动力来源主要是流民和被镇压的黄巾军及其家属。但是，东吴的屯田民，则多来源被征服的山越人。据王仲荦统计，“东吴军队共二十余万人，其中精锐十余万人，就是由山越人组成的”[②]。至于屯田民，山越人更多。观孙吴将领几乎绝大部分参加了对山越人的镇压这一事实，就可获得证明。甚至东吴屯田制推行的过程，也同其对山越人的镇压是同步的。[③] 因此，东吴屯田制的推行过程，实为山越人灾难加深的过程；不过，在客观上起了开发山区和发展江南经济的作用，从而为东晋南朝时期江南经济的继续发展奠定了基础[④]。其四，东吴的屯田，还是同东吴实行的世袭领兵、领郡制、复田复客制和奉邑制等结合在一起的，故本质上是江南的世族地主集团之间分割土地与劳动力的一种制度，世袭将领通过兼领郡县长官及农官，又通过奉邑制，成了合军权、政权、财权于一身的特权阶层；又把屯田制下的土地通过“复田”制度，流入了世将、世官之家；再通过“复客”制，又把屯田民变成了他们的佃客。而屯田制，正是其“复田”与“复客”的渊源所在。所以，在以屯田制作为世将、世官所获得土地与劳动力的基地这一点上，东吴的屯田制也是有别于曹魏的。[⑤] 因此，总的说来，东吴的屯田制，绝非曹魏屯田制的翻版，因而它在壮大江南世族地主特权阶层的经济基础的过程中所起的推动作用，远比曹魏屯田制为大。

孙吴的屯田制，虽然没有像曹魏那样正式宣布废除民屯制度，但到孙吴末年，实际上已濒于解体。早在猇亭战役（222）之前，骆统就已指出：“三军有无已之役，江境有不释之备……且又前后出为兵者，生则困苦，无有温饱；死则委弃，骸骨不反……每有征发，羸谨居家重累者，先见遣送。小有财货，

---

① 高敏：《魏晋南北朝社会经济史探讨》，第97~98页。

② 王仲荦：《魏晋南北朝史》上册，第101页。

③ 高敏：《魏晋南北朝社会经济史探讨》，第98~99页。

④ 高敏：《魏晋南北朝社会经济史探讨》，第98~99页。

⑤ 高敏：《魏晋南北朝社会经济史探讨》，第99~103页及高敏：《孙吴世袭领兵制度探讨》一文。

倾尽行赂，不顾穷尽……致穷困而不乐生……生产儿子，多不起养；屯田贫兵，亦多弃子。”① 可见其兵士家庭与屯田民，早已穷困到了极点。到了孙亮、孙休与孙皓时期，情况越来越不妙。本来没有劳役负担的“战士”，变成了“供给众役，廪赐不赡”的人②；加上将领们驱使兵士“浮船长江，贾作上下”，使“良田渐废，见谷日少”③。特别是“自孙弘造义兵以来，耕种既废，所在无复输入，而分一家，父子异役……民力穷困，鬻卖儿子……”④。于是屯田兵、民，“委舍佃事”⑤，因而使军屯、民屯，同样陷入困境而濒临破坏。随后，随着东吴政权的灭亡和西晋武帝太康元年占田法令的颁布，而使孙吴的屯田制度成了历史的陈迹！观《宋书·州郡志》所载孙吴政权改汉县为典农都尉之处，悉被武帝于太康元年、二年恢复县的设制等事，就可知西晋武帝等于宣布了废除孙吴屯田制度。

二、西蜀的屯田制

西蜀的屯田制，在魏、吴、蜀三国中是规模最小、数量最少的。因而史书记载甚少，故很少引起人们的注意。然而，西蜀的屯田制，也有军屯与民屯之分，而且各有不同的管理系统与机构，只是由于史料奇缺，仅能言其大略而无法明其详情而已。

《三国志·蜀书·吕乂传》云：乂由巴西太守，“徙为汉中太守，兼领督农，供继军粮”。按“督农”一官，顾名思义，应与监督与督课农业生产有关。同书《蒋琬传》中，有“督农杨敏”。考孙吴的郡级农官典农校尉，也叫“督农校尉”，详见《宋书·州郡志》淮南郡条，已于前述。西蜀之督农，既为农官，又与郡级长官同级，显然是相当于“督农校尉”的郡级农官。故清人俞理初在其《癸巳类稿》卷11《魏典农记》中也认为“蜀谓之督农，吕

---

① 《三国志·吴书》卷12，《骆统传》。

② 《三国志·吴书》卷16，《陆凯传》。

③ 《三国志·吴书》卷3，《孙休传》。

④ 《三国志·吴书》卷16，《陆凯传》。关于“孙弘造义兵”为何事的问题，窃以为强迫兵士服无偿劳役，其说详见高敏：《孙吴兵制杂考》，刊《河南大学学报》，1990年第1期。

⑤ 《三国志·吴书》卷20，《华覈传》。

乂、杨敏为之”。依据曹魏与孙吴的制度，同郡、县地方官相当的农官是专管民屯事务的，故西蜀的“督农”也应是主管民屯的农官。西蜀的郡级农官由太守兼领，可见也是地方官与农官不并设，有点类似东吴之制。唯“督农杨敏”是否系以太守兼任，不得而知，故尚不能肯定蜀国有无兼领之定制。既有民屯，自然便有军屯，只是军屯的主管官吏名称及组织系统不详而已。

蜀国屯田的实行年代，由于史料缺乏，难以确知。或谓诸葛亮曾于建兴五年（227）“出屯汉中”[①]，即为西蜀有军屯之始。按“屯”有屯田与屯驻二意，故单纯据此尚无法确认为军屯之始。何况《吕乂传》云：“丞相诸葛亮连年出军，调发诸郡，多不相救，乂募取兵五千人诣亮，慰喻检制，无逃窜者。”然后才说“徙为汉中太守，兼领督农，供继军粮”。足见诸葛亮初出祁山时，尚无屯田之制，故兵士与军粮都依赖于“调发诸郡”。吕乂既为之募兵5000，又被徙为汉中太守兼领督农，正是为了解决军粮问题。故汉中民屯应始于诸葛亮连年出兵祁山之后。《后主传》又云：建兴十年（232），“亮休士劝农于黄沙，作木牛流马。”这里的“休士劝农”，可能是诸葛亮在汉中实行军屯之始。《水经·沔水注》云：“汉水又东，黄沙水左注之”，注曰：“水北出远山，山谷邃崄，人迹罕至，溪曰五丈溪，水侧有黄沙屯，诸葛亮所开也。”又曰：“汉水右对月谷口”，注曰：“山有坂月川，于中黄壤沃衍，而桑麻列植，佳饶水田，故孟达与诸葛书，善其川土沃美也。”又云：“汉水又东合合褒水”，注曰：“时赵子龙与邓伯苗，一戍赤崖屯田，一戍赤崖口”[②]。据此，知诸葛亮之“休士劝农于黄沙”，确为在汉中实行军屯。正因为建兴十年实行军屯取得了成效，故建兴十二年（234），诸葛亮大举进入渭南地区后，便在渭南实行军屯。《三国志·蜀书·诸葛亮传》云：“十二年春，亮悉大众出斜谷口，以流马运，据武功五丈原，与司马宣王对于渭南，亮每患粮不继，使己志不申，是以分兵屯田，为久驻之基。耕者杂于渭滨居民之间，而百姓安堵，军无私焉。”军屯从此扩大到了渭南地区。这次屯田地区，也及于兰坑。[③] 其

① 《三国志·蜀志》卷3，《后主传》。

② 《诸葛亮集·与兄瑾言大水赤崖桥阁悉坏书》中亦有此语。

③ 《三国志·魏书》卷26，《郭淮传》云：“青龙二年（即建兴十二年），诸葛亮出斜谷。田于兰坑。”

具体做法是“十二更下，在者八万”[①]。即每一个月轮流休息一次，保证经常有8万兵士在从事作战与屯田，显然也是“且佃且守”的方式。据《晋书·宣帝纪》，魏明帝太和五年（231）时，“（诸葛）亮闻（司马懿）大军且至，乃自帅众将芟上邽之麦”。由此可见，蜀国屯田，也及于上邽地区。诸葛亮死后，渭南屯田已经失去，但汉中屯田依然存在。直到延熙五年（242），姜维才“自汉中还屯涪县”，可见涪县又成了一个屯田中心。

除了汉中、涪县等地区的军屯与民屯外，在今云南曲靖的南中地区也有屯田。《三国志·蜀书·霍峻传附子弋传》云：“（诸葛）亮卒，（弋）为黄门侍郎。后主立太子璿，以弋为中庶子。……后为参军、庲降屯副贰都督，又转护军，统事如前。”这里的“庲降屯”，据《水经·江水注》所云：“仆水又径宁州建宁郡，州故庲降都督屯，故南人谓之屯下，刘禅建兴三年分益州郡置”，应为军屯，因为这里既有水利，又以都督统之，还地处南中，南人又呼之为“屯下”，都与军屯之制符合。[②] 果如此，则当时的南中地区也有军屯。至于沿长江地区，应当也有屯田，但记载不多，见唯《水经·江水注》谓南乡峡永安宫南，有“平地可二十里许”，“左右居民，多垦其中”。似乎有点像民屯。又《通志》谓奉节县有卧龙山，“武侯曾屯营于此”。此外，《三国志·吴书·孙权传》云：“黄武元年（222），陆逊部将军宋谦等攻蜀五屯，皆破之，斩其将。三月……蜀军分据险地，前后五十余营，逊随轻重以兵应拒，自正月至闰月，大破之，临阵所斩及投兵降首数万人。刘备奔走，仅以身免。”这里的“攻蜀五屯”，以《水经注》所载吴屯田多称为“屯此”、“所屯”等词意准之，也有可能是屯田，但因此事发生于刘备东征孙吴之时，因时间仓碎，恐来不及屯田，似以屯驻之义居多。

诸葛亮死后，西蜀的屯田制仍在继续实行。如前引《蒋琬传》所载“督农杨敏”攻击蒋琬，便在诸葛亮死后。又《三国志·蜀书·姜维传》载姜维于景耀五年（262），“率众出汉、侯和，为邓艾所破，还住沓中。”注引《华阳国志》曰：“淮说（黄）皓，求沓中种麦，以避内逼……”，显然这仍是军屯的尾声。

---

① 《三国志·蜀书》卷5，《诸葛亮传》注引郭冲五事。

② 朱绍侯：《魏晋南北朝土地制度与阶级关系》，第87页。

至于西蜀对屯田民的剥削方式以及屯田民的身份等等方面，由于史料匮乏，均无所考。但根据西蜀也存在世兵制的情况去考察，似乎在官府与将领、官吏之间也应存在分割屯田民的制度，存以俟考！

*　*　*

综观魏、蜀、吴三国的屯田制，在规模和数量上，魏国最大最多，吴国次之，蜀国又次之。在屯田的类别、屯田管理机构与组织系统、屯田民的身份与屯田效果等方面，有同有异，特别是东吴的屯田制同曹魏差异较大。但不论其差异如何，三者都是封建国有土地制的一种表现形式。由于生产资料——土地属于封建国家所有，兵士与屯田民都只有土地的使用权而无所有权。封建国家正是凭借着这种土地所有权，通过经济外的强制手段，把直接生产者束缚于土地上，给他们提供源源不断的剩余劳动产品。因此，屯田民所缴纳给封建国家的高额地租，正是这种土地所有权的经济表现。由于屯田民缺少土地而要生存下去就不能没有土地以进行生产，于是他们就被迫世世代代被封建国家土地的绳索捆住了手脚，从而决定了他们对封建国家的人格上的依附性和人身的不自由性。加上封建国家为了防止他们逃亡和长期占有他们，采用了军事组织的形式去编制他们，以致他们的一切都只能俯首听命于封建国家，从而成了隶属性很强的封建农奴。因此，通过三国时期的屯田制的实行，封建的生产关系获得了发展，直接生产者的社会地位普遍下降，他们的人身不自由程度在普遍加深，从而揭开了我国封建社会发展史的农奴制时代的历史序幕！

第三节　两晋南朝的军屯制度与州郡公田制

魏末晋初，虽废除了民屯制度，但军屯依然存在。因此，两晋南朝时期属于国家军队经营的屯田，仍是封建国有土地制的一种表现形式，只是数量上较三国时期有所下降而已。

一、东晋南朝的军屯与新的军屯制度的出现

西晋的军屯，在分布地区方面，继承了曹魏之旧，江淮地区依然是军屯的大本营。据《晋书》卷26《食货志》所载，当时的新城（今合肥新城）一

带，寿春周围，宋地泗陂附近，颍川、襄城及兖、豫二州等地区，都有屯田。但是，由于水利失修，陂塘及渠道泛滥，使屯田区大为缩小。故杜预一再上疏，主张疏通旧陂，宣泄积水以扩大屯田面积，然而由于种种矛盾，收效甚微，这种状况，一直继续到西晋之末。及乎东晋偏安江左之初，为了解决军政财源，元帝除命令地方官“督课农功”之外，还命“非宿卫要任”的军队，“皆宜赴农，使军各自佃作，即以为廪”[①]。这种以军队佃作以解决廪食的制度，显然是西晋咸宁年间采取的租佃型军屯的推广。到了太兴二年（319），后将军应詹鉴于江南“百官用度，既已殷广”，而游食者“以十万计”的情况，主张效法“魏武帝用枣祗、韩浩之议，广建屯田，又于征伐之中，分带甲之士，随宜开垦”，意即军屯、民屯并举。其民屯之法是：“宜简流人，兴复农官，功劳报赏，皆如魏氏故事，一年中与百姓，二年分税，三年计赋税以使之”；至于军屯，“宜选都督有文武经略者，远以振河洛之形势，近以为徐豫之藩镇，绥集流散，使人有攸依，专委农功，令事有所局。……今诸军自不对敌，皆宜齐课”[②]。应氏的建议，大约未被采纳，所以，到明帝时（323～325），温峤还在建议增兵寿阳，“以保固徐、豫，援助司土”，主张“诸外州郡将兵者及都督府非临敌之军，且田且守。又先朝使五校出田，今四军五校有兵者，及护军所统外军，可分遣二军出，并屯要处。缘江上下，皆有良田，开荒须一年之后即易”[③]。如果前述应詹之议得行，则温峤之说便属多余。温峤之议既以发展军屯为主，且明帝“多纳之”[④]，说明扩大军屯之制，明帝时已成为事实。例如陶侃所在之荆州，由于他“勤务稼穑，虽戍阵武士，皆劝厉之”，“是以军民勤于农稼”，[⑤] 军屯显然获得了效果。东晋末年，作为会稽王司马道子骠骑参军主簿的王弘，“以为宜建屯田”，原因是“伏见南局诸冶，募吏数百，虽资以廪赡，收入甚微。愚谓若回以配农，必功利百倍矣。然军器所需，不可都废，今欲留铜官大冶及都邑小冶各一所，重其功课，一准扬州，

① 《晋书》卷26，《食货志》。
② 《晋书》卷26，《食货志》。
③ 《晋书》卷67，《温峤传》。
④ 《晋书》卷67，《温峤传》。
⑤ 《世说新语》卷下《政事篇》注引《晋阳秋》。

州之求取，亦当无乏，余者罢之，以充东作之要。”[①] 王弘之议，近乎民屯，但未闻实行。刘宋时，亦因循而已，虽有尚书右丞徐爰建议在“缘边诸戍，练卒严城，凡诸督统，聚粮蓄田”，认为“方镇所资，实宜且田且守”[②]，但宋孝武帝无动于衷，使徐爰之议，没有下文，及南齐高祖建元中（479～482），崔祖思又建议“广田以实廪”，并认为“近代魏置典农，而中都足食；晋开汝、颍，而汴河委储。今将扫辟咸、华，题镂龙漠，宜简役敦农，开田广稼。时罢山池之威禁，深抑豪右之兼擅，则兵民优赡，可以出师。”看来崔祖思想效法曹魏之军民屯田，然而齐高祖仅“优诏报答”而已，[③] 未见实行。南齐明帝时期（494～498），又有尚书令徐孝嗣建议立屯田之制，认为：“缘淮诸镇，皆取给京师，费引既殷，漕运艰涩。聚粮待敌，每苦不周，利害之基，莫此为急。臣比访之故老及经彼宰守，淮南旧田，触处极目，陂遏不脩，咸成茂草。平原陆地，弥望尤多。今边备既严，戍卒增众，远资馈运，近废良畴，士多饥色，可为嗟叹。”于是，他建议“使刺史二千石躬自履行，随地垦辟。精寻灌溉之源，善商肥确之异。州郡县戍主帅以下，悉分番附农。今水田虽晚，方事菽麦，菽麦二种，益是北土所宜，彼人便之，不减粳稻。开创之利，宜在及时。所启允合，请即使至徐、兖、司、豫，爰及荆、雍，各当境规度，勿有所遗。别立主曹，专司其事。田器耕牛，台详所给。岁终言殿最，明其刑赏。此功克举，庶有弘益。……事御见纳，时帝已寝疾，兵事未已，竟不施行。”[④] 按照徐氏的建议，主要是恢复与扩大淮南军屯，以保证边境军费之需。其办法虽详，然而并未施行。故梁代郭祖琛，又词严义正地请求梁武帝“广兴屯田”[⑤]，迷信佛教的梁武帝，何暇及此！故又是一次纸上谈兵而已。由上可见，东晋南朝时期，虽然屡有其人倡议恢复与扩大屯田制度，尤其是扩大军屯，然而由于各朝统治者的腐败无能和互相倾轧，竟无人重视此军国大利，以致屯田之议虽多，仅限于纸上谈兵，未见施行；即使个别行之，也始终不可与曹魏时

① 《宋书》卷42，《王弘传》。
② 《宋书》卷94，《徐爰传》。
③ 《南齐书》卷28，《崔祖思传》。
④ 《南齐书》卷44，《徐孝嗣传》。
⑤ 《南史》卷70，《郭祖琛传》，《南齐书》无其传。

期军、民屯田状况比拟，可谓是屯田制度的衰落期。对这种状况，连当时的数学家祖冲之也大为不满，当他任“长水校尉”时，专“造《安边论》，欲开屯田，广农殖”，但同样也是“事竟不行”。[①]

上述东晋南朝时期的一系列屯田之议，虽未实行，但驻守边境地区的将领，为了保证其军粮的需求，各自在其本地区实行军屯者，倒不乏其人。例如祖逖，为了北伐的需要，曾劝督其“子弟耕耘”[②]；同时又以兵士“佃于（谯）城北，虑贼来攻，因以为资，故豫安军屯，以禦其外。谷将熟，贼果至，丁夫战于外，老弱获于内，多持炬火，急则烧谷而走”[③]。这显然是小规模的应急性军屯。与此同时，又有都督荆、梁二州诸军事的甘卓，也在襄阳“散兵使大佃”[④]。东晋成帝时，荆州刺史庾翼为了北伐需要，始则“请据乐乡，广农稽谷”；后还督江州，又“缮修军器，大佃积谷，欲图后举”[⑤]。穆帝之世（345～356），都督扬豫徐兖青五州诸军事的殷浩，在北伐中，“以淮南太守陈逵、兖州刺史蔡裔为前锋，安西将军谢尚、北中郎将荀羡为督统，开江西畽田千余顷，以为军储”[⑥]。开平初（357），荀羡“北镇淮阴，屯田于东阳之石鳖”[⑦]，使“公私利之”[⑧]。孝武帝时（373～396）桓冲出镇荆州，由于他看中了南平孱陵县界的上明“田土膏良，可以资业军人”，便移镇于此，以利屯田。[⑨] 东晋安帝义熙八年（412），刘裕在江陵下令曰：“州郡县屯田池塞，诸非军国所资，利入守宰者，今一切除之”[⑩]，可见荆州境内属于军国所需的屯田为数不少。随后不久，刘裕北伐后秦，先遣毛修之修复淮南芍陂，屯田数千顷，以积蓄军粮。[⑪] 宋文帝时（424～453），刘义欣遣参军殷肃修治“芍陂

---

① 《南齐书》卷52，《文学·祖冲之传》。
② 《晋书》卷62，《祖逖传》。
③ 《晋书》卷77，《蔡谟传》。
④ 《晋书》卷70，《甘卓传》。
⑤ 《晋书》卷73，《庾亮传附弟翼传》。
⑥ 《晋书》卷77，《殷浩传》。
⑦ 《晋书》卷75，《荀崧传附子羡传》，据《晋书·食货志》荀羡时“镇下邳”。
⑧ 《晋书》卷26，《食货志》。
⑨ 《晋书》卷74，《桓彝传附桓冲传》。
⑩ 《宋书》卷2，《武帝纪中》。
⑪ 《宋书》卷48，《毛修之传》。

良田万余顷”[①]。宋文帝元嘉五年（428），张邵为雍州刺史，“及至襄阳，筑长围，修立堤堰，创田数千顷，公私充给”[②]。南齐武高帝时期，垣崇祖镇守寿春，也在芍陂一带屯田，高帝鼓励他说：“卿视吾长江东西已耶？所少者食，卿但努力营田，自然平殄残丑”[③]。梁武帝天监元年（502），荆州刺史萧憺，以“时军旅之后，公私空乏”，乃“励精为治，广辟屯田”[④]；天监中(502～519)，裴邃为竟陵太守时，在境内“开置屯田，公私便之”[⑤]；后迁“北梁、秦二州刺史，复开创屯田数千顷，仓廪盈实，省息边运，民吏获安”[⑥]。还有夏侯夔，中大通六年（534）为豫州刺史时，曾“帅军人于苍陵立堰，溉田千余顷，岁收谷百余万石，以充储备”[⑦]。上述这一切屯田活动，大都在北方军事前线地区，性质属于军屯，地区限于局部，而且带有临时性，故同一地区的屯田，旋兴旋废，变化不定，不仅不如曹魏、东吴的屯田兴盛，抑且不若与之对立的北朝屯田。东晋南朝政治、军事上衰弱，未尝与军屯之制的衰败无关。

两晋南朝的军屯制度，虽不如曹魏、东吴时期兴盛，但在军屯的方式上却有不同于前代的变化。换言之，这时出现了不同于传统的“出战入耕”[⑧]和“且田且守”的合耕、战于一体的军屯制之外的另一种军屯制，这便是单纯以租佃方式经营屯田的军屯制度。质言之，即军屯制度出现了传统的非租佃型军屯与租佃型军屯之分。

何以知道西晋以后军屯制度出现了上述两种类型呢？这个问题，是从《晋书·傅玄传》所载傅玄于西晋武帝泰始四年（268）所上“便宜五事”的表疏中反映出来的。《傅玄传》云：

> 泰始四年，以为御史中丞。时颇有水旱之灾，玄复上疏曰：“……其一曰：耕夫务多种而耕暵不熟，徒丧功力而无收。又旧兵持官牛者，官

① 《宋书》卷51，《宗室·长沙景王道怜传附子义欣传》。
② 《南史》卷32，《张邵传》。
③ 《南齐书》卷25，《垣崇祖传》。
④ 《梁书》卷22，《太祖五王·始兴忠武王憺传》。
⑤ 《梁书》卷28，《裴邃传》。
⑥ 《梁书》卷28，《裴邃传》。
⑦ 《梁书》卷28，《夏侯亶传附弟夔传》。
⑧ 《晋书》卷26，《食货志》。

得六分，士得四分；自持私牛者，与官中分。施行以来，众心安之。今一朝减持官牛者，官得八分，士得二分；持私牛及无牛者，官得七分，士得三分，人失其所，必不欢乐。臣愚以为宜佃兵持官牛者与四分，持私牛者与官中分，则天下兵作欢然悦乐，爱惜成谷，无有损弃之忧。”

又曰：

其四曰：……近魏初课田，不务多其顷亩，但务修其功力，故白田收至十余斛，水田收数十斛。自顷以来，日增田顷亩之课，而田兵益甚，功不能修理，至亩数斛已还，或不足以偿种。非与曩时异天地，横遇灾害也，其病正在于务多顷亩而功不修耳。窃见河堤谒者石恢甚精练水事及田事，知其利害，乞中书召恢，委曲问其得失，必有所补益。

从上引傅玄疏所言二事中，表明西晋在废除了民屯制度以后，使仅存的军屯制度出现了三个方面的变化：第一，昔日屯田的“带甲之士”，变成了纯粹耕种屯田的“耕夫”、“田兵”、“佃兵”或“兵作”，但还统称为“士”；第二，兵士成了国有土地的租佃者，要同昔日的屯田民一样缴纳高额地租，而且较屯田民缴纳的地租率还有提高；第三，增加了包括“田兵”在内的课田数量。这三个变化，又引起了一个总的后果：屯田的耕种者积极性下降，从而造成耕作方式的粗放和使单位面积产量下降，给军屯制度带来了危机。傅玄此疏上于西晋政府已经废除了民屯制度之后的第二年，此时已无民屯的存在，就不应再有向官府缴纳地租的屯田者存在，因为兵士的屯田之入是全部为官府所有的；兵士屯田用的耕牛，也是由官府供给的，故不应有持官牛者与持私牛者之分。然而，傅玄所说的屯田之“士”，几乎同昔日的屯田民没有什么区别，从而暴露出了明显的矛盾：如果说傅玄讲的是军屯，则同传统的军屯制度明显不符；如果说他讲的是民屯，则民屯已于此前二年明令废除，且民屯不应称之为“士”。为了正确理解这些矛盾，于是产生了两种军屯制度的说法：即传统的“出战入耕”、“且田且守”的“带甲之士”的军屯为一种类型；采用租佃制经营方式的军屯为另一种类型。傅玄所说的正是第二种类型的军屯。[①]

---

① 黄惠贤：《试论曹魏西晋时期军屯的两种类型》，刊《武汉大学学报》，1980年第4期；高敏：《〈晋书·傅玄传〉中所见军屯制度辨析》，刊《信阳师院学报》，1984年第3期。

为什么西晋初年有实行租佃型军屯的必要呢？一言以蔽之，是由于当时废除了民屯制度所引起。我们知道，民屯制度的全面废除，会给西晋政府带来两个方面的问题：一是官府的收入减少，因为不再有屯田民向官府缴纳高额地租了，从而官府需要另想办法弥补由于民屯废除带来的财政收入减少的问题；二是对屯田民所耕种的国有土地的处理问题。据当时的情况，不外乎两个办法：一是由屯田民自己占有，变成私有土地，从而使屯田民成为郡、县的编户齐民，这便是“罢屯田官以均政役，诸典农皆为太守，都尉皆为令长”[①] 的实际内涵；另一个办法是保留一部分屯田民耕种的国有土地，只是改变其经营方式为租佃型，屯田者可以是兵士，也可以是原来的屯田民，而且提高课田数量与地租率，正如傅玄所说的那样。前一种作法，就成了后来西晋实行占田制的现实基础；后一种作法，就诞生了租佃型军屯制[②]。

然则西晋初年有没有租佃型军屯出现的事呢？回答是肯定的。《晋书·宣五王·扶风王骏传》云：

> 武帝践阼，进封汝阴王，邑万户，都督豫州诸军事。……迁使持节、都督扬州诸军事，代石苞镇寿春。寻复都督豫州，还镇许昌。迁镇西大将军、使持节、都督雍凉等州诸军事，代汝南王亮镇关中，加兖冕侍中之服。骏善抚御，有威恩，劝督农桑，与士卒分役，己及僚佐并将帅兵士等人限田十亩，且以表闻。诏遣普下州县，使各务农事。咸宁初，羌虏树机能等叛……欲先劫佃兵。

这是以兵士分佃国有土地之明证，每个兵士耕田至少 10 亩的做法，还“普下州县”，使之学会务农之事。这表明民屯制度废除之后，确有一部分国有土地转到了兵士手中，而且是以租佃的方式经营之。又晋武帝泰始五年（269），都督荆州诸军事的羊祜，便实行了把戍卒与田兵区分为二的军屯制度。他的作法是：戍守襄阳的兵士，以其一半屯田，一半戍守，即所谓“戍逻减半，分

---

① 《三国志·魏书》卷 3，《陈留王奂传》。

② 高敏：《〈晋书·傅玄传〉中所见军屯制度辨析》；《关于西晋占田、课田制的几个问题》，《历史研究》，1983 年第 3 期。

以垦田八百余顷，大获其利”[1]。这显然是把戍兵与屯田兵职责区分固定化。到了咸宁三年（277），杜预上疏云：“……今者水灾东南特剧……宜大坏兖、豫州东界诸陂，随其所归而宣导之。……典牧种牛，不供耕驾，至于老不穿鼻者，无益于用，而徒有吏士谷草之费……宜大出卖，以易谷及为赏直。”[2] 武帝同意了他的建议，认为“东南多水田，人无牛犊。今既坏陂，可分种牛三万五千头，以付二州将吏士庶，使及春耕。谷登之后，头责三百斛，是为化无用之费，得运水次成谷七百万斛，此又数年后之益也。……其所留好种万头，可即令典牧都尉官属养之。人多畜少，可并佃牧也，明其考课。”[3] 这些坏陂之地，都属于国有土地，且为曹魏时的屯田地区。今既以坏陂地及牧地租佃给兖、豫二州的“将吏士庶”，而且还分给种牛，然后按牛收取高额地租，每头牛收租300斛。这同曹魏屯田的计牛输谷相同。由于典牧有给牛之举，因而屯田者就出现了有牛者与无牛者之分。傅玄在疏中所说的情况，这里似乎提供了一个缩影。屯田者既为“将吏士庶”，则显然包括军、民二者，军、民既以租佃方式耕种国有土地，则民屯的军屯化与军屯的租佃型化的倾向就这样产生了。

接着，杜预又上疏云：“臣中者又见宋侯相应遵上便宜，求坏泗陂，徙运道。时下都督度支共处当，各据所见，不从遵言。臣案遵上事，运道东诣寿春，有旧渠，可不由泗陂。泗陂在遵地界坏地凡万三千余顷，伤败成业。遵县领应佃二千六百口，可谓至少，而犹患地狭，不足肆力，此皆水之为害也。当所共恤，而都督度支方复执异，非所见之难，直以不同害理也。”[4] 这里所谓“遵县领应佃二千六百口”，即应遵所在之县，应当承担2600名租佃国有土地的田兵的土地量。这种土地还属于“都督度支”所管辖，而度支是专门主管军屯事务的官吏，已于第一节述及。“都督”是相当于州级的最高地方长官。[5]

---

① 《晋书》卷34，《羊祜传》，本传载祜都督荆州诸军事的时间不详，《资治通鉴》卷79，系此事于泰始五年。

② 《晋书》卷26，《食货志》。“头责300斛”，当为“头责二百斛”之误。

③ 《晋书》卷26，《食货志》。

④ 《晋书》卷26，《食货志》。

⑤ 《晋书》卷34，《羊祜传》，羊祜尝言：“昔魏武置都督，类皆与州相近”。又参阅高敏：《三国兵制杂考》一文。

因此，这些租佃国有土地的人，是属于兖、豫二州都督度支管辖的田兵，其经营形式是租佃型军屯。

这种既有国有土地，又有应佃之口的地方，决不限于应遵所在的宋地有之，在豫州界也同样有之。杜预云："臣又案：豫州界二度支所领佃者，州郡大军杂士，凡用水田七千五百余顷耳"[①]。这里豫州二度支所领的"应佃者"与"州郡大军杂士"，不论是一种人还是两种人，都应属于军屯成员，因为他们都归度支管辖。由此可见，租佃型军屯也见于豫州。

又《华阳国志》卷8《大同志》云："（咸宁三年）三月，（王濬）被诏罢屯田兵，大作舟船，为伐吴调。别驾何攀以为：佃兵但五六百人，无所办，宜召诸休兵，供诸郡武吏，并万余人造作，终岁可成。（王）濬从之。"据此，专门用于屯田的兵，既叫屯田兵，又叫"佃兵"，同诸休兵及武吏是不同的，则"佃兵"确为租佃型军屯的兵士之称。

这种以一部分兵士专门屯田，谓之"田兵"、"佃兵"或"屯田兵"的租佃型军屯，在曹魏末期已有萌芽[②]，到了民屯制度废除以后，才由于实际情况的需要获得发展。

如上所述，租佃型军屯实萌芽于曹魏之末，盛行于民屯制度废除之后的晋初，是为了适应新情况而采取的应急措施。但是，这种军屯，由于田兵受剥削太重，在致生产积极性十分低落，使生产率下降，故傅玄反对之，主张恢复曹魏晋时的民屯剥削率。咸宁三年之所以用邺城的奚官奴婢代替新城的田兵种稻[③]，目的在于缓和"田兵"的反抗情绪。到东晋之初，虽仍有"使军各自佃作，即以为廪"的租佃型军屯存在，但自此以后无闻焉。

二、两晋南朝的州郡公田制

两晋南朝时期除存在以军屯形式出现的国有土地制外，还存在各种形式的州郡公田制。它们或谓之"公田"；随着用途的不同，又被称作"菜田"、"采

---

① 《晋书》卷26，《食货志》。

② 高敏：《〈晋书·傅玄传〉中所见军屯制度辨析》一文，刊《信阳师院学报》。

③ 《晋书》卷26，《食货志》。

田”、“脂泽田”及“禄田”等；还有山林川泽、园池苑囿，也属于不许私有的国有土地。

“公田”，又叫“官田”，其名早已见于汉代史籍，官府或以之充赏赐，或以之为军民屯田，或用以假贷给无地或少地农民耕种收取“假税”。东汉时，黄香所在的魏郡，就“旧有内外园田，常与人分种收谷数千斛”①。魏郡有公田，其他郡国也不例外，故《续汉书·百官志》注引《献帝起居注》云：“帝在长安，诏书以三辅地不满千里，而军师用度非一，公卿以下不得奏除。其若公田，以秩石为率，赋予令各自收其租税。”这是献帝以三辅公田之人为官吏俸禄之始，且确证东汉诸郡国均有“公田”，并由各郡国官吏掌握。到三国时期，出现了以郡国之“吏”耕种公田的情况。如魏文帝黄初中（220～226），颜斐为京兆太守，“于府下起菜园，使吏役闲钼治”②；王朗也说魏文帝时“吏士大小，并勤稼墙，止则成井里于广野，动则成校队于六军”③。这种以“吏士”耕种公田的做法，在东吴已经制度化了，故《三国志·吴书·吴主孙休传》载永安元年（258）十一月诏曰：“诸家吏有五人，三人兼为重役，父兄在都，子弟给郡县吏；即出限米，军出又从，至于家事，无经护者，朕甚愍之。其有五人，三人为役，听其父兄所欲留，为留一人，除其限米，军出不从。”这种“吏”平时要“出限米”，战时又要从征伐，其受剥削的程度可知。这里的“出限米”，显然不是正常的租调，很有可能是强迫耕种州郡公田而必须缴纳的地租。当孙吴政权灭亡时，这种吏之在籍者有32000人④，蜀国也有“吏四万人”⑤，到两晋南朝州郡县的“吏”更多，据《八琼室金石补正》卷9《晋南乡太守郛休碑阴》所载，“郡领县八，户万七千百卌，职、散吏三百廿人，兵三千人，骑三百匹，参战二人，骑督一人，部曲督八人，部曲将卌四人。”此碑立于泰始六年（270），可见是平吴以前的旧制。每郡职、散吏如此多，恐还不包括纯粹耕种公田之吏户。不仅吏户的人数增加了，以吏户耕种州

① 《后汉书》卷80，上《文苑·黄香传》。

② 《三国志·魏书》卷16，《仓慈传》注引《魏略》载颜斐事。

③ 《三国志·魏书》卷13，《王朗传》。

④ 《三国志·吴书》卷3，《吴主孙皓传》注引孙盛：《晋阳秋》。

⑤ 《三国志·蜀书》卷3，《后主刘禅传》注引王隐：《蜀记》。

郡公田的事更制度化了。故《晋书·应詹传》云：“都督可课佃二十顷，州十顷，郡五顷，县三顷，皆取文、武吏、医、卜，不得扰乱百姓。”这里给州郡县以吏户耕种公田规定一个限额，使之不得任意扩大，实际情况恐不止此。前引《晋书·食货志》及《扶风王骏传》，一谓把坏陂荒田交给兖豫“二州将吏士庶”去耕种，一谓强制兵士种田，每人至少10亩。这都说明州郡县及都督府，都控制有一定数量的“吏”与公田。应詹建议所作的限制，可能是继承孙吴时以吏耕田并纳限米制度而来的。到了刘宋，这种以吏租佃州郡公田并缴纳租米的制度更明确了。《宋书·徐豁传》云：

元嘉初，（豁）为始兴太守。三年，遣大使巡行四方，并使郡县各言损益，豁因此表陈三事，其一曰：郡大田，武吏年满十六，便课米六十斛，十五以下至十三，皆课米三十斛，一户内随丁多少，悉皆输米。且十三岁儿，未堪田作，或见单迥，无相兼通，年及应输，便自逃逸，既遏接蛮、俚，去就益易。或乃断截支体，产子不养，户口岁减，实此之由。谓宜更量课限，使得存立。今若减其米课，虽有交损，考之将来，理有深益。

据此，知刘宋时各郡县均有公田，且由武吏佃种，所纳为课米，而都有限额，由此可知孙吴的纳“限米”的吏，确是这种耕种州郡公田之吏。由吴至刘宋，一直在沿袭此制，晋书无此类记载，显系遗漏所致。这种耕种州郡公田的“吏”，每个州郡有多少人，《徐豁传》虽未交代，但从《宋书·武帝纪》可以得知大概。《武帝纪》云：

永初二年三月乙丑，初限荆州府置将不得过二千人，吏不得过一万人；州置将不得过五百人，吏不得过五千人。兵士不在此限。

这是经过限制以后的数字，未限之前，定不止此。就以此限数而言，武吏一人输课米60斛，一个荆州军府有“吏”1万人，州又有“吏”5000人，仅荆州都督府与荆州府合计就有吏15000人。每人课米60斛的公田数恐不下100亩，则荆州都督府及荆州府的公田就在15000顷左右，这同晋代规定的“都督课田二十顷、州十顷”之数，增加了若干倍。这说明东晋时应詹建议规定的都督、州、郡、县的公田数量，只是一纸空文，实际上却是王羲之所说：“军府甚多田”，朱序曾“表求故荆州刺史桓石生府田百顷，并谷八万斛，给之”①。一次拨给朱序的荆州府府田就达100多顷之多，则原有府田之多可以想见。正因为州郡公田数量甚多，而且都不是为了军国所需而耕种公田，“公田”成了各级官吏以为私人的源泉。故刘裕于义熙七年（411）下书曰：“州、郡、县屯、田、池、塞诸非军国所资，利入守宰者，今一切除之”②。这里的“屯”，或指屯田，或指屯邸别墅；“池”，是指山林川泽等公地；“塞”，是指设置关防的地方；“田”，即为“公田”。这些收入都“利入守宰”，可见地方官多以州郡公田之入归已有。刘裕的取缔，并未奏效，所以，到了梁代还有“作田不登公格”③ 的现象存在，而公田往往超出规定数量，至于符合规定的即“登格”的公田数量自然更多。而且为了维护地方官的私利，南朝政权不断增加官吏公田，并有维护州郡公田的立法。如刘宋武帝永初二年（241）二月诏中，有“中二千石，加公田一顷”之规定④；宋孝武帝大明元年（457）又有“复亲民职公田”⑤ 之令；宋明帝泰始三年（467），又有“复郡县公田”之敕⑥；梁武帝大同七年（541）十一月，还有禁止豪富之家“占取公田”和假贷公田之诏⑦。可见州郡公田之制存在于东晋南朝的始终。

以公田充官吏俸禄者，便名为“禄田”。据唐长孺先生考证，以“公田作为官吏俸禄的一部分”的做法，始于东汉献帝时期，即前引《续汉书·百官志》注引《献帝起居注》⑧。三国时期，不见“禄田”之名，虽然东吴有奉邑之制，却是以食百姓租税代俸禄，不属于禄田制范畴。⑨ 到西晋时期，出现了相当于官吏“禄田”的“菜田”之名。《晋书·职官志》云：

诸公及开府位从公者，品秩第一，食奉日五斛。太康二年，又

① 《晋书》卷81，《朱序传》。
② 《宋书》卷2，《武帝纪中》。
③ 《梁书》卷3，《武帝纪下》大同十年诏。
④ 《宋书》卷3，《武帝纪下》。
⑤ 《宋书》卷6，《孝武帝纪》。
⑥ 《宋书》卷8，《明帝纪》。
⑦ 《梁书》卷3，《武帝纪下》。
⑧ 唐长孺先生：《三至六世纪江南大土地所有制的发展》，第65页，注②。
⑨ 高敏：《孙吴奉邑制考略》，刊《中国史研究》，1985年第1期及李文澜：《两晋南朝禄田制度初探》，刊《武汉大学学报》，1980年第4期。

给绢，春百匹；秋，绢二百匹，绵二百斤。元康元年，给菜田十顷，田驺十人，立夏后不及田者，食奉一年。……将进品秩第二，位次诸公，在开府骠骑上……食奉日四斛。太康二年，始赐春服绢五十匹，秋绢百五十匹，绵一百五十斤。元康元年，给菜田八顷，田驺八人，立夏后不及田者，食奉一年。……光禄大夫与卿同秩中二千石……太康二年，始给春赐绢五十匹，秋绢百匹，绵百斤，惠帝元康元年，始给菜田六顷，田驺六人……三品将军秩中二千石者……食奉、春秋赐绵绢、菜田、田驺如光禄大夫诸卿制。……尚书令，秩千石……太康二年，始给赐绢，春三十匹，秋七十匹，绵七十斤。元康元年，始给菜田六顷，田驺六人，立夏后不及田者，食奉一年。

据此，知西晋俸禄制度，以太康二年与元康元年为界线实行了两次改变。元康元年之前，官吏俸禄以谷物、绢、绵等实物支付，尚无给“禄田”之制。从元康元年开始，开始给一、二、三及特进等公卿以“菜田”及“田驺”。所谓“菜田”，顾名思义是专供种菜用的土地，田驺是种菜者。但种菜之田是绝对不需要10顷、8顷、6顷等数量土地的，因此，名为“菜田”，实为“禄田”。故杜佑《通典·职官》谓“晋公卿犹各有采田及田驺多少之级”，径称“菜田”为“采田”，意即相当于封君之采邑。西晋的有关给“菜田”的规定，只及于中央机构的高级官吏，地方官尚无之。但东晋时期地方官也已有近乎“禄田”性质的“公田”。《晋书·陶潜传》曰：

以为彭泽令。在县公田悉令种秫谷，曰：令吾常醉于酒足矣。妻子固请种粳，乃使一顷五十亩种秫，五十亩种粳。

据此，陶潜可以把属于县的公田二顷之人归自己使用，故此种“公田”，已具有“禄田”性质甚明。又据陶渊明在义熙元年（405）写的《归去来兮辞并序》，益知此公田为“禄田”。《序》云：

余家贫，耕殖不足以自给……亲故多劝余为长吏……家叔以余贫苦，遂见用于小邑。于时风波未静，心惮远役，彭泽去家百里，公田之利，足以为酒，故便求之。[①]

此序所云，与《传》正合，益知此公田为“禄田”。再据《宋书·陶潜传》，谓种秫之田为“二顷五十亩”，加上种秔之田五十亩，恰为三顷。因此，大概前引应詹建议“都督可课佃二十顷、州十顷、郡五顷、县三顷”的规定，便是关于地方官“禄田”的限额。到了刘宋时期，又增加“禄田”定额，前引《宋书·武帝纪》所载永初二年二月制的“中二千石，加公田一顷”，实为加禄田一顷。自此以后，除因特殊原因减少官吏“禄田”外，“禄田”之制始终存在。有时即使取消此制，也只是暂时性的。其变化轨迹如下：宋文帝元嘉二十七年（450），因军费开支过大，曾“减百官俸三分之一”，“州及郡县丞尉，并悉同减”[②]，虽未言及“禄田”，恐“禄田”亦在减少之列；孝武帝大明元年（457）二月，诏“复亲民职公田”；次年正月，又诏“复郡县田秩”[③]，既复职公田，又复郡县田秩，足证元嘉二十七年的减俸涉及了“职分田”与“禄田”。刘宋前废帝永光元年（465）二月，又诏“减州郡县田禄之半”[④]，到宋明帝泰始三年（467）十月，“复郡县公田”[⑤]，等于又恢复了禄田。泰始四年四月，又“复减郡县田禄之半”[⑥]；然而，事隔不久，即刘宋顺帝升明元年（477），即下令“复郡县禄田”[⑦]，又恢复了郡县官吏的“禄田”制。南齐武帝永明元年（483）正月下诏，谓“守宰俸禄，盖有恒准”，“郡县丞尉，可还田秩”，以“优奖”官吏[⑧]，这表明连郡县长官之下的佐吏也恢复了“禄田”。上述宋、齐时期禄田制度的变化不一，实与当时国家财政收支不平衡和自然灾害有关。梁、陈二代，不仅有禄田制度，而且在“禄田”之外，还增加了“禄米”、“禄绢”与“禄绵”之征[⑨]。不过，后者属于租调附加税，虽

---

① 《全晋文》卷111，《归去来兮辞序》。
② 《宋书》卷6，《文帝纪》。
③ 《宋书》卷6，《孝武帝纪》。
④ 《宋书》卷7，《前废帝纪》。
⑤ 《宋书》卷8，《明帝纪》。
⑥ 《宋书》卷8，《明帝纪》。
⑦ 《宋书》卷10，《顺帝纪》。
⑧ 《南齐书》卷3，《武帝纪》。
⑨ 《隋书》卷24，《食货志》。

可用于官吏的俸禄开支，却并未因此而取肖“禄田”制。故梁初任昉“出为义兴太守”时，“在郡所得公田奉秩八百余石，昉五分督一，余者悉原，儿妾食麦而已”[1]。又伏暅为新安太守时，“民赋税不登者，辄以太守田米助之”[2]。这里的“公田奉秩”与“田米”，都是太守的禄田之入。还有何远其人，为始兴内史时，“田秩、俸钱，并无所取。岁暮，择民尤穷者，充其租调，以此为常”[3]。这里的“田秩”，即与“俸钱”并列，可见非正常的俸钱。再以前引《宋书·孝武帝纪》大明二年“复郡县田秩”语准之，也知“田秩”为“禄田”。此外，梁元帝讨平侯景之乱时，曾“征（江）总为明威将军、始兴内史，以郡秩米八百斛给总行装”[4]；又宗元饶于陈宣帝时，为南康内史，曾以“秩米三千余斛助民租课”[5]。这里的“秩米”也是禄田之人。由此可见，直到陈末，禄田之制仍在实行。至于地方官收取禄田之入的办法，以每年芒种为时间界线。在此之前去职者，禄田之入归后任，反之，则归前任所有。但宋文帝元嘉年间，改变为“计月分禄”，不再以芒种为界。故《建康实录》卷14阮长之多云：“长之当为武昌太守，去郡，代人未至，以芒种前一日解印绶。”为什么恰恰在芒种前一日解印绶呢？原因在于“时郡县田禄，以芒种为断，此前去官者，则一年秩禄皆入后人；此后去官者，则一年秩禄皆入前人。始以元嘉末改此科，计月分禄”。由于“计月分禄”之制始于元嘉之末，据《宋书》卷92《阮长之传》，阮长之死于元嘉十四年，此时还未实行“计月分禄”之制，故于芒种前一日去官，以便把一年田禄留给后任者。至于“禄田”的生产者，西晋时为身份近于奴仆的“田驺”，东晋南朝时则为文、武吏与僮。关于“禄田”的地租率，据李文澜同志考证，西晋之“菜田”，每亩平均纳租1.8斛；南朝州郡禄田，每亩平均纳租1.6斛[6]。

南朝之“公田”，还有称“官地”者。《梁书》卷2《武帝纪中》载天监

① 《南史》卷59，《任昉传》，据《梁书》卷14，《任昉传》，知此事发生于天监二年（503）。
② 《梁书》卷53，《良吏·伏暅传》。
③ 《梁书》卷53，《良吏·何远传》。
④ 《陈书》卷27，《江总传》。
⑤ 《陈书》卷29，《宗元饶传》。
⑥ 李文澜：《两晋南朝禄田制度初探》。

十七年（518）正月诏曰："……凡天下之民，有流移他境，在天监十七年正月一日以前，可开恩半岁，悉听还本，蠲课三年。其流寓过远者，量加程日，若有不乐还者，即使著土籍为民，准旧课输。若流移之后，本乡元复居宅者，村司三老及余亲属，即为诣县，告请村内官地、官宅，令相容受，使恋本者还有所托。"这里的"官地"，即为国有土地。又《晋书·安帝纪》义熙九年（413）夏四月，"罢临沂、湖熟皇后脂泽田四十顷，以赐穷人"[①]。皇后"脂泽田"被废除后，可以赏赐给穷人，则其为国有土地甚明。

凡山林川泽之地，在东晋南朝时期仍同秦汉一样，一律被当做国有土地，不许侵犯。如晋朝、梁朝都规定："名山大泽不以封"[②]。因此，东晋南朝时期的禁止侵占山林川泽之令，一颁再颁，史不绝书。然而，不论如何严禁，仍未能阻挡住山林川泽的私有化过程。这些情况将在私有土地制度的章节述及。

综而观之，东晋南朝的国有土地制度，表现为军屯制度（也有少量民屯）、州郡公田制、禄田制以及山林川泽地的国有制等形式。然而，就其总的比重来说，自西晋废除民屯制度与实行占田制以后，国有土地的比重日益削减。特别是东晋南朝时期，不仅州郡公田多为官吏所侵占，山林川泽等传统的公地，也迅速进入了私有化的领域；课田制度则成了世族地主土地私有制的一种补充或变相形态。因此，两晋南朝的国有土地制度在日趋破坏，特别是南朝为最，反之，却为土地私有制的发展提供了新的土壤与条件。

---

① 据《初学记》卷10，引《晋氏要事》，此事发生于安帝九年，无"义熙"二字，若为安帝即位后第九年，则除去隆安五年与元兴三年，第九年应为义熙元年，与此异。

② 分别见《晋书》卷24，《职官志》及《隋书》卷26，上《百官志上》。

第五章　魏晋南北朝封建国有土地制度的诸形态及其演变（下）

第一节　十六国和北魏前期的屯田制、计口授田制和国有牧场制

自西晋灭亡之后，整个北部中国陷入了一派战火之中。在战争的废墟上建立起来的五胡政权，不同程度地把其原有的比较落后的氏族制或奴隶制社会组织形式带入了中原地区。与此同时，历秦、汉、曹魏和西晋以来的各项政治、经济制度和社会组织形式又根深蒂固地存在着，因而形成了氏族制、奴隶制和封建制几种生产关系同时并存，部落组织与乡里编户制几种社会组织形式各占地盘，游牧经济与农耕经济比肩而立的极端复杂的局面。其间虽不免于互相影响和彼此交错，但又不能排除各自在不同的地域内占主导地位的格局。因此，这种状况反映到政权的结构上，不能不是以胡人为主的胡、汉联合统治形式。在统治方式上，不能不是部落制统治与州郡制统治的结合，单于制度与皇帝制度的婚配。在土地所有制的形态上，也不能不是部落的土地公有制与封建的土地国有制及私有制的共存。前者表现为国有牧场制，后者则表现为屯田制与计口授田制以及各种形态的私有土地制。私有土地制度留待下章余述，这里单讲国有土地制度的各种形态。

一、十六国时期的屯田制

西晋政权灭亡以后，在我国北方建立政权的少数民族甚多，其中主要的有匈奴、鲜卑、羯、氐、羌 5 个少数民族。他们先后建立的政权，不下 20 多个，但其中存在时间较长、势力较强和影响较大者有 16 个，当时人就写了《十六国春秋》一书以记其事，这便是五凉（前凉、后凉、南凉、北凉、西凉）、四

燕（前燕、后燕、南燕、北燕）、三秦（前秦、后秦、西秦）、两赵（前赵、后赵）及成汉与大夏共十六国。还有西燕、代、冉魏、段辽与仇池等政权不计在内。这些政权有的先后相承，有的同时并存，有的先后进入了中原地区，有的始终处于边境地带，它们之间互相争夺，占有地盘的范围也时有变化。大抵五凉及西秦集中于陇右、河西地区；前秦、后秦和大夏则在关中；前燕、后燕、南燕则集中于太行山以东地区；北燕则处于辽东；前赵、后赵则在关东地区；成汉处于巴蜀。其中于边境建国而进入中原，多少形成北方统一局面者，有前、后赵与前燕、前秦，最后则有由代国发展来的北魏政权。因此，有能力在中原地区推行屯田制的政权，仅限于后赵、前燕与前秦等几个政权。

以前、后赵政权来说，318 年刘曜迁都长安并改名赵国之前，还是匈奴人刘渊建立的汉国。刘渊及其子刘聪统治时期，还处在灭晋过程中，故未及在其都城平阳（今山西临汾西）一带屯田。及刘聪于晋怀帝永嘉五年（311）攻下洛阳，俘虏怀帝北归平阳以后，平阳的人口在日益增加，特别是刘曜于 312 年进攻长安时“驱掠士女八万余口退还平阳”① 以后，平阳人口更多，粮食危机日益严重，因而抢粮之风盛行。当刘曜“攻郭默于怀城，收其米粟八十万斛，列三屯以守之”②，把粮食看得十分重要。但因为没有实行屯田，所以后来“平阳大饥，流叛死亡十有五六”③。故汉国时期是始终没有实行屯田制的。

318 年，刘曜夺取汉国政权改称赵国，319 年石勒也称赵王以后，汉国分裂成了两个赵国。由于石勒能重用张宾等汉人，故比较重视农业。称赵王之初，便“遣使循行州郡，劝课农桑”④。大约是 324 年间，石勒“以右常侍霍皓为劝课大夫，与典农使者朱表、典劝都尉陆元等循行州郡，核定户籍，劝课农桑。农桑最修者赐爵五大夫”⑤。这里的“典农使者”与“典劝都尉”，酷似曹魏时的“典农校尉”与“典农都尉”，他们同“劝农大使”⑥ 并存，可能

① 《晋书》卷 102，《刘聪载记》。
② 《晋书》卷 102，《刘聪载记》。
③ 《晋书》卷 102，《刘聪载记》。
④ 《晋书》卷 105，《石勒载记下》。
⑤ 《晋书》卷 105，《石勒载记下》。
⑥ 《晋书》卷 106，《石季龙载记上》。

是由于系统不同。因此，石赵大概此时已经在全境之内实行民屯制度。石勒署置的官，约在319年，故“典农使者”与“典劝都尉”之设，有可能也始于此时。及334年石虎为赵王，“以租入殷广，转输劳烦，令中仓岁入百万斛，余皆储之水次”[①]，假如不是由于推行了民屯制度，恐怕是不会有这么多粮食的。338年，“（石）季龙谋伐昌黎，遣渡辽曹伏将青州之众渡海，戍蹋顿城，无水而还，因戍于海岛，运谷三百万斛以给之。又以船三百艘运谷三十万斛诣高句丽，使典农中郎将王典率众万余屯田于海滨”[②]。这是后赵政权有军屯制度之始。但“典农中郎将”设于何时，尚不得而知，如以前云“典农大使”及“典劝都尉”准之，则军屯、民屯组织的恢复可能都在后赵建国之初。340年，石虎“将讨慕容皝，令司、冀、青、徐、幽、并、雍兼复之家五丁取三，四丁取二，合邺城旧军满五十万，具船万艘，自河通海，运谷豆千一百万斛于安乐城，以备征军之调”。与此同时，又“自幽州东至白狼，大兴屯田”[③]。由此可见，后赵政权确利用国有土地，实行了屯田制度，而且有可能是类似乎曹魏的军屯、民屯并存的制度，只因史料奇缺，无以知其详。

再以前燕政权来说，也同样实行了屯田制。慕容廆建立的燕国，早在辽东时期，就因中原“流人士庶多襁负归之”，便专门设“立郡以统流人”[④]。其子慕容皝统治时期，就开始“躬巡郡县，劝课农桑”；败宇文归与段部后，又“开地千余里”[⑤]，并于341年实行了屯田制度。其制：“以牧牛给贫家，田于苑中。公收其八，二分入私。有牛而无地者，亦田苑中，公收其七，三分入私。”[⑥] 这种屯田，显系民屯，而且酷似曹魏之制，同西晋初年实行的提高地租率的做法如出一辙。因此之故，引起了他的记室参军封裕的反对。封裕认为：燕国“南摧强赵，东灭句丽”之后，“开境三千，户增十万”。对此情形，“宜省罢诸苑，以业流人。人至而无资产者，赐之以牧牛”。这等于是主张发展小农经济。另外，他

① 《晋书》卷106，《石季龙载记上》。
② 《晋书》卷106，《石季龙载记上》。
③ 《晋书》卷106，《石季龙载记上》。
④ 《晋书》卷108，《慕容廆载记》。
⑤ 《晋书》卷109，《慕容皝载记》。
⑥ 《晋书》卷109，《慕容皝载记》。

又说："且魏、晋虽道消之世，犹削百姓不至于七八，持官牛者宜得六分，百姓得四分，私牛而官田者，与官中分"，则可以"百姓安之，人皆悦乐"①。显然这是主张降低民屯的地租剥削率，估计同曹魏初期的民屯地租率一样。慕容皝同意了封裕的建议，乃令曰："苑囿悉可罢之，以给百姓无田业者。贫者全无资产，不能自存，各赐牧牛一头。若私有余力，乐取官牛垦官田者，其依魏晋旧法。"②故前燕确实行了类似于曹魏的民屯制度。其屯田者，主要是中原流民。

前秦政权也是曾实行屯田制的五胡政权之一。"晋将朱绰焚沔北屯田，掠六百余户而还。"③ 此事在《晋书》卷74，《桓彝传附醒冲传》中，作"（苻）坚使郝贵守襄阳，冲使扬威将军朱绰讨之，遂烧沔北田稻，拔六百余户而还。"由此可见，在前秦与东晋对峙前线，大抵都有屯田，如襄阳之沔北屯田便是一例。观其屯田者以户计算，则应为民屯。又《晋书》卷113《苻坚载记上》谓坚子苻丕围攻襄阳之时，自恃"以十倍之众，积粟如山"，可以使晋人"粮尽"，"不攻自溃"。既能"积粟如山"，则前秦在襄阳一带的屯田规模是不小的，可惜无其他材料可以明其详情。

二、北魏前期的屯田制

鲜卑族拓跋部，是鲜卑族中比较落后的一支。他们长期处于塞外，过着部落组织形式下的逐水草而居的游牧生活，"畜牧迁徙，射猎为业"④，是其经济的特征。因此，以定居和解散部落组织为特征的农业经济，在拓跋部的活动区域内是不可能占很大比重的。到拓跋什翼犍末期，还是一个"捕六畜，善驰走，逐水草而已"⑤ 的游牧部落，根本谈不上什么农业经济。但是，随着他们向中原农业区的日益接近而产生的影响的加深，加上征服者所强加给他们的一些作法，农业经济在拓跋什翼犍之后已有萌芽。《晋书》卷113《苻坚载记上》云：

---

① 《晋书》卷109，《慕容皝载记》。

② 《晋书》卷109，《慕容皝载记》。

③ 《晋书》卷114，《苻坚载记下》。

④ 《魏书》卷1，《序纪》。

⑤ 《晋书》卷113，《苻坚载记》；《南齐书》卷57，《魏虏传》亦云："什翼犍始都平城，犹逐水草，无城郭，木末始土著居处。"

以苻坚为首的前秦政权，在征服了拓跋什翼犍部以后，强制性地采取了“散其部落于汉鄣边故地，立尉、监行事，官僚领押，课之治业营生，三五取丁，优复三年无税租。其渠帅岁给会朝献，出入行来为之限制”等措施。这些解散其部落组织、设立划分地域的行政机构的做法，自然为他们的定居生活和农业经济的产生提供了前提条件。所谓“课之治业营生”，恐怕就包括农业在内。不久，前秦政权崩溃，拓跋珪便乘机脱离苻氏统治，“还领其部”[①]，并重建代国，旋又改名魏，史称北魏。由于在前秦控制下已有经营农业的微弱基础，故拓跋珪于登国元年（386）复国之初，便在“定襄之盛乐”（今内蒙和林格尔一带），下“息众课农”之令[②]。在拓跋部当时尚不存在私有土地制度的情况下，这里的“息众课农”，只能是以拓跋部的“故民”[③]去耕种属于部落所有的土地，其经营形式，也只适=宜采用有组织的屯田方式，故疑此为拓跋魏的屯田之始[④]。到了登国九年（394），屯田果然见于记载了：“春三月，帝北巡，使东平公元仪屯田于河北五原，至于棝杨寒外。”处于河套北套地区的五原，与“息众课农”的盛乐相距不远，故元仪的“垦辟河北，自五原至于棝阳寒外为屯田”[⑤]之举，应为“息众课农”于盛乐的继续与发展。其实，五原至棝阳一带的屯田，并非创始于元仪，而应始于后燕。因为早在登国六年（391）九月，“帝（指道武帝拓跋珪）袭五原，屠之，收其积谷，还纽垤川”[⑥]。可见五原一带至少在登国六年之前，已有屯田之类的农业生产，否则不可能在此游牧地区出现“积谷”。而五原一带地区，原在刘卫辰及后燕之后，则登国六年之前的五原屯田，有可能是后燕政权所开辟，北魏不过是因袭其旧而已。再联系到“登国初，太祖散诸部落，始同编户”[⑦]及“离散诸部”后，“分土定居，不听迁徙，其君长大人，皆同编户”[⑧]等情况考察，则上述道武帝拓跋珪的“息众课农”与元仪之屯田于五原等等，

---

① 《宋书》卷95，《索虏传》。
② 《魏书》卷2，《太祖纪》。
③ 《魏书》卷2，《太祖纪》谓苻坚灭亡代国后，长孙嵩等“将故民南依（刘）库仁”即其证。
④ 高敏：《魏晋南北朝社会经济史探讨》，第221页。
⑤ 《魏书》卷110，《食货志》。
⑥ 《魏书》卷2，《太祖纪》登国六年条。
⑦ 《魏书》卷113，《官氏志》。
⑧ 《北史》卷80，《外戚·贺讷传》。

正是其“离散诸部，分土定居”的过程，也是变游牧经济为农耕经济的开端。

元仪主管的自五原至棝阳塞外的屯田，规模不小。其剥削方式，是采用“分农稼”的办法，大约是官府与屯田者对分收获物，因而“大得人心”①。由于元仪的屯田取得了较好的效果，以致招致了后燕的争夺。史称登国十年（395）秋七月，即元仪屯田于五原至棝阳塞外的第二年，“慕容垂遣其子宝来寇五原，造舟收谷”②《资治通鉴》卷108《晋纪》孝武帝太元二十年（395）条载此事较详。《通鉴》云：“五月甲辰，燕主垂遣太子宝、辽西王农、赵王麟帅众八万，自五原攻魏。……秋七月……（北魏）悉徙部落畜产，西渡河千里以避之。燕军至五原，降魏别部三万余家，收穄田百余万斛，置黑城，进军临河，造船为济具。”燕军所掠“穄田”（即谷子）达百余万斛，地点又在五原屯田区，则其为屯田所获甚明。一年之内，便收谷子百余万斛，其屯田规模之大可以想见。拓跋珪所率游牧部落既已避之河西，则留下的“别部三万余家”，必为屯田者。屯田者既与官府“分农稼”，又以“家”计，则其为民屯甚明。

随着拓跋族势力向中原地区的推进，屯田制的实行范围随之扩大了。如拓跋珪于皇始二年（397）大败后燕的同时，又命元仪“徙屯巨鹿，积租杨城”，以“诸屯兵”分布于巨鹿一带③，由此可见军屯制度也在北魏诞生了。自此之后，军屯日益获得了发展。例如太武帝拓跋焘太平真君五年（444），刁雍为薄骨镇镇将时，这里早已有“诸军”经营的“诸屯”，归薄骨镇将“督课”。只因“官渠乏水”，才“不得广殖”。刁雍到任后，为了解决“兵人口累，率皆饥俭”的人多粮少矛盾，便主张在地势较高的地方另凿新渠，“更引河水”以溉“高悬”之田，使“小河之水，尽入新渠”，充足的水源，估计可以“溉官私田四万余顷”。而且“旬日之间”，便可灌溉一遍，“水凡四溉，谷得成熟，官课常充，民亦丰赡”。太武帝同意了这一建议，允其“更引河水，劝课大田”④。以此言之，薄骨律镇的军屯早已有之，太平真君五年仅仅是加以扩大而已。到了太平真君七年（446），薄骨律“运屯谷五十万斛付沃野镇，以

① 《北史》卷15，《魏诸宗室·秦王翰传附卫王仪传》。
② 《魏书》卷2，《太祖纪》。
③ 《魏书》卷2，《太祖纪》。
④ 《魏书》卷38，《刁雍传》。

供军粮。[1] 这不仅说明薄骨律镇的屯田效果甚好，而且表明其他诸镇的军粮，也仰赖于屯田之入。其实不仅边镇地区靠屯田解决军粮问题，即使是中原地区也不例外。以河北地区为例，自道武帝拓跋珪灭亡后燕并派元仪“徙屯巨鹿”之时，便在河北设立了许多“军府”，每个军府配备了固定的“屯兵”，直到中原安定之后，才逐渐把屯兵南调，正如《魏书》卷58《杨播传附弟椿传》所说：“自太祖平中山，多置军府，以相威摄。凡有八军，军各配兵五千，食禄主帅军各四十六人。自中原稍定，八军之兵，渐割南戍。一军兵才千人，然主帅如故，费禄不少。”除此之外，河北诸州，“州有宗子稻田，屯兵八百户，年常发夫三千，草三百车，修补畦堰”[2]。所谓“宗子稻田”，史书无注之者，故可能是拓跋诸受封王公的“禄田”性质的公田，不过也用“屯兵”耕种，其收入归诸王公而已。可视为屯田的一种特殊形式。

三、北魏前期的“计口授田制”

北魏前期的国有土地制，除军、民屯田制之外，还有以“计口授田”形式出现的国有土地制。可简称之为授田制。国有土地的这种经营形式，也同军、民屯田制一样始行于道武帝拓跋珪时期。天兴元年（398）正月灭亡后燕之后，立即“徙山东六州民吏及徒河、高丽杂夷三十六万，百工伎巧十余万口，以充京师”[3]。次年二月，又“诏给内徙新民耕牛，计口授田”[4]。这里的“内徙新民”，显然就是天兴元年正月从山东六州徙入的“六州民吏”、“高丽杂夷”及“百工伎巧”。故《魏书·食货志》直把二事合于一起记述，称：“太祖……既定中山，分徙吏民及徒何种人、工伎巧十万余家以充京都，各给

---

① 《魏书》卷58，《杨播传附弟椿传》。

② 《魏书》卷5，《杨播传附弟椿传》。

③ 《魏书》卷2，《太祖纪》。此条，中华书局标点本《校勘记》据《北史》卷1，及《册府元龟》卷486，等书，认为“三十六万”，应为“三十六署”之讹，并以《通鉴》卷110，所记“十余万口”为证，说明这次徙民的“总数为十余万口”。但此说仍有可疑。因为《魏书》卷110，《食货志》载此事作“十万余家”，则此次迁徙之总数为“十万余家”而非“十余万口”。以《魏书·太祖纪》所载“山东六州民吏及徒河、高丽杂夷三十六万”与“百工伎巧十余万口”而言，合计为四十余万口，同《魏志》所云“十万余家”是基本符合的，可见“三十六万”未必为“三十六署”之讹。

④ 《魏书》卷2，《太祖纪》。

耕牛，计口授田。”这种给“新民”（即徙民）以耕牛与土地，令其从事农业生产的制度，酷似汉代以徙民屯田于边陲地区的民屯制度，故这种“计口授田”制本质上是北魏畿内民屯制度的开始。[①] 由于史籍中没有使用“屯田”字样，而多次讲到的却是“计口授田”，为了不造成误会，故仍列为授田制的存在形式。

自此以后，畿内的“计口授田”制日益走上了正轨，这可从拓跋珪天兴元年八月的“诏有司正封畿，制郊甸，端径术，标道里，平五权，校五量，定五度”[②] 等措施中看出来。紧接着，天兴二年二月，因为“破高车杂种三十余部，获七万余口”，除了以一部分“班赐从臣各有差”外，便“以所获高车众起鹿苑”于平城，其范围“南因台阴，北距长城，东包白登，属之南山，广轮数十里，凿渠引武川水注之苑中，疏为三沟，分流宫城内外”[③]。前次的筹划与这次的兴建，基本上确定了平城建筑的格局。“其城郭绕宫城南，悉筑为坊，坊开巷。坊大者容四五百家，小者六七家。”[④] 如今登上西山之麓，东望白登，其间有用人工夯筑的土墙相连，显系当年鹿苑土墙的遗迹，亦可概见当年诸坊分割的情景！及引武川水注之苑的遗迹！

当平城的营建规模大体确定之后，天兴二年（399）七月，又有“陈郡、河南流民万余口内徙”[⑤]，无疑也是被集中于京畿平城地区。把这次徙民及高车俘虏加起来，就已达20万以上。如果再加上拓跋珪的本部人口，则平城人口可能已近数10万之数。这么多的人口突然集中到平城这片土地上，必然会引起粮食的严重危机。无怪乎北魏统治者要急急忙忙在平城附近实行“计口授田”制以发展农业生产，于是一个规模庞大的平城京畿农垦区便出现了：这便是“天兴初，制定京邑”时形成的“东至代郡（今山西大同，左云县一带）、西及善无（今山西右玉县）、南极阴馆（今山西代县）、北尽参合（今山西阳高县）为畿内之田；其外四方四维，置八部帅以监之，劝课农耕，量校

① 高敏：《魏晋南北朝社会经济史探讨》，第13~14、225页。
② 《魏书》卷2，《太祖纪》。
③ 《魏书》卷2，《太祖纪》。
④ 《南齐书》卷57，《魏虏传》。
⑤ 《魏书》卷2，《太祖纪》天兴二年七月条。

收入，以为殿最”的“计口授田”农垦区[1]，几乎包括雁门关以北的整个雁北地区。1987年时，应县、怀仁一带是一望无际的平原，庄稼甚好，直到大同南郊、西郊，土质才有所下降，只长些稀疏的毛草。可以想见当一千四五百年前这里被作为处女地开发时，其土质的肥沃程度必高于今天，无怪乎一个刚进入农业地区的少数民族，要在这里进行其变畜牧经济为农业经济的宏伟实验。

这个畿内的“计口授田”农垦区，自天兴初年起一直在经营着。到太宗明元帝拓跋嗣神瑞二年（415），京畿地区连年发生严重饥荒，中得遣散一批贫民就食山东。即使在这样的情况下，官府还是安排了一批“留农者”，“敕有司劝课”。其劝课的范围包括农业、畜牧业、手工业和商业，而以农业为主。经过劝课，“自是民皆力勤，故岁数丰穰，畜牧滋息”[2]。由此可见，这个京畿农垦区，是以农业为主的农牧并重区，而且收到了较好的效果。

到太武帝拓跋焘太平真君五年（444），因出征凉州而命其子恭宗拓跋晃监国时[3]，这时畿内的“计口授田”新民，已发生了贫富的阶级分化，出现了有牛家与无牛家之别，为了推动京畿农垦区农业生产的进行，他特制定了如下管理条令：“‘其制有司课畿内之民，使无牛家以人牛力相贸，垦殖锄耨。其有牛家与无牛家一人种田二十二亩，偿以私锄功七亩，如是为差。至与小、老无牛家种田七亩，小、老偿以锄功二亩。皆以五口下贫家为率。各列家别口数，所劝种顷亩，明立簿目。所种者于地首标题姓名，以辨播殖之功。’又禁饮酒、杂戏、弃本沽贩者。垦田大为增辟。”[4] 这个以牛力换人力的办法及比例规定，对于无牛者虽是一种扶植，但也承认了有牛之家可以役使无牛者的特权，等于承认了畿内新民之间贫富差别的合法性。至于“各列家别口数，所劝种顷亩，明立簿目”，并“于地首标题”所种者姓名的做法，目的在于“辨播殖之功”，很明显这是一种强制性的监督措施，反映出“计口授田”制下的“新民”的人身不自由状况。

---

① 《魏书》卷110，《食货志》。

② 《魏书》卷3，《太宗纪》及同书卷110，《食货志》。

③ 关于此事发生于太平真君五年之说，详见高敏：《魏晋南北朝社会经济史探讨》，第227页，注②所考。

④ 《魏书》卷4，《世祖纪附恭宗纪》。

北魏统治者除在畿内实行“计口授田”制以外，更北的地区也同样实行了这种制度。例如太宗拓跋嗣永兴五年（413）秋七月，“奚斤等破越勒倍尼部落于跋那山西，获马五万匹，牛二十万头，徙二万余家于大宁，计口授田。……八月……甲寅，帝临白登，观降民，数军实。（河西胡）曹龙降……辛未，赐征还将士牛、马、奴婢各有差。置新民于大宁川，给农器，计口授田。”[①] 有人认为这是讲的一回事。但却不一定。因为前后两次“计口授田”的时间不同，一在这年七月，一在八月；两次“计口授田”的对象不同，七月一次，是对越勒倍尼部落的处理，八月一次，则是对河西降胡的处理。按大宁，在今张家口附近。北魏统治者给被征服的少数民族立即分配土地，反映出他们想把畜牧经济改变为农耕经济的急切愿望。因此，通过“计口授田”制的实行，对代北地区的开发和农业经济的发展起到了不可忽视的作用。

四、北魏前期的国有牧场制

凡以畜牧业为主要生活资料的民族，其放牧牲畜的牧场，都为其整个部落所有，因为牲畜的放牧，需要活动的空间较大，而且畜群的流动性很大，故不存在牧场私有制。只有到了土地私有制比较发达以后，才会出现牧场的私有化。即使如此，也是一大片牧场的私有，在大牧场之内不可能再划分为小范围的私有牧场。正因为如此，北魏前期的牧场，基本上都是由部落所有的牧场转化来的国有牧场。

北魏国有牧场的分布，大抵都在北方六镇地区及其以北的广大蒙古草原。《魏书·食货志》所载道武帝破刘卫辰之后所收马牛羊之数，即可想见这一带地区国有牧场之辽阔。平城以南的畿内地区，则为“计口授田”农垦区，但也不排除畜牧业的存在。至于河西、西河及陇右，更是以畜牧业为主的地区。直到隋代，“陇右、河右，土旷民稀……不可广有田种……陇右之民，以畜牧为事”[②]。有时甚至连中原的农业经济区，也被局部地变成了国有牧场。如孝文帝“即位之后，复以河阳为牧场，恒置戎马十万匹，以拟京师军警之备。

① 《魏书》卷3，《太宗纪》。
② 《隋书》卷53，《贺娄子干传》。

每岁自河西徙牧于并州，以渐南转，欲其习水土而无伤也，而河西之牧弥滋矣”[①]。孝文迁落之后，命宇文福“检行牧马之所”，于是宇文福又“规石济（今河南延津）以西，河内以东，据黄河，南北千里为牧地。事寻施行，今之马场是也”[②]。至于漠南、北及河西地区，国有牧场尤多。凡被北魏征服的少数民族部落，或被整部置于国有牧场作为“牧子”[③]、“新民”，如敕勒（即高车）降附之后，作为北魏“新民”，仍在为北魏放牧。后“敕勒新民以将吏侵夺，咸出怨言，期牛马饱草，当赴漠北”。于是刘洁建议“及河水未解，徙之河西”，使之“水解之后，不得北遁”。世祖从之，“乃听分徙三万余落于河西，而至白盐池”。可见河西地区确是一个大国有牧场。又世祖“平统万，定秦陇”后，“以河西水草善，乃以为牧地，畜产滋息，马至二百余万匹，橐驼将半之，牛羊则无数”[④]，更可见河西地区是一个好牧场。还有的少数民族，在其豪酋统治下，举部内附，作为拓跋族“附臣”，且不解散其部落组织，如“和跋，代人，世领部落，为国附臣”[⑤]；“罗结，代人也，其先世统部落，为国附臣”[⑥]；或举部归附拓跋部之后，仍“世典马牧”如奚斤[⑦]；或“世典畜牧”如庾延业[⑧]；或“恒修职责”如“世为东境部落帅”的车伊洛[⑨]。所有这些人，都是一些以畜牧业为其生活来源的部落，其先世都是漠南、北这个大牧场的游牧民。远处广漠之北的蠕蠕与高车，“道武时，分散诸部，唯高车以类粗犷，不任役使，故得别为部落”，为北魏放牧牲畜，太武帝征讨蠕蠕而还，在漠南地区闻高车（即敕勒）“人畜甚众”，便命安原讨之，“高车诸部望军而降者数十万落，获马牛羊百余万，皆徙漠南千里之地，乘高车，逐水草，畜牧蕃息，数年之后，渐知粒食，岁致献贡。由是国家马及牛、羊遂至于贱，毡皮

---

① 《魏书》卷110，《食货志》。
② 《魏书》卷44，《宇文福传》。
③ “牧子”一名，见于《魏书》卷9，《肃宗纪》。
④ 《魏书》卷28，《刘洁传》。
⑤ 《魏书》卷28，《和跋传》。
⑥ 《魏书》卷44，《罗结传》。
⑦ 《魏书》卷29，《奚斤传》。
⑧ 《魏书》卷29，《庾延业传》。
⑨ 《魏书》卷30，《车伊洛传》。

委积。”[①] 神䴥二年（429）十月，拓跋焘征讨蠕蠕获胜而还，俘虏了大量的蠕蠕人，遂“列置新民于漠南，东至濡源，西暨五原、阴山，竟三千里”[②]；太平真君六年（445）八月，“又迁徙诸种杂人五千余家于北边，令民北徙畜牧至广漠，以饵蠕蠕”[③]。可见整个漠南地区，是大得惊人的国有牧场。

由于北魏国有牧场甚多，饲养牲畜不少，故在政权机构中，专门设置了主管马牧事务的官吏。其机构初谓之驾部，设驾部尚书，其职是“知牛马驴骡”[④]。拓跋焘时的宦官孙承，就曾做过此官。由于他“课理有方”，使“畜牧蕃息”[⑤]。献文帝时，代人吕洛拔之子吕文祖，“以其勋臣子，补龙牧曹奏事中散”，后“以牧产不滋，坐徙于武川镇”[⑥]，可见“龙牧曹”也是专管畜牧业的机构，“奏事中散”也是主管畜牧业的官吏。孝文帝迁洛后，由大仆卿主管畜牧，如李坚为大仆卿时，“检课牧畜，多有滋息”[⑦]。主管畜牧业机构及官吏的设置，也从一个侧面反映了国有牧场上牧业的发达情况。

第二节　北魏后期的屯田制与均田制

一、北魏后期的屯田制

如果以北魏孝文帝的改革为界线区分北魏历史为前后两个时期的话，在屯田制方面，也同样显示出其重大的变化。

首先，以屯田的分布地区来说，北魏前期主要集中于北方沿边诸镇，已于前述。后期的诸镇屯田，虽然仍在进行，但有明显的下降趋势。代之而起的是中原地区的屯田和南部边防地带屯田的兴起。例如献文帝时，源贺被召“都督三道诸军，屯于漠南。”由于每年都要从平城派兵北出，“以备北寇”，不堪劳扰，源贺便提出“请募诸州镇有武健者三万人，复其徭赋，厚加赈恤，分为三部。

---

① 《北史》卷86，《高车传》。
② 《魏书》卷4上，《世祖纪上》。
③ 《魏书》卷4下，《世祖纪下》。
④ 《南齐书》卷57，《魏虏传》。
⑤ 《魏书》卷94，《阉宦·孙承传》。
⑥ 《魏书》卷30，《吕洛拔传附子文祖传》。
⑦ 《魏书》卷94，《阉宦·李坚传》。

二镇之间筑城，城置万人，给强弩十二床，武卫三百乘。弩一床，给牛六头；武卫一乘，给牛二头。多造马枪及诸器械，使武略大将二人以镇抚之。冬则讲武，春则种殖，并戍并耕，则兵未劳而有盈畜矣。”结果“事寝不报”[①]。源贺的建议，实为于边镇屯田。如果此时边镇仍有屯田，则兵士不必每年秋冬遣军北出。故源贺之所以建议“并戍并耕”，意在恢复军屯。然而其建议并未引起北魏最高统治者的重视，可见防“北寇”已非主要目标。加上这时“州镇守宰，侵使兵民，劳役非一”[②]，自然会使边镇军民的处境日趋恶化，从而影响其屯田制的实行。孝文帝太和十二年（488）五月，“诏六镇、云中、河西及关内六部，各修水田，通渠溉灌”[③]；太和十三年八月，又“诏诸州镇有水田之处，各通灌溉，遣匠者所在指授。”[④] 这些措施的采取，正说明在此之前边镇屯田的衰落状况。然而，这些措施并未奏效，以致世宗宣武帝时，北边诸镇的屯田仍在继续减少之中。源贺之子源怀曾上表曰：“景明以来，北蕃连年灾旱，高原陆野，不任营殖，唯有水田，少可菑亩。然主将官僚，专擅腴美，瘠土荒畴给百姓，因此困弊，日月滋甚。诸镇水田，请依地令分给细民，先贫后富，若分付不平，令一人怨讼者，镇将已下连署之官，各夺一时之禄，四人已上夺禄一周。”[⑤] 由此可见世宗宣武帝期，边镇屯田确是每况愈下，源贺之表，虽然“皆见嘉纳”[⑥]，恐亦无以挽回颓势。尽管个别边陲地区如凉州，袁翻在此任刺史时，曾建议利用“酒泉直北、张掖西北千二百里”的“大宜耕殖”沃土，实行徙诸州兵“随宜割配，且田且戍”的制度，而且得到了施行[⑦]，但个别边陲地区军屯的增设，并不能改变全局性的军屯衰败状况。

反之，与北方沿边诸镇军屯、民屯衰败的同时，中原地区特别是南部边防地带的屯田却获得了发展。孝文帝太和末年，曾因“居于高平、薄骨律二镇”的“蠕蠕万余户降附”之民，“叛走略尽，唯有一千余家”；于是，“太中大夫

① 《魏书》卷41，《源贺传》。
② 《魏书》卷5，《高宗纪》。
③ 《魏书》卷7，《高祖纪下》。
④ 《魏书》卷7，《高祖纪下》。
⑤ 《魏书》卷41，《源贺传附子怀传》。
⑥ 《魏书》卷41，《源贺传附子怀传》。
⑦ 《魏书》卷69，《袁翻传》。袁翻上表后：“时朝议是之”，显然是施行了。

王通、高平镇将郎育等，求徙置淮北，防其叛走。诏许之”，当时杨椿虽然反对这样做，但没有成功。[①] 这是调北边边镇之民以充实南边之举。同样的事，还见于其他地区。同是这个杨椿，于宣武帝时期为定州刺史。他说：“自太祖平中山，多置军府，以相威摄。凡有八军，军各配兵五千，食禄主帅军各四十六人。自中原稍定，八军之兵，渐割南戍，一年才千余，然主帅如故，赏禄不少”[②]。由此可见，河北地区的军屯之兵，早已有南调的趋势。杨椿还进一步主张“置四军，减其帅百八十四人”，除此之外，又表罢定州“宗子稻田”的“屯兵”[③]，说明河北地区的军屯在继续减少中。又据《魏书》卷79《范绍传》，太和十六年以后，“值朝廷有南讨之计，发河北数州田兵二万五千人，通缘淮戍兵合五万余人，广开屯田”，说明河北数州的军府的屯田兵确在“渐割南戍”之中，这是减少北方军屯以加强淮河流域军屯的明显倾向。其实太和年间为了南征的军事需要，增加南部边防地带屯田之事，还屡见不鲜。例如延兴中（471~475），任崔鉴为东徐州刺史，鉴“于州内冶铜以为农具，兵民获利”[④]，表明东徐州境内既有军屯，又有民屯。及太和四年（480），彭城镇将薛虎子因看到“徐州左右，水陆壤沃，清、汴通航，足盈激灌”；且“其中良田十余万顷”，因而他建议：“若以兵绢市牛，分减戍卒，计其牛数，足得万头，兴办公田，必当大获粟稻。一岁之中，且给官食，半兵耘植，余兵尚众，且耕且守，不妨捍边。一年之收，过于十倍之绢；暂时之耕，足充数岁之食。于后兵资，唯有内库，五稔之后，谷帛俱溢。非直戍士有丰饱之资，于国有吞敌之势。”对此建议，“高祖纳之”[⑤]，显然实现了薛虎子的建议。然后，又有太和末年范绍“发河北数州田兵二万五千人，近缘淮戍兵合五万人广开屯田”之举[⑥]；接着又有宣武帝景明四年（503）六月，“发冀、定、瀛、相、汝、济六州二万人、马千匹，增配寿春”之举[⑦]；正始元年（504）九月，更

① 《魏书》卷58，《杨播传附弟椿传》。
② 《魏书》卷58，《杨播传附弟椿传》。
③ 《魏书》卷58，《杨播传附弟椿传》。
④ 《魏书》卷49，《崔鉴传》。
⑤ 《魏书》卷44，《薛野賭传附子虎子传》。
⑥ 《魏书》卷79，《范绍传》。
⑦ 《魏书》卷8，《世宗纪》。

“诏缘淮南北所在镇戍，皆令及秋播麦，春种粟稻，随其土宜，水陆兼用，必使地无遗利，兵无余力，比及来稔，令公私俱济也”①，几乎全力以赴在发展江淮地区的屯田事业，以适应对江南用兵的需要。经过这番经营，江淮戍兵，不再需要转运中原粮食以给军需。诚如《魏书·食货志》所云：“自扬、徐内附之后，仍世经略江淮，于是转运中州，以实边镇，百姓疲于道路。乃令番戍之兵，营起屯田，又收内郡兵资与民和籴，积为兵备”，以此就解除了转运中州粮食以给军需之苦。

除江淮地区是北魏后期发展屯田的重点外，中原诸州镇的屯田，也有一定的发展。例如孝文帝末期曾任“西道六州营田大使”的范绍，就曾在六州之内“勤于劝课，频岁大获”②；也是在孝文帝时，“诏（宋）弁于豫州都督所部及东荆领叶，皆减戍士营农，水陆兼作”③；还有杜纂，于宣武帝时期“诣广陵安慰初附，赈给田廪”；“又诣赫阳（今河南方城）、武阳（今河南南阳）二郡，课种公田，随供军费”④。这一切，都是在中原地区加强屯田事业的做法。

其次，进一步扩大民屯，而且在全国范围内普遍实行，这又是北魏后期的屯田制不同于前期的特点之一。

孝文帝于太和九年（485），在全国实行均田制稍后，又采纳李彪的建议，在全国实行了民屯制度。《魏书》卷62《李彪传》云：

> 彪又表曰：……其三曰：臣闻……魏氏以兵粮乏，制屯田以供之。……臣以为宜析州郡常调九分之二，京都度支岁用之余，各立官司，年丰籴积于仓，时俭则加私之二，粜之于人。如此，民必力田以买官绢，又务贮财以致官粟，年登则常积，岁凶则直给。又别立农官，取州郡户1/10，以为屯民。相水陆之宜，料顷亩之数，以赃赎杂物余财市牛科给，令其肆力。一夫之田，岁责六十斛，蠲其正课并征戍杂役。行此二事，数年之中，则谷积而人足，虽灾不为害。……

① 《魏书》卷8，《世宗纪》。
② 《魏书》卷79，《范绍传》。
③ 《魏书》卷63，《宋弁传》。
④ 《魏书》卷88，《杜纂传》。

高祖览而善之，寻皆施行。

此事，在《魏书·食货志》也有记载，除一二字有出入外，其余悉同。《志》载此疏上于太和十二年（488）“诏群臣求安民之术”时，唯上疏者作“有司上方”，而未举李彪之名。末尾多“自此公私丰赡，虽时有水旱，不为灾也”等，足见其效果甚好。这种屯田，明显为民屯，而且综合了曹魏民屯之制及孙吴以后的吏户耕垦州郡公田者每年“课米六十斛”的做法。其数量为全国民户的十分之一，数量也不少。由于屯田民免除了“正课并征戍杂役”，既保证了他们的生产时间，又有吸引他们作为屯田民的作用，无怪乎能取得较好的效果。至于屯田民的管理，从“别立农官”来看，似乎也另有一套不同于军屯的管理机构，只是因为记载缺乏而不知其详而已。因此，总的说来，北魏后期的民屯不仅更正规化、普遍化了，而且反映出民屯制度的封建化程度的加深。

其三，在屯田的管理机构及民屯的屯田民身份等方面，北魏后期也有不同于前期的地方。

北魏前期的军屯，其基层组织叫做“屯”，这从前引《魏书·太祖纪》载元仪“徙屯巨鹿”时有“诸屯兵”的提法及同书《刁雍传》所载太平真君五年（444）刁雍为薄骨镇将时“总统诸屯”、“督课诸屯”等提法中获得证明。因此，屯田之兵，叫做“屯兵”，且每州有固定数量的“屯兵”，前引《魏书·杨椿传》可证。诸边镇的屯田及屯兵，无疑由所在镇将主管。河北诸州的军府下的屯兵，则各有主帅主管，也见于《杨椿传》。不过，军府所在州郡的地方官，也可过问军屯之事，如杨椿为州刺史时便表罢了定州境内的军府及主帅，便可为证。又如袁翻为凉州刺史时，便曾上书建议在凉州境内大兴屯田，可见州刺史也有主管屯田的权力。至于范绍之为“西道六州营田大使”，可能是总管某一地区军、民屯田事务的总机构。[①] 总之，关于军屯的管理制度，史书记载不详，北魏前、后期变化可能不太大。至于民屯，则有明显的变化。如北魏建国之初元仪的屯田于五原至于棝阳塞之外，虽系民屯，却以军事将领统领之。如果说这是草创时期的情况，那么到了北魏中期，仍然如此。例如太宗明元帝拓跋嗣泰常八年（423），刁雍攻克项城后，“会有敕追令随机立

① 高敏：《魏晋南北朝社会经济史探讨》，第234~235页。

效，雍于是招集谯、梁、彭、沛民五千余家置二十七营，迁镇济阴”[1]。这显然是以这些徙民屯田，而其组织形式以“营”为单位，无疑是以军事组织形式管理民屯，且直属于镇将主管。可见北魏前期的民屯管理机构并不完备，也未制度化。但后期的民屯便不大相同了，据《李彪传》所云，民屯已不属于所在州郡管辖，而是“别立农官”管理，显然已有一套专门管理民屯的系统。

至于屯田民的身份，北魏前期屯田民，多系被强制迁移的徙民，也有由战俘和举部内附的少数民族部落成员转化来的“新民”，如前引《魏书·太宗纪》以河西胡投降者为“新民”而“计口授田”，即其例证。一旦沦为这样的“新民”，或者要同“牧子”一样在国有牧场上放牧，如前引《魏书·刘洁传》所云被征服的“敕勒新民”就是如此；或者要在畿内垦田，在八部帅的监督下，连姓名、所种顷亩、户内人口数等都要写明在标记上，立于田头，以便随时检查，其人身的不自由状况明显可见。但到了北魏后期，屯田民的身份完全农民化了，而且还受到免除正课及征戍杂役的优待，显然同前期的“新民”之接近于农业奴隶的身份不同了。甚至在地租剥削方面，也由北魏前期的“分农稼”式的对分地租，变成了“一夫之田，岁责六十斛”的定额地租。

总之，通过北魏前后期屯田制度特别是民屯制度的变化发展。不仅反映出北魏的社会经济存在一个由畜牧经济为主向以农耕经济为主的转变过程，也反映出其封建化程度的逐步加深过程。

二、北魏后期的均田制

北魏孝文帝太和九年（485）十月，“遣使者循行州郡，与牧守均给天下之田，还受以生死为断”，实行了用以“劝课农桑，兴富民之本”[2] 的均田制度。所谓均田制，是官府把所有权属于国家的土地，按照一定的程序与规定授予直接生产者耕种，然后按授予土地的法定数量向生产者课取租、调、力役的国有土地制的一种特殊表现形式。北魏前期存在的国有牧场制、屯田制、计口授田的授田制等多种国有土地制形式，为均田制推行提供历史的依据和传统。

---

① 《魏书》卷38，《刁雍传》。

② 《魏书》卷7上，《高祖纪上》。

加上整个北方自晋末，“天下大乱，生民道尽，或死于干戈，或毙于饥馑，其幸而自存者盖十五焉。”[①] 因此，连绵不断的战争与自然灾害等造成的“百姓流亡，中原萧条，千里无烟，饥寒流陨，相继满壑”[②] 的残破景象与大量荒地、废地，又为均田制的推行提供了客观条件。及乎孝文帝时期，更产生了实行均田制的迫切需要，从而使均田制的推行成为势所必然。

自北魏统治者进入中原农业区以后，面临着一系列他们昔日所不熟悉的新情况与新问题。我们知道，拓跋族本是一个以游牧经济为主的民族，当其进入中原之前，国家的形成还不太久，拓跋族的部落豪酋对土地私有的欲望还不强烈，基本上处于奴隶社会的初期阶段，以致他们对奴隶的需要还超过对土地的需要。因此，当他们进入中原之初，面对一个以封建土地私有制为基础的农业经济社会，二者的差距与矛盾从来没有像这时一样显示得清楚。在这种形势面前，使他们面临着两种选择：一是按照拓跋族本身初步发展起来的奴隶制道路继续走下去，这自然是已经拥有大量奴隶的拓跋部落贵族所要求的；二是改变奴隶制为封建制，以适应广大中原地区先进农业经济发展的需求，这无疑是汉族地主、已经封建化的少数民族以及广大汉族人民的要求。按照前者，需要继续以战俘为奴隶并赏赐给王公贵族，并大力发展以国有牧场为基础的畜牧业经济；按照后者，则需要迅速地变畜牧业经济为农业经济，解散部落组织，实行分土定居，并杜绝以战俘为奴隶的道路，大力扶植与发展小农经济。这两种选择的可能，按照掌权的拓跋部贵族的愿望，无疑会选择前者，即是奴隶制的道路。因此，拓跋珪、嗣、焘三代帝王时期，几乎没有以土地赏赐给部落贵族之事发生；连官制与禄俸制等等，也按照他们原有的形式与做法在推广着；对被他们征服的人口，或以之作为“牧子”、“新民”以供放牧牲畜，或以之作为屯垦者而开发京师；更多的则是以之作为“生口”，赏赐给各级王公贵族、将领为奴隶；还有的被当做不同于一般民户的杂户、隶户、营户等等世袭性的服役户口；反之，对于小农经济的发展并未给予充分重视；对原有的汉族集中地区，则实行“宗主督护制”以依重于汉族地主，只把注意力集中于北方的沿

① 《魏书》卷110，《食货志》。

② 《魏书》卷109，《慕容皝载记》。

边诸镇，希图以平城作为其奴隶制的统治中心。这是拓跋珪、嗣、焘三代的主要倾向和主要做法。但是，他们的主观愿望与中原地区的客观形势之间的严重矛盾，又迫使他们不能不在大力发展畜牧业的同时，也部分地开始解散部落、分土定居和发展农耕经济，这就表现为如上节所述的实行屯田制和计口授田制的做法。而且北魏前期的屯田制主要是军屯，“计口授田”也主要在京畿地区，并不能改变其整个社会经济的性质。这样做的结果，激发了一系列社会矛盾：一是表现为各少数民族的纷纷起来反抗，见于《魏书·太祖纪》《太宗纪》与《世祖纪》的这类少数民族起义，几乎不胜枚举。二是遭到奴役的“牧子”、“新民”、“杂户”之起义者，也屡有出现。[①] 三是“宗主督护制”下的汉族地主，则乘机收容隐匿户口，以致早在南燕慕容德的统治区域内便出现了“百姓因秦晋之弊，迭相荫冒，或百室合户，或千丁共籍，依托城社，不惧熏烧，公避课役，擅为奸宄”的局面[②]，故慕容德以尚书韩谆“巡郡县隐实”时，一次就“得荫户五万八千”[③]。这种现象愈演愈烈，到北魏孝文帝前，因“旧无三长，惟立宗主督护，所以民多隐冒，五十、三十家方为一户”[④]，更有甚者，隐户少者达500家或上千家，多者至四五千家[⑤]。对这些“荫附者皆无官役”，而豪强地主对他们的“征敛”却“倍于公赋”，因而造成“富强者并兼有余，贫弱者糊口不足”的状况[⑥]。这种情况的出现，自然激化了官府同汉族地主争夺土地与劳动力的斗争。因为流亡人口的增加和隐匿户口的众多，直接造成了官府税源、役源的枯竭以及社会的动乱。四是部分拓跋奴隶主贵族眼看汉族地主广占土地的好处，也日益诱发了他们的土地欲望而逐步倾向于变革。于是，这一系列社会矛盾，反映到北魏统治者内部，就引起了他们之间的斗争，一派主张变革奴隶制为封建制，以实现其地主化的要求；一派则仍

① 高敏：《魏晋南北朝社会经济史探讨》，第304～312页，及《论北魏的社会性质》，刊《中国经济史研究》，1989年，第4期。

② 《晋书》卷127，《慕容德载记》。

③ 《晋书》卷127，《慕容德载记》。

④ 《魏书》卷53，《李冲传》。

⑤ 《鸣沙石室佚书》所收敦煌写本《晋纪》，转引自周一良：《魏晋南北朝史论集》中《乞活考》一文所引。

⑥ 《魏书》卷110，《食货志》。

然坚持老办法，想维护奴隶制到底。前者，便是当时所谓“新”派，后者就是“旧”派，因而新旧势力之间斗争此起彼伏，一直从拓跋猗卢的代国时期的“新旧猜嫌”[①]继续到孝文帝时期的改革与反改革斗争、汉化（封建化）与反汉化的摩擦。在这一斗争过程中，逐步使拓跋族的最高统治者的政策也产生了微妙的变化。例如高宗文成帝拓跋濬与显祖献文帝拓跋弘二代统治时期，对于减轻小农的赋役负担受到了重视，保护与发展小农经济的呼声日益高涨，以战俘为生口充赏赐的做法日益减少，以土地充赏赐的现象与日俱增，所有这些情况，都可以从《魏书·高宗纪》及《显祖纪》中多次见到。正是这种要求变革的历史趋势和较长时期的微妙变化，既为孝文帝实行均田制的改革措施准备了政治上的条件；也更明确了他实行均田制的两个目标：一是把流民与国家控制的荒田、废地结合起来，把逃亡隐匿户口从地主手中夺过来，以保证国家的兵源与役源，奠定封建统治的经济基础；二是适应私有土地制度日益发展的趋势，满足拓跋族奴隶主贵族的土地要求，以加速其封建化进程。无怪乎李安世以“令分艺有准，力业相称，细民获资生之利，豪右靡余地之盈”[②]为实行均田制的宗旨；考文帝则以改变“富强者并兼山泽，贫弱者望绝一廛，致令地有遗利，民无余财，或争亩畔以亡身，或因饥馑以弃业”的局面，从而实现“天下太平，百姓丰足”为实行均田制的目标[③]。

均田制度的内容，赖均田法令以体现之。关于均田法令的全文，见于《魏书·食货志》《通典·食货志》及《册府元龟·邦计部·田制门》。其中《魏书·食货志》所载为最早，但《通典》及《册府元龟》所载有校勘方面的重大作用。现录《魏书·食货志》所载均田法令全文如下，并附校勘：

（太和）九年（《册府元龟》作“太平真君九年”，误），下诏均天下民田：

①诸男夫十五以上，受露田四十亩，妇人二十亩，奴婢依良。丁牛一头受田三十亩，限四牛。所授之田率倍之，三易之田再倍之，以

---

① 《魏书》卷23，《卫操传附卫雄、姬澹传》。

② 《魏书》卷53，《宋孝伯传附李安世传》。

③ 《魏书》卷7上，《高祖纪上》。

供耕作（《通典》作“耕休”，于义为顺，恐系《魏志》误）及还受之盈缩。

②诸民年及课则受田，老免及身没则还田。奴婢、牛随有无以还受。

③诸桑田不在还受之限，但通入倍田分。于分虽盈，没则还田（《通典》及《册府元龟》均无此四字，且于义不顺，应为上条“没则还田”四字之重出），不得以充露田之数。不足者以露田充倍。

④诸初受田者，男夫一人给田二十亩，课莳余，种桑五十树，枣五株，榆三根。非桑之土，夫给一亩，依法课莳榆、枣。奴各依良（《册府元龟》此四字作“各依根限”，我意以为应补上此四字）。限三年种毕，不毕，夺其不毕之地。（《通典》无以上数句，系漏载）于桑、榆地分杂莳余果及多种桑、榆者不禁。

⑤诸应还之田，不得种桑、榆、枣、果，种者以违令论，地入还分。

⑥诸桑田皆为世业，身终不还，恒从见口。有盈者无受无还，不足者受种如法。盈者得卖其盈，不足者得买所不足。不得卖其分，亦不得买过所足。

⑦诸麻布之土，男夫及课，则给麻田十亩，妇人五亩，奴婢依良。皆从还受之法。

⑧诸有举户老小癃残无授田者，年十一已上及癃者各授以半夫田，年逾七十者不还所受，寡妇守志者虽免课亦授妇田。

⑨诸还受民田，恒以正月。若始受田而身亡，及卖买奴婢、牛者，皆至明年正月乃得还受。

⑩诸土广民稀之处，随力所及，官借民种莳。役有土居者（此句不可解，《通典》及《册府元龟》此句均作“后有来居者”，于义为顺，恐系《魏志》误），依法封授。

⑪诸地狭之处，有进丁受田而不乐迁者，则以其家桑田为正田分，又不足不给倍田，又不足家内人别减分。无桑之乡，准此为法。

乐迁者听逐空荒，不限异州他郡，唯不听避劳就逸。其地足之处，不得无故而移。

⑫诸民有新居者，三口给地一亩，以为居室，奴婢三口给一亩。男女十五以上，因其地分，口课种菜五分亩之一。

⑬诸一人之分，正从正，倍从倍，不得隔越他畔。进丁受田者恒从所近。若同时俱受，先贫后富。再倍之田，于此为法。

⑭诸远流配谪、无子孙、及户绝者，墟宅、桑榆尽为公田，以供还受。授受之次，给其所亲；未给之间，亦借其所亲。

⑮诸宰民之官，各随地给公田（《册府元龟》作“各随近给公田”，于义为顺），刺史十五顷，太守十顷，治中、别驾各八顷，县令、郡丞各六顷。更代相付。卖者坐如律。①

法令全文共15条，每条以“诸”字开端，按照各条目之间的相互关系和中心的不同，大致可以划分为5类：第一类是关于国有土地性质的“露田”的法令，包括第一、二两条；第二类是关于私有土地性质的“桑田”的法令，包括第三、四、五、六诸条；第三类，只有第七条，是关于非桑地区的规定；第四类，包括第八条到第十四条共7条，是关于各种特殊情况的补充规定；第五类，只有最后一条，是关于给地方官吏授予公田的规定。同类的条文是可以通训的；不同类的条文，一般不能通训。按照这样的原则去理解均田法令；其间许多难于通释及彼此矛盾之处，大都可以解决。如果从法令的内容着眼，大致可以概括为如下4个方面：第一，关于土地类别与性质划分的规定：它把全国土地区分为两种性质或者类型：一为国有土地，名曰“露田”；二为私有土地，名曰“桑田”。前者，由国家控制，按照一定的条件授予应当受田者，“老免及身没则还田”，故受田者无土地所有权。后者，只给“初受田者”，而且不适用于“非桑之土”，这种田“不在还受之限”，“皆为世业，身终不还”，因此是私有土地，所谓种桑与否只是其外部形式特征，不是其本质属性，故

① 法令条文的校勘，详见高敏：《魏晋南北朝社会经济史探讨》一书中的《北魏均田法令校释》一文。关于法令条文的分类及其适用范围，在该文中已有比较详细的论述。法令条文前的数字，系作者所加，非原文所有，特此注明，以免误解。

"桑田"实为私有土地的代名词。第二，是关于授田对象的规定："露田"给予所有15岁以上的成年男女，包括男性奴隶与女性奴隶，甚至还有丁牛，只是丁牛限为4头而已，官吏则按其官位的高低给予不同数量的公田；年幼、瘫残之为户者，给予成年男女一半的露田数。至于桑田，除给予初受田的成年男女以外，也给予15岁以上的成年男性奴隶，妇女与女奴均不给予；对于"非桑之土"，只给15岁以上的男子每人一亩"桑田"，但"别给麻田十亩、妇人五亩"，男女奴隶相同，只是要"皆从还受之法"，即麻田属于"露田"性质而不属于身终不还的"桑田"性质。第三，关于授田数量的规定：能年年耕种的"露田"，以男夫一人40亩、妇人20亩为限给予：实际上"露田"常常加倍给予，以便休耕；要三年才能轮种一次的瘠地，则以男夫一人120亩、妇人60亩计算；给予耕牛的露田，则不分土质好坏，只按牛的头数的多少，凡有4头牛以内者，每头牛以30亩为限。至于"桑田"，则不分土地好坏，一律以成年男子一人20亩计算；如果是"非桑之土"，则只给成年男子一亩"桑田"。第四，是针对各种具体情况而作出的关于授田数量、授田办法、还田办法和还、授田时间等等的规定。因此，北魏的均田法令，可以说是我国历史上第一个最为详细的关于土地的成文法。从其关于"露田"的性质、数量、对象及还授办法等规定来看，显然是北魏前期"计口授田"制的继续和发展，因为早在孝文帝太和元年（477）三月，就已有"一夫制治田四十亩，中男二十亩"① 的规定，这次是"计口授田"制更系统化、严密化而推广及于全国而已。从其关于"桑田"的性质、数量及授予对象等规定来看，它是在原有的私有土地制度的基础上，即对土地私有制加以限制又予以承认的土地法令，同时又是适应满足奴隶拥有者的土地要求的法令。因此，这个法令同时具有保护土地国有制和承认土地私有制的二重性。它的贯彻执行，既可以起到在不触动原有地主土地私有制的前提下，把私家荫户和流亡农民吸引到国有土地上来的作用；又可以使拥有大量奴隶的奴隶主，通过奴与婢同良人一样受露田和男性奴隶同良人一样受桑田以及耕牛受露田等规定，而成为拥有大量"露田"与"桑田"的人。即一举而达到了荫户、隐户的编户化与奴隶主的地主化的双重

① 《魏书》卷7上，《高祖纪上》。

目的。

既然北魏统治者制定均田法令以实行均田制度为目的之一，在于增加国家控制的编户数量以保证税源和役源，因而太和九年均田法令的颁布，就需要与之相适应的编户制度去贯彻均田法令的执行。因而太和十年（486）二月，在李冲的建议之下，果然抛出了新的编户制——三长制以取代昔日的“宗主督护”制[①]。这便是《魏书·食货志》所说的：“魏初不立三长，故民多荫附。荫附者皆无官役，豪强征敛，倍于公赋。（太和）十年，给事中李冲上言：‘宜准古，五家立一邻长，五邻立一里长，五里立一党长，长取乡人强谨者。’”显然，三长制是实行均田法令所必要的组织保证。没有新的三长制，不仅无法改变昔日庇荫、隐匿成风的状况，也无法登记户口、确定年龄、辨明癃残与否以及确定桑田、露田的具体界线和数量，自然无法进行均田的全部过程。三长制的提出其所以紧接着均田法令的颁布，不是没有内在联系的。

通过三长制的确立与均田制的实行，自然就为北魏统治者按照均田的对象与数量等制定新的租调剥削制度奠定了基础。果然，又是这个李冲，在提出三长制的同时，新的剥削办法也出笼了。这便是：“其民调，一夫一妇帛一匹，粟二石。民年十五岁以上未娶者，四人出一夫一妇之调，奴任耕、婢任织者，八口当未娶者四；耕牛二十头当奴婢八。其麻布之乡，一夫一妇布一匹，下至牛，以此为降。”[②] 均田时授露田的对象以一夫一妇为单位，而租调的征收也以一夫一妇为单位；授田时以15岁为年龄界线，而租调的征收也以“民年十五”为成年界线；授露田时对象包括男女奴隶及耕牛，而租调的征收也同样包括男女奴隶及耕牛。新的租调制以均田制为基础是何等明显！

正因为三长制的确立，要损伤一些拥有大量荫户、隐户的地主的利益；均田制的实行，更要给他们带来拥有私有土地数量的限制；均田法令中奴婢同良人一样受田的规定，会牵动一些顽固维护奴隶制的拓跋贵族的命脉。因此，三

① 有人据《南齐书》卷57，《魏虏传》南齐永明二年（公元485年，即北魏太和九年）“初，令邻里党各置一长，五家为里，五邻为里，五里为党。四年，造户籍”等语，认为三长制建立在均田法令颁布之前。实则三长制与均田法令，都非形成于一朝一夕，至于实行，更需要一个过程，无三长制无以行均田，无均田令无以均租调，也无行三长制之必要，因此不必纠缠于何先何后。

② 《魏书》卷110，《食货志》。

长制与均田制的实行过程，并不是一帆风顺的。据《南齐书》卷57《魏虏传》云："永明三年（495年，即魏太和九年）初，令邻、里、党各置一长，五家为邻，五邻为里，五里为党。四年（486），造户籍。"这说明三长制的提出在太和九年上半年，而其正式确立，则在太和十年。这十分符合三长制必先于均田制的情理，故《魏书》所载三长制创立于太和十年之说，是就其正式确立的年代而言，而非三长制的始立年代，《南齐书》此条至为宝贵。姑不论三长制的提出与均田令颁布的时间先后，单就讨论此制时的争论，就足证反对势力是十分猖狂的。对此，《魏书》卷53《李冲传》有比较详细的记载：

> 高祖初，（冲）以例迁秘书中散，典禁中文事，以修整敏惠，渐见宠待。迁内秘书令，南部给事中。旧无三长，惟立宗主督护，所以民多隐冒，五十、三十家方为一户。冲以三正治民，所由来远，于是创三长之制而上之。文明太后览而称善，引见公卿议之。中书令郑羲、秘书令高祐等曰："冲求立三长者，乃欲混天下一法。言似可用，事实难行。"羲又曰："不信臣言，但试行之，事败之后，当知愚言之不谬。"太尉元丕曰："臣谓此法若行，于公私有益。咸称方今有事之月，校比民户，新旧未分，民必劳怨，请过今秋，至冬闲月，徐乃遣使，于事为宜。"①冲曰："民者，冥也，可使由之，不可使知之。若不因调时，百姓徒知立长校户之勤，未见均徭省赋之益，心必生怨。宜及课调之月，令知赋税之均。既识其事，又得其利，因民之欲，为之易行。"著作郎傅思益进曰："民俗既异，险易不同，九品差调，为日已久，一旦改法，恐成扰乱。"太后曰："立三长，则课有常准，赋有恒分，苞荫之户可出，侥幸之人可止，何为而不可？"群议虽有乖异，然唯以变法为难，更无异议。遂立三长，公私便之。

主张实行三长制与反对实行三长制的争论如此激烈，最后若不是文明太后拍板定案，李冲之议，几乎遭到否决。从这场辩论中，无形中透露出均田法令已经

① 中华书局标点本，把元丕对话，止于"于公私有益"，似嫌不妥，故未从，然又不敢妄断，故注明以存疑。

制定和新的租调制已经形成的迹象。因此，这几者是一个统一的过程，无所谓何者在先何者在后。若从情理而言，应当是先有三长制而后才能行均田制。但是，《魏书·高闾传》所说的："置立邻党，班室俸禄，事设令行，于今已久"等语，绝不是指李冲建议的三长制而言，而是在"述前圣利世之高轨"时，追溯"置立邻党"与"班室俸禄"有其长久的历史渊源而已。因此，这条记载不能作为北魏三长制创立于太和十年之前的证据。[①] 又李安世在实行均田制之前所说的"三长既立，（流民）始返旧墟"[②] 等语，据《册府元龟》卷495载李安世疏，其"三长既立"作"子孙既立"，从而也不能作为三长制的实行在均田制之前的依据。至于《册府元龟》载均田令始于"太平真君九年"的说法，与《通典》及《魏书·食货志》均不合，又同整个北魏历史矛盾，显系误抄所致。因此，均田制始行于太和九年和三长制始行于太和九年上半年和确立于太和十年，应当是无可怀疑的定论。

均田制是否真正实行过呢？回答是肯定的。然而，也有人表示怀疑。他们根据《魏书·韩麒麟传》所说："太和十一年，京都大饥。麒麟表陈时务：'……今京师民庶，不田者多，游食之口，三分居二。……制天下男女，计口授田……'"，认为到太和十一年京师之民还有这么多"游食之口"，表明还未实行均田；韩麒麟既建议"制天下男女，计口授田"，也表明尚无均田法令，否则何用他建议同均田制相同的"计口授田"呢？至少也说明均田令并非颁布于太和九年。这里有两个问题：一是均田法令是否颁于太和九年？二是均田制到底施行了没有？关于前者，应当从一个立三长、查户口、明田莱、定细则乃至调整州郡设置的复杂情况去理解均田制的实行过程[③]，它绝不可能太和九年颁布法令，转眼之间就能实现。正因为由立法到实行需要做许多其他配套工作，因此，太和九年颁布均田令，到太和十一年京师还有游民存在就不足为怪了。至于韩麒麟的建议"制天下男女，计口授田"，可以说是对实行均田法令的支持。又太和十四年十二月诏"依准丘井之式，遣使与州郡宣行条制，隐

① 朱绍侯在其《魏晋南北朝土地制度与阶级关系》一书中力主三长制创立予太和十年前之说，其根据主要就是这一条记载。

② 《魏书》卷53，《李孝伯传附李安世传》。

③ 高敏：《北魏三长制与均田制实行年代问题辨析》，刊《史学月刊》，1992年第5期。

口漏丁即听附实，若朋附豪强，凌抑孤弱，罪有常刑”[①]，也正是为了宣传与执行均田法令；甚至到肃宗即位之初，任城王元澄还在“又奏垦田授受之制八条，甚有纲贯，大便于时”[②]，也是在根据新情况补充与发展太和九年均田令。因此，太和十一年京师还存在“游食之民”的事，不足以否定均田令颁布于太和九年。关于均田法令是否实行过的问题，上述之立三长、遣使巡行、清查隐口以及见于《魏书·地形志》中的太和十一年到二十三年之间屡次分割与增设州郡的事实[③]，都表明确在切切实实地实行均田制。特别值得注意的是，敦煌户籍残卷 S·0613 号《邓延天富等户残卷》（以下简称“残卷”）[④]，为我们提供了实行过均田制的确证。此户籍残卷，据日人山本达郎考证，系西魏大统十三年（547）之物。[⑤] 残卷明确记载了均田的对象包括丁男、丁女、丁妻、单丁、奴婢、老小、寡妻及癃残为户者及耕牛，这同北魏均田令所规定的授田对象完全一致，只是北魏均田令中的“男夫”、“妇人”等称谓被改称为“丁男”、“丁女”及“丁妻”而已。从残卷所载授田的类别来看，有“正田”、“麻田”、“园宅”地等，也同北魏均田法令所说的“正从正，倍从倍”、“麻布之土，则别给麻田十亩，妇人五亩、奴婢依良”及“诸民有新居者；三口给地一亩，以为居室，奴婢五口给一亩；男女十五以上，因其地分，口课种菜五分亩之一”等规定是一致的。在均田的方式上，有“受田”、“应受田”及“麻足”、“麻正足”等说法，也同均田令的受田精神是符合的。再从残卷所载一夫一妇输布 1 匹、麻 2 斤，单丁输布 2 丈、麻 1 斤、奴婢布 1 丈、麻 8 两，耕牛布 2 尺等户调数量来说，也同北魏均田令颁布后实行新的租调制所规定的“其麻布之乡，一夫一妇布一匹，下至牛，以此为差”的数量基本相同；至于纳税单位，残卷以“一夫一妇”为征收单位，与北魏之制同，而不同于北周以“一床”为征收单位。根据残卷的这些情况，确证北魏的均田法令确

① 《魏书》卷 7，《高祖纪下》。

② 《魏书》卷 19，《景穆十二王传·任城王传附子元澄传》。按《北史》卷 18，同传亦有之，但少“大便于时”语。

③ 高敏：《北魏三长制与均田制实行年代问题辨析》一文。

④ 《敦煌资料》第 1 辑。日人池田温的《中国古代籍帐集录》用《文史》第 9 辑，均有之。

⑤ 《东洋学报》，第 37 卷，第 2 ~ 3 号，山本达郎文。

实获得了执行。不过，它也有不同于北魏均田令的地方，除了上述的细微差别之外，还有中男、中女、小男、小女、黄口、贱口、课口及不课口等称谓，均不见北魏均田令及有关史籍，因此，它又不可能是北魏太和九年均田令的执行情况，只能是经过修改、补充和发展了的晚于太和九年均田法令的新均田令的执行情况。

由于均田制的实行，可以使“细民获资生之业，豪右靡余地之盈”[①]；与它相配合的三长制的施行，又可收“课有常准，赋有恒分，苞荫之户可出，侥幸之人可止”[②] 的功效，因而均田制实行后，确起了垦辟荒地和发展农业生产的作用，以致孝文、宣武之世，“四方无事，国富民康”[③]，“百姓殷阜，年登俗乐，鳏寡不闻犬豕之食，茕独不见牛马之衣”[④]，虽不免有溢美之辞，但也多少反映一些实况。单以社会人口来说，行均田制后30余年中，人口增至孝明帝正光年间（520～525）的500多万，较西晋太康时的户数超过近一倍，如果不是社会经济的恢复与发展，是不可能有如此承受能力的。

当然，对均田制所起的积极作用不能估计过高。这是因为地方官执行不力，特别是三长制。本来李冲建议时，要求“长取乡人强谨者”为之[⑤]，但实际上是“今之三长，皆是豪门多丁为之”[⑥]，他们对于豪强地主的隐户、荫户是不会去认真检括的，以致孝明帝时元晖还在建议：“更立权制，善加检括”[⑦]；孝庄帝时，由于宋世良“诣河北括户，大获浮惰”，因而孝庄帝大为夸奖，“知卿所括得丁，倍于本帐。若官人皆如此用心，便是更出一天下也”[⑧]。这些情况的存在，自然要削弱三长制等所起的作用。加上均田令中有奴婢受田的条款，于是豪强地主和拓跋贵族，为了要通过奴婢的占有而获得更多的土地，便掀起了掠人为奴婢的高潮，以致王椿一家，在孝文帝以后，仍有“僮

① 《魏书》卷53，《李安世传》。
② 《魏书》卷53，《李冲传》。
③ 《魏书》卷19中，《景穆十二王·任城王澄传附子顺传》。
④ 《洛阳伽蓝记》卷4，《城西》。
⑤ 《魏书》卷110，《食货志》。
⑥ 《北史》卷42，《常爽传附孙常景传》。《魏书》卷82，《常景传》阙。
⑦ 《北史》等15，《昭成子·常山王遵传附元晖传》。《魏书》卷15，同传阙。
⑧ 《北史》卷26，《宋隐传附宋世良传》。

仆千余”[1]；元丽其人，就“枉掠良善七百余人”为奴[2]；酷吏崔暹等为了“广占田宅”而“藏匿官奴，障吝陂苇，侵盗公私”[3]；以致世宗不得不于延昌二年（513）二月下诏“定奴良之制，以景明为断”[4]。“定奴良之制”的具体内容虽然不明，但其目的在于防止枉夺良人为奴之事则是很明显的。何况北边诸镇的矛盾，也日趋严重；地主土地私有制又迅速膨胀，以致均田制的积极作用被诸多的社会矛盾所抵消了！

第三节 东魏、北齐和西魏、北周的均田制与屯田制

534 年，高欢立元善见为帝，即孝静帝，并迁都于邺；同年，北魏孝武帝元脩逃入关中，依靠宇文泰，从此北魏分裂成了东、西魏。大权分别掌握于高欢与宇文泰之手。550 年，高洋废孝静帝，改国号为齐；556 年，宇文护废西魏恭帝，改国号为周，从而又形成了北齐、北周的对立。

东魏、北齐和西魏、北周，虽然在政治上彼此对立，军事上战争不休；但在社会经济制度方面，均系上承北魏，因而均在本辖区内继续实行均田制，而且随着时代的发展，也各自给均田制增添了新的内容，从而反映出各自的细微变化。

一、东魏、北齐的均田制

东魏、北齐的均田制，可分为两个阶段，从东魏孝静帝天平元年（534）到北齐武成帝河清三年（564）为第一阶段，即完全继续北魏末年均田制的阶段；从河清三年开始到北齐灭亡，为第二阶段，即改易旧制的阶段。前后两个阶段的分水岭，就是河清三年发布的均田令。

自北魏分裂为东西魏后，东魏迁都于邺，表面是魏孝静帝当政，实权却完全落入高欢之手。他为了笼络人心，于东魏天平年间（534 ~ 537），又进行过

① 《魏书》卷 93，《恩幸·王睿传附子椿传》。
② 《北史》卷 17，《景穆十二王·济阴王小新城传附子丽传》。
③ 《北史》卷 87，《酷吏·崔暹传》。
④ 《魏书》卷 8，《世宗纪》。

一次大规模的均田活动。《北齐书·高隆之传》云："天平初，丁母忧解任。寻诏起为并州刺史，入为尚书右仆射。时初给民田，贵势皆占良美，贫弱咸受瘠薄，隆之启高祖（高欢——引者注），悉更反易，乃得均平。"据此，知天平初年的均田，几乎成了满足"贵势"者土地要求的一次活动。高隆之请求"悉更反易"，恐怕只能是官样文章。单以高隆之"奏请检括"那些"冒名窃官者"为例，引起"群小喧嚣，隆之惧而止"，就证明他是不敢触动权贵的。所以，武定中（543～549），高隆之为河北括户大使时，"分括无籍之户，得六十余万"①，说明当时流民之多，前此均田只是形式。及北齐政权取代东魏后，北齐"给授田令，仍依魏朝，每年十月普令转授，成丁而授，丁老而退，不听卖易。文宣帝天保八年（557）议徙冀、定、瀛无田之人，谓之乐迁，于幽州宽乡以处之。"② 由此可见，北齐初期其均田的办法都一遵北魏、东魏之旧，无多大变化。唯大规模徙民宽乡之事，是利用均田名义加强对农民的剥削，名曰："乐迁"，实为强迫，故"百姓惊扰"③ 收效不大。曾仕于北魏末年的宋世良，于东魏、北齐时期先后为清河太守及东郡太守，于"天保中（550～558）献书，请以富家牛地，先给贫人，其时朝列称其合理"④。然而，这样的建议，实际上是根本行不通的。

自东魏之初，至河清三年颁布均田令之前，虽然属于均田制的承袭期，在授田对象、时间与办法等方面无多变化，然而，在北魏均田令中所规定的露田、桑田的性质方面却发生了微妙的变化。这从《通典·食货·田制》所引宋孝王《关东风俗传》中获得说明。《关东风俗传》曰："……其赐田者，谓公田及诸横赐之田。《魏令》：职分公田，不问贵贱，一人一顷，以供刍秣，自宣武出猎以来，始以永赐，得听卖买。迁邺之始，滥职众多，所得公田，悉从货易。又天保之代，曾遥压首人田以充公簿，比武平以后，横赐诸贵及外戚佞宠之家，亦以尽矣。……纠赏者依《令》：'口分之外，知有买匿，听相纠列，还以此地赏之。'至有贫人，实非膳长，买匿者苟贪钱货，许吐壮丁口

① 为河北括户大使事，见《北齐书》卷18，《高隆之传》，其余见《隋书》卷24，《食货志》。
② 均见《通典》卷2，《食货典二·田制下》：徙民事，亦见《隋书·食货志》。
③ 《隋书》卷24，《食货志》。
④ 《通典》卷2，《食货·田制》引宋孝王《关东风俗传》。

分，以与纠人；亦既无田，即使逃走；帖卖者帖荒田七年，熟田五年，钱还地还，依令听许；露田虽复不听卖买，卖买亦无重责。贫户因王课不济，率多货卖田业，至春困急，轻致藏走；亦懒惰之人，虽存田地，不肯肆力，在处浮游，三正卖其口田，以供租课。”从这段话中，我们可以看到北魏均田法令中关于土地所有权的规定已有如下的变化：第一，职分公田的给予面扩大了和私有化产生了。在北魏均田法令中，无职分公田的名称，只有“诸宰民之官，各随地给公田”的规定，即相当于“职分公田”，只给刺史、太守、治中别驾、县令及郡丞，而且“卖者坐如律”，这说明北魏的职分公田是不许买卖的。但到东魏、北齐变成了“不问贵贱，一人一顷”，可见给予职分公田的面扩大了；而且“自宣武出猎以后，以充永赐，得听卖买，可见职分公田的私有化产生了。从这些变化都写入《魏令》，表明这时的均田令已增入了新的内容。第二，自东魏迁邺之始，公田已经可以买卖，又是一个新变化。第三，农民的口分田也可以买卖了。这可分几种情况：一是按纠赏令而来的公田，变成了赏田；二是诈吐的口分田也允许充赏田；三是帖人之荒田、熟田，依令可以买卖。这里的“口分”田之名，不见于北魏均田令，但又非“露田”，因为接着有“露田虽复不听卖买”之语，可见“口分”田非“露田”。如果“口分”是指“桑田”而言，则也较北魏均田令中关于桑田买卖的条件放宽了。第四，“露田”也可以买卖了。这也有几种情况：一是因“王课不济”而出卖露田；二是逃亡者，三正代他们出卖“口田”（此“口田”应为“露田”）。这时在原则上“露田”不许买卖，但买卖了“也无重责”，即默许了。因此，总的说来，从北魏末期到东魏和北齐河清三年前，均田法令中关于土地私有的因素增加了，以致北魏太和九年均田令中的“露田”、“桑田”的性质都在发生微妙的变化。北齐河清三年的均田令，就是在这样的历史背景下制定的，自然也不可避免地要打上其时代的烙印。

以河清三年的均田令为界线，使东魏、北齐的均田制进入了它的第二阶段。《隋书·食货志》载河清三年均田令曰：

> 河清三年定令：乃命人居十家为比邻，五十家为闾里，百家为族党。男子十八已上，六十五已下为丁；十六已上，十七已下为中；六十六已上为老；十五已下为小。率以十八受田，输租调，二十充共，

六十免力役，六十六退田，免租调。京城四面，诸坊之外三十里内为公田。受公田者，三县①代迁户执事官一品已下，逮于羽状武贲、各有差。其外畿郡，华人官第一品已下，羽林武贲已上，各有差。职事及百姓请垦田者，名为永业田（原作“永田”，此据《通典》及《册府元龟》改）。奴婢受田者，亲王止三百人；嗣王止二百人；第二品嗣王已下及庶姓王，止一百五十人；正三品已上及皇宗，止一百人，七品已上，限止八十人；八品已下至庶人，限止六十人。奴婢限外不给田者，皆不输。其方百里外及州人，一夫受露田八十亩，妇四十亩（《通典》作“妇人四十亩”）。奴婢依良人，限数与在京百官同。丁牛一头，受田六十亩，限止四牛（原作“军”，据《通典》改）。又每丁给永业二十亩，为桑田。其中（《通典》作“其田中”）种桑五十根，榆三根，枣五根。不在还受之限。非此田者，悉人还受之分。土不宜桑者，给麻田，如桑田法。

《隋书·食货志》所载河清三年均田令，亦见于《通典·食货·田制》及《册府元龟》卷495《邦计部·田制门》。但《通典》除上引《令》文外，还有“武成帝河清三年诏：‘每岁春月，各依乡土早晚，课人农桑。自春及秋，男子十五以上皆营蚕桑，孟冬，布田亩。蚕桑之月，妇女十五以上皆营蚕桑。孟冬，刺史听审教之优劣，定殿最之科品。人有人力无牛，或有牛无人力者，须令相便，皆得纳种，使地无遗利，人无游手。’”这是指一般性劝课农桑的办法而言，其年龄界线不同于同年均田令，可见这还是继承北魏以来的传统课农办法。

如果把北齐河清三年的均田令同北魏太和九年的均田令作一比较，就不难发现它具有如下一些鲜明的时代特征与差别：

第一，关于成丁与受田的年龄标准不同：北魏为15岁受田，并谓这就是课年；而北齐均田令改为“率以十八受田”，又谓“男子十八以上”为丁，表明受田与成丁的年龄同步提高了。这种提高，更符合劳动者胜任体力劳动的生

① “三县”云何，史书未载，《隋书》卷24，《百官志》讲到邺、临漳及成安三县为京城县，员吏的设置均不同于其他县，此所谓“三县代迁户”，可能即此三县。另外清都郡为畿郡，又有司统诸畿郡。

理特征，反映出北齐均田令更趋于成熟。

第二，关于受田数量的差别：北魏均田令规定男夫每人受露田 40 亩，妇女 20 亩，所受之田率倍之，即实际受田数量为正田、倍田数之和，合计为男夫每人 80 亩，妇人 40 亩。北齐均田令则取消了“倍田”的名称，直接合正田、倍田于一体，规定“一夫受露田八十亩，妇四十亩”，此受田数不同之一。三县代迁户、华人官一品以上及羽林武贲受公田的数量，无具体规定，此其二。又麻布之土，北魏时男夫每人“给麻田十亩，妇人五亩”，而北齐时则“给麻田如桑田法”，即“每丁给永业二十亩为桑田”，麻田的数量增加了，此其三。

第三，关于授田对象的变化：北魏时，受露田者包括男夫、妇人、单丁、奴婢、耕牛、老小癃残为户者；受桑田者，女性除外；官吏只给职分公田，不给桑田，而且是按地方官吏的大小给予，中央官吏除外。而北齐时，除上述北魏的受露田、桑田对象仍为受田对象外，受公田的对象，增加了三县代迁户、华人官一品已下者与羽林武贲；而且规定了一个特殊的区域，即邺城周围 30 里内及此范围内的几郡公田。数量上也有差等规定。这些都体现了格外优待鲜卑勋贵及六镇降户的受田原则。

第四，关于奴婢受田人数的不同：北魏时，奴婢受田同良人相同，而且同样有性别上的差别，奴婢人数上没有限制。北齐时，除奴婢同良人一样受田外，奴婢受田的人数有了限制，而且限额的规定是按封爵的大小与官品的高低作出的。最多为 300 人，最少为 60 人。这一方面反映封王与官吏的实际奴婢人数大大超过限额；同时也说明不少鲜卑勋贵通过北魏太和九年以来奴婢受田法令，已经基本上实现了地主化的目标，故已无需给大量的奴婢授田了。

第五，关于私有土地数量的不同：北魏均田令规定，只有初受田者，才给予桑田 20 亩作为身终不还的“世业”，妇女与女性奴隶不在给桑田之列，麻布之土，也不给作为私有土地的“桑田”。但是，到了北齐时期，均田令所允许私有的土地数量增多了。首先，“职事及百姓诸垦田者，名为永业田”。所谓“永业田”，即私有土地之意。而且永业田的数量，有请则给，并无限制条文，可见允许官吏、地主拥有私有土地的数量比北魏增加了。其次，“又每丁给永业二十亩为桑田”，“不在还受之限”，较北魏时的“诸初受田者，男夫一人给田二十亩”的规定放宽了，因为它不再有“初受田者”的限制了。其三，“土不宜桑者，给麻田，如桑田法”，意即麻布之土，每丁也给麻田20亩，也同桑田一样不在还受之限，显然较北魏时的“诸麻布之土，男夫及课，别给麻田十亩，妇人五亩，奴婢依良，皆从还受之法”不同了，即麻田也由国有土地性质变成了私有土地了。由此可见，北齐均田法令关于私有土地的数量较北魏时确有增加与扩大。

第六，关于“桑田”或“永业田”的私有程度的差别：北魏的“桑田”，虽然具有私有土地的性质不在还受之限，但尚无“永业田”之名，且买卖还受到限制，只能在按定额“桑田”有“盈”和“不足”的情况下进行买卖，“不得卖其分，亦不得买过所足”。但北齐均田令则不然，其“桑田”正式获得了“永业田”的称号，其私有性更加明显了；且无买卖永业田的限制，很可能已经没有限制了。结合前引宋孝王《关东风俗传》所载“自宣武出猎以来”，连“公田”也以之“充永赐”；到“迁邺之始”，即东魏初期，“公田”也可以“悉从货易”；“露田虽复不听买卖，但买卖亦无重责”；甚至三正还可以代替农民出卖“口田”等情况来看，北齐的桑田很可能已经允许自由买卖。这一切，都表明北齐均田令关于允许土地私有的程度加深了①。

由上可知，从北魏太和九年均田令到北齐河清三年均田令的历史过程，是均田制内部土地私有性逐渐加强的过程，故同时也是均田制由于内在的二重性而导致它逐步被破坏的过程。对于东魏和北齐初期来说，则更明显是均田制的变易旧制的时期，而且这种情况之所以发生，是同北魏末期、东魏和北齐初期整个社会土地私有制的发展的冲击是密切联系在一起的，故是时代所赋予的特征。

二、西魏、北周的均田制

西魏、北周的均田制，也可以分为两个发展阶段：从北魏末年的西魏大统恭帝三年（556）之前，为第一阶段，前引西魏大统十三年（547）的敦煌户籍残卷所反映的情况，就是这一阶段均田制的缩影。从西魏恭帝三年到北周末

---

① 高敏：《秦汉魏晋南北朝土地制度研究》，第160~162页。

年，为第二阶段，《隋书·食货志》所载均田令即其证。

据敦煌户籍残卷5·0613号《邓延天富等户残卷》所载，其麻布之土所授麻田的数量，仍为男丁10亩，妇人5亩，与北魏均田令的规定相同，可见此时尚未发生北齐均田令那种每丁给麻田20亩的变化。残卷只载应受、已受“正田”数，无关于“倍田”的记载，受田的数量也只限于“正田”，可见尚未发生北齐均田令那样合正田与倍田数量于一体的受田做法。又残卷中有一户，只一口人，又系老年和女性，旁载“应受田十五亩”。据《魏书·食货志》，敦煌所属的凉州，为麻布之土，“皆以麻布充税”，这就证明这个以老、寡为户者的应受田数，恰恰符合北魏令中关于“诸有举户老小，癃残无授田者，年十一已上及癃者各授以半夫田……寡妇守志者虽免课亦授妇田”的规定。因为该户系以老年妇人为户主者，只受正常女性一半的露田即10亩；又因麻布之土，要别给麻田5亩，合计恰为15亩应受田。这更证明大统十三年的均田令在受田数量方面还未改变魏制。因此，这一阶段同样属于沿袭北魏旧制时期。但到西魏恭帝三年均田制的情况，就大不相同了。《隋书·食货志》云：

> 后周太祖作相，创制六官。……司均掌田里之政令。凡人口十已上，宅五亩；口九已上，宅四亩；口五已下，宅三亩。有室者。田百四十亩。丁者田百亩。

《通典》卷2《食货·田制》亦载此均田令，内容全同。韩国磐据《周书·文帝纪下》，认为宇文泰“初行周礼，建六官”，在“为太师大冢宰”时期，“系在556年（恭帝三年），故均田令应颁布于此年”[①]。拿这个均田令同北魏均田令及西魏大统十三年的敦煌户籍残卷所反映的均田制比较，其差别也是显而易见的。

第一，它不再像北魏均田令及敦煌户籍残卷那样，把均田对象的单位称为“一夫一妇”，而称做“有室者”；单丁则被称做“丁者”。这是对受田对象的单位称谓的不同。

第二，它已无“正田”、“倍田”之分，而是将“正田”与“倍田”以及桑田合于一体，所以“有室者”的受田数量为140亩，这同北魏均田令及敦煌户籍残卷所反映的情况又不相同，同北齐的均田令只合正田、倍田而不合桑

① 韩国磐：《北朝经济试探》，第120页。

田的情况有同有异。不过在受田数量方面，几乎都是一致的。

第三，它把住宅地授予放到了显著的位置，特规定："凡人口十已上，宅五亩；口九已上，宅四亩；口五已下，宅三亩。"这同北魏均田令中规定的"诸民有新居者，三口给地一亩"的标准放宽了，它已无"新居者"的限制，数量也增加了；也同敦煌户籍残卷中只见有"居宅园宅"一亩的情况不同了。

第四，奴婢与耕牛受田的情况不见于均田令了。这也许是记载残缺所致，也许是取消了这些条款。后者有能性居多。

第五，关于桑田与露田的区分、桑田的允许买卖的程度等条款都不见了，这要么是仍依魏制，要么是取消了限制。总之，通过北周均田法令，也可以窥见均田制在朝着与北齐均田制相同的方向发展，只是没有北齐那么明朗而已。后来隋的均田法令与唐的均田法令，在更大的程度上与北齐均田令相近，也说明北齐的均田令反映了当时土地私有制发展的潮流。

三、北齐、北周的屯田制

东魏、北齐和西魏、北周时期，国有土地制的表现形式，除均田制之外，同样还有屯田制存在，只是规模不如北魏孝文帝在实行均田制后于全国范围内普遍实行民屯制度那么大而已。根据现存史籍关于北朝后期屯田的记载，对李彪所建议并实行的民屯制度，基本上没有反映。这有两种可能：一是在一系列的动乱中被破坏了，二是记载残缺漏掉了。不管属于何种情况，都可以肯定一点：东魏、北齐与西魏、北周时期的屯田数量与规模，都远非北魏时期可比拟了。因此，见于史籍中者，仅仅是一些零星的记载。以北齐来说，在中央的尚书省下六部之一的祠部，设有屯田曹，"掌籍田、诸州屯田等事"[①]，说明全国诸州还有屯田，不然无设此官的必要。又司农寺下设有典农署，"又别领山阳、平头、督坑等三部丞"[②]，也为掌管屯田的机构。至于"缘边城守之地，堪垦食者，皆营屯田，置都使、子使以统之。一子使当田五十顷，岁给考其所

① 《隋书》卷27，《百官志》。
② 《隋书》卷27，《百官志》。

人，以论褒贬”[①]。主管屯田的机构如此众多和完备，自然有一定数量的屯田需要管理。然而就具体情况而言，有关屯田的记载甚少，仅有“废帝乾明中(560)，尚书左丞苏珍芝，议修石鳖等屯，岁收数万石。自是淮南军防，粮廪充足。孝昭皇建中（560年，因乾明元年八月改皇建），平州刺史嵇晔建议，开幽州督亢旧陂，长城左右营屯，岁收稻粟数十万石，北境得以周赡”。此外，“又于河内置怀义等屯，以给河南之费。自是稍止转输之劳”[②]。可见北齐的屯田，在军粮供应方面，也起了一定作用。

至于北周，屯田由中央的司农管理之。屯田集中的地区，则设“屯监”，如《周书·薛善传》云：“时欲广置屯田，以供军实，乃除（薛善）司农少卿，领同州夏阳县二十屯监。”北厨统治者也很重视发展屯田，如苏绰就曾建议“并置屯田，以资军国”[③]；宇文贵也“请于梁州置屯田，数州丰足”[④]；李贤在河北“大营屯田，以省运漕”[⑤]。这些事实表明，北周屯田的效果也不算坏，只是规模有限而已。

综而观之，十六国、北朝时期的国有土地制度，存在国有牧场制、计口授田制、屯田制和均田制。随着北方各王国及北魏政权的封建化过程的加深和农业经济的发展，国有牧场在逐步缩小，计口授田制又发展成了均田制；魏、晋时期的州郡公田制，又为均田制下的官吏职分田所取代。因而到北朝后期，国有土地制表现形式日益简化成了均田制与屯田制两种形态。不过，此时国有土地制的表现形式虽然简单化了，国有土地的私有化倾向也在与日俱增，反映到均田制内部，其土地私有性的方面也在日益发展，然而就整个而言，其国有土地的比重，始终高于东晋南朝，以致隋及唐代前期，仍有可能在整个北方推行均田制。

---

① 《隋书》卷24，《食货志》。
② 《隋书》卷24，《食货志》。
③ 《周书》卷23，《苏绰传》。
④ 《周书》卷19，《宇文贵传》。
⑤ 《周书》卷2，《李贤传》。

第六章　魏晋南朝封建私有土地制度的诸形态及其演变

与魏晋南北朝封建国有土地制度同时并存、彼此对立、又互相制约、相互转化、互为消长的封建土地所有制形态，就是封建的私有土地所有制。由于土地私有者身份与社会地位的不同，又可以区分为封建小农土地私有制、世俗地主土地私有制、寺院僧侣土地私有制诸形态；其中同僧侣地主土地私有制对称的世俗地主土地私有制，又可区分为世俗世族地主（或曰世族地主）土地私有制与世俗庶族地主（又曰寒门地主）土地私有制两种形态，简称世族地主土地私有制与庶族地主土地私有制。如果就其土地的经营方式而言，则表现为自给自足性的自耕小农经济、租佃制下的封闭式田庄制经济和以集体所有的外壳出现的寺院经济等类型。

第一节　魏晋南朝的封建小农土地私有制

一、曹魏时期的自耕农经济

战国、秦、汉时期，是小农土地私有制比较发达的时期。这时，小农人数也占社会人口的主要部分。但是，随着秦汉时期地主土地私有制的迅速发展，小农的私有土地日益成了地主阶级的兼并对象。当时的封建统治者，尽管曾运用国家政权采取了各式各样的办法去维护封建小农经济，但小农仍不免于“卖田宅、鬻子孙以偿债”① 的日益贫困化处境，时刻处于“七亡”、“七死”

① 《汉书》卷24上，《食货志上》。

的死亡威胁之中①，以致经常不断地被排挤出社会生产过程而成为无依无靠的流民群。等待着他们的，是下降为封建国有土地的租佃者、私家地主的徒附、佃客、佣人乃至奴仆贱隶，只得“父子低首，奴事富人，躬帅妻孥，为之服役”，从而隶属于一定的主人，“历代为虏”②。有的为了生计，不得不铤而走险，又免不了在严密的封建法网之下，沦为社会罪犯，以刑徒身份被强制为封建国家服各种苦役，因此而致残、致死者，比比皆是，东汉刑徒墓的发掘和大量刑徒砖铭的出土，就提供了这方面的铁证。到了东汉后期，又加上社会的长期动乱，小农拥有的最简单、最原始的生产工具，也往往被掠夺一空，于是小农陷入了无法生存下去的困境，使小农土地私有制受到极大摧残。史籍中有关东汉末年人口锐减、土地荒芜、耕牛疾疫和民人相食等等，就是小农经济遭到严重破坏和小农土地私有制严重萎缩的写照。就是在这样的严峻形势下，逼迫着大量的社会劳动力由封建国家版籍转入了私门家籍；封建官府也以各种方式掠夺人口，或变成隶属关系严格的领民、领户，或以军事组织形式去编制他们，使他们丧失人身自由，从而使封建的人身依附关系迅速发展起来。

事实证明，在一系列的争夺战中获胜的曹操、孙权与刘备，为了同私家地主争夺土地与劳动力，以保证封建国家的军粮供应和税源、役源，于是魏、吴、蜀三国统治者几乎不约而同地采取了三种方式去控制土地与劳动力：第一，把空荒的土地一律收归国家所有，与此同时强制流民和被征服的少数民族人民去耕种这些土地，并把他们按军事组织形式编制起来，还建立专门管理机构去奴役他们，从而表现为屯田制的普遍实行。第二，在争夺战中，每攻克一城或一地，总是强制迁徙该地区的人口到其控制比较牢固的地区，并建立州、郡、县的统治机构和委派各级地方官吏去统治他们，从而表现为领郡、领民制度，昔日在法律上享有人身自由的编户齐民，就变成了受到严格控制的州郡县领民，也就是魏晋南朝的小农。③ 第三，通过招募、收编等集兵方式而建立起

① 《汉书》卷72，《鲍宣传》。
② 《通典》卷1，《食货·田制》引崔寔《政论》。
③ 高敏：《三国兵制杂考》一文，刊《河南大学学报》，1990年第1期。

来的军队，为了防止他们逃亡和保证兵源，就实行了以兵士屯田、兵士家属集中以为人质以及世代为兵的士家制度（或曰兵户制度）。[①] 三国统治者，都是依靠这样三个生产体系去牢牢控制人口、恢复与发展生产以及巩固其统治基础的。

以曹魏的情况来说，招徕与安辑破产小农及逃亡农民为郡县领民，以及强制流民为屯田民，二者几乎是同时进行的。至于以何种流民为郡县领民和以何种流民为屯田民，除按其需要而强制为之外，自愿与否，也是其原则之一。例如《三国志·魏书·袁涣传》云："拜为沛南部都尉。是时新募民开屯田，民不乐，多逃亡。涣白太祖曰：'夫民安土重迁，不可卒变，易以顺行，难以逆动，宜顺其意，乐之者乃取，不欲者勿强。'太祖从之，百姓大悦。"因此，自愿与否，确是流亡小农选择为州郡县领民或屯田民的原则之一。按袁涣被拜为沛南部都尉，在吕布被诛之后不久；而吕布之被诛，在建安三年（198）冬。是以知袁涣之上述建议应在建安三年之末或四年初。与此同时，他还认为"民之欲安，甚于倒悬"，故力主曹操要在用武的同时注重德治，以发展生产，安定民心。[②] 因此，上述建议更应在建安三年之末与建安四年之初。无怪乎自建安四年之后，在发展屯田制的同时，奖励郡县领民发展生产的事例也接二连三地出现了。由于有人往往把曹魏发展小农经济的事例与措施同发展民屯制度的事例与措施混为一谈，或误把民屯的事例当做小农经济，或误把小农经济的事例当做民屯制度，因而有必要严格区分二者。其区分的标志，在典农中郎将或典农校尉（二者均可简称为"典农"）统治之下还是在郡太守统治之下从事农业生产，是区分二者的试金石。[③] 按照这一区分原则，试胪列曹魏时期发展小农经济的事例如下：

建安四年（199）[④]，曹操遣卫觊使益州，因道路不通，"遂留镇关中。时四方大有还民，关中诸将多引为部曲。觊书与荀彧曰：'关中膏腴之地，顷遭荒乱，人民流入荆州者十万余家，闻本土安宁，皆企望思归。而归者无以自业，诸将各竞招怀，以为部曲。郡县贫弱，不能与争，兵家遂强。一旦变动，

① 高敏：《曹魏士家制度的形成与演变》，刊《历史与研究》，1989 年第 5 期。
② 《三国志·魏书》卷 11，《袁涣传》。
③ 高敏：《曹魏屯田的分布地区与经营年代考略》刊《文史》第 42 辑。
④ 《资治通鉴》卷 63，《汉记》系卫觊因使益州留镇关中事于建安四年末条下，而本传年代不明。

必有后忧。夫盐，国之大宝也，自乱来散放，宜如旧置使者监卖，以其直益市犁牛。若有归民，以供给之。劝耕积粟，以丰殖关中。远民闻之，必日夜竞还。又使司隶校尉留治关中以为之主，则诸将日削，官民日盛，此强兵弱敌之利也。'……太祖从之。"[①] 这显然是为了同关中诸将争夺流民以为郡县领民以发展小农经济。

建安五年前后，"太祖以吕虔领泰山太守。郡接山海，世乱闻民人多藏窜。袁绍所置中郎将郭祖、公孙犊等数十辈，保山为寇，百姓苦之。虔将家兵到郡，开恩信，祖等党属皆降服，诸山中亡匿者尽出安土业"[②]。这也是以逃亡农民为郡县领民以发展生产。

建安五年[③]，长广太守何夔在镇压了"管承徒众三千家"及东牟人王营众3000余家以后，使"所领六郡，疆域初定"。为了巩固与发展小农经济，他建议曹操缓收租税绵绢和缓行新法，原因是"今虽小安，然服教日浅"；"比及三年，民安其业，然后齐之以法，则无所不至也"，"太祖从其言"[④]。这表明何夔所招抚和优恤者也是郡县领民。

凉茂为曹操司空掾时，"时泰山多盗贼，以茂为泰山太守，旬月之间，襁负而至者千余家"[⑤]。这自然也是招抚郡县领民。

建安中，郑浑被曹操"召为掾，复迁下蔡长、邵陵令。天下未定，民皆剽轻，不念产殖；其生子无以相活，率皆不举。浑所在夺其渔猎之具，课使耕桑，又兼开稻田，重去子之法。民初畏罪，后稍丰给，无不举赡；所育男女，多以郑为字"[⑥] 这明显是奖励郡县领民发展小农经济。后又改为冯翊太守，"时梁兴等略吏民五千余家为寇钞，诸县不能禦，皆恐惧，寄治郡下"，郑浑晓以恩信，于是"党与离散"，"前后归附者四千余家，由是山贼皆平，民安

---

① 《三国志·魏书》卷21，《卫觊传》。

② 《三国志·魏书》卷18，《吕虔传》。本传年代不明，《通鉴》也未系此事。然据本传，此事之前有炅毌起义事，正值袁绍设置泰山郡以牵制曹操之时；其后又有与夏侯渊会击济南黄巾军事，据这些事推算，知为建安五年前后。

③ 本传年代不详，只说在建安二年后，然《通鉴》系其请缓征租调于建五年七月，从之。

④ 《三国志·魏书》卷12，《何夔传》。

⑤ 《三国志·魏书》第11，《凉茂传》。

⑥ 《三国志》卷16，《魏书·郑浑传》。

产业"[1]。到建安二十年曹操征服汉中时，郑浑为京兆尹，"浑以百姓新集，为制移居之法，使兼复者与单轻者相伍，温信者与孤老为比，劝稼穑，明禁令，以发奸者。由是民安于农，而盗贼止息"[2]。及"文帝即位……迁阳平、沛郡二太守。郡界下湿，患水涝，百姓饥乏。浑于萧、湘二县界，兴陂遏，开稻田，郡人皆以为不便，浑曰：'地热洿下，宜灌溉，终有渔稻经久之利，此丰民之本也。'遂躬率吏民，兴立功夫，一冬间皆成。比岁大丰，顷亩岁增，租入常倍，民赖其利，刻石颂之，号曰郑陂。转为山阳、魏郡太守，其治放此。又以郡下百姓，苦乏材力，乃课树榆为篱，并益树五果，榆皆成藩，五果丰实。入魏郡界，林落整齐如一，民得财足用饶"[3] 郑浑历任县令长及郡太守的地区，所在都是以奖励领民生产等办法以发展小农经济。

建安二十年[4]，苏则被"徙为金城太守。是时丧乱之后，吏民流散饥穷，户口损耗，则抚之甚谨。外招怀羌胡，得其牛羊，以养贫老。与民分粮而食，旬月之间，流民皆归，得数千家。乃明为禁令，有干犯者辄戮，其从教者必赏。亲自教民耕种，其岁大丰收，由是归附者日多"[5]。苏则所吸引的流民，也是郡县领民，故其所发展的也是小农经济。

此外，还有张既为京兆尹时，也"招怀流民，兴复县邑"[6]；杜畿为河东太守，课民畜牸牛、草马，下逮鸡豚犬豕，皆有章程，做到了"百姓勤农，家家丰实"[7]；仓慈于"太和中，迁敦煌太守。郡在西陲，以丧乱隔绝，旷无太守二十岁，大姓雄张，遂以为俗。……慈到，抑挫权右，抚恤贫羸，甚得其理。旧大族田地有余，而小民无立锥之土，慈皆随口割赋，稍稍使毕其本直"，以是"民夷翕然称其德惠"[8]；皇甫隆于"嘉平中"为敦煌太守，由于

---

① 《三国志》卷16，《魏书·郑浑传》。

② 《三国志》卷16，《魏书·郑浑传》。

③ 《三国志》卷16，《魏书·郑浑传》。

④ 《三国志》卷16，《魏书·苏则传》云："（张）鲁破"之后，"徙为金城太守"，故知苏则徙为金城太守在建安二十年。

⑤ 《三国志·魏书》卷16，《苏则传》。

⑥ 《三国志·魏书》卷15，《张既传》。

⑦ 《三国志·魏书》卷16，《杜畿传》。

⑧ 《三国志·魏书》卷16，《仓慈传》。

“敦煌不甚晓田，常灌溉揞水，使极濡洽，然后乃耕。又不晓作耧犁，用水，及种，人牛功力既费，而收谷更少。隆到，教作耧犁，又教衍溉，岁终率计，其所省佣力过半，得谷加五”[①]。京兆太守颜斐，也采取了类似的措施。[②] 这一切，都是地方官吏招诱流民为郡县领民，并奖励发展小农经济的例证。

除郡县地方官吏采取了兴修水利、解决耕牛、推广水稻种植、改进生产技术和发展家庭副业等措施以发展小农经济之外，曹魏统治者还实行了打击豪强兼并之家、勿使小农兼赋的政策[③]，颁布了旨在减轻农民负担的新的田租户调制；制定了以能否“亲农业”、“省烦费”和“丰财殖谷”为地方官升降标准的法令[④]；建安二十三年，特发布了《赡给灾民令》，对幼年、老年及“贫穷不能自赡者”，或“廪食终身”；或“随口贷给”[⑤] 通过上述措施和几十年的努力，大量的荒废土地获得了开垦，小农经济获得了恢复与发展。从而到了“黄初中（220～226），四方郡守垦田又加，以故国用不匮”[⑥]。具体说来，关内的荒地，获得了开垦[⑦]；“田畴荒莱”的京兆、冯翊与扶风，经过颜斐的奖励生产，变成了“丰富常为雍州十郡最”[⑧]；冀州也出现了“户口最多，田多垦辟”[⑨] 的局面；有些山区也在这一过程中获得了开发，如田畴经营的徐无山区便是如此[⑩]。总之，“自太祖迄于咸熙，魏国太守陈国吴瓘、清河太守乐安任燠、京兆太守济北颜斐、弘农太守太原令狐邵、济南相鲁国孔乂，或哀矜折狱，或推诚惠爱，或治身清白，或擿奸发伏，咸为良二千石”[⑪]，其所在地区的小农经济，都不同程度地获得了恢复与发展。

在发展小农经济的过程中，解决小农的土地来源问题是其关键之一。一般

---

① 《三国志·魏书》卷16，《仓慈传》注引《魏略》。
② 《三国志·魏书》卷16，《仓慈传》注引《魏略》。
③ 《三国志·魏书》卷1，《武帝纪》建安九年条及注引《魏书》载公令。
④ 《三国志·魏书》卷9，《夏侯尚传附子玄传》。
⑤ 《三国志·魏书》卷1，《武帝纪》建安二十三年条注引《魏书》载王令。
⑥ 《晋书》卷26，《食货志》。
⑦ 《三国志·魏书》卷13，《钟繇传》。
⑧ 《三国志·魏书》卷16，《仓慈传》及注引《魏略》。
⑨ 《三国志·魏书》卷16，《杜畿传附子传》。
⑩ 《三国志·魏书》卷11，《田畴传》。
⑪ 《三国志·魏书》卷重6，《仓慈传》及注引《魏略》。

说来，大约有两种方式：一是听任自占空、荒地。例如杜袭为西鄂长时，“遣老弱分散就田业”①，便属于自占；不仅生荒地可以自由占垦，即使是熟荒地，也允许他人开垦，如魏末晋初人郭翻，“贫无业，欲垦荒地，先立表题，经年无主，然后乃作”②；杨沛，“占河南〔夕〕阳亭部荒田二顷，起瓜牛庐，居止其中”③，皆其例证。在人口大量流移死亡和田多荒芜、土业无主的情况下，以这种自占方式解决土地问题无疑是大量的。二是由官府永久性的给予土地，例如仓慈之在敦煌所执行的“随口割赋”贫民以土地的做法，便是汉代以来“赋田于民”办法的延续。因此，随着发展小农经济诸措施而来的，必然是秦汉以来“以名占田”风气的盛行，也必然导致小农土地私有制的恢复与发展。故三国时期的曹魏，自耕小农的人数无疑比屯田民的人数要多。支撑曹魏政权这个政治大厦的经济支柱，应当是自耕小农的经济而不是屯田的收入。据清人杨晨在《三国会要》一书中所作的统计，全国12州、92郡中，有屯田的地区仅占其中的10州35郡。这个统计虽不免有遗漏，但仍能说明大部分郡县并无屯田。因此，就全国而言，曹魏政权所仰赖的还是小农的租调之人。曹魏之所以能战胜敌手和统一北部中国，最终还能灭蜀兼吴，屯田制的作用固然不小，恢复与发展小农经济措施所起的作用，同样是不可忽视的。

二、东吴与西蜀的自耕农

东吴与西蜀，招徕流民以发展小农经济的做法，也与曹魏基本相同。如东吴是以流民与被征服的山越人从事民屯与发展小农经济；西蜀则以流民与被征服的羌夷等少数民族人民从事屯田与发展生产。二国同样都存在屯田民与郡县领民两个生产体系，只是不若曹魏典型而已。

当孙吴政权把大批大批的山越人赶出深山险地以后，往往采取“强者为兵，羸者补户”④。的政策。其中补兵者，便成为世袭兵户；补户者，除一部分成了屯田民之外，也有成为郡县领民的。所以，在他们征服山越人的过程

① 《三国志·魏书》卷23，《杜袭传》。
② 《太平御览》引《晋书》。
③ 《三国志·魏书》卷15，《贾逵传》注引《魏略》载杨沛事。
④ 《三国志》卷5，《吴书·陆逊传》。

中，往往就在山越人居住地区新设郡县，例如贺齐就曾这么做过，事详《三国志·吴书·贺齐传》，这显然是以山越人为郡县领民。又如诸葛恪镇压山越人时，“荡涤山薮，献戎千万”，而以之为“甲士”者仅“四万”人，[①] 可见其余都成了郡县领民。这种户口，东吴称之为“正户”，又曰“县户”[②]，也就是秦汉时期的编户齐民，其中绝大部分属于自耕小农。为了在发展军、民屯田的同时也发展小农经济，孙吴政权也采取了大体同于曹魏的措施。首先，是保障农时，以发展小农经济，例如孙权赤乌三年（240）正月诏曰：“盖君非民不立，民非谷不生。顷者以来，民多征役，岁又水旱，年谷有损，而吏或不良，侵夺民时，以致饥饿。自今以来，督军郡守，其谨察非法，当农桑时，以役事扰民者，举正以闻”[③]，就是这类措施的代表。其次，是兴建水利，创建湖田。例如永安三年（260）秋，“用都尉严密议，作浦里塘”[④]。这种开塘作湖田之事，无疑是为了发展小农经济。其三，减轻赋役，以苏民困。这样的例证，举不胜举，诸如《三国志·吴书·骆统传》《吴主孙权传》《吴主孙休传》《陆凯传》《娄玄传》等，均有类似记载。其四，检括逃户，增设州郡，如孙皓凤凰三年（274）七月，曾“遣使者二十五人分立州郡，科出亡叛”[⑤]，即其例证。其五，是允许自由占有荒田以为私有，如《三国志·吴书·钟离牧传》云：“少爰居永兴，躬自垦田，种稻二十余亩。临熟，县民有识认之，牧曰：‘本以田荒，故垦之耳。’遂以稻予县人。县长闻之，召民系狱，欲绳以法”。由此可见，连熟荒地也是允许他人占荒开垦的。因此，随着孙吴政权对山越人镇压而来的，虽然给山越人带来了灾难，但也开发了山区，扩大了小农的数量，带来了小农经济在江南的发展。

至于西蜀，刘备早在樊城时期，就采用诸葛亮的建设，劝刘表使荆州境内“游户”皆“自实”[⑥]，自然有利于小农经济的发展。刘备入蜀以后，又兴修水利，奖励农耕，如《水经·江水注》引《益州记》谓都安县有秦人李冰所作

---

① 《三国志》卷64，《吴书·诸葛恪传》。

② 《三国志》卷60，《吴书·贺齐传》。

③ 《三国志·吴书》卷2，《吴主孙权传》。

④ 《三国志·吴书》卷3，《孙休传》。此事在《三国志·吴书》卷19，《濮阳兴传》里作“永安三年，都尉严密建丹阳湖田，作浦里塘”，《建康实录》卷3，《景皇帝》所载同。

⑤ 《三国志·吴书》卷3，《吴主·孙皓传》。

⑥ 《三国志·蜀书》卷5，《诸葛亮传》。

大堰。“水旱从人，不知饥馑，沃野千里，世号陆海，谓之天府也”。《水经注》又云：“诸葛亮北征，以此堰农本，国之所资，以征夫千二百人主护之，有堰官。”除了发展农业外，诸葛亮还设立铁官，并以张裔为“司金中郎将，典作农战之器”①；吕乂迁广汉、蜀郡太守后，以“蜀郡一都之会，户口众多，又（诸葛）亮卒之后，士伍亡命，更相重冒，奸巧非一。乂到官，为之防禁，开喻劝导，数年之中，漏脱自出者万余口”②。所有这一切，都是其发展小农经济的表现。然而，由于西蜀虽有天府之饶，却地方偏远狭小，加上连年用兵，军费负担过重，所以小农经济仍未能获得曹魏与孙吴那样的恢复与发展。一些小农依然只能“躬率妻子，耕殖自守”③，虽终日“曝背于陇亩之中”④，还是得不到温饱。故西蜀之速亡于魏，与其小农经济不如曹魏未尝无关。

三、西晋时期小农土地私有制的发展

在三国时期恢复与发展小农经济的基础上，西晋时期的小农土地私有制获得了颇大程度的发展。

我们知道，魏末晋初废除了民屯制度。原来由屯田民耕种的土地，在土地私有化浪潮的冲击下，西晋政府不得不顺应历史发展的潮流，把一部分国有土地私有化，用早已存在的自由占田以为私有的以名占田方式去占垦昔日属于国家所有的屯田。这样一来，原来以屯田形式存在的封建国有土地，除一部分转化成了租佃型军屯土地外，相当一部分便变成了小农的占田。于是，就引起了屯田民的编户民化和国有土地——民屯田地的私有化倾向。这种社会生产关系变化的实现，反映到当时的政策、法令上，就有“罢屯田官，以均政役，诸典农皆为太守，都尉皆为令长”及“罢屯田为郡县”⑤等诏令的颁布；也有平吴之后，太康元年（280）的占田法令的制定。通过前者，表明大量的屯田民变成了郡县管辖下的编户齐民，主管屯田的郡县两级农官也分别变成了郡太守

① 《三国志·蜀书》卷11，《张裔传》。
② 《三国志·蜀书》卷9，《吕乂传》。
③ 《三国志·蜀书》卷10，《廖立传》。
④ 《三国志·蜀书》卷9，《秦宓传》。
⑤ 分别见《三国志·魏书》卷4，《陈留王纪》及《晋书》卷3，《武帝纪》。

与县令长，民屯的管理系统与屯田民不复存在，因此，这是使屯田民编户民化的具体措施[①]。通过后者，则明确了屯田民占垦国有土地以为私有的土地数量为："男子一人占田七十亩，女子三十亩"，即一夫一妇允许占有国有土地100亩以为私有性的占田[②]。这个数字可能接近于原来耕种屯田的土地量。这个关于民户占田数量的规定，等于是限制从魏、蜀、吴三国继承下来的自耕小农的私有土地量，也是为了限制屯田民自由占田以为私有土地的量。通过占田法令，不仅承认了原有小农的合法地位，也扶植了一大批由屯田民转化来的自耕小农，并承认了他们的合法地位和土地私有性。因此，从本质上着眼，这先后颁布的几个法令，都是发展小农经济的法令。

事实证明，西晋统治者确实执行了这几个法令。《晋书·宗室·安平献王司马孚传附孙河间王司马洪传》云："仕魏，历任典农中郎将、原武太守。……武帝受禅，封河间王。"又同书《安平献王孚传附子太原王司马辅传》云："太原王（司马）辅，魏末为野王太守。武帝受禅，封渤海王，邑五千三百七十九户，泰始二年之国。………咸宁三年，徙为太原王，监并州诸军事。"据《续汉书·郡国志》，原武本为县，属河南尹管辖；野王也原本为县，属河内郡，意即东汉时期原武与野王均非郡。又据《晋书，地理志》云："魏氏受禅，即都汉宫，司隶所部河南、河东、河内、弘农并冀州之平阳，合五郡，置司州。晋仍居魏都，乃以三辅还属雍州，分河南立荥阳，分雍州之京兆立上洛，废东郡之顿丘，遂定名司州，以司隶校尉统之。"由此可见，曹魏时与西晋时均无原武郡与野王郡之设置。唯河内郡有野王县，而原武县之名既不见于河南郡，也不见于荥阳郡，很有可能西晋时已废原武县。上引《晋书·安平献王孚传》所附载的司马洪与司马辅，一个"历任典农中郎将、原武太守"，一个"魏末为野王太守"，显然表明原武与野王均曾在魏末晋初权置为郡。其置郡的原因，在于"罢屯由为郡县"。因为罢民屯时，"诸典农皆为太守"，司马洪既历任典农中郎将，其为河南郡典农时，有可能驻地在原武县，

---

① 高敏：《再论关于曹魏屯田制的几个问题》一文，刊《史学月刊》，1991年第4期。

② 占田法令，详见《晋书》卷26，《食货志》关于占田的性质，参阅高敏：《魏晋南北朝社会经济史探讨》，第104～125页。

故罢去其典农中郎将职务时，依令以原武为郡，并以司马洪为原武太守，与罢屯田诏令精神完全吻合。又以司马辅来说，其所在之野王县，东汉与曹魏时均属河内郡，故《晋书·安平献王孚传》称司马孚曾“出为河内典农”。又可能河内典农的驻地在河内郡野王县，故《水经·沁水注》又称司马孚曾为“野王典农”。当司马辅为河内典农时，也有可能同样驻地在野王县，因而废民屯制度时，也依令把野王县改为郡，于是司马辅就成了野王太守。由于原武郡与野王郡的设置，是为安置原来的典农而设置的，是权宜之计，很可能不久就废除了此二郡，故《晋书·地理志》中无野王郡而有河内郡，无原武郡而有河南郡与荥阳郡，甚至连原武县之名也不见了。从上述情况中可以看出，魏末晋初废除民屯制度时，确曾执行“诸典农皆为太守，都尉皆为令长”的法令，并因此新设了一批郡、县，原来的屯田民，千真万确地变成了郡县的编户齐民，即成了自耕小农。①

不仅在原曹魏统治区域内是如此，当西晋灭吴之后，也同样在东吴统治区域内实行了改民屯机构为郡县机构的措施，有些只是改得比较迟晚而已。《宋书·州郡志》扬州条，谓丹阳尹所辖的溧阳县，本“汉旧县，吴省为屯田，晋武帝太康元年复立”；湖熟，“汉旧县，吴省为典农都尉，晋武帝太康元年复立”；淮南尹所辖之于湖，“晋武帝太康二年，分丹杨县立，本吴督农校尉治”；又同书南徐州条云：南东海所辖“毗陵令，宋孝武大明末，度属此”，可见其改孙吴毗陵屯田区为县，亦在西晋灭吴之后，南琅邪郡所辖之“江乘令，汉旧县，本属丹阳，吴省为典农部尉，晋武帝太康元年复立”；此外，郢州所辖西阳郡之“东左安县长，前废帝永光元年，复以西阳蕲水、直水、希水三屯为县”。这一系列的晋太康元、二年间及刘宋时期改孙吴屯田地区为县的情况，都证明西晋在灭亡吴国之后也采取了把屯田民归属郡县编户齐民的措施。因此，占垦国有土地以为私有土地的占田法令也适用于孙吴时期的屯田民。这显然也是发展小农经济的措施。

此外，西晋武帝还采取了郡国守相必须督课农桑的严格措施和“约法省刑”、“复其徭役”等优恤办法。如泰始元年（265）十二月诏曰：“兴灭继绝，

① 高敏：《再论关于曹魏屯田制的几个问题》一文。

约法省刑。除魏氏宗室禁锢。诸将吏遭三年丧者，遣宁终丧。百姓复其徭役。罢部曲将长吏以下质任。省郡国御调，禁乐府靡丽百戏之伎及雕文游畋之具。”① 泰始四年六月诏曰：“郡国守相，三载一巡行属县……敦喻五教，劝课农功”②；同年十二月，又“颁五条诏书于郡国”，“敦本息末”即为其中之一③；至于减户课和免有灾地区租税之事，屡见不鲜；还采纳杜预、傅玄、束皙等多人有关发展农业生产的建议④。所有这一切，无疑都有利于发展小农经济。因此之故，太康年间（280～289）户口倍增，社会安定，生产获得了发展，史称为“太康之治”。单以人口的增加来说，更突出地说明小农经济的发展。因为曹魏原“有户六十六万三千四百二十三，口四百十三万二千八百八十一”⑤；灭蜀之时，得蜀国“户二十八万，男女口九十四万，带甲将士十万二千，吏四万人”⑥；灭东吴又得“户五十二万三千，吏三万二千，兵二十三万，男女口二百三十万”⑦。然则西晋之初，只有魏、蜀二国人口之和，即户94万多，口537万多⑧。到太康元年灭吴之后，即加上吴国人口数，也只有146万多户，760万口。这是按照有关记载的户口数计算的结果。然而，事实证明，西晋灭吴之后的人口数大大超出上述户数。《晋书·食货志》云：“太康元年，平吴，大凡户二百四十五万九千八百四十，口一千六百一十六万三千八百六十三。”为什么会超出这么多呢？其根本原因，就在于西晋代魏之后切实执行了“罢屯田官”以为郡县的法令，使昔日大批未入郡县的编户齐民户籍的屯田民列入了编户齐民户籍的结果（当然也有一部分自然繁殖的人口）。

更有甚者，《隋书·地理志》云：有晋太康之后，文轨方同，大抵编户二百六十余万”。这个数字，又比《晋书·食货志》所载太康元年的户数多出十余万。又《三国志·魏书·陈群传》注引《晋太康三年地记》云：“晋户有三

---

① 晋书》卷3，《武帝纪》。
② 晋书》卷3，《武帝纪》。
③ 晋书》卷3，《武帝纪》。
④ 《晋书·食货志》及诸人《本传》。
⑤ 《通典》卷7，《食货·历代盛衰户口》。
⑥ 《三国志·蜀书》卷3，《后主传》延兴六年条注引王隐《蜀记》。
⑦ 《三国志·吴书》卷3，《吴主孙皓传》天玺四年条注引《晋阳秋》。
⑧ 《续汉书·郡国志》注引皇甫谧《帝王世纪》。

百七十七万”，仅仅三年，较《晋书》与《隋书》所载户数超出100多万，其原因就在于太康元年既在江南地区采取了把孙吴屯田民编户民化的措施，又颁布了占田法令，实行了占田制，因而使大量的屯田民进一步编户民化；不少流民占垦土地者，也因获得了合法地位而登记户门①。因此，从西晋之初到太康年间的户口数的日增月长，总的说来是“罢屯田官”以为郡县与实行占田制的结果。因而人口的激剧增加，充分反映出西晋时期小农经济的恢复与发展达到了一个新的阶段，超过了三国时期的发展水平。而且所增加户口，几乎都可视为小农土地私有者，从而也奠定了东晋南朝时期小农土地私有制的基础。

四、东晋南朝小农土地私有制的萎缩

东晋南朝270多年间，除了南北争夺战、南方内部争夺战以及此伏彼起的小规模农民起义战争连绵不断之外，也有一些比较安定的时期，这便是宋文帝元嘉年间（423～453）与梁武帝的天监（502～519）、普通（520～526）年间。社会的安定，是发展小农经济的必要保证。因此，这两段比较安定的时期，也是东晋南朝小农经济获得发展的时期。

我们知道，西晋武帝泰始到太康这段时期，由于采取了一系列发展小农经济的措施，特别是废除民屯以屯田民为编户民以及实行占田制的措施，使编户数量迅速上升，出现了小农经济蓬勃发展的新局面。然而，好景不长，转眼之间，爆发了“八王之乱”，战火连绵，中原地区的小农经济受到极大摧残。接着又是各族人民的起义和五胡民族纷纷进入中原地区建立政权，战火越烧越旺，越烧越广。弄得中原地区刚刚获得土地的小农，根本无法存在下去。于是，为了生存，小农不得不在下述两条道路中选择一条：第一条路是向战乱较小的地区逃亡，从而掀起了有组织的与无组织的、集体的与单个的向东北、西北、西南以及江淮与江南逃亡的浪潮；第二条路是留在北方，加入由各地豪强组织的宗族武装集团，筑垒自卫，借以自保，于是又涌现了数不清的坞、屯、壁、堡；至于宗族势力弱小或者单家农户，更只有投依坞堡主取得人身安全的

① 高敏：《魏晋南北朝社会经济史探讨》，第104～125页及第357～359页。

保障。但是，无论走哪一条道路，对于小农户来说，都只有一个结果：丧失了小块私有土地，充当流民领袖的部曲或坞堡主（或宗主）的领民，平时耕田，有事打仗。开始还有些为着整个坞、壁等集团耕田、打仗的因素，但时间久了，就日益沦为坞、壁主的依附民，团结共存的色彩消失了，同宗同族的面纱被剥去了，坞堡主同依附民之间的剥削与被剥削关系取代了一切伪装。因此，南逃的流民，只得“多庇大姓为客”[①]，以致东晋南朝的“王公贵人”，大都拥有“佃客”、“典计”、“衣食客”，靠租佃地主土地耕种。“其佃客与大家量分”[②]。他们虽然属于农民阶级，但已不是自耕小农。这就是说，东晋南朝时期的江南地区，虽然增添了大量的北来流民，但自耕农的人数并未增加多少。加上北方流民虽然掌握了在当时来说比较先进的北方农业生产技术，但到江南之后，还有一个适应江南地理环境的问题。因而，东晋初年北方流民南移，并未立即给江南经济带来重大的变化。然而，到了刘宋元嘉年间情况就不同了。这时，早期流民的子孙已在江南立稳了脚跟，又熟悉了江南的地理条件，加上这时战争较少和宋文帝发展农业的各种措施，从而使南渡流民及土著农民的生产力得以发挥出来，创造了所谓“元嘉盛世”。

宋文帝与孝武帝发展小农经济的措施，约有如下几个方面：第一，严禁世族、豪强封山占水，使之向小农开放，扩大小农谋生的空间。为此，文帝与孝武帝曾多次发布诏令，禁止山泽占领，如孝武帝孝建二年（455）八月诏：“诸苑禁制绵远，有妨肄业，可详所开弛，假与贫民。”[③] 第二，令地方官劝课农桑，有灾地区给予赈济；第三，凡愿意务农的流民，给予田宅和减轻徭役。如元嘉二十一年诏：“尤弊之处，遣使就郡县随宜赈恤。凡欲附农，而种粮匮乏者，并加给贷”[④]。元嘉二十八年，又诏：“凡遭寇贼郡县，令还受居业。……东作方如，务尽劝课。贷给之宜，事从优厚。”[⑤] 二十九年再语：“经寇六州……

① 《南齐书》卷14，《州郡志·南兖州序》。
② 《隋书》卷24，《食货志》。
③ 《宋书》卷6，《孝武帝纪》。
④ 《宋书》卷5，《文帝纪》。
⑤ 《宋收》卷5，《文帝纪》。

务尽地利。若须田种，随宜给之”①。第四，整顿户口，清查隐漏。以致元嘉二十七年编制的户籍，成了齐、梁时期户籍的可靠根据②。第五，兴修水利。仅以寿阳的芍陂水利与会稽的长湖口水利来说，经过修复，溉田都在万顷以上③，以致梁代史家评论宋时的江南经济说：“会土带海傍湖，良畴亦数十万顷。膏腴上地，亩值一金，鄠杜之间，不能比也。荆城跨南楚之富，扬部有全吴之沃。鱼盐杞梓之利，充仞八方；丝绵布帛之饶，覆衣天下”④。由于小农经济的发展，以致个别小农地位有所上升。如郭原平这个木匠，由“自卖为十夫”以葬父，发展到拥有“数十亩田”⑤。由于经济的发展，必然带来人口的增加；随着人口的增加，新设的郡县也接踵而至。据不完全统计，广州所辖17郡，立于宋武帝与文帝时期者便有5郡之多；所辖136县中，为宋时所新立者占55县；而且多分布于西江上游的多山地区。⑥ 这说明连岭南地区的山区也获得了一定程度的开发。至于其他诸州，也不乏新增郡县。由于小农经济的发展，生产技术也获得了一定程度的改进（具体情况将于农业的专章述及），粮食的产量也提高了。仅以扬州地区来说，出现了“一岁或稔”，便“数郡忘饥”的粮食高产现象⑦，以致“从江以南，千斛为货，亦不患其难也”⑧。无怪乎沈约评论说：“昔汉氏都京，常称建武、永平故事，自兹厥后，亦每以元嘉为言。斯固盛矣。”⑨《宋书·良吏传序》，对刘宋初期的社会安定与生产发展状况作了一个概括性描述：“高祖起自匹庶，知民事艰难……以俭抑身，左右无幸谒之私，闺房无文绮之饰。……太祖……经略司、兖，费由府实，役不及民。自此区宇宴安，方内无事，三十年间，氓庶蕃息，奉上供徭，止于岁赋，晨出暮归，自事而已。守宰之职，以六期为断，虽没世不徙，未及曩时，而

① 《宋书》卷5，《文帝纪》。同样的诏令，不下七八条。
② 《通典》卷3，《食货·乡党》。
③ 《宋书》卷51，《宗室·长沙王道怜附子义欣传》及《水经·浙江水注》。
④ 《宋书》卷54，史臣曰。
⑤ 《宋书》卷91，《孝义·郭世道传》。
⑥ 据《宋书》卷38，《州郡志·广州》条统计。
⑦ 《宋书》卷54，史臣曰。
⑧ 《宋书》卷82，《周朗传》。
⑨ 《宋书》卷5，《文帝纪》史臣曰。

民有所系，吏无苟得。家给人足，即事虽难，转死沟渠，于时可免。凡百户之乡，有市之邑，歌谣舞蹈，触处成群，盖宋世之极盛也。”由此可见，宋文帝元嘉时期，确是一个小农经济获得显著发展的时期，可惜当时户口不实，隐冒严重，史书没有给我们留下可靠的户口记载，难于作出比较而已！

元嘉之末，战乱又起，赋敛日甚，下接萧齐，内讧不已，且国祚甚短，也没有较长时间的安定局面。故小农经济又呈衰落景象，仅以山阴一县为例，“民户三万”，其中“课户二万”，这两万课户，“民赀不满三千者，殆将居半”，至于非课户之贫苦就可想而知了。[①] 然后便有梁武帝时期的社会安定局面。梁武帝在位四十八年，其中绝大部分时间能保持社会安定；武帝虽然佞佛，然而，尚能鉴于“齐末昏乱，政移群小，赋调云起，徭役无度”的形势，有所改变：“及梁台建，仍下宽大之书，昏时杂调，咸悉除省，于是四海之内，始得息肩。……日昃听政，求民之瘼……元年，始去人赀，计丁为布；身服浣濯之衣，御府无文饰；宫掖不过绫彩，无珠玑锦绣”，还著“小县有能，迁为大县；大县有能，迁为二千石”之令。[②] 通过梁武帝的恤老济贫、蠲除课役等措施[③]，即使是一些边远山区也获得了一定程度的开发，例如地处大庾岭的始兴郡，也出现了粮食盈余，梁末陈霸先讨侯景时，曾在这里筹集军粮50万石[④]，并以30万石接济王僧辩军。无怪乎陈宣帝时在太建四年诏令中赞美梁时的盛况说：“姑熟饶旷，荆河斯拟，博望关畿，天限严峻，龙山南指，牛渚北临，对熊绎之余城，迩全琮之故垒，良畴美柘，畦畎相望，连宇高甍，阡陌如绣，自梁末兵灾，凋残略尽”[⑤]，可见侯景乱前，梁的小农经济确实获得了发展。至于继梁而起的陈王朝，国土日小，政治腐败，及其灭亡之时，户仅50万，口仅200万而已[⑥]，足见绝大部分小农或破产，或流亡，或附籍于世族豪门，不著户籍，其小农经济破败之象灼然可见！

---

① 《南齐书》卷46，《陆慧晓传附顾宪之传》。
② 《梁书》卷53，《良吏传序》。
③ 《梁书》卷1、卷2，《武帝纪上》及《武帝纪中》。
④ 《陈书》卷1，《高祖纪上》。
⑤ 《陈书》卷5，《宣帝纪》太建四年闰十一月辛未条。
⑥ 《通典》卷7，《食货·历代盛衰户口》。

第二节　三国时期地主土地私有制的形态特征和发展状况

一、形态特征

当地主土地私有制和地主阶级开始在我国历史上萌芽和逐步形成时，最初不外乎由如下几部分人构成萌芽阶段的地主阶级：第一，是由奴隶主贵族阶级中的部分成员逐步转化来的地主；第二，是由于立了军功、事功而被赐予爵位和赏赐土地而形成的地主；第三，是由各级任职官吏通过官府对他们的优待和凭借其政治地位而形成的地主；第四，是由富商大贾通过“以末致财”和“用本守之”[①] 而形成的地主；第五，是由一部分自耕小农在贫富分化过程中上升而形成的地主。这些不同来源的地主，构成了当时地主阶级的几种不同类型，也形成了各自的特征。大体说来，前三者，从其开始产生之日起，就带有一定程度的特权阶级的色彩，有权参与对国有土地的分割。后来，由于这个新兴的地主阶级中的前三种类型的地主逐步登上了政治舞台，他们便通过其手中掌握的政权，制定了一系列反映地主阶级利益的法令，实行了维护、固化其政治特权和政治地位的制度，以致这三部分地主在经过若干代以后就逐步汇合成了一个新的世袭性的特权地主阶层，简称之为世族地主阶层。后两种类型的地主，从其开始出现于历史舞台，就不同于前三者。一般说来他们没有任何政治地位，更缺少政治特权，因而也无权参与对国有土地的分割，仅仅是经济上属于富豪之民而已，从而他们是不同于世族地主阶层的平民地主阶层，也可称为庶民地主阶层或庶族地主阶层。如果说战国、秦和西汉时期，是前三种类型的地主从出现并逐步演变和汇合成具有政治、经济特权的世族地主阶层的初期的话；那么，从东汉时期开始，就是这个特权阶层的形成期，以致东汉时的许多特权地主和名门望族集团，都可以把他们的家族的世系，从战国历秦和西汉而至东汉，找出其世代相传的发展轨迹来，社会上也出现了以世代掌握文化特权为标志的“儒宗”式人物，也产生了历代为官和蝉联不断的官宦世家，而且在他们的周围还汇集了一大批“门生”、“故吏”，使他们各自的家族也戴上璀

① 《史记》卷129，《货殖列传》。

璨的灵光圈而成了人们仰慕的徽章。与此同时，没有政治地位与政治特权的平民地主阶层，更显现出他们的卑微地位和无光少彩的状况。① 与上述地主阶层不同阶层之间的区分日益明朗化相适应的，就是地主的土地私有制也相应地显现出两种不同形态，即世族地主土地私有制与庶族地主土地私有制的分野。魏晋南北朝时，则是世族地主阶层与庶族地主阶层的区分进一步深刻化和世族地主土地私有制同庶族地主土地私有制两种形态的分野进一步明朗化的时期。

世族地主土地私有制与庶族地主土地私有制两种形态，从其萌芽的时候起，就存在着明显的差别，而且在日趋明朗和深刻。它们之间的差别，主要表现如下：

首先，在土地来源方面，存在着明显的差别：

在世族地主土地私有制下，其土地主要来源于官府的赏赐，即封建国家政权按照亲属血缘关系、官阶品级高低、爵位轩轾和军功、事功的大小等因素赏赐给私家的土地。国有土地一经赏赐给私家，就成了受赏者的私有土地，一般可以传之子孙和自由转让、典贴和出卖。反之，在庶族地主土地私有制下，由于无特权和政治地位，其土地主要来源于土地的购买。在这种土地私有制形态下，土地所有权的转移，是土地商品化的结果，而不是把国有土地通过赏赐而来的私有化。因此，二者在土地来源的途径与方式上，存在着明显的差别。

其次，在同封建国有土地制的关系方面，二者也存在明显的区别：

既然世族地主土地私有制下的地主土地主要来源于官府的赏赐，那么，国有土地的有与无和多与少，就直接决定着用以充赏赐的土地数量的多少，从而也直接决定着世族地主土地私有制的能否存在和发展前景。由此可见，封建国有土地制的存在，是世族地主土地私有制存在的前提，也是其发展的条件。同样，国有土地制的削弱与瓦解，也会导致世族地主土地私有制下土地来源的枯竭。因此，世族地主土地私有制的存在、发展与衰落，都是以封建国有土地制的存在、发展与衰落为前提与条件的。然而，庶族地主土地私有制同封建国有土地制的关系就不是这样，它的存在与发展，恰恰相反，是以封建国有土地制

① 高敏：《秦汉魏晋南北朝土地制度研究》的《绪论》及第二、三章。高敏：《试论魏晋南北朝地主土地所有制的形态及其演变》，见《中国地主阶级研究》。

的削弱与瓦解为前提条件的。

其三，在地主的身份特征方面，二者同样明显不同：

由于官府赏赐土地的对象，全是皇室、宗亲、官吏、将领；赏赐土地的条件，又是以官阶、品级、爵位等的高低和功劳的大小为依据的。因此，被赏赐土地的人，只能是各级大大小小的权贵，一言以蔽之，是地主阶级中的特权阶层。所以，世族地主土地私有制下的地主，都是政治上享有高官厚禄、文化上居于垄断地位和社会地位上尊荣高贵的门阀地主阶层。反之，只有那些既无官位，又无爵级，还无特权，更非皇室宗亲的平民，才无缘参与对封建国有土地的分割，只能依靠土地的购买去占有生产资料。因此，庶族地主土地私有制下的地主，只能是一些无权无势的平民、庶族，当然，也不绝对排除他们在拥有大量土地以后表现出武断于乡曲的淫威，但毕竟不同于贵戚华胄。

第四，在土地私有权的法律形态方面，二者也有明显的不同：

当地主的土地私有制反映到法律上而形成相应的法权观念时，就表现出两种不同的地主土地制有着截然不同的法权形态。由于世族地主的土地多来源于官府的赏赐，所以，他们的土地私有权，就被打上了王侯权贵的政治烙印，以致其土地私有制，不完全是经济性的法律表现，而是混杂了政治的社会的一些因素，从而使其土地私有权也人格化了，被佩戴上了官吏、贵族的官阶、爵位等等的品级勋章，正如马克思指出的：西欧中世纪的领主的“家庭底历史，他们门第等等，这一切给他把土地占有制个性化起来，并且把土地占有制正式弄成他的门第，弄成一个人格”①。我国中世纪的世族地主土地私有制，虽然不同于西欧的领主制，而是属于地主土地私有制，但就其同封建国有土地制的关系方面而言，却又有与封建领主制相似的一面，因此，它的土地所有权的性质，也有近似于欧洲中世纪的土地所有权的法权形态的地方，即土地所有权的不纯性、不完全性、不稳定性、不成熟性和相对的性质等等。但是，我国中世纪世族地主土地私有制的这些法权形态特征，都不能否定其为私有土地制，这是因为封建的土地私有制的法权形态，本质上就不可能是完全的、成熟的和纯经济性的私有制形态，它不过是历史上曾经出现过的各种不同形态的土地私有

① 马克思：《经济学——哲学手稿》，第46页。

制中的一种，作为完全的、成熟的和纯经济性的土地私有制的法权形态，马克思称之为“土地的自由私有权”，只是“属于资产阶级社会的、关于土地所有权的法律观念”[①]。所以，我们不能因为世族地主土地私有制在法律形态上有上述不纯性和不完全性而否定其为土地私有制[②]。我国中世纪世族地主土地私有制在法律形态上的这些特征，表现为其赏赐而来的土地的所有权，有可能随着政治形势的变化和王朝更替而发生变化，即可能发生“追赐”、“追夺”和禁止自由买卖等情况，从而反映出政权对土地私有权的干涉以及其私有性的不完全、不成熟等等。反之，作为庶族地主土地私有制的法权形态，同世族地主土地制的法权形态是有所不同的。由于庶族地主土地私有制下的土地主要来源于土地的购买，因而发生王朝更替的政治变动时，也不会出现“追赐”、“追夺”等状况；封建的法律，也给予这种用钱买来的土地以保护；当发生土地买卖行为时，官府还制定了课取买卖双方以土地契约税的规定；当发生争夺土地所有权的“讼田”事件时，法律也给予这种土地以法律的承认；最后，发展到当官府禁止私家兼并土地时，对于已经私有化的土地“听不追夺”[③]；甚至还特别规定用钱买得的土地“不可官收”[④]。这一切，都说明庶族地主土地私有制下的土地私有权，较之世族地主土地私有制下的土地私有权，有明显的强化、固化与净化，已经接近于马克思所说的“自由土地私有权的法律观念”[⑤]。

上述历战国、秦、西汉与东汉逐步形成的世族地主土地私有制与庶族地主土地私有制两种形态的分野，到三国时期，从政治制度到经济制度，都把世族地主土地私有制推向了一个新的发展阶段，表现为世族地主与官府之间对国有土地的分割的制度化和世族地主的门阀化。相反，庶族地主土地私有制，却因

---

① 《资本论》第3卷，第695页注㉖。

② 高敏：《学习马克思主义经典作家关于封建社会土地制度理论的几点体会》一文，刊《郑州大学学报》，1982年，第3期及高敏：《秦汉魏晋南北朝土地制度研究》第一章《绪论》。

③ 《宋书》卷54，《羊玄保传》。

④ 《册府元龟》卷495，《邦计部·田制门》所载天宝十一年诏；亦见《全唐文》卷33，《禁官夺百姓口分永业田诏》。参阅高敏：《唐天宝十一载〈禁官夺百姓口分永业田诏〉试析》一文，收入《中国古代史论丛》，1982年，第3辑。

⑤ 《资本论》第3卷，第696页。

为三国时期屯田制的全面推行和商品经济比重的下降，从而影响了土地自由买卖的范围与程度，给庶族地主土地私有制的发展带来了一定程度的妨碍。

二、世族地主土地私有制的迅速发展和庶族地主土地私有制的缓慢前进

我们知道，自东汉以来，世代为官、纠集宗党、垄断文化和地位特殊的世族地主，比比皆是。其中有的属于全国性的世官之家，有的是名显于本州本郡的豪门巨姓。在史籍中，往往称他们为“儒宗”、“大族”、“大姓”、“名族”、“冠族”、“著姓”、“衣冠”、“甲族”、“冠盖”、“首族”、“华胄”或“华族”等等，名目繁多，而本质实一。他们或累代主宰朝政，为国辅臣；或把持地方政权，“世仕州郡”[①]。当他们的经济势力已经膨胀、政治地位已经牢固之后，就要求将其特权凝固为法律，并以制度保证之。果然，当曹丕正式取代汉献帝建立魏国之后，于黄初元年（220）四月，即采用尚书陈群建议，“制九品官人法”[②]，其法于“州、郡皆置中正以定其（指人才）选，择州郡之贤有识鉴者为之，区别人物，第其高下”[③]，这就是所谓九品中正制度。此制一立，中正官皆以世宦者为之，完全按照世宦门第品评人物高下，于是为东汉以来的世族地主世袭其政治地位和政治特权大开了方便之门，世族地主就成了门阀地主，门阀制度从此确立。

东汉以来的世族地主，通过九品中正制使其官位、特权的世袭性进一步制度化以后，他们又要求按照新的政治地位与特权，对封建国家控制的土地与劳动力进行再分配。于是，又有曹魏的“给客”制及东吴的“复田”、“复客”制的产生。

我们知道，由于三国时期的特殊历史条件，使三国统治者都控制的国有土地比东汉统治者控制的多。因而使他们既有可能各自在其辖区内实行屯田制，也有可能把官府控制的国有土地与劳动力按门阀世官之家的权位高低进行土地与劳动力的再分配。以曹魏来说，开始尚无此再分配制度，世族地主就以权力

---

① 《后汉书》卷66，《王允传》。

② 《三国志·魏书》卷22，《陈群传》，同书《文帝纪》无此事。

③ 《资治通鉴》卷69，《魏纪》文帝黄初元年四月条。

自行分割国有土地，例如曹爽辅政时，他的党羽何晏等人，就“共分洛阳、野王典农部桑田数百顷及坏汤沐邑以为产业”[①]。世族地主这种公开分割国有土地以为私产的行为，迫使曹魏统治者不得不实行对土地与劳动力的再分配制度。于是，到了曹魏末期就出现了司马氏父子兄弟“募取屯田，加其复赏”[②]的情况。所谓“募取屯田，加其复赏”，是说司马氏招募屯田民为兵，并给他们免除徭役与租税负担，与东吴的“复客”同一含义[③]。这样一来，本来是官府控制的屯田兵，却变成了私家部曲、佃客，这实际上是世族地主分割官府控制的劳动力的表现。而且这种情况，在魏末已形成制度，出现了“魏氏给公卿已下租牛客户数各有差，自后小人惮役，多乐为之，贵势之门动有百数”及“太原诸郡亦以匈奴胡人为田客，多者数千”[④]的制度与状况。所谓“租牛客户”，即官府控制的屯田民。官府既以“租牛客户”赏给“公卿已下”的人，并有一定的数量差别，表明“给客”已制度化。由于此制的实行，影响到社会上的畜“田客”之风盛行，可见“给客”之事确已普遍化。此制始行的时间虽不甚明，至晚在魏末已有此制。由于出现了分割国有土地之事与给客制度的实行，使世族地主的田地迅速扩大。如汉末的郑泰，“家富于财，有田四百顷”[⑤]；连僻处西陲的敦煌，也是“旧大族田地有余，而小农无立锥之土”，造成了“大姓雄张，遂以为俗”[⑥]的局面。敦煌尚且如此，内地更不待言。

至于东吴，由于江南地区不是黄巾起义军活动的中心所在，其原有地主阶级所受到的打击也不若中原地区严重，加上孙氏父子先后实行了世袭领兵制、领郡制、奉邑制等，使得一大批将领成了世将、世官，集军、政、财于一体，于是旧门与新贵，一齐成了门阀世族地主。以致孙吴的门阀世族地主的势力更盛于曹魏。[⑦]他们往往“僮仆成军，闭门为市，牛羊掩原隰，田池布千里”，

---

① 《三国志·魏书》卷9，《曹真传附曹爽传》。
② 《三国志·魏书》卷28，《毌丘俭传》注引俭等讨司马氏《表》。
③ 高敏：《魏晋南北朝社会经济史探讨》，第45页。
④ 《晋书》卷93，《外戚·王恂传》。
⑤ 《三国志·魏书》卷16，《郑浑传》注引张璠《汉纪》。
⑥ 《三国志·魏书》卷16，《仓慈传》。
⑦ 高敏：《孙吴世袭领兵制探讨》一文，刊《北朝研究》，1990年第1期。

"势力倾于邦君，储积富于公室"[①]；在政治上，这些世族地主的"公族子弟及吴郡四姓，多出仕郡，郡吏常以千数"[②]；孙权本人，也"依仗朱、张、顾、陆"以统治东吴[③]，以致"三国之间，四姓盛焉"[④]；也有部分出身卑微的官吏，东吴政权为保护他们的"僮客土田"不被他人侵夺，便"殊其门户"[⑤]，即给以特权，使之挤入特权地主的行列，从而形成了"吴名宗大族，皆有部曲，阻兵仗势，足以建命"[⑥]的世族地主盛极一时的局面。随着他们政治、经济势力的壮大和军、政等特权的牢固化而来的，就是要求土地与劳动力的再分配制度的制定，从而产生了孙吴的赐田、赐客制，亦叫"复田"、"复客"制。见于史籍的"复田"、"复客"事实，约有如下一些：

周瑜死后，"（孙）权素服举哀，感动左右。丧当还吴，又迎之芜湖，众事费度，一为供给。后著令曰：'故将军周瑜、程普，其有人客，皆不得问。'"[⑦]

吕蒙破曹魏庐江郡皖城有功，"即拜庐江太守，所得人马皆分与之，别赐寻阳屯田六百人，官属三十人"[⑧]。

吕蒙死后，"蒙子霸袭爵，与守冢三百家，复田五十顷。"[⑨]《建康实录·太祖上》作"置守冢三十家，助田五十顷"。

潘璋死后，"妻居建业，赐田宅，复客五十家"[⑩]。

陈武死后，"（孙）权命以其爱妾殉葬，复客二百家"[⑪]。

> 初，（陈）表所受赐复人得二百家，在会稽新安县。表简视其人，皆堪好兵，乃上疏陈让，乞以还官，充足精锐。诏曰："先将军有功于国，国家以此报之，卿何得辞焉？"表乃称曰："今除国贼，

---

① 《抱朴子·吴失篇》。
② 《三国志·吴书》卷11，《朱治传》。
③ 《三国志·吴书》卷16，《陆凯传》。
④ 《世说新语·赏誉篇》注引《吴录·士林》。
⑤ 《三国志·吴书》卷12，《虞翻传》注引《会稽典录》。
⑥ 《三国志·魏书》卷28，《邓艾传》。
⑦ 《三国志·吴书》卷9，《周瑜传》。
⑧ 《三国志·吴书》卷9，《吕蒙传》。
⑨ 《三国志·吴书》卷9，《吕蒙传》。
⑩ 《三国志·吴书》卷10，《潘璋传》。
⑪ 《三国志·吴书》卷10，《陈武传》注引《江表传》。

报父之仇，以人为本。空枉此劲锐以为僮仆，非表志也”。皆辄料取以充部伍。所在以闻，权甚嘉之。下郡县，料正户羸民以补其处”①。

蒋饮死后，“（孙）权素服举哀，以芜湖民二百户、田二百顷，给钦妻子”②。

孙琳被诛后，孙休下诏：“诸葛恪、滕胤、吕据等，并无罪见害，并宜改葬，追赐其家，复其田宅”③。

见于记载的“复田”、“复客”之事虽然只此数条，但实际情况决不止此。仅以周瑜、程普二人来说，其本传均不见有“复客”记载，但二人之家均有“复客”甚明。以此推之，史书记载定多遗漏。又如诸葛恪等人，其本传及《吴主·孙休传》，均未言“复其宅”事，而《建康实录》却有之，便是其证。以复客的数量来说，少则50人，多则600人，一般均为200家。被复之客，原来或是屯田民，或是一般民户。官府把他们赏赐给立了军功的将领或死亡将领的家属，是要他们为私家服役纳税，正如陈表所说是“以为僮仆”。其所以称他们为“复客”，是说官府免除了他们的租税、徭役负担，从此成了向私家纳税服役的佃客。至于“复田”，是官府把国有土地赏赐给私家以后，也同样免除这些田地的租税之入。被赏赐的土地数量，少则50顷，多则200顷，大体与“复客”的人数相对应。由此可见，通过“复田”、“复客”制度，孙吴的世将、世官们都获得了供其驱使而无租税徭役负担的佃客，也得到了免除租税的私有土地。这样，既满足了他们的土地与劳动力要求，也使他们获得了免税免役的特权④。

自秦至汉，屡见赐田的记载，但赐客之事，除《商君书·境内篇》有按赐爵给以庶子的记载外，都不见于正史。然而，到了三国时期，赐田、赐客之事的制度化，就反映出世族地主的土地与劳动力来源，都有了制度的保证，无怪乎三国时期是世族地主土地私有制的迅速发展时期。

三国之中的西蜀，虽然不见有曹魏与东吴这样的复田、复客记载，但其世

① 《三国志·吴书》卷10，《陈表传》。
② 《三国志·吴书》卷10，《蒋钦传》。
③ 《建康实录》卷3，《景皇帝》。
④ 唐长孺先生：《魏晋南北朝史论丛》，第25~26页；亦见高敏：《孙吴世袭领兵制探讨》一文。

族地主的势力也是不小的。早在刘焉父子统治巴蜀时，由于刘焉父子纵容豪右，以致世族地主的势力大为发展。见于《华阳国志》所载的各地大姓著族，巴郡临江有严、甘、文、杨、杜诸姓，平都县有殷、吕、蔡氏，垫江县有黎、夏、杜氏，安汉县有陈、范、阎、赵氏，汉中郡南郑县有李、郑、赵氏，梓幢县有文、景、雍、邓氏，蜀郡郫县有何、罗、郭氏，武阳县有七杨、五李，绵竹县有秦、杜二氏，新都县有马、史、汝、郑等姓，南中郡朱提县有朱、鲁、雷、兴、仇、高、李等姓，他们或为“大姓”，或是“甲族”，或叫“首族”，不胜枚举。而且他们还拥有家兵、部曲，如蜀郡之鄀县大姓“有高马家，世掌部曲”[①]；涪陵郡的豪族徐、蔺、谢、范等，也皆“世掌部曲为大姓”[②]；后来成国初建时，以范贤为“天地太师，封西山侯，复其部曲，军旅不入，租税皆入贤家”[③]，可能也导源于西蜀之时。根据这些迹象来说，似乎西蜀也存在类似乎曹魏与东吴的“复田”、“复客”之制，只是史书缺载而已。果如此，则三国之制反映了一个共同规律，即三国时期是秦汉以来以国有土地充赏赐做法的制度化时期，也是给他们以劳动力的制度化时期，还是世族地主取得免税免役特权的制度化时期。这样就为西晋时期的按官品占田的占田法令的制度奠定了基础。

三国时期的庶族地主，则是由秦和西汉时期的“豪民”地主演变而来。他们一般是无官职的平民；职业上多兼营商贾，有时本身还参加农业的经营活动；在宗族关系方面，多半属于无宗党和少羽翼的弱小姓氏，因而在社会地位方面，往往表现出身份卑微的状况。由于他们多具有这些特征，所以史籍中往往称他们为“单族”，如曹魏时冯翊人严干与李义，“二人并单家”，不属于“冠族”，建安中诏以冯翊西部数县为左内史郡，以其东部数县为冯翊郡。严干、李义二人按县分应属于西部，然而因为东部数县无寇族，便于他们出头，于是二人商量分到东部数县属籍，原因是“西部儿曹，不可与争坐席”，后来，二人果然“皆仕东郡为右职”[④]，这种单家庶族地主受压抑的情况，于此可见一斑！有的被称为“细族”、“孤门”，例如当时著名的思想家王充，就自

① 《华阳国志》卷3，《蜀志》。
② 《华阳国志》卷3，《蜀志》。
③ 《华阳国志》卷9，《李特雄期势寿志》。
④ 《三国志·魏书》卷23，《裴潜传》注引《魏略》。

称其家世“以农桑为业”，祖父在钱塘“以贾贩为事”，祖与父均受人欺凌，结怨于“豪家”，只得“举家迁上虞”以避祸。正因为出身“细族孤门”，才养成了他“疾俗情”的性格特征。[①] 有的还被称为“豪民”或“豪人”，大抵是比较富有而无政治地位者。东汉后期仲长统在其《昌言·理乱篇》中提到的“连栋数百，膏田满野，奴婢千群，徒附万计”的“豪人之室”，虽然不能说其中一个世族地主也没有，但大部分应是由富商大贾转化来的庶民地主，因为他们“船车贾贩，周于四方，废居积贮，满于都城”。他又在《损益篇》中说：“井田之变，豪人货殖，馆舍布于州郡，田亩连于方国。身无半通青纶之命，而窃三辰龙章之服；不为编户一伍之长，而有千室名邑之役。荣乐过于封君，势力侔于守令。”[②] 很显然，仲长统所说的“豪人”，一是以商贾起家，二是无官位之平民。因此，这些“豪民”、“豪人”虽富县气焰甚嚣，仍不属于世族地主阶层。仲长统所说的一般情况，他们的土地，在当时“田无常主，民无常居”[③] 的情况下，大都是用钱买来的，当然也不排除他们在既富之后有巧取豪夺的罪行。此外，在“蜀土富实”的巴蜀地区，“时俗奢侈，货殖之家，侯服玉食，婚姻葬送，倾家竭产”[④]，显然也是商贾转化的庶民地主。一般平民也有用钱买地为其土地来源者，如蜀郡成都人张裔之友杨恭，恭死后，其“子息长大，为之娶妇，买田宅产业，使立门户”[⑤]。尽管在《三国志》及裴注中很少有关于土地买卖的记载，但绝对不能排除当时仍然有土地买卖的事实，故当时人徐干在其《中论》里有“使王公以下制奴婢限数及百姓卖田宅”的建议，如果百姓“无卖田宅”之事，徐干的建议就没有必要了。不过，我们应当承认：由于当时战乱不已，商品经济又受到极大摧残，加上国有土地制的发展和世族地主的猖狂，庶族地主存在的地盘与发展的条件，都受到一定的限制，故三国时期，不能不是庶族地主土地私有制的缓慢发展期。

---

① 《论衡·自纪篇》。
② 《后汉书》卷49，《仲长统传》。
③ 《后汉书》卷49，《仲长统传》。
④ 《三国志·蜀书》卷9，《董和传》。
⑤ 《三国志·蜀书》卷11，《张裔传》。

三、三国时期地主经济的经营特征

秦和西汉时期的地主土地，多采用租佃于分散居住的个体农民耕种的办法经营之，《汉书·食货志》所载董仲舒说的商鞅变法之后，农民“或耕豪民之田，见税什五”的情况；《盐铁论·园池篇》谓“权家”（即地主）以假贷取得国有土地以后再“转假”农民耕种；以及《史记·宁成传》谓宁成“贳贷买陂田千余顷，假贫民，役使数千家”等事实，都是以土地出租给农民耕种的例证。到西汉中期以后，地主开始采用大田庄的经营形式，每一个田庄内部，不仅有农业、畜牧业，还有各种不同门类的手工业，使每一田庄成为一个自给自足性的经济单位。东汉以后，这种田庄更为普遍化，而且出现了田庄建筑形式上的坞壁化、生产组织上的军事化以及外部形象上的宗族血缘化等倾向①。到了汉末三国时期，地主经济的经营形式上的这些特征，进一步明朗化与普遍化了，其具体表现如下：

第一，以坞、壁、屯、堡、营、砦等建筑形式出现的自给自足性的封建大田庄的经营形式更普遍化了：

自西汉末年地主阶级把其田庄坞壁化以对抗农民起义之后，东汉继之。到了东汉末年，地主阶级为抗拒农民起义军的进攻和便于在军阀混战中自保，更是纷纷把自己的田庄建设军事化，营建成坞、壁、屯、堡的军事驻点，以致出现了地主田庄坞壁化的新高潮。如董卓的郿坞，城高与长安城相等，内可藏粮食“三十年储”，并有“金二三万斤，银八九万斤”，“珠玉锦绣奇玩杂物，皆山崇阜积，不可知数”②。又如谯国谯人许褚，虽系一般豪强地主，为同黄巾军对抗，也纠集宗族筑垒自守，“共坚壁以御寇”③。河间太守陈延，也在其田庄筑堡壁以自保，当张扬率军攻其堡壁时，历60余日不能下，避难到此的常林也“率其宗族为之策谋，卒全堡壁”④。右北平无终人田畴，为了抗击公孙瓒的侵扰，也在徐无山中，“营深敞平险地而居”，并纠集数千人众，既耕田，又自

① 高敏：《秦汉魏晋南北朝土地制度研究》，第48～60页。
② 《三国志·魏书》卷6，《董卓传》注引《英雄记》。
③ 《三国志·魏书》卷18，《许褚传》。
④ 《三国志·魏书》卷23，《常林传》。

卫，还制定了“约束杀、伤、犯、盗、评讼之法”[1]，俨然一自给自足的独立王国。东吴政权统治区域的诸将领，也大都利用家兵、部曲、屯田民和逋亡者为自己建立“屯”、“邸”，《世说新语·政事篇》谓“贺太傅作吴郡”时，由于“吴中诸强族轻之”，骂他是“会稽鸡，不能啼”，他为了泄愤，“于是至诸屯邸，检校诸顾、陆役官兵及藏逋亡”的情况，“悉以事言上”，以致因此获“罪者甚众”，可见东吴大族之拥有“屯”、“邸”等大田庄者不少。据《抱朴子·吴失篇》所说的东吴大姓“僮仆成军，闭门成市，牛羊掩原隰，田池布千里”的情况，表明东吴大族的田庄也是一些自给自足性的自然经济单位。

第二，地主田庄生产组织形式的军事化与佃客部曲制的盛行：

早在汉代西北边陲地区的民屯，就有以军事组织形式去编制屯田者的萌芽。到了汉末三国时期，由于人口的锐减所引起的劳动力的紧张，更使各国统治者每次攻城掠地之后都有迁徙其居民的措施，也迫使他们把流民用军事组织形式编制起来去从事民屯生产。官府民屯制度的这些做法，也立即影响到地主田庄对其劳动者的控制办法，于是出现了地主田庄生产组织形式的军事化倾向，其具体表现就是佃客部曲制的盛行。所谓“佃客”，就是丧失了生产资料后的贫苦农民被迫租种地主土地并向地主缴纳高额实物地租和供其役使的地位低下、人身极不自由的封建依附民。他们长期隶属于固定的地主，也世代为同一地主耕田服役，本质上是中国式的农奴。所谓“部曲”，本来是汉代军队编制单位“部”和“曲”的名称，原来系指军队。但是，随着东汉以后地主大田庄的普遍出现和建筑形式的坞壁化，他们往往把依附于自己的“徒附”、“佃客”等封建依附民充当自己的“家兵”、“私兵”，以建立保卫其田庄的地主武装。随着这种以军事组织形式去编制封建依附民的做法的普遍化，他们就逐渐以国家军队的名称——“部曲”，去称呼自己的“家兵”、“私兵”化的“徒附”与“佃客”。于是，“部曲”的含义就发生了变化，即由封建国家军队的名称，变成了地主的“家兵”、“私兵”的称号。由于这种私家的“部曲”即地主的“家兵”、“私兵”是由“徒附”、“佃客”武装化、军事化而来的，所以，“部曲”就成了武装化了的“佃客”。他们平时替地主种田，战时替地

① 《三国志·魏书》卷11，《田畴传》。

主打仗，同时具有依附农民和地主私家武装的双重身份，就形成了佃客部曲制。它盛行于三国时期的地主田庄制下，成了三国时期及其以后地主田庄里主要的生产组织形式。

但是，这种佃客部曲制的生产组织形式，并非形成于一朝一夕。如果说“佃客”这一名称的法典化始于西晋占田法令的话，那么，“佃客”这种人的存在，必在此前已经产生，否则，占田法令不可能从天而降地杜撰出一个“佃客”的名称来。事实上，前引《晋书·王恂传》所载曹魏时期的“田客”，就是“佃客”的另一种称谓。“魏氏给公卿已下租牛客户数各有差”的制度，就是把“屯田客”变成私家“佃客”；由此而引起的连锁反应是，“太原诸郡亦以匈奴胡人为田客”，益见“田客”即“佃客”。东吴把郡县领民和屯田民赏赐给世将本人及家属时，称被赐之“客”为“复客”，同时与土地赏赐相配合，表明以“复客”耕种“复田”的内在联系，故“复客”也就是“佃客”。其实，不仅三国时期已有“佃客”，甚至“佃客”的前身可以上溯至汉代。我们知道，西汉中期以后出现了一个与奴隶地位近似的“客”这个阶层，史籍中称之为“客”、“奴客”或“私奴客”。到了东汉时期，又出现了以“客”和“宾客”耕种田地的情况；到了东汉后期，又出现了“徒附”这种依附民，而且数量往往以“万计”；拥有这种依附民的地主，也多得惊人，正如仲长统所说：“相与为编户齐民而以财力相君长者，世无数焉”①；“百夫之豪，州以千计”②，地主如此之多，则“徒附”之多便可想见。上述这些“客”、“奴客”、“私奴客”、“宾客”和“待附”，其封建依附民的性质处在逐步加深的过程中，无疑均可视为汉末三国以后“田客”、“佃客”的前身。③

至于汉末三国时期“徒附”、“佃客”的部曲化过程，也可以约略觅其轨迹。《三国志·魏书·李典传》谓李典之“从父乾”，“合宾客数千家在乘氏”。李乾死后，其子李整“将乾兵”，此汉末李乾以“宾客”为家兵之明证。又李整死后，李典又“将整军”。当曹操与袁绍相持于官渡时，“典率宗族及部曲

---

① 《后汉书》卷49，《仲长统传》附《昌言·理乱篇》。
② 《全后汉文》卷89，仲长统：《昌言下》引《文选》《头佗寺碑文》注。
③ 高敏：《秦汉史论集》中的《两汉时期的“客”和“宾客”的阶级属性》一文。

输谷帛供军”，则李乾、李整时的宾客组成的家兵，到李典时正式称之为“部曲”了，这岂非宾客的家兵化和家兵的部曲化过程吗？又《三国志·魏书·满宠传》谓“袁绍盛于河朔”时，在“汝南绍之本郡”的“门生、宾客，布在诸县，拥兵拒守。太祖忧之，以宠为汝南太守。宠募其服从者五百余人，率攻下二十余壁，诱其未降渠帅，于坐上杀十余人，一时皆平。得户二万，兵二千人，令就田业”。袁氏的二万户依附民“门生”、“宾客”中，有“兵二千人”，而且皆筑壁自守，可见袁氏的家兵，是由依附民——宾客转化而来。更有曹洪，有“家兵千余人”，其后又云“舍客犯法”[①]，则其“家兵”显系由“客”转化而来。同样的情况还在扬州及关中均有表现：扬州“轻侠狡桀有郑宝、张多、许乾之属，各拥部曲”[②]，这些人的“部曲”，显然不是国家的正式军队，而是私人武装；建安中，关中人民之流入荆州者，“闻本土安宁，皆企望思归，而归者无以自业，诸将各竞招怀，以为部曲”[③]，这是以流民为部曲，等于把依附民部曲化。至于东吴世袭将领所统之世袭兵，连世袭兵本身也在世袭将领之间当做财产一样传袭，财其私兵的性质已经浓厚，而兵士又来源于领民，领民又可以以“复客”方式充赏赐，则兵士与佃客已成为一体了。故《文士传》称殷巨所领之兵为“家部曲”[④]。还有西蜀，诸葛亮平定南中后，把被征服的少数民族人民，“分其羸弱，配大姓焦、雍、娄、爨、孟、量、毛、李为部曲”[⑤]，这种“部曲”，难道不是封建依附民的同义语吗？因此，汉末、三国时期，确是“佃客”制的形成期，也是“佃客”的“部曲”化时期。

第三，地主田庄外貌的宗族血缘化和宗主同地主合而为一特征的形成：

地主阶级为了掩盖其阶级剥削的实质，往往利用宗族血缘关系的外衣为遮羞布，企图使血淋淋的阶级剥削与压迫，蒙上一层温情脉脉的面纱。地主阶级的这种手法，早在西汉就已有采用者。东汉时期又有新的发展，特别是东汉末

① 《三国志·魏书》卷9，《曹洪传》。

② 《三国志·魏书》卷14，《刘晔传》。

③ 《三国志·魏书》卷21，《卫觊传》。

④ 《三国志·吴书》卷7，《顾雍传附子邵传》注引《文士传》。按唐长孺先生在其《魏晋南北朝史论丛》，第22页，注①中引此条作顾基之“家部曲”，细读《文士传》原文，似应为殷礼之子殷巨之“家部曲”，故注明以求正焉！

⑤ 《华阳国志》卷4，《南中志》。

年因为战乱，更加使得地主阶级有利用宗族关系而建堡自卫或称兵割据的必要；也使得一些被剥削被压迫的宗族成员，有投靠宗主以取得保护的需求。于是，一个以宗主与地主相结合、并利用宗族血缘为纽带和外貌的地主田庄与势力集团便应运而生了。例如颍川的韩融，“将宗族千余家，避乱密西山中”[①]；右北平人田畴，始“率举宗亲他附从数百人”入徐无山中，后又“将其家属及宗人三百余家居邺”[②]；山阳人李乾，曾“合宾客数千家在乘氏”，后来李典也有“宗族宾客三千余家居乘氏”，人数达“万三千余口”[③]；谯人许褚，“汉末聚少年及宗族数千家，共坚壁以御寇”[④]；河内温人司马朗，也“收恤宗亲”以自保[⑤]；天水人杨阜，曾“率国士、大夫及宗族子弟胜兵者千余人”，与马超战[⑥]；杨俊其人，也于汉末“挟持老弱诣京、密山间，同行者百余家”，其中不少是“其宗族”[⑦]；河内温人常林，其“宗族”曾随他“避乱上党”，他便“率其宗族“为河间太守陈延战斗[⑧]；胶乐人公沙卢，“宗强，自为营堑，不肯应调发”[⑨]；颍川荀彧，曾“将宗族至冀州”[⑩]；南郡董和，于汉末“率宗族西迁”[⑪]；其他纠集宗族建堡壁、组部曲者，几乎比比皆是，不胜枚举。至于江南地区，利用宗族成员而建立的“宗部”、“宗伍”、“宗党”，并由此而形成的“宗主”、“宗帅”，更是指不胜屈[⑫]。例如孙静，曾“纠合乡曲及宗室五六百人，以为保障，众咸附焉”[⑬]。其他如顾、陆、朱、张四大姓及会稽的虞、魏、孔、贺几大家族，无不是利用宗族血缘的代表人物。所有上面这些人，他们既是地主，又是宗主，宗族关系只是他们手里的一件武器，既可用之于同他

---

① 《后汉书》卷70，《荀彧传》。
② 《三国志·魏书》卷11，《田畴传》。
③ 《三国志·魏书》卷18，《李典传》。
④ 《三国志·魏书》卷18，《许褚传》。
⑤ 《三国志·魏书》卷15，《司马朗传》。
⑥ 《三国志·魏书》卷6，《马超传》。
⑦ 《三国志·魏书》卷23，《杨俊传》。
⑧ 《三国志·魏书》卷23，《常林传》。
⑨ 《三国志·魏书》卷11，《王脩传》。
⑩ 《三国志·魏书》卷10，《荀彧传》。
⑪ 《三国志·魏书》卷9，《董和传》。
⑫ 唐长孺先生：《魏晋南北朝史论丛》，第3～14页；王仲荦：《魏晋南北朝史》上册有关章节。
⑬ 《三国志》卷51，《孙静传》。

人斗争，又可用之于生产劳动，以致其宗族成员同他们的佃客、部曲往往是重合的、一致的。于是，剥削与被剥削的阶级关系，就在这种带有玫瑰色彩的宗族关系外衣下迅速地发展壮大起来。

第三节 西晋的占田制与世族地主土地私有制的法典化

一、占田法令颁布前作为私有土地——“占田”存在的事实及其发展趋势

早在战国、秦汉时期私有土地制度形成和发展的初期阶段，就存在以名占田以为私有的情况。因为私有土地制度出现之后，必然要引起作为分配制度的赋税制度的变化，因而春秋末期和战国时期，在各国连续出现了“相地而衰征”[①]、“初税亩”[②]、“作丘赋”[③]、“以田赋”[④] 和“初租禾”[⑤]，等一系列税制的变化。这些税制变化的一个共同特点，就是“履亩而税”，即按私有土地的多少征收土地税。这样，就自然要把私有土地登记在个人名下，以便征收赋税。这种把私有土地系之于私人名下的制度，商鞅变法于秦国便已经明显地存在了，故有“明尊卑爵秩各以差次，名田宅臣妾衣服以家次”[⑥] 的说法。到秦始皇时期，由于统一了六国，需要把秦国的税制推行于全国，便于始皇二十一年“使黔首自实田”[⑦]，即每人自己呈报自己的私有土地数量。由于私有土地被系之于个人名下，故久而久之，私有土地就获得了“名田”的称号，汉人董仲舒的“限民名田”[⑧]，武帝之不许有市籍商人“名田以便农”[⑨]，及“哀帝之限民名田”法令[⑩]等等，均其例证。为什么要以“名田”称呼私有土地呢?

---

① 《国语·齐语》。
② 《春秋》宣公十五年。
③ 《左传》昭公四年。
④ 《左传》哀公十一年。
⑤ 《史记》卷15，《六国年表》。
⑥ 《史记》卷68，《商君列传》。
⑦ 《史记》卷6，《秦始皇本纪》“集解”引徐广语。
⑧ 《汉书》卷24上，《食货志》。
⑨ 《史记》卷30，《平准书》。
⑩ 《论书》卷24上，《食货志》。

唐人司马贞《索隐》对不许有市籍商人“名田以便农”句的解释是这样：“商人有市籍，不许以名占田也。”① 可见“名田”之名，确是由于“以名占田”这种登记方式而来。“名田”既是私田，而当时又称“名田”为“占田”，例如《汉书·哀帝纪》颜师古注引曹魏时人如淳对“诸王、列侯得名田国中，列侯在长安及公主名田县道，关内侯、吏民名田，皆无得过三十顷”句中的“名田”解释曰：“名田国中者，自其所食国中也，既收其租税，又自得有私田三十顷”，便是明显例证。司马贞把“名田”与“占田”等同起来，如淳又把“名田”与“私田”划等号，则“占田”即“名田”，也即“私田”，确是当时人的认识。无怪乎东汉人荀悦把上述《汉书》《史记》中所说的“名田”，都一律称之为“占田”，说什么哀帝“乃限人占田，不得过三十顷”；又说：汉代“豪富强人，占田逾多，其赋太半”② 了！他之所以把“名田”都改成“占田”，就在于二者在当时是同义语。③ 即使从现代的科学意义上来说，“占田”的占即占有，是私有的前提，而私有是占有的法律认可。故马克思说：“私有财产的真正基础，占有，是一个事实，是不可解释的事实，而不是权利。”④ 又说：“土地所有权的前提是，一些人垄断一定量的土地，把它作为排斥其他的人、只服从自己个人意志的领域。”⑤ 由此可见，作为私有财产的前提，特别是作为私有土地的前提，首先必须有“占有”的事实，而“所有”不过是法律对占有事实的反映或认可而已。因此，古人把“占田”当“私田”，比较真实地反映了土地私有化过程中的实况。西晋政府所推行的占田制，正是对秦汉以来以名占田制度的继续；它所制定的占田法令，则是对在此之前占田以为私有的事实的法律认可。

以名占田以为私有土地的事实，在魏末晋初获得了比较突出的发展。而且这种占田以为私有事实的发展，是由于两个方面的原因所引起：一是由于魏末晋初民屯制度的废除而产生的屯田民占田以为私有的事实；二是

① 《史记》卷30，《平准书·索隐》。
② 《通典》卷1，《食货·田制》引荀悦《论曰》。
③ 高敏：《魏晋南北朝社会经济史探讨》，第109～112页。
④ 《马克思恩格斯全集》，第1卷，第382页。
⑤ 马克思：《资本论》，第3卷，第695页。

由于九品中正制实行以后世族地主非法占田、占客以为私有的事实。前者，涉及如何处理屯田民及其所种的国有土地问题；后者，涉及封建国家同世族地主争夺土地与劳动力的问题。二者都与土地制度问题有关，也关系到西晋政权的经济基础与阶级基础的奠定。因此，这两个问题，都是西晋政府必须妥善解决的核心问题。

以如何处理屯田民及其所种国有土地的问题来说，西晋政府可能有三种选择：一是在废除民屯制度后，把屯田民全部变成郡县编户齐民，把他们所耕种的全部国有土地变成小农的私有土地，即允许屯田民自由占田而成为向国家输纳租调力役的课户；二是把原有屯田民耕种的国有土地全部变成军屯土地和州郡公田，并以原有屯田民为兵户和耕种州郡公田的"吏户"去耕种之，然后向国家缴纳高额的实物地租；三是上述二种办法同时采取，只是在比例上偏重于第一种办法。这三种办法中第一种，虽然符合广大屯田民拥有私有土地的愿望，也有利于解决原来"政役不均"的矛盾，却同封建统治者的剥削阶级本质不相容，也无法弥补民屯制度废除后给官府带来的经济损失，因而作出这种选择是不太可能的。至于第二种办法，虽然国家可以增加收入，但屯田民是不愿意作世袭性的"兵户"与"吏户"的，同时还会加剧"征役不均"的老矛盾，因而也是行不通的。这样，西晋统治者只有选择第三种办法的可能，即把大多数屯田民变成州郡领民以承担国家的租调力役，避免他们落入世族地主之手；同时又把一部分屯田民转变成专门屯田的"田兵"和耕种州郡公田的"吏户"，借以缓解军粮之需和贴补官吏俸禄之入。"政役不均"的老矛盾既可得到缓和，又可防止世族的大量占田、占客以为私有的状况大量出现。事实证明，西晋政府果然作了如此选择。从废除民屯制度之日起，到太康元年（280）颁布占田法令止的十余年间所采取的措施，就证明了这一点：首先，在这段时期内，在原有的传统性的非租佃型军屯组织之外，新设了租佃型军屯，已于第四章述及。这种租佃型军屯之所以恰恰盛行于废除民屯制度之后，就正是以一小部分屯田民为专门屯田的"田兵"、"佃兵"的结果。其次，晋代统治者实行了以"吏户"耕种州郡公田的制度。州郡拥有公田的情况，虽然汉代就存在，但三国时期很少见于记载，唯孙吴有责令"吏户"缴纳"限米"的制度，已于前述。到晋代以"吏户"耕种州郡公田的制度明显地制度化了，也已于第四章述及。这种制度之所以制度化于晋代，也应与把部分民屯田地及屯田民转化为州郡公田及“吏户”有关。其三，从废除民屯制度之日起，把凡有典农之类农官的地方，一律改为郡县，如改野王典农为野王郡、原武典农为原武郡等，以及改东吴屯田区为郡县的事实，都雄辩地证明大部分屯田民确成了州郡小农土地私有者，详见本章第一节。其四，小农人数的激增，更是屯田民大都转化成了自耕小农的有力证据。我们知道，魏灭西蜀后，加上蜀国的人口，共计才94万多户，537万多口；但到西晋太康元年（280）平吴后，人口突增至245万多户，1616万多口，除去吴国的52万户、240万口，从灭蜀到灭吴的十余年间净增近百万户、840万口，如果不是由于把大部分屯田民转化成了编户齐民，何能在十多年间户口倍增呢？特别值得注意的是，西晋太康三年的户数，达到377万[①]，又比太康元年的户数增加100多万，时间仅仅3年之隔，如果不是由于把东吴境内的屯田民大都变成了州郡领民，这种情况的出现几乎是不可理解的。[②]

除此之外，西晋政府又是如何处理世族地主占田、占客以为私有的问题呢？这中间经过了一个由禁止占田、占客到部分承认占田、占客的合法性的斗争发展过程。

由于世族地主土地私有制在三国时期的发展，使官府与世族地主之间对国有土地与劳动力的分割开始制度化了。但是，世族地主的贪欲是无穷的。他们并不以官府有限的赐田、“复田”和赐客、“复客”为满足。故魏末出现了“贵势之门”把“惮役”的“小民”变成佃客及太原诸郡把匈奴胡人招收为“田客”的情况，而且“动有百数”，“多者数千”[③]，直接危害着国家赋役剥削的基础。民屯制度之所以无法继续维持下去而不得不宣布废除，实与世族地主的占田、占客活动密切相关。所以，魏末晋初废除民屯制度后，为了确保剩下的国有土地不被侵夺和防止小农脱离国家版籍而沦为私属，晋武帝即位之初，便发布了禁止占田、募客的诏令。

① 《三国志·魏书》卷22，《陈群传》注引《晋太康三年地记》。
② 高敏：《魏晋南北朝社会经济史探讨》，第104～125页及第357～359页。
③ 《晋书》卷93，《外戚·王恂传》。

《晋书·李憙传》云：

> 泰始初，封祁侯。憙上言："故立进令刘友、前尚书山涛、中山王睦、故尚书仆射武陔各占官三更稻田，请免涛、睦等官。陔已亡，请贬谥。"诏曰："法者，天下取正，不避亲贵，然后行耳，吾岂将枉纵其间哉！"

按此事，《资治通鉴·晋纪》系之于武帝泰始三年（267）。此时李憙敢于告发，武帝又说："法者，天下取正"，足见不允许侵占国有土地的禁令，在此年之前就已经有了，否则，李憙何所据而请求免去刘友等4人的官职。《晋书·裴秀传》云：

> 司隶校尉李憙复上言，骑都尉刘尚为尚书令裴秀占官稻田，求禁止秀。

此事时间不明，据《裴秀传》知"武帝受禅"时，裴秀始"加左光禄大夫"；李憙复上言之后，武帝诏中又有"尚书令、左光禄大夫裴秀"，因知裴秀之侵占国有土地和李憙之依法检举裴秀，均发生于武帝泰始初年。这说明武帝即位初，确有禁止侵占国有土地以为私有的诏令。

关于禁止募客的法令，也同样制定于武帝即位之初的泰始初年。《晋书·外戚·王恂传》云：

> 累迁河南尹……武帝践位，诏禁募客，恂明峻其防，所部莫敢犯者，咸宁四年卒。

据《太平御览》卷252引《晋起居注》谓王恂为河南尹在武帝咸宁三年（277），似乎武帝"诏禁募客"之事，也发生于咸宁三年。其实不然。因为《王恂传》所载有一个时间顺序。"诏禁募客"之令发布于武帝即位之初，而王恂为河南尹执行武帝的"禁募客"令在后。且武帝的"诏禁募客"之令，正是针对魏末"贵势之门"招诱惮役"小民"为客以及"太原诸郡亦以匈奴胡人为田客"等情况而制定的，可见严格禁止占客，也同严格禁止占田一样，都是发布于泰始之初的诏令。王恂的执行于咸宁三年，并非发布诏令之时。又《晋书·食货志》云：

> （泰始）五年正月癸巳，敕戒郡国计吏、诸郡国守相、令长，务尽地利，禁除游食商贩。其休假者，令与父兄同其勤劳，豪势不得侵

役寡弱，私自置名。”

所谓“私相置名”，即把贫弱之民登记在豪势者的名下以为私客，与“募客”同义。既然泰始五年就在严格推行禁止“私相置名”的做法，表明“禁募客”之诏确颁布于泰始初年而非始于咸宁三年。

泰始初年制定的禁止占有国有土地以为私有土地和禁止募客以为私客等法令，确在严格执行。如李憙之检举刘友、山涛、司马睦、武陔及裴秀等人，又如泰始五年命令全国地方官严禁“私相置名”及王恂之于咸宁三年的“明峻其防”，都是执行中的反映。特别是《晋书·宗室·高阳王睦传》所载事实，尤为严格执行上述禁令之明证：“咸宁三年，睦遣使募徙国内八县受逋逃私占及变易姓名、诈冒复除者七百余户，冀州刺史杜友奏睦招诱逋亡，不宜君国。有司奏，事在赦前，应原。诏曰：‘中山王所行何乃至此，览奏甚用怃然。……此事当大论得失，正臧否所在耳。苟不宜君国，何论于赦令之间耶？其贬睦为县侯。’”司马睦“募徙”封国之内的逃亡者及变易姓名者700余户以为私占之客，尽管朝廷对司马睦曾有赦令，此事又发生在赦令之前，而冀州刺史还是主张削去他的封爵，经过反复商讨，最后，武帝还是作出了“贬睦为县侯”的决定，可见上述禁令，确在严格执行之中。然而，也应看到，禁令的严格执行，也正反映出占田、占客之风的严重存在，而且已经形成一种历史潮流。正因为如此，武帝不得不考虑制定一个既承认占田以为私有的合法性，又适当加以限制的占田法令。加上民屯制度废除以后，面临一个把大部分屯田民转化成州郡领民的问题，这自然就需要把屯田民耕种的国有土地以占田为私有的形式转化为他们的私产，从而也需要为此而立法。由于占田、占客存在的客观事实和妥善处理上述屯田民与权贵之家利益的政治需要，就决定了西晋武帝的占田法令的制定和颁行。

二、西晋占田法令的内容和实质

关于西晋的占田法令，最早的记载自然是《晋书·食货志》。但《通典·食货》及《册府元龟·邦计部·田制门》亦转载了，可以资于校勘。此据《晋书·食货志》录其全文如下：

及平吴之后，有司又奏：诏书“王公以国为家，京城不宜复有田宅。今未暇作诸国邸，当使城中有往来处，近效有刍稾之田。今可限之，国王公侯，京城得有一宅之处；近郊田，大国四十五顷，次国十顷，小国七顷。城内无宅，城外有者，皆听留之。”

又制户调之式：丁男之户，岁输绢三匹，绵三斤，女及次丁男为户者半输。其诸边郡或三分之二，远者三分之一。夷人输賨布，户一匹，远者或一丈。男子一人占田七十亩，女子三十亩。其外（《通典》作“其”，无“外”字）丁男课田五十亩，丁女二十亩，次丁男半之，女则不课。男女年十六已上至六十为正丁，十五已下至十三、六十一已上至六十五为次丁，十二已下六十六已上为老小，不事。远夷不课田者输义米，户三斛，远者五斗，极远者输算钱，人二十八文。其官品第一至于第九，名以贵贱占田，品第一者占五十顷，第二品四十五顷，第三品四十顷，第四品三十五顷，第五品三十顷，第六品二十五顷，第七品二十顷，第八品十五顷，第九品十顷。而又各以品之高卑荫其亲属，多者及九族，少者三世。宗室、国宾、先贤之后及士人子孙亦如之。而又得荫人以为衣食客及佃客，品第六已上得衣食客三人，第七第八品二人，第九品及举辇、跡禽、前驱、由基、强弩、司马、羽林郎、殿中冗从武贲、殿中武贲、持椎斧武骑武贲、持钑冗从武贲、命中武贲武骑一人。其拥有佃客者，官品第一第二者佃客无过五十户（《册府元龟》作十五户），第三品十户，第四品七户，第五品五户，第六品三户，第七品二户，第八品第九品一户。

这个法令把土地名之曰“占田”，正是沿袭了自秦汉以来称私有土地为“占田”的历史传统，也是汉末、三国以来占田以为私有事实的延续。因此，在国有土地已经减少到连民屯制度也无法实行的情况下提出占田，不可能是国家授田于民，而仅仅是承认屯田民占有原有公田以为私有而已。占田法令把“占田”区分为两类：一类是一般平民的占田，以人口与性别为标准；二是官吏的占田，以官品高低为准。允许占田的数量，依两类对象的不同而有差别。一般平民占田，最高限额为男子一人占田70亩，女子一人占田30亩，即一夫一妇可以占田100亩，这实际上就是允许屯田民占田100亩以为私有土地，超过此数量是法律所不允许的。其所以恰恰以一夫一妇占用100亩为限，是由于原来屯田民的土地数量可能是100亩的缘故，因为我国的授田制具有以100亩为额的传统。这个数量限额，当然也适用于原有小农。如果占不够100亩，自然也无人过问。因此，所谓男子占田70亩与女子占田30亩，只是允许一般平民拥有私有土地的最高限额。官吏占田的数量限额，是按官品的高低不同而分别规定的。最低者可以占田10顷，为一般平民的10倍；最高为50顷，为一般平民的50倍。尽管允许官吏私有土地的数量大大超过平民，但毕竟有一个限额，不能无限制地广占田地。不过，他们一旦官位升迁，立即就可按相应品级获得规定的私有土地。与平民的私有土地限额相联系的，是应纳田租的田亩数量，即“丁男课田五十亩，丁女二十亩，次丁男半之”，因而对于一般平民来说，实行占田制的目的除了限制其私有土地的量之外，还在于确立租调力役剥削的数量与体制。同官吏的私有土地限额相联系的，则是按官品高低而规定的荫庇衣食客的数量与占有佃客的数量，即占田与荫客、占客制的结合，也就是土地占有与劳动力占有的结合。因此，对于官吏来说，实行占田制的目的除了限田一面外，还在于确立国家同官吏之间如何分割国有土地与劳动力的分配体制。

由此可见，西晋太康元年（280）平吴之后颁布的占田法令，本质上是顺应自秦汉以来特别自汉末、三国以来占田以为私有的历史发展趋势，给占田的私有性以法律的认可；与此同时，在承认占田的私有性的前提下，又给以一定的限制；对官吏、贵势之家来说，除了承认其私占土地的合法性之外，还把曹魏的“给客”制与孙吴的“复客”制进一步制度化，既承认其私占荫户、田客的合法性，又给以一定的限制。总之，它体现了承认现状和限制未来的二者相结合的特点；还贯彻了确立租调力役的剥削体制和最大限度地维护官吏贵戚的经济特权的立法精神，等于是世族地主土地私有制的法典化；特别是它的以丁定课取田租的田亩数的做法，初步改变了田租的土地税性质而加入了丁口税的因素，最终导致了直接生产者对封建国家人民依附性的加深。[①]

① 高敏：《魏晋南北朝社会经济史探讨》，第121～125页。

三、占田法令颁布后世族地主土地私有制的发展

占田法令所反映的占田制度，是一种私有土地制度。因此，通过占田法令，不仅已经被人占有的土地的私有性合法化了，也为自此以后的自由占田以为私有土地的做法提供了法律的依据；特别是世族地主可以按官品高低占田、占客的特权的法典化，不仅使他们原有占田、占客取得了合法地位，而且使他们自此以后依据其官品的升迁不断获得新的私有土地和佃客。这样，无疑会进一步促进土地私有制的发展。至于法令的限制精神，虽然对小农会起作用，但对官吏、贵族却只是一纸空文。

事实证明，在占田法令颁行之后，明显地发生了两个方面的变化：一是小农的人数的迅速增加；二是世族地主的私有土地的恶性膨胀。

以前者来说，我们知道民屯制度废除之后，虽然把民屯田地所在地改成了郡县，大多数屯田民转化成了州郡领民，但他们原来耕种的国有土地多被各级官吏侵占，有的虽然能占有一块土地，却缺乏明确的法律保障，有占垦之名而无其实，连官府的田租收入也无法保证。正如束晳于晋武帝时所说："今天下千城，人多游食，废业占空，无田课之实"①。然而，占田法令颁布之后的情况便不同了。由于它承认了小农自由占垦土地以为私有的合法性，于是空荒之地迅速获得了开垦；登记纳税的人户也大为增加了，以致占田法令颁布后的第三年（即太康三年）全国人户由太康元年的245万，猛增至太康三年的370万户②，较两年前增加了近50%。编户数量的激增，直接反映出小农土地私有制的迅速发展。因此，从这一角度着眼，西晋的占田法，确是发展小农土地私有制以奠定租调力役剥削基础的法令。

再以世族地主的情况来看，他们并没有按照占田法令规定的允许占田限额去占田，而是往往逾制占田、占客。《晋书·李重传》对此有一段颇值得玩味的记载：

迁太子舍人，转尚书郎。时太中大夫恬和表陈便宜，称汉孔光、

---

① 《晋书》卷51，《束晳传》。

② 《三国志》卷22，《魏书·陈群传》裴松之索引《晋太康三年地记》。

> 魏徐干等议，使王公已下制奴婢限额，及禁百姓卖田宅。中书启可，属主者为条制。重奏曰："……自秦立阡陌，建郡县，而斯制已没。降及汉魏，因循旧迹，王法所峻者，唯服物车器有贵贱之差，令不僭拟乱尊卑耳。至于奴婢私产，则实皆未尝曲为之立限也。八年己巳诏书申明律令，诸士卒百工以上，所服乘皆不得违制……今如和所陈而称光、干之议，此皆衰世逾侈，当时之患。然盛汉之初，不议其制，光等作而不行，非漏而不及，能而不用也。盖以诸侯之轨既灭，而井田之制未复，则王者之法不得制人之私也。人之田宅，既无定限，则奴婢不宜偏制其数，惧徒为之法，实碎而难检。方今圣明垂制，每尚简易，法禁已具，和表无施。"……诏从之。

李重此奏，十分重要，但本传时间不明，首先有辨证其时间的必要。据唐长孺先生的考证，此奏应上于武帝太康年间，即在占田法令颁布之后，但杨波认为唐先生的考证有误，他认为此奏应上于武帝泰始十年之前，因为《李重传》的上述记载之后，紧接着有"又司隶校尉石鉴奏，郁林太守介登役使所监，求召还，尚书荀恺以为远郡非人情所乐，奏登贬秩居官。重驳曰"等语。于是，杨波认定李重之驳恬和，同他之驳荀恺之奏发生于同一年。而《晋书·荀恺传》，载荀恺死于泰始十年，故知荀恺此奏应在泰始十年之前；则李重之反驳荀恺之奏也应在泰始十年之前，即在占田法令颁布之前，从而他得出了唐长孺先生的上述考证"是错误的"这一结论。① 细读杨波之说，他犯了一个重大的错误，这便是误将"荀凯"当做"荀恺"，实则荀恺与荀凯是二人，不能混为一人。其实要证明这一点并不困难。李重奏中提到的"八年己巳诏书"，显系泰始八年之诏，因为在此之前无另外一个"八年"；且《晋书·武帝纪》泰始八年二月乙亥，有"禁彫文绮组非法之物"的诏令，与此相近。则李重之驳恬和只能在泰始八年之后，又据《资治通鉴·晋纪》，载李重等反对九品中正制的言论在太康五年（284），而本传载此事在反驳恬和奏之前，故知李重此奏应在太康五年之后。除唐长孺先生所举理由之外，这里补证如此。因

① 唐长孺先生：《魏晋南北朝史论丛》，第45页正文及第46页注②；杨波之说，详见《西晋田制赋税的初步考察》一文，刊《文史哲》，1958年第5期。

此，认定李重之奏在占田法令颁行之后是没有疑问的。

既肯定于李重此奏在占田法令颁行之后，则此奏所反映的情况，就是占田法令实行后的实况。恬和援引西汉孔光等人之议，主张“使王公已下制奴婢限数，及禁百姓卖田宅”，而李重反驳之，主要理由是：自从秦国商鞅变法之后，土地、奴婢均为私有，不复立限，汉魏因之，无改易之法，即使是泰始八年的己巳诏书，也只涉及尊卑贵贱之秩，并无限制之意。因而“王者之法不得制人之私”，已成了一条原则。而当时“人之田宅，既无定限”，那么，为奴婢数量立限，就更不可能了。武帝同意了李重的意见，表明这时土地的私有权已达到了王者之法不能干预的程度。正符合占田法令承认占田为私有土地的立法主旨。这里的“人之田宅，既无定限”，似乎同占田法令所规定占田限额不符，实则它恰恰反映了官吏、贵族不顾占田法令的限制而广占田地的实况。这等于说占田法令对官吏按品占田的数量限制，只是一纸空文，毫无实效。占田如此，占客数量的限制，想也不会例外；从《李重传》得知连拥有奴婢的数量也不作限制，更不用说占客、荫客的限制了！从《李重传》还间接得知占田法令颁行之后，田宅买卖之风颇为盛行，否则，恬和不会为此而提出“禁百姓卖田宅”的建议。而土地居宅的自由买卖，正是土地私有权的比较成熟的法律形态，是土地私有制高度发展以后的产物。由此可见，占田法令的实行，确促进了土地私有制的全面发展。以世族地主土地私有制来说，尤其如此。例如王戎其人，“好兴利，广收八万园田、水碓，周遍天下”①；又如石崇，其家有“水碓三十区，苍头八百余人，他珍宝货贿田宅称是”②，除此之外，他还“有别庐在河南县界金谷涧中，去城十里，或高或下，有清泉茂林，众果竹柏药草之属，金田十顷，羊三百口，鸡猪鹅鸭之类莫不毕备。又有水碓、鱼池、土窟，其为娱目欢心之物备矣。”③ 更有“河阳别业，其制宅也，却阻长堤，前临清渠，百木几于万株，流水周于舍下，有观阁池沼，多养鱼

① 《晋书》卷43，《王戎传》。

② 《晋书》卷33，《石苞传附子崇传》。

③ 《世说新语·品藻篇》注引石崇《金谷诗叙》。又《全晋文》卷33，石崇《金谷诗序》多“金田十顷，羊三百口，鸡猪鹅鸭之类莫不毕备”几句，故据以补。

鸟”[①]。由此可见，占田法令颁行之后，世族地主的私有土地数量，确实未受到限制，以致他们的田庄、别墅大得惊人。故占田法令颁布之后，实为世族地主土地私有制的发展大开了方便之门，因为它在长期以来形成的占田以为私有土地和占客、复客以为私属的基础上，把占田与占客二者结合起来，并进一步法典化，实现了世族地主土地私有制同佃客部曲制的有机结合，从而也为世族地主的政治特权奠定了牢固的经济基础。

第四节　东晋南朝世族地主土地私有制的逐步衰落与庶族地主土地私有制的日趋兴盛

一、东晋南朝世族地主土地私有制由极盛到衰落的历史演变

三国、西晋时期，世族地主的势力获得了巨大的发展，以致东汉以来形成的世族豪门地主，即使在曹操“唯才是举”的用人原则指导下，也有大批世族地主相继入仕，控制了中央和地方政权的主要部门。例如东汉名儒荀淑之孙荀彧，成了曹操的谋士首领，“海内英隽咸宗焉”[②]；其侄荀攸，也成了曹魏政权尚书令；袁绍的近亲何夔，得为尚书；清河大族出身的崔琰，以郑玄门生而为尚书；历代三公之后的王粲，更是以门资起家；陈富之孙陈群，也是曹魏政权中的显官，九品中正制的创立者；其他如袁涣、钟繇、杜袭、卢毓，莫非东汉以来之名门世宦之家出身；特别是河内温人司马懿父子，也以名门之后而控制了整个曹魏政柄。因此，曹魏时期世族地主的势力大为膨胀。再以孙吴情况而言，在汉末混乱时期，大批北方世族地主南下江东，他们同以富春孙氏为首的江南豪族相结合，不仅延续了他们的政治地区，而且壮大了他们的势力基础。以致“势力倾于邦国，储积富于公室”[③]的世族地主比比皆是。为了确保他们的既得利益，孙吴政权相继实行了世袭领兵制、世袭领郡制、奉邑制、复田复客制等，既保证了他们对兵权与地方政权的世袭，又保证了其土地与劳动

① 《全晋文》卷33，石崇：《思归汉》，《文选》引作《思归引》。

② 《三国志》卷10，《魏书·荀彧传》。

③ 《抱朴子》卷34，《吴失篇》。

力的来源。特别是允许他们占募逋亡以为私属的制度，保证他们世代剥削劳动人民的特权。例如从孙权时开始的他们“在民间”进行“占募”的做法[①]，到孙皓时，连“黄门竖官”，也“开立占募”，造成了“兵民怨役”者多“逋逃入占”的状况[②]。所有这一切，就使得孙吴时期的世族地主势力迅速膨胀。

西晋政权平吴之后，对孙吴时期的世族地主采取了多方拉拢的政策，从而使其原有势力得以保存[③]；随后，又进一步确立了按官品占田、占客的分割国有土地与劳动力的制度，江南的世族地主也同样得到了这种特权。及西晋政权瓦解，北方的大批世族地主又一次南迁。不仅建康及其附近地区汇集了北来世族地主，即使是远在今福建地区，也有中原世族林、黄、陈、郑四姓到了这里，还有詹、丘、何、胡四姓也于此时入闽，总称为八族。实际上尚不止此。因此，随着江南世族地主数量的增加和各项政治、经济特权制度的推行而来的，必然是东晋时期世族地主土地私有制的继续发展。

东晋南朝政权所采取的一系列维护世族地主阶级利益的措施，也是世族地主土地私有制发展至极盛的原因所在。这些措施主要表现如下：首先，西晋的占田、占客法令，东晋政权并未宣布废除。以后来《隋书·食货志》所载扩大世族地主按官品占客数量的法令来看，也表明西晋时期按官品占田、占客的法令依然有效。其次，对从北方南逃的世族地主，多方优容，除了设立侨州郡县制度以保持他们的郡望之外，还为他们另立不税、不役的“白籍”，以区别于要纳税服役的江南土著户籍——“黄籍”，使他们得以在江南迅速重建其经济实力。[④] 其三，在占田、占客法令之外，官府还给世族地主横赐土地和额外给客。前者如东晋政权之赐王导田 80 顷[⑤]和赐周处田 5 顷[⑥]，即其例证；后者，如元帝太兴四年（320）因针对北方南来的“流民失籍”状况而出现的“为给客制度”[⑦]，便可为证。其四，允许从北来的世族地主在江南求田问舍以

---

① 《三国志·吴书》卷 12，《骆统传》。
② 《三国志·吴书》卷 13，《陆逊传附子抗传》。
③ 唐长孺先生：《三至六世纪江南大土地所有制的发展》，第 53 ~ 57 页。
④ 高敏：《魏晋南北朝社会经济史探讨》中的《关于东晋时期黄、白籍的几个问题》一文。
⑤ 赐王导田地事，见《梁书》卷 7，《太宗王皇后传附王骞传》。
⑥ 赐周处田地事，见《晋书》卷 58，《周处传》。
⑦ 《南齐书》卷 14，《州郡志上·南兖州条》。

重建其私有田庄。为了满足世族地主兴建屯、邸、别墅的土地欲望，官府不惜破坏山林川泽地不许私有的传统，逐步放宽了世族地主侵占山林川泽地不许私有的禁令。其五，到了南朝后期，又一次明文规定按官品高低扩大占有佃客、典计和衣食客制度；与此同时，又制定了按官品级别高低占有一定数量的山林川泽地以为私有土地的法令。二者把官府与世族地主之间如何分割土地与劳动力的制度推进到了一个新的发展阶段。上述这一切，都是促使东晋南朝世族地主土地私有制持续发展的重要因素，同时也是其发展的阶段性标志。

东晋南朝的世族地主，除了通过官府的横赐土地、按占田与占客法令获得固定的土地与劳动力外，另外获得土地与劳动力的途径就是侵占名义上属于国有的山林川泽地和收容逃户、荫户以为私附人口。特别是从北方南迁的世族地主，他们不可能把其在北方的田庄搬到江南，因而到江南之后，为了得到土地与劳动力，除了采用强占小农土地以为私有和奴役一同南迁的一般流民等手段之外，主要是依靠侵占国有的山林川泽地和私藏逃隐户口。于是，在东晋南朝时期，他们到处求田问舍的挟藏户口，以致接连出现了占山护泽、侵占国有土地以为私有土地的高潮；也不断掀起了招诱逋亡以为私属的巨浪。《南齐书·州郡志上·南兖州序》云：

> 晋元帝过江……时百姓遭难，流移此境，流民多庇大姓以为客。元帝太兴四年，诏以流民失籍，使条名上有司，为给客制度，而江北荒残，不可检实。

由于当时的“流民多庇大姓以为客”，东晋政权无法改变这种状况，便不得不顺水推舟，“使条名上有司，为给客制度”，即承认大姓的庇荫之“客”的合法地位。为流民所归附的这些大姓，既有从北方南迁的世族地主，因为他们早在流移的过程中就已是宗主、坞主的身份；也有江南地区原有的世族地主，像余姚虞喜就是一个典型。《晋书·山涛传附孙山遐传》云：

> （山遐）为余姚令。时江左初基，法禁宽弛，豪族多挟藏户口，以为私附。遐绳以峻法，到县八旬，出口万余。县人虞喜以藏户当弃市，遐欲绳喜。诸豪强莫不切齿于遐，言于执事，以喜有高节，不宜屈辱。又以遐辄造县舍，遂陷其罪。遐与会稽内史何充笺：“乞留官百日，穷翦逋逃，退而就罪，无恨也。”充申理，不能得。竟坐免官。

虞喜其人，《晋书·儒林传》有传，为会稽四姓之一，是一个经学名家，同时又是一个挟藏户口以为私附的能手。一个小小的余姚县，山遐于八旬之内就出户万余，还远非县内私附人口的全部，故山遐“乞留官百日”，以“穷翦逋逃”，可见当时挟藏户口以为私附之风的严重程度。面对这种情况，东晋政权不敢触犯他们。作为北来世族的山遐，因为触动了余姚一个虞喜，就引起全县世族地主及一般豪强地主共同反对，以致因此而丢官，终于听任世族地主去挟藏户口。正因为如此，便造成了“自中原丧乱，民离本域，江左草创，豪强并兼，或客寓流离，名籍不立”[①] 的状况，谢安公然以“若不容置此辈，何以为京都”[②] 为词，拒不加以检实。这种情况，不仅东晋为然，整个南朝时期，都是如此。故《宋书·孝武帝纪》大明二年二月有“政道未著，俗弊尚深，豪侈兼并，贫弱固窘”的记载；《隋书·食货志》有“都下人多为诸王公贵人左右、佃客、典计、衣食客之类”的说法。《南史·齐本纪下·东昏侯纪》有“先时诸郡役人，多依人士为附隶，谓之乐属”的记载；萧梁时，同样是“百姓不能堪命，各事流移，或依于大姓，或聚于屯封”[③]；下至陈朝，依然如此，故宣帝太建二年（570）八月，有“其籍有巧荫，其王公百司辄受民为程荫”之诏[④]。

侵占山林川泽等国有土地者，更是指不胜屈。东晋末年的刁逵，“兄弟子侄并不拘名行，以货殖为务，有田万顷，奴婢数千人，余资称是”[⑤]。表面看来，刁家的土地是通过货殖而来。其实不然。因为当刁逵之祖刁协随司马睿渡江之初，本无土地，居于京口，并不富贵，一度被人视为“寒门”[⑥]。只是到了后来，才成为“素殷富”之家，“奴客纵横，固吝山泽，为京口之蠹”[⑦]，可见其土地多来源于“固吝山泽”。又东晋末年的谢混，“仍世宰辅，一门两封，

① 《世说新语》卷上之下《政事篇》谢安条注引《续晋阳秋》。
② 《世说新语》卷上之下《政事篇》谢安条。
③ 《晋书》卷69，《刁协传附孙刁逵传》。
④ 《梁书》卷38，《贺琛传》。
⑤ 《陈书》卷5，《宣帝纪》。
⑥ 《魏书》卷38，《刁雍传》。
⑦ 《晋书》卷69，《刁协传附孙刁逵传》。

田业十余处，僮仆千人”[1]。谢玄及其子谢琰，也多田业，以致到刘宋谢灵运时，还能“因父祖之资，生业甚厚”[2]。这些人，原来在江南均无土地，在短短的时间内，却能拥有田业十余处，自然主要是靠侵占山林川泽地而来。其中最为突出的是谢灵运与孔灵符等人。《宋书·谢灵运传》云：

> 灵运父祖并葬始宁县，并有故宅及墅，遂移籍会稽，修营别业，傍山带江，尽幽居之美。

又云：

> (元嘉五年之后)，灵运既东还，与族弟惠连、东海何长瑜、颍川荀雍、泰山羊璿之，以文章赏会，共为山泽之游，时人谓之四友。

还云：

> 灵运因父祖之资，生业甚厚。奴僮既众，义故门生数百，凿山浚湖，功役无已。寻山陟岭，必造幽峻，岩峰千重，莫不备尽。……尝自始宁南山伐木开径，直至临海，从者数百人。临海太守王琇惊骇，谓为山贼，得知是灵运乃安。

更云：

> 会稽东郭有回踵湖，灵运求决以为田，太祖令州郡履行。此湖去郭近，水物所出，百姓惜之，(太守孟)顗坚执不与。灵运既不得回踵，又求始宁岯崲湖为田，顗又固执。灵运谓顗非存利民，正虑决湖多害生命，言论毁伤之，与顗遂构雠隙。因灵运横恣，百姓惊扰，乃表其异志，发兵自防，露板上言。

谢灵运两次请求决湖造田虽未成功，但谢家侵占的山林川泽之地，早在父祖辈时就已开始。因而他能“因父祖之资，生业甚厚”。早在请求决湖造田之前，他的田园别墅，已经不少。仅以他所栖息之地而言，“其居也，左湖右江，往渚还汀。面山背阜，东阻西倾。”包括上田、下湖、西溪、南谷、石壕、石滂、闵硎、黄竹等在内的一大片土地，其间“田连风而盈畴，岭枕水而通阡。阡陌纵横，塍埒交经。导渠引流，脉散沟并。蔚蔚丰秫，苾苾香粳”。“南山

① 《宋书》卷58，《谢弘微传》。
② 《宋书》卷67，《谢灵运传》。

夹渠二田，周岭三苑，九泉别涧，五谷异巘”。“北山二园，南山三苑，百果备列”，这么大的田庄，无一不是侵占山林川泽地和利用奴仆及挟藏户口开垦而来。[①] 与谢灵运过着同样生活的人，是为数不少的，至少同他“共为山泽之游”的“四友”就是这样的人。另一个大肆侵占山林川泽地以营建私有田庄者，要算孔灵符。《宋书·孔季恭传附孔灵符传》云：

> 世祖大明初，自侍中为辅国将军、郢州刺史。入为丹阳尹。山阴县土境褊狭，民多田少，灵符表徙无赀之家于余姚、鄞、鄮三县界，垦起湖田。……上……从其徙民，并成良业。灵符自丹阳出为会稽太守，寻加豫章王子尚抚军长史。灵符家本丰，产业甚广，又于永兴立墅，周回三十三里，水陆地二百六十五顷，含带二山，又有果园九处。为有司所纠，诏原之……

孙灵符所侵占的山林川泽地，是一大片含山带水的可耕地和种植园。其行为虽“为有司所纠”，但最高统治者还是原谅了他，实际上等于默许其对山林川泽等国有土地的侵占。同谢灵运、孔灵符等人一样疯狂侵占国有的山林川泽地以为私有的世族地主，还大有人在。刘宋孝武帝时的徐州刺史、加都督王玄谟，能一次拿出“私谷十万斛，牛千头”以赈饥馑，[②] 其家拥有大量土地无疑。吴兴世族沈庆之，“居清明门外，有宅四所，室宇甚丽。又有园舍在娄湖，庆之一夜携子孙徙居之，以宅还官。悉移亲戚中表于娄湖，列门同闬焉”[③]。显然又是一个广占山林川泽地的地主。还有王敬弘其人，不仅在白烁尖一带拥有“良田”，并“经始精舍”[④]；而且其“所居舍亭山，林涧环周，备登临之美，时人谓之王东山”[⑤]。在世族地主疯狂侵占山林川泽地以为私有的影响下，乃至一些庶族地主和道人僧侣也有效尤者，如刘宋时的昙济道人，居于孟山，“名曰孟埭，芋薯之畷田，清溪秀竹，回开巨石，有趣之极”[⑥]。但真正有权有

---

① 《宋书》卷67，《谢灵运传》所载《山居赋》。

② 《宋书》卷761，《五玄谟传》。

③ 《宋书》卷77，《沈庆之传》。

④ 《全宋文》卷31，谢灵运：《山居赋》自注，《宋书》卷67，《谢灵运传》同。

⑤ 《宋书》卷66，《王敬弘传》。

⑥ 《全宋文》卷31，谢灵运：《山居赋》自注；《宋书》本传同。

势大量侵占山林川泽地以为私有土地的，主要还是世族地主。

由于世族地主疯狂侵占国有土地以为私有，这就危及了东晋南朝皇权的经济基石。于是，引起了皇权同世族地主之间在争夺山林川泽地方面的矛盾，遂有官府禁止侵占山林川泽地的法令。东晋咸康二年（336）制定的“壬辰之科”①，便是禁止侵占山林川泽地的法令。然而，“壬辰之科”颁布后，并未能阻止这种侵占风潮，所以到义熙九年（413）之前，几乎所有“山湖川泽”之地，“皆为豪强所专”②，不得不又一次宣布禁令。此后，文帝元嘉十七年（440）十一月，有“山泽之利，犹或禁断”的诏令③；宋孝武帝即位之初，于元嘉三十年（453）七月，又有“其江海田池公家规固者，详所开弛。贵戚竞利，悉皆禁绝”的诏令④；大明七年（463）七月，又因“名山大川，往往占固”，故又有“有司严加检纠，申明旧制”⑤之令；齐高帝建元元年（479）四月，也有“二宫诸王，悉不得营立屯邸，封略山湖”之诏⑥；梁武帝天监七年（508）九月，又有“薮泽山林”，“顷世相承，并加封固”之诏⑦；大同七年（541）十月，又有“如闻顷者，豪家富室，多占取公田，贵价僦税，以与贫民”的状况⑧；同年十二月，复有“又复公私传、屯、邸、冶、爰及僧尼，当其地界，止应依限守视，乃至广加封固，越界分断水陆采捕及以樵苏，遂使细民措手无所”的情况⑨。这些禁止侵占国有土地山林川泽的诏令之所以一颁再颁，既表明皇权是强烈反对把这部分土地私有化的倾向的；但同时也表明，山林川泽地私有化的状况并未终止，故诏令屡颁而收效甚微。特别值得注意的是，上述一系列禁止侵占山林川泽地的法令，有一个从严格禁止到逐步放宽的明显的阶段性，反映出皇权对世族地主侵占山林川泽地以为私有土地的退让过

---

① 《宋书》卷54，《羊玄保传附兄子希传》。
② 《宋书》卷2，《武帝纪中》。
③ 《宋书》卷5，《文帝纪》。
④ 《宋书》卷6，《孝武帝纪》。
⑤ 《宋书》卷6，《孝武帝纪》。
⑥ 《南齐书》卷2，《高帝纪下》。
⑦ 《梁书》卷3，《武帝纪下》。
⑧ 《梁书》卷3，《武帝纪下》。
⑨ 《梁书》卷3，《武帝纪下》。

程，也直接表明东晋南朝时期山林川泽地的私有化过程。

这个退让性的规定，始于刘宋孝武帝大明年间。《宋书·羊玄保传附兄子羊希传》所载大明年间的立法，就是一个明确的证据。《羊希传》云：

> 玄保兄子希，字泰闻，少有才气。大明初，为尚书左丞。时扬州刺史西阳王子尚上言："山湖之禁，虽有旧科，民俗相因，替而不奉，熂山封水，保为家利。自顷以来，颓弛日甚，富强者兼岭而占，贫弱者薪苏无讬，至渔採之地，亦又如兹。斯实害治之深弊，为政所宜去绝。损益旧条，更申恒制。"有司检壬辰诏书："占山护泽，强盗律论，赃一丈以上，皆弃市"。（羊）希以"壬辰之制，其禁严刻，事既难遵，理与时弛。而占山封水，渐染复滋，更相因仍，便成先业，一朝顿去，易致嗟怨。今更刊革，立制五条：凡是山泽，先常熂爈种养竹木杂果为林芿，及陂湖江海鱼梁鳅鮆场，常加功修作者，听不追夺。官品第一、第二，听占山三顷；第三、第四品，二顷五十亩；第五、第六品，二顷；第七、第八品，一顷五十亩；第九品及百姓一顷。皆依定格，条上赀簿。若先已占山，不得更占；先占阙少，依限占足。若非前条旧业，一不得禁。有犯者，水土一尺以上，并计赃，依常盗律论。停除咸康二年壬辰之科。"从之。

这段记载，十分重要。首先，通过扬州刺史西阳王子尚的上书，表明到刘宋大明初年，世族地主以占山封水的方式侵占国有土地的情况，已严重到了无以复加的地步，故西阳王子尚力主在"损益旧条"的基础上"更申恒制"，以杜绝私家山林川泽的无限制侵占。其次，由于在此之前占山封水的侵占行为极为普遍，而且私家所侵占的山泽土地经历了较长的日子，已经变成了"先业"即历代相传的私产，因此，难于按照东晋咸康二年的"壬辰之科"的规定执行，必须变通办理。这就是西阳王子尚与羊希都主张改变"旧条"的原因。其三，改易旧条的内容共有5条：凡是在此之前曾在所占山林川泽地段上种植了竹林杂果及建立了各种捕鱼设施的，可以不再追夺，即承认其永远合法私有；对当时现任官吏，一律实行按官品高低确定占山地亩数量的办法，并允许他们各自在其财产簿上登记，也无异于承认其合法私有；凡此前已占够规定数量的官吏，不允许再占；如有不足，则可以补占，这实际上等于给所有官吏提供了扩大山林川泽地占有的法律依据；除此之外的残山剩水，则不许任何人私占，违者以常盗律论处。从此以后，正式宣布废除东晋咸康二年制定的“壬辰之科”。从“从之”二字来看，羊希的建议显然被采纳付诸实施了。因此，这是正式以新的占有山泽法令取代旧的严禁山泽私有的律条，这是对山泽地不允许私有的旧律的一次重大改变，是封建皇权对世族地主的一次巨大让步，是山林川泽地私有化的一个重要标志。这意味着作为封建国家传统的与最后的一部分国有土地，从此也落入了私家手中。考其时间，在大明初年。由此可见，东晋南朝世族地主土地私有制的发展，到此确进入了一个几乎垄断全部国有土地的程度。羊希的建议，虽然仍然规定不许侵占尚未私有化的山林川泽地，但这部分土地已经很少，实际上已等于没有意义。即使有之，仍然不免于被世族地主侵占。宋孝武帝大明七年七月丙申诏曰：“前诏江海田地，与民共利。历岁未久，浸以弛替。名山大川，往往占固。有司严加检纠，申明旧制”[①]。这里的“前诏”，有可能就是大明初年批准的羊希建议之诏。所谓“江海田地，与民共利”，即指除却作为“先业”的残山剩水地段不许私家侵占而言。可见，仅仅隔了几年，又是“名山大川，往往占固”，表明羊希建议中宣布的不许侵占残山剩水的禁令仍然是一纸具文。何况羊希所立新制五条中规定的官吏按品级高低占山顷亩，实际上并无定数，所以，到了萧梁时期，凡“公私传、屯、邸、冶、爰至僧尼”，皆“广加封固，越界分断水陆采捕及以樵苏”，而这时所禁止者，仅限于越界部分[②]。至于“多占取公田，贵价僦税以与贫民”者，仅作了公田“不得假与豪家，已假者特听不追”的规定[③]，等于在刘宋羊希所立新制的基础上又有进一步放宽限制的迹象。总之，在上述一系列关于世族地主与官府之间对国有山林川泽地的侵占与反侵占的斗争中，往往以官府的退让、妥协而告终，从而使地主土地私有制的发展获得了广阔的地盘。

南朝时期世族地主土地私有制进一步发展的另一个标志，就是关于增加世族地主占客数量的法律规定的颁布。

---

① 《宋书》卷6，《宋武帝纪》。

② 《梁书》卷3，《武帝纪下》大同七年十二月诏。

③ 《梁书》卷3，《武帝纪下》大同七年十二月诏。

我们知道，西晋平吴之后颁布的占田、课田与占客的法令。已把自汉代以来赐田、复田与赐客、复客的做法正式法典化，从而固化了以世族地主为主体的当时的职任官吏可以按照官阶品级高低获得相应土地与劳动力的特权。但是，世族地主对土地与劳动力的贪欲，并没有因此而得到满足。他们仍然在额外占田、占客，东晋南朝时期愈演愈烈，已于上述。为了制止这种情况的恶性发展，官府除了开展反对他们无限制侵占山林川泽地的斗争外，还采取了反对他们无限制占客、匿户以为私属的斗争。官府一方面不断地检校户口，整理典籍，用以防止破产农民变为私家庇荫户口。另一方面，对已经逃亡到山林川泽地中去的“山湖人”，采取军事镇压的手段，千方百计地把他们清查出来以补兵服役①。然而，即使如此，仍不能阻挡大量贫苦农民转化为荫户、隐户与“乐属”的浪潮；也制止不住世族地主收藏逃隐户口的做法。如萧梁时期的余姚县，仅“县南又有豪族数百家，子弟纵横，递相庇荫，厚自封殖，百姓患之”②；与此同时，官吏将帅又多通过“举恤为禄”的办法，把许多“合役之身”，转化为私家依附民，达到“人领数万”的程度③；未被“举恤为禄”者，也“各事流移，或倍于大姓，或聚于屯封”④；总之“巧荫”百端，“程荫”之民为数不少⑤，使官府严禁“私相置名”的法令流于形式，于是，如同官府允许私占山林川泽地的合法化一样，也同样被迫制定扩大占田、占客数量的法令。《隋书·食货志》云：

都下人多为诸王公贵人左右、佃客、典计、衣食客之类，皆无课役。官品第一、第二，佃客无过四十户。第三品三十五户，第四品三十户，第五品二十五户，第六品二十户，第七品十五户，第八品十户，第九品五户。其佃谷，皆与大家量分。其典计，官品第一、第二，置三人；第三、第四，置二人；第五、第六及公府参军、殿中监、监军、长史、司马、部曲督、关外侯、材官、议郎已上，一人。皆通在佃客数中。官品

① 《晋书》卷81，《毛宝传附孙毛璩传》；同书卷83，《江逌通传》及《梁书》卷42，《藏盾传》卷53，《良吏·范述曾传》。

② 《梁书》卷53，《良吏·沈瑀传》。

③ 《南齐书》卷34，《虞玩之传》于建元二年（480）上表中语。

④ 《梁书》卷38，《贺琛传》。

⑤ 《陈书》卷5，《宣帝纪》。

第六已上，并得衣食客三人；第七、第八，二人；第九品及轝輂、迹禽、前驱、由基强弩司马、羽林郎、殿中冗从武贲、殿中武贲、持椎斧武骑武贲、持钑冗从武贲、命中武贲武骑，一人。客皆注家籍。

按《隋书》诸志，原名《五代史志》，系指北朝的北齐、北周和南朝的梁、陈以及统一后的隋王朝五代而言。诸志中所载，虽不免有追溯东晋及南北朝初期情况的内容，但主要是有关南北朝后期及隋的典章制度的记载，故《隋书·食货志》所载，也不应例外。换言之，上述有关南朝的记载，大抵应为梁、陈之制。[①] 在这个法令里，无按官品占田的记载，大约是仍依西晋占田法令的规定而无数量变化的缘故。但在占客的法令规定方面，却发生了明显的三大变化：一是官吏按官品高低占客的类别增加了，由西晋占田法令规定的占客只有衣食客与佃客两种类别，变成了梁、陈时的左右、典计、衣食客、佃客 4 个类别。即作为封建依附民的“客”在阶层划分方面更加多样化了，也表明“客”阶层的社会分工的细微化与其身份的固定化。二是各级官吏法定占客数量的增加。由西晋占田法令规定的一品官与二品官各占客 15 户，均增加到了 40 户；三品官，由 10 户增加到 35 户；四品官，由 7 户增加到了 30 户；五品官，由 5 户增加到了 25 户；六品官，由 3 户增加到了 20 户；七品官，由 2 户增加到了 15 户；八品官，由 1 户增加到了 10 户；九品官，也由 1 户增加到了 5 户。这表明按官品增加占客的比例是很大的，这显然是对世族地主不断反对限制占客的一种妥协和退让。三是作为“左右”、“典计”、“衣食客”和“佃客”等各自隶属于其主人的人身依附性进一步强化了。这主要表现在这些人“皆无课役”和“皆注家籍”等方面，说明他们一旦沦为官吏的“左右”、“典计”、“衣食客”与“佃客”，不再属于官府的臣民，完全成了其占有者的家内奴役对象，同时也固化了世族地主的不税不役特权。因此，梁、陈时期这一法令的颁布，无疑又是世族地主在占客与官府所占客斗争中的一个胜利，又为世族地主土地私有制的发展创造了条件。至于这个法令所规定的内容，尽管它是梁、陈时之制，其形成必在此前。故“左右”、“典计”、“衣食客”与“佃客”各同其主人的关系特征等等，均可视为东晋南朝逐步积淀的结果。

---

① 高敏：《魏晋南北朝社会经济史探讨》一书中的《两晋南朝租调制度考辨》一文。

如上所述，世族地主在同官府进行的占山护泽与反占山护泽以及占客与反占客的斗争中，都获得胜利，从而获得了占山护泽以为私有土地和扩大占客数量以为私家劳动力的特权，使世族地主同官府之间在土地与劳动力的再分配方面取得了前所未有的优势地位。从而使东晋南朝时期的世族地主土地私有制，发展到了自己的极盛时代。但是，与此同时，也开始了世族地主土地私有制从它的顶峰上逐步坠落下来的过程。这主要是两个方面的原因造成的：一是随着国有公田与山林川泽地的日益私有化来的，必然是封建国有土地量的绝对减少；随着国家编户齐民大量佃客、部曲化而来的，也必然导致官府控制户口数的下降[①]。这两个方面的绝对减少，固然直接带来了封建性国有经济的危机，削弱了皇权的物质基础；同时也导致了世族地主土地来源的枯竭，使世族地主土地私有制丧失了赖以生存的前提条件。二是随着东晋南朝商品经济的发展而涌现的官吏经商、农村人口的经商和通过立军功而上升的军将阶层的出现，逐步使早已存在的庶族寒门地主势力获得了上升，使他们有条件以资财购买土地，以致庶族地主土地私有制在世族地主土地私有制高度发展的间隙中日趋崛起。同于庶族地主土地私有制的崛起，又使得世族地主更加丧失了发展的空间，而不能不日益走向衰败沦落的道路。再加上自东晋末年以后的“免奴为客”者的反抗斗争以及侯景之乱对世族地主的沉重打击等因素，盛极一时的世族地主土地私有制形态就每况愈下和一蹶不振，而且发生了逐步向庶族地主土地私有制形态转化的迹象。

二、东晋南朝庶族地主土地私有制的日益崛起

本章第二节，已经说明三国时期由于当时商品经济比重的普遍下降，使土地买卖的情况较少出现；又由于战乱频繁，没有家兵部曲的庶族地主很难存在下来，从而使得这时的庶族地主土地私有制呈现出发展缓慢的状况。西晋时期，在江南虽然承东吴之后，世族地主土地私有制几乎处于绝对优势的地位，但是，由于这时国家统一，商品经济有一定恢复，土地的商品化程度较三国时

---

① 查南朝史籍关于人口数量的记载，不仅远不如秦汉，也远少于北朝，而且越到后期人口越少，及于陈朝，人口数仅为200万，究其原因，实同南朝人口之大量隐匿私注官吏家籍有关。

期有所上升，以致出现了恬和“禁百姓卖田宅”[①] 的主张，而且遭到了李重的反对，这表明当时土地买卖之风比较盛行，从而使庶族地主土地私有制也有了一定的发展地盘。到了东晋南朝时期，由于商品经济的进一步发展，土地的商品化程度又有提高；江、扬、荆、湘、交、广等地区的较快获得开发，从广大农村中也涌现了一批非高门世族出身的土豪地主；特别是通过军功、事功而逐步登上政治舞台且执掌机要的寒人的出现，壮大了庶族地主的队伍。于是，早已出现的一个不同于世族地主土地私有制形态的庶族地主土地私有制便迅速发展起来。《隋书·食货志》云：

> 晋自过江，凡货卖奴婢、马牛、田宅，有文券，率钱一万，输估四百入官，卖者三百，买者一百。无文券者，随物所堪，亦百分收四，名为散估。历宋、齐、梁、陈，如此以为常。以此人竞商贩，不为田业，故使均输，欲为惩励。虽以此为辞，其实利在侵削。又都西有石头津，东有方山津，各置津主一人，贼曹一人，直水五人，以检察禁物及亡叛者。其荻炭鱼薪之类过津者，并十分税一以入官。其东路无禁货，故方山津检察甚简。淮水北有大市百余，小市十余所。大市备置官司，税敛既重，时甚苦之。

江南地区，由于水运发达，物产丰富，还地近海洋，对外贸易便利，故东吴时江东的手工业、商业和对外贸易等就已有相当发展水平，详情将于本书有关章节述及。东晋政权建立后，由于有东吴时期的工商业基础，加上有政治中心南移、大批北人南渡及江南的相对安定局面等因素，使商品经济进一步获得了发展，出现了“人竞商贩，不为田业”的状况。特别是类似乎契约税与交易税的“散估”及“估税”，不见于前此史籍，似为东晋南朝所特有，显然是江南地区商业贸易发达后的产物。单以这时的商业市场来说，“淮水北有大市百余，小市十余所”，是专门从事商业贸易的地方；至于当时的一些大城市里，也都有商贩贸易集中的地方。例如当时江南最大的城市建康，便有 4 个大市场：“京师有四市；建康大市，孙权所立；建康东市，同时立；建康北市，永安中（258～263）立；秣陵门市场，隆安中（397～401），发乐营人交易，因

① 《晋书》卷 46，《李重传》。

成市也。”[①] 及“梁都之时，城中二十八万户，西至石头，东至倪塘，南至石子冈，北过蒋山，东西南北各四十里”[②]，“市廛列肆，埒于二京”[③]。又如江南的滨江重镇京口，对外贸易的中心广州和两浙地区的绢布交易中心山阴[④]等城市，也不失为当时的繁华市场。其他如宣城、吴郡、会稽、余杭、东阳等地，其俗亦同于京口、丹阳。[⑤] 特别是吴郡海盐之制盐业，由于“海滨广斥，盐田相望”[⑥]；还有南兖州有“盐亭一百二十三所，县人以渔盐为业，略不耕种，擅利巨海，能致饶沃，公私商运，充实四远，舳舻往来，恒以千计”[⑦]。此外，在冶铁、造铁、漆器、造船、制陶、缫丝、纺织等手工业方面，江南地区也有显著发展，也为市场提供了充足的货源，有助于商业贸易的发展。适应着手工业与商业发展而来的，钱币的铸造与流通量大为增加，市场的贸易活动，也多以钱币为支付手段。史称“梁初唯京师、三吴、荆、郢、江、襄、梁、益用钱，其余州郡则杂以谷帛交易，交广之域，则全以金、银为货”[⑧]。实行杂以谷帛的地区，也仍以使用钱币为主，如刘超的《乞买外厩牛表》云：“臣家里应用一纯牛，连市，素不如意，外厩猥牛中有任用者，臣请以正陌三万钱、布五匹，乞以买此牛。”[⑨] 可见当钱、布兼用时，仍然以钱为主。连私家与国库的储备，钱币也是主要的财物。《南史·梁本纪》中大通元年（529）及太清元年（547），“群臣”均曾“以钱币一亿万奉赎皇帝菩萨”，如果官吏私家储钱不多，何能一次奉献钱币如此之多；特别是《南史·临川靖惠王萧宏传》云：“宏性爱钱，百万一聚，黄榜示之；千万一率，悬一紫标。如此三十余间。”私家储钱之多，于此可见其一斑！至于国库的储备，也多钱币。南

---

① 《太平御览》卷827，《资产部·市门》引出廉之《丹阳记》。

② 《太平寰宇记·江南东道·升州》条引《金陵记》。

③ 《隋书》卷31，《地理志下》。

④ 《宋书》卷31，《五行志二》云：“会稽山阳县起仓，凿地得两大船，满中钱，钱皆轮文大形”，由钱之多，可以想见山阴商业贸易之发达。

⑤ 《隋书》卷31，《地理志下·扬州》条《后序》。

⑥ 《太平寰宇记·江南东道·秀州·海盐县条》注引《吴郡记》。

⑦ 《太平寰宇记·淮南道·楚州·盐城县》条引《南兖州记》。

⑧ 《通考》卷8，《钱币考》。

⑨ 《全晋文》卷127，此表亦见《太平御览》卷828，唯“纯牛”作“纯色牛”，余悉同。

齐时，王敬则以塘役折钱，“送台库以为便宜”[①] 即其例证。有时官吏的俸禄，也以钱币支付。如《南齐书·明帝纪》载建武三年（496）闰十二月诏曰：“可以见钱为百官供给”；又如《梁书·武帝纪下》大通元年（527）正月诏曰：“百官俸禄”，“自今以后，可长给见钱，依时即出，勿令逋缓”，均系以钱币支付官俸之证。所有这些情况，都证明南朝商品经济的发展水平是相当可观的，以致除鱼、盐、杞、梓、丝绵、布、帛8大商品之外，土地、住宅、马牛、奴婢也都商品化了。买卖土地、住宅，还有契约税的征收，这不仅说明官府对土地、住宅的买卖关系是承认的，是给予法律保护的；而且说明土地与住宅等买卖现象是很普遍的，否则无征收此项契约税的必要，更没有专为此立法的需求。

由于江南商品经济的发达，直接推动着土地买卖的盛行。以东晋南朝的土地买卖情况来说，除前面所说自东晋“历宋、齐、梁、陈以为常”的买卖土地、住宅要立契约和征收估税的情况外，还多私买土地的事实。南齐人吴达之，其“从弟敬伯”夫妻，“荒年被略卖于江北，达之有田十亩，货以赎之”[②] 又南齐明帝时，曾“废文惠太子（萧长懋）所起东田，斥卖之”[③]。萧梁时，徐勉为儿孙所营建之住宅，“货与韦黯，乃获百金”；又其子徐崧，曾“买姑熟土地，甚为舄卤”[④]。按姑熟即今当涂，据《陈书·宣帝纪》太建四年（527）闰十月诏，谓其地“饶旷”，“良畴美柘，畦畎相望”，以致“连宇高甍，阡陌如绣”[⑤]，表明此地是地主集中之所在。徐氏买地于此，只得“舄卤”田地，足证膏腴之地已全为其他地主所有。此外，还有李雄统治的蜀地，“贵者广占荒田，贫者种植无地，富者以己所余而卖之”[⑥]；刘守元嘉中的颜延之，“坐启买人田，不肯还直”，以致被人告发，“免所居官”[⑦]；萧梁时的王骞，当

① 《南齐书》卷26，《王敬则传》。
② 《南齐书》卷55，《孝义·吴达之传》。
③ 《南史》卷5，《齐本纪下》及《南齐书》卷6，《明帝纪》。
④ 《梁书》卷25，《徐勉传》。
⑤ 《陈书》卷5，《宣帝纪》。
⑥ 《晋书》卷121，《李班载记》。
⑦ 《宋书》卷73，《颜延之传》。

官府要购买他的旧墅以建寺院时，他以“此田不卖”[①] 拒之；近来通过考古发掘，还为我们提供了自西晋太康年间到南齐时的土地买卖地券多件，其中虽有迷信的成分，但也确证土地买卖之盛行，已经影响到当时人对死者给以比拟现实社会的安排[②]。上述这些买卖土地的人中，有一般庶民，也有世族地主，甚至还有皇族，足见以钱币购买土地的方式，也逐渐成了世族地主获得土地的方式之一。由于土地买卖的盛行，以致在当时人们的财产观念中，形成了有了土地就等于有了金钱的认识，如“江南豪强莫强周、沈”的沈庆之，在“广开田园之业”之后，“每指地示人曰：‘钱尽在此中！’”[③] 可见在沈氏看来，拥有土地与拥有金钱是可以等同的，这难道不是土地商品化之后产生的财产观念吗?

由于土地买卖的盛行，以致土地的价格也日高一日。《宋书》卷54《史臣论曰》：“会土带海傍湖，良畴亦数十万顷，膏腴上地，亩直一金，鄠、杜之间，不能比也。”江南的肥田沃土，还超过当时具有农业传统的肥沃土地鄠、杜之田的价格，反映出江南的地价确在日益上升。

在土地买卖之风盛行的基础上，加速了商贾向地主的转化以及广大农村的阶级分化；加上当时因立军功、事功而在政治上获得发迹的一般平民，也有条件成为地主，从而使庶族地主的数量迅速增加，终于导致了庶族地主土地私有制的迅速发展。其主要表现如下：

首先，因经营商业而致富并向地主转化的人数大有增加。《宋书·邓琬传》云：

> 时军旅大起，国用不足，募民上米二百斛，钱五万，杂谷五百斛，同赐荒县除。上米二百斛，钱八万，杂谷千斛，同赐五品正令史；满报，若欲署四品在家，亦听。上米四百斛，钱十二万，杂谷一千三百斛，同赐四品令史；满报，若欲署三品在家，亦听。上米五百斛，钱十五万，杂谷一千五百斛，同赐三品令史；满报，若欲署内监

① 《梁书》卷7，《太宗王皇后传》及《南史》卷22，《王昙首传附曾孙王骞传》。

② 《文物参考资料》，1955年，第5期、1956年，第2期及《光明日报》，1962年12月18日所载有关地区发现南齐永明五年买地券的报道。

③ 《南齐书》卷6，《明帝纪》及《南史》卷5，《齐本纪下》。

在家，亦听。上米七百斛，钱二十万，杂谷二千斛，同赐荒郡除；若欲署诸王国三令在家，亦听。[1]

这件事，据《南史·宋本纪下》明帝泰始二年（466）三月条所云："癸卯，令人入米七石者除郡，减此各有差"等语，与上述内容正合。因知《邓琬传》所载"募民上米"、"钱"及"杂谷"以除官之令颁布的时间，应为刘宋明帝泰始二年。通观此令精神，可知这些应募输米、钱及杂谷者，大抵均为由商贾转化来的庶族地主。其原因在于：第一，应募者，必须同时拥有大量的米、钱及杂谷，即粮食与钱币，如非商贾兼地主，是不可能有此条件的。第二，这些应募上米、钱、杂谷的人，原来都是无官位的庶民，否则输财买官的方式对他们是没有吸引力的。第三，这些人输米、钱、杂谷之后所能除的官职，为自"国三令"以下诸官，而这些官职，都属于庶族地主所能充任的浊官[2]，因而他们只可能是由商贾转化来的庶族地主。根据这三个特点，可以肯定地说，这次应募来、钱及杂谷以除官的人，大抵都是由商贾转化来的庶族地主。从这种人的数量来看，比重为数不小，否则官府不会为此而专门制定这种输米、钱、杂谷可以为官的法令；如果这种人不多，即使有人这么做，也解决不了当时因"军旅大起"而造成的"国用不足"的困难。《宋书·索虏传》又云：

是岁（指元嘉二十七年，即450年），军旅大起，王公、妃主及朝士、牧守，各献金帛等物以助国用。下及富室小民，亦有献私财至数十万者。

由此可见，用献金帛的方式以解决国用不足的困难这种做法，并非始于宋明帝泰始二年，而是早在宋文帝元嘉年间便已有之，且所献者为"富室小民"，所献数量达到"数十万"，更可见他们是由商贾转化的地主或商贾而兼地主的庶民。又《梁民·邓元起传》云：

元起至巴西，巴西太守朱士略开门以待。先时蜀人多逃亡，至是出投元起，皆称起义应朝廷，师人新故三万余。元起在道久，军粮乏绝。……涪令李膺……率富民上军资米，俄得三万斛。

① 按此段引文，句读有歧异处，此据中华书局标点本。
② 唐长孺先生：《魏晋南北朝史论丛续编》，第94～96页。

仅仅一个巴西郡的涪道，“率富民上军资米”，就可以很快达到“三万斛”之多，可见这里的富民不少，而且也同样只可能是由商贾转化来的庶民地主。

其次，由广大农村中分化出来的庶民地主也不在少数。我们知道，早在汉末、三国之时，以经常商业而又“田亩连于方国”的豪民地主已经不少，已于前述。到东晋南朝时期，随着江南经济的发展，从农村中分化出来的这种庶民地主更多了。《太平御览》卷471引孙岩《宋书》曰：“徐湛之产业丰富，室宇园池，贵游莫及。门生千余，皆三吴富人子，每出入行游，涂邑盈满。”《宋书·徐湛之传》亦载此事甚详。“三吴富人子”之为人“门生”者，显系庶民地主出身。仅徐湛之一人门下就有这种庶民地主子弟千余人之多，则三吴地区，早在孙吴时期，社会经济就甚发达。故西晋末及东晋南朝时期北方南来的侨姓世族，也无法在这一带容身，只得向会稽地区发展，如谢灵运的父亲和谢灵运本人、孔灵符和王羲之等人，都曾向会稽地区求田问舍。因此，则刘宋时期的“三吴富人子”，恐怕大都是孙吴时期遗留下来的庶民地主，到东晋南朝更有所发展而已。又刘宋时晋陵延陵人徐耕，“自令史除平原令”，究其所以被除官的原因，在于他于元嘉二十一年（444）“大旱民饥”之时，曾诣县自请献谷千斛赈民。因而“诏书褒美，酬以县令”①。按徐耕原为“令史”，属于庶族地主所为之浊官②，显然早已是作了官的庶族地主分子。此次之升为县令，正类似于明帝泰始二年的献米、钱、杂谷除官之事。徐耕所在的晋陵郡，“虽弊，犹有富室，承陂之家，处处而是”，“陈积之谷，皆有巨万”③，可见晋陵郡的庶族地主，并非徐耕一人，而是大有人在。又如刘宋时永喜人张进之，“家业富足”，“为郡大姓”，但仍属庶民地主，因为他并无免除徭役的特权，后因他能“散其财，救赡乡里”，到“元嘉初，诏在所蠲其徭役”④。这个张进之，既为“郡大姓”，而仍是无免役特权的庶族地主，可见这种大姓，只是一些地方土豪，家虽富有而门第不高。像这样的土豪地主，东晋南朝也同样大有人在。例如临海郡刘瑱，史书明明说他是“土豪”而拥有“资财百万”，想以

① 《宋书》卷91，《孝义·徐耕传》。
② 唐长孺先生：《魏晋南北朝史论丛续编》，第96页。
③ 《宋书》卷91，《孝义·徐耕传》。
④ 《宋书》卷91，《孝义·张进之传》。

女妻高门世族地主出身的王元规，元规之母“欲结强援”，拟许之，但王元规却认为与刘氏攀亲，是“苟安异壤，辄昏非类”[①]，可见临海刘瑱虽富且为土豪，仍是庶族地主。《宋书·宗越传附蔡那传》，谓蔡那“家素富，而那兄局善接待宾客，客至无少多，皆资给之，以此为郡县所优异，蠲其调役”。既然需要官府“蠲其调役”，则蔡那兄弟原是应纳税服役的庶民地主甚明。还有梁人沈瑀为余姚令时，“县南有豪族数百家，子弟纵横，递相庇荫，厚自耕殖，百姓甚患之，瑀召其老者为石头仓监，少者补县僮，皆号泣道路，自是权右屏迹。瑀初至，富吏皆鲜衣美服，以自彰别。瑀怒曰：‘汝等下县吏，何自拟贵人耶！’悉使著芒屩粗布，侍立终日，足有蹉跌，辄加榜棰”[②]。这些豪族，显然也同临海郡的刘瑱一样只是“土豪”，而非高门世族地主，故沈瑀可以使其老者为石头仓监，少者补县僮，把他们当做奴隶一样役使。至于“鲜衣美服”的“富吏”，更是身份低微的庶族地主，故沈瑀称之为“下县吏”，不可“自拟贵人”。小小一个余姚县，庶族地主如此之多，其他地区自可想见。

上述庶族地主除部分属于荆州地区者外，多集中于江南东部，似乎除此之外的江、湘、交、广地区，很少有庶族地主的崛起，其实不然。实际上，这些地区之所以较少有交于庶族地主的记载，是由于他们没有条件进入史册的缘故造成的。如果我们以上述“土豪”、“豪族”也系指庶族地主之有地方权势者的情况推之，也同样可以发现不少这样的庶族地主的存在。如梁时的始兴郡，“郡多豪猾大姓，二千石有不善者，谋共杀害，不则逐去之”，以致弄得“前内史皆以兵刃自卫”[③]；有的庶族地主因为不堪南朝政权的歧视与虐待，不乏奋起反抗者。如“安成郡民刘敬躬挟左道以反”[④]，“益州民焦僧护聚众作乱”，“黎州民逐刺史张賨”，“零陵人李洪据其郡”[⑤]，始兴郡曲江侯安都，“世为郡著姓”，“善骑射，为邑里雄豪”[⑥]；临川人周敷，“为郡豪族”，“胆力果劲，

① 《南史》卷71，《孺林·王元规传》。
② 《梁书》卷53，《良吏·沈瑀传》。
③ 《梁书》卷13，《范云传》。
④ 《梁书》卷1，《武帝纪》。
⑤ 《资治通鉴》卷146，梁武帝天监四年条及同书卷164梁元帝承圣元年条。
⑥ 《陈书》卷8，《侯安都传》。

超出时辈”，“乡党少年任气者咸归之”；“侯景之乱”时，乡人周续合徒众以讨贼为名[1]，像周敷、周续等人都是出身庶族的地方豪强。这些新兴的地方豪强，往往受到梁官府歧视，入仕维艰，如“湘俗单家以赂求州职，（杨）公则至，悉断之，所避皆引州郡著姓，高祖班下诸州以为法”[2]。这些以赂求州职的单家，显然是庶族出身的地主。他们因为受到压抑，仕进无门，故往往起来反抗。北魏邢峦曾指出这些边远山区的这一弊端说：“又巴州、南郑相离一千四百，去州迢遰，恒多生动。昔在南之日，以其统绾势难，故增立巴州，镇静夷獠，梁州藉利，因而表罢。彼土民望、严、蒲、何、杨、非唯五三，族落虽在山居，而多有豪右，文学笺启，往往可观；冠带风流，亦为不少。但以去州既远，不能仕进，至于州纲，无由厕迹。巴境民豪，便是无梁州之分，是以郁快，多生动静。”[3] 这带地区，正是北魏与南朝政权接壤地带，邢峦指出的这一情况，也正是南朝政治的弊端。由上可见，南朝的荆、湘、交、广等昔日不甚开发的地区，随着江南经济的普遍发展，也同样涌现出了一大批地方豪强势族，他们虽不属于高门世族，却不失为当地的有权势的庶族地主。是以梁、陈之时，地方势力的反抗斗争，有不少应属于庶族地主同高门世族争夺政治权力的性质。因此，江南西南部地区豪强势力的兴起，正是当时庶族地主土地私有制在这一地区发展的结果与反映。

其三，还有通过立军功、事功而上升为将领、官吏从而成为庶族地主者。例如《宋书·宗越传》，载宗越本是南阳“次门”，即属于庶族地主阶层，后被县吏范顗之点为役门，即沦落到了同一般服役户相同的地位。当他立了军功以后，便“求复次门”，可见他立军功之后仍不属于高门世族地主行列中人。同书《武念传》，也说武念“本三五门”出身，同宗越一样属于“役门”地主。后来虽以军功为官，仍然是庶族地主行列中人。《宋书·吴喜传》，谓喜“初出身为领军府白衣吏”，后以各种机会得为官，同样不是世族地主。还有同书《黄回传》，说他本“竟陵军人也，出身充郡府杂役”，

---

① 《陈书》卷13，《周敷传》。
② 《梁书》卷10，《杨公则传》。
③ 《魏书》卷65，《邢峦传》。

后以军功“免军户”，可见黄回其人，为官之后仍只是庶族地主。总之，见于南朝史籍中以立军功、事功而为官吏、将领者不少，大抵均为庶族地主。因此，这类人物的增加，直接反映出东晋南朝时期庶族地主土地私有制的迅速发展。

其四，庶族地主同世族地主之间斗争的加剧，也可视为庶族地主土地私有制发展的一个标志。庶族地主对高门世族地主的反抗斗争，不仅存在于整个东晋南朝时期，而且愈演愈烈。这种斗争的表现形式是多式多样的，用其金钱逼迫高门世族地主与之联姻，是其方式之一；通过支持皇权而排斥世族地主垄断朝政的做法，是其方式之二；用钱物行贿，在造籍时假注官府控制的户籍，用以冒称世族，混入仕流，是其方式之三；趁农民起义之机，也起来参加起义队伍，从中渔利，是其方式之四，例如《南史·茹法亮传》所云“三吴却籍者”之参加富阳人唐寓之领导的起义，便属于此种类型。此事唐长孺先生已考之甚详，此不赘述。尤有甚者，利用地方势力或民族矛盾，各在其所在地区，纠集党羽，或赶走州郡长官取而代之，或起兵割据，与地方政权对峙，特别是侯景之乱以后到陈王朝时期，这种情况与日俱增，此其方式之五。当然这仅仅是举其要者而言，至于细枝末节的斗争方式，尚不胜缕述。因此，庶族地主同世族地主斗争的加剧，既是庶族地主土地私有制发展后的必然产物，同时也反过来促进了庶族地主土地私有制的发展，巩固了他们的地位。

由于庶族地主土地私有制的迅速发展，也使得他们参加政权机构的意识增加了，要求以其财产的多少重新分配政治权力。这样一来，就决定了东晋南朝政治方面的许多变化，主要有如下几个方面的表现：第一，庶族地主分子登上政治舞台的比例大为增加，出现了清代学者早已指出过的“寒人执掌机要”的新局面。这个新局面的形成，也是在一个逐步发展的过程中实现的。刘宋皇帝以非高门世族地主而成为南朝的最高统治者，其本身就是对世族垄断政权的一个冲击。所以，庶族地主以军功、事功上升为官吏者，与日俱增。《资治通鉴》卷132《宋纪》明帝泰始四年（468）末曾对此情况加以概括说：“先是，中书侍郎、舍人皆以名流为之，太祖始用寒士秋当，世祖犹杂选士庶，巢尚之（士族）、戴法兴（庶族）皆用事。及上即位，尽用左右细人，游击将军阮佃夫、中书通事舍人王道隆、员外散骑侍郎杨运长等，并参与政事，权亚人主，巢、戴所不及也。佃夫尤恣横，人有顺忤，祸福立至。大纳货赂，所饷减二百匹绢，则不报书。园宅饮馔，过于诸王；技乐服饰，宫掖不如也。朝士贵贱，莫不自结。仆隶皆不次除官，捉车人至虎贲中郎将，马士至员外郎。”司马光的这一段话，大约来自《南齐书·倖臣传序》的前半段，不过“太祖始用寒士秋当”句，《南齐书》多“周纠”其人，与秋当“并出寒门”。实则刘宋之起用寒人为官者，决不止司马光所云。其他如张兴世、张敬儿、陈显达、梁道根、昌义之、武念、黄回、吴喜及蔡那等人，均系庶族寒门地主出身。司马光所云，仅限于处中央权力结构中具有核心地位者。及南齐之世，这种状况又有进一步发展。故《南齐书·倖臣传序》云：“齐初亦用久劳，及以亲信，关谳表启，发署诏敕。颇涉辞翰者，亦为诏文，侍郎之局，复见侵矣。建武世，诏命殆不关中书，专出舍人。省内舍人四人，所直四省，其下有主书令史，旧用武官，宋改文吏，人数无员。莫非左右要密，天下文簿版籍，入副其省，万机严秘，有如尚书外司，领武官，有制局监，领器仗兵役，亦用寒人被恩幸者。”由此可见，萧齐时期，庶族地主之为官者更多。至于萧梁时期，“举世怨梁武帝父子，爱小人而疏士大夫”[①]，表明庶族地主登上政治舞台的情况更为突出了。第二，作为南朝中央政权的权力结构方式，也发生了相应的变化。至少在东晋之前，处于中央政权核心地位的，除皇帝之外，还有高门出身的宰相能参与一切机要决断。但入宋之后，皇帝本人已非高门世族；至于宰相，已不常设，也无常人，谁能参与议政决策，谁就拥有宰相的权位。虽无其名，亦有其实。故《资治通鉴》卷120《宋纪》文帝元嘉三年（426）条云：“六月，以右卫将军王华为中护军，侍中如故。华以王弘辅政，王昙首为上所亲任，与己相埒，自谓力用不尽，每叹息曰：‘宰相顿有数人，天下何由得治!’是时，宰相无常官，唯人主所与议论政事、委以机密者，皆宰相也。故华有是言。亦有任侍中而不为宰相者，然尚书令、仆，中书监、令、侍中、侍郎、给事中，皆当时要官也。”按王华为中护军事，见于《宋书·文帝纪》元嘉三年六月条，却无王华之语；同书《王华传》有上述王华事，却无“是时”以后一段；同《传》史臣论语中也无此段；《宋书·百官志》中，亦无此段记载，可见这

① 《颜氏家训·涉务篇》。

是司马光所概括。据此，知自刘宋文帝时起，不仅寒人之官和执掌机要者与日俱增，而且在中央政权的权力结构方式方面也发生了相应的变化。以后诸代，均大抵如此，《梁书·武帝纪下》大同六年八月辛未诏的内容，即其一证，此不赘述。其三，在政权中庶族官吏与世族官吏的比例方面，则更明显地发生了升降变化。单以中央政权处在核心地位的官吏来说，据不完全统计，西晋时期任录尚书事、侍中、中书监、中书令、尚书令、尚书仆射等官的人，绝大部分为世族地主，有的虽非大世族地主，已是处于上升中的世族；到东晋时期，任上述诸官的世族地主所占比例，较西晋时期尤有过之，可以说完全是世族地主垄断朝政的时期；但从刘宋时期开始，任上述诸官的世族地主比例已开始明显下降，相当一部分宗室成员担任了此职，而宗室成员并非严格的世族地主出身；以后诸代，世族地主担任上述诸官的人数比例，在继续下降，皇室宗族成员任上述诸官者仍然保持颇大比例，甚至有个别庶族地主也厕身其间了。这就是说，不仅原来地位很低和权力不大的一些官职，其权力与地位都在上升；而且一些传统的高级职位，其任职者也在发生变化。而上述反映在东晋南朝政治上的一些变化，都是庶族地主土地所有制发展以后的产物。因此，这些变化，又可反证东晋南朝庶族地主土地私有制发展的程度与广度。

由于庶族地主的土地，多来源于土地的买卖。因此，随着土地买卖之风的盛行与庶族地主土地私有制的发展，反映到土地私有权的法权观念方面也发生了土地私有权观念日益强化的微妙变化，使得土地来源于官府赏赐的世族地主的私有土地的私有性加深了。我们知道，早在战国、秦汉时期，就已存在土地买卖的情况。对于用钱买来的土地，官府一般是承认其私有权的。即使有的最高统治者虽欲取消这些土地的私有权，如西汉王莽之“更名天下田曰王田”[①]结果被碰得头破血流，连他的中郎区博也反对王莽说：“井田虽圣王法，其废久矣。……今欲违民心，追复千载绝迹，虽尧舜复起……弗能行也”[②]，终于迫使王莽自己宣布废除此令。到东汉之末与三国时期，已是“田无常主，民

① 《汉书》卷24，《食货志上》。
② 《汉书》卷99，《王莽传中》。

无常居”[1]，田宅买卖之风日甚。故西晋武帝不得不承认占田的合法私有性而实行占田制。当时虽有人主张对土地奴婢实行禁止买卖的政策，但也立即遭到反对，认为“王者之法，不得制人之私”[2]。及东晋之初，正式制定了承认买卖土地、住宅及奴婢为合法的法律，只是要课税而已。因此，对用钱买得的土地的私有权观念在不断加深中。这一传统，到了唐代更涉及到了买卖国有土地的领域。例如当唐玄宗《禁官夺百姓口分永业田诏》中便规定：“王公百官勋荫”之家侵夺百姓口分、永业田时，对于超过他们应得的“勋荫地”之“先用钱买得”者，作出了“不可官收”、“容其转卖”的规定；对于想收回的已经出卖了的“口分、永业地”，则规定“宜并却还”，但“既缘已用钱”，且有“契验可凭”者，“特宜官为出钱，还其买人”[3]，即官府代出卖者用钱买田。这说明，这时对买卖国有土地者，也承认其土地私有权的权威性，更不用说对于民间私有土地的买卖之予以承认了！通过这一过程，说明凡用钱买得的土地，其私有权的法律保障已日益明显。封建土地私有权的法权观念完全性与牢固性，在随着庶族地主土地私有制的日益发展而日益形成。

适应着庶族地主土地私有制下土地私有权的法权观念的形成，对世族地主土地私有制下土地私有的程度也发生了不小的影响。本来世族地主的土地，由于多来源于官府以赏赐和按官品给田等方式实现的对国有土地的分割，因而当土地拥有者犯罪时，官府对其土地可以“追赐”、“追收”；当改朝换代时，也有可能发生同样的情况。即这种土地私有权杂入了政治的社会的附属物，具有不纯性、不完全性和不成熟性。但是，到了东晋南朝时期，连世族地主土地私有制下的土地私有权观念也发生了相应的变化，即表现出私有性的强化和官府对其土地私有权干涉性的减少。例如当刘宋羊希制定禁止世族地主侵占国有山林川泽地法令时，曾规定他们非法占有的山林川泽地之“常加工修作者”，“听不追夺”[4]；又当梁武帝大同七年（541）下诏禁止世族地主侵夺公田时，

① 《后汉书》卷49，《仲长统传》附《昌言·损益篇》。

② 《晋书》卷46，《李重传》。

③ 《册府元龟》卷495，《邦计部·田制门》所载天宝十一载诏。参阅高敏：《唐玄宗天宝十一载“禁官夺百姓口分永业田诏”试析》，刊《中国古代史论丛》，1982年，第3辑。

④ 《宋书》卷54，《羊玄保传附羊希传》。

对已经租借给世族地主的“已假公田”作出了“特听不追”[1] 的规定。这些事实，均表明世族地主的土地其私有权程度在加深，即使不符合规定的侵占土地，也可以不再“追夺”、“追收”，这无异于官府承认了他们对其所占土地的绝对私有权。特别是梁武帝对世族地主王导后裔王骞所受“赐田”的处理办法，给人以“赐田”的私有性已经强化的深刻印象。《梁书·太宗王皇后传》云：

> 时，高祖于钟山造大爱敬寺，（王）骞旧墅在寺前，有良田八十顷，即晋丞相王导赐田也。高祖遣主书宣旨就骞求市，欲以施寺。骞答旨曰：“此田不卖，若是敕取，所不敢言。”酬对又脱略，高祖怒，遂付市评田价，以直逼还之。

《南史·王昙首传附王骞传》所载与此同。据此，知东晋初年官府赏赐给王导的“赐田”，可以历代相传，已具有比较稳固的私有性质。当梁武帝需要这块土地时，也没有用“追赐”、“追收”的办法，而是“宣旨就骞求市”，即官府用钱向王骞购买，这显然是以承认“赐田”的私有权为前提的做法。王骞的回答是：“此田不卖”，更表明他对其祖先所受“赐田”已拥有比较牢固的私有权。最后，因为触怒了梁武帝，才悍然采用“敕取”的办法。即使如此，仍在“敕取”的同时，命“付市评田价”，“以直逼还之”，即属于强买而非不给田值的“敕取”、“追赐”，这表明武帝在盛怒之时，仍然是承认“赐田”的私有权。因此，这件事明显地反映出“赐田”的私有的法权观念有强化的迹象。究其根源，无疑与在庶族地主土地私有制下土地私有的法权观念强化后的影响有关。因而表明，世族地主土地私有制土地私有的法权观念有向庶族地主土地私有制下土地私有的法权观念逐步转化的某种迹象。这种转化过程的完成，则是唐代前期、中期的事，此不详述。

三、东晋南朝地主土地私有制的经营形式及其特征

自汉末三国以来，地主土地的经营形式出现了田庄化与坞壁化的倾向，已于前面述及。到了西晋时期，这种倾向依然存在，如前引石崇在河南县金谷涧

---

① 《梁书》卷3，《武帝纪下》。

的“别庐”以及在河阳的“别业”，其内既有森林、果树、竹子、柏木及菜类植物，又有播种粮食的田地与养鱼的鱼池，还饲养有牛、羊、猪、鸭、鹅、鸡等牲畜与家禽，更建造有亭台楼阁、水碓及供储藏物品用的土窟等，显然是一个自给自足性的地主田庄，只是在建筑形式上的坞壁化情况不见了而已。到了东晋南朝时期，由于江南社会比较安全，地主田庄在建筑形式上的坞壁式建筑更少见了；反之，却因为地主阶级占有与开发山森川泽地的需要以及适应江南商品经济较为发达的情况，地主田庄（包括官府经营的部分国有土地）更多地采取了屯、邸、别墅等经营形式。如东晋末各州郡县有“屯、田、池、塞”①；晋末宋初，宣城郡有“私屯”②；南齐时，“二宫诸王”均“营立屯邸”③；这时的“御府诸署”；也同样建立了“池、田、邸、冶”④；梁武帝天监七年（508）九月，在诏文中谓“凡公家诸屯戍见封熂者，可悉开常封”⑤；大同七年（541）十二月诏中，又谓“公私传、屯、邸、冶，爰及僧尼，当其地界，止应依限守视，乃至广加封固，越界分断水陆采捕及樵苏，遂致细民措手无所”⑥；大同十一年（545）三月诏中，又说“四方所立屯、传、邸、冶、市、埭、桁、渡、津、税、田、园”⑦。由此可见，屯、传、邸、冶等是当时公、私地主经营土地的共同组织形式。此外，私家地主之立屯者和营建别墅、别业者还不少。如梁时“司徒竟陵王萧子良于宣城、临城、定陵三县立屯，封山泽数百里，禁民樵采”⑧；又山阴人吕文度，也“于余姚立邸”⑨；刘宋时的柳元景有面积“数十亩”的“菜园”⑩；谢混妻东乡君，有“园宅十余所”⑪；孔灵符的永兴别墅，“周三十三里，水陆地二百六十五顷，含带二山，

---

① 《宋书》卷2，《武帝纪中》载义熙八年十一月刘裕在江陵下令。
② 《宋书》卷47，《刘敬宣传》。
③ 《南齐书》卷2，《高祖纪下》建元元年诏。
④ 《南齐宋》卷4，《郁林王纪》。
⑤ 《梁书》卷2，《武帝纪中》。
⑥ 《梁书》卷3，《武帝纪下》。
⑦ 《梁书》卷3，《武帝纪下》。
⑧ 《梁书》卷52，《顾宪之传》。
⑨ 《梁书》卷52，《顾宪之传》。
⑩ 《南史》卷38，《柳元景传》。
⑪ 《宋书》卷58，《谢弘微传》。

又有果园九处"[①]；谢灵运在始宁的别墅，有"北山二园，南山三苑，百果备列"，"田连冈而盈畴，岭枕水面通阡"，"山作水役，不以一牧"[②]；阮佃夫也拥有"宅舍园池"[③]；沈庆之"有园舍在娄湖"，"列门同闬焉"[④]；周山图"于新林立墅舍，晨夜往还"[⑤]；虞悰的田庄，不仅"会稽海味无不毕致"，而且其内芳林园，景致甚好；又产"扁米粣"，连皇帝之家也得向他求取，虞悰竟能一次献于朝廷的"粣及杂肴数十轝"[⑥]；吕文显与茹法亮，"并造大宅，聚山开池"[⑦]；南齐文惠太子，也"立楼馆于钟山下"[⑧]；徐勉也"于东田间营小园"，"穿池种树"[⑨]；裴之横也在"芍陂大营田野"[⑩]。至于其他规模较小的公私屯、邸、别墅或田庄，几乎指不胜屈。总之，东晋南朝的地主田庄经济，广泛采取了屯、邸、别墅的经营形式。不论是世族地主，还是庶族地主；也不论是私家地主，还是官府经营的公田，大都如此。具体说来，东晋南朝时期的地主田庄，一般有如下一些特点：

第一，地主田庄组织形式方面军事色彩的削弱与经济性质的加强：

我们知道，东汉、三国时期的地主田庄，多以坞、屯、壁、堡、垒、营、寨等军事建筑的形式出现，整个坞、壁居民的生产与生活，往往是合二为一的，表现为田庄的生产者，既是其主人的佃客，又是其主人的家兵，因此，这时田庄的生产组织形成的军事性质甚为浓厚，以致往往用屯、营等本来属于军事编制单位的名称来给田庄命名，又以坞、壁、堡、寨等军事建筑的外观形式去称呼地主田宅。然而，到了东晋南朝时期，地主田庄的生产组织形式发生了变化，因而也影响到田庄名称的变化。如上所述，东晋南朝多称地主田庄曰屯、邸、别墅和田园，很少以坞、壁、堡、寨命名者。虽然刘宋时尚书孔稚珪

① 《宋书》卷54，《孔季恭传附孔灵符传》。
② 《梁书》卷67，《谢灵运传》。
③ 《宋书》卷94，《阮佃夫传》。
④ 《宋书》卷77，《沈庆之传》。
⑤ 《南齐书》卷29，《周山图传》。
⑥ 《南齐书》卷37，《虞悰传》。
⑦ 《南齐书》卷56，《吕文显传》。
⑧ 《南史》卷5，《齐废帝郁林王纪》。
⑨ 《梁书》卷25，《徐勉传》。
⑩ 《梁书》卷28，《裴邃传附兄子裴之横传》。

在会稽的“山园”，又被称为“尚书坞”[①]，好像仍有点军事堡垒的性质，不过这已是十分罕见的情况。东晋南朝的地主田庄，虽然不少仍叫“屯”，同汉末、三国时期的屯壁之“屯”相同，但“屯”的内涵已发生变化。已经成了把生产者屯聚在一起而从事开发山林川泽地的生产经营组织形式，而不再是军事组织形式了[②]。因此之故，史籍中往往把“屯”与“田”、“池”、“邸”、“冶”、“传”等生产组织形式并列：而且不论是私家地主或官府，其“立屯”的目的，不仅仅是驱使生产者去耕种现有的熟地，而是去封略山湖以开垦荒地，还为了在山林地区“伐竹木”、“治府舍”和“造作器物”等杂役的需要[③]，更是为了如羊希制定的新律五条所说：“常炊爊种养竹木杂果为林薮，及陂湖江海鱼梁鳅鮆场，常加工修作”[④]的生产需要。像萧子良在“宣城、临城、定陵三县界立屯，封山泽数百里，禁民樵苏”那样，显然是为了开垦荒地的生产需要。故这时的“屯”已不是三国时的按军事组织形式编制劳动力的“屯”。再以这时的“邸”这种组织形式而言，据唐长孺先生考证，“邸”又名“邸舍”，在汉代多为宾宿或寄存货物的场所。三国时的“邸”，又叫“邸阁”，是储存军用物资或粮食仓库之所。这就是说，很早以来就称市场囤积货物、宿止行人和储存粮食的地方为“邸”。[⑤]东晋南朝时期的地主田庄之称为“邸”者，多与“屯”、“冶”、“传”等生产组织形式并列，说明它也是生产组织形式。东晋南朝时期的“邸”，又可称为“邸舍”或“邸店”。《宋书·蔡那传附子兴宗传》，谓“会土全吴，民物殷阜，王公妃主邸舍相望”，这是关于邸舍集中于会稽地区的描述。《梁书·贺琛传》所云：“凡京师冶、署、邸、肆应所为，或十条宜省五，或三条宜除其一”，“应四方屯、传、邸、冶，或旧有，或无益，或妨民，有所宜除，除之，有所宜减，减之。”这是遍布于全国的屯、传、邸、冶。《南史·临川靖惠王宏传》，谓“宏都下有数十邸出悬钱立券，每以田宅邸店悬上文券，期讫便驱券主，夺其他。都下东土百姓，失业非一。”又《宋书·

① 参阅唐长孺先生：《南朝的屯、邸、别墅与山泽占领》一文，刊《历史研究》，1954年第3期。
② 参阅唐长孺先生：《南朝的屯、邸、别墅与山泽占领》一文，刊《历史研究》，1954年第3期。
③ 《宋书》卷47，《刘敬宣传》。
④ 《宋书》卷54，《羊玄传附兄子羊希传》。
⑤ 唐长孺先生：《南朝的屯、邸、别墅与山泽占领》一文。

沈怀文传》，谓“子尚诸王子皆署邸舍，逐什一之利，为患遍天下”。根据这些情况，表明“邸”与“邸舍”的经济性质尤为明显，而且应与高利贷的经营、开设店铺以经营商业有关。因此，唐长孺先生作出了“邸”的经营者“多为王族成员”，其经营范围“似以高利贷为主”，及其所以多立邸于会稽，应与这一带“有海陆之饶，珍异所聚”有关，故“邸”的性质应与“垄断山泽物资”有关的结论①。除了这个看法外，还认为“屯”是偏重于开发山林川泽的生产组织形式，而“邸”则是偏重于经销山林川泽物资的组织形式，屯邸的普遍出现，表明这时地主田庄的经营形式，已经走向把生产过程与流通过程相结合的阶段，以致屯与邸作为地主田庄经营形式的经济性质大大上升了。至于“别墅”这种形式，根据孔灵符与谢灵运两个典型别墅的情况，显然也是同开发与耕垦山林川泽地有关的经济性生产组织形式。因此，东晋南朝时期的“屯”、“邸”、“别墅”的普遍化，正表现这时地主田庄的经营与组织形式的经济化程度的加强和军事化程度的削弱，也为唐宋时期地主田庄的经营与组织形式准备了条件。

第二，地主田庄内部经济上的自给自足性质仍然很突出，但也已有一定程度的商品经济化的倾向。

我们知道，东汉、三国时期的地主田庄，在经济上都有明显的自给自足的自然经济性质。两晋南朝时期的地主田庄也不例外。《世说新语·品藻篇》引石崇《金谷诗序》说他在河南县金谷涧的“别庐”，有“清泉、茂林、众果、竹、柏、药草之属”，“又有水碓、鱼池、土窟”的设置。据《全晋文》卷33石崇《金谷诗序》，庄内还有“金田十顷，羊二百口，鸡、猪、鹅、鸭之类，莫不毕备”。同书同卷石崇《思归叹序》②，言其“河阳别业”，其住宅有“长堤”包围，有观阁池沼，多养鱼鸟。可见石崇的金谷别庐与河阳别业，都是自给自足性的自然经济田庄。这样的田庄拥有者甚多，如潘安仁在其《闲居赋序》中，便描述了他所拥有的田庄情况，“筑室种树，逍遥自得，池沼足以鱼钓，舂税足以代耕。灌园粥蔬，以供朝夕之膳；牧羊酤酪，以俟伏腊之

① 唐长孺：《南朝的屯、邸、别墅与山泽占领》。

② 《昭明文选》卷45作石季伦《思归引序》。

费”，赋中讲到各种果木，“靡不毕殖”[1]，由此可见，他的田庄之内，至少有牧畜、养鱼及菜圃、果木、水碓之属，显然也是一个自给自足性的经济细胞。南朝孔灵符的“别墅”、谢灵运的“别业”，无一不是有山有水，有果有木，还有田有园，可耕可牧的自给自足性经济单位，可以“谢工商与衡牧”。像孔、谢二人那样拥有自给自足性田庄经济者，几乎比比皆是，只是规模不如孔、谢二人的田庄而已。例如阮佃夫的田庄，“宅舍园池，诸王邸第莫及”，“金玉锦绣之饰，宫掖不逮”，“宅内开渎，东出十里许，塘岸整洁”[2]。虞悰的田庄内，建有芳林园，连当时的皇帝也曾幸其所，并向其求取“扁米粣”，虞悰一次就向朝廷贡“献粣及杂肴数十轝”，此外还有“会稽海味，无不毕至”[3]，也是个样样俱全的地主田庄。徐勉虽然在《戒子书》中说他不好“创辟田园”和“兴立邸店”，又不“舳舻远致”和“货殖聚敛”，仅仅“于东田间营小园”。即使如此，在他的小园里也是“桃李茂密，桐竹成荫，塍陌交通，渠畎相属。华楼迥榭，颇有临眺之美；孤峰丛薄，不无纠纷之兴。渎中并饶菰蒋，湖里殊富芰莲。”拥有如此齐备的生活物资及生产资料，他还自诩“非在播艺以要利入，正欲穿池种树少寄情赏”而已[4]。再如“性托夷简”的庾诜，也有“特爱林泉”之癖，拥有“十亩之宅，山池居半”，此外还有“田舍”，有渠道与田舍相通，有一次，他“乘舟从田舍还，载米一百五十石”，可见其粮食收入也不少，但史书仍说他“蔬食弊衣，不治产业”[5]，可见拥有大田庄者之多。即使像王羲之那样的著名书法家，也到处求田舍以建立田庄，例如有一次给人写信，求“还田一顷乌泽，田二顷吴兴”，并谓“此三顷田”，是他的旧业。后来，他常以“蚶二斛、厉二斛”、“白米”、“冬桃”等等物品赠送他人[6]，显然也是田庄所生产之物。总之，正如颜之推所描述的状况：“生民之本，要当稼穑而食，桑麻以衣。蔬果之畜，园场之所产；鸡豚之喜，埘圈之所生。爰及栋宇、器械、樵苏、

---

① 《昭明文选》卷16，《全晋文》未收。“灌园粥蔬”，李善注谓与“鬻”通，卖也。“牧羊酤酤”之“酤”，李善亦注为“卖也。”

② 《宋书》卷94，《阮佃夫传》。

③ 《南齐书》卷37，《虞悰传》。

④ 《梁书》卷25，《徐勉传》。

⑤ 《梁书》卷51，《庾诜传》。

⑥ 《全晋文》卷22至26诸卷所收王羲义《杂帖》。

脂烛、莫非种植之物也。至能守其业者，闭门而为生之具以足，但家无盐井耳”①，可见自给自足的自然经济性质，是当时地主田庄经济特征的主流。

但是，也不应忽视另一个方面，即这时的田庄经济内部已开始有商品经济的成分。《三国志·吴书·孙休传》注引《襄阳记》，载李衡其人曾“密遣客十人于武陵龙阳汜洲上作宅，种柑橘千株。临死，敕儿曰：‘……吾州里有千头木奴，不责汝衣食，岁上一匹绢，亦可足用耳。’……吴末，衡柑橘成，岁得绢数千匹，家遂殷足。”李衡田庄里的柑橘，显然主要是为了出卖而种植的。这种情况，早在秦汉时就已经有所出现，只是到了西晋时期以后这种情况更为普遍了而已。故西晋人江统于惠帝初谏太子曰：“秦汉以来……公侯之尊，莫不殖园圃之田，而收市井之利。……今西园卖葵菜、蓝子、鸡、面之属，亏败国体，贬损令问”②，贵为皇太子，尚且以出卖西园产品以牟利，可见当时此风之盛。还有王戎其人，“家有好李，常出货之，恐人得种，恒钻其核”③，王戎拥有的“园田水碓，周遍天下”，此李必产于他的田庄。李子既常以出卖求利，则田庄内的其他产品之出卖者恐亦不少。史称王戎“积实聚钱，不知纪极，每自执牙筹，昼夜称计，恒若不足。而性又俭啬……女适裴颇，贷钱数万，久而未还。女后归宁，戎色不悦，女遽还直，然后乃欢”④，俨然一贪钱如命的商人形象。又《初学记》卷24《园圃第十三》引《陈留志》曰：“园庾，襄邑人也。庾始居园中，故世谓之园公。向秀与品安灌园于山阳，收其余利，以供酒食之费。”这显然也是以园圃之产品在市场出卖而收其利。前引潘安仁《闲居赋序》中所说“灌园粥蔬，以供朝夕之膳；牧斗酤酷，以俟伏腊之费”，也有以田庄产品出卖的迹象。到了南朝时期，这样的情况更多起来了。刘宋时的柳元景有一个占地“数十亩”的“菜园”，专门设有“守园人”经营之，有一次，守园人以所得蔬菜出卖，“卖得钱二万，送还宅。元景曰；‘我立园种菜，以供家中啖尔，乃复卖菜以取钱，夺百姓之利耶！’以钱乞守园人。”⑤ 柳元景的话，

① 《颜氏家训·治家篇》。
② 《晋书》卷56，《江统传》。
③ 《晋书》卷43，《王戎传》。
④ 《晋书》卷43，《王戎传》。
⑤ 《宋书》卷77，《柳元景传》。

显然是有点故作清高，否则，为了家人的饮食需要，何用数十亩菜园！因此，凡是那些以赏山玩水相标榜的田庄主，大抵都有逐市井之利的形象。不然，刘宋时期的“王公妃主”，身不在其所经营的“屯”、“邸”、“别墅”，自然无法赏山玩水，又何必广营“邸舍”呢？南齐时的“二宫诸王”，如果仅仅是为了欣赏山水之美，更不必“营立屯邸，封略山湖”[①]了！刘宋时，刘敬宣为宣城内史、襄城太守。“宣城多山县。郡旧立屯以供府郡费，前人多发调工巧，造作器物，敬宣到郡，悉罢私屯，唯伐竹木、治府舍而已。亡叛多首出，遂得三千余户”[②]。这个宣城，正是后来萧梁时期萧子良在此立屯“封山泽数百里”的地方[③]，实则这一带地方，早在刘宋时期，地方官就已在此立私屯，以其“造作器物”的经营之入“供府郡费”，刘敬宣“悉罢私屯”之后，仍然要责令他们“伐竹木、治府舍”，其间自然包含了一系列的商品性经营。何况这种广占山林川泽以建立屯、邸、别墅的情况，决不限于宣城郡一带，据《宋书·羊玄保传附兄子羊希传》所云，当时“富强者兼岭而占，贫弱者薪苏无托，至渔采之地，亦又如兹”。而且占山封水之后，随即立屯，或常炊爈种养竹木杂果为林芿，或以“陂湖江海”为“鱼梁鳅鮆场”，显然也是在进行商品性生产与经营。因此，从南朝占山封水以立屯、邸者之众多，便可想见当时地主田庄经济确已有商品经济化的倾向发生。

第三，东晋南朝时期地主田庄内的劳动者同田庄主之间的关系，大都蜕却了宗族关系的外衣，更明显地体现为封建性人身依附关系。

东汉、三国时期的地主田庄，其劳动者大都与田庄主属于同宗族的成员，以致其宗族成员往往同田庄主的依附民——宾客、佃客、部曲的身份相同，甚至可以互称；地主田庄的所在区，也往往是其同宗族成员聚族而居的地区。这样，就给这时的地主田庄组织，带来了浓厚的宗族关系与宗法组织的色彩；致使残酷的封建压迫、剥削关系，蒙上了一层温情脉脉的面纱。[④]但是，到了东晋南朝时期，情况却发生了比较明显的变化。纵观东晋南朝史籍，几乎不再见

① 《南齐书》卷3，《高帝纪下》载建元元年诏。

② 《宋书》卷47，《刘敬宣传》。

③ 《梁书》卷52，《顾宪之传》。

④ 高敏：《秦汉魏晋南北朝土地制度研究》秦汉部分。

有地主分子率其宗族若干人或若干户于某地建立坞壁或田庄的记载了；反之，却处处可以看到庇荫与被庇阴、役使与被役使的关系，这从当时地主田庄内主要劳动者的身份特征可以获得说明。据唐长孺先生考证，东晋南朝时期的主田庄内的直接生产者，为奴婢、佃客、部曲和受庇荫的隐户、匿户等等。其中奴婢，就其来源而言，或为南北战争中获得的北方兵士和边境人民，或为少数民族之被掠卖、抑配者，或因负债而卖身为奴者。这部分劳动者，不是田庄主的宗族成员甚明。至于“佃客”，有来源于官府按官品高低决定“占客”或“给客”多少者；也有来源于私占流民后经官府承认成为合法“佃客”者；还有“免奴为客”者和“自卖为客”者。因此，这时地主的“佃客”，已经基本上不是本宗族的成员。关于部曲，有的是国家军队的私属化而来，也有的是通过招募逃亡者而来，还有的由投依于一定主人的“门生”、“义故”转化而来。因此，这部分人，也同地主不是同宗族成员。至于托庇制下的隐户、匿口，系来源于以各种方式脱离了国家版籍的逃亡农民[①]，其不与田庄主同宗族甚明。总之，不见有一种封建依附民是直接从田庄主的宗族成员转化来的。特别是从北方南迁的侨姓世族地主，他们在江南本无土地，又乏宗族渊源关系，当建康附近地区及三吴土地被地主阶级瓜分完毕以后，便相率向离京城较远的会稽地区和山林川泽地带发展，像谢灵运那样全家向会稽迁移，显然更无聚族而居的宗族可以利用。因此，蜕却了利用宗族关系的外衣去奴役田庄内的直接生产者，成了这时田庄主奴役其依附民的一个特征。

随着这一情况而来的，是东晋南朝时期地主田庄内部阶级对立关系的明朗化和隶属关系的严格化。

根据十分有限的史料，我们可以看到如下的情况：奴婢必待其主人放免其身，始得为佃客，《晋书·简文三王·司马道子传》，载司马道子之子司马元显，“性苛刻，生杀由己”，“又发东土诸郡免奴为客者，号曰‘乐属’，移置京师，以免兵役”，以致“东土嚣然，人不堪命，天下苦之矣”。由此可见，晋末的东土诸郡，都有“免奴为客”这种人存在。奴婢放免之后，尚且不得自由，其未放免者，可想而知！至于“佃客”，一般不能自立户籍，均隶于其

① 唐长孺先生：《三至六世纪江南大土地所有制的发展》，第74～96页。

主人名籍之下，一切听命于其主人，供其驱使，不向官府承担课役，这就是《隋书·食货志》所载："都下人多为诸王公贵人左右、佃客、典计、衣食客之类，皆无课役"及"客皆注家籍"等明文规定。因此，作为"佃客"，基本上就是田庄主的农奴，毫无人身自由与独立人格之可言，他们要获得人身自由，也同奴婢一样需要赎买。《宋书·孝义·郭世道传》，谓世道"家贫无产业，佣力以养继母"。"母亡，负土成坟，亲戚或共赙助，微有所受，葬毕，佣赁倍还先直"。其子郭原平，"性闲木功，佣赁以给供养"，"父亡"，因"不解作墓，乃访邑中有营墓者，助人运力，经时展勤，久乃闲练。又自卖十夫以供丛费"，"葬毕，诣所买主执役无懈，与诸奴分务，每让逸取劳，主人不忍使，每遣之，原平服勤，未曾暂替。所余私夫，佣赁养母，有余聚以自赎"。郭平原这种自卖为人劳作以偿债务的人，当时也谓之"客"，证以《南齐书·孝义·吴达之传》所谓达之"嫂亡，无以葬，自卖为十夫客，以营冢椁"等语，知郭原平的"自卖为十夫"，即自卖为"十夫客"。这种"十夫客"，要与主人的奴婢一样劳动，而且需要取赎以后才能成为自由人。这种"客"所不同于奴隶者，在于他以劳力偿还其买主债务时，还可以同时出卖劳力给其他主人，以其所得既以养继母，又以"聚以自赎"如郭原平之出卖"所余私夫"者然。总之，东晋南朝时期的各种身份的"客"，其人身都是不自由的，其隶属于其人是严格的。无怪乎他们一旦依附于一定的主人，就成了"附隶"，正如《南史·齐本纪下·东昏侯纪》所云："先是诸郡役人，多依人士为附隶，谓之'属名'。"因此，这时各式各样的由逃亡避役农民，投依一定的主人求其庇荫的隐户、匿口，实际上都成了其主人的奴仆，人身不得自由，不待官府"开恩听首"① 或"原请逋负，辟遣杂役"② 之后，方得恢复其编户齐民的身份。至于"部曲"，也"有名寡实"，其成员"无辨勇懦，署位借给"，以致"巫媪比肩，弥山满海，皆是私役"③。拥有国家军队名称的部曲尚且如此，更不用说已沦为私家奴役对象的部曲。如《梁书·张孝秀传》谓他"去职归山，

---

① 《陈书》卷5，《宣帝纪》太建二年条诏曰："其籍有巧荫，并王公百司辄受民为程荫，解还本属，开恩听首"。由此可见，"巧荫"的隐户、匿口，要脱离其主人，必经官府开恩听许才有可能。

② 《宋书》卷57，《蔡廓传附子蔡兴宗传》。

③ 《南齐书》卷34，《虞玩之传》。

居于东林寺，有田数十顷，部曲数百人，率以力田，尽供山众”，可见私家部曲，完全成了种田服役的劳动力。老百姓本来为了避役而“多注籍诈病”，或成为田庄主的“属名”，而官府“横调征求”之时，责“所在检占诸属名，并取病身”，“皆摄充将役”①。农民走投无路，只得“聚于屯封”以求反抗②，于是“连山染逆，惧致军宪”③的局面出现了。有的主人杀死其“部曲”④，有的奴隶起来杀死主人⑤，“免奴为客”者起义于东晋之末，梁末侯景之乱时乘机起来反抗的奴隶尤多。总之，整个东晋南朝时期，由于田庄主利用宗族外衣的消退和依附民对其主人的人身依附性的加深，以致到处都显示出奴役与被奴役的剥削关系，也在各方面渗透着依附者与其主人之间的隶属关系。由此而引起的阶级对立与阶级斗争的意识也比较明显，同时也反映出封建生产关系较秦汉时期的发展与成熟性质。

第四，奴隶是东晋南朝时期地主田庄的重要生产者，因而反映出奴隶制残余因素在东晋南朝的田庄经济体系中有加强的倾向。

奴隶制残余因素，在秦汉时期还相当严重地存在，这是人所共知的事实。但是，随着封建生产关系的发展，奴隶制残余因素在不断被清除中，以致秦汉统治者不断有解放奴婢的诏令，也不断有禁止掠卖良人为奴的法令。到了魏晋南北朝时期，随着封建生产关系的进一步发展，应当是奴隶制残余的进一步被清除。然而，情况却与此相反，不论南朝或北朝，奴隶制残余因素均有加深的趋势。尤其是南朝的情况是如此。这时早已流传的“耕当问奴，织当问婢”⑥的谚语，仍然是当时社会的信条。而且在东晋南朝的地主田庄中从事农业生产的奴隶，几乎比比皆是。《昭明文选》卷40所载任昉《奏弹刘整状》中，谓刘整之“奴当伯，先是众奴，整史弟未分财之前，整兄寅以当伯贴钱七千，

---

① 《南史》卷5，《齐本纪下·东昏侯纪》。

② 《梁书》卷38，《贺琛传》。

③ 《宋书》卷6，《孝武帝纪》大明二年六月诏。

④ 《太平广记》卷120，《羊道生》条与《张绚》条，都说刺史与太守有任意杀死部曲之权。

⑤ 《太平广记》卷127，引《还冤记》谓宋永康人吕庆祖为其“守视墅舍”的奴隶所杀。

⑥ 《三国志》卷45，《蜀书·杨戏传》注引《襄阳记》有“奴执耕稼，婢典饮爨”之语；《魏书》卷53，《邢峦传》有“耕则问田奴，绢则问织婢”语；《宋书》卷77，《沈庆之传》有。“耕当问奴，织当访婢”语，均与此意同。

共众作田”，后“寅以私钱七千赎当伯”，寅亡后，刘整欲夺取当伯，因而遭到刘寅之妻范氏的告发。如果奴隶在生产中不起作用，决不会发生如此激烈的争夺奴隶之事。《晋书·刁协传附子刁彝传》，谓“刁氏素殷富，奴客纵横，固吝山泽，为京口之蠹”，刁氏的“奴客纵横”与其“固吝山泽”联系在一起，显系以奴隶与佃客去经营山泽之业。刘宋王僧达，有“婢仆十余，粗有田入，当时是课，足继朝昏”[①]。《宋书·谢灵运传》载，谢灵运“因父祖之资，生业甚厚。奴僮既众，义故门生数百。凿山浚湖，功役无已”。沈庆之其人，“既广开田园之业”，又有“奴僮千计”[②]。建元中（481）豫章内史虞悰，“治家富殖，奴婢无游手，虽在南土，而会稽海味无不毕至焉”[③]。萧景先在永明五年（487）遇疾，“遗言曰：……三处田勤作，自足供衣食。力少，更随宜买粗猥奴婢充使，不须余营生周旋”[④]。裴之横“与僮数百人，于芍陂大营田野，遂致殷积”[⑤]。总的说来，“因晋中兴，南渡江，卒为羁旅，至今八九世，未有力田，资悉俸禄而食耳！假令有者，皆使僮仆为之，未尝目观起一拨土，耕一株苗，不知几月当下，几月当收”[⑥]。“有奴客者，类多役使，东西分散，住家者少。其有停者，左右驱驰，动止所顷，出门甚寡，典计在家者，十无其一”[⑦]。因此，总的说来，东晋南朝的地主田庄的直接生产者，除佃客、部曲和各种依附民之外，奴隶确是重要的组成部分。至于东晋南朝地主田庄之所以盛行以奴隶从事生产之风，应与田庄之大、劳动需要量大以及便于田庄主指挥在田庄内从事集体劳动等因素有关。因为这属于另一个问题，拟另作专文论述。

第五，由于地主田庄经济的发展，已经初步形成了管理田庄经济的管理机构和管理分工。可以设想，东晋南朝时期地主田庄大得惊人，动辄拥有土地几十顷、几百顷，甚至上万顷，谢灵运的田庄，从始宁南山直到临海，其距离之

---

① 《宋书》卷75，《王僧达传》。
② 《宋书》卷77，《沈庆之传》。
③ 《南齐书》卷37，《虞悰传》。
④ 《南齐书》卷38，《萧景先传》。
⑤ 《梁书》卷28，《裴邃传附兄子之横传》。
⑥ 《颜氏家训·涉务篇》。
⑦ 《宋书》卷42，《王弘传》。

长，面积之大，实令人骇异。偌大的田庄，如无专人管理，几乎是不可设想的。然而，关于这个方面，材料却很少，仅可以看出某些端倪。前引《宋书·柳元景传》，谓元景的“数十亩菜园”，设有“守园人”，他不仅看守菜园，而且负责把蔬菜运到市面上出卖。这种管理耕地的人，有时称为“园客”①。关于田庄主人的庄宅、田园，则有“宅督”、“典家事”及“看宅知庄事”等人员管理。《梁书·萧颖达传》载“御史中丞任昉奏曰：……风闻征虏将军臣萧颖达启乞鱼军税，辄摄颖达宅督彭难当到台辨问。列称：寻生鱼典税，先本是邓僧琰启乞，限讫今年五月十四日，主人颖达，于时谓非新立，仍启乞接代僧琰，即蒙降许登税；与史法论一年收直五十万。……”此处之“宅督”，称颖达为主人，又为他收鱼典税，显系其管理田庄之主要负责人。又《南齐书·荀伯玉传》，谓荀伯玉当“太祖镇淮阳”时，“归身结事”，后“从太祖还都，除奉朝请，令伯玉看宅，知家事”。此处之“看宅”和“知家事”，显然是主管田庄事务的负责人名称。又《隋书·陈茂传》，谓“高祖为隋国公”时，引陈茂“为僚佐，遇待与（李）圆通等，每令典家事，未尝不称旨，高祖善之。”同书《李圆通传》则说他“给使高祖家。……高祖少时，每宴宾客，恒令圆通监厨。圆通性严整，左右婢仆咸所敬惮。唯世子乳母恃宠轻之，宾客未供，每有干请，圆通不许，或辄持去。圆通大怒，叱厨人挞之数十，叫呼之声彻于閤内，僚吏左右代其失色。宾去之后，高祖具知之，召圆通，命坐赐食，从此独善之，以为堪当大任。”以此观之，隋文帝之庄宅内有“监厨”、“典家事”等人主管家务，驱使奴婢，与南朝之“知家事”之名如出一辙。又《隋书·食货志》所载南朝王公百官家内所给“典计”，显然是主管家务的人员。据前引《宋书·王弘传》，知“典计”其人，“在家者，十无其一”，意即经常为其主人奔忙于外。有时奴隶也可使之参与田庄的管理工作，如任昉《奏弹刘整状》中所讲到的名叫当伯的奴隶，刘整之兄刘寅曾差遣他到广州去办事；前引《太平广记》吕庆祖之奴名教子者，使“守视墅舍”。由此可见，奴隶不仅从事生产劳动，而且也分别参加一定的田庄管理工作。从这些例证中，可以看出田庄的管理又有具体区分，如隋文帝少年时期的田庄管理

① 《梁高僧传》卷13，《释慧受传》。

者，同时有“典家事”与“监厨”等主管头目。以“典计”来说，同一官吏按官品高低拥有1～3人不等。“典计”即是为主人管理家务的依附民，一家拥有几人，其中必有分工。因此，从这些情况，可以看出东晋南朝时期的地主田庄的经济管理机构已在初步形成中，这无疑为唐宋以后地主田庄的管理系统和组织机构的建立和健全准备了一定的条件。

如上所云，东晋南朝时期的农业经济的发展，主要表现为地主田庄经济的发展，因为与此相对应的分散经营的小农经济，受到各方面的盘剥与摧残，人数在不断减少。以刘宋孝武帝大明八年（464）为例，全国仅“户九十四万有奇”①，《通典·食货·历代盛衰户口》谓宋孝武帝大明八年，“户九十六万六千八百七十，口四百六十八万五百一”，数字小得惊人，下至陈宣帝时期，户仅60万，灭亡时户口有“五十万，口二百万”② 而已，较之当时北朝的人口数少得多，可见大部分人口均不属国家版籍，落入了地主的田庄，成了“注家籍”的户口或受庇荫的隐户与匿口。故相对而言，南朝时期被地主田庄占有的户口数量，有可能大大超过国家所控制的户口数，因而使得当时农业生产的重心不是在小农方面，而是在地主田庄方面。建立屯、邸、别墅组织的庶族、世族地主，为了能够吸引劳动人民到自己方面来，无疑要给予劳动者以一定的好处，例如解除其为官府服役的义务，有的还不向官府纳税等等，便是地主对劳动者的优惠措施。以致地主田庄内的“佃客”、“左右”、“典计”与“衣食客”，“皆无课役”；其他投依到地主田庄的私附、附隶（对官府来说便是“隐口”、“匿口”），也不向官府承担课役。因此，这些在屯、邸、别墅中的劳动者，虽然要受田庄主人的各种奴役，却相对来说较国家控制的小农所受的赋、役剥削要轻，生产时间也相对有所保证，在“其佃谷与大家量分”的情况下，尚能保存一定的生活资料。因此，当时的编户小农总是向地主田庄流动，虽屡禁而不能止；相反，地主田庄的劳动者，却并无自动向编户小农流动着。这就反映出这时的地主田庄对于发展社会经济，特别是发展农业生产，是多少起了一定的积极作用的。特别是对开发山林川泽地及兴造湖田等起了不可

① 《资治通鉴》卷129，《宋纪》。
② 《通典·食货·历代盛衰户口》。

低估的作用。正如唐长孺先生所说：“屯、邸、别墅组织了广大劳动者，在对劳动者的剥削过程中使山林川泽未开垦的土地获得了开垦，山田与湖田都增加了。同时包罗万象的屯、邸、别墅领域中的自然物资如竹、木、坑冶的开发，水利的利用，和农业部门中如果树的栽培，畜牧渔业蔬菜的生产，以及修建房屋、制作器物等等，都有一定程度的发展，这里表明江南封建经济的发展。”[①]

① 唐长孺先生：《南朝的屯、邸、别墅与山泽占领》一文。

第七章 十六国、北朝封建土地私有制度的表现形式与发展趋向

第一节 十六国、北朝前期的私有土地制度

十六国、北朝前期，除了如前述存在国家牧场制、屯田制和计口授田制等国有土地制度几种形态外，还存在私有土地制，包括小农土地私有制、牧场私有制、世族地主土地私有制、庶族地主土地私有制和寺院土地私有制等形态。除寺院土地私有制将分另章论述外，这里将其他几种土地私有制的情况分述于次。

关于牧场私有制，史料十分有限，我们仅仅可以略述其梗概。我们知道，在长期从事畜牧业的拓跋族内部，其私有制首先是从牲畜开始的。早在拓跋跬复国之前，“世典畜牧”的和辰，曾将其“收敛”的“畜产”，“分为公私旧畜”①，这表明私有家畜早已有之。太宗拓跋嗣泰常六年（421），部“制六部民，羊满百口，输戎马一匹”②，便是对解散部落组织之后的拓跋族自由牧民之拥有私有牧畜者征收的牲口税。这种自由牧民，一般是没有自己的私下牧场的，因为牧场的面积甚大，又是不能分割的，故私有牧场不可能从一般牧民中产生。但是，作为拥有大量私有牲畜的部落酋长来说，情况就不同了。他们一旦拥有大批私有牧畜，就会要求有自己的私有牧场。例如尔朱荣的祖先，本来居于尔朱川，常领部落，“世为酋帅”，已成为世袭性的部落贵族。及登国初

① 《魏书》卷28，《庾业延传》。

② 《魏书》卷3，《太宗纪》。

年，因为尔朱氏有“率契胡武士千余人”从拓跋珪征伐的功劳，乃徙之“居秀容川，诏割方三百里封之，长为世业”，从此尔朱氏“家世豪擅，财货丰赢”，成了“牛羊驼马，别色为群，谷量而已”[①] 的大私有牧场主。《北齐书·神武帝纪上》谓高欢初见尔朱荣于秀容川时说：“闻公有马十二谷，色别为群，将此竟何用也?”仅马匹就多达12谷之地，其牧场之大，牲畜之多可以想见。又据《洛阳伽蓝记》卷2所云，这个大牧场主始封时，就“有马数万匹，富等天府”。由此可见，私有大牧场主，从北魏政权建立之初就已经有了。另一个著名的私有大牧场主，要算北齐时善无人厍狄干之曾祖越豆眷。他是北魏道武帝拓跋珪时“以功割善无之西腊汙山地方百里以处之”的大私有牧场主，“后率部落北迁，因家朔方”[②]。越豆眷的私有牧场，虽比尔朱氏的私有牧场小，但也有“方百里”，颇为可观。还有和跋其人，“世领部落，为国附臣”，世居于豺山。这个地方，后来曾是“世祖西巡五原”时“校猎”之所，和跋将刑时对其弟和毗说：“灅北地瘠，可居水南，就耕良田，广为产业，各相勉励，务自纂修”[③]，可见豺山之地，早已是和跋兄弟的私有土地，故有良田可以就耕，其牧场又何尝不是私有！此外，拓跋焘时期的娄提，有“家僮数千，牛马以谷量”[④]，可能也是个私有牧场主。拓跋珪、嗣、焘三代，不少将领被赏赐牲畜以为私有者不少，见于《魏书》诸帝纪者指不胜屈。这些将领显然都拥有大量私有牲畜，如果没有私有牧场，将何以处之！因此，可以断定，北魏前期的私有牧场肯定是不少的。

关于小农土地私有制，十六国、北朝前期在汉族聚居的中原地区，虽有民族的大迁徙之变，其遗留仍然不少。对于这些小农，北方诸少数民族政权仍以西晋时原有的郡县组织系统管理之，责令其承担租调力役。例如后赵石勒，“以幽冀渐平，始下州郡阅实入户，户赀二匹，租二斛”[⑤]，便是以州郡组织统

① 《魏书》卷74，《尔朱荣传》。

② 《北宋书》卷15，《厍狄干传》，《北史》卷54，《厍狄干传》“腊汙山”作“腊汗山”，二书均未出校，姑以存疑。

③ 《魏书》卷28，《和跋传》。

④ 《北齐书》卷15，《娄昭传》，按《北齐书》此卷原缺，今本《北齐书》系以《北史》卷54《娄昭传》补之，故全同。

⑤ 《晋书》卷104，《石勒载记上》。

治并剥削小农的写照。为了保证对小农实现租调力役剥削，北方诸王国的统治者也往往采取一些“劝课农桑”的措施，如后赵之石勒，曾“以右常侍霍浩为劝课大夫，与典农使者朱表、典劝都尉陆充等循行州郡，核定户籍，劝课农桑。农桑最修者，赐爵五大夫”[①]。石季龙统治时期，也曾下令“解西山之禁，蒲苇鱼盐除岁供之外，皆无所固。公侯卿牧不得规占山泽，夺百姓之利”[②] 前燕慕容皝，为了改变“百姓流亡，中原萧条，千里无烟，饥寒流陨”的状况，乃令“苑囿悉可罢之，以给百姓无田业者。贫者全无资产，不能自存，各给牧牛一头”；“百工商贾，四佐与列将速定大员，余者还农”[③]，以各种办法恢复与发展小农经济。所以，当苻坚灭亡前燕时，有户 2458969，口 9987935[④]，仅一个前燕的人口，就不少于三国时期三国人口之和，表明其小农经济的恢复与发展是可观的。至于前秦，苻坚“以境内旱，课百姓区种”，这是推广汉代以来行之有效的区种法；377 年，又“以关中水旱不时，议依郑白故事，发其王侯已下及豪望、富室僮隶 3 万人，开泾水上源，凿山起堤，通渠引渎，以溉冈卤之田。及春而成，百姓赖其利”[⑤]。他又重用王猛，严惩“贵戚强豪”，是由“百姓丰乐”[⑥]，可见小农土地私有制在前秦境内有一定的恢复与发展。以前凉来说，“中州虽乱，北方安全”，中土人士多逃至北，张轨时曾献马 500 匹，毯布 3 万匹于京师；其子李寔，寔子骏及骏子重华时期，“尽有陇西之地，士马强盛”[⑦]，小农经济的恢复与发展状况，在一定程度上可能超过中原地区。北燕冯跋“励意农桑，勤心政事，乃下书省徭薄赋，堕农者戮之，力田者褒赏，命尚书经达为之条制。”不久，“又下书曰：……桑柘之益，有生之本。此土少桑，人未充其利，可令百姓人殖桑一百根、柘三十根”[⑧]，辽东地区的小农经济也有一定程度的恢复与发展。至于拓跋部建立的北魏政权，虽然其初

① 《晋书》卷 105，《石勒载记下》。
② 《晋书》卷 106，《石季龙载记上》。
③ 《晋书》卷 109，《慕容皝载记》。
④ 《晋书》卷 113，《苻坚载记上》。
⑤ 《晋书》卷 113，《苻坚载记上》。
⑥ 《晋书》卷 114，《苻坚载记下》。
⑦ 《晋书》卷 86，《张轨传》及其附传。
⑧ 《晋书》卷 125，《冯跋载记》。

期畜牧业经济占很大比重，但农业也日益受到重视。拓跋珪登国元年（386）二月，便开始“息众课农”[①]；天兴元年（398）正月，“诏大军所经州郡，复赀租一年，除山东民租赋之半”[②]；同年七月，“陈郡、河南流民万余口内徙，遣使者存劳之”；同年八月，又“除州郡民租赋之半”[③]，都带有重视农桑和发展小农经济之意。以后的拓跋嗣与拓跋焘二代，又多次免除小农租调、奖励耕织结合和劝课农桑；恭宗监国时又“课畿内之民”[④]；高宗拓跋濬与显祖拓跋弘有多次奖励农耕之诏[⑤]，直到高祖拓跋宏于太和元年（477）所下“一夫制田四十亩，中男二十亩，无令人有余力，地有遗利”[⑥] 等诏令，都在于发展小农经济。所以，北魏前期的小农土地私有制不仅依然存在，而且处于缓慢地恢复与发展之中。

除上述私有牧场制与小农土地私有制之外，当时占主导地位的还是地主土地私有制，而且不论是汉族和鲜卑族的内部都存在之。对于拓跋贵族来说，他们对私有土地的要求日益强烈。早在拓跋珪时期，和跋临死时对其弟和毗说：“灅北地瘠，可居水南，就耕良田，广为产业”[⑦]，这就反映了拓跋贵族要求与扩大私有土地的愿望。又《魏书·杨播传附弟杨椿传》云：“（椿）诫子孙曰：我家入魏之始，即为上客，给田宅，赐奴婢、马牛羊，遂成富室。”按杨椿之高祖归魏，在道武帝时期，可见在北魏之初，他们已有私有土地。世祖时，许谦之子许洛阳有“家田”[⑧]；“恭宗季年”，也曾“营立田园，以取其利”[⑨]；还有罗结其人，在世祖初，曾赐以大宁东川之地，“以为居业”[⑩]；《北史·外戚·闾毗传附常英传》，谓天安中（466），常英为平州刺史，常讦为幽州刺史，常伯夫晋爵范阳公，“诸常自兴安（451～452）及至是，皆以亲疏受爵赐

① 《魏书》卷2，《太祖纪》。
② 《魏书》卷2，《太祖纪》。
③ 《魏书》卷2，《太祖纪》。
④ 《魏书》卷4，《世祖纪下》所附恭宗拓跋晃事。
⑤ 详见《魏书》卷5，《高宗纪》及卷6，《显祖纪》。
⑥ 《魏书》卷7上，《高祖纪》。
⑦ 《魏书》卷28，《和跋传》。
⑧ 《魏书》卷24，《许谦传附子洛阳传》。
⑨ 《魏书》卷48，《高允传》。
⑩ 《魏书》卷44，《罗结传》。

田宅，时为隆盛。”“祈年老赦免归家，恕其孙一人扶养之，给奴婢田宅”。所有这些，都是拓跋族官吏、贵戚已有私有土地之证。其他如车伊洛，于正平二年（452）“赐以妻妾、奴婢、田宅、牛羊”[①]；房法寿投降后，北魏政权也“给以田宅、奴婢”[②]；太和初年，王叡受宠幸，被赏赐“田园、奴婢、牛马、杂畜，并尽良美”[③]。自此之后，赐田赏宅之事日多，几乎逐步取代了北魏前期盛行的以奴婢、牲畜充赏赐的状况。这表明拓跋贵族本身对私有土地的欲求，确在日益强烈，因而他们的地主化倾向，早已有了开端。

不过，在十六国和北魏前期，构成地主阶级的主要组成部分的，还应是西晋时期遗留下来的汉族地主。我们知道，自汉末、三国以来，地主土地私有制虽然已形成为不同的两种土地所有制形态，即世族地主土地私有制与庶族地主土地私有制并存的局面。但是，在曹魏的赐田、给客制、西蜀的赐田制和东吴的“复田”、“复客制”以及西晋的按官品占田、占客制下，格外有利于世族地主土地私有制的发展；特别是西晋末到十六国时期，战乱不已，商品经济遭到严重破坏，使土地买卖的情况大为减少，原有的庶族地主也缺乏生存下去的历史条件，更谈不上能有新的发展；加上十六国和北朝前期的统治者，只知拉拢、优容汉族的世族地主，既用之为官吏，又实行宗主督护制以保障其政治、经济特权。因此，十六国与北朝前期，庶族地主的存在与发展，受到了很大的威胁，几乎是处于苟延残喘的境地。以致这时的地主土地私有制，主要表现为世族地主土地私有制；其经营与组织形式，则表现为以宗族武装和坞堡建筑形式的地主田庄经济。

我们知道，以坞、屯、壁、堡、砦等军事堡垒建筑形式出现的地主田庄，在西汉之末已开其端，东汉之末，大为发展[④]。到了西晋之末及十六国时期和北朝前期，这种地主田庄几乎到处都是。如刘聪之青州刺史曹嶷攻陷汶阳关等地后，“齐鲁之间郡县垒壁降者四十余所”[⑤]；石勒之攻钜鹿、常山二郡，“陷

① 《魏书》卷30，《车伊洛传》。
② 《魏书》卷43，《房法寿传》。
③ 《魏书》卷93，《恩幸·王叡传》。
④ 高敏：《秦汉魏晋南北朝土地制度研究》，第58～59页。
⑤ 《晋书》卷102，《刘聪载记》。

冀州郡县保壁百余，众至十余万，其衣冠人物集为君子营”[①]；后石勒“退屯黎阳，分命诸将攻诸未下及叛者，降三十余壁，置守宰以抚之”[②]；石勒之攻河内武德，“坑降卒万余”，使“河北诸堡壁大震”[③]；他又“南寇襄阳，攻陷江西堡壁三十余所”[④]；石勒向今山东、河南等地进军时，“百姓望风降附者五十余垒”[⑤]。前燕时之上党、上郡、雁门之地，就有“垒壁三百余”，仅石贤所率降于慕容儁者就有“垒壁百三十八”个[⑥]。石季龙讨曹嶷后，“青州诸郡县垒壁尽陷”[⑦]。单从这些被攻陷和降附的坞壁来看，数量就多得惊人，何况这远不是当时北方地主堡壁的全部！可见当时的地主田庄，大都采用军事建筑的坞壁形式，在动乱不已的特殊历史条件下，以巩固其已经取得的生活空间。

面对北方大量存在的地主坞、屯、堡、壁，十六国与北魏的少数民族统治者对他们的态度与政策，有一个由镇压到拉拢与依靠的转变过程。在十六国时期之初，少数民族统治者对他们往往采取攻破其坞壁和坑杀其人的政策，结果反抗越来越强烈，终于造成了民族之间的相互大屠杀悲剧[⑧]。为了巩固其统治，在一些汉族出身的文人的建议下，逐步采取了拉拢汉族地主的做法，进而依靠他们去共同统治汉族人民。于是，许多坞壁的首领，依据其力量的大小与强弱，分别被“五胡”政权统治者及北魏前期的统治者委派为州刺史、郡太守和县令长。这样一来，就把大批的坞堡地主纳入了少数民族政权统治的轨道与规范；也使原来北方大小坞堡主之间的隶属关系，改变成了地方行政机构的上下级隶属关系，大批坞壁主也成了各级地方官，由于他们实际上控制着大量的人口与土地，又有宗族关系的网络，少数民族政权也不能不承认他们的作为坞主、宗主的特殊地位，允许他们以其原有的组织形式去控制人口，从而在汉

---

① 《晋书》卷104，《石勒载记上》。
② 《晋书》卷104，《石勒载记上》。
③ 《晋书》卷104，《石勒载记上》。
④ 《晋书》卷104，《石勒载记上》。
⑤ 《资治通鉴》卷86，《晋纪》怀帝永嘉二年十一月条。
⑥ 《晋书》卷105，《石勒载记下》。
⑦ 《晋书》卷110，《慕容儁载记》。
⑧ 高敏：《试论两晋时期社会主要矛盾的演变过程》一文，刊《史学史研究》，1989年第2期。

族地区实行了“宗主督护”① 的特殊制度。于是，以宗族关系为掩护和以坞壁建筑为特征的地主田庄的表现形式，就从非法存在变成了普遍的合法存在，使得这时的田庄主就以坞主与宗主相结合的姿态表现出来。西晋末年以后，历十六国时期到北魏统治的前期，其所以在当时的整个北部中国坞壁林立，既是由于它是当时特殊的历史条件造成的，也是由于这种形式是地主阶级在混乱局面下保存自己与发展自己的最好形式。在这种坞壁组织里，每一个坞壁组织都有首领，大都被称为“坞主”，也有被称为“宗主”的。例如庾衮、郗鉴、祖逖、李矩、郭默、刘遐、刘畴等人，皆被称为“坞主”②；又如北魏末期李灵之孙李显甫率其宗族建立坞壁以后，则被称为“宗主”③。但不论“坞主”或“宗主”，本质上都是田庄主。不过，前者系突出其军事建筑与组织的特色，而后者系突出其成员多是同宗族分子而已。

虽然，不论是“坞主”还是“宗主”，都具有田庄主的本质，但并不等于说所有坞壁主或宗主都是一个类型，毫无差别。大体说来，有在西晋灭亡之后未及南渡的北方世族地主建立的地主田庄性质的坞壁，如庾衮、郗鉴与苏峻等人建立的坞壁便是其代表；也有在同北方少数民族政权作军事斗争的用兵过程中以流人身份建立的军事性坞堡，如祖逖、张平、樊雅、郭默、李矩和魏浚等人建立的坞堡即属于此类④。前者，未脱离本土本乡，显然这种坞主同其坞堡内其他成员的关系，是以他们原有的土地占有关系和宗族长幼关系为基础的。换言之，这类坞主对于坞内的土地、人口及产品，都有颇大的支配权，基本上是一种剥削与被剥削的关系。后者，则是脱离了本乡本土在流动过程中建立的

---

① “宗主督护”之名称，虽始见于《魏书》卷53，《李冲传》，但并非北魏前期才有之，应当说十六国时期就已经有了，因为这时已有此必要，而且在《晋书》卷127，《慕容德载记》中已出现“百室合户，千丁共籍”的情况。

② 详见《晋书》，诸人列传。

③ 《北史》卷33，《李灵传附孙显甫传》，《魏书》卷49，《李灵传》无之。

④ 《晋书》卷62，《祖逖传》云：“初，北中郎将刘演距于石勒也，流人坞主张平、樊雅等在谯，演署平为豫州刺史，雅为谯郡太守。又有董瞻、于武、谢浮等十余部，众各数百，皆统属平。”同书卷63《李矩传》云：“平阳人也。……属刘元海攻平阳，百姓奔走，矩素为乡人所爱，乃推为坞主，东屯荥阳，后移新郑。”同书同卷《魏浚传》云：“东郡东阿人……永嘉末，与流人数百家东保河阴之硖石……及洛阳陷，屯于络北之石梁坞。”同书同卷《郭默传》云：“河内怀人……永嘉之乱，默率遗众自为坞主。”所有这些坞壁，仅建立之初，其军事需要的性质便较为浓厚。

坞堡，其坞堡内的成员，同坞主可能是同宗族的，也可能不同宗族；有可能原来就有依附关系，也可能本来就没有依附关系，只是因为当时在流亡过程中客观形势的需要而纠合在一起共同建立坞堡以自保。但是，一旦当他们集合到同一坞堡以后，为了相互依存的生存需要，坞主与一般坞民之间，在军事上与生产、生活上，必然要产生某种约束力，久而久之，就必然要形成不甚稳定的剥削与被剥削关系以及统治与被统治的关系。从一个发展过程来看，属于这种类型的坞堡，无法长期存在下去，最后，它们必然向长期固定于某一地区的稳定性坞壁类型发展，或者在斗争过程中趋于解体，以至于最后只剩下前一种类型的以宗族成员与乡里居民为主干力量建立起来的坞壁①。因此，从当时坞壁组织的整体和全发展过程着眼，坞主、宗主与田庄主三者合一，乃当时坞壁的发展趋势，以致这时的坞壁可视为世族地主田庄的组织形式，也是世族地主土地私有制的存在形式。下面的例证，就可以说明这一点。《晋书·孝友·庾衮传》云：

庾衮……明穆皇后伯父也。……初，衮诸父并贵盛……衮前妻荀氏，继妻乐氏，皆官族富室……齐王冏之唱义也，张泓等肆掠于阳翟，衮乃率其同族及庶姓保于禹山。是时百姓安宁，未知战守之事，衮……乃集诸群士而谋曰：二三君子相与处于险，将以安保亲尊，全妻孥也。古人有言：千人聚而不以一人为主，不散则乱矣。将若之何？众曰：善。今日之主，非君而谁！衮默然有间，乃言曰：古人急病让夷，不敢逃难，然人之立主，贵从其命也。乃誓之曰：无恃险，无怙乱，无暴邻，无抽屋，无樵采人所植，无谋非德，无犯非义，戮一心，同恤危难。众咸从之。于是峻险阨，杜蹊径，修壁坞，树藩障，考功庸，计丈尺，均劳逸，通有无，缮完器备，量力任能，物应其宜，使邑推其长，里推其贤，而身率之。分数既明，号令不二，上下有礼，少长有仪，将顺其美，匡救其恶。乃贼至，衮乃勒部曲，整行伍，皆持满而勿发。贼挑战，晏然不动，且辞焉。贼服其慎而畏其

① 陈仲安：《十六国北朝时期北方大土地所有制的两种形式》，刊《武汉大学学报》，1980年第4期。

整，是以皆退，如是者三。……及冏归于京师，……（衮）乃携其妻子适林虑山，事其新乡如其故乡……比及期年，而林虑之人归之，咸曰庾贤。及石勒攻林虑，父老谋曰：此有大头山，九州之绝险也，上有古人遗迹，可共保之。惠帝迁于长安，衮乃相与登于大头山而田于其下。年穀未熟，食木实，饵石藥，同保安之，有终焉之志。

庾衮是颍川鄢陵大姓，地近阳翟。故其禹山坞堡尚算未远离故土本乡。他建立坞堡的基本力量，是其同族成员和庶姓，即同乡同里的一般百姓。他率领这些人建立坞壁于禹山之后，他就理所当然地成了坞主。对同族成员而言，他又是"宗主"。他所作出的规定与禁令，"众咸从之"，对坞内成员具有"号令不二"的权威。他还组织了一支专门从事战斗的武装，谓之"部曲"。当时的"部曲"，既是主人私兵之称，又是田庄主的依附民"佃客"之号，则庾衮所率之"同族及庶姓"，实多为其依附民。则庾衮这个坞主兼宗主，本质上是世族地主中的田庄主，至于庾衮后来在林虑建立的大头山坞，其成员又是他的新故居居民，而且是依赖于他的人。他在大头山建坞后，曾"田于其下"，并以此为衣食之源，其为田庄性的坞壁甚明。又高平世族地主郗鉴的建立坞壁和充当坞主的情况，与庾氏大体相似，也可视为地主田庄式的坞壁。至于《宋书·王镇恶传附弟王康传》所载东晋恭帝元熙年间（419～420）关中坞壁的情况，也可作为田庄性坞壁之证：

寻值关、陕不守，康与长安徙民张旰醜、刘云等唱集义徒，得百许人，驱率邑郭侨户七百余家，共保金墉城，为守战之备。时有一人邵平，率部曲及并州乞活一千余户屯城南，迎亡命司马文荣为主。

这是一个以"长安徙民"、"邑郭侨户"和"并州乞活"三部分流人和邵平的部曲组成的坞壁。其中王康本人，在关中有"田舍"，则与长安徙民张旰醜所率之"百许人"，必多为其田庄的依附民。再加上邵平所率的"部曲"，则这些流人建立的坞壁，是以封建依附民为其主力的。这表明流人的建立非稳固性坞壁，也具有地主田庄的性质，只是不若长期存在的坞壁之地主田庄性质那么明显而已。

上述两种类型的地主田庄性质的坞壁，其地主田庄的性质有一个逐步加深的过程。如果说西晋末年出现的坞壁，特别是流人建立的坞壁，只在一定程度上具有地主田庄性质的话，那么，到了“宗主督护”制推行以后，坞壁组织的地主田庄性质便明显地加深了。

我们知道，当西晋之末坞壁组织刚刚建立的时候，每个“堡壁大帅”，所统“多者不过四五千家，少者千家五百家”①，其成员或为宗族与乡里居民组成，或为流民组成。这时，坞主与坞民之间的剥削与被剥削关系尚不明显，也不牢固。但是，随着时间的推移，必然会发生两个方面的变化：一个是外部的变化，即坞堡与坞堡之间的关系以及坞堡与官府之间的关系。大小坞堡之间，小坞堡主必然要依靠大坞堡主，而逐步形成大小坞堡之间的统属与贡纳关系。坞堡主与官府之间，也会产生利用和依靠的关系。例如前秦苻坚统治的关中，有“堡壁三千余所”，当苻坚在淝水之战失败以后，他们“推平远将军冯翊赵敖为统主，相率结盟，遣兵、粮助坚”②。这件事，体现出大小坞壁之间以及坞壁与官府之间的两种关系。许多小坞壁主，共推赵敖为统主，便是大小坞壁主之间的统属与贡纳关系；然后，他们通过赵敖，“遣兵、粮助（苻）坚”，便是坞堡主与官府之间的贡纳关系。坞堡主的兵与粮，必来自各自的坞堡。因此，这种外部的贡纳关系，必然要促进坞堡内部的贡纳关系。二是内部的变化。宗族与乡里居民既同坞主长期生活于同一坞壁内，即使原来没有剥削与被剥削关系，也会由于共同的军事行动和生产活动等等，产生必须听命于坞主的统属关系。又由于坞主对外的贡纳关系，也必然产生坞堡内部坞民对坞主的贡纳关系。在这样的情况下，于是，以坞堡为单位，所有坞民附籍于坞主名下的合户制便产生了。出现了“或百室合户，或千丁共籍”的“迭相荫冒”状况③，以致坞民也被称之为“堡户”④，本质上是坞主的“包荫户”⑤。因而官府对坞堡的租调力役征发，就成了坞堡主向“堡户”进行敲诈勒索的依据。而“宗主督护”制的实行，正是以上述两个方面的变化为其基础与依据的。

---

① 《鸣沙石室佚书》中所收录的伯希和2586号写本《晋史》，转引自周一良：《魏晋南北朝史论集》，第18页。

② 《晋书》卷114，《苻坚载记下》。

③ 《晋书》卷127，《慕容德载记》。

④ 《晋书》卷117，《姚兴载记上》。

⑤ 《晋书》卷53，《李冲传》。

也就是说，官府通过“宗主督护”制的实行，等于承认了坞堡内的首领作为坞主与宗主的地位并以之为核心建立起来的合户制的合法性，最后承认了以坞主与宗主作为征收租调和征发力役的地方权力机构，借以体现出坞堡主对于官府的贡纳关系。这样一来，坞主与宗主对堡户的庇荫关系、剥削与被剥削关系以及统治与被统治关系，都成了合法的，牢固的东西。于是，坞堡组织的地主田庄性质就进一步加深和固化了。《北史·李灵传附曾孙李元忠传》谓李灵之孙李显甫，“豪侠知名，集诸李数千家于殷州西山，开李鱼川方五六十里居之，显甫为宗主”。显甫之子李元忠，“遭母忧左任，归李鱼川”，“家素富，在乡多有出贷求利”，“及葛荣起，元忠率宗党作垒以自保，坐于大槲树下，前后斩违命者凡三百人。贼至，元忠却之”。据此，知李显甫与李元忠建立坞壁，管辖方五六十里的地方，所属居民达数千家，而且都是同宗，故李显甫又被称为“宗主”。虽然从上述引文中看不出李氏宗主对其宗族成员有利用土地进行剥削的明显关系，但从“家素富。在乡多有出贷求利”的情况看，宗主对于坞堡户的高利贷剥削关系是很明显的。又从其“前后斩违命者三百人”的事实看，李元忠这个宗主与其宗族成员之间，有着明显的统治与被统治关系。据陈仲安考证，李鱼川的开辟应在明帝孝昌二年（526）之后①。这时“宗主督护”制已经废除了几十年，宗主的权力还这么大，坞堡还是作为地主田庄的组织与经营形式而存在，然则在“宗主督护”制未废除前的情况，就更可想而知了！

第二节　北魏后期和北齐、北周时期奴隶主的地主化过程与地主土地私有制的发展

孝文帝于太和九年（485）颁布了均田令，实行了国有土地制——均田制；与此同时，又实行了另一种形态的国有土地制度——民屯制度。在这样的情况下，似乎国有土地的比重会大大增加，而私有土地的比重会大为下降。实际上，这完全是一种误解。因为北魏统治者颁布均田令的目的，一在于从

① 陈仲安：《十六国时期北方大土地所有制的两种形态》，刊《武汉大学学报》，1980年第4期。

“宗主督护”制下的世族地主手中夺取“包荫户”，使之成为承担国家租调力役的编户齐民；二在于达到占有土地数量与耕垦数量的一致化，把无地、少地的流民同荒地结合起来，实现“分艺有准，力业相称”和“土不旷功，民罔游力”[①] 的要求；三在于满足拓跋族奴隶主贵族的土地欲望，并适当限制占地过多的汉族地主，使“豪右靡余地之盈”[②]。因此，实行均田制，不在于限制私有土地制的发展，更不是为了否定或取消地主土地私有制，恰恰相反，均田制实行之后，不仅没有否定土地私有制的存在，反而有利于地主土地私有制的发展。试分别述之于次。

首先，以小农土地私有制来说，在均田法令中获得了明确的保证。

我们知道，太和九年均田法令把土地区分为“露田”与“桑田”两种类型。前者为属于封建国家所有性质的土地，后者为私有土地，是“身终不还”的“世业”和允许有条件买卖的。法令还规定：这种“桑田”，凡“初受田者”男夫一人可以获得20亩，如果原来就有私有土地“桑田”者，按照“有盈者无受无还，不足者受种如法”的规定，是允许保留的，只是不得超过男子一人给桑田20亩的数额而已。这样一来，原来就有少量私有土地的农民，其私有土地仍为私有；原来无私有土地的农民，则每个男子可以得到私田20亩。于是，农民小土地私有制通过均田令获得了保证。在实际均田的过程中，如敦煌资料S0613邓延天富等户残卷所载西魏大统十三年的受田情况，凡“园宅地”多数受足，尤其是“麻田”均受足了，所受不足者多为“正田”。所谓“正田”，是指男夫一人受露田40亩、妇人20亩而言，是国有土地部分；而“麻田”，在北魏均田法令中虽为国有土地的性质，但到北齐均田法令中已成为私有土地，同桑田是一个性质了。至于园宅地，北魏均田令规定：“三口给地一亩，以为居室”，显然也不在还受之列。这就是说，在均田令的执行过程中，已经出现凡私有土地部分均已受足的情况，至少到西魏大统年间是如此。这更意味着大量的均田农户，除露田部分外，都有自己的小块私有土地。因此，均田法令的推行，保障和促进了小农私有土地制的存在与发展。

---

① 《魏书》卷53，《李孝伯传附兄子李安世传》。

② 《魏书》卷53，《李孝伯传附兄子李安世传》。

其次，在均田法令颁布之前就拥有大量私有土地的地主，法令也给予了保护和变相地承认。法令规定："诸桑田不在还受之限，但通入倍田分。于分虽盈，不得以充露田之数，不足者以露田充倍。"又规定："盈者得卖其盈。"[①]据唐长孺先生考证，这条法令是针对原来就拥有桑田的人说的。意即本来就有私有土地者，均田时予以承认，但得作为"倍田"计算；如果以之抵倍田之数还有多余时，则可以出卖其多余部分[②]。这实际上只是把原来就拥有大量私有土地的地主之私有土地，纳入均田法令的轨范，使之符合法令的条文而已，并无任何触动[③]。连元人马端临也认识到："观其法，所受者露田，诸桑田不在还受之限。意桑田必是人户世业，是以栽植桑榆其上，而露田不栽树，则似所种者皆荒闲无主之田。必诸远流谪、无子孙及户绝者墟宅、桑田，尽为公田，以供授受，则固非尽夺富者之田以予贫人也。"[④] 可见马氏也看到了均田法令并不触动"富者之田"的实质。事实证明，确系如此。《水经注疏》卷12《巨马水》条注曰：

> 巨马水又东，郦亭沟水注之。水上承督亢沟水于迺县东，东南流，历紫渊东。余六世祖乐浪府君，自涿之先贤乡，爰宅其阴。西带巨川，东翼兹水，枝流津通，缠络墟圃，匪直田渔之赡可怀，信为游神之胜处也。其水东南流，又名之为郦亭沟。

据《北史·郦范传》，知郦道元的四世祖为郦绍，是"慕容宝濮阳太守，以郡迎降，道武授兖州监军"。由此可知，郦道元的"六世祖乐浪府君"，必是十六国时期人。从此时起，郦氏就在巨马水旁定居并经营田园，而且范围大小，以致巨马水的一条支流以郦亭命名[⑤]，连流经其他的水道也名之曰郦亭沟，足见其地为郦氏私有土地。到郦道元时期，这片土地仍属郦家私有。而郦道元撰

---

① 《魏书》卷110,《食货志》。

② 唐长孺:《北魏均田法令中的几个问题》，收入《魏晋南北朝史论丛续编》。

③ 高敏:《北魏均田法令校勘与试释》，见《中国古史论集》，后又收入高敏《魏晋南北朝社会经济史探讨》一书。

④ 《文献通考》卷2,《田制考》。

⑤ 参阅前揭陈仲安文。

《水经注》在孝文帝颁行均田令之后[①]，这就确证郦家的这片私有土地，并没有因为均田令的推行而改变其所有权的归属。还有一个例子，也同样可以证明这一点。《魏书·崔玄伯传附族人崔宽孙崔敞传》云：

敞性狷急，与刺史杨椿迭相表列，敞坐免官。世宗初，为钜鹿太守。弟朏之逆，敞为黄木军主韩文殊所藏。其家悉见籍没，唯敞妻李氏，以公主之甥，自随奴婢田宅二百余口得免。

按敞妻“自随奴婢田宅二百余口”一句，甚不可解。若谓田宅之数量，则不应云“200余口”，即应作“奴婢200余口及田宅得免”。然而诸本对此句均无讹误之说，可见其田宅是随奴婢二百余口而来的。因为奴婢200余口获得了保留，故其田宅未被籍没。此事发生于均田令颁行之后，按均田令，“奴婢依良”人受露田，又“奴各依良”受桑用，故奴婢200余口合受露田与桑田数实为不少，随着奴婢200余口的保留，因此而来的露田与桑田也得以保存，故曰“奴婢田宅二百余口得免”。只有按照均田令的精神去理解，对此段史料才可以通释。我们知道，北魏地主之拥有奴婢者甚多，因此，随着奴婢可以受田宅的规定的实行，均田令前世族地主的田庄就是这样通过其奴婢的拥有获得了保存。因此，均田令中关于“奴婢依良”受露田与“奴各依良”受桑田的规定，等于是变相保护与承认原有老地主的土地占有不予触动。

其三，通过均田法令，又扶植了一大批新的由拓跋贵族转化来的世族地主。我们知道，自北魏复国之前直到孝文帝改革之日，拓跋族的量高统治者曾多次给其将领与官吏赏赐奴婢与牲口[②]。因此，通过这一次又一次的赏赐，许多拓跋族贵族都成了拥有大量奴婢的奴隶主贵族，同时也拥有不少的牛马羊等牲畜，当孝文帝实行均田制时，均田法令规定：“诸受田者，男夫一人给田二十亩”为“世业”，“身终不还”，而且“奴各依良”。这就是说，每个男性奴隶都可获得同平民一样的20亩私有土地。而奴隶本身尚且是其主人的私有财产，那么，依据奴隶数量而来的桑田，必然归其主人所私有。主人的奴隶越

① 据《北史》卷27,《郦范传附子道元传》及《魏书》卷89,《酷史·郦道元传》均未载郦氏撰《水经注》成于何时，但一般认为此书成于6世纪初，故在均田令颁布之后。

② 《魏书》诸帝本纪。参阅高敏：《论北魏的社会性质》一文。

多，由此而来的私有土地也会越多。这样，孝文帝前的大批拓跋贵族之拥有大量奴隶者，通过均田法令的执行都成了拥有大量私有土地的地主。另外，均田法令还规定：“诸男夫十五以上，受露田四十亩，妇人二十亩，奴婢依良。丁牛一头受田三十亩，限四牛。”按照这一规定，对原来有土地者可以因此而不触动其土地；对原来无土地或土地较少的奴隶主贵族，则可以在私有土地之外还获得大量的“露田”。尽管“露田”当受者“年老及身没则还田”，如果能保持拥有奴婢的人数不变，则这部分土地的占有与使用实际上也不会变动。到北齐时的均田法令规定：“奴婢受田者，亲王止三百人；嗣王止二百人；第二品嗣王已下及庶姓王，止一百五十人；正三品已上及皇宗，止一百人；七品已上，限止八十人；八品已下至庶人，限止六十人”[①]。北魏的均田法令，对受田奴婢人数无限制，显然多于此数量。于是，拓跋族的奴隶主贵族阶层，都通过均田法令的执行而成了既有大量的私有土地，又有长期占有、使用的土地的地主。后来这部分拓跋奴隶主贵族转化来的地主，又都成了高门世族地主。因此，通过北魏均田令的执行，又扶植了一大批世族地主，以致像咸阳王元禧那样，既有“奴婢千数”，又有“田业盐铁，遍于远近”[②] 的世族地主。由于奴隶主贵族的数量甚多，故通过均田制的实行而地主化者也必然大有人在。

如上所云，均田法令的执行，不仅没有影响私有土地制度的存在与发展，甚至还可以说，通过均田法令的一些规定，还促进了世族地主土地私有制的发展，因为如上述均田法令的有关规定，无异于西晋以后实行的占田制的变相反映，从而实现了北魏统治者同世族地主之间分割国有土地的特殊方式。

更值得我们注意的事实，是均田制推行以后，官府以土地充赏赐的制度，完全取代了昔日以奴婢、牲口充赏赐的制度。我们知道，北魏前期官府给将领、官吏的赏赐，绝大部分是奴婢与牲畜，也有部分隶户。史籍俱在，斑斑可考，此不列举。直到均田制实行前半个世纪，以土地充赏赐之事才慢慢多起来，已于前述。以土地充赏赐这件事的本身，既意味着土地成了这时私有财产的标志物，又意味着拓跋贵族对私有土地的要求日趋强烈。因此，通过土地赏

① 《隋书》卷24，《食货志》。
② 《魏书》卷21，《献文六王上·咸阳王禧传》。

赐，也是北魏统治者促使拓跋贵族向地主转化和优待汉族世族地主的一项措施。《太平寰宇记》卷9《郑州·管城县》条云：

李氏陂在县东南四里，后魏孝文帝以此陂赐仆射李冲，故俗称仆射陂，周回十八里。

据《魏书·李冲传》，谓李冲建议实行三长制之时，还是尚书秘书令、南部给事中，到孝文帝“车驾南伐”，才以李冲“为左仆射，留守洛阳”。此云“孝文帝以此陂赐仆射李冲”，则其赏赐的时间，显然在均田制实行之后。作为均田令的制定者与执行者的孝文帝，在均田制已经实行之后，一次便以“周回十八里”的土地赐予李冲，这不仅再一次表明均田法令并不否定地主土地私有制，而且还在以国有土地赏赐于人的办法发展地主土地私有制。不过这种通过奴婢受田与赏赐等途径而来的土地，其私有权是不完全的和不牢固的。例如《北史·外戚、高肇传》云：

咸阳王（元）禧被诛，财物、珍宝、奴婢、田宅，多入高氏。

据《魏书·献文六王·咸阳王禧传》所载，元禧在世宗时的“奴婢千数”与“遍于远近”的“田业盐铁”，可能是通过奴婢受田与土地赏赐等途径而来的，故当元禧被诛之后，其田宅“多入高氏”，无疑是官府籍没元禧的田宅而转赐给高氏。这既说明均田制实行之后，赐田之事甚多；而且表明通过奴婢受田与赏赐而来的土地，有可能被迫赐和籍没。又《周书·裴文举传附高宾传》云：

世宗初，除咸阳郡守……世宗闻其能，赐田宅于郡境。宾既羁旅归国，亲属在齐，常虑见疑，无以取信，乃于所赐田内，多莳竹木，盛构堂宇，并凿池沼以环之，有终焉之志。

高宾的土地，是北魏宣武帝元恪时所赏赐，益见北魏均田制实行后赐田之事甚多。以土地充赏赐之事，北魏末年及东魏、北齐与西魏、北周时期，愈衍愈烈。在北魏孝文帝时，均田令规定：“诸宰民之官，各随地给公田：刺史十五顷，太守十顷，治中、别驾八顷，县令、郡丞六顷，更代相传，卖者坐如律”①。这就是说，这时每个官吏只能得到一定数量的后来被称为“公廨田”的土地，不许私有。但是，随后不久，就出现了凡官吏“不问贵贱”，一人给

① 《魏书》卷110，《食货志》。

一顷“职分公田”以供刍秣的制度。这是“公廨田”之外，又多了一顷“职分田”。及乎宣武帝时期，又把这一人一顷“以供刍秣”的职分公田“始以永赐”[①]，可见这时的官吏已普遍拥有赐田。到了东魏、北齐时期，赐田之事更多，史称“其赐田者，谓公田及诸横赐之田”，“比武平（570～575）以后，横赐诸贵及外戚佞宠之家，亦以尽矣”[②]。事实证明，确有不少人获得了赐田。如陆法和受赐“田一百顷”[③]；武平（570～575）中，“帝赐（穆）提婆晋阳之田，（斛律）光言于朝曰：‘此田，神武帝以来常种禾，饲马数千匹，以拟寇难，今赐提婆，无乃阙军务也？’由是……（穆）提婆积怨”[④]。又贺拔允三子世文、世乐与难陁，武定中（543～549），“敕居定州，赐其田宅”[⑤]。还有段韶，大宁二年（564）以镇压高归彦之功，“赐女乐十人，并归彦果园一千亩”[⑥]。更有可朱浑元，高欢曾“赐帛千匹，并奴婢田宅”[⑦]。此外，《北齐书·文宣帝纪》载天保元年（550）封魏帝为中山王，给“田百顷”。至于西魏、北周的情况，也同样如此。如裴侠其人，孝闵帝即位时，“赐良田十顷”[⑧]；薛端其人，“有赐田在冯翊”[⑨]；武成元年（559），李迁哲被“赐甲第一区及庄田”[⑩]等，杜叔毗其人，母丧，“葬事所须，诏令官给，在梁旧田宅先经外配者，并追还之，仍赐田二百顷”[⑪]；大统中（535～551），宇文盛被“赐甲一领，奴婢二百口，马五百匹，牛羊及庄田什物称是”[⑫]；伊娄穆其人，于建德初（572），求“赏……田三十顷”[⑬]；乐逊其人，大象中（579～580），

---

① 《通典》卷2，《食货·田制》引宋孝王：《关东风俗传》。
② 《通典》卷2，《食货·田制》引宋孝王：《关东风俗传》。
③ 《北齐书》卷32，《陆法和传》及《北史》卷89，《艺术·陆法和传》。
④ 《北齐书》卷17，《斛律金传附子光传》。
⑤ 《北齐书》卷19，《贺拔允传》。
⑥ 《北齐书》卷16，《段荣传附子韶传》。
⑦ 《北齐书》卷27，《可朱浑元传》。
⑧ 《周书》卷35，《裴侠传》。
⑨ 《周书》卷35，《薛端传》。
⑩ 《周书》卷44，《李迁哲传》。
⑪ 《周书》卷46，《杜叔毗传》。
⑫ 《周书》卷29，《宇文盛传》。
⑬ 《周书》卷29，《伊娄穆传》。

“于本部赐田十顷”[①]。此外，还有裴果，于永熙中（532～580）“赐田宅奴婢牛马衣服及什物”等[②]；宇文弼在北周曾被“赐公田十二顷”[③]，庾秀才入西魏、北周后，宇文泰“赐宅一区，水田十顷”[④]；建德二年（573），尉迟运以护驾之功，被“赐以田宅、妓乐、金帛、车马、什物等，不可胜数”[⑤]。基于上述一系列事实，可以窥见当时土地赏赐之风的盛行程度。通过这些，一方面，使国有土地制度逐步有所削弱；另一方面，又加速了世族地主土地私有制的发展。

除了官府以国有土地充赏赐之外，世族地主强占民田、侵占公田者，也大有人在。《洛阳伽蓝记·法云寺》条云：

> 帝族王侯、外戚公主，擅山海之富，居川林之饶，争修园宅，互相夸竞。

这个概括性的记载，说明北朝的世族地主也同南朝的世族地主一样，既掀起了侵占山林川泽地以为私有的狂潮，也表明他们把侵占来的土地以田庄的形式进行经营。《魏书·献文六王·咸阳王禧传》云：

> 世宗既览政，禧意不安……遂与其妃兄兼给事黄门侍郎李伯尚谋反。……乃与臣妾向洪池别墅，遣（刘）小苟奉启，云检行田牧。

这个世族地主也以田庄的形式经营其土地，而且称之为“别墅”，其内有农业与畜牧业，同南朝谢灵运、孔灵符等人的别墅有一致之处。这些世族地主的土地，除依据均田法“奴各依良”受桑田和“奴婢依良”受露田而来的土地外，也不乏以各种方式侵占来的土地。《北史·酷吏·崔暹传》云[⑥]：

> 初以秀才累迁南兖州刺史，盗用官瓦，赃污狼藉，为御史中尉李平所纠，免官。后行豫州事，寻即真。遣子析户，分隶三县，广占田宅，藏匿官奴，障吝陂苇，侵盗公私，为御史中尉王显所弹，免官。

又《魏书·杨播传附弟椿传》云：

---

① 《周书》卷44，《儒林·乐逊传》。

② 《周书》卷36，《裴果传》。

③ 《隋书》卷56，《宇文弼传》。

④ 《隋书》卷78，《艺术·庾季才传》。

⑤ 《周书》卷40，《尉迟运转》。

⑥ 《魏书》卷89，《酷吏·崔暹传》，系以《北史》补之，故此用《北史》而不用《魏书》，但《魏书》此传“遣子析户”句前多一“坐”字，似是。

永平初……诏椿率众四万讨之（指讨伐宿预——引者识），不克而还。久之，除都督朔州抚冥、武川、怀朔三镇三道诸军事、平北将军、朔州刺史。在州，为廷尉奏椿前为太仆卿日，招引细人，盗种牧田三百四十顷，依律处刑五岁。……听从赎论。

又同书《高聪传》云：

赵修嬖幸，聪深朋附。……茹皓之宠，聪又媚附，每相招命，言笑携抚，公私托仗，无所不至。……乃因皓启请青州镇下治中公廨，以为私宅，又乞水田数十顷，皆被遂许。

同书《阉宦·刘腾传》云：

（肃宗时，刘腾得宠幸），公私属请，唯在财货。舟车之利，水陆无遗；山泽之饶，所在固护。剥削六镇，交通互市。岁入利息以巨万计。

此外，同样的例证还不少。例如一个小小的梁州镇南府主簿王崇，也拥有“禾麦（田）十顷”①。有的还公然霸占民田，以致引起讼田之事。如“华州民史底与司徒杨椿讼田。长史以下，以椿势贵，皆言椿直，欲以田给椿”，唯有寇儁反对说：“史底穷民，杨公横夺其地”，主张以地还于史底②。下至北齐、北周，地主阶级侵占公田、强占民田之风更盛。以北齐来说：“其时强弱相凌，恃势侵夺，富有连畛互陌，贫无立锥之地”，“又河渚山泽，有司耕垦；肥饶之地，悉是豪势，或借或请，编户之人，不得一垄”③。具体说来，由于高氏父子惧怕“急作法网，不相饶借，恐督将尽投（关西）黑獭，士子悉奔（江南）萧衍”，故多方优容豪右，以致“诸勋贵掠夺万民者”④，得不到应有的惩罚，造成了“豪党兼并”⑤ 的局面。不仅使一般平民的田地被地主侵夺，成了“无田之良口”，相反，世族地主的“奴、牛”却可以占有土地⑥；而且

---

① 《北史》卷84，《孝行·王崇传》。

② 《周书》卷37，《寇儁传》。

③ 《通典》卷2，《食货·田制》引宋孝王《关东风俗传》。

④ 《北齐书》卷24，《杜弼传》。

⑤ 《隋书》卷24，《食货志》。

⑥ 《通典》卷2，《食货·田制》引宋孝王《关东风俗传》。

使一些没落的贵族也成了兼并的对象，如元文遥其人，由于其宗室地位的下降，其拥有的“地十顷”，也“有人冒相侵夺”①。北齐时期世族地主兼并、侵夺和霸占国有土地及他人私有土地风气之严重，于此可见其一斑！至于北周，也是“豪富之民，侵渔小农”，使小民“同于仆隶”，“故贫者日削，豪者日富”② 之状况，同于北齐。例如于志宁那样的关陇世族地主，可以“代袭箕裘”，到了唐代还拥有赐田赐业，“墓地不坠”③，追根溯源，则是西魏、北周时期形成的地主集团。尤其值得注意的，是北齐均田法令关于官吏、地主请射公田以为永业田的数量的扩大，促进了世族地主土地私有制的发展。我们知道，自北魏以来，官府根据均田法令，按照拓跋贵族与汉族世族地主的奴婢与耕牛数量授予土地的做法，已经成了世族地主土地私有制发展的催化剂。到了北齐时期，王公、官吏依据均田令而来的奴婢受田的数量虽然有了限制，但他们获得公田与私田的数量却大有增加。因为河清三年（564）的均田令规定：“一夫受露田八十亩，妇人四十亩，奴婢依良人”，“又每丁给永业二十亩为桑田”，这同北魏均田令相同，但“麻布之土”的一般民户也给予永业田，即“土不宜桑者，给麻田，如桑田法”，这是不同于北魏均田令的地方，表明一般农户的私有土地量增加了。至于王公、百官及代迁户，获得公田及私田的数量，显然多于一般民户。均田令规定：“京城四面，诸坊之外三十里为公田。受公田者，三县代迁户执事官一品已下，逮于羽林虎贲，各有差。其外畿郡，华人官第一品已下，羽林虎贲已上，各有差。职事官及百姓请垦田者，名为受田（《通典·食货·田制》作‘永业田’）……其方百里外及州人，一夫受露田八十亩，妇四十亩，奴婢依良人……”④。这就是说，北齐统治者首先按照代迁户（包括其执事官直到羽林虎贲）、华人官吏及武士、一般民户（即“州人”）的顺序，把授田对象划分为 3 个类型；接着把上述 3 种获得的土地的地区也相应地划分为 3 个大圈：第一个圈，即京城四周 30 里内地区；第二个圈，为方百里之内的郡县。第三个圈，为方百里之外的郡县。第一个圈范围内的土

① 《北史》卷 55，《元文遥传》，《北齐书》卷 38，《元文遥传》系以《北史》补。

② 《周书》卷 37，《韩褒传》。

③ 《新唐书》卷 104，《于志宁传》。

④ 《隋书》卷 24，《食货志》。

地，只给予代迁户；第二个大圈内的土地只给予华人之为官吏及武士者；第三个圈内的土地，才给予一般民户与一般地主。至于授田的办法，则分为两个类别：一是官府以授田的方式进行，第一个圈的土地便是如此授予；二是以“请田”、“请垦田”的方式进行，第二个圈的土地即用此办法。而且上述二者，均无数量的限制，即要请多少就请多少，而且以“永业田”名之，其私有性已甚明显。由此可见，北齐均田法令已大大放宽了代迁户、拓跋贵族、华人官吏地主及武士拥有私有土地的数量。所以，随着这一变化而来的，便出现了“河渚山泽，有司耕垦；肥饶之地，悉是豪家，或借或请，编户之人，不得一垄”[①] 的情况，其原因在于“广占者，依令奴婢请田，亦与良人相似，以无田之食口，比有地之奴牛”[②]，这无疑会进一步促进世族地主土地私有制的发展。《北史·卢玄传附曾孙卢义僖传》，谓魏末“幽州频遭水旱”，义僖家“有数万石穀贷人”，如无大量土地，何至于储粮如此之多！又《北史·李孝伯传附曾侄孙李士谦传》，谓北齐时，“李氏宗党豪盛”，“家富于财”，曾一次出粟万石以贷乡人，其土地之多可以想见。

综上所述，表明北魏均田令与北齐、北周均田令的颁行，不仅没有妨碍地主土地私有制的发展，而且为世族地主土地私有制的发展创造了条件和提供了存在与发展的土壤。

与前述北朝时期世族地主土地私有制获得迅速发展的同时，庶族地主土地私有制也在北朝后期获得了一定程度的发展。它的发展的途径所不同于世族地主土地私有制的地方，在于它的发展是随着北魏后期到北齐、北周时期商品经济的恢复与发展、土地买卖的日益增加以及均田制的逐步趋于破坏等因素而出现的。

我们知道，十六国和北魏前期的手工业与商业，遭到了极大的破坏。民间的手工业工匠，往往被官府征发到官府作坊中服役，父死子继，丧失了人身自由。至于民间手工业，几乎濒于绝迹状态。[③] 为了严格控制手工业工匠，北魏

---

① 《通典》卷2，《食货·田制下》。
② 《通典》卷2，《食货·田制下》。
③ 参阅唐长孺先生：《魏晋南北朝史论丛续编》有关论文。

统治者除了于天兴元年（398）徙山东六州“百工技巧十余万口以充京师”平城之外，还于太平真君五年（444）一再下令，不许“自王公以下至于庶人”私养“金银工巧之人在其家”，又强迫“百工伎巧”，只许“习其父兄之业”①。这就是说，这时的手工业工匠只能在官府作坊服役，而且必须子孙相继，不许改业，故工匠身份低下，人身极不自由，从而更影响到民间自由手工业的存在与发展。后来，随着北魏前期畜牧业经济向农业经济的逐步转变，农业获得了恢复与发展，从而为民间手工业与商业的发展提供了原料与国内市场；加上北魏前期各族人民反抗统治者实行人身奴役制度的种种斗争，使官府对手工业工匠的控制逐步有所放松。这种变化，大约开端于高宗拓跋濬与孝文帝拓跋宏时期。如高宗和平四年（463）四月，曾下诏禁止对“兵民”“擅有召役，逼雇不程”②；同年十二月，又“制皇族、师傅、王公侯伯及士民之家，不得与百工伎巧卑姓为婚”③。前者，取缔官府“擅有召役”，虽然主要是指农民，可能也包括百工伎巧这些人在内，但至少已无“王公以下至庶人”不得私养“金银工巧之人在其家”的禁令了，表明对百工伎巧的人身控制已有放松的迹象。后者，禁止“王公侯伯及士民之家”与“百工伎巧卑姓通婚”，则表明在此之前已有这种情况出现，且反映百工伎巧的社会地位已有变化，故而有可能攀附高门世族地主。到孝文帝时期，便进一步放松了对百工伎巧的控制，而且允许他们去经营私家手工业与商业。如延兴二年（472）四月，“诏工商杂伎，尽听赴农”④；太和十一年（487）十一月，又“诏罢尚方锦绣绫罗之工，四民欲造，任之无禁”⑤。通过这两个诏令，表明官府改变了昔日禁控手工业工匠的做法，而且使他们获得了在民间从事手工业与商业的自由，百工的地位提高了，从而为民间手工业与商业的发展创造了条件。无怪乎北魏迁都洛阳以后，民间手工业确实获得了恢复与发展，商业也繁荣起来了。在杨衒之的《洛阳伽蓝记》里所描述洛阳城内的工商状况，就足以充分证明这一点。

---

① 《魏书》卷4，《世祖纪下》。

② 《魏书》卷5，《高宗纪》。

③ 《魏书》卷5，《高宗纪》。

④ 《魏书》卷7，《高祖纪上》。

⑤ 《魏书》卷7，《高祖纪下》。

于是，在这个基础上，货币的铸造业恢复了，货币的流通量也扩大了，一批富商大贾涌现出来了。这些人，在封建生产关系的制约与影响下，纷纷以其经营手工业与商业所积累的资金投向土地，于是几乎窒息了的土地买卖活动，在北朝统治的领域内又兴盛起来了。《隋书·王辩传》云：

> 王辩字警略，冯翊蒲城人也。祖训，以行商致富。魏世，出粟助给军粮，为假清河太守。

又《魏书·傅永传》云：

> （永）与（崔）道固俱降（北魏），入为平齐民。父母并老，饥寒十数年，赖其强于人事，戮力佣丐，得以存立。晚乃被召……永尝登北邙，于平坦处奋稍跃马，盘旋瞻望，有终焉之志。远慕杜预，近好李冲、王肃，欲葬附其墓，遂买左右地数顷，遗敕子叔伟曰："此吾之永宅也。"

又《魏书·夏侯道迁传附子夏侯夬传》云：

> （世宗时，夏侯道迁）于京城之西，水次之地，大起园池，殖列蔬果，延致秀彦，时往游适，妾妓十余，常自娱兴。……长子夬……性好酒……沽买饮啖，多所费用。父时田园，货卖略尽，人间债负犹数千余匹，穀食至常不足，弟妹不免饥寒。

又《北史·常山王遵附元晖传》云：

> （晖于）宣武即位，为给事黄门侍郎。初，孝文迁洛，旧贵皆难移，时欲和众情，遂许冬则居南，夏便居北。宣武颇惑左右之言，外人遂有还北之问，至乃榜卖田宅，不安其居。

上述一系列买购土地和出卖土地之事，买者有商贾，如魏世之王训，既"以行商致富"，又能"出粟以助军粮"，显系由商贾而来的地主。有由"平齐民"而上升者，如傅永，能在洛阳买墓数顷，耕地自不必说了！出卖土地者，自然更多是贫苦农民，甚至连官吏也不可免。夏侯夬便是一个例证，其父夏侯道迁所建置的园田，被他"货卖略尽"，还不足以偿债。至于宣武帝时由于误信北还消息的拓跋贵族，都在"榜卖田宅"，可见卖者不少，有卖者必有买者。这反映出土地买卖之风已相当盛行，同北魏前期几乎没有土地买卖之事的情况大不相同了。西魏北周时期，土地买卖也很盛行，例如苏威其人，因其从妹之夫元雄为突厥所困，他只得“标卖田宅，罄家所有以赎雄”[①]；又河间王杨弘，入关中之后，产业无存，“高祖哀之，为买田宅”[②]，这说明个别世族地主破落后，也有人以金银代为购买土地者。当然，世族地主的土地，主要是通过“赐田”、“请田”、露占和奴婢受田等而来，即使有购买土地者，也多属于强买，如李世哲为相州刺史时，便曾“斥逐细人，迁徙佛寺，逼买其地，广兴第宅，百姓患之”[③]。因此，真正以金钱购买土地者，大都是商人和庶民之富裕者。从而通过土地买卖盛行之风而来的，必然是庶族地主土地私有制的迅速发展。

庶族地主土地私有制的发展，还在均田制逐步趋于破坏的过程中获得了自己的地盘。我们知道，北魏均田法令规定：桑田只能在按定额有余或不足的情况下，才允许出卖和买入，且仅限其出卖多入部分和买入其不足部分，买卖双方都不超过限额规定部分。故土地买卖的数量与范围，在北朝第一个均田法令中是十分有限的。但是，到了魏末及北齐时期，情况就大不一样了。拿“公田”来说，《魏令》规定：“职分公田，不问贵贱，一人一顷，以供刍秣。自宣武出猎以来，始以永赐，得听买卖。”[④] 这个《魏令》，显然就不再是太和九年的均田令了。至少从宣武帝开始，这“一人一顷”的职分公田，首先进入了可以自由买卖的商品化私有土地范围。至于农民的“露田”，“虽复不听卖买”，然而“卖买”了“亦无重责”[⑤]，这实际上等于默认了“露田”也可以自由买卖。因此之故，以致“贫户因王课不济，率多货卖田业”[⑥]，把露田与桑田连在一起出卖者甚多。还有一些“懒惰之人，虽存田地，不肯肆力，在外浮游”，弄得地方的“三正”，不得不“卖其口田，以供租课”[⑦]，这是地方官吏公开出卖口分田（即“露田”）的事实。这些情况合到一块，便可以看出北齐时的“露田”与“桑田”，实际上都是可以买卖的。较之北魏太和均田

① 《隋书》卷41，《苏威传》。
② 《隋书》卷43，《河间王弘传》。
③ 《魏书》卷66，《李崇传附子世哲传》。
④ 《通典》卷2，《食货·田制下》引宋孝王《关东风俗传》。
⑤ 《通典》卷2，《食货·田制下》引宋孝王《关东风俗传》。
⑥ 《通典》卷2，《食货·田制下》引宋孝王《关东风俗传》。
⑦ 《通典》卷2，《食货·田制下》引宋孝王《关东风俗传》。

令，不仅放宽了土地买卖的数量规定，也放宽了露田不许买卖和桑田有条件的买卖的限制。正因为地方官可以任意出卖懒惰者的口分田与永业田，于是这个办法也被应用去对待逃亡农民，造成逃亡之风不止。当逃亡农民还乡时，依格给予土地；而获得土地的农民，又立即出卖其土地，再一次逃亡。正如宋孝王所指出的："假使暂还，即卖所得之地，地尽还走，虽有还名，终不肯住，正由县听其卖帖田园故也"①。由于农民帖卖土地风气的盛行，迫使官府不得不对此予以承认。于是，便产生了"帖卖者，帖荒田七年，熟田五年，钱还地还，依令听许"② 的规定，等于承认了农民有出卖口分田和永业田的自由权力。北齐均田制日益趋于破坏的表现，也是私有土地制度的发展在国家法律上的反映。由于这种允许土地自由买卖情况的存在，无疑给庶族地主土地私有制的发展提供了存在与发展的地盘。

北朝后期地主土地私有制的经营形式，也同魏晋以来北方和南方的情况一样，采取了自给自足性质的地主田庄形式，其不同于十六国时期和北朝前期者，仅仅是田庄的坞壁式军事建筑性质削弱了而已。因此之故，见于北朝后期的史籍者，不乏以"山庄"、"庄田"、"庄"、"田园"、"园田" 和 "别墅"等名称，取代了昔日的坞、堡、屯、壁、寨等名目。除前引《魏书·献文六王·咸阳王禧传》中有"洪池别墅"、《周书·裴文举传附高宾传》中有"田园"、《周书·宇文盛传》及《李世哲传》均有"庄田"等名称外，还有东魏祖鸿勋在范阳有雕山庄，在"县之西界"，"其处闲远，水石清丽，高岩四匝，良田万顷"，且内有宅舍，"即石成基，凭林起栋。萝生映宇，泉流绕阶。月松风草，缘庭绮合；日华云实，傍沼星罗"；园中还有"桃李"，更杂以椿、柏，显然是一个自给自足性的经济细胞③；更有东魏范阳人严光灿家族的"武郭堆（庄）田"，有"堆（庄）田四顷"④。北齐文宣帝天保元年（550）诏封魏帝为中山王时，曾给以"奉绢万匹，钱千万，粟二万石，奴婢二百人，水

① 《通典》卷2，《食货·田制下》引宋孝王《关东风俗传》。
② 《通典》卷2，《食货·田制下》引宋孝王《关东风俗传》。
③ 《北齐书》卷45，《文苑·祖鸿勋传》。
④ 见《河北石征》所载之《北齐标异乡义慈惠石柱颂题名》。

碾一具，田百顷，园一所”①，无疑也是一个有耕地、园林、水碾的具有自然经济特征的大田庄。但自然经济特征最为明显的地主田庄，其最突出者还要数北周萧大圜的田园。《周书·萧大圜传》云：

（大圜）心安闲放，尝言之曰：……面修原而带流水，伊郊甸而枕平皋，筑蜗舍于丛林，构环堵于幽薄。近瞻烟雾，远睇风云……果园在后，开窗以临花卉；蔬圃居前，坐檐而看灌圳。二顷以供饘粥，十亩以给丝麻。侍儿五三，可充纴织；家僮数四，足代耕耘。沽酪牧羊，协潘生之志；畜鸡种黍，应庄叟之言。……烹羔豚而介春酒，迎伏腊而候射时。

于此可见，萧氏的田庄，有果园、树林、菜圃与耕地，还有桑、麻等经济作物的种植，更有猪、牛、羊、鸡、鸭的饲养，此外，还有花的栽培，粮食作物的种植，甚至有可能还存在加工手工业如酿酒业与制酪业等。萧大圜的田庄，显然是一个典型的自给自足性的自然经济单位。这同当时江南地区地主田庄的情况有一致之处。故颜之推在其《颜氏家训·治家篇》中所描述的："生民之本，要当稼穑而食，桑麻以衣。蔬果之畜，园场之所产；鸡豚之善，埘圈之所生。爰及栋宇、器横、樵苏、蜡烛、莫非种植之物也。至能守其业者，闭门而为生之具以足，但家无盐井耳"，是当时南北双方的共同情况。所不同者，仅仅是"北土风谷，率能躬俭节用，以赡衣食；江南奢侈，多不逮焉"而已！从地主田庄的劳动者来说，南北双方也有其一致之处。例如多用奴隶从事农业这一点，有明显的一致之处。上述萧大圜的田庄，即以"家僮"与"侍儿"从事"耕耘"与"纴织"，根据当时北方也流行的"耕当问奴，织当问婢"②的情况而言，表明这里"纴织"和"侍儿"可能就是婢女。前引《魏书·献文六王·咸阳王禧传》，亦云他拥有"奴婢千数，田业盐铁，遍于远近，臣吏僮隶，相继经营"，显然是以奴隶从事农业及盐铁之业的生产与销售。结合北魏及北齐均田法令中关于奴婢受田等规定来看，更是说明以奴隶从事农业生产

① 《北齐书》卷4，《文宣帝纪》。

② 《隋书》卷62，《柳彧传》云："古人云：耕当问奴，织当问婢"。又《魏书》卷65，《邢峦传》亦云："俗谚曰：耕当问田奴，织则问织婢"。《魏书》卷110，《食货志》有"奴任耕，婢任织者，八口当未娶者四"语，益见北朝时期奴婢是从事劳动生产的。

具有普遍性。

北朝时期地主田庄内的劳动者，除奴隶之外，还有各种依附民。当时南朝的地主田庄，内皆有官府按照法令规定给予的“佃客”、“衣食客”、“典计”等依附民，还有私相置名的各种“乐属”，依附民的名称与色层颇为复杂，北朝的情况则略有不同。首先，它没有南朝那样按法令规定给予的“佃客”、“衣食客”与“典计”等依附名称。其次，北朝有“食干”、“兵力”与“荫丁”等称号，而且也形成了相应的制度。关于“干”这种人，在汉代宫府的低级员吏中就已有此名称，但还不同于北朝时期的完全作为依附民身份的“干”。当时的南朝也有“干”，而且往往与僮连称，谓之“干僮”或“僮干”，也有单称为“干”者，一般服役于官府，官吏可以随时杖之，地位低下，没有形成北朝的食干制度。北朝的食干制度，大约萌芽于北魏后期，确立于东魏时期，盛行于北齐时期。其具体做法是：每个州、郡、县都有一定数量的“干”，大约是州的干数多于郡，郡的干数多于县。然后官府把这些州、郡、县的“干”用给予或赏赐的办法归于某些有特殊身份、地位或功劳的官吏享用，分别谓“食干”。由于州、郡、县的干的数量不同，所以“食干”者也有“食州干”、“食郡干”与“食县干”之别。而且同一个官吏，往往由于其功劳的变化与官位的升迁，而发生由“食县干”进而“食郡干”与“食州干”的情况。这种进级，显然意味着“食干”人数的增加。这种“食干”，不同于“食封”，因为同一个官吏往往有食邑多少之外，同时又“食州干”、“食郡干”或“食县干”的情况存在。这种“食干”，对于官吏来说，是一种荣宠，故往往以“食干”入官衔。同时又有实惠，即有经济利益，当时谓之“私润”，即俸禄之外的额外收入。根据《隋书·刑法志》所云：北齐“诸州刺史守令已下，干及力，皆听敕乃治。其干出所部之人，一干输绢十八匹，干身放之”等语，得知“食干”者有役使“干”为自己服务的利益，同时也允许干输绢免役。虽然所谓“一干输绢十八匹，干身放之”的话，并不明白是每干每年输绢十八匹便可“干身放之”，还是只输绢一次就可以“干身放之”，但确知干对于“食干”的主人有供役使或输绢代役的义务。因此，对于不能输绢的“干”来说，实际上就是为“食干”官吏无偿服役的依附民，而且有可能是在地主田庄中劳动的劳动者[①]。至于“力”，又称“兵力”。也是官府给予官吏的一种服役者。《魏书·韩子熙传》云：“迁邺之始，百司并给兵力”，时韩麒麟之子子熙为国子祭酒，“时以祭酒闲务，止给二人”；又《隋书·百官志中》也说：北齐“自请省台府寺，各因其繁简而置吏。……又各置曹兵，以供役。”无怪乎“干”及“力”并称。《北齐书·祖埏传》谓埏“食太原郡干，给兵七十人”，也是“给兵”与“食干”二者并举，可见二者不同，是两种不同的服役者。至于“荫丁”，见于北齐《刘悦墓志》：刘悦以军功，官府“敕赉马五十匹、金银千两、缣数千段，给荫丁一百五十户，除武卫将军，仪同三司，食兽阳郡干。”在这里，“荫丁”与“食干”并列，显然“荫丁”不在“食干”之列。“荫丁”之名，不见于正史，而墓志载之，可见当时似有给予官吏、将领以“荫丁”之制。顾名思义，这种“荫丁”可能相当于南朝的庇荫户，即被荫者不再向官府纳税服役，而向其庇荫者纳税服役。他们同食干制的“干”有什么区别，尚不十分清楚，还有待于地下材料的出土去证实之。不过，这种人既被称为“荫丁”，又以户计算，而且是官府给予官吏的特殊优待，其为地主田庄的劳动者大约是无问题的。因此，北朝的依附民叫“荫丁”与“干”、“力”，可能是在地主田庄内劳动的除奴隶之外的另一部分依附民的称呼。

北朝的地主田庄，也有明显不同于南朝地主田庄的地方。首先，南朝的地主田庄规模巨大者不少，特别突出的是孔灵符的田庄与谢灵运的田庄，但北朝史籍中未见有如此大的地主田庄，这可能同北方开发较早，地主阶级分子比较多等情况有关。其次，南朝的地主田庄在经营形式方面，多采用屯、邸、别墅的组织形式，而且具有合生产与运销等经营过程于一体的特征，因而在自给自足的自然经济中逐渐产生田庄经济的商品化倾向。但是，这一切在北朝的地主田庄经济中，却很少有所发现。这大约同北朝商品经济发展程度远不及江南地区有关。其三，北朝的地主田庄采用坞、壁等军事组织形式者比较普遍，而且以宗族关系掩盖田庄主同依附民之间阶级关系的情况也比较多，以致宗主、坞主与地主三者的结合，是北朝地主田庄的主要特征，这同南朝的地主田庄多表

① 高敏：《魏晋南北朝社会经济史探讨》一书中《东魏、北齐食干制度研究》一文。

现为经济关系与阶级关系的情况颇有不同。这大约是北部中国战乱较多、宗族关系的基础牢固以及胡、汉地主对宗族关系的利用等等因素都有一定的关系。总之，北朝同南朝在地主田庄组织形式与经营特征等方面表现出来的差异，是有其深厚的历史根源的，也是值得继续深入探讨的一些问题。

综上所述，北朝后期，不论其世族地主土地私有制，还是庶族地主土地私有制，都获得了迅速的发展。其不同于东晋南朝时期土地制度的地方，在于北朝有国有土地制——均田制的长期存在，使世族地主土地私有制有存在与发展前提条件，故北朝的世族地主土地私有制尚未表现出衰落的迹象，不像南朝的世族地主土地私有制那样已开始从其发展的顶峰上坠落下来。反之，北朝的庶族地主土地私有制的发展程度也不及南朝的庶族地主土地私有制。这种情况反映到北朝的政治上，世族地主阶层的势力始终比较大，以致隋唐时期的许多当权地主，有不少就是由北朝后期的北周、北齐的世族地主演变而来，特别是从北周的关陇地主集团演变而来；与此同时，北朝庶族地主阶层的势力也不如南朝，他们登上政治舞台的情况虽然在北朝后期已有反映，却远不如南朝庶族地主阶层执掌机要的雄厚实力。因而隋唐以后地主阶级内部统治阶层力量的局部更新与升降变化，都可以从南北朝后期土地制度范围内的变化发展情况获得一定的说明。[①]

① 高敏：《试论魏晋南北朝土地所有制的形态及其演变——兼论南北朝后期与隋唐之际地主阶级统治阶层的局部更新》，收入《中国封建地主5阶级研究》一书，1988年3月中国社会科学出版社出版。

第八章　南北朝时期的寺院（包括道观）地主土地私有制

第一节　寺院（包括道观）地主土地私有制的特征

魏晋南北朝时期，特别是南北朝时期，在地主土地所有制方面，涌现出了一种新的形态。这便是在世族地主土地私有制形态与庶族地主土地私有制形态之外独立存在的特殊的地主土地私有制形态，即寺院（包括道观）地主土地私有制形态。这种土地私有制形态，具有两个显著的外部特征：一是它披上了宗教性的外衣，二是它以属于整个寺院所有的形式出现，似乎其土地具有寺院（或道观，下同）集体所有的性质。由于它有这两个迷人的外部特征，往往会给人们以一种错觉，以为这种寺院的土地，是整个寺院的集体财产，不属于地主土地私有制的一种特殊形态。实际上并非如此。寺院本身只具有宗教的性质，因为它是僧侣这个特殊的社会阶层集中居住并从事宗教、经济与政治活动的场所。而作为寺院的主要组成部分与一切活动的主持者、组织者与承担者，却是寺院的僧侣。僧侣虽然出身于各个不同的社会阶级与阶层，但当他们以共同的宗教信仰而聚合到同一寺院以后，就形成了一个特定的社会阶层。由于寺院的存在，必然要产生寺院与官府、寺院与社会、寺院与寺院以及同一寺院内部的各种联系与分工关系。加上僧侣在宗教造诣方面的深浅、入寺时间的长短、同社会及官府联系的多少和出身的不同、才能的差别等等因素，必然使得僧侣之间会产生不同层次的划分。随着时间的推移，一些主持寺院事务的僧侣就逐渐成了寺院僧侣中的特权阶层，特别是当官府建立了相应的僧官制度以后，这些有特权的僧侣的地位就获得了固化。于是，他们就有权支配名义上属于整个寺院僧侣的土地和财产，甚至攫为己有；同时也有权力支配僧侣中的下层成员去从事各种生产性劳动，为寺院创造财富。这样一来，整个寺院的僧侣就被划分成了统治者与被统治者、剥削者与被剥削者，以致开始的寺院内部分工的差别演变成了寺院内部的阶级、阶层的分野。在这样的情况下，表面上属于整个寺院的土地与财产，却成了上层僧侣、甚至极个别特权僧侣的私有土地与财产，以致以寺院形式出现的土地所有制，本质上成了寺院地主土地私有制或僧侣地主土地私有制。所以，寺院地主（或曰僧侣地主）土地私有制，只是封建社会地主土地私有制的一种特殊形态；寺院地主或僧侣地主，只是同世俗地主并存的一个特殊的地主阶层。寺院的宗教性外衣和土地名义上属于寺院所有的外壳，丝毫也掩盖不了和改变不了它作为地主土地私有制的一种特殊形态的本质特征。

作为寺院的僧侣地主阶层，大体是在如下一个过程中逐步形成的。首先，寺院的建立是同宗教的传播紧密相关联的。由于宗教的传播与兴盛，寺院的建造就越多。寺院的建造越多，则僧侣的数量也随之增加。随着僧侣这个特殊的社会阶层的产生，就引起了僧侣生活资料来源问题的尖锐化。如果说最初的僧侣的生活资料的来源主要是靠信徒们的施舍的话，那么，随着寺院的增加和僧侣数量扩大而来的，必然会引起管理寺院施舍财物的需要和以寺院本身为范围进行生活资料的生产的需要。而生产的进行特别是农业生产的进行，需要有土地，于是寺院的求田问舍的活动就多起来了。当寺院一旦拥有了自己的经济和自己的土地以后，僧侣之间主管寺内事务的权力分工就会细微化与牢固化，从而按权力分工的不同而逐步把僧侣划分为各种等级差别，于是主管全寺的主寺僧、主管部分事务的知事僧、主管某一寺院田庄的知庄僧和办理各种具体事务的执事僧以及从事各种劳务的下层僧侣等的等级阶梯就形成了，一个宝塔式的阶级、阶层结构就在每一寺院中产生了，以致每一个寺院的主事僧就成了该寺院的真正的地主与财主，而且他们的这种经济权力是同教主的特殊身份相结合的，较世俗地主具有更大的支配权与迷惑力。当这样的寺院与主寺僧逐渐多了以后，他们就会对当时的政权产生影响，也会对世俗地主产生诱惑力。于是，官府就日益把他们当作欺骗劳动人民的工具，也当作祈求来世幸福与长生不老的手段，于是适应着上层僧侣分子政治要求的僧官制度便建立起来了。随着寺院主寺僧侣的僧官化过程的实现，他们的宗教权、经济权之外，又加上了政治权力，其特权地位自然获得进一步的提高与巩固。政治上的这些因素，必然会反过去促进寺院内部早已开始了的权力分工，从而使寺院内部的统治与被统治、剥削与被剥削、传教与信教之间的各种关系强化与合法化了。于是，集教权、财权与政权于一身的上层僧侣分子，就更有条件与可能利用寺院拥有的土地，既作为奴役与剥削本寺院内下层僧侣的工具，也作为奴役与剥削寺外贫苦农民的手段，从而就构成了不折不扣的寺院地主（或僧侣地主）土地私有制。所以，所谓寺院地主（或僧侣地主）土地私有制，本质上是各个寺院的执掌教权、政权与财权的主事僧侣，通过名义上属于寺院所有的土地，借以实现其剥削下层僧侣、寺户及寺院附近贫苦农民的一种土地私有制，寺院的主寺僧侣，就是寺院的地主。

第二节　南北朝佛教的兴盛、僧官制度的确立与寺院地主土地私有制的形成与发展

所谓“寺院”，广义来说，应当包括一切宗教信徒聚居的场所。狭义的“寺院”，仅指佛教僧侣聚居的地方而言。因此，这里的“寺院”是指狭义的寺院，即排除了道教的观、庵所在地。原因在于佛教在魏晋南北朝处于特别兴盛的时期，佛教寺院的众多和佛教僧侣的数量远远超过了当时还处于形成时期的道教。所以，寺院地主土地私有制，也主要表现为佛教寺院的地主土地私有制。

由于寺院地主土地私有制的形成与发展是同佛教的广泛传播和寺院大量兴建联系在一起的，因此，要了解寺院地主土地私有制的形成与发展，有必要首先弄清这时佛教传播和僧官制度的建立等情况。

我们知道，佛教自东汉传入我国以后[①]，由于它符合封建统治者用以麻醉劳动人民政治需要，也迎合了劳动人民在苦难的现实生活中希望追求来世幸福生活的幻想，于是信仰者日多。但是，佛教的广泛传播，还在两晋南北朝时期，特别是西晋灭亡之后的时期。因为这时不论南方和北方，到处都战火弥漫，社会动荡不安，各个阶层的人都处于惶惶不安的状况，尤其是劳动人民的苦难达到了无以复加的程度。在这样的情况下，劳动人民特别渴望追求来世的幸福；剥削阶级分子，既需要麻痹劳动人民的斗争，又需要寻找精神上的安慰与寄托，而佛教与佛学，恰恰符合了他们的这些政治需要与心理要求，于是，在十六国、北朝与东晋、南朝，几乎不约而同地出现了佛教传播的高潮。

随着佛教传播高潮而来的，是佛教寺院的普遍兴建和僧尼数量的大量增加。仅以东晋偏安江左的104年的历史来说，前后建佛寺达1768所；宋、齐时期，代有增加，到梁时，连梁武帝也带头信佛，佛寺达2846所，单单一个建康城，就有佛寺700余所。到了陈朝，疆域虽然大为缩小，而且中经侯景之乱的严重破坏，佛寺还剩下1233所。[②] 破坏严重的建康城内，在唐人杜牧的诗句中，还有480寺。[③] 寺院的激增，必然导致僧侣人数的增加。何兹全先生根据《辩证录》及《释氏通鉴》等书的记载统计，东晋时期僧民共24000人，刘宋达到36000人，齐32500人，梁达到82700人，陈时也不下32000人。[④] 实际上并不止此数。梁时人郭祖琛说：当时的“都下”就有“佛寺五百余所”，“僧尼十余万”，还有其他“所在郡县，不可胜言”[⑤]；至于整个江南地

① 《历代三宝记》卷1引魏晋间人朱士行《经录》云：“秦王政四年，西域沙门室利房等十八人，始赍佛经来华，王怪其状，捕系之狱，旋放逐回国。”此谓佛教之传入我国始于秦时，其说不可信，前人已多考述者。也有人据《魏书·释老志》：“汉武帝元狩中，遣霍去病讨匈奴，至皋兰，过居延，斩首大获。昆邪王杀休屠王，将其众五万来降。获其金人，帝以为大神，列于甘泉宫。金人率长丈余，不祭祀，但烧香礼拜而已。此则佛教流通之渐也。”等语，认为佛教在武帝时已传入中国，但此说亦不确。又《三国志·魏书·乌丸鲜卑东夷传》末注引鱼豢《魏略·西戎传》曰：“昔汉哀帝元寿元年，博士弟子景卢受大月氏王使伊崇佛，还是以东汉明帝永平十一年（公元67）天竺僧人迦叶摩腾、竺法兰以白马驮经至洛阳为始。

② 沈曾植：《南朝寺考序》引《释迦氏谱》。

③ 《樊川文集》卷3载，《江南春》的绝句云：“南朝四百八十寺，多少楼台烟雨户”。因为此数少于萧梁时的建康700余寺，故知应为侯景之乱后的建康寺数。

④ 何兹全主编《五十年来汉唐佛教寺院经济研究》，第7页。

⑤ 《南史》卷7，《循吏·郭祖琛传》。

区的僧尼总数达“数十万众”[①]。十六国、北朝的寺院兴建与僧侣数量，更加超过东晋南朝。西晋时期的洛阳，已有佛图42所。西晋灭亡之后，北方虽然陷入战火弥漫之中，但少数民族建立的政权，也同样重视佛教。如后赵之石勒、石虎、尊天竺沙门佛图澄为“大和尚”，经常咨以军国大事，以致“百姓因澄故，多奉佛，皆营造寺庙，竞相出家”[②]；又如前秦苻坚，命吕光迎天竺僧人鸠摩罗什，适逢坚败亡，罗什乃留凉州。及吕光死，后秦姚兴迎罗什至长安，“待以国师之礼”[③]，由于“姚兴好佛法”，以致“佛图遍海内，士女为僧尼者十六七，靡费公私，岁以巨万”计[④]，由此可见，十六国时期佛教的传播并未因为少数民族的残暴统治和频繁的战争而妨碍其发展。至于北魏时期尤有过之。拓跋珪复国之初，即于天兴元年（398）下诏，提倡佛教，说什么“佛法之兴，其来远矣，济益之功，冥及存没，神踪遗轨，信可依凭。其敕有司于京城建饰容范，修整宫舍，令信向之徒，有所居止”[⑤]。拓跋嗣统治时期，更崇佛法，于“京邑四方，建立图像，仍令沙门敷导民俗”[⑥]，正式利用僧侣参与对劳动人民的统治。拓跋焘即位之初，也同拓跋珪、嗣一样，“每引高德沙门，与其谈论”；平凉州时，还“徙其国人于京邑，沙门佛事皆俱东，象教弥增矣”[⑦]。后来，他虽然灭佛尊道，但拓跋濬即位后，立即又尊佛，而且往后一代胜一代。及孝文帝元宏初年，仅平城的佛寺“新旧且百所，僧尼二千余人”；至于“四方诸寺六千四百七十八，僧尼七万七千二百五十八人”；太和十六年（492）年诏：“四月八日、七月十五日，听大州度一百人为僧尼，中州五十人，下州二十人，以为常准，著于令”[⑧]。迁洛以后，“法教愈盛，王侯贵臣，弃象马如脱屣，士庶豪家，舍资财若遗迹。于是招提栉比，宝塔骈罗。

① 《广弘明集》卷7，《辩惑篇第二之三·叙列代王臣滞惑解下》。
② 《晋书》卷95，《艺术·佛图澄传》。
③ 《晋书》卷95，《艺术·鸠摩罗什传》。
④ 《广弘明集》卷7，《辩惑篇第二之三·叙列代王臣滞惑解下》。
⑤ 《魏书》卷114，《释老志》。
⑥ 《魏书》卷114，《释老志》。
⑦ 《魏书》卷114，《释老志》。
⑧ 《魏书》卷114，《释老志》。

争写天上之姿，竞模山中之影。金刹与灵台比高，广殿共阿房等壮”[①]。到北魏末年，仅洛阳城的佛寺达1367所[②]；即使在东魏迁都邺城之后，“洛阳余寺”尚有“四百二十一所”[③]。至于当时全国的情况，宣武帝元恪延昌中(512～515)，全国佛寺达13727所[④]；东魏、北齐之时，“皇舆迁邺，诸寺僧尼，亦与时徙”[⑤]，“略而计之，僧尼人众二百万矣，其寺三万有余”[⑥]；到北齐末年，佛寺竟超过4万之数，僧尼近300万人[⑦]。北周境内的佛寺，也有“盈万数”[⑧]，自然也不在少数[⑨]。何兹全先生曾据《辩证录》及《释氏通鉴》等书所载统计，北魏时的僧尼总数为200万人，北齐为300万人，北周为200万人。[⑩] 可见北朝的佛教传播更甚于南朝。

与上述普遍兴建佛寺和僧尼人数迅速增加的同时，上层僧侣的政治地位也获得了相应的肯定，主要表现为僧官制度的建立。在佛教寺院建立的初期，由于寺院的数量有限与僧尼人数不多，故寺院僧侣内部还未产生明显的阶级分野，也用不着建立专门的僧官制度去管辖寺院与僧侣。但西晋以后，这样的情况就逐步发生了变化。晋元康中（291～299），有“胡沙门支恭朗”，善译佛经；后又“有沙门常山卫道安”研究佛经经义[⑪]，都受到社会重视，于是部分僧侣的地位在日益提高。“石勒时，有天竺沙门浮图澄”，“为石勒所宗信，号为大和尚，军国规谟颇访之”[⑫]，这说明个别僧侣已在当时的割据性政权中拥有一定的政治地位，虽非正式僧官，但已具有僧官的萌芽形态性质。僧官制度的正式创立，始于后秦姚兴时代。《大宋僧史略》卷中云：“及佛教东渐，汉

① 《洛阳伽蓝记·序》。

② 《洛阳伽蓝记》卷5，《城北》。

③ 《洛阳伽蓝记》卷5，《城北》。

④ 《魏书》卷114，《释老志》。

⑤ 《魏书》卷114，《释老志》。

⑥ 《洛阳伽蓝记·序》。

⑦ 《续高僧传》卷10，《义群篇·大统合水寺释法上传》；《续高僧传》卷30，《释静蔼传》作“减三百万”。

⑧ 《广弘明集》卷20，《法义篇第四之一》。

⑨ 参阅韩国磐《北朝经济试探》一书的《北朝的寺院经济》。

⑩ 何兹全主编《五十年来汉唐佛教寺院经济研究》，第7～8页。

⑪ 《魏书》卷114，《释老志》；唯“浮图澄”，《晋书·石勒载记》作“佛图澄”。

⑫ 《魏书》卷114，《释老志》；唯“浮图澄”，《晋书·石勒载记》作“佛图澄”。

魏之间，如网之未设其纲，如舟之未□其碇。殆姚秦之世，出家者十室而半。罗什入关，羸弱裹足而至者三千。秦主敕选道契法师为僧正，僧迁为悦众，法钦、慧斌掌僧禄，给车舆吏力。僧正秩同侍中。余则差降。此土之僧官，秦翌为始也。”由此可见，后秦姚兴时已正式确立了僧官制度，时在弘始七年，(405)；其官名为僧正、悦众、僧禄，僧正的官秩与侍中相同，悦众与僧禄则稍低。官府分别配给了车辆与服役的人手，同政府官吏没有差别。它们之间各有分工，《大宋僧史略》卷中又云：“僧正”之“正”，“政也，自正正人，克敷政令，故云也。盖以比丘无法……故设有德望者，以法绳之，令归于正，故曰僧正也。”可见“僧正”这一僧官，是当时僧人的最高统治者，是主管有关僧侣的一切政令和戒律约束等政务的。而悦众，据《大宋僧史略》卷中云：“秦西域知事僧统曰羯磨陀那，译为执事，亦曰悦众，谓知其事而悦其众也。”则悦众是直接主管僧侣的寺庙修建及僧侣食宿等杂事事务的。至于僧禄，文献中无明确解释，如果顾名思义，大约是掌管寺院僧侣财产的官吏。但据《续高僧传》卷8，谓僧禄“所部僧尼二百余万”，然则僧禄是统管僧侣名籍的。大约与姚秦建立僧官制度的同时，北魏建国之初，也在建立僧官制度。拓跋珪于皇始中（396～397），便把当时赵郡的沙门法果请到京城平城，封为“道人统”，使“绾摄僧徒”[①]，可见北魏一开始就设立了统领全国僧侣的最高僧官——“道人统”。到拓跋嗣永兴年间（409～413），又给法果授以辅国、宜城子、忠信侯、安城公之号[②]，僧官的地位进一步提高了。拓跋焘时期虽然一度取消佛教，但拓跋濬时代立即又恢复了佛教的地位，而且令京师沙门师贤为道人统。和平初年（460），师贤死，沙门昙昭代立，且改名为“沙门统”，沙门统之下，在京师还设有都维那，各州设有维那，各寺院则设“寺主”，僧官系统进一步完备。大约与此同时，僧官系统的办事机构，也有专门名称，在中央者初名“监福曹”，后改名“昭玄寺”，《魏书·释老志》所谓“先是，立监福曹，又改昭玄，备有官属，以断僧务”，即指此。沙门统与都维那、维那及寺主之间，经常有文书及印牒往返，甚至连官府收取于民的“僧纸之粟”

① 《魏书》卷114，《释老志》。
② 《魏书》卷114，《释老志》。

及举放高利贷等，都“专委维那”进行，直到世宗拓跋恪永平四年（511）才有“不得专委维那、都尉”[①] 办理这些事务的诏令，可见僧官系统权力之大，达到了与州刺史并驾齐驱的地步。到北魏末年，僧官系统出现了“州统”、“郡都统”、“郡维那”及“县维那”等名目[②]，表明此时的各州、郡、县都分别设置了沙门州统、郡统及县统，也有州维那、郡维那及县维那之设置。僧官系统越来越完备。北齐时期，僧官系统的组织机构更为庞大，据《佛祖统记》云：文宣帝“天保二年（551），诏置昭玄十统，以沙门法上为大统，令史员置五十余人；所部僧尼四百余万、四万余寺，咸禀风教。”《隋书·百官志中》载北齐之僧官制度则云：“昭玄寺，掌诸佛教。置大统一人，统一人，都维那三人。亦置功曹、主簿员，以管诸州郡县沙门曹。”由此可见，北齐时期的僧官系统是这样：中央设昭玄寺为办事机构，僧官则有沙门大统及都统各一人，其下则设都维那三人，都维那之名，即梵文羯磨陀那之省；都维那之下还有功曹、主簿等僧官，各州郡县也设有沙门曹的机构。可见僧官系统确在日趋完备。据《僧史略》所载，“魏世更名，僧统以为正员，置沙门都以为副翼，则都维那是也。”可见统与都，是正副之分，故沙门统是僧官的正职，都统、沙门都或都维那则是僧官的副职，直到隋代，“还准北朝，用统为正，以都为副”，各州郡县准此，是以北齐之世，有“高齐之世，何统与都多耶”[③] 的感叹！

北朝如此，南朝也不例外。如刘宋文帝曾以尼宝贤为京邑僧正[④]，以沙门法和为僧主[⑤]，是按僧、尼分别设置僧官。宋武帝孝建元年（454），又以慧璩为京邑都维那；武帝大明四年（460），又以道温为都邑僧正[⑥]，以法瑗为湘宫寺寺主[⑦]，及刘宋顺帝升明元年（477），以法持为“天下僧正”；南齐高帝建

---

① 《魏书》卷114，《释老志》。
② 《魏书》卷110，《食货志》。
③ 均见《大宋僧史略》卷中。参阅《世界宗教研究》，1984年第1期白文固：《南北朝僧官制度探究》一文。
④ 《佛祖统记》卷37。
⑤ 《释氏通鉴》卷4。
⑥ 《佛祖统记》卷37。
⑦ 《大宋僧史略》卷中。

元四年（482），以法颖为“京邑僧正”。齐武帝永明元年（482），又以长干寺玄畅、法献为“僧正”，分任江南北事。[①] 梁武帝普通六年（525），以法云为“大僧正”[②]。由上可见，南朝的僧官系统似乎不及北朝完备，僧官的名称不同于北朝，南朝的“天下僧正”及“大僧正”，均相当于北朝的道人统及沙门统。不加“大”字的“僧正”为一般州郡僧官。都维那的僧官名称，南朝、北朝是相同的。至于“都邑僧正”与“京邑僧正”等僧官名称，可能只是京都地区的最高僧官，也可能是“大僧正”的别称。各地方州郡县是否也有北朝一样的沙门统、都维那的设置，则不甚明白。[③] 至于各个具体寺院的主管者，即基层僧官，很早就有“寺主”之名。其制大约始于东汉白马寺建立之时，只是当时无“寺主”之专名而已。故《大宋僧史略》云：“详其寺主，起乎东汉白马也。寺既爰处，人必主之，于是虽无寺主之名，而有知寺之者。至东晋以来，此职方盛。”因而西晋、东晋以后的“寺主”之名见于载籍者，指不胜屈。《魏书·释老志》载孝文帝太和十年（486）令文，其中有“寺主、维那当寺隐审”语；南朝史籍之提到“寺主”者也不少。可见南北朝时期“寺主”的名称确已普遍使用。特别值得注意的是，在北魏时期，今巩县石窟寺所在地的寺院，其主寺僧侣不叫“寺主”，而叫“僧长”或“寺长”，另外还有“市长”之名，他们都是对“寺事身居太半”的人物，也是“月日设险求巧”的主谋人。这一新近发现的手抄本材料，为我们提供了基层寺官的信息。[④]

由于魏晋南北朝，特别是南北朝以来佛教的迅速传播、僧尼数量的大量增加和僧官制度的建立与日益完备化，就在整个僧侣中制造出了一个上层僧侣阶层。他们一旦掌握了寺院的宗教权、僧侣的管理权与剃度权以及寺院财产的支配权，他们就由宗教上的领袖迅速转变成了政治上的统治者与压迫者和经济上的所有者与剥削者。换言之，他们迅速变成了合宗教权、政权与经济权于一身

---

① 《佛祖统记》卷37；亦见《高僧传》有关传。

② 《大宋僧史略》卷中。

③ 何兹全主编《五十年来汉唐寺院经济研究》，第21页。

④ 《石窟寺本末》，刊于《中州今古》，1985年第4期；高敏：《清〈石窟寺本末〉手写本的史料价值试探》，刊于《中原文物》，1988年第1期。

的寺院僧侣地主阶层。与此相适应的，一种新的地主土地私有制形态，即寺院僧侣地主土地私有制形态便应运而生了。

第三节　南北朝寺院地主土地的来源与经营形式

佛教寺院的僧侣以寺院的名义去占有和经营土地的制度始于何时，史书记载不详，已无法知其详情。大抵始建佛寺，就需要有僧房、寺庙、亭院及菜圃等寺内的土地，否则寺院就没有存在的空间。不过，这种寺内的土地，尚不能作为剥削手段的寺院私有土地。只有当寺院的上层僧侣分子利用除上述寺内土地之外的属于寺院的土地去剥削下级僧侣及寺外贫苦农民的时候，寺院的土地才成了寺院地主的私有土地。因此，当寺院僧侣依靠信徒的生活资料施舍过活时，就不能说已经形成了寺院的私有土地制。例如东晋初期的释道安，在后赵统治时期，于陆浑山木食，后“为慕容儁所逼，乃住襄阳”。当后赵石虎对单道开，“资给甚厚，开皆以惠施”① 时，也表明所给皆为钱物而非土地。所以，当道安鉴于“佛法东流，经籍错谬”，乃“更为条章，标序编目，为之注释”时，只得接受郗嘉宾“饷米千斛”的施舍，作为自己与弟子们的生活资料②，可见这时的释道安及其所在寺院，尚无属于寺院的私有土地。又如石赵时的名僧佛图澄，初在洛阳，后随石勒、石虎征战，其生活费用全部仰给予官府给予③，说明他也无寺院私有土地的经济来源。这些情况，表明南方的东晋初期与北方的十六国时期，虽不能说寺院全无私有土地，但以寺院形式出现的僧侣地主土地私有制还没有形成。然而，到了东晋后期与南朝以及北方的北魏建国以后，情况就不同了。以“寺庄”为表现形式和以“寺户”为主要生产者的寺院地主土地私有制，此时就正式形成了。

---

① 《高僧传初集》卷10，《神异上·晋罗浮山单道开》。

② 《世说新语》卷中上《雅量篇》及注引《安和上传》，嘉宾为郗超之字，见《晋书》卷67本传。

③ 《晋书》卷95，《艺术·佛图澄传》。

一、南北朝寺院地主的土地来源

南北朝的寺院土地，就其来源方式而言，约有如下一些途径：

第一，通过皇帝和官府对寺院的赏赐而来的土地：

我们知道，许多佛寺是由寺建国家的最高政治代表——皇帝所营建的，因而建造寺院的地面及其附近的土地，大都是由皇帝本人或通过官府的名义赏赐给寺院的。据清人陈作霖的《南朝佛寺志》统计，所著录的225座著名佛寺中，就有33座为皇帝所营建，另外，后妃、公主占17个，王公占15个，官吏占13个，合计约占佛寺总数的三分之一。又据《历代三宝记》云："高齐六君，二十八年，皇家立寺四十三所"，可见北朝的情况也不例外。皇帝或官府给寺院赏赐土地的具体事例，早在十六国时期就已见端倪。如《广弘明集》卷28载南燕慕容德曾赐朗法师"绢百匹，并假东齐王奉高、山茌二县封给"①。这种封给，实同赏赐，如为赏赐二县租税，也是以土地赏赐寺院的前奏。及北魏孝文帝，为其祖母文明太后立报德寺于鹰师曹所在地，因此而"罢鹰师曹"，把原来饲养的鸟类，"悉放之山林"②。按鹰师曹所掌管的地方，本为皇帝打猎之所，面积至大，既赐以造寺，则该寺院的土地除建造之外，必有可供耕作之地。拥有奴婢的寺院，在均田令实行后，自然也可按"奴婢依良"和"奴各依良"受桑田的规定而获得土地。据北京大学所藏碑帖拓本云："……太和十八年，本寺案修大会，感甘露降，厥后帝迁洛阳。至十九年，特赐寺庄，为夜饭庄子，东至大河北夜叉岭下，小河水心，大河南至大横岭；东至龙港寨；南至武遂沟，掌石州分水岭；西至大河南松岭，西吴小沟子，大河北五十岭分水；北至左掩沟堂后东海眼、西海眼为界。"③ 这片给寺院的赐地，四至分明，且名曰"寺庄"，整个"寺庄"均在这片赐地之内，显然是以赐地

---

① 《高僧传》卷5，《义解篇·晋太山竺僧朗传》作"燕主慕容德……给以二县租税"；《续高僧传》卷12，《义解篇·两京胜光道场释法瓒传》亦载及此事，谓南燕主慕容德"以三县民调用给予朗"，与此"二县"不同。

② 《魏书》卷13，《皇后列传·文成文明皇后传》。

③ 此碑帖藏于北京大学历史系。此据曾庸《北魏的佛教寺院经济》一文，刊《新史学通讯》，1955年第4期。

建立的寺院田庄。据《辩正论·十代奉佛篇》所云：北齐时，文宣帝“大起寺塔，废鹰师曹为报德寺”，这个鹰师曹，是北齐在邺城建立的鹰师曹，为了建寺而废之以赐寺院，可见其优待之厚。又据《续高僧传·习禅篇》记载，北齐时邺城的云居寺，当其初敕造寺时，“面方十里”，后削减为“面方五里”，犹有二十五平方里，其赐田之多可以想见了！及北齐武平年间（570～575），由于当时“崇重佛法，造制穷极，凡厥良沃，悉为僧有，倾竭府藏，充佛福田”[①]，寺院土地之多，于此可见其一斑！与北齐并立的西魏、北周，其寺院土地之多，也毫无逊色。据《续高僧传》卷30《护法篇·西魏京师大僧统中兴寺释道臻传》云：西魏文帝曾于“京师立大中兴寺，尊（道臻）为魏国大僧统。……又于昆池之南，置中兴寺庄，池之内外，稻田百顷，并以给之，梨枣杂里，望之若合”。仅此一个中兴寺庄的情况，就可以想见其他寺院的寺庄了！

至于南朝，情况也不例外。皇帝以官府名义把大片土地赏赐给寺院以为私有土地的做法，可以梁武帝为代表。有一次，他为在建康附近的钟山建造大爱敬寺，便想把这片早已在东晋时期就赏赐给了王导的80顷良田收回来改赐给大爱敬寺。由于王导的后裔王骞不答应，引得梁武帝大为恼火，最后还是用强迫命令的办法，逼迫王骞把这片土地卖给官府，然后以之赏赐给大爱敬寺。此事在《梁书·太宗王皇后传附父骞传》及《南史·王昙首传附王骞传》均有详细记载。再一次，就是梁武帝在大同年间，为了扩建阿育王寺，而“敕市寺侧数百家宅地，以广寺域，造诸堂殿并瑞像周回阁等，穷于轮奂焉”[②]。这是前后两次以较大数量的土地赏赐给寺院的情况，故被载于史册，至于小规模的土地赏赐，自然就没有记载的必要了。

这种官府给寺院赏赐土地的制度，由于南朝、北朝都存在，所以到了隋代，便形成了普遍给寺院赏赐土地的制度，正如《释氏通鉴》卷6所云：隋文帝曾“诏于诸州名山之下，各置寺僧一所，并赐田庄”。以致到了唐代初期，寺院都普遍拥有大量土地，所谓僧道“浮惰之人，苟避徭役。妄为剃度，

① 《广弘明集》卷7，《辩惑篇第二之三·叙列代王臣滞惑解下》。
② 《梁书》卷54，《诸夷·扶南国传》。

托号出家，嗜欲无厌，营求不息。出入闾里，周旋阛阓，驱策田产，聚积货物”①，就是这种情况的写照。因而在唐代的均田法令中，增加了“凡道士给田三十亩，女冠二十亩，僧尼亦如之”② 的规定。寺院僧侣给田的制度化，正是在南北朝时期寺院僧侣地主土地私有制形成的基础上出现的新情况。

第二，通过地主阶级及富商个人向寺院施舍而来的土地：

地主阶级及商人以土地施舍入寺，一般表现为两种方式；一是以其宅舍施舍入寺；二是以其土地施舍入寺。以史书所载的情况来说，详于前者而略于后者。前引陈作霖的《南朝佛寺志》对225座寺院的统计，属于商人营造者虽只一人，但营建之后施舍宅舍及土地入寺者，必不在少数。单以南朝地主阶级施舍宅舍入寺的情况来说，就为数不少。如刘宋时的到溉，“初与弟洽，恒共居一斋。洽卒后，便舍为寺。蒋山有延贤寺，溉家世所立。溉得禄俸，皆充二寺”，而他自己则“别营小屋，朝夕从僧徒礼诵”而已③。我们知道，南朝的大地主大都有田庄，其宅舍在田庄之内。因此，这种以宅舍施舍入寺的做法，无异于以田宅施舍入寺。故到溉在施舍宅舍入寺以后，自己仅剩下一间小屋容身而已，已经别无家财。又如梁时的何敬容家族，“自晋司空（何）充、宋司空（何）尚之奉佛法，并建立塔寺，致敬容又舍宅东为伽蓝，趋权者因助财造塔，敬容并不拒，故寺堂宇颇为宏丽。时轻薄者因呼为‘众造寺’。及敬容免职出宅，止有常用器物及囊衣而已，竟无余财货，时亦以此称之。”④ 由此可见，何敬容的以宅施寺，也应包括其田产在内，否则，当其辞官之后，不至于一贫如洗。当然，史籍中也有关于宅舍、田产同时施舍入寺的记载，如何敬容之史何胤的做法便是一例。史称敬容从兄何胤，“在若邪山尝疾笃，有书云：‘田畴馆宇悉奉众僧，书经并归从弟敬容’”⑤，即只剩下几本书留给从弟何敬容，其余田产、宅舍全部施舍入寺。还有《释氏通鉴》记载了王坦之其人，因为笃信佛法，便偕同其他人“舍园宅为安乐寺”，这里的“园宅”，显

① 《旧唐书》卷1，《高祖纪》武德九年五月辛巳诏。
② 《唐六典》卷3，《户部尚书》。
③ 《南史》卷25，《到彦之传附到溉传》。
④ 《南史》卷30，《何尚之传》。
⑤ 《南史》卷30，《何尚之传》。

然包括田庄与宅舍二者。《高僧传》卷14《释慧爱传》，载王坦之也曾“舍园为寺”。此外，如梁之张孝秀，“去职归山，居于东林寺，有田数十顷，部曲数百人，率以力田尽供山众，远近归慕，赴者如市。”[①] 这是又一种类型的以田庄收入输入寺院者，实际上也等于以田产施舍入寺。

南朝如此，北朝也同样如此。如北魏孝文帝延兴二年（472）诏文指出：当时“内外之人，兴建福业，造立图寺，高敞显博……贫富相竞，费竭财产”[②]，其中自然包括以田地施舍寺院。至北魏末年的河阴之变以后，“朝士多死，其家多舍居宅，以施僧尼”，以致“京邑第舍，略为寺矣”[③]。又如陕州弘农郡之五张寺，便为流寓于此的五陵大姓张元高之五子“共舍为寺”，故名五张寺[④]。还如北齐时，幽州范阳郡范阳县的地主严僧安的家族若干人，各“舍地置坊”，其所舍之田，“悉是严氏世业课田”。立义坊之后十余载，又“重施义（坊）南课田八十亩”；“施主严光璨”兄弟等人，“共施武郭庄田四顷”；施主严惠□等，也“各施地廿亩，任众造园，种牧济义”；“施主严市念”等，“舍地四十亩”[⑤]。这种施入义坊以济众的做法，与施地入寺是同一性质的事。总的情况是：“王侯贵臣，弃象马如脱屣，庶士豪家，舍资财若遗迹，于是招提栉比，宝塔骈罗”[⑥]。施舍土地钱财入寺者指不胜屈。

如上所述，寺院土地确有来源于地主阶级施舍者。这种施舍，本质上是世俗地主的土地所有权向僧侣地主土地私有权转移。由于这种土地所有权转移的频繁，也往往导致世俗地主与僧侣地主之间争夺土地与劳动力的矛盾斗争，此不论述。

第三，通过寺院僧侣非法占有土地和强占小农土地而来的寺院私有土地：

梁武帝大同七年（541）十二月壬寅诏曰：“又复公私传、屯、邸、治，爰及僧尼，当其地界，止应依限守视，乃至广加封固，越界分断水陆采捕及以

---

① 《梁书》卷51，《处士·张孝秀传》。
② 《魏书》卷114，《释老志》。
③ 《魏书》卷114，《释老志》。
④ 《文苑英华》卷850庾信：《陕州弘农郡五张寺经藏碑》
⑤ 《河北石征》卷一载北齐《标异乡义慈惠石柱颂题名》。
⑥ 《洛阳伽蓝记·序》。

樵苏，遂致细民措手无所。”[①] 据此，知封略山林川泽地以为私有土地者，除世俗地主外，还有僧侣地主。这表明寺院的私有土地，确有来自非法侵占国有土地者。北朝也同样有此种情况存在。如北魏世宗永平四年（511）夏诏曰：“山林僧尼”，“或翻改券契，侵蠹贫下，莫知纪极”[②]。其实，早在孝文帝迁都洛阳之后不久，便发生了许多佛寺僧侣强夺民田以为私有土地之事。从而出现了“自迁都以来，年逾二纪，寺夺民田，三分居一”的状况；到世宗之时，已是“今之僧寺，无处不有。或比满城邑之中，或连溢屠沽之肆，或三五少僧，共为一寺”，“非但京邑如此，天下州、镇僧寺亦然。侵夺细民，广占田宅”[③]，北朝佛寺僧侣强占贫苦农民土地的情况之严重程度，于此可见其一斑！总之，不论南朝和北朝，寺院强占民田之事，时有所闻。故梁时僧祐在其所撰《弘明集》卷6《释驳论》中说：“今观沙门……或垦殖田圃，与农夫齐流；或商旅博易，与众人竞利；……或诡道假权，要射时意；或聚蓄委积，颐养百余；或指掌空谈，坐食百姓”，所有寺院的上层僧侣，都成了广占田地、囤积居奇、为非作歹、淫逸度日的社会蠹虫。

第四，也有个别通过用钱购买而来的土地：

尽管史籍关于以钱购买土地之事不多，但并不能完全排除这种情况。新发现的《石窟寺本末》手写本，谓今巩县的石窟寺所在地，在北魏孝文帝前，便有卧龙寺、普净寺及莲花寺三寺，而且曾“买官田二十顷”，以其收入“养发姑五十余”人。孝文帝重修三寺之后，又“买寺田二十顷”[④]。又以《魏书·释老志》所载神龟元年（518）任城王元澄所上奏章为例，就足以说明这种情况的存在。当任城王元澄提出了寺院僧侣强占民田和“恋著城邑”的状况以后，便提出了他的解决办法。凡在“都城之中”的寺院，“虽有标榜，营造粗功，事可改立者”，都得迁于郊外，“任择所便”。其原先在城中的土地，“若（为）买得，证券分明者，听其转之；若官地盗作，即令还官”；“若僧不满五十

① 《梁书》卷3，《武帝纪下》。

② 《魏书》卷114，《释老志》载世宗诏令。

③ 《魏书》卷114，《释老志》。

④ 前揭《石窟寺本末》手抄本原文，见《中州今古》，1985年第4期。可参阅高敏：《清〈石窟寺本末〉手写本的史料价值试探》一文，刊《中原文物》，1988年第1期。

者，共相通容，小就大寺，必令充限，其地卖还，一如上式”。任城王的主张，虽获得了批准，但旋即社会动乱，未能实行。依元氏所言，表明寺院僧侣除了强占官、民田外，也确有以钱购买的土地。对于这种买得的土地，官府是允许他们出卖的。这种情况，正式见之于官吏的奏章，可见也不是非常个别的。

第五，通过投靠寺院以求庇荫的贫苦农民把土地交给寺院而来的土地：

我们知道，由于封建帝王及世官权贵多信奉佛教，无形中使佛教获得了特殊的政治地位，寺院僧侣上层也成了炙手可热的权势人物，即使是一般僧尼也有免除国家租调徭役的特权。正因为如此，使广大平民百姓纷纷走上投依寺院的道路，以图规免赋役；同时又使得上层僧侣通过剃度僧民而获得经济利益与政治特权。平民百姓之投靠寺院的方式甚多，主要不外乎如下几种情况：一是把自己的小块私有土地寄托于寺院，当作寺院的私有财产，从而使自己的土地免于赋税的缴纳；二是申请剃度为僧尼，一旦列入僧籍，就可免税免役；三是假冒僧尼，以避赋役；四是逃避豪强兼并而被迫以土地财产施舍入寺，求个奉佛的美名。正因为如此，以致在僧侣之中，出现了“僧出寒微，规免租役”[①]的状况。其原因便在于凡僧尼“寸绢不输官库，升米不进公仓”和“家休大小之调”；因而各个寺院大都庇荫了大量的可役之人，造成了“门停强弱之丁，入出随心，往还自在”的局面[②]。在南朝，百姓剃度为僧尼者，“所在郡县，不可胜言”，致使“天下户口，几亡其半”[③]；在北朝，甚至有“假称入道，以避输课”的“无籍僧尼”[④]。总的情况是：莫不“竭财以赴僧，破产以趋佛”[⑤]。即使是一些权贵之家，在这种风气的影响下，为了避免其他豪强的兼并，也不得不以家财施舍寺院，像唐代的“赀货甲天下”的马燧，死后其“旧业屡为豪幸邀取”，贞元末年又有人逼取其家产，于是马燧之子马赐不得不以田宅财产施舍入寺[⑥]。这种情况虽出现于唐代，实渊源于南北朝。正是通

① 《广弘明集》卷7，《辩惑篇第二之三·叙列代王臣滞惑解下》。
② 《广弘明集》卷27，《僧行篇第五之二》徐陵：《谏仁山深法师罢道书》。
③ 《南史》卷70，《循吏·郭祖深传》。
④ 《魏书》卷114，《释老志》。
⑤ 《梁书》卷48，《儒林·范缜传》附《神灭论》。
⑥ 《旧唐书》卷89，《马燧传》。

过上述献财入寺、剃度为僧、冒称僧道和破财趋佛等等途径，使得大量的小农的私有土地变成了寺院的私产，而他们个人仅仅获得了寺院的庇荫而成为免除赋役的人口，以及所献土地的使用权而已。这同西欧中世纪的人们“都认为把地产献给教会是合算的，只要在缴纳相当数量的租金的情况下能够保留土地使用权”① 的状况，颇有一致之处。这样，寺院可以不用任何代价而获得大量的土地与劳动力，使寺院的私有土地制获得发展。但是，也正因为这一情况的存在，就使得寺院与封建国家之间不可避免要发生矛盾。于是取缔寺院僧官的剃度僧尼之权、把剃度权收归国家所有、限制寺院僧侣人数和不许寺院私藏武器等等规定的产生，就是这种矛盾斗争的反映。至于这些斗争的实况与过程，因与本书无直接关系，故不述及。

通过加上所述5种途径，使大大小小的寺院，不论是南朝与北朝，都拥有大量的私有土地，而且是肥田沃土。故南朝的郭祖深曾对此痛加指斥，谓“僧尼十余万，资产丰沃”②；北朝的北齐也是“凡厥良沃，悉为僧有”③。下至唐代的寺院，更是“膏腴美业，倍取其多；水碾庄园，数亦非少”④，成为地主阶级中的一个重要组成部分。

二、寺院地主土地的经营形式

寺院既拥有了大量的私有土地，自然需要采取适当的经营形式。根据十分有限的史料，可知南北朝时期寺院土地的经营形式，同当时世俗地主土地的经营形式基本一致，即也是采用自给自足性的田庄组织形式，而且称之为“寺庄”。因此之故，前引北大所藏北魏碑碣拓本中，有太和十九年“特赐寺庄为夜饭庄子”之名称；前引《续高僧传》所载西魏文帝立大中兴寺后，有“置中兴寺庄”的称号。在寺院所有的“寺庄”之内，不仅有种植粮食作物的“稻田”，而且有种植果树的“果园”，例如前引《续高僧传》卷30《释道臻传》所载中兴寺庄，就有“稻田百顷”及“梨枣杂果”。梁时庄严寺的寺庄，

---

① 《马克思恩格斯全集》，第19卷，第544页。
② 《南史》卷70，《循吏·郭祖深传》。
③ 《广弘明集》卷7，《辩惑篇第二之三·叙列代王臣滞惑解下》。
④ 《旧唐书》卷89，《狄仁杰传》。

不仅大得惊人，而且其内“飞阁穹隆，高笼云雾。通碧池以养鱼莲，构青山以栖羽族。列植竹果，四面成阴；木禽石兽，交横入出”[①]，显然也是一个自给自足性的田庄。再据《洛阳伽蓝记》所载，其法云寺，寺内有“后园”，其中有荷花、树木、亭台、沟渎等；景明寺，其内除山石、池沼外，还有“竹松兰芷”、“黄甲紫鳞”及“青凫白雁”；劝学里内的文觉、三宝及宁远三寺，“周回有园，珍果出焉，有含消梨，重十斤”；承光寺，“亦多果木，柰味甚美，冠于京师”；白马寺，有“柰林蒲萄，异于余处”；宝光寺，“园地平衍，果菜葱青”。总之，“京师诸寺，皆种杂果”，且类皆有园、林、山、池及家禽、鱼类、蔬果之属[②]，显然都具有自给自足的自然经济性质。在京师的寺院尚且如此，至于在农村的寺院，其经营农产品的多样性与经济上的自给自足性，就更不用说了。北朝的寺庄如此，南朝的寺庄也不会例外。

但是，我们也不能否认南北朝的寺院庄田，除自给自足性的主导方面外，也多少有商品经济的因素存在。例如有的僧尼，“或常居邸肆”[③]，“或商旅博易，与众人争利”[④]。特别是北魏末期洛阳诸寺，“或比满城邑之中，或连溢屠沽之肆……像塔缠于腥臊，性灵没于嗜欲”，还放钱谷借贷于贫苦农民，“规取赢息”，“收利过本”[⑤]，显然在经营农业之外，还有商贾贸易与高利贷等行为，也构成寺院经济的组成部分。特别值得注意的是，前引《石窟寺本末》手抄本载今石窟寺所在地的寺院，除寺院用钱购买了田地40亩，由寺僧“自耕自食”之外，寺院的主事僧侣叫“寺长”者，操纵着寺院全部事务，“寺事身居大半”，而且千方百计剥削寺内僧侣及寺旁居民，“日日设险求巧”。到宣武帝时期，还在桃花庵后“设市井三里许”，招致“商贾往来不绝”；还于永乐寺与永福寺之间，种植桃林40亩；更于桃花庵前“设官亭五亩”，供香客及往来行人寄宿以“收（取）钱文”。这些活动，更明显地具有商品经济的某些色彩。

① 《续高僧传》卷8，《释慧超传》。
② 详见《洛阳伽蓝记》诸卷。
③ 《广弘明集》卷27，《僧行篇第五之二》陈释真观《与徐仆射领军述役僧书》。
④ 《弘明集》卷6，晋释道恒《释驳论》。
⑤ 《魏书》卷114，《释老志》。

第四节　南北朝寺院地主土地私有制下的阶级关系与剥削方式

一、阶级关系

我们知道，作为寺院的僧侣，在其所信奉宗教的发展过程中，必然会形成宗教权的掌管者，前述僧官统治机构和组织系统的建立，就是这种宗教权掌管者地位的确立与固化。接着，同一宗教的内部，也必然会有不同的派别，从而形成不同的宗派；有了不同宗派，就会产生不同的师承关系；再加上作为僧侣本人信教时间的长短不同、宗教理论造诣的水平差异、个人出身与经历的分别，以及在寺内外僧官系统中担任职务的不同和寺内一般分工的区别等因素，会把僧侣区分为各个不同的等级。当寺院的财产积累起来以后，管理、经营、掌管与支配寺院财产的权力，又会引起新的权利分配，从而又会把僧侣划分为若干等级。在这两种类型的等级逐步形成的过程中，往往是相互结合和互相促进的。一开始，往往是僧侣的宗教权决定其政治上的统治权，即以僧侣在该宗教中的地位与造诣决定其在僧官系统中的地位与作用；进而是寺院经济的支配权决定其宗教权与统治权。当这种宗教权与寺院经济的支配权相结合以后，就很自然地使这些僧侣对寺院财产的管理、掌握、经营与支配的权力，都上升为对整个寺院财产的所有权。这样一来，原来僧侣之间基于宗教地位不同与管理寺院财产分工的不同而形成的等级，就成了僧侣内部的阶级划分。正如恩格斯在论述德国中世纪的宗教情况所指出的：“在僧侣中间有两个极其不同的阶级。僧侣中的封建特权阶层形成贵族阶级，包括主教与大主教，修道院长、副院长以及其他高级僧侣。这些教会显贵或者本身就是帝国诸侯，或者是在其他的诸侯麾下的封建主身份控制着大片土地，拥有许多农奴和依附农”[①]。我国南北朝时期的寺院僧侣也是一样，他们也被划分为不同的阶级：一个是寺院的统治者与剥削者阶级，一个是被统治者与被剥削者阶级。前者，包括从中央到地方的各级僧官、各寺院的寺主、寺长、僧长和各种主事僧侣；后者，包括耕

① 恩格斯：《德意志农民战争》，第 23 页。

田、种菜、樵采、挑水、洒扫、炊厨以及供寺院驱使服各种杂役的各色劳动者，由寺院内的下层僧侣、寺院周围地区的广大贫苦农民和以各种名目从属于寺院的依附人口。

如前节所云，僧官的设置萌芽于东晋、十六国时期，系统化和制度化于南北朝时期。以北魏时期来说，中央设有昭玄寺机构，最高僧官为沙门统。其下各州郡县均有僧官，分别叫“州统”、“郡维那”及“县维那”；南朝的全国性最高僧官，叫“天下僧正”、“天下僧主”或“大僧正”，其下地方或各都邑的最高僧侣可能叫“都邑僧主”、“都邑僧正”、“南兖州僧正”、“荆土僧正”、“京邑大僧正”或“蜀郡僧正”① 等。北魏时期的中央及地方的各级僧官，均分别管辖有僧侣的剃度权（宗教权的表现之一）和对全国与本地区僧侣的管辖权，可以“巡民教化”、发布文书和使用“印牒”②，甚至还可以主管专为寺院设置的“佛图户”、“僧祇户”及其所缴纳的“僧祇粟”，更可以放债取利③，足见北魏时期的高级僧官拥有管理全国或本地区宗教财产的权力。至于各个具体寺院，也各有主管宗教与寺院财产的基层僧官，一般谓之“寺主”。西晋僧人犍陀勒，以修复古寺有功，因“以勒为寺主”④；又西晋蜀郡沙门僧生，“以苦行致称，成都府请为三贤寺主”⑤。这是寺主之较早者。至于东晋、南北朝到处皆然。如《高僧传初集》卷 14《诵经·宋京师彭城寺释僧覆传》，谓“宋明帝敕为彭城寺主”；《高僧传》卷 6《释慧远传》，谓东晋僧珍曾为武昌寒溪寺主，《法苑珠林》卷 25 载竺法纯曾为山阴显义寺主；南朝之梁武帝造光宅寺，以法云为寺主；北周武帝以昙崇为陟岵寺寺主⑥，便是例证。这些寺院的寺主由皇帝直接任命，当然是特殊情况，但也说明寺主地位的权威性。

---

① “天下僧主”一名，见《高僧传》卷 8，《义解篇·释僧瑾传》；“大僧正”一名，见《续高僧传》卷 11，《释慧哲传》及卷 12，《释智琳传》等；“都邑僧主”一名，见《高僧传》卷 8，《释道温传》；“都邑僧正”一名，见《高僧传》卷 3，《释法颖传》、“蜀都僧正”，见《高僧传》卷 6，《释慧持传附僧恭传》；“荆土僧主”一名，见《高僧传》卷 9，《释慧球传》；“京邑大僧正”一名，见《续高僧传》卷 9，《释宝琼传》；“南兖州僧正”一名，见《续高僧传》卷 6，《释法申附释遂远传》。

② 《魏书》卷 114，《释老志》。

③ 《魏书》卷 114，《释老志》。

④ 《高僧传》卷 10，《神异上·晋洛阳磐鸮山犍陀勒传》。

⑤ 《高僧传》卷 14，《释僧生传》。

⑥ 白文固：《南北朝隋唐僧官制度探究》，《世界宗教研究》，1984 年第 1 期。

据《大宋僧史略》云："详其寺主，起乎东汉白马寺也。……于是虽无寺主之名，而有知寺之者，至东晋以来，此职方盛"，诚为实况。故《魏书·释老志》载太和十年之诏中有"寺主、维那当寺隐审"的说法，可见"寺主"之名，至晚在北魏孝文帝时已经普遍。"寺主"一般取僧侣中之"年、德、干局者充之"[①]，即信教时间长短、教理造诣及个人才能是充任寺主的必备条件，也是把基层僧官同寺院经济的支配者结合起来的重要规定。与"寺主"地位相同者，还有"维那"、"上座"，他们被称为所有寺院的"三纲"。尽管"三纲"之制到唐代才制度化[②]，但其渊源均在南北朝时期，可见僧官的宗教权与经济权的结合，实肇端于南北朝。

各具体寺院的僧官除"寺主"、"维那"与"上座"之外，还有叫"僧长"、"寺长"的。前引《石窟寺本末》手抄本，就有关于北魏时石窟寺所在地的寺院有"寺长"、"僧长"的记载。甚至附设寺院附近的市场，还设有"市长"，受寺院节制。

全国各寺院的"寺主"或"寺长"、"僧长"，不仅本身是基层僧官，有的还兼任高级僧官。如西魏长安的大中兴寺寺主释道臻，同时又被尊为"魏国大僧统"[③]；陕州弘农郡五张寺寺主法映，同时又是"三藏大法师"[④]。这是教权、政权与寺院经济权几者结合于一身的真实写照。到了唐代，还屡见寺主之下有分管寺院不同经济部门的僧侣，名之曰主寺僧、知寺僧和知庄僧等，他们同寺主一道构成每一寺院内部的上层僧侣集团，也就是该寺院僧侣中的统治者与剥削者。他们所主管的钱财与土地，名义上属于整个寺院所有，个人不得占为己有，例如《佛祖统纪》卷4就有"八不净"的僧律，即不许贪污、私占如下8种财产，一为"田园"，二为"种植"，三为"谷帛"，四为"畜人仆"，五为"养禽兽"，六为"钱宝"，七为"褥釜"，八为"象金饰及诸重物"。《魏书·释老志》也有"出家之人，不应犯法积八不净物"的规定。然而，实际情况却根本不是这样。《宋书·王僧达传》云："吴郭西台寺多富沙

① 《续高僧传》卷17,《隋京师清禅寺释昙崇传》。
② 见《旧唐书·职官志》及《唐六典》等书的有关记载。
③ 《续高僧传》卷30,《护法篇·释道臻法》。
④ 《文苑英华》卷850，庾信：《陕州弘农郡五张寺经藏碑》有"寺主三藏大法师"语。

门，僧达求须不称意，乃遣主簿顾旷率门义劫寺内沙门竺法瑶，得数百万。”一个西台寺的富僧，其私财便多达数百万，从“西台寺多富沙门”的情况来看，寺院的财产几乎尽为个别僧侣所有，哪有什么反对“八不净”之可言！在《续高僧传》卷8《释法开传》中，正式出现了贫僧与富僧的对立与斗争，发人深思。又《北史·循吏·苏琼传》载北齐时，“道人道研为济州沙门统，资产巨富，在郡多出息，常得郡县为征。”济州沙门统道研，不仅富于私财，而且还大放高利贷，并借郡、县行政机构替他收取，这不仅又是一个拥有大量私财的僧官，而且是一个借北齐政权去保护其私利的特权僧侣。更有《南齐书·萧赤斧传附子萧颖胄传》，谓萧齐时，江陵“长沙寺僧业富，沃铸黄金为龙数千两，埋土中，历相传付，称为下方黄铁”①。由此可见，僧律所规定禁止“八不净”，只是一些伪善的表面文章，借以掩盖僧官们以寺院财产为私产的实质而已。何况上述所谓“八不净”的僧律，随着时间的推移也发生了变化，《大正藏》卷40《行事钞》卷下有“一切衣服、饮食、床榻、园林、人民，得蓄不得蓄，皆不定。若蓄便增长善法，我说得蓄，反此不得蓄”，足见僧律已由不许僧侣私有财产发展到了允许有条件地私有财产，连遮羞布也不要了！②

二、剥削方式

正因为每个寺院的上层僧侣，都是一些披着宗教外衣的地主，又打着寺院财产所有权的代表的幌子，因此使他们成了不同于一般世俗地主的特殊地主。他们“贪钱财，积聚不散，不作功德”，反之，却“贩卖奴婢，耕田垦殖，焚烧山林，伤害众生，无有慈愍”③；有的还“缠于腥臊”，“没于嗜欲”，“假神教以惑众心”，“设奸诳用逞私悖”，“纵其盗窃”，“侵夺细民”④，表露出剥削阶级贪婪无厌和穷凶极恶的阶级本性，是一批披着宗教外衣的不折不扣的地主

① 《南史》卷41，《齐宗室·南丰伯萧赤斧传附子颖胄传》亦载此事，且云发生于永元二年（500）十月。

② 何兹全：《佛教经律关于僧民私有财产的规定》，见《五十年来汉唐佛教寺院经济研究》一书。

③ 《小法灭尽经》，转引自汤用彤：《魏晋南北朝佛教史》，刊《学术月刊》，1984年，第1期。

④ 《魏书》卷114，《释老志》。

阶级分子。过着“垦殖田圃”，“商旅博易”，“诡道假权，要时射利”，“聚蓄委积”，“坐食百姓”[①] 的悠闲生活。

在寺院地主土地私有制下，被压迫、被剥削的主要对象约有三部分人：一是寺院内部的贫苦僧侣，亦即僧侣中的下层成员；二是附属于寺院或接受寺院庇荫的“寺户”，包括“僧祇户”、“佛图户”、“白徒”、“养女”等依附民；三为奴婢。分别略述于次：

以寺院内部的僧侣来说，在如前所述“竭财以赴僧，破产以趋佛”和“天下户口，几亡其半”的情况下，因“规免赋役”而进入寺院、名登僧籍者，绝大部分属于贫苦农民。他们一旦进入寺院，便从一个人吃人的世俗社会，进入了另一个人吃人的宗教社会。本来是因为“天下多虞，王役尤甚”[②]和徭役“劳扰为烦”[③] 而遁入空门，依托佛道，以致“民多绝户而为沙门”[④]，谁知进入寺观以后，等待着他们的只是耕田、舂米、砍柴、挑水、种菜、制作器物和各种驱使，即使是后来成为著名高僧的法显，当其初为僧侣时，“尝与同学数十人，于田中刈稻”[⑤]；名僧道安，被其师“驱役田舍，至于六年”，“执勤就劳”而不能怨[⑥]。但能像他们一样能够上升为上层僧侣的，为数甚少。实际上，一般僧侣都得“驱役田舍”，“执勤就劳”，或“于田中刈稻”，或“常使牧羊”[⑦]，“累年执役”[⑧]，劳役无已。有的“为师采菜，被野猪所伤”[⑨]。而上层僧侣则交通王侯，受宠帝室，或由皇帝一次“赐钱三十万”及“月给钱三万，令史四人，白簿吏二十人，车及步各一乘”[⑩]，或由皇帝“给以二县

---

① 《弘明集》卷6，晋释道恒：《释驳论》。
② 《魏书》卷114，《释老志》。
③ 《南齐书》卷5，《海陵王纪》延兴元年冬十月癸巳诏。
④ 《魏书》卷53，《李孝伯传附李玚传》。
⑤ 《高僧传》卷3，《译经下·宋江陵辛寺释法显传》及《续高僧传·释静王林传》。
⑥ 《高僧传》卷5，《释道安传》。
⑦ 《高僧传》卷7，《释慧叡传》。
⑧ 《高僧传》卷13，《释昙称传》。
⑨ 《高僧传》卷8，《释昙谛传》。
⑩ 《高僧传》卷8，《释道猛传》。

租税”[1]，或“诏给使一部，亲信二十人，月给钱三万，冬夏四赐，并车舆吏力”[2]，以致这些僧侣，“俸给一同王公”[3]，是不折不扣的剥削者。

关于下层僧侣受剥削的情况，新近发现的《石窟寺本末》手写本（以下简称《本末》）为我们提供了实证。《本末》讲到北魏时期在今巩县石窟寺所在地所建寺院，其寺内僧侣明显区分为寺长、僧长等上层僧侣与“小僧”、“小姑”等下层僧尼。上层僧侣们“安享无事之福”，而下层僧尼则“贫而无资”，每“至春冬”，“贫僧”多仰赖于“僧长、市长”的施舍，可见僧长、市长是寺院财富的拥有者，而“贫僧”是无寺院财产权的，所谓寺院公产的骗局，在这里被撕去了所有遮羞布。除此之外，从《本末》中还可以看到今石窟寺所在地的北魏时寺院，对其周围地区的贫苦农民剥削实况。《本末》载孝文帝在今石窟寺所在地重修了卧龙、普净与莲花三寺以后，又“广施银两”，“买寺田二十顷”，合前有寺田达40顷。与此同时，还在这里或引山泉，或“掘地为泉，负土为堤”，引水以灌溉之，并“招民填堤”，以其田地的收入以供寺院使用，显系寺院以其土地租佃于周围贫苦农民而收取地租。

寺院下层僧侣所受的剥削、压迫，还有在寺院制定的清规戒律约束下和寺院主事僧侣的威胁、欺骗、诱惑下被迫从事的所谓自愿烧身等伤生害命的罪恶勾当。例如刘宋时京师竹林寺释慧益烧身及北周益州沙门释僧崖自愿烧身事，均其例证。以前者而言，发生于大明七年（463）四月八日，慧益烧身时，皇帝、诸王、后妃及道俗士庶毕至，“填满山谷，投衣弃宝，不可胜计”[4]。后者，当僧崖烧身时，“人物喧扰，施财山积”[5]。寺院的主事僧侣们，显然是利用这种自愿烧身的骗局，一方面宣扬其宗教迷信，另一方面是以僧侣的人身性命作为诱骗钱财的手段。这样的剥削手法，同西欧中世纪的僧侣采取的剥削手段如出一辙，正如恩格斯所指出的：“除了使用残酷的暴力而外，一切宗教上的诡计也都施用了，除了刑具的威吓外，一切驱逐出教和拒绝赦罪的威吓也实

① 《高僧传》卷5，《竺僧朗传》。
② 《高僧传》卷8，《释僧瑾传》。
③ 《高僧传》卷5，《释道安传》。
④ 《高僧传》卷13，《释慧益传》。
⑤ 《续高僧传》卷37，《周益州沙门释僧崖传》。

行了，此外还滥用忏悔牧师进行一切诡计图谋，总之是要从人民身上敲出最后一文钱，以增添教会的产业。”① 慧益、僧崖的所谓“自愿烧身”，换来的是信徒们对寺院的“投衣解宝，不可胜计”和“施财山积”，上层僧侣因此而大发横财，被烧者的人身性命，只不过是他们骗取钱财的工具，这是何等残酷的杀人不见血的剥削手法！

受寺院上层僧侣压迫、剥削的，还有以各种方式依附于寺院的“寺户”。所谓“寺户”，是专属于寺院的封建依附民的称号，在各个不同时期可能有不同的称号，但从其属于寺院的封建依附民性质着眼，似乎都可称为“寺户”（如果包括道教的道观户，则可称为“寺观户”）。“寺户”或“寺观户”的名称，虽然多见于隋唐时期的敦煌卷子中，但其渊源实在南北朝时期，而且北魏时已正式有“寺户”一名的出现。以“寺户”的来源而言，首先应与官府以劳动力赏赐寺院道观的做法有关。《金石萃编》卷41武德九年《大唐宗圣观记》引《耒斋金石刻考略》云：“《华阳录记》云：……晋元康中（291～299），重更修葺，莳木万株，连亘七里，给户三百供洒扫。”这是年代较早的关于官府给寺观赏赐人户以供洒扫之役的记载。依据当时官府给官吏赐客、给户等情况来看，这种赏给寺观的人户属于封建依附民大约是不成问题的。这种以人户赏赐给寺观的做法，南北朝屡有所闻。以北朝而言，北魏孝文帝太和十五年（491）秋，由于代京“人神猥凑，非所以祗崇至法，清敬神道”，遂将城内崇虚寺“移于城南桑乾之阴，岳山之阳，永置其所”，并“给户五十，以供斋祀之用，仍名为崇虚寺。”② 萧齐高帝建元二年（480），给益州沙门玄畅所建齐隆寺，“敕蠲百户，用充资给”③。梁武帝萧衍曾赏赐给衡岳观“庄田三百户充基业”④。陈宣帝在位时，也曾又“割始丰县调以充众费”，“蠲两户民”赏赐给天台国清寺“用供薪水”⑤。前引《高僧传》官府给主事僧侣赐给吏力、白徒、亲信、仗身者，指不胜屈。到了隋文帝开皇十二年（592），给

① 恩格斯：《德意志农民战争》，第23页。
② 《魏书》卷114，《释老志》。
③ 《佛祖统纪》卷37；《高僧传》卷9，《释玄畅传》作“以充俸给”。
④ 《南岳总胜集》之，《衡岳观》。
⑤ 《续高僧传》卷21，《释智顗传》。

天台宗创始人智琰建妙显寺，“敕购水田二顷五十亩，将充永业”，并在“近寺侧封五十户以充洒扫”①。当官府给寺观赏赐劳动人户的时候，有的明令免降被赐人户的官府税役，则这种人户同孙吴的“复客”和曹魏百官公卿的“租牛客户”在本质上是一致的。何况这种专供寺观役使的赐户，有的还同赏赐给寺院的庄田联系在一起，有的就居住在寺院附近。根据这些特征，把这些“给户”视为属于寺院的封建依附民——“寺户”，大约是没有问题的。不过他们所服劳役，有供寺观洒扫等杂役与耕种庄田的劳役之分而已。

官府以战俘和徙民中的一部分强迫配给寺院而来的“寺户”，当时名之曰“僧祇户”。《魏书·释老志》云：

> 和平初，师贤卒。昙曜代之，更名沙门统。……帝后奉以师礼。昙曜白帝，于京城西武州塞凿山石壁，开窟五所，镌建佛像各一，高者七十尺，次六十尺，雕饰奇伟，冠于一世。昙曜奏：平齐户及诸民，有能岁输穀六十斛入僧曹者，即为“僧祇户”，粟为“僧祇粟”，至于俭岁，赈给饥民。又请民犯重罪及官奴以为“佛图户”，以供诸寺扫洒，岁兼营田输粟。高宗并许之。于是僧祇户粟及寺户，遍于州镇矣。

这段记载十分重要，它第一次提出了“寺户”的名称，又说明了北魏僧祇户、佛图户的来源及寺院对此二种人户的剥削状况。但是，依据这段史料，似乎“僧祇户”不属于“寺户”之列，只有“佛图户”才是“寺户”。可认为按照北魏政权开始设立“僧祇户”时的规定，本来不属于“寺户”之列，而只是统一纳税于僧曹的纳税户而已。它所不同于一般纳般户的地方，在于他们从一般纳税户（“诸民”）及战俘和徙民（“平齐户”）中分离出来，另外属于僧曹统辖和缴纳相当于屯田民的重税。故“僧祇户”的设立，是官府以“割赋不割民”的办法②去扶植佛教的发展。但是，实际情况却并非如此，《魏书·释老志》也同样作了说明：

---

① 梅鼎祚：《释文纪》卷40郑辨志：《宜州稽高山妙显寺碑铭》，转引自张弓：《南北朝隋唐寺观户阶层述略——兼论贱口依附制的演变》，刊《中国史研究》，1984年第2期。

② 参阅前揭张弓文。

又尚书高肇奏言：“谨案：故沙门昙曜，昔于承明元年，奏凉州军户赵苟子等二百家为僧祇户，立课积粟，拟济饥年，不限道俗，皆以拯施。又依内律，僧祇户不得别属一寺。而都维那僧暹、僧频等，进违成旨，退乘内法，肆意任情，奏求逼召，致使嗟呼之怨，盈于行道，弃子伤生，自缢溺死，五十余人。……请听苟子等还乡课输……其暹等违旨背律，谬奏之愆，请付昭玄，依僧律推外。”诏曰：“暹等特可原之，余如奏。”

这里的“僧祇户”不得别属一寺及“立课积粟”，在乡输纳，便是僧祇户本不属于某一具体寺院的“寺户”的最好说明。然而，到承明元年以后，僧暹、僧频等做都维那时，就改变了原来的规定，意即僧祇户已各属于具体的寺院管辖，而且离开了本乡本土，以致逼得他们或自缢，或溺死，这便是所谓“进违成旨，退乘内法”。由此可见，这时的僧祇户实际上成了不折不扣的属于寺院管辖的输课“寺户”。所以《释老志》所说的“僧祇户粟及寺户，遍于州镇矣”，并不排除僧祇户在外。这种由僧祇户转化来的“寺户”，既要严格隶属于一定的寺院，又是由“平齐户”（战俘或徙民）及“军户”转化而来，还得缴纳沉重的租税，其身份的卑贱性和固定性是显而易见的。故“寺户”大抵可视为与世俗地主田庄中的佃客、部曲同一性质，属于寺院地主田庄里的封建依附民，人身严格隶属于寺院。正因为如此，到了唐代末期的敦煌卷子中，还有“除先故太保诸使等世上给状放出外，余者人口，在寺所资庄、水硙、油梁，便同往日执掌任持。自今已后，凡是常住之物，上至一针，下至一草，兼及人户，老至已小，不许倚形恃势之人妄生侵夺，及知典卖……其常住百姓，永为人户，驱驰世代……”[①] 等说法，意即由前代继承下来的“寺户”除放免者外，其余仍为“常住百姓，永为人户”，世世代代供寺院驱使。“寺户”必待放免而后可为自由人，则“寺户”在放免之前之非自由人身份是十分明显的。

“寺户”的另一种形态就是“佛图户”。据前引《魏书·释老志》，“佛图

① 详见伯·2187号《敦煌诸寺奉使衙帖处分常住文书》，转引自姜伯勤：《论敦煌寺院的“常住百姓”》一文，刊《敦煌研究》试刊第1期。

户”的来源不同于“僧祇户”，他们原为犯有重罪的平民和官府奴婢。当他们作为“佛图户”以后，一是要“以供诸寺扫洒”，即服各种杂役；二是要“岁兼营田输粟”，即要无偿地给寺院耕种庄田。因而他们必须是隶属于固定寺院的劳动者，其地位显然在“僧祇户”之下。但是，当时并没有称他们为奴婢，而以“佛图户”名之，且列入“寺户”之内，这当然是典型的严格意义的“寺户”。实际上是寺院的农奴。他们同僧祇户的不同点，在于他们所耕种的土地都是属于寺院的私有土地，不像僧祇户所耕种者为国家授予的“公田”或“露田”；还在于“佛图户”是以营田的劳动代替输粟，而“僧祇户”是缴纳定额租税。毫无疑问，“佛图户”这种“寺户”可谓是“寺户”的最下层，无怪乎有人直接称他们为寺院的奴隶阶层。①

还有“白徒”与“养女”，也应是“寺户”的表现形态之一。上述“僧祇户”与“佛图户”，据现存史籍所载，似乎只存在于北朝，大约可视为北朝“寺户”的表现形态。在南朝则不见有“僧祇户”与“佛图户”的名称，唯有“白徒”、“养女”之号。《南史·循吏·郭祖深传》云：

> 时帝（梁武帝——引者注）大弘释典，将以易俗，故（郭）祖深尤言其事，条以为：都下佛寺五百余所，穷极宏丽，僧尼十余万，资产丰沃。所在郡县，不可胜言。道人又有白徒，尼则皆畜养女，皆不贯人籍，天下户口几亡其半。而僧尼多非法、养女皆服罗纨，其蠹俗伤法，抑由于此。请精加检括，若无道行，四十已下，皆使还俗附农。罢白徒、养女，听畜奴婢。婢唯着青衣，僧尼皆令蔬食。如此，则法兴俗盛，国富人殷。

从郭祖深所说的“白徒”、“养女”的特征看，他们多来源于自愿报庇寺院，且有僧尼的虚名，还脱离国家版籍，即已属于寺院人口。因此，可以把他们视为“寺户”的表现形态之一。但也有由官府赏赐的“白徒”，如僧㬢其人掌僧录之后，除给“传诏羊车二人”之外，还于弘始七年，“敕加亲信、仗身、白

---

① 何兹全先生认为“僧祇户是寺院的农奴”，佛图户是寺户，而“寺户是寺院的奴隶”见《魏晋南北朝史略》，第169页。

徒各三十人"[①]，便是例证。此事在后秦时期，可见十六国北朝有"白徒"这种人存在。从"僧民多非法，养女皆服罗纨，其蠹俗伤法，抑由于此"等语来看，"养女"类似乎在寺院供人玩乐的女子，故唐长孺先生认为养女"乃是变相的娼妓"[②]；由于郭祖深主张"罢白徒、养女"之后，仍听寺畜奴婢，足见白徒、养女不属于奴婢；又检括出来以后，可以"还俗附农"。基于这些特征，他们又像是投庇于寺院接受寺院庇荫但得向寺院纳税或者服役的依附民。总之，白徒、养女的身份不甚明白，大抵可视为南北朝寺户的又一种形态。

寺院的被剥削、被压迫者，除寺院的下层僧侣及各种形式的"寺户"外，还有奴婢。以北朝而言，《魏书·释老志》载熙平二年（517）令曰："其僧尼辄度他人奴婢者，亦移五百里外为僧。僧尼多养亲识及他人奴婢子，年大私度为弟子，自今断之。"剃度他人奴婢为僧，则为僧之后仍是奴婢身份；度他人奴婢子女为僧尼，无疑也是奴婢身份。从熙平二年起禁断，足见在此之前，这种状况不少。禁断之令，也未必见效。总之，寺院是有奴婢的，如前述"佛图户"，就有一说分由"官奴"转化而来。在南朝的寺院，也同样有奴婢，前引《南史·郭祖深传》载其主张罢寺院的白徒、养女之后，仍"听畜奴婢"，可见南朝寺院畜奴是合法的形象。

寺院僧侣地主除了以各种方式剥削上述下层僧侣、各种寺户以及奴婢之外，还以经营高利贷的形式剥削世俗贫苦农民。如北魏时昙曜奏请建立的"僧祇之粟"，本来是用以赈灾救难的粮食储备，到后来变成了"主司冒利，规取赢息，及其征责，不计水旱，或偿利过本，或翻改券契，侵蠹贫下"的手段[③]。寺院利用从各方面搜括来的钱财，建立属于寺院的"寺库"[④]、"长生库"等，实行"典当制"。《南齐书·褚渊传附褚澄传》云：

> 渊薨，澄以钱万一千，就招提寺赎太祖所赐渊白貂坐褥，坏作裘及缨，又赎渊介帻犀导及渊常所乘黄牛。

---

① 《高僧传》卷6，《释僧䂮传》。
② 唐长孺先生：《三至六世纪江南大土地所有制的发展》，第94页。
③ 《魏书》卷114，《释老志》。
④ "寺库"之名，还见于《续高僧传》卷8，《释宝渊传》。

又《南史·循吏·甄法崇传附孙甄彬传》云：

> 法崇孙彬……尝以一束苎就州长沙寺库质钱，后赎苎还，于苎束中得五两金，以手巾裹之，彬得，送还寺库。道人惊云："近有人以此金质钱，时有事不得举而失。檀越乃能见还，辄以金半仰酬。"往复十余，彬坚然不受，因谓曰："五月披羊裘而负薪，岂拾遗金者耶！"卒还金。

这两条记载，都说明南朝的寺院多有"寺库"，经营典当业务，出典者有官吏，被典当之物涉及黄金等贵重品及苎束、牲畜。这既反映出寺院经济中商品经济的比重在增加，为唐代以后质库制度的发展准备了条件；也说明寺院上层僧侣剥削手段的多样化。

除了以整个寺院形式出现的"寺库"典当制之外，还有以僧侣个人经营的以契约为凭的"举贷制"。前引《魏书·食货志》所说的"主司冒利"，多以"僧祇之粟"，"规取赢息"，"或偿利过本"，"或翻改券契"，便是这种以契约形式出现的"举贷制"。《北史·苏琼传》谓北齐时"道人道研，为济州沙门统，资产巨万，在郡多出息，常得郡县为征"。有一次求谒苏琼助其征收债款，但苏琼"每见则谈玄理"，使"研虽为债数来，无由启口"，最后不得不"焚（其）责券"。这显然是上层僧侣以其私财通过契约的形式放债取利。

如上所云，南北朝时期寺院地主对寺院贫苦僧侣及寺院依附农民的剥削程度，同世俗地主对依附民的剥削程度毫无二致，甚至在剥削的残酷性与欺骗性等方面，尤有过之。因此，寺院地主土地私有制是以寺院集体所有的形式出现而实际为寺院上层僧侣所控制和主宰的一种特殊的土地私有制形式。

第九章　魏晋南北朝的租调制度及其演变

封建社会的农业劳动者所创造的社会物质财富，除一部分被农业劳动者当作必要劳动产品消费掉之外，剩下的剩余劳动产品，就被区分为两个部分分别进入了地主阶级和封建官府的仓库：一部分是封建地租，它是封建土地所有权的经济表现，地主阶级通过其对土地的私有权而榨取地租；另一部分剩余产品，则以赋税的形式为封建官府所攫取。自从人类历史发展到国家统治机构的出现，就需要有赋税的征收为其存在的经济支柱。所以，马克思说："国家存在的经济体现就是捐税"①。因此，从根本上来说，赋税和地租都是对农业劳动者剩余劳动产品的分割；对地主阶级的课税，则是对其所获封建地租的再分配。魏晋南北朝时期的租调制度，就是同农业劳动者直接相关的赋税制度，涉及到对农民阶级所创造的剩余劳动产品的分配与再分配。至于租调制度之外的其他赋税制度，将在下章讨论。

第一节　三国时期租调制度的确立

两汉时期，对私有土地征收土地税，当时谓之"田租"，税率开始为十五税一，景帝时改为三十税一，至东汉之末无变化。"田租"之外，还按人口征收人头税，3 ~14 岁征收口钱，每人每年 23 文，15 岁以上为成年人，征收算赋，每人每年一算，故曰算赋。田租征收实物，为实物税；口钱、算赋征收现钱，为货币税。但此制至三国时期一大变，变成了租调制，即"田租"与

① 《马克思恩格斯全集》，第 4 卷，第 342 页。

“户调”二者的合称。此制始于曹魏，两晋、南北朝继之，下及隋和唐代前期，仍行租调制，直到杨炎创两税法，租调制度存在于中国中世纪史上，达五六百年之久，在我国税制史上占有重要地位。因此，对租调制度的形成过程、形成原因、历史作用、具体做法、变化情况以及它对整个魏晋南北朝时期社会经济发展的影响等等，无疑均有探讨的必要。

一、曹魏的田租、户调制

《三国志·魏书·武帝纪》建安九年（204）九月条载曹操《令》曰：“河北罹袁氏之难，其令无出今年租赋!”此条之下，裴松之注引《魏书》载公令曰：

> ……袁氏之治也，使豪强擅恣，亲戚兼并；下民贫弱，代出租赋，衒鬻家财，不足应命；审配宗族，至及藏匿罪人，为逋逃主。欲望百姓亲附，甲兵强盛，岂可得邪！其收田租亩四升，户出绢二匹、绵二斤而已，他不得擅兴发[①]。郡国守相明检察之，无令强民有所隐藏，而弱民兼赋也。

由于《武帝纪》只在建安九年九月条记载了有关新的租调制的命令，因而有人认为曹魏的租调制实创于此年。实则此年仅为将新的租调制度推广及于河北地区的年代，并非新的租调制的创始年代。司马光《资治通鉴》卷64《汉纪》献帝建安九年九月条，只字未提曹操颁行新的租调制之事，却在卷63建安五年七月条叙及李通“急录户调”及“时操制新科，下州郡，颇增严峻，而调绵绢方急”等事，可见司马光认为曹魏的租调制实颁行于此年七月。司马光的这一说法，为江耦写《曹操年表》时所采用，并谓“操之始行户调，可能即在此年（指建安五年——引者注），亦可能早一二年”[②]，足见江耦也不认为曹魏的新的租调制始于建发九年九月。今人唐长孺先生也怀疑曹魏的租调制始于建安九年九月说，而且还据《三国志·魏书·赵俨传》所说“袁绍举兵南

① 《通典》卷4，《食货·赋税上》引此作“魏武初平袁绍邺都，令收田租，亩粟四升，户绢二匹，绵二斤，余不得擅兴”。

② 中华书局版《曹操集》，收入了江耦：《曹操年表》。

侵”之时，阳安都尉李通曾“急录户调”等语，认为此制“乃先行于兖、豫而后推行于冀州，并非平冀州后始创”，其具体时间在建安五年（200）二月①。之所以确定新的租调制的确立在建安五年二月，是因为“袁绍举兵南侵”之时在建安五年二月。然而曹操之进兵黎阳并屯兵官渡以拒袁绍之事，实始于建安四年八九月间。经过一段相持不下的时间后，才于建安五年二月发生初次决战。当李通为阳安都尉“急录户调”之时，正是“袁绍举兵南侵，遣使招诱豫州诸郡，诸郡多受其命”之际②，足见此时决战还未发生，因此户调制的颁行只可能在建安五年二月之前和建安四年八九月之后这段时间里。又《三国志·魏书·何夔传》谓何夔率郡兵（指长广郡——引者注）与张辽共讨定长广管承时，恰是“太祖始制新科下州郡，又收租税绵绢”之时。据《三国志·魏书·张辽传》，谓“袁绍破，（曹操）别遣（张）辽定鲁国诸县”。这里的张辽“定鲁国诸县”一事，同《何夔传》所说何夔“率郡兵与张辽共讨定”长广管承等为同一件事。由此可见太祖之“始制新科下州郡，又收取租税绵绢”事，应发生于建安五年十月后不久③，因为袁绍之被彻底打败在此年十月。当李通“急录户调”时，还只有“户调”之名，而不及田租之制；至建安五年十月后不久，当“太祖始创新科”时，已是“租税绵绢”并收。这表明曹操创立的新租调制，经过了一个先有户调制、后定田租制的过程，大体上完成于建安四年八九月以后到建安五年十月之后不久；建安九年九月乃是平冀州后推行新租调制于袁绍所统治的河北地区，故江耦认为曹操创立的租调制有可能比《资治通鉴》所说的建安五年七月说“早一二年”的说法，不是没有道理的，可惜他未作详细论证而已④。

关于曹魏租调制的具体数量，前引《三国志·魏书·武帝纪》裴注引公令所云：“其收田租亩四升，户出绢二匹、绵二斤”等语，就是新租调制的具体规定。按照这个数量与征收物的规定，它同汉代的田租与口钱、算赋制度，发生了明显的变化。

---

①、见《魏晋南北朝史论丛》，第60页［注释2］。

②《三国志》卷23，《魏书·赵俨传》。

③　参阅高敏：《魏晋南北朝社会经济史探讨》的《曹魏租调制拾零》一文。

④《资治通鉴》系曹操“制新科下州郡，又收取租税绵绢”事于建安五年七月，似嫌过早。

首先，以“田租”部分来说，发生了两个重要的变化：一曰以定额田租取代了汉代的定率田租；二曰除田租之外，省去了刍、稾等田亩附加税的征收。

我们知道，汉代的田租征收，初为“什五税一”制。至景帝元年（前156）五月，“令田半租”①，即按“什五税一”的一半征收，实为三十税一。《汉书·食货志上》说这是“三十而税一也”。因此，被称做定率田租制。直到东汉之末，三十税一的定率田租制没有改变。在定率田租制下，每亩田地的田租量的多少，是一个可变的量，即征收田租的多少，是随亩产量的变化而变化的。曹魏实行的新的租调制却不同于此，它明确规定：“收田租，亩4升”，这就排除了以田亩产量的多少为基础按定率征收田租的做法。换言之，在这种田租制下，不论田亩单产的多少，每亩田地都一律征收田租4升。所以，这叫做定额田租制。由此可见，曹魏的田租制确以定额田租制取代了汉代的定率田租制。

我们又知道，从秦到汉都在按田亩多少征收田租之外，还按田亩多少征收刍税与稾税，本质上是田亩附加税。例如云梦出土秦简中的《秦律十八种》的《田律》规定：“入顷刍、稾，以其受田之数，无垦不垦，顷入刍三石、稾二石”；此外，《淮南子·氾论训》也谓“秦之时……发谪戍，入刍、稾，头会箕赋，输于少府”；《史记·秦始皇本纪》谓二世时曾“下调郡县转输菽粟刍、稾”以供禽兽之食。这些事实，都说明秦时在田租之外确有刍、稾税的征收，而且也是按田亩多少课取，用做牲畜饲料。汉代同之，故《汉书·萧何传》及《贡禹传》《后汉书·光武帝纪》注引《东观汉记》及《和帝纪》《安帝纪》《续汉书·百官志》注引《汉官仪》等，均有关于刍、稾税的记载。特别是1973年湖北江陵凤凰山第十号汉墓出土的六号木牍，记载了文、景二帝时期平里与稾上里的民户缴纳刍、稾税的情况，其中讲到了刍税被区分为“户刍”与“田刍”，稾税被称为“田稾”，“户刍”的数量大大超过田刍，户刍与田刍可以用钱折纳，刍税与稾税均征收粮食，以及刍税同稾税的比值等

① 《汉书》卷5，《景帝纪》。但《汉书》卷24，《食货志上》作景帝二年《令民半出租》，与《景帝纪》异。而《史记·孝景本纪》亦作景帝元年五月，“除田半租”，故从之。

等，说明汉代的刍、稾税已有明显的加重趋势，成了当时劳动人民的沉重负担[①]。但是，到了曹魏时期，已是除“收田租，亩四升；户出绢二匹、绵二斤”之外，“他不得擅兴发”，表明“田租”之外已无刍、稾附加税。且遍查《三国志·魏书》及裴松之《注》所引诸书，除《魏书·高堂隆传附栈潜传》载魏明帝疏中，有由于“大兴殿舍，功作万计”，以致“都圻之内，尽为甸服，当供稾秸铚粟之调”一句外，再不见有征收刍、稾税的任何迹象。即使是明帝时的百姓“当供稾秸铚粟之调”，也只限于“都圻之内”，且明显是由于大兴土木的特殊情况造成的。故就整体而言，应当说曹魏时期已无刍、稾税的征收。可见省去了汉代“田租”之外的附加税，也是曹魏田租制的又一变化。

其次，就“户调”部分而言，也发生了4个大变化：一是新创“户调”之名，为秦汉时期税制所无；二是合口钱、算赋于一，以户调取代之；三是变按人口征收为按户征收；四是变征收货币税为实物税。

我们知道，秦汉时期课取于全国居民的赋税，除“田租”之外，还有“口钱”、“算赋”，合称为“口赋”，以其按人头征收之故，故《淮南子·氾论训》有“头会箕赋”的记载；高诱注有“头会，随民口数，人责其税”的解释；《史记·张耳陈余列传》也有“头会箕敛”的说法[②]。秦汉时代的口钱、算赋征收，又总称为“赋”；由于往往在秋季征收，又名之曰“秋赋”。但是，自从曹魏创立户调以后，征收口钱、算赋的传统作法，从此不见于史籍。可见曹魏的“户调”税目，在内容上实为汉代口钱、算赋的取代物，以“户调”这一名称来说，为秦汉时期所无，故以“户调”代口钱、算赋，又体现了税名上的变化。又口钱、算赋的征收方式来说，明显有按人口数量征收的特征，而“户调”的征收，顾名思义，为按户征收，故征收方式上也判然不同。至于口钱、算赋之征收钱币，属于货币税的性质，同户调之征收绢帛或布匹，又有明显的差别。因此，曹魏以“户调”取代口钱、算赋制，包含了上述4个

---

① 高敏的《曹魏租调制拾零》，及高敏：《略论西汉前期刍、稾税制度的变化及其意义》，刊《文史哲》1988年第3期。

② 高敏：《秦汉史论集》中的《秦汉赋税制度考察》一文；高敏：《从江陵凤凰山十号汉墓出土简牍看汉代的口钱、算赋制度》一文，刊《文史》，第20辑。

方面的重大变化。

曹魏时为什么要作此改变呢？又何以要以“调”命名且把按户征收之制谓之“户调”呢？这实际上是在汉代长期演变的结果，也是汉代商品经济衰落和自然经济因素上升的产物。

众所周知，汉代虽无“户调”的税名，但在征纳方法上早已采用“调”的方式。如《盐铁论·地广篇》有“散中国肥饶之余，以调边用”的说法；《史记·平准书》有“调盐铁助赋”的措辞；《居延汉简甲乙编》168·13号简，有“☐钱十一万三千五百八十七，其十一万四百卅四调钱，二千八百六十二赵丹所买绢六匹直”语；《后汉书，安帝纪》永初元年（107）九月，有“调发扬州五郡租米，赡给东郡、洛阳、陈留、梁国、下邳、山阳”的记载；同书《质帝纪》本初元年（146）二月，有“九江、广陵二郡数离寇害，残夷最甚。……其调比郡见谷，出禀穷弱”之诏；同书《灵帝纪》光和四年（181），有“郡国调马”之事；南阳出土的东汉《张景造土牛碑》中，有关于“调发十四乡正”服役的做法。这一切，表明汉代不仅在征收口钱、算赋组成的“赋钱”时，常使用“调”、“调发”的方式，在征收马匹、租米时也是如此。所有这些“调”、“调发”，都有征调、调运、调度之意，是动词而不是名词，故还不能说这就是“户调”之“调”。但是，在长期的演变过程中，逐步产生了由作动词使用的“调”向作名词使用的“调”转化的迹象。例如上述《居延汉简甲乙编》168·13号简中的“调钱”，是说总数113587钱中，有110434钱为“调钱”，其余为“买绢六匹直”，可见这个“谓钱”已有名词的某些因素。又《后汉书·明帝纪》载明帝即位之初，下诏“赦陇西囚徒，减罪一等，勿收今年租调”。这里的“调”与“租”并列，前面又有动词“收”字，可见已由动词变成名词，“调”的税名于此已见端倪。因此，当曹操变更旧制时，从“调”给新的税目命名，实为长期以来征税方式采用“调”、“调发”等做法逐步演变而来，并非历史的偶然。至于在“调”前加上“户”字谓之“户调”，则显然是由于调以“户”为征收单位决定的。

如上所述，不仅“调”的名称肇端于汉代的赋税征收方式，“户调”之征收实物，也实开端于汉代。像上述“郡国调马”、“调盐铁”、“调发扬州五郡租米”、“调比郡见谷”等等，都是征调实物，面且东汉时期逐步增多。特别值得注意的，是从西汉昭帝元凤二年（前79）六月诏“三辅太常郡，得以叔粟当赋”① 以后，便开创了以实物代替口钱、算赋以现金缴纳的先例。东汉时期，这样的情况越来越多，章帝时便出现了张林“可尽封钱，一取布帛为租”② 的主张。尽管张林的主张并没有施行，但已说明客观上有此需要与可能。事实上到质帝时期，有些地区已规定部分口钱、算赋用实物缴纳，如朱穆奏云：“河内一郡当调缣、素、绮、縠八万余匹，今乃十五万匹，官无见钱，皆出于民。”③ 这里说河内郡本来只应以8万匹的缣、绮等丝织品当口钱、算赋缴纳，而实际上却多达15万匹，几乎超过定额一倍。由于超过的部分需要官府出钱购买，而“官无见钱”，以致造成困难，乃以加重对人民剥削的方式解决之。这件事充分说明从章帝时开始，中央向各郡国调发的口钱、算赋之入，已有相当部分不是钱币而是缣、素、绮、縠等实物。河内郡如此，其他出产绢帛的地区，恐也不会例外。这就是说，自东汉章帝以后，以实物代替现金以缴纳口钱、算赋的做法，已逐步成为历史发展的趋向。这实际上是随着商品经济比重在整个社会经济中下降以后所造成的局面。故曹魏创立新的租调制时，把本来征收钱币的口钱、算赋合并而为户调之后，改为征收实物的做法，实滥觞于汉代，曹魏不过顺应历史的潮流进一步使之制度化、普遍化和法典化而已。

关于“户调”的具体征收办法，有两个方面值得注意：一是按户纳调；二是按户评赀。然后计赀输调。以调按户征收来说，实为合口钱、算赋于一体的“调”且征收实物以后所必然要发生的变化。因为既合口钱、算赋于一体，就无须区分征税对象的年龄大小了；既然改征实物，就需布帛完整。如果仍按人口征收，势必造成布帛的零碎，无以为用。因而只有改为以户为单位征收，才能收布帛完整之效。基于此，在东汉逐步改口钱、算赋的货币征收为实物征收的过程中，可能就逐步出现了按户征收的做法。例如东汉时期的乡官之一的

---

① 《汉书》卷7，《昭帝纪》元凤二年条，颜师古注曰：“诸应出赋算租税者，皆听以叔粟当钱物也。叔，豆也。”

② 《后汉书》卷43，《朱晖传》及《资治通鉴》系此事于章帝元和元年（公元84）。

③ 《后汉书》卷43，《朱晖传》。

“乡啬夫”，专负“职听讼，收赋税”[①] 之责。当他们“收赋税”时，据《续汉书·百官志》所载，啬夫“皆主知民善恶，为役先后；知民贫富，为赋多少，平其差品”，即啬夫需要按民户贫富的不同确定其纳赋多少与等级。既要评定民户的贫富等级，自然就需要按户为单位进行，而不能以单个人为单位进行。事实上，东汉时期确已存在这种做法。例如《后汉书·刘平传》谓刘平“拜全椒长，政有恩惠，百姓怀感，人或增赀就赋，或减年从役”。从“人或增赀就赋”的话来看，反映出计算户赀同赋税征收之间存在着密切的关系。刘平是东汉光武帝和明帝时期人，此事发生于光武帝时期，表明按户赀高低决定赋钱等级的做法，在东汉之初便已有了某种萌芽。到和帝时期，又出现了“往者郡国上贫民，以衣履釜鬵为赀，而豪右得其饶利”[②] 的情况，也表明这时存在评定户赀等级的制度。至于汉末，情况尤其如此，例如“太祖（曹操）为司空时，以己率下，每岁发调，使本县平赀。于时谯令平（曹）洪赀财与公家等，太祖曰：我家赀那得如子廉耶!”[③] 按曹操为司空虽在建安元年十月，但《资治通鉴》对平赀事无系年，故此事发生于建安何年，不详；因而也不明白其在租调制实行前还是在其后。[④] 但无论如何表明汉末是存在评赀确定户等的，而且是同“每岁发调”同时进行的，足见户调制的实行，不仅是按户征收绢帛，而且要按家赀多少评定户等。可见与户调实行的同时，已存在后来“九品混通”制的萌芽形态了!

如上所述，表明曹魏确立的新的田租户调制，是在汉代田租制与口钱、算赋制逐步演变的基础上产生的；特别是口钱、算赋制在汉代的许多变化，为户调制的创立准备了历史条件。与此同时，曹魏政权建立之初，也有创立新的租调制的必要性。

以当时社会的客观形势而言，实有改变旧税制创立新税制的客观需求。这是因为：第一，长期的战乱，社会生产遭到严重破坏，昔日的名都大邑化成了

① 《汉书》卷19，《百官公卿表》。但《汉书》无乡啬夫“知民贫富，为赋多少，平其差品”的记载，可见西汉时还无此制。

② 《后汉书》卷4，《和帝纪》永元五年二月条。

③ 《三国志》卷9，《魏书·曹洪传》注引《魏略》。

④ 参阅唐长孺先生：《魏晋南北朝史论丛》，第66页。

瓦砾之场，商品经济比重迅速和急剧下降，封建的自然经济特征从而更变得突出。在这样的情况下，自然是无法要求农民以钱币完纳口钱、算赋的，只有变钱币为实物税，才能适应农业与家庭手工业相结合的自然经济特征。第二，由于长期动乱，使人口大量死亡，到处是“户口减耗，十裁一在”[①]，“人众之损，万有一存”[②]。即使活下来的少量人口，也多流离转徙，不著本土。加上黄巾起义之后，国家版籍，荡然无存，缺乏评定田亩产量及人口年龄的依据。在这一系列情况下，如果仍按汉代的老办法，按田亩产量征收定率田租和按人口数量与年龄大小课取口钱、算赋，自然困难重重。因此，不计田亩产量、但按田亩多少的定额田租制与不计人口数量和年龄大小，但按家庭征收的户调制，就成了切实可行的办法。

如果从曹操当时的主观需要来说，尤有改变汉代的田租及口钱、算赋制度的必要性。我们知道，当曹操白手起家、利用宗族势力招募了一批武装，并逐步占有了兖州与豫州以后，比他强大并包围着他的割据势力还大有人在。如欲战胜群雄，主宰中原，必赖发展生产，解决粮食危机，否则将会无敌自破。然而，要做到这些，首先，就需要抑制豪强地主对农民敲骨吸髓般的残酷剥削，改变贫弱下民“代出租税，衒鬻家财”的状况，使小民无“兼赋”之苦。其次，也需要安抚残余的黄巾起义军，在一定程度上减轻对他们的剥削，借以缓和阶级矛盾。再次，还需要招徕流民，奖励和发展小农经济，以奠定赋役剥削的基础。这就无怪乎他在刚刚领有兖、豫二州之际，就立即对旧税制进行改革而逐步创立新的租调制；也无怪乎他在刚刚平定冀州之后，立即就将新的租调制推广于河北地区；更无怪乎他在推广新的租调制于河北地区时要大唱是为了“无令强民有所隐藏，而弱民兼赋”的高调！

总之，新的租调制之所以在曹魏时期被确立，既与历史发展所逐步提供的客观条件有关，又同当时客观形势的需要密切相关，还同黄巾起义所带来的影响不无关系，更同曹操的主观愿望和需要关系密切。因而新的租调制的出现，是历史的必然。

---

① 《三国志》卷8，《魏书·张绣传》。

② 《续汉书·郡国志》注引《帝王世纪》。

由于新的租调制相对于汉代的田租、口钱、算赋制度来说，具有如上所述的许多特征，又符合当时主客观需要，因而它的实行，起到了良好的作用，具有明显的历史进步性。首先，以定额田租来说，它给小农带来了三个方面的好处：第一，使小农获得了低田租定额的好处。由于汉代田租是定率征收的，亩产量高则田租多。如果以西汉时期大抵亩产 1 石计算，每亩应纳田租 $3\frac{1}{3}$升；如果以东汉时期平均亩产 3 石[①]计算，则每亩应纳田租 1 斗。曹魏时期由于生产条件的破坏，产量可能下降，但亩收 4 升的定额，比东汉时期的亩收田租 1 斗要低得多。第二，使小农获得增产不增租的好处。由于汉代的田租是定率的，故每亩地应纳的田租量随着产量的变动而浮动，产量高则田租多。而产量的高低，依土地的肥瘠有别、用力的勤惰不同、施肥的多少有异以及自然灾害的程度不同而发生变化。其中的施肥多少与用力勤惰，都是取决于农民生产情绪高低的可变因素。但是，在汉代的定率田制下，农民通过多施肥和勤耕作而获得的产量提高部分，也按定率被官府夺走了一部分。故定率田租制，不利于农民对生产工具的改造、耕作技术的提高以及多施肥、勤用力等生产积极性的发挥。相反，采用定额田租制，每亩田地的田租是固定不变的，增产不增租，无疑有利于小农生产积极性的发挥。第三，也使农民免去了估产时的额外盘剥。在定率田租制下，由于田租的多少随产量多少而浮动，故征收田租时先得估产，像东汉初年的山阳太守秦彭，就曾把其境内的稻田，“亲度顷亩，分别肥瘠，差为三品，专立文书，藏之乡县”[②]，正是为了使征收田租准确。然而仍不免“郡县每因征发，轻为奸利，诡责羸弱，先急下贫”[③] 的情况。故改定率田租为定额田租之后，就省去于估产之劳和官吏、豪强作弊的机会。加上曹魏的新田租制，省去了田亩附加税——刍藁税，自然更直接使“农夫父子”，不再像在汉代那样“已奉谷租，又出藁税，乡部私求，不可胜供”[④]。所以，

① 《后汉书》卷 49，《仲长统传》附的《昌言·损益篇》云：“今肥饶之率，计稼墙之入，今亩三斛，斛取一斗，未为甚多。”由此可见，一亩产量为 3 斛，是当时的普遍状况。

② 《后汉书》卷 76，《循吏·秦彭传》。

③ 《后汉书》卷 2，《明帝纪》。

④ 《汉书》卷 72，《贡禹传》。

新的田租制的实行，确起到了招徕流民，恢复与发展小农经济的作用。如泰山郡“诸山中亡匿者尽出安土业”[①]；三辅地区的冯翊，“前后归附四千余家”，“民安产业”[②]；京兆的“新集”之民，也“勤稼穑”，“民安于农”[③]；金城郡也是“流民皆归”，“岁大丰收”[④]；河东郡同样是“百姓勤农，家家丰实”[⑤]。甚至在曹魏统治区内，出现了一个精耕细作以提高单位面积产量的高潮，如《晋书·傅玄传》所云“近魏初课田，不务多其顷亩，但务修其功力，故白田收至十余斛，水田收数十斛”，就是这种情况的写照。小农经济的迅速恢复与发展的状况以及致力于“修其功力”的农耕实况的出现，固然同屯田制的实行与奖励小农措施的采取有关，但也同新的田租制的实行不无关系。

其次，以“户调”的创立来说，也起了一定的积极作用。第一，它有利于农业与手工业相结合的小农经济的发展。因为它允许小农以自己所生产的布、帛、绢、绵充税，从而即使小农避免了出卖布、帛之烦，又减少了商人贱价收买的中间剥削。第二，除户调“绢二匹、绵二斤”之外，“他不得擅兴发”，使小农既没有像在汉代那样今天“调马”，明天“调赋钱”、“调缣素”的繁杂，又省去了杂调横生之苦。第三，还避免了国家因人口的增加而带来的增税之累，更不会出现生子不养的惨相了。因为“户调”是个定额，增口不增调。因此，户调制的实行，也是有利于小农经济发展的，只是其作用不如新田租那么显著而已。

总之，曹操之所以能战胜群雄、统一中原，除了他实行了一系列的变革以及他个人与群体的才能得以发挥之外，也应同新的租调制的创立与推广有一定关系。

二、东吴、西蜀的租调制质疑

关于东吴与西蜀的租调制度，知之甚少。究其原因，一在于陈寿《三国

---

① 《三国志》卷18，《魏书·吕虔传》。
② 《三国志》卷16，《魏书·郑浑传》。
③ 《三国志》卷16，《魏书·郑浑传》。
④ 《三国志》卷16，《魏书·苏则传》。
⑤ 《三国志》卷16，《魏书·杜畿传》。

志》中的《吴书》与《蜀书》很少记载这方面的情况，连裴松之注所引诸书，也很少涉及者，以致人们对东吴与西蜀的租调制几乎一无所知。二在于后世之研究三国历史者，多重视曹魏，把东吴与西蜀置于陪衬地位，言之者甚少，例如东吴与西蜀的屯田制情况，几乎无人道及，租调制度也不例外。连李剑农所著《魏晋南北朝隋唐经济史稿》，也只讲了曹魏的田租、户调之制，只字不及东吴、西蜀的税制。傅筑夫的《中国封建社会经济史》第三卷，专讲魏晋南北朝经济史，不仅无东吴、西蜀税制的内容，连整个魏晋南北朝租税制度的内容全无。因此之故，以致流行的一般通史之类的书，几乎不谈东吴与西蜀的租调制等问题。但本书作为断代经济史，不能不略微论及。

以东吴来说，征收田租的制度是确实存在的，但是否有“户调”制尚不能确定。《三国志·吴书·太史慈传》注引《江表传》云：

近自海昏有上缭壁，有五六千家相结聚作宗伍，惟输租布于郡耳，发召一人遂不可得，（华）子鱼亦觏视之而已。

此事发生于建安初年。这里的“租”是指田租，“布”是指口钱、算赋等的折纳物。这说明汉末的江南地区，也发生了以口钱、算赋折成布区缴纳的情况。随着以布区缴纳代替口钱、算赋的钱币缴纳而来的，必然要产生以户为单位的征收方式变化，因为布匹是不允许裂成碎片的。何况到了南朝时期，“布”往往与“租”连称，谓之“租布”，实际上是“租调”的代名词。[①] 依此而言，则上述汉末江南地区出现“租布”征收的情况，实可视为“租调”征收的制度，尽管此时还并无“户调”的名称。既然汉代的口钱、算赋合并为一，而且向以实物取代现金缴纳的方向发展，是当时南、北都存在的共同趋向，那么，东吴正式建立政权以后，也应有租调制的实行。

但是，问题并没有如此简单。因为在整个东吴建国期间，史籍中从未发现有征收户调的记载。即使有之，也只是一些当做动词使用的具有调运、调度及征收等含义的“调”字的使用法。例如《三国志·吴书·孙坚传》注引《献帝春秋》云：“袁术表坚假中郎将。坚到南阳，移檄太守请军粮。咨以问纲纪，纲纪曰：坚邻郡二千石，不应调发”；同书《吴主孙权传》黄武五年条有

① 唐长孺先生：《魏晋南北朝史论丛》中《魏晋户调制及其演变》一文的南朝的布与调一目。

“宽赋息调”和“若不豫调”语；《吴书·骆统传》有“征赋调数，由来积纪”的说法；同《吴书·陆凯传》有“民力困穷，鬻卖儿子，调赋相仍，日以疲极”及“陛下征调州郡，竭民财力”等语；《吴书·华覈传》有“各自下调，不计民力”及《贺邵传》有“赋调繁重”和“征发调赋，烟至云集”等说法。所有这些关于“调”字的用法中，约有两种类型：一是作动词用，有调运、调度及征调之意，这是大多数；二是有点像名词，如“赋调繁重”之“调”与“赋”并列，似为名词：“征发调赋”之“调”，既与“赋”并列，前面又有动词“征发”，也似是名词；又如“宽赋息调”之“调”，也可作名词理解。依此而言，见于东吴史籍中的“调”虽有个别可作税名理解的迹象，但并不能绝对肯定其为“户调”之简称。因此，东吴有无曹魏那样的“户调”之制，尚是个谜。

至于“田租”，除了前引江南上缭壁有“租布”之输外，还有《吴书·薛综传》载其疏中有“田户之租赋，裁取供办”语。这里的“租”也是“田租”。但“田租”的征收办法如何？是仍用汉代的定率田租制，还是也同曹魏一样采用定额田租制？由于史料缺乏，无法判断。

与东吴有无“户调”制的问题有关系的，还有一条可疑的史料。《吴书·孙皓传》天玺元年（276）条云：“会稽太守车浚、湘东太守张咏不出算缗，就在所斩之，徇首诸郡。”注引《江表传》云：“浚在公清忠，值郡荒旱，民无资粮，表求振贷。皓谓浚欲树私恩，遣人枭首。”把《孙皓传》所载与《江表传》所载结合起来考察，知会稽太守车浚“不出算缗”，是因为“值郡荒旱，民无资粮”之故。然则“不出算缗”，实为民户不出算赋之意。会稽太守与湘东太守所辖地区都发生“不出算缗”之事，表明东吴末年还有不少地区在征纳算赋。以此言之，则东吴无“户调”之制，实仍行汉代的口钱、算赋之制。

至于西蜀，有关田租、调赋的记载较东吴尤少。不过，蜀汉一贯以复兴汉室为其政治目标，故一切制度多依汉制，少有变更。因此，西蜀的“田租”之制，必本于汉代的定率田租制；其口钱、算赋的征收，想亦不会例外，故史籍中不见西蜀有“户调”之名。虽然《三国志·蜀书·诸葛亮传》有亮“督零陵、桂阳、长沙三郡，调其赋税，以充军实”的话；《蜀书·赵云传》注引

《赵云别传》有“益州人民，初罹兵革，田宅皆可归还，令安居复业，然后可役调，得其欢心”的记载；《蜀书·吕乂传》有“丞相诸葛亮连年出军，调发诸郡，多不相救”等语，但这些记载中的“调”都不是税名，即不是“户调”；而是动词，即调发、征调之意。故基本可以认定：西蜀没有实行曹魏式的田租户调制。

不过，西蜀也有一个值得注意的情况。《蜀书·赵云传》注引《赵云别传》云：“云有军资余绢，亮使分赐将士。”我们知道，汉代的口钱、算赋征收，多与军用物资有关。西蜀赵云的“军资”有“余绢”，可见西蜀也存在以绢匹代替钱币完纳口钱、算赋的情况。那么，西蜀虽无户调之名，却已有以实物代替钱币税的变化。

第二节　西晋时期租调剥削的加重与田租的丁租化过程的开端

西晋的租调制，就其内容的变化发展来说，可分为两个阶段：自武帝泰始元年（265）到灭吴前夕，为第一阶段；自武帝太康元年（280）灭吴开始到西晋灭亡，为第二阶段。第一阶段租调制的特点，是完全继承了曹魏的租调制，故在这一阶段内，不仅无改易曹魏租调制的任何记载；而且在武帝即位之初，便有按曹魏之制征收租调的明显迹象。例如泰始元年（265）十二月，诏“复天下租赋及关市之税一年，逋债宿负皆勿收”①；泰始六年（270）七月，诏“复陇右五郡遇寇害者租赋”②；泰始七年闰五月，“诏交趾三郡、南中诸郡，无出今年户调”③；泰始八年（272）六月，又“诏复陇右四郡遇寇害者田租”④。从这些诏令来看，一方面说明西晋之初，确实在原封不动地实行曹魏以来的租调制；另一方面，已着手把曹魏的租调制推广及于西蜀统治地区以及交趾三郡等地，以致“南中诸郡”及“交趾三郡”开始出现了“户调”的税

① 《晋书》卷3，《武帝纪》。
② 《晋书》卷3，《武帝纪》。
③ 《晋书》卷3，《武帝纪》。
④ 《晋书》卷3，《武帝纪》。

名。第二阶级，为创立西晋新的租调制的阶段。其内容如下，《晋书·食货志》（以下简称《晋志》）云：

> 及平吴之后……又制户调之式：丁男之户，岁输绢三匹，绵三斤，女及次丁男为户者半输。其诸边郡或三分之二，远者三分之一。夷人输賨布，户一匹，远者或一丈。男子一人占田七十亩，女子三十亩，其[1]外丁男课田五十亩，丁女二十亩，次丁男半之，女则不课。……远夷不课田者输义米，户三斛，远者五斗，极远者输算钱，人二十八文。

又唐人徐坚《初学记》卷27《宝器部·绢第九》引《晋故事》云：

> 凡民丁课田，夫五十亩，收租四斛，绢三匹，绵三斤。凡属诸侯，皆减租谷亩一斗（应作升），计所减以增诸侯绢，户一匹，以其绢为诸侯秩。又分民租户二斛，以为侯奉。其余租及旧调绢，二户三匹（"二"字为衍文），绵三斤，书为公赋，九品相通，皆输入于官，自如旧制。

又同书同卷引《晋令》曰：

> 其赵郡、中山、常山国输缣当绢者，及余处常输疏布当绵绢者，缣一匹当绢六丈；疏布一匹，当绢一匹；绢一匹，当绵三斤。

上述三条记载，除《晋令》所载为缣、绢、布三者兑换率外，涉及租调制内容者实为两条。由于缺乏其他记载可资旁证，史籍又有讹衍文字，于是引起了许多疑问，以致自元人马端临以来，歧说百出。主要有如下一些：第一，《晋志》只说了"户调"之名，而无"田租"之称，且法令也谓之"户调之式"，而非"租调之式"，以致有人认为西晋无"田租"之制，实合田租于户调征收[2]。第二，由于《晋志》所载"户调之式"，把它与占用、课田联系在一起，于是又产生了什么叫占田、什么叫课田、二者之间有什么关系以及二者与"户调之式"又是什么关系等问题，使问题更复杂化了。第三，由于《通典·

---

① 《通典》卷1，《食货·田制》引西晋占田令"其"字后无"外"字。

② 《文献通考》卷2，《田赋考》云："今者法如此，似合二赋而为一"，今人韩国磐亦主此说，详见其所著《南朝经济试探》，第108～113页。

食货》所载占田、课田的数量虽全本于《晋志》，但“其丁男课田五十亩”句，《晋志》作“其外丁男课田五十亩”多一“外”字，于是又引起了课田在占田之外还是在其内的争论。第四，从《晋志》所说“远夷不课田者输义米户三斛”的话看，西晋应有田租，但具体数量及征收办法，《晋志》未说，《晋故事》所载虽补救了《晋志》的缺陷，但《晋故事》之文却多费解处，又引起了不少纠葛[①]。第五，《晋志》既把“不课田”与“输义米”联系起来，《晋故事》更把按丁课田与按丁征收田租联系起来，则“课田”制应与田租制紧密相连，但二者究竟是什么关系，说法不一。上述诸分歧与疑难，除一、二两项已在土地制度的章节里辨明外，其余均与租调制度有关，并可归纳为田租与户调是否合一、田租与课田制的关系、田租的征收量和征收对象及田租的征收方式等问题，逐一论述如下：

首先，关于西晋户调与田租是否合一的问题：

尽管元人马端临与今人韩国磐都认为西晋的田租是合于户调征收的，但却并非如此，即西晋的“田租”与“户调”仍然是分离为二、同时并存在。这是因为：第一，曹魏的田租与户调分离为二、同时并存；晋初仍沿用此制；户调式颁布后，只改变了户调的征收量与田租的征收办法，并无取消田租的规定。第二，《晋志》虽未明言田租之征，却间接透露出有田租之征。因为它一方面把税制同课田制联系起来；另一方面，又说“远夷输賨布户一匹”之外，其不课田者输义米三斛，岂不是反证课田者必输田租，而且明显是户调与田租并征吗？第三，《隋书·食货志》载南朝后期的租调制度，既有户调，又有田租，二者分离而并征，南朝之制显然承自前代，何能说西晋合田租、户调于一体呢？第四，《晋故事》明明说西晋有田租，而且是根据按丁课田的数量确定的，何能说田租合于户调了呢？第五，太康元年（280）颁布了户调式以后，史书接连有关于征收田租的记载。如太康三年（282）十二月，“诏四方水旱甚者，无出田租”[②]；太康四年七月，“兖州大水，复其田租”[③]；太康六年正

① 高敏：《魏晋南北朝社会经济史探讨》中的《两晋南朝租调制度考辨》一文。

② 《晋书》卷3，《武帝纪》。

③ 《晋书》卷3，《武帝纪》。

月，“以比岁不登，免租贷宿负”，同年八月又“减百姓帛绢三分之一”①；惠帝即位之年的五月，诏“复租、调一年”②；永兴元年（304）十二月，又诏“户调、田租三分减一”③。所有这些诏令，都发布于户调式颁布之后不久，其中不仅多次提到“田租”，而且有的田租、户调并提，特别是太康六年正月及八月之诏，前云“免租贷宿负”，后云“减百姓帛绢三分之一”，这一切，难道不能雄辩地证明户调式颁布之后并未合田租于户调，而是二者分离，同时并存吗？

其次，关于田租制与课田制的关系问题：

由于《晋志》与《晋故事》所载，都把田租与课田制联系在一起，于是随着对课田制的理解不同，对田租的性质也产生了不同的认识。例如有人认为西晋课田制是一种由农户替国家耕种国有土地的制度，于是依据课田而来的田租就成了徭役地租④；也有人认为课田制是强制农民“佃种公田”的制度，于是随课田而来的田租就成了实物地租⑤。李剑农先生与唐长孺先生，首开课田为“驱民归农”的“督耕”措施之说，认为“课田是督课耕田之意”⑥，从而突破了课田为国有土地制度的传统说法，也随之否定了田租是什么徭役地租或实物地租等说法。随后又有人提出西晋课田制为赋税制度的观点⑦，应当进一步指出：课田制，就是西晋户调式中的田租制；所谓“课田”，就是课税之田。这样一来，既消除了《晋志》中无田租记载的疑难，又弄清了课田制与田租制的关系。《晋志》所说：“男子一人占田70亩，女子30亩”，正如唐长孺先生所指出的：“占田只是空洞的准许人民有权占有法令上所规定的田亩。……至于占得到占不到，那是另外一个问题。”⑧ 这实际上是国家允许一

---

① 《晋书》卷3，《武帝纪》。

② 《晋书》卷4，《惠帝纪》。

③ 《晋书》卷4，《惠帝纪》。

④ 侯外庐《中国封建社会史论》中的《魏晋南北朝社会经济构成》一文。

⑤ 高志辛《西晋课田考辨》一文，载《魏晋南北朝史论集》第1辑。

⑥ 李剑农说见其所著《魏晋南北朝隋唐经济史稿》，第127页；唐长孺说，见其著《魏晋南北朝史论丛》，第50页。

⑦ 杨波：《西晋田制赋税的初步考察》一文，刊《文史哲》，1958年第5期。

⑧ 唐长孺先生著：《魏晋南北朝史论丛》，第49~50页。

般民户合法私有土地的最高限额，详见本书土地制度部分。至于法令规定的“丁男课田五十亩，丁女二十亩，次丁男半之，女则不课”，乃是在国家允许一般民户私有土地最高限额的基础上，规定其应纳田租的田亩数量。由于一般民户的私有土地数量，并非普遍达到了男子70亩和女子30亩的标准，因此，实际征收田租的田亩数低于允许私有土地数量的情况，是合理的和可以理解的。正因为“课田”就是实际的课税之田，所以法令规定人有“课”与“不课”之分，随之而来的自然田也有“课田”与“不课田”之别，超过实际纳税的“课田”数的田亩，便属于“不课田”。如果“课田”仅仅是“督课耕田”之意，则“不课田”的人，就成了可以不务农桑的人，难道法令会允许这种情况存在吗？再以“远夷不课田者输义米，户三斛，远者五斗”的规定来说，如果“课田”仅仅作“督课耕田”讲，岂不是少数民族人民可以不事生产吗？既不事生产，又何来“义米”可输呢？因此，所谓“远夷不课田者”，只能理解为少数民族人民不按内地丁男、丁女依据课田数缴纳田租的规定办理。何况“课田”可以解释为课取租税的田亩，早在三国时期的史籍中就已有了例证。如《三国志·吴书·孙休传》永安二年（258）三月诏曰：“自顷以来，州郡吏民及诸营兵，多违此业（指农业——引者注）……亦由租入过重，农人利薄使之然乎？今欲广开田业，轻其赋税，差科强羸，课其田亩，务令优均，官私所得，使家给户赡，足相供养，则汉文升平，庶几可及”。这里的“课其田亩”，显然课取田亩租税之意。又《晋书·束皙传》，也有“今天下千城，人多游食，废业占空，无田课之实”及“一人失课，负及郡县”等语。这里的“田课”及“失课”之“课”，虽可解释为“督课耕田”，也可释为无田租课税之人，甚至后者更为通顺。稍晚于西晋时期的史料，也有可以证明“课田”是私有土地中的课税之田者。如《河北石征》所载北齐《标异乡义慈惠石柱颂》，就讲到施主严氏家族以其私有土地施舍建坊，其所施土地，“悉是严氏世坐（即“业”）课田”，可见“课田”，确是指纳税的私有土地。因此，把“课田”释为课税之田，是符合当时的习惯用法的。基于上述种种情况，西晋的“课田”即课税之田；故课田制即田租制，或为按规定的课田数量征收田租的制度①。

其三，关于西晋田租的征收量与征收对象问题：

据前引《初学记》所载《晋故事》所云："凡民丁课田，夫五十亩，收租四斛"语，知每亩田应纳田租8升，虽然也同曹魏一样是定额田租制，但数量比曹魏时多一倍，此变化之一。其变化之二，在于西晋的田租已有丁租化的因素。顾名思义，所谓"田租"，本来是按私有土地的数量课税的，自秦汉以来便是如此。然而，西晋的田租征收，既有按私有土地数量征收的一面，也有按人丁征收的一面。这是因为它除了有按课田数每亩定额8升征税外，还有按丁的因素，因为课田数是按丁来的，包括丁男一人纳税之田50亩，丁女和次丁男各20亩。假定一户之内有丁男、丁女及次丁男各一人，则该户应纳田租的田亩数为95亩，按每亩8升计算，应纳田租7斛8斗。而实际上，该户可能不足95亩私有土地，或者完全没有私有土地。因为他们的应纳田租的田亩数即课田数，是按户内丁男、丁女及次丁男的数量来的。因此，决定每户应纳田租数量的因素，与其说是每亩课田的8升定额，不如说是决定于每户丁男、丁女及次丁男的数量。这就给西晋的田租制，打上了丁租制的烙印。

至于西晋田租的征收对象，有人说是"按户征收"，而不是按丁征收，并以《晋志》"远夷不课田者输义米户三斛"的话为根据，又以《晋故事》中"又分民租户二斛以为侯奉"的话作证明②。其实这完全是一种误解。《晋志》的"丁男课田五十亩，次丁男半之"及《晋故事》说的"凡民丁课，夫五十亩，收租四斛"，都是既按课田数，又按丁口数征收，而最终是按丁征收的。所谓"远夷不课田者输义米户三斛"，是因为他们无按丁规定的课田数，所以只能按户征收，这是不同于内地的特例，不足为凭。至于《晋故事》中的"又分民租户二斛以为侯奉"的话，是指官府分配田租时以户计算，原因在于各户之间丁数不等，性别又异，因而计算田租时不能按丁而只能按户，故分配田租也按户计算。总之，这是征收田租的计算方法问题，而不是田租征收的对象问题。

---

① 高敏：《魏晋南北朝社会经济史探讨》，第116～121页。

② 朝国磐著：《南朝经济试探》，第108～113页。

其四，关于西晋田租的征收是否实行“九品相通”的办法问题：

有人认为西晋的田租征收办法，也同征收“户调”一样是按“九品相通”（或做“九品混通”）的方式进行的，并引《宋书·王玄谟传》载其做雍州刺史时曾“令九品以上租，使贫富相通”的话及同书《良吏·徐豁传》关于郡大田武吏纳租时有“十三岁儿，未堪田作，或是单迥，无相兼通”等语为证，还批判“有人认为九品相通只施于调布而不施于租”的说法是“不确”的[①]。其实这种说法，又是站不住脚的。因为实行“九品相通”的征收办法，必须首先有一个标准量的规定，然后才能在贫富不同的户等之间进行“裒多益寡”的通扯。然而，西晋的田租是按丁征收的，各户之内丁的多少与性别均不同，因而各户应纳田租的数量也有差异，无法确定一个固定不变田租标准量，从而无法进行“裒多益寡”的通扯。说到王玄谟“令九品以上租，使贫富相通”，乃是一个违反传统做法的特例，其结果招致了“境内莫不嗟怨”[②] 的后果。如果王玄谟的做法是当时的通例，何用王玄谟独在雍州境内制定这一办法呢？至于《徐豁传》所说情况，乃是武吏输租的问题，同田租征收是截然不同的两码事；且徐豁的改革主张，仅限于“宜更益课限”，并无“兼通”措施[③]。关于这一点，唐长孺先生已考之甚详，此不赘述[④]。总之，韩说不足信，西晋田租征收，是不可能实行“九品混通”办法的。

关于西晋“户调”制的特征。由于《晋志》记载甚明，一望而知它在数量上超过曹魏户调征收量的二分之一。至于其征收实物和征收户调可按户等的不同进行贫富相通的办法等等，都与曹魏户调制相同。户调之所以能实行“九品混通”办法，在于它是按户定量征收的，有了每户的标准量，就有通扯计算的可能了。

在明白了西晋的田租户调制的上述特征以后，对于这些变化产生的原因以及它的作用，就可以获得比较清楚的认识。

西晋的田租制，一方面继承了曹魏田租制的定额租制特征；另一方面又加

① 朝国磐著：《南朝经济试探》，第108~113页。

② 《宋书》卷76，《王玄谟传》。

③ 《宋书》卷92，《良使·徐豁传》。

④ 唐长孺先生：《魏晋南北朝史论丛》，第67~72页。

大了每亩定额量的一倍和赋予了田租的丁租化性质。其原因在于晋初民屯制度的废除，减少了国家从屯田民身上获得的收入，只得以增大田租定额的办法加以弥补；同时由于民屯制的废除，在当时土地私有化趋势的影响下，有可能与条件允许屯田民占田以为私有，于是有占田法令的制定。有了占用法令，就有条件在占田制的基础上按丁规定征收田租的固定田亩数（即课田数）。这样，既可以继续保持官府对小农化了的屯田民的人身控制，又可以扩大田租征收量，从而导致了田租的了租化倾向的产生。因此，西晋田租制的这些变化，是有其历史必然性的，对当时社会经济的发展与土地私有制的进程也是起了一定积极作用的。

但是，无可否认，西晋租调制度的消极作用也是十分明显的，而且是主导的方面。它的消极作用，主要表现在如下几个方面：

第一，西晋的田租制（实为丁租制），极大地加重小农的经济负担。

西晋田租制对小农剥削的加重，表现在两个方面：一是有形的方面，即每亩课田的田租量由曹魏时的亩收 4 升增加到了亩收 8 升，提高一倍。二是无形的方面，即无地或少地的农民，也得按户内丁数的多少而确定的课田数缴纳田租，这是一个无法计算的剥削量的增加。这是因为，课田数并不反映小农私有土地的实际数量，而只是被强制缴纳田租的固定田亩数，以致把本来是按田亩征收的田租，变成了按丁确定课田数的丁租。于是少田和无田的丁男、丁女与次丁男，虽贫也得按固定课田数缴纳田租。反之，田多而丁少的地主所缴纳的田租量未必比贫苦农民多。因此，这种丁租化的田租制，是极不利于劳动人民而大有利于豪右富室的制度，它极大地加重对小农的经济剥削。

第二，西晋实行的丁租化了的田租制，除了加重小农的经济负担之外，还导致官府对小农人身控制的加强，从而固化了农民对官府的人身依附性。

由于西晋的田租征收，是依据人丁的数量与性别的不同所确定的固定课田数来的。凡作为农户，其户内的丁男、丁女与次丁男，都无条件地要按固定的课田数缴纳田租。这样一来，则田租的征收，就不再是土地私有权的经济表现，而成了官府对小农的人身控制权的表现。因此，丁租制的所以能推行，是以当时农民阶级人身依附性的加强为条件的；反过来，随着丁租化了的田租制的推行，不论有田、无田的小农，都得无条件地按丁定课田而缴纳田租，等于缴纳变相的丁身税，从而固化了小农对官府的人身依附性。因此，这种丁租化的田租制，本质上是小农对官府人身依附性的经济表现。当小农无法忍受官府的这种人身奴役时，就只得脱离国家版籍，逃向私家地主的坞、壁、屯、堡去当私家地主的佃客、部曲乃至奴婢，所谓“豪势……侵役寡弱，私相置名”①、“流民多庇大姓以为客”② 及“郡县役人多依人士为附隶”③ 等记载，就是这种情况的写照。因此，丁租化田租制的推行，也加深了农民对地主阶级的人身依附性。魏晋南朝时期农民人身依附性之所以格外强化，丁租化的田租制的推行也应是其原因之一。

第三，西晋的户调制，也加强了对农民阶级的经济剥削：

曹魏时户调为每户纳绢 2 匹、绵 2 斤，不论户内有无丁男；西晋的户调为“丁男之户，发输绢三匹、绵三斤，女及次丁男为户者半输”。虽然西晋区分了“丁男之户”与非丁男之户的不同户调标准，但一般说来，户调量明显增加了二分之一。虽然实际输调时按“九品混通”之制进行，小农户的实际输调数量可能少于户绢 3 匹、绵 3 斤，但每户定额标准的提高，仍然是对农民阶级经济剥削的明显增加。

总之，西晋的租调制，虽有适应当时社会经济发展需要的一面，但其剥削的残酷性是严重的，其消极作用也是十分明显的。西晋时期自始至终阶级矛盾十分尖锐，国势衰弱，终于导致少数民族豪酋得以利用胡、汉人民反压迫、反剥削的斗争而长驱中原，造成南北长期分裂的严重后果，未尝同其租调制的实行所带来的消极作用没有关系！

第三节　东晋、宋、齐时期户调制的因袭与田租制的变异

探讨东晋、宋、齐时期租调制的内容与变化，不能以《隋书·食货志》所载南朝租调制为依据，因为《隋志》所载为梁、陈之制，而非东晋、宋、

① 《晋书》卷 26，《食货志》。
② 《南齐书》卷 14，《州郡志上·南兖州序》。
③ 《南史》卷 5，《齐本纪下·东昏侯纪》。

齐之制。①。因此，只能以《晋书·食货志》及《宋书》《南齐书》的有关本纪、列传所载为依据。《晋书·食货志》载东晋的租调制云：

> 元帝为晋王，课督农功，诏二千石长吏以入谷多少为殿最。其非宿卫要任，皆宜赴农，使军各自佃作，即以为廪……咸和五年，成帝始度百姓田，取十分之一，率亩税米三升。……咸康初，算度田税米，空悬五十余万斛，尚书褚裒以下免官。……哀帝即位，乃减田租，亩收二升。孝武太元二年，除度田收租之制，王公以下口税三斛，唯蠲在役之身。八年，又增税米，口五石。②

上面这段记载，只讲了东晋田租制的变化，只字未及户调制，是否东晋取消了户调制呢？绝不是这样。证以《晋书·孝武帝纪》宁康二年（374）四月诏“三吴义兴、晋陵及会稽遭水之县尤甚者，全除一年租布，其次听除半年”等语，知“租布”即租调，二者并征，并无取消户调之事，《晋志》之所以未言及东晋户调之制，是由于较西晋无变化之故。然而，东晋的田租制却变化较大。

依上引《晋志》所云，咸和五年之前，为东晋田租制的因袭期，故《晋志》未说及其变化。但从咸和五年起至于东晋孝武帝太元八年（383）的50余年中，田租制在一变再变。变异后的田租制，不仅实行到了晋末，而且继续实行于宋、齐时期。因此，这段时期可视为田租制的变异期。

始于东晋咸和五年的田租制的变异，主要表现有如下3个方面：一是在按

---

① 在研究东晋、宋、齐的各项制度时，有人把《隋书》诸志所载也当作包括东晋、宋、齐之制在内对待，但是，这样的做法是很成问题的。因为今本《隋书》之诸志，本名《五代史志》，系指北齐、北周、梁、陈及隋五代而言，并不包括东晋、宋、齐在内。从《隋书》诸志的体例来说，也表明它所载南朝事为梁、陈之制而非东晋、宋、齐之制。特别是《隋书·食货志》所载租调制的内容，既与《晋志》不合，又不见于《宋书》与《南齐书》，反之，却见于《梁书》与《陈书》，更证明其为梁、陈之制。关于这个问题，唐长孺先生在其《魏晋南北朝史论丛》第72页及《三至六世纪江南大土地所有制的发展》第33～34页，已有论述；高敏作《魏晋南北朝社会经济史探讨》第141～144页也做了比较详细的论证，此不详述。

② 太元二年，《晋书》卷9，《孝武帝纪》作太元元年七月乙巳。《资治通鉴》系此事于太元元年九月乙巳，实误，因为这年九月无乙巳日。《通典》卷4《食货·赋税》所载与《晋志》同，唯“咸康初，算度田税米”句，作“算田税米”，无“度”字。《文献通考》卷2《田赋考》所载，与《晋志》及《通典》全同。又“除度田收租之制”句，《晋书·孝武帝纪》太元元年条同，而《通典》与《通考》均作“除度定田收租之制”。

丁征收田租之外，又新增按亩税米的附加税，即丁租与亩税二者并存；二是按亩税米制的税率，有一个由亩税米三升到亩税米二升的变化过程；三是废除按亩税米制，并改按丁收取田租制为按口税米制，即把西晋以来的丁租制改变为口税制，以扩大田租的征收量。

对于上述东晋田租制的这些变化，史学界存在着不同看法。其中最为突出的，莫过于对咸和五年变异的看法。如元人马端临就认为咸和五年实行的“度田税米”制，系以亩税取代田租，而非亩税与田租同时并存。他说：“按晋制，子男一人授田七十亩，以亩收三升计之，当口税二斛一斗；以亩收二升计之，当口税一斛四斗。今除度定田收租之制，而口税二斛增至五斛，则赋颇重矣！”[①] 显然在他看来，咸和五年之度田税米亩3升，等于代替了西晋以来的田租。这种看法是缺乏根据的。反之，认为东晋咸和五年之后田租与亩税并征，却有相当可信的证据；第一，《晋志》所说的“租”本来都作税，与“田租”之租明显不同。例如《晋志》所说的哀帝即位后“乃减田租，亩收二升”的话，在《晋书·哀帝纪》中“减田税，亩收二升”。又《晋志》所云孝武帝“除度田收租之制”语，在《册府元龟》卷487《邦计部·赋税门》中作“除度田收税之制”。由此可见，上述《晋志》所载的两个“租”字都应改为“税”字，这样的改动，使《晋志》本身的前后矛盾也消除了。否则前云“率田税米”及“度田税米”，后又作“田租”、“度田收租”，岂不是自相矛盾吗？因此，通过校勘的途径，可知东晋咸和五年在田租问题上发生的变化，并不是以田税代田租，而是田税与田租二者并存。第二，如果咸和五年废除了原来丁租化了的田租制，《晋志》不会不载，而事实证明，《晋志》只说“始度百姓田，取十分之一，率亩税米三升”，并未说从此废除原来的田租制。而且这里的“取十分之一”是指百姓田地数量的十分之一，并非产量的十分之一，如果是指产量，岂不是亩产仅6斗吗？这是不可能的。因此，这里的“取十分之一”只能是百姓田地的十分之一要纳税米。假如因为度田税米制的实行就

---

① 详见《文献通考》卷2，《赋税考》。按马氏之说，包含了一系列的错误。例如他把西晋的男子一人占田70亩，当做课取田租之田70亩便是错误的。他把度田收租当作口税，又是错误的。至于度田收租实行后无田租的说法，也不可信。“除度定田收租之制”，较《晋志》及《晋书·孝武帝纪》均多一“定”字，亦有新解，详见后文。

取消原来的田租制，岂不是要减少官府的收入吗？另外90%的田地何以又不纳田租呢？这些疑难显然都是税米制取代了田租制的主张者所无法解释的。因此，只有认定度田税米制是在原有田租制之外新增的田亩税，才有可能解释得通。第三，东晋政权建立之初，由于战乱频繁，军费开支庞大，有在原有田租之外新增亩税的必要。事实证明，《晋志》所云“咸康初，算度田税米，空悬五十余万斛”语，在《晋书·成帝纪》是作咸康二年“算军用税米空悬五十余万石”，可见增加亩税，确是为了军用。既然如此，则咸和五年度田税米，只能是田租之外新增税目，决不可能舍田租征收之多而取税米收入之少。第四，更为雄辩的事实，是在咸和五年实行度田税米制后，史籍中仍然常见有“田租”之征收。如《晋书·穆帝纪》开平元年（357）八月，“诏逋租宿债皆勿收”；同书《孝武帝纪》宁康二年（374）四月，诏“三吴义兴、晋陵及会稽遭水之县尤甚者，全除一年租、布，其次听除半年”。如果说从咸和五年起以亩税取代了田租，何以仍有田租的征发呢？依据上述理由，咸和五年的“始度百姓田，取十分之一，率亩税米三升”，是新增的田亩税同原有的田租是同时并存的。

度田税米制既为东晋统治者为了军用而新增的税目，何以哀帝时要由亩税米3升减为亩税米2升呢？到孝武帝时，何以又要废除税米制，并改田租制为口税制呢？关键在于按亩税米的亩税制不利于田多的地主阶级。我们知道，所谓“度田”，是丈量土地，为了履亩而税。自然是田多则税多，田少则税少，无田则无税，故对于地主阶级不利是很明显的。事实证明，地主阶级确在反对这种新增的亩税制。咸康初年“算度田税米”时，发现“空悬五十余万斛”，就是地主阶级反对与破坏此制之明证。“尚书褚裒”因此而免官，说明当时的度田税米与反度田税米的斗争是相当激烈的。东晋的皇权是离不开世族地主支持的，故斗争的结果，还是以皇权对地主阶级的让步而告终。所以哀帝时便减轻亩税，由亩税米3升减为亩税米2升。到孝武帝时期，便干脆彻底取消亩税制，即所谓“除度田收租（《册府元龟》卷486‘租’作‘税’）之制”，完全向地主阶级妥协了。但是，官府的财政收入问题怎么解决呢？于是就有改田租制为口税制的出笼。税率由每口3斛增至每口5石。

何以知道这次变异是废除度田税米制和改原有田租制为口税制呢？第一，

原来的田租制，自西晋制定“户调之式”时起，就是丁租化了田租制，因而为按口税米制的制定提供了条件。第二，原来的田租制，是按丁按课田数再按课田数征收，改为按口税米制以后，既取消了对象的丁年限制，又取消了课田数的限制，自然符合东晋统治者想扩大财政收入的需要。第三，《通典》《册府元龟》与《文献通考》载这次改变，叫做“除度、定田收租之制”，较《晋志》及《晋志》本纪多一“定”字。所谓“度田”即指“度田税米”制；所谓“定田”，即指原来按丁确定课田数的田租制。二者皆废除，代以按口税米制。故这次变革，是改原有田租制为按口税米制。这种改变，对地主阶级有利，对农民阶级不利。因此，东晋太元二年以后按口税米制的实行，等于是把西晋时期已经丁租化了的田租制，又朝丁口化的方向推进了一步，极大限度地加重了劳动人民的负担。

东晋孝武帝太元二年实行按口税米制以后，到宋、齐时期，是否有变化呢？在《宋书》与《南齐书》中，找不到任何改变此制的记载。因此，只能认定宋、齐时期仍在实行按口税米制。但是，另一方面，在《宋书》与《南齐书》中又屡见有关于“田租”征收的记载，或单提“田租”，或“租调”并举，或“租布”同提，约计不下一二十条[①]。那么，如何理解宋、齐时期的“田租”呢？是不是除按口税米制之外，又恢复了原来的“田租”征收呢？这是不可能的。因为按口税米制税率之重，已属惊人，如果再恢复原来的按丁课田而收取田租，劳动人民是无论如何也承受不了的。因此，宋、齐时期的“田租”，只能是按口税米制的同义语。由于按口税米制所取代是原来租调中的“田租”部分，因此，把按口税米制称之为“田租”也是可通的。特别是《隋书·食货志》，称梁、陈之制有“租米五石”，按丁课取，显然是东晋以来的“口税米五石”之制的延续，其称之为“租米”，正反映出以“口税米五石”代“田租”之内在联系。详见下节。

东晋、宋、齐的户调制，在征收数量、征收对象与征收方式等方面，都沿袭了西晋的旧制。[②] 如果说也有变化的话，仅仅表现在如下一些次要的方面：

---

① 高敏《魏晋南北朝社会经济史探讨》，第148页。

② 唐长孺先生：《魏晋南北朝史论丛》，第65～71页。

一是由原来的户调绢、绵，变成了户调麻布。由于出现了这种以布、麻代绢、绵的变化，致使"租调"之名也变成了"租布"。① 二是由于以"布"代替了原来的"调"的名称，反而使原来的"调"的名称变成了泛指各种赋税的名称，并出现了"三调"、"三课"之名称。② 三是在"布"的征收数量方面，也有增加的迹象，如《宋书·孝武帝纪》大明五年（461），"制天下民户，岁输布四匹"，据《初学记》卷27《宝器部·绢第九》引《晋令》："疏布一匹，当绢一匹"的规定，本来的"户调绢三匹"，只相当于布3匹，现在变成了布4匹，岂非有所增加！

在东晋、宋、齐时期，整个田租、税米以及户调的输纳方式，也逐步产生了折变为货币缴纳的迹象，即实物税在江南又有向货币税发展的趋向。详见本书下册的有关章节，此不细说。③

总之，东晋、宋、齐时期的租调制，既有沿袭部分，也有变异部分，而变异主要发生在田租领域。变异的总趋向是朝丁口化的方向、加重剥削的方向以及货币折纳的方面发展。前二者根源于封建制度的发展，后者则同江南商品经济的发展有关。

第四节　梁、陈时期租调制的巨变与租、调的丁口化过程的完成

关于梁、陈时期的租调制的内容与变化情况，《隋书·食货志》作了概要记述：

> 其课，丁男调布、绢各二丈，丝三两，绵八两，禄绢八尺，禄绵三两二分，租米五石，禄米二石。丁女并半之。男女年十六已上至六十，为丁。男年十六，亦半课，年十八正课，六十六免课。女以嫁者

① 唐长孺先生：《魏晋南北朝史论丛》，第73～83页。
② 唐长孺先生：《魏晋南北朝史论丛》，第73～83页。
③ 高敏：《魏晋南北朝社会经济史探讨》，第150～151页。

为丁，若在室者，年二十乃为丁。……其田，亩税米二斗。盖大率如此。①

据此，知梁、陈时期的租、调制发生了如下重大变化：

首先，户调由按户征收，变成了按丁征收，简称为“丁调”制。

我们知道，自曹魏开始，“调”是一贯按户计赀征收的，故有“户调”之称。但是，到了梁代，一反旧制，把户调的计赀按户征收也改为按丁征收。这一变化的具体年代为梁武帝天监元年（502）。《梁书·良吏传序》云：

（梁武帝天监）元年，始去人赀，计丁为布。

所谓“始去人赀”，即改变昔日征收户调时的计赀纳课制；所谓“计丁为布”，即按户内丁的多少计算应纳布（相当于户调绢匹）的多少。这一重大变化，同《隋志》所云“其课，丁男调布、绢各二丈，丝三两，绵八两”的按丁征调之制正合。正因为从天监元年开始确立了“丁调”制，所以，每一丁男的输调量，比曹魏、西晋以来的户调量均少。但是，这种表面上的减少，并不意味着劳动人民的实际输调量减少了，因为一户之内不止一丁。按此制执行，丁多则调多，对劳动人民反而很不利。

改计赀征收户调为按丁征调的变化，虽发生于梁武帝天监元年，但其酝酿形成过程，实始于刘宋时期。《宋书·周朗传》载周朗之主张说：“取税之法，宜计人为输，不应以赀。”按田租早已按丁征收，则周朗的主张，主要是指户调。周郎提出此主张的具体时间，据本传在宋孝武帝即位后不久，即元嘉三十年（453）或孝建元年（454）前后。《资治通鉴》系此事于元嘉三十年，与本传正合。周朗之所以提出这一主张，据本传知其由于按户计赀制的弊病太多。如计赀之时，“乃令桑长一尺，围以为价；田进一亩，度以为钱。屋不得瓦，皆责赀实。民以此，树不敢种，土畏妄垦，栋焚榱露，不敢加泥”，“剥善害民”，莫此为甚②。但周朗的主张，没有被立即采纳，以致南齐时计赀之弊愈甚。故竟陵王萧子良指出：征调时有“围桑品屋，以准赀课”的做法，“致令

---

① 《通典》卷4，《食货·赋税》所载无“禄米二石”句；“其田，亩税米二斗”句，作“亩税米二升”。《文献通考》卷2，《田赋考》未载《隋志》此条。

② 《宋书》卷82，《周朗传》。

斩树发瓦，以充重赋”①，严重地破坏了生产，戕害了农民。故南齐明帝，不得不在诏书中规定：“所在结课屋宅、田桑，可详减旧价”②，表明已经在采取措施。故天监元年之改按户计赀收调为按丁征收调绢，主要是为革除计赀时的许多弊端，以苏民困。但是，计丁输调制的实行，又从另一个方面直接加重了劳动人民的负担，带来了比按户计赀输调更大的灾难。

其次，随着计丁输调制的实行而来的，是“九品相通”的征调办法的废除。

我们知道，自曹魏以来其所以重视计算家赀的多少，为的是评定户等高低，然后按户等高低实行“九品相通”的征收户调的办法。但是，自梁武帝天监元年废除按户计赀征调制以后，户调变成了按丁征收的丁调，自然就根本用不着在不同户等之间实行“九品相通”的征收办法了，同时也无法实行这种办法了。因为不同户内，丁有多少之分，因而输调也有多少之别，无法确定一个共同的标准量，故“九品相通”的征调办法，也随之取消了。

其三，禄绢、禄绵等新税目的增加，等于在传统的户调内容之外增添了附加税。

我们知道，曹魏、西晋之户调内容，无禄绢、禄绵之名。东晋、宋、齐时期的有关史籍，也无增添禄绢、禄绵的记载。虽然《宋书·前废帝纪》永光七年（465）二月乙丑，诏“减州、郡、县田禄之半”的话，有点像是在田租之外征收禄米之制。实则这里的“田禄”二字，《宋书》的殿本、局本均作“田租”，《资治通鉴》也作“田租”，《建康实录》卷13《少帝纪》作“初减郡县禄秩之半”。如果“田租”是对的，则此时不存在征收禄米之制；如果“禄秩”为是，也只涉及减少地方官吏的俸禄，而非禄米之征；如果这里的“田禄”是征收“禄米”之制，那么减少禄米之征时，用不着州、郡、县并提，此处既然并提，反映出州、郡、县有不同的“田禄”。基于此，这里的“田禄”应作“禄田”。按《宋书·顺帝纪》升平元年（477）八月，诏“复郡县禄田”，这大约就是改变前废帝减少州、郡、县禄田的做法，故曰“复郡

① 《南齐书》卷40，《武十七王·竟陵王萧子良传》。

② 《南齐书》卷6，《明帝纪》建武四年十一月条。

县禄田”。果如此，则益知《前废帝纪》中的“田禄”应作“禄田”了！按“禄田”属于官府公田中的一种，各州、郡、县均有之，以其收入补官吏之俸禄。因此，“禄田”同作为田亩附加税的禄米之征，是不同的两码事，故不能以此作为宋时已有禄米之征的证据。何况《隋书·食货志》明言：“州郡县禄米绢布丝绵，当处输台传仓库。若给刺史守令等，先准其所部文武人物多少，由敕而裁。凡如此禄秩，既通所部兵士给之，其（指刺史守令——引者识）家所得盖少”，而且此为梁时侯景乱后的情况，由于当时“国用常褊，京官文武，月别唯得廪食，多遥带一郡县官而取其禄秩焉”。由此可见，州郡县有禄米、绢、布、丝、绵之征，确始于梁代，为新增税目。自此之后，《陈书》亦有记载。如《宣帝纪》太建十二年（580）十一月诏书中提到的“其丹阳”等十郡“并诸署即年田税、禄秩，并各原半”的情况，更知禄米、禄绢、禄绵等税目为梁、陈时的新增税目。

其四，田租的按丁征收制（即丁租制）的制度化，是梁、陈时期田租制的重大特征。

西晋的课田制，就是带有按丁收取田租的制度，是田租丁租化的开端，已于前述，接着东晋孝武帝太元二年，又废除了实行过一段的“废田税米”制，代之以按口税米的口税制，征收田租的对象又由“丁”扩大到了“口”，按人征税的性质获得了加深。宋、齐时仍沿用此制，及梁、陈又改按口税米制为按丁输租制，仅仅排除未及丁年的人口缴纳税米，但又将原来的按口税5石提高为“其课，丁男……租米五石”，外加“禄米二石”，使按丁课取田租的做法进一步制度化、固定化。以致《陈书·宣帝纪》太建十二年十一月诏中，有“其丁租半申至来岁秋登”的话，正式出现了“丁租”的名称，且与“田税”并征。可见田租的丁租化演变过程，至此正式完成了。

其五，“禄米”的加征，也是梁、陈时期丁租制的征收量方面的明显特征。

梁、陈时期的“调”，新增加了禄绢、禄绵等名目，田租部分也新增了“禄米”，这是《隋志》为我们第一次提供的情况，不见于梁、陈以前的史籍，故也为梁、陈租调制的重大变化之一。

其六，田租制（即丁租制）与田亩税制的并存，又是梁、陈时期田租制的又一重大特征。

东晋成帝咸和五年，曾一度实行度田收取田亩税的制度，其征收量初为亩3升，后改为亩2升。东晋孝武帝太元二年，废除了此制。到梁、陈时期，据《隋书·食货志》又出现了“其田，亩税二升”的做法，且与丁男应输的“租米五石、禄米二石”并提相列，这等于是又恢复了东晋时期度田税米制。所不同者，东晋时的度田税米，仅限田亩的十分之一，而梁、陈时期无此限制，似乎是所有田亩。《梁书》中虽不见田租与田税并征的记载，但在《陈书》却多次出现。如《宣帝纪》太建六年（574）三月诏曰：“去岁南川颇言失稔，所督田租于今未即。豫章第六郡太建五年田租，可申半至秋。豫章又逋太建四年检首田税，亦申至秋。南康一郡……太建四年田租未入者，可特原除。”又太建八年（579）二月丁丑，“诏江东道太建五年以前租、税、夏调逋在民间者，皆原之”。还有太建十二年十一月诏“丹阳……等十郡并诸署即年田税、禄秩，并各原半，其丁租半申至米岁秋登”。这些记载，都有一个共同特点，即“田租”（实为丁租）与“田税”并征。这种按亩税米的制度其所以不能长期行之于东晋，而能复行干梁、陈，应与这时江南世族地主势力的下降而无力反对有关。

其七，不论丁调与丁租，梁、陈时期均有加重的趋势。

以调来说，虽然每丁之调只有绢2丈、丝3两、绵8两，比原来的户出绢3匹、绵3斤有所减少，但是，这时的调是按丁计算的，户内不止一丁，另外女丁也得出男丁一半的调，男子到了16岁也要半课，这样合而计之，一户之调比按户出绢3匹、绵3斤不会少。何况还有新增的禄绢、禄绵，也同样按丁计算。因此，一户输调的总数，可以肯定要多于户出绢3匹、绵3斤之数。再以丁租来说，每个男丁征收租米5石，不仅比西晋的田租每丁征收4斛要多得多，也比东晋、宋、齐时按口税米5石要多，因为这时虽免除了未成年者的税米，却增加了每丁的禄米2石和附加田亩税亩2升。因此，自西晋历东晋、宋、齐到梁、陈，田租、户调的量都处在一个不断增加的过程中，尤以梁、陈时期为最。这意味着对劳动人民的剥削量，处在一个不断加重的过程中。

其八，开端于东晋、宋、齐时期的折变之制，梁、陈时期又有增长的趋势。

《梁书·武帝纪》中，载天监元年诏“逋布、口钱、宿债勿收”。这里的“口钱”，不是汉代的人口税口钱、算赋的口钱，因为它早已合并于一而成了户调；又不是户调的折变，因为这里的“逋布”，就是指户调（实为丁调）。那么，这里的“口钱”，只能是指按丁缴纳的田租的折变而言。其实田租的折变早在东晋、宋、齐时期就已有之。如《晋书·王舒传附侄彪之传》，载彪之为会稽内史时，冒犯了桓温，于是桓温“以山阴县折布米不时毕”，而会稽郡“不弹奏”的罪名免了王彪之的官职。这里的所谓“折布米”，即以田租折布输纳而来之米。又《宋书，孔琳之传》载琳之反对废除钱币时，认为绵绢价贵，经久不跌，是由于“每丝绵新登，易折租以市，又诸府竞收，动有千万”。《宋书·孝武帝纪》载大明七年（463）十一月，因“东诸郡大旱”，“听受杂物当租”。《南齐书·武帝纪》永明四年（486）五月，诏“扬、南徐二州今年户租，三分二取见布，一分取钱。来岁以后，远近诸州输钱外，并减布直，匹准四百，依旧折半，以为永制”。到了梁、陈时期，调与租以钱币折纳者更多，即使是军用杂物，也多少折纳之钱币购买，故《隋志》云：“其军国所须杂物，随土所出，临时折课市取，乃无恒法。”

综观整个西晋南朝租调制度的演变过程，其最大的特征，一在于田租的丁租化；二在于户调之丁调化；三在于田租、户调的加重，包括二者附加税的征收；四在于以钱币折纳的情况在逐步增加。前二者，对于这时农民阶级人身依附性加强起了不可忽视的作用；租、调的不断加重与新税目的不断增加，导致了农民阶级的不断贫困化；最后一个特点，虽然显示出江南地区商品经济的上升趋势，但对农民阶级来说，也是受商人剥削比重的增加。这样，造成了整个东晋、南朝时期农民逃亡、隐匿严重，矛盾尖锐，国力衰弱，以致在与北方诸政权的争夺战争中，不断失利，疆土日削，形成北强南弱的政治、军事格局，最后不免于覆亡的结局。

第五节 十六国时期租调制度的混乱

西晋末年，从北方、西北及东北内徙的若干个少数民族的豪酋，纷纷在北部中国建立政权，前后合计不下20多个，其中主要有由匈奴、鲜卑、羯、氐、羌及汉人建立的16个政权，被北魏人崔鸿写入《十六国春秋》，故史称“五胡十六国”时期。其存在时间，大抵起于304年刘渊建立汉国，终于386年拓跋部拓跋硅建立北魏政权。实际上北魏建国后并没有立即消灭十六国中的所有政权，到北魏统一北部中国，完全结束十六国的割据局面，还经过了几十年的战争。因此，所谓十六国时期，大抵与南方的东晋政权的存在时间相当。

十六国时期的北部中国，几乎无日没有战火①，同时并存的许多政权，在疆域上犬牙交错，又经常变异；各个政权也时起时落，兴替频繁，缺乏基本稳定的政治格局。因而在各个方面都表现出混乱不堪的状况。以致在政治格局方面，既有汉族地主建立的坞、壁、屯、堡等封建性武装割据地区，又有少数民族直接统治并设立大单于、单于台等统治机构的地区，还保存有西晋以来的州郡制统治形式的地区。在土地制度方面，也同样混乱，既有曹魏、西晋以来屯田制的残留，又有国有牧场与禁苑地②，还有自耕农的小土地私有制，更有地主阶级的田庄。因此，反映到赋税制度上，也一样混乱无比，缺乏统一的和经久不变的税制。大体说来，约有如下几种情况：一是继续实行西晋的占田、课田制下的户调式，即田租与户调同时并征的实物税制；二是根据西晋之制略加改易变通，但仍以西晋以来的户调制为基础；三是临时性的额外征调，谓之横调，有时简直是毫无规则的野蛮掠夺。至于租调的办法，除了仍用西晋“九品混通”的办法外，恐也有“宗主督护”制的采用。

以继续实行西晋租调制的情况而言，要算最早建立成汉政权的賨人李氏。《晋书·李雄载记》云：

> 时（指李雄称帝时——引者注），海内大乱，而蜀独无事，故归之者相寻。……其赋，男丁岁谷三斛，女丁半之，户调绢不过数丈，绵数两。事少役稀，百姓富实，闾门不闭，无相侵盗。

《华阳国志》卷9《李特雄期寿势志》亦云：

> ……其赋民：男丁一岁谷三斛，女丁一斛五斗，疾病半之；户

① 《晋书》卷101，《载记·序》，称十六国时期的各族豪酋，“或篡通都之乡，或拥数州之地，雄图内卷，师旅外并，穷兵凶于胜负，尽人命于锋镝，其为战国者一百三十六载”，称为“战国”，喻其战争至多之意甚明。

② 《晋书》卷106及107，《石季龙载记上、下》，就记载了石赵政权在邺城一带有西山禁地，“自灵昌津南至荥阳，东极阳都”，都是狩猎场所。同书卷109《慕容皝载记》也记载了前燕政权拥有不少禁苑地的情况。

调，绢不过数丈，绵不过数两。事少役稀，民多富实，至乃闾门不闭，路无拾遗。

于此可见，成汉有比较正规的租调制度，其田租、户调的征收实物，与西晋全同；田租的征收以丁计，而不按土地多少，凡男丁都有一个固定的量，这同西晋的按丁规定课田数而征收田租的做法，虽略有不同，但其丁租的性质与西晋一致。其田租、户调的征收量，均比西晋要轻，这大约是少数民族政权中对劳动者剥削最轻的一个。

前燕政权，早在慕容皝时期，就实行“以牧牛给贫家，田于苑中”，“有牛而无地者，亦田苑中”的民屯制度[①]。后来又令“苑囿悉可罢之，以给百姓无田业者。贫者全无资产，不能自存，各赐牧牛一头。若私有余力，乐取官牛垦官田者，其依魏晋旧法”[②]。后来的这些做法，除“乐取官牛耕官田者”仍为屯田制外，其余似为苑囿分给贫苦农民以为私有土地，类似乎晋初的罢民屯以其土地任农民自占为私有土地的做法。民屯之制既“依魏晋旧法”，则自耕农民的租调制，也可能是依魏晋旧法。当进入中原以后，多利用原有州郡统治其居民，且重视选拔“良二千石”以治民，又采取“并官省职，多劝农桑”[③]的措施，一如西晋之统治方式，则租调之制，势在必行，唯史籍缺乏记载，无以知其详而已。

至于前、后赵政权，显然仍行西晋的租调制，只是随着各个时期的不同需要，时有改易而已。当刘氏家族与石氏父子以武力征服北部中国时，由于大局未定，来不及实行统一的租调制，故往往临时征发。如刘聪以石勒“督并、幽二州诸军事、领并州刺史”时，所到之处，“税其义谷，又供军士”[④]，这实际上是一种掠夺性的临时征税，并非定制。直到愍帝建兴元年（313年），石勒才以“司、冀浙宁，人始租赋”[⑤]，即开始恢复西晋的租调制度。次年，石

---

① 《晋书》卷109，《慕容皝载记》。
② 《晋书》卷109，《慕容皝载记》。
③ 《晋书》卷110，《慕容暐载记》。
④ 《晋书》卷104，《石勒载记上》。
⑤ 《晋书》卷105，《石勒载记下》。

勒又以“幽、冀渐平，始下州郡，阅人户，户赀二匹、租二斛。”[①] 这里的“户赀”即指“户调”。由于户调的征收，是以户为单位并结合家赀评家等级，然后按“九品混通”的办法进行的，故曰“户赀”。在实行租调制的过程中，首先进行“阅人户”的工作，即清查户口和重新确定等级等，否则无以适应新的情况。石勒正式称王以后，又下令“均百姓田租之半”[②]，还经常“遣使循行州郡，劝课农桑”、“核定户籍”和“赐爵五大夫”以优宠“农桑最修者”[③]，有时更奖励农民生育，特别是抚养小儿的女奴隶，“复三岁勿事”[④]。因此，石勒统治时期的租调剥削还是比较正常的，在租调量上比西晋时还略有减轻。然而到石虎统治时期，情况就不同了。他看到当时“租入殷广，转输为劳，令中仓岁入百万斛，余皆储之水次”[⑤]；与此同时，又穷奢极欲，“荒酒淫色，骄恣无道”，还滥用兵戈，发动战争。没有战马，便强取于民间；没有人手，便动辄“三五发卒”；凡被征发为兵士者，五人出“车一乘，牛二头，米各十五斛，绢十匹，调不办者以斩论。……于是百姓穷窘，鬻子以充军制，犹不能赴，自经于道路死者相望，而求发元已”[⑥]。因此，石虎统治时期的租调制，实际上已变成横调，没有什么规定与限制了！

至于前秦，也同样实行魏晋以来的租调制。如苻坚即位后，实行奖励农桑的赐爵制，又“丐所过田租之半”[⑦]，足见早已行田租之制。后征服鲜卑拓跋族什翼犍，“散其部落于汉鄣边故地，立尉、监行事，官僚领押，课之治业营生，三五取丁，优复三年无税租”[⑧]，足见连拓跋族所在地区也实行了租调制。又后，“以凉州新附，复租赋一年”[⑨]，这里的“租”为田租，“赋”为户调。由此可见，前秦政权也实行了租调制，只是其税率有无变化，不详。

---

① 《晋书》卷105，《石勒载记下》。
② 《晋书》卷105，《石勒载记下》。
③ 《晋书》卷105，《石勒载记下》。
④ 《晋书》卷105，《石勒载记下》。
⑤ 《晋书》卷106，《石季龙载记上》。
⑥ 《晋书》卷106。《石季龙载记上》。
⑦ 《晋书》卷106，《石季龙载记上》。
⑧ 《晋书》卷113，《苻坚载记上》。
⑨ 《晋书》卷113，《苻坚载记上》。

后秦时期，也行租调制。姚兴时，在丧葬礼制方面，曾主张“遵汉魏之权制”，其实恐不仅丧葬之制如此，在田租户调制方面也不例外。故姚崇守金城时，因“租远不继，三军大饥”，后斩杀了督运的“诸部之豪”杜威等人，使“诸部大震，租入者五十余万”①，少数民族诸部尚且有输租之制，何况汉族农业地区！但也有个别半农半牧地区，似乎不征田租、布帛而征牲畜。如凉州人申屠英等200余人言于姚兴曰：若欲“以马供军国，直烦尚书一符，三千余家户输一匹，朝下夕办”②，便是征收马匹之证。

在十六国这个混乱的年代里，除了按州郡制统治形式输纳租调之外，还可能采取了“宗主督护”制的方式输纳租调。关于宗主督护制的问题，虽然仅见于《魏书·李冲传》所谓“旧无三长，惟立宗主督护，所以民多隐冒，五十、三十家为一户”。这里没有说明宗主督护的始行时间。可认为宗主督护制是针对北部中国的地主多建立坞、壁、屯、堡的情况而采取的，意在于既承认坞壁主的特权地位，又把他们纳入国家征税的轨范。因此，应当说从坞、壁、屯、堡大量存在的时候起，就有实行这种制度的可能。这就是说，此制不仅北魏前期有之，十六国时期也有之。如南燕慕容德时期，“百姓因秦晋之弊，迭相荫冒，或百室合户，或千丁共籍，依託城社，不惧熏烧，公避课役，擅为奸宄”③。足见南燕时期存在大量的大户。要把这些大户纳入正常征税轨范，一是把他们检括出来，变成官府直接控制的编户齐民；二是利用宗主督护的办法，使之输税。事实证明，早在前秦时期，已有这种情况存在。例如苻坚刚败于淝水之战，被他征服的北方诸少数民族豪酋纷纷复国，地主阶级建立的堡壁比以前更多了。仅以关中而言，就有“堡壁三千余所”。这些堡壁主在新的动乱面前，只得谋求自救办法。于是他们“推平远将军冯翊赵敖为统主，相率结盟，遣兵粮助坚”，使之对付慕容冲的进攻④。这些大大小小的坞壁主既可以联合起来给苻坚运送粮食与兵员，则他们平时必然各自向自己所控制的坞壁居民征收赋役，否则他们是无粮可送和无兵可遣的。这种堡壁里的户口，当时

① 《晋书》卷113，《苻坚载记上》。
② 《晋书》卷113，《苻坚载记上》。
③ 《晋书》卷127，《慕容德载记》。
④ 《晋书》卷114，《苻坚载记下》。

有一个特殊的名称，谓之“堡户”。例如后秦姚兴，就“下书，录马嵬战时将吏，尽擢叙之，其堡户给复二十年”①。由此可见，十六国时期已经存在以宗主督护制的形式输纳租调者。

上述表明，十六国时期诸国，大抵实行了曹魏、西晋以来的田租、户调制，特别是建国于中原、关中农业区的少数民族政权尤其是如此。但是，由于政局混乱，租调制变化无常，横调杂税不少。由于史籍奇缺，无以知其详。

第六节　北魏时期的租调制

北魏的租调制，以孝文帝改革为界线，可分为两个明显的发展阶段：自拓跋珪于386年建国到孝文帝改革前，为第一阶段，即在中原农业区实行旧的租调制、对边境部落组织实行贡纳制和对自由牧民实行牲畜征收制的多种税制并行的时期；自孝文帝改革以后到魏末，包括东、西魏时期，为新的租调制推行期。分别简述其具体做法与变化发展情况如下：

一、北魏前期的贡纳制、牲畜征收制与旧租调制的并存格局

我们知道，北魏前期的社会性质虽然呈现出比较复杂的情况，但占主层地位的应当说是奴隶社会的性质。② 但是，由于拓跋族的统治范围毕竟已经伸入中原地区，而且在日益向中原的封建农业经济区扩展，这些地区的封建性农业经济，并不会因为拓跋贵族企图实行奴隶制的意图而逆转和倒退。因此，对拓跋贵族来说，就不能不让奴隶制与封建制在不同地区同时并存。因而反映到税制上，除了对奴隶的剥削形式外，也出现了几种不同的租税剥削形式：这便是对边境部落组织的贡纳制形式、对从事畜牧业的自由牧民的牧畜征收制与对农业经济地区的旧租调制形式。

首先，关于内迁部落的贡纳制情况。我们知道，拓跋珪建国时虽曾“离

---

① 《晋书》卷117，《姚兴载记上》。

② 高敏：《论北魏的社会性质》，刊《中国经济史研究》1989年第4期及日本谷川道雄编的《地域社会在六朝政治文化上所起的作用》一书。

散诸部，分土定居，不听迁徙，其君长大人，皆同编户”①，但仍有许多部落并未解散，如乙瓌其人，“代人也，其先世统部落”，到“世祖时，瓌父匹知，慕国威化，遣使入贡”②。按代为北魏都城，到世祖之时，这里还有部落组织存在。又如车伊洛，“焉耆胡也。世为东境部落帅，恒修职贡”，到世祖时，还未解散部落，当其“讨破焉耆东关七城”后，虏获男女200人，驼千头，马千匹时，便“以金一百斤奉献”③。还有和跋，“世领部落，为国附臣”④。被强迁至漠南的高车部落，也岁致献贡，由是，“国家马及牛羊，遂至于贱，毡皮委职”⑤。此外，薛野賭之父达头，也曾“率部归国”⑥；刘眷也“率部落归国”⑦；陆俟，“代人也……世领部落。父突，太祖时，率部民随从征伐”⑧。所有这些，都是未解散部落之少数民族臣服于拓跋魏者。他们对北魏政权，大抵以贡纳形式缴纳赋税。

其次，关于牧民的牲畜征收制：

我们知道，北魏存在大量的私有牧场主之外，还存在从事畜牧业的一般牧民。他们既不是未解散部落的部民，又不是国有牧场上的“牧子”，而是已经解散了部落的拓跋族本族居民。他们大都定居于代北一带地区，或在半农半牧区生活。其中有的虽已成为畿内的计口授田对象，但不能排除仍有一部分从事牧畜业。对于这些自由牧民，北魏政权采取了征收牲畜税的办法。如太宗拓跋嗣永兴五年（413）“正月乙酉，诏诸州六十户出戎马一匹”⑨。又太宗泰常六年（421）二月，“调民二十户输戎马一匹、大牛一头。三月……乙亥，制六部民，羊满百口输戎马一匹”⑩。世祖拓跋焘始光二年（425）五月，“诏天下

---

① 《北史》卷80,《外戚·贺讷传》;《魏书》卷113,《官氏志》亦有类似记载，且谓时在“登国初”。

② 《魏书》卷44,《乙瓌传》。

③ 《魏书》卷30,《车伊洛传》。

④ 《魏书》卷28,《和跋传》。

⑤ 《北史》卷98,《高车传》。

⑥ 《魏书》卷44,《薛野賭传》。

⑦ 《魏书》卷83,《外戚·刘罗辰传》,《北史》卷80,《外戚传》无之。

⑧ 《魏书》卷40,《陆俟传》。

⑨ 《魏书》卷3,《太宗纪》。

⑩ 《魏书》卷3,《太宗纪》。

十家发大牛一头，运粟塞上”[①]。上述4条关于调马、调大牛及“羊满百口者输戎马一匹”等记载，虽然都涉及牲畜税，但只有泰常六年三月的“制六部民”一条，为正规的牲畜税，仅指牧民而言，其余都可能是杂调，而且范围比较广，并不限于牧民。正因为如此，《魏书·食货志》，只记载了泰常六年之税制，足见这是关于牧民的经常税制，可视为典型的关于牧民的牲畜税。

其三，关于农业经济区的租调制：

北魏前租调制的实行，似乎同其向中原地区的逐步推进时间是同步的。太祖拓跋珪天兴元年（398）正月，由于前一年平定了河北地区的分裂政权，故此年有可能在河北地区实行租调制，史称：“车驾自邺还中山，所过存问百姓。诏大军所过州郡，复赀租一年，除山东民租赋之半。”[②] 这里的“赀租”，是指户调与田租。因为《魏书》诸本纪，很少称户调为“调”者，多少“赋”名之，往往租赋并称。又由于“调”字单用，多为动词，如上引调牛、调马即其例。何况户调系按家赀多少评定等级征收，故名曰“赀”，是很合情理的。这是关于北魏实行租调制的最早记载，显然是恢复西晋旧制，甚至可以说得恢复十六国时期的旧制。自此以后，每克一地，往往立即恢复西晋时期旧的租调制，如天兴二年八月，又“除州郡民租赋之半”[③]。太宗拓跋嗣时期，推行租调制的地区越来越广，如神瑞二年（415）三月，诏“刺史守宰，率多逋慢，前后怠惰，数加督罚，犹不悛改。今年赀调悬违者，谪出家财充之，不听征发于民”；同年六月，“幸赤城……复租一年”；同月，“南次石亭，幸上谷……复田租之半”[④]；同年七月，“还宫，复所过田租之半”[⑤]；泰常二年（417）十一月，“复诸州租税”；三年三月，“以范阳去年水，复其租税”；同年“八月，雁门、河内大雨水，复其租税”[⑥]；九月，“诏诸州调民租，户五十石，积于定、相、冀三州”[⑦]；四年四月“南巡”，“赐所过无出今年租赋”；

① 《魏书》卷4，《世祖纪上》。
② 《魏书》卷2，《太祖纪》。
③ 《魏书》卷2，《太祖纪》。
④ 《魏书》卷3，《太宗纪》。
⑤ 《魏书》卷3，《太宗纪》。
⑥ 《魏书》卷3，《太宗纪》。
⑦ 《魏书》卷3，《太宗纪》。

五月“车驾还宫。复所过一年租赋”；八月“东巡……所过复一年田租”[①]。通过太宗的一系列诏令，更知“赀租”为户调与田租，因为这里有称户调为“赀调”的说法。从太宗时期的情况看，随着北魏政权统治区域的扩大，实行田租户调制的范围也越广。但田租的征收量似乎还未固定化，故泰常三年九月有“调民租户五十石”的做法，远远超出《魏书·食货志》所说的“户调……粟二十石”的正常规定。

世祖拓跋焘时期，是完全统一北部中国的时期，故也是北魏前期的租调制走向正规化的时间。始光四年（427）十二月，“行幸中山”“复所过田租之半”[②]；神䴥三年（430）十一月，“行幸纽城，安慰初附，赦秦雍之民，赐复七年”[③]；延和三年（434）二月诏曰：“今四方顺轨，兵革渐宁，宜宽徭赋，与民休息。其令州郡县隐括贫富，以为三级，其富者租赋如常，中者复二年，下穷者复三年。”[④] 太延元年（435）十二月诏曰：“自今以后，亡匿避难，羁旅他乡，皆当归还旧居，不问前罪。……若有调发，县宰集乡邑三老计赀定课，裒多益寡，九品混通，不得纵富督贫，避强侵弱。”[⑤] 太延三年（437）二月，“行幸幽州”，“还幸上谷”，“所过复田租之半”[⑥]。太平真君二年（441）之前，公孙轨在雍州运粮，“轨令驴主皆加绢一匹，乃与受之”[⑦]。太平真君四年（443）六月，诏：“牧守令宰不能助朕宣扬恩德，勤恤民隐，至乃侵夺其产，加以残虐，非所以为治也。今复民赀赋三年，其田租岁输如常。牧守之徒，各励精为治，劝课农桑，不听妄有征发”[⑧]。观世祖拓跋焘的几次诏令，对田租户调的征收办法和征收数量，才有一个比较稳定的规定。至于户等的划分，显然经历了由三等到九等的变化。此言“赀赋”，明显不包括“田租”，则前云“赀租”，益知为户调与田租的合称。但是，据《魏书·食货志》所

---

① 《魏书》卷3，《太宗纪》。
② 《魏书》卷4，《世祖纪上》。
③ 《魏书》卷4，《世祖纪上》。
④ 《魏书》卷4，《世祖纪上》。
⑤ 《魏书》卷4，《世祖纪上》。
⑥ 《魏书》卷4，《世祖纪上》。
⑦ 《魏书》卷33，《公孙表传附子轨传》。
⑧ 《魏书》卷4，《世祖纪下》。

云:“因民贫富，为租输三等九品之制。千里内纳粟，千里外纳米，上三品户入京师，中三品入他州要仓，下三品入本州”，乃显祖时所定之制。二者合而观之，可知此制实则起于世祖，完备于显祖时期而已。

但是，拓跋焘时期虽然把租调的具体内容固定化、制度化了，但高宗拓跋濬与显祖拓跋弘时期，又增加新的征税内容，正调之外又生“杂调”。故兴安二年（452）正月，有“诏与民杂调十五”的记载①；太安四年（458）五月，有“比年已来，杂调减省，而所在州郡，咸有逋悬……自今常调不充，民不安业，宰民之徒，加以死罪”之诏②；和平二年（461）正月，又有“自顷每因发调，逼民假贷，大商富贾，要射时利，旬日之间，增赢十倍，上下通同，分以润屋”之事③；和平四年（463）十月，“以定、相二州霣霜杀稼，免民田租”；六年（465）五月，显祖拓跋弘命“诸有杂调，一以与民”④。如上所云，“杂调”一名，从高宗时起，屡次出现，“杂调”之外，又有“常调”之称，可见“杂调”为常调之外的额外征收。但是，“杂调”之制，在显祖时已经取消，正如《魏书·食货志》所云：“先是太安中（455～459），高宗以常赋之外杂调十五，颇为烦重，将与除之。”虽有人反对，终于“免之”。然而，“未几，复调如前”，致显祖之“诸有杂调，一以与民”，“乃终罢焉”。

孝文帝实行改革前，租调的征收量又屡有变化。延兴三年（473）“秋七月，诏河南六州之民，户收绢一匹，绵一斤，租三十石”⑤。同年十月，由于南征需要，又“诏州郡之民，十丁取一以充行，户收租五十石”⑥。一年之内，两收田租，合计每户80石。太和六年（482）二月，诏“灵丘郡土既褊塉，又诸州路冲，官私所经，供费非一，往往巡行，见其劳瘁，可复民租调十五年”⑦；太和七年正月，“诏青、齐、光、东徐四州之民户运仓粟三十石，送暇

---

① 《魏书》卷5,《高宗纪》。
② 《魏书》卷5,《高宗纪》。
③ 《魏书》卷5,《高宗纪》。
④ 《魏书》卷6,《显祖纪》。
⑤ 《魏书》卷7,《高祖纪上》。
⑥ 《魏书》卷7,《高祖纪上》。
⑦ 《魏书》卷7,《高祖纪下》。

丘、琅邪，复租算一年"[①]；八年（484）六月，"始班俸禄，罢诸商人，以简民事。户增调三匹、谷二斛九斗，以为官司之禄。均预调为二匹之赋，即兼商用"[②]。孝文帝时正式出现"租调"的名称，但又有"租算"一名不可解，概"租算"即租调。因为户调是从汉代的口赋、算赋演变来的，故以"算"代"调"，未尝不可。至于太和八年的增加户调、田租量，是在世祖时期已经确定的"户调帛二匹、絮二斤、丝一斤、粟二十石"及"又入帛一匹二丈，委之州库，以供调之费"的基础上，"户增帛三匹，粟二石九斗，以为官司之禄。后又增调外帛满二匹"[③]。故太和八年，实为租调量大增加之年。

如上所云，北魏前期的租调制，实经历了如下变化：自拓跋珪天兴年间，开始恢复西晋以来的租调旧制，但时时杂以横调，为租调制的不稳定期。世祖拓跋焘时期，确立了三等九品输纳之制，实行了"九品混通"办法，并确定了户调与田租的定额，使田租、户调制趋于正常化、稳定化与制度化；显祖继之，以至太和八年之前，都行此制。但是，从高宗到显祖时期，出现了常调之外征收杂调的办法，使劳动人民苦不堪言。显祖时期才取消杂调之制。太和八年，又因实行官吏俸禄制而增征田租、户调。可见北魏前期的租调制经历了一个由临时到固定、由不统一到统一、由常调杂调并存到统一于常调的变化发展过程。其征收办法，则始终是"宗主督护"制下的"九品混通"办法。例如世祖之前，往往户出租50石，若为单体小户，又非九品混通，是任何小农也无法承受的。由于北魏前户调、田租二者均有以户为单位的定额，所以都可以实行"九品混通"的办法征收之。田租以户征收，既不按丁，又不计亩，实为"户租"，这又是北魏前期租调制的一大特征。但在田租、户调都征收实物，租则粟、米并征，调则帛、布并举，租、调分别征收，免租未必免调等方面，均同于西晋，故北魏前期的租调制，为沿袭西晋租调制时期。

① 《魏书》卷7，《高祖纪上》。
② 《魏书》卷7，《高祖纪上》。
③ 《魏书》卷110，《食货志》。

二、北魏后期统一的新租调制的确立

北魏后期的租调制不同于前期者，主要表现在3个方面：一是部落的贡纳制、牧民的牲畜税制与农业经济区的租调制，三者趋于统一；二是租调制的基础不再是西晋以来的占田制，而变成了孝文帝太和九年所实行于全国的均田制；三是田租、户调的高定额取消了，代之以一夫一妇岁出帛一匹、粟二石的田租、户调标准量。《魏书·食货志》云：

> 魏初不立三长，故民多荫附。荫附者皆无官役，豪强征敛，倍于公赋。（太和）十年，给事中李冲上言："宜准古，五家立一邻长，五邻立一里长，五里立一党长，长取乡人强谨者。邻长复一夫，里长二，党长三。所复复征戍，余若民。三载亡愆则陟用，陟之一等。其民调，一夫一妇帛一匹，粟二石。民年十五以上未娶者，四人出一夫一妇之调；奴任耕婢任绩者，八口当未娶者四；耕牛二十头当奴婢八。其麻布之乡，一夫一妇布一匹，下至牛，以此为降。大率十匹为公调，二匹为调外费，三匹为内外百官俸，此外杂调。……"书奏，诸官通议，称善者众。高祖从之，于是遣使者行其事。乃诏曰："……井乘定赋，所以均劳逸。……又邻里乡党之制，所由来久。……自昔以来，诸州户口，籍贯不实，包藏隐漏，废公罔私。富强者并兼有余，贫弱者糊口不足。赋税齐等，无轻重之殊；力役同科，无众寡之别。虽建九品之格，而丰埆之土未融；虽立均输之楷，而蚕绩之乡无异。……今革旧从新，为里党之法，在所牧守，宜以喻民，使知去烦即简之要。"初，百姓咸以为不若循常，豪富并兼者尤弗愿也。事施行后，计省昔十有余倍。于是海内安之。①

这段记载，不仅讲明了改变旧的租调制的原因，还讲清了新的租调制的内容、数量、分配比例及实行效果等等，甚为宝贵。据此，我们可以看出新的租调制

① 《通典》卷4，《食货·赋税中》亦载此租调制内容，但作《魏令》，不言孝文帝之令；"耕牛二十头当奴婢八"句，作"耕牛十头"；"下至牛"作"下至半"，显系字形相似而讹。《文献通考·田赋考》未载此制内容，无资于校勘者。《册府元龟》卷487，《邦计部·赋税门》所载，与《魏书·食货志》所载全同。

的下述特征：

第一，这是实行于全国的唯一统一的税制，意味着从此取消了北魏前期的部落贡纳制与牧民的牲口征收制。

遍查《魏书·食货志》及孝文帝以后诸《本纪》《列传》，再也不见有关于部落贡纳制和牧民的牲口征收制的记载了。当然不能说根本不存在部落组织与个体牧民了，至少反映出随着封建化程度的加深，部落组织下的部民与个体牧民，也在向农业经济转化，有的随着均田制的实行，也成了均田制下的均田民，故部落贡纳制与牲口征收制已经无足轻重了。何况高祐曾明言："冲求立三长者，乃欲混天下一法"[①]，即欲以三长之制统一税制，也统一州郡领民与宗主督护下的堡户的不同纳税方式。因此，新的租调制具有全国一致性的特征。

第二，以新租调制的征税依据而言，是以均田法令规定的均田对象为基础的。

按照孝文帝太和九年（485）颁布的均田法令，授露田的对象包括年15以上的男夫、妇人及奴婢、耕牛，授桑田的对象包括男夫及男奴隶。而征收租、调的对象，也是年15以上的男夫、妇人与奴婢、耕牛，这说明征税对象的范围，完全是根据授田对象的范围确定的。因此，可以断言，新的租调制是以均田制为其基础的，这同西晋以来的旧的租调制以占田制下的课田数为基础的制度发生了变化。

第三，新的租调制的征收，体现了以丁和以户为征收单位相结合的特征：

新的租调制，所征收田租、户调的多少，虽然同均田制所规定的授露田、桑田的数量有一定关系，但并不成比例。例如"奴婢依良"受露田，但其租调却比良人少得多；耕牛受田虽不少，但租调征收却少得惊人。可见田租、户调的征收量并不取决于受田的多少，而取决于男夫与已婚妇人所组成的家庭，因而体现出既按丁、又按户征收租调的特征。这样以田租来说，既有丁租性质，又有户租性质；户调也是一样，既有丁调的成分，又有户调的因素。这种合按丁、按户于一体的租调，既继承了西晋以来的丁租化倾向，又体现了东晋

① 《魏书》卷53，《李冲传》。

南朝的丁调化趋势。可见南北虽殊途，其中也有一致之处。

第四，以田租、户调的征收数量来说，体现了有利于地主阶级的原则精神：

新的租调制规定，每个一夫一妇的家庭，纳租调为帛1匹、粟2石，较之旧租调制的每户调帛2匹、絮2斤、丝1斤、粟20石及调外帛1丈2尺的数量少得多；较之太和八年班官禄之制时在旧租调量的基础上的“户增帛三匹、粟二石九斗”的数字来更要少得多。其实新的租调制并未减轻个体小农的租调负担，只起到了均平租调负担的作用。正如李冲所说：“宜及课之月，令知赋税之均”①。原因在于过去是大户，或30、50户为一大户，每户的租调定额虽多，但具体到大户内的小户，数量就小了。故新的租调制并未减轻对小农的剥削量。但是对奴婢、耕牛的租调征收量却少得惊人，“奴任耕、婢任绩者，八口当未娶者四”，而“未娶者四人出一夫一妇之调”，由此可知奴婢一人的租调量仅仅是一夫一妇租调量的八分之一，即一奴或一婢，只输帛八分之一匹、粟四分之一石。耕牛的租调征收量则更少，“耕牛二十头当奴婢八”，即一头耕牛只纳奴婢一人租调量的五分之二，即只输帛二十分之一匹和粟十分之一石。而拥有奴婢与耕牛的人，无疑都是由奴隶主贵族转化来的地主。因此，新的租调制对奴婢与耕牛的轻税政策，正体现其优容拓跋族地主贵族的精神。

第五，新的租调制，取消了旧租调制征收时的“九品混通”办法：因为新的租调制每户租调不多，而且明确按一夫一妇为单位征收，这就排除了不同户等之间的评赀与按户等通扯的征收方式。关于这一点，还可以从当时反对实行新的租调制者口中获得证明。例如当李冲力主立三长、行新的租调制时，著作郎傅思益进曰：“民俗既异，险易不同，九品差调，为日已久，一旦改法，恐成扰乱。”这岂不说明在新的租调制下改变了“为日已久”的“九品差调”的旧法吗？

新的租调制的上述特征，不仅显示北朝后期的租调制也同南朝一样有向丁租、丁调化方向演变的趋势，这对于官府控制小农的人身自由是有利的，因而也体现出孝文帝改革以后，北朝的农民阶级对官府的人身依附性也在加强。新

① 《魏书》卷53，《李冲传》。

租调制对奴婢与耕牛课取租调之轻，虽然体现了格外优容从拓跋奴隶主贵族转化来的地主的精神，但也相对地、或多或少地减轻了农民阶级的负担，因为作为均田制下的小农，可以不再受苞荫主“倍于今赋”的“征敛”之苦了①，从而使“苞荫之户可出，侥倖之人可止”②，故新的租调制施行后，“海内安之”③。

然而，新租调制的“均徭省赋之益”④，并没有长期维护下去。因为不久在新定的租调量之外，又出现了“杂调”与“横调”。如世宗宣武帝元恪时，定州刺史元澄，便见“民中每有横调，百姓烦苦，前后牧守，未能蠲除”，直到元澄才“多所省减，民以忻赖”⑤。定州如此，其他州郡也不会例外，故景明二年（501）三月，宣武帝不得不针对“百姓凋敝”的情况，颁“正调之外，诸妨害损民一时蠲除”之诏⑥；正始元年（504）六月，又有“役赋殷烦，咸加蠲省”之令⑦。以致肃宗孝明帝元诩统治时期，情况越来越坏，农民中“卖鬻男女以为仆隶者”⑧ 越来越多。何况至了孝昌元年（526）九月，不得不“诏减天下诸调之丰”⑨，则杂调之多可以想见。孝昌二年十一月，更“税京师田租，亩五升；租赁公田者，亩一斗”⑩，这是在田租之外，又收田税，与南朝的田租与田税并存颇为类似。因此，新的租调制的积极作用很快就化为乌有了！

北魏后期租调制的另一个变化，就是实物税向货币税转化的倾向产生了。《魏书·前废广陵王纪》载普泰元年（531）规定：“天下绢调，四百一匹”，意即可用钱折纳户调，这同南朝萧齐武帝永明四年（486）诏“扬、南徐二州

① 《魏书》卷110，《食货志》。
② 《魏书》卷53，《李冲传》。
③ 《魏书》卷110，《食货志》。
④ 《魏书》卷53，《李冲传》。
⑤ 《魏书》卷19，中《景穆十二王中·任城王云传附子澄传》。
⑥ 《魏书》卷8，《世宗纪》。
⑦ 《魏书》卷8，《世宗纪》。
⑧ 《魏书》卷9，《肃宗纪》。
⑨ 《魏书》卷9，《肃宗纪》。
⑩ 《魏书》卷9，《肃宗纪》。

今年户祖三分二取见布，一分取钱”[1] 的办法如出一辙。这种折纳的方式，到北齐时又变成了“立九等之户，富者税其钱，贫者役其力”[2] 的普遍做法，则折变的范围不仅指户调了。毫无疑问，这是商品经济比重日益上升后在租调领域的反映。

第七节 北齐、北周的租调制

北齐、北周的租调制，乃是直接继承北魏后期的租调制而来，同样是以均田制为基础，以一夫一妇为征收单位和按丁与户相结合而征收实物的租调制，但在其具体数量与征收办法上，多少有些不同于北魏后期的租调制。

一、北齐的租调制

《隋书·食货志》载北齐租调制云：

> 至河清三年定令：……率人一床，调绢一匹，绵八两，凡十斤绵中折一斤作丝；垦租二石，义租五斗。奴婢各准良人之半。牛调二尺，垦租一斗，义租五升。垦租送台，义租纳郡，以备水旱。垦租皆依贫富为三枭。其赋税常调，则少者直出上户，中者及中户，多者及下户。上枭输远处，中枭输次远，下枭输当州仓。三年一校焉。租入台者，五百里内输粟，五百里外输米。入州镇者，输粟。人欲输钱者，准上绢收钱。诸州郡皆别置富人仓。初立之日，准所领中下户口数，得支一年之粮，逐当州谷价贱时，斟量割当年义租充入。谷贵，下价粜之；贱则还用所粜之粟，依价籴贮。[3]

根据这个法令，可知北齐时的租调制，有如下不同于北魏后期租调制的特征：

第一，从租调量来说，一夫一妇（即“一床”）所纳租调量，略有加于

---

① 《南齐书》卷3，《武帝纪》。

② 《隋书》卷24，《食货志》。

③ 《通典》卷5，《食货·赋税》“牛调二尺”句作“牛调二丈”。《文献通考》卷2，《田赋考》，亦作“牛调二丈”。又《册府元龟》卷487，《邦计部·赋税门》载河清三年令亦作“牛调绢二丈”。由此可见，“二丈”之说，似为可信。

北魏：

北魏时为一夫一妇调帛1匹、粟2石，北齐时为一床调绢1匹、绵8两，即户调净增绵8两。以租来说，北魏时一夫一妇只纳粟2石，而北齐时“租”分为两项：即“垦租”与“义租”。其中“垦租二石”，即北魏之户调“粟二石”；至于“义租五斗”，为北魏所无。故“义租五斗”为净增之量。可见北齐的租、调二者，均有增于北魏。

第二，耕牛之租调增加尤多：

北魏时的租调制规定：奴婢8人输一夫一妇之调，耕牛20头当奴婢8，即每头耕牛仅输一夫一妇租调的二十分之一，具体数量为帛2尺（按每匹4丈计算）[①]、粟1斗。而北齐时“牛调二尺”，《通典》与《册府元龟》均作“二丈”，恐应以“二丈”为正。果如此，则每牛调量帛增于北魏10倍。至于租，除“垦租一斗”与北魏相同外，净增“义租五升”，即增加二分之一。耕牛租调量的增加，说明北齐租调的重心有向私牛拥有者转移的趋向。

第三，西晋、北魏前期以来“九品混通”征收租调办法的取消，进一步明朗化了。

前节已经说明，孝文帝时新的租调制的实行，有取消“九品混通”征收办法的迹象。到北齐时，这种变化更明朗化了。因为《隋志》明言河清三年之令，只把民户区分为上、中、下三枭（即三等），不见再有九品的划分；且划分三等的目的，在于决定租调输纳者按远近不同输送租调到何处，而不是按户等决定输纳租调的多少，足见“九品混通”的租调征收办法确已取消。

第四，在租调征收过程中，出现了征收“义租”作为“以备水旱”的“富人仓”实即常平仓制度：

早在汉代就有平籴法以济灾荒，其理论依据就是起源于古代的平准思想，目的在于稳定粮价。因此，汉宣帝时耿寿昌请求在边郡设立的仓库，“谷贱时增价而夹，贵时减价而粜”以平抑粮价，故“名曰常平仓”[②]。东汉亦有常平

① 《魏书》卷110《食货志》云：“旧制，民间所织绢、布，皆幅广二尺二寸，长四十尺为一匹，六十尺为一端……”

② 《通典》卷26，《太府卿》条。

仓之制。三国时期，因为战乱频仍而废此制。两晋均有常平仓的设置，除刘宋时期以外，萧齐恢复此制。北魏太和十二年，“有司上言：请析州郡常调九分之二，京师度支岁用之余，各立官司，丰年籴贮于仓，时俭则加私之一，粜之于民”[①]，也有常平仓之意，但无其名。《隋书·食货志》所云“富人仓”，“初立之日，准所领中下户口数，得支一年之粮，逐当州谷价贱时，斟量割当年义租充入。谷贵，下价粜之；贱则还用所粜之物，依价籴贮。”这显然是常平仓的做法。上继北魏之仓储之制，下开隋唐的常平仓制，亦为唐制多本于北齐之一证。

第五，以实物折成钱币以完纳租调的倾向有了发展：

从《隋书·食货志》的“人欲输钱者，准上绢钱”的话，可以看出北齐时期的户调，已有全部可以折纳的规定，这显然是商品经济在北方逐步恢复的事在赋税制度上的反映，同南朝租调的折变有一致之处。可见由汉代的口钱、算赋到魏晋南北朝的户调，再到南北朝后期的折变，经历了一个由货币税到实物税，再回归到货币税的演变过程。

二、北周的租调制

关于北周的租调制，同北齐大体相同，但也不是毫无差别。《隋书·食货志》载北周租调制云：

> 后周太祖作相，创制六官。……司赋掌功赋之政令。凡人自十八以上至六十有四，与轻癃者，皆赋之。其赋之法，有室者，岁不过绢一匹，绵八两，粟五斛；丁者半之。其非桑上，有室者，布二匹，麻十斤；丁者又半之。丰年则全赋，中年半之，下年一之，皆以时征焉。若艰凶札，则不征其赋。[②]

据此，知北周的租调制同北齐的共同之处在于：租调征收对象以一夫一妇即“一室”、“一床”为单位及“丁者（即未娶者）半之”；其不同点在于租调量应高于北齐和奴婢、耕牛不征收租调。以北周的租调量来说，“有室者，岁不

---

① 《魏书》卷110，《食货志》。

② 《通典》卷5，《食货·赋税中》亦载之，内容全同《隋志》；《文献通考》卷2，《田赋考》所载，亦全同《隋志》。

过绢一匹，绵八两。粟五石”，同北齐的“率人一床，调绢一匹、绵八两……垦租二石、义租五斗”，户调量虽相同，而田租量却提高了一倍。又北齐的奴婢与耕牛均征收租调，而且牛调重于北魏甚多，北周则奴婢与耕牛均不征收租调，显然这是更有利于贵族地主的租调制度。无怪乎北周境内的地主，大都基业雄厚，奠定了隋唐时期关陇地主的阶级基础。

综观上述各节所述，我们可以清楚地看出，始于曹魏的田租户调制，历两晋南北朝均有实行，而且以此为赋税制度之主干。就其变化发展的总趋向而言，不论南朝和北朝，田租的征收日益朝脱离田亩的具体数量而向丁身转移的方向发展；户调也有取消户赀而朝丁调的方向推进。田租与户调向丁租与丁调方向变化的结果，使得租调的征收，成了加强农民阶级对于官府的人身依附的手段，以致官府对农民阶级的经济剥削与人身奴役有机地结合起来了。因此，魏晋南北朝时期农民阶级对官府和地主人身依附性的不断加深，应同田租、户调制的丁租、丁调化过程有密切联系。随着田阻、户调的丁租化与丁调化过程而来的，是评赀及“九品混通”法的取消。尽管北周时期征收“租税之时”，仍有“斟酌贫富，差次先后”的做法，但皆系之正长与守令之是否处理有方[①]，并无严格的“九品混通”之制。另外，南北双方的租调输纳，都不同程度地有向货币税方向发展的迹象，在征收租调的量上，也有朝日益加重的方向发展的趋势。足见南北双方，都在朝共同的历史方向发展。

① 《周书》卷23，《苏绰传》。

第十章　魏晋南北朝的杂税制

魏晋南北朝时期的赋税制度，除了占主导地位的田租、户调制之外，还存在其他税制，主要是商税。单以商税来论，其名目繁多：有属于商品流通性的课税——关、津之税；有课之于不同商品的鱼税、酒税、盐税、果木税等，可以总称为商品税；还有课之于贸易者双方的商税，当时谓之“估税”，属于贸易税的范围；更有课之于市场的商税，当时谓之“市租”或“市税”，属于商业经营税的性质。由于这些税都同市场、商业贸易及商品转运有直接关系，故总称为商税。除商税之外，还有间接同商品转运有关的税，如牛埭税、桁渡税及桥役税等属于僦税性质的税。也有与商业贸易无任何联系的赋税，如舂税、塘丁钱（又叫“塘役钱”）等。此外，更有各式各样的强迫性派征或实物征调，可以总称曰杂调。所有这些，都是在正规的田租、户调制之外的赋税，故统称为“杂税”。

上述这些以商税为主干的杂税，并非代代有之，其间兴废不一，变化无常，不若田租、户调制的一脉相承。其税率也时有变异，商品的征税范围也非一致，有时还有地区性的差别，南朝与北朝的差异尤其不小。因此之故，我们无法采用探讨租调制的办法，围绕着租调制在各代的演变轨迹与南、北双方的异同展开论述。也就是说，我们不能以每一种商税税目和杂税税名为中心，分别按时代的不同去探究其演变的规律。加上这方面的史料奇缺，迫使我们只能从史料的实际出发去探讨它。为此，我们只能按朝代的顺序，以杂税为总称叙述其梗概。具体到每一朝代的商税及非商税的情况，采取有则述之，无则略之的办法，但也足以明其大略，察其有无，知其演变，悟其特征！在前人很少言及魏晋南北朝杂税制度的情况下，尤其有必要作专题论述。[①]

第一节　三国时期的杂税

三国时期除以租调制为赋税制度的主干外，也辅以其他杂税，大约包括盐、铁之税，酒税，牛肉小赋及关津之税。

以关津之税而言，早在秦汉时期便已有之。三国时期继承了此制，只是魏、蜀、吴三国各有其关津之税的具体做法和税率不尽相同而已。我们知道，曹魏的关津之税，一般为通过关津的货物价值的十分之一，而且这一税率始于魏文帝曹丕延康元年（220）二月。《三国志·魏书·文帝纪》延康元年二月条注引《魏书》载庚戌令曰：

> 关津所以通商旅，池苑所以御灾荒，设禁重税，非所以便民也。其除池篽之禁，轻关津之税，皆复什一。

由此可见，在此之前，不仅有关津之税，而且税率较此为高。到延康元年二月，才恢复旧的什一之税的税率，这表明魏初的关津之税，有一个由重到轻并恢复汉制的变化过程。

东吴也有关津之税的征收。《三国志·吴书·诸葛恪传》，谓孙权死后与诸葛恪拜太傅之时，“于是罢视听，息校官，原逋责，除关税，事崇恩泽，众莫不悦。”由此可见，东吴孙权时期早已有关税的征收，唯税率不详而已。诸葛恪为太傅时虽然废除了关税，然而东吴末年，各种赋税都在加重，关税恐也不会久废。

至于西蜀，史籍中无关津之税的记载，故无以判断其有无此制。从西蜀的一切制度都从汉代传统这一点着眼，恐怕也不会无关津之税的征收，唯税率未必相同而已。

除关津之税之外的其他杂税，魏、蜀、吴三国也同样有之，只是具体税目

① 对魏晋南北朝的杂税制度，迄今无专文论述者。李剑农的《魏晋南北朝隋唐经济史稿》、傅筑夫的《中国封建社会经济史》第三册等书，均无杂税制度之论述；有的连整个赋税制度也未涉及，傅书便是如此。

与征税范围有所不同。

以曹魏而言，除关津之税外，还有牛肉小赋。《三国志·魏书·高堂隆传》谓明帝时（227～239），出现了赋税甚多的状况，以致百姓“不应输者，今皆出半”，其中的“牛肉小赋”，便“前后相继”。由此可见，魏明帝时确实增加了牛肉税，这大约是商品税中的一种。此外，还有同属商品税的“鱼税”。《三国志·魏书·王昶传》注引《任昭先别传》云：昭先“家贫卖鱼，会官税鱼，鱼贵数倍。”因为官府征收鱼税而使鱼价上涨数倍，可见鱼税税率之高。除牛肉小赋及鱼税之外，更有附加于田租、户调的附加税——“稾秸铚粟之调”，而且也发生于曹魏明帝时期。《三国志·魏书·高堂隆传附栈潜传》云：“明帝时，众役并兴……潜上疏曰：……都圻之内，尽为甸服，当供稾秸铚粟之调。”所谓“稾秸铚粟之调”，大约相当于秦汉时期的刍税与稾税。

西蜀的杂税，则有盐、铁之税。《三国志·蜀书·王连传》，载王连曾“迁司盐校尉，较盐、铁之利，利入甚多，有裨国用”。为盐、铁专设司盐校尉一官，不是官营盐、铁，便是课取盐、铁之税。又据同书《蜀书·吕乂传》，谓“先主定益州，置盐府校尉，较盐、铁之利”。可见西蜀的官营盐、铁之业或课取盐、铁税，始于刘备入蜀之初。刘禅统治时期，不过是继续实行此制而已。至于少数民族地区，则随其所产而课税，既无定额，又无定名，大约是出产什么就输纳什么，正如《华阳国志》卷4《南中志》所云：诸葛亮平定南中后，“出其金、银、丹漆、耕牛、战马，给军国之用”。

东吴除关津之税外，也还有其他杂税。《三国志·吴书·顾雍传》，谓吕壹“为中书，典校诸官府及州郡文书”时，“渐作威福，遂造作榷酤、障管之利”。所谓榷酤，是指对酒实行官府专卖或课取酒税；所谓“障管”，即由官府控制山林川泽，从而课取鱼税、盐税及铁税。吕壹所为之事，发生于孙权统治时期，且为行之于全国的制度。故交趾等地的“故刺史会稽朱符，多以乡人虞褒、刘彦之徒分作长吏，侵虐百姓，强赋予民，黄鱼一枚收稻一斛”，使“百姓怨叛，山贼并出，攻州突郡”[①]。可见由于实行山林川泽地的“障管”，确实导致了“鱼税”的征收。到东吴末年，此制仍在施行，故孙皓凤凰元年

① 《三国志》卷53，《吴书·薛综传》。

(272)，出现了以何定其人“典知酤籴事”[1] 的事。此外，东吴还有征收“算赋”的迹象。《三国志·吴书·孙皓传》天玺元年（276）条，谓“会稽太守车浚、湘东太守张咏不出算缗，就在所斩之，徇首诸郡”。注引《江表传》也说：“浚在公精忠，值郡荒旱，民无资粮，表求振贷。皓谓浚欲树私恩，遣人枭首。”二者合而观之，知车浚之被杀，在于他请求免除会稽郡百姓的算赋。如果东吴无户调之制，则算赋之征尚非正税之外的附加税。但相对于魏晋南北朝的租调制而言，东吴的算赋应属于杂税之制。

值得指出的是：东吴可能还有“市租”的征收。早在战国、秦汉时期，在人口集中的政治中心，往往同时设置专供商贾贸易的特定区域，谓之“市”。每一个特定市场，用高峻围墙包围起来，出入者必由市门。市内按不同种类的商品设置若干店铺。每一个陈列商品的店铺便叫肆。若干个肆，便谓之列肆。有点类似今天集市贸易区内排列成行的店铺。为了管理市场，官府专为此设置了“市令”、“市长”、“市师”、“市啬夫”及“监门市卒”，行使监察商贾活动及征收市租等职权[2]。故《商君书·垦令篇》屡见“重关市之赋”的记载，这里的“关”即指关津之税，“市”便是指市租而言。到了汉代有“齐临淄十万户，市租千金”的说法，颜师古注曰：“收一市之租，值千金也。”[3] 可见“市租”确为征之于市场内商贾的营业税。“市租”的征收既以专门市场的设置为前提条件，那么，反过来说，专门市场的设置，也是为了征收“市租”之便。考东吴的国都建康，为东吴政权所建立的都城。在这里他们先后建立了3个市场，分别称为大市、东市与北市，其中大市与东市为孙权所立，北市为孙休的。[4] 东吴的将领潘璋，就曾为吴“大市刺奸”，使“盗贼断绝”[5]，可见东吴在建康设置市场，也同秦汉时期一样是专供商贾贸易的特定市场，而且有管理市场的官吏，故东吴确有征收“市租”即商贾市场营业

① 《三国志》卷48，《吴书·孙皓传》。

② 高敏：《秦汉史论集》，第93~95页。又高敏：《云梦秦简初探（增订本）》中亦有篇目论及。

③ 《汉书》卷38，《高五王·齐悼惠王刘肥传》及注。

④ 《太平御览》卷827，《资产部·市门》引山谦之《丹阳记》曰：“建康四市：建康大市，孙权所立，建康东市，同时立；建康北市，永安中立；秣陵斗场市，隆安中发乐营人交易，固成市也。”

⑤ 《三国志》卷55，《吴书·潘璋传》。

税的条件。只是史书缺乏明确记载而已。

第二节　两晋时期的杂税

两晋时期不仅直接继承了曹魏与东吴的关津之税与盐、铁之利，而且新增加了一系列的杂税，尤其是东晋以后，以各种名目出现的商税，构成了东晋赋税制度的重大特征之一。

我们知道，以商税为主的杂税的增多，是以工商业的发展为其前提条件的。自东汉后期历三国到两晋时期，由于中原地区战乱频仍，不仅直接破坏了秦汉以来的工商业与若干都市，而且也破坏了工商业所赖以存在与发展的农业，以致这一时期的社会工商业显著下降。随之而来的自然是商税征收面与征收量的减少。即便如此，仍有“市租”，即市场营业税的征收。如《晋书·甘卓传》，谓甘卓镇守襄阳时，为了“绥抚”百姓，实行了“估税悉除，市无二价”的政策；又如西晋之末，刺史刘陶命庐江郡“常以市租供给（杜夷）家人粮廪，勿令阙乏”[①]。可见西晋时仍有“市租”的征收，只是数量不可能太大而已。然而，到了东晋时期，情况就大不相同了。这是因为，东晋政权所统治的江南地区，战乱较少；又有东吴时期手工业与商业的基础；更兼政治、经济上的各种需要，海外贸易获得了较快的发展。这一些条件的综合作用，就使得江南地区的商品经济的发展状况远远超过北方。即使一些地方长官，也在想方设法发展贸易以取利。如祖逖镇豫州时，与后赵政权“互市，收利十倍，于是公私数赡，士马日滋”[②]；陶侃为武昌太守时，也“立夷市于城东，大收其利”[③]。这样，就为立国于江南的东晋政权提供了增加商税以足国用的条件，于是出现了商税比重迅速增长的趋势。

东晋时期的商税，约有如下几种：

一曰“估税”，包括买卖契约税和贸易税。《隋书·食货志》云：

---

① 《晋书》卷91，《儒林·杜夷传》。

② 《晋书》卷62，《祖逖传》。

③ 《晋书》卷66，《陶侃传》。

> 晋自过江，凡货卖奴婢马牛田宅，有文券，率钱一万，输估四百入官，卖者三百，买者一百。无文券者，随物所堪，亦百分收四，名为散估。历宋、齐、梁、陈，如此以为常。以此人竞商贩，不为田业，故使均输，欲为惩励。虽以此为辞，其实利在侵削。

《隋书》诸志所载，虽然主要为梁、陈之制，但这段记载却包括东晋、宋、齐在内。这里所说的“估税”，虽分为“估税”与“散估”两种类型，但税率均为交易额的4%。二者的区别在于前者有文券，且为买卖奴婢、马、牛、田、宅等重大商品，而后者无文券且为非重大商品。故二者均可称为估税。估税由买卖双方共同缴纳，而且按交易额征收，故具有贸易税的性质。买卖奴婢、马、牛及田宅其所以需要有文券，等于是官府承认其买卖为合法并予以保护之意。故“估税”又有买卖契约税的性质，而“散估”则为纯粹的贸易税。

据《隋书·食货志》所云，似乎“估税”及“散估”的征收，仅限于建康及淮北诸市，其实不然。例如会稽山阴县之市，亦有估税之征收。东晋时曾为会稽内史的王彪之在其《整市教》中说：“近检校山阴市，多不如法，或店肆错乱，或商估没漏。假冒豪强之名，拥护贸易之利，凌践平弱之人，专固要害之处，属城承宽，亦皆如之。”① 由此可见，会稽山阴及所属诸县城之市，大抵如此。

二曰关津之税，即商品流通税。《隋书·食货志》亦云：

> 又都（建康）西有石头津，东有方山津，各置津主一人，贼曹一人，直水五人，以检察禁物及亡叛者。其获炭鱼薪之类过津者，并十分税一以入官。其东路无禁货，故方山津检察甚简。淮水北有大市百余，小市十余所。大市备置百官，税敛既重，时甚苦之。

这里所举的石头津与方山津，只是建康东西的两个大关津。此外，在全国交通要道还设有关津，大凡有市的地方，便有关津的设置。凡大市所在，均备置有

---

① 王彪之《整市教》，见《初学记》卷24，《都邑部·市第十五》所引及严可均辑《全上古三代秦汉三国六朝文》中之《全晋文》卷21。从“或店肆错乱，或商估没漏”等情况看，估税之外，还有课之于商贾店肆的商税，大约就是“市租”。

官，即有一整套监察商贾、检查亡叛和征收关津之税的机构与官吏。其税率都是所运商品价值的十分之一；征税的商品范围极为广泛，虽荻、炭、鱼、薪之类的商品也不放过。

三曰“桁渡”税，即额外的关津之税。《晋书·孝武帝纪》宁康元年(373)三月，“诏除丹杨竹格等四桁税”。“桁”与“航”通，即水上浮桥，商旅通过浮桥时，必须缴纳“桁税”，故也叫桁渡税。小小一个丹杨郡，其境内就有4个这样的桁渡浮桥，足见桁渡设置之普遍。这里所除者仅丹杨郡境内的4个桁渡，其他地区的桁渡并未见废除。商贾既已缴纳关津之税，又要缴纳桁渡税，等于是关津之外，又设关津，层层盘剥。

四曰牛埭税，又叫“僦税”[①]。《晋书·孔严传》云：“时东海王奕求海盐钱塘以水牛牵埭税取钱直，帝初从之，严谏乃止。”此事发生于东晋哀帝时期，为牛埭税一名之始见。这次虽未办成，但并不意味着东晋无牛埭税之制。《晋书·谢安传》谓谢安曾于新城北建有埭，时人谓之“召伯埭”；又《晋书·谢玄传》载其遣人于兖州“堰吕梁水，树栅，立七埭为派，拥二岸之水，以利运漕，自此公私利便。”所谓“埭”，是于水急处筑堰储水，并于水之两岸树木为栅，系以绳缆，船过堰时，以牛力转轴引绳，牵船过堰，故曰牛埭。由于私营商贾的船只过堰时，需要借用官府的牛埭以通行，故需要向官府缴纳牛埭税。顾宪之曾说：“寻始立牛埭之意，非苟逼僦以纳税也”[②]，意即官府开始设立牛埭，意在通航，并非逼迫私家商贾去租借牛埭而纳税。故牛埭之税，又可叫“僦税”。东晋谢安、谢玄时期既已先后立埭，则除了以牛埭通公家之漕运外，也必以之僦之私家商贾以通航，故东晋时期已有牛埭税的征收，殆无疑义。

五曰“市租”。这是继秦汉、东吴而来的商税，系课之于在特定市场里从事贸易的商业经营税。东吴的建业设有三个市场，到东晋时隆安年间，又于秣

---

① 《南齐书》卷46，《陆慧晓传附顾宪之传》，载顾氏云：“寻始立牛埭之意，非苟逼僦以纳税也。”可见官府设牛埭，僦之于民船而收税，即为牛埭税。又《梁书》卷22，《太祖五王·安成康王秀传》云：“天监六年……时盛夏水汛长，津梁断绝，外司请依旧僦度，收其价直，秀教曰：刺史不德，水潦为患，可利之乎？给船而已。”可见僦度之法，即令人借船而渡也。然则，僦税亦指租牛而渡也。

② 《南齐书》卷46，《陆慧晓传附顾宪之传》。

陵设斗场市。对于市场里的每一个店肆，官府都要课之以税，故前引王彪之《整市教》中对“店肆错乱”的情况，要加以整顿，目的在于课取市租。何况《晋书·职官志》明言：“及江左初，省课第曹，置库曹，掌厩牧、牛马、市租”，为征收“市租”而设立专职，其有“市租”之征，千真万确。

东晋时期，除了征收上述一系列商税之外，还有“舂税”的征收。《晋书·潘岳传》附《闲居赋》中，有“池沼足以渔钓，舂税足以代耕”之语。可见潘岳的田庄里，设有水碓，并利用它课取农民“舂税”。“舂税”之人“足以代耕”，表明“舂税”的收入不在少数。结合当时官吏、贵族、世族地主大都拥有田庄、水碾等情况去考察，则同潘岳一样利用田庄水碾以征收“舂税”的事实，必很普遍。这无疑又是一种强加于农民的杂税。

第三节　南朝的杂税与杂调

南朝的杂税，在东晋时期商税繁兴的基础上又有进一步发展。以致除东晋时期的商税税目样样俱全外，还增加了商税之外的杂税税目。质言之，约有如下几种：

第一，以“估税”而言，南朝时期依然如故。故《隋书·食货志》记载了东晋政府在全国范围内课取“估税”与“散估”税以后，特加上“历宋、齐、梁、陈，如此以为常”一句。这表明宋、齐、梁、陈4代，估税的征收办法与税率，都与东晋时期一模一样，没有变化。事实证明，也确是如此。《宋书·自序》，谓沈亮建议彭城王刘义康“析其（指三吴——引者注）估赋，乃就（缘淮）交易”，可见三吴确有估税之征；又《宋书·文帝纪》元嘉十六年（440）十一月诏云：“又州郡估税，所在市调，多有烦刻”，“自今咸依法令，务令优允”。这不仅说明刘宋时期仍在全国范围内征收估税，而且往往以估税之人购买绢帛，又一次加重对劳动人民的剥削。还有《南齐书·武十七王·竟陵文宣王子良传》建元五年上疏中有“顷市司驱扇，租估过刻”之语，则南齐之有估税甚明。

第二，关津之税，南朝也同样征收。《隋书·食货志》在记载了东晋时期的建康西有石头津、东有方山津以及每津设置官吏多人主管监禁亡叛和征收关津之税后，虽无“历宋、齐、梁、陈，如此以为常”的话，但《隋书》诸志所载基本为梁、陈之制。因此，这一情况，也是东晋、南朝共有的。何况《隋书·百官志上》载梁代的太府卿“关津亦皆属焉”。既有关津之设，自然有关津之税。《南齐书·郁林王纪》于永明十一年八月，诏“关市征赋，务从优减”。可见在此之前或以后，确有关津之税的征收。所谓“务从优减”，不过是官样文章而已。

第三，桁渡税与牛埭税的征收，南朝不仅仍有其制，而且有加重的趋势。前引《晋书·孝武帝纪》，谓宁康元年三月，已“诏除丹杨竹格等四桁税”，似乎桁渡税从此取消了。其实不然。这是因为这里所说“诏除”的范围仅限于丹杨郡，数量仅限于“竹格等四桁”，故意味着其他地区仍有桁渡税的征收。事实也确是如此，故刘宋孝武帝大明八年（464）正月诏曰：“东境去岁不捻，宜广商货。远近贩鬻米粟者，可停道中杂税。其以仗自防，悉勿禁。”①这里的“道中杂税”，自然是指货物转运过程中的关津之税和桁渡税、牛埭税等而言。这次之所以停止征收“道中杂税”，目的是为了鼓励商贾运粮支援灾区，故停征杂税的商品范围，仅限于“米粟”。宋孝武帝为了便利粮食向灾区运输，特下诏停征道中杂税，则平时的“道中杂税”之多，可以想见。故萧齐时，仅西陵戍所在地的牛埭税，“官格日三千五百”，而征收的官吏，往往多征，以致出现“日可一倍”的现象，盈缩相兼，“略计年长百万”。正因为牛埭税的油水很大，所以西陵戍主杜元懿请求官府把“浦阳南北津及柳浦四埭”交给他“领摄”②，企图以戍主身份兼征牛埭税及关津之税，中饱私囊。有的地方官及关津主吏，为了能多征关津、桁税及牛埭税等，往往采取许多办法，迫使商贾的货船，必须经过他们的关、津、桁、埭；即使无货，也要纳税；船主自已有人力拉船过埭，也逼其僦牛牵引。因而出现了“或禁遏别道，或空税江行，或扑船倍价，或力周而犹责，凡如此类，不经烦埭牛”而被课以牛埭税的怪现象。以致“埭司责税，依格弗降；旧格新减，尚未议登，格

① 《宋书》卷6，《孝武帝纪》。
② 《南齐书》卷46，《陆慧晓传附顾宪之传》。

外加倍"[①]，牛埭税在不断增加之中。总之，本来是为了便利船只航行而设置的桁、桥、津、埭等水利工程，结果却成了官府千方百计榨取钱财的手段。顾宪之极言牛埭税征收之弊，并请求设制条令，防止官吏作弊，虽然"世祖并从之"[②]，但仍只是官样文章。所以，到了梁武帝大同十一年（545）三月，又有"凡远近分置、内外条流、四方所立屯、传、邸、冶，市埭、桁渡、津税、田园，新旧守宰，遊军戍逻，有不便于民者，尚书州郡各速条上，当随言除省，以舒民患"之诏[③]。在这里，列举了市埭、桁渡及津税三者，可见关津之税与牛埭、桁渡之征，并未因齐时顾宪之的反对而稍省，反之，恰恰说明这些盘剥百姓的征税机构，遍及于全国各州各郡。

第四，"市租"（或"市税"）的征收。由于建康及淮北的诸大小市场依然如故，而且通过南北互市大获其利的官吏及商贾大有人在，因此，终南朝之世，"市租"的征收，虽无具体记载，是决不会中途废除的。故前引《南齐书·郁林王纪》永明十一年八月诏"关市征赋，务从优减"，如果"关"是指关津之税，则"市"便是指"市租"而言。

第五，邸店有邸税。《隋书·百官志上》，载梁的官制中有少府卿，其下有"南塘邸税库"，既有主管邸税的专门机构，则梁有邸税之征无疑。

第六，对具体的商品征收商品税，包括"鱼税"、"酒租"等。以酒租而言，见于《南齐书·东昏侯纪》永元三年（501）条。《纪》云："京邑酒租，皆折使输金，以为金涂。"萧齐时，京邑既有"酒租"，其他地区想亦不会例外。南齐如此，梁、陈时想亦如之。故陈文帝时，"太子中庶子虞荔、御史中丞孔奂以国用不足，奏立煮海盐赋及榷酤之科，诏并施行"[④]。这里的"榷酤之科"，显然是指官营酒业或课取酒税而言，且新增了"盐赋"，益见原有的"酒租"是不会轻易取消的。至于"鱼税"，更属证据灼然。如萧梁时的大官僚萧颖达，曾征收鱼税达"一年五十万"之多，因此而遭到任昉的反对。此税原名"鱼典税"，又叫"鱼军税"，本为邓僧琰所创立，萧颖达不过是效法

---

① 《南齐书》卷46，《陆慧晓传附顾宪之传》。
② 《南齐书》卷46，《陆慧晓传附顾宪之传》。
③ 《梁书》卷3，《武帝纪下》。
④ 《陈书》卷7，《世祖纪》天嘉二年十二月条。

其所为而已[①]。从当时御史中丞任昉反对萧颖达征收鱼税的情况看，表明萧梁时期鱼税的征收尚不十分普遍。然而，到了陈代，其合州刺史陈裒，曾“遣使就漕敛鱼”[②]，可见鱼税的征收，陈时已成定制。

基于上述，表明南朝时期的商税，确有进一步加重的趋势。这既表现为原有桁渡税与牛埭税等税率的增加方面，也表现在新税目的增加方面，更表现在以估税等收入之钱就地购买绢帛，以“烦刻”百姓方面[③]。更兼司市之官，“不由才举”，“许以贾衒”，“前人增估求侠，后人加税请代，如此轮回，终何纪极?”[④] 而所有商税的增加，无一不转嫁到了贫苦农民头上，因此，东晋南朝时期的农民阶级，除了要受一增再增的田租、户调剥削之外，还得承受通过“格外加倍”[⑤] 的商税转嫁而来的经济负担，无怪乎这时的农民阶级，不是逃入山林川泽以图反抗；便是假冒佛道，规避赋役；更多的则是托庇贵族世家以为依附人口，可以“皆无课役”[⑥]。故东晋南朝时期在籍人口之所以长期无所增加，国力之所以长期积弱不振，世族地主之所以能利用依附民开发山林川泽地，都应与官府对农民经济剥削之严重有一定关系。

更令农民阶级不堪忍受者，除上述名目繁多的商税之外，还有专门课之于农民阶级的桥、桁、埭役钱及“塘丁钱”或曰“塘役钱”与“塘丁税”。前面已经论及南朝征收桁税与牛埭税之制。由于这些商税的征收首先需要建立桥、桁（浮桥）与埭（水堰）。而桥、桁、埭的兴建，需要征发民工为之。于是官府便强迫农民增加无偿的徭役劳动，用之于修建桥梁、桁、埭。及桥梁、桁、埭修建成功，还需要不断维修、保护。因此，官府就把这种临时增加的徭役固定化，从而形成了桥役、桁役与埭役。每当桥、杵、埭不需要维修的年份，官府便把这种固定化的徭役折成工值，向官府缴纳，于是就成了桥役钱、桁役钱及埭役钱等税目。所谓“塘役钱”，也同此一样。它本来是农民阶级所承担的

① 《梁书》卷10，《萧颖达传》。
② 《陈书》卷29，《宗元饶传》。
③ 《宋书》卷5，《文帝纪》元嘉十六年十一月条。
④ 《南齐书》卷40，《武十六王·竟陵文宣王子良传》。
⑤ 《南齐书》卷46，《陆慧晓传附顾宪之传》。
⑥ 《隋书》卷24，《食货志》。

修理塘坝的徭役，但久而久之，就固定化为每年必服徭役，然后折钱抵役，就成了“塘役钱”或“塘丁钱”。《南齐书·东昏侯纪》永元三年（501）十二月条，谓“下扬、南徐二州桥、桁、塘、埭丁计功为直，敛取见钱，供太乐主衣杂费。由是所在塘渎，多有隳废。”这条记载，就清楚地说明早在东昏侯永元三年之前，确已存在桥役、桁役、塘役与埭役等强加给农民阶级的徭役负担。从这年开始，将下扬及南徐二州的上述4种徭役按役期与每个功的工值折成现钱。由此可见，从此以后，便增加了桥役钱、桁役钱、埭役钱及塘役钱等税目，而且都属于同桁渡税、牛埭税等商税无关的代役钱，显然是新增加并课之于农民的杂税。

然而，上述4种代役钱，除《南齐书·东昏侯纪》有上述记载外，见于其他记载的仅有塘役钱一项。《南齐书·王敬则传》谓永明二年（484）之后，因为“会土边带湖海，民丁无士庶皆保塘役，敬则以功力有余，悉评敛为钱，送台库以为便宜，上从之”。据此，知把塘役折成现钱缴纳而形成塘丁钱或塘役钱，应在齐武帝永明二年以后不久，而非东昏侯的永元三年始有塘役钱的税目。然则《南齐书·东昏侯纪》所云，是把本来只行于会稽郡的塘丁钱制扩大及于下扬、南徐二州；也是把只适用于塘役折钱之制扩大及于桥役、桁役与埭役折钱缴纳。

如果单就塘役折钱缴纳之制而言，也非始于齐武帝永明二年之后不久，而是早在刘宋时期便已有之。《南齐书·王敬则传》载王敬则建议把塘役折钱并送台库以后，竟陵王萧子良启曰：

> 臣昔忝会稽，粗闲物俗，塘丁所上，本不入官。良由陂湖宜壅，桥路须通，均夫订直，民自为用。若甲分毁坏，则年一修改；若乙限坚完，则终岁无役。今郡通课此直，悉以还台，租赋之外，更生一调。致令塘路崩芜，湖源泄散，害民损政，实此为剧。建元初，狡虏游魂，军用殷广。浙东五郡，丁税一千，乃有质卖妻儿，以充此限，道路愁穷，不可闻见。所逋尚多，收上事绝。臣登具启闻，即蒙蠲原。而此年租课，三分逋一，明知徒足扰民，实自弊国。愚谓塘丁一条，宜还复旧，在所恤，优量原除。凡应受钱，不限大小，仍令在所，折市布帛。若民有杂物，是军国所须者，听随价准直，不必一应

送钱，于公不亏其用，在私实荷其渥。

据此，知塘丁之役折纳办法，早在建元初年之前便已经如此。不过，当时仅以塘丁钱交由地方掌握，“民自为用”，“并不入官”。王敬则之建议送台库，才产生“郡通课此直，悉以还台，租赋之外，更生一调”的弊病。由此可见，王敬则所建议的，并非以塘丁之役折钱缴纳之制，而只是以“本不入官”，“民自为用”的塘丁钱上缴国库而已。至于“本不入官”，“民自为用”的塘丁钱征收税率，也有一个由少到多的变化发展过程。大约建元初年之前，每个塘丁之税不多，但到了“建元初”年，由于“军用殷广”，便命“浙东五郡，丁税一千”。塘丁无法完纳，弄得“质卖妻儿”，苦不堪言，还多有逋欠。因此，到了永明二年，萧子良才建议“塘丁一条，宜还复旧”，即恢复到建元初年之前的少于“丁税一千”的税率和“不入官”、“民自为用”的状况。在实际缴纳塘丁钱时，也可以用军国所需的实物折纳，不一定都纳现钱。由此可见，塘丁钱或塘役钱这一杂税的征收。确始于刘宋时期。甚至还有可能始于东晋时期，这是因为它同塘役有联系的缘故。塘役同桁役、埭役、桥役一样，既始于东晋时期，那么，南朝时期把这些役折钱缴纳就有了可能。

南朝时期除了上述诸杂税外，还存在“修城钱”的征收。“修城钱”之名，不见于前此正史。《南齐书·武帝纪》载其于建元四年（482）三月癸酉即位之时诏曰：

城直之制，历代宜同，顷岁逋弛，遂以万计。虽在宪宜惩，而原心可亮。积年逋城，可悉原荡。自兹以后，申明旧科，有违纠裁。

这里的“城直之制”，不知所云为何。据《南齐书·海陵王纪》延兴元年(494）十月癸巳诏：“诸县使村长、路都，防城直县，为剧尤深，亦宜禁断。”则“城直”就是村长、路都的“防城直县”之役。所谓城直之制似即指此。果如此，则早在建元四年之前，便已有“城直”的徭役。所谓“顷岁逋弛”，指城直之制放松了。“遂以万计”，即“逋弛”的数量达到万数以上，这里可指人，也可指钱。下云“积年逋城，可悉原荡”，即以前拖欠的“逋城”一概不追收了，这样就只可能是指钱了。这表明以钱代“城直”之役的制度早已实行。同此一事，在《南史·齐本纪》里作：

（建元四年三月）癸酉，诏免逋城钱。自今以后，申明旧制。

初，晋、宋旧制，受官二十日，辄送修城钱二千。宋泰始初，军役大起，受官者万计，兵戎机急，事有未遑，自是令仆以下，并不输送。二十年中，大限不可胜计，文符督切，扰乱在所，至今除荡，百姓悦焉。

这里以"逋城"作"逋城钱"，可见城直之役早已用钱代替，变成了另外一种税名。但其税名本为"修城钱"，而且是晋、宋旧制，足见这种"修城钱"的税目，东晋便有了。修城钱虽由官吏上纳，但出之于民，故荡除逋责时，"百姓悦焉"。这次"除荡"，仅限于逋负，并非取消此税。故海陵王延兴元年，还有"城直"之制存在，可见"修城钱"与城直之役是二重并存的，并非以"修城钱"代城直之役。

此外，还有"池籞税"。《南史·齐本纪》建元元年（479）四月己亥齐高帝即位时诏"停太官池籞税"。此事在《南齐书·高帝纪下》同年四月己亥诏中，作"太官池籞，宫停税入，优量省置"，《册府元龟》卷191《闰位部·政令门》引此条，"宫"作"宜"。因此，《南史》作"太官池籞税"是正确的。

除上述桥、桁、塘、埭等役的代役税之外，南朝时期还有正调之外的各种杂调。所谓"杂调"，是在正规的赋调之外的额外征课，或为紧急需要，或为官吏贪污，或系临时加派，总之是不遵常制的杂税，而且其征多为实物，杂调之物，几乎无所不包。例如《晋书·庾亮传附弟翼传》，谓翼北伐时，曾"并发六州奴及车牛驴马，百姓嗟怨"①。又《宋书·武帝纪中》载义熙七年（411）十一月，刘裕至江陵下令曰："凡租税调役，悉宜以见户为正。州郡县屯田池塞，诸非军国所资，利入守宰者，今一切除之。州郡县吏，皆依尚书定制实户置。台调癸卯梓材，庚子皮毛，可悉停省，别量所出。"由此可见，东晋时期的"租税调役"，属于赋税者便占其三；三种赋税中，种种都有额外征收，而且多以"台调"的名义出现，时而调梓材，时而调皮毛。刘裕虽下令免除，也未必奏效。所以，到南齐时期，又有"雉头、鹤氅、白鹭缞"之调，

① 六州，指江、荆、司、雍、梁、益。

加上“亲幸小人，因缘为奸利，课一输十，郡县无敢言者”[1] 除调发各种珍贵稀有之物外，还有额外征收口钱者，如南齐建元二年（480），“以谷过贱，听民以米当口钱，优评斛一百”[2]。时萧嶷为都督荆、湘等八州诸军事及荆、湘二州刺史，则此八州之地的居民，都增加了“口钱”之征。此外，据《陈书·高祖纪》《世祖纪》及《宣帝纪》所载，多次提到有军粮、军资的征收，而且说“近所罢军资，本充戎备”，足见军资、军粮等项，都是在正规的丁租、亩税及禄米、禄绢之外新增税目，也应属于杂税、杂调之列。

综观东晋、南朝时期杂税制度的情况，反映出它具有如下明显的特征：

首先，东晋、南朝的杂税，有不断加重的趋势。这种加重，不仅有新的杂税税目的不断出现，而且同一杂税的税率在不断加重之中。前者如桁渡税、牛埭税、塘丁税等的增加，后者如塘丁税的由少增多至丁税千钱，牛埭税目由3500到加倍。有的新杂税，本系临时征收，而且“本不入官”，“由民自为用”的，后来却变成定额，又要送台库，等于在“租赋之外，更生一调”。久而久之，杂税、杂调的名目繁多，形成了“赋调云起”[3] 和“百端输调”[4] 的局面。致使东晋、南朝时期农民阶级的租赋负担，日重一日。

其次，在杂税中，商税的比重日益增加，这直接反映出江南地区商品经济的发展水平，不仅超过北方，也超过三国和西晋时期，甚至还超过秦汉。因此，我们不能笼统地认为魏晋南北朝时期是自然经济时代。但是，由于关卡林立，关津之税沉重，又妨碍了商品经济的发展，使工商业经济只能以封建制度的补充形式出现。

其三，在商税与杂税中，几乎绝大部分是以钱币纳税的。这不仅反映出钱币的流通量之大，而且也影响到官吏俸禄的支付与官府的赏赐，大都使用钱币；甚至官府所需要的粮食与布帛，也多使用钱币购买。从而使整个赋税制度又发生了由实物税向钱币税发展的明显迹象。

其四，由于杂税在整个赋税制度中比重的增加，就使得三国、西晋以来以

---

① 《南齐书》卷7，《东昏侯纪》永元三年条。
② 《南齐书》卷22，《豫章王萧嶷传》。
③ 《梁书》卷53，《良吏传序》。
④ 《南齐书》卷46，《王敬则传附顾宪之传》。

田租、户调为主骨的赋税制度，变成了“租税调役”并列的格局。

其五，在“租税调”三者征收的时间方面，也出现了“夏调”和“田租可申至秋登”征收的税法①，可见唐代的分夏、秋两季征收的两税法，在征收时间方面，也许与此有渊源关系。

第四节　十六国、北朝时期的杂税

十六国时期，由于无日无战火，手工业与商业几乎绝迹，就连农业也只能在局部地区艰难地进行，所以，各少数民族政权的赋税征收，多限于以家庭手工业与农业相结合为基础的田租、户调等实物税，没有征收商税的条件与可能。因此，现存的十六国时期的有关史料，均无这方面的记载。但是，即使如此，也不免有实物之贡。如后赵石虎统治时期，虽“解西山之禁”，但“蒲苇、鱼、盐”还有“岁供”②。又后秦政权姚兴统治时期，“以国用不足，增关津之税，盐、竹、山林，皆有赋焉”③。从“增关津之税”的话来看，表明在此之前已有关津之税的征收。至于“盐、竹、山木，皆有赋焉”，则属于几种不同的商品税。当姚兴实行这一政策时，“群臣咸谏”，他们反对增加关津之税，但姚兴却说：“能踰关梁通利于山水者，皆豪富之家。吾损有余以裨不足，有何不可！”④ 终于还是实行了“增关津之税”的措施。足见这时北方的商业贸易已逐步有所恢复。总之，十六国时期商税之所以远不若东晋南朝，甚至也不如三国和西晋时期，主要是由于这时北方的工商业受到了严重破坏，缺乏实行关津之制和征收各种商税的客观条件造成的。

到了北魏时期，北部中国虽然在逐步走向统一，农业经济也日渐得到恢复，为工商业的恢复与发展提供了一定的条件。但是，由于当时拓跋族尚定都于平城，就其整个经济状况而言，主要还是仰赖于畜牧经济；他们又把大批中

① 《陈书》卷5，《宣帝纪》。

② 《晋书》卷106，《石季龙载记上》。

③ 《晋书》卷118，《姚兴载记下》。

④ 《晋书》卷118，《姚兴载记下》。

原地区的手工业工人强迫迁徙到平城①，并由官府控制，致使当时北方的民间手工业与商业仍处于窒息状态。被集中到平城的“百工伎巧”，不许他们与士族杂居，被指定居住于固定地区，虽然仍允许“伎作屠贩”，“买卖任情”，“不设科禁”②，却并未带来工商业的发展。相反，到世祖拓跋焘时期，官府加强了对百工伎巧的控制，不允许官吏、贵族及平民“私养……金银工巧之人在其家”，有则“皆遣诣官曹”，“过期不出”者，百工伎巧要处死，私养者要“门诛”，而且所有被官府控制的“百工伎巧”，“皆当习其父兄之业”，不许改业，违者也要处以死刑③；这样一来，就严重地影响了民间私营手工业与商业的恢复与发展。直到孝文帝延兴二年（472）四月，才有“工商杂伎使尽赴农”④ 的规定到太和七年（483）三月，“又弛关津之禁，任其去来”⑤；太和十一年（487）十月，始作出“罢尚方锦绣绫罗之工，四民欲造，任之无禁”⑥的规定。因此，到北魏后期，才逐步有民间手工业与商业的出现。从而为包括商税在内的杂税制度的产生创造了条件。故北魏后期的新都洛阳，已有专供商贾贸易的固定市区。如“出西阳门四里，御道南有洛阳大市，周回八里”⑦。又洛阳大市之东，“有通商、达货二里。里内之人，尽皆工巧，屠贩为业，资财巨万。有刘宝者，最为富室，州郡都会之处，皆立一宅，各养马一匹，至于盐、粟贵贱，市价高下，所在一例。舟车所通，足迹所履，莫不商贩焉。是以海内之货，咸萃其庭，产匹铜山，家藏金穴”。又“市西有退酤。治觞二里，里内之人多酝酒为业”。又“市北慈孝、奉终二里，里内之人以卖棺椁为业”。此外“别有准财、金肆二里，富人在焉”。加上“市南调音、乐律二里”，“凡此十里，多诸工商货殖之民”⑧。既然有固定市场，不可能没

---

① 《魏书》卷2，《太祖纪》天兴二年（398）正月，“徙山东六州民吏及徒何高丽杂夷三十六万，百工伎巧十余万口以充京师”。

② 《魏书》卷60，《韩麒麟传附子显宗传》所载显宗上孝文帝书。

③ 《魏书》卷4下，《世祖纪下》太平真君五年条。

④ 《魏书》卷7上，《高祖纪上》。

⑤ 《魏书》卷7上，《高祖纪上》。

⑥ 《魏书》卷7下，《高祖纪下》。

⑦ 杨衒之：《洛阳伽蓝记》卷4，《城西》。

⑧ 杨衒之：《洛阳伽蓝记》卷4，《城西》。

有“市租”的征收；工商业既已如此发达，也不能没有商税之制。只因史籍记载，无以知其详而已。但从魏末的情况看，北魏后期有市税之征是毫无疑问的。《魏书·前废帝纪》普泰元年（531）二月，“改建明二年为普泰元年。其税市及税盐之官，可悉废之。”由此可见在此之前，北魏确已有市税及盐税等的征收。又《魏书·食货志》云：“孝昌二年（526）冬……又税市，入者人一钱，其店舍为五等，收税有差。”① 据此，知孝昌二年所增加商税为市门之税②及邸店之税，并非征之于商贾的营业税——市租，更非课之于食盐的盐税。因此，北魏后期市税及盐税之制，应在孝昌二年之前便已经有了。

至于东魏、北齐与西魏、北周时期的杂税制度，由于继承了北魏后期的商税征收之制，在史籍中已有较多的反映。

以东魏、北齐来说，正税之外的杂税、杂调，已有层出不穷之势。《北齐书·元坦传》云：元坦于东魏时期为司州牧，“禄厚位尊，贪求滋甚，卖狱鬻官，不知纪极。为御史劾奏免官。……寻起为特进，出为冀州刺史，专复聚敛。每百姓纳赋，除正税外，别先责绢五匹，然后为受”。这是正调之外的杂调，每户多达绢5匹，额外剥削之重可知。《北齐书·段荣传附子孝言传》，谓北齐初年，“时苑内须果木③，科民间及僧寺备输，悉分向其私宅种植。又殿内及园须石，差车牛从漳河运载，复分车回取”。像这样的科于民间的果木及运石车牛，也属于正税之外的杂调、杂税。特别是北齐天统、武平年间，“征税烦杂。又高元海执政，断渔猎，人家无以自资。诸商胡负官责息者，宦者陈德信纵其妄注淮南富家，令州县征责。又勑送突厥马数千匹于扬州管内，令土豪贵买之，钱直始入，便出敕括江、淮间马，并送官厩。由是百姓骚扰，

① 《魏书》卷9，《肃宗纪》孝昌二年闰十一月条作“税市人出入者人一钱，店舍为五等”。《北史》卷4，《魏本纪》同此。《册府元龟》卷504，《邦计部·关市门》所引此条亦同此，可见《魏志》漏“出”及“各”二字，中华书局标点本校勘记惜未核出。

② 据《周书》卷3，《孝闵帝纪》元年（557）“初除市门税”；《资治通鉴》卷167同条胡三省注，认为“市门之税”即出入市门者人一钱之税，故知为市门税。

③ 《北齐书》卷16，《段荣传子韶传》谓，大宁年间，韶除并州刺史，官府曾以高归彦的“果园一千亩”赏赐给他。足见北齐的地主大都有果园。但此处之“苑”，系指皇家之苑囿。

切齿嗟怨”[①]。总之，除了“军国责办，赋敛无准”之外，“又勋贵属请，朝夕征求”[②]，杂税、杂调之烦重，使百姓无所措手足。何况除此之外，还有商税性质的杂税。《北史·齐本纪》武平六年（575）八月，“以军国资用不足，税关市、舟车、山泽、盐铁、店肆，轻重各有差，开酒禁”。《隋书·食货志》也说：“武平之后，权幸并进，赐与无限，加之旱蝗，国用转屈。乃料境内六等富人。调令出钱。而给事黄门侍郎颜之推奏请立关市邸店之税，开府邓昌颙赞之，后主大悦。于是以其所入，以供御府声色之费，军国之用不豫焉。”由此可见，不仅全部恢复了北魏后期的关津之税、市门税、邸店之税，而且新增了盐、铁、山泽、舟车之税，商税名目之多，于此可见一斑。只是因为史籍未载明各种商税的税率及邸店分为五等征收的具体做法，故不知其详情而已。总之，商税之繁多，也反映出北朝后期，特别是东魏、北齐统治的山东地区，商品经济在整个社会经济中的比重在增加，十六国时期及北朝前期那种自然经济占绝对优势的状况，已多少有所改变。尽管其工商业的发展水平与商品经济的比重仍远不及南朝统治地区，但南、北双方发展总趋势却是一致的。

再以西魏、北周统治的地区而言，也同样有商税的征收。如《周书·孝闵帝纪》元年（557）正月，诏“初除市门税”。按“市门税”之名，此为第一次出现，既曰“初除”，则前已有此制。考《资治通鉴》卷167《陈纪》永定元年（557）正月条，周王“除市门税”，胡三省注曰：“魏末，盗贼群起，国用不足，税入市门者人一钱，今除之。”由此可见，魏末孝昌二年“税市人出入者各一钱”的制度，即“市门税”。又《周书·宣帝纪》大象二年（580）正月，“初税入市者，人一钱”。按市门之税，早在魏末已经有之，北周之初始废除，故不能云“初税入市者”，查《册府元龟》卷504《邦计部·关市门》，亦载此事，作“复税入市者，人一钱”，是比较准确的。故《隋书·食货志》把前后联系起来，谓“闵帝元年，初除市门税。及宣帝即位，复兴入市之税”。其他关津、邸店、舟车、盐铁之税，则无所闻，可见北周的

① 《北齐书》卷42，《卢潜传》。
② 《北齐书》卷43，《许惇传》。

商税及其他杂税，都比北齐为轻。无怪乎唐人魏征在谈北齐灭亡的原因时说："齐自河清之后，逮于武平之末，土木之功不息，嫔嫱之选无已，征税尽，人力殚，物产无以给其求，江海不能赡其欲"①。可见北齐杂税之繁和北周杂税甚少，实与北周之能灭亡北齐有一定关系。

① 《北齐书》卷8，《后主纪》末附魏征论语。

主编简介

高 敏 1927年生，湖南桃江人。武汉大学历史系本科、硕士研究生毕业。历任郑州大学历史研究所名誉所长、教授，中国史学会理事，中国秦汉史学会与唐史学会顾问，中国魏晋南北朝史学会常务理事，河南省史学会会长及武汉大学教授，为博士导师。先后获国家、国家教育部及省级一、二等奖十余项。1986年被评为河南省研究生教育优秀指导教师，1989年被评为全国教育系统劳动模范，1990年被授予河南省首批优秀专家称号，同年被国家人事部评为国家有突出贡献专家，并享受国务院特殊津贴。主要著作：《秦汉史论集》《秦汉魏晋南北朝土地制度研究》《魏晋南北朝社会经济史探讨》《魏晋南北朝兵制研究》《秦汉史探讨》《云梦秦简初探》及其增订本等；点校永乐大典本《河南志》及《授堂金石跋》；论文160余篇。

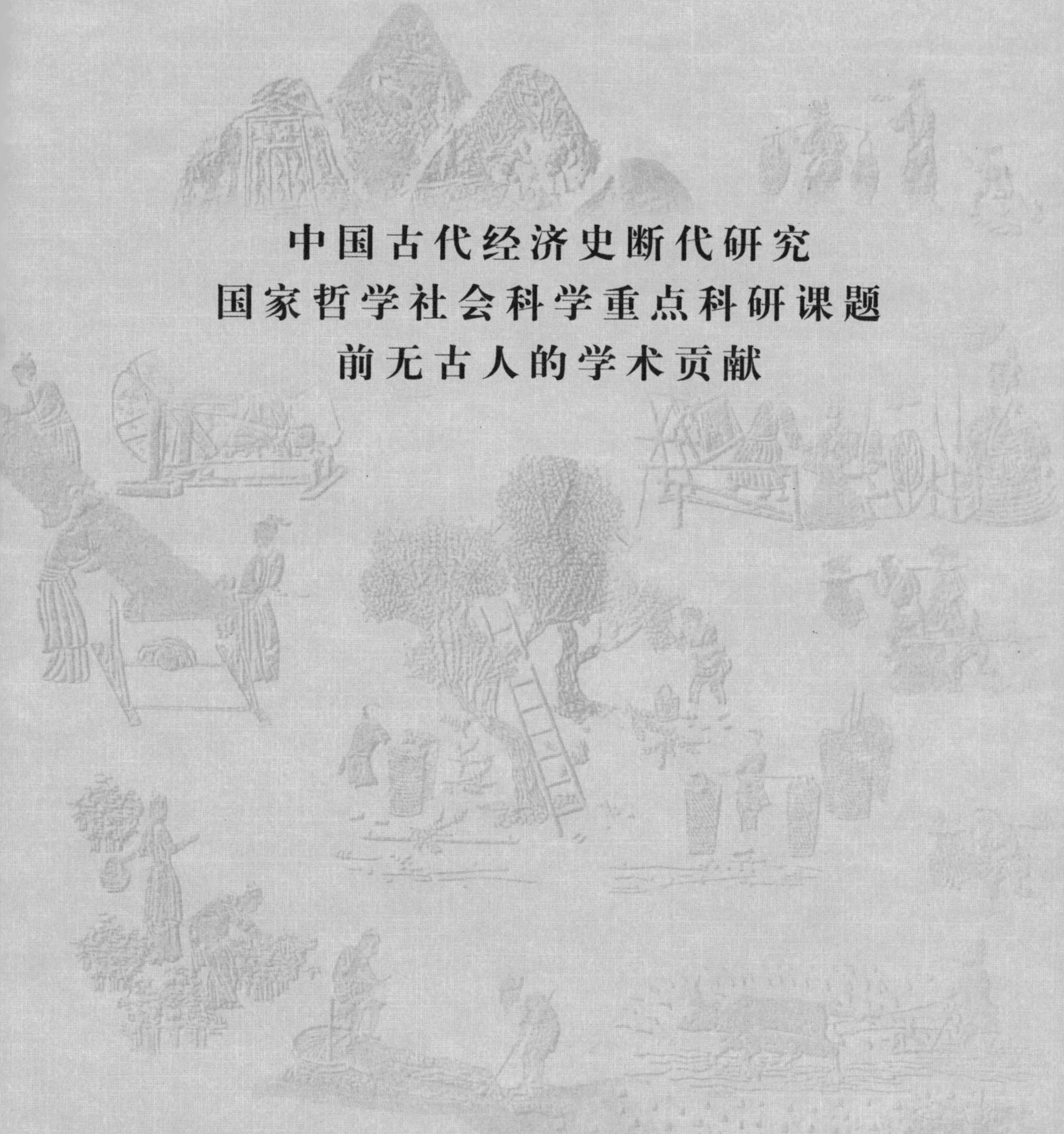

中国古代经济史断代研究
国家哲学社会科学重点科研课题
前无古人的学术贡献

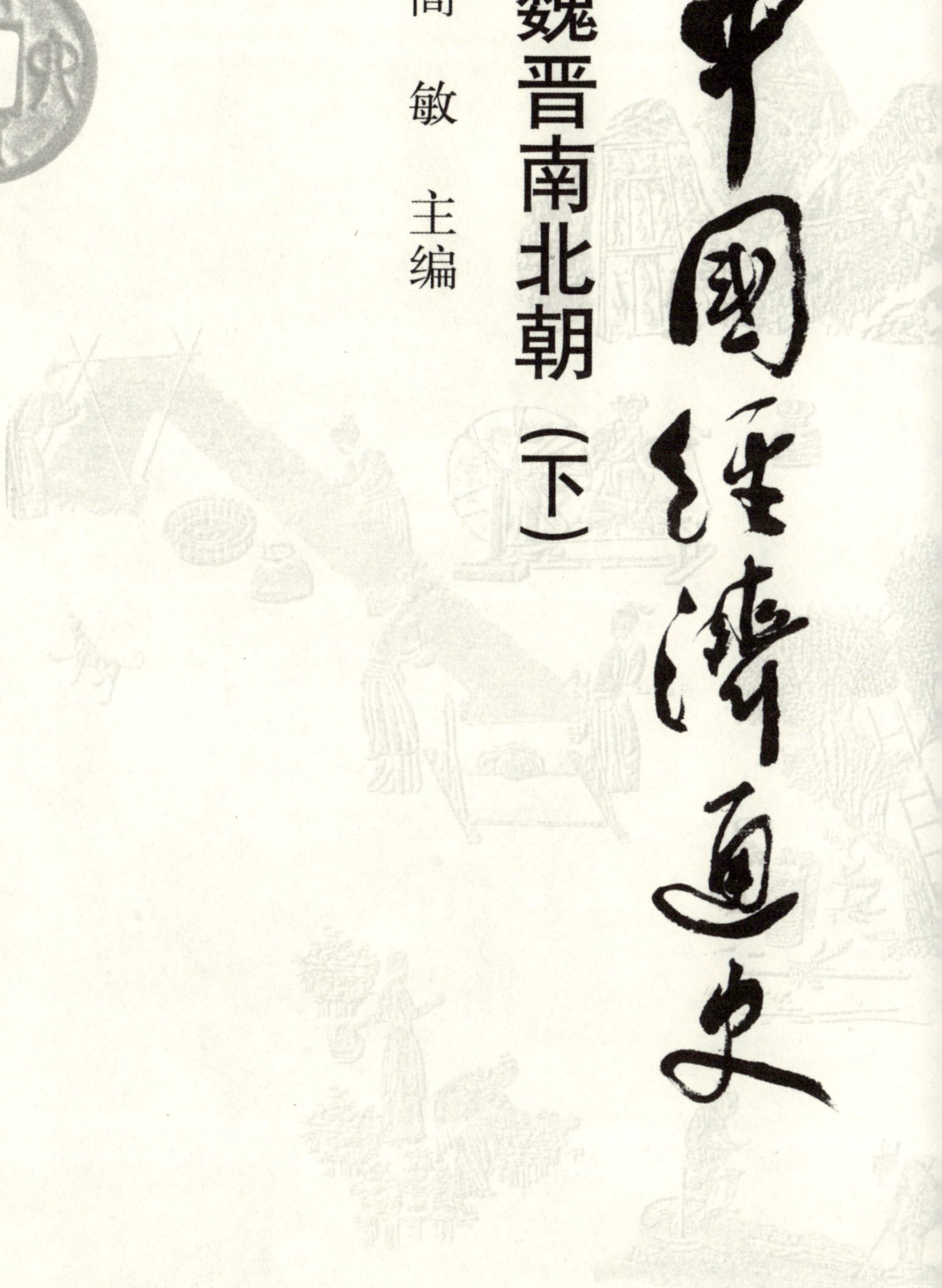

中國經濟通史

魏晋南北朝（下）

高敏 主编

經濟日報出版社

目　录（下）

第十一章 魏晋南北朝的徭役制度（上）

徭役制度，是封建统治者通过经济外的手段即政权与法权强制其居民为他们从事无偿劳动的制度。所以，封建社会的徭役劳动是从奴隶制那里直接继承下来的东西，它是以对劳动者的人身奴役为条件的。封建依附民为官府服无偿劳役，同奴隶为奴隶主从事无偿劳动在本质上是一致的。如果说有所不同的话，仅仅在于奴隶为其主人从事无偿劳动是终身的、无条件的和私人性的劳动，而封建依附民为官府服役则是有限的、有条件的和披上了为社会、为国家尽义务的外衣的劳动。因此之故，徭役时间的长短、服徭范围的广狭和徭役的繁重程度，直接反映出服役者人身依附性和缺少人身自由的程度，也可以说明封建生产关系本身发展的水平与程度。

在探讨徭役制度的过程中，必然要涉及到兵役制度。这是因为从广义的角度去看待徭役，也是包括兵役在内的，二者有密切的联系。这种联系主要表现在如下几个方面：第一，二者的本质属性是共同的，即徭役和兵役都是封建社会的剥削阶级和统治阶级无偿占有劳动人民剩余劳动的一种剥削形式。如果说赋税剥削与地租剥削是剥削者与统治者占有劳动人民剩余劳动产品的剥削形式的话，那么，徭役与兵役则是他们占有劳动人民剩余劳动时间的一种剥削形式。第二，二者的实现方式也是一致的，即徭役与兵役都是通过政权与法权等超经济的强制手段实现的，因而二者都是以劳动人民对统治者与剥削者的人身依附和人身的不自由为基础条件的。第三，服徭役与服兵役的役龄和对象也有一致之处。一般说来，服徭役的劳动人民，大都要服兵役，而且始役的年龄与止役的年龄除个别时期外也大体是一致的。第四，在服役的内容与范围方面，也有重合的部分。以服兵役者而言，既有军事方面的任务，又要参加一定的生产劳动。基于这些情况，故徭役与兵役是有密切联系的，广义的徭役应是包括兵役在内。但是，二者毕竟又是有区别的：首先，二者虽在本质属性上有相同之处，但并非完全一致。以兵役而言，它是在一定国家形态下的臣民对于其国家的一种职责，具有一定程度的必要性与义务性，而且这种性质随国家阶级属性的不同而有差别；而徭役则任何时期都表现为剥削制度的一种表现形式，没有任何正当性可言。其次，从服役范围来说，徭役主要表现为从事生产性劳役，而兵役则主要表现为从事训练、守卫、戒备与战斗等非生产性活动，尽管二者有重合面，也不是主要的方面。其三，徭役劳动制的实现，是通过整个剥削制度去实现的，作为国家的各级统治机构，都是实现徭役制度的暴力机构；而兵役的实现，则主要是通过国家机构中的军事组织系统去实现的。其四，二者在服役期限及服役期间的生活待遇等方面，也存在明显的差别。[①] 因此，又不能将封建社会的兵役同徭役完全混为一谈。本章所要讨论的，主要是指狭义的徭役而言，力图把它同兵役制度区别开来。

由于魏晋南北朝时期，朝代更替频繁，后期又南北分裂，因此，在土地制度、租税制度与徭役制度等方面，都不同于前此之秦汉时期和后此之隋唐时期那么整齐划一和统一单纯。为了显示出南朝与北朝的制度差异和发展道路的不尽相同，本章也采用三国、两晋、南朝的徭役制度与十六国北朝的徭役制度并列叙述的方法，借以利于比较而察其异同。与此同时，又以一定的篇幅叙述整个魏晋南北朝时期徭役制度的共同特征，借以体现其共同的规律性。由于字数较多，故分上下两章。

第一节　三国两晋南朝的徭役制度的役龄及其演变

三国、两晋、南朝时期劳动人民的徭役负担是极其繁重的。而要明白其繁重程度，与这时徭役制度中关于服役者的起役与止役的年龄有密切关系。因此，有必要首先阐明这一问题。

关于役龄的问题，涉及徭役制度中的“丁、中、老、小”制度。所谓“丁、中、老、小”制度，即关于服役者起役、止役的年龄标准与服全役和服

① 高敏：《秦汉徭役制度辨析（上）》，刊《郑州大学学报》，1985 年第 3 期。

半役的年龄界线的规定。其中的“丁”为成年服全役者之称，“中”为半成年服半役者之号，“老、小”，为未成年和超过服役年龄者的名称，属于免役范围。因此，探讨“丁、中、老、小”制度的变化发展规律，不仅是研究整个徭役制度变化发展规律的重要方面，而且是判断徭役是否繁重的关键所在。

我们知道，根据新近出土的《睡虎地秦墓竹简》中的《编年记》所载，证明战国时期的秦国和灭六国后的秦王朝，均以15周岁或十六七岁为成年始役的年龄标准，否定了过去关于秦以23岁始役的传统说法。① 西汉因之，仍以15周岁为成丁标准，有爵者以56岁为老免年龄起点，无爵者以60岁老免。卫宏《汉官旧仪》所说：“男子赐爵一级以上，有罪以减，五十六免，无爵为士伍，年六十乃老免”即其证。② 既然以15岁成丁始役，则14岁以下便为小，因此之故，汉代对成年人征收的“算赋”和对未成年者征收的“口钱”，也以14岁为分界线。即7～14岁征口钱，15岁以上征算赋。按口钱、算赋制度，是由军役演变而来且同军需有密切关系，③ 故其征赋年龄，同成丁服役的年龄一致，是完全可以理解的。到西汉景帝前元二年（前155）十二月，“令天下男子二十始傅”④，即以20岁为成丁始役年龄起点。到昭帝时又提高3岁，改为“二十三始傅，五十六而免”⑤。从此成为定制，历西汉中后期及东汉无变化。故《汉仪注》及《汉律》均以23岁为始役年龄、56岁为老免年龄。每个服役者一生服役23年，较秦和西汉中前期一生服役45年大有减轻。

但是，到了汉末、三国时期，情况又为之大变，即发生了始役年龄降低和

---

① 高敏：《云梦秦简初探（增订本）》中之《关于秦时服役者年龄问题的探讨》一文。此文认定为15周岁成年。但也有人主张以16岁或17岁为成年标准的。尽管如此，但有共同的看法：秦时非23岁成年始役。

② 高敏：《云梦秦简初探（增订本）》中之《关于秦时服役者年龄问题的探讨》一文。此文认定为15周岁成年。但也有人主张以16岁或17岁为成年标准的。尽管如此，但有共同的看法：秦时非23岁成年始役。

③ 李剑农先生：《先秦两汉经济史稿》之《赋税之种类与变迁》及高敏：《秦汉史论集》中《秦汉赋税制度考释》一文。

④ 《汉书》卷5，《景帝纪》。

⑤ 《盐铁论·未通篇》。

止役年龄升高的变化。[①] 由于《三国志》无《志》，《晋书》卷26《食货志》也未补载三国丁役年龄，故只能从有限的记载中作些探索。《三国志》卷1《魏书·武帝纪》建安二十三年（218）四月条注引《魏书》载王《令》曰：

其令吏民男女：年七十已上无夫、子；若年十二已下无父母、兄弟；及目无所见，手不能作，足不能行，而无妻子、父兄产业者，廪食终身；幼者至十二止，贫穷不能自赡者，随口给贷。老耄须侍养者，年九十已上，复不事，家一人。

这是曹操为了抚慰因疫疠、战争而“凋伤”的百姓所作的规定。据此，可知12岁为幼年即“小”的上界，然则13岁可能是半役者即“中”的年龄起点，70岁可能是老免年龄的起点。又《晋书》卷92《文苑·赵至传》云：

（至）年十四，诣洛阳，游太学……后乃亡到山阳，求（嵇）康不得而还。又将远学，母禁之，至遂阳狂，走三五里，辄追得之。年十六，游邺。复与康相遇，随康还山阳，改名浚，字允元。

又《世说新语》卷上之上《语言篇》注引嵇绍《赵至传》曰：

（至）年十四入太学……至年十五，阳病，数数狂走五里三里，为家追得。又炙身体十数处。年十六，遂亡命，径至洛阳，求索先君不得（“先君”是嵇绍对嵇康之称——引者识）……

赵至本为一个“士伍”家庭出身的人，其父在曹魏从事屯田劳动，故赵至“闻父耕叱牛声”[②]。由于曹魏“士家”被集中于洛阳、邺城等地，且系父死子继的世代兵户，不许改业。故赵至要想摆脱“士家”身份和脱离“士籍”，必须要逃离本地，改名占籍他乡才有可能。赵至之所以要装疯和炙身，是为他的逃跑创造条件。他的装疯的时间恰恰发生于“十五岁”，正式逃亡的时间为“十六岁”时。这两个时间概念，应与曹魏士家的征发入伍年龄有关，正如唐长孺先生所说：“赵至逃亡是十六岁，这是个重要的年龄”[③]。其所以重要，在

① 有人认为魏晋南北朝的役龄、役期无具体规定，张泽咸研究员在其《六朝的徭役制度》一文中，便持此观点。但也有人认为可找出其役龄、役期的大致界限。

② 《晋书》卷92，《文苑·赵至传》，《世说新语·语言篇》注引《赵至叙》作“蚤闻父耕叱牛声”。

③ 唐长孺先生：《魏晋南北朝史论丛》，第35页。

于它反映出曹魏时士家被征发入伍的年龄界限。由此可见，曹魏时成丁始役的年龄有可能是16岁。《三国志》卷48《吴书·孙亮传》太平二年（257）四月条云：

亮临正殿，大赦，始亲政事。（孙）綝所表奏，多见难问，又科兵子弟年十八已下、十五已上，得三千余人，选大将子弟年少有勇力者为之将帅。亮曰："吾立此军，欲与之俱长。"日于苑中习焉。

我们知道，东吴也实行了有兵籍的世兵制，凡属兵家，世代为兵。孙亮始亲政事时所立的亲兵，便是从其兵家子弟中挑选的，挑选的年龄标准是15岁到18岁。由此可见，东吴兵士始役年龄为15岁。① 曹魏、东吴的制度，大体能代表三国制度的共同倾向。所以，汉末三国之际，是兵役、徭役始役年龄下移的时期，即回复到秦和西汉之初的15岁始役状况。其所以这一变化发生于此时，应与这时人口锐减，而战争不已，所需兵役、徭役却有增加的情况有密切关系。

三国的成丁之制如此，西晋也不例外。《文馆词林》（适园丛书本）卷662载晋武帝咸宁五年（279）的伐吴诏曰：

令调诸士家，有二丁、三丁者取一人，四丁取二人，六丁以上三人，限年十七以上至五十以还，先取有妻息者。

咸宁五年，司马氏灭蜀代魏已十余年。这次为了伐吴之故，从兵家中发人出征，年龄限于17岁以上到50岁。50岁虽然不一定是老免的年龄，但17岁应当是始役年龄的起点，也许这正是西晋初年的丁年标准。② 从曹魏时的16岁始役、东吴的15岁入伍到西晋咸宁五年前的17岁入伍，虽然在始役年龄标准方面呈现出不一致的情况，但较汉代的23岁始役均有明显降低始役年龄的倾向。

西晋平吴之后，又把成丁始役年龄的起点从17岁降低到16岁；老免年龄则确定为66岁。《晋书》卷26《食货志》云：

又平吴之后……又制户调之式：丁男之户，岁输绢三匹、绵三

---

① 《三国志》卷50，《吴书·孙皓滕夫人传》注引《江表传》云：孙皓"使黄门备行州郡，科取将吏家女，其二千石大臣子女，皆当岁岁言名，年十五、六一简阅，简阅不中，乃得出嫁。"由此可见，女子也以十五六岁为成年标准。

② 《晋书》卷3，《武帝纪》太康元年五月庚午，"诏诸士卒年六十以上罢归于家。"可见太康元年之前，老免年龄至少在60岁以上。

斤，女及次丁男为户者半输。……男女年十六已上至六十为正丁，十五已下至十三、六十一已上至六十五为次丁，十二已下、六十六已上为老、小，不事。

这个法令，对于丁、中、老、小的年龄界限作了明确规定。加以简化，即成下表：

正丁（全丁）	16~60岁	全役
次丁（即“中”又曰“半丁”）	13岁以上~15岁 61岁以上~65岁	半役
老 小	66岁以上 12岁以上	免役[1]

按秦和西汉之初，服役年龄段的划分只有丁、老、小三段，即15岁成丁服役、56岁（有爵者）或60岁（无爵者）以上为老，14岁以下为小，老、小均不事。西汉昭帝以后迄于东汉末，变化为23岁成丁始役，60岁以上老免，22岁以下为未成年不役。三国与西晋时期，如前所述虽有15岁、16岁和17岁成丁始役之制，却无老、小的年龄段划分。到西晋平吴之后，才正式确立丁、中、老、小的年龄段划分，为隋唐以后的黄、小、中、丁、老年龄划分之制奠定了基础。西晋之制的另一个特征，在于把丁区分为“正丁”与“次丁”。随之而来的，服役也发生了全役与半役的区别。半役者，当其服役时，也为始役。[2]因而始役年龄便发生了13岁与16岁之分。正因为始役的标准不明，就使得地主官吏在征发徭役时可以用次丁充正丁（或以半丁充全丁），加重徭役剥削。《晋书》卷4《惠帝纪》太安二年（303）十一月，在统治阶级的内部争夺战争中，有的征发“男子十三以上皆从役”，便是以半丁从役之证。东晋时期更为普遍。正如《晋书》卷75《范汪传附子宁传》于东晋孝武帝时所云：

今以十六为全丁，则备成人之役矣。以十三为半丁，所任非复幼

---

① 关于“全丁”、“半丁”之名及全役、半役之说，详见后引《晋书》卷75，《范伍传附子宁传》及《宋书》卷42，《王弘传》等。

② 《晋书》卷4，《惠帝纪》太安二年十一月，为了对付张方，乃发王公奴婢手舂给兵廪，一品已下不从征者，男子13岁以上皆从役。可见13岁以上确已有被征发服役者。

童之事矣。岂可伤天理，违经典，困苦万姓，乃至此乎？今宜修礼文，以二十为全丁，十六至十九为半丁，则人无夭折，生长滋繁矣。帝善之。

由此可见，西晋太康元年所定之制，到东晋时期仍无改变，仍行如上所云丁、中、老、小之制。东晋孝武帝时虽有范宁上表主张把正丁16岁起点改为20岁，次丁的13岁起点改为16岁，而且有"帝善之"的记载，《资治通鉴》卷107《晋纪》孝武帝太元十四年（389）条亦载此事，且云"帝多纳用之"，似乎从此以后改变了西晋太康之制。实则并非如此。这是因为，首先，《晋书》卷26《食货志》对孝武帝的改制只字未提，可见并未改变此制。其次，《宋书》卷2《武帝纪中》载义熙十年（415）三月刘裕在江陵下书曰："……荆，雍二州，西局、蛮府吏及军人年十二以还，六十以上，及扶养孤幼，单丁大难，悉仰遣之。"既然此时"十二以还"和"六十以上"的人还在服役，正同西晋太康之制符合，同范宁所主张的"十六至十九为半丁"之制不符合，故表明范宁之议未行。其三，《宋书》卷42《王弘传》载王弘上言曰："旧制：民年十三半役，十六全役，当以十三以上，能自营私及公，故以充役。"他认为这样做很不合理，因而他主张"十五至十六，宜为半丁，十七为全丁。从之。"王弘所说的"旧制"，就是指太康元年之制而言。王弘上书于宋，可见太康之制到刘宋还在实行。晋孝武帝时决无改变太康之制的事，益见范宁之议未行。《资治通鉴》把"帝善之"改为"帝多纳用之"，显系误解。

如上引《宋书·王弘传》所云，对太康之制的改变，应在王弘上书之后，因为《王弘传》有"（帝）从之"的记载。然而，《王弘传》未载明此事的年代，《资治通鉴·宋纪》也只字未提此事。因此，只有弄清王弘上书的年代，才能明白丁、中、老、小之制的发展轨迹。

据《宋书·王弘传》，知王弘死于宋文帝元嘉九年（432），则其上表主张"十五至十六，宜为半丁，十七为全丁"，只能在此年之前。又《王弘传》载此表上于元嘉六年之后，则改制之事应发生于元嘉六年到九年之间。又据《宋书》卷92《良吏·徐豁传》云："（元嘉）三年（426）……豁因表陈三事：一曰郡大田武吏，年满十六，便课米六十斛，十五以下至十三，皆课米三十斛。一户之内随丁多少，悉皆输米。"依据《晋书·食货志》所载，"丁男课田五十亩，丁女二十亩，次丁男半之，女则不课”的规定，表明确定征收田租的田亩数量多少，是同性别及丁与次丁的年龄标准相联系的。徐豁所陈征收郡吏课米事，也同武吏的年龄相联系，且也为16岁全课，15以下至13岁半课。在课年及全课、半课等规定方面，均与《晋书·食货志》所载符合。由此可见，直到元嘉三年，太康之制的丁、中年龄标准仍未改变。然则王弘之上言改变太康之制关于丁、中的年龄标准，只可能在元嘉三年之后和元嘉九年之前这段时间内，更说明改制之事发生于元嘉六年与九年之间的推断是合理的。这就是说，元嘉六年到元嘉九年这段时间以后，宋代丁、中、老、小之制应如下表：

正丁（即“全丁”）	17~60岁	全役
次丁（即“半丁”）	15岁~16岁 60岁~65岁	半役
老	66岁以上	免役
小	14岁以下	免役

刘宋元嘉年间实行了王弘的建议之后，西晋太康元年的丁、中、老、小之制并未彻底废除，甚至更有甚于此者。《宋书》卷100《自序》载沈亮《启太祖陈府事》曰：

> 伏见西府兵士，或年几八十，而犹伏隶；或年始七岁，而已从役。衰耗之体，气用湮微，儿弱之躯，肌肤未实。而使伏勤昏稚，骛苦倾晚，于理既薄，为益实轻。书制休老以六十为限，役少以十五为制。若力不周务，故当粗存优减。诏曰：“前已令卿兄改革，寻值迁回，竟是不施行耶！今更敕西府也。”

太祖为宋文帝庙号，故知沈亮之《启》上于元嘉年间，也正是王弘建议减役之时。这时的实况乃是“或年几八十而犹伏隶，或年始七岁而已从役”，沈亮请求“优减”，才得到“休老以六十为限，役少以十五为制”的制度的规定，可见当时实际施行的丁中之制，比西晋太康之制还要残酷。

梁、陈时期的丁、中、老、小制度，又较王弘的建议有进一步放宽的微小变化。《隋书》卷24《食货志》云：

> 男女年十六已上至六十，为丁。男年十六，亦半课，年十八正

课，六十六免课。女以嫁者为丁，若在室，年二十乃为丁。其男丁，岁役不过二十日。又率十八人出一远丁役之。

根据这一记载，可知梁、陈时年16岁为次丁，所以是半课对象；18岁始为全丁，才属于“正课”对象。可见其正丁、次丁的年龄起点，较之王弘建议制定的宋制各提高了1岁，应如下表：

正丁（即“全丁”）	18～60岁	全役（即“正课”）
次丁（即“中”、“次丁”）	16～17岁 61～65岁	半役（即“半课”）
老 小	66岁以上 15岁以下	免役（即“免课”）

由此可见，梁、陈时期服全役与服半役者的年龄不仅比宋制各低一岁，更较西晋时期降低得多。换言之，梁、陈的服役者一生服役的总年数，正丁减少到了42年，较西晋正丁服役44年减少了2年；梁、陈时的次丁服役49年，比西晋时次丁服役52年下降了3年。这一情况表明，从曹魏、东吴时的15岁或16岁始役，发展到西晋16岁成丁和13岁为半丁，再到刘宋时的17岁成丁和16岁为半丁，最后到梁、陈时期的18岁成丁与17岁为次丁的丁、中、老、小年龄标准演变过程，充分反映出对服役者始役年龄的要求又在逐步朝放宽的方向发展。这一波状变化也从一个侧面反映出三国、两晋、南朝的徭役剥削的残酷性，有一个虽很微小但在逐步减轻的趋势。从而也意味着魏晋南朝人身奴役制，呈现出一种正在朝一个逐步削弱方向发展的趋势。

第二节 魏晋南朝徭役的类别和服役范围

魏晋、南朝的服役者从事徭役的范围十分广泛，劳作的项目数不胜数。东晋穆帝升平中（357～361），庾亮之子庾龢“代孔严为丹阳尹，表除重役六十余事”[①]，当然这还不可能是徭役项目的全部。从服役时间来说，也往往突破定额，

① 《晋书》卷73，《庾亮传附子庾龢传》，宋本及《通志》卷127“重”字作“众”字。

以致东晋范宁也说："古者使人，岁不过三日，今之劳扰，殆无三日休停，至有残形翦发，要求复除，生儿不复举养，鳏寡不敢妻娶。"[①] 这些众多和无期限的徭役中，也可按固定性的和临时性的不同情况划分为如下几个类别：

一、正役[②]

所谓正役，是指国家法令规定每丁每年应服役的固定天数之役。这种徭役，一般说来是有期限的，正如《隋书·食货志》所云："其男丁，每岁役不过二十日。"这部分徭役，相当于汉代的更卒之役，在汉代是每丁每年一个月，即所谓"月为更卒"。南朝后期这部分徭役虽定为每丁每年20日，但史籍中根本找不到只服役20天的事例。至于三国和两晋之时，正役部分无明确的时间规定，大约不止每丁每年20天。据《三国志》卷13《魏书·王朗传》注引《魏书》，谓曹魏文帝时，曾承认当时的服役者"功作倍于前，劳役兼于昔"；同书卷25《魏书·杨阜传》，谓明帝时由于"营作宫室"，劳役"无有已时"；据《三国志》卷13《魏书·王肃传》所云：景初年间（237～239）在洛阳服劳役的人数达"三四万人"，王肃建议"选其丁壮，择留万人，使一期而更之，咸知息代有日，则莫不悦以即事，劳而不怨矣。"由此可见，当时正役的服役时间已非一月为期，大都息代无日。就以青龙三年（235）治洛阳宫时的情况而言，在《资治通鉴》卷73《魏记》中，谓"又治洛阳宫，筑总章观"之役，始于是年四月，到是年七月前"尚书涿郡孙礼固请罢役"时，明帝虽同意"促遣民作"，但"监作者复奏留一月，有所成讫。"可见当时的正役，远非一月之期。服役者被这种过期之役，弄得苦不堪言，正如《三国志》卷23《魏书·和洽传》所云："民穷于役，农业有废，百姓嚣然。"

服此项徭役的服役者，大都是为官府修建宫殿、城池、官廨、住宅，开凿塘、渠、沟、渎等水利，营建苑囿园池和建造佛寺、道观等等土木工程。例如东吴赤乌三年（240）夏四月，"诏诸郡县治城郭，起谯楼，穿堑，发渠，以

---

① 《晋书》卷75，《范汪传附子宁传》。

② 参见《中国古史论集》张泽咸文及唐长孺先生：《三至六世纪江南大土地所有制的发展》一书，第39页。

备盗贼"[①]；同年"凿城西南，自秦淮北抵仓城，名运渎"[②]；赤乌八年，"遣校尉陈勋将屯田及作士三万人凿句容中道，自小其至于云阳西城，通会市，作邸阁"[③]；赤乌十年（247）三月"改作太初宫，诸将及州郡皆义作"，到赤乌十一年三月"宫城"[④]；孙休永安二年（260）"秋，用都尉严密议，作浦里塘"[⑤]；曹魏明帝青龙三年（235），"是时，大治洛阳宫，起昭阳、太极殿，筑总章观。百姓失农时，杨阜、高堂隆等各数切谏，虽不能听，常优容之"[⑥]。所有这一切，都属于上述正役之列。

不仅三国时期"作宫室"的正役，无有已时，使"农业废业，民有饥色"[⑦]；也如高堂隆所说：由于"崇饰居室，士民失业"，"民不堪命，皆有怨怒"[⑧]；两晋南朝时期也不例外。如"惠帝之后，政数陵夷，至于永嘉，丧乱弥甚"[⑨]；东晋时期，如前引范宁及庾龢所言，不仅知徭役繁重，而且没有期限。孝武帝为了赶修新宫，"日役六千人"，从太元三年二月到七月新宫始成。[⑩] 南齐海陵王延兴元年（494）十月诏："正厨诸役，旧出州郡，征吏民以应其数，公获二旬，私累数朔"[⑪]。意即官府的二旬之役，实际上却大为超过。见于史籍中的关于徭役繁苦的记载，指不胜屈，其中也包括正役无期。由此可见，三国、两晋到宋、齐时期的正役，基本上没有时间限制，汉代的"一月一更"的期限，显然遭到了破坏。梁、陈之时，《隋书·食货志》虽然明文规定"男丁每岁役不过二十日"，但实际上也并非如此。例如梁武帝做太极殿，始于天监十二年（513）二月，谓"辛巳，新作太极殿"，到同年六月"庚子，

---

① 《三国志》卷47，《吴书·孙权传》。
② 《建康实录》卷2，《太祖下》。
③ 《三国志》卷47，《吴书·孙权传》。
④ 《三国志》卷47，《吴书·孙权传》。
⑤ 《三国志》卷48，《吴书·孙权传》。
⑥ 《三国志》卷3，《魏书·明帝纪》。
⑦ 《三国志》卷25，《魏书·杨阜传》。
⑧ 《三国志》卷25，《魏书·高堂隆传》。
⑨ 《晋书》卷26，《食货志》。
⑩ 《建康实录》卷9，《刘宋孝武皇帝》。
⑪ 《南齐书》卷5，《海陵王纪》。

太极殿成”[①]，前后长达近半年，其中并无轮番服役的记载，可见役期20天的说法，只是官样文章。尤其明显的，莫若天监十三年开始开凿的浮山堰。梁武帝为这一工程，“发徐、杨人，率二十户取五丁以筑之。假（康）绚节、都督淮上诸军事，并护堰作，役人及战士有众二十万。于钟离南起浮山，北抵巉石，依岸以筑土，会脊于中流。十四年堰将合，淮水漂疾，辄复决溃，众患之。……是冬又寒甚，淮，泗尽冻，士卒死者十七八”。然而梁武帝坚决要筑成此堰，直到天监十五年四月，“堰乃成，其长九里，下阔一百四十丈，上广四十五丈，高二十丈，深十九丈五尺。”参加此役的“役人及战士”，不仅未见中途更换，而且梁武帝本人有“役人淹久”之叹，[②] 可见这些服役者连续苦役二三年之久。所谓“每岁役不过二十日”，岂非笑柄！及乎陈朝，始兴王陈叔陵于太建四年（572）“迁都督湘衡桂武四州诸军事、平南将军、湘州刺史”时，“征求役使，无有纪极”，“潇、湘以南，皆逼为左右，墟里殆无遗者。其中脱有逃窜，辄杀其妻子”[③]。陈后主时，徭役征发，更是“晨召暮行，夕求旦至，身充苦役，至死不归”[④]，更谈不上什么“岁役不过二十日”！

二、运役[⑤]

所谓运役，主要包括两个方面的内容：一为因军事需要输送粮食与装备等的运役；二为输送田租、户调到京城或州、郡、县所在地带来的运役，北魏与北齐还专门根据户等高低分别确定了田租、户调的运送里程与地点（详见下节），便可为证。北朝如此，南朝也不会例外。《三国志》卷61《吴书·陆凯传》云：“（孙）皓徙都武昌，扬土百姓泝流供给，以为患苦，又政事多谬，黎元穷匮。”这说明东吴确有运役，扬土百姓便要运送粮食供应武昌需要。又《三国志》卷11《魏书·管宁传附胡招传》谓“建安二十三年（218），陆浑长张固被书调丁夫，当给汉中。百姓恶惮远役，并怀扰扰。”这时关中残破，

① 《梁书》卷2，《武帝纪中》。
② 《梁书》卷18，《康绚传》。
③ 《陈书》卷36，《始兴王叔陵传》。
④ 《文馆词林》卷644，李德林：《隋文帝安边诏》。
⑤ 唐长孺：《三至六世纪江南大土地所有制的发展》一书，第39页。

曹操之所以调陆浑丁夫给汉中，显然是为了供应汉中前线军粮。蜀国的军粮运役也不算少。建兴九年（231）“（诸葛）亮军祁山，（李）平督运事”①；建兴十一年“（诸葛）亮使诸军运米”②；后来诸葛亮之所以在汉中开创屯田，又以木牛流马运输，都是为了解决军粮与运输之困难，可见运役甚多。西晋灭吴之前后的运役更多，正如刘颂所云：“至于平吴之日，天下怀静，而东南二方，六州郡兵，将士武吏，戍守江表，或给京城运漕，父南子北，家室分离，咸更不宁。又不习水土，运役勤瘁，并有死亡之患，势不可久。”③ 东晋成帝咸和六年（331），“以海贼寇抄，运漕不断，发王公以下余丁，各运米六斛”，以供军粮④；晋穆帝升平三年（359）三月，“诏以比年出军，粮运不继，王公已下十三户借一人，一年助运。”由于晋时南北战争频繁，运役不少，给当时劳动人民带来无穷灾难，迫使王羲之多次反对北伐，大讲运役之弊。他在给殷浩的信中说：“复被州符，增运千古，征役兼至，皆以军期，对之丧气，罔知所厝。”又在给会稽王信中说：“千里馈粮，自古为难，况今转运供继，西输许洛，北入黄河。虽秦政之弊，未至于此，而十室之忧，便以交至。今运无还期，征求日重……此封内所痛心叹悼而莫敢吐诚。”还在给谢安书中说：“今事之大者未布，漕运是也。……自军兴以来，征役及充运死亡叛散不返者众，虚耗至此，而补代循常，所在凋困，莫知所出。上命所差，上道多叛，则吏及叛者席卷同去。”⑤ 运役之艰苦和弊端，于此可见一斑。但统治者是从不顾劳动人民死活的。故刘宋之时，仍然是“运役无已”，使农民“家无私积”⑥；《宋书》卷53《谢方明传》谓方明为会稽太守时，由于“前后征伐，每兵运不充”，乃“悉发倩士庶，事既宁息，皆使还本。而属所刻寡，或即以补吏”。南齐时的荆州地区，“四野百县，路无男人”，以致“耕田载租，皆驱女弱，自古酷虐，未闻于此”⑦。《南史》卷5《齐本纪》也说：“永元之后，魏每来

① 《三国志》卷40，《蜀书·李严传》。
② 《三国志》卷33，《蜀书·后主传》。
③ 《晋书》卷46，《刘颂传》。
④ 《晋书》卷26，《食货志》。
⑤ 《晋书》卷80，《王羲之传》。
⑥ 《宋书》卷60，《范泰传》。
⑦ 《南齐书》卷24，《柳世隆传》。

侮，继以内难，扬、南徐二州人丁，三人取两，以此为率，远郡悉令上米准行，一人五十斛。输米既毕，就役如故。”到南朝后期，又一次把运役正式加以肯定，故《隋书》卷24《食货志》有“又率十八人出一运丁役之”的规定。表面上虽然规定担任运役之丁，仅全部丁数的十八分之一，但实际情况却不是这样，如萧梁之时，仍是“民疲转输，士劳边防”①；“壮夫疲于擐甲，匹妇劳于转输”，造成“藜藿难充，转死沟壑”② 的惨相。《梁书》卷19《刘坦传》谓坦于齐末作长沙太守时，“下车”即“悉发人丁运租米三十万斛，致之义师”；《陈书》卷3《世祖纪》天嘉元年（560年）二月诏：“舟船输积，权倩民丁，师出经时，役劳日久。”连“权倩”也变成了“役劳日久”。由此可见，“率十八人出一运丁役之”之规定，实为一纸具文。

三、徭役性兵役

这里所说的“徭役性的兵役”，有两层意思：一是以兵充役，这里的“役”指非军事性的兵役，即以兵士服徭役性的劳役；二是以民为兵，服兵士应服的屯戍之役。早在秦汉时期，以兵士服徭役的事就已有之。但到东汉末期和魏、晋以来，由于征兵制的破坏和募兵制、世兵制的实行，以兵士充役的事日益增多。曹魏的士家，除担任戍守、屯田与战斗任务外，也有担任土木建筑等劳役的；西蜀诸葛亮曾以诸军运米即承担运役；东吴的兵士，或造作宫殿，如赤乌十年的“改作太初宫，诸将及州郡皆义作”；赤乌十三年，孙权“遣军十万，作堂邑涂塘以淹北道”③。西晋时期以兵充运役，已于前述；前引东晋王羲之所云，也是以兵充役之例。因此，兵士所服的这一部分劳役，本应属于一般劳动者应服徭役范围内的事，故为劳役性的兵役。

徭役性的兵役，还有另一种表现形式，即把服徭役的民丁，征发去服屯戍之役，等于作为临时性的兵，以补充世兵的不足。但是，一经征发，往往被固定下来，转化成了兵士了。因此，从本质上来说，因这种情况而来的兵役，实

① 《梁书》卷3，《武帝纪下》大同三年三月诏。
② 《全梁文》卷9，简文帝《临雍州革贪惰教》。
③ 《三国志》卷47，《吴书·孙权传》。

为民丁服徭役的一种转化。孙吴政权在征讨山越的过程中，往往“拣其精健为兵，次为县户”[①]，或料简“强者为兵，羸者补户”[②]，这实际上是以民丁充兵役，以补充世兵。故《三国志》卷2《孙权传》谓赤乌年间，“民多征役”，“以致饥困”。晋孝武帝太元四年（379）“发丹阳民丁……屯卫京都”；“是年，又发扬州万人戍夏口”[③]，年久日深，民丁本“以一时充役，逐染以军名”[④]，变成了世代为兵的兵户。宋明帝时，“境内多难，民庶嗷然。遂广募义勇，置为部曲”[⑤]。又如“宋泰始（465）以来，内外频有贼寇，将帅已下，各募部曲，屯聚京师”，因此李安民主张“自非淮北常备，其外余军，悉皆输遣，若亲近宜立随身者，听限人数。上从之，故诏断众募。”[⑥]由此可见，世兵之外的招募、私募之兵，大都是征发民丁为之，久之转化为兵户。刘宋明帝虽予以禁断，但南齐之时，招募民丁为兵之事，仍时有发生。海陵王延兴元年（494）十月诏指出：“广陵年常递出千人以助淮戍，劳扰为烦”[⑦]；明帝建武二年（495）三月诏，由于“南徐州侨、旧民丁，多充戎旅”，故“蠲今年三课”[⑧]；沈约指出：南齐末年，因“顷岁军粮繁兴，叛征者众，其质系家属及同伍代役，三署见徒，详所尤原遣，主者施行”[⑨]；下及梁代的三吴地区，由于中大通二年（530）“春……发吴郡、吴兴、义兴三郡民丁就役”，“征戍未归”，而使“强丁疏少”[⑩]，可见民丁从事征戍者之多。

上述以招募方式征发来的人，本来是只应服徭役的民丁，而今要他们去从事征伐与屯戍之兵役故为徭役性兵役。这些还仅仅是徭役性兵役的一部分，有的则为了供官吏私人役使而征发，更有的是为巩固其个人地位和争夺权力而征发。这二者均充分体现出地主阶级内部对民丁徭役剥削的分割制度。前者，则

---

① 《三国志》卷60，《吴书·贺齐传》。
② 《三国志》卷58，《吴书·陆逊传》。
③ 《宋书》卷25，《天文志三》。
④ 《文馆词林》卷667，《霆震大赦诏》。
⑤ 《魏书》卷97，《岛夷刘裕传附刘彧传》。
⑥ 《南齐书》卷27，《李安民传》。
⑦ 《南齐书》卷5，《海陵王纪》。
⑧ 《南齐书》卷6，《明帝纪》。
⑨ 《文苑英华》卷431，《翰林制诏·赦书》载沈约《赦诏》，“详所尤原遣”之“尤”疑有误。
⑩ 《梁书》卷8，《昭明太子传》。

表现为送故之制与给兵制度；后者，则表现为领民权力的分割。所谓“送故”，是地方官吏利用去职的机会最后一次侵吞国家财物与兵力的行为。正如东晋人范宁所云：“方镇去官，皆割精兵、器仗以为送故，米布之属不可称计”。“送兵多者，至有千余家，少者数十户。”这些被“送故”的兵士，“既力入私门，复资官廪布”。如果服兵役者因送故而枯竭（“兵役既竭”），则“枉服良人”，即以普通百姓充兵数以为送故，于是，“牵引无端，以相充补”①。所谓“给兵”之制，则是官府以诏令形式赏赐给某些官吏、将领的服役者，所给之兵，或曰“鼓吹”或称“班剑”，或曰“亲兵”，或名“兵力”，花样甚多，实质都是官吏与官府之间分割劳动力。② 至于为了维护个人势力而征发民丁为兵者，也大有人在，其最著者如东晋司马元显之“发东土诸郡免奴为客者，号曰‘乐属’，移置京师，以充兵役”，对抗政敌；③ 刘宋黄回之“募江南楚人”，以镇压“四方反叛”④；宋时，晋安王刘子勋重用邓琬，邓琬用子勋之命“遣使上诸民丁，收敛器械，十日之内，得甲士五千人”，后又“缮治器甲，征兵四方”，并“发庐陵白丁”以争夺帝位。⑤ 总之，在这一系列的统治阶级内部的关于劳动力的再分配中以及彼此争权夺利的斗争中，劳动人民除了从事正役、运役之外，又加重了他们的徭役性兵役负担。

四、吏役

所谓“吏役”，是以“吏”的身份或名称出现的服役者。这种“吏”，不是一般的官吏之“吏”，而是一种特殊的服役者的名称。它似乎肇端于秦汉时期，而且是由低级的官吏逐步演变而来。由于低级的官吏“职斯禄薄”，所承担的职务本身就是一种服役的事，当时便称之为“职事吏”。因此，这种低级官吏的职务，本身就是一种职役，如汉高祖为泗上亭长时，要不断解送刑徒去

---

① 《晋书》卷75，《范汪传附子宁传》。

② 关于“给兵”的记载，屡见于这时史籍，《三国志》卷48，《吴书·孙休传》便有“给兵三百人”以赏张布的记载，此不悉引，拟另作专文以探讨给兵制度之形成、表现形式与发展过程等等，此不赘述。

③ 《晋书》卷64，《简文三子·会稽文孝王道子传附子元显传》。

④ 《宋书》卷83，《黄回传》。

⑤ 《宋书》卷84，《邓琬传》。

咸阳，当时谓之“以吏繇咸阳”。久而久之，相沿成俗，遂使官吏之“吏”发生了分化：一方面，凡干实事，从事刑狱、审讯等执法职务的人多谓之吏：《说文解字》说“吏，治人者也”；因而执法系统及干实事的官吏仍名之曰吏。另一方面，一些担任职役性的低级小吏，也叫做“吏”，如在官府当书手的叫“书吏”，打杂的叫“干吏”，驾车的叫“骑吏”，主管市场收税的叫“市吏”，如此等等，不一而足。于是，这种职役吏的地位在日益下降，终于成了同服役的卒、徒并列的服役者的名称，如汉代常使“吏、卒、徒攻山取铜铁”，汉简中也有要为侯长服私役的吏，各郡国有“郡国繇吏”，于是，这种“吏”已经接近于完全用于服役的“吏”的状况了。[1] 到了汉末三国时期，这种服役“吏”的地位更低落了，以致使他们要为州郡耕种公田，出现了“吏士小大，并耕稼穑”[2] 的局面；以致以吏命名的服役者，多如牛毛。以拥有服役“吏”的单位论，州有“州吏”，郡有“郡吏”，国有“国吏”，府有“府吏”，县有“县吏”，不可悉举；按其服役的类别来说，司时者谓之“鼓吏”，守门者谓之“门吏”，主亭者谓之“亭吏”，主津者谓之“津吏”，守护监所者谓之“监吏”，守护桥梁者谓之“桥吏”，看守监狱者谓之“狱吏”，看守油库者谓之“油库吏”，主管菜物者谓之“典菜吏”，主管制造笔的谓之“典笔史”，抄写文件者谓之“书吏”，习武射箭者谓之“武射吏”……此外，还有“文吏”、“武吏”、“白衣吏”、“小吏”、“老吏”、“贫老单丁吏”等不同名目。[3] 尽管这些“吏”的身份与阶级属性还存在许多不同的地方，但其作为服役吏则是共同的。“吏”一般都有专门设置的户籍，谓之“吏籍”。一旦隶于“吏籍”，就得世代为“吏”，父死子继，[4] 类似乎曹魏的“士家”和东吴及两晋、南朝的“兵户”。“吏户”或由征发而来，或由招募而至，更有以犯人“补吏”者，

---

① 参阅高敏：《秦汉史论集》中的《试论汉代“吏”的阶级地位和历史演变》一文。

② 《三国志》卷13《魏书·王朗传》注引《魏名人奏》。

③ 参阅张泽咸：《六朝的徭役制度》一文，刊《中国古史论集》，1981年3月吉林人民出版社出版。

④ 《宋书》卷2，《武帝纪中》载刘裕在江陵下书曰：“此州积弊，事故相仍，民疾田芜，杼轴空匮，加以有违旧章，事役烦苦，童耄夺养，老稚服戎，空户从役……荆雍二州，西局、蛮府，吏及军人年十二以还，六十以上，及扶养孤幼、单丁、大艰，悉仰遣之。”据此，知必待放遣而后可以解除“吏”的身份。《宋书》卷94《恩倖·运长传》谓其“初为宣城郡吏，太守范晔解吏名。”“吏”的身份既待放遣而后能解除，足见其身份是父死子继的。

故在“吏”的来源方面也有与兵士相同的地方。作为吏户，既要服兵役，也要服徭役，在这方面也与世兵相似。然而“吏”与兵也有区别，其最大一个不同点，就在于“吏”的主要劳役是为州郡耕种公田，全家服役，而且要缴纳沉重的租税。例如东吴孙休永安元年（258）十一月诏说：“诸吏家有五人，三人兼为重役。父兄在都，子弟给郡县吏，即出限米，军出又从，至于家事，无经护者，朕甚愍之。其有五人三人为役，听其父兄所欲留，为留一人，除其限米，军出不从。”① 由此可见，东吴时之“吏户”，全家5人而3人从重役，等于全家服役；“既出限米，军出又从”，是耕垦公田之外，还要从军打仗。当吴国灭亡时，全国有“吏三万二千”，有“兵二十三万”，兵、吏之比为八比一。② 蜀国灭亡时，有“吏四万人”及“带甲将士十万二千”③，吏、兵之比为2.5∶1。可见，魏、蜀、吴三国均各有“吏户”。及乎两晋，依然如此。据《晋书》卷24《职官志》所载，“诸公及开府位从公者”及“加兵者”，不仅给吏卒，其下之长吏及司马也“给吏卒”；“左光禄大夫”、“骠骑已下及诸大将军不开府非持节都督者”、“四征镇安平大将军不开府持节都督者”、“三品将军秩中二千石者”、“尚书令”等官，均置一定数额的吏卒如“门吏”、“书吏”、“省事吏”、“参佐吏”、“车服吏”等；又司隶校尉能置“吏一百人，卒三十二人”；每州置“吏四十一人，卒二十人”；其中“凉、益州置吏八十五人，卒二十人”④。但是，实际上设置的服役吏卒大大超过此数。因此，到了刘宋武帝永初二年（421）三月，特明令“初限荆州府置将不得过二千人，吏不得过一万人；州置将不得过五百人，吏不得过五千人。兵士不在此限。”⑤ 仅以司徒府之吏而言，东晋初年，“（元）帝欲赐诸吏投刺劝进者加位一等，

① 《三国志》卷48，《吴书·孙休传》。

② 《三国志》卷48，《吴书·孙皓传》注引《晋阳秋》。

③ 《三国志》卷33，《蜀书·后主传》注引王隐《蜀记》。

④ 《晋书》卷24，《职官志》所载郡国及县所置“职吏”与“散吏”的人数，似为郡县的低级官吏之数，而非服役的吏、卒。又《全晋文》卷145，载严可均辑录阙名诏令中有“诸官有秩，支子守护者，置吏一人”、“阆中县置守黄甘吏一人”、“诸宫有梨守护者，置吏一人”、“诸宫有秩者，守护橙者，置吏一人。”可见置吏之数，决不止《晋志》所载。

⑤ 《宋书》卷3，《武帝纪下》。

百姓投刺者赐司徒吏，凡二十余万”；[①] 又江夏王刘义恭，以太宰兼司徒便“更增吏僮千七百人”给之，如果加上原有之“吏”，无疑在1700人之上。由此可见，实际上设置的服“吏役”者，是要大大超过规定数量的。所有州郡及都督府之吏，都要为官府课种公田。东晋之初，应詹建议恢复与发展农业生产时，主张“都督可课佃二十顷，州十顷，郡五顷，县三顷。皆取文武吏、医、卜，不得扰乱百姓。三合九府，中外诸军，有可减损，皆令附农。”[②] 由此可见，在此之前，课种州郡公田者，除“吏”之外，还有一般百姓。此云以“文武吏医卜”课佃州郡县公田，同东吴时的以吏缴限米有共同之处，足见吏役的主要内容是耕种公田。又东晋末期王弘建议把“南局诸冶”所募之“吏”，“回以配农”，可收“功利百倍”之效，[③] 可见也是主张用“吏”去耕种公田。又陶潜为彭泽令时，也是“公田悉令吏种秫稻”[④]。因此，到刘宋元嘉初年，始兴郡太守徐豁表陈三事时，第一件事就是“郡大田武吏，年满六十，便课米六十斛，十五以下至十三，皆课米三十斛，一户之内随丁多少，悉皆输米。且十三岁儿，未堪田作，或是单迥，无相兼遏，年及应输，便自逃逸，既遏接蛮、俚，去就益易。或乃断截支体，产子不养，户口岁减，实此之由。谓宜更益课限，使得存立，今若减其米课，虽有交损，考之将来，理有深益。”[⑤] 徐豁的主张只限于减轻吏的限米数量，并未改变以吏耕垦州郡公田的事实。何况这里的限米之纳与限米数量，同东吴的吏户所纳如出一辙，益见“吏”的主要任务是耕垦州郡县公田。直到刘宋孝武帝时期，由于内外官有田在近道，“听遣所吏、僮附业”[⑥]，所谓“附业”，即归于农业之意。因为这些“吏户”，都是从农民中或征发或招募而来的特殊服役者，一入“吏籍”，便属“役门”，故“吏役”也属于徭役剥削的另一种表现形式。至于关于服役“吏”的产生原因、吏役制的发展过程、吏役的繁重程度、“吏”的阶级地位、服役

---

① 《晋书》卷71，《熊远传》。
② 《晋书》卷26，《食货志》。
③ 《宋书》卷42，《王弘传》。
④ 《宋书》卷93，《隐逸·陶潜传》。
⑤ 《宋书》卷92，《良吏·徐豁传》。
⑥ 《宋书》卷6，《孝武帝纪》，孝建三年二月条。

吏参加阶级斗争的状况以及各种“吏”之间的差别等问题，将另文专门论述，此不赘。

五、“匠役”

所谓“匠役”，即以“百工”的身份服役于官府的服役者。统治者为了保证自身生活和统治的需要，很早就有官府作坊的设置，春秋以前工商属官，见于云梦秦简中的战国时秦国的官府作坊以及汉代的官府手工业，均为人所熟知。但是，就在官府作坊中从事手工技艺劳动的工匠身份而言，进入魏晋南北朝以后，却发生了较大的变化。我们知道，在秦国及秦王朝时期的官府作坊中的劳动者，还是有人身自由的和被称为“工师”、“故工”、“新工”[①] 的劳动者；在汉代的官府作坊服役的，主要是刑徒、奴隶与吏、卒及工匠，[②] 但工匠的身份是自由的，而且还可侵渔其他服役者。[③] 直到东汉后期，工匠仍为自由人身份，且被称为“织师”[④]，受人尊重。但是，到了魏晋南北朝时期，不论南朝和北朝，百工的地位已十分低下，而且被官府严格控制，人身极不自由。这种变化，大约始于东汉后期或汉末。当时，由于社会生产受到破坏，人口锐减，各个割据势力都纷纷以掠夺人口和控制人口为务，因为有了人口就有了剥削对象，有了税源、役源与兵源。对于有手工技艺的工匠，自然更在严格控制之列。所以，上引崔元始（即崔寔）《正论》中的“织师”之名；在《群书治要》卷45引崔寔《政论》中，有“今官之接民，甚多违理，苟解目前，不顾先哲，作使百工及从民市，辄设计，加以诱来之，器成之后，更不与直。老弱冻饥，痛号道路，守阙告哀，终不见省，历年累岁乃才给之。又云‘逋直’请十与三，此逋直岂物主之罪邪……是以百姓创艾，咸以官为忌讳，遁逃鼠窜，莫肯应募，因乃捕之，劫以威势。”前称工匠为“织师”，此云工匠为“百工”，而且来源于官府招募，或者“捕之”而来，而且不给工值，可见东

---

① 参见《睡虎地秦墓竹简·均工律》简文。

② 《盐铁论》卷6，《水旱篇》有“卒徒工匠”语。

③ 《盐铁论》卷1，《错币篇》有“吏匠侵利”的说法，可见“工匠”还有一定权势。

④ 见《太平御览》卷826，《资产部·织门》引崔元始《正论》，参阅高敏：《魏晋南北朝社会经济史探讨》，第283页。

汉后期正是工匠的人身自由迅速丧失时期。[1] 到了三国时期，“百工”的地位进一步下降，成了完全受官府控制、奴役的对象。《三国志》卷46《吴书，孙策传》注引《江表传》，谓孙策打败袁术以后，“得袁术百工、鼓吹、部曲三万余人”。袁术之控制“百工”、孙策之夺其“百工”，都在于控制“百工”为己服役。除掠夺“百工”外，还有来源于从民间征发的“百工”，如《三国志》卷48《吴书·孙休传》永安六年五月条，谓“交阯郡吏吕兴等反，杀太守孙谞。谞先时科郡上手工千余人送建业，而察战至，恐复见取，故兴等因此扇动兵民，招诱诸夷”以反。吕兴可以利用孙谞征发民间手工工人千余人送建业一事而煽动反叛，表明人民反抗这种强制征发工匠之烈。曹魏的官府作坊中也有“百工”，从《三国志》卷4《魏书·高贵乡公纪》载他于即位之初诏“罢尚方御府百工伎巧”可知。这时的“百工”，不仅已经另立户口，而且已不属于良人之列，换言之，属于当时“役门”。《三国志》卷48《吴书·孙皓传》“有鬼目菜生工人黄耇家”及“有荬菜生工人吴平家”，这里特标明“工人”，可见工人已有特殊的户籍。又《史记》卷109《李将军列传》“良字子”语下《索隐》释云：“案如淳云：非医、巫、商贾、百工也。”如淳为三国时魏人，可见这时的“百工”已不属于良民之列。

到了两晋南朝时期，百工的地位进一步低落，直到南朝后期才逐步有所改善。西晋取代曹魏之后，更明确地用法律形式确定了“百工”的卑贱地位。如《晋书》卷46《李重传》便载武帝泰始八年（272）的己巳诏书“申明律令：诸士卒、百工以上，所服乘皆不得违制”，怎样便算违制呢？据《全晋文》卷145严可均所辑录的阙名诏令中，有“士卒、百工履色无过绿青”、“百工不得服大绛、紫襈、假髻、真珠珰耳、文屏玳瑁、越叠以饰路张乘犊车”、“士卒、百工不得服真珍珰珥”等等记载。在这里，“百工”与士卒并列，又禁止穿戴许多衣物，而这时的“士卒”系“兵家”，有专籍，世代为兵，不许改业，“百工”既与之同等待遇，则百工地位之低贱可知。他们不仅地位低贱，而且服役繁重，《晋书》卷80《王羲之传》载其给谢安书中说：“又有百工医寺，死亡绝没，家户空尽，差代无所，上命不绝，事起十年、十

① 参阅唐长孺先生著：《魏晋南北朝史论丛续编》，第35页。

五年，弹举获罪无懈息，而无益实事，何以堪之！谓自今诸死罪原轻者及五岁刑，可以充此；其减死者，可长充兵役；五岁者，可充杂工医寺，皆令移其家以实都邑。”由此可见，“百工”本人死亡，其家人需要“差代”，家户空尽者，无法差代，就只得以重刑徒代替。被用以取代“百工”的重刑徒，虽“除罪而充杂役”，但由于要他们“尽移其家”，刑徒“以为重于杀戮”[①]，可见百工之役的惨重达到令人不可忍受的程度。

王羲之虽然有改善“百工”处境的建议，但并未被全部接受，故刘宋时期的“百工”状况依然如故。晋末宋初，刘敬宣为宣城内史时，因为“宣城多山县，郡旧立屯以供府郡费用，前人多发调工巧，造作器物，敬宣到郡，悉罢私屯，唯伐竹木，治府舍而已。”这里的“工巧”，发自民间，在皇族、地主所建的私屯里从事“造作器物”的劳役，刘敬宣虽罢私屯，但所调工巧，还是得为官府“伐竹木”、“治府舍”[②]。刘宋少帝，更是“兴造千计，费用万端，帑藏空虚，人力殚尽……穿池筑观，朝成暮毁，征发工匠，疲极兆民”[③]。南齐东昏侯“起仙华、神仙、玉寿诸殿，刻画雕彩……穷极绮丽。絷役工匠，自夜达晓，犹不副速。”[④] 可见工匠之苦役，并无稍减。但是，由于工匠的技术性劳动，需要有积极性才能取得好效果。当时的统治者已经察觉到这一点，加上工匠的斗争，迫使齐明帝于建武元年（494）十一月，诏“细作中署、材官、车府，凡诸工，可悉开番假，递令休息”[⑤]，百工的番役制从此开始了。建武二年（495）五月，又诏“监作长帅，可赐位一等，役身遣假一年；非役者蠲租同假限。”[⑥] 这里的“役身”，是指长期服役的工匠，而“非役者”，则是指临时征发的农民而言。下及陈代宣帝太建二年（570）又有“巧手于役死亡及与老疾，不劳订补”的诏令，[⑦] 说明工匠的世代相传制度也开始废除了，为唐代工匠身份的进一步提高奠定了一定的基础。

---

① 《晋书》卷80，《王羲之传》。
② 《宋书》卷47，《刘敬宣传》。
③ 《宋书》卷4，《少帝纪》，景平二年条。
④ 《南齐书》卷7，《东昏侯纪》永元三年条。
⑤ 《南齐书》卷6，《明帝纪》，建武二年条。
⑥ 《南齐书》卷6，《明帝纪》，建武二年条。
⑦ 《陈书》卷5，《宣帝纪》，太建二年条。

六、杂役

所谓“杂役”，是指除上述“正役”、“运役”、徭役性兵役、“吏役”及“匠役”之外的其他徭役而言。如果说“正役”名义上有服役期限（法令上规定每年服役 20 天）、运役以所运到达目的地为期限、吏役与匠役均系终身性、徭役性兵役有临时性与长期之分的话，则“杂役”一般是无固定期限、无一定服役范围、也无固定任务、还缺乏固定章程的徭役。总之，服杂役者，“或供厨帐，或供厩车，或遣使命，或待宾客，皆无自费，取给于民”，“诛求万端”[①]，名称不一的徭役，故谓之“杂役”。“杂役”之名，屡见于当时史籍，如《晋书》卷 80《王羲之传》，有“今除罪而充杂役，尽移其家，小人愚迷，或以为重于杀戮”的说法；《南齐书》卷 2《高祖纪下》建元四年（479）正月诏中，也云“建元以来战亡，赏蠲租布二十年，杂役十年。其不得收尸，主军保押，亦同此例”的规定。换言之，凡官府强迫服役者从事上述各项徭役之外的徭役，都可称为杂役。官府还可以用“杂役”充赏赐，如《梁书》卷 22《太祖五王・南平元襄王伟传》云：“（天监十三年，514），改为左光禄大夫。加亲信四十人，岁给米万斛，布绢五千匹，菜直二百四十万，厨供日二十万，并二卫两营杂役二百人，倍先，罢防阁白直左右职局一百人。”由此可见，“杂役”一名，确是当时的称谓。前引晋升平年间丹阳尹孔严，曾“表除”丹阳境内“众役六十余事”即 60 多种徭役名目，可见当时徭役名目繁多，这些可能便是杂役。如果要一一列举，简直是不可能的，不过我们还是可以简略地举出一些杂役的名目来：

一曰村长、路都的“防城直县”之役：《南齐书》卷 3《武帝纪》载其于建元四年（482）三月癸酉即位之时诏曰：“城直之制，历代宜同，顷岁逋弛，遂以万计。虽在宪宜惩，而原心可亮。积年逋城，可悉原荡。自兹以后，申明旧科，有违纠裁。”这里的“城直之制”是个什么制度呢？《南齐书》卷 5《海陵王纪》延兴元年（494）十月癸巳诏曰：“诸县使村长、路都，防城直县，为剧尤深，亦宜禁断。”这里的“防城直县”，简化即为“城直”。由此可

---

① 《梁书》卷 3,《武帝纪下》大同七年十二月诏。

见，所谓“城直之制”，即以村长、路都这些人去巡逻、守护和维修城池的徭役之制。从《武帝纪》所云“城直之制，历代宜同”来看，表明早已有之。齐武帝所“原荡”者为“逋城钱”，详见《南史》卷4《齐本纪》，并非城直之役。所谓“逋城”或“逋城钱”，是各地官吏就任时必须交纳的“修城钱”，亦详《南史》卷4《齐本纪》。或谓“逋城钱”即为城直之役的代役钱，[1]其实不然，二者是两码事。因为在齐武帝“悉原荡”逋城钱之后，到南齐海陵王延兴元年（494），仍有“诸县使村长、路都防城直县”之役，详见本书杂税部分考释。

二曰塘丁之役。《南齐书》卷26《王敬则传》云：“会土边带湖海，民丁士庶皆保塘役。”由于他主张把多余的塘丁“评敛为钱”而且输送中央，便遭到了竟陵王萧子良的反对，子良云：“臣昔忝会稽，粗闲物俗，塘丁所上，本不入官。”这就是说，塘丁之役本为一种修治塘坝的劳役，后来才折成塘丁钱缴纳，成了代役钱。

三曰桥、桁、埭之役。与塘丁之役相同的，还有为征收商税而建立的许多桁、桥、埭等，修建这些工程都需要服役者，于是就有桥丁、桁丁、埭丁等的产生，正如《南齐书》卷7《东昏侯纪》永元二年（501）十二月条所云：“下扬、南徐二州桥、桁、塘、埭丁计功为直，敛取见钱，供太乐主衣杂费。”由此可见，在把这些折役钱缴纳之前，是确实存在桥丁、桁丁、埭丁之役的。

四曰滂户之役。《南齐书》卷41《周颙传》云：“建元初（479），为长沙王参军，后军参军，山阴令。县旧订滂民，以供杂使。颙言之于太守闻喜公子良曰：‘窃见滂民之困，困实极矣。役命有常，祗应转竭，蹙迫驱催，莫安其所。险者或窜避山湖，困者自经沟渎尔。亦有摧臂斮手，苟自残落，贩佣贴子，权赴急难。每至滂使发动，遵赴常促，辄有柤杖被录，稽颡阶垂，泣涕告哀，不知所振。下官未尝不临食罢箸，当书偃笔，为之久之，怆不能已。交事不济，不得不就加捶罚，见此辛酸，时不可过。山阴邦治，事倍于城；然略闻诸县，亦处处皆踬。唯上虞以百户一滂，大为优足，过此列城，不无凋罄。宜应有以普救倒悬，设流开便，则转患为功，得之何远。”周颙上言之后，并无

① 唐长孺先生：《三至六世纪江南大土地所有制的发展》，第47页注①。

下文，可能滂户之役依旧。所谓“滂户”或“滂民”，唐长孺先生据《淮南子·时刻篇》的“滂人以时入村苇”句，认为“滂民的名称即用此义”，故“滂民似为国家采伐林木和水产品的服役户”①。据周颙所云，滂民是按户口多少摊派的，其服役之苦无以复加，而且不只山阴县有之，会稽郡所属各县都有滂户之役，其任务是“以供杂使”，可见属于杂役范围。

五曰送故之役。所谓送故之役，即东晋南朝地方官去职时，往往把本属于官府的财物当做已有带离，甚至包括服役的人。② 单讲在送故的过程中，其财物需要运送，担任运送任务的，也是服役者。故虞预于东晋太守庾深主簿时说：“自顷长吏轻多去来，送故迎新，交错道路。受迎者惟恐船马之不多，见送者惟恨吏卒之常少。穷奢竭费谓之忠义，省烦从简呼为薄俗，转相放效，流而不反，虽有常防，莫肯遵修。加以王涂未夷，所在停滞，送者经年，永失播植。”③ 由此可见，由于送故迎新而驱使农民从事的杂役不少。

六曰给官吏禄力之役④。前引《梁书》卷22《太祖五王·南平襄王伟传》，载天监十三年刘伟以太宰兼司徒时，朝廷赐给他的“亲信”增加40人，服“杂役”者多达200人，因此，这可能是凡官府赏赐给官吏的“事力”、“手力”、“干力”、“禄力”等等，都是一些为官吏或官府服杂役的人。《宋书》卷42《王弘传》载宋文帝诏曰：“司徒宜须事力，可顺公雅怀，割二千人配府。”同样卷78《萧思话传》谓元嘉二十六年（449）“思话以去州无复事力”，不得不“倩府军身九人”以充役使。同书卷87《萧开惠传》，谓开惠为南东海太守时，“有舫十余，事力二三百人。”“事力”又可称为“手力”，《宋书》卷53《庾登之传附弟炳之传》，谓“尚书旧有增置干二人”，“炳之常取十人私使”，使尚书“（王）询处干阙，不得时补”，而炳之又不“还遣”其干，以致使人劝告炳之曰：“今既有手力，不宜复留”王询之“干”。以此言之，干即手力，是供私人役使的。同书卷56《孔琳之传》亦有“手力”的记载。事力、手力，也与“白直”这种服役者同一性质。《宋书》卷61《武

① 唐长孺：《三至六世纪江南大土地所有制的发展》一书，第51页注①。
② 关于送故之制的内容与始末，参见高敏《魏晋南朝“送故”制度考略》一文，此不赘。
③ 《晋书》82，《虞预传》。
④ 周一良：《魏晋南北朝史札记》，第323～328页。

三王·江夏文献王义恭传》谓他说："白直百人入六门"；《宋书》卷48《刘龄石传》谓刘裕北伐时，"遣白直队主丁昨，率七百人及车百乘"北上，《资治通鉴》卷118义熙十三年四月条胡三省注曰："（刘）裕选白丁之壮勇者入直左右，使昨领之。"《南齐书》卷25《张敬儿传》曾"领白直队"；同书卷30《曹虎传》，谓"（曹）虎与戴僧静各领白直三百人"。前引《南齐书·南王文襄王伟传》，也说朝廷给他"置防阁白直左右职局一百人"。足见"白直"也是供人役使的对象。

此外，还有"防阁"、"虞候"，亦见于《梁书》卷22《南平元襄王伟传》及《南史》卷53《梁邵陵携王纶传》等书；也有名曰"仗身"者，《南齐书》卷49《王奂传》、卷29《周山图传》及《梁书》卷36《江革传》等均有之。更有叫"给扶"、"扶"、"入斋"、"传教"者，也是供人驱仗服各种杂役者的名称。[1] 总之，仅讲服各种杂役者，就名目繁多，数不胜数，此不一一列举。

如上所述，已见魏晋南朝徭役类别之繁多。然而，上述这些类别的划分，还仅仅是一个大概情况，有些徭役还很难划分类别。所有这些五花八门的徭役名目，全部落在当时的劳动人民头上，因为当时的统治者与剥削者是享有免役特权的。世族地主阶层是这样，庶族地主阶层也千方百计地混入世族地主行列以取得免役特权，于是劳动人民就成了全部徭役的承担者，这将在本书第十二章第二节中述及。

由于一切徭役负担都落到了劳动人民头上，所以，当时的服役者与免役者的界线是十分明白的。服役的劳动人民，一律被称之为"役门"、"三五门"或"露户役民"，像暴露在田野的野草一样，没有任何庇荫，只有任人宰割。这些代表他们身份、地位的名称，还被载入当时的户口册——"黄籍"，永世也不能改变。反之，免役者则被称之为"勋门"、"豪门"、"华胄"等等，也同样载入"黄籍"。以致徭役制度所体现的谁为服役者和谁为免役者的差别，竟成了对立阶级之间差别的标志之一。

正是由于这种残酷的徭役制度，给当时的劳动人民带来了无比灾难，也极大地破坏了魏晋南朝的社会生产力，阻碍了社会经济的发展。早在曹魏时期，

---

① 高敏：《魏晋南北朝社会经济史探讨》，第343～348页。

严酷的“错役”制，已经使劳动人民之服役者“父南子北，室家分离”，“人役户居，各在一方”，连正常的家庭生活也被破坏了，以致西晋统治者刘颂，也认为始于曹操时期的“分离天下”的“错役”制应当废除，[①] 然而，事实上直到西晋平定之后，仍在实行这种制度。至于东晋南朝时期，服役者的地位进一步低下，人身更不自由。如各种服杂役的“吏户”，便设有专门的“吏籍”，服役者一旦补入“吏籍”，就不可改易，不仅为“吏”者本身要终身服役，而且需要父死子代，世代相袭为“吏户”。又以徭役性的兵役来说，一旦被征发服徭役性兵役，就有可能补为“兵户”（或“军户”）；一旦补入“兵户”，就成了世代为兵的特殊户口，非遇特殊情况不能改变。劳动人民一旦沦为“兵户”，一方面成了封建国家直接奴役的身份低贱、固定不变的服役对象——“世兵”，同时也为私家地主奴役他们大开了方便之门。我们知道，自东吴实行世袭领兵制之后，便出现了军事将领世将化过程。世将化与世兵化的结合，就使兵士长期隶属于固定的将领，于是就使“世兵”变成了依附于固定将领的“私兵”、“家兵”和“家部曲”[②]。再加上西晋及东晋南朝统治者相继实行的“给兵”制度、“送故”制度等，不断以国家控制的“世兵”赏赐给各级官吏和将领供他们驱使，于是世兵制下“兵户”就源源不绝地流入了私门，形成了以各种名目出现的服各种杂役的私兵，从而沦落成了长期依附于固定主人的服役者。因此，服役者身份的卑微化与世袭化过程的形成，实与此时期残酷的徭役剥削制度有密切的关系。

魏晋南朝时期徭役剥削的残酷性，除了表现为曹魏西晋的“错役”制的酷烈和服役者身份的卑微化与世袭化的过程之外，还表现在名目繁碎、役期不定、运役烦苦和根本无人身安全保障等方面。因此，往往是徭役的征发，逼得劳动人民“残形剪发，以要复除”；或者“生儿不复举养，鳏寡不敢妻娶”[③]。东晋时期既已如此，至于南朝，情况更甚。南齐竟陵王萧子良曾说：三吴、东

① 《晋书》卷46，《刘颂传》。

② “家部曲”一名，见于《三国志》卷52，《吴书·顾雍传附子邵传》，注引《文士传》；至于“私兵”、“家兵”之名，见于史籍者指不胜屈，参见高敏：《孙吴世袭领兵制度探讨》，《北朝研究》，1990年，第1期。

③ 《晋书》卷75，《范汪传附子宁传》。

郡等地的劳动人民，因“畏失严期，自残躯命；亦有斩绝手足，以避徭役”者；至于“生育弗起，殆为恒事”[①]。还有周颙，在谈到滂户之役时指出：“窃见滂民之困，困实极矣。役有常命，祇应转竭，蹙迫驱催，莫安其所。险者或窜避山湖，困者自经沟渎尔。亦有摧臂斮手，苟自残落；贩佣贴子，权赴急难”者。[②] 可见这时的徭役剥削，已经成了直接摧残劳动人民身躯性命的沉重枷锁，直接破坏了当时的社会生产力。在当时作为社会生产力要素的劳动者生殖力很低的情况下，劳动者的死亡或致残，都是社会生产力的绝对下降。试观整个魏晋南朝时期在籍的户口数，最多也不过户仅百万，口约500万之数，就可见其在籍劳动者之少；到陈亡时，在籍户数仅60万，口仅200万，已经少到了无以复加的程度。虽然实际户口数都不止此数，大量的劳动者或脱藉以避赋役，或遁入寺观和流入私门以图庇荫，但在籍户口的奇少，也说明了当时社会人口死亡之众多，社会生产力破坏之严重。在这样的情况下，试问何能发展社会生产、繁荣社会经济呢！无怪乎东晋南朝政权，虽然始终拥有当时最富庶的三吴地区，又有海外贸易的便利条件，却不能在农业经济与军事力量等方面同北朝相抗衡！

基于上述事实，我们不难看出：整个魏晋南朝时期的劳动人民，与其说主要苦于沉重的赋税负担，还不如说更苦于无以复加的徭役剥削。魏晋南朝时期劳动人民的人身依附关系之所以格外严重，既是这种以人身奴役为基础的徭役制度的直接反映，也是徭役制度所造成的直接后果。

第三节　十六国、北朝的“丁中老小”制度

十六国时期，诸少数民族豪酋大都在一系列的争夺战争中建立政权，其统治区域往往被区分为少数民族集中的边陲地区与汉族集中的中原地区。因而其统治形式，也往往采取单于台与皇帝制度并立、部落制统治与州郡制统治并存的格局。这样一来，无疑会带来各方面制度的复杂性、临时性与过渡性。表现

① 《南齐书》卷40，《武十七王·竟陵文宣王子良传》。
② 《南齐书》卷41，《周颙传》。

在徭役制度方面，也不会例外。由于三国、西晋时期实行了15、16岁成丁服役的早役制，十六国、北朝的统治者是决不会轻易放弃这种有利于他们扩大徭役剥削量的制度的。因此，他们也大都实行早役制，而且杂以横征滥发。以汉国而言，女子以14岁成年；[①] 后赵时石虎，曾“大发百姓女二十已下、十三已上三万余人，分三等之第以分配”于“诸公侯七十余国为置女官九等”[②]，似乎女子有以13岁成年的迹象。有时甚至不分年龄大小，为了“苦役晋人”，石季龙曾“使尚书张群发近郡男女十六万，车十万乘，运土筑华林苑及长墙于邺北，广长数十里。”[③] 后燕之七兵尚书丁信，年仅15岁，[④] 如未成年，何以为官！根据这些迹象，十六国时期的成丁始役年龄标准应为15岁左右或更低，故仍为魏晋时的早役制的延续。

《敦煌资料》第一辑收入的编号为斯0113号西凉建初十二年（416）《敦煌郡敦煌县西宕乡高昌里户籍残卷》中所载西凉户籍，其中有“丁男”、“次男”、“小男”之称；从户籍中诸户的丁男、次男、小男的数量多少及每户所列具体人名的年龄考察，大致可以看出15岁以上即为丁男，如高昌里散阴怀年15岁即为丁男；接着“高昌里兵占德年四十五”及其“息男果年十七”均为丁男；“高昌里兵裴保年六十六”及其“息男金年卅六”，合计其户内只有“丁男一”，足见66岁已非丁男而成老免；同户裴金之子隆年4岁，统计时为小男；又“高昌里兵吕德”一户中，载其子“受年十，受女妹媚六岁，媚男弟兴年二”，而统计其户内为“小男二”，足见10岁以下均为小。由此可见，十六国中的西凉，确是实行15岁成丁的早役制。

至于北魏，其前期的丁、中、老、小制度，仍很紊乱。《魏书》卷3《太宗纪》云：“（永兴）五年（413）春正月己巳，大阅畿内男子，十二岁以上悉集。”12岁以上的男子既然必须应召参加检阅。似乎12岁为半丁的起点，果如此，则其次丁的年龄标准较西晋时的13岁又降低了一岁。又《魏书》卷5

① 《晋书》卷102，《刘聪载记》云：“中常侍王沈养女年十四，有妙色，聪立为皇后。”14岁女子可立为后，可见14岁是女子成年的标准。

② 《晋书》卷106，《石季龙载记上》。

③ 《晋书》卷107，《石季龙载记下》。

④ 《晋书》卷124，《慕容盛载记》。

《高宗纪》兴安二年（453）十二月，“诛河间鄚民为贼盗者，男年十五以下为生口，班赐从臣各有差。”按奴隶之赏赐，以能役使为目的。既然“以男年十五以下为生口”并以“赐从臣”，则15岁应为成丁年龄的标准，次丁的年龄起点则在15岁以下。由于北魏前期无关于丁、中、老、小的年龄规定，大抵是有人即役，不问其实际成年与否。所以，北魏前期的多次征发百姓服劳役，只说“发人”或“发民”而不言“发丁”或“发夫”。如《魏书》卷3《太宗纪》泰常六年（421）三月，“发京师六千人筑，起自旧苑，东包白登，周回三十里”；《魏书》卷4上《世祖纪》延和元年（432）七月，“发幽州民及密云丁零万人运攻具出南道，俱会和龙”；同年同月，“发其（降）民三万人穿圜堑以守之”；太延二年（436）八月“诏广平公张黎发定州七郡一万二千人，通莎泉道”；同书《世祖纪下》太平真君六年（445）十一月，“发冀州民造浮桥于碻磝津”；同书《世祖纪下》太平真君七年（446）六月，“发司、幽、定、冀四州十万人筑畿上塞围，起上谷，西至于河，广袤皆千里”；同书《高宗纪》兴安二年（453）二月，“发京师五千人穿天渊池”；和平二年（461）三月，“发并、肆州五千人治河西猎道”。所有这些征发百姓服役，即不言“丁”，又不称“夫”，只称“发人”或“发民”，正是由于其征发并不以服役者年龄的大小为限的缘故。因此，直到高宗拓跋濬时期，北魏的徭役征发还属于既无定制，又无丁年标准的徭役制度草创时期。

但是，也不是完全没有丁年标准，因为太祖道武帝拓跋珪天赐三年（406）六月，“发八部五百里内男丁筑灅南宫，门阙高十余丈；引沟穿池，广苑囿；规立外城，方二十里，分置市里，经涂洞达，三十日罢。”这里便言“发丁”，而不是“发人”或“发民”[①]。可见北魏前期还是有丁年标准的。至于成丁年龄为多少岁，按推断只能是魏、晋15、16岁或十六国时期的15岁。关于这一点，到孝文帝太和九年（485）颁行均田令时才得以证实。首先，均田法令规定：“诸男夫十五以上，受露田四十亩，妇人二十亩，奴婢依良。丁

---

① 查《册府元龟》卷13，《帝王部·都邑门》，凡与京城有关的上述“发人”及“发丁”诸条，均如此，并无紊淆状况，可见“发人”、“发民”同“发丁”是不同的，绝不是偶然性的用词差异造成的。

牛一头，受露田三十亩。”受田之牛既谓之“丁牛”，即已经长成服耕之牛，则受田之男夫与妇女，也应为丁。如此，则男女均以15岁为成丁的年龄标准。其次，均田法令又规定：“诸民年及课，则受田，老免及身没则还田。”可见受田之年，亦即“及课”之年，自然也是始役之年。其三，法令还规定：“诸地狭之处，有进丁受田而不乐迁者，则以其家桑田为正田分。”据此，确知“进丁”方可受田，而男夫与妇女年15岁均可受田，则15岁为丁年起点殆无疑义。有人认为北魏的15岁并非丁年而为“中”的年龄，因为唐代就是“丁”、“中”并受田的。证以此条法令所载，则15岁为北魏的“中”口之年的说法是不能成立的。其四，法令还规定：“男女十五以上，因其地分，口课种菜五分亩之一”，此为15岁为按口给以菜地的规定，益知15岁为成丁的年龄起点。其五，法令有：“诸有举户老小癃残无授田者，年十一已上及癃者，各授以半夫田；年逾七十者，不还所受。”据此，则11岁以下为小，70或71岁以上为老；也可据知14岁以下到12岁为半丁。又《魏书》卷110《食货志》云：“其民调，一夫一妇帛一匹，粟二石；民年十五以上未娶者四人出一夫一妇之调。”既然课年与受田之年同为15岁，则始役之年确为15岁。法令中虽未提“中男”的概念，但从《魏书》卷7《高祖纪上》太和二年三月条的“一夫制治田四十亩，中男二十亩”的语中，确知北魏以“夫”称“丁”，且有“中男”之名。因此，均田法令的颁行，也可以说是北魏丁、中、老、小规定的正式制度化和法典化。依此可知北魏的丁、中、老、小制度内容应如下表：

正丁（即全丁）	15～？岁	全役
次丁（“中男”）	12～14岁 ？～69岁	半役
老	70岁以上	不役①
小	11岁以下	

① 据均田法令“年逾七十者不还所受”的话，应以71岁为老免标准；但据《魏书》卷7上，《高祖纪上》太和元年十月条，“诏年七十已上一子不从役”的规定，知老免年龄应为70岁，故止役年龄应为69岁。“中男”之名，亦见同书同卷太和元年条。

如上表所示，表明北魏从前期到后期的丁、中、老、小制度的年龄规定，又有回复到秦和西汉初期情况的趋势。至少可以这样说：成丁年龄标准下降到15岁这一点，与秦和西汉之制是相同的。成丁年龄标准的下降，说明北魏统治者受其原有奴隶制的影响，对封建依附民的人身奴役程度加强了。同时，也说明它对劳动人民的徭役剥削，比本来已经加重了的曹魏与西晋时期又有加深。故北魏前期的许多徭役征发，其所以称“发丁”者少而称“发人”、“发民”者多，大约就在于他不论成丁与否，均在征发之制。丁、中、老、小规定的制度化与法典化，实确立于孝文帝改革之时。

北齐、北周的丁、中、老、小制，较北魏出现了放宽的迹象。《隋书》卷24《食货志》云：

> 河清三年定令：……男子十八已上、六十五已下为丁，十六已上、十七已下为中，六十六已上为老，十五已下为小。率以十八受田输租调，二十充兵，六十免力役，六十六退田免租调。

据此，知北齐之制，丁年被区分为两个年龄标准：一为服役的年龄标准，为20岁；二为受田输纳租调的年龄标准，为18岁。二者都是丁年，从“男子十八已上、六十五已下为丁”的话可以清楚地看出。又“六十免力役，六十六退田免租调”，表明老免也有两个年龄标准。加以简化，其丁、中、老、小之制应如下表：

丁	正丁（即役丁）	20~59岁	服役输租调
	次丁（即课丁）	18~19岁 60~65岁	受田输租调
中		16~17岁	不役不课
老		60岁以上	免力役输租调
		66岁以上	力役租调全免
小		15岁以下	

从上表可以看出北齐的丁、中、老、小之制有如下特征：首先，把役年与课年区分为两个年龄标准，而且役年高于课年，这是中国古代史上第一次出现的现象。其次，把老免的免力役与免租调也区分为两个年龄标准，而且免力役早于

免租调，这在我国古代史上也是第一次出现的状况。其三，在此之前只有“丁”年被划分为正丁与次丁、或曰全丁与半丁的情况，而且是以“中”代替“次丁”，还要求“中”也要服役、纳税；而北齐的河清三年令，却把“中”排除于“次丁”之外，实际上只有正丁才是役丁，次丁只是课丁而已，故这种划分，显示了减轻徭役的倾向。其四，与北魏比较，其成正丁的年龄提高了5岁，老免的年龄也大为提前了；次丁的年龄提高了3岁，老免的年龄也有提前。这几者的综合，充分反映北齐时服役者一生服役的年限大为缩短，这反映出徭役剥削的程度大为减轻，而且其减轻的幅度超过了南朝。这说明劳动者对于国家的人身依附性在朝逐步削弱的方向发展，究其原因，应与北魏末年席卷全国的各族人民联合大起义的长期斗争有关，也应与北魏孝文帝的改革完成了封建化转变有一定关系。

至于西魏、北周的丁、中、老、小制度，不仅同北魏时期不同，也同南朝的丁、中、老、小之制不一样，但其变化发展的方向却是一致的。

关于西魏的丁、中、老、小制度，史书虽缺载，但《敦煌资料》第一辑所收编号为斯0613号的《邓延天富等户残卷》为我们提供了一个很原始的宝贵证据。该户籍残卷的原件现藏伦敦大英博物馆。《敦煌资料》第一辑所收，未确定此残卷的具体年代，故以之附于可确知的唐代户籍残卷之末，暗示其为唐代的户籍残卷。但据日人山本达郎的考证，此文书残卷应为西魏大统十三年之物。[①] 现在我们假定山本氏的考证是正确的，那么，这一残卷所反映出的丁、中、老、小之制，就应当是西魏大统十三年时的制度。据此残卷所载，它把每个家庭的人口区分为课口与不课口两大类别；又把家庭全部人口按其年龄大小，划分为黄、小、中、丁、老5个年龄等级。依据残卷所载，我们可以分别找出这5个等级的年龄界限。残卷中提到“黄男”、“黄女”者共4人，且均载明为“不课口”，其中最小者为2岁，计3人；最大者为4岁，计1人。然而，在“户主邓延天富”条分述家内人口时作“息男黄口，甲子生，年肆，黄男”，而在总计此家不课口时，又作“王小男年四”，即他成为不课口，不是由于他是“黄口”，而是由于他是“小男”。由此可见，黄口的年龄断限应

① 参见《东洋学报》第37卷，第2号山本达郎文。

为3岁以下者。残卷提到小口者共13人，也均载明为不课口，其中9岁者4人，8岁者1人，7岁者1人，6岁者1人，5岁者1人，4岁者5人，可见“小口”的年龄断限为4岁以上到9岁以下。残卷中提到“中口”者凡14人，也均载明为不课口，其中17岁者2人，16岁、15岁者各1人，13岁与12岁者各2人，11岁与13岁各3人，由此可见“中口”的年龄断限为10岁以上到17岁以下。残卷提到“丁口”时，均载明为课口，其中年龄为21岁、29岁、31岁、32岁、41岁、47岁、52岁、55岁、59岁及60岁者各1人，36岁者3人；特别值得注意者，“户主白丑奴”家载有“息男显受庚戌生年拾捌，白丁，进丁”字样；又另一家“息男众僧乙卯生，年拾叁，实年拾捌”及“婢来花己未生年玖，实年十八进丁”，在该户的小计数字中，谓该户共6口，其中良口3人属于课口，即“二丁男、一丁妻”；贱口1人，亦为课口，为“丁婢”，可见前述实年拾捌岁之“息男众僧”与“婢来花”，均已统计在丁口之列。这就充分说明丁口的年龄断限为18岁以上到60岁。至于老免年龄的断限，根据此残卷的缺名受田名册后面的小计所载：“口一，老寡妻，年六十六”及“口五，寡妻六十四已下”的话，可知老免年龄始于66岁，则65岁为丁年的下限。综上所述，则西魏大统十三年时的黄、小、中、丁、老制度，可简化为下表：

黄	3岁以下	不课口	不受田
小	3～9岁	不课口	不受田
中	10～17岁	不课口	不受田
丁	18～65岁	课口	受田
老	66岁以上	免课	免役

据此，知西魏之制，在丁年起点，18岁为课丁、有“中口”的名目及老免的年龄为66岁等方面，均同北齐之制一致；但无“役丁”与“课丁”之分，也无二者年龄标准不同之分，还无充役与免课年龄标准不同的差别，还增加了“黄口”名目，延长了“中口”的年距，这一切都是其不同于北齐之制的地方。如果拿它同北魏之制比较，则不难发现它在服役年限方面有明显的缩短，清楚地反映出官府对劳动人民人身奴役性的削弱。

上述敦煌户籍残卷所载黄、小、中、丁、老制度，同《隋书》卷24《食货志》所载北周之制有很大差别，却同《通典》卷7《食货·历代盛衰户口》所载隋唐之制颇为一致。《隋书》卷24《食货志》云：

后周太祖作相，创制六官。载师掌任土之法……司均掌田里之政令……司赋掌功赋之政令。凡人自十八以至六十有四，与轻癃者，皆赋之……司役掌力役之政令。凡人自十八以至五十有九，皆任于役。丰年不过三旬，中年则二旬，下年则一旬。凡起徒役，无过家一人。其人有年八十者，一子不从役；百年者，家不从役。废疾非人不养者，一人不从役。若凶札，又无力役。

按太祖宇文泰"作相"于西魏，始于西魏文帝大统元年（535），死于西魏恭帝三年（556）。同年北周取代西魏。依此而言，由上引《隋志》所载实为西魏、北周之共制，简化如下表：

丁	服役丁年	18～59岁	皆役之
丁	赋调丁年	18～64岁	皆赋之
中	17岁以下～？岁 60岁以上～64岁		免课免役
老		65岁以上	免课免役
小		？岁以下	免课免役

根据《隋书》卷24《食货志》所推算出来的这个丁、中、老、小年限表，同《隋志》所载北齐之制颇为一致；同敦煌户籍残卷斯0613号所反映的黄、小、中、丁、老的年限却大不相同。如果大统年间所行如《隋志》所载，则残卷非大统十三年之制；如残卷所载确为大统十三年之制，则何以上不同于北魏之制，下不同于北周之制，却同《通典》所载隋、唐之制相近呢？所有这些疑问，颇难解释，大有探讨余地，姑存疑以俟考！①

综上所述，表明十六国、北朝时期关于丁、中、老、小年龄标准的制度，

① 笔者认为上引邓延天富等户籍残卷，非西魏大统十三年之户籍残卷，且户籍中有"五人杂任役"、"二人虞候"等记载，但这些说法，都是唐制，在北朝史籍中找不到任何根据，因此，很难说这是西魏十三年之制。留以存疑，俟异日详考。

又经历了一个较大的波状运动。前一个波状运动，发生于秦汉时期，其成丁年龄的最低点为秦和西汉初期的15岁、最高点为西汉昭帝以后到东汉后期的23岁。自此以后，又开始了第二个波状运动。从汉末到三国，又回复到十五六岁为成丁起点，西晋为16岁，刘宋为17岁，梁、陈为18岁，下至隋、唐又上升到21岁及23岁，这是东晋南朝在役龄上的波状运动幅度。至于十六国时期，没有定制，有可能是上承魏、晋的十五六岁成丁之制；北魏则为15岁成丁，北齐与西魏、北周为18岁，这是北朝在役龄上的波状运动幅度。这表明南北朝都同样处于役龄波状运动的上升期，而且其上升点均为18岁成丁始役。这就反映南北朝的徭役剥削，都在朝逐步减轻的方向发展；也反映出官府对劳动人民的人身奴役制存在共同的削弱趋向。为什么秦和西汉初的徭役剥削同魏晋南北朝时期的徭役剥削，都实行早役制呢？前者应与当时奴隶制残余的严重存在有关系，后者则应与封建依附关系的发展以及少数民族带着奴隶制的尾巴进入中原等情况有关。至于西汉中期以后到东汉以及南北朝后期的服役年龄之所以又朝缩短的方向发展，除了南北各族人民不断进行反人身奴役斗争所带来的结果这一因素外，还应与南北朝双方奴隶制残余因素的逐步削弱有关，特别是孝文帝变奴隶制为封建制的改革对此有不可忽视的作用。

第十二章　魏晋南北朝的徭役制度（下）

第一节　十六国、北朝时期徭役的类别和服役范围

一、正役

十六国、北朝时期的正役，是直接从魏、晋时期继承下来的，也同东晋、南朝时期一样，即相当于秦汉时期“月为更卒”的更役那一部分徭役。这部分徭役，北魏时期又被称为“恒役”，也就是每年的固定性徭役。① 这部分徭役的服役范围，主要是指修治宫室、官廨、建造城郭和开道、挖渠等土木建筑与维修工程而言，这是自秦汉以来的传统性的更役的服役范围。这部分徭役，在秦汉时期一般以一月为期，期满而代。虽然实际上不乏过期之役，但毕竟有形式上的一月限期。到了三国时期，这个一月的限期已不复存在。例如曹魏晋时往往有“功作倍于前，劳役兼于昔”② 的状况，至于所谓“岁役二十日”的规定，全为乌有之辞；即使有之，也是“公获二旬，私累数朔”③，等于没有期限，已于前章述及。这样的情况，在十六国、北朝时期尤甚。由于十六国统治者，原来大都是少数民族豪酋，习惯于役使奴隶，草菅人命，进入中原后，又兼战乱无已，需役甚切，于是徭役之繁重和无期限性，就显得格外突出。以前汉国刘聪而言，在位期间，“作殿观四十余所，加之军旅数兴，馈运不息”，

---

① 张泽咸：《魏晋北朝徭役制度》一文，收入《魏晋南北朝史论集》第2辑，1983年12月，中国社会科学出版社出版。

② 《三国志》卷13，《魏书·王朗传》注引《魏书》。

③ 《南齐书》卷4，《海陵王纪》，延兴元年条。

以致“饥馑疾疫，死亡相继”，而统治者却“益思营缮”[①]；其子刘粲也“好兴宫室”，“在位无几，作兼昼夜，饥困穷叛，死亡相继，粲弗之恤也。”[②] 前赵刘曜为其父及妻修坟，用“六万夫”为“百日作”，“所用计六百万功”，“其下周二里，作者继以脂烛，怨呼之声盈于道路”，以致“疫气大行，死者十三四”[③]。至于后赵石虎，更以残暴著称。他“盛兴宫室于邺，起台观四十余所，营长安、洛阳二宫，作者四十余万人。”[④] 接着又“苦役晋人”，在邺城“发近郡男女十六万，车十万乘，运土筑华林苑及长墙于邺北，广长数十里。”[⑤] 其徭役之重和役无定期，可以想见！其他诸国，也大抵如此。如前燕时期，号称比较重视吏治，而对百姓仍不免于“公私驱扰，人无聊生”[⑥]；北燕境内，也是“赋役繁苦，百姓困穷”[⑦]；后凉境内，则是“人不堪役，叛者连城”[⑧]。总之，十六国时期，徭役特别苛重，连本来有期限的正役，也大都成了没有定期的横征滥发。

到了北魏时期，虽然在服役者成丁的年龄方面，前期没有固定标准，见人就在征发之列，故多曰“发人”、“发民”而不曰“发丁”，直到孝文帝改革之时才有15岁成丁的明确标准，已于前章述及。但在正役的役期方面，似乎前期尽量遵循秦汉时期的“月为更卒”之期。因而一连两次有为官府从事土木工程之役为30天的记载：第一次是道武帝天赐三年（404）“六月，发八部五百里内男丁筑灅南宫，门阙高十余丈，引沟穿池，广苑囿；规立外城，方二十里，分置市里，经涂洞达。三十日罢。”[⑨] 第二次是天赐四年（405）秋七月，“筑北宫垣，三旬而罢。”[⑩] 这两次都是30日而罢，不像后赵

---

① 《资治通鉴》卷88，《晋记》愍帝建兴元年（313）条，《晋书》卷102，《刘聪载记》与此不同，可能另有所据。

② 《晋书》卷102，《刘聪载记》附刘粲事。

③ 《晋书》卷103，《刘曜载记》。

④ 《晋书》卷106，《石季龙载记上》。

⑤ 《晋书》卷107，《石季龙载记下》。

⑥ 《晋书》卷111，《慕容暐载记》。

⑦ 《晋书》卷125，《冯跋载记》。

⑧ 《晋书》卷122，《吕光载记》。

⑨ 《魏书》卷2，《太祖纪》。

⑩ 《魏书》卷2，《太祖纪》。

的“百日作”，这可能恢复了正役为每年30日制度。但是，更多的征发是没有期限的。到了北魏后期，有把正役役期增加到40日的趋势。《魏书》卷8《世祖纪》云：景明二年（501）九月，“发畿内夫五万人筑京师三百二十三坊，四旬而罢。”据北魏均田令，“夫”即“丁”，然则此次发夫5万筑洛阳诸坊，正是成年男丁服每年的正役，“四旬而罢”，为第一次出现的正役期限，可见从此以后有延长30日正役为40日的趋向。到东魏兴和元年（539）九月，“发畿内民夫十万人城邺城，四十日罢。”① 兴和三年（541）十月，“发夫五万人筑漳滨堰，三十五日罢。”② 武定元年（543）八月，“齐献武王召夫五万于肆州北山筑城，西自马陵戍，东至土隥，四十日罢。”③ 这三次发夫从事土木工程建筑，两次40日，一次35日，更表明东魏时正役的期限有延长为40日的趋向。

北齐、北周时期的正役期限，又有延长的迹象。以北齐而言，天保六年（555），“发夫一百八十万人筑长城，自幽州北夏口至恒州九百余里。”④ 此处虽未载筑长城之役的起止时间，但绝非一月、二月可就。又天保七年六月条云：“是年，修广三台宫殿”；至九年八月条才说：“至是，三台成”⑤，前后历二年有余，而且是连续性的，其服役者是轮番而上还是前后无变化，虽不甚明，但每次服役期限必然不短，否则，不会出现“赋敛日重，徭役日烦，人力既殚，帑藏空竭”⑥ 的状况；更不会造成劳作之时，“夜则以光照作，寒则以汤为泥，百工困穷，无时休息”⑦ 的惨相。至于西魏、北周时期的正役期限，则明显有所延长。据《敦煌资料》第一辑所收斯0613号文书《邓延天富等户残卷》第103页有“三十二人定见，六丁兵三十人”语。此残卷之前又有“都合课丁男三十七人，五人杂任役”语（见《敦煌资料》第91页）。不论这“都合课丁男三十七人”与后面之“三十二人定见”是否有联系和是否

① 《魏书》卷12，《孝静帝纪》。
② 《魏书》卷12，《孝静帝纪》。
③ 《魏书》卷12，《孝静帝纪》。
④ 《北齐书》卷4，《文宣帝纪》。
⑤ 《北齐书》卷4，《文宣帝纪》。
⑥ 《北史》卷8，《齐本纪下》。
⑦ 《北史》卷8，《齐本纪下》。

为西魏大统十三年之籍，[①]，按其书写的格式，都应当是“五人杂任役”包含在“都合课丁男三十七人”之内，同样“六丁兵三十人”也应包含在“三十二人定见”之内。意即该户籍残卷中的32个应服役的课丁之中，有30人属于“六丁兵”。什么叫“六丁兵”呢？《周书》卷5《武帝纪上》云：“保定元年（561）三月丙寅，改八丁兵为十二丁兵，率岁一月役。”所谓“十二丁兵”既为一月役，则“八丁兵”显然是一月半役。《资治通鉴》卷168《陈纪》天嘉二年（561）三月条载北周改八丁兵为十二丁兵事后，胡三省注曰：“八丁兵者，凡境内民丁分为八番，递上就役。十二丁兵者，分为十二番，月上就役，周而复始”。由此可见，“八丁兵”确为一月半役期之兵。依此而言，则“六丁兵”实为役期为两月之兵。这就是说，西魏到北周时期的正役役期，经过了由两个月、到一月半役、再到一月役3个变化。再向前推，则为40日役、35日役与30日役，明显有一个由30日逐步延长的趋向。以周武帝时期为起点，又向缩短正役役期的方向发展。然而，时过不久，北周宣帝又把正役延长为一月半，等于又恢复了“八丁兵”制度。《周书》卷7《宣帝纪》大象元年（579）二月，“于是发山东诸州兵，增一月功为四十五日役，起洛阳宫。常役四万人，以迄于晏驾。”把一个月之役改为45日之役，故曰“增功”，故周武帝所确立的“十二丁兵”制，只是昙花一现，最终还是“八丁兵”制即45日役占了上风，使正役役期向逐步延长方向发展的趋势固定化了。直到隋、唐时期，才又向缩短役期为一月及20日的方向发展。[②]。因此，《隋书》卷24《食货志》所载西魏恭帝三年（556）所规定的正役役期：“丰年不过三旬，中年则二旬，下年则一旬”的说法，只不过是粉饰之辞而已。

二、“运役”

所谓“运役”，即运输田租、户调和各种土贡所搜括来的实物以及军事用品、军粮与土木建筑材料等等的劳役。魏晋北朝也同东晋南朝一样，由于

---

① 日人山本达郎考证，认为此户籍残卷是前后有联系的，且为西魏大统十三年之籍，详见《东洋学报》第37卷，第2号。

② 《隋书》卷24，《食货志》云：“高祖登庸……仍依周制，役丁为十二番，匠则六番。……开皇三年……减十二番每岁为20日役……”

战争的频繁和田租、户调的征收实物，格外加重了劳动人民的运役负担。早在曹魏时期，京师所需物资，仰赖“运漕调发，转相供奉”，以致民多从事运役，“种谷者寡”①。平时尚且如此，一旦发生战争，更须“千里馈粮”以济军需；至于“深入险阻”之师，需要“凿路而前，则其为劳必相百也”②。是以曹操用兵汉中之时，就仰赖关东运粮，单讲河东郡就专以5000人为之运粮。③ 齐王芳正始五年（244），由于曹爽发兵攻蜀，使“关中及氐、羌转输不能供，牛马骡驴多死，民夷号泣道路”，“而关右悉虚耗矣”④。又魏、吴交锋的淮南地区，粮运尤苦，“每大军征举，运兵过半，功费巨亿，以为大役”⑤。西晋之初，由于对吴用兵，粮运仍苦。及已统一全国，还派兵“戍守江表”，以致“运役勤瘁”，“有死亡之患”⑥。至于十六国时期，由于战争更多，运役尤其不少。仅以后赵石虎之征慕容皝而言，“令司、冀、青、徐、幽、并、雍兼复之家五丁取三，四丁取二，合邺城旧军满五十万，具船万艘，自河通海，运谷豆千一百万斛于安乐城，以备征军之用”⑦。拓跋魏进入中原后，由于“九年之间，戎车十举”⑧，“频年屡征，有事西北，运输之役，百姓勤劳，废失农业”，“致使生民贫富不均”，“或有寒穷不能自赡者”⑨，这是由于用兵而来的运役。献文帝时，“山东之民，咸勤于征戍转运。帝深以为念，遂因民贫富，为租输三等九品之制。千里内纳粟，千里外纳米；上三品户入京师，中三品入他州要仓，下三品入本州”⑩。这是由于供应代京粮食布帛而来的运役。为了缓和这一矛盾，专就此制定了三等九品之制。其所以用千里内外为界线决定纳粟、纳米，目的在于减少运役之量；分三等决定运送地点，是为了缩短贫困户的运程。然而，这样做仍不能解除运送军粮之苦。故孝文帝太和六年

---

① 《三国志》卷13，《魏书·王肃传》。
② 《三国志》卷13，《魏书·王肃传》。
③ 《三国志》卷16，《魏书·杜畿传》。
④ 《晋书》卷26，《食货志》。
⑤ 《三国志》卷9，《魏书·曹真传附子爽传》及注引《汉晋春秋》。
⑥ 《晋书》卷46，《刘颂传》。
⑦ 《晋书》卷106，《石季龙载记上》。
⑧ 《魏书》卷4上，《世祖纪上》延和元年正月己巳诏。
⑨ 《魏书》卷4上，《世祖纪上》延和三年二月戊寅诏。
⑩ 《魏书》卷110，《食货志》。

(482)，由于同南朝萧齐作战，“使七州之民”，“有征运之劳”，连统治者自己也承认“深乖轻徭之义”[①]；然而，次年正月，又“诏青、齐、光、东徐四州之民，户运仓粟二十石送瑕上、琅邪”，虽然给运输者以“复租算一年”的优待，[②] 也不足以解除运役之苦。后来才以发展边境屯田、实行和籴和于接近江淮的河运地段多设仓库贮粮等办法去缓解军粮运役之苦。正如《魏书》卷110《食货志》所云：“自徐扬内附之后，仍世经略江淮，于是转运中州，以实边陲，百姓疲于道路。乃令番戍之兵，营起屯田，又收内郡兵资与民和籴，积为边备。有司又请于水运之次，随便置仓，乃于小平、石门、白马津、漳涯、黑水、济州、陈郡、大梁凡八所，各立邸阁，每军国有须，随机漕引，自此费役微省。”下及北齐河清三年（564），为了减轻把田租运送邺城的运役，“率人一床”，征收“垦租二石，义租五斗，奴婢各准良人之半；牛……垦租一斗，义租五升。垦租送台，义租纳郡，以备水旱。”又送台的垦租，“皆依贫富为三臬”：“上臬输远处，中臬输次远，下臬输当州仓。三年一校焉。租入台省，五百里内输粟，五百里外输米，入州镇者输粟。”[③] 这些规定，可以说是北魏三等九品之制的延续，目的仍在于缓解因运役繁重所带来的矛盾。

然而，这些办法，并不能真正减轻劳动人民的运役。这是因为，北魏的三等九品的划分与北齐的三臬之制的确定，都依赖于户等的评定，而户等的评定，又取决于地方官吏。富户可以通过行贿，以高为低；实际输纳时，又可驱使其奴客与依附民代纳，故受累者仍为贫穷下户。何况官府为了运输田租，往往强制征调民间车、牛、驴、马。如太武帝始光二年（425）“五月，诏天下十家发大牛一头，运粟塞上”[④]。又太平真君七年（446）薄骨律镇镇将刁雍“奉诏”，要求高平、安定、统万及薄骨律四镇“出车五千乘，运屯谷五十万斛付沃野镇以供军粮。”薄骨律镇距沃野镇有“八百里”之遥，且“道多深沙，轻车来往，犹以为难，设令载谷，不过二十石，每涉深沙，必致滞陷”，

---

① 《魏书》卷7上，《高祖纪上》。

② 《魏书》卷7上，《高祖纪上》。

③ 《隋书》卷24，《食货志》。

④ 《魏书》卷38，《刁雍传》。

每运一次，“百余日乃得一返”，一年之中，每车只能运送两次，“大废生民耕垦之业”[①]。所以，虽然从献文帝时起实行了三等九品之制，运役仍然使百姓苦不堪言，以致孝明帝时，依然出现了“丁壮死于军旅，妇女疲于转运”[②] 的惨相。

三、徭役性兵役

我们知道，魏晋南朝实行世兵制，世代为兵者另立户籍，与民分属两个系统。北朝也是一样，也行世兵制，如太武帝在太平真君五年（444）春正月诏中所说：“驺卒子息，当习其父兄所业”[③] 及“自太祖平中山，多置军府，以相威慑，凡有八军，军各配兵五千”[④]，加上其镇户、营户之制，都是其世兵制的表现，这些都属于兵役、兵制的范围，不在徭役之列。此所谓徭役性兵役，系指世兵之外普遍征发民丁为兵而言。因为这种“兵”，或是世兵的补充，或为军队服杂役，或担任运输和修筑防御体系，本质上是一种劳役。《魏书》卷5《高宗纪》和平四年（463）三月诏曰：“……在职之人，皆蒙显擢，委以事任，当厉己竭诚，务省徭役，使兵民优逸，家给人赡。今内外诸司、州镇守宰，侵使兵民，劳役非一。自今擅有招役，逼雇不程，皆论同枉法。”在这里，服劳役者“兵、民”并称，如果说民之服役者主要是指正役与运役，则“兵”之服劳役者就应是指征发民丁为兵之事。《魏书》卷4下《世祖纪》太平真君七年六月，“发定、冀、相三州兵二万人屯长安南山诸谷”，以防盖吴起义军“越逸”；同年同月，又“发司、幽、定、冀四州十万人筑畿上塞围，起上谷，西至于河，广袤皆千里。”太平真君十一年九月，“发州郡五万分给诸军”。孝文帝延兴三年（473）十月，为了南伐，“诏州郡之民，十丁取一以充行”[⑤]。孝文帝迁洛之后，曾“诏选天下武勇之士十五万人为羽林、虎

① 《魏书》卷4上，《世祖纪上》。
② 《魏书》卷9，《肃宗纪》。
③ 《魏书》卷4下，《世祖纪下》。
④ 《魏书》卷58，《杨播传附弟椿传》。
⑤ 《魏书》卷7上，《高祖纪上》。

赍以充宿卫"[①]。宣武帝景明四年（503）六月，"发冀、定、瀛、相、并、济六州二万人、马千匹，增配寿春"[②]。正始三年（506）七月，又"诏发定、冀、瀛、相、并、洛六州十万人以济南军"[③]。《魏书》卷110《食货志》载北魏后期薛钦建议官造船只以运租调时，"其造船之外，皆须锯材人功，并削船茹，依功多少，即给当州郡门兵，不假更招"，这是以"州郡门兵"充劳役之明证。上述种种，均系发民丁或以补充兵士，或以修筑工事，或以在京师充宿卫，及有伤残，才予以遣还原籍，[④] 相对于以民丁充正役、运役等徭役而言，便是徭役性的兵役。

其实这种以民丁为兵的事，不仅北魏有之，早在十六国时期尤为盛行。汉国刘渊的征东大将军王弥，曾"与刘曜、石勒等攻魏郡、汲郡、顿丘，陷五十余壁，皆调为军士"[⑤]，显然是调发一般民户为兵，而且不论老幼。后赵石勒，曾"课农造舟，将寇建邺"，"饥疫死者大半"[⑥]；后赵石虎，为了与割据者争夺，"敕河南四州，具南师之备；并、朔、秦、雍、严西讨之资；青、冀、幽州，三五发卒；诸州造甲五十万人"，以致"百姓失业，十室而七。船夫十七万人为水所没、猛兽所害，三分而一。"[⑦] 后来，为了"讨三方"，"诸州兵至者百余万"[⑧]。这是何等严重地征发一般民户为兵服劳役。前燕慕容儁，乘石赵有冉闵之乱的机会，"乃令州郡校阅见丁，精覆隐漏，率户留一丁，余悉发之，欲使步卒满一百五十万"[⑨]，由于有人反对，才"改为三五占兵"[⑩]，可见原来征发的比例比五丁取三、三丁取二的"三五占兵"还要大。可见一

① 《魏书》卷7下，《高祖纪下》。
② 《魏书》卷8，《世宗纪》。
③ 《魏书》卷8，《世宗纪》。
④ 《魏书》卷7下，《高祖纪下》太和十九年八月条。
⑤ 《晋书》卷100，《王弥传》。
⑥ 《晋书》卷104，《石勒载记上》。
⑦ 《晋书》卷106，《石季龙载记上》。
⑧ 《晋书》卷106，《石季龙载记上》。
⑨ 《晋书》卷110，《慕容儁载记》。
⑩ 《晋书》卷110，《慕容儁载记》。

般民户被征发为兵服役之普遍，以致这时的民户实际上成了兵户。[①] 故徭役性的兵役，实为十六国北朝时期民户承担徭役的重要组成部分。

徭役性兵役的另一个含义，即以兵承担徭役。《魏书》卷41《源贺传附子恭传》，谓北魏永平之后，“方配兵人，或给一千，或与数百，进退节缩，曾无定准。”各级将领官吏，“专役”所给士兵，造成“废经国之功，供来馆之役”的状况，足见以兵充私役现象之普遍。

四、匠役

关于三国、西晋时期的“百工”之役，本章第一节已经述及。西晋灭亡东吴之后，继续控制了孙吴的全部“百工”。太康元年（280）五月，虽有“百姓次百工复二十年”之诏，[②] 恐怕不可能实现，只是安抚江东之民的空头支票。至于十六国、北朝的“百工”，也同汉末、三国与西晋时期一样，被统治者严格控制，人身极不自由，必须终身为官府服役。“百工”本为有一定手工技艺者，以制作各种官府所需的器物为其主要劳役内容，但也有用之采伐木材者。如石勒统治的后赵，“已设尚方、御府诸令，主管百工”；为了在襄国“拟洛阳之太极殿起建德殿”，曾“遣从事中郎任汪帅使工匠五千采木以供之”[③]。石虎时，设置了“典匠少府”一官，主管“百工”之职更明。他又在襄国与邺城同时兴建宫殿，大置女官，多达万余人，而且皆配以“杂伎工巧”[④]。在石虎的“尚方、御府中”的“作锦”作坊服役的“巧工”，“皆数百人”[⑤]。前燕时，官府控制的百工人数甚多，以致引起封裕的反对，他曾上书说：“习战务农，尤其本也。百工商贾，犹其末耳。宜量军国所须，置其员数，已外归之于农。”慕容皝采纳了他的建议，“乃令曰：……百工商贾数，

---

① 关于十六国时期征发民户实为征发兵户的问题，可参阅高敏著：《魏晋南北朝兵制研究》，1997年12月，大象出版社出版。

② 《晋书》卷3，《武帝纪》。

③ 《晋书》卷105，《石勒载记下》。

④ 《晋书》卷106，《石季龙载记上》。

⑤ 陆翙《邺中记》，《太平御览》卷815，《布帛部》所引《邺中记》还有“织锦署在中尚方”之语。

四佐与列将速定大员，余者归农。”[①] 由此可见前燕之有“百工”甚明。《太平御览》卷815《布帛部》引《丹阳记》曰：“斗场锦署，平关右迁其百工也。”这指的是刘裕平后秦之后迁后秦百工于建康，并集中于斗场锦署管理之，可见后秦确有“百工”。《晋书》卷125《冯跋载记》谓“工人李训窃宝而逃，赀至巨万，行贷于马弗勤，弗勤以训为方略令”，冯跋知之，斩于东市。此外之“工人”，显系“百工”中之一员。《魏书》卷95《铁弗刘虎传》，谓夏国赫连勃勃命工匠造兵器，“所造兵器，匠呈必死：射甲不入，即斩弓人，如其入也，便斩铠匠，凡杀工匠数千人”。被杀者如此之多，则其“百工”之多，可以想见，成汉建国之后，国“都邑空虚，工匠器械，事未充盈，乃徙傍郡户三十已上以实成都，兴上方、御府，发州郡工巧以充之。”[②] 可见成汉也在加强对“百工”的控制。北魏初建，就立即着手控制手工业工匠，并以军事组织形式把他们编制起来，称之为杂户、营户，设杂营户帅直接统治他们，不属于州县守宰管辖。这就是《魏书》卷94《阉官·仇洛齐传》所说的：“魏初禁网疏阔，民户隐匿漏脱者多。东州既平，绫罗户民乐葵因是请采漏户，供为纶绵。自后逃户占为细茧、罗縠者非一。于是杂、营户帅遍于天下，不属守宰，发赋轻易，民多私附，户口错乱，不可检括。洛齐奏议罢之，一属郡县。”这一情况说明，道武帝灭亡后燕之后，曾广泛地在民间搜罗各种手工业工人，予以专门管理。与此同时，又把后燕原有的“百工伎巧十余万口”强迫迁徙到平城，[③] 规定他们居住于固定的地区，并为官府服役。[④] 太武帝时期对工匠的管制更加严格了。太平真君五年（444）正月戊申诏云：“自王公已下至于庶人，有私养沙门、师巫及金银工巧之人在家者，皆遣诣官曹，不得容匿。限今年二月十五日，过期不出，师巫、沙门身死，主人门诛。”[⑤] 同年同月庚戌又诏：“今制自王公已下至于卿士，其子息皆诣太学。其百工伎巧，驺

---

① 《晋书》卷109，《慕容皝载记》。

② 《晋书》卷121，《李寿载记》。

③ 《魏书》卷2，《太祖纪》，天兴元年正月条。

④ 参阅唐长孺先生：《魏晋南北朝史论丛续编》，第44页注②。

⑤ 《魏书》卷4下，《世祖纪下》。

卒子息，当习其父兄所业，不听私立学校，违者师身死，主人门诛。”[①] 这说明“百工”是不许私养的，即全部要由官府控制；而且“百工伎巧，驺卒子息”的地位低下，还不许改业，只能世袭为工匠。太武帝之所以制定如此严格法令禁止私养工匠和不许他们改业，正反映出百工伎巧之人有争取解放与改业的斗争。故法令虽严，百工伎巧仍在不断解脱其伎作户户籍，日益走上私营手工业的道路，有的甚至混入仕流，竟然有同世族通婚的情况出现。以致文成帝时，因鉴于“中代以来，贵族之门多不率法，或贪利财贿，或因缘私好，在于苟合，无所选择，令贵贱不分，巨细同贯”，便制定了“皇族、师傅、王公侯伯及士民之家，不得与百工伎巧卑族为婚，犯者加罪”的法令。[②] 从孝文帝延兴二年（472）四月开始，允许“工商杂伎，尽听赴农”[③]，等于解除了不许百工伎巧改业的禁令；到太和十一年（487），又“罢尚方锦绣绫罗之工，四民欲造，任之无禁”[④]，无异于进一步放宽了官府对百工的控制。但是，即使如此，到北齐、北周时期，不仅仍有官府控制的百工伎作户存在，而且官府设有专门机构起部曹“掌诸兴造工匠等事”，太府寺则是管理官府作场的总机构，[⑤] 甚至又出现了不许私藏工匠的法令。[⑥] 这说明统治者是决不肯轻易放弃对百工伎作户的控制的。不过，由于百工伎作户以各种方式进行斗争的继续，也由于整个社会发展商品经济的需要，即使在高齐时期，也开始对高姓伎作户放免为白户，至于北周，对工匠正式实行了番役制，出现了“役丁为十二番，匠则六番”[⑦] 的规定，尽管匠役的期限为一般平民役期的两倍，但毕竟改变了百工终身服役的制度，不能不是长期斗争的结果。

---

① 《魏书》卷4下，《世祖纪下》。

② 《魏书》卷5，《高宗纪》和平四年十二月条。

③ 《魏书》卷7上，《高祖纪上》。

④ 《魏书》卷7下，《高祖纪下》。

⑤ 《隋书》卷27，《百官志中》。

⑥ 《北齐书》卷47，《酷吏·毕义云传》，参阅唐长孺先生：《魏晋南北朝史论丛续编》，第48页。

⑦ 《隋书》卷24，《食货志》。

五、吏役

早在汉代，就存在被称为“吏”的服役者，高敏著《试论汉代“吏”的阶级地位与历史演变》已对此有集中论述。[①]魏晋继之，而且更加制度化和复杂化，唐长孺先生已多论述。张泽咸君在其《六朝徭役制度》及《魏晋北朝徭役制度》二文中，各列有“吏役”一目，所论与唐长孺先生及高敏文之意略同。魏晋南朝之“吏役”，已于前章述及。仅就十六国、北朝时期之吏役述其梗概。

《晋书》卷106《石季龙载记》云：“右仆射张离领五兵尚书，专总兵要，而欲求媚于石宣，因说之曰：‘今诸公侯吏兵过限，宜渐削弱，以盛储威。’宣素疾石韬之宠，甚说其言，乃使离奏夺诸公府吏，秦、燕、义阳、乐平四公听置府吏一百九十七人，帐下兵二百人，自此以下，三分置一，余兵五万，悉配东宫。”诸王公侯之府设府吏，实为魏晋之制，今后赵也设府吏，裁减之后，尚可拥有府吏197人，这不仅表明后赵继承了魏晋以来兵、吏并置的制度，而且数量不少。又《敦煌资料》第一辑收入了斯0113号西凉建初十二年(416)的《敦煌郡县西宕乡高昌里户籍残卷》，其中有“大府吏随嵩”一户5口之籍，随嵩本人“年五十”，有“息男寿年廿四”，其余3口为女性，而户内有“丁男二”，可见随嵩与其儿随寿均为“丁男”。而随嵩又为“大府吏”，则“大府吏”之为服役之丁男甚明。新近出土的由唐长孺先生整理的《吐鲁番文书》第一册载北凉有“财帛吏”、“藏吏”、“酒吏”、“仓吏”、“吏”[②]等，这充分表明十六国时期诸少数民族政权，也是兵、吏并设，而且是专立“吏”籍的。从其名称，可知这些“吏”都是通过一定的职任而为官府服役的，对于这些“兵户”与“吏户”，由于十六国时期战争频繁，其家属不得不经常随军营移动，于是普遍采用了以军统民的军事编制方式，至少后秦政权是如此。《晋书》卷116《姚苌载记》云：“苌既与苻登相持积年，数为登所败，远近咸怀去就之计，唯征虏将军齐难、冠军徐洛生、辅国刘郭单、冠威弥姐婆

---

① 收入高敏：《秦汉史论集》中，该书1982年8月，中州书画社出版。

② “财帛吏”见该书第37、42页；“藏吏”见该书第42页；“酒吏”见该书第42页；“仓吏”见该书第12页；“吏”见该书第36、42及44页。

触、龙骧赵恶地、镇北梁国儿等守忠不贰，并留子弟守营，供继军粮，身将精卒，随苌征伐。时诸营既多，故号苌军为大营，大营之号自此始也。”后来，“苌下书，兵吏从征伐，户在大营者，世世复其家，无所豫。”及姚兴继立，“分大营为四，置四军以领之”①。由此可见，后秦一直在采用军事编制方式统治其“吏户”。

拓跋族进入中原建立北魏政权后，也同样有服役性“吏户”存在，而且多为官吏私家服役。如崔浩被诛，“自浩已下，僮吏已上百二十八人皆夷五族”②，则崔浩家有“僮吏”；王慧龙死后，“吏人及将士共于墓所起佛寺”③，是王慧龙手下也有吏户；咸阳王元禧之家，有“奴僮千数，田业盐铁遍于远近，臣吏僮隶，相继经营”④，足见元禧之家吏户甚多，且与奴隶一起服劳役。河津所在地，有“津吏”，见于《魏书》卷36《李顺传附子式传》。一般说来，诸王侯均有吏户为之服役，且此制始于北魏之初。《魏书》卷113《官氏志》云：天赐元年（404）“十二月，诏始赐王公侯子国臣吏：大郡王二百人；次郡王、上郡公，百人；次郡公，五十人；侯，二十五人，子，十二人。皆立典帅，职比家丞，总统郡隶。”事实证明，到宣武帝时，由于同萧梁交战，彭城王元勰之子元劭上表曰：“国封徐州，去平差近，谨奉粟九千斛，绢六百匹，国吏二百人，以充军用”，灵太后没有同意，⑤这时的封君一次能献出“国吏二百人”以充军役，则其国吏之总数恐超过此数，足见给王公侯子国赐吏户的制度仍在实行。而且这种“吏”，主人可以用之奉献，则“吏户”之地位几乎等于是其主人之私产。这种“吏户”，是怎样来的，由于史书阙载，已不甚明白，但至少有一部分是强迫农民为之。如孝文帝太和二十年（496）冬十月下令：“司州之民，十二夫调一吏，为四年更卒，岁开番假，以给公私力役”⑥，便是明证。不过，这种从民间调发来的“吏”，已经不同

① 《晋书》卷117，《姚兴载记上》。
② 《魏书》卷48，《高允传》。
③ 《魏书》卷38，《王慧龙传》。
④ 《魏书》卷21上，《献文六王·咸阳王禧传》。
⑤ 《魏书》卷21下，《献文六王·彭城王元勰附子劭传》。
⑥ 《魏书》卷7下，《高祖纪下》。

终身性的长期服役的“吏户”，因为已经有了“岁开番假”之制，至于每番役期长短，不得而知。北周、北齐时期的“吏户”情况，已无所闻，也许随着南北朝后期徭役役龄的提高和徭役减轻的趋势而取消了“吏役”制，抑未可知！

六、“杂徭”

魏晋南朝有“杂役”，是指在正役、运役、徭役性兵役、匠役和吏役之外的其他徭役而言。但正史中并无“杂役”之名。十六国、北朝的“杂徭”，虽然基本内容与魏晋南朝的“杂役”相同，但有关史籍中已有“碎役”、“杂徭”及“杂使役调”等名称，甚至还有“杂任役”的称号，足见北朝的“杂徭”占有很重要的地位，而且确是当时徭役类别中之一种。因此，有必要先从“杂徭”的名称谈起。

什么叫“杂徭”呢？早在汉代之前，称成丁者正役之外的徭役曰“小役”，《盐铁论·未通》篇载“御史曰：古者十五入大学，与小役；二十冠而成人，与戎事”即其证。唐代有“小徭”之名，《唐律疏议》卷13《户婚律》“其小徭役者，笞五十”，《疏议》曰：“此小徭役，谓充夫及杂使。”据此，知“小徭”即“杂使”之徭，也就是“杂徭”，以致杂徭之名屡见于唐代史籍。[①] 如果唐代的“杂徭”系导源于汉代之前的“小役”，则“杂徭”之制应早已有之。不仅如此，“杂徭”之名，也正式出现于北魏史籍。《魏书》卷7上《高祖纪上》延兴三年（473）十一月戊寅，“诏以河南七州牧守多不奉法，致新邦之民莫能上达，遣使者观风察狱，黜陟幽明。其有鳏寡孤独贫不自存者，复其杂徭。年八十已上，一子不从役。”同书卷60《韩麒麟传附子显宗传》，谓太和中，显宗上书，请求免中山之巡以省徭役，认为如此可“省诸州供帐之费……则南州免杂徭之烦，北部息分析之叹”。由此可见，北魏孝文帝时确已有正役与杂徭的区分，而且杂徭同皇帝出巡时的“诸州供帐之费”有关。“杂徭”又可称为“杂使役调”，《北史》卷15《魏诸宗室·元丕传》谓“孝文时

① 《唐六典》卷3，《户部郎中员外郎》条叙唐代课役，有“一曰租，二曰调，三曰役，四曰杂徭”之语。

……诏赐丕入八议，传示子孙……放其同籍丁口杂使役调，永受复除。”所谓“杂使役调”，又可称为“杂役”，《魏书》卷48《高允传》载高允谏阻文成帝大营宫室时说：“计斫材、运土及诸杂役，须二万人，丁夫充作，老小供饷，合四万人，半年可讫。”有时还称为“碎役”，《魏书》卷52《刘昞传附诸子传》谓刘昞之子“并迁代京，后分属诸州，为城民。”正光三年，太保崔光上奏，称敦煌刘昞为“儒学之士”，“著业凉城”，请求“甄免碎役”，孝明帝从之，于正光四年六月，诏“其孙等三家，特可听免。”由此可见，作为“城民”，就得承担杂使之役，此谓“甄免碎役”，即指此言。根据上述一系列“碎役”、“杂役”、“杂使役调”及“杂徭”等等名称来看，表明北魏时期的“杂徭”之制确已制度化，无怪乎西魏大统十三年（547）的户籍残卷中有“五人杂任役”的说法，且五人之中，“一人猎师”、“二人虞候”[①]。据有人考证，“猎师”应为“猎师”。至于“虞候”，是在军镇中供人役使的低级职役者之一种，故魏末元深有“征镇驱使，为虞候、白直，一生推迁，不过军主”的说法。[②] 到北齐时，“自州郡县，各同其大小，置白直，以供其役”[③]。“虞候”既与“白直”并列，则“虞候”为服役者甚明。到了唐代，虞候、白直等仍是供官府或私人役使者，当时谓之“杂任役”，又称“色役”。由此可见，唐代之“杂徭”、“杂任役”或“色役”，实皆渊源于北朝。唐代的“役”与“杂徭”，既已成为全部徭役的重要组成部分，则始于北朝的“杂徭”之役，在比重上已超过东晋南朝的“杂役”，这是北朝徭役制度中一个值得重视的变化，他日将作另文探讨。

由于“杂徭”系泛指虞候、白直等人之役，因而就告诉我们：凡在北朝官府中供官吏或官府驱使的一些介于吏与役之间的职役性人员，也应属于杂徭之列。这种职役性人员的名目繁多，除上述之猎师、虞候、白直之外，还有直阁，如《魏书》卷31《于烈传》谓于烈“乃将直阁已下六十余人，宣旨召咸阳王禧、彭城王勰、北海王详，卫送至于帝前”，《北史》卷23同，唯“直

---

① 《敦煌资料》第1辑，第91页及103页。

② 《北史》卷16，《元深传》。《魏书》卷18，《太祖五王·广阳王建传附孙元渊传》即《北史·元深传》，《魏书》此卷阙，系以《北史》补。然《魏书》此卷“征镇驱使”后多一“但”字。

③ 《隋书》卷27，《百官志》。

阁”作“直阎”。又名防阎，又《魏书》卷21上《献文六王·咸阳王禧传》，谓元禧谋反时，“自供池东南走，僮仆不过数人，左右从禧者，唯兼防阎尹龙虎”而已。还有直斋，又《魏书》卷75《尔朱世隆传》，谓世隆“嫌（车）迟，遣二防阎捉仪刀催车。”同书卷10《出帝纪》永熙三年（534）五月条云：“又增骑官，厢别二百人，依第出身。骑官秩比直斋。”同书卷111《刑法志》云：“旧制：直晒、直后、直斋，武官队主、队副等，以比视官。”由此可见，直斋、直晒等人，虽是服役者，又是官名，还有官秩，实为职役性人员。因此之故，《魏书》卷75《尔朱世隆传》，谓尔朱世隆初为直斋，后转直寝，再兼直晒，而加前将军；《通典》卷36～39《职官典》，在记载了东汉、晋、宋、北魏、后周及隋的品官之后，都记载有内外职掌员数，并略举其诸色职掌人名目；或曰“未详”，又曰“数亦未详”；唯卷40记唐代品官之后所记内外诸职掌人名色较详，其外职掌人名色中，便有“白直”、“津吏”、“斋郎”、“队正”、“队副”、“执刀”等，可见北魏时期的一些职役性官吏，正是唐代内外职掌人的渊源，也就是所谓“杂任役”的渊源。

除上述这些介乎官吏与服役者之间的职役性人员名称外，在北朝还存在许多纯系服役者的人群或阶层，也同应属于服杂徭之役者，大抵有“力”、“事力”、“兵力”、“渔猎夫”、“荫丁”、“食干”、“别户”、“盐户”、“金户”、“罗縠户”、“细茧户”、“杂户”等百杂之户。《魏书》卷11下《前废帝广陵王纪》普泰元年四月“诏员外谏议大夫、步兵校尉、奉车都尉、羽林监、给事中，积射将军、奉朝请、殿中将军、宫门仆射、殿中司马督、治礼郎十一官，得俸而不给力”。由此可见，北魏官吏自太和中班制俸禄之后，[①]除俸禄之外，是同时也配给以一定的服役者的，合称为“禄力”。故《资治通鉴》胡三省注“禄力”曰：“禄，俸禄也；力，力役之人也。”普泰元年之所以除所列十一官之“力”，系因六镇起义之后，民力大疫，兵源奇缺，故不得不省去此十一官给力之制。此十一官虽然俸禄与“力”不并给，但十一官之外，还是禄、力并给的。这种“力”，又称为“事力”，南朝有之，北朝也不例外，《魏书》卷22《孝文五王·清河王元怿传》云：“时有沙门惠怜者，自之咒水

① 按关于孝文帝班制俸禄的年代，颇有分歧之说，将另写专文考之，此不赘述。

饮人，能善诸病……灵太后诏给衣食，事力优重，使于城西之南治疗百姓病。”这是以“事力”赏赐给沙门惠怜。同书卷62《李彪传》，谓李彪修国史时，乞“官给事力，以充所须”。北齐之时，此制尤甚。《隋书》卷27《百官志》载北齐尚书省五兵尚书所统右中兵曹，“掌畿内丁帐、事力、蕃兵等事”，又云：所有北齐官吏，“自一品已下，至于流外勋品，各给事力。一品至三十人，下至于流外勋品，或以五人为等，或以四人、三人、二人、一人为等。繁者加一等，平者守本力，闲者降一等焉。”这是北齐按官品及繁闲程度普给事力的制度。各级官吏的“事力”，据《隋书》卷24《食货志》所云：“官人禄、力，承前以来，恒出随近之州，但判官本为牧人，役力理出所部，请于所管户内计户征税。”这就是说，俸禄出自所统户口之税收，事力亦出于所部之人。“事力”在南朝又可称为“力人”，北朝则称为“功力”，《魏书》卷35《崔浩传》谓其母卢氏“四时祭祀，虽有功力，不任僮使，常于自亲焉。”有时还称“事力”为“兵力”，大约是以兵士配给官吏供私人驱使，《魏书》卷60《韩麒麟传附子熙传》，称其为国子祭酒时，由于“迁邺之始，百司并给兵力”。《全北齐文》卷10冯翊王《修平等寺碑》，载永平中，“崇申礼敬，广施军资，增给兵力”；《北史》卷43《邢峦传附邢邵传》谓邵“以视老还乡，诏所在特给兵力五人”[①]。此外，还有“渔猎夫”，《周书》卷35《裴侠传》，载西魏时，裴侠为河北郡守，此郡旧制，有渔猎夫30人以供郡守。《北齐书》卷15《侯景传》，载景为冀州刺史，曾“发夫猎，死者三百人”，这种征发“丁夫”充猎的事，与渔猎夫之役同一性质。至于“荫丁”之名，见于赵万里《汉魏南北朝墓志集释》中的《刘悦墓志》。“牧户”一名，见于《魏书》卷10《孝庄纪》建义元年条。“别户”之称，见于《魏书》卷30《刘尼传》，谓显祖时“以尼有大功于先朝，弥加尊重，赐别户三十。”关于“盐户”，《魏书》卷57《崔挺传附崔游传》云：“熙平末，（游）转河东太守，郡有盐户，常供州郡为兵，子孙见丁从役，游矜其劳苦，乃表闻请听更代，郡内感之。”关于“金户”，见于《魏书》卷110《食货志》。《志》云：“汉中旧有金户千余家，常于汉水沙淘金，年终总输。后临淮王彧为梁州刺史，奏罢之。”“罗

① 周一良著：《魏晋南北朝史札记》，第323～327页。

縠户”与“细茧户”均见于《魏书·食货志》及同书卷94《仇洛齐传》。特别值得注意的，是“食干”制之“干”，它与在官府中充当低级官吏的带有职役性的“干”不同。关于职役性的“干”，早在汉代便已有之，魏晋南北朝的官府中也有之，但这种“干”，近于“杂任役”的人员，亦即前引《能典·职官典》所载历代内外诸职掌人中之一种。然而，东魏、北齐之食干制中的“干”，比较特殊，它不是下级官吏，而是供官吏驱使的，与“事力”这种人相等；又可以纳资代役，作为官吏的“私润”。这种“干”，出于州郡之民，同“事力”、“兵力”、之出于州郡之民相同。①。其给予的方式，系由官府给予，听敕乃给。《隋书》卷27《百官志》载北齐之制云：“诸州刺史、守、令已下，干及力，皆听敕乃给。其干出所部之人，一干输绢十八匹，干身放之；力，则以其州、郡、县白直充。”这种给干以为官吏“私润”的制度，可能始于北魏，《魏书》卷69《裴延儁传》云：“延儁族兄聿……自著作佐郎出为北中府长史。时高祖以中书侍郎崔亮并清贫，欲以干禄优之，乃以亮带野王县，聿带温县，时人荣之。”在这里，把官吏之禄与“干”联系在一起，名之曰“干禄”，正同把“禄”与“事力”联系谓之“禄力”一样。我们已经知道，“禄力”之“力”即给官吏以“事力”之人，供其驱使；那么，“干禄”之“干”，也应是同“事力”相同的人。而且这种“干”，是通过“带县”而来，这同东魏、北齐之时官吏的“食干”是通过“食××州干”、“食××郡干”和“食××县干”等“干”随州、郡、县而来如出一辙。因此，东魏、北齐所独有的“食干”之制，似乎始于北魏。②。所有上述这一系列的服役者，在北朝史籍中，都称之为“杂户”，或曰“厮养之户”、“百杂之户”与“杂役之户”③，也叫“杂色役隶之徒”④，还简称为“杂户”⑤。由此可见，北朝的营

---

① 参阅高敏：《魏晋南北朝社会经济史探讨》中的《东魏、北齐的食干制度研究》一文。

② 参阅高敏：《魏晋南北朝社会经济史探讨》中的《杂户考》一文以及《东魏、北齐食干制度研究》一文。

③ “厮养之户”名称，见《魏书》卷7上，《高祖纪上》太和五年七月甲戌诏：“百杂之户”名称，见《魏书》卷11，《前废帝纪》普泰元年三月己巳诏；“杂役之户”名称见《魏书》卷9，《肃宗纪》神龟元年正月庚辰诏。

④ 语见《北齐书》卷4，《文宣帝纪》天保二年九月壬申诏。

⑤ 参阅前揭《杂户考》一文。

杂户制度与东魏、北齐的“食干”制度，都应属于北朝的“杂役”、“杂徭”之制的内涵。于此可见北朝的“杂徭”之役，大为加重，较之南朝的“杂役”，已增添了不少新内容。如果说南朝的徭役苛重，较之北朝则远为逊色。北朝徭役之所以特别苛重，应同北魏前期企图实行奴隶制所带来的影响有关，因为徭役剥削是以人身奴役制为基础的。[①]

如上所述，十六国、北朝时期无比苛重的徭役剥削，给当时的劳动人民带来了极大的灾难，从而也直接影响了社会经济的发展。以十六国中的后赵为例，石季龙“盛兴宫室于邺，起台观四十余所，营长安、洛阳二宫，作者四十余万人。又敕河南四州具南师之备，并、朔、秦、雍严西讨之资，青、冀、幽州三五发卒，诸州造甲者五十万人。”因而使“百姓失业，十室而七”。单讲造船的“船夫十七万人为水所没”，至于因伐木造船为“猛兽所害”者，又“三分而一”[②]，这简直是在整个北部中国直接摧残社会生产力。然而，石季龙还在苛求不已，不久又下令：“征士五人车一乘，牛二头，米谷十五斛，绢十匹，调不办者的斩论。”强迫征集这些人是为“图江表”，即用兵江南。“于是百姓穷窘，鬻子以充军制，犹不解赴，自经于道路死者相望，而求发无已。”[③]这又是整个社会生产力的自我毁灭。久经战乱的中原地区，人丁资源本来十分匮乏，死于徭役与自杀者如此之多，岂非自己毁灭了自己的社会经济基础！无怪乎石赵政权很快濒临总崩溃！整个十六国时期，大都是在战乱频仍和兵役、徭役无已的状况中度过，所以，从西晋灭亡之后到北魏统一北部中国之前的百余年间，除前燕、前秦时期在局部地区社会经济略有恢复外，其余时期与地区的社会经济总是处于绝境。较之两汉、魏晋时期的中原地区经济状况，表现出破坏与衰退的特征。北魏统一北部中国以后，虽为社会经济的恢复与发展创造了条件，但是，由于孝文帝之前一些拓跋贵族妄图在北部中国推行奴隶制的措施，不仅使拓跋族原有的奴隶人数在增加，而且使大批早已封建化了的农民沦为以各种形式出现的奴隶与半奴隶，以致百杂役隶之户的名目繁多。奴隶制生

---

① 高敏：《论北魏的社会性质》，刊《中国经济史研究》，1989 年第 4 期。
② 《晋书》卷 106，《石季龙载记上》。
③ 高敏：《论北魏的社会性质》，刊《中国经济史研究》，1989 年第 4 期。

产关系的严重存在，大大影响了各种服役者人身依附性的强化和身份地位的卑微化倾向，从而直接影响到广大劳动人民的生产积极性的发挥。所以，北魏前期的整个社会经济的恢复，处于十分缓慢的状况。直到孝文帝彻底否定了奴隶制，实行了封建制之后，由于有了均田制的推行与三长制的确立，农民的徭役负担与租调缴纳额有了一定的限制，社会经济才呈现出迅速恢复与发展的趋势。然而，由于社会长期积累的矛盾又迅速复杂化与激烈化，很快导致了以北镇起义为先导的全国性农民起义；接着又是内讧不已，造成了北魏的分裂与北齐、北周的对峙局面，整个社会经济的发展势头又减弱了，以致北朝后期提高始役年龄标准、缩短正役期限、放宽“百工”限制和逐步放免百杂之户等措施所带来的积极后果，也未能充分体现在社会经济的发展方面。

第二节 魏晋南北朝徭役豁免的对象与条件（附赋税豁免）

从表面上看，魏晋南北朝时期的赋役征发规定，以国家法令的形式出现，似乎在征发对象方面具有无差别性，但实际上并非如此。赋役制度剥削劳动人民的本质属性，通过其赋役豁免特权的规定充分体现出来了。

如果说秦汉时期的豁免特权主要表现在徭役豁免方面的话，则魏晋南北朝时期豁免特权，已不仅表现在徭役方面，同时也表现在赋税方面。这就是说，随着东汉以后世族地主阶级的形成与发展，他们的免役特权逐步扩展到了免税方面，成了免税免役或不税不役的不折不扣的特权阶层。

魏晋南北朝时期的赋役制度主要是剥削劳动人民的手段这一阶级实质，是通过两个方面的措施去实现的：一是通过赋税制度为主干的田租、户调的丁租化与丁调化过程去实现的，因为田租的丁租化与户调的丁调化，等于否定了田租以私有土地数量为课税的依据的传统；户调的丁调化，也等于改变了户调按家赀高低征收的九品混通法。结果都落脚到以丁为依据去征收，自然对田少丁多的劳动人民不利；对田多、家赀高而丁少的世族地主却大有好处，此其一。另一途径，就是通过赋役的豁免特权的授予去实现的。因为这时赋役豁免特权的享有者，绝大部分是高门世族地主和各级官吏。因此，探讨这时免税免役的对象与条件，对于了解此时赋役剥削的阶级实质至关重要。

在探讨豁免对象之前，首先需要区分临时性的减免田租、户调和免除徭役同免役、免税之间的界线。自秦汉以来历魏晋南北朝、隋唐以至于明清，历代统治者都曾减免过某一地区的租税征收，其原因或由于天灾，或由于巡幸，或出于逋责无法缴纳，或出于战争的破坏。其时间或为一年，或为二三载。其地区或为一州一郡，或为数州数郡。其目的均在于安抚百姓，缓和尖锐化了的阶级矛盾。免役的情况也一样。这样的记载，见于史籍者举不胜举。但所有这一切，都是临时性的和局部地区减免徭役、租税，同具有时间上的长期性和对象上的稳定性的免役、免税特权的授予是根本不同的。因此，这里所说的免役、免税对象，是不包括这种临时的、局部的和非稳定性减免徭役、租税对象在内的；它仅仅是指根据一定的原则、条件，通过法令的形式，给予特定阶级或阶层以长期不服役和不纳租税的特权享有者而言。

由于魏晋南北朝免役、免税特权的享有者有一个变化发展过程，这一整个时期的不同朝代又有所不同，免役、免税特权的表现形式又很不一致，因而无法概括出一个可以贯彻于整个魏晋南北朝时期的统一模式。我们只能按时代的顺序，区分为三国与西晋、东晋南朝和十六国北朝的阶段划分来叙述。

一、三国与西晋时期赋役豁免特权的制度化

以三国和西晋时期而言，免税特权主要是通过官府的赏赐给予了已经世族地主化的官吏。《晋书》卷93《外戚·王恂传》云：

> 魏氏给公卿已下租牛客户数各有差，自后小人惮役，多乐为之，贵势之门动有百数。又太原诸部亦以匈奴为田客，多者数千。武帝践位，诏禁募客，恂明峻其防，所部莫敢犯者。咸宁四年卒……

我们知道，曹魏的屯田民有“持官牛者”和“自持私牛者”之分。[①] 这种“持官牛者”与“自持私牛者”，早就被称为“客户”，如《三国志》卷16《魏书·任峻传》注引《魏武故事》载曹操《令》曰：

> 及破黄巾，定许，得贼资业，当兴立屯田。时议者言皆当计牛输

① 《晋书》卷47，《傅玄传》。

谷，佃科以定。施行后，(枣）祗自以为僦牛输谷，大收不增谷，有水旱除，大不便。……时故军祭酒侯声云："科取官牛，为官田计。如祗议，于官便，于客不便。"

这时的"僦牛输谷"，就是指向官府租牛的"持官牛者"按租牛的多少缴纳地租，侯声所说的"科取官牛"，也是同一个意思。这些"持官牛者"，侯声称他们为"客"，难道这不就是这里所说的"租牛客户"吗?[①] "魏氏给公卿已下租牛客户数各有差"，就是曹魏政权曾把官府控制的屯田民中之"持官牛者"赏赐给"公卿已下"官吏。所谓"数各有差"，即按官品的高低决定赏赐的多少。这些"租牛客户"一旦被赏赐给了"公卿已下"官吏，他们本身便免除了劳役，所以出现了"自后小人惮役，多乐为之"的状况。对于"租牛客户"而言，免除了官役，是为了使他们为其主人服役。因此，免除"租牛客户"的官役，实为使公卿以下官吏获得供他们自己役使的劳动力。公卿以下官吏占有劳动者即可以免役，则这些官吏的本身无疑在免役之列。又免役与免税是联系在一起的，"租牛客户"不再服官役，即意味着不再把收获物的60%交给官府，但同时必须交给其主人。以致"租牛客户"的获得者，就成了免税免役的特权者。曹魏的这一办法，可能实行于魏末，司马氏父子的"募取屯田，加以复赏"[②]，便类似于这种免除了租税徭役的"租牛客户"[③]。因此，给公卿已下官吏以免役免税特权，在曹魏末期便已正式开始了。

与此同时，东吴政权也同曹魏一样实行了"复田"、"复客"制。所谓"复田"，即官府把国有土地——屯田，赏赐给官吏而不收其租税；所谓"复客"，即官府把屯田客赏赐给官吏且免除屯田客向官府纳税服役的义务。[④] 本质上，这种"复田"、"复客"，是世族地主的特权在经济上的反映，同时也是官府以法律形式承认世族地主的经济特权而已。东吴的"复田"、"复客"制始行于孙权正式称帝建国之前，较曹魏实行"给公卿已下租牛客户"之制要早。由此可见，曹魏与东吴的官吏、将领，通过占有"租牛客户"及"复

---

① 高敏：《魏晋南北朝社会经济史探讨》，第48页。

② 《三国志》卷28，《魏书·毌丘俭传》注引俭讨司马氏《表》。

③ 高敏：《魏晋南北朝社会经济史探讨》，第45～48页。

④ 唐长孺先生：《魏晋南北朝史论丛》，第25页。

田”、“复客”而成为免役免税特权享有者的状况，是世族地主形成后的必然产物，也是世族地主特权化过程中的一个重要阶梯。曹魏与东吴之所以同行此制，正是历史发展的必然性的反映。

西晋时期，是世族地主阶级免役免税特权的制度化与法典化时期。西晋武帝平吴之后，于太康元年（280）颁布了占田法令。按照占田法令，各级官吏不仅可按其官品高低拥有不同数量的私有土地，而且可以按其官品高低“得荫人口为衣食客及佃客”；又“各以品之高卑荫其亲属，多者及九族，少者三世”；此外，还有“宗室、国宾、先贤之后及士人子孙亦如之”[①]。这些在职官吏及皇族、世家既然都能庇荫亲属、衣食客及佃客不出租调和不服徭役，则他们自身之拥有免税免役特权就不言而喻了。如果说曹魏、东吴时期获得“租牛客户”与“复田”、“复客”的官吏、将领还没有普遍化的话，那么，自此以后，所有在职官吏，皇族成员及世家子弟都按照统一行之于全国范围的法令获得了免役免税的特权。因此，西晋时期是世族地主阶级免役免税特权的制度化与法典化时期，从此免役免税者的数量获得了扩大。

二、东晋、南朝时期赋役豁免对象的固化与扩大

东晋、南朝时期，是免役免税特权进一步固化与普遍化的时期，免役免税特权享有者的数量也在进一步扩大。其主要表现有五：一是世族地主阶级免役免税特权的固化；二是凡白籍侨户，都享有免税免役特权；三是部分庶族地主及北方低级官吏也进入了免税免役的范围；四是有孝行的人，也可以免税免役；五是佛道信徒，也成了免税免役的对象。

以世族地主阶级免税免役特权的固化而言，表现十分突出。我们知道，西晋的占田占客法令，东晋时仍无改变。不仅如此，而且由于当时战乱频仍，世族地主占有食客、佃客的数量大大超过西晋占田占客法令的规定数量，以致统治者不得不另外制定“给客制度”以适应这一新的情况。《南齐书》卷14《州郡志·南兖州序》云：

> 时百姓遭难，流移此境，流民多庇大姓以为客。元帝太兴四年

① 《晋书》卷26，《食货志》。

(321)，诏以流民失籍，使条名上有司，为给客制度。而江北荒残，不可检实。

这里所说的“给客制度”，乃是元帝在西晋占田占客法令基础上制定的新制度，显然在于扩大“大姓”即世族地主的占客数量。如果元帝制定的“给客制度”关于官吏按官品占客的数量仍同西晋一样没有变化，就用不着另定“给客制度”。因此，东晋元帝时官吏给客的数量较西晋必有增加。至于东晋元帝时的给客的具体数量，大致同《隋书》卷24《食货志》所载南朝的梁，陈之制差不多。[①]《隋志》云：

其无贯之人，不乐州县编户者，谓之浮浪人，乐输亦无定数，任量，准所输，终优于正课焉。都下人多为王公贵人左右、佃客、典计、衣食客之类，皆无课役。官品第一第二，佃客无过四十户。第三品三十五户。第四品三十户。第五品二十五户。第六品二十户。第七品十五户。第八品十户。第九品五户。其佃穀，皆与大家量分。其典计，官品第一第二，置三人。第三第四，置二人。第五第六及公府参军、殿中监、监军、长史、司马、部曲督、关外侯、材官、议郎已上，一人。皆通在佃客数中。官品第六已上，并得衣食客三人。第七第八二人。第九品及轝辇、迹禽、前驱、由基强弩司马、羽林郎、殿中冗从武贲、殿中武贲、持椎斧武骑武贲、持钑冗从武贲、命中武贲武骑，一人。客皆注家籍。

这里所载虽为梁、陈之制，但其中经过了元帝太兴四年“为给客制度”的变化，故《隋志》所载必系上承东晋元帝的“给客制度”。因而据此，知东晋元帝太兴四年之后，各级官吏占客的类别增加了，即由西晋的“衣食客”与“佃客”两种人，发展到了“左右”、“典计”、“衣食客”、“佃客”四种人。各级官吏占客的数量也增加了，即由西晋时的其应有佃客者，官品“第一第二者佃客无过十五户，第三品十户，第四品七户，第五品五户，第六品三户，

① 关于元帝太兴四年制定的“给客制度”的具体内容，拟另文考证。其给客的数量，应与《隋书·食货志》所载梁、陈之制相同，因为《隋书》所载，正是在元帝“给客制度”基础上形成的制度。

第七品二户，第八品第九品一户”[1] 分别增加到了40户、35户、25户、20户、15户、10户及5户。宋、齐时期，显然没有变化。到了梁、陈时期《隋书·食货志》所载按官品高低的占客数量，若不是元帝太兴四年给客制的重复，便是在此基础上的再次肯定。与再次肯定扩大了的占客数量的同时，还明确规定：所有“王公贵人”的“左右”、“佃客”、“典计”与“衣食客之类，皆无课役”，而且“客皆注（王公贵人之）家籍”。这些受庇荫者之所以“皆无课役”即不税不役，皆因注王公贵人家籍之故，故王公贵人之家之无课役，已是明白不过的了。这就使始于曹魏、制度化于西晋的世族地主免税名役特权，通过元帝的给客制度与南朝后期的再次明令肯定而被固化下来了。

以白籍侨户之免役免税特权而言，是对从北方南逃的世族地主免役免税特权的继续维护。我们知道，西晋之末，由于少数民族豪酋纷纷在中原地区建立政权，迫使中原地区原有的世族地主纷纷统帅其宗党及依附民向南方迁移。东晋政权建立之初，为了安置这些侨户，便先后在江淮之间设立了许多侨州郡县，仍以他们原有的州郡县命名，实际上并无实土，即以满足世族地主想保全其郡望的要求，又以寄托其返回故土的愿望。这些侨户中的世族地主，本来是有免税免役特权的；至于他们统帅的宗族及依附民，也多系原来的被庇荫者，也不向官府纳税服役。加上他们新到江淮之间或江南地区，家业未立，于是就把他们编入不役不税的白籍户口，以区别于应当纳税服役的江南土著实户。[2] 因此，东晋南朝政权所一再实行的侨州郡县制及黄、白并列之制，正是为保全北方南逃世族地主的免役免税特权而设置的制度。正因为这些白籍侨户是不役不税户口，所以，当东晋、南朝政权要对他们实行土断即就其居地编入黄籍户口时，他们就表示反对，害怕“一朝属户，长为人隶”，因“怀下役之虑”，其原因就在于他们原来是不税不役的，而“土断人户”之后，要“明考课之

---

① 《晋书》卷26，《食货志》作“官品第一第二者佃客无过五十户”；但《册府元龟》卷495，《邦计部·田制门》作“官品第一第二者佃客无过十五户”，以其递减比例言之，应以十五户为正确。唯《册府元龟》卷503，《邦计部·俸禄门》，误将《隋志》所载佃客数作为西晋太康元年法令中的佃客数，才出现“官品第一第二有佃客无过四十户”的话。

② 高敏：《魏晋南北朝社会经济史探讨》，第165～185页。

科，修闾伍之法”[①]，把他们纳入纳税服役的轨范。对于侨户中的世族地主来说，即使在土断过程中列入了黄籍。他们仍然可以享受免役免税的特权。这是因为户籍中注明了他们的家世、官位、爵级、勋状及其他与特权享受有关的内容。所以，土断和校定以后的“黄籍”，成了“民之大纪，国之治端”[②]，是决定谁是否纳税服役的重要依据。

以部分庶族地主来说，从刘宋时开始也进入了免役免税的行列。《宋书》卷95《索虏传》载宋文帝元嘉二十七年（450）为了对北魏作战，发布以七条征发[③]的命令说：

> 是岁，军旅大起，王公妃主及朝士牧守，各献金帛等物，以助国用，下及富室小民，亦有献私财至数千万者。又以民力不足，尚书左仆射何尚之参议：发南兖州三五民丁，父祖伯叔兄弟仕州居职从事，及仕北徐、兖为皇弟皇子从事，庶姓主薄，诸皇弟、皇子府参军、督护，国三令已上、相府舍者，不在发例，其余悉倩暂行征。符到十日装束，缘江五郡集广陵，缘淮三郡集盱眙。又募天下弩手，不问所从，若有马步众艺武力之士应科者，皆加厚赏。有司又奏：军用不足，扬、南徐、兖、江四州富有之民，家赀满五十万，僧尼二十万者，并四分换一，过此率计，事息即还。[④]

这个征发命令十分重要。它涉及两方面的内容：即一为发动献财和借钱以充军用，二为对南兖州居民实行三五发丁。二者都是为了对付北魏的大举进攻。在如此紧急的情况下，即使采用三五发丁的比例，[⑤] 仍对“父祖伯叔兄弟仕州居职从事”等以下多种官吏“不在发例”，表明这些人都属于免役特权的享有者。考《宋书》卷40《百官志》所载，上述这些“不在发例”的官吏，都不

---

① 《晋书》卷75，《范汪传附子宁传》。

② 《南齐书》卷34，《虞玩之传》载齐高帝建元二年诏。

③ 所谓“以七条征发”，见《通典》卷3，《食货·乡党》沈约表文。但《南齐书》卷34，《虞玩之传》又作“以八条取人”。

④ 此段记载，标点本句读与此略不同，此系参照唐长孺先生：《魏晋南北朝史论丛编》，第111页引文标点。

⑤ 所谓“三五发丁”即三丁发二、五丁发三之意。参见张泽咸：《六朝徭役制度》一文，刊《中国古史论集》，1981年3月，吉林人民出版社出版。

过是州级官品甚低的一般官吏，在庶族地主日益兴起的情况下，其中必有不少并非高门世族；何况还明言包括“庶姓主簿”在内。因此，宋文帝元嘉二十七年的这一规定，等于正式把免役对象的范围扩大到了部分庶族地主和地方低级官吏。根据免役往往同免税相联系的原则，从此部分庶族地主也可能成了免役免税的对象。

实际上庶族地主之进入免役、免税的行列，并非始于此时，而是通过贿赂官吏、改注黄籍的卑劣手段去实现的。前面已经说明东晋南朝的黄籍，是不同于白籍的纳税服役的土著实户的户籍的，它记载有各类人户的姓名、出生年月、健康状况、家世、爵位、官品、勋劳等等，① 所以成了区别士庶和判别是否纳税服役的依据。但是，早在东晋咸和初年（326），由于“苏峻作乱，版籍焚烧。”从此以后，又造新籍，“起咸和三年，以至于宋，并皆详实，朱笔隐注，纸连悉缝。”然而这些新籍，由于保管不善，“狗牵鼠啮，雨湿沾烂，群散于地”②，这就为庶族地主冒入仕流提供了便利条件。特别是从元嘉二十七年“始以七条征发”以后，由于“既立新科”③，允许地方低级官吏及部分庶族地主也列入免税免役对象，以致更引起了庶族地主“窃注爵位，盗易年月，增损三状，贸袭万端”④ 的贪欲，出现了“苟有回避，奸伪互起”⑤ 的局面。故“元嘉二十七年八条取人”和“孝建元年（454）书籍，众巧之所始也。”⑥ 从此以后至于南齐初年，“或户存而文书已绝，或人在而反记死版；停私而云隶役，身强而称六疾。编户齐家，少不如此。”更有“改注籍状，诈入仕流，昔为人役，今反役人”者；也有“生不长发，便称为道”者。⑦ 总之，“凡粗有衣食者，莫不互相固依，兑行奸货，落除卑注，更书新籍，通官荣爵，随意高下，以新换故，不过用一万许钱，官阶或注义熙在宁康之前，或以

---

① 依据《南齐书》卷34，《虞玩之传》所载齐高帝建元二年诏而来。
② 《通典》卷3，《食货·乡党》。
③ 《通典》卷3，《食货·乡党》。
④ 《南齐书》卷34，《虞玩之传》及《通典》卷3，《食货·乡党》，仅有个别字不同。
⑤ 《通典》卷3，《食货·乡党》。
⑥ 《南齐书》卷34，《虞玩之传》及《通典》卷3，《食货·乡党》，仅有个别字不同。
⑦ 《南齐书》卷34，《虞玩之传》及《通典》卷3，《食货·乡党》，仅有个别字不同。

崇安在元兴之后……如此诡谬，万绪千端。”[①] 大量的庶族地主通过作弊进入了免税免役之列。为了阻挡这种情况的继续蔓延，虞玩之与沈约等人，纷纷上疏，主张整顿黄籍，严格审查，并以“却籍”的办法去纠正原有户籍之不实。但是，在整顿黄籍的过程中，他们仍主张以元嘉二十七年籍为基础。正如虞玩之所云：“愚谓以元嘉二十七年籍为正。”[②] 由此可见，元嘉二十七年把地方低级官吏及部分庶族地主列入免役免税特权阶层的做法，又一次获得了肯定。这样一来，使“凡有赀者，多是士人免除；其极贫者，悉皆露户役民”[③] 的状况更严重化了；到陈代，即使是“全丁大户”，也“类多隐没”[④]，免税免役的对象更多、更滥了！

南朝时期庶族地主之进入免役免税行列，还有另一条途径，这便是通过军功获得爵位和勋阶而享有免役免税特权。《南齐书》卷34《虞玩之传》载玩之上表云：“自孝建以来，入勋者众，其中操干戈卫社稷者，三分殆无一焉。勋簿所领，而作注辞籍，浮游世要，非长官所拘录，复为不少……又四镇戍将，有名寡实，随才部曲，无辨勇懦，署位借给，巫媪比肩，弥山满海，皆是私役。”萧子良也说：一些军将，“寄名军牒，功窃数等”，“参差调补”，以致：“冗杂”[⑤]。小小一个益州，就有“千余部曲，并欲论功”，而且各自备有“勋簿”[⑥]。由于获得军功和授予勋爵之滥，使得军官将领多如牛毛，正如梁时钟嵘上表所说：“永元肇乱，坐弄天爵，勋非即戎，官以贿就。挥一金而取九列，寄片札以招六校”，以致“骑都塞市，郎将满街。”[⑦] 军勋之滥，无异于免税免役特权享受者之滥，也无异于庶族地主进入免役免税行列者之多。

南朝时期一些所谓有“孝义”者，也可以获得免役免税的特权。刘宋的

---

① 《通典》卷3，《食货·乡党》。
② 《南齐书》卷34，《虞玩之传》。
③ 《南齐书》卷46，《陆慧晓传附顾宪之传》。
④ 《陈书》卷34，《褚玠传》。
⑤ 《南齐书》卷40，《武十七王·竟陵文宣王子良传》。
⑥ 《南齐书》卷46，《萧惠基传》。
⑦ 《梁书》卷49，《文学·钟嵘传》。

贾恩，因孝行而“蠲租布三世”[①]；郭世道因孝行而“蠲其税调”[②]；严世期因有孝行而“复其身徭役，蠲租税十年”[③]；潘综以孝行而“蠲租布三世”[④]；张进之以有义行于“元嘉初，诏所在蠲其徭役。”[⑤] 此外，还有余齐氏、王彭等人，也均以有孝义行为而受到“蠲租布”或“蠲租布之世”的优待。[⑥] 南齐人公孙僧远、吴欣之、韩俘伯、孙淡、封延伯等人，也均因有孝义之行而受到官府或“蠲租税，表门闾”、或“表门闾，蠲调役”[⑪] 等优遇。由此可见，当封建统治者需要提倡什么时，也往往以免役免税特权的赐予作为手段以鼓励之。至于刘宋孝武帝孝建三年（456）五月的“制荆、徐、兖、豫、雍、青、冀七州境内，家有马一匹者，蠲复一丁”[⑫] 及南齐明帝建武四年（497）正月之诏“民产子者，蠲其父母调役一年，又赐米十斛；新婚者，蠲夫役一年”[⑬] 等做法，更明显是为了奖励养马和鼓励生产而采取的措施，本质上同免役免税特权不可同日而语。

最后，还有僧侣、道士也在享有免役免税特权之列。《三国志》卷49《吴书·刘繇传附笮融传》云：融“依徐州陶谦”时，“乃大起浮图祠……课诵佛经，令界内及旁郡人有好佛者听受道，复其他役以招致之，由此远近前后至者五千余户。”这大约是给信奉佛教者以免役权利之始。随着佛教的发展，信徒的增多，免税免役者也日多，东晋时已出现“避役钟于百里，逋逃盈于寺庙。乃至一县数千，猥成屯落。邑聚游食之群，境积不羁之众。”[⑭] 及乎南朝，寺庙僧侣、道士之免税免役特权尤为普遍。荀济指出：“僧出寒微，规免租

① 《宋书》卷91，《孝义·贾恩传》。
② 《宋书》卷91，《孝义·郭世道传》。
③ 《宋书》卷91，《孝义·严世期传》。
④ 《宋书》卷91，《孝义·潘综传》。
⑤ 《宋书》卷91，《孝义传》。
⑥ 《宋书》卷91，《孝义传》。
⑪ 《南齐书》卷55，《孝义传》。
⑫ 《宋书》卷6，《孝武帝纪》。
⑬ 《南齐书》卷6，《明帝纪》。
⑭ 《弘明集》卷12，桓玄：《与僚属沙汰僧众数》，亦见《全晋文》卷119，桓玄：《沙汰僧众教》。

役”[1]。以陈代而言：作为僧侣道士，“寸绢不输官库，升米不入公仓，库部仓司，岂须求及，其利四也；门前扰扰，我且安眠；巷里云云，余无惊色。家休小大之调，门停强弱之丁，入出随心，往还自在，其利五也”[2]。这是徐陵所云作为僧道有十利中之第四、第五二利。由此可见，到了南朝时期，僧侣道士几乎普遍享有免役免税特权，因此之故，无怪乎晋人范宁便谓当时人民有“残形剪发，以要复除”[3] 者；虞玩之也指出东晋、宋、齐之时的规避赋役者，本来是“生不长发”的人，却要“便谓为道人”[4]；更无怪乎陈朝的统治者要求“不贯名籍，无关领簿”的游僧还俗，认为他们“不输王课，靡助国储”[5]。因此，南朝时期僧尼、道士人数之所以激增，其原因之一就在于他们可以免役免税，于是许多为了逃避的贫苦农民，也冒称僧、道。而僧、道的上层分子，实为寺院道观的地主。因此，给僧侣、道士以免税免役的特权，实为优待僧、道地主，下层僧、道是得不到这个好处的，因为他们虽规避封建国家之役，却招来寺院内上层僧侣的各种役使。

于上可知，东晋、南朝的免役免税特权的给予面，呈现出越来越扩大的趋势。免税免役者越多，则赋役负担者越少，于是“露户役民”的赋役负担越重。因此，一些稍有远见的封建地主，也在为这种状况发愁。早在晋代，就有人发出了“百姓不赡，一岁不登便有菜色者，诚由官众事殷，复除猥滥”的哀叹;[6]；到南齐时，更有人指出：单纯由于“勋簿”不实及“将位既众，举恤为禄……而人领数万”这两条，就使“天下合役之身，已据其大半”[7]，弄得所余无几的“露户役民，三五属官，盖惟分定；百端输调，又则常然”[8]；于是，或“自残躯命，亦有斩绝手足，以避徭役”，或“斩树发瓦，以充重

---

① 《广弘明集》卷7，《辩惑篇》。

② 《广弘明集》卷24，《徐陵谏仁山深法师罢道书》，亦见《全陈文》卷10，徐陵同题文。

③ 《晋书》卷75，《范汪传附子宁传》。

④ 《南齐书》卷34，《虞玩之传》。

⑤ 《广弘明集》卷27，陈释真观：《与徐仆射领军述役僧书》，亦见《全陈文》卷34，释真观同题文。

⑥ 《晋书》卷47，《傅咸传》。

⑦ 《南齐书》卷34，《虞玩之传》。

⑧ 《南齐书》卷46，《陆慧晓附顾宪之传》。

赋”[①] 者，因此，魏、晋、南朝免役免税特权的制度化、法典化与免役免税对象的扩大化，实为其最大弊政，东晋、南朝政权之所以积弱不振，莫不与此有密切关系。

三、十六国、北朝时期的赋役豁免

至于十六国、北朝时期，虽系少数民族统治者当权，开始还有些不承认汉族地主免役免税特权的状况。但随着他们自身封建化程度的加深和巩固其统治的政治需要，也不得不转而承认自魏晋以来汉族地主获得的免役免税特权。例如残暴的石勒父子，在其逐步平定中原地区的过程中，也停止了对汉族地主的杀戮与侮辱，反之，专门设立“君子营”以处“衣冠人物”[②]，给以优待，恐也包括其免役免税特权的承认。后赵石虎，曾下令“皇甫、胡、梁、韦、杜、牛、辛等十七姓蠲其兵贯一同旧族，随才叙用”[③]，解除这些人的“兵贯”，等于免除他们的兵役、徭役，使之“一同旧族”，足见“旧族”已在免役免税之列。随后，十六国统治者实行宗主督护制以征收租调徭役。所谓“宗主”，无疑就是原来纠集宗族、乡里成员及依附民组成的坞堡寨之坞主，也就是汉族世族地主。依靠他们去征收租调力役，无异于是变相地承认这些人在魏、晋以来所获得的免役免税特权。至于賨人李氏建立的成汉政权，则确实推行了给个别地主以免役免税特权的制度。如李雄十分拥戴的范贤（范长生），迎之以为丞相，“贤既至，尊为天地太师，封西山侯，复其部曲，军征不从，租税皆入贤家。”[④] 可见范贤即为享有免役免税特权的人物。十六国中的后秦政权，为了安定姚兴死后的局面，姚泓下书曰：“士卒死王事”，“亦复其家”[⑤]。

北魏前期，继续实行了宗主督护制。由于承认了汉族地主的宗主与坞主的特殊地位，又允许他们庇荫人户，以致30、50户为一家，“故民多荫附，荫附

① 《南齐书》卷40，《武十七王·竟陵文宣王子良传》。
② 《晋书》卷104，《石勒载记上》。
③ 《晋书》卷106，《石季龙载记上》。
④ 《华阳国志》卷9，《李特雄期寿势志》。
⑤ 《晋书》卷119，《姚泓载记》。

者皆无官役”，而“豪强征敛，倍于公赋。”① 由此可见，北魏前期宗主督护制下的宗主、坞主及各类豪强地主，大都享有免役免税的特权。这可视为对汉族地主原来享有免役免税特权者的变相承认期。

到了北魏后期，特别是孝文帝时期以后，由于封建化改革的实行与完成，北魏前期的许多奴隶主贵族也相继地主化了，于是，北魏统治者就正式对所有高门世族地主实行免役免税的制度。史载太和三年（479），诏凡入八议者，“永受复除”；甚至还“放其同籍丁口杂使役调，永受复除”②。所谓“八议”，无疑都是鲜卑勋贵及汉族世族地主中之任高官者。太和十一年（486）四月，孝文帝又“诏复七庙子孙及外戚缌服已上赋役无所与”③。据《魏书》卷13《皇后传·文成文明皇后传》云：“太后又制：内属五庙之孙，外戚六亲缌麻，皆受复除。”前云“七庙子孙”，此云“内属五庙之孙”，略有差别，但从整体看，似为一事，这显然是给予鲜卑贵族、皇族及外戚成员以免税免役特权。

北魏统治者为了优容其拓跋部所有成员，于孝文帝延兴二年（472）十二月，“诏以代郡事同丰、沛，代民先配边戍者，皆免之。”④ 这里的“代民”，主要是指居于京畿之内的拓跋族平民。所谓“皆免之”，当然指免除其边戍之役，但从“代郡事同丰、沛”的话来看，也应包括赋税的蠲免。迁都洛阳之后，“代迁户”总是受到特殊优待，如太和十八年十二月，便“优复代迁之户租赋三岁”⑤。

北魏后期的统治者为了达到特殊的政治目的和某种特殊政治需要，也往往以免税免役的办法旌宠之。例如太和三年（479）二月，诏“死王事者复其家”⑥；太和四年，“诏会京师耆老，以复家人不徭役”⑦；太和六年，又诏“灵丘郡土既褊塉，又诸州路冲，官私所经，供费非一，往年巡行，见其劳瘁，可

① 《魏书》卷53，《李冲传》及同书卷110，《食货志》。

② 《魏书》卷93，《恩幸·王叡传》，《北史》卷92，《恩幸·王叡传》同，《北史》卷15，《元丕传》亦载此事。

③ 《魏书》卷7下，《高祖纪下》。

④ 《魏书》卷7上，《高祖纪上》。

⑤ 《魏书》卷7下，《高祖纪下》。

⑥ 《魏书》卷7上，《高祖纪上》。

⑦ 《魏书》卷7上，《高祖纪上》。

复民租调十五年"[①]；还如太和十九年（495）四月，诏"萧鸾民降者，给复十五年"[②]；太和二十二年（498）二月，"诏以穰民归大顺终始若一者，给复三十年，标其所居曰'归义乡'；次降者给复十五年"[③]。更有出帝太昌元年（532）四月，诏"建义之家，枉为尔朱氏籍没者，悉皆蠲免。"[④] 所有这些，都系优待特殊情况者而设，并非恒制。

北魏后期免役免税特权的另一次扩大及于最基层的地方小吏，发生于创立三长制之时。由于当时不少人反对实行均田制与三长制，而且均田制与三长制的实行，三长们的任务至烦，关系其成败也至大。因此，为了鼓励这些三长，孝文帝特制定了"邻长复一人，里长二，党长三"的法令。虽然法令明确规定："所复，复征戍，余若民。"[⑤] 实际上恐怕是赋、役均免。[⑥] 邻、里、党的数量不少，所以，这次把优复而扩大到三长，使享有豁免特权的人在数量上大有增加。

北齐、北周时期，大抵均承北魏后期之制。单以三长免役免税特权而言，"令制：百家为族党，二十家为闾，五家为比邻。百家之内，有帅二十五人，征发皆免，苦乐不均，羊少狼多，复有蚕食，此之为弊久矣。"[⑦] 由此可见，元孝友所指出的三长们的免役免税特权给劳动人民带来的灾难是何等严重。至于北周的官吏、勋贵，免税免役者少有所闻，唯同北齐政权多给官吏以禄力、食干[⑧]一样，北周则多给封邑之户以代替之。正如《周书》卷6《武帝纪》保定二年（561）条所云：凡"文武之官，立功效者，虽锡以茅土，而未及租赋，诸柱国尊勋德隆者，宜有优崇，各准别有邑户，听寄食他县。"

此外，还有僧侣、道士及有孝行者，亦在免税免役之列。以僧侣而言，孝

---

① 《魏书》卷7上，《高祖纪上》。

② 《魏书》卷7下，《高祖纪下》。

③ 《魏书》卷7下，《高祖纪下》。

④ 《魏书》卷11，《出帝纪》。

⑤ 《魏书》卷110，《食货志》。

⑥ 一则三长有实权，诸如校比户口、丈量土地及按均田令还、受田地，均操之于手，恐不免于免及租调。何况北齐之时，已明文规定三长"征发皆免"，见于《北齐书》卷28，《元孝友传》，可能系承于北魏后期之制。

⑦ 《北齐书》卷28，《元孝友传》，所言为东魏时的情况。按照元氏的计算，每减少一个三长，就可以使国家多得一丁及一匹绢，可见"征发皆免"，确包括税、役二者。

⑧ 参阅高敏：《魏晋南北朝社会经济史探讨》中的《东魏、北齐食干制度研究》一文。

文帝太和十年（486）冬，“有司又奏：‘前被敕以勒籍之初，愚民侥幸，假称入道，以避输课，其无籍僧尼罢遣还俗……今依旨简遣，其诸州还俗者，僧尼合一千三百二十七人。’奏可。”[①] 如果僧侣、道士不能免税免役，何能出现“假称入道，以避输课”的情况呢？又何至于出现“私度僧尼”，而且屡禁不止的现象呢？[②] 太和十年虽曾有所禁止，但并未根本改变僧道可以免除赋税的做法，故“正光已后，天下多虞，王役尤甚。于是所在编民，相与入道，假慕沙门，实避调役，猥滥之极。”[③] 可见此时为了规避役调而为僧尼的情况又有发展。

至于有孝行者可以免税免役，始于孝文帝年间。有阎元明者，于太和五年（481）“除北随郡太守”，在任时，“常以违离亲养，兴言悲慕。母亦慈念，泣沮丧明。悲号上诉，许归奉养。一见其母，母目便开。刺史吕寿恩列状上闻，诏下州郡，表为孝门，复其租调兵役，令终母年。”[④] 此外，还有北魏杨引以孝行被“复其一门”；吴悉达以孝行被“标闾复役”；王续生以孝行被“甄其徭役”[⑤]。

如上所述，魏晋南北朝时期，上起曹魏、西晋，下迄南北朝后期，不论南方和北方，都存在免役免税的制度，但是，南朝与北朝对比，南朝的免役免税制度内容更为完备，涉及人数更多，在免役免税特权的长期性、稳定性等方面，都远远超过北朝。这就表明，南朝的士庶之分的严格程度、特权阶级的特权享受情况等，都非北朝所可比的。因此，南朝的特权阶级的腐朽状况也必然超过北朝的特权阶级，《颜氏家训》中所反映出来世族地主的腐朽状况，就集中在南朝地主身上；这就反映到处理军事、政治的能力方面，南朝的特权阶级也必然不及北朝的统治者。无怪乎自命衣冠所在的礼教之邦的南朝政权，总是处于被动挨打的地位，且最终被北朝所灭；在隋唐时期的地主阶级当权派中，也多北朝后裔而非南朝子孙。这些事实表明，特权阶级的特权享受，在其当时

① 《魏书》卷114，《释老制》。
② 《魏书》卷114，《释老制》。
③ 《魏书》卷114，《释老制》。
④ 《北史》卷84，《孝行·本传》。
⑤ 《北史》卷84，《孝行·本传》。

虽然崇宠一时，但最终会导致饮鸩自杀。①

从南、北朝免役免税的特权制度中，我们还可以发现，享有免役免税特权的人虽然类别很多，但不论南朝与北朝，特权享有者主要都是地主阶级，而且主要是世族地主阶级。这就反映出魏晋南北朝时期、特别是南北朝时期的一切经济制度、政治制度，都是维护世族地主阶级利益的工具。

不论南朝与北朝，免役免税特权的享有者都在朝扩大化的方向发展。被扩大的主要对象，则是庶族地主阶级。所以，南朝刘宋元嘉二十七年的“以七条征发”和整理黄籍的“以元嘉二十七年籍为正”，北朝的三长进入免役免税范围，都是庶族地主势力兴起以后在政治上的反映。

僧侣、道士在南北朝时期之所以进入了免役复税特权享受者的行列，即表明上层僧侣的贵族化，也说明佛教、道教在当时的特殊地位。

至于南朝、北朝的统治者之所以把免役免税特权也部分地给予有孝行者及有义行者，或者给予投降者、乐意迁都者及生育儿子者，都不过反映地主阶级在不同时期的政治需要而已。在这里，免役免税权利的授予成了他们实现某种政治目的的手段与工具。

第三节　魏晋南北朝农民阶级的反抗斗争与徭役制度的变化发展

一、魏晋南北朝徭役制度的特征

如上各节所述，魏晋南北朝时期的徭役制度具有如下明显特征：

第一，徭役类别的明显增加：

我们知道，秦汉时期的徭役，主要是“月为更卒”的更役。此外，虽有“赀徭”、“赀戍”之役或用以抵偿罚款、债负和赎罪的“居役”②，但毕竟是一种惩罚性服役，不同于正常的徭役。吏役虽已有之，但并未正常化、制度化。

① 参阅高敏：《试论魏晋南北朝地主土地所有制的形态及其演变——兼论南北朝后期与隋唐之际地主阶级统治阶层的更新》一文，收入《中国封建地主阶级研究》，中国社会科学出版社，1988 年 3 月出版。

② 高敏：《秦汉徭役制度》，刊《中国经济史研究》，1987 年第 1 期。

"杂徭"之名尚无所闻。然而，到了魏晋南北朝时期，除"正役"或"恒役"属于秦汉时期的"月为更卒"的更役外，增加了兵役性的徭役与"杂徭"，"吏役"也制度化了，匠役更严格化了，运役成了单独的徭役。特别是"杂徭"或"杂役"，名目繁多，百杂之户，层出不穷，表明徭役的类别复杂化了。

第二，服役者的地位低下，人身极不自由：

我们知道，秦汉时期的服役者，基本上都是自由民身份。服"赀徭"、"赀戍"之役及"居役"的人，虽然人身不自由，但也有时间限制。然而，魏晋南北朝的服役者，除正役、运役而外，其他各类徭役都具有极强的人身依附性。以徭役性的兵役而言，虽系临时征发民丁充兵，但此时之兵为世袭兵，一旦补兵为户，就成了世代服役的兵户。至于"吏户"、"匠户"与名目繁多的"百杂之户"，更是专门立有户籍，世代服役，不许改业的专门服役户，谓之"役门"。他们的人身极不自由，社会地位比一般编户齐民要低，他们对官府的人身依附性较之秦汉时期服同一徭役者大有强化。

第三，服役者始役年龄的降低和止役年龄的提高与服役总年限的增加：

我们知道，秦和汉初服役者的始役年龄为十五六岁，到西汉中期以后便提高到23岁始役，56岁或60岁止役。但到汉末及魏晋之初，又回复到了十五六岁始役；随后南朝及北朝的始役年龄虽略有提高，但最高不超过18岁；中途还出现了"半丁"或"次丁"之役，始役年龄为13岁；止役年龄一般均在65岁以上。这说明这时期的始役年龄有普遍降低和止役年龄普遍提高的趋势。起役年龄的降低和止役年龄的提高，意味着服役者一生服役总年限的增加。

第四，服役者役期的延长：

所谓服役者役期的延长，主要是指服正役者而言。秦汉时期的正役，即"月为更卒"之役，时间固定为一月，及期而代。但到了魏晋南北朝正役的期限也向日益延长的方向发展。三国、两晋、南朝之正役，基本上没有时间限制，已如前述。北朝的正役，则有由每年30日，增到35日、40日、45日即"八丁兵"的明显迹象，显然在不断延长役期。至于"吏户"、"匠役"与"百杂之户"的徭役，不仅延长到了终身服役，而且子孙相继，更反映出役期的无限延长特征。

第五，免役特权享有者的扩大：

秦汉时期已有关于免役特权的规定，其类别不外乎爵复（即通过爵级赐予而获得免役特权）、买复（即用钱买到一定爵级而获得免役特权）和勋复（即由官府直接赐给免役特权）三种。[①] 其人数毕竟还是有限的。但到了魏晋南北朝，赐复的范围大为扩大，凡有品官者、士人之子孙及皇室的宗族，都在赐复之列。开始还仅限于高门世族地主，南朝以刘宋文帝元嘉二十七年籍为基础与依据的办法确定后，赐复的范围扩大到了庶族地主。北朝后期，一些一般地主的"三长"，也成了免役的对象。甚至僧尼道士，也可以免役；有孝行者，同样可以享受免役特权。于是免役者成群，而"役门"的数量日少。服役者日少，必然是每个服役者均摊的服役量大为增加。

上述这一系列有关魏晋南北朝徭役制度的特征，最后都必然造成这时徭役剥削的无比繁重和残酷。从而反映到服役者的地位与人身方面，也是其地位特别低下和人身极不自由的依附性格外严重的时期，明显地体现出封建制度发展期的社会特征。何况在征发徭役时，各级官吏还有意优容豪右，刻剥百姓。役之重者、远者，悉由贫户充当；轻者、近者则由富户之应役者承担。于是，孙吴时，民惮远役，"同之于死"。每有征发，"羸谨居家重累者先见输送"[②]；曹魏时，"百姓恶惮远役，并怀扰扰"[③]；东晋时，也是"士庶咸惮远役"[④]。北朝后期，"贫弱者重徭而远戍，富强者轻使而近防"[⑤] 的情况仍然时有所闻。更有甚者，有些官吏"务在丰役"，为了达到增役的目的，便"增进年齿"，以小为大，对于"孤远贫弱"之人，"其敛尤深"[⑥]。从而造成"事役频苦，童耄夺养，老稚服戎，空户从役，或越绋应召"[⑦] 的惨相，以致"死于沟壑者常十七八"[⑧]。徭役剥削的残酷性达到了极点。

---

① 高敏：《秦汉徭役制度》，刊《中国经济史研究》，1987 年第 1 期。
② 《三国志》卷 57，《吴书·骆统传》。
③ 《三国志》卷 11，《魏书·胡招传》。
④ 《宋书》卷 53，《庾登之传》。
⑤ 《周书》卷 23，《苏绰传》。
⑥ 《宋书》卷 42，《王弘传》。
⑦ 《宋书》卷 2，《武帝纪》。
⑧ 《魏书》卷 69，《袁翻传》。

二、农民阶级反抗徭役剥削的斗争

但是，富于斗争精神的劳动人民，并没永远俯首听命，甘当牛马。面对如此繁重与残酷的徭役剥削，迫使他们走上了不断反抗的道路。而且其斗争的主要锋芒直接指向惨绝人寰的徭役剥削制度，反映出他们渴望获得人身自由和反对人身奴役制的阶级要求。

农民阶级反抗徭役剥削制度的斗争，方式是多式多样的。质言之，约有如下几种方式：

第一，是脱籍逃亡。因为赋税与徭役剥削，都以户口版籍为依据。因此，农民的脱籍行为，就直接意味着抵制与反抗官府的赋役剥削。早在曹操进攻河北袁氏集团时，“民惮役而亡”①；孙吴时，岭南诸郡人民，“因连避役，多有离叛”②。孙吴凤凰三年（274），“七月遣使者二十五人，分至州郡，科出亡叛”③。东晋时，由于“政烦役殷，所在凋敝”，“下民侵削”，以致“流亡相属。略计户口，但咸安以来，十分去三”④；刘宋王玄谟为雍州刺史时，“雍土多侨寓”，“百姓时不愿属籍”⑤；沈亮曾指出当时“役人未明上作，闭鼓乃休，呈课既多，理有不逮。至于息日，拘备关限，方涉暑雨，多有死病”，以致“颇有逃逸”⑥。南齐时，“户口多少，不减元嘉，而版籍顿阙”⑦，自然是逃亡所致。梁元帝时，“自侯景之难……巴陵以下至建康……千里而返，人户著籍，不盈三万”⑧，自然是大部分人口脱籍逃亡了。农民如此，百工伎巧也不例外。早在东晋时期，“百工医，死亡绝没，家户空尽，差代无所”⑨；刘宋时，仅宣城一地“工巧”，“亡叛”“首出”者就达3000余户⑩，其亡叛者之

---

① 《三国志》卷1，《魏书·武帝纪》裴松之语。
② 《三国志》卷65，《吴书·华覈传》。
③ 《三国志》卷48，《吴书·孙皓传》。
④ 《晋书》卷69，《刘隗传附孙刘波传》。
⑤ 《南史》卷16，《王玄谟传》。
⑥ 《宋书》卷100，《自序》。
⑦ 《南齐书》卷34，《虞玩之传》。
⑧ 《南史》卷8，《梁本纪·梁元帝纪》承圣二年十二月条。
⑨ 《晋书》卷80，《王羲之传》。
⑩ 《宋书》卷47，《刘敬宣传》。

多可见。至于北朝，情况完全一样。太武帝时，长安地区的居民因为不堪“调役”，“而奔汉川数千家”[①]。北魏文成帝时统万、安定二镇及长安之兵，也因“役期过月，未有代期，衣粮俱尽，形颜枯悴，窘切恋家”而“逃亡不已”[②]。与此同时，尉元也曾指出南戍“征人淹久，逃亡者多”[③]。到了魏末，“兵戍逃叛”者更多，不得不被迫“免其往咎”[④]。所有这些服役者的逃亡，都是直接针对徭役、兵役繁重、痛苦而发，故其反抗徭役剥削制度的性质是十分清楚的。

第二，以应募、注改户籍、冒称僧道、投庇大姓为依附民等方式进行反役斗争：

我们知道，早在曹魏时期，由于实行了“魏氏给公卿已下租牛客户数各有差”的制度，以致“自后小人惮役”者，“多乐为之，贵势之家，动有百数”[⑤]，可见这是农民以投庇大姓以为依附民而避役。孙吴实行的“复客”制，更是把屯田民与郡县领民转移到官吏、将领名下充当依附民的措施。[⑥] 东晋南朝时期，“时百姓遭难，流移此境（指南兖州—引者注），流民多庇大姓以为客”[⑦]。直到南朝后期，“都下人多为诸王公、贵人左右、佃客、典计、衣食客之类，皆无课役。”[⑧] 所有这些，都是农民以投依大姓为手段达到其规避官府赋役的目的。关于以应募方式避役者，也大有人在。孙吴时，“黄门竖官，开立占募，兵民怨役，逋逃入占”[⑨]。萧齐时，从北方投降南朝的一些将领，“皆募部曲。而扬、徐之人，逼以众役，多投其募，利其货财。”实行应募者，“皆虚名上簿，止送出三津”，以致“名在远役”，而“身归乡里”[⑩]。显然这是以应募而逃避徭役。至于改注户籍以规避徭役者，更是指不胜屈。南齐建元

① 《魏书》卷30，《王建传》。
② 《魏书》卷51，《皮豹子传》。
③ 《魏书》卷50，《尉元传》。
④ 《魏书》卷9，《肃宗纪》孝昌元年十二月条。
⑤ 《晋书》卷93，《外戚·王恂传》。
⑥ 参阅本书有关土地制度章节。
⑦ 《南齐书》卷14，《州郡志·南兖州序》。
⑧ 《隋书》卷24，《食货志》。
⑨ 《三国志》卷58，《陆逊传附子抗传》。
⑩ 《南史》卷70，《循吏·郭祖深传》。

二年（480）诏书中曾经指出：“黄籍，民之大纪，国之治端。自顷氓俗巧伪，为日已久。至乃窃注爵位，盗易年月，增损三状，贸袭万端。或户存而文书已绝，或人在而反托死板，停私而有隶役，身强而称六疾。编户齐家，少不如此。”[①] 这就是说，通过改注户籍，冒称世族、僧人、绝户、死亡、在役、丁忧及废疾等办法以达到避役的目的。其结果是“巧伪既多，并称士人，百役不及”[②]。这样做的人，虽然有不少是庶族地主，但从“编户齐家，少不如此”的话看来，也必有不少是服役农户。说到冒称僧道以规避徭役者，不论南朝和北朝，都大量存在，已于寺院地主经济章述及，此不赘。因此，上述这些办法，都是农民阶级逃避与反抗徭役剥削的斗争方式。

第三，自残手足，以避徭役：

上述的避役方式，需要对官吏进行贿赂，农民为避役而不能取此法，就只能采取自残身躯的办法。早在孙吴时期，就出观了生儿不举的事。东晋之时，农民“残形剪发，以要复除；生儿不复举养，鳏寡不敢妻娶。”[③] 到南齐时，即使是“三吴奥区”的农民，由于“东郡使民，年无常限，在所相承，准令上直。每至州台使命，切求悬急，应充猥役，必由穷困。乃有畏失严期，自残躯命，亦有斩绝手足，以避徭役”。至于“生育弗起，殆为恒事”[④]。毫无疑问，这是以最为惨痛的办法去避免徭役剥削，可见徭役剥削的残酷程度，比残躯害命更为可怕。

第四，逃入山林川泽，屯聚力量与官府较量，或者公开起义，以暴力去摧毁徭役剥削制度。这是农民反徭役斗争的最高形式，也是主要的斗争方式。

农民逃入山林川泽地区并屯聚力量同官府作斗争的事，早在东汉后期便已有之。《后汉书·灵帝纪》建宁二年（169）七月条，有“丹阳山越贼围太守陈夤”的记载，这就是山越人以山林地带为据点同官府作斗争的写照。自此以后，在山越人集中居住的山区，多有“宗帅”、“宗伍”、“宗部”的名称，大抵均为汉人与山越人通过宗族关系而组织起来的武装力量。这就是孙吴时骆

---

① 《南齐书》卷34，《虞玩之传》载建元二年诏。

② 《通典》卷3，《食货·乡党》载沈约上言。

③ 《晋书》卷75，《范汪传附子宁传》。

④ 《南齐书》卷40，《武十七王·竟陵文宣王子良传》。

统所说的江南的汉族居民，由于经不起赋役剥削，其“轻剽者进入险阻，党就众恶。”[①] 东晋初年，这种逃入山林川泽地区的“山湖逋逸”日多。[②] 东晋孝武帝时，这种由于“人不堪命，叛为盗贼”而亡逃山林川泽的人日多，以致“山湖日积，刑狱愈滋”[③]。刘宋孝武帝时，由于清查户籍而要服役的人，也“莫不奔窜山湖，聚为盗贼”[④] 当他们逃入山林川泽以后，便建立武装，例如刘宋时，“临海亡命田流，自号东海王，逃窜会稽鄞县边海山谷中，立屯营，分布要害，官军不能讨。”[⑤] 梁武帝时，出现了“山贼结聚，寇会稽郡所部县”的情况。[⑥] 臧厥于梁代“出为晋安太守”时，由于“郡居山海，常结聚逋，前二千石虽募讨捕，而寇盗不止。”[⑦] 还有范述曾为永嘉太守时，“所部横阳县，山谷险峻，为逋逃所聚，前后二千石讨捕莫能息。”[⑧] 所有这一切，都属于农民逃入山林川泽地带，聚积力量同官府作武力较量的表现。

至于正式向统治阶级进攻，正式发动起义以反抗徭役剥削者，更是史不绝书。早在建安二十三年（218），“陆浑长张固，被书调丁夫，当给汉中。百姓恶惮远役，并怀扰扰。民孙狼等因兴兵，杀县主簿，作为叛乱，县邑残破。”张固率10多个吏卒仓皇逃跑。后来，“狼等南附关羽。”[⑨] 这显然是一次反抗远役的农民起义。同年十月，由于“是时南阳间苦徭役”，宛守将侯音等执太守东里兖，“与吏民共反”，到次年正月才惨遭曹仁镇压。[⑩] 曹魏齐王芳嘉平四年（252），由于“雍州刺史陈泰求敕并州并力讨胡，景王从之。未集，而雁门、新兴二郡以为将远役，遂惊反。”[⑪] 孙吴之孙休永安六年五月，由于太守孙谞“科郡上手工千余人送建业”，使“交阯郡吏吕兴”有机可乘，“因此扇

① 《三国志》卷57，《吴书·骆统传》。
② 《世说新语》卷上下《政事篇》谢安条注引《续晋阳秋》。
③ 《晋书》卷75，《范汪传附子宁传》。
④ 《宋书》卷83，《沈怀文传》。
⑤ 《南齐书》卷29，《周山图传》。
⑥ 《梁书》卷3，《武帝纪》中大通二年八月条。
⑦ 《梁书》卷42，《臧盾传附弟厥传》。
⑧ 《梁书》卷53，《良吏·范述曾传》。
⑨ 《三国志》卷11，《魏书·管宁传附胡昭传》。
⑩ 《三国志》卷1，《武帝纪》建安二十三年条、二十四年正月条及注引《曹瞒传》。
⑪ 《三国志》卷4，《齐王芳纪》嘉平四年条注引《汉晋春秋》。

动兵民，招诱诸夷”举行起义，手工业工人就是主要起义者。[①] 西晋末年，益州爆发了流民起义，由于西晋政府强迫征发荆州“武勇”去益州镇压起义军，“人咸不乐西征”，“郡县官长皆躬出驱逐，辗转不远，屯聚而为劫掠”，从而直接导致县吏出身的张昌在湖北安陆一带发动的农民起义。起义之后，“群小互相扇动，人情惶惧，江沔间一时猋起”，以致“旬月之间，众至三万”[②]；特别是荆楚之人，“从之如流。”[③] 故此次起义的主要原因，是由于百姓反抗徭役所引起，连当时刘准也认为：“此等本不乐远戍，故逼迫成贼。”[④] 十六国时期之后赵，由于徭役极重，百姓死亡相继，加上“故东宫谪卒高力等万余人当戍凉州”，又“令推鹿车，致粮戍所”，众心怨之，于是就发生了“高力督定阳梁犊因众心之怨”而发动的武装起义，“戍者皆踊抃大呼”，跟随梁犊东还，“比至长安，众已十万”[⑤]，这显然是一次由徭役、戍役而引起的大起义。至于北魏时期，由于其前期的统治者企图在北部中国实行奴隶制，一方面把大量的战俘与驱掠来的人口直接充当“生口”，赏赐给王公贵戚；另一方面，又把战俘与驱掠人口沦为“隶户”、“营户”、“牧子”、“伎作户”和“军户”等等“百杂之户”，用军事组织形式把他们编制起来，不属于州郡守宰统辖，或以之充赏赐，或供官府直接役使，使之沦为变相的奴隶，从而形成了以官私奴隶制、世袭牧子制和营杂户制为主干而交织成的野蛮统治。因此，在这一过程中，不可避免地出现了驱掠与反驱掠、奴役与反奴役的斗争。例如当拓跋珪灭亡后燕并驱掠了“山东六州吏民及徒何、高丽杂夷三十六万，百工伎巧十余万口，以充京师”以后，随即出现了“博陵、勃海、章武群盗并起”的局面。[⑥] 随着对高车、蠕蠕与边境各族杂胡的镇压与驱掠而来的，也不断出现了各种少数民族的反抗斗争，如“离石胡帅呼延铁、河西胡帅张崇等聚众数千人叛”[⑦]；“乌丸张骧子超，收合亡命，聚党三千余家，据勃海之南皮……抄掠

① 《三国志》卷48，《吴书·孙休传》。

② 《晋书》卷100，《张昌传》。

③ 《晋书》卷27，《五行志上》。

④ 《晋书》卷100，《陈敏传》。

⑤ 《晋书》卷107，《石季龙载记下》。

⑥ 《魏书》卷2，《太祖纪》天兴元年正月条。

⑦ 《魏书》卷2，《太祖纪》天兴元年三月条。

诸郡”[1]；“丁零鲜于次保聚党常山之行唐”[2]；“平阳民黄苗等，依汾自固”[3]；“河西饥胡屯上党，据白亚栗斯为盟主，号大将军，反于上党，自号单于”，坚持达数年之久”[4]；“徒何部落库傉官斌先降，后复叛归冯跋”[5]。其他如“敕勒屡叛”、“蠕蠕叛”、及“北部民叛”等，指不胜屈。特别是其中的“牧子”起义与“杂户”起义，带有明显的反人身奴役的性质。《魏书》卷51《封敕文传》云：

始光初（424年），为中散，稍迁西部尚书。出为……秦、益二州刺史……镇上邽。诏敕文率步骑七千征吐谷浑慕利延兄子拾归于枹罕……敕文引军入枹罕，虏拾归妻子及其民户。分徙千家于上邽，留乌头守枹罕、金城边冏、天水梁会谋反，煽动秦、益二州杂人万余户，据上邽东城，攻逼西城。敕文先已设备，杀贼百余人，被伤者众，贼乃引退。冏、会复率众四千攻城。氐、羌一万屯于南岭，休官、屠各及诸杂户二万余人屯于北岭，为冏等声援。

在这里，前云“杂人万余户”，后云“休官、屠各及诸杂户二万余人”，足见“杂人”即“杂户”。按“杂户”本为官府所直接控制的服杂役者，其身份低贱，必待放免始可为自由人，可见它是北魏时期的特殊的服役者，正如前面所云，被称为“百杂之户”、“杂役之户”以及“杂色役隶之徒”。因此，“杂户”之举行起义，显然既体现出北魏劳动人民反对北魏统治者在北部中国实行奴隶制的倒行逆施，也反映出各族人民反对人身奴隶制的强烈愿望[6]。至于“牧子”之参加起义者，唐长孺先生在其《魏晋南北朝史论丛》一书的第210～213页考之甚详，此不赘述。

---

① 《魏书》卷2，《太祖纪》天兴元年九月条。

② 《魏书》卷2，《太祖纪》天兴五年二月条。

③ 《魏书》卷3，《太宗纪》永兴二年正月条。

④ 《魏书》卷3，《太宗纪》神瑞二年三月条。

⑤ 《魏书》卷3，《太宗纪》泰常元年冬十月条。

⑥ 高敏：《魏晋南北朝社会经济史探讨》一书中的《杂户考》一文及《论北魏的社会性质》，刊《中国经济史研究》，1989年第4期。

三、统治阶级的被迫调整生产关系与徭役制度的某些变化

由于魏晋南北朝时期劳动人民持续不断地以各种方式反对以人身奴役为特征的徭役剥削制度，有时直接地局部地带来了徭役的减轻或解除，从整体来说，不能不迫使统治者对徭役制度作出某些改变，借以缓和阶级矛盾的激化。因而，从整个魏晋南北朝的历史过程着眼，徭役剥削的繁重与残酷程度在逐步地缓慢地朝着减轻的方向发展，徭役制度也发生了某些相应的变化。除了如前所述的始役年龄的逐步提高、止役年龄的逐步降低以及正役时间由每年30日到一月半役最后到一月役的逐步减少等过程外，还表现在如下一系列涉及徭役制度内容的变化方面：

第一、错役制的废除：

“错役”制这一名称，仅见于《晋书》卷46《刘颂传》。《传》云：

> 武帝践阼，拜尚书三公郎……会灭吴，诸将争功，遣颂校其事……持法失理，左迁京兆太守，不行，转任河内。……寻以母忧去职。服阕，除淮南相。……颂在郡上疏曰：……且自平吴以来，东南六州将士更守江表，此时之至患也。……昔魏武帝分离天下，使人役居户，各在一方，既事势所须，且意有曲为，权假一时，以赴所务，非正典也。然逡巡至今，积年未改，百姓虽身丁其困，而私怨不生，诚以三方未悉荡并，知时未可以求安息故也。是以甘役如归，视险若夷。至于平吴之日，天下怀静，而东西二方，六州郡兵，将士武吏，戍守江表，或给京城运漕，父南子北，室家分离，咸更不宁。又不习水土，运役勤瘁，并有死亡之患，势不可久。此宜大见处分，以副人望。魏氏错役，亦应改旧。……然古今异宜，所遇不同，诚亦未可以希遵在昔，放息马牛；然使受百役者不出其国，兵备待事其乡，实在可为。纵复不得悉然为之，苟尽其理，可静三分之二，吏役可不出千里之内。但如斯而已，天下所蒙已不訾矣……诏答曰：……六州将士之役，居职之宜，诸所陈闻，具知卿之乃心为国也。动静数以闻。

刘颂疏中正式提到了“错役”这个名称。所谓“错役”，即“分离天下，使人役居户，各在一方”，从而造成“父南子北，室家分离”的状况。刘颂认为，

这种“错役”制始行于曹魏之时，当时是“事势所须”，“权假一时”之制，并“非正典”。结合刘颂所说当时灭吴之后，“将士武吏，戍守江表”的情况看，“错役”主要是指兵役而言。再结合《三国志》卷52《吴书·诸葛瑾传》载孙权谓曹操“之所行，其惟杀伐小为过差，及离间人骨肉，以为酷耳”的话考察，表明所谓“错役”，主要是使兵士与家属分离之制而言。考曹操确曾在建安初年实行将士的质任制，随后又把这种质任制推广及于军队，就形成了兵士家属集中居住于许昌、邺城、洛阳等固定地点以为人质的士家制度。而东吴的兵制是家属随军的，[①] 故孙权指责曹操有“离间人骨肉”的残酷行为。在刘颂看来，东吴既灭之后，已经没有必要再实行这种“使人役居户，各在一方”的错役制，故他提出了“魏氏错役，亦应改旧”的主张。从武帝的回答来看，似乎是支持他的意见。而且从史籍来看，晋世虽然仍行世兵制，但像曹魏那样的士家制度却无所闻了。因此，很可能从此以后取消了残酷的“错役”制。至于“远役”制，在整个魏晋南北朝时期都是存在的，故知“错役”制同“远役”制是不同的。[②]。

第二，番役制的实行：

据唐长孺先生考证，《南齐书》卷44《沈文季传》所载永明三年（485）的唐寓之起义，包括了“挞籍检工巧”[③] 即手工业者，因在这次起义之后不久，就出现了官府作场对百工实行的番役制度。这便是《南齐书》卷6《明帝纪》所说的建元元年（494）十一月诏：“细作、中署、材官、车府，凡诸工可悉开番假，递令休息。”[④] 尽管有人不同意唐寓之起义为手工业者起义之说，但南齐建元元年实行了百工的番役制却是事实。百工伎巧原来是终年服役的，此时改为轮番服役，不能不是工巧之人不断斗争的结果。实则此制在刘宋末期已有萌芽，如萧嶷在荆州为官时，就曾颁布“曹吏听分番假”的命令，[⑤] 可能

① 参阅高敏：《魏晋南北朝社会经济史探讨》一书的《东吴屯田制略论》一文。

② 参阅周一良先生：《魏晋南北朝史论集》中的《魏晋兵制上的一个问题》一文及高敏：《魏晋南北朝社会经济史探讨》一书中的《魏晋南北朝徭役制度杂考》一文。

③ 《南齐书》卷22，《豫章王萧嶷传》载萧嶷上启。见唐文：《魏晋南北朝史论丛续编》，第53~54页。

④ 唐长孺先生，《魏晋南北朝史论丛续编》，第52~53页。

⑤ 《南齐书》卷22，《豫章王嶷传》。

就是百工开番假的先声。

北朝虽无百工“悉开番假”的制度，但北魏统治者对“伎作户”的人身控制确有逐步放松的明显表现。如前所述，北魏统治者在统一北方过程中，将各国的百工伎巧一律强制迁到平城，而且有的还把他们营户、杂户化，设立营杂户帅专门管辖他们，不属于州郡守宰管理，严格隶属于官府，终身服役，不许改业，世代相传，甚至严禁王公贵族私养工巧之人。但到了孝文帝时，始则允许“工商杂伎，尽听赴农”[①]，等于允许他们改业和离开官府控制；继则“罢尚方锦绣绫罗之工，四民欲造，任之无禁”[②]，等于取消部分官府作坊，并允许工匠自由营业。这一切，无疑表明百工身份的提高和人身自由的获得。

至于番役之制，在北朝主要表现在徭役性兵役的轮番服役方面。早在诸葛亮治蜀时期，便有兵士分休之制，如“亮在祁山，旌旗利器，守在险要，十二更下，在者八万。”[③] 这里的“十二更下”，可以解释为十分之二的兵休息，十分之八的兵士守备；也可以解释为每年12番上下，每次休息一个月。不论何种解释准确，蜀军存在分休的制度是很明白的。不过这种分休，不能理解为轮番服役，休者不是回家休息，而是去从事战斗之外的屯田任务。其制大抵与曹魏的以兵士屯田的且田且守之制相同。《三国志》卷28《魏书·邓艾传》云：“令淮北屯兵二万人，淮南三万人，十二分休，常有四万，且田且守。”按此处之“十二分休”为以兵士十分之二的比例种田，十分之八防守。因此，不能认为三国时期就存在真正的轮番服役制。但是，由于当时广泛存在徭役性兵役，而临时征发民丁服兵役或徭役的情况存在，因此，对这部分民丁之服兵役者，需要有更代之期。正因为如此，大约从曹魏中期开始，就有兵士轮休之制了。《三国志》卷21《魏书·刘劭传》云：“青龙中，吴围合肥，时东方吏士皆分休，征东将军满宠表请中军兵，并召休将士”，以应付东吴的进攻。可见此时曹魏兵士已有分休之制。在西晋灭吴之前，吴将薛莹等人率军攻晋王浑军，时晋之“州兵并放休息。众裁一旅”，采用“浮淮潜济，出其不意”的办

① 《魏书》卷7上，《高祖纪上》延兴二年四月条。

② 《三国志》卷35，《蜀书·诸葛亮传》注引“郭冲五事”。

③ 《魏书》卷7下，《高祖纪下》太和十年十一月条。

法，才解此危。[①] 又《晋书》卷38《文六王·齐王攸传》载齐王攸议朝政曰："当今方隅清穆，武夫释甲，广分休假，以就农业。" 及平吴之后，刘颂主张改变错役制时，也主张戍守江表之兵，"可静三分之二"，也有令三分之二的兵士分休之意。北魏政权继承这种办法，文成帝时，皮豹子曾说："臣所领之众，本自不多，唯仰民兵，专恃防用。其统万、安定二镇之众，从戎以来，给三四岁；长安之兵，役过期月，未有代期"[②]。由此可见，皮豹子所统征发而来的"民兵"，本来是有更代之期的。又孝文帝承明元年（476）六月，"诏中外戒严，分京师见兵为三等，第一军出，遣第一兵；二等兵出亦如之。"[③] 这显然是把京师驻军分三番轮役。到太和年间，孝文帝曾诏皮喜讨杨文度等曰："诸州之兵，已复一步，宜暂戮力，成此要功。"[④] 足见兵士轮番休息之制，已遍及诸州。太和初年，薛虎子为徐州刺史时，在州戍兵，每岁交代，虎子必亲自劳送。[⑤] 孝文帝末年，咸阳王元禧上表曰："州镇兵人，或有雄勇，不闲武艺。今取岁暮之暇，番上之日，训其兵法，弓矢干稍，三分并教，使人闲其能，临事无阙。"[⑥] 下及西魏、北周，在大统年间的文书中出现了"六丁兵三十人"的记载，在《周书》中又出现了"八丁兵"与"十二丁兵"的说法，已于前述。《资治通鉴》卷168，胡三省注曰："八丁兵者，凡境内民丁分为八番，递上就役。十二丁兵者，分为十二番，月上就役，周而复始。" 由此可见，此时的徭役性兵役的番役制已经确立。[⑦] 临时征发的徭役性兵役由无有代期到有期而代，自然是农民阶级长期反徭役斗争的结果。

至于北朝的工匠，到隋高祖取代北周之后，曾下令："发山东丁，毁造宫室。仍依周制，役丁为十二番，匠则六番。"[⑧] 可见北周时也有"匠则六番"

---

① 《晋书》卷42，《王浑传》。

② 《魏书》卷51，《皮豹子传》。

③ 《魏书》卷7上，《高祖纪上》。

④ 《魏书》卷51，《皮喜传》。

⑤ 《魏书》卷44，《薛野賭传附子虎子传》。

⑥ 《魏书》卷21上，《咸文六王·咸阳王禧传》。

⑦ 参阅张泽咸：《魏晋北朝的徭役制度》一文，刊《魏晋隋唐史论集》第2辑。但张文以《魏书》卷19中，《元澄传》所裁"羽林虎贲，边方有事，暂可赴战，常戍宜遣番兵代之"，查原文为"蕃兵"，似为少数民族之兵而非番役之兵，故不从。

⑧ 《隋书》卷24，《食货志》。

之制。

第三，雇借制的出现：

随着南齐时百工“开番假”制的确立而来的，无疑给百工伎巧提供了发展私营手工业的机会。加上严格控制工匠的制度，必然使工匠生产积极性低落和影响生产技术的改进。而私营手工业却有充分的积极性，生产技术也能有所提高。因此，到了梁武帝统治时期，就出现了允许雇借民间工匠以完成官府手工业作坊生产任务的做法。《梁书》卷38《贺琛传》载琛“启陈事条封奏”之后，梁武帝大怒，并回答贺琛说：“凡所营造，不关材官，及以国匠，皆资雇借，以成其事。”材官是官府主管木材的机构，国匠即为官府控制的工匠。意即我梁武帝所营造用的木材和工匠都是购买和雇佣而来，不是由国家机关供给的。由此可见，早在梁初就已有官府雇佣工匠的制度出现了。由于采用了雇佣民间工匠的办法，以致到陈时，不再在民间征发工匠，即使原有工匠老病、死亡，也不以征发的办法去增补其缺额。正如《陈书》卷5《宣帝纪》太建二年（570）八月诏所云：“巧手于役死亡及与老疾，不劳订补。”这种雇借工匠于民间的做法，虽然同近代的雇佣工人的办法不可比拟，但也说明百工人身依附性的削弱。到了唐代，就正式制度化为雇工匠的制度。论其渊源，实始于南朝后期。

据唐长孺先生考证，南朝如此，北朝也同样有之。只是不如南朝明显而已。[①]

第四，纳资代役制的形成：

唐长孺先生曾经正确地指出：“从魏晋开始在七百年的漫长期间，由于社会经济的发展，由于农民、手工业者各种形式的斗争，他们渐由长期服役转变为轮番服役，以后又变为纳资代役”[②]。证以魏晋南北朝时期的情况，不仅工匠地位、身份的变化是如此，在各类徭役承担者中，也发生了纳资代役的变化。

首先，以南朝的情况来说，纳资代役的事实已屡有所闻。我们知道，江南地区的农业，其水利灌溉，多资修建湖、塘贮水。加上湖、泊纵横，河水甚

① 唐长孺先生：《魏晋南北朝史论丛续编》，第58～59页。

② 唐长孺先生：《魏晋南北朝史论丛续编》，第87页。

多，交通运输，仰赖桥梁的兴建与牛埭的建造。而所有这些水利工程的兴建，都需要征发民丁为之。于是，徭役中逐步形成了专门修建塘、埭、桥、桁的项目，谓之塘役、埭役、桥役与桁役，从事这些徭役的人分别被作为塘、埭、桥、桁丁。一旦这些水利工程兴造成功，官府就把这些新增徭役固定化，而且责令他们以钱折役缴纳。《南齐书》卷7《东昏侯纪》永元三年（501）十二月条云：

> 下扬、南徐二州桥、桁、塘、埭丁，计功为直，敛取见钱，供太乐主衣杂费。

这显然是把桥丁、桁丁、塘丁与埭丁之役，按其工值向官府纳钱，以致本来的塘丁之役，变成了塘丁钱的税目。再据《南齐书》卷26《王敬则传》，谓永明二年（484）之后，“会土边带湖海，民丁无士庶皆保塘役，敬则以功力有余，悉评敛为钱，送台库以为便宜，上从之。”据此，知把塘丁之役折钱缴纳之制，并非始于永元二年，而应是早在建元初年便已有了，详见本书第十章。永明二年（484），只是把塘丁钱由地方征收改变为送宫而已。永明三年（489），则是把这种以钱代役的办法推广及于桥、桁、埭丁之役的时间。由此可见，纳资代役之制，首先在南齐时期的桥、桁、塘、埭之役中产生了。

除上述诸役出现了纳资代役的情况外，在南齐时期的防城之役中也有所反映。《南齐书》卷5《海陵王纪》延兴元年（494）十月诏曰：“诸县使村长、路都，防城直县，为剧尤深，亦宜禁断。”这种“防城直县”之役，在《南齐书》卷3《武帝纪》建元四年（482）三月癸酉诏中谓之“城直之制”。但同一事，在《南史》卷4《齐本纪》建元四年三月癸酉诏中作“诏免逋城钱”。由此可见，城直之役发生折钱缴纳的变化，也属于纳资代役的范围。[①]

北朝时期，也有以纳资代替徭役的情况出现。《魏书》卷110《食货志》云：

> 三门都将薛钦上言：计京西水次汾、华二州，恒农、河北、河东、正平、平阳五郡年常绵绢及赀麻，皆折公物，雇车牛送京。道险人弊，费公损私。略计华州一车，官酬绢八匹三丈九尺，别有私民雇

---

① 关于“逋城钱”的税目，详见本书第十章。

价布六十匹；河东一车，官酬绢五匹二丈，别有私民雇价五十匹。自余州郡，虽未练多少，推之远近，应不减此。今求车取雇绢三匹，市材造船，不劳采斫。计船一艘，举十三车，车取三匹，合有三十九匹，雇作手并匠及船上杂具食值，足以成船。计一船剩绢七十八匹，布七百八十匹。又租车一乘，官格四十斛成载，私民雇价，远者五斗布一匹，近者一石布一匹。准其私费，一车布远者八十匹，近者四十匹。造船一艘，计举七百石，准其雇价，应有一千四百匹。今取布三百匹，造船一艘并船上覆治杂事，计一船有剩布一千一百匹。又其造船之处，皆须锯材人功，并削船茹，依功多少，而给当州郡门兵，不假更召。汾州有租调之处，去汾不过百里，华州去河不满六十，并令计程，依旧酬价，车送船所。船之所运，唯达溍陂。其陆路从溍陂至仓库，调一车雇绢一匹，租一车布五匹，则于公私为便。

在薛钦的建议里，包含两种情况值得注意：一是北魏后期官府总是“雇车牛”运送绢绵租米，雇百姓车牛是有代价的，一般一车官绢8匹3丈9尺，民间私雇一车则为价60匹布。这对于承担运役的民丁来说，等于是出钱雇车牛而免去自身去从事运役，故其雇车牛之价等于他们缴纳的代役钱。二是薛氏建议造船以运，每只船可装13车的运量，每车收绢3匹，并以此绢作为雇佣“作手并（工）匠”，则每车所收之绢3匹，等于私民运者之代役钱；官府再以之雇佣“作手”及工匠，则等于是和雇百工与役夫。因此，这中间既包含了南朝的雇佣工匠之制，又包括了南朝的纳资代役之制。

及乎北齐、北周时期，纳资代役之制更为明显了。前已说明东魏北齐存在官吏食干之制。“食干”者有“私润”之人。据《隋书》卷29《百官志》所云：“诸州刺史、守、令已下，干及力，皆听敕乃给。其干出所部之人。一干输绢十八匹，干身放之。”这里没有说明干是每输绢18匹，还是一生输绢18匹便可放免。姑且不去计较这一点，单就输绢就可以“干身放之”，即可以不再为“食干”者服劳役而言，就明显有纳资代役的性质在内。[①] 又《周书》卷

① 参阅唐长孺先生：《魏晋南北朝史论丛续编》，第62页；高敏：《魏晋南北朝社会经济史探讨》一书，第269页。

35《裴侠传》云：

除河北郡守。侠躬履俭素，爱民如子，所食唯菽麦盐菜而已。吏民莫不怀之。此郡旧制，有渔猎夫三十人以供郡守。侠曰："以口腹役人，吾所不为也。"乃悉罢之。又有丁三十人，供郡守役使。侠亦不以入私，竝收庸直，为官市马。岁月既积，马遂成群。去职之日，一无所取。民歌之曰："肥鲜不食，丁庸不收，裴公贞惠，为世规矩。"

这里的"竝收庸直"，显然是供郡守役使的30人所缴纳的代役钱，所以又谓之"丁庸"。这虽然在北周时期不是普遍推行的制度，但开了隋代以后以庸代役的先河。由此可见，南朝与北朝后期，均不约而同地出现了局部的纳资代役的制度，也反映出人身奴役制的逐步削弱。

第五，杂色役隶之户的放免：

稽诸南朝史籍，有"免奴为客"的情况出现，也有解除兵户之籍的事发生，但缺少关于放免服杂役者的记载。北朝却不同。孝文帝时期，虽然已经放宽对"伎作户"的限制，但仍然不允许他们冒入清流，认为"工商皂隶，各有攸分"[①]，不许逾越。到宣武帝时，任城王元澄所奏十条中的第六条云："逃亡代输，去来年久者，若非伎作，任听即位"[②]，即此时不许伎作户变为编户齐民。然而，经过北魏末年的大规模农民起义之后，情况就不同了。《魏书》卷11《前废帝纪》普泰元年（531）二月诏曰："百杂之户，贷赐民名，官任仍旧。"本来"百杂之户"，被称为"皂隶"、"役隶"，不得谓之"民"，今允许他们称"民"，只是仍得为官府服役，可见在身份上有所提高。同年三月，又下诏"右卫将军贺拔胜并尚书一人募伎作及杂户从征者，正入出身，皆授实官"，这等于允许伎作户及杂户当兵和做官了。到了北齐、北周，杂色役隶之徒被进一步放免。《北齐书》卷4《文宣帝纪》天保二年（551）九月诏："免诸伎作、屯、牧、杂色役隶之徒为白户"，所谓"白户"即《魏书》卷111《刑罚志》中所说的"白民"，相当于汉代的"良家子"。又《北齐书》

---

① 《魏书》卷7上，《高祖纪上》太和元年八月条。

② 《魏书》卷19中，《景穆十二王·任城王元澄传》。

卷8《后主纪》天统三年（567）九月诏“诸寺署所绾杂保（役）户姓高者，天保之初，虽有优敕，权假力用未免者，今可悉蠲除杂户，任属郡县，一准平人。”经过这两次放免高姓杂户，则杂户中之姓高者都获得了自由身份。当北周灭北齐之后，周武帝于建德六年（577）八月，又一次颁布诏令：“凡诸杂户，悉免为民，配杂之科，因之永削。”[①] 即从此以后，北朝的杂色役隶之户全部获得了自由民的身份，从而也就解除随着其杂户身份而来的杂役。

魏晋南北朝时期徭役制度的上述变化发展，都反映出一个共同的历史倾向，即徭役剥削的相对减轻与人身奴役制的相对削弱，从而表现出封建依附民的地位逐步向缓慢提高的方向发展。其所以会出现这种状况，既不是某个帝王的仁慈与恩赐，也不是崇信僧道、祈神拜佛的结果，而是千百万服役者坚持不懈地和千方百计地同封建统治者作斗争所取的果实。封建生产关系的调整与局部改善，也正是在这一过程中实现的，社会经济的不断发展与生产力水平的不断提高，也同样是在这一基础上实现的。从而为隋唐盛世的到来，创造了必要的和良好的社会条件；而且这些产生于魏晋南北朝的变化，到隋唐时正式形成了制度，也增添了新的内容，论其起源，实肇端魏晋南北朝。历史事实证明：劳动人民是人类历史的主人，正是他们同剥削阶级和自然界所进行的阶级斗争与生产斗争，才创造了人类的全部文明！

① 《周书》卷6，《武帝纪下》。

第十三章　魏晋南北朝时期的阶级结构与阶级关系

第一节　地主阶级的士、庶之分和世俗、僧侣之别

封建地主一般分为大地主阶层与中小地主阶层，主要以所占土地的多少或依附民的数量为标准。魏晋南北朝时期，却以士、庶划分地主的阶层，其标准也与其他时期不同，基本上是由某一家族的政治地位加以确定。土地占有和依附民的情况虽然仍起作用，但已不是主要因素，有些士族没有土地，但不影响他们仍然是士族的地位，而一些占有大量土地的庶民地主，却不能成为士族。由此形成门阀制度，士族固化下来。后来，由于庶族寒门地主的不断兴起，最后打破了这种士、庶之别。

一、士族地主与门阀制度

决定门阀士族的主要标准是政治地位，即本家族成员担任的官职和占有的权势。官职往往是政治、经济、文化等各种利益的综合反映，随官职之有无、大小、清浊而不同。权利的大小和职位的高低使其凭此可占有相应的土地和依附民。婚姻、财产、土地、籍贯等是其中因素，但在门阀政治中，常常起不到决定作用。

门阀士族形成该时期地主阶级中的特殊阶层，有时代的特征，也是中国古代政治发展和阶级结构变化的结果。同时，又与整个魏晋南北朝时期阶级关系的分化组合紧密相关。门阀士族作为一个阶层，有许多外部特征，主要的是家世渊源和阀阅、家族声望、地方势力、文化教养等。

门阀士族主要是本家族世代有人担任高级职务，从事政治，被称为“家世衣冠”、“世族”等，至魏晋之际定型。但其源起却很早，自汉以来既然，时人称：“自金、张世族，袁、杨鼎贵，委质服义，皆由汉氏，膏腴见重，事起于斯”①。如其中的袁氏家族，四世居三公之位，门生故吏遍天下，成了一流的士族世家。

魏晋时又创九品中正制，士族把持清议和选举，以品官人，渐成“台阁选举，徒塞耳目；九品访人，唯问中正。故据上品者，非公侯之子孙，则当涂之昆弟也”②；已经出现了“上品无寒门，下品无势族”的状况，③ 形成门阀士族制度，垄断政治特权。至南朝，门阀士族的社会地位已无人怀疑，非士族反而极力攀缘以图挤入士族。世家大族中的名士，也以拒绝与庶族人物交往为美谈。士庶间的距离越拉越大，门阀士族故自矜持，造成“士庶之际，实自天隔”、“士庶缅绝，不相参知”的现象，④ 这种“士庶区别”，被视为“国之章也。”⑤

门阀士族为了防范假冒和互相识别，需要建立谱牒以明家世渊源，并将世代所任之官昭示于众，于是，包含有官府阀阅和私家谱牒为内涵的门阀制度就应运而生了。阀阅是资历的意思，又称“官簿”；谱牒即家谱。为了明确家世渊源，并为公众监督，家谱往往是公开的。由此产生了不少谱学家以辨真伪，如贾渊“世传谱学”，数代皆精于此道。⑥ 门阀士族制严重之际，阀阅有着重要的作用，与谱牒共同成为门第的标志，关系到选官成败，“所论必门户，所议莫贤能”；“专称阀阅，自是三公之子，傲九棘之家；黄散子孙，蔑令长之室”⑦。

门阀士族的家族声望，对其家族政治地位有着极大的影响，所以该时期的门阀士族特别讲究这一点，并凭此在政治权利分配中享受优先权。选官时首先

① 《南齐书》卷23，《褚渊之传》。
② 《晋书》卷48，《段灼传》。
③ 《晋书》卷45，《刘毅传》。
④ 《宋书》卷42，《王弘传》。
⑤ 《宋书》卷57，《蔡兴宗传》。
⑥ 《南齐书》卷52，《文学・贾渊传》。
⑦ 《通考・选举考》。

看家族名望大小，这种观念定势不仅仅存在于门阀士族阶层，并且为社会所公认，以致高级士族中人，或“自负才地高华，恒有宰辅之望”[①]；或“自负才地，谓当时莫及。上初践阼，即居端右，一二年间，便望宰相”[②]；或“好以世地自矜”[③]，“自许膏腴”[④]。甚至要在各士族家族中加以比较，以高凌低，如北齐崔㥄便“自以门阀素高”，“每以籍地自矜，谓卢元明曰：‘天下盛门，唯我与尔！博崔、赵李，何事者哉！”[⑤] 以致官品高低也要与门阀高低相应，讲求“须人门兼美”[⑥]，“第一官当用第一人。”[⑦] 并将官职区分为清浊两类，士族绝不任浊官，庶族则难于任清官，只要是向来没有士族担任的官职，便无人愿任，反之，只要是士族担任过的官职，不论清浊，都愿为之，如南齐王僧虔迁御史中丞，“甲族向来多不居宪台”，王僧虔以乌衣王氏晚年衰落，任官不分清浊，所以接受任命，并说：“此是乌衣诸郎坐处，我亦可试为耳！”[⑧]

封建社会结构要求门阀士族必须具备地方势力，这主要反映在两方面：一是以部曲、佃客为实体组成的地主田庄，为其经济实力；二是以依附民为主要成分的自保武装，为其军事实力。当时的九品中正制度下，品之高低由地方中正确定，所以，欲入高品，就要有相当的地方势力，使中正定为高品。实际情况也正如东晋熊远所指出的：“选官用人，不料实德，惟在白望，不求才干，乡举道废，请托交行。有德而无力者退，修望而有助者进；称职以违俗见讥，虚资以从容见贵。”[⑨] 刘毅的针砭就更是淋漓尽致，他说：“今之中正，不精才实，务依党利；不均称尺，务随爱憎。所欲与者，获虚以成誉；所欲下者，吹毛以求疵。高下逐强弱，是非由爱憎。随世兴衰，不顾才实，衰则削下，举则扶上，一人之身，旬日异状。或以货赂自通，或以计协登进，附托者必达，守

① 《晋书》卷84，《王恭传》。
② 《宋书》卷75，《王僧达传》。
③ 《魏书》卷47，《卢玄附元明传》。
④ 《魏书》卷63，《宋弁传》。
⑤ 《北齐书》卷23，《崔㥄传》。
⑥ 《陈书》卷34，《蔡凝传》。
⑦ 《梁书》卷33，《刘孝绰传》。
⑧ 《南齐书》卷33，《王僧虔传》。
⑨ 《晋书》卷71，《熊远传》。

道者困悴。无报于身，必见割夺；有私于已，必得其欲。是以上品无寒门，下品无势族”①。因而，地方势力为门阀士族所重视，称谓必定缀地望于姓氏之前。

门阀士族的文化素养之所以也是重要因素，有其历史渊源。由于上承东汉名士清谈风气，中经名理之学而成玄学，所以必须具备谈玄能力，才能成为名士。后来，作为文化修养，成为士族一项重要的外部标准之一。清谈是无所事事的士族阶层的一种语言游戏，以此雅趣来装饰自己，以表示高雅和知人识事本领的超群逸众。当时的文化素养包括品行、雅谈、机智、学问、风度、容貌、异行等等。要之，以风流倜傥和学识突出为标准。因此，文化和教养成了士族的身份牌，是他们的资格特征，以此而蔑视庶族寒门。

正统门阀士族之外，由于少数民族入主中原，并逐渐汉化，所以也出现了胡姓士族。这主要是由于汉族已经存在士族的情况，遂使逐渐封建化的少数民族贵族也有自行纳入该体系中的需要。石勒曾“清定五品，以张宾领选。复续定九品。署张班为左执法郎，孟卓为右执法郎，典定士族，副选举之任”②。崔浩也有“齐整人伦，分明姓族”的想法。北魏孝文帝太和十九年（495）更有全面确定胡人士族的做法，“制定姓族……其穆、陆、贺、刘、楼、于、嵇、尉八姓……一同四姓。自此以外，应班士流者，寻续别敕”③。这些胡人士族完全是由政治强权而规定的，不久便与汉族士族合流了。

二、庶族寒门地主的崛起

门阀士族制度盛行之时，庶族地主几乎没有什么政治权利，即使有了机会，也不敢轻易谋求高官显职。如北齐樊逊，因为“祖琰、父衡，并无官宦”，所以襄城王欲用为行参军时，辞曰：“家无荫第，不敢当此。”后左仆射杨愔又要用他为府佐，再辞曰：“门族寒陋，访第必不成，乞补员外司马督。”④ 甚至在指斥某些官吏之时，出身寒门也成为一条罪状。如刘宋文帝斥

① 《晋书》卷45，《刘毅传》。

② 《晋书》卷105，《石勒载记下》。

③ 《魏书》卷113，《官氏志》。

④ 《北齐书》卷45，《文苑·樊逊传》。

责羊希罪行时便云："希卑门寒士，累世无闻。"① 因此，为了摆脱寒门庶族的境况，不少人便结交高级士族，可又屡遭拒绝，不得而入。于是，他们便常常投附士族，为其门生弟子，如士族徐湛之有"门生千余人，皆三吴富人之子"②。其他方式则有通过与士族联姻、改易户籍、建立军功、邀宠主上等等，终于使庶寒者得以崛起，最终打破了士族的政治垄断。

三、地主土地占有概况

魏晋南北朝时期地主阶级有士族、庶寒、僧侣等阶层，与当时的历史环境相适应，其土地占有情况各有特色。世族地主在实际上已成为政权垄断阶层，虽然无田不能以立，但土地占有数量的多少，已不是决定的因素。所以有些世族拥有大庄园，也有些世族土地占有却较少。庶寒地主一般情况下是中小地主，但也不排除土地占夺甚多的大地主及豪强地主。僧侣地主所占土地通常以寺院财产的形式存在，这一点与世俗地主土地以私人产业的形式存在有所不同，不过从根本上说，其性质仍然是一样的，也即封建地主土地私有制。

（一）世族土地占有与东晋南朝的庄园

士族土地占有，是伴随世族的形成、荫族、荫客、门阀化的过程而来的。其最突出的标志，是西晋平吴之后制定的"户调之式"，规定了占田、荫族、荫客三大制度。《晋书》卷26《食货志》详载了三制规定和数额，占田则是"其官品第一至于第九，各以贵贱占田"，详下表：

品等	一品	二品	三品	四品	五品	六品	七品	八品	九品
占田数	50顷	45顷	40顷	35顷	30顷	25顷	20顷	15顷	10顷

占田实际上是个限额，既有此规定，那么，贵贱官品以等划分，占田1000～5000亩都是合理合法的。因此，超过限额的情况也时有发生。③

三国时的世族大家，已经是田广客众，户调式之后，这一情况更是突出。

①《宋书》卷54，《羊玄保附希传》。

②《宋书》卷71，《徐湛之传》。

③ 参见高敏：《秦汉魏晋南北朝土地制度研究》第六章。

典型的如石崇，不仅有“水碓三十区，苍头八百余人，他珍宝货贿田宅称是”[①] 而且什么“金谷别庐”、“河阳别业”等庄园，也是规模宏大。其他类似情况者甚多，如王戎便是“园田水碓，周遍天下”[②]。至东晋南朝时期，士族土地占有情况进一步发展，特别是“占山护泽”、“烋山封水”[③] 十分严重。因为在江南地区，除了耕地之外，山林湖泊也是十分重要的财源。为此，刘宋时期颁布有关占山的法令，规定可以官品占山，其限额详下表：

品等	一品	二品	三品	四品	五品	六品	七品	八品	九品及百姓
占山数	3 顷	3 顷	2.5 顷	2.5 顷	2 顷	2 顷	1.5 顷	1.5 顷	1 顷

这些人占山封水后，“皆依定格，条上赀簿。”[④] 并规定已占足的就不能再占了，没占或未占足的可占或占足；只要山水之处不是他人旧业，就可以占，不能禁止。但是，这个法令有一个最大漏洞，实际上是为士族广占土地大开方便之门的规定：“凡是山泽，先常烋炉种养竹木杂果为林芿，及陂湖江海鱼梁鳅鮆场，常加功修作者，听不追夺。”[⑤] 这就使大批原占山水合法化，新占山水超限部分有机可乘。在占田和占山封水的基础上，使东晋南朝士族地主的庄园多、大、全，据史籍所记录，如刁逵、王穆之、昙济道人、王敬玄、孔灵符、沈庆之、谢混、王骞等人的庄园，[⑥] 便是如此。特别突出的是谢灵运的《山居赋》，[⑦] 将他那从父祖手中继承而来，“北山二园，南山三苑”，“傍山带江”的庄园描写得十分详细，可见其一斑。

（二）庶寒地主土地占有与地方豪强

魏晋南北朝时期庶寒地主的土地占有情况虽因史料较缺，难以勾画其全

① 《晋书》卷33，《石苞附崇传》。

② 《晋书》卷43，《王戎传》。

③ 《宋书》卷54，《羊玄保附希传》。

④ 《宋书》卷54，《羊玄保附希传》。

⑤ 参见《晋书》卷69《刁协附逵传》、谢灵运《山居赋·自注》、《宋书》卷54《孔季恭附灵符传》《宋书》卷77《沈庆之传》、《宋书》卷58《谢弘微传》、《梁书》卷7《太宗王皇后传》等。

⑥ 参见《晋书》卷69《刁协附逵传》、谢灵运《山居赋·自注》、《宋书》卷54《孔季恭附灵符传》《宋书》卷77《沈庆之传》、《宋书》卷58《谢弘微传》、《梁书》卷7《太宗王皇后传》等。

⑦ 载《宋书》卷67，《谢灵运传》。

貌。但是，从当时一些富人及地方豪强的情况来看，他们占有的土地数量不会太少，人数也颇多。《宋书》卷84《邓琬传》载宋明帝泰始年间，因“军旅大起，国用不足”，所以下令民间募集钱、米，各分等级加以赏赐，详下表。

等　级	上米、钱、杂谷数	待　遇
一	上米200斛、钱5万、杂谷500斛	同赐荒县除
二	上米300斛、钱8万、杂谷1000斛	同赐五品正令史；满报，若欲署四品在家，亦听
三	上米400斛、钱12万、杂谷1300斛	同赐四品令史；满报，若欲署三品在家，亦听
四	上米500斛、钱15万、杂谷1500斛	同赐三品令史；满报，若欲署内监在家，亦听
五	上米700斛、钱20万、杂谷2000斛	同赐荒郡除；若欲署诸王国三令在家，亦听

这些被赏赐的官职，属于寒官，可见上米、钱、杂谷的人都是寒人，而能上如此数量米、钱、杂谷者，通常都是庶寒地主和富商。① 类似的如刘宋时的永嘉安固人张进之，虽是寒门，却“家世富足”，曾经在荒年“散其财救赡乡里……全济者甚多”②，可见财力雄厚。又如临海郡“土豪刘瑱者，资财巨万”③。其余庶寒地主，大致仿此，被称为“富室”④、“富人”⑤、“富家”⑥。

（三）僧侣地主土地私有情况

佛教传入中土之后，随着其发展，逐渐定型为一个僧侣地主阶层，与世俗地主共同参与对土地的占夺。《小法灭尽经》称：“寺庙……但贪钱物，积聚不散，不作功德。贩卖奴婢，耕田垦殖，焚烧山林。”⑦ 东晋沙门支遁便购置

① 唐长孺先生：《南朝寒人的兴起》，《魏晋南北朝史论丛续编》。
② 《宋书》卷91，《孝义·张进之传》。
③ 《南史》卷71，《儒林·王元规传》。
④ 《宋书》卷95，《索虏传》。
⑤ 《梁书》卷10，《邓元起传》。
⑥ 《宋书》卷83，《宗越传》。
⑦ 汤用彤：《汉魏两晋南北朝佛教史》。

有私产，“筑室东土”[①]，并“遣使求买岬山之侧沃洲小岭。”[②] 北魏时“长安沙门种麦寺内，御驺牧马于麦中”[③]，可见寺地不少。元澄称佛寺“乖请公地，辄树私福”[④]。寺院还广为逼占民田，《魏书》卷114《释老志》称：“自迁都以来，年逾二纪，寺夺民居，三分且一；”“非但京邑如此，天下州、镇寺亦然，侵夺细民，广占田宅。”以至于当时统治者也感觉寺院占地过多，要严加检括，“其地若买得，券证分明者，听其转之。若官地盗作，即令还官。……若僧不满五十者，共相通容，小就大寺，必令充限。其地卖还，一如上式”[⑤]。所以《广弘明集》卷27说北周武帝要“求兵于僧众之间，取地于塔庙之下”。

寺院所占夺的大片地产，以及权势者所赐和信徒所奉献之地，名义上为寺院共同所有，是公产。但实际上，其性质是僧侣地主土地私有。因为，在根本上说，寺院的土地，包括其财产，全都掌握在寺院各级僧官和上层僧侣及富裕僧侣组成的僧侣地主手中，用以剥削广大下层僧侣、寺附依附民和其他普通农民。寺院中的普通僧众，不过是寺院中的劳动力，他们的劳动成果为僧侣地主所占夺。因此，寺院土地仍然是一种封建性质的土地私有形式。由此而产生的僧侣地主阶层，使地主阶级内部也产生了世俗地主与僧侣地主的分野。至于僧侣地主经营其寺院土地的情况，已于本书第八章述及，此不赘述。

第二节 个体小农的状况和特征

一、个体小农的概况

魏晋南北朝时期的自耕农，与中国古代封建社会其他时期的阶级结构一样，占人口的大多数，社会地位也相同，只是有些阶段性差异。

三国时期，魏、蜀、吴都有屯田，其中以曹魏屯田比较典型。当时的农民因而分为两类：一类是属于郡县管辖的以编户齐民身份出现的农民，一类是属

① 《晋书》卷80，《王羲之传》。
② 《高僧传·支遁传》。
③ 《魏书》卷114，《释老志》。
④ 《魏书》卷114，《释老志》。
⑤ 《魏书》卷114，《释老志》。

于典农都尉与典农校尉管辖的佃耕国有土地的屯田部民。根据曹魏户调制的内容，一般自耕农的经济状况与秦汉相差不远。曹魏末年废除民屯，咸熙元年（264）“罢屯田官以均政役，诸典农皆为太守，都尉皆为令长”①，屯田客大都转为郡县管辖的编户农民。不久，代魏的西晋于泰始二年（266）又下令“罢农官为郡县”②，个体小农基本上又成了单一类别。

西晋平吴之后“制户调之式”，颁布了占田、课田制，对个体小农作出规定：“男子一人占田七十亩，女子三十亩。其外丁男课田五十亩，丁女二十亩，次丁男半之，女则不课。”③ 这与大乱之后，人口较少而荒地较多，“地有余羡而不农者众，加附业之人，复有虚假”④ 的情况是有关的。郡县存在许多可供开垦的荒地，所以可以承认自耕地私人占有额的上限。但实际上，不足70亩耕地或只有极少量土地的个体小农所占比例是极大的。

东晋南朝则因为大批北方士族、地主、官僚和普通民户涌入江南，聚集于长江下游一隅之地，耕地严重不足，豪强大族又多所占夺，封建大田庄遍布，“富强者兼岭而占，贫弱者薪苏无托”⑤，自耕农的私有土地少得可怜。

北朝个体小农的自耕地情况又有所不同。自东汉末年至隋朝统一的400余年间（184～589），在北方发生了不计其数的大小战争和灾荒，土地的归属和占有便经历了许多迁异变化，所有权经常易主，“州郡之民，或因年俭流移，弃卖田宅，漂居异乡，事涉数世。……庐井荒毁，桑榆改植，事已历远，易生假冒”⑥。北魏孝文帝于太和九年（485）颁布均田法令，北齐、北周、隋朝继续实行，在一定程度上使小农的耕地有所保证，只是不完全属于私有土地而已。

二、资产状况

当时的自耕农家庭，一般是4～7口为一户。按史籍记载的户口数字推算

① 《三国志》卷4，《魏书·三少帝纪》。
② 《晋书》卷3，《武帝纪》。
③ 《晋书》卷26，《食货志》。一本没有“外”字。
④ 《晋书》卷38，《齐献王攸传》。
⑤ 《宋书》卷54，《羊玄保附希传》。
⑥ 《魏书》卷53，《李孝伯附安世传》。

出来的这一情况，虽然不十分准确，但也可作为一个参考基数。魏晋南北朝户口数字如下表：

时期	总户数	总口数	户均口数	出处	备注
曹魏	663423	4432881	6.7	《通典·食货》	
西蜀	200000	900000	4.5	《三国志》卷33注	户数一作28万
东吴	523000	2300000	4.4	《三国志》卷48注	吴亡时数字
西晋	2459840	16163863	6.5	《晋书·地理志》	太康元年数
刘宋	906870	4685501	5.2	《通典·食货》	大明八年数
陈	500000	2000000	4	同上	陈亡时数字
北周	3590000	9009604	2.5	同上	应为户6892528，口29000000多。户均4.2人①
北齐	3302528	20006886	6	《周书·武帝纪》	北齐亡时数字

根据上表，再考虑到地主官僚富商家中人口数较多，那么，当时个体小农家庭人口符合封建社会一般为5口之家的规律。

5口之家的自耕农应有多少资产呢？特别是土地数量以多少为宜呢？李悝和贾谊认为以百亩比较合适，是最低的限度。② 这是汉代的情况，魏晋南北朝时则有所不同，梁朝张充与王俭书称："半顷之田，足以输税；五亩之宅，树以桑麻。"③ 这大概是南朝比较普遍的自给自足性小农生活所需的起码土地数。但是《周书》卷23《苏绰传》载其为宇文泰所作的六条诏书中却说："夫百亩之田，必春耕之，夏种之，秋收之，然后冬食之。"苏绰所订北周制度大都倾向于复古，这里的"百亩"之数可能为古亩积。

可是，当时自耕农往往不足最起码的土地数，刘宋的郭原平家境穷困，以雇佣为业，甚至一度自卖为"十夫客"，其父"墓前有数十亩田"，以孝著称的郭原平"不欲使人慢其坟墓，乃贩质家赀，贵买其田。"④ 可知罄家产而买的数

① 高敏：《魏晋南北朝社会经济史探讨》，第362页，人民出版社，1987年版。
② 《汉书》卷24上，《食货志·上》。
③ 《梁书》卷21，《张充传》。
④ 《宋书》卷9，《孝义·郭世道附原平传》。

十亩田必是他的全部耕地了。南齐另一个自卖为十夫客的吴达之，比他的土地更少，“从祖弟敬伯夫妻荒年被略卖江北，达之有田 10 亩，货以赎之”①，可见他只有十亩耕地。更少者竟只有半亩，《南齐书》卷 55《孝义·韩灵敏传》载：“早孤，与兄灵珍并有孝性，寻母又亡，家贫，无以营凶，兄弟共种菘半亩。”

至于无地农民，更非少数，当时的普遍情况是“旧大族田地有余，而小民无立锥之地”②。十六国时前燕慕容皝记室参军封裕说：当时绝无耕地的百姓占十分之四，劝慕容皝将诸苑公田分给百姓。慕容皝接受了这一劝告，下令：“苑囿悉可罢之，以给百姓无田业者。贫者全无资产，不能自存，各赐牧牛一头”③。

除耕地之外，个体小农的大宗资产当推耕牛了。作为正常从事农耕生产的必要条件，普通自耕农一般都需要饲养耕牛，但因家产有限，所备养的耕牛，多数只有一头。《魏书》卷 88《良吏·张恂附长年传》载：“出为宁远将军、汝南太守。有郡民刘崇之兄弟分析，家贫唯有一牛，争之不决，讼于郡庭。长年见之，凄然曰：‘汝曹当以一牛，故致此竞，脱有二牛，各应得一，岂有讼理！’即以家牛一头赐之”。分家之前的自耕小农刘崇之家中惟备养一头耕牛，分家时由此争讼，虽然幸运地遇上一位清明太守赠送一头耕牛，但分家后仍然是一家只有一牛，何况并不是所有争牛者都可能碰上张长年这样的地方官呢！耕牛既然是个体小农的重要生产资料，又一般只能家养一牛，因此为牛而发生争执的事便常常发生，史籍中的记载是很多的。同时，自耕农家中所备耕牛有限，很难应付意外事件，一旦耕牛死伤或被盗，就有可能使其临于破产边缘，《北齐书》卷 46《循吏·苏琼传》载：“零县民魏双成失牛，疑其村人魏子宾，送至郡，一经穷问，知宾非盗者，即便放之。双成诉云‘府君放贼去，百姓牛何处可得？’”便体现了这种状况。

家有一牛的自耕农还是较富足者，“单劣之户，及无牛之家”④，无疑是更多的。如果普通小农大都备养耕牛，则会在一定程度上带来农业的兴旺，史载：“是济北颜斐为京兆太守，京兆自马超之乱，百姓不专农殖，乃无车牛。

① 《南齐书》卷 55，《孝义·吴达之传》。

② 《三国志》卷 16，《魏书·仓慈传》。

③ 《晋书》卷 109，《慕容皝载记》。

④ 《周书》卷 23，《苏绰传》。

斐又课百姓，令闲月取木材，转相教匠。其无牛者令养猪，投贵卖以买牛。始者皆以为烦，一二年中编户皆有车牛，于田役省赡，京兆遂以丰沃。”[①]

房舍、家禽、衣被也是个体小农的资产组成部分，故有“畜养鸡豚，以备生生之资”的说法。[②] 但是，就这些日常生活必备之物，他们也很难备齐，以致“穷迫之人，什有八九”，连“家畜五母之鸡，一母之豕，床上有百钱布被，甑中有数升麦饭”的最低要求都无法满足。[③]“小户者”“货易田宅，质妻卖子，呻吟道路”，就不足为怪了。[④]

自耕小农的资产是如此寡薄，经济能力如此脆弱，封建统治者却依然利用计算资产收税的方法加重剥削。早在汉代便计资收税，至南朝日益严刻，将自耕小农往破产边缘驱赶，造成自耕小农穷无家产，捉襟见肘，窘态百露，南齐顾宪之有一段话正是此状生动的写照。他说：“山阴一县，课户2万，其民赀不满三千者，殆将居半，刻又刻之，犹且三分余一。凡有赀者，多是士人复除。其贫极者，悉皆露户役民”[⑤]。山阴县本是富裕之乡，但除不课户外的2万民户，竟有一万户资产不足3000钱，那么，他们的土地连一亩都难以达到，吃饭穿衣也成问题。可是，还要负担沉重的地租、赀产税和徭役，其生活之艰难就可想而知了！

三、耕作状况

个体小农所从事的农耕生产，有牛之户借用部分畜力，其余部分和无牛之户则以自身劳力或家庭其他成员劳力完成，被史籍称为“家贫躬耕”[⑥]，“躬耕垄亩”[⑦]，“躬耕自业”[⑧]，“家贫无以取给，乃勤力耕种”[⑨]。户外体力劳动习惯

① 《晋书》卷26，《食货志》。
② 《周书》卷23，《苏绰传》。
③ 《南史》卷55，《邓元起附罗研传》。
④ 《魏书》卷44，《薛野賭附虎子传》。
⑤ 《南齐书》卷46，《陆慧晓附顾宪之传》。
⑥ 《晋书》卷88，《孝友·王裒传》。
⑦ 《宋书》卷77，《沈庆之传》。
⑧ 《宋书》卷55，《臧熹传》。
⑨ 《陈书》卷9，《吴明彻传》。

上是由男子承担的，所以《宋书》卷74《沈攸之传》称："四野百县，路无男人，耕田载租，皆驱女弱，自古酷虐，未闻有此。"他将女子担任户外体力劳动看作为非正常的事情而加以谴责，可见正常情况是男子耕田种粮。

当时主要种植稻、麦、粟、菽一类粮食作物和瓜果、蔬菜。从西晋课田和北朝均田规定看，一名成年男劳力所能耕种的土地大致20～40亩，女劳力与半劳力减半。若助以牛力，可以成倍增加耕种面积。

日常饮食中所需的蔬菜，官僚、大族是由自己庄园供给，普通小农也种植一部分。至于衣服之类，靠自行缝制，就连刘裕和南齐宣孝皇后未发迹之前也如此。

个体小农的负担集中在三个方面：一是租税，二是徭役，三是日常生活所需。沉重的租税，繁多的徭役，因贫困而难以维持的生活，总在造成他们的破产。个体农户脆弱的经济状况，就像大海中的一叶漏舟，难于避免暴风雨般的租税、徭役和生活负担的打击。

四、自耕农的身份地位

魏晋南北朝的个体小农虽然是在走独木桥，随时可能由于经济破产而落入贱民深渊。不过，在法律上他们仍属于自由民阶层，是有独立人格和自主权的编户齐民或"百姓"，与贱民、依附民有别。自耕小农身份是自由的，社会地位高于奴婢和以佃客、部曲为主干的各种依附民、贱民。

编户齐民和"百姓"，在当时包含的阶级层次很多，官僚贵族、豪强世家、大中小地主、富商大贾、富裕农民、有地或少地自耕农、无地农民、雇佣劳动者等，都可纳入编户民范围之内。因而，个体小农至少名义上是与王公、世族、地主等具有相同身份和地位的人，比需要放免才能成为"民伍"的佃客、部曲、兵户、杂户、寺户、奴婢等要高出许多。北魏元志为洛阳令，与御史中尉李彪争路，"志言神乡县主，普天之下谁不编户，岂有俯同众官，避中尉?"[①] 说明编户内涵覆盖了多种阶级、阶层、集团，包括了一切身份自由的国家居民。

---

① 《魏书》卷14，《神元平文诸帝子孙传》。

正因为编户齐民的阶级内涵很复杂，所以其中广有资产、奴婢者不少，《晋书》卷69《戴若思传》：“调扬州百姓家奴万人为兵”；卷77《何充传》：“先是，（庾）翼悉发江、荆二州编户奴以充兵役，士庶嗷然。充复欲发扬州奴以均其谤，后以中兴时已发三吴，今不宜复发而止。”可见“百姓”、“编户”乃是包括士庶在内的泛称，家拥奴婢者不在少数，进一步说明自耕小农具有法律上的自由身份和较高的社会地位。

也正是他们具有“民”的身份和地位，所以竟然也敢与官僚争田，《周书》卷37《寇儁传》载：“永安初，华州民史底与司徒杨椿讼田。长史以下，以椿势贵，皆言椿直，欲以田给椿。儁曰：‘史底穷民，杨公横夺其地。若欲损不足以给有余，见使雷同，未敢闻命。’遂以地还史底。孝庄帝后知之，嘉儁守正不挠，即拜司马，赐帛百匹。其附椿者，咸谴责焉。”华州民史底虽有少许土地，但仍是“穷民”，并且是与土地“有余”的官僚不同的土地“不足”者，必然是个体小农无疑。身为司徒高官的杨椿“横夺其地”，遭到较为正直的寇儁的抵制，将所夺之地判归史底。问题的关键不仅仅于此，还在于孝庄帝因此夸赞寇儁的处理，并谴责附和杨椿的其他华州官吏。由此可以说明个体小农的身份地位，在法律上，他们同王公、官僚、地主、世族是平等的。

但实际情况是，个体小农的地位大大低于官僚贵族、豪强世家，也低于一般的地主、富商。他们不仅要在政府管理下负担沉重的地租、赋税、徭役，而且法律明文规定要“督课”他们完成，监督他们从事农耕生产及其他劳动，甚至加以超经济的强制和法律的制裁，以迫使他们超强度地劳动和服役。加上自耕小农经济能力微弱，又是官吏、地主以各种形式欺凌、盘剥、兼并的对象。所以，他们作为编户民虽是自由民阶层，可是他们的地位极不稳定，经济上随时有破产的危险，身份上常常处在变化之中，很容易降低地位，朝卑微化身份发展，成为封建性人身依附关系下的依附民。

因为自耕农占人口的多数，又是国家财政收入的主要提供者。所以封建统治者不得不注意到国以民为本的问题。因为，财源、兵源、役源都取决于自耕小农的数量、状况、管理和控制情况。因此，统治者也往往避免竭泽而渔，而给予他们一些优惠待遇。特别是赋敛繁多，徭役过分沉重时，为了使他们有可能获得喘息之机，也采取一些减租免徭给复的措施。具体的导因有天灾、战乱、人祸、军队或皇帝巡行的劳扰等，具体的对象有帝王家乡、当时标榜的孝悌忠义、以及老、弱、幼、孤、寡、癃等。不能否认，此类做法含有为当时的统治者粉饰和歌功颂德的成分，但在一定程度上缓解了土地兼并，延迟了自耕农转化为依附民的速度，从而延缓了社会矛盾激化，有助于自耕农的生活和生产，有利于社会的发展。如晋代刘弘为荆州刺史，做了不少便利小民的事情，以致“百姓爱悦”[①]。再如曹魏的仓慈、司马芝，东晋的甘卓、庾龢，北魏的元澄，北周的韩褒，以及史书中的“良吏”，都不同程度地做出了一些有利于个体小农的政绩。

魏晋南北朝的个体小农与其他时期比较，具有下述特征：

第一，资产下降迅速，土地与其他生产资料严重短缺，不仅无法筹备扩大再生产的资金，往往连简单再生产的资金也难保证。因此，个体小农应付意外事故的能力极弱，从而加速了他们破产成为依附民或贱民。这种情况是该时期封建人身依附关系不断强化的因素之一。

第二，租税负担一增再增，其实际数量远远超过秦汉时期；徭役负担则是封建社会各时期中最为沉重的。因而，这时农民中上升为地主的数量受到相应限制，反之却是避役匿籍者特多的时期。

第三，抗役现象极盛，逃往山林或投附豪强大族者日益增多，使依附阶层人数大量增加。

第四，个体小农名义上社会地位较高，实际上与佃客、部曲只有很小的差距，甚至与其他贱民阶层也只有一步之隔，极易成为依附民，甚至沦为债务奴隶。

第三节　以佃客、部曲为主干的各种封建依附民

一、人身依附关系的发展和合法化

魏晋南北朝是封建人身依附关系强化时期，也是国家以法令使依附关系合法化的时期。人数很多、层次复杂、身份不明确、地位不稳定的依附阶层的存

---

① 《晋书》卷66，《刘弘传》。

在是其典型反映。除了非法的隐蔽形式的依附民外，合法的公开形式的依附民有佃客、部曲、徒、徒附、附隶、门生、故吏、门义、义故、宾客、荫附、寺户等等名称，其中以佃客和部曲为主干，数量上也为大宗。

依附民与主人间的关系，表面上是以庇护和被庇护的形式出现的，实际上则以依附民的政治地位、经济利益，乃至人身自由都隶属于其主人为特征。而这些庇护者实际上就是地方上的豪强、世族和政府中的王公、官僚。因此，这种庇护和被庇护的关系，本质上是压迫者、剥削者与被压迫、被剥削者之间的阶级关系的特殊表现。劳动者对其主人的封建性人身依附关系，随封建制度的产生发展而产生和发展。魏晋南北朝时期是这种封建性的人身依附关系的强化时期，因而依附民出现了上述各类名色，使得人身依附关系出现了异常复杂的状况，成为该时期阶级关系与阶级结构的特征。

（一）部曲

部曲，在汉代本是军队的一种编制名称，后来用做军队的代称，最早见于《汉书》卷54《李广传》和卷69《赵充国传》。历东汉至魏晋南北朝，部曲在本义上仍是军队代称。甚至到隋唐犹以“部曲”称呼部队，如李密的部曲、郭子仪的部曲等等。

但是，随着历史的发展，一方面社会上的封建依附民有成为其主人私人武装的情况出现，另一方面，官府的正规军队，也出现了私兵化过程。两者的结合产生了以“部曲”称呼封建依附民的状况。因而“部曲”的原义便发生了变化，逐渐成为封建依附民的一种特殊称谓。[①] 东汉末年已出现此类情况，朱儁于光和元年（178）曾“简募家兵及所调合五千人”；后又续召了一批，以镇压黄巾起义。[②] 当时豪强大族几乎都拥有私属武装，“袁绍盛于河朔，而汝南绍之本郡，门生宾客布在诸县，拥兵拒守”[③]；曹洪“家兵千余”[④]；李典“宗族部曲三千余家”[⑤]。东吴西蜀制度中，以主将的姓氏称呼部曲，如“有五

① 关于部曲由军队编制名称转化而为封建化依附民名称的问题，高敏拟另写专文论述。

② 《后汉书》卷71，《朱儁传》。

③ 《三国志》卷26，《魏书·满宠传》。

④ 《三同志》卷9，《曹洪传》。

⑤ 《三国志》卷18，《李典传》。

部都尉，四姓及霍家部曲”；“大姓朱、鲁、雷、兴、仇、递、高、李，亦有部曲”[1]；“又有高、马家在掌部曲”[2]。故此称为“家部曲”，是一种变相的私兵化形式。

部曲私家化，其身份佃客化现象的出现，引起了当时统治者的注意，一旦有可能便加以限制。曹魏屯田制度和士家制度确立之前，存在相当一部分将领的私家部曲。两制确立后，便有效地防止了士家和屯田客私家化。西蜀的给兵制和兵权分掌制，东吴的领兵制和复客制，对给兵、复客都有一定数量的限制规定，其作用也在于防止部曲无限制地私家化。当时并非任意放纵将领的依附人数，如孙权拒绝步骘“求召诸郡以增兵”[3]，西晋处罚“募徙国内八县受逋逃、私占及变易姓名、诈冒复除者七百余户”的司马睦，[4] 北魏贬黜私分俘民的周观等人[5]，都是例证。

由于时代的特点，限制的收效甚微。曹魏士家制和屯田制被破坏以后，相当数量的士家和屯田客转入了私家。吴、蜀灭亡后，部曲的私家化更为迅速了，所以出现了“吴名宗大族皆有部曲，阻兵仗势，足以建命”的现象。[6] 也就是说，自由民的佃客化、佃客的部曲化，以及部曲的私家化几个过程的结合，使部曲完全被纳入了封建性人身依附关系中。西晋末年范贤被成汉“复其部曲，军征不预，租税皆入贤家”[7]；北齐陆法和“部曲数千人，通呼为弟子”[8]，都是此类。[9]

（二）佃客

佃客作为封建性依附民的一个阶层，是在秦汉至魏晋南北朝人身依附关系的发展历程中逐步变化发展而来的。

---

① 《华阳国志》卷4，《南中志》。
② 《华阳国志》卷3，《蜀志》。
③ 《三国志》卷61，《吴书·潘濬传》注引《吴书》。
④ 《晋书》卷37，《宗室·高阳王睦传》。
⑤ 《魏书》卷30，《周观传》。
⑥ 《三国志》卷28，《魏书·邓艾传》。
⑦ 《晋书》卷121，《李雄载记》。
⑧ 《北齐书》卷32，《陆法和传》。
⑨ 关于部曲问题，高敏将有专文论述，此不详述。

“客”和“宾客”等称谓，早在春秋战国时已出现，但并无依附民的含义。随着出现的“食客”开始有了依附的色彩，但还是具有相当地位和人身自由的人。秦和西汉时期虽有“耕豪民之田”的佃农出现，但尚无“佃客”之名。到武帝以后，才逐步出现一些人身依附性的“客”和“宾客”，而且逐步用“奴客”连称。到东汉时期，“客”和“宾客”同其主人间的人身隶属关系开始明朗化。[①] 到了魏晋时期，“佃客”渐变为人身依附关系中农奴的代名词。佃客对其主人有着很强的依附性，其主人也就有着相应的控制权力，几乎脱离正常的官府管理系统，完全处于私属关系中。如建安时期的刘节，“宾客千余家”，“前后未尝给徭”[②]。又如曹洪的宾客在许县和长社县，“征调不肯如法”[③]。这种现象在整个魏晋南北朝时期都很普遍。这些被庇护人的组成成分，主要是同庇护人同族的贫穷的族人、佃耕其土地的无地农民、自动投附寻求政治和安全及经济保护的小农、难于承担官府沉重徭役赋税的逃户和隐户，以及被主人放免而仍依附其主人的奴婢等。他们自愿或不自愿地纳入一定的庇护——被庇护关系中，是基于下述几个原因：一，他们失去了土地和其他以资谋生的生产资料，只有投附豪强大族才能生存下去。二，战乱使他们的生命财产毫无保障，只好在拥有较强政治、军事实力的豪强大族庇护下保证生命安全和生活相对安定。三，官府徭赋沉重，特别是离乡背井至远方服徭役和兵役，是5口之家的小户很难负担的，且常常性命不保，依附私家便免去了远役之苦。四，逃户、隐户为了躲避官府的捕捉和搜括，只有投附地方官不敢轻易触动的豪强大族较为保险。五，因失地或穷困化的族人和被放免的奴婢，一般没有能力脱离豪强大族。

由于依附民数量的增加，也由于依附关系的强化，社会已倾向于接受这种状况，大姓各有私客已是公开的事实，如任峻“宗族及宾客家兵数百人”[④]，

---

① 高敏：《两汉时期客和宾客的阶级属性》，《秦汉史论集》，1982年版。

② 《三国志》卷12，《魏书·司马芝传》。

③ 《三国志》卷15，《魏书·贾逵传》注引《魏略》。

④ 《三国志》卷16，《魏书·任峻传》。

田畴的"家客"[1]，"刘繇、笮融等故乡部曲"[2]，就具有公开合法性质。虽然晋武帝曾经"诏禁募客"[3]，但稍有势力者广为募客仍是常事，以致出现募"为田客，多者数千"[4] 的现象。曹魏后期便以屯田佃客赏赐给大臣贵族，《晋书》卷93《外戚·王恂传》载："魏氏给公卿以下租牛客户数各有差，自后小人惮役，多乐为之，贵势之门动有百数。"

东吴的复客制度也是与此直接相关的。它既是对人身依附关系和庇护人权利给以承认的制度，又是对依附者的数量加以一定限制的制度。孙权曾下令："故将军周瑜、程普，其有人客，皆不得问"[5]。从孙权特别规定对周程二人的人客不准过问来看，其他人的客按例是由政府过问的，即有权干涉客的私家化问题。如吕蒙建安十九年"别赐寻阳屯田六百人，官属三十人"，但蒙死后，600屯田客没有全部私家化，"蒙子霸袭爵，与守冢三百家，复田五十顷"[6]，只一半私家化了，应属于政府过问人客的范围。

对佃客与其主人的关系，真正普遍化和以法律形式予以承认的，是西晋武帝所颁布的户调式。通过此，长期以来就存在的封建性人身依附关系得以公开化、合法化、普遍化和固定化。这个规定，到东晋时又有进一步发展，封建主人荫庇人数获得了增加。《晋书》卷26《食货志》："又各以品之高卑荫其亲属，多者及九族，少者三世。宗室、国宾、先贤之后及士人子孙亦如之。而又得荫人以为衣食客及佃客"。《隋书》卷24《食货志》："载梁陈之制曰：其无贯之人，不乐州县编户者，谓之浮浪人，乐输亦无定数，任量、准所输、终优于正课焉。都下人多为诸王公贵人左右、佃客、典计、衣食客之类，皆无课役"。所荫数详下页表：

---

① 《三国志》卷11，《田畴传》。

② 《通鉴》卷61，东汉献帝兴平二年条。

③ 《晋书》卷93，《外戚·王恂传》。

④ 《三国志》，"数千"一作"数十"。

⑤ 《三国志》卷54，《吴书·周瑜传》。

⑥ 《三国志》卷54，《吕蒙传》。

时期＼品等	一品		二品		三品		四品	
	衣食客	佃客	衣食客	佃客	衣食客	佃客	衣食客	佃客
西晋	3人	50户	3人	50户	3人	10户	3人	7户
梁、陈	典计① 3人	40户	3人	40户	2人	35户	2人	30户

时期＼品等	五品		六品		七品		八品		九品	
	衣食客	佃客	衣食客	佃客	衣食客	佃客	衣食客	佃客	衣食客	佃客
西晋	3人	5户	3人	3户	2人	2户	2人	1户	1人	1户
梁、陈	1人	25户	1人	20户	1人	15户	1人	10户	1人	5户

梁、陈与西晋相比较，除了佃客限额从50户降为40户外，其余都大幅度地提高了，提高的比率竟达500%。而且，衣食之外又增加了典计名目，且规定“其佃客，皆与大家量分”；“客皆注家籍”，说明至东晋时，依附关系比西晋有了大的发展和强化。

依附关系在整个魏晋南北朝时期都处于强化的趋势中，而且佃客、部曲的农奴性质，在进入隋唐时期以后，仍有残留，这从北周的一个诏令可以获得说明：《周书》卷6《武帝纪下》载建德六年十一月：“诏自永熙三年七月已来，去年十月已前，东土之民，被抄略在化内为奴婢者；及平江陵之后，良人没为奴婢者，并宜放免。所在附籍，一同民伍，若旧主人犹需共居，听留为部曲及客女。”这充分显示了当时依附关系的程度和性质。

官府的荫庇规定，主观上是以限额阻止国家编户民过多流向私家而减少国家的剥削对象，但客观上却大大刺激了依附关系的发展和强化。因为拥有荫庇民户的官僚、贵族和豪强、世家，并不满足于法律所允许的数量，还要通过各种途径和手段增加自己的依附人数，包括招纳非法的不可公开的隐户为“私附”、“私属”。由于劳力的迅速大量向私家流去，造成了严重社会问题，以致出现“梁氏之有国，少汉之一郡，大半之人，并为部曲，不耕而食，不蚕而

① 东晋衣食客与西晋数相同。

衣，或事王侯，或依将帅”[1] 的状况。所以，当时官府的一大要务，就是如何设法将隐匿户口重新纳入政府管理之下。《晋书》卷 88《颜含传》载：“编户虚耗，南北权豪，竞招游食，国弊家半，执事之忧。且当征之门，使返田桑。”当时官府采取的多次检户、土断、改变白籍和厘正黄籍等措施，都与政府千方百计增加剥削对象，以满足财政、军政、劳务的庞大需求直接相关。

二、依附阶层的类别

魏晋南北朝依附阶层的层次很复杂，名称也五花八门，难以枚举。但从类别上说，大类别大致可以分为自愿投附；被迫依附；合法荫庇三种。大类别中又可分为许多具体依附形式的小类别。

（一）自愿投附类

这一大类主要是由于战乱、灾祸和避役等因素，自愿寻求豪强大族的荫庇，大致可根据依附的形式分为以下 8 种较具体的小类：

1. 避难聚众而公推某位大族代表为庇护人者：这种情况主要发生在战乱时期，东汉末年和西晋末年最盛，典型的如李乾“合宾客数千家在乘氏”[2]，郗鉴举数千家避难于鲁之峄山，庾衮聚众于禹山，后在林虑山等。

2. 坞壁自保武装。坞屯堡壁是魏晋南北朝突出的现象，它是在政治和经济上的庇护——被庇护关系的基础上加上武装自卫而形成。典型的像坞主张平、樊雅、邵续、李矩、郭默、魏浚、魏该等，就是在晋末各少数族人进入中原时，由汉族结垒自守者。类似情况为数不少，其中黄河两岸的坞壁，就数不胜数；仅“关中堡壁三千余所”[3]，可见数量之多。

3. 宗族防卫组织。“当时北方大都以家族或宗族为单位聚居，形成一定的依附基础，一遇时乱，自然形成军事防卫组织，同时也促进了依附关系，如田畴率举宗族他附从数百人……遂入徐无山中，营深险平敞地而居”[4]。再如北

---

① 《全陈文》何之元：《梁典总论》。
② 《三国志》卷 18，《魏书 · 李典传》。
③ 《晋书》卷 14，《苻坚载记下》。
④ 《三国志》卷 11，《魏书 · 田畴传》。

魏河北郡“有韩马两姓，各两千余家，恃强凭险[1]；北齐阳休之“与宗室及乡人数千家”出奔，[2] 以避杜洛周之乱，也是同样情况。

4. 临时避难集合。该形式主要是在北方民众避乱南徙中形成的，著名的有祖逖等。局势安定之后，大都自行消失；也有的成了长期依附关系，如祖逖先是“少长咸宗之，推逖为行主”[3]，后来却成了祖逖北伐的骨干力量。

5. 因避役的主动投附。这类依附民数量至多，尤其在东晋南朝时的南渡流民中相当突出。史载：“时百姓遭难，流移此境，流民多庇大姓以为客”[4]，便是例证。也有并非流民而因避役而主动投附者，如史称“又先时诸郡役人，多依人士为附隶，谓之属名”[5]；“其籍有巧荫，并王公百司辄受民为程荫”[6]；“百姓不能堪命、各事流移，或依于大姓”[7] 等均是例证。北朝虽然没有这么突出，但这类现象是同样存在的，如史书所谓“竟弃本出……投附强豪，寄命衣食”[8]，即为例证。这时隐匿户口之多，实属惊人，如庾亮，“藏匿亡命千多人”[9]，可见问题的严重程度。

6. 应募。自行招募部曲之风，盛行于南朝，因而不少国家编户齐民，因此而进入了依附关系之中。例如，刘宋泰始年间，“将帅以下，各募部曲”，李安民建议遣散，“听限人数。上纳之，故诏断众募”[10]。这个禁募部曲的诏书见于《南齐书》卷2《高帝纪下》建元元年五月，规定“自今以后，可断众募”。实际上历整个南朝，招募部曲的做法从未稍息，以致引发小农避役应募，而造成“坊吏之所以尽，百里之所以单”的状况。且往往转成了私人徒附。“随才部曲，无辨勇懦，署位借给，巫媪比肩，弥山满海，皆是私役”[11]。

---

① 《魏书》卷42，《薛辨附胤传》。
② 《北齐书》卷42，《阳休之传》。
③ 《晋书》卷62，《祖逖传》。
④ 《南齐书》卷14，《州郡志》南兖州条。
⑤ 《南史》卷5，《齐本纪下》。
⑥ 《陈书》卷5，《宣帝纪》。
⑦ 《梁书》卷38，《贺琛传》。
⑧ 《魏书》卷78，《孙绍传》。
⑨ 《宋书》卷2，《武帝纪中》。
⑩ 《南齐书》卷27，《李安民传》。
⑪ 《南齐书》卷34，《虞玩之传》。

7. 以门生义故的名义依附于主人。门生、故吏、门义、义故、门人、故旧、门下、门附、门荫、左右、白从等名称屡见于魏晋南北朝史籍，可见其人数之多。他们的身份地位虽与佃客部曲不同，但对其主人来说，仍不免有不同程度的依附色彩。以门生来说，在汉代是师徒关系，开始没有依附性质。后因开业教授者以公卿居多，在察举制度下，他们可凭借势力荐举门生弟子仕宦为官，又有免复徭役赋税之权，师生关系便日益向依附性变化。门生到东汉晚期，已成了依附者名称的一种。故吏的形成，也与汉代官僚有权自行征辟僚属的制度有关。征辟者对应征者负一定责任，应征者则依从于征辟者，双方的利益关系便逐渐定型为依附关系。一旦臣属，终身便不能摆脱“故吏”的束缚，魏晋南北朝结合义从而统称为义故。

门生、义故可分作三种类型。第一类与佃客、部曲完全相同，封建依附程度较深，与部曲可以并称。《宋书》卷87《殷琰传》云“琰素无部曲，门义不过数人”，便是证明。这类门生义故必须为主人服役，如陶潜、刘瓛、王微、谢灵运等所属即是。青、齐地区的豪强势力，以免役的权力吸引当地破产农民，成为他们的荫户，便称为“门附”、“门生”，实即私家部曲和佃客。[①] 第二类比佃客、部曲地位略高，为主人所亲近，或任用做一些重要事情，甚至受到主人礼待，他们的依附程度很浅，来去颇有自由。如梁朝何敬容一度罢官，宾客门生便离弃另投他主，后敬容复官，“旧时宾客门生喧哗如昔，冀其复用”[②]，便可为证。此类还包括向主人纳资以求得为其门生、左右的资格，以逃避徭役，蠲免商税者。典型的如《宋书》卷71《徐湛之传》载：“门生千余人，皆三吴富人之子，姿质端妍、衣服鲜丽。每出入行游，涂巷盈满，泥雨日，悉以后车载之”。又同书卷75《颜竣传》：“多假资礼，解为门生，充满朝野，殆皆千计”。第三类地位更高，类似于西汉的门生弟子，可以做官，甚至做大官。当然必须依靠主人的荐举才有可能获得此种机会。如《宋书》卷83《吴喜传》载：“（沈）演之门生朱重民入为主书，荐喜为主书书史，进为主图令史”。《周书》卷25《李贤传》载：“贤门生昔经侍奉者，二人授大都

---

① 唐长孺先生：《北魏的青齐土民》，载《魏晋南北朝史论拾遗》，中华书局，1983年版。

② 《梁书》卷37，《何敬容传》。

督，四人授帅都督，六人别将”。而且当时南朝选官制度可以选用权势者门生，数量很多，有的贵势不少门生都可入选，《南齐书》卷32《王琨传》载：“吏曹选局，贵要多所属请，琨自公卿下至士大夫，例为用两门生。江夏王义恭尝属琨用二人，后复遣属琨，答不许”。又同书卷46《陆慧晓传》：“迁吏部郎，尚书令王晏选门生补内外要局，慧晓为用数人而止，晏恨之”。由此可见在选官时多用门生的情况是普遍存在的，王、陆二人限用人数不过是特例。因而史家为之一书。

8. 宗主督护。这种类型的人身依附形式，与上述第三种的区别在于它的经济性和家族性质较浓，且主要存在于北方地区，北朝的宗主督护现象尤为突出。《魏书》卷53《李冲传》载：“旧无三长，惟立宗主督护，所以民多荫冒，五十三十家方为一户”。他们在宗主督护之下成为“荫附”、“苞荫之户”，正是人身依附的庇护——被庇护关系。“荫附者皆无官役”①，以至成为“百室合户、千丁共籍”式的家族聚居，以宗主督护的形式承认依附关系。最为典型的当是李显甫，“豪侠知名，集诸李数千家于殷州西山，开李鱼川方五六十里居之，显甫为其宗主”②。

（二）被迫依附类

这一大类所占比重不小，尤其在政府权力被削弱，对豪强大族控制不力时是如此。具体形式有如下6小类：

1. 由其身份逐步下降而来的佃客和逐步私家化的部曲。这部分人之被纳入依附关系中，不是由于可以自主的意愿选择造成的，而是在封建关系强化的过程中，被迫丧失了一定的人身自由从而被固着于一定的土地之上和固定的庇护人之下而成为依附民的。

2. 由于被放免而来的奴婢。他们在被放免之后，虽已摆脱了奴隶命运，也有了一些人身自由。但是当时法律又规定必须根据旧主人的意愿而成为其客女与部曲，从而被迫纳入依附关系中，北周建德六年（577）诏书所说最为明确，其中的强制因素很大。

---

① 《魏书》卷110，《食货志》。

② 《北史》卷33，《李灵传》。

3. 因债务关系而来的依附民。由于经济破产，被迫自卖为“十夫客”而成的依附民。不过，“十夫客”还带有以佣抵债式的雇佣劳动者的某种性质，似乎其依附性并不十分固定。总之，这还是有待于深入探讨的问题。

4. 因佃耕地主土地而来的依附民。这类依附民主要是失去土地的个体小农，不得不依附于广有田地园池的豪强大族，佃种其一定量耕地，由豪强征敛，久而之久，被迫纳入了依附关系之中。

5. 因地主以强势相凌而来的依附民。豪强大族无限制地兼并土地，同时为了解决劳力问题，又需要大批依附民，因而以势相凌，迫使农民投附，“明附豪势，陵抑孤弱”[①]，以致当时曾反复强调不准豪右私隐户口。《晋书》卷26《食货志》便载泰始五年（269）正月敕：“豪势不得侵役寡弱，私相置名”。

6. 因官府送兵、送故和举恤为禄等制度而来的依附民。这种情况，在东晋南朝已成严重问题。凡“方镇去官，皆割精兵器仗以为送故……送兵多者至有千余家，少者数十户”，以致“力入私门”[②]，增加依附民数量。当时人极为忧虑，范宁、虞预等便大加谴责。可是却难有所改变。

（三）合法荫庇类

此一大类是依照两晋荫户荫客和南朝给客制度，公开地、合法地形成人身依附关系的。法律对此类人数有限制，需要保证限额数量的实行。因为，豪强大族和官僚贵势完全可以通过法令获得两大类依附民。

三、佃客、部曲及其生产性职责

佃客和部曲都有可能使用于各种领域中，包括经济、军事等。但佃客与部曲又略有区别，二者虽然均有人身依附关系，不过，佃客通常用于生产或集中在农业生产中为主，部曲则经常要被使用于军事方面。

（一）佃客的生产性职责

魏晋南北朝的佃客主要职责为生产，并集中于农业及与此相关的生产领域，是没有疑义的。但是，佃客在生产关系中处于什么地位，其与主人的关系

① 《魏书》卷7下，《高组纪下》。
② 《晋书》卷75，《范汪传附子宁传》。

和在封建人身依附关系中，究竟处于如何的状态，则有不同看法。目前一般倾向于两种看法，一是认为佃客由于依附于土地，作为佃耕土地的客户而成为依附关系中的依附民；二是认为该时期的佃客不同于此前此后的佃户，而时指那些并不耕种官员豪强土地的荫户，也就是说只有合法的但又与荫主土地没有关系的荫户才是佃客，否则就不是佃客了。

其实，从佃客的生产性职责来分析，不论是合法的佃客还是非法的佃客（即隐户），都存在有或佃耕或不佃耕官僚、豪强土地的两种现象。在他们佃耕官僚、豪强土地时，是其佃客，在不佃耕之时，则由于该时期的特殊环境，作为一种投附，形成一种封建性的人身依附关系，依旧是佃客。所以，从普遍现象来看，合法与非法两种类型的佃客，根本上说还是由于依附土地而变成了人身也依附于官僚、豪强的。

西晋荫客制度是以占田、课田制作为基础的，两者都是户调式的内容，如果没有占田、课田制的制定，就不可能在法律上对荫户荫客加以合法承认，即在田制和生产中限制依附民的数量。梁陈规定以品占有佃客，其性质与西晋相同，即在田制的基础上规定公开合法占有佃客的数量。南朝的给客制度也基本如此。①

因此，佃客是与生产性职责相结合，也即客与佃结合后的结果，包括名称亦与此相关。《华阳国志》卷 10 中《先贤士女总赞（中）》称："折像，字伯武，雒人也。……家资二亿，故奴婢八百人。……时人为谚曰：'折氏客谁?朱云卿、段节英，中有佃子赵仲平，但说天文论五经。'"其中赵仲平便是"客"与"佃"合称而为"佃客"之意。也就是在田中耕作的劳力，包括佃耕主家土地，"其佃谷，皆与大家量分"的佃客。如《梁书》卷 10《邓元起传》载："少时又尝至其西沮田舍，有沙门造之乞，元起问田人曰：'有稻几何?'对曰：'二十斛。'元起悉以施之。"邓元起所至的西沮田舍，自然便是其家土地的名称，而"田人"即在其中耕作之人。从记载来看，可能就是依附劳动者的佃客，是从事农业生产的劳动力。

在主家土地上耕种的佃客，因为带有依附劳动者的性质，所以又称为食

① 《南齐书》卷 14，《州郡志》南兖州条。

客，《陈书》卷2《高祖纪下》永定二年（558）三月甲午诏书，在指责叛奔北齐的沈泰时提到了这一名称："昔有微功，仍荷朝寄，剖符名郡，推毂累藩，汉口班师，还居方岳，良田有逾于四百，食客不止于三千。……其部曲妻儿各令复业，所在及军人若有恐胁侵掠者，皆以劫论。"上称食客，下称部曲，与良田和妻儿联系在一起，而且在沈泰叛逃之后，下诏各令复业，并严禁有人劫掠，可见此处提到的沈泰3000食客是与农业生产联系在一块的依附劳动者，也就是佃户食客的形式。

与食客并称的有"家客"名称，因为佃客等依附劳动者性质的"客"，都是直接或间接为主人家服务的，所以被称为家客。《北齐书》卷24《杜弼传》载："为家客告弼谋反，收下狱，案治无实，久乃见原。"食客与家客之称，证实了佃客不仅依附于主家，而且必须从事生产劳动，承担生产职责。

正因为如此，所以佃客在当时往往与共同为主家服役，从事各种生产式劳动或其他杂役的奴婢、僮仆连称，被称为"僮客"、"奴客"等等。《魏书》卷76《张烈传》载："烈家产畜殖，僮客甚多"。张烈所"畜殖"的大批家产，靠的就是众多的僮仆与佃客来加以经营、生产和实现的。合法的荫庇佃客，其农业收入作为佃谷，与庇护人以一定分成办法"量分"。以其他形式出现的依附性佃客，也大都使用在生产劳动中，如东吴复客制下的"复客"全都用于生产，李衡之例，就是明证。史称李衡"每欲治家，妻辄不听，后密遣客十人于武陵龙阳汜洲上作宅，种柑橘千株。临死，敕儿曰：'汝母恶我治家，故穷如是。然吾州里有千头木奴，不责汝衣食，岁上一匹绢，亦可足用耳'。衡亡后二十余日，儿以白母，母曰：'此当是种柑橘也，汝家失十户客来七八年，必汝父遣为宅'"[①]。同样的例证还见于刘宋时。故史有"有奴客者，类多使役，东西分散，住家者少。其有停者，左右驱驰，动止所须，出门甚寡"[②]的记载，这里的"奴客"，便是奴隶与佃客，或为奴隶式的客。

（二）部曲的生产性职责

关于部曲，当其成为封建依附民的名称以后，对其所属主人，就有从事生

---

① 《三国志》卷48，《孙休传》注引《襄阳记》。

② 《宋书》卷42，《王弘传》。

产的职责。如范长生的“部曲”，“不豫军征，租税一入其家”，显然范氏的部曲，要参与农业生产。由于不少将领、大族的部曲都兼为依附劳动者身份，所以，政府常以这类部曲设置郡县，以便利生产，《晋书》卷81《桓宣传》载：“以其淮南部曲立义成郡。宣招怀初附，劝课农桑，简刑罚、略威仪，或载钼耒于轺轩，或亲芸获于陇亩。”很明显恒宣以其部曲所设置的义成郡，主要是管理其部曲的农耕生产。同卷《朱伺传》：“伺部曲等以诸县附（张）昌，惟本部唱义讨逆，逆顺有嫌，求别立县，因此割安陆东界为滠阳县而贯焉”，这大约与《恒宣传》所载属于同类性质。

南朝时期关于以部曲从事生产的记载较多，也较明确。《梁书》卷51《处士・张孝秀传》载：“去职归山，居于东林寺，有田数十顷，部曲数百人，率以力田。”再如梁末陈初，陈霸斥沈泰之罪，称其“良田有逾四百，食客不止三千”，接着又说治沈泰之罪后，“其部曲妻儿各令复业，所在及军人若有恐胁侵掠者，皆以劫论”①。前云“食客三千”，后称“部曲妻儿”，可见两者是同一种人。再与良田400顷联系起来，又与复业等同并论，其系以部曲从事农业生产的事实就相当清楚了。同样的例证还有宣帝太建四年所下诏书。诏称梁末以来，“众将部下，多寄上下，军民杂俗”，要求“罢伍之徒”分留的部下，“悉住南州津里安置。有无交货，不责市估；莱荒垦辟，亦停租税。台遣镇监一人，共刺史、津主分明检押，给地赋田，各立顿舍”②。这里说的也是众将的部曲，如果遇上罢任而不必承担战斗任务时，做生意的不收税，开荒种地的不收租，还要“给地赋田，各立顿舍”，安置从事生产。除了政府安排部曲参加生产外，一些将领对自己的部曲也是如此处理。如侯景之乱时，鲁悉达“纠合乡人，保新蔡，力田畜谷”，并收纳了许多投附者，“分给粮廪，其所济活者甚众”，以致“招集晋熙等五郡，尽有其地”。鲁悉达纠集的乡人私附者，就是他的部曲，所以记载中屡屡提到其“士卒”、“麾下”之类。③ 而其弟鲁广达传中便径称其所率为部曲，曰：“时江表将帅，各领部曲，动以千数，而鲁

① 《陈书》卷2，《高祖纪下》。
② 《陈书》卷5，《宣帝纪》。
③ 《陈书》卷13，《鲁悉达传》。

氏尤多”①。指的便是鲁悉达的乡人和晋熙五郡的“力田畜谷”者。

部曲除参加农业生产之外，也从事其他劳役，《宋书》卷57《蔡廓附兴宗传》便提到王玄谟以部曲500人“岩山营墓”。其他劳动也时见记载。

以佃客、部曲为主干的依附民还存在一种特殊形式，即僧侣地主奴役下的寺观户，北魏称做“僧祇户”和“寺户”②，东晋南朝称“白徒”和“养女”等。其数量不少，可参见下表：③

时期 寺　僧	晋	刘宋	南齐	萧梁	陈	北魏太和元年	北魏末	备注
寺数	1768	1913	2015	2846	1232	6478	3万余	北周、北齐僧众
僧尼数	24000	36000	32500	82700	32000	77258	200万	甚多

以上的僧尼数字实际上不能反映实况。如梁人郭祖深说京城便有僧尼10余万。僧尼数如此之大，他们都靠寺观户去养活，可见寺观户的数量是与之成正比的。他们的地位低下，命运悲苦，如北魏僧祇户，被僧侣地主“奏求逼召，致使吁嗟之怨，盈于行道，弃子伤生，自缢溺死……行巷号哭，叫诉无所，至乃白羽贯耳，列讼官阙”④。

第四节　封建性的雇佣劳动者

封建性的雇佣劳动者，在中国很早就出现，雇佣劳动者作为一个阶层，长期存在于古代社会中。魏晋南北朝时期也不例外。

一、雇佣劳动者的来源、出雇原因和身份特征

当时的雇佣劳动者成分比较复杂，包括的范围和名称比较多，如“庸

① 《陈书》卷31，《鲁广达传》。
② 高敏：《秦汉魏晋南北朝土地制度研究》，第七章。
③ 王仲荦：《魏晋南北朝史》，下册，第842～843页。
④ 《魏书》卷114，《释老志》。

（即佣）”、“佣保”、“作人”、“客作人”、“十夫客”等，基本上是指出卖劳力，为雇主从事各种生产性和服务性劳动，以获取一定经济报酬的有人身自由和独立人格的劳动者，其身份与其来源、经济状况、实际待遇、雇佣劳动的类别和雇佣劳动的封建性质有关。

雇佣劳动者的来源有以下5类：

（一）因家贫无力维持生活而出雇者

这类是雇佣劳动者的主要成分，他们大都缺乏土地和其他生活资料，因而很难解决生活资料，所以必须靠出卖劳力解决生活问题。史籍有关于此的记载很多，如郭世道“家贫无产业，佣力以养继母”①；张敬儿“家贫，每休假辄佣赁自给”②；冯道根“家贫，佣赁以养母”③ 等等。这些是有记载的，没有记载的就更多了。

（二）因遭受天灾人祸而出雇者

这类雇佣劳动者的数量虽然很难通过史籍记载来估计，而且总体上说比例也不大，但其事例和现象却十分典型。如刘宋的郭原平，原先以木工手艺为人佣力，“性闲木功，佣赁以给供养”。其父亡故后，为了给父亲建造墓室，“助人运力”，“又自卖十夫，以供众费……所余私夫，佣赁养母，有余聚以自赎”④。吴逵因亲属13人死于饥馑和疾疫，为了营葬之事，夫妇二人“昼则佣赁，夜则伐木烧砖”，乡亲邻居怜惜而相助；“逵时逆助邻人夫直，葬毕，众悉以施之，逵一无所受皆佣力报答焉”⑤。同样的王彭表父，“兄弟二人，昼则佣力，夜则号感”，“以营葬”⑥；公孙僧远“弟亡，无以葬，身贩贴于邻里，供敛送之资”⑦。

（三）因沦为俘虏而出雇者

因亡国而成为异国或异族的俘虏，又未曾沦为奴隶的部分，被迁徙而离故

① 《宋书》卷91，《孝义·郭世道传》。
② 《南史》卷45，《张敬儿传》。
③ 《梁书》卷18，《冯道根传》。
④ 《宋书》卷91，《孝义·郭世道附原平传》。
⑤ 《宋书》卷91，《吴逵传》。
⑥ 《宋书》卷91，《王彭传》。
⑦ 《南齐书》卷55，《孝义·公孙僧远传》。

土家乡，只好出卖劳动力以求生存。这部分人主要是有文化知识者，所以往往“佣书”为业，而又与时期性相关，北魏平齐民中“佣书以自资给者”最多，①如刘芳、崔亮、傅永、蒋少游、房景伯等人都一度靠替人抄写书籍立身存命；有的甚至达十数年之久。② 另有亡国后在酒店为佣保者，如此周灭江陵，乐运“随例迁长安，其亲属等多被籍，而运积年为人佣保皆赎免之”③。又如陈亡，长沙王叔坚被徙瓜州，“素贵，不知家人生产，至是与妃沈氏酤酒，以佣保为事”④。统治阶级因事沦落为雇佣劳动者比较特殊，人数也较少。

（四）因流浪无业而出卖劳力者

战乱和灾荒等原因，常迫使相当一部分人背井离乡，流亡他处。他们中的不少人就靠出卖劳动力生活如三国初的焦先流亡于河渚地区，“为人客作”⑤；石勒先在郭敬、宁驱家中“为之力耕”，后又“尝佣于武安临水”⑥。西晋末年“相与入川者数万家流人，布在梁益，为人佣力”⑦。

（五）其他

这类人主要是一些特殊原因造成的，如北齐晋阳一术士，曾“为人家庸力，无识之者，久乃访之。”⑧ 显然，他自愿做一名雇佣劳动者，并不是为了生计困难，而是逃避人之所识。再如蜀地“夷人各则避寒入蜀，庸赁自食，夏则避暑反落，岁以为常。故蜀人谓之作五百十子也”⑨。也是因特殊原因而致。

从以上5种来源，可以看到雇佣劳动者一般没有失去自由的身份和独立的人格，人身并不依附于雇主。他们之所以要为雇主付出劳力，是出于纯经济的原因。如第一、二、三、四类来源的雇佣劳动者，仅仅是解决生活和经济的其

① 《魏书》卷55，《刘芳传》。
② 《魏书》各人本传。
③ 《周书》卷40，《颜之仪传附乐运传》。
④ 《陈书》卷28，《长沙王叔坚传》。
⑤ 《三国志》卷11，《管宁传》注引《魏略》。
⑥ 《晋书》卷104，《石勒载记》。
⑦ 《晋书》卷120，《李特载记》。
⑧ 《北齐书》卷49，《方伎·由吾道荣传》。
⑨ 《华阳国志》卷3，《蜀志》汶山郡条。

他问题，而与人身是否自由无关。第三类虽是因沦为俘虏而出雇者，在一定程度上不是完全的自由民，但他们的出雇也是出于经济上的原因，只不过他们出卖的不完全是体力劳动，而是脑力劳动，即知识和文化，为人抄写书籍。从他们“佣书”的情况看，至少在雇佣关系上不存在人身受束缚的现象。

第五类是特殊情况，人数较少，其人身自由的程度更高更明显。所以，此种的雇佣劳动者地位高于佃客、部曲一类依附民，本质上与个体小农相去不远，特别是与无地少地农民相似。

二、雇佣劳动者的经济状况和实际待遇

雇佣劳动者的经济状况分为两个阶段，前一阶段是其成为雇佣劳动者之前，后一阶段即成为雇佣劳动者之后。两个阶段的分界线就在于其成为雇佣劳动者这个事实。

雇佣劳动者前一阶段的经济状况以家庭贫困，绝少产业为特征。与一般自耕小农比较，他们既缺少生产资料，又缺少生活资料，连短时期内的生活也难维持，况且大都有着沉重的家庭负担，如郭原平、冯道根、傅永等人，甚至有着债务，如吴逵、王彭、公孙僧远等人。与一般佃农相比，虽然都属于“家贫无产业”的境况，但佃农的情景略好，除了租佃土地外，至少还能有少许生产工具、生产资金、种子等，劳力也较充裕，可以解决部分生活资料。雇佣劳动者一般来说则无此条件或能力，全赖佣力取酬来解决。因此，雇佣劳动者是当时自由劳动者阶层中最贫穷的部分。

他们后一阶段的经济状况和实际待遇有如下述：

（一）以劳力取酬，限功受直

他们以所付出劳动力的多少按当时价格获取相对应的报酬，两者间存在一种对等交换的关系，限功受直，如焦先，“欲食则为人赁作，人以衣衣之，乃使限功受直，足得一食辄去，人欲多与，终不肯取”①。说明佣赁是以劳力为人佣作，付出的劳力称做“功”，换取一定的“值”。所谓“限功受直”，便是以一定的劳动效果取得相应的经济价值为报酬。吴逵曾经“逆取邻人夫直”，

① 《三国志》卷11，《管宁传》注引《高士传》。

这是指吴逵未先做功，而透支工钱，即“夫直”，然后“皆佣力报答”，就是完成先所取工钱应做的工作。以此而言，一定的劳力所做的功有一定的价格。郭原平佣力取直，“每为人作匠，取散夫价……要须日暮作毕，受直归家，于里中买籴，然后举爨”。以此可知，佣赁有一定的时间规定，佣力之直是每天结算的，雇佣工钱给的是现金，所以可以购粮。

（二）出卖劳力一般可自给，甚至可以养亲

雇佣劳动的酬直，按说不会太高，又因价值规律的作用，估计不会太低，所以此时期可以靠出卖劳动力求得自给，甚至抚养亲人，如张敬儿、王育、公孙宏、周山图等人都可以通过雇佣劳动的形式解决自给问题。包括“佣书”者也是如此。郭世道、郭原平、王僧儒、房景伯、乐运等人则可以抚养亲人，营葬墓室和赎免亲属，如房景伯便靠“佣书”而抚养母亲和12岁的弟弟。

（三）雇佣报酬分为实物和金钱

当时付直，似乎以钱为主，但也有以实物为报酬的。《齐民要术》卷5《种榆白杨篇》：“捐柴雇人，十束雇一人，无业之人争来就作。”又钱塘县“诸豪族敛钱雇人，辇土为圹。”[①] 前者以实物为工值，后者以敛钱为报酬。但是劳动种类与工种的差别是存在的，以木工手艺为人佣作的郭原平便只取“散夫价”，而不取“匠价”，说明“匠价”高于“散夫价”。

（四）佣金低微，剥削量大

靠出卖劳力维持生活，以至供养1~3位亲属，可也仅仅保持生存的最起码需求而已，实际佣金是比较低微的，如郭原平、吴逵、王彭等只因安葬亲人便需长期以雇佣劳动来偿还，再如王育为人雇佣放羊，“时有暇，即折蒲学书，忘而失羊，为羊主所责，育将鬻己以偿之”[②]，其佣力之值竟无法偿羊之价值，以至《齐民要术》卷6《养羊篇》称：“人家八月收获之始，多无庸暇，宜卖羊雇人，所费既少，所存者大”。说明了佣金低微，即“所费既少”，而剥削量大，即“所存者大”，剥削量的大小还表现在劳动强度上，郭原平等人的劳动强度是十分大的，又如《魏书》卷114《释老志》云：“咸公兴，不

① 《世说新语·雅量篇》注引《钱塘县记》。
② 《晋书》卷89，《王育传》。

知何许人，至（寇）谦之从母家佣赁。谦之尝觐其姨，见兴形貌甚强，力作不倦，请回赁兴代已使役。乃将还，会其开南舍枣田”。说明咸公兴整天承担高强度的劳作。

（五）雇佣劳动者的出雇时间有长期和短期之分

雇佣劳动有长期和短期之分，王育等人显然是长期性的，甚至长期只为一个雇主工作。另外的一些，例如以佣书为业者，则是否出卖劳力以有相当的选择余地，便属于短期性的。流民夷人等参与雇佣劳动的关系也以短期为主。再如张敬儿休假时才与人佣作。“尝为城东吴泰家担水”①。说明所干的劳动是不固定的。还有每月雇工的，《齐民要术》卷5《种红花兰花栀子篇》载：“一顷花，日需百人摘，以一家手力，十不充一。但驾车地头，每旦当有小儿僮女百十余群，自来分摘，正须平量，中半分取”。这是特别短期的临时雇佣劳动，并且存在着雇佣童工的现象。

（六）官府与百姓间也存在雇佣关系

此时期工匠的番役制度渐渐出现，造成官府对手工业者控制的削弱，官府许多营造或工艺项目所需劳力就只好通过雇佣方式解决。梁武帝曾说：“凡经营造不关材官及以国匠，皆资雇借，以成其事。”指的就是官府作坊不少劳力是雇佣劳动者，官府与百姓的雇佣关系已不仅是手工业范围，也出现在其他方面，《魏书》卷5《高宗纪》载和平四年三月乙巳诏：“自今擅有召役，逼雇不程，皆论同枉法”。说的是官府雇佣农民服役，但不少贪官污吏不按规定办事，也即不给足雇价，只以权势强迫。

三、雇佣劳动者的类别

魏晋南北朝时期的雇佣劳动，广泛地分布于社会各生产部门，因而类别多，② 主要有：

（一）佣力

郭世道“佣力”，王彭兄弟“佣力”，布在梁益的数万家流人“为人佣

① 《南史》卷45，《张敬儿传》。

② 刘汉东：《论魏晋南北朝的雇佣劳动者》，《中国史研究》，1990年第4期。

力”。都是这一类。佣力的范围较广，诸如张敬儿担水、小儿僮女摘花、为人耕田劳作，都是佣力。在此意义上古代的雇佣劳动都可称为佣力。

（二）佣耕

主要是短期性的农业耕作，类似乎后来的短工和长工，与秦末陈涉“庸耕”同类。如焦先“客作”，石勒“力耕”，公孙宏“客田”都是。

（三）佣保

在商业范围中的雇佣劳动者。即“佣保为事”的陈叔坚夫妇和乐运这一类。

（四）佣牧

在畜牧领域内的雇佣劳动者。如“为人佣牧羊”的王育即是。

（五）佣运

从事运输业的雇佣劳动者，《晋书》卷92《文苑·袁宏传》：“少孤贫，以运租自业”。《世说新语·文学篇》则称袁宏为人佣载运租。

（六）佣匠

以手工业技艺为人劳作者，待遇往往比没有技术的普通劳动者好些。所得报酬略高。郭原平学会营造坟墓，便常以这一手艺被人雇佣，“每至吉岁，求者盈门”。

（七）雇匠

主要为官府“雇借”的手工业者，如梁武帝提到的以资雇佣的非国匠者。

（八）流庸

指的是流亡外地出卖劳力的雇佣劳动者，“流庸，谓去其本乡而行，为人庸作”[①]。战乱灾荒时期尤多，以短期为主。

（九）佣书

这些当时较为普遍，尤其是与其他历史时期相比较更是如此。佣书出卖的不完全是劳力，而是智力与劳力结合的产物。

（十）都养

都养是在书馆中靠出卖劳力以获得收入的人，可以归类于雇佣劳动者，

① 《汉书》卷7，《昭帝纪》颜师古注。

《晋书》卷94《隐逸·祈嘉传》载其“西至敦煌，依学官诵书，贫无衣食，为书生都养以自给”。也即为其他书生做些体力活以换取报酬，与西汉尝为：“弟子都养，时行赁作”的儿宽一样。①

（十一）十夫客

十夫客是当时比较特殊的一种雇佣劳动形式。关于十夫客究竟是些什么性质的雇佣劳动者，由于史料缺少，甚难深究，我们认为他们基本上都是雇佣劳动者。史籍有关十夫客的记载只有两条，《宋书》卷191《孝义·郭世道附原平传》：“（葬父）自卖十夫，以供众费。……葬毕，诸所买主，执役无懈，与诸奴分务，每让逸取劳，主人不忍使、每遣之，原平服勤，未曾暂停。所余私夫，庸赁养母，有余聚以自赎。”《南齐书》卷55《孝义·吴达之传》：“嫂亡无以葬，自卖为十夫客，以营冢椁。”两条中所说的十夫客实际上是一种雇佣劳动形式，其所以要有“自卖”的手续，与其他雇佣劳动者的出雇有所不同，原因在于“十夫客”是有一定期限、工作量和佣值的长期雇工，并且先取佣直，然后以佣力偿还佣直。为了保证先付出佣直的雇主的利益，必须事先立下文书契约，以保证佣力者取佣直后肯定以劳力偿付。由于这种出雇的特征，而被视为与债务奴隶的出卖相近，故称做“自卖”。其实，“十夫客”也就是“夫力”或“力夫”，《建康实录》卷16吴达之条“便直接称其自卖为力夫”。与王彭的“各出夫力”和郭原平“又以夫日助之”及“所余私夫”的意义完全一样，都与雇佣劳动联系在一起，名称的不同只是先取“夫值”的十夫客所处的主雇关系不同。“十夫客”是以一定的工作量和工作时间为一个“夫日”；大约在“自卖”的时间内被划为若干“夫日”，其中一定数量的“夫日”；属于付了夫值或佣金的雇主，其余的“夫日”仍归自己，故有“私夫”之称。可以自由支配，如郭原平就曾以“所余私夫，佣赁养母，有余聚以自赎。”也就是说他可以把属于自己支配的“私夫”日雇给另外的雇主干活，用以养母和付赎金。只要完成了所取夫值的劳动量，或交付了原取夫直，“十夫客”便得以赎免，即从不太自由的有债务约束的雇佣劳动关系中解脱出来。因此，“十夫客”是魏晋

① 《汉书》卷58，《儿宽传》。

南北朝时期由于雇佣关系和依附关系相结合之后的特殊产物，在先取佣直之后，便在一定程度上因债务关系而被束缚人身，成为人身自由受到限制的雇佣劳动者，接近于债务奴隶的边缘。他们要结束身份的束缚，或解除雇佣关系，必须偿付完毕债务或劳务。否则，不能与其他雇佣劳动者一样，随时可以自行选择。

（十二）贩贴

贩贴形式的雇佣关系仅见于《南齐书》卷55《孝文·公孙僧远传》。《传》载："弟亡，无以葬，身贩贴于邻里，供敛送之费，躬负土，手种松柏。兄姊未婚嫁，乃自卖为之成礼。"什么叫"贩贴"呢？卷41《周颙传》载山阴县滂民"困实极矣"，为完劳役，甚至"贩佣贴子，权赴急难。"这里的"贩佣贴子"简称为"贩贴"。从上述两条记载分析，作为贩贴形式的佣力，劳动强度要比其他常见的雇佣形式要大。而且，从公孙僧远为葬亡弟而"身贩贴于邻里"来供给费用看，显然是与"十夫客"类似，即先取佣直，然后再行佣力，故"贩贴"近乎典贴其身。不过，它与"十夫客"又有不同，未履行自卖的手续，比"十夫客"待遇好一些，所以公孙僧远做贩贴后更进一步才是"自卖"。也正因为先取佣直，所以要比其他雇佣形式增加劳动强度，称为"贴"。可以"贴力"，也可以"贴子"，如山阴县的滂民，应付官府箕敛，只好"贴子"贩佣。

四、雇佣劳动的封建性质

魏晋南北朝的雇佣劳动者有着十分浓厚的封建性质。

首先，他们的身份是自由的，不同于奴隶。虽然他们的社会地位不高，被称做"佣丐"[①]，或与奴婢并称，所谓"厮佣"[②]。但他们是否出卖劳力、卖力于谁、承担何类劳役，都可以自主决定，郭原平造墓便自主选择对象和雇主。从佣直方面说也证明了这一点，绝对强制是不可能在佣直方面有所变通的，而北魏刘芳佣书自给，"常为诸僧佣写经论，笔迹称善，卷直以一缣，岁中能入

① 《魏书》卷70，《傅永传》。
② 《北史》卷39，《薛安都附怀吉传》。

百余匹，如此十数年，赖以颇振”[①]。如果是依附关系，绝不可能有如此丰厚的收入。

其次，雇佣劳动者与债务奴隶间存在着差异。虽然“自卖”、“十夫客”、“贩贴”存在着债务束缚，但如上述，一旦偿付完劳务和债务便可摆脱束缚。典型的证明是南朝梁严植之遇一黄姓病人，“家本荆州，为人佣赁，疾既危笃，船主将发，弃之于岸。植心中恻然，载还治之，经年而黄氏差，请终身充奴仆以报厚恩。植之不受，遗以资粮，遣之”[②]。这说明佣赁与奴仆之间有差别。

再次，雇佣劳动者常有某种程度封建人身依附关系的特征，与资本主义雇佣关系不同。张敬儿临时为吴泰雇佣担水，“通泰所爱婢，事发，将被泰杀，逃卖棺材中，以盖加上，乃免”[③]。这说明雇工与雇主有一定的人身依附。“十夫客”的自卖形式，就更突出地体现了这一点。

又次，雇佣劳动者在受雇出卖劳力的过程中，并没有解除对封建政府承担的义务和停止缴纳捐税，因为他们仍是封建政府的编户民，与是否参加雇佣劳动无关，如郭世道、王彭、公孙僧远等都继续承担租布调税，官府为了嘉奖他们的孝义行径，才特别下令蠲免。

魏晋南北朝的封建雇佣劳动集中在农业、畜牧业、服务业、家务劳动和抄写书籍等方面，而非在工商业部门，雇主以地主、官僚为主，他们对雇佣劳动者管理方式是封建的，而不是采取纯经济的管理办法。

魏晋南北朝时期的雇佣劳动是封建性质的，而不是奴隶性质的，此时期的雇佣劳动者本质上是封建社会的农民和无业劳动者。

第五节　魏晋南北朝奴婢的状况

魏晋南北朝的奴婢情况十分突出，这不仅表现在奴婢数量增多方面，而且表现在奴婢名目的繁多和状况方面。如奴婢的名目，见于史籍的有：僮仆、婢

① 《魏书》卷55，《刘芳传》。

② 《梁书》卷48，《儒林·严植之传》。

③ 《南史》卷45，《张敬儿传》。

仆、僮属、僮、僮客、奴僮、家僮、众隶、群隶、侍婢、奴、奴客、奴婢、婢、仆、苍头、卑仆、皂隶、婢妾、私奴、僮役、女隶、贱隶、常隶、官口、生口、田奴、织婢等，举不胜举。大抵魏晋南朝以“僮仆”称呼奴婢居多，北朝则较多以“隶”称呼奴婢。甚至隶户、佛图户也是北朝对奴婢的称呼，[①]不过后者专指寺院奴婢而已。

一、奴婢的来源

该时期奴婢的状况、身份和特征，基本上是与其来源形式联系在一起的，同时又与奴婢地位和所从事的劳役相结合。奴婢的来源主要分为经济债务束缚和超经济强制两大类。前者主要是负债或迫于生计出卖子女或自身为奴婢，后者主要是通过暴力手段把战俘、掠夺的人口、罪犯和籍没来的家属降低身份成为奴婢。此外，奴婢的另一来源是自然繁殖。奴婢在社会中的流动或变换主人，则通过买卖、赏赐、馈赠方式实现。

（一）经济债务束缚的奴婢来源与买卖等

经济债务束缚的奴婢来源，有因欠债而被迫沦为奴婢者，也有自卖为奴婢者，特别是由于战乱、饥荒等因素，出卖子女或自身为奴婢者的现象十分突出。

1. 因债务及贫困的自卖现象

魏晋南北朝时期由于种种原因，不少自耕农及其他阶层成员，出于经济原因，无奈出卖子女或自身为奴婢。如南齐明帝夸其所起湘宫寺为大功德，虞愿说：“陛下起此寺，皆是百姓卖儿贴妇钱。”[②] 又如刘宋时，“有严嘉者家贫，母熊自以身贴钱，为嘉尝债”，所以尹嘉坐不孝当死。[③] 公孙僧远“兄姊未婚嫁，乃自卖为之成礼”[④]，朱文济“自卖以葬母”[⑤]。还有一些预备卖为奴婢，因有他人的经济帮助方得以免，虽然没有成为事实，却证明了当时普遍存在因负债或迫于生计自卖为奴婢的现象。如《晋书》卷89《忠义·王育传》载：

① 详见高敏：《论北魏的社会性质》一文。
② 《南齐书》卷53，《良政·虞愿传》。
③ 《宋书》卷64，《何承天传》。
④ 《南史》卷73，《孝义·公孙僧远传》。
⑤ 《南史》卷73，《解叔谦附朱文济传》。

"少孤贫，为人佣牧羊……失羊，为羊主所责，育将鬻已以偿之。"又《南齐书》卷55《孝义传》："晋陵吴康之妻赵氏，父亡弟幼，值岁饥，母老病笃，赵诣乡里自卖，言辞哀苦，乡里怜之，人人分升米相救，遂得免。"

出卖子女的情况就更普遍了，北魏薛虎子的一段上疏文字将负债小农的惨状介绍得十分具体："素微小户……计其征调之费，终岁乃有七缣，去年征责不备，或有贸易田宅，质卖妻子，呻吟道路，不可忍闻。"[①] 类似的记载及具体事例相当多。

还有一种变相的自卖为奴婢，主要是以舍身为寺院奴婢，如北魏裴植，"其母年逾七十，以身为婢，自施三宝，布衣麻菲，手执箕帚，于沙门寺洒扫"，"诸子各以布帛数百赎免其母。"[②] 这实际上就是在信奉宗教的表象下进行自卖。

2. 因战乱及饥荒的自卖现象

魏晋南北朝的战乱极多，由于战乱造成社会经济破败，抗灾救灾能力下降，所以饥荒次数频繁。因此之故，"更相鬻卖，奔进流移，不可胜数"[③]。

这种现象在东汉末年已较严重，西晋末年进一步突出，而政府又无力赈济饥民，只好听之任之，使良民被卖为奴婢者日益增多。晋惠帝元康七年（297），"关中饥，米斛万钱，诏骨肉相卖者不禁"[④]。此后东晋南朝和十六国北朝均有因战乱或饥荒，迫使大批人民卖为奴婢的情况。东晋咸康元年（335）"大旱，会稽余姚尤甚，米斗五百价，人相卖"[⑤]。又称"胡亡之后，中原子女鬻于江东者不可胜数，骨肉星离，荼毒终年"[⑥]。陈时"东境饥馑，会稽尤甚，死者十七八，平民男女，并皆自卖"[⑦]。北凉围攻后凉姑臧城，"百姓请出城乞为夷虏奴婢者日有数百"[⑧]。北魏太和九年，"冀定数州水，民有卖男女者"[⑨]。延

---

① 《魏书》卷44，《薛虎子传》。
② 《魏书》卷71，《裴叔业附植传》。
③ 《晋书》卷26，《食货志》。
④ 《晋书》卷4，《惠帝纪》。
⑤ 《晋书》卷7，《成帝纪》。"斗应为"升"之误。
⑥ 《晋书》卷84，《殷仲堪传》。
⑦ 《陈书》卷35，《陈宝应传》。
⑧ 《晋书》卷122，《吕隆载记》。
⑨ 《魏书》卷105，《天象志》。

昌四年，“因饥失业，天属流离，或卖鬻男女以为仆隶”[①]。特别突出的一次是侯景之乱时，“江南之民及（萧）衍王侯妃主、世胄子弟为景军人所掠，或自相卖鬻，漂流入国者盖以数十万。”[②] 由以上记述，可见在该时期因战乱和饥荒成为奴婢者之多。

3. 奴婢的买卖

奴婢买卖在封建社会里是合法转移奴婢的方式，如曹魏明帝录夺已嫁子女，“听以生口自赎”，“故富者则倾家尽产，贫者举假贷贯，贵买生口以赎其妻。”[③] 当时因市场供求关系而升降价格，任嘏便“与人共买生口，各雇八匹。后生口家来赎，时价直六十匹。共买生口者欲随时价取赎，嘏自取本价八匹，共买者惭，亦还取本价。”[④] 而有权有势有钱者争买奴婢是常事，如“京邑贵人多寄宝货”给曹魏任并州刺史的陈泰“市奴婢”[⑤]。甚至官府也发卖官奴婢，正始七年曹芳便下诏说他曾“到市观见所斥卖官奴婢”[⑥]。到西晋末年，奴婢买卖现象日益严重，甚至“诏骨肉相卖者不禁”[⑦]。造成“中原子女鬻于江东者不可胜数”[⑧]。

奴婢买卖是合法的，掠卖“生口”在当时也是人们所习见的，萧宝夤于景明二年逃至魏，任城王澄以车马侍卫迎之，“时年十六，徒步憔悴，见者以为掠卖生口也”[⑨]。其合法程度竟达到由政府明文收税的程度，《隋书》卷24《食货志》载：“晋自过江，凡货卖奴婢马牛田宅，有文券，率钱一万，输估四百入官，卖者三百，买者一百。无文卷者，随物所堪，亦百分收四，名为散估。历宋齐梁陈，如此以为常”。

奴婢价格高低，视时期和地区有很大差别。有夫妇二人为奴者，价值10

---

① 《魏书》卷9，《肃宗纪》。
② 《魏书》卷98，《岛夷萧衍传》。
③ 《三国志》卷3，《魏书·明帝纪》注引《魏略》。
④ 《三国志》卷27，《王昶传》注引。
⑤ 《三国志》卷22，《陈群附泰传》。
⑥ 《三国志》卷4，《三少帝纪》。
⑦ 《晋书》卷4，《惠帝纪》。
⑧ 《晋书》卷84，《殷仲堪传》。
⑨ 《魏书》卷59，《萧宝夤传》。

亩土地；有能劳动者，值钱7000；不能者，5000；小奴价值束帛，或大狗一头买一生口。一般说来，奴价贵，婢价贱；一奴之价倍于一婢。虽然有以所获俘虏质酒，一人才得一醉的情况，自然是极罕见的特例。

奴婢买卖中有许多是家贫欠债，只好自卖为奴者，也有被人掠卖为奴者。其余的则已是奴婢，由官府斥卖或私相交易，进入奴婢买卖过程中。

4. 奴婢的赏赐

奴婢赏赐是由皇帝的名义所给予的恩典，偶尔也有上级机构或长官对于某些欲特别加以礼遇者的奖励。赏赐奴婢带有赏赐财物的性质，通过这种途径增加王公大臣的劳力，密切君臣关系。赏赐机会有多种，或因战争胜利，或因平定谋反，或因朝廷庆典，或因处罚某大臣而没收大批奴婢，或因褒奖某位臣属孝义之举等等，不一而足，赏赐数量，也因各政权、各时期和各种原因而有极大差距，少者一两名，如李密由蜀入晋，“嘉其诚款，赐奴婢二人”①，通常十至百人，多者至于千人，如北周于谨。用以赏赐的奴婢以俘虏、籍没的罪徒家属和官奴婢为主，一经赏赐，便确定奴婢身份和私家归属性质，任由主人役使和处理。

5. 奴婢的馈赠

赠送关系一般是私人间发生，即将奴婢当做财物私相授受。三国时为人熟知的大宗奴婢赠送事实，是麋竺嫁妹给刘备，赠送“奴客二千，金银货币以助军资”②，将奴客与金银货币等同看待。西晋时祖纳，“性至孝，少孤贫，常自炊爨以养母”。平北将军王敦闻之，遗其二婢，辟为从事中郎。在戏之曰：“‘奴价倍婢’。纳曰：‘百里奚何必轻于五羖皮邪’！”③ 显然便是以之作为财物和劳力由原主人将奴婢无偿赠送新主人，奴婢自身在这一关系的发生过程中无丝毫自主的权力。

（二）在超经济强制下的奴婢来源

以战争中的俘虏、掠夺来的生口和通过法律手段籍没罪犯及其家属等作为

① 《三国志》卷45，《蜀书·杨戏传》注引《华阳国志》。

② 《三国志》卷38，《蜀书·麋竺传》。

③ 《晋书》卷62，《祖逖附兄纳传》。

奴婢，虽然历代都有，可是从无魏晋南北朝时期严重。这是由于当时战争频繁造成众多的俘虏、各割据政权和大小军阀间争相抢掠劳动力和人口，以及人身依附关系不断强化的总趋势带来的结果。

1. 以俘虏为奴婢

将俘虏强迫为奴婢，这种现象在三国和西晋时记载尚比较少，《晋书》卷3《武帝纪》载太康二年三月，“赐王公以下吴生口各有差”，应是用平吴时所获俘虏给大臣为奴婢，其他类似记载则不是太多。到十六国南北朝时，这种现象却大量地出现，如后赵石虎败段辽，“赐俘偏于丞郎”①；后凉吕纂“纵兵大掠，以东苑妇女赏军”②；南凉秃发傉檀“以妇女为军赏”③，都是将战争中所获俘虏用做将士私奴。北魏鲜卑贵族进入中原以后，每战必有俘虏或生口，被大量地强迫为奴婢，以留充官府役用或赏赐给王公大臣。《魏书》正式记载有关赐奴婢，首次是明元帝永兴五年（413）八月，“赐征还将士马、牛、奴婢各有差”④。在此之前一般称生口，未明称赏赐奴婢，因此有不少大概是隶户一类的杂户。皇兴二年（468）曾将青齐地区的大批俘虏“悉为奴婢，分赐百官”⑤。最为典型的是西魏恭帝元年（554）于谨克江陵，“没为奴者十余万，其免者二百余家”⑥。充分证明了十六国北朝的许多政权由于是少数民族建立的，带有比较浓厚的奴隶制残余，因而迫使大批的俘虏成了贱民阶层中最底层的成员。而这种做法在他们来说不仅是可以理解的习惯，也是公私两方解决劳力的主要途径。正是因为多次的战争俘获数量很大，所以北朝将领、大臣、贵族所得到的奴婢赏赐也很多。从《魏书》《北齐书》《周书》看，几乎参与了战争的王公大臣都曾获得过奴婢赏赐，而且动辄成千数百，如北魏长孙肥一次得赏赐奴婢数百口、张济百口、卢鲁元“以功赏赐僮隶，前后数百人”、“北周于寔奴婢一百口、长孙俭三百口、陆腾“凡赏得奴婢八百口”

① 《晋书》卷106，《石季龙载记上》。
② 《晋书》卷122，《吕纂载记》。
③ 《晋书》卷126，《秃发傉檀载记》。
④ 《魏书》卷3，《太宗纪》。
⑤ 《魏书》卷50，《慕容白曜传》。
⑥ 《周书》卷2，《文帝纪下》。

等，最多者如于谨一次便获赏赐奴婢1000口，[①] 从这可以想象北朝奴婢数量之大了。

赏赐的奴婢通常以“口”或“人”计算，时或也以“户”计算，《魏书》卷30《宿石传》载其父“以功赐奴婢十七户”；《魏书》卷36《李顺传》载：“论功……赐奴婢十五户”；《梁书》卷3《武帝纪下》载：“使江州民三十家出奴婢一户，配送司州。”奴婢以户计算，是整户被迫为奴婢，[②] 因而便没有将其家庭拆散，将整户用做赏赐。还有就是原先并非一户，另以一男奴配一女婢同时赏赐，以利于奴婢的自然增殖，也以户计算，这从《梁书》记载可以看出来。

东晋南朝政权虽然也以俘虏为奴婢，但情况没有十六国北朝严重，数量也没有那么多，如《南齐书》卷4《郁林王纪》载：“近北掠余口，悉充军实”；又《梁书》卷12《韦叡传》载：攻克合肥，“俘获万余级，牛马万数，绢满十间屋，悉充军实”。虽然也是以俘虏为奴婢，但常常加以放遣，如《晋书》卷9《孝武帝纪》载太元十四年，“其没为军赏者悉赎出之，以襄阳、淮南饶沃地各立一县以居之。”至于“梁军士以齐兵质酒，一人才得一醉”[③]，也是由于北齐与梁军建康之战中被俘士兵过多的原因而造成的。

2. 掠夺良民为奴婢

劫掠者以暴力手段迫使良民为奴婢，称做生口，往后必须赎免才能重归良人身份。比如《三国志》卷23《杨俊传》载：“宗族知故为人所略作奴仆者，凡六家，俊皆倾财赎之。”杨俊被略为奴婢的6家宗族知故，平白无故被暴力掠夺，却需要以财赎之。同样的如《魏书》卷67《崔光传》载：“有同郡二人并被掠为奴婢，后诣光求哀，光乃以二口赎免。高祖闻而嘉之。”以此而论，则当时只要谁有法以强力掠人，或有一定的权势，就可以强抑他人为自己的奴婢，百般役使，转卖他人，不仅不受法律或政府的干预惩罚，反而得到承认。在法律上，劫掠人口卖做奴婢应是犯法的，如《晋律》“《盗律》有劫略、

① 均见上述三书各人本传。
② 高敏：《魏晋南北朝经济史探讨》，第300页，人民出版社1987年版。
③ 《太平御览》三二三引《三国典略》。

恐猲、私卖买人”[1]。然而，杨俊宗亲、崔光同郡及很多类似的被掠为奴婢者，实际上还是要用一定的替赎方法才能免去奴婢身份。

掠人为奴婢者常常是以转卖谋利，如西蜀后主刘禅，幼时“为人所卖，及建安十六年，关中破乱，扶风人刘括避乱入汉中，买得禅。”[2] 又如晋惠帝女临海公主，“洛阳大乱，为人所略，传卖吴兴钱温”[3]。略卖人为奴婢，获利甚厚，《晋书》卷104《石勒载记上》便载其对郭敬说将诸胡诱骗，“因执卖之”，可以解决穷困问题，可惜的是自己反被司马腾所执，“于山东卖充军实”。

被掠卖为奴婢者常有不少上层人物，如《魏书》卷52《索敞传》载：“初，敞在州之日，与乡人阴世隆文才相及。世隆至京师，被罪徙和龙，届上谷，因不前达，土人徐能抑掠为奴。五年，敞因行至上谷，遇见世隆，语其曲状，对泣而别。敞为诉理，得免”。阴世隆被上谷土地主强抑为奴，竟也无法可想，自认倒霉，做其奴隶。他的文才很好，属于知识阶层，完全可以自诉，但却没有，只好求助于任高官的同乡代诉才得免。同样的如《高僧传》卷10《释慧睿传》载刘宋时其“常游方而学，径行蜀之西界，为人所略，常使牧羊”。

3. 籍没罪徒为奴婢

上述两种超经济强制的类型，可以是官方的，可以是私下的，也可以是权势者仗势相凌的，如北魏元暹、元诞刑峦等人都以其官职，假公名义强抑良人为奴婢。而籍没罪徒及其家属为奴婢则完全是政府以法律手段迫使一部分人成为身份低贱的官私依附劳力。魏晋便以罪徒或其家属没为奴婢，毛玠便“出见黥面反者，其妻子没为官奴婢”。钟繇便说：“自古圣帝明王，罪及妻子。……司寇之职，男子入于罪隶，女子入于舂槀”[4]。东吴孙权的潘夫人因父“坐法死，夫人与姊俱输织室”[5]。蜀将傅佥入晋后，“息著、募，后没入奚官”[6]。也出现过自求为奴以赎犯罪亲人的事例。不过，籍没罪徒为奴没有南

① 《晋书》卷30，《刑法志》。
② 《三国志》卷33，《蜀书·后主传》注引《魏略》。
③ 《晋书》卷31，《惠贾皇后传》。
④ 《三国志》卷12，《魏书·毛玠传》。
⑤ 《三国志》卷50，《吴书·妃嫔传》。
⑥ 《三国志》卷45，《蜀书·杨戏传》注引《蜀记》。

北朝时严重，所以司马昭在魏末定律令，便除“去捕亡、亡没为官奴婢之制”[①]。

南朝籍没为奴婢的记载和数量明显增多，如《宋书》卷99《二凶传》称女巫严道育，“夫为劫，坐没入奚官”。《南齐书》卷41《张融传》载：“泰始五年，明帝取荆、郢、湘、雍四州射手，叛者斩亡身及家长者，家口没奚官。”《隋书》卷25《刑法志》称梁朝法律有少少犯罪都以“妻子女妾同补奚官为奴婢。”陈朝华皎与欧阳纥都因谋反而没其家口为奚官奴婢。

北朝籍没家口的记载很多，如崔敞、常英、元士弼、崔季舒等人，而且其家中的奴婢、僮仆也随主人一齐籍没。《隋书》卷25《刑法志》所载北齐、北周应没为奴婢的罪徒或家属条文不少，那么事实上也就必然会有许多强迫籍没为奴婢者。不过，北魏曾一度规定过没为奴婢的家属年龄标准，源贺建议：“若年十三已下，家人首恶，计谋所不及，愚以为可原其命，没入县官。”史载“高宗纳之”[②]，应是13岁以下没入为奴，13岁以上处极刑。崔浩于神䴥中所制法律有此类规定：“大逆不道腰斩，诛其同籍，年十四以下腐刑，女子没县官。”[③]

二、奴婢在社会生产中的使用和政府政策

魏晋南北朝时期，由于时代的特点，特别是依附关系的强化和社会各阶级、阶层身份的两极分化，官私奴婢在社会生产中的作用竟越来越大。除了在各社会经济部门和非生产性劳动中广为使用奴婢外，在农业生产中的使用情况十分突出。奴婢数量当时极大，使相当一部分劳动力脱离了官府的控制，流失入私家，以致影响到官府的财政收入，有必要加以制订相应的对付政策，以限制更多的人沦为奴婢，或解放一些奴婢。

（一）奴婢在农业生产中的使用

奴婢在该时期照例是要从事农业生产的，“奴执耕稼，婢典炊爨”在当时人的观念里，与“鸡主司晨，犬主吠盗，牛负重载，马涉远路”一样，是最

---

① 《晋书》卷30，《刑法志》。
② 《魏书》卷41，《源贺传》。
③ 《魏书》卷111，《刑法志》。

自然的分工习惯；其主人如果“身亲其役”，“劳其体力”，便是反常的了。[①]《晋书》卷104《石勒载记上》载司马腾枷卖并州群胡，石勒亦在其中，卖与茌平人师懽家中为奴，便是与群奴从事农业生产，“每耕作于野，常闻鼓角之声，勒以告诸奴，诸奴亦闻之。”石勒后来又“尝佣于武安临水”，也是如秦末的陈胜一样在田中劳动。

当时凡有奴婢者，不论多少，常用于农业生产中，如刁逵“以货殖为务，有田万顷，奴婢数千人”[②]，显然便是将奴婢与耕地结合到一起，驱使他们耕作。刘宋时王僧达自言：“婢、仆十余，粗有田入，岁时是课，足继朝昏”[③]，奴婢虽少，却明摆着是从事农业生产的。晋代桑虞，“有园在宅北数里，瓜果初熟，有人逾垣盗之，虞以园援多棘刺，恐偷见人惊走而致伤损，乃使奴为之开道”[④]。这为他“开道”之奴，便是于园中使用者。南齐萧景先临终遗言，也是让子侄辈好好安排生产，“三处田勤，作自足供，衣食力少，更随宜买粗猥奴婢充使，不须余营生。”[⑤] 当时俗语“耕当问奴，织当访婢”[⑥]，应该就是奴婢普遍从事农业生产的真实写照。

不仅“奴僮千计”，“广开田园之业”的沈庆之、[⑦]“因父祖之资，生业甚厚，奴僮既众，义故门生数百，凿山浚湖，功役不已”[⑧] 的谢灵运等世族大家，往往“至今八九世，未有力田者”，“皆信僮仆为之”[⑨]。而且众多的中、小地主，也都是以奴婢从事农业生产的，连颜之推认为比较节俭的人家，也应以20名奴婢从事农业生产。他说：“常以为二十口家，奴婢盛多，不可出二十人，良田十顷。”[⑩] 北周的萧大圜说自己：“果园在后，开窗以临花卉；蔬圃居前，坐檐而看灌畦。二顷以供饘粥，十亩以给丝麻。侍儿五三，可充纴织；家

---

① 《三国志》卷45，《蜀书·杨戏传》注引《襄阳记》。
② 《晋书》卷69，《刁协附逵传》。
③ 《宋书》卷75，《王僧达传》。
④ 《晋书》卷88，《孝友·桑虞传》。
⑤ 《南齐书》卷38，《萧景先传》。
⑥ 《宋书》卷77，《沈庆之传》。
⑦ 《宋书》卷77，《沈庆之传》。
⑧ 《宋书》卷67，《谢灵运传》。
⑨ 《颜氏家训·涉务篇》。
⑩ 《颜氏家训·止足篇》。

僮数四，足代耕耘。”[1] 他的十几名奴婢，都是使用在农业生产上的。

晋代官府奴婢，也使用于农业生产，《晋书》卷26《食货志》：“今以鄄奚官奴婢著新城，代田兵种稻，奴婢各五十人为一屯，屯置司马。使皆如屯田法。”这些屯田法之下以50人为一单位屯田的奴婢，其数量就不会太少了。

北朝由于是少数民族入主，从他们原来的畜牧业经济改为农业经济的过程中，以奴婢经营农业生产的情况十分突出。例如北魏，前期对功臣贵族等赏赐奴婢时，先是与牛羊并赐，与畜牧业的关系密切。不久，则非单纯的畜牧了，也与土地结合起来，如车伊洛于正平二年，“赐以妻妾、奴婢、田宅、牛羊”[2]；王睿于文明太后时得赏赐极丰，“田园、奴婢、牛马、杂畜，并尽良美”[3]。中后期，奴婢则已与田业完全结合了，孝文帝时诛常员等人，“高祖以昭太后故，罪止一门。（员父）忻年老，赦免归家，恕其孙一人扶养之，给奴婢田宅”[4]。常忻年纪已大，亲属尽因谋反诛死，只饶恕了一名孙子，那么，所给田地不由奴婢耕种，就不可能有别人承担了。咸阳王元禧更是以奴婢、臣吏、僮隶从事这些生产，史称他：“昧求货贿，奴婢千数，田业盐铁，偏于远近，臣吏僮隶，相继经营”[5]。

由于这种情况，北朝均田制都规定了奴婢受田，直接反映了他们参与农业生产劳动。北魏奴婢与普通良人标准一样，男40亩，女20亩，其他待遇全一样，并且没有奴婢数量限额。北齐增加了限制奴婢受田数量，但最高额竟至300人。北周均田令无明文，但以隋制推之，奴婢也受田。

综合北朝均田制度，有几点是值得注意的：一是奴婢受田依良人标准，反映了鲜卑贵族的土地由他们去耕种。二是由于奴婢常常处于被主人买卖的流动之中，朝秦暮楚，初期又无人数限制，完全是在农业经营上优待鲜卑贵族。三是“奴任耕，婢任绩”[6] 的现象很突出，所以奴婢才会在颁布均田制时有资格

---

① 《周书》卷42，《萧大圜传》。
② 《魏书》卷30，《车伊洛传》。
③ 《魏书》卷93，《恩倖·王睿》传。
④ 《魏书》卷83上，《外戚传上》。
⑤ 《魏书》卷21上，《献文六王传上》。
⑥ 《魏书》卷110，《食货志》。

列入受田者之列。四是适应着经营畜牧业转到经营农业的鲜卑贵族需要，用一定的法令保证自己对土地的需求而实现地主化。[①]

（二）奴婢在其他社会经济生产部门的使用

奴婢被广泛地使用于社会经济的各个生产部门，纺织、畜牧、手工业、屠酤、盐铁、商贩、运输、樵采、冶铸、园艺等都有奴婢劳动的现象，分别简介如下：

1. 纺织

《三国志》卷50《吴书·妃嫔传》载："吴主权夫人……与姊俱输织室，权见而异之。"《晋书》卷32《后妃传下》载："孝武文李太后讳陵容，本出微贱……在织坊中。"

2. 畜牧

《颜氏家训·勉学篇》称战俘为奴婢后，"虽千载轩冕，不晓书记者，莫不耕田养马"。《高僧传·释慧睿传》载其"为人所掠，常使牧羊"。

3. 手工业

南齐时范云被任为始兴内史，"旧郡界得亡奴婢，悉付作"。范云到任后加以了改革，"乃先听百姓志之，若百无主，依判送台"[②]。

屠酤

《南齐书》卷57《魏虏传》称北魏宫内"婢使千余人，织绫锦贩卖，酤酒，养猪羊，牧牛马，种菜逐利"。《洛阳伽蓝记》卷4也提到"有通商、达货二里，里内之人，尽皆工巧屠贩为生，资财巨万"。这些人所用劳力主要是家内僮仆婢妾。《陈书》卷12《徐度传》载："恒使僮仆屠酤为事。"《宋书》卷53《庾登之附炳之传》："在尚书中，令奴酤酃酒，利其百十"。

5. 盐铁

北魏咸阳王元禧的千余奴婢僮隶便相继经营盐铁。

6. 商贩

《南齐书》卷37《虞悰传》："悰治家富殖，奴婢无游手，虽在南土，而会稽海味无不毕致焉。"《宋书》卷84《邓琬传》："琬性鄙合，贪吝过甚，财

① 高敏：《魏晋南北朝社会经济史探讨》，第212～216页。
② 《南史》卷57，《范云传》。

货酒食，皆身自量校。至是父子并卖官鬻爵，使婢仆出市道贩卖。”

7. 运输

东晋陆纳从吴兴太守任上征拜左民尚书，“将应召，外白宜装几船？纳曰：‘私奴装粮食来，无所复须也。’”① 南梁张率，“遣家僮载米三千石还吴宅，既至，遂耗太半”②。

8. 樵采

《晋书》卷93《外戚·褚裒传》：“在官清约，虽居方伯，恒使私僮樵采。”

9. 冶铸

尚方、冶署是官府冶铸器械的作坊，以工、徒为主要劳动力，也有奴婢，如刘宋孝武帝曾自云：“向因巡览，见二尚方徒隶，婴金屦校”③。这些奴婢往往是补配的，如刘宋时“应城县民张江陵与妻吴共骂母黄令死，黄忿恨自经死”，“免刑补冶”④。

10. 园艺

以奴婢从事菜园、果园、瓜园及其他经济作物或观赏植物的劳动，当时是常见的普遍现象，最为典型的是西晋元康元年（291）规定职官以品给菜田和田驺，详下表：⑤

等级	菜田数	田驺数	享受者
一等	10顷	10人	诸公及开府位从公者，品秩第一
二等	8顷	8人	特进，品秩第二
三等	6顷	6人	光禄大夫、卿、三品将军、尚书令、太子少傅、少傅

（三）奴婢在非生产性劳动中的使用

奴婢在非生产性劳动中服役，基本上可以分为官奴婢与私奴婢两大类型。

① 《晋书》卷77，《陆晔附纳传》。

② 《梁书》卷33，《张率传》。

③ 《宋书》卷6，《孝武帝纪》。

④ 《宋书》卷54，《孔季恭附孙渊之传》。

⑤ 《晋书》卷24，《职官志》。

一般的官府机构和皇宫中的奴婢多操持杂役，如洒扫、饮食、衣服、车马、歌女妓妾等。如“梁将兰钦子京为东魏所虏，王命以配厨”为奴；[①] 北周李安，“出自皂隶，所典唯庖厨而已”[②]；北周宣帝皇后朱满月原来因家犯罪被“没入东宫”，“选掌帝衣服”[③]。私家则有以下：为主人侍婢服役或娱乐的，为主人呼唤随从的，为主人打仗卖命的，为主人经商谋利的；为主人执洒扫饮膳之役的，为主人驾驭车马的，仗势欺人为主人强夺的，为主人管理抄写诗书的，为主人守墓的，为酒家杂使的，为主人抚育子孙的，等等。但凡有关生活的各个方面，都会有奴婢参与的痕迹。

从上述可见，不论官私奴婢，除了要在各种非生产性的劳动中服役外，还成为社会经济生产的一支大军，作用很大。特别是奴婢在农业中的使用，非常突出，与此前此后的历史时期相差甚异。造成这种现象的原因主要有三点：一是该时期比较特殊的社会环境使奴婢数量大增，势必在劳力调配上发生不平衡，而促使奴婢承担起社会生产劳动的职责。二是门阀士族地位畸形增高和少数民族贵族从畜牧经济往农业经济转化的关系，相当一部分奴婢就进入了社会生产领域。三是大量少数民族的进入中原，带入了他们原有的奴隶制因素，从而使奴隶数量大为增加。

（四）政府对奴婢的控制政策

奴婢实际上是脱离了政府控制，不向国家服役纳税的劳动力，数量的多少，直接影响到政府的财政收入及劳役、兵役的征发。所以，政府采取了对于奴婢加以控制、限制等措施，并形成为政策，以防止奴婢数量过多。

1. 政府法令限制变良民为奴婢

当时的政府为了防止过多的人口流失入私家，普遍都采取限制将良民变成奴婢的措施，原因就在于奴隶制残余的存在和奴婢数量的不断增加。秦汉时期的奴婢，从各种史料综合分析，其数量约占总人口的5%弱。其官私奴婢的具体数字，以汉代人口5959万多（汉平帝元始二年数）来计算，约300万人

---

① 《北齐书》卷3，《文襄帝纪》。

② 《周书》卷11，《晋荡公护传》。

③ 《周书》卷9，《皇后传》。

(因当时奴婢不入户籍，未被计算在户口总数中，故总人口数加奴婢数约6300万人，比率便为5%弱)。至魏晋南北朝，户口数比两汉明显减少，奴婢数却在增加。如晋末八王大乱时，张方在京都已造成了极大混乱，不少官僚、富豪都已举家避难，可其退出京都时，还掠取到万余名奴婢。[①] 当时广有财产奴婢之家，动辄成千，如石崇“苍头八百人”、元禧“奴婢千数”等，所占人口比率已超过秦汉时期。

由于奴隶数量过分膨胀，政府屡屡发布加以限制的政策法令，比较典型的是北魏。当时，如果有人强迫良善身份的自由民为奴婢，是法律所不允许的，甚至不少身居高职者，也因此获罪。元志于“世宗时，除荆州刺史，还朝，御史中尉王显奏志在州日，抑买良人为婢，兼剩请供。全赦免”[②]。如果不是遇到大赦，则元志不仅仅是丢官的问题，而且会受到罪罚。元继也是由于“在青州之日，民饥馁，为家僮取民女为妇妾，又以良人为婢，为御史所弹，坐免官爵。”[③]

至于法律的规定，则是严格的。魏晋时有“私卖买人”之罪，条文入《盗律》。[④] 东晋南朝情况类似，如梁朝便对“诱口”、“诱掠人”判刑极重，乃至于死刑，天监三年八月，“建康女子任提女，坐诱口，当死”[⑤]。北魏有关于此更为严厉，“掠人、掠卖人、私卖人为奴婢者，死”；“卖子孙者，一岁刑”；“卖五服内亲属，在尊长者死，期亲及妾与子妇流”[⑥]。延昌二年八月诏书又重申了掠卖人与杀人、强盗之首同罪。[⑦]

2. 解放奴婢

当时的政府除了以法令的形式严加限制使良人为奴之外，还严加管理，并不断颁布解放奴婢的诏令，以减少奴婢的数量。曹魏景初三年（239）正月便下诏：“官奴婢六十已上，免为良人。”正始七年（246）八月又诏：“属到市

---

① 《晋书》卷4，《惠帝纪》。
② 《魏书》卷14，《神元平文诸帝子孙传》。
③ 《魏书》卷14，《神元平文诸帝子孙传》。
④ 《晋书》卷30，《刑法志》。
⑤ 《隋书》卷25，《刑法志》。
⑥ 《魏书》卷111，《刑罚志》。
⑦ 《魏书》卷8，《世宗纪》：“其杀人、掠卖人、群强盗首……依法行决。”

观见所斥卖官奴婢，年皆七十，或癃疾残病，所谓天民之穷者也。且官以其力竭而复鬻之，进退无谓。其悉遣为良民；若有不能自存者，郡县振给之”[①]。东晋南朝放免奴婢的诏令不少，并从官奴婢进而对私家奴婢也作出放免规定，这显然就是此时流落江南而成奴婢者过多，造成社会问题，使政府财源役源枯竭，而要与私家权豪争夺人口。

这些免放中较重要的有：东晋大兴四年免中州良人遭难为扬州诸郡僮客者；太元十四年淮南所获俘虏；刘宋元嘉年间益州刺史刘道济免道俗奴、僮；梁天监十七年免奴婢男年60、女年50以上为平民；太清三年免诸州见在北人为奴婢者及妻儿；侯景免放北人为奴婢者；陈天嘉六年免侯景之乱以来略为奴婢者为良民等等。以及司马道子、刘隗、刁协、庾翼等人免良人奴充征役。十六国北朝类似的诏令也很多，特别对“百姓因荒自卖为奴婢者，悉免为良人”[②]。如果主人“或因缘势力，或私行请托，共相通济，不时检校，食良家子息仍为奴婢；今抑精究，不听取赎，有犯加罪。若仍不检还，听其父兄上诉，以掠人论”[③]。比较大规模的免放有北魏孝文帝的几次，北齐也有多次。而北周，在武帝时，更是多次下诏放免奴婢。不过，北周的放免尚留有一条尾巴，规定得到放免的奴婢，如果旧主人“犹须共居，听留为部曲及客女”[④]。

3. 身份提高后减少奴婢数

由于社会和历史的发展变化，人身依附关系逐步削弱，加上奴隶的不断反抗斗争，使奴婢身份逐步得到提高，也使社会中的奴婢总数在逐步减少中。奴婢身份的提高，除了依赖政府法令强行实现之外，也有主要是通过主人自行放免和奴婢自已赎免的形式实现的。

主人放免通常是迫于社会的环境，以及奴婢主人一些个人因素，如《晋书》卷71《熊远传》载：“祖翘，尝为石崇苍头，而性廉直，有士风。黄门侍郎潘岳见而称异，劝崇免之，乃还乡里。”高谦之家中僮隶，生三子者便免其

---

① 以上《三国志》卷4，《魏书·三少帝纪》及注。按：7年前已放免60岁以上的官奴婢，此时不应有70岁者，并用以出卖，裴松之便提出了疑问。

② 《晋书》卷118，《姚兴载记下》。

③ 《魏书》卷5，《高宗纪》。

④ 《周书》卷6，《武帝纪下》。

一，也是个人的因素造成的。同样的有《北史》卷33《李孝伯附士谦传》载其卒，妻卢氏“免奴婢六十人”。《北齐书》卷23，《魏兰根传》载：“从行台肖宝夤讨破宛川，俘其民人为奴婢，以美女十人赏兰根。兰根辞曰：‘此县界于强虏，皇威未接，无所适从，故成背叛。今当寒者衣之，饥者食之，奈何将充仆隶乎？’尽以归其父兄。”同书卷32《陆法和传》载：“法和所得奴婢，尽免之，曰：‘各随缘去’。”说明当时有些奴婢主人出于特殊的、被迫的或其他因素的考虑，也自动地解除了一些奴婢的低贱身份。

一般奴婢都力求在条件许可的时候，以一定财物、劳役或其他方式自行赎免，以获得人身自由。提供赎免的财物可以是他人提供的，也可以自己准备。赎免的事例当时很多，如杨俊倾财以赎宗亲知故和为人仆隶的王象，[①] 及任嘏曾买生口后来此奴婢家人来赎取。[②]《晋书》卷88《孝友·何琦传》载：“乡里遭乱，姊没人家，琦惟有一婢，便为赎购。”《南齐书》卷55《孝义·吴达之传》载：“从祖弟敬伯夫妻荒年被略卖江北，达之有田十亩，货以赎之。”北魏崔光以二口奴婢替赎二位同乡，[③] 甄密以私财赎免陷于南人之手的乡人苏良，[④] 等等，都是如此。

军功也是自赎的一个途径，《魏书》卷111《刑罚志》载神龟中追捕刘辉的赏格即云：“若获刘辉者，职人赏二阶，白民听出身进一阶，厮役免役，奴婢为良。”至于是否可以赎免，得由奴婢的主人同意，如梁将兰钦子兰京为东魏俘虏为奴，“钦请赎之，王不许。京再诉，王使监厨苍头薛丰洛杖之，曰：‘更诉再杀尔！’”可见主人对奴婢人身占有权利之大。不过，无论怎么样对奴婢进行束缚，随着依附关系削弱的总体趋势，奴婢身份得到解放和提高，从而相对减少奴婢的数量，则是当时社会的总体状况。

相对减少奴婢的数量，以政府的直接目的来说，是从豪强世族及各类奴婢主家手中争夺剥削对象；对整个社会来说，则客观上阻止了奴隶制残余的死灰复燃，在封建社会结构中，使奴隶制因素控制在可以容纳和接受的范围之内，

---

① 《三国志》卷23，《魏书·杨俊传》。

② 《三国志》卷27，《魏书·王昶传》注引《任嘏别传》。

③ 《魏书》卷67，《崔光传》。

④ 《魏书》卷68，《甄琛附密传》。

以最终维持既定的阶级结构和阶级关系。

第六节　十六国、北朝的营杂户

十六国北朝阶级结构中，有一个与其他阶级或阶层有明显区别的营、杂户阶层，界于有自由民身份的普通农民与毫无自由的奴隶之间。该阶层名称繁多，特点有二：一是其特殊的低贱身份源于其为超经济强制的国家依附民，二是他们以其来源或从事的生产行业构成外延极窄的社会群体。

一、营杂户的含义及形成过程

"杂户"是魏晋南北朝时期的特殊依附民，杂户制度普遍推广于十六国北朝时期。[①]"杂户"的内涵比较广泛，其类别较多，诸如隶户、细茧户、罗縠户、绫罗户、金户、牧户、工户、乐户、营户、军户等，当时都可称为"杂户"，或统称为"营、杂户"。这些不同名称的户别，其共同之处在于身份、地位和性质相同，都是在官署服杂役并隶属于官府的人户。所以，他们就被当时人称为"杂役之户"[②]、"厮养之户"[③]、"百杂之户"[④]、"杂色役隶之徒"[⑤] 等。

"杂户"作为各类服役于官署又隶属于官署的人户的总称，不是某一种人的专称。因此，"杂户"本身不是一种人户，而是各种同性质的人户的汇合。《北齐书》卷8《后主纪》天统三年九月诏云："诸寺署所绾杂役户姓高者，天保之初虽有优敕，权假力用未免者，可悉蠲杂户，任属郡县，一准平人。"此处的"杂役户"便指"杂户"，包括在各种政府部门服役的工、乐、屯、牧等户别。

"杂户"制度的实行，虽然盛于十六国北朝时期，其滥觞则是汉末三国时期。"杂户"中的许多名称，秦汉时期并不存在，如牧户、屯户、营户、乐户等。"杂户"中的少量名称，如工匠一类，在秦汉时期亦没有成为特殊的工

---

① 高敏：《魏晋南北朝社会经济史探讨》，人民出版社1987年版，第310页。

② 《魏书》卷9，《肃宗纪》。

③ 《魏书》卷7上，《高祖纪上》。

④ 《魏书》卷11，《前废帝纪》。

⑤ 《北齐书》卷4，《文宣帝纪》。以上详见高敏前书，第282页。

户，直到东汉后期，仍未出现专门的工匠户籍。

东汉末年，兵士、百工伎作等人的身份，开始了卑微化的历程。此时战争不已，形成特殊的环境，从而使特殊的营、杂户阶层得以形成。当时战争中，工匠、乐人、部曲等成为各政治、军事集团抢夺的对象，如周瑜攻破皖城，“得袁术百工及鼓吹、部曲三万余人”[①]。为了加强控制，并与当时人身依附关系强化过程合拍同步，他们的身份渐次固定下来，单立户籍，职业世袭，形成兵户、百工户制度。兵户在曹魏称士家，东吴有工匠专籍，如“工人黄耇”与“工人吴平”[②]。此时虽无“杂户”名称，但兵户和百工户及“鼓吹”实际上已身份卑贱化，成为后来“杂户”中的类别之一。百工户在十六国北朝即是“杂户”之一种，鼓吹也是“杂户”中的乐户，兵户即后来的军户、营户，都是国家控制之下的农奴式身份的特殊依附民。[③]

“屯户”和“牧户”成为“杂户”中的一部分，其渊源亦可追溯至曹魏时的“屯田客”和北方游牧民族逐步南进的事实。其形成为固定的杂户，则主要是在北魏时期。其他“杂户”类别与名称，也大多形成或出现于十六国北朝时期。[④]

所以，官府所管辖的“杂户”性质的特殊依附民虽然存在于整个魏晋南北朝时期，但是杂户制度则是盛行于十六国北朝时期，最早见于记载是东晋大兴元年（318），《晋书》卷104《石勒载记》载该年前赵刘聪死，子粲袭位，靳准杀之，石勒“攻准于平阳小城，平阳大尹周置等率杂户六千降于勒。”此后，杂户的记载越来越多，数量也越来越多。如《邓太尉祠碑》称前秦在冯翊护军管辖区域内“领屠各、上郡夫施、黑羌、白羌、高凉西羌、卢水、白虏、支胡、栗特、苕水，杂户七千，夷类十二种”。北魏平定北凉时，“分略诸郡，杂人降者亦数十万”；又太平真君六年“徙诸种杂人五千余家于北边”[⑤]。《魏书》卷51《封敕文传》载：“金城边冏、天水梁会谋反，扇动秦益二州杂人万余户，据上邽东城……休官、屠各及诸杂户二万余人屯于北岭，为

① 《三国志》卷46，《吴书·孙策传》注引《江表传》。
② 《三国志》卷48，《吴书·孙皓传》。
③ 高敏：《魏晋南北朝社会经济史探讨》，人民出版社，1987年版，第283~288页。
④ 高敏：《魏晋南北朝社会经济史探讨》，人民出版社，1987年版，第283~288页。
⑤ 《魏书》卷4下，《世祖纪下》。

冏等形援。”可见，当时杂户数量之多。

此时，“杂户”已与“营户”、“军户”等名称结合，将“营户”、“军户”等纳入“杂户”之中了。姚氏后秦的杂户便隶属于军营，《晋书》卷119《姚泓载记》称：“尚书姚白瓜徙四军杂户入长安。”四军杂户之外尚有其他杂户，赫连勃勃“进兵侵雍，岭北杂户悉奔五将山”。这里的四军杂户当即同书卷117《姚兴载记》所称“徙阴密三万户于长安，分大营户为四，置四军以领之”。赫连勃勃也将杂户隶属军营，“掠平凉杂胡七千余户以配后军”[①]。

十六国北朝时期普遍存在大量的杂户阶层，其形成历程乃自汉末三国以来，社会一些阶层地位下降，身份卑微化，而成为国家控制的服杂役的特殊依附民阶层。加之十六国北朝政权多为少数民族统治，他们除了也存在控制工匠、乐人、士兵的需要外，又带来了部落氏族制度和奴隶制度残余，利用军事组织编制生产劳动阶层，从而推广了杂户制度。[②]

二、营杂户的来源

“杂户”的来源，主要是超经济强制的途径，偶或招募与雇佣，使一部分人成为隶属于官府的服杂役之人。

（一）强制征发

早期的征发对象，主要是官府所役使的工匠，东吴时交趾郡便强制征发，“科郡上手工千余人送建业”[③]。被征发者往往便将其隶属关系固定下来，如成汉李寿时“兴上方御府，发州郡工巧以充之”[④]，便是将这些工匠固定隶属于官府的机构中。不断的征发造成“百工医寺，死亡绝后，家户空尽，差代无所”的状况，[⑤] 以至于南北朝各政权都产生了严加控制的需要。南朝是拟采用罪徒补充百工的方式，北朝则严禁私人家中容留伎作工巧之匠，甚至贵为王公

---

① 《晋书》卷130，《赫连勃勃载记》。

② 高敏：《魏晋南北朝社会经济史探讨》，人民出版社，1987年版，第311页。

③ 《三国志》卷48，《吴书·孙休传》。

④ 《晋书》卷121，《李寿载记》。

⑤ 《晋书》卷80，《王羲之传》。高敏：《魏晋南北朝社会经济史探讨》，人民出版社，1987年版，第289～296页。

也不准许违例。

（二）战俘与驱掠人口

凡是战争，必定会有俘虏，自东汉末年起，战俘往往便转化成为“杂户”性质的特殊依附民。周瑜克皖城所俘获的3万余百工、鼓吹、部曲，便是从袁术控制之下以战俘形式转移到孙氏集团控制。类似情况魏晋多有，因为战争中百工、乐人和士兵的需求是十分突出的。北魏更是大规模地以战俘或驱掠人口为之，史载其灭前燕时，曾徙“百工伎巧十余万口，以充京师”①，显然将其中的百工伎巧归辖于官府的“杂户”之中。《隋书》卷25《刑法志》称：“魏虏西凉之人；没入名为隶户。魏武入关，隶户皆在东魏，后齐因之，仍供厮役。建德六年齐平后，帝欲施轻典于衹国，乃诏凡诸杂户，悉放为百姓，自是无复杂户。”北魏所虏获的“西凉之人”，乃灭凉之后所徙凉州民户，称为“西凉隶户”，《魏书》卷94《阉宫·赵黑传》称其“本凉州隶户”，“生而凉州平，没入为阉人”。又同书卷52《刘昞传》载：“世祖平凉州，士民东迁……后分属诸州，为城民。”城民即军户，与卷114《释老志》所载为僧祇户的凉州军户赵苟子等200家一样，就是赵黑一类的杂户，因为营户、军户都属于杂户。十六国北朝的许多政权，都常常将俘虏或驱掠人口强迫为杂户，其中又杂有不少游牧的少数民族，故又称“杂胡”、“杂夷”、“杂类”、“杂种”、“杂人”等，称其户为“杂户”，就在于利用军事组织编制的形式来控制这些俘虏与驱掠人口，迫使他们服杂役。

（三）犯罪配没

当时以罪犯及其家属配没为营、杂户。北魏法律规定“诸强盗杀人者，首从皆斩，妻子同籍，配为乐户”②。北周规定“盗贼及谋反、大逆、降叛、恶逆罪当流者，皆甄一房配为杂户。”北齐法律是“盗及杀人而亡者，即悬名注籍，甄其一房配驿户”③。以罪犯或其家属配没以为营、杂户的法律规定被称做“配杂之科”，只要一旦配没为营、杂户，便子孙世代身份相袭，“杂役之徒，犯异

① 《魏书》卷2，《太祖纪》。

② 《魏书》卷111，《刑罚志》。

③ 周齐之律皆见《隋书》卷25，《刑法志》。

常宪，一从罪配，百世不免”[①]。甚至一些相当有身份的人物也被抑配为杂户，如司马消难，“及陈平，消难至京，特免死，配为乐户”[②]。工乐杂户都是由官府单独管理，另行设立户籍的，《左传》襄公二十三年孔疏引《魏律》称：“缘坐配没为工乐杂户者皆用赤纸为籍，其卷以铅为轴。”配杂之科既然为北魏、北齐、北周所共行，使杂户数量不仅得到保证，而且还有所增加，加上“百世不免”的罪配身份，以至到了唐代还存在不少杂户，身份依然卑微低下。

三、营杂户的类别

营、杂户是以来源或所从事的杂役名称为类别的，所以名目繁多。营户中的一部分也服杂役，不过，又是十六国北朝的兵户，详兵户部分。杂户的主要类别有如下述：

1. 隶户

隶户主要集中于北魏时期，数量很多，与奴婢身份相差不远，常用以赏赐，又与兵户类似，用于军队中，《水经注》卷 5 称平县故城北魏时“置北中郎府，徙诸从隶、府户，并羽林虎贲领队防之。”隶户是杂户中的大类。[③]

2. 伎作户

十六国北朝的伎作户就是工匠户，为杂户中的另一大类。伎作户此时地位很低，不准私居私作，不准读书，不准改变职业，以及诸多限制，如《魏书》卷 19 中《任城王澄使》载：“逃亡代输去来年久者，若非伎作，任听即住”。只有立功或放免身份才同于民，同上书卷 11《前废帝纪》载：“募伎作及杂户出征者，正入出身”。又《北齐书》卷 4《文宣帝纪》载：“诏免诸伎作、屯、牧、杂色役隶之徒为白户。”都说明了伎作工匠身份的卑微性质。

3. 乐户

乐户又称工乐户、鼓吹、太乐，《隋书》卷 27《百官志中》称北齐五兵尚书都兵曹“掌鼓吹、太乐、杂户等事”，可见乐户即杂户的一种。鼓吹是军中

---

① 《周书》卷 6，《武帝纪下》。

② 《周书》卷 21，《司马消难传》。

③ 《隋书》卷 25，《刑法志》称隶户为杂户。参见高敏前书，第 293 页。

乐户，如曹魏在合肥逃亡的鼓吹宋金，便是士家。太乐是朝廷和庙堂所属的乐户。乐户往往以俘虏和罪犯配任，也用做赏赐，当时与兵户同等看待，《魏书》卷86《孝感·阎元明传》云：“河东郡人杨风等七百五十人，列称乐户皇甫奴兄弟，虽沉屈兵伍而操尚弥高。”

4. 太常民

《洛阳伽蓝记》卷2载：“太常民刘胡，兄弟四人，以屠为业。”当是为太常管理下的杂户，所以称为太常民。太常属官有廪牺、太宰等十余署，全是管理宫廷杂务的机构，所需杂役之户是很多的。刘胡兄弟应是掌管喂养牲畜以供祭祀和御用的廪牺署属户。

5. 盐户

《魏书》卷57《崔挺附游传》：河东郡“有盐户”，常供州郡为兵，子孙见丁从役。盐户也是杂户，所以“见丁从役”，又与兵户相类，“供州郡为兵”。当然，为兵并非严格意义上的战士，当时劳役也称为“兵力”。

6. 金户

《魏书》卷110《食货志》：“汉中旧有金户千余家，常于汉水沙淘金，年终总输”。其性质与盐户相同。

7. 驿户

《魏书》卷111《刑罚志》：“小盗赃满十四已上，魁首死，妻子配驿”。《隋书》卷25《刑法志》载北齐法律：“盗及杀人而亡者，即悬名注籍，甄其一户配驿户”。也即配杂之科，是在驿站服杂役的杂户。

8. 绫罗户

又有细茧、罗縠等名称，都是从事纺织业的织匠，名称区别是专司织品的不同带来的。其因盖当时纺织技术乃家内相传习，故只能熟练掌握某一种丝织物的工艺技术，而不能兼习他类织物的工艺技术。由此，官府便以善织某种织物工匠明确为某种户别，以便管理和收取织品。私人家中严禁有纺织工匠，连高官贵族亦在禁止之例，北齐毕义云便“坐私藏工匠，家有十余机织锦，并造金银器物，乃被禁止。”①

① 《北齐书》卷47，《酷吏·毕义云传》。

9. 别户

《魏书》卷30《刘尼传》："赐别户三十。"别户是什么，囿于史料而尚不清楚，但从可以赏赐看，应是杂户的一种。

10. 屯户

即屯田之户，户籍不贯郡县，而是"别立农官，取州郡户十分之一以为屯民"①。地位可能与伎作、牧、杂色役隶户相近。

11. 金银工巧户

是伎作户中以金银专长为户种的，见于太平真君五年正月戊申诏。

12. 牧户

牧户的产生与游牧民族将畜牧业带进中原有关。官府牧人，早在汉代便有，西汉在西北的牧场中有"官奴婢三万人，分养马三十万匹"② 晋代牧子也不少，著名的如汲桑率牧人起义。十六国北朝都有牧子，形成杂户中的牧户，如《魏书》卷10《孝庄帝纪》载建义元年六月："诏直寝纪业持节募新免牧户，有投名效力者授九品官"。

13. 杂色役隶户

见北齐天保二年诏书，可能是从事杂役的杂户的总称。

14. 平齐户

其形成有如前述。《魏书》中有关记载共有8处，其中6处称平齐民，二处称平齐户。卷114《释老志》云："平齐户及诸民有能岁输谷六十斛入僧曹者为僧祇户"，因而，平齐户应与杂户有一定相似之处。

四、营杂户的身份地位和放免

十六国北朝的营杂户，身份不自由，带有强制性的人身依附关系，为政府牢牢控制。其地位略高于奴隶，低于普通编户民和自耕小农，甚至略低于私家依附民的佃客和部曲等。

营、杂户不得与高于本阶层者通婚，甚至连普通民都不行，北魏和平四年

① 《魏书》卷110,《食货志》。

② 《汉书》卷5,《景帝纪》注引《汉仪注》。

下诏："今制皇族、肺腑、王公侯伯及士民之家，不得与百工、伎巧、卑姓为婚，犯者加罪。"[①] 太和十七年又重申："诏厮养之户不得与士民婚。"[②] 如果因乱离而"为杂户滥门所拘辱者，悉听离绝。"[③]

营、杂户获得民的地位要经过放免手续，如魏兰根的建议、魏末的募制、天保二年的诏书和建德六年的诏书所反映的事实。又如北魏正光五年八月诏："诸州镇军贯，元非犯配者，悉免为民"[④]；普泰元年二月诏："百杂之户，贷赐民名"[⑤]；北齐天统三年九月诏："诸夺署所绾杂保户姓高者……今可悉蠲杂户，任属郡县，一准平人。"[⑥]

营、杂户地位低下，所受剥削压迫沉重，所以经常进行反抗斗争，如金城、天水的杂户起义。特别是"牧子"起义，规模更是宏大。同时，基于下述三个原因，营、杂户的身份地位不断有所改善，直至放免。一是少数民族不同程度地封建化，氏族制和奴隶制残余减少，各杂胡之户基本融化于汉族或鲜卑族中。二是经济水平有了提高，完全以超经济强制手段控制的官府手工业已不那么适应了，渐渐朝番上制度演变，因此放松了对杂户的控制。三是战争俘虏日渐减少，而在北魏末年大起义浪潮的冲击下，营、杂户相当部分参加了起义，迫使统治者放免大批营、杂户。[⑦]

第七节　各种兵户的形式和状况

魏晋南北朝实行世兵制度，士兵与普通编户民相分离，独立户籍，世代为兵，称做兵户、士家、营户等，形成一个身份不自由，带有世袭性和职业性特征的兵户阶层。这种状况存在于曹魏、东吴、西蜀、西晋、东晋南朝和十六国北朝，形成不同的兵户形式和类型。

---

① 《魏书》卷5，《高宗纪》。
② 《魏书》卷7，《高祖纪下》。
③ 《魏书》卷9，《肃宗纪》。
④ 《魏书》卷9，《肃宗纪》。
⑤ 《魏书》卷11，《前废帝纪》。
⑥ 《北齐书》卷8，《后主纪》。
⑦ 详高敏前书，第304～312页。

一、曹魏士家

曹魏士家是魏晋南北朝普遍实行的世兵制下兵户的一种存在形式。士兵称为士家，士之妻称士妻，士之子称士子，士之女称士女，合称士息，士之户籍称士籍，一旦入于士籍，终身不可改易，父死子继，就是其子女婚配亦在士家之内。这种制度，总称为士家制度。

（一）士家制形成的原因和时间

曹魏士家制形成有三个原因。一是在人口锐减的情况下，作为控制人口，以便安置军人家属以保障其安全和生活的一种特殊组织形式。初平三年，曹操败青州黄巾，“受降卒三十余万，男女百余万口，收其精锐者，号为青州兵。”因此，兴立屯田，将军人家属集中居住，既保障了他们的生活和安全，又解决了军粮问题，而且达到了控制人口，保证兵源、役源的最终目的。二是作为控制私家部曲的手段。曹操军队，初期包括许多将领、豪族的宗族、宾客、家兵、部曲，如田畴、任峻、李典等人，《三国志》卷18《魏书·李典传》载：“典宗族部曲三千余家，居乘，自请愿徙诣魏郡……遂徙部曲宗族万三千余口居邺，太祖嘉之”。这实质上是集中他们的部曲家属，以为质任，而加以控制。三是普遍实行的对于军队将士的质任制的必然结果和需要。曹操军中普遍纳质是建安二年（197），该年张绣降而复叛，曹操云：“吾降张绣等，失不便取其质，以至于此。吾知所以败，诸卿观之，自今已后不复败矣”①。因而将士均须纳质任，集中居住，从而形成士家制度。

士家制度的形成时间，也与上述过程相应而经历了三个时期。其初形成时期在中平六年（189），曹操起兵讨伐董卓时，“散家财，合义兵，将以诛卓”②此时军队士兵成分有两类，一是以财物招募的职业兵、雇佣兵，二是家兵部曲。职业兵极易转为世兵，家兵则与世兵没有多大区别。因此，士家制此时已见其端倪。士家制确立时间与青州兵家属屯田同步，这些号称青州兵的子孙，从此开始作为士家起便世代为兵，所以28年后的黄初元年（200）曹操死，

① 《三国志》卷1，《魏书·武帝纪》，参阅高敏：《魏晋南北朝社会经济史探讨》，第316～320页。
② 《三国志》卷1，《魏书·武帝纪》，参阅高敏：《魏晋南北朝社会经济史探讨》，第316～320页。

“青州兵擅击鼓相引去”[①] 此时的青州兵已绝非旧人，而是由其子弟构成的了。士家制度的确立有可能在建安二、三年普遍实行将士纳质任之后不久。[②]

（二）士家身份地位及演变过程

士家的身份，史学界过去一般认为比较低下，近来也有意见认为不低于民的地位，不能与农奴、罪人、贱民相等。两种观点都有绝对化倾向，将士家身份看成是静止不变的。

从曹魏士家形成到消亡的全过程看，士家初期，特别建安十六年以前，不存在身份低贱的特征。此时的士家包括曹氏宗亲族人、招募之兵和青州黄巾，在政治和军事中起着核心作用，所以没有也不会使其身份低贱化。建安十六年至魏文帝时期，士家身份开始有下降趋势，造成身份趋向卑微的原因在于其世代为兵，不得脱兵户之籍，实行“士亡法”、士家寡妻及士女由官府抑配婚姻、士家“给官”等情况的逐渐严重。至魏明帝时期，士家身份已经卑微化了，上述情况已成普遍现象。到曹魏晚期，甚至用做赏赐，流入豪贵私家为依附民。这就是士家身份逐渐卑微化的大致过程，似可区分为以下三个阶段：

第一，身份与编户民基本相同的初期阶段（中平六年——建安十六年）：此时曹操军队士兵地位不低，如青州军便历来受到优待，是周知的事实，建安二年张绣袭败曹军，青州兵抢劫其他曹军，史称：“黄巾降，号青州兵，太祖宽之，故敢因缘为略。”于禁讨伐抢劫者，“青州兵遽走诣太祖”[③]。至于自愿将宗族部曲徙居邺城的李典、任峻等人，没有半点强制，反而为曹操多方笼络，当然不能降低他们的身份。就是梁习往邺所送的数万口士家，也是“部曲服事供职，同于编户”[④]，身份至少与民相等。因此，曹操于建安七年（202）正月下令：“举义兵已来，将士绝无后者，求其亲戚以后之，授土田，官给耕牛，置学师以教之。”[⑤] 其士家死于战事者授土地给耕牛，得从师而学，待遇极高。建安十四年（209）三月又下令：“吏士死亡不归，家室怨旷……

① 《通鉴》卷69，文帝黄初元年条。

② 详见高敏：《魏晋南北朝社会经济史探讨》，第310～320页。

③ 《三国志》卷17，《魏书·于禁传》。

④ 《三国志》卷15，《魏书·梁习传》。

⑤ 《三国志》卷1，《武帝纪》。

其令死者家无基业不能自存者，县官勿绝廪，长吏存恤抚循，以称吾意。”[①]这与上述相同。可见此时士家身份不比民低。当时，士家担任官吏的事也非绝例，如杨俊，“以人伦自任。同郡审固，陈留卫恂本皆出自兵伍，俊资拔奖致，咸作佳士。后固历位太守，恂御史、县令。”[②] 又如黄朗，“父为本县卒”，朗却以学业后“至二千石高官”[③]。

第二，身份逐渐下降的中期阶段（建安十六年——文帝时期）：建安十六年，曹操收编的关中诸将部曲拒绝调防，激起兵变，为赵俨瓦解，“乃复胁喻，并徙千人，令相及共东，凡所全致二万余口”[④]。这次事件是士家身份开始下降的标志，家属被强迫迁离并集中于邺城。同时“士亡法”因此严厉，因关中之乱造成相当多的亡士，故责成各地缉捕。如“隐者焦先”，本非亡士，也被怀疑，“至十六年，关中乱，先失家属，独窜于河渚间，”大阳县长朱南“谓为亡士，欲遣船捕取。”[⑤] 其后“士亡法”日益加重。征发“士息”也是士家身份下降的原因，七八岁至十六七岁的“士息”乃士家未成年或未正式录作兵士的子弟也被征发，因而使士家身份逐渐卑微化。

第三，身份进一步卑微化的末期阶段（魏明帝时期——西晋初年）：士家身份进一步低贱化了的具体表现，主要是当色婚配，必待放免才成为常民和法规对低贱身份的规定等。曹魏同时实行录夺寡妇配士的制度，证明了士家婚娶困难，而这又与其身份相关。只有立功封侯的士家，其妻才能免于配嫁，《三国志》卷13《钟繇附子毓传》载：“及士为侯，其妻不复配嫁，毓所创也。”魏明帝时又迫使士家当色婚配，士女不能嫁于士家之外，甚至连已嫁为非士家妻者也要“还以配士”，娶士女为妻的“吏民”，“听得以生口年纪，颜色与妻相当者自代”[⑥]。可用买来的奴婢代替已嫁的士女，说明两者身份已经相差不多。

---

① 《三国志》卷1，《武帝纪》。
② 《三国志》卷23，《魏书·杨俊传》。
③ 《三国志》卷23，《魏书·裴潜传》注引《魏略》。
④ 《三国志》卷23，《魏书·赵俨传》。
⑤ 《三国志》卷11，《魏书·管宁传》注引《魏略》。
⑥ 《三国志》卷3，《魏书·明帝纪》注引《魏略》。

士家必须“除士名”之后才能成为常民，且要皇帝恩准。正元元年（254）镇东将军毌丘俭上书称士家刘整、郑像在淮南有殊功，“能守义执节，子弟宜有差异。齐王芳因此下诏：“今追赐整、像爵关中侯，各除士兵，使子袭爵，如部曲死事科”①。有如《三国志》卷29《魏书·管辂传》注云，有一名医术高明的士家，经卢毓“奏除驺名，以补大医。”也是经过皇帝批准才“除”去士家名籍。

当时对士家的低贱身份还有法律规定。《晋书》卷92《文苑·赵至传》载：“先世本非微贱，世乱流离，遂为士伍耳，“至自耻士伍”。这里便直接称士家“微贱”，而先世未曾沦为士伍时则并不“微贱”，一旦成为士家便成了微贱阶层之人，以至赵至为免耻而求学，又千方百计逃走，后远至辽西占户，才得以成功。

士家制到西晋初年，因灭吴和先后部分免除部曲将以下质任，使士家制逐渐为世兵制所代替。如西晋武帝“吴平之后，帝诏天下罢军役，示海内安，州郡愿去兵，大郡置武吏百人，小郡五十人”，士家制度大为削弱；加上士家的基础屯田遭到破坏，遂使士家制转变成了西晋世兵制，曹魏时期的“士家”便融合到西晋南朝的世兵制下“兵户”中了。

二、东吴的兵户与领兵制度

东吴是否存在类似曹魏的士家制度，前人有不少探讨，基本上有两种看法：或曰有，或曰无。② 从有关史料来看，回答应是肯定的，不过不应称做士家制而应是世兵制，因为在该制下的士兵户籍不称“士家”而称“兵户”③。

东吴确实存在全家居住于军营，子弟相袭为兵的兵户，如《三国志》卷48《吴书·孙亮传》（下引此只注卷数）载其“科兵子弟年十八已下十五已上，得三千余人，选大将子弟年少有勇力者为之将帅。”又卷64《诸葛恪传》载其分析三国各自实力，说：“操时兵众，于今适尽，而后生者未悉长大，正

---

① 《三国志》卷4，《魏书·齐王芳传》。

② 认为有的是唐长孺、周一良、王仲荦、何兹全等的说法，认为无的有万绳楠的佃客说和严耀中的东吴非世兵制说。

③ 高敏：《三国兵制杂考》，刊《河南大学学报》，1990年第1期。

是贼少未盛之时”；而东吴则是“见子弟数不足言，若贼众一倍，而我兵损半，虽复使伊、管图之，未可如何。”以上十分明白，兵户子弟世袭为兵，类似于士家制中的“士息”。《续汉书·郡国志》刘昭注引《帝王世纪》便称东吴有“兵户”：“正始五年，扬威将军朱照日所上吴之所领兵户凡十三万二千。”

东吴兵户的来源主要有以下4种：

第一，孙坚、孙策时招募的部曲。孙坚于东汉嘉平元年（172）便“募招精勇，得千余人”[①]，其后长期保持，至初平三年（192）死时已有部曲数万。孙策于父死后往依吴景，另募部曲，又得袁术归还孙坚旧部曲，并不断招募，形成其军队的骨干。

第二，归附豪强的私部曲。江东豪强，“僮仆成群，闭门为市”[②]，大都有部曲家兵，孙氏宗族中纠合乡曲、宗室、宾客的便有不少人。孙氏集团中的其他将领，如周瑜、鲁肃、甘宁、吕范等人，或“将兵”、或“结士”、或“僮客八百”、或“私客”百人，参与孙氏军队中。

第三，战争中俘获改编的部曲。孙策平定江南，进行了一连串战斗，俘获部曲极多，如刘繇、笮融、袁术、黄祖、刘勋、陈瑀等的部曲，改编成部队的至少有3万人左右。

第四，料简山越和叛民而来的“兵户”[③]。东吴军队，山越的成分很大，自始至终，都是“用江东六郡山越之人，以当中国百万之众”[④]，到中后期几乎大部分士兵都是料简的山越和叛民。前后各将攻伐搜括山越不下数十次，“强者为兵，羸者补户”[⑤]。根据记载的人数，至少有18万人，如果暂不考虑战争中或其他因素造成的减员，那么以东吴亡国时23万军队计算，占了80%，即5名士兵中有4人是山越或叛民。详下页表：

---

① 《三国志》卷46，《孙破虏讨逆传》。

② 《抱朴子·吴失篇》。

③ 高敏：《魏晋南北朝社会经济史探讨》，第94～96页。

④ 《三国志》卷54，《周瑜传》注引《江表传》。

⑤ 《三国志》卷58，《陆逊传》。

源　别	数　量	吴军基数	所占百分比（%）	耗减比率（%）	实际百分比（%）
山越及叛民	180000	230000	80	8	72
召　募	30000	同上	13	1.3	11.7
收　编	30000	同上	13	1.3	11.7
豪强部曲	10000	同上	4	0.4	3.6
总　数	250000	同上	110	10	100

表中来源没有考虑其他较小来源，耗减量为减员比率，以10%估计数计算。

东吴兵户是全家随营居住的。《三国志》卷9《魏书·曹休传》载："遣兵渡江，烧贼芜湖营数千家"，便以"家"为单位。卷56《朱桓传》称"中洲者，部曲妻子所在也"；朱桓卒于营中，"吏士男女，无不号慕。"士兵子弟有一些优待，卷51《孙静附瑜传》称其"使二府将吏子弟数百人就（马普）受业，遂立学官"；同卷（孙奂传）称："奂亦爱乐儒生，复命部曲子弟就业，后仕进朝廷者数十人。兵户参与屯田，卷47《吴主传》载普武五年"陆逊以所在少谷，表令诸将增广农亩"，便是以将领所管辖的兵户从事农业生产，因此被称做"屯田贫兵"①。屯兵以家或户为单位屯田的记载甚多。

在兵户的基础上，东吴实行了领兵制和复客制。东吴将领的兵，都是"授"与的，即孙氏政权分配给各将领，包括各原有部曲和自行料简的山越人。父兄死后，子弟袭领其兵，如韩当"病卒，子综袭侯领兵"②；凌统"使摄父兵"，统卒，子小，到八九岁，"还其故兵"③；陆抗卒，子"晏及弟景、玄、机、云分领抗兵。"④ 袭领父兄之兵常又称做"袭业"，失去领兵权称做"失业"，可见是一种家业性质，并由此产生子弟"袭业"的次序规定，无子者才以弟袭领兵，有子者以长子袭领，无子无弟者以族人过继袭领。⑤ 当时也

① 《三国志》卷57，《骆统传》，高敏：《魏晋南北朝社会经济史探讨》，第85页。
② 《三国志》卷55，《韩当传》。
③ 《三国志》卷55，《凌统传》。
④ 《三国志》卷58，《陆逊附子抗传》。
⑤ 唐长孺先生：《孙吴建国及汉末江南的宗部与山越》，《魏晋南北朝史论丛》。

存在将领死后，其兵转授他人的情况，以及褫夺将领之兵的情况，说明领兵制度中诸将之兵并没有完全私家部曲化，并不归将领个人私有，子弟继嗣袭领也不是典型意义上的世袭，而是“先将军有功，国家以此报之”之意。因而，也出现过领兵将领自行还兵或谢绝领兵的现象，如严峻拒领、范慎还兵、是仪不受①都是此例。

吴亡之后，东吴兵户中的一部分归入了西晋世兵制下，另一部分转化成了私家部曲，成了江东名门大族的家族私兵武装和依附民。

三、西蜀兵户与部曲分统制

西蜀存在类似曹魏士家制度和东吴领兵制的制度，即部曲分统制，也就存在类似士家的兵户。②

刘备的军队以其带入益州的荆州兵、刘璋遗留的东州兵以及征召的益州兵构成。这些兵大都以“家”计算，如东州兵便直接将流民全家转换为兵，“先是，南阳、三辅人流入益州数万家，收以为兵，名曰东州兵。”③ 益州兵分为两部分，一是当地大族豪强的家兵，如“州从事贾龙领家兵数百人；”④ 又如刘备诛张裕，“诸葛亮表请其罪，先主答曰：“‘芳兰生门，不得不钼。’裕遂弃市”⑤，便是说其家广有兵器和部曲。二是夷兵，即诸葛亮征南中所调发的少数民族，以及部分服兵役或应募的郡县民。这些都是兵户，《华阳国志》卷1《巴志》涪陵郡条载：“延熙十三年（250）……乃移其豪徐、蔺、谢、范五千家于蜀，为猎射官。分羸弱配督将韩、蒋，名为助郡军，遂世掌部曲，为大姓。”显然是将少数民族没入为兵户，称“猎射官”和“助将军”，原因就在于单独列入兵户籍内，不与普通民户籍相同。刘备旧部荆州兵也是家属俱在的兵户形式，如《三国志》卷7《魏书·吕布传》注引《英雄记》说吕布大破刘备，“获备妻子军资及部曲将吏士家口”；又卷32《先主传》注引同书：

① 《三国志》卷53《严畯传》、卷59《孙登传》注引《吴录》，卷62《是仪传》。

② 高敏：《秦汉魏晋南北朝土地制度研究》，第172页。

③ 《三国志》卷31，《蜀书·刘璋传》注引《英雄记》。

④ 《三国志》卷31，《蜀书·刘焉传》。

⑤ 《三国志》卷42，《周群附张裕传》。

“（吕）布……发遣备妻子部曲家属于泗水上。”说明了士兵全家随营，故而成为兵户。关羽荆州之败，就在于其士兵家属聚居在江陵，为孙权攻占，“尽虏羽士众妻子，羽军遂散”[1]，也是如此。刘备入蜀时，“使黄忠、卓膺勒兵向璋。先主径至关中，质诸将并士卒妻子，引兵与忠，膺军进到涪，据其城，”[2]是典型的兵户式的质任。

兵户之籍与民籍分开。当时蜀郡是西蜀兵户集中地，兵户众多，所以史称：“蜀郡一都之会，户口众多，又（诸葛）亮卒后，士伍亡命，更相重冒，奸巧非一。（吕）乂到官，为之防禁，开喻劝导，数年之中，漏脱自出者万余口。”[3] 这个记载明确说明了“士伍亡命”是一种户籍漏脱行为，因此亡命的方法是“更相重冒，奸巧非一”，在户管制度和管理漏洞上做文章。特别是诸葛亮刚死，人心浮动，管理不善，造成漏脱兵户之籍的士伍极多。单是自出告者便有万余口。而“自出”之意即是重新登记兵户，结束“士伍亡命”生涯。兵户民户分籍制度也就使西蜀亡国时送两种户籍，即士簿与民簿，《三国志》卷33《蜀书，后主传》注引《蜀记》云：“遣尚书郎李虎送士民簿，领户二十八万，男女口九十四万，带甲将士十万二千，吏四万人。”

在兵户的基础上，西蜀实行部曲分统制。西蜀的军队，类似于东吴领兵制，都分给各将统领，上引徐、蔺、谢、范5000家是分领的，羸弱也由韩、蒋二将分统，这是刘备始终实行的，《三国志》卷36《蜀书·关羽传》载：“先主于乡里合徒众，而羽与张飞为之御侮。先主为平原相，以羽、飞为别部司马，分统部曲。”刘备入蜀之后，各将“世掌部曲”的现象很普遍，“建宁郡，有五部都尉，四姓及霍家部曲”；“朱提郡……大姓朱、鲁、雷、兴、仇、递、高、李，亦有部曲”[4]；“郪县，大姓王、李氏，又有高、马家世掌部曲”[5]，可见是制度化的，也即部曲分统制。由此，竟被称为“家部曲”，如“霍家部曲”就是东汉末年霍笃“于乡里合部曲数百人，笃卒”，其弟霍峻

---

① 《三国志》卷36，《蜀书·关羽传》。
② 《三国志》卷32，《蜀书·先主传》。
③ 《三国志》卷39，《蜀书·吕乂传》。
④ 《华阳国志》卷4，《南中志》。
⑤ 《华阳国志》卷3，《蜀志》。

"摄其众"，后"率众归先主"[①]，峻率其子霍弋袭领，"弋卒，子在袭领其兵，和诸姓"[②]，而被称做"家部曲"。

四、两晋南朝的兵户与营户

西晋"兵户"直接上承曹魏"士家"，傅玄泰始四年（268）上疏中提到"旧兵持官牛者"的分成办法，因说："臣愚以为宜佃兵持官牛者与四分，持私牛者与官中分，则天下兵作欢然悦乐"[③]。另外如赵至身为兵户之子，卒于太康四年（283），上距其于曹魏景元三年（262）逃至辽西占户而隐瞒士家身份已 21 年之久，西晋代魏也已 18 年了，其父犹为兵户身份。证明晋代兵户继承曹魏士家而未改，依旧集中居住，并进行屯田。甚至径称"士家"，《文馆词林》卷 662 载咸宁五年伐吴诏书便称："今调诸士家。"平吴之后，又与东吴兵户相结合，《晋书》卷 34《杜预传》载："又因兵威，徙将士屯戍之家以实江北。"

这时的兵户承三国兵户成规，世代相袭为兵，《晋书》卷 36《张华传附刘卞传》载："本兵家子，质直少言。少为县小吏……无几，卞兄为太子长兵，既死，兵例须代，功曹请以卞代兄役。"全家为兵，世代为兵，另为兵家户籍的情况延续下来，历东晋南朝犹然，如同书卷 29《五行志下》载孝武帝太元十六年（391）："发江州兵营甲士二千人，家口六七千，配护军及东宫。"而且不仅是承担兵役，连各种杂役都由兵户之家担任，《宋书》卷 100《自序》载东晋末年沈亮之言："伏见西府兵士，或年几八十，而犹伏隶，或年始七岁，而已从役。"此时兵户已承卑微身份，往往很难解脱，如"本兵家子"的王尼，"初为护军府军士"，结识了一些名士，才得"长假，因免为兵"[④]。

东晋南朝兵户称为营户，"妻子营居"[⑤]，地位低下，身份卑微，往往以罪

① 《三国志》卷 32，《蜀书 · 先主传》。
② 《华阳国志》卷 4，《南中志》。
③ 《晋书》卷 47，《傅玄传》。
④ 《晋书》卷 49，《王尼传》。
⑤ 《宋书》卷 64，《何承天传》。

犯“减死者，可长充兵役”，“皆今移其家以实都邑”①，或者罪犯“家口令补兵”②。脱籍逃户也被抑配为营户，如《晋书》卷73《庾亮附冰传》，“隐实户口，料出无名万余人，以充军实；”又同书卷81《毛宝传附璩传》：“亡户……近有万户，皆以补兵。”再便是强迫少数民族为营户。《宋书》卷77《沈庆之传》载其前后多次镇压蛮族，有数字记载的6次便达16万以上，“庆之前后所获蛮，并移京邑，以为营户。”由于营户身份低贱，与奴婢相同，故发奴为兵是常事，西晋惠帝时张方曾发奴助兵，东晋曾数次大规模调发“编户奴以充兵役”③，或是调发僮客和免奴为客者充兵役。这些情况致使东晋南朝兵户处于两个恶性循环中：身份恶性循环和数量恶性循环。前者是兵户身份本就低贱，所以用罪犯、隐户、俘虏、奴隶补充所减少的定额，促使兵户身份进一步卑微化，因而更是用贱民阶层加以补代，身份不断降低，造成身份更为卑微的恶性循环；后者是由于兵户身份卑微，所以徭役必重，压迫之残和剥削之酷甚于其他阶层，造成兵户大量逃亡，数量耗减很快，又必须替补，替补来源只好从罪犯、隐户、俘虏、奴隶考虑，促使兵户更多地逃匿，造成数量恶性循环。

东晋南朝设置军府，兵户由军府和兵营管理，所以也称府兵，某府之兵即其兵户之籍贯于该府。军府除京城内所设者外，又于各地设府，常常以统兵将领的军号为军府名称。著名的有北府。新设之府，往往另配兵户，《宋书》卷61《江夏王义恭传》载大明三年“加领中书监，以崇艺、昭武、永化三营合四百三十七户给府，更增吏僮千七百人，合为二千九百人。”府中兵户仍以营为单位，每营兵户有一定数额。

五、十六国、北朝的兵户

此时期的政权大都为少数民族所建，特别是北方游牧部族。由于他们处在氏族制阶段，所以部落男子习惯上便是士兵，故早期不存在兵役问题，也就不存在征发兵役或强迫一部分人为兵户以充兵役的情况。其后，由于少数民族上

① 《晋书》卷80，《王羲之传》。
② 《宋书》卷81，《刘秀之传》。
③ 《晋书》卷77，《何充传》。

层逐渐汉化，部落兵也相应变成固定的服役兵，从而逐渐产生了同普遍民户有区别的“军户”、“府户”。

有关十六国兵户的记载不多，但也可寻到一些踪迹，《晋书》卷113《苻坚载记上》称：“复魏晋士籍，使役有常，”显然说的是前秦恢复士家制度，重新确定兵户之籍。同书卷116《姚苌载记》载：“苌下书，兵吏从征伐，户在大营者，世世复其家，无所豫。”姚兴时又“分大营户为四，置四军以领之。”[①] 这些“营户”又称为“堡户”、“镇户”、“杂户”。前燕“诸军营户”称为“军封”[②]，数量很多，一次检括使出户20余万，便是前燕的兵户。后燕也有兵户，因此慕容宝曾经“校阅户口，罢诸军营分属郡县。”[③] 五凉政权都有兵户存在，姑臧有东、西两苑，居住人户甚众，皆是兵户，两苑实即兵户居住的军营，[④] 西凉户籍中便有专门的兵户之籍。[⑤]

北朝的兵户，又称军户、府户、城民、镇民、镇户、营户等，集中在各军府、军镇、军戍内，所谓“号曰府户”[⑥]，“诸州镇军贯”[⑦]。北魏早期便有相当多的兵户，《魏书》卷68《高聪传》载：“聪徙入平城，与蒋少游为云中兵户。”卷91《蒋少游传》则作：“见俘入于平城，充平齐户，后配云中为兵。……遂留寄平城，以佣写书为业，而名犹在镇。”卷114《释老志》载：“故沙门统昙曜，昔于承明元年，奏凉州军户赵苟子等二百家为僧祇户。”兵户整户服役，包括兵役、屯田、杂役等，如《魏书》卷58《杨播附椿传》载：“（定）州有宗子稻田，屯兵八百户”。同书卷57《崔游转》载河东“郡有盐户，常供州郡为兵，子孙见丁从役。”

北朝兵户与东晋南朝兵户一样，身份低贱，通过放免才能获得与民相等的身份，北魏曾“免寿春营户为扬州民”[⑧]。魏末魏兰根曾建议“改镇立州，分

---

① 《晋书》卷117，《姚兴载记上》。
② 《晋书》卷111，《慕容時载记》。
③ 《晋书》卷124，《慕容宝载记》。
④ 刘汉东：《五凉东、西苑考》，《史学月刊》，1987年第2期。
⑤ 《西凉建初十二年敦煌郡敦煌县西岩乡高昌里户籍残卷》，《敦煌资料》第1辑。
⑥ 《北齐书》卷23，《魏兰根传》。
⑦ 《魏书》卷9，《肃宗纪》。
⑧ 《魏书》卷8，《世宗记》。

置郡县，凡是府户，悉免为民。”[①] 六镇起义以后，肃宗于正光五年八月下诏：“诸州镇军贯，元非犯配者，悉免为民，镇改为州，依旧立称。”[②] 实际上兵户并没有放免，北齐北周仍有很多，北齐曾于天保十年放免70岁已上的军人，北周建德六年灭齐后，“移并州军人四万户于关中”[③]。而北周的军户于“建德二年改军士为侍官，募百姓充之，除其县籍。”[④] 直到隋文帝开皇十年还在下诏：“凡是军人可悉属州县，垦田籍帐一与民同。”[⑤] 此后，南北朝兵户都纳入了府兵系统之中。[⑥]

第八节　荫户、隐户的各种表现形式

封建剥削的一个主要方式，是将土地和人民按定量相配为综合计算单位，收取一定量的货币、实物或劳役作为地租。因此，地著观念下的户口登记管理是保证正常剥削程序的必要前提。而逃避徭役赋税者，也就尽量避免登记贯名，形成户籍漏脱现象。

魏晋南北朝政府承认一部分官僚与世族有着与政治利益相应的经济利益，可以通过封建人身依附关系占有一定劳力而不必对政府承担任何经济上的义务。这部分所占有的劳力的户口是在政府户籍之外，而注私家之籍者，也就是荫户。他们与隐户有同样的一点，即不向政府承担经济责任。不同的则是荫户乃合法取得脱离官府管理的那一部分人口，隐户却是非法的。

一、以各种形式出现的荫户

政府在法律上承认人身依附关系，是通过荫户的形式，将庇护人同被庇护人的关系确定下来。依附关系在历史上存在时间很长，但依附关系的合法化则

---

① 《北齐书》卷23，《魏兰根传》。

② 《魏书》卷9，《肃宗纪》。

③ 《周书》卷6，《武帝纪下》。

④ 《隋书》卷24，《食货志》。

⑤ 《隋书》卷2，《高组纪下》。

⑥ 有关兵户制度的一些问题，高敏已经撰写和正在撰写一系列论文，汇纂曰《魏晋南北朝兵制研究》，部分已发表，可以参阅，这里所述，仅反映其简略概述。

是魏晋时期才出现的。

曹魏后期的荫户形式是将屯田民的租牛客户赏赐给私家和有权势者私自招募田客，“魏氏给公卿以下租牛客户数各有差。自后小人惮役，多乐为之，贵势之门，动有百数”①。东吴的复客也是合法荫户的一种形式，具体表现有以下几种：一，由官府给予一定数量的复客，如吕蒙等人，《三国志》卷54《吴书·吕蒙传》：“别赐寻阳屯田六百人，官属三十人。”二，个别人的私有人客数量不加限制，同书同卷《周瑜传》载：“（孙权）后著令曰：‘故将军周瑜、程普，其有人客，皆不得问。’”三，本人死后客由子孙继承，如李衡“密遣客十人于武陵龙阳汜洲上作宅……衡亡后二十余日，儿以白母，母曰：‘此当是种柑橘也，汝家失十户客来七八年，必汝父遣为宅。’”② 四，只有部分客属于可继承的，如吕蒙，其死后，所获赐的600屯田人客并没有全部私家化，“蒙子霸袭爵，与守冢三百家，复田五十顷”③，只继承了一半。五，本人死后客全部收回的，如零陵太守徐陵卒后，“僮客土田或见侵夺，骆统为陵家讼之”④。六，原无复客，本人死后，作为抚恤给客其家的，如蒋钦“病卒，权素服举哀，以芜湖民二百户，田二百顷，给钦妻子”⑤。七，原为私客而经官府认可的，如吕范，“孙策见而异之，范遂自委昵，将私客百人归策。”⑥ 八，国家所给客后转化为私客的，陈表之父陈武“复客二百家”，也即所谓“表所受赐复人得二百家”，他“乃上疏陈让，乞以还官”⑦。可见三国时期虽未颁布荫户合法的法令，但因依附关系的发展，荫户情况已被官府承认，取得了一定的合法地位。

西晋平吴以后，颁布了户调式，荫户形式作为依附关系的事实，得到了法律承认，规定“各以品之高卑荫其亲属”和“荫人以为衣食客及佃客”⑧。东

① 《晋书》卷93，《外戚·王恂传》。
② 《三国志》卷48，《吴书·孙休传》注引《襄阳记》。
③ 《三国志》卷54，《吕蒙传》。
④ 《三国志》卷57，《虞翻传》注引《会稽典录》。
⑤ 《三国志》卷55，《蒋钦传》。
⑥ 《三国志》卷56，《吕范传》。
⑦ 《三国志》卷55，《吴书·陈武附子表传》及注引《江表传》。
⑧ 《晋书》卷26，《食货志》。参见本章第三节有关荫户数量表。

晋进一步发展了这一制度，荫户数量有大幅度增加。除了荫户制度下的荫户表现形式外，还有不少其他类型的荫庇现象，教授学徒门生的儒师和有声誉的名士也可荫庇部分户口，即户调式中规定的“宗室、国宾、先贤之后及士人子孙亦如之。”如王裒“门人为本县所役”，以致他叹曰：“卿学不足以庇身，吾德薄不足以荫卿。”[①] 又如嵇绍是死后得荫户，“赐墓田一顷，客十户”[②]，也是一种荫户形式。

东晋南朝的荫户制又称给客制度，创立于元帝大兴四年（321）。史载：“时百姓遭难，流移此境，流民多庇大姓以为客。元帝大兴四年诏以流民失籍，使条名上有司，为给客制度。”[③] 这种方式，在《隋书》卷24《食货志》中记述为“都下人多为诸王公贵人左右、佃客、典计、衣食客之类，皆无课役”，“客皆注家籍”，便是梁、陈给客制度的具体内容。政府制定给客制度，原因为下述两条：一是东晋新建，对王公贵人只能笼络，他们的依附人口不能收回，与其默认，干脆公开承认，使其部分依附民合法化，争取他们提供政治支持，又可规定依附人口的一个限度，使劳力流失量有可能控制在最低程度上。二是流民都已经失去了籍贯依据，政府也无从检实，既然他们已投靠豪强大族为佃客之类的依附民，政府也只好正视事实，加以承认。

大兴给客制度有户数限制，可是并没有得到遵守，史称“江北荒残，不可检实”[④]，便是反映。而不仅仅江北，整个东晋南朝的情况都是如此。况且士族又有荫庇亲族的特权，似乎没有户数限量，只要是符合亲族规定范围，就可以别籍为户而受荫庇。如殷仲堪曾判定一桩是否可以受荫庇的案子，认为：“以异姓相养，礼律所不许，子孙继亲族无后者，唯令主者蒸尝，不听别籍以避役也。佐史咸服之”[⑤]。反之，若是同姓就可以别籍以避役，即受荫庇了。由此可见，以荫亲族形式或假冒亲族而荫庇者，数量是相当多的。

东晋、宋、齐时期，又以劳力为将官恤禄，或称送兵，不少户口由此而

---

① 《晋书》卷88，《孝友·王裒传》。
② 《晋书》卷89，《忠义·嵇绍传》。
③ 《南齐书》卷14，《州郡志》南兖州条。
④ 《南齐书》卷14，《州郡志》南兖州条。
⑤ 《晋书》卷84，《殷仲堪传》。

入私门。《南齐书》卷34《虞玩之传》载其所上表称："自孝建以来，入勋者众……又将位既众，举恤为禄，实润甚微，而人领数万。如此二条，天下合役之身，已据其大半矣。""举恤为禄"是一种特殊形式的荫户，他们受享受"恤禄"的将领庇护，不再服役官府，而向将领提供部分经济利益，因而在一些方面与荫户相类似，也受到承认或默认。

十六国北朝各政权没有公布过有关荫户的条文，但并不是说没有荫户，合法存在的荫户还是有各种表现形式的，只不过某些形式较特殊罢了。例如石赵时石虎优待杨轲，"送以安车蒲轮，蠲十户供之"[①]，便是荫户形式。前燕、后燕时的"军封"，也与合法荫户类似。同样的如北朝时送"吏力"、"兵力"等，以及食干制度下的"干吏"，也都与荫户形式有关。

魏晋南北朝是门阀士族发展的时期，他们除了政治特权外，也需要经济上的实力为后盾。所以，他们大力发展封建庄园经济，因而也就需要大批劳力在其庄园和家中从事生产和杂役劳动，从而使荫户形式表现出各式各样的现象。这一情况体现在政府法令上，就是荫户制度和给客制度的实行，体现在社会生产关系上，就是依附关系的强化和依附民、隐户的大量存在。荫户和给客制度的实行，原意一方面在于满足士族地主、官僚贵族的需求，另一方面也是希望解决隐户问题。

但是，实际上事与愿违，以致荫户、给客制越是得以推行，隐户情况就越是严重；荫户给客制越是有数量限定，隐户数量就越是无法控制。庄园中所需的劳力，往往数量很大，不是荫户、给客制所能满足的，自然要利用扩大不贯户籍的隐户方式，来解决劳力需求问题。

二、隐户的状况及其人身依附性

魏晋南北朝时期的隐产，情况突出，数额很大。隐户大量存在的现象，很重要的原因在于魏晋南北朝战事频繁，负担甚重，造成相当多的民户隐瞒户贯，脱籍以避徭役赋税。另一重要原因则是该时期人身依附关系强化，士族、豪强争相隐匿户口，以及州郡县至基层校比户籍时的作弊现象，致使大批户口

① 《晋书》卷94，《隐逸·杨轲传》。

从官府户籍中脱漏出来。《南史》卷59《王僧孺传》载："凡粗有衣食者，莫不互相因依，竞行奸货。落除卑注，更书新籍，通官荣爵，随意高下，以新换故，不过用一万许钱。"这种脱籍隐匿的方式，就与负责登记审查户口和上报的官吏作弊有关。至于士族、豪强更是与官吏们相互勾结，在户籍中弄虚作假，以增加自己的依附民数量。

隐户分为两种情况，一是自行脱籍者，一是豪强隐匿者。

（一）自行脱籍

这种形式的隐户是为了躲避过于繁多沉重的征敛，因而不愿著籍。刘备在荆州时，诸葛亮曾说："今荆州非少人也，而著籍者寡，平居发调，则人心不悦；可语镇南，令国中凡有游户，皆使自实，因录以益众可也。"[①] 这些不著籍的游户，就是逃避赋役的隐匿人口。东吴情况也如此，游离于户籍之外的人口很多，故多次料实户口，孙皓凤凰三年"遣使者二十五人分至州郡，科出亡叛"[②]；"又料实广州户口"[③] 边远山区是脱籍避役者集中的地方，"广州南岸，周旋六千余里，不宾属者乃至五万余户，及桂林不羁之辈，复当万户。至于服从官役，才五千余家。"[④] 内郡的情况也是严重的，《晋书》卷71《陈頵传》载其在陈国郡任督邮，一次便"检获隐匿者三千人"，未被检获者尚有不少，可知隐户之多。

到东晋南朝时，赋税徭役更重，一般小农无法承受，因此自行隐匿户籍，官府无簿状可对，也就无从征发了。这种情况通常有3种形式：一是亡命于官府势力不及之处居住，带有武装抗暴性质，如《晋书》卷81《毛宝附璩传》称："海陵县界地名青浦，四面湖泽，皆是菰葑，逃亡所聚，威令不能及。"毛璩放火，亡户出首者"近有万户，皆以补兵。"同书卷68《贺循传》："江中剧地唯有阖庐一处，地势险奥，亡逃所聚。"同书卷83《江逌传》："为太末令，县界深山中，有亡命数百家，恃险为阻，前后守宰莫能平。"《南齐书》卷53《良吏，范述曾传》："所部横阳县，山谷险峻，为逋逃所聚，前后三千

① 《诸葛亮集》卷2。
② 《三国志》卷48，《吴书·三嗣主传》。
③ 《三国志》卷48，《吴书·三嗣主传》。
④ 《晋书》卷57，《陶璜传》。

石讨捕莫能息。”二是逃亡入山区少数民族聚居地，官府势力难及。《宋书》卷97《夷蛮传》称：“蛮民顺附者，一户输谷数斛，其余无杂调，而宋民赋役严苦，贫者不复堪命，多逃亡入蛮。蛮无徭役，强者又不供官税，结党连群，动有数百千人。”三是在户籍制度中钻空子，如沈约所说的情况，又如虞玩之说：“生不长发，便谓为道，填街溢巷，是处皆然。或抱子并居，竟不编户，迁徙去来，公违土断，属役无满，流亡不归，宁丧终身，疾病长卧。”“或户存而文书已绝，或人在而反记死叛。”① 利用了各种方式以达到避役的目的。

十六国北朝自行隐匿的户口，其目的也是避役免税，所以在户口管理不善时，脱漏便多。史称：“禁网疏阔，人户隐匿，漏脱者多……人多私附，户口错乱，不可检括。”② 当时以合户共籍的形式隐匿户口比较常见，《晋书》卷127《慕容德载记》云：“百姓因秦晋之弊，迭相荫冒，或百室合户，或千丁共籍，依托城社，不惧熏烧，公避课役。”《魏书》卷53，《李冲传》称：“旧无三长，惟立宗主督护，所以民多荫冒，五十三十家方为一户。”这种合户共籍以避赋役的隐匿形式，极易蜕变为豪强权贵恃势隐户的形式，北魏李安世便因“时民困饥流散，豪右多有占夺”的情况上了一篇很长的疏，认为清查地亩人口，保证税收财源，“一齐民于编户”，打击豪强富民是最重要的政事，③ 北齐是“豪党兼并，户口益多隐漏。……有司劾之，帝以为生事，由是奸欺尤甚，户口租调，十亡六七”④。《通典》卷21引《关东风俗传》便称北齐“强弱相凌，恃势豪夺。”

除豪强名下的依附者外，普通小民采用了许多办法避役，元晖说：“河北数州，国之基本……饥馑积年，户口逃散，生长奸诈，因生隐藏，出缩老小，妄注死失，收入租调，割入于已。人困于下，官损于上。”⑤ 孙绍也说：“竞弃本出，飘藏他土。或诡名托养，散在人间，或亡命山薮，渔猎为命；或投附强

① 《南齐书》卷34，《虞玩之传》。
② 《北史》卷92，《仇洛齐传》。
③ 《魏书》卷53《李孝伯附安世传》。
④ 《隋书》卷24，《食货志》。
⑤ 《魏书》卷15，《昭成子孙传》。

豪，寄命衣食。”[1]《魏书》卷66《李崇传》记载了一个逃避户籍登记的典型事例，“定州流人解庆宾兄弟，坐事俱徙扬州。弟思安背役亡归，庆宾惧后役追责，规绝名贯，乃认城外死尸，诈称其弟为人所杀，迎归殡葬。”这件事被李崇揭穿而未能成功。不过，由此可以透视到当时的脱户方式和目的。一旦申报了死亡，当然就注销了户籍，也就不会“后役追责”了；而“规绝名贯”之后，就成了隐户。

遁入寺院也成为一种隐户形式，“于时民多绝户而为沙门”，“百姓之情，方多避役”[2]；所以小民“相竞出家，真伪混淆，多生愆过”，“皆不贯人籍”，“假称入道，以避输课”[3]。

自行脱籍者一般为三种状况：一是只脱漏户籍管理，一切仍然依旧，没有被纳入依附关系中去。二是逃离家乡，或进入山区垦荒，以此避开官府束缚。三是隐匿于豪强、世族的庇护之下，成为依附民，向私家纳租税，不应官府征役。

（二）豪强世族隐匿

门阀士族、官僚贵族、豪强地主，总是在合法荫户之外大量私藏户口，使之成为自己的依附民，以扩大自己的剥削对象，增加政治和军事实力，增加经济收入。他们隐匿的户口很多，大大超出可以合法荫庇的数量。袁绍统治区域内，“豪强擅恣，亲戚兼并，下民贫弱，代出租赋”；曹操灭袁氏便下令：“无令强民有所隐藏而弱民兼赋。”[4] 刘节旧族豪侠，有宾客千余家，不豫征调，曹洪宾客也是征调不肯如法，都属于隐户性质。

晋朝隐户，并不因实行荫户制而有所减少，反而促使了隐户急骤增加。高阳王司马睦公然将700余户逋逃、私占、变易姓名、诈冒复除者隐匿起来。这证明荫户制度虽然承认政治特权阶层在一定范围内占有劳动力的合法性，并不能就此杜绝他们凭借自己的权势使更多的户口从正常的户籍中脱漏隐匿。

十六国北朝豪强、权贵、世族恃势隐藏人户是常见的，如所谓“营户”、

① 《魏书》卷78，《孙绍传》。
② 《魏书》卷53，《李孝伯附玚传》。
③ 《晋书》卷95，《艺术·佛图澄传》。
④ 《三国志》卷1，《魏书·武帝纪》。

“军封”便是。又如上述北魏的宗主督护制和北齐的豪党兼并隐漏户口，都是豪强世族强迫部分户口为依附民。

东晋南朝的这一情况就更为突出，数量也更多，《晋书》卷43《山涛附遐传》载：“为余姚令。时江左初基，法禁宽弛，豪族多挟藏户口，以为私附。遐绳以峻法，到县八旬，出口万余。”这件事，庾冰给其兄庾翼所写信中，便肯定了山遐：“作余姚半年，而为官出二千户，政虽不伦，公强官长也，而群共驱之，不得安席。”① 王彪之在会稽内史任上，也料简出大批隐户，“豪右敛迹，亡户归者三万余口。”② 豪强世族争相隐户匿口，如余姚虞亮一人便藏匿亡命千余人，使国家所能控制的劳力大量散失，刘波便说：“今政烦役殷，所在凋敝，仓廪空虚，国用倾竭，下民侵削，流亡相属。略计户口，但咸安以来，十去其三。”③

户口的大量流失，当然使执政者认为是一件头痛的大问题，《晋书》卷88《颜含传》载：含为吴郡太守，“王导问含曰：‘卿今莅名郡，政将何先?’答曰：‘王师岁动，编户虚耗，南北权豪，竞招游食，国弊家丰，执事之忧。且当征之势门，使反田桑，数年之间，欲令家给人足。’”

当时豪强招纳隐户，或与地方官狼狈为奸，官官相护，或即为官吏自己所为，如檀道济④和沈勃⑤。又如陈太建中，“山阴县多豪猾……县民张次的、王休达等与诸猾吏贿赂通奸，全丁大户，类多隐没。”县令褚玠一次便检括“出军民八百余户”⑥。大量隐匿的结果，就是大族世家动辄有私附上千，刘宋朝刘怀珍，“北州旧姓，门附殷积，启上门生千人充宿卫，孝武大惊，召取青、冀豪家私附得数千人，士人怨之。”⑦ 依附豪强的人口如此之多，无怪乎连皇帝都吃惊了。

---

① 《晋书》卷73，《庾亮附翼传》。

② 《晋书》卷76，《王廙附彪之传》。

③ 《晋书》卷69，《刘隗附波传》。

④ 《宋书》卷43，《檀道济传》：“招诱剽猾，逋逃必至，实繁弥广。”

⑤ 《宋书》卷63，《沈演之附勃传》：“自恃吴兴土豪，比门义故，胁说士庶，告索无已。又辄听募将，委役还私，托注病叛，遂有数百。”

⑥ 《陈书》卷34，《文学·褚玠传》。

⑦ 《南齐书》卷27，《刘怀珍传》。

脱籍失籍还有一种因战乱造成的情形。他们在战乱或灾荒时期流亡他乡，多次辗转之后，或不再返乡而失去户籍，或虽归回乡里，户籍却已荡然不存。战乱中形成的坞壁堡垒组织，也往往不由政府户籍管理系统控制，特别是在宗法观念和依附关系下的宗族聚合组织，更是排斥政府的户籍管理和赋税劳役征发。流民与坞堡，以及宗族组织可说是隐户最集中的地方。

豪强世族所隐匿的户口，基本上都被纳入了依附关系中，成为他们的依附民。一般来说，这些依附于豪强世族的隐户，身份地位与私家部曲、佃客、门生、义故等相接近，同属于依附民阶层。不过，由于隐户不是合法的荫户，因此又与有合法地位的佃客、部曲不同，身份地位略低下一些，因为随时有被政府籍没的危险。

三、官府的括户政策

封建统治政权的力量，完全依赖于人口和土地的数量，因此，劳力的大量流失，在原则上是政府所不允许的。这便是对匿户者加以处罚、公布括户政策、实行土断措施、加强户籍管理的原因。

对匿户者加以处罚，往往成了一句空话，晋朝对隐匿700余户的司马睦不过只降爵两级，没有什么实质性的惩罚。山遐甚至为了检括隐户丢官。时而有较严肃的处理，也因人而异，还得看执政者个人的因素，如《晋书》卷37《彭城王权附玄传》载："会庚戌制不得藏户，玄匿五户，桓温表玄犯禁，收付廷尉。"不过，庚戌制并没有取到预期的结果。真正将匿户权贵处以极刑的是刘裕，《宋书》卷2《武帝纪中》载："晋自中兴以来，治纲大弛，权门并兼，弦弱相凌，百姓流离……公既作辅，大示轨则，豪强肃然，远近知禁。至是会稽余姚虞亮复藏匿亡命千余人。公诛亮，免会稽内史司马休之。"

进行括户是当时常用的措施，如东吴料实户口，如东晋庾冰执政，"隐实户口，料出无名万余人，以充军实"①，如兴宁二年颁布"庚戌制"，"大阅户人"，如刘裕、山遐、毛遽等人的括户都是如此。十六国时前燕慕容暐委托悦绾定制括户，出户20余万。南燕慕容德尚书韩諲建议宣布检户之令，"隐实黎

① 《晋书》卷73，《庾亮附冰传》。

荫，正其编贯”，调动军队监防，“巡郡县隐实，得荫户五万八千”[①]。北魏更是多次检括，立三长的目的是出苞荫之户，延兴三年九月，“诏遣使者十人循行州郡，检括户口。”[②] 仅其中韩均便“出十余万户”[③]。太和十四年又一次检括，“诏依准丘井之式，遣使与州郡宣行条制，隐口漏丁，即听附实。若朋附豪势，陵抑孤弱，罪有常刑。”[④] 检括户口一直到北魏末年，几乎不间断地进行。北齐、北周也继续这一政策，东魏武定二年孙腾、高隆之“各为括户大使，凡获逃户六十余万”[⑤]，又可见隐户之多。

由于东晋南朝侨户情况，以及黄、白籍问题，使户口十分混乱，因而经常实行土断措施，其意就在于增加政府管理的户口，以扩大财源。

加强户籍管理，保证“或户存而文书已绝，或人在而反托死叛，停私而云隶役，身强而称大疾”[⑥] 的现象不再发生。当政者也明知隐户事出有因，不能过多责怪，贺琛便对梁武帝说：“百姓不能堪命，各事流移，或依于大姓，或聚于屯封，盖不获已而窜亡，非乐之也。”[⑦] 加上脱籍者太多，难于全都处刑，所以历朝都颁令表示许其自新，“可悉依旧法，并下注职”[⑧]；“凡诸逃亡”，“悉皆原赦”，“籍改新制”[⑨]；“所讨逋逃，巧籍隐年，暗丁匿口，开恩百日，各令自首，不问往罪”[⑩]；“其籍有巧隐，并王公百司辄受民为程荫，解还本属，开恩听首。”[⑪]

不论对隐户采取什么政策，只要当时的沉重剥削和人身依附关系不改变，就不可能消除众多的隐户。

---

① 《晋书》卷127，《慕容德载记》。
② 《魏书》卷7上，《高祖纪上》。
③ 《魏书》卷51，《韩茂附均传》。
④ 《魏书》卷7下，《高祖纪下》。
⑤ 《隋书》卷24，《食货志》。
⑥ 《南齐书》卷34，《虞玩之传》。
⑦ 《梁书》卷38，《贺琛传》。
⑧ 《宋书》卷9，《后废帝纪》。
⑨ 《宋书》卷6，《孝武帝纪》。
⑩ 《梁书》卷3，《武帝纪下》。
⑪ 《陈书》卷5，《宣帝纪》。

第十四章　魏晋南北朝时期的农业

第一节　几次水利建设的高潮和江南地区的陂塘化倾向

水利灌溉事业是农业经济的命脉，直接影响农业收成，并标志着农业和社会生产力的进步与否。中国古代社会历来十分注意水利建设，魏晋南北朝时期亦然。承继两汉400年水利建设高潮，魏晋南北朝时期虽然战乱较多，水利灌溉事业仍然获得了发展。特别是江南地区，由于北方人口大量南迁，带来粮食需求量大幅度增加，不仅促使江南地区的水利建设出现了一个前所未有的兴隆局面，而且基于江南的水利条件与地理环境特征，使灌溉型农田的比重大为增加，形成了农田灌溉的陂塘化倾向。

该时期的水利建设，明显地表现出魏晋与南北朝的阶段划分和南朝同北朝的差别。

一、魏晋时期的水利建设和运渠开凿

魏晋时期是水利灌溉事业的发展高峰期。这时的水利事业，包括水利建设、水利管理、运渠开凿等环节在内，形成了一个完整的系统，并且收到了良好的社会和经济效益。其中较为突出的又是曹魏及西晋前期，这可以从屯田水利建设、郡县水利建设和灌溉、运渠开凿、水利管理等方面的情况获得说明。

（一）魏晋屯田水利建设

屯田是曹操芟灭群雄，争夺霸业，定鼎中原的经济基础，也是安置和管理

士家、俘虏、流民的具体措施，对曹氏政治至关重要。为了保证屯田有更高的效率和更好的收成，因而采取与屯田配合的水利建设措施。西晋前期，一方面由于继承了曹魏的这一遗业，另一方面为平吴做准备，也同样需要屯田，从而使屯田水利事业继续保持和发展。

两汉水利以农田灌溉为主，主要的水利工程都集中在北方地区，特别是关中地区。由于着眼点在于民田水浇地面积的增加，所以水利建设以区域性为范围，灌溉方式以引河川渠灌法为特征。从东汉时期开始，江南地区的水利兴建逐步受到了重视，其水利建设的陂塘化倾向也逐步开始产生。[①] 魏晋承东汉末年之乱，许多水利设施都遭废弃，各地农田灌溉受到影响。不过，当时不少地方官吏还是十分重视农田水利事业的。例如东汉末年的徐州牧陶谦，鉴于“世荒民饥”的状况，举荐陈登为典农校尉，陈登“乃巡土田之宜，尽凿溉之利，粳稻丰积”[②]。

到曹魏时，非常注意水利，尤其是与屯田有关的水利建设。清代著名地理学者顾祖禹便说：“魏自刘馥、邓艾之后大田淮南，迄南北朝增饰弥广。今舒州有吴陂堰，庐江有七门堰，巢县有东兴塘，滁、和州、大合间有涂塘、瓦梁堰，天长有石梁堰，高邮有白马塘，扬州有邵伯埭、裘塘屯，楚州有石鳖塘、射陂、洪泽陂，淮阴有白水屯，盱眙有破釜塘，安丰有芍陂，固始有茹陂，是皆古人屯田遏水之迹。”[③] 从记载来看，屯田水利建设比较早的是刘馥，于建安五年（200）至合肥任扬州刺史，“广屯田，兴治芍陂及茹陂、七门、吴塘诸堨以溉稻田，官民有畜。”[④] 刘馥兴立屯田水利和在江南地区大规模兴建陂塘以灌溉稻田，可说是开了后来屯田水利和江南水利的先河，也开始了陂塘化的倾向。在魏晋屯田水利中，芍陂有着重要的地位，芍陂周围地区的屯田组织管理极好，面积广大，灌溉便利，收获颇丰。

至曹魏后期，为了统一，“欲广田畜谷，为灭贼资”，正始二年（241）派遣邓艾在江淮流域视察，以便广开屯田。邓艾认为该地“田良水少，不足以

---

① 参阅高敏：《秦汉时期的农业》，收入《秦汉史探讨》一书，1998 年中州古籍出版社出版。

② 《三国志》卷 7，《魏书 · 吕布传》注引《先贤行状》。

③ 《读史方舆纪要》卷 19，《江南一 · 涂水》。

④ 《三国志》卷 15，《魏书 · 刘馥传》。

尽地利，宜开河渠，可以引水灌溉，大积军粮，又通运漕之道”。因此写了一篇《济河论》专论此事，并建议在此屯田和兴建水利，“省许昌左右诸稻田，并水东下。”“水丰常收三倍于西”[①]。邓艾这个屯田和配合屯田进行水利建设的规划，将屯田水利建设推到了高潮，并带动了郡县水利建设。从正始三年（242）三月起，先开凿广漕渠引黄河水入汴水，实施“并水东下”的构想，“溉东南诸陂”[②]。然后，在北起淮水，南至钟离，西到横石的广阔地区中，“四百余里……且佃且守”[③]。为了解决灌溉所需水量，又进一步“修广淮阳、百尺二渠，上引河流，下通淮颍，大治诸陂，于颍南、颍北，穿渠三百余里，溉田二万顷”[④]。

广漕、淮阳、百尺三渠，将黄河水引入汴水、颍水，[⑤] 使黄河与淮水两大水系沟通，得以将足量水引至东南诸外陂塘之中，随时可以用于农田灌溉。水利建设如此发展的结果便是“大兴屯守”，当时“淮南淮北皆相连接，自寿春到京师，农官兵田，鸡犬之声，阡陌相属”[⑥]。不仅屯田和农业经济获得一片繁荣景象，而且在政治和军事方面极为有用，军队乘舟行军，沿渠东下，可直达江淮地区，军粮运输十万便利。同时，因为各渠、陂塘和河流沟通成为网络，水量大小互相都能调节，所以防止了水害的发生，保证旱涝不为灾，使屯田水利效果突出。

（二）郡县水利建设和农田灌溉

魏晋时期，各郡县也兴建和整修了不少大大小小的水利设施。从郡县水利建设的过程来说，可分为三个阶段：第一阶段是魏文帝及此前，第二阶段是魏明帝至魏末年，第三阶段是晋代。

---

① 《三国志》卷28，《魏书·邓艾传》。

② 《晋书》卷1，《宣帝纪》云广漕渠于正始三年三月“奏穿”，“引河入汴。”《三国志》卷28，《魏书·邓艾传》作“正始二年，乃开广漕渠”。时间所云分歧，应是始与终的时间。

③ 《晋书》卷26，《食货志》。

④ 《晋书》卷26，《食货志》。

⑤ 汴水此时称汴渠，而广漕渠水入颍，《水经注》卷22，《颍水注》：“（颍水支流）沙水又南与广漕渠合，上承庞官陂，云邓艾所开也。”大概因广漕渠上游利用了从汴口到浚仪的一段旧汴渠，故云“引河入汴。”

⑥ 《晋书》卷26，《食货志》。

第一阶段时，主要是局部区域的兴建或复原水利设施。如刘馥在扬州修芍陂、茹陂、七门、吴塘等。另有夏侯惇于建安中“断太寿水作陂，身自负土，率将士劝种稻，民赖其利”①。有贾逵在文帝时为豫州刺史，断遏鄢水和汝水，建造了一个新陂，另“又断山溜长溪水，造小弋阳陂。又通运渠二百余里，所谓贾侯渠者也。”② 有郑浑于文帝初为阳平、沛郡二太守，有感于郡中下湿，常患水涝，百姓饥乏，于是计划在萧、相二县境界内兴创水库陂遏，开设稻田。但是郡人都认为不可行，郑浑曰：“地势洿下，宜灌溉，终有鱼稻经久之利，此丰民之本也。”于是，按原计划进行，郑浑“躬率吏民，兴立功夫，一冬间皆成。比年大收，顷亩岁增，租入倍常，民赖其利，刻石颂之，号曰郑陂。”③ 这一阶段的水利事业，主要是以农田灌溉为目的，开水田种植稻谷，地区集中在曹魏统治中心。

第二阶段的水利建设，不仅形式已多样化，有新修、有修旧，有渠、有陂、有堨，而且地区扩展到各大水系，甚至边远地区。徐邈于魏明帝太和二年（228）为凉州刺史，因河西地区“土地少雨，常苦乏谷”，因而“广开水田”④。皇甫隆嘉平年间（249～254）在敦煌，当时“敦煌不甚晓田，常灌溉滀水，使极濡洽，然后乃耕。又不晓……用水”。皇甫隆传授耕、种、耧等技术，又“教衍溉”，收效颇突出。⑤

此阶段所修建的较重要水利设施有文帝末年明帝初年司马孚为野王典农中郎将时修整的沁口灌溉枢纽。这里本来是木制水门，司马孚既然奉诏“兴河内水利”，因而“检行沁水”，发现沁水因在太行山、王屋山之间，“层岩高峻”，一旦霖雨天气，水量暴涨，“众谷走水，小石漂进，木门朽败，稻田泛滥。”因而建议改造木门为石门得准，“于是夹岸累石，结以为门，用代木门枋，故石门旧有‘枋口’之称。”自此以后，天旱则“增堰进水”，若下雨过

---

① 《三国志》卷9，《魏书·夏侯惇传》。

② 《三国志》卷15，《魏书·贾逵传》。《晋书》卷26，《食货志》记此事，作“通运渠三百余里。”《水经注·渠注》云：“川渠径变，交错畛陌。”

③ 《三国志》卷16，《魏书·郑浑传》。

④ 《三国志》卷27，《魏书·徐邈传》。

⑤ 《三国志》卷16，《魏书·仓慈传》注引《魏略》。

多，“陂泽充溢，则闭防断水，空渠衍涝。足以成河，云雨由人”①。

再便是青龙元年（233）在陕同州开凿成国渠，自陈仓至槐里，修建临晋陂。渠引洛水、汧水，渠道东向而流，并延长不少长度，“溉泻卤之地三千余顷”，使盐碱地得到大面积的治理，以至“国以充实焉”②。

另外一项重要工程是刘馥儿子刘靖，嘉平二年（250）在蓟城（今北京城西南）漯水（又作隰水、瀊水、治水）上建筑戾陵渠大堨“水溉灌蓟南北，三更种稻，边民利之”③。戾陵堨配套工程是车箱渠，建造过程和规模记载在《水经注·鲍丘水注》中。在建堨开渠之前，他登上漯水旁的梁山，观察水的源流去向和地理环境，作了一番规划，然后派遣帐下督丁鸿，在水中立堰，“导高梁河，造戾陵遏，开车箱渠”。也就是以堤坝将漯河水逼入新开挖的车箱渠中，引入高梁河内，再开渠引高梁河通鲍丘河。戾陵堰得名则是因为“水北有梁山，山有燕刺王旦之陵，故以戾陵名堰。”具体施工过程是于水出山处的两岸加固一长段，然后直接截断中流之水，“积石笼以为主遏，高一丈，东西长三十丈，南北广七十余步。依北岸立水门，门广四丈，立水十丈。”堰建好之后，“山水暴发，则乘遏东下，平流守常，则自门北入，灌田岁二千顷。到景元三年（262）因为“民食转广，陆废不赡”，对戾陵堰又加以改造，“遣谒者樊晨更制水门，限田千顷，刻地四千三百一十六顷，出给郡县，改定田五千九百三十顷。水流乘车箱渠，自蓟西北径昌平，东尽渔阳、潞县，凡所润含四五百里，所灌田万有余顷”。

该阶段中东吴、西蜀也有不少水利事业，如娄湖，据说“吴张昭所创，溉田数千顷，周回七里。昭封娄侯，故谓之娄湖”④。又如东吴永安三年（260）“建丹阳湖田，作浦里塘”⑤。丹阳的赤山湖，也即东吴赤乌时所筑赤山塘，溉田极多，后世成湖泊。

第三阶段的水利，主要是整治修理原有设施，使之充分起到作用，也新建

---

① 《水经注·沁水注》。高敏：《古代豫北的水稻生产问题》，《郑州大学学报》，1964 年第2 期。

② 《晋书》卷 26，《食货志》。

③ 《三国志》卷 15，《魏书·刘馥传附靖传》。

④ 《元和郡县图志》，润州上元县条。

⑤ 《三国志》卷 64，《吴书·濮阳兴传》。

部分新的水利灌溉工程。从记载上看，西晋刘颂为淮南相，改变“旧修芍陂，年用数万人”情况中豪强兼并的陋习，“使大小戮力，计功受分，百姓歌其平惠”①。说明晋代长年注重芍陂的修护和管理。杜预于平吴后还镇荆州，修建西汉南阳太守邵信臣所建设的水利设施，“激用滍淯诸水以浸原田万余顷”；并加强管理，“分疆刊石，使有定分，公私同利。众庶赖之，号曰杜父”②。孔愉为会稽内史时，辖区内句章县有毁废数百年的汉代旧陂，“愉自巡行，修复故堰，溉田二百余顷，皆成良业”③。类似的情况当时有不少记载。

晋代新造的水利设施也不少，如晋陵内史张闿所立曲阿新丰塘和荥阳太守傅祗所造沈莱堰。张闿立新丰塘共费功20余万，被安以“擅兴造”罪名免官。后因公卿大臣都认为张闿兴造陂塘灌溉是益国行为，才免去罪名，重新被任命为大司农。④ 傅祗在荥阳，郡界有邓艾因黄初年间黄河和济水泛滥，所开石门，使河济相通以防止水灾，到他在任时已毁坏，“乃造沈莱堰，至今兖豫无水患，百姓为立碑颂焉”⑤。

魏晋时期郡县水利建设和农田灌溉事业是卓有成效的，不少田地得到浇灌，对于农业经济有很大作用。

（三）运渠开凿

魏晋时期内河航运工程的兴建，也是一个兴盛时期。特别曹操主持开凿的几条运河，使北部中国的河流航运联结成网络。隋朝南北大运河，很大的部分就来自于魏晋的运河基础。运渠在曹魏西晋时作用重大，可以说统一北方和统一三国，屯田和转运是两大因素，“通渠诸郡，利舟楫，严设备以待敌”⑥，是当时的基本战略。因而，魏晋开凿的运渠很多，南北朝却没有什么新挖运渠，有部分也是恢复旧渠或较短较小的临时运渠。

北方各水系间沟通的运渠工程，总布局是以中原地带的黄河水系为中心，

---

① 《晋书》卷46，《刘颂传》。
② 《晋书》卷34，《杜预传》。
③ 《晋书》卷76，《孔愉传》。
④ 《晋书》卷76，《张闿传》。
⑤ 《晋书》卷47，《傅玄附祗传》。
⑥ 《三国志》卷27，《魏书·徐邈传》注引《晋阳秋》。

向北沟通海河水系，向南沟通淮河水系，进一步沟通长江水系。东汉时北方已开凿滹沱、石臼河、蒲吾渠，但前二渠未成，只有蒲吾渠挖成。曹操挖凿运渠，起始于建安七年（202），“至浚仪，治睢阳渠。”① 睢阳渠在浚仪县境接通蒗荡渠，即前代开挖的鸿沟，《水经注》中称做渠水。睢阳渠通过鸿沟与黄河西通，又沟通汳水（即汴水），故亦称汴渠。睢阳渠自浚仪往东主要利用睢水，所以《水经注》中没有记载睢阳渠，只记述了渠水和睢水的源流走向。

建安九年（204）曹操为了北征袁氏集团时运粮方便，于该年正月“济河，遏淇水入白沟，以通粮道。”《水经注，淇水注》对此记载比较详细，说明淇水向南流经枋头堰的旧淇水口，东向过黎阳县界而南入黄河，曹操在此处“于水口下大枋木以成堰”，“其堰悉铁柱，木石参用”，“遏淇水东入白沟，以通漕运，故时人号其处为枋头矣”。曹操对白沟的开凿是利用了黄河在宿胥的故道，加以整治，因此费工少见效快。淇水受枋堰阻竭，逼水入清水，然后与宛水会合，再流入白沟。白沟得到充足水量，与洹水会通，漕运可从这一运渠直达邺城。得此之利，曹操很快平定了冀、并二州的袁氏势力，取得了决定性胜利。

袁尚兵败后逃奔乌丸的辽西单于蹋顿，曹操计划消灭袁氏残余势力，准备征讨乌丸，“凿渠，自呼沲入泒水，名平虏渠；又从泃河口凿入潞河，名泉州渠，以通海”。平虏渠得名在于征讨乌丸，连接今天的滹沱河与大沙河。泉州渠因从当时泉州县境而得名，连接平虏渠和鲍丘水。另外，根据《水经注·濡水》记载，鲍丘水与泉州渠相会的盐关口处另往东凿有一条称新河的运渠，将鲍丘水与濡水接通。三渠连联，成往北往东走向，与海岸线平行，可以与海运相衔接，也可以代替海运。

建安十八年（213）曹操又“凿渠引漳水入白沟以通河”，即从利漕口引漳水东入清水、洹水，将整条运渠接通，有通河漕的作用，所以称利漕渠。这么一来，由中原境内的黄河水系的睢阳渠起，可直达海河各水系，并达辽西地区，形成了一个完整的运渠系统，相当于后世贯穿南北方的大运河的北段。

---

① 《三国志》卷1，《魏书·武帝纪》。本节下引此不另行出注。

另外，曹操时尚在北方凿有一条连接漳水和滹沱水的运渠，名白马渠，以及明帝景初二年（238）司马懿征公孙渊时开凿了一条沟通滹沱水和泒水的运渠，名鲁口渠。沟通南北水系的运渠则有魏文帝黄初六年（225），“行幸召陵，通过虏渠”[①]。意以渠名寓意讨平东吴。加上前述屯田水利中“通运漕之道”的广漕渠及增广整修的淮阳渠、百尺渠等，除了灌溉外，也可用于运渠，实际即黄河往南水系的沟通运渠。

曹魏还在洛阳修建有千金堨，以利漕运。《水经注·谷水》引陆机《洛阳记》说：“千金堨，旧堰谷水，魏时更修此堰，谓之千金堨。积石为堨而开沟渠五所，谓之五龙渠。”此堨的建造时间是太和五年（231），主持人是都水使者陈协。泰始七年（271）六月大水，比平常高出三丈，“荡坏二堨”，所以重新修治，另开新渠称代龙渠，另外将千金堨增高1丈4尺。两堨两渠费功近24万。后来被张方所破坏，从此废弃。至永嘉元年（307）派遣李矩和袁孚“率众修洛阳千金堨，以利运漕”[②]。后直至北魏太和年间，才又进一步整治此水利工程。

由上可知，曹魏和晋初确是开凿运渠的高潮时期。至于南北朝，则主要是在此基础上的维修疏通和略加改创。该时期的运渠开凿，不仅在当时起了很大的历史作用，并影响到后来南北大运河的布局和开凿。晋时陈敏即在此基础上提出了开凿南北大运河的计划，虽未实施，却为隋代大运河规划提供了条件。

（四）水利管理

当时一般的水利设施都有一套管理办法，如杜预在荆州修复邵信臣旧有水利设施后的刊石立碑，约束用水。其他大致如此。

至于官方，有专门官员负责水利管理，如曹魏都水使者，晋代河堤谒者便是。当时对水利的重视程度与农业相同，晋代傅玄的一段话说得较为清楚：“以魏初未留意于水事，先帝统百揆，分河堤为四部，并本凡五谒者，以水功至大，与农事并兴，非一人所周故也。今谒者一人之力，行天下诸

① 《三国志》卷2，《魏书·文帝纪》。

② 《晋书》卷62，《李矩传》。

水，无时得遍。伏见河堤谒者车谊不知水势，转为他职，更选知水者代之。可分为五部，使各精其方宜。”[①] 除了朝廷设中央性质水利管理机构和官员外，水利中的许多设施，如堰埸陂塘，也常设专人管理和维护，有堰官、湖尉、征丁等等。

另外，拆除有害于水利的一些设施，也是水利管理的一种类型和重要内容。特别是拆除水碓磨房等随意阻遏水流、水量、水势的设施，见于记载的不少。如晋代刘颂为河内太守，“郡界多公主水碓，遏塞流水，转为浸害，颂表罢之，百姓获其便利”[②]。至于某些时候决泻部分陂塘，以防水害，应也是从大局方面的水利管理。

二、南北朝时期的水利灌溉和整修

由于魏晋时期水利建设比较普遍，运渠网络又提供了各地区间调剂水量的可能性，所以南北朝时虽未形成水利建设高潮，但其时兴修的水利设施和整修旧有水利设施还是成绩斐然的。至于水利管理，也基本以沿袭前代为主。

（一）水利灌溉与水利建设

自西晋末年大乱之后，北方长期处在政权更迭之中，政府的注意力往往不在发展生产方面，而是在征战和巩固政权方面。不过，一旦政权地位比较巩固之后，也会因农业之需而创设一些水利灌溉事业。前秦便注重以水利改造盐碱土壤，苻坚“以关中水旱不时，议依郑白故事，发其王侯已下及豪望富室僮隶三万人，开泾水上源，凿山起堤，通渠引渎，以溉冈卤之田。及春而成，百姓赖利”[③]。用水泻法降低盐碱含量，同时对原来无水的高地改造成水浇地，收效颇佳。前燕也注意于水利，由政府主持，“沟洫溉灌，有益官私，主者量造，务尽水陆之势”[④]。使农田水利灌溉形成系统。

北魏早期就重视发展水利，登国元年（394）元仪五原屯田，地处阴山南麓，属河套平原，即修建水渠灌溉。《水经注·河水》载元仪屯田至棝杨塞

---

① 《晋书》卷47，《傅玄传》。
② 《晋书》卷46，《刘颂传》。
③ 《晋书》卷113，《苻坚载记上》。
④ 《晋书》卷109，《慕容皝载记》。

外，“河水决其西南隅，又东南，枝津注焉。水上承大河于临沃县，东流七十里，北溉田，南北二十里，注于河”。太平真君五年（444）刁雍为薄骨律镇将，便提到此处镇之耕地有“官渠”，只因今宁夏灵武一带雨量很小，依赖于引黄河水为溉，可又渠内乏水。此地旧渠和河堰，是西汉时的水利设施，刁雍甚至猜测“似禹旧迹”[①]。其建置是在富平县西南30里的艾山凿渠通河。艾山南北宽26里，东西长45里，黄河由此中流过，所以在此两岸挖有宽十余步的溉田大渠，由山南引水进入渠中。此渠早先始凿时大概高出黄河水平面不到1丈，以坝逼水入渠比较容易。后来经过黄河长期急流冲刷，沙土漂流，河床下降，旧渠与黄河水平面的差距拉大，已高出2丈3尺之多，再加上河水流急激射，渠口常常崩颓。水渠离水面这么高，河水很难逼入渠内，虽然常年照旧法引水，实际上十分困难。刁雍于是征求朝廷批准后，在离旧渠口北边8里的艾山山北、黄河河中沙洲将水道一分为二的西河之下5里处，另外于平地开凿新渠，宽15步，深5尺，两岸筑堤高5尺，渠床共高1丈，往北流40里后与旧有高渠相合，利用旧高渠继续向北80里，水渠新旧加起来长度共120里。所凿的新渠口，离水平面还有5尺，水不能入渠中，因而又在黄河西河道东南岸斜断到河中洲渚西北岸筑水坝逼水。水坝建好后，西河道中的水尽数流入新渠，水量充足，总计溉出4万余顷，每10天可遍溉一次。开渠用4000人40日功，筑坝用4000人20日功，合计4000人16日共24万功。

但是，这条工程量颇大的水渠似乎寿命不长，郦道元注《水经》时距此不过六七十年，便未曾记录此渠。《元和郡县图志》灵州回乐县条记有“薄骨律渠在县南六十里，溉田一千余顷。”不知是否后代据刁雍所凿渠故道修复的，但规模和水量已大为降低，灌溉面积只及四十分之一。同书灵州灵武县条又称境内“汉渠，在县南五十里。从汉渠北流四十余里始为千金大陂，其左右又有胡渠、御史、百家等八渠，溉田五百余顷”。应该也是刁雍渠的故道利用，所以有名叫胡渠的。

北魏各州镇地方也都有较小型的水利工程，像河西地区便各自以渠引雪水

① 《魏书》卷37，《刁雍传》。

灌溉，凉州“天梯山上冬有积雪，深一丈余，至春消液，下流成川，引以溉灌”[①]。甚至说整个祁连山往河西走廊积雪消融下流，“通渠引漕，溉灌数百万顷”之多。[②] 孝文帝曾于太和十二年（488）下诏：“六镇、云中、河西及关内六郡，各修水田，通渠溉灌”[③]。次年再下诏：“诸州镇有水田之外，各通溉灌，遣匠者所在指授。”[④] 说明区域性小型水利建设是不断在进行的。

东魏、北齐的水利建设，也有一定规模。如兴和三年（541）“发夫五万人筑漳滨堰，三十五日罢”[⑤]，合计用175万功，工程十分浩大，比刁雍开渠筑坝用功多六七倍。漳水引灌工程早已有之，东魏此次并非简单地整修，而是一次规模很大的改建工程。再如李愍为南荆州刺史，“于州内开立陂渠，溉稻千余顷，公私赖之。”[⑥]

西魏、北周在关中，对于泾渭流域的水利灌溉事业比较重视。大统十六年（550）宇文泰“以泾渭溉灌之处，渠堰废毁，乃命（贺兰）祥修造富平堰，开渠引水，东注于洛。功用既毕，民获其利。”[⑦] 保定二年（562），周武帝又主持了一项水利建设，“初于蒲州开河渠，同州开龙首渠，以广灌溉”[⑧]。由于水利事业比较发达，农业利用灌溉的作用，收成较好。一般农田园圃也都使用灌溉，《周书》卷42《萧大圜传》载其自述：“果园在后，开窗以临花卉；蔬圃居前，坐檐而看灌畦。”此便是证明。

南方相对于北方来说，虽然也是政权常常更迭，有各种政变和变相割据，但总体上较北方秩序安定一些。所以，除了正常使用和维护管理旧有的水利设施外，也断续有所新建。南朝新建水利设施，比较重要的虽然不多，大多是地方性的水利建设，不过就当时来说，所灌溉面积的增加与地方水利设施的创兴是分不开的。如张邵在襄阳修立堤堰、沈攸之建吴兴塘、周山图堨涟水溉田等。

---

① 《魏书》卷35，《崔浩传》。
② 《魏书》卷35，《崔浩传》。
③ 《魏书》卷7下，《高祖纪下》。
④ 《魏书》卷7下，《高祖纪下》。
⑤ 《魏书》卷12，《孝静帝纪》。
⑥ 《北齐书》卷22，《李元忠附愍传》。
⑦ 《周书》卷20，《贺兰祥传》。
⑧ 《周书》卷5，《武帝纪上》。

南方水运工程也有一些建设。本来此处就有邗沟运渠，《水经注·淮水》称为中渎水，始凿于春秋吴国，魏晋时将其取为直道，沟通长江，在欧阳引埭引江水北流，串通樊梁湖、津湖、白马湖、射阳湖而后入淮。东晋于此运渠上建造了多处堰埭，如召伯埭、秦梁埭、三枚埭、统梁埭等。[①] 永和十二年（356）荀羡溯泗水开渠，自洸水引汶水通于泗，至于东阿，为泗、济两水系间人工运渠。[②] 太和四年（369）桓温北伐，“时亢旱，水道不通，乃凿钜野三百余里以通舟运，自清水入河”[③]。运渠因此而称桓公沟，或称洪水。太元九年（384）谢玄认为由淮入泗的运渠“水道险涩，粮运艰难”，于是用闻人奭的规划加以改造，“堰吕梁水，树栅，立七埭为派，拥二岸之流，以利运漕，自此公私利便”[④]。刘裕北伐时曾对汴渠加以疏浚，并将淤塞的旧渠重新开挖引水。后来北魏迁都洛阳之后，也由崔亮主持，“修汴蔡二渠，以通边运。”[⑤]

不过，由于当时在战争中常采用以水御敌或攻城，水利转而成为水害。据不完全统计，魏晋南北朝时期较大的此类事件便有20起左右，[⑥] 破坏了不少水利设施，给人民带来极大灾难。特别突出的是梁武帝用北魏降人王足之计，筑堰拦断淮水以灌寿阳。虽然梁之水工陈承伯和材官将军祖暅考察后认为淮河的沙质河床不能建坝，梁武帝仍发20万役人及战士，在钟离南起浮山堰。工程开始于天监十三年（514）冬天，至次年，多次未能顺利合龙，后主持者康绚决定抛投铁器合龙处，费几千万斤，又伐大树为井形大木框，填以巨石，沿淮百里木石空尽，至十五年四月方合龙，建成拦淮大水坝。历时一年半，假设以500日计算，20万人500日等于1亿功，何况还不止。加上筑堰民夫死伤惨重，竟多达百分之七八十，可见该堰建造过程给梁朝人民所带来的巨大灾难。更有甚者是浮山堰建成后给下游带来的死亡威胁。该堰长9里，下宽140丈，上宽45丈，高20丈，深19.5丈，阻水太多，水坝只出水面5尺，极其危险。

---

① 《太平御览》卷73，引《述征记》。

② 《晋书》卷75，《荀羡传》。

③ 《晋书》卷98，《桓温传》。

④ 《晋书》卷79，《谢安附玄传》。

⑤ 《魏书》卷66，《崔亮传》。

⑥ 《中国水利史稿》上册，第263～265页，水电出版社1979年版。

后虽开挖两渠分水，作用不大，以致回水淹没两岸“方数百里地”。到八月，淮水暴涨，决溃浮山堰，水声如雷，声闻300里外，“漂其缘淮城戍居民村落十余万口，流入于海”[①]，浮山堰的水害损失何其之大！

（二）水利设施整修和管理

南北朝对于前代的水利设施，仍在使用的加强了维护和管理，已遭毁坏的则整修恢复。

芍陂在当时是比较重要的水利设施，也经常受到敌对政权的攻击，以至于逐渐荒废。东晋末，刘裕准备北伐，令毛修之“复芍陂，起田数千顷”[②]。其后刘义欣镇寿阳，“芍陂良田万余顷，堤堨久坏，秋夏常苦旱。义欣遣咨议参军殷肃循行修理。有旧沟引淠水入陂，不治积久，树木榛塞。肃伐木开榛，水得通注，旱患由是得除”[③]。南齐继续整修芍陂以耕种周围土地，萧道成曾敕驻屯此处的垣崇祖曰：“卿但努力营田，自然平殄残丑”，并“敕崇祖修治芍陂田。”[④] 梁也于普通四年（523）重“修芍陂”[⑤]。不久，裴之横“于芍陂大营田野，遂致殷积”[⑥]。

南方不仅重视芍陂的修复，其他一些原有水利设施，特别是一些陂塘堨堰，也常加以修整恢复，加强管理。

北方比较重要的有督亢渠与戾陵堰的整修。北魏神龟二年（519）幽州刺史裴延儁采纳卢文伟的建议，对燕北地区水利设施加以整修，主要是范阳郡的旧督亢渠，径50里，渔阳燕郡的故戾陵诸堰，广袤30里。此时皆已毁坏多时，一直未能修复。“延儁谓疏通旧迹，势必可成，乃表求营造。遂身自履行，相度水形，随力分督，未几而就，溉田百万余亩，为利十倍，百姓至今赖之”[⑦]。当时他委托卢文伟主持此工程，“文伟既善于营理”，工程很成功。[⑧]

---

① 《魏书》卷98，《萧衍传》。
② 《宋书》卷48，《毛修之传》。
③ 《宋书》卷51，《宗室·刘道怜附义欣传》。
④ 《南齐书》卷25，《垣崇祖传》。
⑤ 《梁书》卷28，《裴邃传》。
⑥ 《梁书》所附，《裴之横传》。
⑦ 《魏书》卷69，《裴延儁传》。
⑧ 《北齐书》卷22，《卢文伟传》。

北齐皇建元年（560）平州刺史嵇晔又“开幽州督亢旧陂，长城左右营屯，岁收稻粟数十万石，北境得以周赡”①。

在运渠方面，北朝也有修治。如北魏太和中对洛阳千金堨的修复，崔亮对汴渠、蔡渠的修复等。

南北朝的水利管理，与前代相差无几。另外，此时以决湖为田的现象较多。《宋书》卷67《谢灵运传》载：“会稽东郭有回踵湖，灵运求决以为田，太祖令州郡履行。此湖去郭近，水物所出，百姓惜之，（太守孟）顗坚执不与。灵运既不得回踵，又求始宁岯崲湖为田，顗又固执。”虽然谢灵运此次未能决湖为田，但实际上当时将湖决水垦田的事例不少。如孔灵符在大明年间（457~464）建议“徙无赀之家于余姚、鄞、鄮三县界，垦起湖田。”朝廷为此争论十分激烈，最后宋孝武帝同意“从其徙民，并成良业”②。另如娄湖，本是水库，到刘宋中年已垦殖为田，沈庆之便“有园舍在娄湖……广开田园之业”③。北方不少陂塘之处也开垦成了耕地，《北史》卷33《李灵附绘传》载：“高阳旧多陂淀，绘至后，淀水皆涸，乃置农正，专主劝课，垦田倍增，家给人足。”这种“沧海变桑田”，在很大程度上对水利事业不利，有损于农业。

三、江南地区的陂塘化倾向

东汉时起，对江南的开发带来了水利兴建的渐渐重视，而结合江南广大地区水系较多，水网发达，水量充沛的特点，逐渐产生水利建设的陂塘化倾向。

（一）陂塘的建设

刘馥于建安五年（200）在扬州兴治芍陂、茄陂、七门、吴塘等陂塘时，已是魏晋南北朝时期江南水利陂塘化倾向的开始。所以后来陈寿撰写《三国志》时便针对此事赞叹道：“及陂塘之利，至今为用。”刘馥所兴治的陂塘水利，主要是以前代旧有水利设施为基础，加以整修通水以广灌溉。其中较重要

---

① 《隋书》卷24，《食货志》。

② 《宋书》卷54，《孔季恭附灵符传》。

③ 《宋书》卷77，《沈庆之传》。

的如芍陂，大概始建于楚国孙叔敖，东汉时王景于建初八年（公元83）整修。[①] 经刘馥重修，曹魏于建安十四年（209）又“置扬州郡县长吏，开芍陂屯田”[②]。可见芍陂既历史悠久，又地位重要。

正始年间配合淮南和颍水流域屯田，邓艾建议，开凿广漕渠和修整扩大淮阳渠、百尺渠时，又建设和修治了东南诸陂，引入黄河水，使之蓄溉之间可以自由调节。东吴当时统治江南地区，也注重于陂塘的建设，张昭曾创立娄湖，以其封爵娄侯命名，以及赤山塘、浦里塘等等。

西晋初中期杜预在荆州“修邵信臣遗迹”[③]，而此遗迹类似于陂塘水利，史称西汉时邵信臣为南阳太守时，“行视郡中水泉，开通沟渎，起水门提阏凡数十处，以广溉灌，岁岁增加，多至三万顷”[④]。晋陵内史张闿则在曲阿立新丰塘，“时所部四县并以旱失田，闿乃立曲阿新丰塘，溉田八百余顷，每岁丰稔。葛洪为其颂”[⑤]。又如练湖，亦称练塘，周回40里，据称是西晋末年、东晋初年陈敏“据有江东，务修耕绩，令弟谐遏马林溪以溉云阳，亦谓之练塘，溉田数百顷”[⑥]。以及东晋时所建的荻塘，溉田千顷。[⑦]

江南地区水利设施陂塘化倾向至南朝犹然，如张邵元嘉五年（428）为宁蛮校尉、雍州刺史，“至襄阳，筑长围，修立堤堰，开田数千顷，郡人赖之富赡”[⑧]。又如“吴兴塘，太守沈攸之所建，灌田二千余顷”[⑨]。南齐时周山图为涟口戍主，“遏涟水筑西城，断虏骑路，并以溉田”[⑩]。刘怀慰为齐郡太守，“垦废田二百余顷，决沈湖灌溉。”[⑪] 也都是此类情况。

梁时建筑的堤堰不少，如缘淮塘、宿预堰、曹公堰、寒山堰、苍陵堰等，

---

① 《皇览》称楚大夫子思所建，《后汉书》卷76，《王景传》云楚孙叔敖所建。

② 《三国志》卷1，《魏书·武帝纪》。

③ 《晋书》卷34，《杜预传》。

④ 《汉书》卷89，《邵信臣传》。

⑤ 《晋书》卷76，《张闿传》。

⑥ 《元和郡县图志》，润州丹阳县条。

⑦ 《太平寰宇记》卷84，江南道。

⑧ 《宋书》卷46，《张邵传》。

⑨ 《元和郡县图志》，湖州乌程县条。

⑩ 《南齐书》卷29，《周山图传》。

⑪ 《南齐书》卷53，《良政·刘怀慰传》。

以农田灌溉为目的，起到一定作用，是推动江南地区水利建设的陂塘化倾向和陂塘化形成的过程。如夏侯夔为豫州（今安徽寿县）刺史，“帅军人于苍陵立堰，溉田千余顷，岁收谷百余万石，以充储备，兼赡贫人，境内赖之”①。

江南地区，特别是淮河流域和长江下游地区，水网四通八达，到处可见，湖泊河流极多，经过长期的水利建设，在陂塘化的过程中，人工水渠、陂塘、堨堰、埭坝，以至人工湖泊，都越来越多，形成网络，相互调节，前面所引顾祖禹提到的16个较大水利设施，就可见一斑。因此，人工构筑的水网在魏晋南北朝时期的江南地区，确实十分发达，在航运、灌溉、蓄洪、防旱、泻卤、水产品生产诸方面都起到了极大作用，对于江南的开发、社会经济的发展、经济中心的逐渐南移，都发生了不可估量的影响。

见于史籍的魏晋南北朝时期江南地区的水利设施很多，渠、湖、堰、埭等的名称不少。如睢阳渠、贾侯渠、蔡渠、淮阳渠等；吴陂堰、七门堰、互梁堰、石梁堰、吴塘堰、宿预堰、韩山堰、淝水堰等，镜湖，新丰湖、练湖、娄湖、典澈湖、繁梁湖、赤亭湖、宫亭湖、建安湖、药山湖、浓湖、麋沟湖、赭圻湖等，白马塘、东兴塘、涂塘、石鳖塘、破釜塘、裘塘、新丰塘、吴兴塘等，欧阳引埭、回踵埭、湖北埭、小史埭、奔牛埭、召伯埭、丁卯埭、西陵埭等。

当时南方陂塘的建造比较科学，如镜湖，“在会稽、山阴两县界筑塘蓄水，水高丈余，田又高海丈余，若水少则泄湖灌田，如水多则闭湖泄田中水入海，所以无凶年”② 比较大型的水塘就相当于今天的水库，一般都可灌溉万顷以上，以至四五万顷耕地。凡大型水利设施，必有规模宏大的配套工程，芍陂便配有50余个小陂，这十分有利于水流大小及雨旱季节的水量调节和泻洪或蓄水。江南地区陂塘化倾向对于江南农业经济的发展和生产力的推进，有着难以估量的作用。

（二）陂塘的整修管理

江南众多的陂塘渠湖堰埭，是在一个相当长的时期建设形成的，其中许多为前代所造，时间长久，必有损坏。加上战争或自然灾害的原因造成的废弃，

① 《梁书》卷28，《夏侯亶附夔传》。
② 《元和郡县图志》，越州会稽条。

所以江南陂塘网络重要的问题尚在于日常的维护、整治和管理。

刘馥在合肥地区开展水利之初，首先就是整修时代久远的水利设施芍陂。至南期，维护整治现有水利设施就更为常见了，有的工程还颇大。如刘骏镇襄阳，“襄阳有六门堰，良田数千顷，堰久决坏，公私废业。世祖遣（刘）秀之修复，雍部由是大丰”①。南齐刘悛为武陵内史，“郡南古江堤，久废不缉，悛修治未华，而江水忽至，百姓弃役奔走，悛亲率厉之，于是乃立”②。另外萧子良为丹阳尹，认为该辖区广阔，地平土下，旧有陂塘很多，可以垦为良田的土地有8500余顷，只要将水利设施修复便行，而“修治塘遏，可用十一万八千余夫，一春就功，便可成立”③。可惜此事因为萧子良离任而作罢。梁时沈瑀曾修复方山埭和赤山塘，溉田极丰。④

水利中的许多设施，如堰堨陂塘，往往都有专人管理，有一套管理机构、人员和措施。如《水经注·江水一》载：“都安之堰，亦曰湔堰，又谓金堤……诸葛亮北征，以此堰农本，国之所资，以征丁千二百人主护之，有堰官。”便是在堰官主持下，常年以1200人加以维护管理都江堰。《晋书》卷10《安帝纪》载隆安二年（398）败兖州刺史王恭，“恭奔曲阿长塘湖，湖尉收送京师，斩之”。这里的“湖尉”也是管理水利的专职官员。类似的尚有埭吏、堨主等。这些官吏都有机构和属员，以处理维护管理水利设施的日常事务。而像杜预那样刊石立碑，制定公用水利的使用条例，则是具体的管理制度和措施。

另外，尚有宏观上的水利管理，例如在陂塘化过程和兴修陂塘高潮中，由于过热而造成陂塘过多，蓄水过量，一旦暴雨成灾，或洪水激动溃颓，反成水害。这就有必要全盘考虑全局水利规划，以适当为限度，过此限度就要加以调整。

这方面比较典型的是杜预在淮河流域整治陂塘，决泻部分陂塘以为耕地的事例。当时，经刘馥、邓艾等长达五六十年的陂塘兴建，淮河流域陂塘之多已

① 《宋书》卷81,《刘秀之传》。
② 《南齐书》卷37,《刘悛传》。
③ 《南齐书》卷40,《竟陵王子良传》。
④ 《梁书》卷53,《良史·沈瑀传》。

超过限度，蓄水过多，以致“霖雨过差”，便成水灾，十分危险。杜预认为如此的结果就是：“下田所在停汙，高地皆多硗瘠，此即百姓困穷方在来年。”所以他主张决水泻溃陂塘中的一部分，“今者宜大坏兖、豫州东界诸陂，随其所归而宣导之”。他的理由有三：第一，目前饥困贫民无食，反对决陂者则认为正好利用鱼虾螺蛤为食，殊不知洪波泛滥，贫弱者反不能得；但如将陂塘决之，水流尽之后就可尽得水产之饶了，而不必出境逃荒，转成流民。第二，水去之后，淤泥极厚的塘田湖田最为肥沃，用为耕地，收获量最高，又是长久得益之计。第三，过去户口较少，所需耕地也少，所以习惯于火耕水耨的耕作方法；现在户口增多，耕地不足，况且水灾决坏陂堨，又淹没大量耕地，良田变成荒滩，“人居沮泽之际，水陆失宜，放牧绝种，树木立枯，皆陂之害也”。这是杜预建议决坏陂塘的最重要理由。

当时附和这种看法的还有胡威、应遵等人，并提出了一个证据，即泗陂占地13000余顷，使耕地严重短缺。决陂的具体措施是汉代的旧陂旧堨和山谷中私家拥有的小陂，都要认真检查，加以修缮，用以蓄水，“其诸魏氏以来所造立，及诸因雨决溢蒲苇马肠陂之类，皆决沥之”①。坏陂为田后，分佃将吏士庶，并拨配耕牛35000头，每头耕牛收20斛租谷，② 每年收租谷700万斛。这种宏观管理陂塘也是必要的。

第二节 农作物的类别与栽培技术、耕作方式

魏晋南北朝的农作物，在品种类别方面与秦汉时代并没有什么显著不同，这从《齐民要术》一书往往转述氾胜之的《农书》和崔寔《政论》便可看出来。但在栽培技术和耕作技术方面，却有显著的进步，而且主要表现在江南地区的水稻种植与农田耕作方面，是与江南水利建设的陂塘化密切相关的。另一个值得重视的，就是东魏北齐贾思勰所著的农书《齐民要术》，它系统地总结

① 《晋书》卷26，《食货志》。

② 《晋书》卷26，《食货志》作“头责三百斛”，《十七史商榷》卷47，认为应是每头牛20斛，是，从之。

了当时的农作物类别、栽培、管理等生产经验。

一、农作物的类别

魏晋南北朝时期的农作物，基本上为三大类：一是粮食类作物、二是经济类作物、三是观赏类作物。不过，观赏类作物基本上是社会上层阶级的奢侈需求，往往并非普通农民所种植，所种植的数量和面积也极为有限。

（一）粮食类作物

中国以农立国，首先要解决粮食问题，“民以食为天”。魏晋南北朝时期因为战乱和天灾，更加突出了这一问题。

根据《齐民要术》和其他记载，当时作物品种相当多，分为粮食类、菜蔬类、瓜果类、林木类、经济作物类等。粮食作物以稻、麦、粟、粱、黍、豆等为主。稻分为水稻、旱稻，不仅在南方普遍种植，而且北方各个地区也都有大面积的种植。如曹魏时徐邈在敦煌地区广开水田应即种稻，所以敦煌文书中常有“稻谷”、“粳米稻”、“艾稻”的记载。刘靖在督亢陂和戾陵堨灌区“三更种稻，边民利之”[1]。在曹魏都城邺，很注意发展水稻栽培，左思《魏都赋》深赞此处植物品种繁富，水稻生产很好：“西门溉其前，史起灌其后。……水澍粳稌，陆莳稷黍。黝黝桑柘，油油麻纻……淇洹之笋，信都之枣。雍丘之粱，清清之稻”。当时北方广大地区，包括东北、燕山、内蒙、河西、关中、中原、齐鲁各地，都有稻类栽培。

麦以北方种植较多，分大麦、小麦等，播种面积一般较大。魏晋南北朝时期麦在南方也得到推广，如东吴时，孙权宴请蜀国使臣费祎，席间与诸葛恪相讥，“祎停食饼，索笔作麦赋，恪亦请笔作磨赋，咸称善焉”[2]。东晋政府曾以法令推广种麦，太兴元年（318）下诏：“徐、扬二州，土宜三麦，可督令旱地投秋下种。至夏而熟，继新故之交，于以周济，所益甚大。”[3] 刘宋也有同样诏令，元嘉二十一年（444）令“南徐、兖、豫及扬州、浙江西属郡，自今

---

① 《三国志》卷15，《魏书·刘馥附靖传》。

② 《三国志》卷64，《吴书·诸葛恪传》注引《诸葛恪别传》。

③ 《晋书》卷26，《食货志》。

悉督稻麦，以助阙乏。”[①] 大明七年（463）因“近炎精亢序，苗稼多伤”，而种麦尚未过时，“今二麦未晚，甘泽频降，”所以下诏，“可下东境郡勤课垦殖，尤贫之家，量贷麦种”[②]。谢灵运《山居赋》便提到他的田庄中种植有麦，赋云：“送夏蚤秀，迎秋晚成。兼有陵陆，麻麦粟菽。候时觇节，递艺递熟。供粒食与浆饮，谢工商与衡牧。生何待于多资，理取足于满腹。”

与粮食作物关系紧密的是桑、麻的种植。由于这是关系到基本需求的问题，所以可以种桑养蚕的地区例都种桑，不宜桑之地则种麻。有的桑园很大，《水经注·浊漳水》：“漳水又对赵氏临漳宫，宫在桑梓苑，多桑木，故苑有其名。三月三日，及始蚕之月，虎（石虎）帅皇后及夫人，采桑于此。”有的少桑之地，政府也鼓励种植，北燕冯跋曾下令：“桑柘之益，有生之本。此土少桑，人未见其利，可令百姓人殖桑一百根，柘三十根”[③]。以政府法令或各级官吏督促农民种桑的记载，比比皆是，特别典型的是北魏、北齐、北周、隋朝均田法令所规定的种桑、榆、枣、果及麻，硬性强制种植。种麻地区也很宽广，南方北方都种，以北方居多，特别是不适宜种桑养蚕的地区，如石勒故乡上党（今山西长治）便普遍种麻，与邻居“岁常争沤麻池”[④]。

在粮食作物种植外，还种植一些代粮作物。当时遇到饥荒之年，各种代粮作物都有种植，如稗子、桑椹、芋等，如“袁绍之在河北，军人仰食桑椹。袁术在江、淮，取给蒲蠃。”[⑤] 曹操时期杨沛为新郑长，“课民益畜乾椹，收萱豆，阅其有余以补不足，如此积得千余斛，藏在小仓。会太祖为兖州刺史，西迎天子，所将千余人皆无粮。过新郑，沛谒见，乃皆进乾椹，太祖甚喜。”[⑥]北魏时“六军乏粮，民多匿谷”，崔逞也建议“取椹可以助粮”，因而“乃听以椹当租”[⑦]，让老百姓交纳。其他淀粉类作物代粮作用更大，如成汉政权

---

① 《宋书》卷5，《文帝纪》。
② 《宋书》卷6，《孝武帝纪》。
③ 《晋书》卷125，《冯跋载记》。
④ 《晋书》卷105，《石勒载记下》。
⑤ 《三国志》卷1，《魏书·武帝纪》注引《魏书》。
⑥ 《三国志》卷15，《魏书·贾逵传》注引《魏略》。
⑦ 《魏书》卷32，《崔逞传》。

“既克成都，众皆饥饿，（李）骧乃将民入郪、五城食谷、芋”①。

（二）经济类作物

果木、草药、染料和菜茹一类种植物，以出售获利，实现商品价值为目的的，为经济类作物。

魏晋南北朝时，经营或种植经济作物以获利的现象很多，如东吴李衡，“每欲治家，妻辄不听，后密遣客十人于武陵龙阳汜洲上作宅，种柑橘千株。”他临死告诉儿子，这是千头木奴，“岁上一匹绢”，果然，“吴末，衡柑橘成，岁得绢数千匹，家道殷足”②。李衡种这么多橘树，就是以出售获利为目的，也即司马迁所说“蜀、汉、江陵千树橘”，是“富家之资”，“与千户侯等”③。而且不少人为了垄断，还采取不少办法，如以吝啬著称的西晋王戎，“广收八方园田水碓，周遍天下”。他家果园中有好品种的李，“常出货之，恐人得种，恒钻其核。”④ 当时果园不少，如赫连勃勃在灵武有一个很大的果园，《水经注·河水三》称薄骨律镇城，“在河渚上，赫连果城也。桑果余林，仍列洲上。”到唐代还十分兴旺，《元和郡县图志》灵州灵武县条云：“其城赫连勃勃所置果园，今桃李千余株，郁然犹在。”虽然也有人不以此为念，不图谋利，如北周王思政便“常以勤王为务，不营资产。尝被赐园地，思政出征后，家人种桑果。及还，见而怒曰：‘匈奴未灭，去病辞家，况大贼未平，何事产业！’命左右拔而弃之。”⑤ 不过，由于果木确实有相当的经济效益，木材也是必需品，所以，不仅私家多有种植，政府也希望增加种植和经营，如曹魏时郑浑为山阳、魏郡太守，“以郡下百姓苦乏材木，乃课树榆为篱，并益树五果。榆皆成藩，五果丰实。入魏郡界，树落齐整如一，民得财足用饶。”⑥ 其财足的结果，就来自于益树五果。南齐沈瑀永泰元年（498）为建德县令，“教民一丁种十五株桑，四株柿及梨栗，女丁半之，人咸欢悦，顷之成林”⑦。北周

① 《华阳国志》卷9，《李特雄期寿势志》。
② 《三国志》卷48，《吴书·三嗣主传》注引《襄阳记》。
③ 《史记》卷129，《货殖列传》。
④ 《晋书》卷43，《王戎传》。
⑤ 《周书》卷18，《王思政传》。
⑥ 《三国志》卷16，《魏书·郑浑传》。
⑦ 《梁书》卷53，《良史·沈瑀传》。

苏绰为宇文泰制定的行政和发展农业生产的规划中，种植经济类植物也是其中一项措施，要求“三农之隙，及阴雨之暇，又当教民种桑、植果、艺其菜蔬、修其园圃、畜育鸡豚，以备生生之资，以供养老之具。”[①] 也就是以经济类作物出售后获得再生产的资金，或以所获之利来准备好老年不能劳动时的必需品。

经济收益和政府提倡，使民间瓜果之园数量增多，仅《南齐书》卷18《祥瑞志》便提到乌程县陈文则家园、秣陵县乔天明园中李树、秣陵县华僧秀家园、江宁肖惠基园、山阴县孔广家园、新汲县王安世园、曲阿县民黄庆宅左之园等等。因为李、桃、梨、橘等瓜果种植面积大，品种多，所以当时每一种瓜果都有优良品类，四处知名，传闻后代，《艺文类聚》卷86、卷87和《初学记》卷28，以及其他类书，都有记载，如南朝“京下有好桃”。《邺中记》：“石虎苑中有勾鼻桃，重二斤半。”《广志》：“广都梨重六斤”。魏文帝诏：“真定郡梨，甘若蜜，脆若凌，可以解烦饴。”都是这一类名贵优良品种。《世说新语·俭啬篇》有一个故事，说明当时人喜欢追求优良的瓜果品种：“和峤性至俭，家有好李，王武子求之，与不过数十。王武子因其上直，率将少年能食之者，持斧诣园，饱共啖毕，伐之。送一车枝与和公，问曰：‘何如君李？’”

草药和染料，也是收入比较高的种植物，北齐李元忠，便“家事大小，了不关心，园庭之内，罗种果药。”[②]《齐民要术》记载了不少此类植物的栽培和获利情况，如用做染料的蓝，卷5《种蓝》云：“种蓝十亩，敌谷田一顷，能自染者，其利又倍矣。”同卷《种红蓝花栀子》云：“负郭良田，种一顷者，岁收绢三百匹，一顷收子二百斛，与麻子同价。……一顷花日须百人摘，以一家手力，十不充一，但驾车地头，每旦当有小儿僮女十百余群，自来分摘，正须平量，中半分取。”卷3《蔓菁》云：“一顷收二百载，二十载得一婢。一顷收子二百石，输与压油家，三量成米，此为收粟米六百石，亦胜谷田十顷。”可见经济类作物的种植，收入大大超过粮食作物，问题在于需要栽培技术和管理，所付出的劳务也较多。

① 《周书》卷23，《苏绰传》。
② 《北齐书》卷22，《李元忠传》。

蔬菜类作物本是人们用以自给自足的，东晋王敦在武昌准备以城西地为兵营，太守乐凯便说："百姓久买此地，种菜自赡，不宜夺之。"① 颜之推也说："生民之本，要当稼穑而食桑麻以衣。蔬果之蓄，园场之所产；鸡豚之善，埘圈之所生。爰及栋宇器械，樵苏脂烛，莫非种殖之物也。至能守其业者，闭门而为生之具以足，但家无盐井尔。"② 不过，由于人们通常要食菜茹，尤其是城镇居民，而又不能人人自植，所以蔬菜便成了谋取利润的经济作物，西晋江统说当时"西园卖葵菜、蓝子"以谋利。③ 北魏恭宗也以太子东宫出售菜类谋利。此时种植蔬菜并以此为业者不少，如刘宋沈道虔，"有人窃其园菜者，还见之，乃自逃隐，待窃者取足后乃出"④。南齐曲阿县民黄庆在家宅左面有一菜园，"每种菜，辄鲜异，虽加采拔，随复更生"⑤。梁范元琰，"家贫，唯以园蔬为业"⑥。陈褚玠，"种蔬菜以自给"⑦。以此获利，往往比粮食作物利高，《齐民要术·种胡荽》云，种 1 亩胡荽，可收 10 石，"都邑粜卖，石堪一匹绢"。又《种葵》说若种葵，春天便能开始生长，到三月初就可以拔大的去卖，1 升葵可获 1 升米的价值，"一亩得葵，三载合收米九十车，车准二斛。为米一千八百石"。到了四月八日以后，就剪卖葵叶，到八月又留作秋菜，九月卖出，又可得绢 1 匹。然后开始第二轮种植，"胜作十顷谷田"。种 1 亩葵菜竟然与 10 顷地粮食收成相较，可见利润之巨。

种瓜和湖塘水生作物也与上述经济作物同类。关于种瓜的记载是比较多的，如刘宋郭原平、韩灵敏等人都以种瓜为生。水生作物如《水经注·滱水》："渚水潴涨，方数里，匪直蒲笋是丰，实亦偏饶菱藕，至若娈童草角，弱年女子，或单舟采菱，或叠舸折芰。"

（三）观赏类植物

此类作物以花草和奇异林木为主，种植者多为有闲情逸致者，如陶潜之

---

①《晋书》卷 43，《王戎附郭舒传》。
②《颜氏家训·治家篇》。
③《晋书》卷 56，《江统传》。
④《宋书》卷 93，《隐逸·沈道虔传》。
⑤《南齐书》卷 18，《祥瑞志》。
⑥《梁书》卷 51，《处士·范元琰传》。
⑦《陈书》卷 34，《文学·褚玠传》。

“采菊东篱下，悠然见南山”就是很典型的。当时统治者所筑苑囿园池，都必备观赏类作物，如陈朝裴之平，“筑山穿池，植以卉木，居处其中，有终焉之志”①。孙玚，“合十余船为大舫，于中立亭池，植荷芰，每良辰美景，宾僚并集，泛长江而置酒”②。北周高宾得赐田园，“乃于所赐田内，多荫竹木，盛构堂宇，并凿池沼以环之，有终焉之志”③ 当时人所写文章谈到自己的宅第、田庄、别墅时，都要将所栽培的观赏植物加以介绍，如潘岳的《闲居赋》、谢灵运的《山居赋》、萧大圜的《闲放赋》等。

统治者为了得到奇异珍木，甚至无所不用其极，北齐“苑内须果木，科民间及僧寺备输，悉分向其（段孝言）私宅种植。又殿内及园须石，差车牛从漳河运载，复分车回取”④。类似的情况不少，此不悉笔。

二、各类作物的栽培技术

魏晋南北朝的作物栽培与耕作技术，虽然史籍记载不多，但也可以寻到不少踪迹。贾思勰《齐民要术》一书，就更是提供了不少具体的资料，使我们得以了解当时农业的状况。

作物栽培是一门科学，什么样的土壤适宜于栽培什么样的作物，什么季节种植，栽培过程怎么进行，栽培之后如何管理，施肥选种等等，都有技术上的上下等差之别。栽培技术在中国古代作为农学的一部分，十分发达，在作物栽培方面有非常丰富的经验，至魏晋南北朝，则更比前一时代有所发展进步。此时期不少人对作物栽培有着实践知识和研究成果，如晋代的朱冲，“好学而贫，常以耕艺为事”⑤。陈朝的程灵洗，“性好播植，躬勤耕稼，至于水陆所宜，刈获早晚，虽老农不能及也”⑥。其总汇则是贾思勰的《齐民要术》。

---

① 《陈书》卷25，《裴忌传》。
② 《陈书》卷25，《孙玚传》。
③ 《周书》卷37，《裴文举附高宾传》。
④ 《北齐书》卷16，《段荣附孝言传》。
⑤ 《晋书》卷94，《朱冲传》。
⑥ 《陈书》卷10，《程灵洗传》。

（一）翻耕和选种技术

当时作物栽培的第一个步骤，是正月开春时开始翻耕土地，耘锄桑地。中国古代受生产工具和其他条件的限制，一般采用粗放式耕种方式，魏晋南北朝虽然尚未完全脱出此窠臼，不过已认识到了深耕细作的重要性。此时特别强调适应季节时令，以免误了节气。翻耕耘锄分为水旱地，又分为所用工具和技术不同的三种方式：一是牛耕铁铧犁地，水旱都可使用；二是以锄刨松土表层，除去杂草以便播种，往往旱地使用较多；三是在水田中火耕水耨，在旱田中刀耕火种。

翻耕土地之后是准备好种子。种子一般都于上年收获后选定，春播前再遴选一次。根据《齐民要术》，该时期选种所总结的经验比过去成熟，卷1《收种》中说："凡五谷种子，浥郁则不生，生者亦寻死。种杂者禾则早晚不均，舂复减而难熟，粜卖以杂糅见疵，饮爨失生熟之节，所以特宜存意，不可徒然。"五谷种子，如粟、黍、穄、粱、秫、稻、麦等，选取时每一造都要选穗好色纯，颗粒饱满硕大者，单独收割，悬挂起来，到开春备用。

不过，由于自耕小农的窘境以及天灾人祸，农民往往连种子也无法备齐，所以常见官府贷给粮种，收成后交还的记载，也就不能认真履行严格选种的程序了。以刘宋为例，便有多次贷种记载：元嘉十七年（440）诏："前所给扬、南徐二州百姓田粮种子……今年有不收处，都原之。"二十年记载："诸州郡水旱伤稼，民大饥。遣使开仓赈恤，给赐粮种。"二十一年，"凡欲附农，而种粮匮乏者，并加给贷。"二十九年，"若须田种，随宜给之。"① 仅宋文帝在位便有那么多贷给种子的记载，整个魏晋南北朝时期就可想而知了。

（二）施肥技术

农业作物生产过程中，是否施肥，所施肥料是否合适，影响很大。中国古代施肥技术发明较早，而到了魏晋南北朝，又进一步发展到多种性质肥料的综合使用，特别是根瘤菌类植物的有机成分改造土壤和绿肥的使用经验，结合人畜粪尿等有机肥，使施肥技术大大进步。《齐民要术》卷1《耕田》云："凡美田之法，绿豆为上，小豆胡麻次之，悉皆五、六月中穊种，七月八月犁掩杀

① 《宋书》卷5，《文帝纪》。

之，为春谷田，则亩收十石，其美与蚕矢熟粪同。”并且说凡是地薄者，土地肥力不足，便要上粪加强肥力，由于上肥多收成自然好，所以注重收集粪肥，甚至连一些大官僚大地主也不例外，如王衍，“妻郭，性贪鄙，欲令婢路上担粪”①，便是此例。

改造土壤有机成分和充分发挥地力作用，还有间种、套种、分栽的方法。间种是在一块土地上间隔种植多种作物，如在麻子地中，杂种芜菁，由于不同作物的化合过程和所需成分有异，从而达到互利及发挥地力。这种情况在旱地所见较普遍。套种是将生长周期不同的作物共同栽种，周期短的收获后，正好周期长的成长起来，实际上是充分利用了农作物的光合时间。南方地区出现的分栽法也是一大进步，不仅综合利用地力、光合时间、有机化合过程，而且因为分栽中常间以根瘤类作物，实际上改造了土壤，补充了大量的有机化合物，增加了耕地肥力。

（三）播种技术

《齐民要术》对几类主要作物所适宜的土地、季节、播种数量和如何播种都作了详细总结。如种黍穄，应熟地，亩用种子4升，粱秫则薄地应稀，1亩用种子3升半，胡麻适合白地，亩用2升子漫散。以种稻为例：“稻无所缘，唯岁易为良。选地欲近上流，三月种者为上时，四月中旬为中时，中旬为下时。先放水，十日后，曳陆轴十遍。地既熟，净淘种子，渍经五宿，漉出，内草帘中，裛之，复经三宿，牙生长二分，一亩三升，掷之。”南方播种技术与此类似。书中并提到合理密植，以提高收获量。

（四）管理技能

旱地谷物出苗之后，要求经常锄草，深锄多锄，次数越多越好，周而复始。没草也不要停止锄地，春天锄可以抗旱，夏天锄防止野草长出。下雨之后应以齿耙纵横耙地，使土壤细碎不板结，同时加强其他管理。有时管理得好，收成将增加，如南齐永明三年（485）夏，“琅邪郡旱，百姓芟除枯苗，至秋擢颖大熟”。又“临沂县麦不登，刈为马刍，至夏更苗秀”②。

① 《晋书》卷43，《王戎传附澄传》。
② 《南齐书》卷3，《武帝纪》。

（五）收获操作技术

对于收获作物，《齐民要术》称凡谷成熟有早晚，苗秆有长短，收获量有多少，性质有强弱，味道有好坏，品种有优劣，粒实有息耗，地势有良薄，山泽有异同等区别，所以种植和收获都要注意顺天时、量地利，就可以费力少而成功多。作物没有成熟时不能收割，《晋书》卷66《陶侃传》曾记载一个故事，说他出外见一人手拿一把未成熟的稻子，便问："用此何为?"回答："行道所见，聊取之耳"。陶侃因此大怒，说："汝既不田，而戏贼人稻!"命令官吏将此人处以鞭罚。当时收割方法一般是刈苗秆，然后连苗秸一并挑回，关于刈麦、刈稻、刈谷的记载很多，如西晋王裒不愿门生为己刈麦，孙晷见人盗刈己稻而避开，北朝李士谦望见人盗刈自己禾黍也躲避，说明麦、稻、黍、豆、麻等全是连苗秆刈割挑回，《梁书》卷20《陈伯之传》所载便可证实："年十三四，好著獭皮冠，带刺刀，候伺邻里稻熟，辄偷刈之。"田主见到后，陈伯之持刀威胁，田主逃走，"伯之徐担稻而归"。由于刈苗之后尚余茬根，所以《齐民要术》要求秋收之后迅速耕地，将余茬翻压土下，不至来年野生，又可沤成肥料。

三、耕作方式

魏晋南北朝农业耕种，采用的技术方法主要为牛耕、锄耕区种和火耕水耨三种。牛耕在北方和旱地比较普遍，但因贫困农民往往难于饲养耕牛，锄耕缦种方法依然存在，另外还存在锄耕方式的区种，江南地区则采用火耕水耨耕作方式的地方较多。

关于牛耕，已经比较普遍实行，曹操于建安初接受卫觊建议官卖盐，"以其直益市犁牛"[①]，给关中回乡流民，"劝耕积粟，以丰殖关中"，说明关中以牛耕。淮南淮北一带也如此，曹操建安七年到谯，对死难将士家属"授土田，官给耕牛"[②]。颜斐于魏文帝时为京兆太守，课百姓"无牛者令养猪，投贵卖以买牛"[③]。杜预于晋武帝时建议官牛出卖，因而下诏："可分种牛三万五千

① 《晋书》卷26，《食货志》。
② 《三国志》卷1，《魏书·武帝纪》。
③ 《晋书》卷26，《食货志》。

头，以付二州将吏士庶，使及春耕。”[①] 东吴孙权曾说：“今孤父子亲自受田，车中八牛，以为四耦”[②]。傅玄说晋时佃兵持官牛者的分成办法不合理，认为“宜佃兵持官牛者与四分，持私牛者与官中分。”[③] 张茂曾反对官之老牛出卖，说：“杀牛有禁，买者不得辄屠，齿力疲老，又不任耕驾，是以无用之物收百姓利也。”[④] 前燕也有关于持官牛耕地的分成问题，南北朝都有关于争牛的记载，北魏北周都发布过令有牛无牛家耕地时有无相通的法令，可见使用牛耕方式的区域很广，并一直存在于魏晋南北朝时期中。所以《齐民要术》卷1《耕田》的介绍，大都以牛耕为主，并云：“凡秋收之后，牛力弱未及即秋耕者，谷黍穄粱秫拔之下。”可见无牛者家反而少。

关于锄耕区种，主要是涉及精耕方式，而不是指锄耕缦种或作物生长过程的锄耕管理，这种锄耕管理是正常的，如东晋桓宣“或载钼耒于轺轩，或亲芸获于陇亩”[⑤]，说的就是普通的农作物操作程序。区种锄耕往往是灾荒之年，以较大的劳力和较多的肥料集中于一小块土地上，以保证单产较高来弥补耕作面积较少时的收获总量。

区种方式据《齐民要术》所引氾胜之所述，就是在一定区域中，以充足的粪肥等距密植，加强浇灌、除草、护苗管理，费功极大，但收获相对增大，所以魏晋南北朝时期时有为之。曹魏时邓艾曾大规模进行过一次，“艾欲积谷强兵，以待有事。是岁少雨，又为区种之法，手执耒耜，率先将士，所统万数，而身不离仆虏之劳，亲执士卒之役。”[⑥] 以万余军队实行区种，所种规模够大的了。西晋末年有一隐士郭文也实践了区种法，他于洛阳陷落后，入余杭大辟山中，“恒著鹿裘葛巾，不饮酒食肉，区种菽麦，采竹叶木实，贸盐以自供”[⑦]。前秦苻坚则似乎令统辖境内全用过一次区种法，《晋书》卷113《苻坚载记上》称：“坚以境内旱，课百姓区种”。下面紧接着叙述苻坚境内繁荣景

---

① 《晋书》卷26，《食货志》。
② 《三国志》卷47，《吴书·孙权传》。
③ 《晋书》卷47，《傅玄传》。
④ 《晋书》卷78，《丁潭传附张茂传》。
⑤ 《晋书》卷81，《桓宣传》。
⑥ 《晋书》卷48，《段灼传》。
⑦ 《晋书》卷94，《隐逸·郭文传》。

象，似乎与区种法实行有关联。

关于火耕水耨，是江南地区多水处一种粗放耕作方式。据《史记》卷129《货殖列传》说，江南地区一直采用这一耕作方式，先将耕地中的杂草小树丛用火烧掉，然后灌水，草木灰可充肥料，杂草又难再长，故稻可以生长较好。来年刈稻之后，又烧其稻秸，然后翻地压埋其根，再放水沤肥。水耨不必费太多功力和牛犁，只要将水田平整之后就可以播种，杜预便说江南水田，“皆以火耕水耨为便”①，因此魏晋南北朝时期虽然江南已用牛犁，不少地方仍盛行火耕水耨，并不备养耕牛，晋武帝诏书就说：“东南以水田为业，人无牛犊。”② 只是杜预建议决坏陂塘之后，变成了旱地，才用牛耕，所以配发耕牛35000头。

关于此时期火耕水耨的事例不少，如《文献通考》卷2载东晋应詹所说：“江西良田，旷废来久，火耕水耨，为功差易，宜简流人，兴复农官”。就是说江南地区以火耕水耨较容易和方便。因此，江南采用该耕作方式的就十分普遍，《全陈文》卷11徐陵《广州刺史欧阳頠德政碑》便说他都督广东、广西、越南北部20州的广大地区，“火耕水耨，弥亘原野”。

四、贾思勰与《齐民要术》

贾思勰，山东益都人，曾任高阳太守，东魏天平年至武定年间（534～544），以丰富的资料和渊博的农学知识，撰成《齐民要术》一书，是现存最早最完整的中国古代农书。

《齐民要术》全书分10卷，每卷以作物种类分篇，前9卷共有91篇，最后一卷不分篇。全书字数大约10万余。

《齐民要术》的内容主要包括粮食类作物的栽培、经济类作物的栽培、园艺、耕种技术、作物管理、土壤鉴别和改造、节令掌握、选种、家畜家禽饲养、家用食物制作、烹调方法等。部分内容已在前面略有介绍，此处从略。

南方梁朝宗懔所撰《荆楚岁时记》也记载了不少长江中游，特别是江汉地区农业生产经验，可以补充主要记述黄河中下游农业生产经验的《齐民要术》。

---

① 《晋书》卷26，《食货志》。

② 《晋书》卷26，《食货志》。

第三节 农业生产工具的改进与耕作技术的进步

魏晋南北朝时期，劳动人民在实际生产劳动中，不断总结经验，对生产工具加以改进，使之更加适用，减轻劳动强度和提高生产效率，使农业耕作技术得到进一步提高。

一、农业生产工具与犁等主要田器的改进

该时期与农业生产相关的工具主要为直接用于耕种收获的农具、汲水灌溉的用具和粮食加工、运输的工具几大类。从《齐民要术》和当时史籍记载来看，此类用具极多，如犁、耙、耧、锄、锸、镰、铲、鍻楱、枷、劳、耒耜、锋、鉶、椃、辗、耩、刈刀、手劳、大锄、小锄、镞锄、陆轴、桔槔、辘轳、柳灌、锨、木斫、舂、箪、臼等等。

当时市场上的农业生产工具供应丰富，既有官营所铸田器，如西蜀司金中郎将便“典作农战之器”[①]；也有私人出售，如北魏赵柔得人所给数百枚犁铧，“与子善明鬻之于市”[②]；赵琰“遣人买耜刃，得剩六耜，即令送还刃主”[③]。所以民间农具、铁器数量不少，梁时康绚筑浮山堰，为堵水合龙，一次便投淮水中铁器数千万斤，“大则釜鬵，小则锞锄”[④]。

农业生产工具中犁是最主要的工具，也是农业生产力水平的标志物之一。西汉时，犁已有很大改进，犁铧改用全铁制作，并用生铁铸成，翻耕土地时更加锋利，因而更加便捷。当时，犁分为以牛牵引和以人牵引的两种。牛挽犁常用两牛共挽一犁，称为耦犁，俗称二牛抬杠。耕作时，一人于前牵牛，一人在后扶犁辕，另外尚需一人掌握犁地的深度，故一具犁用二牛三人。崔寔说东汉时辽东耕犁，辕长4尺，“用两牛，两人牵之，一人将耕”[⑤]，另后面跟着三

① 《三国志》卷41，《蜀书·张裔传》。
② 《魏书》卷52，《赵柔传》。
③ 《魏书》卷86，《孝感·赵琰传》。
④ 《梁书》卷18，《康绚传》。
⑤ 《齐民要术》卷1，引崔寔《政论》。

人，其中两人挽耧，一人下种。

魏晋南北朝时一方面对犁于使用实践中所产生的缺点加以改进，另一方面继续沿用两汉犁，可以从出土中的牛耕图看出其沿袭事实。从两汉至魏晋墓葬壁画中先后发现的牛耕图中，包括山西平陆县枣国王莽时期牛耕图、陕西米脂牛耕图、陕西绥德牛耕图、内蒙古和林格尔牛耕图、山东滕县牛耕图、江苏睢宁牛耕图（以上东汉），以及嘉峪关魏晋墓葬中发现的画像砖牛耕图，在犁的形状和耕作方式上都是一脉相承的。

但是，这种沿袭已不是简单地照搬，而在犁的结构、形体和操作技术上都有所改进，其典型事例就是避免长辕直辕缺陷的蔚犁和辽东曲形圆犁的出现和使用。二牛抬杠所使用的长辕犁，犁辕长而直，因而挽犁之牛便于牵引，在平原大块耕地上使用方便，可是在山区或小块耕地上则十分不便，回转困难，费时费功，且不易掌握耕地的深浅。于是魏晋南北朝时便改长辕犁为蔚犁，将犁辕缩短，改挽牛以一牛牵引，犁耕时也只需一人操作，在山区或小块耕地上使用比长辕犁轻便灵活多了。“辽东之犁”辕长四尺，为曲形圆犁，“回转相仿”[①]，与蔚犁功能接近，只是仍用二牛二人耦耕，不若蔚犁适合自耕小农使用。与犁配套的播种工具耧车，也与犁的改进而相应有所改进，以较适用的一脚耧取代两脚耧。贾思勰总结说：“按三犁共一牛，若今三脚耧矣，未知耕法如何？今自济州迤西，犹用长辕犁，两脚耧。长辕耕平地尚可，于山涧之间则不任用。且回转至难，费力，未若齐人蔚犁之柔便也。两脚耧种垄概，亦不如一脚耧之得中也”[②]。

从长辕犁到柔便灵活的蔚犁，显然是犁在魏晋南北朝时期的一大进步。因为蔚犁具备回转轻便，节约功力的效用，虽然目前尚不知其犁辕究竟多长，但是相对于长辕犁使用不便的情况来看，应该说蔚犁即是短辕犁，犁辕长短与后世单牛犁相仿佛。由于蔚犁有轻便的特点，自然可以减少挽犁的牛数和相配的劳动力数量，以致一牛一人即可操作。从甘肃嘉峪关魏晋墓耕牛图和广东连县晋墓出土的牛耕明器来看，正是一牛牵引一人扶犁，扬鞭喝牛，应即是蔚犁类

① 《齐民要术》卷1，《耕田》。
② 《齐民要术》卷1，《耕田》。

犁。从这来看，蔚犁的使用并不只限于齐地，而是从河西到齐鲁，从齐鲁到广东，加上“辽东之犁”使用区域，在极广阔的地区得到应用。贾思勰时其视觉范围在北方，所以未能记录南方和西北的情况。而蔚犁出现的时间也早在魏晋之交，至南北朝时更加完善了。

犁的这一改进极其有意义，因为人寡力单的自耕农小家庭，便可以完全一家一户从事耕作，所以对于牛耕方式的普及有极大推动作用，从而提高农业的整体生产力水平。而使用长辕犁需要二牛三人的耕作方式，就非小户人家可以独力完成的，只是比较适合广有耕力和劳力的地主田庄使用。

从上述《齐民要术》的记载中，还得知魏晋南北朝时期的耧车，具有一脚、两脚和三脚耧多种形式。这显然也是适应不同的耕地和不同的劳力状况而作出的改进，从而反过来又促进了对边远地区和内地山区的开发。

把经过改进的蔚犁与多种式样的耧车等田器推广到边远地区，也在魏晋南北朝时期有明显表现。早在西汉赵过创设代田法时，便已将“皆有便利”的“耕耘、下种田器”[①] 推广到了居延地区，取得了良好的成绩。嘉峪关魏晋墓葬中的牛耕图，就是河西地区已使用“便利”田器的证明。实则河西地区先进农具的使用，早在曹魏时候已开始，如曹魏嘉平中（251）皇甫隆为敦煌太守，便曾在此处推广新式田器。史称：“初，敦煌不甚晓田”，“又不晓作耧犁”。只知以水漫浸耕地，使耕地土壤十分濡软之后，采用与江南水耨形式接近的耕作方法，然后播种，费力极大，效率却很小，收成不好。“隆到，教作耧耕，又教衍溉，岁终率计，其所省庸力过半，得谷加五”[②]。这一事实，充分证明农业生产工具的改进和耕作技术的进步，对农业生产的巨大促进作用。

此时的犁，从结构来看，也是较完整和实用的，其主要零部件是犁头所装铁制犁铧、翻土定向成陇的犁镵、调整犁地深浅的犁箭、贴地拖行的犁床、作为动力传动的犁辕、扶犁者控制方向及操作的犁梢套在牵引牛身上的犁槃。另外，每一主件与另一主件间又有联结或调整用的小零件，整具犁已十分复杂。犁镵又称犁镜、犁耳或犁碗，作为翻土定向成陇器，使犁耕时一次完成翻土、

① 《汉书》卷24上，《食货志》。

② 《三国志》卷16，《魏书·仓慈传》注引《魏略》。

成陇两项大的功能，又能使地表面的杂草因翻土作用压埋于土壤之下，既能除草，又能沤作肥料。翻土后底土翻在表面，藏于土中过冬的害虫也因此被杀死。这部件比欧洲牛犁上出现同样功能的部件要早一千年。犁铧又称犁镵，与犁镰同为犁具主要铁制部件，通常用生铁整个铸成，这证明当时中国的冶铁技术在世界处于最先进的水平上。

农业生产工具的其他改进，例如汲水灌溉用具的变化和使用畜力等，配合着主要农具犁、耧车等的改进，也产生了不小的作用。

二、耕作技术的进步

犁与耧车等农具的改进，创造了耕作技术进步的条件，并使牛耕方式进一步普及。长期使用火耕水耨的南方，也在魏晋南北朝时期向牛犁耕作方式转化。虽然因为贫穷的个体小农常无法备养耕牛，而采取人力耕作的方式，以人力牵引犁具，后面以人扶犁，北魏时尚如此，恭宗曾于太延五年下令农民有牛家与无牛家换工，“其有牛家与无牛家一牛种二十二亩，赏以耘锄功七亩，如是为差”[1]。北周苏绰也有类似规定。但新型犁具带来的耕作技术的进步则是没有疑问的，上面已有叙述。

另外，在犁翻土地之后的技术方面，也有不少进步的反映。《齐民要术·耕田》称：“耕荒毕，以铁齿镉楱再遍耙之。”铁齿镉楱是一种土地整治工具，在耕地翻土之后，将大块土耙碎整平，精耕细作，利于农作物生长。在播种之后，使用叫“劳”的无齿耙摩平土地，这是极重要的耕作技术，“谚曰：耕而不劳，不如作暴”；“耕欲廉，劳欲再”。播种技术则有《齐民要术》所称的耧车，“状如三足犁，中置耧斗藏种，以牛驾之，一人执耧，且行且摇，种刀随下”。在作物生长期间的管理，以中耕技术为主，从《齐民要术》提到的各种锄、镞锄、小锄、锋、耩、锨等中耕田器和使用方法来看，当时采用了多种类型的中耕技术，以运用在不同的农作物、不同的时期和不同的地区及土壤。收割技术以人力收割为主，有短把镰，也有长把大镰，另有专门收割专门作物的工具，如收获麻的刈刀。作物收割之后的脱粒，采用连枷拍打的技术，主要运

① 《魏书》卷4，《世祖纪下》。

用环轴的机械原理减轻劳动强度。脱粒后采用风车扬去禾屑，然后用臼碓脱壳，较大型的是水力带动的水碓。石磨类主要用于将粒状粮食磨成粉状。当时有畜力牵引的“连转磨”。

从《齐民要求》的记载，当时注重选种技术和施肥技术，肥料品种包括人粪、蚕矢、厩肥、绿肥等。种植技术主要强调疏密合宜、适应时令节气和土壤性质。特别在保墒方面，贾思勰认为是耕作技术中很重要的一环，在雨量较小，气候干燥的北方地区，无疑是很必要的。而在南方地区，重视的则往往是排涝，如杜预所强调的。北方地区气候较为寒冷，并常有突然的霜冻发生，《齐民要术·栽树》中认为可采用烟熏技术，说：“凡五果，花成时遭霜，则无子。常预于园中往往贮恶草、生粪。天雨新晴，北风寒切，是夜必霜。此时放火作煴，少得烟气，则免于霜矣。”贾思勰最为强调的是抓紧农时，勿误时节，认为及时耕种，不早不晚，则“一耕当五”，“一耕当十”，收成相差比率极大。他还将各种主要的农作物，包括粮食类、瓜果类、纤维类和经济类的种植技术加以全面介绍，例如种瓜，《种瓜篇》云：“收瓜子法，常岁岁先取本母子瓜，截去两头，止取中央子。……凡种法，先以水净淘瓜子，以盐和之，先卧锄耧却燥土，然后掊坑大如斗口，纳瓜子四枚，大豆三个于堆旁向阳中。瓜生数叶，掐去豆，多锄则饶子，不锄则无实。”其他的植培介绍也是如此详细的。

至于农作物收获之后的后期加工制作，某些品类接近于手工业品和商业性食品、织品，其余作为自给自足的衣食物品，在技术上也是在不断总结经验的基础上有改进和提高的，这不仅在《齐民要术》中有很多反映，也在史籍中常有记载。

在汲水灌溉技术和工具方面，南北方有着明显的区别。南方一般利用开挖渠塘，修筑陂堨解决农田灌溉用水问题，也应用水车，比如翻车、龙骨车、曲筒一类。北方一般以凿井汲水为主，使用桔槔、轳辘、滑车取水，时也使用水车，曹魏时马钧在洛阳居住时，在一块地势稍高的园地中，便制造了一架翻车，使儿童转之，汲水灌园，其功百倍。水车的应用对于耕作技术的进步也有一定促进作用。

后赵石虎时的尚方令解飞，工巧敏捷，发明“舂车”和“磨车”，其原理是车行动时以机械传动作用，引发车上木人踴碓舂米，据说车行十里，可脱壳一斛。而石磨车则是磨置车上，车行带动磨转，车行十里，也能磨完一斛粮食。而且舂车和磨车的管理很简便，一车只需一人就行了。

总之，魏晋南北朝时期农业生产工具和耕作技术，基本上是承袭两汉，并有一些改进，促进了农业经济的发展。工具的改进和技术的提高，又由贾思勰的《齐民要术》对相当部分加以总结、记录和保存下来，则是可值得庆幸的。

第四节 单位面积产量的估计

中国古代社会里农业生产的单位面积产量，往往没有具体数字，时或有一两个数字，也是概括而言，没有经过精确统计。至于不同地区、不同土壤、不同时代、不同作物种类和不同年代的区别，就更是难于分辨清楚。所以，通常只能对当时的单位面积产量作一些力求接近事实的估计。

一、汉代的单位面积产量

对魏晋南北朝农业生产单位面积产量的估计，必须在汉代亩产量的基础上考虑。汉武帝以前，土地的亩制以百步为亩，折合成今市亩约为0.2882亩，每亩产量据《汉书》卷24上《食货志上》引李悝所说："岁收亩一石半，为粟百五十石。"但汉文帝时的亩产量引晁错之说，则似乎比战国时尚减少50%："百亩之收不过百石。"亩产1石至1石半的情况，至汉武帝时有了变化。汉武帝改亩制为240步为1亩，《盐铁论·未通篇》载："先帝（武帝）哀怜百姓之愁苦，衣食不足，制田二百四十步而一亩"①。该亩积约折合成今市亩的0.6916亩，比原小亩大140%，即后来的大亩等于原来小亩的2.4亩。大亩的亩产量，据《汉书·食货志》记述赵过代田法中所云："一岁之收常过缦田亩一斛以上，善者倍之"，则为缦田亩产约3石半至4石左右。

西汉成帝时的《氾胜之书》记录了精耕细作的区种法，其产量大幅度增加，从《齐民要术》所引来看，亩产极大，带状区种方式中粟或麦均亩产百

① 俞正燮：《癸巳类稿·王制东田名制考义》；梁方仲：《中国历代度量衡变迁表》，《梁方仲经济史论文集补编》，中州古籍出版社1984年版。

石，方穴区种中以粟而论，上田亩产百石，中田51石，下田28石。这个单位面积产量数字可能误差很大，因为《北堂书钞》卷39《兴利》所引氾胜之奏称商汤时伊尹创区种法，“教民粪种，负水浇稼，收至亩百石”；可是，“胜之试为之，收至亩四十石”。显然比亩收百石便少60%。贾思勰也在所著书中引《氾胜之书》后自注曰：“昔兖州刺史刘仁之，老成懿德，谓预言曰：‘昔在洛阳，于宅田以七十步之地域为区种，收粟三十六石。’然则一亩之收，有过百石矣。少地之家，所宜遵用也。”也就是说，区种一般大概亩收40石，可是“少地之家”全力以赴，也有收至百石的可能。不过，氾胜之说区种法中，“丁男长女治十亩”，则大致共收四百石，如此高的产量，看来是很特殊的，大概可能性并不太大。

根据上述，可以估算汉代单产中小亩约亩产1石至1石半，大亩约亩产3石半至4石，良田则是4石半至7石，最高的到亩产10石，[①] 即氾胜之所说，如果能掌握好节气，“得时之和，适地之宜，田虽薄恶，收可亩十石”[②]。

二、魏晋南北朝的单产估算

该时期亩产量似乎与汉代不同，同时期的亩产就有极大差异。西晋傅玄说：“近魏初课田，不务多其顷亩，但务修其功力，故白田收至十余斛，水田收数十斛。”[③] 如此则似乎太多，虽然是《务修其功力》却也有些疑问。

傅玄根据此认为西晋不修功力，所以亩产量下减。他说：“自顷以来，日增田顷亩之课，而田兵益甚，功不能修理，至亩数斛已还，或不足以偿种”[④]。白田大概是肥沃之耕地，《南齐书》卷58《蛮传》载：“汝阳本临沮西界，二百里中，水陆迂狭，鱼贯而行，有数处不通骑，而水白田甚肥腴。”似乎肥沃的耕地有称为白田的。与水田相对称，则白田又可能是旱地，为旱地中较良好的上田。水田所收亩产，似乎只要是上等耕地，则产量极高，《史记》卷29

---

① 关于汉代单产数量，以往有不少论著都作了估算，但因根据、计算、方法、材料的差异，估算结果也有差异，此不一一注明。

② 《齐民要术》卷1，《耕田》引。

③ 《晋书》卷47，《傅玄传》。

④ 《晋书》卷47，《傅玄传》。

《河渠书》称关中郑国渠挖成后，“用注填淤之水，溉泽卤之地四万余顷，收皆亩一钟”。西晋时江统和北魏时郦道元都信而不疑，江统说：“夫关中土沃物丰，厥田上上”，“亩号一钟”[①]；郦道元也在他的《水经注·沮水》中说此地亩产量为1钟。1钟，按当时理解应是6斛4斗。[②] 而更高于亩产一钟的说法也见于记载，《晋书》卷26《食货志》载杜预建议决坏淮河流域的陂塘以为耕地，他说：“填淤之田，亩收数钟。”也就是说每亩可收到20斛左右，这与刘宋时南昌人雷次宗说豫章郡，“江之西岸，有盘石，下多良田，极膏腴者一亩二十斛”[③] 是相合的，嵇康也认为一亩之产，通常情况下，只要是良田都可收10斛之多，并以之对比区种法可亩产百斛，他说：“夫种田者，一亩十斛，谓之良田，此天下之通称也。不知区种，可百余斛。田种一也，至于树养不同，则功收相悬。谓商无十倍之价，农无百斛之望，此守常而不变者也。”[④] 当然，亩收百斛来自于氾胜之区种亩收百石之说，可信程度不大，但他说良田亩产量10石，则是可信的。否则，以当时人说当时事，并称之为天下通论，而出此纰漏，绝不可能。

北魏时的亩产，普遍是5～10石，孝文帝太和十七年（493）巡行，下诏：“车驾所经，伤民秋稼者，亩给谷五斛”[⑤]。每亩赔偿5石，显然与当时的平均亩产量有关系。《齐民要术·耕田》介绍施肥技术时说用绿豆、小豆、胡麻等作为绿肥美田，“为春谷田，则亩收十石”。在《大小麦篇》中称：“青稞麦右每十亩用种八斗，与大麦同时，熟好收四十石八九斗”，则是每亩平均收4石。如果耕地贫瘠一些，土质不那么好，亩产量就要减少，大约只能亩收2～3石，前凉张骏时（324～345）准备改造石田用做耕地时，其参军索孚认为得不偿失，“今欲徙石为田，运土殖谷，计所损失，亩盈百石，所收不过三石而已”[⑥]。可见下田亩产仅得二三石。

---

① 《晋书》卷56，《江统传》。
② 《左传》昭公三年：“釜十则钟”。杜预注云钟为“六斛四斗”。
③ 《太平御览》卷821《田部》引雷次宗《豫章记》。
④ 《嵇康集·养生论》。
⑤ 《魏书》卷7，《高祖纪下》。
⑥ 《魏书》卷99，《张寔附骏传》。

东晋南朝的单位面积产量数字更少，除上述刘宋时雷次宗提及豫章最好良田亩产20斛外，几乎就没有其他具体数字了。不过，东晋成帝咸和五年（330）收田亩税，“始度百姓田，取十分之一，率亩税米三升”①。如果说亩税3升是亩产的十分之一，那么，亩产只有3斗米，约折稻谷5斗半左右，亩产太低，使人难以相信。况且，以自耕小农平均每户耕种50亩地（以西晋户调式而言），② 按亩税3升计算，总税额每户仅1石5斗米，而孝武帝于太元八年改为以人头税米，每人5石，以每户5口计，每户税米总数是25石，前后税米相差过于悬殊。因此，这一“度田税米”的标准怀疑为亩税3斗，而非3升。如果此说成立，则不仅税额为5石半稻谷的1/10，与孝武帝时接近，而且亩产量也就可信多了，即6石或5石。

我们还可以从当时人的粮食消费量来估计亩产的可能数额。根据邓艾所说，曹魏时将士似乎一人一年大约消费60斛粮食，他说：“积三千万斛于淮上，此则十万之众五年食也。”③ 平均每人每月五斛。以魏时每斛约为今0.2石计算，则每月消费约为今120市斤左右，折成米有近90斤，数量太多。比较适合的数字，是《宋书》卷86《刘劻传》所载：“二万人岁食米四十八万斛，五年合须米二百四十万斛。”平均每人每月2斛米。南朝每石比魏略少，约为今石0.2石弱。取整数为0.2石计算，每人消费0.4石米，折合为45市斤米强，这是比较合理的壮年士兵粮食消费量。

因此，以此数反套农户收成后的消费总数，再加上其他支出，也就可以得出其总收获量，除以可能的耕地数，正是平均亩产量。李悝说一般人每月所需消费粮食1石半左右，折合约为今45市斤米略弱。根据晁错说汉代亩产约1石，百亩收百石，那么魏晋南北朝时期的亩产量要略高一些，甚或所高不少。此时的大亩等于汉代小亩2.4亩，亩产约4石到6石（考虑到生产水平的提高问题），按照每一男丁课种耕地50亩来计算，则平均每户收200～300石，折汉石150～180，略有提高。

---

① 《晋书》卷26，《食货志》。

② 《户调式》：“丁男课田五十亩。”

③ 《三国志》卷28，《魏书·邓艾传》。

三、单位面积产量的分析

根据上述估计推断，魏晋南北朝时期在一般耕作技术下和一般耕地上，亩产量为良田10石、中田5石半至6石，薄地3石，详见下表：

亩别		平方尺	折今亩积	田质	亩产	折合率	折今石数	产量率
汉代	小亩	3600	0. 2882	中亩	1石	0. 3425	0. 3425	1. 188
				良田	1石半		0. 51375	1. 782
	大亩	8640	0. 6916	中田	3石半	0. 3425	1. 19875	1. 733
				良田	4石		1. 37	1. 98
魏晋南北朝	大亩	8640	0. 6916	良田	10石	0. 2023	2. 023	2. 925
				中田	6石		1. 338	1. 934
					5石半		1. 112	1. 607
				薄地	3石		0. 6069	0. 877

按此上述所用亩积、亩产折合率数字，取自梁方仲《中国历代度量衡变迁表》，其中容量部分，魏晋南北朝各代各朝有所差别，此处统一用魏晋时期与今石折合率0. 2023计算，以求简便。上表单位面积产量不包括精耕细作或区种法下的高产数字，也不考虑地区差别和灾荒歉收的因素。表中产量率计算方法以产量（折合今石）除以亩积（折合今亩）得出的单位面积中的平均产率点数，以便比较各类产量间的关系。其点数即一定土地所产出的量之多少。

从上表可以看出，由汉至魏晋南北朝，亩积和容积的具体数有变化，所以在比较单位面积产量时不能仅凭石数，要注意到实际数的多少，这是一。第二，从表可以看到，土地肥沃与贫瘠间有区别，汉代沃田产量未在表中列出，如以郑国渠灌溉下的关中沃土亩产1钟来计算，折合今石为2. 192石，为3. 169个点数，高于普通产量1～2个点数。魏晋南北朝时期良田亩产则比普通耕地多1个点数，比贫瘠土地多2个点数。第三，从表中可以分析汉与魏晋南北朝时普通耕地单位面积产量，后一时期在点数上略有高出，如亩收6石，则比汉小亩高0. 2～0. 7个点数，但若亩收不足6石，则比汉代点数略低，而下田所减少的点数就更多了。第四，汉代至魏晋南北朝的农业生产中的单位面积产量和生产率点数，说明汉代时高度发展的农业生产水平不仅为魏晋南北朝所继承，而且还有所提高；同时，该时期也没有因为战乱或分裂而降低农业生产水平，其生产率点数没有降低便是证明。

魏晋南北朝时期单位面积产量的估计，对于当时西晋户调式中的丁男、丁女课田和北魏太和年间至隋的均田的亩数认识有帮助，也可对当时个体小农生活水平有认识作用。根据李悝与晁错所说，5 口之家的个体小农至少要耕种 100 亩（小亩）土地才勉强可以生存和维持简单的再生产，无法也不可能扩大再生产。所以，魏晋南北朝时期的小农则至少要耕种四五十亩（大亩）土地，才能保持汉代小农的经济能力和生活水平。列表比较如下：

朝代	耕地数（亩）	折今亩积	亩产数（石）	折今石数	平均户食用数（石）	租赋杂费（石）	正负数（石）
汉	100	28.82	150	51.375	30	26	-4.625
西晋	70	48.41	350	70.8	30	36	+4.8
北魏	60	41.49	300	60.69	30	36	-5.31
北齐	60	41.49	300	60.69	30	36	-5.31
北周	70	48.41	350	70.8	30	36	-4.8
隋	60	41.49	300	60.69	30	36	-5.31

表中平均户食用数按 5 口之家一年食用计算，平均每人每年食 6 石。亩产量以平均 5 石计算，作为恒数，汉代亩产量以小亩亩产 1 石半计算。亩积折合率汉亩以 0.2882 折，其余按折合今亩 0.6916 亩计算；容积折合率与上表同。田租赋税及衣用杂费标准按李悝计算方法的百分比标准为参照数，除汉以外的赋、租数按每户 15 石计算，并且假设为不变的恒数，此数实际已大大低于征收数，如东晋孝武帝度口税米的 25 石。正负数一栏中，有余数为正数（+），不足数为负数（-）。耕地面积以西晋课田（包括丁男、丁女）、北朝的均田（扣除倍田数）为准，但实际上自耕农并非真的全有如此多耕地，此处只作为平均水平数。

从上表，可见个体小农耕种面积一定的情况下，就是不考虑任何影响生产的因素，其收入也不敷支出，或只有微不足道的盈余。为了解决生活问题，个体小农只有设法利用其他办法加以解决。这也是当时自耕农大量沦为依附民或逃亡、隐匿户口以避赋徭的重要原因。

由于入不敷出，所以不仅不可能增加生产资金以扩大再生产，甚至连维持正常的简单再生产都有困难。这种状况，造成了往往田地荒芜不耕，极大地阻碍了农业生产力的发展，也阻碍了农业生产中单位面积产量的提高。

第五节 林业、渔业的简况

与农业有一定联系的是林业、渔业等。本来，林业、渔业可以与牧业相并重，成为农业的重要辅助经营项目。但是，魏晋南北朝时期的林业和渔业却因为经营方式比较粗放，经济价值不是特别明显，处在自然经营的状态中，所以尚未能形成较大规模，特别是林业，基本上可以说没有什么值得特别重视的地方。当时，人们只是需要建筑材料或炊食燃料时，对林木加以砍伐，很少植树育林，保护森林资源。他们种植的树木都在屋前屋后，如周朗所说的“荫巷缘藩，必树桑柘，列庭接宇，唯植竹栗”①。至于桑树的种植量则是很大的②。

一、竹、林业与占山

树木种植中以桑树和果树为多，桑、果成林是比较习见的，与农业直接相关，而非林业。

魏晋南北朝时期林业中竹比较重要。竹，盛产于南方，北方不少地区也可以种植。竹的品类较多，大竹小竹均有。竹子兼有经济性质的食用和建筑材料的功能，可以提供数量可观、味道鲜美的各类竹笋，可以充当建造普通民居的材料。更为重要的是竹子乃各种民间用具的原材料，筐、箩、篮、椅等都可用竹篾编织而成。另外，竹子又富观赏性，所以家庭之中人工种植数量很多，一些贵族官僚、富室豪家也在庭园内广为种植。晋代纪瞻，“厚自奉养，立宅于乌衣巷，馆宇崇丽，园池竹木，有足赏翫焉”③。谢安，“于土山营墅，楼馆竹林甚盛，每携中外子侄往来游集”④。刘宋徐湛之任南兖州刺史时，修缮广陵

① 《宋书》卷82，《周朗传》。
② 刘汉东：《魏晋南北朝林业、渔业考查》，《中国社会经济史研究》，1991年第3期。
③ 《晋书》卷68，《纪瞻传》。
④ 《晋书》卷79，《谢安传》。

城中旧有的一座高楼，增建不少房舍，“果竹繁茂，花药成行”[①]，广种竹子。

当时一般只要有园，园中往往便有竹，特别是在南方地区，如南齐萧子响，“数在园池中帖骑驰走竹树下”[②]；梁阮孝绪，“所居室……竹树环绕”[③]；陈时鄱阳王招请马枢居府中，“枢恶其崇丽，乃于竹林间自营茅茨而居”[④]。可见一般家庭园中往往植竹成林。

竹子给当时提供不少好处，南齐南豫州别驾殷潹便说灊、舒、始新左县等县，“村竹产，府州采伐，为益不少”[⑤]。梁武帝未起事之前，便早就开始做准备，“多伐材竹，沉于檀溪”，至发难出兵之时，“悉取檀溪材竹，装为艛舰”[⑥]。上庸太守韦叡响应萧衍，“率郡人伐竹为筏，倍道来赴”[⑦]。陈时华皎，也因竹子为朝廷增加很多收入，《陈书》卷20《华皎传》称：“皎起自下吏，善营产业，湘川地多所出，所得并入朝廷，粮运竹木，委输甚众”。

由于竹子有较高的经济价值，所以魏晋南北朝时经常规定对竹子运销收税，东晋宁康元年（373）曾下诏“除丹杨竹格等四桁税”[⑧]，说明此前对竹收税，并有专门的一整套规定。后秦姚兴，也“以国用不足，增关津之税，盐竹山木皆有赋焉”[⑨]。这些做法，只有在竹或以竹为原料而能提供收益的前提下才有可能。

林业当时分为三类：一类是私人自植树木，成材后自伐。一类是皇宫苑囿中的树林，这在各朝代情况都差不多，如南齐的灵丘山湖，是“新林苑也”[⑩]。苑以新林命名，大概不至于没有树林。

再一类便是自然长成的树林，其中以山林居多，当时人认为的地利便包括天然林木，东晋伏滔《正淮论》称：“龙泉之陂，良畴万顷，舒六之贡，利尽

① 《宋书》卷71，《徐湛之传》。
② 《南齐书》卷40，《萧子响传》。
③ 《梁书》卷51，《处士·阮孝绪传》。
④ 《陈书》卷19，《马枢传》。
⑤ 《南齐书》卷14，《州郡志上》。
⑥ 《梁书》卷11，《吕僧珍传》。
⑦ 《梁书》卷12，《韦叡传》。
⑧ 《晋书》卷9，《孝武帝纪》。
⑨ 《晋书》卷118，《姚兴载记下》。
⑩ 《南齐书》卷44，《徐孝嗣传》。

蛮越，金石皮革之具萃焉，苞木箭竹之族生焉，山湖薮泽之限，水旱之所不害，土产草滋之实，荒年之所取给。此则系乎地利者也”[①]。

此时期的天然树林还是比较丰富的，随处可见成林树木，《晋书》卷94《朱冲传》载：“邻人失犊，认冲犊以归，后得犊于林下，大惭。”小牛能跑入林中，说明树林距离不远，一时找不到牛，说明树林不小。《梁书》卷32《陈庆之传》载其与北魏军对垒，说道：“闻虏所据营，林木甚盛”。《陈书》卷2《高祖纪下》载：“钟山松林，弥满崖谷”。由此可见森林茂密的一般情况。至于远离居民稠密区的深山之中，树林就更是茂盛无比，甚至于山洪暴发之时，漂流出大批巨木，石勒后赵二年（320），“大雨霖，中山、常山尤甚”，滹沱河水猛涨，泛滥成灾，冲陷山谷，洪水拔起冲走的巨木漂浮于滹沱河上，“东至渤海，原隰之间皆如山积”。次年，石勒下令说这些山间巨材漂下是上天暗示他修造宫宇，所以计划仿造洛阳的太极殿而修筑建德殿，“遣从事中郎任汪帅使工匠五千采木以供之”[②]。时隔十一年后，于建平二年（331）九月，“时大雨霖，中山西北暴水，流漂巨木百余万根，集于堂阳”[③]。如此大量的树木因山洪而漂集平原，说明了山林的广阔和林木的众多。从常山、中山到西河一线连绵数百公里，当时都覆盖着郁郁葱葱的茂密森林，所以北魏太和中（约488）王罴被任为西河内史时辞绝赴任，“时人谓之曰：‘西河大邦，俸禄殷厚，何为致辞?’罴曰：‘京洛材木，尽出西河，朝贵营第宅者，皆有求假。如其私办，即力所不堪，若科发民间，又违法宪。以此辞耳。’”[④] 就连关中谓水平地之处，也能为水漂流大量木材，北魏时崔亮为雍州刺史，为了解决城北渭水上的交通问题，准备修建桥梁，“会天大雨，山水暴至，浮出长木数百根。藉此为用，桥遂成立，百姓利之，至今犹名雀公桥”[⑤]。这些都证实了树林四处皆有，而且覆盖面积很大。

古代社会人们虽然囿于科学知识，不懂得环境保护的重要性，所以一方面

① 《晋书》卷92，《文苑·伏滔传》。
② 《晋书》卷105，《石勒载记下》。
③ 《晋书》卷105，《石勒载记下》。
④ 《周书》卷18，《王罴传》。
⑤ 《魏书》卷66，《崔亮传》。

滥砍滥伐林木，另一方面也忽视植树育林。不过，也时有植树成林意识，特别是中国传统以来习惯在墓地种植树柏，无形中顺应了环境保护需要。当时如刘宋元嘉十九年（442），“鲁郡上民孔景等五户居近孔子墓侧，蠲其课役，供给洒扫，并种松柏六百株”①。又如梁时庾沙弥母亲坟墓在新林，“因有旅松百余株，自生坟侧”②。若没有自然长出的松树，就要自己栽种了。前凉张骏曾试图移栽引进新树种于河西，史载：“先是，河右不生楸、槐、柏、漆，张骏之世，取于秦陇而植之”③。但是引种未能成功，后世才将这些树种引种成功。北周宇文泰曾经主持过一次大规模植树活动。大统三年（537）宇文泰在沙苑战役中战胜高欢，“其时太祖兵少，隐伏于沙草之中，以奇胜之。后于兵立之处，人栽一树，以表其功”④。这些树一直到唐代还很茂盛，并因宇文泰栽树成林改造了沙苑环境，使此处适宜于放牧牲畜，唐朝政府还专门设立了沙苑监，以管理官有牲畜，成了官有牧场。

魏晋南北朝的林业，总体上来说，南北方林木覆盖面积都不小，特别是正处在开发阶段的南方，树木覆盖率更大，谢灵运曾率领数百随从，于始宁南山伐木开路，直到临海，全是密林，以致临海太守王琇惊恐万状，以为是山贼。但是，当时不仅没有对森林资源加以保护，反而主要采用是单一砍伐的方式。至于再造林木资源，除了农户零星行为外，很少大规模植树造林活动，有也是偶然因素造成的。林木主要用做建筑材料、木器原材料和燃料。

二、渔业与水产品

渔业在该时期只是作为一种辅助的生产领域，主要在于水产品给人们提供了鲜美的食品，所以给以不同程度的开发，例如羊希所提到的“陂湖江海鱼梁鳅鮆场”。渔业不仅在江南得到开发，北方也有开发。

南方水面较广，水产品种较多，捕捞或饲养较容易，人们也习惯于食用水产品。东吴时，便有专门管理渔业的官吏，孙皓时的司空孟仁，未发达时曾担

① 《宋书》卷5，《文帝纪》。
② 《梁书》卷47，《庾沙弥传》。
③ 《晋书》卷87，《李玄盛传》。
④ 《元和郡县图志》，同州冯翊县条。

任过监池司马，经营国有鱼池。他“自能结网，手以捕鱼，作鲊寄母，母因以还之，曰：‘汝为鱼官，而以鲊寄我，非避嫌也。’”① 西晋时杜预曾说淮水流域各地陂塘极多，“当持鱼菜螺蚌”，这也就是与袁术军队在淮南依靠螺蛤一类为粮食的意思相同了。

南方各地都有丰富的水产品，如刘宋时徐湛之为南兖州刺史，便称广陵“城北有陂泽，水物丰富”②。又如南朝青州州治在郁州，便云“郁州在海中，周回数百里，岛出白鹿土，有田畴鱼盐之利”③。郁州也就是今江苏省连云港市，今天依然盛产鱼盐。由于水产丰富，所以渔业相应而生，人们食用鱼类食品不少，东晋刘超家贫，明帝便“赐以鱼米”④。东晋甘卓为梁州刺史时，常率部捕捞水产，襄阳太守周虑等人接受王敦密令害死甘卓，便“诈言湖中多鱼，劝卓遣左右皆捕鱼，乃袭害卓于寝，传首于敦”⑤。梁时何远为武昌太守，十分清廉，不占百姓利益，“江左多水族，甚贱，远每食不过干鱼数片而已”⑥。鱼在某些地区成了珍贵食品，梁时傅昭为安成内史，“郡溪无鱼”，有人为了拍他的马屁，在大夏天送鱼给傅昭尝个新鲜，傅昭既不好推辞，又想表示自己廉洁，因此收下后却不吃，“餧于门侧”，扔掉了。⑦ 同时的一个酷吏鱼弘，曾数任郡太守，竟厚颜无耻地说：“我为郡，所谓四尽：水中鱼鳖尽，山中獐鹿尽，田中谷米尽，村里民庶尽。”⑧ 说明水产为人所好。甚至有人要经常吃鱼，陈时有一孝子叫张昭，吴郡吴县人，父亲“嗜鲜鱼，昭乃身自结网捕鱼，以供朝夕”⑨。渔业在南方是较受重视的，人们接触、食用较多，也就促使捕捞较多。造成这种情况的原因与江南水域面积阔大宽广，水产品丰富是分不开的，也与水产品味美肉细营养价值高联系在一起。

---

① 《三国志》卷48，《吴书·孙皓传》注引《吴录》。
② 《宋书》卷71，《徐湛之传》。
③ 《南齐书》卷14，《州郡志上》。
④ 《晋书》卷70，《刘超传》。
⑤ 《晋书》卷70，《甘卓传》。
⑥ 《梁书》卷53，《良吏·何远传》。
⑦ 《梁书》卷26，《傅昭传》。
⑧ 《梁书》卷28，《夏侯亶附鱼弘传》。
⑨ 《陈书》卷32，《孝行·张昭传》。

北方也不同程度地捕捞和食用水产品，因而存在一定的渔业经营。居住于洛阳的西晋人潘岳，写过一篇《闲居赋》，便提到“池沼足以渔钓”[①]。北周萧大圜所写赋中也有“俯泳鳞于千浔”[②]句。北齐天保八年（557）四月曾下诏：“诸取虾蟹蚬蛤之类，悉令停断，唯听捕鱼”[③]。北齐并且也有一个与鱼弘差不多的昏暴官吏元坦，曾任冀州刺史，“性好畋渔，无日不出，秋冬猎雉兔，春夏捕鱼蟹，鹰犬常数百头”[④]。特别值得一提的是贾思勰《齐民要术》中专门有《养鱼》一篇，介绍如何在北方人工养鱼。他先介绍了陶朱公所说的养鱼方法，说明6亩地挖成池塘，放入20头长3尺的怀子鲤鱼和4头长3尺的雄鲤鱼，到一年后可以收获1尺、2尺、3尺长的各大小鱼7万头，平均一头值50钱，就可得钱125万。再过一年则各种长短的鱼可收24万头，可得钱515万。贾思勰认为：“如朱公收利，未可顿求，然依法为池，养鱼必大丰，足终天靡法，斯亦无赀之利也”。说明人工饲养水产在当时是受到重视的，甚至在北方地区也是重视的，而且获利较丰。

渔业有相当的经济利益，对渔业课税就是必然的了。前面提到的渔钓责税是此类，禁断采捕也与此性质类似。再如东晋甘卓任梁州刺史，在他之前，“州境所有鱼池，先恒责税”，甘卓到任后废除鱼税，“西土称为惠政”[⑤]。鱼池过去一直收税，说明是正常的，废除鱼税自然就成了惠政了。同样的像南齐时沈攸之责蛮赕物，“禁断鱼盐”，从而激怒蛮王；[⑥]陈时合州刺史陈裒“赃污狼藉，遣使就渚敛鱼”，致使“百姓甚苦之”[⑦]，都是加重渔业税，使普通人民所受剥削更重，因而产生一些非正常的后果。

魏晋南北朝的渔业，由于南北水域资源条件不同，所以南方明显比北方所占比重大一些，并且充分利用了江河湖泊陂塘和海面水域，不仅捕捞自然生成的水产品，而且开展了人工养殖，对有条件的水域经常加工修理，以扩大产

---

① 《晋书》卷55，《潘岳传》。
② 《周书》卷42，《萧大圜传》。
③ 《北齐书》卷4，《文宣帝纪》。
④ 《北齐书》卷28，《元坦传》。
⑤ 《晋书》卷70，《甘卓传》。
⑥ 《南齐书》卷22，《豫章文献王传》。
⑦ 《陈书》卷29，《宗元饶传》。

量。渔业生产量虽然不好估计，既无数字，又是各自单独捕捞和生产，更难估计。不过从当时消费范围很广，社会各阶层人士都有可能消费，加上有专门的渔业税等因素来看，产量估计不小。北方由于水域面积较少，渔业落后于南方，不过，人工池塘养鱼业还是有所经营的。

第六节　农业发展水平的不平衡性及其原因

魏晋南北朝时期农业的发展水平十分不平衡，具有波浪型起伏的特点。在建安时期，由于东汉末年大动乱，百姓流离失所，农业生产处于低谷阶段。经曹魏屯田和水利事业高潮的作用，农业生产恢复到了高水平状态，不仅已达两汉水平，不少方面还有超越。西晋末年，八王之乱，各少数民族因此进入中原，汉族势力大量往南迁徙，又一次使农业水平降至低点。北魏全面统一了北方，和南方的东晋、宋、齐、梁、陈各个政权都相对地保持了南北方的一统局面，战争多限于淮河区域进行，南北方人民获得喘息时间，得以恢复和发展农业生产，使农业发展水平回升。并由于农具的改进和耕作技术的进步，使农业发展水平更高。北魏末年，由于统治阶级的腐朽、贪污和六镇事件后，各地大小战争不休，农业生产一直未能恢复到原有水平；北齐、北周虽然实行了均田制及其他措施，但由于种种原因，收效并不明显。南方则因侯景之乱破坏惨重，也给农业生产造成了极大的不利影响。

农业发展水平不平衡的原因还在于自然灾害频繁，而小农经济却无力承受打击，往往一次小的灾害便造成影响极大的饥荒，大大打击农业的发展。而当时政府又不具备预防灾害的功能和力量，防灾救灾能力极低。政府农业政策没有长期全面的规划，都是短期行为，所以无法防灾，只能在灾害发生之后，以赈灾的形式做一些有限的救灾工作，取不到实质性效果，有名无实。

至于政府长期实行高额租税和沉重徭役，致使自耕小农经济能力薄弱，任何一点因素，无论是内部的还是外部的，都无法承受，只要有一点风吹草动，便要陷于破产陷阱之中。结果便是进一步增加天灾人祸的严重程度，使大量的人口不是饿死，便是流亡，或者沦作大豪强地主、大官僚、大富商和大贵族的依附人口，使封建性的人身依附关系不断强化。从政府户籍中脱漏的人数越多，政府无处筹集的财政需求便日益转嫁到尚在户籍内的户口，于是，存者负担便越重，人们又被迫逃隐，形成恶性循环，严重地影响到农业生产水平，使之不仅不能提高，反而不断下降。

统治阶级的奢侈挥霍，也直接影响到农业生产，他们将大量本来可以成为再生产或扩大生产的资金从农业中抽取出来，加以消费和浪费，转化成不能再增值的部分。农业生产所需资金和物品被挥霍殆尽的结果，就是农业生产水平要么呈下降倾向，要么停滞不动，或者只能十分缓慢地往前滑动。

有关农业与工商业、本与末的矛盾问题，中国古代社会争论不休，持续了很长时间，在魏晋南北朝时期也不例外，其核心就是以农为本与以商为末的思想主张。农本与商末的争论，往往表面上看起来是重农思想取得胜利，但实际上，重农思想主张的胜利不仅没有阻止末业影响、冲击和阻碍本业，反而使本业的水平越来越低。这种现象来自于两个方面：一是过分强调农业的重要性，绝对排斥和打击工商业，扼杀科学技术的发展，造成新技术、新工具、新观念、新方法十分贫乏，无从为农业生产注入新动力新血液，也就无从提高农业生产水平。二是重农抑商实际上起不到效果，正如贾谊所说的，政府所颁布的法律对商人加以轻视，但由于他们的经济实力，实际社会地位远远高于普通农民。农民即便在法律上受到重视，可往往濒临破产与死亡的边缘，在经济规律的作用下，使大批农民弃农经商，或转成游食者，从而使大批劳力流失，影响了农业生产。汉代如此，魏晋南北朝的状况也不例外。

农业生产水平发展不平衡，并常常由于各种其他社会因素，使农业生产遭到沉重打击，一落千丈的状况，我们可从《晋书》卷26《食货志》、《魏书》卷110《食货志》、《隋书》卷24《食货志》的记载，以及此时期各史籍的记载中得到了解。在这些记载中，关于战乱、天灾、沉重租税徭役、统治阶级奢侈挥霍、末业对本业的伤害的实例不计其数，难以枚举。其中南朝沈约撰写的《宋书》卷54传后的一段评论，以江南地区为例，总结了汉代以来农业生产的波动起伏，是很有代表性的。沈约在他的总结中，将政治、战争、灾荒、赋税徭役、土地物产、商业、人口等因素都综合进来，成为经济和农业生产内外因素的常数，加以历史的比较。他说："江南之为国盛矣。"首先肯定了一个用以总结和对比的区域是一个自然条件良好、历史悠久的地区，然后他划定了江南的主要区域范围，即他的言论所指是汉代的荆、扬二州。沈约说汉代以来，此处人口稀少，又是“四战之地，五达之郊”，经过长期争夺混战，“井邑残亡，万不余一”，到南北分裂状态固定化的时候，这里的经济和农业是一片破败景象。自义熙十一年（415）东晋皇室荆州刺史司马休之等起兵反对执政的刘裕，兵败逃奔北方以后，刘裕地位稳固，采取了一些有利于经济的措施，经过继任者宋文帝刘义隆的继续努力，“至于元嘉末（453），三十有九载，兵车勿用，民不外劳，役宽务简，氓庶繁息，至余粮栖亩，户不夜扃，盖东西之极盛也。”

沈约还列举了具体的历史事实来说明经济发生波动的原因。他说，自从东晋在江南建立，一直到孝武帝太元年间，前后近百年没有什么变乱，“无风尘之警，区域之内，晏如也。”但是，隆安三年（399）发生了孙恩、徐道覆的起义，直至义熙七年（411），“歼亡事极”，对经济和农业的影响很大。这以后，社会比较安定，加上刘裕、刘义隆的努力，从孙恩起义到大明之末年（464），“年逾六纪，民户繁育，将曩时一也。地广野丰，民勤本业，一岁或稔，则数郡忘饥。会土带海傍湖，良畴亦数十万顷，膏腴之地，亩直一金，鄠、杜之间，不能比也。荆城跨南楚之富，扬部有全吴之沃，鱼盐杞梓之利，充仞八方，丝绵布帛之饶，覆衣天下。”

自耕小农，对于沉重的租税徭役承受能力很弱，他们的经济能力较差，“田家作苦，役难利薄，亘岁从务，无或一日非农，而经税横赋之资，养生送死之具，莫不咸出于此。”如果受到打击，就是微小的打击，他们也无法抵抗，只能走向破产。

商贾追逐高利，轻易贵贱，囤积居奇，也使农业生产水平发生不平衡，“穰岁粜贱，粜贱则稼苦；饥年籴贵，籴贵则商倍”。农民总是不能增加资金投入再生产，也就无从提高生产水平。

至于灾荒就更是如此了，沈约举了一次救灾成功的例子与一次不成功的例子加以对比，来说明这个问题。他说元嘉十三年（436）发生洪水灾荒，“民命棘矣”，宋文帝及时采取多种措施，开仓放赈，所以造成影响较小，“病而不凶”。可是大明末年，发生旱灾，虽然其严重程度与元嘉十三年相同，却因为孝武帝措施不力，“所以病未半古，死已倍之，并命比室，口减过半。”

沈约对江南社会经济和农业经济（古代社会经济主要就是农业经济）的总结，可以代表史籍的有关记载。

总之，由于魏晋南北朝时期农业生产力较低下，生产水平不高，个体结构的生产方式使自耕小农无力承受各种内外因素的打击，加上天灾人祸不断，可以呈现了十分明显的不平衡性。而这种现象的存在，从根本上说，又是当时封建社会结构和体制所规定的，所以很难根除。

第十五章　魏晋南北朝时期的畜牧业

第一节　魏晋南北朝时期畜牧业区域和畜产品种类的具体分布概况

畜牧业起源很早，在原始社会时期就已产生了。原始社会时期，在没有发明农业之前，原始人靠打猎采集度日，当时他们过着吃兽肉、喝兽血、穿兽皮的生活。后来，随着生产力的发展，生产技术的提高，特别是弓箭的发明，打猎技术的提高，所猎取到的动物逐渐增多。有时一下子难以吃完所猎取到的果实，于是便喂养起来，待到需要的时候宰杀，这样天长日久，便慢慢积累了经验，逐渐学会和发明了畜牧业。原始社会，在整个原始人的经济生活中，有一个时期，畜牧业的生产占着相当重要的成分。后来，虽然随着生产力的发展，更为可靠和更为有保障的生活来源——农业发明了，但人们仍然过的是农牧兼营的生活方式。当然，根据地域和自然条件的不同，有的地域上的民族经营的是畜牧业经济，有的地域上的民族经营的是以农业为主，以牧业为副的经济。

在我国近千万平方公里的土地上，自古以来就形成了农业区、牧业区和半农半牧区。如果把我国国土以西南、东北拉一条对角线，那么被对角线所分开的两部分，基本上是两种类型的经济形式。西北部地区，包括新疆、西藏、青海、内蒙、辽宁、吉林、黑龙江省的西部边缘地区，以及陕西、山西的北部边缘地区，四川省的西部地区，大致是以畜牧业经济为主要成分的地区。除此之外的东南部地区，则是以农业经济为主要成分的地区。

我国西北部地区，由于自然条件的原因，年降雨量少，气候干燥，有大片草原的存在，宜于牲畜的繁殖和牧养，因而这一地带便成为畜牧业区。不但今天如此，早在魏晋南北朝时期，便是水草丰茂的优良牧场了，这里的畜牧业经济相当繁荣。

古代人们对畜牧业生产的重要性有着深刻的认识。《齐民要术》引用陶朱公的话说："子欲速富，当畜五牸。"五畜当指牛、马、羊、猪、驴，而牸为母牲畜。亦即人们要想富裕起来，首要的一条，是要重视畜牧业生产，靠牲畜的繁殖便可以弃贫致富。在以畜牧业为主要经济形式的地区，就更不用说了。畜产在人们的政治经济生活中无疑起着重要的作用，娉妻需要赠送畜产，甚至犯罪赎免也需要畜产。总之，畜产几乎左右了一切。

在我国西北部地区，虽然笼统地称为畜牧业区域，但在这一广大地区之内，不同的区域内畜牧业的发展状况，繁荣程度，以及不同的畜产品的分布情况如何，我们在这里做一简述。

今日之新疆塔里木河东端、罗布泊的东南方，即若羌地区，在三国西晋南北朝时期，是一个农牧兼营区。《魏书·西域传》载这里当时建立的政权是鄯善，十六国期间曾一度被前秦所统一过。"其地多沙、卤，少水草"。因为水草并不茂美，估计该地为农牧兼营区，并且牧业也不会很发达。

在今之新疆塔里木东南端的且末地区，在魏晋南北朝时期，也是一个农、牧兼营区，产好马、驼和骡。当时这里所建立的政权是且末政权，曾一度被前秦所统一过。《魏书·西域传》对其有"土宜五谷、并桑麻……有好马、驼、骡"的记载。

在今新疆天山山脉的东端的库尔勒地区，是魏晋南北朝时期鄢耆政权的所在地。该地区虽然也是农、牧兼营区，但与上述二地区相比，畜牧业比较发达，产橐驼、马、牛、杂畜。史载这里当时气候寒冷，土田良沃，谷有稻粟、菽麦，畜产有驼马。[①] 北魏世祖的时候，曾伐之，并大有克获，得"橐驼、马、牛杂畜巨万"[②]。巨万，即万万，这个数字固然有所夸张，但也确实反映了这一地区在魏晋南北朝时期畜牧业生产之发达概况。

---

① 《魏书》卷102，《西域传》。

② 《魏书》卷102，《西域传》。

在今之新疆天山南麓的库车和阿克苏地区，魏晋南北朝时期盛产驼、马。当时这一地区是龟兹政权的所在地，《晋书·四夷传》载当地人“以田种畜牧为业”。《魏书·西域传》还言在魏世祖的时候，曾击之，“大获驼马而还”。

在今之新疆伊宁地区周围，魏晋南北朝时期，存在着一个名叫乌孙的政权。在这一地区内，畜牧业生产是人们生活的主要来源，当地“无城郭，随畜牧逐水草”①，人们过的是游牧生活。

在今之新疆喀什地区，魏晋南北朝时期，是疏勒政权的所在地。该地区畜牧业生产不占主导地位，主要产稻、粟、麻、麦等作物。

在今之吐鲁番盆地地区，魏晋南北朝时期，是属于半农半牧区，这里的畜产羊、马居多。在这块盆地里，当时建立着高昌政权。史载“国中羊马牧在隐僻处，以避寇，非贵人不知其处。”②

从新疆向东，便是河西走廊和青藏高原。

在今之武威及武威以西地区，也是一块水草茂美的天然牧场，其中包括祁连山、焉支山在内。早在秦汉时期，这里的畜牧业就十分发达，这里的畜产，是匈奴族赖以向汉发动进攻的物质基础。所以当霍去病夺得祁连山和河西走廊并设置武威、张掖、酒泉、敦煌四郡后，被迫退出的匈奴便编了一首怀恋河西的歌曲，其词曰：“亡我祁连山，使我六畜不繁息；失我焉支山，使我妇女无颜色”③。《魏书·世祖纪》记载，直到魏晋南北朝时期，这里的畜牧业仍然是长盛不衰。太平真君四年（443），世祖打算伐河西，但有人上言姑臧（今武威）无水草，不可行师。但到了姑臧之后，发现“姑臧城东西门外，涌泉自于城北，其大如河，自余沟渠流入泽中，其间仍无燥地，泽草茂盛，可供大军数年”，才知道上言者之可恶。不但武威如此，而武威以西地区也是一处畜牧业发达的地区。《汉书·地理志》言：“自武威以西……地广人稀，水草宜畜牧，故凉州之畜为天下饶。”祁连山和焉支山也是天然的牧场，《元和郡县志》在《甘州·张掖县》下载：祁连山“美水茂草，山中冬温夏凉，宜放牧，牛

① 《魏书》卷102，《西域传》。
② 《魏书》卷101，《高昌传》。
③ 《史记》卷110，《匈奴列传》张守节：《正义》引《河西故事》。

羊充肥，乳酪浓好。”而焉支山的水草条件“与祁连山同”。从其水草条件看，不用说这两个山区，畜牧业也十分发达。

河西走廊南边，便是青藏高原，在东晋十六国南北朝时期，该地区主要存在的政权有吐谷浑、党项、白兰、宝髻、象雄等。特别是地处青藏高原上的吐谷浑政权，畜牧业生产特别发达，是名马、犛牛的盛产地。吐谷浑这个民族，原是我国北方的一个少数民族，后来迁徙到“上陇，止于枹罕，暨甘松南界昂城、龙涸，从洮水西南一直到白兰（金沙江上游）数千里内，逐水草，庐帐而居，以肉酪为粮”①，可见是一个游牧政权。在拾寅当政的时候，自恃险远，对魏并不臣服，并以马进行外交，反而通使刘彧，献善马、四角羊。② 北魏对叶谷浑的畜产十分垂涎，魏高宗之世，定阳侯曹安“表寅保白兰，多有金银牛、马，若击之，可以大获”③。魏世宗初年，曾对其施加压力，因此在伏连筹当政时，把当地的犛牛、蜀马及西南之珍宝，每年都向魏进贡。史载，伏连筹时期，这里的人民仍然过无定居的游牧生活，“虽有城郭而不居，恒处穹庐，随水草畜牧……好射猎以肉酪为粮”④。这里不但畜产丰富，而且多产名马。名马的产地是青海湖内的湖心山上。青海四周千余里，海内有小山，每年冬天，湖水结冰之后，以良牝马放置到小山上，到次年的春天把马收回，母马都有了孕，“所得驹，号曰龙种，必多骏异”⑤。吐谷浑尝得波斯马，放入海山上，“因生骢驹，能日行千里，世传青海骢者是也”⑥。

在今之甘肃南部、四川北部地区，南北朝时期，畜牧业比较发达，产犛牛、羊、豕。当时这一地区是宕昌政权的所辖地。该地区虽属于牧区，但人们过的并不是游牧生活，居民的族属是三苗的后代，“居有屋宇，其屋织犛牛尾及羖羊毛覆之……皆衣裘褐，牧养犛牛、羊、豕以供其食。”⑦

以上我们对西北地区在魏晋南北朝时期畜牧业区域的具体分布和不同区域

① 《魏书》卷101，《吐谷浑传》。
② 《魏书》卷101，《吐谷浑传》。
③ 《魏书》卷101，《吐谷浑传》。
④ 《魏书》卷101，《吐谷浑传》。
⑤ 《魏书》卷101，《吐谷浑传》。
⑥ 《魏书》卷101，《吐谷浑传》。
⑦ 《魏书》卷101，《宕昌传》。

畜产品的种类作了简单叙述，下面谈谈中国东北部地区的畜牧业区域和畜产品种类的具体概况。

在今之黑龙江省、吉林省的东部地区，魏晋南北朝时期是一个畜牧业、农业并重的区域，牲畜的品种有猪、马，而无牛羊。晋朝时期这里建立着肃慎氏政权，南北朝时期，这里建立着勿吉政权。《晋书·四夷传》言说该地区“有马不乘，但以为财产而已，无牛羊，多畜猪，食其肉，衣其皮，织毛以为布。”《魏书·勿吉传》也言：“其国无牛，有车马，佃则偶耕，车则涉推，有粟及麦穄，菜有蔡……多猪无羊。”可见二者的记载是一致的，都说明了该地区牲畜品种的特点。

在今之黑龙江省中部地带，即哈尔滨、伊春一线，南北朝时期，是室韦政权的辖区范围。其畜类有猪、牛、马，但俗又无羊。该地居民“冬则城居，夏则逐水草”[①]，农产品有粟麦及穄。据其“夏则逐水草”一语分析，该地当时是以牧畜业经济为主的地区。

在今之黑龙江省东北部，即佳木斯、同江一带，建立有豆莫娄政权。至于其畜牧业的概况，文献材料记载不多，不过，我们从“其君长皆以六畜名官”[②] 可知，其畜牧业还是比较发达的，不然的话，其官职不会以六畜命名。而且从以六畜命官名亦可以证明这一地区畜产品的种类是比较多的，并非单一，起码说牛、马、羊、猪、狗是这一地区的主要饲养对象。

在今之吉林省西北部，即内蒙古自治区的伊尔施地区，是一块纯粹的畜牧业区，不产粮食。在东晋十六国南北朝时期，是地豆于政权的辖区范围，当地百姓“惟食肉酪”，“多牛、羊，出名马，皮为衣服”[③]。

在今之辽水上游，即内蒙古自治区的通辽至赤峰之间，是一个畜牧业颇为发达的地区。东晋十六国南北朝时期，存在有库莫奚政权。该政权原属鲜卑宇文之别种，当时是以部落的形式存在，过的是游牧生活，畜产品主要有马、牛、羊、豕。北魏登国三年（388），魏太祖出讨，大破库莫奚，获其4个部

① 《魏书》卷100《室韦传》。
② 《魏书》卷100《豆莫娄传》。
③ 《魏书》卷100《地豆于传》。

落，马、牛、羊十余万头[1]，由此可以想象该地区畜牧业发展状况之一斑。

在今辽河中游地区，属内蒙古自治区之一部分，该地区是一个畜牧业区。东晋十六国南北朝时建立有契丹政权，该民族是一个游牧民族。这里盛产名马文皮，其畜产相当丰富。在北魏太平真君年间以后，契丹每年向北魏献名马若干。在太和三年（479）的时候，因为惧怕蠕蠕的入侵，该部万余口人，驱赶着杂畜[2]，请求内附，被处置于白狼水以东。从“杂畜”二字判断，这里除了名马之外，还产牛、羊之类的牲畜。

在今之大兴安岭以东、嫩江上游以西的地区，在南北朝时期，也是一个以牧业为主的地区，主要畜产品是豕。当时这里建立有乌洛侯政权，文献记载其所位的地理条件不佳，土下湿，多雾气而十分寒冷。每到冬季，百姓穿地为室，夏天则“随原阜畜牧，多豕，有谷麦”[3]，穿的是皮衣。总之，是一个牧业、农业兼营区。

在今之我国北部地区，即东自辽西，西至居延海的河套以及黄河以北地区，在魏晋南北朝时期，是中国的畜牧业生产最为发达的地区，主要盛产马、牛、羊。当时的民歌《敕勒歌》曾描绘了这一地区畜牧业生产的繁荣景象：“敕勒川，阴山下，天似穹庐，笼盖四野，天苍苍，野茫茫，风吹草低见牛羊。”

上面我们简单叙述了我国东北部地区、西北部地区在魏晋南北朝时期的畜牧业状况，而中国东南部地区在魏晋南北朝时期的畜牧业状况，显然不能与上述两个地区相比。

首先，我们来看看三国时期，地处长江、珠江流域的吴、蜀两国的畜牧业状况。

从蜀国的情况看，虽然它的西北部地区与胡羌接壤，《华阳国志》卷二《汉中志》、卷四《南中志》言其“出名马牛羊”，“有畜产之富”、加之“羌胡出马”[4]。但就马、牛的数量上还远远不能满足仅有100万人口的蜀国本身

---

① 《魏书》卷100，《库莫奚传》。
② 《魏书》卷100，《契丹国传》。
③ 《魏书》卷100，《乌洛侯国传》。
④ 《三国志》卷45，《吴书·杨戏传》。

的军事需要，在交通运输方面，诸葛亮还免不了制造木牛流马。

吴国的畜牧业，在吴国的经济生活中所占比重甚微，这里当然有其地理自然条件的原因，在养马业上，不要说与曹魏相比相差悬殊，就连蜀国也难以比上。关于这个问题，我们可以从吴国一连串对外所进行的求马外交活动中得到说明。孙权是一位很有抱负的君主，统一天下，是他所朝思暮想的事情。如果北上统一中原，没有以骑兵为主的队伍，是很难想象能够取胜的，为了他自己的大目标，孙权在不失时机地进行求马的交易活动。李林森同志在《东吴为何要远航辽东》① 一文中讲得比较详细。《三国志・吴书・诸葛恪传》记载孙权利用诸葛恪与诸葛亮的同宗关系，向蜀国求马，婉转地说道："此诸葛恪雅好骑乘，还告丞相，为致好马。"后来在刘备死后，诸葛亮为了重新修好与东吴的关系，以便全力以赴对付曹操，便在邓芝出使东吴的时候，有分寸地送去了孙权的心爱之物，"致马二百匹……"。因为蜀国本身的马匹尚不能自给，孙权的奢望西蜀是不能满足的，所以孙权又把求马的活动转向了曹魏。曹魏由于得其优越的地理条件，是处于"地悉戎马之乡"② 的地区，因此，孙权也曾向曹魏求马，以扩充其骑兵力量。例如在孙、曹联合袭取关羽之后，曹操上表孙权为骠骑将军，孙权借机"遣校尉深富奉贡于汉，及令王惇市马"③，但"马者，甲兵之本，国之大用"④，深谋远虑的曹操是不会赞助自己的敌人的，结果没有成功。所以此后孙权不得不出水路北上，向盘踞在辽东半岛上的公孙渊求马。229 年，孙权主动派船队与公孙渊接触，拉上了关系。232 年，孙权又派人赴辽东，这次出航的船队有百余艘，辽东方面"既不疑惧，赍以名马"⑤。据统计，"吴当时的小船，尚可载马八十余匹，百艘船队显然是一次成交额很大的市马活动"⑥。但曹魏得知消息后，给以拦截，匹马不曾到手。235

① 刊于郑州大学历史所编著的《历史论集》，1985 年中州古籍社出版。

② 《三国志》卷 64，《吴书・诸葛恪传》。

③ 《三国志》卷 47，《吴书・吴主孙权传》。

④ 《后汉书》卷 24，《马援传》。

⑤ 李林森：《东吴为何要远航辽东》，载于郑州大学历史所主办的《历史论集》，中州古籍社 1985 年版。

⑥ 李林森：《东吴为何要远航辽东》，载于郑州大学历史所主办的《历史论集》，中州古籍社 1985 年版。

年，孙权派使者谢宏出使高句丽，达成了市马交易，“上马数百匹……时宏船小，载八十匹而还”①。

从东吴的四出求马活动可以看出，中国的东南部地区，特别是长江中下游及闽越一带，在魏晋时期，其畜牧业是不发达的，特别是养马业更是不能与北方相比。

总上所述可以看出，在我国的畜牧业区域内，其牲畜种类的分布大致是这样的，在东自辽西，西至居延海的河套以及黄河以北地区，主要盛产马、牛、羊。驴的产地，大致在半农半牧区。在今之黑龙江、吉林等地不仅是马、牛、羊的产地，而且是豕的主要产地。在今日之新疆地区，在魏晋南北朝时期，不仅是马、牛、羊的主要产地，而且也是驼的主要产地。在今日之四川西部和青藏高原，除了盛产马、牛、羊外，还盛产犛牛。在我国的东南部地区，主要是农业区域，畜产品的种类和数量，远远不及西北部地区。

第二节　魏晋南北朝时期畜牧业生产发展的特征

一、牲畜存栏数大幅度增长

魏晋南北朝时期，畜牧业生产最为发展的时期要数北魏时期，这一时期牲畜的存栏数与两汉时期相比有大幅度的增长，在这里我们不妨以在战争中的虏获为例作一统计，从中作一比较便知分晓。

《汉书·匈奴传》载，在汉武帝时期，曾经有几次对匈战争取得了大的胜利，兹将其虏获情况作如下叙述：度辽将军出塞1200余里，至蒲离候水，斩首捕虏700余级，卤获马、牛、羊万余。前将军出塞1200余里，至乌员，斩首捕虏，至候山百余级、卤马、牛、羊2000余……蒲类将军出塞1800余里……得单于使者蒲阴王以下300余级，卤马、牛、羊7000余……虎牙将军出塞800余里，至丹余吾水上，即止兵不进，斩首捕虏1900余级，卤马、牛、羊7万余，引兵还。这是武帝时期卤获牲畜比较多的一些记载，但最多的一次虏获也不及8万头。

① 《三国志》卷47，《吴书·孙权传》。

在文献记载中，西汉时期虏获牲畜最多的战争是发生在宣帝年间。《汉书·匈奴传》载，在宣帝年间，校尉常惠与乌孙兵至右谷蠡庭，获单于父行及嫂、居次、名王，犁汙都尉、千长将以下39000余级，虏马、牛、羊、驴、骡、橐、驼70余万。

降至东汉和西晋时期，汉与北方游牧民族的战争虽然持续不断，但战争中所虏获的畜产品的数量与西汉时期相比，大为减少。东汉初，"又破北单于帐下，并得其众合万余人，马七千匹，牛羊万头，北单于震怖，却地千里。"① 章帝时期，"北匈奴三木楼訾大人稽留斯等率三万八千人、马二万匹、牛、羊十余万款五原塞降"②。西晋时，"匈奴都督大豆得一育鞠等复率种落大小万一千五百口、牛二万二千头，羊十万五千口……来降"③。

以上所载，均是战争规模比较大，虏获和受降人数多、牲畜数量比较大的数例在此加以提出，总之，其牲畜统计数量最多没有超过80万者。

如果我们回过头来看看魏晋南北朝时期的情况，则迥然不同。魏晋南北朝时期，在我国北方一带生活的游牧民族主要有鲜卑人、蠕蠕人、高车人，继之是突厥人……在长期的民族融合过程中，不同族属之间，互有战争，而战争的主要目的是为了掠夺人畜财产。即便是同一族属而不同的部落之间，亦不断进行战争。在战争中，得胜者掳掠的畜产数量是十分惊人的，下面我们想从数字统计入手，来看看魏晋南北朝时期这一地区畜牧业生产的繁荣情况，它远远超过了秦汉时期。

时间	所获畜产来源	畜产名称	畜产数量	资料来源
前燕	慕容儁讨丁零敕勒于塞北	马、牛、羊	13余万头	《晋书·慕容儁载记》
什翼犍建国二十六年（363）	鲜卑拓跋氏讨高车	马、牛、羊	100余万头	《魏书·序纪》

① 《后汉书》卷89，《南匈奴传》。
② 《后汉书》卷89，《南匈奴传》。
③ 《晋书》卷97，《四夷传》。

续表

时间	所获畜产来源	畜产名称	畜产数量	资料来源
建国二十七年（364）	鲜卑拓跋氏讨没歌部	牛、马、羊	100 万头	《魏书·序纪》
建国三十年（367）	鲜卑拓跋氏征卫辰	马、牛、羊	数十万头	《魏书·序纪》
后凉	吕光平西域	驼 骏马	2 万余头 1 万余匹	《晋书·吕光传》
登国三年五月（388）	北魏征库莫奚	杂畜	10 余万	《魏书·太祖纪》
登国三年十二月（388）	北魏至女水讨解如部	杂畜	十数万	《魏书·太祖纪》
登国五年（390）	北魏袭高车袁纥部	马、牛、羊	20 余万	《魏书·太祖纪》
登国六年十一月（391）	北魏大破卫辰直力鞮于铁歧山南	牛、羊	20 余万	《魏书·太祖纪》
登国六年十一月（391）	北魏灭卫辰……自河以南诸部悉平	名马 牛、羊	30 余万匹 400 余万头	《魏书·太祖纪》
天兴二年二月（399）	北魏破高车杂种 30 余部	马 牛、羊	30 万余匹 40 余万头	《魏书·太祖纪》
天兴二年二月（399）	北魏破高车遗进七部	马 牛、羊	5 万余匹 20 余万头	《魏书·太祖纪》
天兴二年（399）	北魏破侯莫陈部	马、牛、羊	10 余万头	《魏书·太祖纪》
后秦	姚兴战败乞伏乾归	铠马	6 万匹	《晋书·姚兴上》
后秦	河西鲜卑向姚兴贡献	马	8000 匹	《晋书·赫连勃勃载记》
夏	赫连勃勃伐秃发傉檀	牛、马、羊	数十万	《晋书·赫连勃勃载记》

续表

时间	所获畜产来源	畜产名称	畜产数量	资料来源
夏	赫连勃勃伐姚兴	戎马	1 万余匹	《晋书·赫连勃勃载记》
夏	赫连勃勃伐姚兴	戎马	2 万余匹	《晋书·赫连勃勃载记》
天兴五年(402)	北魏破黜弗素古延诸部	马 牛、羊 铠马	3000 余匹 7 万余头 2000 余匹	《魏书·太祖纪》
天兴五年(402)	北魏破木易于、卫辰、屈丐诸部至陇西	马 骆驼、犛牛 牛、羊	4 万余匹 3000 余头 9 万余口	《魏书·太祖纪》
永兴五年(408)	北魏破越勒倍泥部于跋那山西	马 牛	5 万匹 20 万头	《魏书·太祖纪》
西秦	乞伏炽磐败秃发傉檀太子虎台于岭南	牛、马	10 余万	《晋书·乞伏乾归载记》
泰常三年(418)	北魏北略至弱水	牛、马	2 万余头	《魏书·太祖纪》
始光元年(424)	北魏击蠕蠕	马	1000 余匹	《魏书·世祖纪》
始光三年(426)	北魏击赫连昌	牛、马	十数万	《魏书·赫连昌传》
始光四年六月甲辰(427)	北魏击赫连昌	马 牛、羊	30 余万匹 数千万	《魏书·世祖纪》
神麚二年(429)	北魏击蠕蠕	戎马	100 余万	《魏书·蠕蠕传》
神麚二年(429)	北魏击高车	马、牛、羊	100 余万	《魏书·高车传》

续表

时间	所获畜产来源	畜产名称	畜产数量	资料来源
神䴥三年（430）	北魏击乞伏炽盘于安定	财畜	不详	《魏书·世祖纪》
魏世祖在位年间	征蠕蠕	马、羊	100余万	《魏书·高车传》
魏世祖在位年间	伐焉耆	橐驼、马、牛、杂畜	巨万（1亿）	《魏书·西域传》
魏世祖在位年间	击龟兹	驼、马	不详	《魏书·西域传》
兴光元年（454）	库莫奚向魏贡献	名马，有一角，状如麟	1匹	《魏书·高宗纪》
兴光元年（454）	北魏击蠕蠕	马	1000余匹	《魏书·高宗纪》
和平元年（460）	北魏西征什寅	畜	20余万	《魏书·高宗纪》
显祖在位期间	北魏征吐谷浑	驼、马	20余万	《魏书·吐谷浑传》
皇兴五年（475）	契丹、库莫奚等国向魏贡献	名马	不详	《魏书·高祖纪》
太和二年（478）	龟兹国向魏贡献	名驼	70头	《魏书·高祖纪》
太和二年（478）	龟兹国遣使向魏贡献	大马名驼	甚众	《魏书·高祖纪》
太和三年（479）	吐谷浑国遣使向魏贡献	犛	50头	《魏书·高祖纪》
孝昌二年（525）	北魏镇压杜洛周起义	牛、驴	2万余头	《魏书·肃宗纪》
孝昌二年（525）	常景镇压杜洛周义军	牛、驴	5000余头	《魏书·肃宗纪》

从以上的统计数字可以看出，在当时国内各政权之间互相融合的战争中，

掳掠马、羊、牛数目在百万头以上者，有十六国时期前燕讨丁零、敕勒之战，获牛羊亿余万，这个数字可能有所扩大，什翼犍建国二十六年（363）讨高车之战，获马、牛、羊百余万头。建国二十七年（364）讨伐没歌部，获牛、马、羊数百万头。登国三年（391）魏太祖伐卫辰，获牛羊400余万头，天兴二年（399）魏太祖破高车，获牛、羊140余万头。始光四年（427）魏世祖击蠕蠕之战，获牛、羊数千万。魏世祖伐焉耆，获橐、马、牛杂畜巨万，亦即1万万。单独列出获马匹最多的几次战斗是前燕慕容儁讨丁零敕勒获马13万匹。魏太祖登国六年（391），灭卫辰，获名马30余万匹。魏太祖天兴二年（399）破高车，获马30余万匹。魏世祖始光四年（430）击赫连昌，获马30余万匹。这些数字是两汉时期的情况所不能比拟的，它充分说明魏晋南北朝时期畜牧业生产之发达，牲畜的存栏数远比秦汉时期要多。

二、巨型牧场的建立及个体畜养业简单概况

魏晋南北朝时期，畜牧业生产发展的第二个特征是巨型牧场的建立，这些巨型牧场，当然是国营牧场。国营牧场的出现，在两汉时期便已有之，《汉旧仪》载，西汉时期，“太仆牧师诸苑三十六所，分布北边、西边、以郎为苑监，官奴婢三万人，分养马三十万头，择取教习给六厩，牛羊无数，以给牺牲。”而文中所提及的六厩，是指天子六厩，它是设在国都附近，即指中央厩、承华厩、騊駼厩、骑马厩、路軨厩和大厩。每厩有马万匹。总共进行统计，西汉时期共有国营牧场42所，共有马匹36万。降及东汉时期，国营牧场衰落，西汉时期的36苑，东汉时期仅剩1苑。西汉时期的6厩，东汉时期仅剩1厩。两汉时期国营牧场的规模与马匹的数量是无法与魏晋南北朝时期的情况相比的。北魏时期，国家建立有4个巨型牧场，其中个别牧场的马匹数量，有200万匹，它约是西汉时期国家整个牧场马匹之和的5倍多。现将这4个巨型牧场的设置经过、牲畜数量及其有关情况简述于下：

见于文献记载的资料表明，国营畜牧业经济在拓跋魏时期最为发展，它先后建立了4个比较大的国营牧场。第一个大牧场的创立是在道武帝拓跋硅天兴二年（399），这是因为，在拓跋硅的时期，兼并融合的战争日趋频繁，而且规模越来越大。在草原上所进行的战争，均是以骑兵突击为主，没有一支强大

的骑兵队伍，是很难在草原上站稳脚跟的。而长期的征战，其损耗也是十分惊人的，从《魏书》的记载中可以看出，魏不断地下令，让其民众若干户出马1匹，或若干户出牛1头，甚至若干户出驴1头，以便保证战争之急需，而仅仅依靠私家的马匹是不能保证国家的需要的。到了魏太祖拓跋珪的时候，迫切需要建立国家牧场的事情，被提到了议事日程上，而且此时也有建立国家牧场的客观条件。天兴二年（399），拓跋硅展开了对北方劲敌高车的进攻战，他派常山王遵从东部出长川，高凉王乐真从西道出牛川，其本人自率六军从中道自驳髯水西北行。诸军会同，破高车杂种30余部，获7万口人，马30余万匹，牛羊140余万头。此后，卫王仪督3万骑别从西北绝漠千余里，破高车遗迸7部，获2万口人，马5万余匹，牛羊20余万头，高车20余万乘。总共加在一起，共获9万口人，马35万多匹，牛羊160多万头。克获之后，道武帝自牛川南下，以高车为围，骑徒遮列，周围有700多里，聚杂兽于其中，并把这批胜利品驱赶至都城平城，然后利用所俘获的高车人的劳动，在平城筑起鹿苑。其范围是南因台阴、北距长城，东包白登、属之西山，广轮数十里的范围筑起了一座国营牧场。[①] 为了解决牧场内的用水问题，还把武川之水引来注入苑中，疏分为三条渠，分流宫城内外。道武帝为能建立起这么一个大牧场而感到十分高兴，同年七月，他在苑中举行检阅活动，然后飨赐各有差。虽然没有明确指出赏赐对象，据推测很可能是奖励在建苑过程中的一系列有功之人。

泰常六年（421）太宗拓跋嗣的时候，又进一步对这一牧场进行扩大修建，征发京师6000人参加了这次修建劳动，“起自旧苑，东包白登，周回三十余里”[②]。并差不多与此同时，“调民二十户输戎马一匹，大牛一头”，又“制六部民羊满百口输戎马一匹”[③]，这次征调民间牛、马，很可能是进一步充实和扩大在平城所建的国家牧场。

北魏第一个国营牧场兴建之后，似乎一时还满足不了北魏对马匹、畜产的需要，为了缓解这种情况，国家下诏征收私家马匹的现象还时有存在。在建造

① 《魏书》卷2，《太祖纪》。
② 《魏书》卷3，《太宗纪》。
③ 《魏书》卷3，《太宗纪》。

鹿苑后的第九年，即天赐五年（408）魏主便不得不下诏“令诸州六十户出戎马一匹”[①]。始光二年（425）下诏天下“十家发大牛一头，运粟塞上”[②]，以供战争之需要。于是国家第二个大牧场的兴建，便在酝酿之中，这便是河西牧场的建立。河西牧场建立的时间是在魏世祖平定统万、秦、陇之时。魏太武帝始光三年（426）北魏讨伐在河套统万（今陕西榆林西南）建都的夏政权，大破之，“杀获数万，生口牛、马十数万，徙万余家而还。”[③] 始光四年，攻破统万城，彻底击败了赫连昌，　“虏昌群弟及其诸母、姊妹，妻妾、宫人万数……获马三十余万匹，牛羊数千万”[④]。赫连昌逃至上邽，后来又继续进攻，平定了秦、陇地区。于是，世祖在河西地区利用所掳掠的人畜，建立起北魏的第二个大牧场。《魏书·食货志》记载：“世祖之平统万，定秦、陇，以河西水草善，乃以为牧地，畜产滋息，马至二百余万匹，橐驼将半之，牛羊则无数。”可见其规模也是相当可观的。

北魏第三个大牧场的建立是在神䴥二年（429），名叫漠南牧场。神䴥二年，世祖北征蠕蠕，击败之，蠕蠕国落四散，窜伏山谷，畜产布野无人收视。世祖继续搜讨，东至瀚海，西接张掖水，北渡燕然山，前后归降 30 余万，俘首虏及戎马百余万匹。《魏书·蠕蠕传》还言击败蠕蠕之后，世祖听说东部高车屯巳尼陂，人畜甚众，距官军千余里，然后派人往讨之。高车战败，降者十余万落，“获马、牛、羊亦百余万”[⑤]。总计起来，该年前后，共掳掠人口近百万（每落以 5 口人计算），戎马牛、羊 200 余万头。有了这个资本，世祖于当年十月在漠南之地，建立起北魏第三个国营大牧场。《魏书·世祖纪》载：“列置新民于漠南，东至濡源，西暨五原、阴山，长达三千多里。”《魏书·高车传》亦言，把所虏获的人畜，“皆徙置漠南千里之地，乘高车，逐水草，畜牧蕃息。”由此看来，国家第三大牧场的规模、范围、新民之众、畜产之多，远远超过了早在天兴二年于平城所建立的牧场。为了防止这些新民作乱，世祖

---

① 《魏书》卷 3，《太宗纪》。
② 《魏书》卷 4，《世祖纪》。
③ 《魏书》卷 83，《赫连昌传》。
④ 《魏书》卷 4，《世祖纪》。
⑤ 《魏书》卷 103，《高车传》。

还特意安排司徒平阳王长孙翰、尚书令刘洁、左仆射安原、侍中古弼镇抚之。从其经营方式看，是以原部落之降民，放牧被掳掠之畜产，即简单搬家，更换放牧地罢了。漠南牧场与平城牧场、河西牧场经营方式上的不同之处即在于此，漠南牧场不是单一经营畜牧业，还经营少量的农业，因为《魏书·高车传》言，这批新民，“数年之后，渐知粒食”，从其食物构成有所变化中看，似乎除畜牧业外，亦兼营农业。另外需要指出的一点是，史书当中，明确指出，漠南牧场是用“岁致贡献”[①] 的办法向国家提供畜产品，而不是全由国家任意掌握，因此，这一牧场的国营性也是有限度的。

该牧场的建立，对缓解北魏对畜产品的需求量起了很大作用。《魏书·高车传》言说，从此之后，“国家马及牛、羊，遂至于贱，毡皮委积”，从根本上扭转了以前供不应求的局面。此后，很少见到北魏政府下诏征发民间私人马匹者，它为北魏进行统一战争，奠定了军需方面的坚实基础。

由于该牧场人口多，畜产广，况且均是受降之民，反抗斗争不断发生，后来，漠南牧场渐趋瓦解，归属六镇。

北魏第四个国营大牧场是河阳牧场，它的建立是在太和十八年（494）孝文帝迁洛之后。此时，孝文帝命宇文福“规石济以西，河内以东，距黄河南北千里为牧地……”[②]。因为其地理位置在山南、河北的阳地，故为河阳牧场。该牧场牲畜的来源主要有两个途径，其一是，从代地的牧场移来一部分杂畜。另一个途径是每年从河西牧场抽调一部分杂畜送往并州牧养，然后再由并州渐次南下，输入河阳牧场。这样杂畜对气候条件有一个渐次适应的过程，不至于发病。河阳牧场的规模没有以上 3 个国营牧场的规模大，其作用是，“恒置戎马十万匹，以拟京师军警之备。”[③]

北魏政府对国营畜牧业生产十分重视，从中央到地方设置许多官吏、专管畜牧之事，并且不断地进行考课，实行赏罚。

魏晋南北朝时期，巨型牧场的建立，标志着这一时期的畜牧业生产的经营

① 《魏书》卷 103，《高车传》。
② 《魏书》卷 34，《宇文福传》。
③ 《魏书》卷 110，《食货志》。

和管理以及其他方面达到了一个新的阶段，提高到一个新的水平，巨型牧场的建立，又大大促进了这一时期畜牧业生产的发展。

从魏晋南北朝畜牧业生产发展概况看，其繁荣阶段是在北魏中前期，到北魏中后期便逐渐衰落，逐渐缩小。正始元年（504），北魏“以苑牧公田分赐代迁之户”[①]。延昌二年（513）“以苑牧之地赐代迁民无田者”[②]。可以说从这些时候开始，国营牧场在渐趋瓦解之中，杂畜数量大幅度减少。到武泰三年（529）北魏镇压葛荣起义的时候，由于缺乏战马，北魏政府不得不下“诏私马仗从戎优阶授官……甲子，又诏职人及民出马，优阶各有差”[③]。

魏晋南北朝时期，不但国营畜牧业比较发达，个体经济的畜牧业生产也是比较繁荣的，有关这方面的记载亦有不少。前秦时期，苻坚在淝水之战前为了筹军备，下书悉发诸州公、私马，人十丁遣一兵，坚发长安，戎卒 60 余万，骑 27 万。[④] 其中有相当一部分是私家马匹。《晋书·姚兴载记》还记载在十六国后期，秃发傉檀向姚兴献马 3000 匹，羊 3 万头，姚兴以为傉檀忠于自己，便任命其为凉州刺史。但姚兴的部下胡威等人表示反对，上书说：“窃闻乃以臣等贸马 3000 匹，羊 3 万口，如所传实者，是以弃人贵畜，苟以马供军国，直烦尚书一符，3000 家，户输一匹，朝下夕办，何故以一方委此奸胡”。由此可以看出，姚兴所处的关中地区，私营畜牧业比较发展，家家都有马。北魏孝明帝时，恒州私家养马有上千匹者。《魏书·广阳王深传》载，孝明帝时，恒州刺史元渊是一个贪官，“私家有马千匹者，必取百匹，以此为恒”。有的地方养羊业也是比较发达，北魏末期人贾思勰，言其家有羊 200 口。[⑤] 从以上所述可知，在魏晋南北朝时期，一些地区的个体畜牧业生产同样也是比较发达的。

① 《魏书》卷 8，《世宗纪》。
② 《魏书》卷 8，《世宗纪》。
③ 《魏书》卷 10，《孝庄纪》。
④ 《晋书》卷 113，《苻坚载记》。
⑤ 《齐民要术》。

三、饲养技术的新发展

魏晋南北朝时期，畜牧生产发展的特征不仅表现在牲畜存栏数大幅度增长，巨型牧场的建立，而且还表现在牲畜饲养技术的新发展。在许多方面，如饲养方法、选种配种、畜牧兽医学等方面已经总结出带有规律性的东西来，它集中保存在北魏末年人贾思勰所著的《齐民要术》中。

关于大牲畜的夜间喂养知识，早在汉代人们已经掌握了一些经验。《居延汉简考释·释文》中有："食用茭四百九十二束，夜用三百五十束"的记载，这反映了当时人们已经掌握了夜喂的知识。到了魏晋南北朝时期，有关夜喂的一些感性认识，已经被总结出带规律性的东西来。《齐民要术》卷6载饲养牛马驴骡之法曰："饮食之节，食有三刍，饮有三时，何谓也，一曰恶刍，二曰中刍，三曰善刍。何谓三时，一曰朝饮，少之；二曰昼饮，则胸压水；三曰著（疑此处字错，应为'暮'字），极饮之。"也就是说，大牲畜特别需要在夜间加强喂养。

在养马、养牛的饲养技术方面，当时人们总结出"量其力能，寒温饮饲，适其天性"的饲养方法，并说明照此办理没有不膘满肥胖旺盛蕃息的。在长期的实践中，人们在识别马的优劣方面，亦有不少经验：认为蹄欲得厚而大，豌欲得细而促，髂骨欲得大而长，尾本欲大而长，膝骨欲圆而长，大如杯盂，后脚欲曲而立，臂欲大而短，骸欲小而长者是好马。当时人认为，马生坠地无毛者能行千里。马龙颅突目，平脊大腹，胜重有肉，此三事备者，亦千里马也。

在养羊业方面，从放牧方法、做圈方法、选种留种及如何种植饲料方面都有丰富的经验记载。

在放牧方法方面，主张是缓驱行，勿停息。如果停息，羊不食草而易瘦，如果驱行快了则"坌尘而岬颡也"。在出圈放牧的时间上，根据季节、气候的不同，其时间早晚也不一。春天、夏天的季节，应该早出圈驱牧之，而在秋冬季节，应该晚出圈放牧。春、夏的季节之所以宜早放牧的原因是因为"春气软"，所以宜早出放牧，而秋天、冬天的时候，因为有霜露，所以应该晚出圈放牧。并且具体说明，春、夏之天应"与鸡具兴"，在秋、冬的季节，必待日出之后。这是因为七月之后，霜雾气降，日出之后，霜露晞解，然后才能放牧，不然的话，“则逢毒气，令羊口疮腹胀也”。

另外，在夏月盛暑的季节，须得阴凉，中午之时，应该避热，不得在阳光下驱赶放牧。其原因是因为，若不避热，则尘汗相渐，到了秋、冬的季节，羊便会长癣疥。

在羊圈的做法上，应该是圈中做台开窦，不让停水，每隔二日把旧水清除，换上新水，勿令粪秽，如果遭到粪秽，则容易污及羊毛。总之，“停水则挟蹄，眠湿则腹胀”。在羊圈之内，还应并墙树立起栅栏，为的是让羊揩栅栏，而不揩墙。不揩墙则羊毛常自净，若羊揩墙壁，则因为土中有碱，揩上之后，羊的毛易成毡。

关于养羊的饲料问题，需要有所打算。每逢冬月，天气不佳，不能放牧之时，便需及早储备大批的干草。大概养1000只羊，事先每年在三四月间需种大豆一顷，杂谷并草留之，不须锄治，待到八九月间，刈做青茭。如果不种豆谷者，当草刚刚结籽时，进行收刈，薄铺使其晒干，以便冬季喂养。

养羊留种十分重要，而且如何能够留到好种羊也是一门不可轻视的学问。俗话说，种好，苗亦好，种次，苗亦弱，当时人们已经懂得留种羊当留腊月、正月所生的羊羔为好，十一月、十二月生的羊羔次之。其原因在于，非此数月生者，毛必焦卷，骨髓细小，是逢寒遇热的缘故。羊羔八、九、十月生者，虽然正值秋天水草丰满，母羊膘肥，但此时生下的羊羔纵然肥大，而到了冬天之后，母乳已竭，夏草未吐，是故不佳。其三月、四月份所生之羊羔，此时虽然季节正是水草丰茂之时，而“羔小未食，常饮热乳，所以亦恶。”六月份、七月份所生之羊羔，“两热相仍，恶中之甚。其十一月及二月生者，母既含重，肤躯充储，草虽枯亦不羸瘦，母乳适尽，即得春草，是以极佳也。”

关于在群羊当中留种羊的数量问题，当时亦有这方面的知识积累。公羊少的话，则母羊不易受孕，公羊多的话，则容易乱群。不受孕之羊必然瘦弱，瘦羊不但不利于蕃息，而且过冬时不耐寒便会死去。经长时期的经验的积累，人们摸索到了一个比例，在10只羊当中，公羊所占的比例一般是占母羊的3/10为宜。在选留公羊的时候，又以无角者更佳，因为有角者喜相牴触，容易伤胎。

在养猪知识方面，当时也积累有丰富的经验。在种的选配上，母猪以短喙无柔毛者为上，其原因在于，喙长则牙多，一厢三牙以上，“则不烦畜，为难肥故”。“有柔毛者焖，难静也。”猪的饲料以麻籽为好，加热煮毕之后，拌入少量盐分为佳。夏天的时候由于气温高，猪食糟糠易腐败，“当日别与”。八、九、十月份放而不饲，所有糟糠则畜待冬春。

在牲畜疾病的医治方面，在魏晋南北朝时期亦有许多成功之经验，也都集中保存在贾思勰的《齐民要术》中，这里不作详述。

总之，关于牲畜的饲养技术、管理方法、选种配种、畜牧兽医学等方面的知识，在秦汉时期的基础上，又有新的发展。有许多是以前所不曾认识到的知识，在魏晋南北朝时期人们在畜牧业生产的实践中总结出许多带规律性的经验来。可以说，饲养技术诸方面的新发展，是魏晋南北朝时期畜牧业生产的又一重要特征。

第十六章　魏晋南北朝的官私手工业（上）

第一节　官府手工业的经营与管理

一、官府手工业的经营范围与种类

魏晋南北朝时期的手工业同秦汉时期一样，可分为官府手工业和民间手工业两大类别。

所谓官府手工业，是指封建国家直接经营、管理和所有权属于国家的手工业。自秦汉以来，由国家直接经营和管理的官府手工业已属不少，尤其是汉武帝实行盐铁官营之后，诸如采矿、冶铸、煮盐和采铜、铸钱等与国计民生有重大关系的手工业生产部门，全为封建国家所垄断，致使官府经营的手工业部门不断增多，组织形式和生产规模也日益扩大。魏晋南北朝时期，官府手工业在手工业经济中仍占有极其重要的地位。一方面，这一时期的封建统治集团为了满足自身的消费，以增加国家财政收入，借以达到加强中央集权制度的物质基础等目的，继承了早已有之的官府手工业传统；另一方面，自三国以迄南北朝前期，历代封建王朝均对民间手工业者采取了严格的控制政策，他们为具有手工业技巧的工匠另立户籍，并制定了子孙相袭、不许改业等专门的制度。由于大量的百工伎巧被束缚于宫廷作坊或官府作场中，保证了官府劳动力的来源和扩大了官府手工业者队伍。所以，在魏晋南北朝400年左右的历史进程中，尽管国家长期处于分裂割据的状态，但由于官府手工业与各个王朝统治者的关系极大，因而受到高度重视，故在某些方面比前代有较大的发展。

官府手工业经营的范围非常广泛，且门类众多。但根据手工业生产的性质，则大体可分为三类：

第一是略似现代意义的重工业，如各种采矿业、冶铁业、铁器铸造业、炼铜业、铜器制造业、造船业、煮盐业、酿酒业等等。这一类手工业制品，按产品的性质和用途又可分为两种：其一是人民大众生活必需品，主要有盐和铁。其二是军用品。魏晋南北朝是战争频繁的时代，因而也是军用品需要量激增的时代。军用品不但种类繁多，如有刀、枪、剑、戟、戈、矛、弓、弩以至甲胄、被服、车船、旗号等等，而且数量十分庞大。当时历代官府均设有专门官吏，“主兵器弓弩刀铠之属”[①]。南朝地方州郡亦设有作部，“掌工徒鼓铸”[②]，所造兵器，部分上贡朝廷，入于武库，部分留做地方军队之用。可见军用品制造也是官府手工业经营的重要项目。

第二是略似现代意义的轻工业和各种器物制作业，如丝织业、造纸业、制陶业、衣服制作业、金银器制作业、漆器制作业等类皆属之。此类手工业产品，按其性质和用途亦可分为两种：其一是供应宫廷所需的各种高贵奢侈品，即古人所谓的“雕文刻镂，锦绣纂组”。其二是制作朝廷官府等公用物品，同样是种类繁多，数量庞大。如宗庙郊祭的祭器礼器，朝廷官府的法物仪仗，公卿百官的冠帽袍笏，以及车辇乘舆，旗幡幢盖和日用的文具、杂物等等，不胜枚举。

第三是建筑业。大凡官府兴办的土木建筑工程及其所用的建筑材料，如砖瓦竹木之类，亦多由官府调集备办或自行制造。

总之，魏晋南北朝时期，官府手工业经营的范围相当广泛。但是，官府手工业产品绝大部分是为了供应宫廷和各级官府所需，并不是商品生产，虽然也有为了销售而生产的，如盐和铁，但售卖的目的并不是为了扩大再生产。因此，魏晋南北朝的官府手工业经营，主要是为满足封建统治集团的消费和需要服务的，本质上是统治阶级的御用手工业。

---

① 《宋书》卷39，《百官志上》。
② 《宋书》卷39，《百官志上》。

二、官府手工业的管理机构

官府手工业的管理制度创始于西周，而发展和完备于秦汉。如汉代中央机构和地方官制中，都有分工主管各种不同手工业的官吏。如盐官主煮盐，铁官主冶铸，服官主衣服制作，铜官主铜的冶炼，楼船官与发弩官分别主造船和制弩，工官则主金、银器的制作。总之，从中央到地方，形成了一套完整的和庞大的官府手工业的管理体系。

魏晋南北朝时期，官府手工业的管理机构虽不尽相同，名称也不一致，但基本官制大体上仍沿袭秦汉之旧，其职掌和作用则始终如一。下面即以朝代为目，分别作以说明。

（一）三国两晋官府手工业的管理机构

三国的官府冶铁机构，曹魏设于河北，蜀汉设于四川，东吴则设于江南。汉末丧乱，矿冶业一度陷于停顿，铁成为稀罕的材料。当时各军事集团为了获得从事战争的武器和组织农民进行生产的器具，急需建立官府作场，恢复矿冶的开采。曹操平定冀州，首先在河北设立官府冶铁机构，并置有司金中郎将、司金都尉、监冶谒者等官①，以主管各地矿冶，制造武器和屯田所需的铁制农具。如王修曾为司金中郎将②，韩暨任监冶谒者七年，“器用充实”③。蜀汉亦有司金中郎将，张裔曾任此职，“典作农战之器”④，其组织大概与曹魏相似。东吴虽不见这一官职，但其冶铁机构设置甚多。《宋书·百官志》称江南诸郡县的冶铁机构，“多是吴所置”，表明东吴的官冶生产也设专官管理。

两汉时期，封建官府在产盐之地例置盐官，主持盐的生产与销售，三国时也设有这类机构。如魏有海盐，有河东解池盐，武威、酒泉池盐。卫觊与荀彧书曾说：“盐，国之大宝也”。邓艾平蜀后，曾建言“留陇右兵二万人，蜀兵二万人，煮盐兴冶，为军农要用”⑤。可见曹魏将盐铁业并置于官府控制之下，

① 《三国职官表》。
② 《太平御览》卷241。
③ 《三国志》卷24，《魏志·韩暨传》。
④ 《三国志》卷41，《蜀志，张裔传》。
⑤ 《三国志》卷21，《魏志·卫觊传》，卷28《魏志·邓艾传》。

实行盐铁专卖。蜀汉则置有盐府校尉（也称司盐校尉）、盐府典曹都尉等官，掌管盐铁。如王连曾任“司盐校尉，较盐铁之利，利入甚多，有裨国用”①。吴和蜀一样，亦设司盐之官。如孙权时在海盐（今浙江海盐）设司盐校尉，在沙中（今江苏常熟）设司盐都尉，故官营煮盐业十分发达。

随着三国鼎立局面的形成，供给统治者奢侈享受的宫廷作场很快也恢复了。《三国志·魏志·王观传》载：“少府统三上方，御府内藏玩弄之宝。”所谓三上方（上方即“尚方”），即中、左、右三个作场，负责生产宫廷御用器物。曹髦即位后，曾下诏“罢尚方御府百工技巧靡丽无益之物”②，大概只是一种例行公文而已。东吴的宫廷作场，除有隶配犯法妇女的织室③，亦有尚方的设置。《三国志·吴志·何姬传》注引《江表传》载：（孙皓）使上方以金作华燧、步摇、假髻以千数，则尚方工官主持金银首饰的制作。蜀汉的官府织锦业很发达，在成都设有锦官。左思《蜀都赋》：“阛阓之里，伎巧之家，百室离房，机杼相和，贝锦斐成，濯色江波。”其中“伎巧之家”，应即是锦官所管理的锦工。

东吴的官府造船业也设有专官进行管理。如《宋书·州郡志》：“原丰令，晋武帝太康三年，省建安典船校尉立”。《元和郡县志》卷二九福州条下云：“郡又有冶县。……吴于此立曲郍（典船）都尉，主谪徙之人作船于此”。可知吴在建安郡设有典船校尉，在冶县设有典船都尉，负责制造官府所需的各种船舶与战郍。

为保证官府作场有充足的原料，不但金银铜铁等矿冶的开采全由官府主持，即使其他物资亦由政府控制。《魏志·王观传》云：“徙少府，大将军曹爽使材官张达斫家屋材，及诸私用之物。观闻知，皆寻夺以没官”。这个材官，并非汉代兵士之名，而是管理木材的官吏。据《宋书·百官志》载：“魏右校又置材官校尉，主天下材木事”。可知建筑材料也由官府设官管理，像盐铁一样不准私自买卖。又《通典》卷二六司农卿所属有司竹监，称：“魏、晋

① 《三国志》卷41，《蜀志·王连传》。
② 《三国志》卷4，《魏志·高贵乡公纪》。
③ 《三国志》卷50，《吴志·潘夫人传》称：“父为吏，坐法死，夫人与姊俱输织室。”

河南淇县竹各置官守之”。因为竹不仅是建筑方面及制造器物的材料，而且还是箭材，所以要加以管制。①

晋代官府手工业管理机构亦系沿袭秦汉制度，而又有所改革。如西晋中央机构中设有少府、卫尉和将作大匠三个系统，分别掌管一些重要的手工业生产部门。据《晋书·职官志》载：“少府，统材官校尉、中左右三尚方、中黄左右藏、左校、甄官、平准、奚官等令，左校坊、邺中黄左右藏、油官等丞。”又据《宋书·百官志》少府条下载：“御府，二汉世典官婢作亵衣服补浣之事，魏晋犹置其职。”表明少府这一机构下分设许多部门，其中三尚方专门造作宫内器物，平准令掌染，御府令主管奴婢制作衣服及缝补之业。东晋时，少府“唯置一尚方，又省御府”②。

卫尉这一机构，“统武库、公车、卫士、诸冶等令”③，分掌宫廷与官府所需的车服仪仗，兵器制作及工徒鼓铸。仅以冶铸业来说，西晋时在卫尉之下，“领冶令三十九，户五千三百五十”④，可见官府冶铁机构之多，规模之大。自渡江后，东晋省卫尉，以诸冶令“度隶少府”⑤。

晋代又置将作大匠，主管宫殿建筑和土木之役，“有事则置，无事则罢”⑥。

（二）南朝官府手工业的管理机构

南朝官府手工业管理机构继承两晋之制，但略有增减。

刘宋时也由中央的少府总管官手工业。少府下统左尚方令、丞各一人；右尚方令、丞各一人，并掌造兵器。又有细作，置令一人，丞二人，隶于门下，以后改称御府。至后废帝时又省御府而置中署，隶于右尚方。细作除主管织绶、亵衣、补浣等事，还自设有金银库，掌管金银器皿的镶嵌雕镂，如吕文度“宋世为细作金银库吏”⑦，表明精美奢侈品的制作亦由细作主持。少府还统领

---

① 参阅唐长孺先生：《魏晋南北朝史论丛续编》，第30~34页，三联书店1959年出版。
② 《晋书》卷24，《职官志》。
③ 《晋书》卷24，《职官志》。
④ 《宋书》卷39，《百官志上》。
⑤ 《宋书》卷39，《百官志上》。
⑥ 《晋书》卷24，《职官志》。
⑦ 《南齐书》卷56，《幸臣·吕文度传》。

东冶、南冶、各设令、丞一人，掌工徒鼓铸。地方郡县出铁者，或置令，或置丞，系沿袭东吴旧制而来。另则少府又统平准令、丞各一人，掌染，后避宋顺帝刘准讳，改曰染署。少府而外，刘宋置有将作大匠一人，丞一人，掌土木之工。[①]

南齐时亦置少府和将作大匠。据《南齐书·百官志》载：少府下统“左右尚方令各一人，锻署丞一人，御府令一人，东冶令一人，南冶令一人，平准令一人，上林令一人”，但职掌不祥。按晋宋之制，左右尚方令应掌管军器制造，御府令主织绶、亵衣、补浣；东冶令、南冶令掌采矿、冶炼、锻造等工；平准令掌染，上林令依汉代故事应掌知铸造钱币。另据齐明帝建武元年（494）十一月丁亥诏，有“细作、中署、材官、车府”之文[②]，当亦为少府属官。由此亦可知南齐时已将御府、细作、中署并置。

梁陈制度大体相同，皆沿袭前代成例，置少府和将作大匠。梁代少府之下，分置“材官将军、左中右尚方、甄官、平水署、南塘邸税库、东西冶、中黄、细作、炭库、纸官、柒署等令丞”。将作大匠“掌土木之工。统左、右校诸署”[③]。陈代又有库部侍郎，“掌知营造弓弩矟箭等事”[④]。梁陈时的西冶，就是宋齐时的南冶。

南朝时期，诸如建筑材料、砖瓦烧造和造船等业，官府也设有专门机构管理和制造。如刘宋末年，虞玩之表陈时事云：“二卫台坊人力，五不余一；都水材官朽散，十不两存。备豫都库，材竹俱尽；东西二堈，砖瓦双匮”[⑤]。可见官家所需要的竹木砖瓦等建筑材物，一般都是自行制造备办的，并设有材官予以管理。至于大规模的造船业，亦掌握在政府手中。如梁末侯景之乱，徐世谱率水军征讨，“乃别造楼船、拍舰、火舫、水车，以益军势”。陈初，“文帝以湘州出杉木舟，使（华）皎营造大舰金翅等二百余艘，并诸水战之具”[⑥]。

① 《宋书》卷39，《百官志上》。
② 《南齐书》卷6，《明帝纪》。
③ 《隋书》卷26，《百官志上》。
④ 《陈书》卷21，《萧允传附萧引传》。
⑤ 《宋书》卷9，《后废帝纪》。
⑥ 《陈书》卷13，《徐世谱传》，卷20《华皎传》。

表明江南的造船工场甚多，而大型的楼船、战舰均由官府主持制造。

在南朝，除了中央政府设有名目众多的管理机构外，地方州郡政府也设有规模不等的“作部”，以管理和制造各种手工业产品。刘宋时，刘粹为豫州刺史，曾将“女弱一百六十二口，收付作部”。刘式之为宣城太守，“立吏民亡叛制，一人不禽，符伍里吏送州作部”[①]。史载“荆州作部岁送数千人仗”到建康，刺史沈攸之截留之而装成“战舰数百千艘”[②]，可见荆州作部营造和制作之物甚多，应是当时规模最大的州作部了。

南朝时期，地方政府设置的各种手工业作场也相当普遍。如宋刘道济担任益州刺史时，“府又立冶，一断民私鼓铸，而贵卖铁器，商旅吁嗟，百姓咸欲为乱”[③]。就是益州所立的冶铁作场，属于地方官府。此外，又有专供地方官制造器物的作场。《宋书·刘敬宣传》：“宣城多山县，郡旧立屯以供府郡费用。前人多发调工巧，造作器物。敬宣到郡，悉罢私屯，唯伐竹木，治府舍而已。亡叛多首出，遂得三千余户”。这种专供地方官私人享受的“屯”，乃是包含手工业作坊在内的一种官府组织，其劳动者中有一部分是从“工巧”亦即百工家庭中征发来的。所谓“私屯”，也不意味着私人所有，实际上是由地方官府所设，只是不经朝廷批准，专供地方官私人享受而已。

（三）十六国北朝官府手工业的管理机构

十六国时期，各少数民族政权为了保障对军用品和奢侈品的需求，类皆沿袭魏晋制度，建立起各种官手工业作场和管理机构。石勒称王时，便设有尚方、御府诸令。[④] 及石虎称帝，又置“典匠少府”之官，并徙刑徒于“丰国、渑池二冶”[⑤]，制造军器。据陆翙《邺中记》载：“石虎中尚方御府中巧工作锦，织成署皆数百人”。则石赵中央设置有许多机构，举凡矿冶、兵器制造、宫廷器物以及织锦等业，都掌握在官府手中。他如李焘在四川割据时，鉴于

① 《宋书》卷45，《刘粹传》，卷54，《羊玄保传》。
② 《南史》卷37，《沈庆之传附沈攸之传》。
③ 《宋书》卷45，《刘粹传附刘道济传》。
④ 《晋书》卷104，《石勒载记》。
⑤ 《晋书》卷106，《石季龙载记》。

“都邑空虚，工匠械器事未充盈”，乃“兴上方、御府，发州郡工巧以充之”[①]。又夏赫连勃勃曾置将作大匠，主管铸造兵器和制作装饰宫殿的各种器物。《晋书·赫连勃勃载记》载：“以叱干阿利领将作大匠。……造五兵之器，精锐尤甚。既成，呈之，工匠必有死者。射甲不入，即斩弓人；如其入也，便斩铠匠。……复铸铜为大鼓、飞廉、翁仲、铜驼、龙兽之属，皆以黄金饰之，列于宫殿之前。凡杀工匠数千，是以器物莫不精丽。”其余各个割据政权，也都设有类似的管理机构。

北魏前期，政府机构中亦设有少府和将作大匠。《魏书·官氏志》称北魏官制，“多同于晋朝”，则当时工官的设置自亦系沿袭晋制而来，如魏初为扩充军备，曾“置山东诸冶，发州郡徒谪造兵甲”[②]。又文成帝和平二年（461），“诏中尚方作黄金合盘十二具，径二尺二寸，镂以白银，钿以玫瑰”[③]。可见矿冶、铸造、兵器制作与镂钿宝器等业，均分隶于不同的工官主持。孝文帝太和二十三年（499），改定百官，将少府改名为太府。

北齐设置太府寺，总管各项手工业，是继承北魏旧制。故从北齐太府的设官及其职掌，亦可推知北魏太府掌管官府手工业的情况。据《隋书·百官志》：“太府寺，掌金帛府库，营造器物。统左中右三尚方、左藏、司染、诸冶东西道署、黄藏、右藏、细作、左校、甄官等署令丞。左尚方又别领别局、乐器、器作三局丞。中尚方又别领别局、泾州丝局、雍州丝局、定州纳绫局四局丞。右尚方又别领别局丞。司染署又别领京坊、河东、信都三局丞。诸冶东道又别领滏口、武安、白间三局丞。诸冶西道又别领晋阳冶、泉部、大邳、原仇四局丞。甄官署又别领石窟丞”。于此可见，北魏和北齐在纺织、染色、冶铸、兵器、乐器以及许多器物的制造方面，都设有专门的掌管机构，形成了官府手工业的庞大管理体系。除太府寺而外，北齐还设将作寺，掌诸营建。将作寺设“大匠一人，丞四人。亦有功曹、主簿、录事员。若有营作，则立将、副将、长史、司马、主簿、录事各一人。又领军主、副，幢主、副等”。其他

① 《晋书》卷121，《李焘载记》。
② 《魏书》卷2，《太祖纪》。
③ 《魏书》卷110，《食货志》。

尚有主管兴造的起曹部，主管桥梁的都水台，亦各辖作场，规模不小。

北周中央设司织下大夫，掌织染；铁工、冶工中士，掌冶铸；匠师中大夫，掌城郭宫室营建；司木中大夫，掌木工之政令：并初置军器监，掌造兵器。[①] 自隋唐以后，军器监与少府监、将作监并称“三监”，成为官府手工业的重要管理机构之一。

第二节　官府手工业的类别及其状况

一、冶铁业的发展及其技术成就

（一）冶铁地区的扩大和著名产地

冶铁业是官府手工业的重要项目，包括采矿、冶炼、铸造等许多专业化的生产部门。魏晋南北朝时期，在生产规模、冶铸设备、锻造工艺及炼铁、炼钢技术等方面，都比前代有显著的进步，并取得一些引人注目的新成就。

官府冶铁业的发展，首先表现在铁矿的不断发现和冶铁业分布地区的扩大上面。就铁矿的分布与开采来看，北方与南方的情况是不相同的。北方地区的铁矿，主要分布在今河北、河南、山东、陕西、山西等省，这些地方自秦汉以来就是冶铁业的重要基地，汉代又长期设置铁官管理，因此魏晋时期继承前代已经发现的铁矿产地甚多。如汉末建安年间，曹操曾在河北设置官营冶铁机构，使一度陷于停顿的冶铁业得到恢复和发展。又据《水经·谷水注》：“谷水又迳白超垒南……是垒在缺门（山名，今河南省新安县铁门）东一十五里，垒侧旧有坞，故冶官所在，魏晋之日，引谷水为水冶，以经国用，遗迹尚存。”按新安在汉代属弘农郡，郡置铁官，驻渑池，管理渑池、新安二个官营铸铁作坊，可见新安在魏晋时仍是重要官冶之一。此外，1974 年在河南省渑池县发现一个汉魏铁器窖藏，共出土铁器 4195 件（块）。时间从汉魏到北朝，窖藏是北魏时（420～535）的遗留。从铁器铭文看，它们出自 10 多个铸铁作坊，而且大部分是官冶作坊所在地名。其中比较明确可考的地点有渑池（今河南省渑池县西）、新安（今河南省新安县）、夏阳（今陕西省韩城县西南）、

① 《通典》卷 27“少府监、将作监、军器监”条。

绛邑（今山西省曲沃县东北）、阳成（今河南省登封县的告城镇）等5处。[①]这些铸铁作坊在汉代均设铁官掌管，魏晋以后又长期立冶鼓铸，故北方地区的采矿业是在前代已有的基础上发展起来的。

十六国北朝时期，对采矿冶铸业亦十分重视，除魏晋原有的官冶外，又多有新置。例如后赵的石虎曾在丰国、渑池立冶，继续设置有官营冶铁作坊[②]。南燕的慕容德曾“立冶于商山（今山东省淄博市东）”，“以广军国之用”[③]。北魏境内的铁矿分布较广，官府在产铁之地例置铁官，用国家的力量进行大规模的采掘、冶炼，以铸造急需的铁器和兵器。如道武帝取得河北诸州郡后，即于天赐元年（404），“置山东诸冶，发州郡徒谪造兵甲”[④]。太武帝拓跋焘时，刘宋破其碻磝戍，获得“铁三万斤，大小铁器九千余口”[⑤]。到孝文帝统治时期，置官采掘铸造兵器的地方更多。史载北魏迁都洛阳以后，“国家西至长安，东尽即墨，营造器甲，必尽坚精，昼夜不息者，于兹数载”[⑥]。又崔挺为光州（治光城，今河南省光山县）刺史，“先是州内少铁，器用皆求之他境，挺表复铁官，公私有赖”[⑦]。在北魏各地官冶作坊中，以锻炼军刀的相州牵口冶（今河南省浚县北）最为著名。《魏书·食货志》载：“其铸铁为农器、兵刃，在所有之，然以相州牵口冶为工，故常炼锻为刀，送于武库。”西魏、北周时，同州夏阳（今陕西韩城县）诸山仍是重要的铁矿产地和规模较大的铁冶所在。据《周书·薛善传》，善为司农少卿，领同州夏阳县20屯监，“又于夏阳诸山置铁冶，复令善为冶监，每月役八千人，营造军器，善亲自督课，兼加慰抚，甲兵精利。”北齐时官府“金银铜铁诸杂工”也很多，如太府寺所统诸冶，就分东、西两道。其中“诸冶东道又别领滏口（今河北省磁县）、武安（今河南省武安县）、白间三局丞；诸冶西道又别领晋阳冶、泉部、大邪、原

① 参阅渑池县文化馆、河南省博物馆《渑池县发现的古代窖藏铁器》，《文物》，1976年第8期。
② 《晋书》卷106，《石季龙载记》。
③ 《晋书》第127，《慕容德载记》。
④ 《魏书》卷2，《太祖纪》。
⑤ 《宋书》卷95，《索虏传》。
⑥ 《魏书》卷24，《崔玄伯传附崔僧渊传》。
⑦ 《魏书》卷57，《崔挺传》。

仇四局丞"[①]，共有 7 个冶局。可见北齐时铁矿产地分布较广，官营冶铁业也是很发达的。

南方的铁矿，主要分布在今湖北、浙江、江苏、安徽、四川、广东等地。两汉时期，江南的冶铁业基础是很薄弱的。据《汉书·地理志》载，西汉时全国设铁官 49 处，其中绝大部分在北方，淮南与四川也有少量分布，至于长江以南的广大地区，只有桂阳郡（今湖南省郴县）设有铁官，岭南地区则没有设置。自三国以后，情况大不一样了。这时各地的铁矿不断发现，江南地区的冶铁业也逐渐成为一种开发性的生产事业。东吴占据长江以南，包括五岭以南的大片地区，铁矿资源非常丰富。为了保证军国之用，东吴政权曾在产铁之地设置铁官，掌管冶铸。《宋书·百官志》载："江南诸郡县有铁者，或置冶令，或置丞，多是吴所置。"可见当时江南地区铁矿开采颇盛。官营冶铁业主要是制作兵器。如《三国志·吴志·诸葛恪传》：丹阳"地势险阻……山出铜、铁，自铸兵甲。"又梁陶弘景《刀剑录》："吴主孙权黄武五年（226），采武昌山铜、铁，作千口剑，万口刀，各长三尺九寸，刀头方，皆是南钢越炭作之"[②]。东吴武昌城位于今湖北省鄂州市鄂城区，系孙权于 221 年所建。近几年来，鄂城东吴墓中曾出土有大量的刀、剑、戟、削等铁兵器[③]，以实物资料佐证了该地区冶铁业及兵器制造业的兴盛。西晋统一全国之后，由卫尉掌管江右冶铸，凡"领冶令三十九，户五千三百五十，冶皆在江北"；在江南则设有梅根冶（今安徽省贵池县东）与冶塘冶（今湖北省武昌东南），"皆属扬州，不属卫尉"[④]。东晋南朝时期，梅根、冶塘二冶仍是著名的冶铸基地。据《太平寰宇记》卷 105 池州铜陵县："自齐、梁之代，为梅根冶，以烹铜铁"。又同书卷 112 鄂州江夏县："冶唐山，在县东南二十六里。旧记云：先是晋、宋之时，依山置冶，故以为名"。值得注意的是，南朝各处的冶铁基地，不只是过去的梅根和冶塘两地，而是有新的发展。如丹阳郡所属的永世县（今江苏

① 《隋书》卷 27，《百官志中》。
② 《太平御览》卷 343 引。
③ 《湖北鄂城六朝考古的主要收获》，《中国考古学会第四次年会论文集》。
④ 《宋书》卷 39，《百官志上》。

省溧阳县）南百余里有铁砚山，“广轮二百许里，山出地，扬州今鼓铸之(地)”[①]。会稽郡所属剡县（今浙江省嵊县西南），“有三白山，出铁，常供戎器”[②]。南齐时的茅山（今江苏省句容县东南）也是著名的冶铁地点。所锻“神剑斫十五芒”，“至梁天监四年（505）乙酉岁，敕令造刀剑形供御用，穷极精功，奇丽绝世”[③]。此外，长江中游的武昌（今湖北省鄂州市）、冶城（今湖北省黄陂县东南），也均是重要的冶铸基地。如《舆地记胜》卷49载：“冶城在黄陂东南十五里，梁武为刺史，治战守之具。今火迹犹存。”又据《太平御览》卷833引《武昌记》说，江夏郡的北济湖，自宋文帝“元嘉初，发水冶。水冶者，以水排。”这应该是继承了东吴在武昌的冶铸业而有所发展。梁陈时建康（今江苏省南京市）设有东西二冶，其西冶即宋齐之南冶。梁初修筑浮山堰，曾用东西两个冶铁作坊所存铁器数千万斤沉在堰旁。可见南朝的冶铁业分布较广，产量也不低，比之前代又有了很大进步。

随着江南冶铁业的迅速发展，冶铁技术也逐渐传播到了岭南地区。据《晋书·庾翼传》：“时东土多赋役，百姓乃从海道入广州，刺史邓岳大开鼓铸，诸夷因此知造兵器。”东土是指会稽郡，会稽郡是当时冶铁业较为发达的地区之一。庾翼是东晋时人，这表明岭南一带的冶铁技术是由会稽郡流亡去的人传播开来的。

四川地处长江上游，自古以来就是重要的铁矿产地。刘备占据益州后，曾建立起冶铁机构，典作农战之器。在有些重要的产铁地方，则长期设置铁官掌管。如晋人常璩《华阳国志》卷3《蜀志》临邛县（今四川省邛崃县）条说：“有古石山，有石矿，大如蒜子，火烧合之。成流支铁，甚刚，因置铁官，有铁祖庙祠。”临邛在汉代曾设铁官，蜀汉也在此兴冶鼓铸。当时冶铸亦以制作兵器为其急务。据陶弘景《刀剑录》：“蜀主刘备，章武元年（221）辛丑，采金牛山铁，铸八铁剑，各长三尺六寸”[④] 又据《蒲元别传》说，蒲元“于斜谷

---

① 《太平御览》卷46引山谦之：《丹阳记》，《南徐州记》。

② 《太平御览》卷46引山谦之：《丹阳记》，《南徐州记》。

③ 《太平御览》卷665引陶隐居言。

④ 《太平御览》卷343引。

为诸葛亮铸刀三千口”[①]。可见蜀汉冶铁和铁兵器制造业的规模也不小。到了南朝，四川的冶铁业仍比较发达，保持了过去的繁荣。如刘宋时益州的采矿冶铁业本由民间私人开办，刘道济任益州刺史时，“府又立冶，一断民私鼓铸”[②]，将冶铁业收归官营。又梁初张齐迁巴西太守，“立台传，兴冶铸，以应赡南梁”[③] 梁武陵王萧纪为益州刺史，“内修耕桑盐铁之功，外通商贾远方之利，故能殖其财用，器甲殷积”[④]。

综上可知，魏晋南北朝时期冶铁业的分布地区是在不断扩大的。一般说来，北方政权和四川地区继承前代已经发现的铁矿产地很多，官营冶铁业比较发达，这是由历史传统所形成的。而江南地区的冶铁业，则是一种新兴的和开发性的生产事业。由于江南地区矿产资源丰富，受战争破坏较少，加之各割据王朝又急需铁制兵器和农具，以赡军国之用，这些都为江南冶铁业的发展提供了条件。随着江南各地铁矿资源的相继开发，长江中游的武昌、冶城，长江下游的丹阳、会稽等处，已逐渐发展成为重要的矿冶铸造基地，岭南地区的冶铁业也在初步兴起。因此，魏晋南北朝时期是江南冶铁业发展的重要阶段，并为隋唐以后南方矿冶铸造业的进一步发展奠定了基础。

（二）冶铁技术的进步

我国在春秋晚期就发明了生铁冶铸技术，到春秋、战国之际又创造了铸铁柔化处理技术。汉代冶铁技术达到了成熟阶段，已能生产白口生铁、麻口生铁以及白心、黑心可锻铸铁，这主要是由于炼铁炉结构有了改进，鼓风设备有了进步。魏晋南北朝时期的冶铁技术，在汉代成熟的基础上有着一定的发展，所有生产过程的各个环节——包括鼓风设备、冶铁燃料、冶炼生铁、铸造工艺等等，都有新的改进和提高。

1. 鼓风设备的改进

冶铁技术的发展，是和鼓风设备的进步分不开的。早在春秋战国时期，我国人民就已掌握了用鼓风橐提高炼铁炉温度的冶铁技术。到东汉初年，劳动人

① 《北堂书钞》卷123“武功部”引。
② 《宋书》卷45，《刘粹传附刘道济传》。
③ 《梁书》卷17，《张齐传》。
④ 《南史》卷53，《武陵王纪传》。

民在鼓风设备上加上一些机构装置，利用畜力推动机械轮轴，依靠轮轴的旋转来推动鼓风机，当时称为“马排”。后来南阳太守杜诗又发明了水力鼓风机，即利用水的冲力转动机械，使鼓风皮橐收缩，不断地给炼炉加温，称为“水排”。

三国时期，这种水力鼓风机水排有了进一步的改进。如魏国监冶谒者韩暨，就曾把改进的水排推广到整个官营冶铁手工业中去。据《三国志·魏志·韩暨传》载：“徙监冶谒者。旧时冶，作马排，每一熟石用马百匹，更作人排，又费功力；暨乃因长流为水排，计其利益，三倍于前。在职七年，器用充实。”韩暨推广的水排，是在杜诗所创水排的基础上改进的，这种改进主要有三点：第一，“因长流为水排”，即开始利用大河水力作为水排的动力，这样就把水排的使用地区大为推广。第二，将“马排”的机械装置改造成“水排”的机械装置。韩暨把马排改造为水排，就是用水力来代替畜力，这样就可大大降低成本，致能“计其利益，三倍于前”。第三，将立轮式水排改进为卧轮式水排。据杨宽先生研究，东汉杜诗所作水排应为立轮式的，三国时韩暨所创水排则属卧轮式的。因为“韩暨在魏国官营冶铁手工业中所推行的水排，是用马排改造成的。马排是用马力拖着大木轮旋转，利用机械的装置把回转运动变为直线的往复运动，以牵动鼓风机，使起鼓风作用的。用马力来推动的大木轮，必须是卧轮，不可能是立轮的。韩暨所推行的水排既然是由马排改造成的，那一定是卧轮式水排了”①。可见韩暨所作水排虽非始创，但却有很大进步。

自从韩暨改进水排以后，这种用水力鼓风的机械就长期为官营冶铁业所沿用。南北朝时期，都曾推行过水排。据《安阳县志》卷5《地理志》山川部分说：“《邺乘》：铜山在县西北四十里，旧产铜……案《水冶图经》曰：后魏时，引水鼓炉，名水冶，仆射高隆之监造，深一尺，阔一步半”。又据“太平御览”卷833引《武昌记》说：“（江夏郡）北济湖本是新兴冶塘湖，元嘉初，发水冶，水冶者，以水排。冶令颜茂以塘数破坏，难为功力，茂因废水冶，以人鼓排，谓之步冶。湖日因破坏，不复修治，冬月则涸。”可知刘宋元嘉初年

① 杨宽：《中国古代冶金技术发展史》，上海人民出版社1982年版，第104页。

（424）曾在武昌地方新造冶塘湖，兴建水冶，利用水冶来冶铁。直到颜茂废水冶之前，水排一直在应用。可惜以后因湖塘破坏，不复修治，一到冬季就干涸，只得再用人力鼓风了。

总之，魏晋南北朝时期水排的改进和广泛使用，对冶铁技术的提高有着十分重要的意义。它不仅具有用力省、功效大的特点，和过去甚费功力的人排、马排相比，可促使成本降低，大大提高生产效率。更重要的还在于水力鼓风可以加大风量，提高风压，增强风力在炼炉里的穿透能力，进而提高冶炼强度。因此，水排的推广和鼓风设备的改进，无疑是人类利用自然力的一大成功。

2. 冶铁燃料的发展

燃料在冶铁生产中有着特殊的意义。人类最早使用的冶铁用燃料是木炭。但是木炭有缺点，主要是温度不能升得太高，同时耐燃的时间较短，需要在冶炼时不断往炉内补充木炭，而炼炉的启闭和燃料的更替都会影响炉内的温度。所以自汉代已降，随着冶铁业的发展和生铁产量的增加，寻找木炭的代用品成为迫切的需要，煤作为冶铁燃料，就是在这种背景下促成的。

我国发现煤的历史很早，在古代文献中，煤称为“石墨”或“石炭”。然而，人们发现煤的可燃功能及用煤作为冶铁燃料，则是发生在汉代和魏晋南北朝时期。根据考古发掘资料证明，汉代在个别或少数冶铸作坊中，已有用煤作为冶铁燃料的。如在河南省巩县铁生沟汉代冶铁遗址中，就发现煤（白煤）、煤饼（用煤末羼入黏土、石英或石灰石颗粒制成）。[①] 在郑州古荥镇汉代冶铁遗址中也发现有煤饼。[②] 可见当时已经试图用煤来炼铁了。不过在河南省15处汉代冶铁遗址中，除巩县铁生沟和郑州古荥镇两处发现煤饼和原煤块外，其他13处都未发现用煤炼铁的迹象。[③] 这表明西汉时期用煤炼铁只是出现于个别或少数的冶铸作坊，而不普遍的情况。

魏晋以后，人们在生活和实践中逐渐熟悉了煤这种矿物所具有的可燃功能，并把煤作为生活和冶铁生产中广泛使用的燃料。如晋陆云与兄机书曰：

① 河南省文化局文物工作队：《巩县铁生沟》，文物出版社1962年版。
② 郑州市博物馆：《郑州古荥镇汉代冶铁遗址发掘简报》，《文物》，1978年第2期。
③ 河南省博物馆等：《河南汉代冶铁技术初探》，《考古学报》，1978年第1期。

“一日，上三台，曹公藏石墨数十万片，云烧此，消复可用”①。“三台”系指曹操在邺都（今河北省临漳县）建筑的铜雀、金凤、冰井三台。今临漳西邻磁县、安阳，有二叠系含煤地层山西组和石盒子组出露，是历代产煤颇盛的地区。可见晋时人已知燃烧着煤块，在扑灭后还可再次燃烧（“消复可用”），足证当时已有一定的烧煤经验。又据《续汉书·郡国志》豫章郡建城（今江西省高安县）条下，梁刘昭注引《豫章记》曰：“（建城）县有葛乡，有石炭二顷，可燃以炊。”《豫章记》的作者雷次宗（卒于448年）是南朝时人。② 今高安县北部出露有上二叠龙潭组含煤地层，产无烟性烟炭，适合于炊事之用。这说明南朝时当地人民已普遍用煤作为炊事燃料了。北朝境内产煤也不少。《水经注》中常提到，如《漯水注》说：“溪东北流出山，山有石炭，火之，热同樵炭也。”

关于炼铁用煤的文献记载，最早见于北魏郦道元《水经·河水注》引《释氏西域记》，文称：“屈茨（龟兹的异译，今新疆库车县）北二百里有山，夜则火光，昼日但烟。人取此山石炭，冶此山铁，桓充三十六国用。”从这段话，可知当时西域已用煤作炼铁燃料，而且采煤和冶铁的规模都相当大。据已故岑仲勉先生考证，《释氏西域记》一书出于晋朝道安之手③，是公元4世纪的作品。因此在晋代或者晋代以前，我国西北地区就已广泛地使用煤炭来炼铁了，这对促进冶铁技术的进步自然有着重要的意义。

3. 冶铁铸造技术的成就

早在春秋晚期，我国人民就已能冶铸白口生铁，用来铸造铁器。到战国中期已能铸造麻口生铁，到西汉中期又进一步能够铸造低硅的灰口生铁。魏晋南北朝时期，冶铁铸造技术已经相当成熟。例如河南渑池出土的汉魏至北朝的铁器，不仅数量大，品种多，而且包括丰富的技术内容。经过对其中一些典型样品进行金相考察和化学分析，结果表明，除过去曾发现过的白口铸铁，灰口铸铁、麻口铸铁、展性铸铁（亦称可锻铸铁）和熟铁以外，还首次发现了类似

---

① 《太平御览》卷605引。
② 《南史》卷75《隐逸上·雷次宗传》。
③ 岑仲勉先生：《中外史地考证》，中华书局1962年版，第213页。

现代球墨铸铁的球墨组织。如Ⅱ式斧（257号），大部分组织相当于含碳0.4%的碳钢，组织中没有展性铸铁常见的团絮状石墨，显然是铸造后经过脱碳退火处理制成的。但是经过金相检验，发现斧的銎部有相当于现代球墨铸铁中的球状石墨，直径约20微米，分布在平均厚为3.2毫米、总长50毫米的U形截面上，约有30颗，外形比较规整。这种在世界冶金史上罕见的技术，对研究现代球墨铸铁的形成和生产工艺，实有着不可忽视的意义。①

（三）炼钢技术的发展

考古资料和文献记载表明，从春秋晚期到东汉时代，我国劳动人民就已创造出块铁渗碳钢、铸铁脱碳钢、炒钢和百炼钢等制钢技术。魏晋南北朝时期。制钢工艺技术又得到进一步的发展，其中百炼钢的推广和灌钢法的发明，就是在炼钢技术方面所取得的重要成就。

1. 百炼钢的推广

百炼钢是我国古代一种早期的制钢工艺，它是在块铁渗碳钢反复锻打的基础上发展起来的。从已发现的古代钢制品来看，我国东汉时期已经掌握这种百炼钢技术。魏晋南北朝时期，百炼钢技术已大为推广，当时最精良的钢就称为“百炼精钢”或“百炼钢”，多用来制造刀剑铠甲等兵器。如《北堂书钞》卷123引曹操《内诫令》说：“往岁作百辟刀五枚，吾闻百炼利器，辟不祥，慑服奸宄者也。”陈琳《武库赋》说：“铠则东胡阙巩，百炼精刚（钢），函师震推，韦人制缝，元羽缥甲，灼爚流光”②。晋刘琨《重赠卢谌诗》也说：“何意百炼刚（钢），化为绕指柔”③。在夏赫连勃勃称王时，曾以叱干阿利为匠作大匠，“造五兵之器，精锐尤甚”；“又造百炼钢刀，为龙雀大环，号曰大夏龙雀”④。南朝时有一种“横法钢”，也是百炼而成。梁陶弘景说：梁武帝天监四年（505），“敕令造刀剑形供御用，穷极精功，奇丽绝世。别有横法刚，公家

① 参阅北京钢铁学院金属材料系中心化验室：《河南渑池窖藏铁器检验报告》，《文物》，1976年第8期。

② 《太平御览》卷356引。

③ 《文选》卷25。

④ 《晋书》卷130，《赫连勃勃载记》。

自作百炼”[①]。用百炼钢锻制的刀剑十分锋利，曹植《宝刀赋》说它能“陆断犀革，水断龙角，轻击浮截，刃不纤削”[②]。南朝齐、梁时著名冶炼家黄文庆，用上虞谢平所开凿的“刚朴”（炼钢的矿石）炼成的“神剑”，能够斫断用头丝悬挂起来的捆为一束的15根“芒”[③]。可见当时百炼钢技术已经达到很高的水平。

百炼钢工艺的主要特点是反复加热锻打。所谓“百炼”的“炼”，既包括折叠锻打次数，也包括加热次数。因为要炼制成含碳量高、含杂质少而组织均匀的优质钢，只能先制成薄钢片，再经反复锻打而成。因此，用百炼钢炼制的宝刀宝剑称为“百炼利器”，就是经过100次左右的加热和反复折叠锻打，这代表了当时炼制优质钢利器的工艺质量的最高水平，反映出当时炼钢技术和锻造技术的发展与进步。

2. 灌钢法的发明

灌钢法是两晋南北朝时发明的一种新的炼钢方法，也是我国早期炼钢技术上最突出的成就。灌钢法的最早起源，大约是在西晋。据西晋张协《七命》说：“楚之阳剑，欧冶所营。邪谿之铤，赤山之精。销逾羊头，镤越锻成。乃炼乃铄，万辟千灌”[④]。这里记述了当时宝剑的冶炼方法。“销逾羊头”的“销”是指生铁，《淮南子·修务篇》：“羊头之销”，许慎注：“销，生铁也”[⑤]。“镤越锻成”的“镤”是指经过锻制的熟铁。“乃炼乃铄”，“炼”是说烧炼，“铄”是说熔化。“万辟千灌”，“辟”是指反复折叠锻打，“灌”是指灌注、浸注，就是把熔化的生铁水灌注到熟铁之中。据此，有些学者认为“乃炼乃铄，万辟千灌”，当是形容灌钢的冶炼进程[⑥]。

---

① 《太平御览》卷665引。

② 丁晏纂《曹集铨评》卷2。

③ 《太平御览》卷665引陶弘景说：“而近造神剑斫十五芒，观其铁色青激，光彩有异，盖薛烛所谓涣如冰之将释者矣。顷来有作者十余人皆不及此。作刚朴是上虞谢平，凿镂装治是右尚方师黄文庆，并是中国绝手，以齐建武元年甲戌岁八月十九日辛酉建于茅山造。”

④ 《文选》卷35张协，《七命》；《晋书》卷55，《张协传》。

⑤ 《文选》卷35张协，《七命》李善注引许慎：《淮南子注》。

⑥ 见杨宽：《中国古代冶铁技术发展史》，上海人民出版社1982年版，第249页。李众：《中国封建社会前期钢铁冶炼技术发展的探讨》，《考古学报》1975年第2期。

到南北朝时期，这种灌钢冶炼法已普遍应用。如宋唐慎微《重修政和经史证类备用本草》卷4《玉石部》引梁陶弘景说："生铁是不破鑐枪釜之类，钢铁是杂炼生鍒作刀镰者。"所谓"生"是指生铁，所谓"鍒"是指熟铁，"杂炼生鍒"就是把生铁和熟铁混杂在一起冶炼，让生铁熔化灌入熟铁，使熟铁增碳而得到钢。比陶弘景稍晚，东魏、北齐间有一位道术之士綦母怀文也曾炼制一种"宿铁刀"，这种"宿铁"就是后世所说的灌钢。据《北史·艺术列传》载："怀文造宿铁刀，其法，烧生铁精以重柔铤，数宿则成钢。以柔铁为刀脊，浴以五牲之溺，淬以五牲之脂，斩甲过三十札。今襄国冶家所铸宿柔铤，是其遗法，作刀犹甚快利，但不能顿截三十札也。"这里所说"柔铤"是柔铁（即熟铁）的原料，亦即今天所说的"料铁"[①]。"宿"是指生铁熟铁如同雄雌两性的动物宿在一起交配，经过几度交配（即让生铁熔化后渗淋到熟铁中去）就变成了钢，"宿铁"就是由此得名。綦母怀文用柔铁来作刀脊，是为了使刀有弹性和韧性；用牲畜的溺和脂来浴淬，是为了使刀刚利。这样炼制"宿铁刀"是符合冶金原理的。

灌钢冶炼法的发明和推广，是炼钢技术的一次重大革新。在世界上近代的坩埚炼钢法发明以前，钢铁冶炼技术还停留在用熟铁低温冶炼的阶段，如果想要得到较好的钢，就需要反复折叠锻炼，这样花费的人力和时间很多，不可能生产大量的钢铁。灌钢法则是一种半流体状态的比较快速的炼钢工艺。灌钢冶炼法不仅是我国劳动人民创造的一种独特的炼钢技术，而且对于社会生产力的发展起了重大的促进作用。

3. 淬火技术的进步

"淬"是中国古代对于钢铁最重要的热处理方法。所谓"淬"就是将已锻好的钢铁烧红，达到一定的温度，突然浸入冷却剂中很快冷却，使它获得高的硬度和一定的物理机械性能。淬火方法至少在战国时代已经发明，当时常用的冷却剂就是清水。魏晋南北朝时期，淬火工艺有进一步的发展。如《晋太康地记》说："汝南西平有龙泉水，可以淬刀剑，特坚利，故有龙泉之剑"[②]。曹

---

① 许慎：《说文解字》："铤，铜铁朴也。"朴是原料的意思。

② 《史记》卷69，《苏秦列传》司马贞：《索隐》引。

丕《典论·剑铭》亦说："淬以清漳，厉以礛礑"[①]。又据《北堂书钞》卷123引《蒲元别传》，蒲元曾在斜谷为诸葛亮铸炼钢刀三千把，认为"汉水钝弱，不任淬，用蜀江爽烈"，派人到成都取江水来淬。后来他用江水淬火，"刀成，以竹筒内铁珠满其中，举刀断之，应手虚落，若薙生茑，故称绝当世，因曰神刀"。可见三国时炼制钢刀专家蒲元对于淬火工艺有极其丰富的经验，已经认识到不同水质对淬火后钢质量的影响的规律，因而对作为冷却剂的"水"的选择特别讲究。

钢在淬火时，常用的冷却剂，除了清水以外，还有盐液、碱水、油脂等。所用液体的性质不同、液体的温度不同以及淬火时间的长短不同，都会产生不同的结果。南北朝时期就已初步认识到这点，并使用含有盐分的液体和动物的油脂作为冷却剂。如前面已经谈到，綦母怀文在用灌钢冶炼法制成"宿铁刀"之后，曾"浴以五牲之溺，淬以五牲之脂"，即用牲畜的尿和油脂进行淬火。尿中含盐，用以淬火，冷却能力比水高；油脂作淬火剂，高温冷却快而低温冷却慢，可以减少钢件变形和脆性。适当的配合运用，能够获得性能优越的淬火钢件，类似的方法，现在也在使用。可见当时对淬火工艺的功能已有较深的认识，人们可以根据不同的冷却剂，对钢材进行不同的热处理，以改善和提高钢件的机械性能。

总之，从春秋晚期到魏晋南北朝时代，我国古代的炼钢技术基本上已经成熟。当时除了生铁在液态用铁矿石、空气或氧气脱碳的各种现代炼钢方法之外，所有古代的基本炼钢方法，包括块铁渗碳钢、铸铁脱碳钢、炒钢、百炼钢和灌钢等独特工艺，都已为我国勤劳而富有创造力的劳动人民所掌握。到隋唐以后，这种炼钢技术体系又有进一步的发展，从而对社会生产力的不断提高起了促进作用。

二、冶铜业和铜合金的创制

（一）铜矿分布

魏晋南北朝时期，铜一直是各个封建王朝用以铸造货币的主要原料，对国

① 见严可均辑《全三国文》卷8曹丕《典论·剑铭》。

计民生的影响甚巨，因而铜的采掘和冶炼也受到历代统治者的重视，在官府手工业中占有极为重要的地位。

北方的铜矿，主要分布在今河南和山东两省境内。据《魏书·食货志》载：北魏孝明帝熙平二年（517），“尚书崔亮奏：‘恒农郡（今河南省陕县）铜青谷有铜矿，计一斗得铜五两四铢；苇池谷矿，计一斗得铜五两；鸾帐山矿，计一斗得铜四两；河内郡（今河南省泌阳县）王屋山矿，计一斗得铜八两；南青州（今山东沂水县）苑烛山、齐州（今山东省桓台县东南）商山，并是往昔铜官，旧迹见在。谨按铸钱方兴，用铜处广，既有冶利，并宜开铸。’诏从之。”可见北方产铜之地不少。

南方的铜矿集中在长江流域，从产地上看可分为3个区域：一是长江下游矿区，以丹阳郡为中心，大体上分布于今安徽省南部、江苏省西部和浙江省西北部的长江两岸，范围广，产量大，为官府冶铜作场提供了丰富的铜资源。如《三国志·吴志·诸葛恪传》：丹阳（今安徽省当涂县）“地势险阻……山出铜、铁。”《读史方舆纪要》卷24：“光福山（今江苏省吴县）……与铜坑、玄墓诸山相连。铜坑者，一名铜井。晋、宋间凿坑取沙土煎之，皆成铜。有泉，亦以铜名。”又据《建康志》载：芦塘山，“在溧水县（今江苏省溧水县）东南二十三里。梁大同二年（536）尝采铜、锡于此”[①]。二是长江中游铜矿区，以江夏郡、武昌为中心，主要分布于今湖北省鄂城地区。这个矿区过去不大为人所注意，据近年来考古发掘证明，它在东吴时就已大量开采，规模也相当大，到两晋南朝时，由于铜的需要日增，这个矿区逐渐发展成为新兴的重要铜矿基地。据宋乐史《太平寰宇记》卷112鄂州武昌县条“白雉山（今湖北省鄂城县西北一带），在县西北二百三十五里。山高一百二十五丈。其山有芙蓉峰，前有狮子岭，后有金鸡石。南出铜矿，自晋、宋、梁、陈以来，置炉烹炼。”《读史方舆纪要》卷76也说：“大冶县白雉山，周五十里……山南出铜矿。晋、宋以来具置铜场钱监，后废。今山口墩或谓之铜灶，其遗迹也。”可见这一矿区在南朝时代还在采冶中。三是长江上游的铜矿区。这个矿区主要分布于今四川省西部，早在西汉初年就曾采掘过，后来长期废弃，直到南齐时又

① 《大清一统志》卷73引。

曾一度开采。如《南齐书·刘悛传》说，齐武帝永明八年（490），“悛启世祖曰：‘南广郡界蒙山（今四川省荣经县）下，有城名蒙城，可二顷地，有烧炉四所，高一丈，广一丈五尺。从蒙城渡水南百许步，平地掘土深二尺，得铜。又有古掘铜坑，深二丈，并居宅处犹存。邓通，南安人，汉文帝赐严道县铜山铸钱……蒙山去南安二百里，案此必是通所铸。……甚可经略。……’并献蒙山铜一片，又铜石一片，平州铁刀一口。上从之。遣使入蜀铸钱，得千余万。”可知齐武帝时为了解决铜荒，曾派人到蜀地重开西汉邓通采掘过的旧铜坑，并就地冶炼，铸造了不少铜钱。

（二）白铜与黄铜的发明

我国是最早掌握铜合金规律的国家。白铜是铜镍合金或铜砷合金，又称镍白铜或砷白铜。文献上“白铜”一词，最早见于东晋常璩所著《华阳国志》卷4《南中志》，其文称：“堂螂县因山名也，出银、铅、白铜、杂药，有堂螂附子。”按堂螂县在《汉书·地理志》中写作“堂蜋”，属犍为郡，在今云南省会泽、巧家一带，接近东川铜矿和四川会理铜镍矿。据此，有些矿冶学者认为，“堂螂县所出白铜是镍白铜”[①]。镍白铜的出现和使用，是合金冶炼技术上的一项出色成就。

黄铜是铜与锌的合金，在我国古代叫做鍮石。三国时魏人钟会所著《刍荛论》说：“夫莠生似禾，鍮石像金”[②]，这是第一次提到鍮石这一名称。此后十六国时苻秦的术士王嘉，在其所著《拾遗记》一书里也曾提到过“鍮石”[③]。关于“黄铜”一词的记载，首见于《南史·王莹传》中记述的一段民谚：“欲向南，钱可贪；遂向东，为黄铜。”王莹是齐梁时人，可见南北朝时期就已懂得制造铜锌合金的黄铜了。

（三）铜器制造业

铜器制造业是在冶铜业的基础上发展起来的，它在成为独立手工业的同时，也形成了许多分支，如铜兵器制造、铜镜铸造等等，这些分支都是以器物

① 夏湘蓉等：《中国古代矿业开发史》，地质出版社1980年版，第272页。

② 《太平御览》卷813引。

③ 《太平御览》卷813引。

的专门制作为标志的。下面就分别作以叙述。

1. 铜兵器

中国在汉代以前，就已进入铁器时代，故汉已降，铜兵器已无足论。但是在魏晋南北朝时期，仍有用青铜制作兵器的。如前引孙权于黄武五年“采武昌山铜、铁，做千口剑，万口刀”，说明东吴的短兵器如刀剑之类，还是铜、铁并用。晋代的青铜短兵器有短剑、匕首、铜椎，不少铁刀、铁剑也用铜饰。魏晋时期，远射兵器中的弓弩，特别是弩机的制造方面，还是沿袭汉代的传统，多用青铜铸造。如南京石门坎出土的魏正始二年（241）弩机①，四川郫县出土的蜀汉景耀四年（261）铜弩机②，以及江苏宜兴西晋建兴四年（316）周氏墓出土的两件错金铜弩机③，其形态和结构都沿袭汉代弩机旧制。从魏、蜀的两件弩机的铭文看，都是当时中央控制的武器工场制造的产品。曹魏弩机的制造，是由尚方负责的，正始二年弩机的铭文为“正始二年五月十日，左尚方造，监作吏鼌泉，牙匠马□，师陈耳，臂匠江□，师□□。”可见当时造弩工匠有着明确分工。蜀汉制造弩机，隶属中作部，铭文中也注明监造官吏和工匠的姓名，并标明弩的强度和弩机的自重：“景耀四年二月卅日，中作部左兴业刘纯业，吏陈深，工杨安作。十石机，重三斤十二两”。此外，在南京的秦淮河里，还曾发现过5件南朝时期的铜质弩机，其形态和结构与东晋的弩机一样，但是尺寸要大得多④，可见弩机的制造工艺又有改进。

2. 铜镜

铜镜铸造技术由来已久。三国时期，由于南北分裂，经济上的发展也是不平衡的，因此在铜镜的形态、纹饰和铸造工艺上，表现出明显的地区差异，可以分成北方和南方两个不同的系统。北方铜镜的铸造地主要在洛阳，担任铜镜制作的是右尚方。所铸铜镜种类有方格规矩镜、内行花纹镜、兽首镜、夔凤镜、盘龙镜、鸟纹镜、双头龙凤纹镜等，其式样和制作风格凝重古朴，与东汉旧式镜相近。曹魏时还新铸一种“位至三公镜”，这种镜的背面两侧是双头龙

---

① 尹焕章：《南京石门坎发现魏正始二年的文物》，《文物》，1959年第4期。
② 沈仲常：《蜀汉铜弩机》，《文物》，1976年第4期。
③ 南京博物院：《江苏宜兴晋墓的第二次发掘》，《考古》，1977年第2期。
④ 南京博物院等：《江苏出土文物选集》，文物出版社1963年版。

凤，但上下分别铸有“位至”、“三公”字样，到西晋时特别流行。

南方系统的铜镜铸造地主要有两个中心，一是会稽郡的山阴（今浙江绍兴），一是江夏郡的武昌（今湖北鄂城），这与南方铜矿的分布区域是相适应的。南方最流行的是神兽镜和画像镜，这两种铜镜形制繁多，纹饰精美，不论在花纹题材和铸造技术上都有创新。

在东晋、十六国和南北朝时期，铜镜的铸造工艺又有所变化。当时北方流行的铜镜有变形兽首镜，刻有“龙氏作镜”铭文的盘龙镜等。而南方的神兽镜已逐渐被乳状圆纽镜所代替，演变为“四神四乳镜”、“五神五乳镜”和“八神八乳镜”等。镜的形体也逐渐变小、变薄，内区的花纹也不如过去复杂。这些情况表明，东晋南朝铜镜已普遍出现简化和实用的趋向。

3. 铸造佛像及有关器物

南北朝时佛教盛行，庙宇林立，当时铜的最大消耗就是用来铸造佛像。如《魏书·释老志》载：“铸释迦立像五，各长一丈六尺，都用赤金（赤金指铜，下同）二十五万斤。”“于天宫寺造释迦立像，高四十三尺，用赤金十万斤。”又据《高僧传》载：“有戴安道所制五像，及戴颙所制丈六金像。”“（洪）后率化有缘，造丈六金像”[①] 现存南北朝时期流传下来的金铜造像，多是用铜铸造，以金饰之，但大都是小型的。

铜不仅用来铸造佛像，还大量用于寺院建筑的装饰上。如《洛阳伽蓝记》卷1永宁寺条载：“中有九层浮图一所，架木为之，举高九十丈。上有金刹，复高十丈。……刹上有金宝瓶，容二十五斛。宝瓶下有承露金盘一十一重，周匝皆垂金铎。……铎大小如一石瓮子。浮图有九级，角角皆悬金铎，合上下有一百三十铎。浮图有四面，面有三户六牕，户皆朱漆。扉上各有五行金铃，合有五千四百枚。复有金环铺首，殚土木之功，穷造型之巧，佛事精妙，不可思议。”又据《广弘明集》卷18载：“奉宣敕旨责臣柏刹柱一口，铜一万斤。”“奉宣敕旨责铜一万三千斤，供造觉善寺塔露盘。”可见封建统治者不惜以巨额铜料铸造佛像及有关器物，这是造成南北朝后期出现铜荒的一个重要原因。

---

① 《高僧传》卷14，《释慧力传》《释僧洪传》。

4. 其他

魏晋南北朝时期，铜还广泛地用于制造铜制农具及宫廷和贵族富家的装饰品、日用器物等等。而且各种鎏金铜器大都制作精美、工艺考究，反映出当时铜器铸造的工艺技术已达到相当高的水平。

三、金银矿产与金银器物的制作

（一）金银矿的分布与开采

魏晋南北朝时期的金银矿产，分布很广。关于北方的银矿，据《魏书·食货志》说："世宗延昌三年（514）春，有司奏长安骊山有银矿，二石得银七两。其年秋，恒州又上言，白登山（今山西省大同市东）有银矿，八石得银七两，锡三百余斤，其色洁白，有逾上品。诏并置银官，常令采铸。"不久，恒州银矿改为民营。《魏书·肃宗纪》说：肃宗神龟元年（518），"开恒州银山之禁，与民共之。"南方的银矿，主要分布在今云南、广东、四川三省境内。如《华阳国志·南中志》载："堂螂县（今云南省会泽县北）因山名也，出银、铅、白铜、杂药"。又据清汪士铎《南北史补志·食货·矿冶》记载："魏天赐元年（404），罢山东诸冶。时银出始兴（今广东省始兴县西北）、阳山县（今广东省阳山县南），及桂阳（今广东省连县）、阳安县（今四川省简阳）。"此外，今广东省的广州、英德、清远等市县，也是著名的银矿产地。如《太平寰宇记》说：岭南道新州（今广州一带），"银山出银……卢循采之"①。又南朝王韶之撰《始兴记》说："小首山崩，崩处有光耀，悉是银砾，铸之得银。而英德、清远，其山传有银矿者……其矿或红如乱丝，或白如草根，或衔黑石，或有脉，谓之龙口。循龙口挖之，浅者一二丈，深者四五丈，有焦路如灶土然，斯矿苗也。又挖则矿见矣"②。可见当时对银矿的采选已经有丰富的经验。

魏晋南北朝的金矿可分为砂金和山金两种类型。所谓砂金，根据赋存条件的不同，又可分为"水沙中"淘洗的砂金和"平地掘井"开采的砂金等两种。

---

① 《太平寰宇记》卷163。

② 据屈大均：《广东新语》卷15"货语"引。

所谓山金，则是指残积、坡积砂金矿及脉金矿等。这两种类型的金矿，南北类皆有之。在北方，“水金”即冲积砂金矿，主要集中在汉水流域。如《魏书·食货志》说：“汉中（今陕西省南郑）旧有金户千余家，常于汉水沙淘金，年终总输。”可见规模不小。“山金”矿床则分布在今山东、陕西两省境内。据《晋书·地道记》:“（金乡）县（今山东省金乡西北）多山，所冶名金山……凿而得金”[①]。《水经注》卷19：“丽戎之山（今陕西临潼东南），一名蓝田，其阴多金。”在南方，砂金矿主要分布在今云南、四川、江西等省。如《水经注》载：“兰仓水（今云南省永平县东）出金沙，越人收以为黄金。”“潺水，出潺山（今四川省绵阳县东），水源有金银矿，洗，取火合之，以成金银”[②]。这是指“水沙中”淘洗的砂金。又据王隐《晋书》说：“鄱阳乐安（今江西省德兴县）出黄金，凿地十余丈，披沙所得，大如豆，小如粟米”[③]，则是指“平地掘井”开采的砂金。南方的山金矿床，主要在今江苏境内。据《读史方舆纪要》卷24载：“天平山（今江苏省吴县境）……支陇曰金山，西去天平（山）里许，初名茶坞山，晋宋间凿石得金，因易今名”。以上所引，为魏晋南北朝金矿的分布情况。

金银矿的开采，多由官府设官管理。如刘宋时徐豁为始兴太守，上表陈三事，其二曰：“郡领银民三百余户，凿坑采砂，皆二三丈，功役既苦，不顾崩压，一岁之中，每有死者。官司检切，犹致逋违，老少相随，永绝农业，千有余口，皆资他食。岂唯一夫不耕，或受其饥而已。所以岁有不稔，便致甚困。寻台邸用米，不异于银，谓宜准银课米，即事为便”[④]。可见始兴郡地方官府所领“银民”之多。这些银民从事的采掘劳动十分沉重，有时还冒着生命危险，但其劳动所得却被封建国家以课税的形式攫取了去。北朝情况亦然。如北魏宣武帝下诏在产银之地“并置银官，常令采铸。”又“汉中旧有金户千余家，常于汉水沙淘金，年终总输。”南北朝时的“银民”和“金户”，实际上就是世代从事金银采冶，在身份上隶属于封建官府的冶户。虽然史书中对当时

① 《黄氏遗书丛考》第73册引。
② 《水经注》卷36、卷32。
③ 王隐《晋书》，原书已佚。有汤球辑本，广雅书局刻印。
④ 《宋书》卷92，《徐豁传》。

的金银产量缺乏详细记载，但如联系到“银民三百户”，“金户千余家”等情况看，可以相信金银开采业具有相当大的规模，产量也是十分可观的。

（二）金银器物制作

金银是贵金属，除用以铸造货币和鎏镀佛像外，还用来制作各种精美的工艺品和装饰品，以供统治阶级挥霍享用。如曹魏齐王芳正始元年（240）曾诏曰：“今百姓不足，而御府多作金银杂物”[①]。宋孝武帝即位之初，诏“省细作并尚方，雕文靡巧，金银涂饰，事不关实，严为之禁”[②]。齐东昏侯时，“置射雉场二百九十六处，翳中帷帐及步鄣，皆袷以绿红锦，金银镂弩牙，瑇瑁帖箭”；又“綦役工匠，自夜达晓，犹不副速……自制杂色锦伎衣，缀以金花玉镜众宝……金银雕镂杂物，倍急于常”[③]。可见高级精美的金银器物，皆由御府、细作等宫廷作场的工匠所制作。金银器物种类繁多，在历史文献中就记载有用金银打制或镶嵌的香炉、唾壶、匕箸、杆杓、步摇、斗帐、屏风、莲花、环钮、盘、杯、镜、带以及辂、鞍、鞭、刀、箭等[④]。此外，在南京西岗晋墓中，发现有随葬的金戒指、金发钗、银手镯、银发钗、鎏金铜带钩等，制作镂刻，颇为精巧[⑤]。在江苏宜兴晋墓出土的金簪头，金小篮、金钗、金环、金珠、金牌、金顶针等，均质地纯正，光艳如新[⑥]。说明金银器的应用比较广泛。

四、制盐业与榷盐制度

（一）盐的种类及其产地

魏晋南北朝时期，制盐业亦是官府手工业中的重要项目。食盐主要可分为海盐、池盐、井盐和岩盐（石盐）4 种类型。除岩盐为自然盐之外，其他 3 种盐都必须经过人工熬制和加工才能制成。

海盐的产地分布在滨海地区。在南方，吴郡海盐（今浙江省海盐）、沙中

---

① 《三国志》卷 4，《魏志 · 齐王芳传》。

② 《宋书》卷 6，《孝武帝纪》。

③ 《南齐书》卷 7，《东昏侯纪》。

④ 见《太平御览》卷 717，《初学记》卷 22，《北堂书钞》卷 136，《说郛》第 59 册引《东宫旧事》《邺中记》等。

⑤ 《南京西岗西晋墓》，《文物》，1976 年第 3 期。

⑥ 罗宋真：《江苏宜兴晋墓发掘报告》，《考古学报》，1957 年第 4 期。

（今江苏省常熟西北）均是著名的海盐产地。如东吴时曾在海盐设司盐校尉，在沙中设司盐都尉[①]，主管海盐的生产与销售。到了南朝，江南地区的吴郡依然是“海滨充斥，盐田相望”[②]，制盐业十分发达。在江北地区，南兖州境内的盐城（今江苏盐城县）亦有许多盐场。据南朝人阮升之《南兖州记》说：“上有南兖州盐亭一百二十三所，县人以渔盐为业，略不耕种，擅利巨海，能致饶沃。公私商运，充实四远，舳舻往来，恒以千计”[③]。在北方，海盐产地分布也很广泛。如东魏北齐间，曾在滨海的地方置灶煮盐。据《魏书·食货志》载：“自迁邺后，于沧、瀛、幽、青四州之境，傍海煮盐。沧州置灶一千四百八十四，瀛州置灶四百五十二，幽州置灶一百八十，青州置灶五百四十六，又于邯郸置灶四，计终岁合收盐二十万九千七百二斛四升。军国所资，得以周赡矣。”由此可见，这些海盐的产销全由官府掌管，作为财政收入的重要来源。

池盐产地主要分布于今山西省境内，其中尤以河东郡盐池最为著名。据《魏书·食货志》说：“河东郡（今山西永济县蒲州镇）有盐池，旧立官司以收税利。”又据《水经注》载：“盐池在安邑西南”；“池水东西七十里，南北十七里，紫色澄渟，潭而不流。水出石盐，自然印成，朝取夕复，终无减损。……池西又有一池，谓之女盐泽，东西二十五里，南北二十里，在猗氏（今山西临猗县南）故城南。……土人乡俗引水沃麻，分灌川野；畦水耗竭，土自成盐”[④]。以上对河东盐池的位置、面积和采盐方法作了详细的记述。除河东盛产池盐外，其他较小的盐池产地还有很多，散在各地，例如朔方县有“金连盐泽、青盐泽并在县南……其盐大而青白，名曰青盐，又名戎盐，入药分”[⑤]。又如“天水始昌县……右则盐官水南入焉，水北有盐官，在嶓冢西五十里许，相承营煮不辍，味与海盐同”[⑥]。

---

① 《三国志》卷48，《吴志·孙休传》：永安七年秋七月“海贼破海盐，杀司盐校尉骆秀”。又《宋书》卷35，《州郡志》：“晋陵南沙令，本吴县司盐都尉署。吴时名沙中”。

② 《太平寰宇记》卷95引《吴郡记》。

③ 《太平寰宇记》卷124引。

④ 《水经注》卷6，《涑水》。

⑤ 《水经注》卷3，《河水》。

⑥ 《水经注》卷20，《漾水》。

井盐的地域分布，大都在巴蜀川峡一带。据《水经注》载，长江流经朐忍县（今四川云阳县西）故城，“翼带盐井一百所，巴川资以自给，粒大者方寸，中央隆起，形如张伞，故因名之曰伞子盐。有不成者，形亦必方，异于常盐矣”①。临邛火井夙负盛名，它是古代劳动人民在穿凿盐井的过程中创建的一种天然气井。蜀汉时期，利用火井煮盐仍很兴盛。如晋张华《博物志》卷9说：“临邛火井一所，纵广五尺，深二三丈。井在县南百里。昔时人以竹木投以取火，诸葛丞相往视之。后火转盛，执盆盖井上煮盐水得盐。”又《华阳国志》卷3《蜀志》说：临邛县有火井，“井有咸水，取井火煮之，一斛水得五斗盐；家火煮之，得无几也。”有人认为，“一斛水得五斗盐”，则卤水的浓度非常之高，大大超过了饱和浓度（约26%），这样的卤水是不存在的。因而推测“一斛水得五斗盐”可能是误“升”为“斗”，即应作“一斛水得五升盐”，这样就比较接近实际②。利用火井煮盐，能够加快成盐时间，提高生产效率，对井盐的开发具有特殊重要的意义。

岩盐（石盐）多产于我国西北边远地区，所以在古代文献中又称之为“戎盐”。据《本草纲木》卷11“戎盐”条引晋宋膺《凉州异物志》：“姜（羌）赖之墟，今称龙城（位于今新疆罗布泊东北）。刚卤千里，蒺藜之形。其下有盐，累棋而生。”《水经注》卷2也说：“龙城……发掘其下，有大盐方如巨枕，以次相累。”

（二）专卖制和征税制

盐是人类日常生活中的必需品。自西汉武帝以来，实行了盐的专卖制度。三国时期的盐政也继承了这一旧制。早在曹魏建国之前，留镇关中的卫觊看到“四方大有还民，关中诸将多引为部曲”，曾写信给荀彧说：“夫盐，国之大宝也，自乱来散放，宜如旧置使者监卖，以其值益市犁牛。若有归民，以供给之，勤耕积粟，以丰殖关中”。后“彧以白太祖，太祖从之，始遣谒者仆射监盐官，司隶校尉治弘农，关中服从”③。可见曹操专权之初就实行了食盐专卖

① 《水经注》卷33《江水》。

② 夏湘蓉等：《中国古代矿业开发史》，地质出版社1980年版，第408页。

③ 《三国志》卷21《魏志·卫觊传》。

制度。蜀汉、东吴和曹魏一样，也实行专卖制。如刘备既定益州，就置“盐府校尉，较盐铁之利”。曾任司盐校尉的王连，就专卖食盐，“利入甚多，有裨国用”①。东吴则在海盐、沙中等地，设有司盐校尉和司盐都尉，以管理食盐的生产和销售。这说明盐的生产完全在官府控制之下，盐利全为官家所垄断，成为国家财政收入的重要来源。

晋承魏后，置度支尚书，主国计。盐务隶于度支尚书，后唐代盐事隶尚书省，概源于此。其地方官制，有司盐都尉，司盐监丞。西晋对食盐继续实行专卖政策。为了垄断盐利，严禁民间私目煮盐。如《晋令》规定，“凡民不得私煮盐，犯者四岁刑，主吏二岁刑”②。可见西晋统治者仍依曹魏之旧贯，维护食盐实行专卖的原则。降及东晋，由于豪门贵族不顾法令，侵占川泽，专擅盐利者到处都是，专卖制度已难于推行。到宋齐梁三代，封建官府便放弃了专卖制，允许民间私煮。当时官府也控制着一些盐亭，生产的食盐，加上向私营盐亭收实物税的食盐，则由官府掌握。但由于盐的产量大、销路广，获利丰厚，所以到陈文帝天嘉二年（561），又决定征收海盐税，控制食盐的买卖。据《陈书·世祖纪》载：天嘉二年十二月，“太子中庶子虞荔、御史中丞孔奂以国用不足，奏立煮海盐赋及榷酤之科，诏并施行”。此后，陈朝又将海盐收归政府实行专卖了。

在北朝，食盐的生产和销售主要是由官府掌管。其办法，一是由政府在生产海盐、池盐的地方设置盐官，由官府自产自销，即实行专卖制。如东魏北齐间曾行专卖制于沧、瀛、幽、青 4 州，由官府设置的盐灶煮盐（官煮），完全禁断民灶。东魏末孝静帝武定时，崔暹建议海、沂也由官煮盐，有利军国，崔昂认为：“亦既官煮，须断人灶，官力虽多，不及人广。请准关市，薄为灶税，私馆官给，彼此有宜”③，朝廷从之。可知在四州官煮之外，其他地方亦有民煮，只是稍微收点税而已。二是实行征税制。就是制盐由民（盐户），岁收其税，销盐由官；或是由商销而税之，税很重，利润大部分入官，商民不能

---

① 《三国志》卷 41，《蜀志·王连传》。
② 《太平御览》卷 865 引。
③ 《北史》卷 32，《崔昂传》。

逃税自销，官府设有禁私的法令。如北魏前期就在河东郡盐池设立官司，“以收税利”。孝文帝时曾“开盐池之禁，与民共之”，但“民有富强者，专擅其用，贫弱者不得资益”。盐利为豪强占断，政府吃亏，贫民受害，于是“复立监司，量其贵贱，节其赋入”[①]。宣武，孝明两朝，官府与豪强争夺盐利十分激烈，监司时置时废，但大体上官府经营时多，所得税利颇为不少。史称河东盐税，“一年之中，准绢而言，犹不应减三十万匹也，便是移冀定二州置于畿甸”[②]。可见河东盐利足顶冀定二州常调之绢。北魏亡后，东西魏争夺河东盐池。西魏据河东时，辛庆之曾任盐池都将统管河东盐利。[③]

北周的食盐也由官府掌管，并实行专卖制度。《隋书·食货志》说，后周时“掌盐掌四盐之政令”，“凡盬盐形盐，每地为之禁，百姓取之，皆税焉”。可知在盐禁之下，盬盐与形盐都由官府实行专卖，若民煮或商销，则征收较重的专卖税。这种制度一直沿袭到隋初。到隋文帝开皇三年（583），才“通盐池盐井，与百姓共之”[④]。由此可见，在魏晋南北朝时期，无论是专卖制还是征税制，本质上都是封建国家实行的榷盐制度的一种表现方式，是封建官府垄断盐利，增进财源的重要措施。

五、造船业的发展

（一）官府造船工场的分布

中国古代的造船业自秦汉以来即趋兴盛，魏晋南北朝时期又有进一步的发展。当时的造船业既有官府经营的，也有民间经营的。一般说来，官营造船工场多系建造战船、漕船和海船，规模宏大；民营造船工场主要是建造商船和其他民用舟船，规模较小。这里仅谈一下官府造船工场的分布情况。

魏晋南北朝时期，南方的造船业最为发达。三国时期，东吴曾在福建沿海一带建有许多造船工场，并设有典船校尉、典船都尉，主管造船。如《宋书·州郡志》说，吴孙休永安三年（260）立建安郡，“原丰令，晋武帝太康三年

① 《魏书》卷110，《食货志》。
② 《魏书》卷25，《长孙道生传附曾孙长孙稚传》。
③ 《周书》卷39，《辛庆之传》。
④ 《隋书》卷24，《食货志》。

(282)，省建安（今福建福州市）典船校尉立。……温麻令，晋武帝太康四年(283)，以温麻（今福建霞浦县西）船屯立”。又《元和郡县志》卷29福州条下说：“郡又有冶县……吴于此立曲郁（典船）都尉，主谪徙之人作船于此”。据此，今福州和霞浦等地，是当时最大的官府造船基地。吴以谪徙之人造船，乃是沿袭汉制。及孙皓降晋，王浚接收的官船和战舰尚有5000余艘[①]，可见东吴官府营造船舶之多。

西晋初年，晋武帝曾派王濬到蜀中建造舟舰，以备伐吴之用。史载王濬造船于蜀，历时7年，“其木柿蔽江而下”，“舟楫之盛，自古未有”[②]。可见西晋初年在益州建有规模较大的官府造船工场，所造楼船及各种战舰甚多，在平吴之役中发挥了重要作用。

东晋南朝时，官府造船业更为发达。在荆湘江扬诸州和交广闽越一带，都有官府造船工场分布。如刘宋时，荆州作部能“装战舰数百千艘”[③]。又“宋孝武度六合，龙舟翔凤以下，三千（零）四十五艘，舟航之盛，三代二京无比”[④] 梁末侯景叛乱，据建康，徐世谱领水军“与景战于赤亭湖。时景军甚盛，世谱乃别造楼船、拍舰、火舫、水车，以益军势”[⑤]。陈时，湘州（今湖南长沙市）所造杉木舟非常著名，据《陈书·华皎传》载：“（陈）文帝以湘州出杉木舟，使皎营造大舰金翅等二百余艘，并诸水战之具，欲以入汉及峡”。可见在长江中下游两岸，官府造船工场分布很广，其中又以荆州、湘州造船为多。

北朝的造船业虽不及南方，但官府营造的船舶也不少。如北魏太武帝神䴥三年（430)，听闻刘宋将来进攻，“乃诏冀定相三州，造船三千艘”[⑥]。又薄骨律（今宁夏灵武西南）镇将刁雍，在镇造船二百艘，“一船胜谷二千斛”，以漕运军粮到沃野镇（今内蒙五原北）[⑦]。及至北魏攻取到淮北淮南地方后，常

① 见《三国志》卷48，《吴志·孙皓传》注引《晋阳秋》。
② 《晋书》卷42，《王濬传》。
③ 《南史》卷37，《沈庆之传附沈攸之传》。
④ 《初学记》卷25引陶季直：《京邦记》。
⑤ 《陈书》卷13，《徐世谱传》。
⑥ 《魏书》卷4，《世祖纪上》。
⑦ 《魏书》卷38，《刁雍传》。

要转运中州粮饷器械以备边，神龟、正光年间，三门都将薛钦建议造船，以供转输之用。其造船之法有二：一是由官府“雇作手及匠”，大体“取布三百匹，造船一艘”。二是“造船之处，皆须锯材人功，并削船茹，依功多少，即给当州郡门兵，不假更召”[①]。经过朝议后，北魏遂在汾州、华州，以及恒农、河北、河东、正平、平阳等郡建立造船工场，制造了不少船舶。北魏官府还掌握着大量的造船工匠，如孝文帝太和年间，曾诏“其营船之夫，赐爵一级”。刁雍在薄骨律镇造船时，也曾由官府派去造船工匠。以上所举，可以窥见北魏官府造船工场的分布情况。

（二）船舶种类

官府造船工场营造的船舶，就大者而言，约可分为内河船、战船和海洋船3种。

1. 内河船

在内河船中，又可按其大小和形制，分为舟、船、舫，舸、舡等等。名称不同，则船的性能和作用自亦不同。如魏晋时所造的舸，行驶甚速。《太平御览》卷770引《江表传》说：“孙权名舸为马，言飞驰如马之走陆地也”。又引王隐《晋书》说：“顾荣征侍中，见王路塞绝，便乘舡而还。过下邳，遂解舫为单舸，一日一夜行五六百里，遂得免”。江南的内河船，大者可载重万斛、二万斛。《荆州土地记》说：“湘州七郡，大艑之所出，皆受万斛”[②]。《颜氏家训·归心篇》也说：“昔在江南，不信有千人毡帐；及来河北，不信有二万斛船，皆实验也”。可见万斛大船在江南是屡见不鲜的。南朝时，民间造船业也颇为发达，隋文帝杨坚平陈后，曾下诏说：“吴越之人，往承敝俗，所在之处，私造大船，因相聚结，致有侵害。其江南诸州，人间有船长三丈以上，悉括入官”[③]。杨坚为了巩固中央政权，竟下令没收民间3丈以上大船，此足见民间所造船舶之大。北方的造船业不如南方，船也比江南小得多。如上述刁雍在薄骨律造船，每船胜谷2000斛，就是显例。

---

① 《魏书》卷110，《食货志》。

② 《太平御览》卷770引。

③ 《隋书》卷2，《高祖纪下》。

2. 战船

六朝皆在江南水乡立国，以长江为其屏障，国家军备，自以舟师为主，而用兵时攻守争战，亦多在水上进行。故战船的多寡和优劣，就成为影响军事胜负的重要因素。东吴时期，水军的主力战船是楼船和蒙冲斗舰，晋代则有大船连舫，系王濬在蜀所造，其他参加水战的还有飞云船、苍隼船、金舡、飞鸟舡等。[①] 南朝的战船种类更多，除平虏大舰、金翅大舰系主力战舰外，复有鸼舠、舴艋、蒙冲、拍舰、火舫、小舰等等，不胜枚举。值得注意的是，这一时期的战船在建造技术和武器装备方面有两点改进：一是适应水战的需要，各类战船都在向着大型化发展。如东吴将领贺齐所乘战舰，“雕刻丹镂，青盖绛襜……蒙冲斗舰之属，望之如山”[②]。左思《吴都赋》描述东吴的楼船时也说：“弘舸连舳，巨舰接舻，飞云盖海，制非常模，叠华楼而岛跱，时仿佛于方壶。”西晋初年，王濬建造的主力战舰更为宏大，据《晋书·王濬传》说：“（晋）武帝谋伐吴，诏濬修舟舰。濬乃作大船连舫，方百二十步，受二千余人。以木为城，起楼橹，开四出门，其上皆得驰马来往。又画鹢首怪兽于船首，以惧江神。舟楫之盛，自古未有”。可以说代表了当时战船建造的最高水平。东晋末年，卢循曾“作八槽舰九枚，起四层，高十余丈”[③]。南朝梁时，陆纳曾造大舰名三王舰（邵陵王、河东王、桂阳嗣王），又造青龙舰和白虎舰，“皆衣以牛皮，并高十五丈”[④]。大型战船的建造，是和当时造船技术的发展分不开的。二是在战船所用武器方面，装备了拍击敌船的拍竿。拍竿是利用杠杆原理，来拍击敌方舰船的装置，在南朝后期已见使用。如陈文帝天嘉元年(560)，章昭达与王琳战于芜湖，“昭达乘平虏大舰，中游而进，先锋发拍，中于贼舰”[⑤]。又湘州刺史华皎叛陈，陈将淳于量等“募军中小舰，多赏金银，先令出当贼大舰，受其拍，贼舰发拍皆尽，然后官军以大舰拍之，贼舰皆碎，

---

① 《太平御览》卷769引《晋令》。

② 《三国志》卷60，《吴志·贺齐传》。

③ 《太平御览》卷770，《舟部》。

④ 《南史》卷63，《王僧辩传》。

⑤ 《陈书》卷11，《章昭达传》。

没于中流”①。隋在灭陈以前，杨素曾在永安建造大型楼船，全舰在前后左右装置了6支巨大的拍竿，高达50尺，当系采取南朝的造船技术而成。②

3．海洋船

秦汉时我国已能制造适应于远海航行的大船。三国时期，中国远航外洋的船舶更多，如东吴时孙权曾派遣船队远航台湾和辽东。东吴与南海诸国的海上交通也十分发达，据《梁书·海南诸国序》说：“海南诸国，大抵在交州南及西南大海洲上，相去近者三五千里，远者二三万里。……后汉恒帝世，大秦、天竺皆由此道遣使贡献。及吴孙权时，遣宣化从事朱应、中郎康泰通焉。其所经及传闻，则有百数十国”。海洋船的制造皆形制宏伟，载重量亦多。如万震《南州异物志》载，当时航行在南海上的船舶有中国船、波斯船和天竺船等。其“大者长二十余丈，高出水三二丈，望之如阁道，载六七百人，物出万斛”③。康泰《吴时外国传》也说：“乘大海船，张七帆，时风一月余日，乃入秦，大秦国也”④。至于在近海航行的海船，其形制和载重量则较小，如孙权曾派遣谢宏出使高丽，高丽送马数百匹，“是时宏船小，载马八十匹而还”⑤。

（三）造船技术的进步

魏晋南北朝时期的造船技术和航行技术，在前代基础上又有显著进步。

首先，在船舶动力方面，这时已知道充分和灵巧地利用风力。汉代的大型楼船已装备有风帆和船尾舵，这说明我国古代的造船技术已知使用风力。到了三国时期，张挂风帆的技术进一步改进，当时海船的风帆已经不止1帆，而是多达4帆或7帆。如《南州异物志》载：“外徼人随舟大小，或作四帆，前后沓载之”⑥。《吴时外国传》则说：由南海驰往大秦国的海船，多至“张七帆”。随着多帆船的出现，船工们已能熟练地把帆转到合适的角度，以便充分地利用风力。如《南州异物志》在谈到如何使用四帆船时曾说：“其四帆不正

---

① 《陈书》卷20，《华皎传》。
② 《隋书》卷48，《杨素传》。
③ 《太平御览》卷769引。
④ 《太平御览》卷771引。
⑤ 《三国志》卷47，《吴志·孙权传》注引《吴书》。
⑥ 《太平御览》卷771引。

前向，皆使邪移相聚，以取风吹，风后者，激而相射，亦并得风力。若急，则随意城（增）减之，邪张相取风气，而无高危之虑。故行不避迅风激波，所以能疾。”这就是说，在海上航行时，要注意把帆转到一定的角度，使之“邪移相聚，以取风吹”。可以看出东吴时中外航船和驾驶技术确有很大进步，而多桅多帆船的出现，更是当时船舶建造技术高度发展的一个重要标志。

须指出的是，南朝祖冲之曾发明了一种“千里船”，能“日行百里”[①]。这种千里船可能是一种桨轮船，即后来的车船，这是船舶在机械使用和推进技术上的一大进步。后来唐代李皋创制成功二只桨轮的车船，当是在这一基础之上的改进而成。

其次，随着造船技术的发展，在船舶性能方面也有很大进步。如南朝梁时，王僧辩率领水军与侯景作战，“以鹢舸千艘，并载士，两边悉八十棹，棹手皆越人，去来趣袭，捷过风电”[②]。说明当时的战船已充分利用桨棹楫橹等推进工具，以提高船舶的快航性。

六、丝织业

（一）官营丝织业的组织形式和劳动者

魏晋南北朝时期，官营纺织业与前代一样，仍以丝织业为主。官营丝织业的组织形式主要有二：一是由官府设立宫廷丝织作坊或工场，通过招募工匠，或是将没入罪犯之家属及工巧婢隶配少府所属的尚方、御府和织室，按照官府所要求的品种、花样进行织造，以满足皇帝后妃的奢侈生活及挥霍享用。如曹魏时就设置有宫廷丝织作坊，织造官练。《三国志·魏志·司马芝传》说，司马芝“迁大理正，有盗官练置都厕上者，吏疑女工，收以付狱”。此女工当是官营丝织业中织造官练的女工。东吴则有配隶犯法妇女的织室。如孙权潘夫人，“父为吏，坐法死，夫人与姊俱输织室”[③]。此外也有宫廷丝织作坊的设置，据孙皓时陆凯上疏称：“先帝时，后宫列女及诸织络，数不满百……先帝

① 《南齐书》卷52，《祖冲之传》。
② 《梁书》卷45，《王僧辩传》。
③ 《三国志》卷50，《吴志·潘夫人传》。

崩后……更改奢侈，不蹈先迹。伏闻织络及诸徒坐，乃有千数”①。可见吴时官营丝织业规模在迅速扩大，其后宫织女，到末帝时，已由当初的“数不满百”增加到“千数”了。两晋南朝时期，少府所属有左中右三尚方、御府、织坊、染署等机构，掌管织绶、亵衣、补浣之事。官营丝织作坊之织工，多属由官奴婢转来的，大都是女奴，她们长年累月地在服无偿劳役，若不经朝廷放免，则永无出头之日。如《晋书·孝武文李太后传》说：“始简文帝为会稽王，有三子，俱夭。……乃令善相者召诸爱妾而示之，皆云非其人。又悉以诸婢媵示焉。时后为宫人，在织坊中，形长而色黑，宫人皆谓之昆仑。既至，相者惊云：此其人也”。又梁武帝即位时，曾恩诏放免后宫女徒，谓“织室绣房，幽厄犹见役”；“凡后宫乐府，西解暴室，诸如此例，一皆放遣”②。十六国北朝时，官府丝织业亦相当发达，陆翙《邺中记》载石赵在邺城设有织锦署，“石虎中尚方御府中巧工作锦，织成署皆数百人”③。又北魏太和十一年（487），孝文帝“诏罢尚方锦绣绫罗之工”④。周武帝天和六年（571），诏“省掖庭四夷乐，后宫罗绮工人五百余人”⑤。这些都是由官府设置的宫廷丝织作坊或工场，且从事织造的工匠人数众多。除设在宫廷或京城内的官府作场外，北朝还在盛产蚕丝和具有传统丝织技术的地方设立丝局。如北齐在河北地区就设有泾州丝局、雍州丝局和定州绸绫局，这些地方均是久负盛名的各种丝织品产地，而所谓“丝局”和“绸绫局”，也就是官办的丝织工场。联系丝织业的染色工业，则有司染署，掌绫罗锦绣的染色，又别领京坊、河东、信都三局丞。所有这些丝织工场和染色作坊，都直接由官府控制，并在主管官吏的监督指挥下进行生产。

另一种组织形式是将民间有织造手工技艺的人注籍为匠户，使他们以服徭役的形式，专为官府织造定额的丝织品。其办法是由所在地方政府的主管部门，把应用原料散发给注籍的匠户，匠户即在自己家中，用自己的生产工具，

① 《三国志》卷61，《吴志·陆凯传》。
② 《梁书》卷2，《武帝纪中》。
③ 《太平御览》卷815引。
④ 《魏书》卷7，《高祖纪下》。
⑤ 《周书》卷5，《武帝纪》。

按照官府规定的品种与花样，织造官府所需要的绫罗锦绣，织成后，将成品交给官府，经主管官吏验收合格后方能销差。如蜀汉的织锦业十分发达，官府在成都设有锦官，主持蜀锦的生产，据左思《蜀都赋》说："阛阓之里，伎巧之家，百室离房，机杼相和，贝锦斐成，濯色江波"[①]。这些聚居在城中的"伎巧之家"，应即是锦官管理的锦工，他们分散在各自家中，用自己的织机为官府织锦，然后将织成品上交官府，蜀汉就是依赖于锦的生产来维持军国之用。北魏统治下的官匠户，也是按照这一办法循例进行。《魏书·仇洛齐传》载："魏初禁网疏阔，民户隐匿漏脱者多。东州既平，绫罗户民乐葵，因是请采漏户，供为纶锦。"《魏书·食货志》也说："天兴中，诏采诸漏户，令输纶锦，自后诸逃户占为细茧罗谷者甚众"。可见北魏的绫罗户、细茧户、罗谷户等，均是按其技艺的性质而分别注籍的匠户，他们受官府的严格控制，不许改业，世世代代为官府供输纶锦及各种丝织品。北魏前期还严禁民间私藏工匠，不许私人（包括王公贵族）在家中织造违禁丝织品。北齐和北周时仍沿袭这一制度。如家在兖州北境的北齐官僚毕义云，就曾以"私藏工匠，家有十余机织锦"而获罪[②]。官府竭力垄断丝织业生产，便不能不妨碍民间纺织业的发展。到孝文帝以后，北魏王朝虽曾诏令"四民欲造，任之无禁"[③]；北齐和北周时，亦曾几次罢诸杂作工或百工，但这只是稍微放松了官府对丝织手工业的独占和对工匠的控制，并非放弃了对丝织业和工匠的掌管。

（二）官营丝织业的发展

官营丝织业是为供应宫廷和官府的需要建立起来的，不仅规模庞大，织造精良，而且品种繁多。如曹魏时，统治阶级豪纵淫逸，常服锦绣罗纨等丝织优美之物。《三国志·魏志·夏侯玄传》说："今科制，自公列侯以下，位从大将军以下，皆得服绫锦、罗绮、纨素、金银餙镂之物"。《全三国文》卷2曹丕《典论》也说："夫珍玩必中国，夏则缣总绡穗，其白如雪；冬则罗纨绮縠，衣叠鲜文"。魏明帝时，曾赐倭女王绛地交龙锦、绛地绉粟罽、蒨绛、绀

① 《文选》卷4。
② 《北齐书》卷47《毕义云传》。
③ 《魏书》卷7《高祖纪下》。

青、绀地句文锦、白绢等丝织物，这些高级精美的丝织品，当为官府工匠所织成。东吴的丝绸产品，被作用“赡军足国”的重要物质，耗用量极大。曹丕称帝时，孙权贡献的丝织品，数量有“盈路”之多。赐给臣下的缯绢，也是动辄“千匹”甚至“万匹”。当时衣丝之风已渐南侵，统治阶级竞相服用锦绸，华覈曾上疏指陈这种奢靡之习，又说：“内无儋石之储，而出有绫绮之服”①。吴时还利用大量的丝绸输出，换取马匹和奇珍异物。

三国时期，蜀汉的丝织业也很发达，当时蜀锦以精丽著称。早在汉代，织锦即为四川成都的特产，故杨雄《蜀都赋》中有“尔乃其人，自造异锦”之句。但当时成都只设工官（掌造金属器皿及漆器），而无服官，说明织锦业尚未受到官府的重视。一到三国，蜀锦始成为行销全国的名产。山谦之《丹阳记》说：“江东历代尚未有锦，而成都独称妙。故三国时魏则市于蜀，而吴亦资西道”②。《后汉书·左慈传》中，也曾提到曹操派使者去蜀地买锦之事，可知蜀锦的推销情况。蜀锦的生产需要很高的织造工艺技术，据《文选》李善注引谯周《益州记》称：“成都织锦既成，濯于江水。其文分明，胜于初成，他水濯之，不如江水。”郦道元《水经注》中在讲到成都的锦官城时也说：“道石城，故锦官也。言锦工织锦，则濯之江流，而锦至鲜明；濯之他江，则锦色弱矣，遂命之为锦里也”③。则成都织锦，濯之江水色泽鲜明艳丽，濯之他江则不好，这些品质精良的蜀锦，多是由官府掌握的锦工织造的。蜀锦既负盛名，在国家经济中必然占有重要位置。诸葛亮曾说，“今民贫国虚，决敌之资唯仰锦耳”④，蜀中军需唯依赖锦，可知当时蜀锦生产是军需的主要来源。蜀锦的生产量也相当大，《三国志·蜀志·张飞传》载：先主入益州，赐诸葛亮、法正、张飞、关羽等“锦千匹”。《太平御览》卷815引环氏《吴纪》说：“蜀遣使献重锦千端。”锦大宗地赐予臣下和用作馈赠，自然与锦的大量生产分不开。据说蜀汉亡时，刘禅送到邓艾军前的“锦绮彩绢各二十万匹”⑤。锦和绮都是比较贵重的丝织

---

① 《三国志》卷65，《吴志·华覈传》。

② 《太平御览》卷815引。

③ 《水经注》卷33，《江水》。

④ 《太平御览》卷815引《诸葛亮集》。

⑤ 《三国志》卷33，《蜀志·后主传》注引王隐：《蜀记》。

品，其数量却和粗制的绢相等，此益见蜀锦产量之多了。

两晋南朝时期，统治阶级尽情享乐，极端腐化，因此各个王朝也极力扩充官营丝织业的生产，以满足贵族权势服饰的豪奢和对各种精美丝织物的需求。如晋代的丝织品有绫、绮、纱、织成、罗纨等等，据《太平御览》卷816引《晋令》：“第三品以下得服杂环文绮。第六品以下得服七采绮”。又引《晋后略》：“张方兵入洛诸官府，大劫掠御宝、织成流苏”。在王公贵族之家，豪侈斗富亦蔚然成风。如《晋书·石崇传》载，“后房百数，皆曳纨绣，珥金翠”。后来石崇与王恺斗富，“恺作紫丝布步障四十里，崇作锦步障五十里以敌之”。又《世说新语·汰侈篇》说王济供馔晋武帝“并用琉璃器，婢子百余人，皆绫罗绔褶，以手擎饮食。”可见统治阶级帷帐服饰，穷极奢华，贵族之家的美妾婢子，也皆衣被锦绣。值得一提的是，自东晋以后，江南的织锦业逐渐发展起来。东吴时江南本无织锦业，故史称“江东历代尚未有锦”。据《丹阳记》说：“斗场锦署，平关右迁其百工也”①。平关右是指刘裕灭后秦，则刘宋时在丹阳设有锦署，此种机织技工也系由后秦“百工”而来。此后，锦署遂为南朝官府手工业的常设纺织机构；制作宫廷服物。南齐时，江南的织锦业又有进一步发展，纺织技术已驰名塞外。当时塞外之芮芮王（即柔然）曾向齐武帝求锦工，齐武帝报曰：“知须医及织成锦工、指南车、漏刻，并非所爱。南方治疾，与北土不同。织成锦工，并女人，不堪涉远。指南车、漏刻，此虽有其器，工匠久不复存，不副为恨”②。但是，当时南方的锦仍以成都所产为最佳。《隋书·地理志》曾说：成都“绫锦、雕镂之妙，殆侔于上国”。不过在梁末时，蜀已没于西魏。

十六国时，后赵石虎在邺城（今河北临漳县）设有织锦署，役使“巧工作锦”。邺锦在当时和南中国的蜀锦一样有名，其锦名目极多。据陆翙《邺中记》载：“锦有大登高、小登高、大明光、小明光、大博山、小博山、大茱萸、小茱萸、大交龙、小交龙、蒲桃文锦、斑文锦、凤凰朱雀锦、韬文锦、桃核文锦，或青绨、或白绨、或黄绨、或绿绨、或紫绨、或蜀绨，工巧百数，不

① 《太平御览》卷815引。

② 《南齐书》卷59，《芮芮虏传》。

可尽名也”[①]。当时能织出花色品种如此繁多的锦，说明工艺技巧是相当高的，也代表了这一时期官营丝织业的发展水平。

拓跋魏建国之前，手工业不发达，纺织业也不例外。如什翼犍时，“国中少缯帛”[②]，就反映出当时绢帛奇缺的情况。自北魏建立，特别是占据盛产丝织品的河北地区之后，由于官府搜刮到大量的民间工匠，并广采漏户，供为纶锦，继承了官府垄断手工业的旧例，从而使官营丝织业迅速发展起来，丝织物产量大大增加。如太武帝时，平城宫内就有“婢使千余人，织绫锦”[③]，并有“丝绵布绢库”，颁赐臣下“金锦缯絮”的事，颇为常见。到孝文帝时，罢尚方锦绣绫罗之工，并将“御府衣服、金银、珠玉、绫罗、锦绣”等物，“班赍百官及京师士庶，下至工商皂隶，逮于六镇戍士各有差”；“以纳绫绢布百万匹……赐王公以下”[④]。从这些班赏，足见当时官府丝织业产品之多。孝明帝在位时，“国家殷富，库藏盈溢，钱绢露积于廊者，不可校数。及太后赐百官绢，任意自取，朝臣莫不称力而去”；“多者过二百匹，少者百余匹”[⑤]。益见库藏丝织品之多。当然库藏中的绢布很大部分是农民交纳的调绢，但官府经营的丝织业，其产品当亦不在少数。

北齐时，官营丝织业的中心仍在河北，观其在定州设有细绫局即可知。当时织物非常精丽，《北齐书·李元忠传》载元忠“曾贡世宗蒲桃酒一盘，世宗报以百练缣”。蒲桃酒在当时是珍品，百练缣当然也是很名贵了。山东所产大文绫同样闻名。《北齐书·祖珽传》说陈元康在祖珽处赌博，“出山东大文绫，并连珠孔雀罗等百余匹，令诸妪掷樗蒲赌之，以为戏乐”。北周时设有司织中大夫、司织上士以及缝工、绩工、织丝、织采、织枲、织组等中士、下士，以掌管各种织造工业。周武帝一次省去罗绮工人500余人，可见官府拥有的织工为数甚多，官府丝织业是相当发达的。

① 《初学记》卷27引。
② 《魏书》卷1，《序记》。
③ 《南齐书》卷57，《魏虏传》。
④ 《魏书》卷7，《高祖纪下》。
⑤ 《洛阳伽蓝记》卷4，《法云寺》；《魏书》卷13，《宣武灵皇后传》。

七、其他官府手工业

（一）造纸业

魏晋南北朝时期，随着造纸术的进步和推广，民间造纸业十分发达，但官府经营的造纸业也略有可述。如东晋时，官府即设有专营造纸的机构和作坊，以供官府和宫廷御用。据《太平御览》卷605引《桓玄伪事》载，桓玄曾"令平准作青赤缥绿桃花纸，使极精，令速作之"。又据《丹阳记》说，南齐时，建康城中有"银纸官署，齐高帝造纸之所也，尝造银光纸赠王僧虔，一片银光。"《初学记》卷21引梁刘孝威《谢赍官纸启》云："虽复邺殿凤衔，汉朝鱼网，平准桃花，中宫穀树，固以惭兹靡滑，谢此鲜光"。足见官府用纸多为自制，且花色品种繁多，质量极佳。

除朝廷设有专门负责造纸的机构外，各级地方官府也有自己的造纸作坊，而且产量很大。如裴启《语林》载："王右军（王羲之）为会稽令，谢公就乞笺纸，库中唯有九万枚，悉与之"[①]。又梁元帝为湘东王时，出为荆州刺史，曾"上武帝纸万幅，又奉简文红笺五十番"，并"特送五色（笺）三万枚"[②]。基于官府造纸业的发展，以及造纸产量的增多，当时的正式公文、函件和秘书省抄录经史子集等等，均用纸作为书写材料。据《魏武令》曰："自今诸掾属侍中别驾，常以月朔各进得失。纸书函封，主者朝常给纸函各一"[③]。西晋虞预《请秘府纸表》载："秘府中有布纸三万余枚，不任写御书，而无所给。愚欲请四百枚，付著作吏，书写起居注"[④]。东晋时，范宁曾命令属官"土纸不可以作文书，皆令用藤角纸"[⑤]。到东晋末年，掌握朝权的豪族桓玄，更明令规定凡朝廷奏议不得用简牍，而一律用纸代之："古无纸，故用简，非主于敬也。今诸用简者，皆以黄纸代之"[⑥]。地下出土实物也表明，东晋以降，便不

---

① 《初学记》卷21引。
② 见元鲜于枢：《笺纸谱》引。
③ 《初学记》卷21引。
④ 《初学记》卷21引。
⑤ 《初学记》卷21引《范宁教》《桓玄伪事》。
⑥ 《初学记》卷21引《范宁教》《桓玄伪事》。

再出现简牍文书，而几乎全是用纸了。当时官府库藏之纸和书写公文用纸，可能有一些是来自民间，但由官营纸坊自制的恐亦不在少数。

（二）陶瓷制造业

南北朝时期，官府经营的陶瓷制造业也具有相当规模，这从当时的工官设置中即可看出。南朝宋、齐时，少府属官有东西甄宫瓦署，各置督令一人，专司陶瓷烧造之事。陈至德三年（585），在建康大造宫殿，诏昌南镇（今江西景德镇）烧造陶础。此地自汉代设立窑场以来，烧造迄未间断，可知昌南镇在陈时仍是重要官窑所在。

至于北朝，在北魏与北齐的官制中，亦设甄官署，掌管官府陶瓷烧造。北魏在关中和洛阳烧制的御用陶瓷器，颇为著名，当时称为“关中窑”、“洛京陶”。北周设司土中大夫，统陶工、复工、涂工中士，掌造罇彝簠簋等陶器，则其陶瓷工业也颇可观。[①]

（三）酿酒业

自汉武帝实行榷酤之法，由官府控制酒的生产和流通，不准私人酿酤，酒利由国家垄断，对后代有着重要的影响。三国时期，曹魏曾实行榷酤制度，官酿官卖。如文帝时中书监刘放说：“官贩苦酒，与民争锥刀之末，请停之”[②]。说明在此之前酒是官酿官卖的。东吴孙权时，酿酒业亦由官府经营，并实行酒类专卖。如吕壹、秦博为中书，“遂造作榷酤障管之利，举罪纠奸，纤介必闻”[③]。及孙皓即位后，更以佞臣何定“为楼下都尉，典知酤籴事”[④]。东吴的榷酤，直到吴亡未闻废除。

两晋南朝时，曾一度开放酒禁，允许私人自酿自卖，但官府亦自设酒坊酿酒，以供宫廷御用。萧齐时复收酒税，且折使输金，如东昏侯宠爱潘妃，奢侈消费至极，“琥珀钏一只值百七十万”，府帑既竭，肆夺市直，“京邑酒租皆折使输金，以为金涂”[⑤]。齐以后萧梁继续实行酒类征税，未搞酒榷。直到陈文

① 祝慈寿：《中国古代工业史》，第318页，学林出版社1988年版。

② 《文献通考》卷17，《征榷考·榷酤》引《魏名臣传》。

③ 《三国志》卷52，《吴志·顾雍传》。

④ 《三国志》卷48，《吴志·孙皓传》注引《江表传》。

⑤ 《南齐书》卷7，《东昏侯纪》。

帝天嘉二年（561）又恢复“榷酤之科”[①]，由官府掌握酒的生产流通。

北魏制百官赐酒，此外祭祀、宴享，用量颇大，故酒也由官府自行酿造，以供官用。据《魏书·食货志》说：“正光后，四方多事，加以水旱，国用不足……有司奏断百官常给之酒，计一岁所省合米五万三千五十四斛九升，蘖谷六千九百六十斛，面三十万五百九十九斤。其四时郊庙、百神群祀依式供应，远蕃使客不在断限”。这是官府对酒类生产和消费的节制，可见官营酒坊在此以前每年都要耗费大量的粮食，其规模和产量是相当大的。北魏官府为垄断酒利，还屡设酒禁，严禁私酿。如文成帝太安年间（455～459），京师禁酒。时乐部郎胡长命妻张氏“以姑老且患，私为酝之，为有司所纠”[②]。北齐、北周时也实行榷酤制度，由“官置酒坊收利”[③]。到隋文帝开皇三年（583），才“罢酒坊，通盐池盐井，与百姓共之”[④]。这说明北朝的官营酿酒业是比较发达的。

---

① 《陈书》卷3，《世祖纪》。

② 《魏书》卷92，《列女传》。

③ 《隋书》卷24，《食货志》。

④ 《隋书》卷24，《食货志》。

第十七章　魏晋南北朝的官私手工业（下）

第一节　民间手工业的发展与经营方式

一、民间手工业的发展状况与趋势

魏晋南北朝的民间手工业，无论在生产部门和工艺技术方面，都较前代有所扩大和提高。但与此同时，由于国家长期分裂，战乱频仍，加之手工业中封建依附关系的强化，也给民间手工业的发展带来了种种限制。尤其是从魏晋至南北朝前期，民间手工业的发展速度是比较缓慢的，但此后又呈现出逐渐发展的趋势。因而与官府手工业相比，民间手工业经历了一个曲折而艰难的历史发展过程。

魏晋南北朝的民间手工业，在生产门类上较前代有所增加，除了传统的丝织业、麻织业、棉织业、毛纺织业、造纸业、造船业、漆器制造业，以及在封建政府放宽对盐、铁、酒的垄断的时期，还经营冶铸业、采矿业、煮盐业、酿酒业之外，制茶业已初步兴起，青瓷制造业更是蓬勃发展，这些都反映了当时手工业部门增加和生产分工发展的情况，是民间手工业发展的标志。特别是制瓷手工业的兴起，不仅是我国古代劳动人民在长期实践中的伟大贡献，而且对我国瓷器的进一步发展，也具有重要的意义。

民间手工业的生产技术和工艺水平，也在前代的基础上有显著提高，并取得了前所未有的新成就。以纺织业为例，三国时马钧改进织绫机，省工省时，织物精美；晋代发明脚踏纺车，把我国古代的纺纱技术提高到一个新的水平。以漆器制造业而言，三国时已发明了犀皮漆制作工艺，两晋南北朝时又发明了夹纻造像，在髹饰用油上开始使用荏油（苏子油）和胡桃油，并以密陀僧（氧化铅）作为油漆工艺用配料，说明漆器制作、油漆技术和髹饰工艺均较前代有明显进步。造纸业的发展及其技术成就更为突出，在原料方面，除原有的麻、楮之外，已扩大到用桑皮、藤皮和竹的纤维质成浆造纸；在设备方面，发明了活动的帘床纸模，既可使成纸质量稳定提高，又可反复捞出成千上万张纸，提高了工效；在加工制造技术上，对沤制脱胶、碱液蒸煮、舂捣、漂洗等工序更加精工细作，并发明了涂布纸、施胶纸、染色纸、笞纸等加工纸，使纸的品种扩大，用途增多。凡此都标志着我国古代造纸术的发展，是在纸的制造与加工技术方面取得的新成就。至于制瓷业，更是有飞速发展和显著成就的手工业部门。在制作装饰工艺上，当时广泛采用了刻画、模印、贴印、堆塑、镂空、施彩等工艺技术，制作精良，造型生动，令人耳目一新，在装饰内容上，有图案类、花草类、动物类、人物类、建筑类、彩绘类等，丰富多彩，刻画细微；在制瓷工艺技术上，东晋时烧成了稳定的黑瓷，北朝后期又烧制出白瓷，原料加工工艺更为进步，并发明了釉中挂彩新技术，后来唐代的制瓷业在这一基础进一步发展，烧制成闻名中外“唐三彩”。值得一提的是，在南北朝时期，已逐渐形成了南方和北方两大瓷系，这在我国瓷器发展上有着极其重要的意义。从此，我国制瓷业形成南北两大系统，互相影响，互相促进，迅速向前发展。此外，这一时期的酿酒、制茶等业，在生产技术上也都有独到之处。

民间手工业的发展，主要是因为其生产部门均与一般人民的日常生活密切相关，并在民间有着广泛的基础和传统的技术。但是，由于以下种种不利因素的限制，也在一定程度上缓慢甚至是窒息了民间手工业的发展道路：

首先，由于三国鼎立、十六国割据、南北朝对峙所造成的政治分裂局面以及南方的侯景之乱等等，使得兵燹不息，战乱频仍。在剧烈的社会大动荡中，社会经济一而再、再而三地遭到严重摧残，使社会生产停顿，田野荒芜，人民流亡，城镇夷灭，过去曾是人烟稠密的工商汇聚之地，繁华富庶之区，转眼间已变得烟火断绝，无复人迹。在这种情况下，社会经济一次又一次遭到严重破坏，自然使民间手工业的发展也一再受到挫折。所以，在整个魏晋南北朝时期，民间手工业受社会动乱的影响，而遭到破坏或陷入停滞的状况是屡见不鲜的。在广大的黄河流域地区，因动乱时间较长，民间手工业所受破坏就更为严重，这是影响和阻碍民间手工业发展的一个重要因素。

其次，手工业中封建依附关系的加强，也给民间手工业的发展加上又一重限制。在封建社会里，民间个体手工业者对封建官府的依附关系强弱，及其有无较多的人身自由和充足的时间来进行商品生产，也是衡量民间手工业发展水平的一个标志。秦汉时期，随着社会分工有了进一步发展，民间手工业者不断地从农村中分化出来，向城市集中，成为独立经营的个体手工业者。当时民间工匠的身份是自由的，可以自由迁徙，且有充裕的时间从事个体生产。官府作坊中的劳动者则多是奴隶、刑徒和吏卒，征发工匠是很少见的事，故《汉书·王莽传》称莽作九庙时“博征天下工匠”，是一种暴政。直到东汉后期，各地工匠还被称之为“织师”，受到雇佣者的尊重和欢迎。《太平御览》卷826引崔寔《正论》说：“吾乃卖储峙得二十余万，诣雁门、广武迎织师，使巧手作机及纺以教民织。”这是崔寔做五原太守时，为五原民“作纺绩织纴练缊之具以教之”[①]而采取的措施，可见这时工匠的身份还是自由的和比较高的。但是，到了东汉末、三国时，由于长期战乱，民间工匠或死或徙，数量大为减少，各割据集团为了制作兵甲、农具、车船和宫廷所需的服饰用品，首先致力恢复官府手工业，因而大力加紧对民间工匠的掠夺和控制。三国时在官府手工业中的劳动者，除了一部分官奴婢、刑徒外，主要就是俘掠或征发来的有专门技术的民间工匠——“百工”。百工一旦被某个割据集团占有，就需要设法长期地牢固地控制住他们，也需要不断地有“百工”本身的再生产，所以，给这些民间工匠另立户籍，不许改业以及制定子孙世袭相承等制度，就成为势所必然。三国时已有专门隶属于官府的户籍，东吴“有鬼目菜生工人黄耇家”和“有买菜生工人吴平家”[②]，表明吴国工匠已有专籍。西晋代魏后，更以法律形式规定了“百工”的地位，如晋武帝泰始八年（272）下诏申明律令曰：“诸士卒、百工以上，所服乘皆不得违制，若一县一岁之中，有违犯者三家，洛阳县十家以上，官长免”[③]。在这里，“百工”之户地位与士卒同，而魏晋士卒，名曰

① 《后汉书》卷52，《崔骃传附崔寔传》。
② 《三国志》卷48，《吴志·孙皓传》。
③ 《晋书》卷46，《李重传》。

“士家”，其身份是世袭的，其地位是低贱的，“百工”既与之并列，且所受束缚与之相类，则“百工”身份的世袭性与地位的卑贱性遂固定下来了。从此以后，他们不再是自由人，为官府服役成了他们的固定义务，这样，民间工匠便沦落成为直接受制于官府的封建依附民了。东晋时对百工户的征发和奴役甚于西晋，王羲之曾说：“百工医寺，死亡绝后，家户空尽，差代无所”[①]，可见百工另立户籍，子孙相袭，被强制征发于官府服役，非经放免不得同于编户。十六国和北朝前期，对民间工匠的人身控制更为严格。如北魏前期的民间工匠按其技艺的性质和种类，分别注籍为各种匠户，像织绫罗者曰“绫罗户”，织锦者曰“纶锦户”、冶铁铸造者曰“冶户”，淘金采银者曰“金户”、“银户”，此外还有“细茧户”、“罗縠户”等名目。北魏对这些手工业匠人实行军事编制，统称之为“杂户”、“伎作户”，他们不属于州县，而由特设的“杂营户帅”管理。与此同时，北魏政府还一再下诏，规定“百工伎巧、驺卒子息，当习其父兄所业，不听私立学校。违者师身死，主人门诛”[②] 这就是说，百工伎巧必须世代相袭，为官府服役，不许改业。因此，随着民间工匠的卑微身份在法律上日益凝固化，他们必然进一步丧失自由，成为隶属于固定的官府部门而为其服役的被奴役者。在这种情况下，由于民间工匠大部分被征发到官府作坊中服无休止的各种劳役，而且不能随便干自己的私活，不能私收门徒，违者重罚，致使民间手工业者的队伍日益缩小，从而极大地妨碍了私营手工业的发展。

手工业中封建依附关系的增强，无疑是钳制和阻碍民间手工业发展的重要因素，但到南北朝中叶，由于百工户的不断逃亡和反抗斗争，迫使封建官府不得不放宽对百工户的人身束缚，并且形成一种持久的历史趋势，从而为民间手工业的正常发展创造了条件。在南朝，齐明帝建武元年（494）下诏：“细作、中署、材官、车府，凡诸工，可悉开番假，递令休息”[③]。这个诏令以法律的形式明确了番役制度，使百工在上番服役之外获得一定的时间，为自己进行生

① 《晋书》卷80，《王羲之传》。

② 《魏书》卷4，《世祖纪下》太平真君五年诏。

③ 《南齐书》卷6，《明帝纪》。

产。此后，封建政府对官工匠的控制逐步松弛，并出现了雇借制度，梁武帝诏答贺琛云："凡所营造，不关材官，及以国匠，皆资雇借，以成其事"①。材官是管理木材的机构，国匠即是官府作场中的工匠。据此，这时出现一种不属于官府、而是以雇佣方式为官府服役的工匠，作为官府作坊或官府工程中的主要劳动者。官府作坊即开始采取雇佣办法，对百工伎巧的征发遂相应减少，实际上这时征发对象也异常困难。陈宣帝太建二年（570）下诏说："巧手于役死亡及与劳疾，不劳订补"②。在此以前，官府作场中工匠有缺乏，就向民间征发，亦即所谓"订补"，这次诏书却第一次申明不再征发"巧手"服役。从轮番上役、雇借以及停止征发，无疑是官府手工业者长期斗争的结果，同时也可看出民间手工业逐渐发展的趋势。

在北朝后期，官府对民间工匠的控制也明显地放宽了。如北魏孝文帝延兴二年（472），"诏工商杂伎，尽听赴农"③，使官府工匠获得改业务农或在民间继续从事手工业生产的机会。太和十一年（487），又"诏罢尚方锦绣绮罗之工，四民欲造，任之无禁"④，部分地放免机织工匠，允许民间生产锦绣绮罗。此外私家也可以收容被放免的杂户和奴婢，手工业者的地位有所提高。从此以后，放免"杂户"为平民或是取消"伎作户"人身限制的诏令一颁再颁，形成一种持久的历史发展趋势。如北齐文宣帝天保二年（551）下诏，"免诸伎作、屯、牧、杂色役隶之徒为白户"⑤；后主天统三年（567）又诏："悉蠲杂户，任属郡县，一准平人"⑥。北周灭北齐后，周武帝于建德六年（577）下令："凡诸杂户，悉放为民，配杂之科，因之永削"⑦。正式宣布废除抑配杂户的制度。这一步子比孝文帝跨得更大，比北齐的放免杂户，搞得更有力，范围更广，有利于解放生产力，并为民间手工业的发展提供了有利条件。

创于南朝的轮番制和雇佣制，亦为北朝所采用。如《魏书·食货志》载

---

① 《梁书》卷38，《贺琛传》。
② 《陈书》卷5，《宣帝纪》。
③ 《魏书》卷7，《高祖纪上》。
④ 《魏书》卷7，《高祖纪下》。
⑤ 《北齐书》卷4，《文宣帝纪》。
⑥ 《北齐书》卷8，《后主纪》。
⑦ 《周书》卷6，《武帝纪下》。

三门都将薛钦请用雇车中的绢帛充造船输送租调的建议，他说：“计船一艘，举十三车，车取三匹，合有三十九匹，雇作手并匠及船上杂具食直，足以成船”。可见船是用原来雇车的绢改而雇佣作手及工匠制造的。北魏后期可能已采用了轮番制，但明确记载却只见于北周。《隋书·食货志》称隋高祖即位（581）后征发丁匠事说：“发山东丁，毁造宫室，仍依周制，役丁为十二番，匠则六番”。丁是从一般农民中征发的，匠是对取消伎作户后的改称。丁匠分列，负担不同。所谓“匠则六番”，是说每年6人轮流，亦即每个工匠一年服役两个月，说明上番服役的时间是比较短的。可见，从南北朝中叶开始，南北同样出现了雇佣工匠，又同样确立了番役制度，由于官府改变了原先对手工业者严格控制和奴役的做法，被征服役的工匠在一年之中除了为官府作场劳动之外，有了自己支配的劳动时间，这必然会促进民间手工业的发展。因此，番役制和雇佣制的出现，在当时不失为一种进步的办法，都是社会的进步现象。①

综括上述，魏晋南北朝的民间手工业虽然受到社会动乱的影响，和手工业中封建依附关系的种种限制，但总的说来是表现出一种逐渐发展的历史趋势。特别是广大劳动人民在手工业生产中发挥出的聪明才智，及所取得的辉煌成就，不仅标志着当时民间手工业的生产技术水平是很高的，在许多方面都超过了前代，而且也为隋唐时期民间手工业的进一步发展奠定了基础。凡此，都说明过低地估价当时民间手工业的发展程度，甚至认为民间手工业几乎不存在的看法，是与实际情况不相符的。

二、民间私营手工业的经营方式

魏晋南北朝时期，私营手工业的经营方式主要有3种：一是同农业相结合并作为它的副业的个体小农经营的家庭手工业；二是独立的私营手工业者所经营的个体手工业；三是具有一定规模和资金的作坊手工业，兹分别概述如次：

（一）家庭手工业

在我国封建社会中，民间手工业分布最广和从业人数最多的，就是个体小农经营的家庭手工业。家庭手工业虽然是一种农村副业，但却是农民生活的一

① 唐长孺先生：《魏晋南北朝史论丛续编》，三联书店1959年版，第58～59页。

个重要补充，绝不是可有可无的。换言之，这种与小农经济紧密结合在一起的家庭手工业，乃是形成长期封建社会经济结构的一个重要内容。在家庭手工业中，纺织业是这种工业生产的主要部门，而担负这项生产任务的则主要是女子，因而其组织形式就是传统的男耕女织。家庭纺织业的原料，随着地域和客观条件的不同而有所差异，但大体上不外丝、麻、棉、毛4大类，而尤以丝、麻两种最为普遍。通过家家户户备有的机杼和老幼妇女勤于纺绩，织造出以布帛为总名的大量织物，成为广大人民衣着的重要来源。

魏晋南北朝时期，由于自然经济日益强化，家庭纺织业也显得格外发达。汉代除田租收实物外，人头税算、口、更赋皆征收货币；曹操于建安九年（204）定制，除田租亩收4升外，按户收绢，改征户调："户出绢二匹，绵二斤"[①]。这一新创的制度，不仅在很大程度上巩固了实物经济的地位，对后世产生了深远影响，而且也标志着封建统治者正式向纺织机进行重点剥削。从此，历代封建政府不但向人民敛收大量的租粟，同时也向人民敛收高额的绢布。如西晋户调制规定："丁男之户岁输绢三匹，绵三斤。女及次丁男为户者半输。其诸边郡或三分之二，远者三分之一。夷人输赍布，户一匹，远者或一丈"[②]。西晋统治者对绢绵的榨取比以前更有所加重。南朝农民除向官府交纳租粮外，也要交纳租布。《隋书·食货志》称南朝官府课"丁男调布绢各二丈，丝三两，绵八两，禄绢八尺，禄绵三两二分……丁女并半之"。后来又改变了田租征收谷物的做法，临时折成布绢来征收。北魏前期因袭魏、晋租调，强令"天下户以九品混通，户调帛二匹，絮二斤，丝一斤，粟二十石。又入帛一匹二丈，委之州库，以供调外之费"[③]。孝文帝太和八年（484），新制每户调帛三匹，谷二石九斗，作百官俸禄。产麻之地，即以麻布充税。另增调外帛二匹[④]，对绢绵的榨取更形沉重。总之，由于赋税征收实物，特别是从汉代的按人收钱到按户收绢绵这一变化，对于家庭手工业的发展产生了重大影响，一般农民必须以耕织为生，这是促使家庭纺织手工业普遍发展的一个直接

① 《三国志》卷1，《魏志·武帝纪》注引王沈：《魏书》。
② 《晋书》卷26，《食货志》。
③ 《魏书》卷110，《食货志》。
④ 《魏书》卷110，《食货志》。

因素。

（二）个体手工业

个体手工业者所经营的手工业，也是民间手工业的一种表现形式，并在民间普遍地存在着。这些独立的手工业者，一部分是从农村中分化出来的个体手工业劳动者，另一部分则是由官府放免的官工匠。他们具有制造某种手工业品的生产技能，拥有简单的生产工具，却没有足够的资金来雇佣工人开办作坊，只能进行个体经营。个体手工业者的经营方式又有3种情况：

一是手工业者自己进行加工生产，依靠出卖制成品维持生活的。如刘备少孤，“与母贩履织席为业”[①]。曹魏时刘寔少贫苦，尝“绳索作牛衣买，手绳口诵”[②]。又陈后主张贵妃，“家贫，父兄以织席为业”[③]。北齐时河东人樊逊，“其兄仲，以造毡为业”[④]。席是一种农产品加工，所用原料是农副产品；毡是毛纺无织布，所用原料有羊毛、驼毛等。但生产的目的都不是为了自己使用，而是为出卖，因而这些都是手工业者从事的商品生产，即专业生产。另据《洛阳伽蓝记》载，北魏洛阳城内聚居有各种个体手工业者，“市西有退酤、治觞二里，里内之人，多酿酒为业”；“市北有慈孝、奉终二里，里内之人，以卖棺椁为业，赁輀车为事”；洛阳城北有上商里，“唯有造瓦者止其内，京师瓦器出焉”[⑤]。这里的酿酒者、卖棺椁者和造瓦器者，同类相聚，都是根据城中消费者的需要，先制造成品，而后出售，即是依靠出卖产品为生计的个体手工业者。

二是出卖技术和劳动力，依靠劳动报酬为生的个体手工业者，他们没有资金和原料，只能在顾客的原料上加工以获取报酬。进行这样的加工活动，又有两种方式：其一，手工业者在自己的家中等顾客送来原料，然后按顾客的要求进行加工，如《水经注》卷10《浊漳水》曾记述有一个冀州人啸父。“在县市补履数十年，人奇其不老，求其术而不能得也”。这个啸父是个补鞋匠，补

① 《三国志》卷32，《蜀志·先主传》。
② 《太平御览》卷828引王隐：《晋书》。
③ 《陈书》卷7，《张贵妃传》。
④ 《北史》卷83，《樊逊传》。
⑤ 《洛阳伽蓝记》卷4，《法云寺》；卷5，《凝圆寺》。

鞋匠是一种手工业者，他有一定的生产资料，如简单的补鞋工具和必用物品，但不能自己生产成品，只能在顾客的原料上修理加工，然后取得应得的报酬。其二，手工业者携带工具，周流各地去寻觅顾主，当时称为“流佣”或“佣工”。如刘宋时郭原平，“性闲木功，佣赁以给供养，性谦虚，每为人作匠，取散夫价。主人设食，原平自以家贫，父母不办有肴味，唯飡盐饭而已。若家或无食，则虚中竟日，义不独饱，要须日暮作毕，受直归家，于里中买籴，然后举炊”[①]。郭原平是一个有技术的木匠，由于家贫不能自己开设作坊，自行生产成品出售，以获取利润，只能转徙无定，到处受人雇佣，“为人作匠，取散夫价”。所谓“散夫价”，就有流佣、散匠在顾客的原料上加工后所取得的计件工资。因此，啸父，郭原平都是依靠出卖技术和劳动力为生的个体手工业者。

三是官工匠在不服役期间，于民间从事个体手工业生产活动的。如《晋令》规定：“欲作漆器物卖者，各先移主吏者名，乃得作”[②]。西晋时匠籍制度甚严，百工须终身服役，不能在市上自由营业，但有时经主管官吏的允许，也可出卖其制成品。到南北朝中叶以后，随着手工业中封建依附关系的变化以及番役制的实行，一些不在役的百工伎巧有了自己支配的时间，可以在民间从事一些手工业生产活动。如《洛阳伽蓝记》卷2载：“孝义里东，市北殖货里，里有太常民刘胡，兄弟四人，以屠为业”。太常民是配隶于太常而不属州县的杂户，但他们却可以在市上以屠为业，这说明他们除服官役之外，已有一部分为自己劳动的时间。又《水经注》卷4《河水》称河东郡“多流杂，谓之徙民。民有姓刘名堕者，宿擅工酿”。流杂即杂户和伎作户，他们在不上番服役期间也可以经营自己的手工业生产。这个名刘堕的流杂“采挹河流，酿成芳酎”，所酿酒甚佳，民间称为“桑落酒”。北周时，“匠则六番”，上番服役的时间只有两个月，一年中的大部分时间都可以由自己支配经营。不过，需要指出的是，这些在不服役期间从事个体生产的轮番匠，他们虽有一定的时间经营自己的手工业，但其身份并不是完全自由的，还没有彻底摆脱官府的控制与羁

① 《宋书》卷91，《郭世道传附郭原平传》。
② 《太平御览》卷756引。

绊。因此，他们与独立的个体手工业者之间还存在着差距，只能是民间个体手工业的一种补充。

（三）作坊手工业

作坊手工业本是民间手工业的一种传统组织形式。秦汉时期，凡从事商品生产的各种手工业，尤其是那些产量巨大的采矿、冶铁、炼铜、铸造和煮盐等手工业部门，大都是作坊手工业。然而，自汉武帝实行盐铁官营之后，诸如采矿、冶铸和煮盐等与国计民生有重大关系的手工业生产部门，皆为国家所垄断，因而作坊手工业在整个民间手工业中的比重也大为下降。到魏晋南北朝时期，这种状况在很长一段时间里依然无大的改变。到了南北朝后期，封建官府才对盐铁业的垄断有所松弛。其主要原因是当时的贵族官僚、豪强大家竞相障固山泽，以收其利，中央政权在屡禁不止的情况下，不得不与之妥协，如刘宋孝武帝大明年间颁布的允许官吏按官品占有山泽的法令，就是在这种背景下出笼的，并且使得占山固泽合法化。于是，封占山泽数百里的王公贵族，就可以利用自然资源来煮盐冶铁，以牟取巨利。如南朝诏书中一再提到的“传、屯、邸、冶”，冶就是鼓铸场所，有公有私，私的也不少。像益州铁冶原来就是私营，刘宋时，益州刺史刘道济为规取厚利，“府又立冶，一断民私鼓铸，而贵卖铁器”，结果“百姓咸欲为乱”①。梁时武陵王纪为益州刺史时，也是在蜀中大兴“盐铁之功”，“故能殖其财用”②，发了横财。在北朝，自北魏孝文帝太和六年（482）“罢山泽之禁”以后③，贵族豪强经营盐铁业的也很多。如《魏书·辛绍先传附子馥传》载：“长白山连接三齐，瑕丘数州之界，多有盗贼……又诸州豪右，在山鼓铸，奸党多依之，又得密造兵仗”，这是豪强侵占山泽，采矿冶铸。又《魏书·咸阳王元禧传》称禧“田业盐铁，遍于远近，臣吏僮隶，相继经营”，这是王公贵族经营冶铸、煮盐业。至于豪贵之家占断盐池，专擅其利的情况更为严重。北魏河东郡有盐池，旧立官司以收税利，献文帝皇兴四年（470）曾开盐禁，“民有富强者专擅其用，贫弱者不得资益”。

① 《宋书》卷45，《刘粹传附刘道济传》。
② 《南史》卷53，《武陵王纪传》。
③ 《魏书》卷7，《高祖纪上》。

到孝文帝延兴末（473），“复立监司，量其贵贱，节其赋入，于是公私兼利”。但到太和二十年（496），又“开盐池之禁，与民共之”。“自后豪贵之家，复乘势占夺，近池之民，又辄障吝。强弱相陵，闻于远近”①，可见盐利复为豪强占断。总之，到南北朝中期以后，私营的冶铸业和煮盐业又开始兴盛起来。一般来说，由于这些工矿业产量巨大，不可能以个体方式从事小量生产，而必须有雄厚的资金和众多的工匠进行大规模的生产经营，所以，当时的私营冶铸业与煮盐业也多是采用作坊手工业的组织形式，这说明作坊手工业在民间还是有一定规模的。不过，就魏晋南北朝总的情况而言，作坊手工业在整个民间手工业中所占的比重是不大的，且多操纵于王公贵族、豪强大家之手，无论其规模与数量，均远逊于秦汉时期。

第二节 民间手工业的发展及其技术成就

一、纺织业的发展

魏晋南北朝时期，纺织业是民间最普遍和从业人数最多的手工业。纺织业根据其原料和产品的不同，又可分为丝织业、麻织业、棉织业和毛纺织业 4 个不同的专业部门，现就其各自的发展状况分述如下：

（一）丝织业的发展

1. 丝织业的地域分布及其发展水平

我国的丝织业以其历史悠久，技术先进，制作精美，而在世界上独树一帜，享有盛誉。自战国秦汉以来，现今的山东、河南就是重要的产丝地区，《史记·货殖列传》说“山东多鱼盐漆丝声色”，《盐铁论·本议》说“兖豫之漆丝絺纻”，可见齐鲁和中原地区的蚕桑养殖业是比较发达的。西汉时曾在齐郡临淄（今山东临淄）和陈留郡襄邑（今河南睢县）设有服官，掌高级丝织衣物的织作，以供皇室统治者使用。王充《论衡·程材篇》有“齐郡世刺绣，恒女无不能；襄邑俗织锦，钝妇无不巧”的记载，说明当地妇女从事织绣是很普遍的。魏晋时期，这些久负盛名的丝织业中心仍然保持了其传统地位

① 《魏书》卷 110，《食货志》。

和精湛技术。如左思《魏都赋》中就有“锦绣襄邑，罗绮朝歌”之句，除称道襄邑的织锦，又指出朝歌（今河南淇县北）的罗绮。北朝时，山东以盛产“大文绫并连珠孔雀罗”① 而闻名遐迩，东阿县（今山东东阿县）则以生产缯缣而著称。郦道元《水经注》说：“（东阿）县出佳缯缣，故《史记》云：秦昭王服太阿之剑，阿缟之衣也”②。可见到北朝时，阿缟仍保持了固有盛誉。

秦汉时，河北地区的丝织业技术水平尚不及齐鲁和中原，但到魏晋之际，这一地区的丝织业已相当发达，并逐渐发展成为当时重要的丝织业中心。该地区丝织品的著名产地很多，如魏人何晏著《九州论》说：“清河缣总，房子好绵”③。西晋人石崇作《奴券》也说：“常山细缣，赵国之编，许昌之总，沙房之绵”④。又左思在《魏都赋》中写道：“锦绣襄邑，罗绮朝歌，绵纩房子，缣总清河”⑤。在这里，左思将房子（今河北高邑西南）的绵纩、清河（今河北清河西北）的缣总，与襄邑的锦绣、朝歌的罗绮相提并论，已足见其成色之佳妙。十六国北朝时期，邺城（今河北临漳县）的织锦业十分发达，所织邺锦的花色品种富丽繁多，极尽华丽之能事。河北的定州及冀州，曾被北魏政府列为征绢的地区，一年就征绢30万匹以上。北齐时，颜之推以南人而仕于北方，对于河北丝织品的精良及其染织工艺，大为惊叹。他说：“河北妇人织纴、组训之事，黼黻、锦绣、罗绮之工，大优于江东也”⑥。可见河北民间的丝织业在当时是最为发达的。北齐政府还在冀定二州设有细绫局和染署，规定“桑蚕之月，妇女十五以上，皆营蚕桑”⑦。直到唐代前期，河北定州仍是贡奉绫锦最多的地方，也是全国著名的丝织品产地。

江南地区本为葛麻产区，麻织业比较发达，丝织业则几无可述。三国时东吴割据江东，北人南移者渐多，蚕桑业与丝织技术也逐渐传播到江南，加之孙氏部属及当朝权贵多系北人南移者，提倡蚕桑业，更是势所必然，因此丝织业

① 《北齐书》卷39，《祖珽传》。
② 《水经注》卷5，《河水》。
③ 《太平御览》卷818引。
④ 《全晋文》卷33。
⑤ 《文选》卷6。
⑥ 《颜氏家训》卷1，《治家篇》。
⑦ 《隋书》卷24，《食货志》。

较之前代有显著发展。如吴末华覈上疏谏孙皓说："大皇帝……广开农桑之业，积不訾之储"；又说"宜暂息众役，专心农桑"[①]。陆逊在海昌做屯田都尉时，亦曾亲自督劝农民蚕织，"官私兼得其利"[②]，是农桑业已在政府重视提倡中。当时养蚕生产情况，在杨泉所撰《蚕赋》中有详细记载，对养蚕的温度、用桑、蚕座、上簇等技术，都有严格要求。如蚕儿"逍遥偃仰，进止自如"的蚕座疏密标准，以及"在庭之东，东爱日景、西望余阳"的簇室选择条件等[③]，都是江南劳动人民在实践中所积累的宝贵经验。当时缫丝产品质量也很好，据《太平御览》卷814引《陆凯奏事》说："诸暨、永安出御丝"。则诸暨、永安一带所产缫丝甚佳。为官府手工业用丝（"御丝"）取给之处。三吴的蚕桑业也很可观，左思在《吴都赋》中说："国税再熟之稻，乡贡八蚕之绵"。但是江南的丝织技术不高，织锦仍赖蜀汉供给。

下及东晋南朝，由于北方人民再度大量南迁，而封建统治者也大力提倡植桑养蚕，因此江南的丝织业又进一步得到发展。据《宋书·孔季恭传论》载："荆州跨南楚之富，扬部有全吴之沃。鱼盐杞梓之利，充仞八方；丝绵布帛之饶，覆衣天下"。则当时的荆、扬二州，已发展成为江南丝织业的中心。宋武帝灭后秦，把关中锦工迁至江南，设立锦署，江南的织锦业也逐渐发展起来。养蚕的新技术，在南朝时也陆续有所创造和采用。《太平御览》卷825引《永嘉郡记》载："永嘉有八辈蚕"，即今温州一带，在一年内可饲养八批蚕。又《隋书·地理志》说："豫章之俗，颇同吴中……一年蚕四五熟，勤于纺绩"。可见在那时不但已进行了多化性蚕和拓蚕的饲养，而且劳动人民还创造了用低温抑制蚕卵的孵化，从而增加饲养次数的宝贵经验。由于农民勤栽桑麻，妇女勤于机杼，各种丝织品的产量大为增加。如齐武帝永明六年（488），南齐政府曾在京师建康（今江苏南京）、南豫州（安徽寿县）、荆州（湖北江陵）、郢州（湖北武昌西）、司州（河南信阳）、西豫州（安徽和县）、南兖州（江苏扬州）、雍州（湖北襄阳）等地，大量收购丝、绢、绫、绵等丝织品。[④]锦的

① 《三国志》卷65《吴志·华覈传》。
② 《三国志》卷58《吴志·陆逊传》。
③ 《艺文类聚》卷65引。
④ 《通典》卷12《食货典》。

产量也很多，梁时侯景据寿春反，曾“启求锦万匹，为军人袍”[①]。当时丝织技术提高也很快，民间已普遍使用自三国时发展起来的一蹑鼓动数综的进步机织方法。梁时嵌镶金薄的罗，已织得十分精美。在《吴越钱氏志》里还提到织文图案，有“天、人、鬼、神、龙、象、宫殿之属，穷极巧妙，不可言状”。陈时曾有“上织成罗又锦被各二百首，诏于云龙门外焚之”的记载[②]。都反映出当时织造技术的工艺水平。不过，这一时期江南的丝织业虽有长足发展，但其纺织技艺仍赶不上同时期的北方，要赶上和超过北方，则是唐代中期以后的事了。

四川也是丝织业的著名产地。成都生产的“蜀锦”素以质地紧密、色泽鲜艳、图案纹饰富于地方特色而著称于全国。蜀汉时，除官府设有锦官，掌管蜀锦的织造外，民间织锦业也相当普遍。如诸葛亮曾说：“今民贫国虚，决敌之资唯仰锦耳”[③]，说明锦在蜀汉经济中占有重要地位，因而官府也格外大力提倡和发展民间织锦业。从三国、两晋到南北朝，四川的织锦业一直在全国处于领先地位，民间织锦生产经久不衰。《隋书·地理志》载南北朝后期，“（蜀）人多工巧，绫锦雕镂之妙，殆侔于上国”。可见四川的织锦业仍很发达，依然保持着过去的繁荣。

2. 纺织机械的革新与发明

魏晋南北朝的丝织品种类很多，缯帛为其总称。根据制作原料及织造技法的不同，又可分为平纹和提花两大类。平纹织物主要有绢、缣、纱等；提花织物则有素色提花的绫、绮、罗，以及彩色提花的锦。生产这些高级精美的丝织品，除了需要具备高超的织造技术之外，纺织机具的改进和发明也具有重要的意义。这里着重介绍一下提花机的改进和脚踏纺车的发明，以见当时丝织技术提高之一斑。

首先谈提花机的改进和推广，提花机是织造提花织物的机械。我国古代之所以能生产出色彩绚烂，花纹瑰丽的丝织品，是和提花机的发明与使用分不开

---

① 《梁书》卷56，《侯景传》。
② 《陈书》卷5，《宣帝纪》。
③ 《太平御览》卷815引《诸葛亮集》。

的。早在西周时期，我国就已发明并使用了提花机械，如《易·系辞》说："叁伍以变，错综其数，通其变而成天下文也"。说明当时已经有了比较复杂的提花机具，可以按照"叁伍以变"的规律，织出比较复杂的花纹来。到西汉宣帝时，河北巨鹿人陈宝光妻根据自己长期织造提花绫锦的经验，把过去有着上千提花综束装置的提花机械，进行同类合并，简化成一种 120 综，120 蹑的提花机，从而大大提高了生产效率。但是，汉代的提花机制作复杂，织造工序烦慢，在民间不易推广。于是，后来有人又作改进，将成百的综和蹑，变成 60 综、60 蹑；或 50 综、50 蹑。三国时期，魏国出现了一位杰出的纺织工艺家马钧，他在总结前人经验的基础上，成功地将提花机改进为 12 综、12 蹑。据傅玄著《马钧传》说，"（钧）为博士居贫，乃思绫机之变，不言而世人知其巧矣。旧绫机五十综者五十蹑，六十综者六十蹑，先生患其丧功费日，乃皆易以十二蹑。其奇文异变，因感而作者，犹自然之成形，阴阳之无穷"[①]。马钧对织绫机的革新，是依据花纹图案的对称和规律性提出的。提花机经过改进之后，织成的提花绫锦，不仅花纹图案奇特，花型变化多端，各式各样的花纹就像天然形成的那样，而且省工省时，操作简便，使生产效率成倍增长。

其次谈脚踏纺车的发明。要把丝、麻等纤维原料加工成纺织品，首先必须纺成纱线，因此，我们的祖先很早就使用了"纺锤"进行纺纱。后来经过长期的劳动与实践，到汉代又发明了手摇单锭纺车，成为纺织手工业生产的重要工具。为了提高纺纱的质量和产量，我国劳动人民又在手摇纺车的基础上，进一步发明了脚踏纺车。

脚踏纺车的最早发明时间当在晋代。公元 4～5 世纪时，我国东晋著名画家顾恺之在为刘向《列女传》作的配画中，有一幅妇女纺纱图。图中妇女脚踏三锭纺车，一手握丝束，一手扯引丝纤维，在操作时手脚并用，显得得心应手，从容不迫。后来到宋末元初时，王桢在其所著《农书》中也出现了三锭脚踏棉纺车的三锭、五锭脚踏麻纺车，证明了脚踏纺车从东晋以后一直都在使用。东晋时出现的三锭脚踏纺车，不仅把我国古代的纺纱技术提到一个新的高度，而且是在纺织机具改革方面的一项创造性发明。

① 《三国志》卷 29，《魏志·杜夔传》注引。

3. 印染工艺

魏晋南北朝的丝织物加工与印染技术，文献记载很少。考古工作者曾在新疆的民丰和吐鲁番进行了几次清理发掘，颇多收获。在出土的随葬品中，有大批丝织品，包括东汉、魏晋、北朝、唐代初期的产品。这类丝织品，种类较多，有织锦、织绮、纹罗、绢、缣、染缬、刺绣等。[①] 根据实物，可以看出魏晋至北朝的印染工艺已达到较高水平，如染缬与夹缬等使织物染色显花方法的采用，即其例证。

（二）麻织业的发展

麻织业是民间最古老的家庭纺织业。民间的麻织品一般通称为布。用大麻、纻麻纤维绩成的织物叫麻布、纻布，布质精细薄软的称为细布；用葛麻纤维绩成的织物叫葛布，细葛布称为絺，粗葛布称为绤，絺之精细者又称为绉。两汉时期，南方的麻织业比较发达。三国时期，江南的麻织业依然十分发达。如左思《吴都赋》说："蕉葛升越，弱于罗纨"[②]。蕉葛是指细好的葛布，升越是指细好的越布，这些布质精细的葛布越布，竟比罗纨还要柔软，可见当时的葛织品是极其精致的。两晋南朝时，江南的蚕桑业虽渐兴起，但仍不能与麻织业相抗衡。据《晋书·苏峻传》说："峻陷宫城……时官有（麻）布三十万匹，金银五千斤，钱亿万，绢数万匹"。则官库中所藏的绢，远远少于麻布。苏峻之乱平定后，在官库收入中，有布无绢。[③] 也反映出当时麻布产量是很大的，而绢为丝织品，产量尚不及布类。再就南朝各代对于臣僚之赙赐来看，绢也远不如布之多。如《宋书》中摘得赙赐例十三条，其中赐布的九例，赐绢的三例，绢布兼赐的一例。《南齐书》中摘得十一例，其中赐布的十例，绢布兼赐的一例。《梁书》中摘得四十例，赐布的三十三例，赐绢的仅四例，布绢兼赐的三例。《陈书》中摘得五例，赐布的三例，赐绢的二例。由上可见，南朝时丝织物的产量远不及麻织物丰富。

由于南方盛产麻织品，麻织业相当发达。因此民间也多用布类为衣着原

---

① 武敏：《新疆出土汉——唐丝织品初探》，《文物》1962年第7、8期合刊。

② 《文选》卷5。

③ 《晋书》卷65，《王导传》："时（苏峻乱后）帑藏空竭，库中惟有𫄨数千端"。

料，如东晋时谢尚为江夏相，“郡府以布四十匹，为尚造乌布帐，尚坏之，以为军士襦袴”[①]。南朝时比较朴素的官吏，也喜着麻布。如陈时姚察，“自居显要，甚励清洁，且廪赐以外，一不交通。尝有私门生，不敢厚饷，止送南布一端，花练一匹。察谓之曰：‘吾所衣著，止是麻布、蒲练，此物于吾无用，既欲相款接，幸不烦尔’”[②]。麻织品的种类也很多。当时所说的布，主要是指麻布，此外还有越布、筒中布等。梁人刘孝绪《谢越布启》称：“比纳方绡，既轻且丽，珍迈龙水，妙越鸟夷”[③]。又梁时鄱阳郡王萧恢除郢州刺史，“时有进筒中布者，恢以奇货异服，即命焚之”[④]。筒中布是一种纤美柔软的精细麻布，也称“筒中之纻”。左思《蜀都赋》中曾有“黄润比筒，籝金所过”的诗句，李善注云：“黄润，谓筒中细布也”[⑤]。可见越布、筒中布，都是高级精美的麻织物，也是当时用于馈赠和赂遗官僚贵族的珍品。

随着麻织业的发展，南朝时麻布的产量大为增加，而布的价格却日趋下降。据齐竟陵王萧子良上齐武帝疏说，刘宋初年，“官布一匹，值钱一千，而民间所输，听为九百”。至元嘉时，“物价转贱，私货则束直六百，官受则匹准五百”。到南齐永明时，“入官好布，匹堪百余”[⑥] 布的价格较刘宋初年下跌了10倍。布价跌幅如此之大，原因很多，但麻布产量的增加，则为其重要原因之一。

（三）棉织业的发展

魏晋南北朝时期，在我国的西南部、南部及西北地区，棉织业也逐步发展起来了。

棉花最早生产在我国的西南少数民族地区。《太平御览》卷820引华峤《后汉书》说：“哀牢夷知染彩紬布，织成文章如绫绢。有梧（桐）木华，绩以为布，幅广五尺，洁白不受垢汙”。哀牢夷居住在今云南省的保山地区和澜

① 《晋书》卷79，《谢尚传》。
② 《陈书》卷27，《姚察传》。
③ 《艺文类聚》卷85引。
④ 《南史》卷52，《梁鄱阳忠烈王恢传》。
⑤ 《文选》卷4。
⑥ 《南齐书》卷26，《王敬则传》。

沧江流域，汉明帝永平十二年（公元69），其地并入新置的永昌郡，郡内设哀牢县。华峤虽是西晋时人，但他所著《后汉书》记述哀牢夷的事情，却是东汉前期的事，这表明我国云南地区很早就已植棉并生产棉布了。

三国时期，云南保山一带仍是棉纺织业比较发达的地方，如左思《蜀都赋》说“布有橦华”，刘逵注曰：“橦华者，树名橦，其花柔，毳可绩为布也，出永昌（郡治不韦，今云南保山县东）”。除保山地区外，这一时期的植棉业已经逐步发展至江南的珠江、闽江流域。东吴时人万震在《南州异物志》中，曾详细地描述了闽广一带出产的五色斑布，他说：“五色斑布，以丝布古贝木所作。此木熟时，状如鹅毳，中有核如珠珣，细过丝绵。人将用之，则治出其核，但纺不绩，任意小抽，相牵引无有断绝。欲为斑布，则染之五色，织以为布，弱软厚致……文最繁缛”①。据此，斑布的织造工序是，先将原棉进行加工，把棉籽从棉荚内部排挤出去，再将棉丝抽出，纺成棉纱，然后利用天然的矿、植物染料，把棉纱染成五色，最后用纺机织以为布。用这种方法织出的棉布，不仅色彩斑斓，而且像丝绸一样细洁、柔软，这充分说明当地人民的棉纺及染色技术已相当娴熟。

魏晋时期，我国西北新疆地区的植棉业也有发展。据考古发掘资料来看，至迟在东汉时，塔里木盆地周围已开始种植棉花并纺织棉布了。1959年考古工作者在民丰县北大漠发现的东汉墓中，曾出土了大批织物，其中有两块蓝白印花的食单（即桌布），是用棉纤维织造的；还有男尸穿的白布裤和女尸的手帕，也都是棉织品。② 这说明新疆的棉织业发展也很早。到三国之际，西域生产的棉布，经由举世闻名的“丝绸之路”，已传入中原地区。《太平御览》卷820辑魏文帝诏说：“夫珍玩所生，皆中国及西域，他方物比不如也。代郡黄布为细，乐浪练为精，江东太末布为白，故不如白叠布鲜洁也”。这里所说的白叠布，乃是棉布的别称。可见西域所产的白叠布质地洁白，颜色鲜艳，是统治阶级喜爱的上等珍品。

① 《太平御览》卷820引。

② 新疆博物馆：《新疆民丰县北大沙漠中古遗址墓葬区东汉合葬墓清理简报》《文物》，1960年第6期。

南北朝时期，新疆的吐鲁番地区是重要的产棉区域。吐鲁番地区古称高昌，据《梁书·高昌传》载：“其地……多草木，草实如茧，茧中丝如细纑，名为白叠子，国人多取织以为布。布甚软白，交市用焉”。从这一记载推知，当时新疆地区种的是小棉铃的非洲棉（俗称“小棉”）。这种棉产量低。纤维品质较差，但生长期短，成熟早，适合新疆地区的气候特点，所以很早就在新疆地区推广。“白叠”又写作白绁或帛叠，直到今天，新疆吐鲁番地区仍称棉花为“叠”。此外，1960 年在吐鲁番阿斯塔那 309 号高昌时期墓葬中，出土一种大红、粉红、黄、白 4 色，作几何图案的织锦，为丝、棉混合织物。[①] 属于这个时期的墓葬中，并出土有纯棉纤维织成的白布。同时还发现了和平元年（西魏大统十七年，551 年）借贷棉布（叠）和锦的契约。[②] 据这件契约，可以看到一次借贷叠布达 60 匹之多，显然这些棉布是当地生产的。这说明南北朝时期吐鲁番一带已普遍种植棉花，并用以织布。棉布和锦同被兼作流通手段，可见棉布的产量是不会很少的。在同一时代，除吐鲁番外，于田地区也有了棉织品。1959 年在于田县屋于来克遗址的北朝墓葬中，出土了一件“褡裢布”，织造比较致密。在另一座北朝墓葬中，出土了一块蓝白印花棉布。[③] 由此可知，在北朝时期，不仅吐鲁番地区的棉织业已具有一定的规模，于田一带也出现了棉织印染手工业，这些都反映出当时新疆地区的棉纺织业是相当发达的。

（四）毛纺织业的发展

魏晋南北朝是我国各民族进行大融合、大交流的时期，当时西北兄弟民族地区的毛纺织业特别发达，北方和中原地区的毛纺织技术也有很大的进步。毛织所用原料主要是羊毛，毛织品的种类则有罽、毡、毯、毛布等等。罽是用较细的羊毛纺织染色而成，制作工艺复杂，用做裁制衣物的原料。毡是用普通羊毛（或夹杂其他兽毛）压制的，技术比较简单，多用来制作鞋帽、马具、帐篷，或做毡席。至于质地优良，繁花似锦的各式毛毯，则要求精细的编织技

---

① 武敏：《新疆出土汉——唐丝织品初探》，《文物》，1962 年第 7、8 期合刊。

② 吴震：《介绍八件高昌契约》，《文物》，1962 年第 7、8 期合刊。

③ 新疆维吾尔自治区博物馆等：《丝绸之路——汉唐织物》，文物出版社。

术，和较高的织毯工艺水平。

早在汉代，居住在我国西南地区的少数民族，就已开始用各种颜色的毛纱织成彩色斑斓的斑罽。魏晋时期，北方和中原地区的制罽技术又有提高，能织造出各种复杂组织的彩色罽。如魏明帝时，曾赠送倭女王绛地绉粟罽 10 张，细斑华罽 5 张。[①]《太平御览》卷 816 引干宝《晋纪》说："孙皓遣使，诏书赐班罽五十张，绛罽二十张，紫、青罽各十五张"。十六国时期的后赵也能生产各种彩罽。据陆翙《邺中记》载："石虎御府罽有已头文罽，丽子罽，花罽"[②]。这些用彩色毛线织成的罽，品种繁多，色彩缤纷，因而常用做对外馈赠的佳品。

魏晋时期，西北地区的毛纺织业能生产出各种优美的毛织品。如《晋书·张轨传》载，晋怀帝永嘉四年（310），京师洛阳地区严重饥匮，凉州（今甘肃）刺史张轨派人"献马五百匹，毲布三万匹"。能一次捐献 3 万匹的毛织物支援洛阳救灾，没有巨额的库存是难以办到的，这说明当时西北地区的毛纺织业规模相当大，产量也非常可观。西北地区出产的毛织品"氍毹"和"毾㲪"也很有名。氍毹是阿拉伯语。毾㲪是波斯语，毾㲪比氍毹精细。《太平御览》卷 708 引三国时吴万震《南州异物志》说："氍毹以羊毛杂群兽之毳为之，鸟兽人物草木云气，作鹦鹉远望轩若飞也"。《北堂书钞》卷 134 引《魏略》也说："为鸟兽人物草木云气，千奇万变，唯意所作，上有鹦鹉，远望轩轩如飞"。可见氍毹上的图案花纹生动逼真，精妙传神，具有西域民族活泼欢快的风格。

三国时代，并州（今山西太原西南）所产的毛毯最为著名。《太平御览》卷 708 引《魏志》说："李胜为荆州刺史，往辞太傅（司马懿），曹爽因察之。太傅因谬问胜曰：'并州有佳毯，可致之。'"

随着毛纺织业的发展，毛毯的编织技术也越来越精细。东汉时，毛毯多采用 8 字结的编织方法，这从新疆民丰县出土的东汉毛毯残片即可看出。到南北朝时，西北兄弟民族又发明了 S 形打结法，这是对毛毯编织技术的新发展。在

---

① 《三国志》卷 30，《魏志·倭人传》。

② 《太平御览》卷 816 引。

新疆若羌、米兰的南北朝遗址中，曾出土有S形打结法的毛毯，其底经底纬是斜纹组织。[1] 从毛纱结子的牢度比较，S形比8字形稍差些，但用S形打结法，可以采用较简单的机械来代替毛毯生产中的某些手工操作，从而减轻了劳动强度，提高了毛毯生产的效率。

北朝的造毡业较为普遍，制毡技术也颇为进步。如北齐时河东人樊逊。"其兄仲，以造毡为业"[2]，说明造毡业是民间独立的手工业。毡是毛织无纺布，制毡的原料除羊毛外，驼毛、牦牛毛等均可用，但质量以羊毛最优。著名农学家贾思勰在《齐民要术》一书中，对当时的制毡技术作了详细的记述。如对制毡方法，他指出："凡作毡，不须厚大，唯紧薄均调乃佳耳"。对原料的选择，他指出："春毛、秋毛中半和用，秋毛紧强，春毛软弱，独用太偏，是以须杂"[3]。由于原料的选择和合理使用，制出的毛毡加工较精，性能好，不但可以用来做帐篷，而且可以用它做衣服，因而使用范围也进一步扩大了。

二、制瓷业的发展及其成就

（一）魏晋南北朝的青釉瓷器

瓷器是我国独创的发明之一，魏晋南北朝则是我国瓷器发展史上的一个重要阶段。

中国瓷器的起源，最早可以推溯到3000多年前的商代。从战国到汉代，瓷器烧制技术又有发展。这一时期的青釉器胎质坚密，器形规整，无论就它的原料与烧成来看，均已超出了青瓷发展的原始性质。尤其是在器物表面上敷施浅绿色的薄釉，已经接近于后来的青瓷，所以陶瓷史研究者将战国到汉代的青釉器，定名为"早期瓷器"或"早期青瓷"。在我国瓷器发展史上，这是由原始瓷器到瓷器的过渡阶段，是魏晋瓷器形成的基础。

到魏晋时期，瓷器烧制技术经过不断提高，业已达到了成熟阶段。当时瓷器的代表作品是一种通体施以青釉的青瓷，其特点是胎质纯，硬度高，釉料

---

① 新疆维吾尔自治区博物馆：《新疆出土文物》，文物出版社1975年版。

② 《北史》卷83，《樊逊传》。

③ 《齐民要术》卷6，《养羊》。

匀，通体晶莹，造型多样而美观，故人们称之是真正的瓷器或青瓷。因此，在我国瓷器发展史上，魏晋时的青瓷已经发展到完全的瓷器阶段。

随着青釉瓷器的出现，魏晋南北朝的瓷器制造业也随之进入到一个新的时代。建国40多年来，考古工作者发掘和清理了大量的窑址和墓葬，出土了为数极多的青釉瓷器，从而为我们认识和研究这一时期制瓷业的发展与成就，提供了可靠的实物依据。

三国时期的青釉瓷器，在今安徽、江苏、浙江等均有出土。1978年在安徽亳县元宝坑发掘了曹操家属的墓葬，出土了许多青瓷碎片，釉色光泽，质地纯洁，火候较高，说明当时的青瓷烧造技术，已达到了相当水平。① 东吴的青瓷器物已能大量生产，因而出土更多。现已发现的东吴瓷器，最早的是在孙权黄武六年（227）的墓葬中。以后在黄龙、赤乌、永安、甘露、宝鼎、凤凰、天册、天纪等东吴纪年的墓葬中，陆续发现了许多随葬瓷器，有瓶、壶、碗、盘、洗、谷仓、井、灶、灯、鸡笼、猪圈、虎子等。东吴时不仅能大量生产青釉瓷器，制作工艺也异常精美。如南京市东吴甘露元年（256）墓葬中出土的青瓷羊，不论造型和釉色，都相当精致。浙江绍兴东吴永安三年（260）墓中出土带有铭文的明器谷仓，通体青釉，器身周围贴有许多人物鸟兽楼阁，全身青釉的釉色，已呈现较深的绿色，施釉亦厚，这表明东吴的青瓷比起早期釉薄而做浅绿色的青釉器来，又有很大进步。② 值得一提的是，1975年在南京东吴建衡二年（270）墓中，出土了一件褐色釉瓷罐。褐色釉的烧造工艺比较复杂，因为青瓷的烧造要求青色明朗，必须使用还原焰，同时又不能还原彻底，才能够呈现褐斑，所以这种工艺，一定要在充分掌握烧窑的火力和温度的情况下，才能达到。过去认为，褐釉瓷最早出现于西晋末年，这件器物的出土，将时间又提前了30年左右。③

---

① 安徽亳县博物馆:《亳县曹操宗族墓葬》,《文物》, 1978年第8期。

② 陈万里:《中国青瓷史略》, 上海人民出版社1962年版。

③ 《南京栖霞山甘家巷六朝墓群》,《考古》, 1976年第5期。

晋瓷出土的最初记载，是在南宋，见于岳珂的《程史》。① 现代出土的晋瓷数量更多。如从有确切年代可证的墓砖年号来看，就有太康、元康、永康、建兴、太兴、咸和、咸康、建元、永和、升平、太和、宁康、太元等，自西晋武帝以迄东晋孝武帝的年号都有，历时约100年。随葬瓷器种类亦多，并且在瓷器的胎质、釉料和烧制技术上都有明显提高。如江苏宜兴西晋周处墓中出土的青瓷器物，经过化学分析，它的胎和釉同杭州出土的南宋官窑瓷器的化学成分接近，可见当时青瓷器选土提炼的技术相当进步。② 1972年在南京市象山陆续发掘了几座东晋墓，如王兴之夫妇墓、王闽之墓、王丹虎墓等，其中都有多少不等的青釉瓷器，多的竟达36件。其中一件青灰色釉的瓷羊，两前足后曲，两后足前曲于腹下，作跪卧状，头上双角绕耳前后卷，腹稍上部的两侧划有双翼，形象生动。③ 浙江余姚东晋墓中出土的青釉鸡头壶，鸡头都有颈，曲柄代替了鸡尾，明显地看出造型在不断改进。④

南朝时期，我国的制瓷业得到空前的发展，其产地之广，数量之多，制作之精，绝非三国两晋时所能企及。仅就解放后发现的南朝墓葬中出土的青瓷器而言，除浙江、江苏两省出土的大批青瓷器以外，在湖北武汉，福建福州、闽侯、建瓯，广东英德、曲江，湖南资兴，四川昭化，广西恭城、苍梧、永福、梧州、融安等地，都出土了大量的青瓷器。如在南京市的考古发掘工作，发现了许多南朝墓葬，大凡在城南的石子岗、郎家山、赵士岗、丁家山，城北的幕阜山、梅家山等，是当时丛葬的墓地。据考古工作者称："当时丛葬墓地，随葬品以青釉器为主，釉质温润沉静。其中玻璃釉的一种，嫩绿微黄，晶莹明彻。东晋以来，青釉瓷上常加上酱色釉彩斑，晕入釉汁，鲜润绚丽，实为单以釉加彩之嚆矢"⑤。南朝烧瓷技术的发展，于此可见一斑。

关于北方青瓷的生产，在北朝的北魏时已有相当规模。1955年在河北景

---

① 岳珂《程史》云："溢城所居负山，庆元元年（1195）五月，大雨山颓，古冢出焉。碣云'晋征虏将军墓'。瓦甓刻瑞草，旁署晋永宁（301）五月造。有匠者姓名张某，下有押字。有小瓷瓶如砚滴，窥其背，为蛤蟆形，制甚古朴。"

② 罗宗真：《江苏宜兴晋墓发掘报告》，《考古学报》，1957年第4期。

③ 南京市博物馆：《南京象山5号、6号、7号墓清理简报》，《文物》，1972年第11期。

④ 中国科学院考古研究所：《新中国的考古收获》。

⑤ 王志敏：《近年来江苏省出土文物》，《文物》，1959年第4期。

县的封氏墓中，发掘到北魏的陶瓷器，计有孔雀绿釉、栗壳黄釉、浅青釉、淡黄釉的杯碗，一件豆青杂釉的高脚盘，3 个高约 3 尺堆雕莲花的大型青釉器。1973 年在河北景县北魏高氏墓中，出土酱釉瓷瓶、瓷碗、黄釉瓷罐、青瓷罐碗等。其中有一件兽柄瓷瓶，颈部环纹三道，肩竖四方耳，两相对称，腹部有突起莲花纹，龙首兽身柄，龙头衔器口沿，吐长舌，前肢踞口沿，后肢蹲于腹部，长尾卷曲，造型优美，实为罕见。[①] 此外，在河南安阳北齐范粹墓，濮阳李云墓中，也出土有青釉瓷器。范粹墓出土的我国现在能见到的最早的白瓷，更反映出当时制瓷业的技术成就。

（二）青瓷产地和南北瓷系的出现

东汉以来，特别是三国时期，烧制青瓷的中心地区在今浙江上虞、绍兴一带。当时这一地区集中了许多优秀的工匠和技术成就，还具有许多自然方面的有利条件。首先，是原料的丰富。江浙地区盛产以石英斑岩、正长斑岩为多数的瓷土原料，它们多属原生高岭土，其中二氧化硅（SiO_2）达 77% 以上，正适宜用还原焰烘烧。釉色原料以长石为基础制成的长石釉，最初来自植物（禾本科最多）灰中。南方地区植物茂盛，禾本科植物遍地皆是，又盛产石灰石（石灰原料），和含硅的石英砂岩。因此制瓷的原料，在江浙地区居得天独厚的地位。其次，是窑炉结构的先进。东汉末年在浙江已经出现一种长条形的龙窑，到三国以后更为普及。这种瓷窑非常适宜用木柴为燃料，点火以后，对窑温升高和控制十分有利，它比北方烧短焰的馒头形窑要好得多。这种龙窑的窑温可以达到 1200～1300℃左右，并能迅速使氧化焰变为还原焰，用这种窑烧制的青瓷，釉色青莹透明，胎质坚硬，成为晋代缥瓷的先驱。

西晋时期，青瓷窑的分布地区主要在浙江绍兴和江苏宜兴一带。另外，绍兴西面的萧山，宜兴南面的吴兴，在西晋时也开始烧造青瓷。而缥瓷窑则分布在今浙江温州一带。缥瓷（青白色瓷）是青瓷的一种，为晋代产品。西晋人潘岳《笙赋》中有“倾缥瓷以酌醽”之语，说明缥瓷在西晋初年就已有精品生产。缥瓷的胎骨大都为深灰色和淡灰色，火候约在 1200℃左右。瓷质不透明，但一般淘炼得颇纯，杂质成分甚少，硬度很高，瓷声清脆。缥瓷的釉色以

① 《河北景县北魏高氏墓发掘简报》，《文物》，1979 年第 2 期。

淡青色作为标准，在浅灰绿色中，青的成分较多，因此将其理解为青白色，亦即“缥色”。缥瓷的釉色，纯为青釉系统，开辟了南方青瓷的基础，与北方的白瓷互相辉映，成为中国瓷器上的两个主流。

东晋南朝是江南青瓷大发展的时期，特别是浙江绍兴地区的越窑、温州地区的瓯窑、金华地区的婺州窑，以及江苏宜兴的均山窑（又称南山窑），是当时的4大窑区。它如萧山上董、德清戴家山、余姚鳌唇山、金华五朱堂、鄞县小白市、浙江南部的永嘉夏甓山等，都烧制青瓷。到了南朝，除旧有的地点外，又出现了一批新产地，如临海五孔岙、丽水吕步坑、江西丰城等地，均发现有瓷窑遗址，而且分布相当密集。

江浙地区青瓷手工业的发展，很快传到其他地方。湖北鄂城和武昌一带，黄武六年（227）墓所出的青瓷碗和虎子，黄武四年（225）墓出土的青瓷罐、碗和钵，都与江浙产品相似，当是从这些地区传来的。西晋的统一，使青瓷生产更为广泛。北到洛阳，南达广州、成都等广大地区，在当时重要都邑的较大墓葬中，都有青瓷发现。东晋以后，南方地区的青瓷窑址，除江浙地区之外，还有成都的青羊宫窑、邛崃固驿窑、新津玉皇观窑、福州天马岭窑等。南朝晚期，广州地区青瓷数量也有增加，青瓷烧造地点扩大到北江的中上游地区。[①]

北方中原地区，在魏末晋初的墓葬中发现的瓷器不多。十六国至北魏迁都洛阳以前的墓葬中，出土仍然只是唾盂一类的青瓷，如太和八年（484）司马金龙墓中就有这类唾盂。[②] 北魏迁都洛阳以后，北朝时期的墓中，瓷器逐渐增多，到北齐时迅速增加，如罐、瓶、尊、盘、碗、唾盂、高足盘等，均为常见。北齐以后，北方瓷器烧造地点，主要集中在海河流域的南半部，如卫河、漳河、滏阳河、滹沱河流域等潼关以东的地区。潼关以西地区出土瓷器很少，其他北方瓷窑目前发现不多。

东魏、北齐是中原瓷器发展史上的一个重要时期。这个时期出土的瓷器，与南方青瓷有明显的区别。第一，从外观上看，北方瓷器造型新颖，粗犷雄

---

① 有关魏晋南北朝时期的青瓷产地、制瓷业的发展及其成就，以李知宴同志所著《三国、两晋、南北朝制瓷业的成就》（《文物》1979年第2期）一文最为详赡。本节多所参考，附此说明，以下不再一一作注。

② 山西省大同市博物馆等：《山西大同石家寨司马金龙墓》，《文物》，1972年第3期。

伟，胎体厚重，胎气浅灰，颗粒结构比较粗糙，有黑点和气孔，孔隙度的百分比比较大。釉层薄，玻璃质较强，颜色青中泛黄。而南方青瓷造型比较秀气，胎体较薄，胎色青灰，颗粒结构较细，气孔度的百分比比较小，黑点少。釉色青绿发翠，有的略带暗黄，有半木光。第二，胎料的化学组成，经有关部门鉴定，北方瓷器 Al_2O_3 的含量较高，一般都在26%以上，最高的达33%；Fe_2O_3 含量较低，很少接近2%。南方 Fe_2O_3 一般都在2%以上，北方原料中 TiO 含量较高，在1%以上；南方则很低，不超过1%。[①] 第三，北方瓷器烧成温度较高，如河北景县封氏墓出土的青瓷，在1200±20℃时还是生烧。南方青瓷在1200℃以下就烧成了。

北方瓷系的出现，在我国瓷器发展史上有着极其重要的意义。从此，我国制瓷业形成南北两大系统，互相影响，互相促进，迅速向前发展。

（三）青瓷器的造型与装饰

按类别和用途而言，魏晋南北朝青瓷器约略分为两大类：一为生活实用器皿如碗、钵、壶、罐、盘、洗、盅、尊、瓶、甑、盒、盆、灯、砚、香熏、水注、唾盂、虎子、兽型插器等；一为殉葬用的明器如谷仓、碓、磨、灶、井、臼、案、家畜、人俑、镇墓兽、穿山甲、厕圈、羊圈、鸭笼、鸡笼、鹅笼、牛车等。

从青瓷器造型方面看，三国西晋时期的青瓷器皿腹部圆鼓，腹径大于通高，呈扁圆形状。但器形复杂，种类较多。如青瓷虎子在这时最为流行，样式亦多，造型很生动。鸡首壶一类器物，则多在一个罐上塑出鸡头、鹰头、牛头或虎头，形制精美。谷仓罐在东汉时是五联罐，器形比较简单，三国西晋时在罐的肩上塑出阙楼、飞鸟、奴仆、武装、鼓吹、猛兽和水禽等，在烧造工艺和造型技巧上显示出很高的造诣。

东晋时期的青瓷器造型较三国西晋时期简化，由于家禽畜圈和仓厨明器不再流行，动物造型的器物又较少出现，故种类上亦大为减少。但此期的器形较为规格化，如圆形器物多向浑圆方向发展，不再呈现扁圆的形状。

南朝时期的青瓷器造型则向瘦高方向发展，器物的形体较为修长挺拔，轮

① 周仁等：《中国历代名窑陶瓷工艺的初步科学总结》，《考古学报》，1960年第1期。

廓趋于流畅自然，可能是体现了当时流行的“瘦骨清相”的艺术风格。这时在器形上出现了一些变化，如鸡首壶已不多见，开始出现喇叭口、细长颈、腹部浑圆的圈足壶，以及细颈瓶、五盅盘等等，对以后隋唐时期的器形有着强烈的影响。

北方系统的瓷器造型特点，则是雄伟厚重，注重简单实用，与南方系统的秀气风格迥然不同。

从瓷器的装饰方面看，魏晋南北朝时期的瓷器装饰，与汉代相比，内容丰富得多，技巧也较高。

首先，这一时期的瓷器，多采用刻画、模印、贴花、堆塑、镂空、施彩等工艺做出装饰，令人耳目一新。如在江浙地区的东吴和两晋墓中，曾出土不少青釉瓷器，其中一些壶、罐、尊、洗等的器物身上，都有一两条压印或贴印的纹饰。压印是用一个刻有纹饰的模印工具，在半干的坯子上，用力印压而成的纹饰；压印之后，再予施釉，这种压印纹饰以网状纹为多。贴印是用模子先印好局部纹饰，再粘贴于坯上，然后施釉。常见的有兽面衔环纹，亦有贴印的佛像、朱雀、龙、辟邪和铺首等。

镂空方法的装饰，以香熏为多。江苏宜兴周墓墩出土的晋代香熏上，有镂空的三角形纹饰。

魏晋时期的谷仓罐，多用堆塑方法。江苏金坛发现东吴孙皓天玺元年（276）的墓葬，有大量随葬的青瓷器。其中有一青瓷谷仓罐，下部为罐，上部分两截制成，堆塑一座内圆壁、外方形的9层庑殿式楼台。这个堆塑罐上计有：堆塑、印贴的楼台9层、庑廊4条、阙12个、人物14个、小盂4个、走兽等39个。[①] 谷仓的造型和施釉都很精致。在浙江慈溪西晋墓出土的青瓷谷仓罐，亦是由罐与楼阁堆塑两部分组成。罐作盘口，丰肩、深长腹，平底。腹部分有7框，框中绘有佛、武士、游鱼、麒麟、双凤等图案。上部的楼阁堆塑分为三层：第一层为歌舞、武打等优美动人的场面，人物有佛、武士、文臣、歌舞者及跪拜人等，动物有凤凰、麒麟、蹲猴或小羊等；第二层为飞鸟走兽，表现出麒麟、凤凰等鸟兽荟萃的一派吉祥景象；第三层为一方形的庑殿式建筑

---

① 《江苏金坛出土的青瓷》，《文物》，1977年第6期。

群，大殿居中，四方围筑庑廊、望楼，十分雄伟壮观。这种堆塑飞鸟、人物、楼阁的谷仓罐，造型优美，制作精良，堪称魏晋时期的代表作。

东晋时期的青瓷器装饰趋于简朴，使用压印或贴印方法来装饰的，比以前显著减少。过去在浙江萧山上董窑，采集到许多刻画莲花瓣纹的标本；这种纹饰，多施在碗外、盘里、壶身上部，线条细致，是用尖锐的金属工具刻画成的，系东晋瓷器上出现的一种装饰方法。

南朝的青瓷器装饰受佛教艺术影响很大，当时的瓷器多用莲花来做装饰。装饰的方法有三种：第一种是在瓷器表面刻出莲花瓣，再在莲花瓣的边缘，用锐利的工具刻画花瓣轮廓线。第二种是凸刻，以盘碗一类器物为多。第三种是模印，花瓣肥厚，尖端微上卷，与石窟造像的莲花座基本相同。

北朝的瓷器装饰，从河北景县封氏墓中出土的青釉六系莲花大尊的装饰来看，是集中了印贴、刻花、模印等多种方法。这个莲花大尊上部的飞天、团花、双龙、兽面，都是用模子印好之后再粘贴上去的，配以三层外撇莲花瓣。瓷器的整个装饰，给人以雄伟而飘洒的感觉，是北朝瓷器中的代表作品。①

其次，这一时期的瓷器装饰内容丰富多彩，有图案类、花草类、动物类、人物类、建筑类、彩绘类等，兹分别述之。

1. 图案类

有弦纹、网纹、菱形纹、散点纹、云气纹、联珠纹等。多仿效当时编织图案，做成一条带，装饰在器物的口沿、肩部或腹部。这类图案在汉末至西晋时最流行，西晋中期以后带饰简化，东晋以后更简单，不少瓷器上不用这些装饰内容了。有的只有一二道弦纹。

2. 花草类

有忍冬纹、菊形小团花、松枝、树叶等，装饰在瓷器的肩部和腹部。东晋、北魏以后，器身流行装饰莲花纹，在做法上先是刻画，后发展成浅浮雕，最突出的代表作品是河北景县封氏墓出土的莲花尊。

3. 动物类

有铺首、辟邪、牛、羊、虎、鹿、狮、夔龙、神兽、龟、蛇、熊、青蛙

① 《河北景县封氏墓群调查记》，《考古学报》，1957 年第 3 期。

等。多数只塑动物的头部，也有整个器形都塑成一个动物的，如虎子、神兽尊、蛙形水盂、狮形水注等。还有鸡、鹰、鸟、雀等，用线刻或捏塑等手法做成。

4. 人物类

有塑在青瓷谷仓罐上的奴仆、鼓吹、武士等形象。还有用贴印手法做出的飞翔于云气中的羽人、飞天、迦陵频迦、骑狮仙人等。河南安阳北齐范粹墓出土的黄釉扁壶上，有一杏仁形边框内模印出5人一组的乐舞场面，这是迄今所见北朝瓷器上最生动的人物形象。

5. 建筑类

有在青瓷谷仓罐等器物上塑出的各种阙楼馆阁，长廊列舍。

6. 彩绘类

西晋晚期南方青瓷开始用褐色斑点来装饰。东晋以后南方青瓷普遍都有这种装饰。北朝晚期有的白瓷或陶器上出现了绿色呈彩条状的装饰。

（四）制瓷工艺的新成就

魏晋南北朝在化学史上是一个大发展的时期，特别是炼丹术的发达，积累了丰富的关于物质变化的经验。这个时期出现了在世界化学史上占有重要地位的炼丹家如魏伯阳、葛洪、陶弘景等。化学工艺的发展，必然影响到瓷器的釉、胎原料的配制。人们对于火焰能够改变物质性能，也有进一步认识。鼓风设备的发展，水碓的推广，为烧窑工艺的提高和制瓷原料的粉碎加工提供了有利的条件。因此，两晋以后，青瓷质量显著提高，制瓷工艺发展到了一个新的阶段。

这一时期制瓷工艺的成就，集中表现在以下几方面：

1. 原料加工工艺的进步

汉代瓷器胎体较粗疏，杂质较多，釉层和胎体密合得不太好，剥落较普遍，釉层中常出现大小气泡。魏晋南北朝时期的瓷器制造，对瓷土的选择较严格，原料粉碎和淘洗都比汉代细，所以杂质较少。捏练和陈腐的工艺过程比较长，使原料的颗粒得到充分的水解，产生良好的胶质，烧结后结构致密。因此这个时期的瓷器胎体孔隙度的比例较小，釉层不大起泡，釉层和胎体密结较牢。

2. 白瓷的烧成

河南安阳北齐范粹墓出土的白瓷，是我国迄今所见最早的白瓷。这批白瓷器物的发现，反映了北朝时期制瓷工艺的突飞猛进。

烧制白瓷的重要条件，首先要胎体洁白，而白胎的制成是很不容易的。在高岭矿或高岭黏土中，普遍含有铁元素。铁元素的呈色性很强，如果瓷土中含量在1%以上就呈灰白色，成分越多颜色越重。要使胎体发白，必须清除原料中的铁成分。范粹墓出土的瓷器能做到胎体白净，说明当时制瓷工匠不仅在长期的实践中，逐渐认识到制瓷原料中金属元素的呈色性能，而且能采取有效措施，将铁的成分控制在1%以下。当时工匠还已认识到釉层的厚薄对金属元素呈色反映的作用，因此，出土的白瓷釉层又薄又细匀，这在施釉工艺上是一大进步。

北朝以前，1000多年来都是以还原焰烧青瓷，而到北朝晚期，则以氧化焰烧成了白瓷，并能做到火焰纯，没有水分和含硫的物质渗进去污染釉层。这在我国烧窑工艺上是一个新成就。

3. 釉中挂彩技术的发明

自汉代以来，制陶工匠已应用了釉陶配釉工艺，成功地烧造出了深绿、浅绿、栗黄、酱釉等光亮釉色的陶器。北朝时这一工艺不断提高和发展，并能进一步应用到瓷器上去。北魏太和八年（484）司马金龙墓发现了大批绿釉和黄釉的陶俑。在安阳范粹墓出土的瓷器上有白釉挂绿彩，濮阳北齐李云墓出土的陶器上有淡黄釉挂绿彩的装饰。这说明制瓷工匠不但能在原料中排除铁元素，还能加进铜元素作出绚丽的彩饰。到了唐代，这种工艺出现了一个跃进：在同一器物上，黄、绿、白或黄、绿、蓝、赭等种基本釉色同时交错使用，这就是我们常说的“唐三彩”。由此可见，唐代斑驳灿烂的唐三彩，就是加上多种呈色金属元素用同样方法烧出来的。

4. 烧成了稳定的黑瓷

黑瓷是在青瓷成就的基础上发明的。东汉有些瓷器釉色发黑，但颜色不纯，多呈黑褐色，光泽发涩，很不成熟，以前人们并不认为它是黑色。到东晋时期，就能稳定地烧出漆黑光亮、美观实用的黑瓷，有的瓷窑就是既造青瓷，又烧黑瓷。

在浙江余杭、德清一带，曾发现东晋时期专门烧制黑瓷的窑址，瓷的颜色稳定，光泽很好。黑瓷和青瓷的主要呈色剂是氧化亚铁（FeO），对氧化亚铁的恰当控制，就能烧出不同的釉色来。以长石釉为例，在这种釉药里加入不同成分的氧化亚铁，用还原火焰焙烧，能显示出不同的颜色。如使氧化亚铁的含量在0.8%左右，颜色是淡绿色；1%～3%是青绿色；5%左右是米黄色。8%左右就是赤褐色乃至暗褐色。如果这时把釉层加厚到1.5毫米左右，还原焰又烧得很正，釉色就呈纯黑，发出美丽的光泽。东晋时能烧成稳定的黑瓷，为我国瓷器发展史中增加了新品种，尤其是为民间日用瓷器的大量生产开辟了新途径，这在制瓷工艺上也是一项新成就。

三、漆器制造业的发展

（一）三国漆器的重要考古发现

漆器和瓷器一样，同是我国劳动人民在化学工艺和工艺美术方面的重要发明。

漆器是从春秋末年开始兴起的一种新工艺。战国年间，漆器业便有了较大的发展，在制作技术上达到了很高的水平。到了汉代，漆器的应用更普遍，产量更巨大，制作更精巧。近年来汉代的漆器出土甚多，如1972年在长沙马王堆一号汉墓中，一次就出土了184件精美漆器[①]。这些漆器不但造型美观，形式多样，而且保存完好，其中绝大多数都是色彩鲜艳，光泽照人，充分表现出当时漆器制作的高度技术成就。

三国时期漆器业发展状况如何，因史无明文，不知其详。过去在各地虽有一些漆器出土，但数量很少，种类亦不多，很难根据实物来考察这一时期漆器业的发展状况及其技术水平。直到1984年安徽省马鞍山东吴朱然墓的发掘，才填补了三国时期漆器工艺史的空白。

东吴朱然墓出土的漆器，是近年来一次重大的考古发现。这批漆器共有十几个品种，60多件，如案、盘、羽觞（耳杯）、槅、盒、壶、樽、奁、匕、勺、凭几、尺、砚等。出土时有的胎骨已腐朽，仅存漆皮；有的比较完整，色

① 湖南省博物馆等：《长沙马王堆一号汉墓》，文物出版社。

泽如新。许多漆器上彩绘人物故事和动植物纹图案，非常精彩生动。①

这次出土漆器，向我们展示了三国时期漆器制作及装饰工艺方面的成就。

从胎质及制作情况看，这批漆器多为木胎，其制作方法或以整木凿成器形，而后于内外髹漆；或在木胎上粘贴一层粗麻布，再涂漆腻。有的还在器物沿上镶嵌铜皮，或鎏金铜扣，起加固防护作用。此外漆器也有篾胎、皮胎等，如犀皮黄口羽觞，即为皮胎，耳及口沿亦镶鎏金铜扣。

从漆器的装饰工艺看，除素面之外，还有以下几种：

1. 描漆

这次出土的漆案、漆盘、漆槅等器物，大都绘有各种人物故事和动植物纹图案。如宫闱宴乐图漆案，长82厘米、觅56.5厘米，主体图案为宫闱宴乐场面，共画55个人物。主体图案四周衬托云气、禽兽、菱形、蔓草等纹饰，全部画面在光素的漆地上用朱、黑、金等色漆画出。这种方法现在称为描漆法，又叫设色画漆，它系将半透明的生漆加入所需要的颜料，在髹漆好的器物上进行描绘。出土漆画大部分是用黑中偏红色漆髹于器表作底色，然后用黑漆勾画轮廓，再根据需要在轮廓内平涂金、红等色漆，最后用黑漆或红漆勾画发式、五官、衣纹之类，形成丰富的层次，立体感很强。漆画用色有朱红、红、黑红、金、浅灰、深灰、赭、黑等。

2. 戗金雕刻

就是在已髹漆的器物上用针雕刻出图案，刻纹内戗金。如出土的锥刻戗金漆盒盖，顶面和四侧针刻青龙、白虎、朱雀、麒麟、天禄等带翅神禽神兽65个，神禽神兽间用行云纹相连贯。其中最精彩的是两面所刻3个人物：一个右佩剑，拱手而立；一留胡须者持节行走；一人双手拥旗而立，3人周围云气萦绕。锥刻线条简练流畅，神态逼真，刻纹内戗金，是出土漆器中的精品。

3. 犀皮漆

犀皮漆工艺的制作方法，是先在漆器胎骨上用稠漆堆起高低不平的地子，在地子上刷上不同色漆若干道，最后磨平，露出颜色不同的漆层。由于磨出的纹样与犀牛皮很相似，故称犀皮漆器。犀皮漆工艺始于何时？以前有人根据后

① 安徽省文物考古研究所等：《安徽马鞍山东吴朱然墓发掘简报》，《文物》，1986年第3期。

代实物推测，认为可能发明于唐代。[①] 朱然墓出土的两件犀皮黄口羽觞，将这一工艺发明的时间提早了数百年。这次发现的犀皮黄口羽觞，器身属黑红中黄底片云斑犀皮，背面黑、红、黄三色相间，表面光滑，花纹回转如漩涡，有如行云流水，匀称而富有变化。且保存完好，耐腐蚀，说明制作工艺已相当成熟。

从漆器的形制上看，也具有鲜明的时代特点。如漆凭几是迄今所发现的同类器物中唯一的一件实用器物。以前在东晋、南朝墓葬中，常出土一种尺寸较小、弧面、三足的陶凭几模型器，有人据此推测，凭几是北方世族南迁时带去的一种具有北方风格的器物，但未见实用凭几出土。从朱然墓中，我们看到了实用凭几的形制：扁平圆弧形几面，下有三个蹄形足。弦长 69.5 厘米、宽 12.9 厘米、高 26 厘米。可见早在东吴时期，南方贵族就使用这类器物了。漆槅和盘一样是盛器，平面呈矩形，中间分隔成许多小格，但在汉代漆器中未曾见到过。在考古发掘中，曾在江南的孙吴、西晋墓中获得了漆制和青瓷制的槅，在洛阳的西晋墓中也出土有槅的陶制品。魏晋以后，槅又很少出现，因此它是一种具有时代特征的器物。此外，像多层组合的漆砂砚、器形较大的戗金锥刻方盒盖、描绘 55 个人物的宫闱宴乐图漆案和描绘人物故事的漆盘等，都是极其重要的发现。

朱然墓出土的漆器，因发现有“蜀郡作牢”的铭记，确知为蜀郡所造，三国时蜀郡即今四川成都地区。三国时期，蜀地漆器在两汉的工艺基础上又有进步，这批自铭为“蜀郡作牢”的精美漆器，就是当时蜀国的产品。东吴墓中随葬蜀郡漆器，不仅是朱然一墓，据说鄂城地区的东吴墓中也出土过带有“蜀郡作罕（牢）”铭记的漆钵，且施有线条流利的漆画，里壁四周画游鱼水草，底画男女舞戏、男相扑、女舞蹈，外壁绘云气纹带[②]，风格正与朱然墓所出漆器相同。东吴墓葬中出土大量的蜀国漆器，反映了当时吴蜀之间关系的密切，商业贸易往来的频繁，同时也为研究三国时期我国漆器生产中心之一的蜀国产品，提供了珍贵的实物资料。

---

① 王世襄：《髹饰录解说》，文物出版社 1983 年版。

② 宿白：《三国——宋元考古》，北京大学历史系考古研究室铅印讲义，1974 年版，第 72 页。

（二）两晋南北朝的漆器制造与技术成就

两晋南北朝的漆器制造业也较兴盛。在漆器生产方面，如当时人所写的《东宫旧事》一书里，就记载有“漆二升魁三”，“长槃五、漆尺槃三十，漆柏炙拌二”，“漆四升杯四十，漆杯子三百”，“漆盘子一百枚”，“漆匕五十枚”，“漆箸一百双”，“漆猬炙大函一具”，“漆畓爵二”，“漆注八”，“漆食架三”，“漆食厨一具”等等[①]。可知漆器种类不少，用途也相当广泛。

由于漆器用途很广，而制作精美的漆器更是难得的艺术珍品，所以南北朝时，达官贵人和富豪之家无不大量收藏漆器，与金银珠宝一样，成为积累财富的一个组成部分。如南齐时，梁州刺史崔庆绪，家财万贯，在其自用的漆器上，都题有“日”字。崔庆绪死后，其子慰祖散家财与宗族，史称由是“日字之器，流乎远近”[②]。北魏科学家贾思勰在《齐民要术》中，也有关于收藏漆器的论述。他指出：“凡漆器，不问真伪，送客之后，皆须以水净洗，置床箔上，于日中半日许曝之使干，下脯乃收，则坚牢乃久。若不即洗者，盐醋浸润，气彻则皱，器便坏矣。其朱里者，仰而曝之，朱本和油，性润耐日，故盛夏连雨，土气蒸热。什器之属，虽不经夏用，六七月中，各须一曝使干。世人见漆器暂在日中，恐其炙坏，合着阴润之地，虽欲爱慎，朽败更速矣”[③]。这些关于延长漆膜耐久性和保护漆器方法的精辟见解，无疑是根据人们长期实践的经验而总结出来的。

在油漆技术和髹饰工艺方面，两晋南北朝时期又发明了夹纻造像。其方法是先借木胎泥模塑造出底胎，再于外面粘贴麻布几层，布胎上髹漆并且彩绘，待干了之后，除去泥模，就成了中空的漆塑像。这种方法又叫脱胎或脱空造型。史称夹纻造像始见于东晋，当时佛教盛行，戴逵手制夹纻像五躯，与狮子国（斯里兰卡）送的玉佛、顾恺之绘的维摩诘像，共称“三绝”[④]。到南北朝时，已经能够塑造丈八高的巨型脱胎塑像，这是当时油漆工艺的一大成就。

---

① 《太平御览》卷758、759、760、762引。
② 《南齐书》卷52，《崔慰祖传》。
③ 《齐民要术》卷5，《种漆》。
④ 郁进：《日本奈良唐招提寺鉴真夹纻像》，《文物》，1980年第3期。

在髹饰用油方面，我国古代一直用植物油，大抵以桐油为主。因为古代彩绘漆器，凡是黑色及深色主要用漆，浅淡鲜艳颜色则必须用油。故《髹饰录》杨明注云："黑唯宜漆，而白唯非油则无应矣"。又说："如天蓝、雪白、桃红，则漆所不应也"[①]。南北朝时髹漆用油，除桐油而外，尚有用荏油（苏子油）和胡桃油的。如南朝陶弘景说："荏状如苏……笮其子作油，日煎之，即今油帛及和漆所用者"[②]。《北齐书·祖珽传》说："珽善为胡桃油以涂画。"颜之推所著《颜氏家训·省事篇》中，也有关于煎胡桃油的记载。1965 年在山西大同司马金龙墓中发现一件漆画木屏风[③]，漆画上保持着鲜艳的彩色，其人物面部敷白色，再用墨笔勾眉目，而衣饰器物则分施有红、黄、白、绿、灰蓝、橙红等色。其配色油料，似"不能排除用核桃油的可能"[④]。

四、造纸业的发展

（一）造纸原料的扩大与产纸地区

造纸是我国古代科学技术的"四大发明"之一，是中华民族对世界所作的一项重要贡献。早在汉代，就发明了造纸术。魏晋南北朝时的造纸术与汉代相比，无论在产量、质量和加工方面，都有所提高。在原料方面，除原有的麻、楮之外，又扩大到用桑皮、藤皮和竹的纤维质造纸。在设备方面，出现了活动的帘床纸模，用一个活动的竹帘放在框架上，可以反复捞出成千上万张纸，提高了工效。在加工制造技术上，加强了碱液蒸煮和舂捣，改进了纸的质量，出现了涂布纸、施胶纸、染色纸等加工纸。此外，产纸区域和纸的传播也越来越广，造纸名工辈出。因此，从汉代兴起的造纸术，在这一时期也进入到一个新的发展阶段。

魏晋南北朝时期，造纸原料因时、因地而变化，纸的品种也在逐渐增加，但以其原料来分，主要有以下 3 大类：

---

① 黄成著，杨明注：《髹饰录》，坤集，1927 年紫江朱氏刊本。

② 据吴其浚：《植物名实图考长编》卷 12，第 676 页引文。

③ 山西省大同市博物馆等：《山西大同石家寨北魏司马金龙墓》，《文物》1972 年第 3 期。

④ 王世襄：《中国古代漆工杂述》，《文物》1979 年第 3 期。

1. 麻纸

麻纸是最早应用于书写的纸种，其原料是麻类植物纤维，以及麻绳头、破布、渔网、敝屣等废旧麻织物，经过一系列物理、化学加工，得到较纯的、分散的纤维素，再成浆造纸，这是汉代以来的传统技术。魏晋以后，我国各地均产麻，北方多产大麻，南方主要产苎麻，因而造纸原料仍以麻料为大宗。据《初学记》卷21引晋人虞预《请秘府纸表》说："秘府中有布纸三万余枚，不任写御书，而无所给"。虞预所说的秘府库藏布纸，就是用破麻布为原料造出的麻纸。又据北宋人米芾《书史》载："王羲之《来戏贴》，黄麻纸"。则东晋著名书法家王羲之的法书，也都是以麻纸挥毫。故宫博物院现藏西晋陆机的《平复贴》，先前有人误认为是"蚕茧纸"。近年来经科学工作者多次检验，发现"该帖表面有部分裂纹，帘纹不显，纸面纤维束很多，甚至有未捣碎的成股麻绳"，因而确认它"是不精的粗麻纸"[①]。在新疆出土的东晋写本《三国志》，经化验也是用经过加工的高级麻纸。另据我国科研专家对魏晋南北朝近百种古纸的检验结果看，证明其中90%以上都是用麻纸，这说明当时造纸原料仍然以大麻和苎麻居多。

魏晋南北朝的造纸技术也有明显进步。科研工作者曾将汉代麻纸和魏晋南北朝时期的古纸在放大镜和显微镜下检验，并作技术对比后指出："汉纸白度差些，表面不甚平滑，结构不紧，纸面上纤维束较多，纤维帚化底低，帘纹显，纸质粗厚；而魏晋南北朝时的纸则白度增加，表面较平滑，结构较紧凑，纤维束较少，有明显的帘纹，纸质较薄细，有的晋纸纤维帚化度达到70%，接近机制纸"[②]。

魏晋南北朝时，麻纸产地较广。在南方，江苏扬州、浙江会稽和湖北枣阳等地，均盛产麻纸。如北宋米芾《十纸说》云："六合（今扬州附近）纸，自晋已用，乃蔡侯渔网遗制也。网，麻也"。是扬州所产六合麻纸，自晋代已开始流行，到唐代时已成为行销全国的著名好纸。又裴启《语林》载："王右军

① 潘吉星：《故宫博物院藏若干古代法书用纸之研究》，《文物》1975年第10期。
② 潘吉星：《中国造纸技术史稿》，文物出版社1979年版，第52~53页。

为会稽令，谢公就乞笺纸，库中唯有九万枚，悉与之”[①]。刘宋盛弘之《荆州记》载：“枣阳县（今湖北北部）百许步蔡伦宅，其中具存，其傍有池，即名蔡子池。伦，汉顺帝时人，始以鱼网造纸，县人今犹多能作纸，盖伦之遗业也”[②]。在北方，麻纸的著名产地在河北、胶东一带。陈朝徐陵《玉台新咏序》说：“五色花笺，河北、胶东之纸”。可见南北朝时，河北、胶东地区能制造高级精美的麻纸，是北方的造纸中心。

2. 皮纸

皮纸是以木本韧皮纤维制造的纸种，有桑皮纸、楮皮纸、藤皮纸等。

桑树自古以来就在我国种植，用于养蚕，后来发现其枝条的嫩皮剥下来经沤制、蒸煮后，再经一系列处理，也可提制出它的韧皮纤维造纸。魏晋时已掌握了制造桑皮纸的技术，并能成功地造出桑皮纸。据北宋苏易简《文房四谱》卷4说：“雷孔璋曾孙穆之，犹有张华与祖书，所书乃桑根皮（纸）也”。这里的“根”字或系衍文，或系误字，因为桑树茎皮可造纸，而根皮则不可用。本世纪初，奥地利学者维斯纳（Julius Wiesner）对新疆罗布泊出土的3～5世纪的魏、晋公牍残纸进行化验，发现这些纸是用桑皮造成的，但里面掺杂有褴褛，即是一种桑、麻混料纸，将麻料与桑树皮纤维混合使用，是个新的创举。这既可降低生产成本，解决原料不足问题，又可因混料纸兼收皮纸与麻纸之所长而改善纸的性能。这种技术方法，在此后得到进一步发挥。

我国古代很早就已掌握了从楮类木本韧皮中提取纤维，作为织布原料的技术。到了东汉，在制作麻纸技术的基础上，又发明了楮皮纸。魏晋南北朝时期，楮皮纸的制造和使用更为广泛，产地也更多。如三国末至西晋初的吴人陆机，在所著《毛诗草鸟兽虫鱼疏》中说：縠，幽州人谓之縠桑，或曰楮桑；荆、扬、交、广谓之縠；中州人谓之楮桑。……今江南人绩其皮以为布，又捣以为纸，谓之縠皮纸”。縠或楮，即构树，是桑科构树属，学名 Broussonetia Papyrifera Vent。可见楮皮纤维既可织布，又可用做造纸原料。另据《太平御览》卷900引晋人裴渊《广州记》载：“取縠树皮，熟搥堪为纸”。南朝梁人

① 《初学记》卷21引。
② 《太平御览》卷605引。

陶弘景《名医别录》载："楮，此即今构树也，熟搥堪为纸"。"南人呼穀纸亦为楮纸，武陵人作穀皮衣，甚坚好尔"。也是指的用楮皮纤维造纸。

除江南地区的荆、扬、交、广等地制造楮皮纸外，北方黄河流域也同样以此为造纸原料。如北魏农学家贾思勰在其《齐民要术》一书中，就有一篇专门介绍种植和收割楮的技术："楮宜涧谷间种之，地欲极良。秋上楮子熟时多收，净淘曝令燥。耕地令熟，二月耧耩之……明年正月初，附地芟杀，放火烧之。一岁即没人，三年便中斫。斫法：十二月为上，四月次之。……指地卖者省功而利少；煮剥卖皮者虽劳而利大；自能造纸，其利又多。种三十亩者岁斫十亩，三年一遍，岁收绢百匹"。这里记载的种楮，就是专门为造纸所用的。如贾思勰指出：种楮者如果指地而卖，其利必少；如果"煮剥卖皮"给造纸作坊，获利则大；假如种楮者能自己造纸，就可免遭中间剥盘，"其利又多"。由此可知南北朝时北方制造楮皮纸也是相当普遍的。此外，1973 年科研工作者检验了敦煌千佛洞土地庙出土的北魏兴安三年（454）《大悲如来告疏》用纸，发现是一种树皮纸。1972 年新疆阿斯塔那出土高昌建昌四年（558）墓葬中有《孝经》一卷，其背面补缝用纸也是树皮纸。这类纸多是以楮、桑等为原料制成的。[①] 楮皮纸的出现及其广泛使用，为纸的制造开辟了一个更广阔的原料来源，促进了纸的产量和质量的提高。

从晋代开始，在今浙江省嵊县南曹娥江上游的剡溪附近，更开创了用野生藤皮造纸，这一带在古时盛产野生藤本植物，而剡溪水清又适于造纸，所以历史上名噪一时的"剡藤纸"便发源于此。西晋的张华《博物志》说："剡溪古藤甚多，可造纸，故即名纸为剡藤"。唐人舒元舆《悲剡溪古藤》文云："剡溪上绵四五百里，多古藤。……溪中多纸，中刀斧，斩伐无时，擘剥皮肌，以给其业。……异日过数百郡，洎东雒（洛阳）、西雍（长安），历见言书文者，皆以剡纸相夸"。剡藤纸颇为人所重视。东晋时，藤纸的产量渐多，《初学记》卷 21 引东晋人范宁在浙江做地方官时对下属发布命令说："土纸不可以作文书，皆令用藤角纸"。"土纸"是指当地所造的一般纸（麻纸、桑皮纸等），"藤角纸"则是指的藤纸。其所以加"角"字，因为古时公文一封为一角，一

① 潘吉星：《中国造纸技术史稿》，文物出版社 1979 年版，第 57 ~ 58 页。

张纸亦称一角。如唐人段成式《与温飞卿（温庭筠）云蓝纸绝句并序》云："予有杂笺数角……藤纸为封"，即为显例。藤纸的发明，使造纸原料更易获得，纸张成本较前降低，纸的种类、名目和用途也增多了。

3. 竹纸

竹纸是以竹类纤维为原料制造的纸。据南宋赵希鹄《洞天清录集》说："北纸用横帘造，纸纹必横……南纸用竖帘，纹必竖。若二王真迹，多是会稽竖纹竹纸。盖东晋南渡后，难得北纸，又右军父子多在会稽故也"[①]。"二王"是指东晋书法家王羲之、王献之父子。据此，则东晋时期，浙江会稽一带已能制造竹纸了。但是，有的学者认为："南宋理宗时人赵希鹄在《洞天清禄集》里说的，很不可靠"[②]。还有学者认为："竹纸起源不会早于唐、五代，至北宋竹纸始为书家所用，南宋时方普及。按竹纸取材于青竹之茎竿纤维，竹竿坚硬，不易烂碎，需沤制很久，还要用碱液蒸煮很长时间，再反复漂洗、舂捣始能成浆。竹纸应在皮纸技术成熟后才能出现。故晋朝不可能有竹纸"[③]。因此，竹纸究竟是起源于晋还是唐、五代，尚有待今后研究。

（二）纸的加工技术

魏晋南北朝时期造纸原料的扩大化，是与造纸技术的革新密切相连的。汉代造纸，一般均须经由浸湿、沤制、切碎、舂捣、漂洗、打浆、捞纸等工序，始能制成。当时的捞纸工具多用丝线或马尾制成的罗底为纸模，滤水性能不大好，捞出的纸张纤维交织不良，纸面匀度较差，且无帘纹。魏晋以后，不仅对沤制脱胶、碱液蒸煮、舂捣、漂洗等工序更加精工细作，其中舂捣、漂洗已进行不止一次，并以碓代替了杵臼，打浆度有显著增加。同时，捞纸设备也发展到使用活动的帘床纸模，这是造纸技术史中具有划时代意义的发明。这种活动帘床，由可舒卷的帘子、帘床和帘尺等部分组成。帘子是用细竹条以丝线贯穿编成，然后刷上生漆；帘床是承受帘子的支架，帘子和帘床可以随时装拆；帘尺用于绷紧帘子使其平直。抄纸时，将纸帘平放于木制的帘床上，左右两边用

---

① 《说郛》卷12引。

② 张子高：《中国化学史稿》（古代部分），科学出版社，1964年版，第143页。

③ 潘吉星：《故宫博物院藏若干古代法书用纸之研究》，《文物》，1975年第10期。

帘尺压紧，以手提起，斜插纸浆中，于是纸浆流入帘面。将帘床提出纸槽，从竹条边隙中滤出水后，在帘面上就形成一层湿纸膜，再拆下帘尺，取出纸帘，翻扣在平板上，提起纸帘，让湿纸层吸着于板上。再用此空帘，依前法继续捞纸，将新纸层放在上次纸层上。如此层层相叠到千百张。最后，捞取的湿纸的经脱水，逐张纸刷在墙面上干燥，揭下即成纸张。采用活动帘床纸模抄造的纸，既可以使成纸质量得到稳定提高，纸面上都呈现帘纹；又可以反复捞出成千上万张，大大提高工效。因此，这种优于固定帘床的活动帘床，在此后1000多年间通行于全世界。18、19世纪时欧洲的长网和圆网造纸机，就是在我国古代活动帘床抄纸器的构造原理的基础上发明的。①

纸成之后，还需要进行技术加工。加工的目的在于使纸平滑受墨，白度增强，透光性好，强度加大，外观美观等。进一步，还要求纸有更多的艺术感和其他良好的性能，而予以艺术加工，如染色、砑花等。因此，造纸技术和纸的加工技术，构成我国古代一套完整的技术体系。如使纸张平滑的涂布纸、施胶纸、苔纸和纸张着色的染色纸等等。②

综上可知，魏晋南北朝时期的造纸技术已相当进步。当时不仅改革了造纸设备，使用活动帘床纸模抄纸，而且还发明了涂布、施胶和染纸等技术，出现了一些优质的加工纸。加工纸的出现及其应用，在纸的加工领域内开辟了广阔的天地，也满足了书画艺术的高质量要求。后来经过唐、宋时代的继续发展，对纸的加工技术日趋完善，同时随着我国纸张与造纸术的外传，这些加工技术也逐渐传播到其他国家。因此，我国古代劳动人民不但以造纸术，而且以纸的加工技术的一系列发明，对世界科学文化的发展作出了卓越的贡献。

五、酿酒业

酿酒的起源，在我国可以追溯到很古的年代。魏晋南北朝时期，虽然历代官府都曾实行过榷酒或禁酒政策，但是在榷酤和禁酒年份以外，大都是开放酒禁，允许私人自酿自卖，因此民间酿酒业还是普遍存在的。如晋代就曾取消过

① 潘吉星：《中国造纸技术史稿》，文物出版社1979年版，第62~63页。

② 潘吉星：《中国古代加工纸十种》，《文物》1979年第2期。

酒类专卖制，容许民间酿酤。大名士阮籍的邻家美妇，“当垆酤酒”；还有阮籍常与嵇康、王戎一起酣饮的“黄公酒垆”，都是酒允许私营之证。在豪强势大的南朝，酒类一般也很难实行榷酤，除有时因“岁饥禁酒”而外，平常时候大都开放酒禁，任民间自酿自销。如刘宋孝武帝时“禁贵游而弛榷酤，通山泽而易关梁”[①]，说明在此以前虽曾一度实行榷酤，但孝武帝为取得豪门大族的支持，又废除了榷酤，而改由官府收税。以后齐、梁两朝继续实行酒类征税制，酒的产销都可以私营。直到陈文帝天嘉二年（561），才立“榷酤之科”[②]，恢复酒的专卖。

北朝对酒的政策是允许私酿私销，但禁酒的次数很多，在禁酒期间，酒不许生产也不许买卖，甚至自酿自饮也要判罪。如此魏文成帝太安年间禁京师酤酒，乐部郎胡长命妻张氏，“以姑老且患，私为酝之，为有司所纠”，婆媳两人争相承担私酿之罪，“高宗（文成帝）义而赦之”[③]。除了临时禁酒外，北魏时期都允许民间酿酤。如《洛阳伽蓝记》卷4载：“（洛阳）市西有退酤、治觞二里，里内之人，多酿酒为业”。说明在北魏后期，以酿酒为业者相聚成市，因此民间酿酒业还是相当发达的。北齐文宣帝天保八年（557）曾制榷酤[④]，这是北朝榷酤始见于史的记载，但不久又有改变。如武成帝河清四年（565）以年谷不登，禁酤酒。后主天统五年（569），诏禁酒，武平三年（572）又断酤酒，武平六年（575）再开酒禁。[⑤] 可见文宣帝实行榷酤的时间不长，后来仍采取酒禁与开放酒禁交替实行的旧例。北周在武帝保定二年（562）时，以久不雨，一度禁京师酤酒。[⑥] 后来宣帝时“官置酒坊收利”[⑦]，则是官府酿、卖酒、并且是专卖，但持续时间也不长。至隋初开皇三年（583）除周末之弊，酒坊与盐池、盐井之禁一同罢去，复任民间自酿自销。因此，在魏晋南北朝时期，凡官府实行榷酤和禁酒时，酒的生产就低落；在废

① 《宋书》卷72，《文九王建平王传》。
② 《陈书》卷3，《世祖纪》。
③ 《魏书》卷92，《列女传》。
④ 《北史》卷7，《文宣本纪》。
⑤ 《北齐书》卷7，《武成帝纪》，卷8《后主纪》。
⑥ 《周书》卷5，《武帝纪》。
⑦ 《隋书》卷24，《食货志》。

除榷酤和开放酒禁时，酒的生产就有发展。这也是在封建社会里，民间酿酒业在生产与经营方面必有的现象。

这一时期的酿酒制麴技术，在前代基础上又有提高。使谷物发霉成麴，再利用麴来使更多的谷物糖化和酒化而酿酒，这是我国古代酿酒生产上的一项重要发明。汉代制麴技术已相当进步，当时劳动人民已善于利用不同的谷物来制麴。魏晋南北朝时期，各地的酿酒者已普遍用麴酿酒，制麴酿酒技术也在不断改进。如晋代嵇含著《南方草木状》记载两广制麴方法云："杵米粉杂以众草叶，治葛汁滫溲之大如卵，置蓬蒿中，经月而成。用此合糯为酒"[①]。北魏贾思勰《齐民要术》卷7《造神麴并酒》中叙述的都是制麴造酒的方法，其中共记有12种造麴法，包括神麴5种，笨麴3种，白醪麴、女麴、黄衣、黄蒸各1种。黄衣、黄蒸这两种是碎块的散麴，具有糖化和水解蛋白质的作用，而酒化作用弱，所以它们是利用来做豆酱的。其余10种都是饼状的麴，制造的时候做成大块的饼和砖。例如神麴的制作方法是："其麦，蒸、炒、生三种，齐等。……合和细磨之，七月上寅日作麴。溲欲刚，捣欲粉，细作熟饼。用圆铁范令径五寸，厚一寸五分，于平板上令壮士熟踏之。以杙刺作孔，净扫东向开户屋，布麴饼于地，闭塞窗户，密泥缝隙，勿令通风。满七日，翻之；二七日，聚之，皆还密泥。三七日，出外日中曝令燥，麴成矣。"直到现在，这些饼麴仍是酿造高粱酒最常用的麴，并且饼麴都是放在模子里用脚踏成的，可见当时的制麴法已达到很高的水平。

关于酿酒用麴的比例，在《齐民要术》中也有详细记述。如"造酒法，用黍米一斛，神麴二斗，水八升。初下米五斗，米必令五六十遍淘之。第二酘七斗米，三酘八斗米。满二石米已外，任意斟裁。然要须米微多，米少酒则不佳"。又"神麴粳米醪法，春月酿之，燥麴一斗，用水七斗，粳米两石四斗"；"若作秫米酒，一斗麴，杀米二石一斗"；"若作糯米酒，一斗麴，杀米一石八斗"。这些关于不同酿酒原料与用麴比例的记载，基本是符合酿造原理的。

由于我国幅员广阔，农作物分布不同，制麴酿酒法又各因水土所宜，因而

① 嵇含：《南方草木状》上卷，《百川学海》第30册。

各地区之间酿造出来的酒，也就具有不同的风味和特色。例如东吴时湘东一带所酿酃酒，酒质清澈，味道醇美，被称为名酒，岁常贡之。《太平御览》卷845引《湘州记》载：“衡阳县东南有酃湖，土人取此水以酿酒，其味醇美，所谓酃酒，每年尝献之。晋平吴，始荐酃酒于太庙是也”。《初学记》卷26引《吴录》载：“湘东有酃水酒，有名”。又同书同卷引西晋张载《酃酒赋》说：“未闻珍酒，出于湘东。丕显于皇都，潜沦于吴邦。往遭天地之否运，今逢六合之开通。播殊美于圣代，宣至味而大同。……造酿在秋，告成在春。备味滋和，体色淳清。宣御神志，导气养形。遣忧消患，适性顺情”。可知晋灭吴以后，酃酒已成为行销全国的珍品。北魏时期，河东所产的“桑落酒”与洛阳酿造的“鹤觞酒”（亦名“骑驴酒”）也非常著名。据《水经注》卷4《河水》载：“（蒲坂县）魏秦州刺史治，太和迁都，罢州，置河东郡。郡多流杂，谓之徙民。民有姓刘名堕者，宿擅工酿，采挹河流，酝成芳酎。悬食同枯枝之年，排于桑落之辰，故酒得其名矣。然香醑之色，清白若潃浆焉，别调氛氲，不与佗同，兰熏麝越，自成馨远，方土之贡选最佳酌矣。自王公庶友牵拂相招者，每云索郎有顾思同旅语，索郎反语为桑落也”。又《霏雪录》载：“河东桑落坊有井，每至桑落时，取水酿酒，甚美，故名桑落酒”①。至于洛阳所造的“鹤觞酒”，亦是采取先进工艺精心酿制而成。如《洛阳伽蓝记》卷4说到洛阳大市西有退酤、治觞二里，里内之人多以酿酒为业，“河东人刘白堕（此人或即刘堕），善能酿酒。季夏六月，时暑赫晞，以罂贮酒，暴于日中，经一旬，其酒味不动，饮之香美而醉，经月不醒。京师朝贵，多出郡登藩，远相饷馈，逾于千里。以其远至，号曰鹤觞，亦名骑驴酒”。

值得一提的是，我国古代劳动人民对于各种工艺技术，既富有创造的智慧，又善于吸收外来的经验。在酒的酿造术中，葡萄酒就是一例。我国虽然早就有野生的葡萄，但栽培的葡萄却是汉代从西域传入的。魏晋南北朝时期，酿造葡萄酒的技术已逐渐传入中原地区。如魏文帝曹丕致吴监的信中称：“中国珍果甚多，且复为说。蒲陶……酿以为酒，甘于麹蘖，善醉而易醒”②。说明

① 引自王仲荦：《北周六典》卷2《天官府第七》，中华书局1979年版。
② 《汉魏六朝百三名家集》，《魏文帝集》卷1，清光绪十八年（1892）木刻本。

中原地区已栽培葡萄，并已试酿葡萄酒了。又据《北齐书·李元忠传》载，东魏孝静帝武定元年（543），元忠“曾贡世宗（高澄）蒲桃酒一盘，世宗报以百练缣”。不过这时葡萄的栽培和酿酒还不普遍，所以葡萄酒仍被视为珍品。到了唐代，葡萄酒的酿造有了发展，并直接吸取了西域的酿酒法，使得酿酒技术得到改进，此后葡萄酿酒在我国就逐渐流行了。

六、制茶业

我国是茶树的原产地之一，也是世界上发现茶树和应用茶叶最早的国家。

茶在古代称为荼，又名槚、蔎、茗、荈等。王褒《僮约》中曾有“武都买茶，扬氏担荷”；“烹荼尽具，酺已盖藏”的话，这是我国烹茶、买茶的较早记载，也是后世认为饮茶起源于四川的根据之一。魏晋时期，荆州与巴蜀地区是茶叶的著名产地。据《太平御览》卷867引曹魏时人张辑所著《广雅》说：“荆巴间采茶作饼，成以米膏出之，若饮，先炙令色赤，擣末置瓷器中，以汤浇覆之，用葱、姜芼之，其饮醒酒，令人不眠”。则当时对茶饼的加工技术已相当成熟。又同书同卷引魏末晋初人孙楚《出歌》说：“茱萸出芳树颠，鲤鱼出洛水泉，白盐出河东，美豉出鲁川，姜桂茶荈出巴蜀，椒橘木兰出高山”。可知巴蜀一带所产茶荈闻名遐迩。东晋南朝时，产茶地区更为普遍。如《续搜神记》载：“晋孝武帝世，宣城人秦精入武昌山中采茗。”《桐君录》载：“西阳、武昌、晋陵皆出好茗，巴东别有真香茗，煎饮令人不眠”。《茶陵县图经》载：“茶陵者。谓陵谷生茶茗”①。从上述记载，可以看出当时南方的制茶业虽属初步兴起，但已有相当规模。

随着制茶业的不断发展，饮茶风气也日渐流行，人们对茶的功效也有较深刻的认识。如三国初年医学家华佗在《食论》中说：“苦茶久饮，可以益思”。即指出饮茶有着提神醒脑，刺激神经兴奋的功能。晋代士人已有饮茶习惯，刘琨《与兄子南兖州刺史演书》曰：“前得安州干茶二斤，姜一斤，桂一斤，皆所须也。吾体中烦闷，恒仰真茶，汝可信致之”②。东晋桓温亦曾谓：“每宴，

① 《太平御览》，卷867引。

② 《太平御览》，卷867引。

惟下七奠柈茶果而已”[①]。南朝饮茶之风更盛，南齐士族王肃初降于北魏时，犹依江南风习，“渴饮茗汁”，“一饮一斗”。但北人当时尚不习惯于饮茶，称茶茗为“酪奴”[②]。后来随着南人北来者渐多，饮茶之风也逐渐由江南而传入中原。唐朝时的制茶业，就是在南朝的基础上进一步发展起来的。

① 《晋书》卷98，《桓温传》。
② 《洛阳伽蓝记》卷3，《报德寺》。

第十八章　魏晋南北朝的商业

第一节　魏晋南北朝时期南北方的商业概况和发展趋势

一、北方商业的巨大波动与缓慢发展

在中国封建社会里，商品经济发展较早，这是一个显著特点。所谓商品经济发达，主要是指商品生产和与之相辅而行的商品流通——商业的发达。其中，商业既是构成商品经济的重要组成部分，又是引导商品经济发展的前提条件。因为一切产品，不论是手工业产品或是农副产品，只有当它进入流通领域后，才能真正体现出交换价值并具备商品形态。因此，商业是否发达，不仅是商品经济发展的直接标志，而且对促进和扩大商品生产也具有重要的意义。

自战国以来，我国古代的商品经济就已发展到一定的高度，并引起了当时社会经济的巨大变革。秦汉时期开创的国家统一的局面，为商品流通的发展提供了有利条件，在社会经济发展的基础上，农业产品和手工业产品商品量增加，新的商业都市不断兴起，国内商业和对外贸易日益繁盛，这些都标志着我国古代的商品经济已达到一个新的发展水平。

但是，由于我国各地区开发历史的早晚不同，以及自然条件、人口数量、生产技术的差别等原因，使得汉代南北两地的经济发展很不平衡，从而商业的发展也是很不平衡的。当时的经济重心在北方，商业重心也在北方，南方经济相对地落后了一大截。这是汉代商业发展的一个突出特点。

然而，汉代以来北方商品经济发达的势头并未维持多久。到了魏晋南北朝时期，由于黄河流域屡遭战乱，人口凋零，城镇衰落，生产废弛，市场萎缩，

致使商品经济发展严重受挫，自然经济比重显著增强。在这种情况下，北方的社会经济一再遭受惨重破坏，商业的恢复与发展也因社会的激烈动荡而陷入极度的困境之中。但是，在汉末丧乱到隋统一中国的400年间，黄河流域的社会经济并不是业已“倒退到纯粹自然经济的时代”①，商业活动也不是完全消失或停滞不前的。大体说来，魏晋南北朝时期北方商业的发展经历了“三起三落”，即有过3次发展与高涨期，也出现过3次破坏与衰落期，下面即分别来叙述。

（一）魏晋时期北方商业的恢复与发展

魏晋时期，是北方商业在遭受汉末战乱的严重破坏之后，而逐步走上恢复与发展的第一个高涨时期。

我们知道，在黄巾起义失败后到三国鼎立形成的这段时间里，黄河流域一直是豪强争斗的主要战场，干戈扰攘，疯狂屠杀，人口丧亡，生产停顿，社会经济遭到巨大破坏，商业的凋敝也是显而易见的。首先是豪强割据，交通阻隔，昔日商品交换的繁忙景象不复再见。其次商业都市遭到严重破坏，都邑空虚，城镇萧条。如东汉首都、商业中心洛阳，在董卓西迁时被烧成一片焦火，城内扫地殄尽。长安城在董卓死后，部下争权混战，二三年间关中无复人迹。其他如南阳、临淄、定陶、邯郸等，在汉代都是商业繁华的城市，但经汉末战乱，这些城市也都衰落了。第三是货币制度的破坏。董卓攻下长安，坏五铢钱，更铸小钱，“于是货轻而物贵，谷一斛致数十万，自是后钱货不行”②，严重影响到商品交换的进行。

三国鼎立局面形成后，北方地区的社会秩序日趋安定，农业生产也得到较快的恢复和发展。如洛阳和关中地区，流民还乡生产，逐渐改变了荒残破败的面貌。淮河流域也由于屯田兵民的辛勤垦殖，农业生产日益兴复。到曹魏末年，“自寿春到京师，农官兵田，鸡犬之声，阡陌相属”③，农业生产又呈现出欣欣向荣的气象。曹魏对手工业生产也很重视，无论是官营冶铁业，还是民间

---

① 语见傅筑夫《中国封建社会经济史》，第3卷，第288页，人民出版社1984年版。

② 《三国志》卷6，《魏志·董卓传》。

③ 《晋书》卷26，《食货志》。

纺织业，都具有相当的规模。特别是马钧对纺织机械的改进，促进了北方丝织业的发展，以致成为曹魏政权的一项重要的赋税来源。

在农业和手工业生产发展的基础上，商业日见复苏，城市经济逐渐活跃起来。如河北地区的邺城（河北临漳县境），在这时发展成为新兴的商业都市。邺城中列肆兼罗，街冲辐辏，各地商人纷纷贩运土特产品到这里货卖，商品交易十分繁盛。中原地区的洛阳，在汉末战乱中被毁。曹丕代汉，定都于此，在汉宫遗址上重建宫殿，人口渐至殷盛，“其民异方杂居，多豪门大族，商贾胡貊，天下四会，利之所聚”①，既是政治文化中心，又是北方的商业中心。魏明帝时，司马懿在长安“立军市”②，由军市侯掌管，贸易以供军中所需。这虽非两汉时的旧观，但较之东汉末年的荒凉残破之状，已有很大起色。

在农村，商品交换亦见恢复。经过战乱，北方耕牛十分缺乏，为了换购所需的生活资料和生产资料，农民在出售农副产品的同时，也有一些牲畜和畜产品出售。当时有的地方官特别注意通过商贩在集市上组织耕牛的交易，如颜斐任京兆太守时，“令属县整阡陌，树桑果，是时民多无车牛。斐又课民以闲月取车材，使转相教匠作车。又课民无牛者，令畜猪狗，卖以买牛。始者民以为烦，一二年间，家家有丁车、大牛”③。

随着商业的恢复，曹魏政权也采取了一些有利于商业发展的措施和政策。汉末豪强割据，各地区纷纷加重关税，漫无章法。曹丕即位后下令减税，指出“关津所以通商旅，池苑所以御灾荒，设禁重税，非所以便民；其除池籞之禁，轻关津之税，皆复什一”④。由于关税税率定为什一，比过去减轻，有利于贩运贸易的发展和各地区之间的物质交流。另外，货币流通与商品流通亦有密切关系。汉末战乱，原来的货币制度被董卓破坏殆尽。曹魏初年，魏文帝曹丕曾一度恢复五铢钱的使用，但不久又以谷贵，“罢五铢钱，使百姓以谷帛为市”⑤。到魏明帝曹叡时，谷帛作为交换手段已不能适应日益恢复的商品流通

---

① 《三国志》卷21，《魏志·傅嘏传》注引《傅子》。
② 《三国志》卷16，《魏志·仓慈传》注引《魏略》。
③ 《三国志》卷16，《魏志·仓慈传》注引《魏略》。
④ 《三国志》卷2，《魏志·文帝纪》注引《魏书》。
⑤ 《晋书》卷26，《食货志》。

的需要，于是在太和元年（227），再用五铢钱，此后一直到晋代仍行用五铢钱，“不闻有所改创”[①]，这对便利商品流通自然有一定的积极作用。

在国内商业日趋活跃的同时，曹魏时的民族贸易与对外贸易也有较大的发展。如西域各族与曹魏之间以贡献与回赐为形式的贸易交往，还是比较经常的。曹魏在北部与鲜卑族开展贸易，即所谓的“通胡市”。由于曹魏在三国时版图最大，国力最强，而且自汉代以来中外经济交往的大动脉“丝绸之路”也在曹魏境内，从而为对外贸易的发展提供了有利条件。曹魏与康居、大月氏、大宛等葱岭以西诸国保持着传统的内陆国际贸易关系，与朝鲜半岛诸国发生过海外贸易，与日本的经济交往也十分频繁。

经过曹魏一代的治理，北方的经济日益发展，商业有了起色，经济实力大为增强。到晋武帝灭吴，全国又以黄河流域为中心，完成了统一事业。随着国家的统一，社会的稳定，经济的兴复，商业也随之进入到一个新的发展阶段。首先是南北两地的交通阻碍被打破，商路通畅，关梁无阻，地区间的贩运贸易日趋兴旺。由于当时贩运商人往来各地，活动频繁，故交通线上居停商客的逆旅业也跟着发达起来。如《晋书·潘岳传》载：“方今四海会同，九服纳贡，八方翼翼，公私满路，近畿辐辏，客舍亦稠。冬有温庐，夏有凉荫，刍秣成行，器用取给，疲牛必投，乘凉近进，发槅写鞍，皆有所憩”。可见贩运业与逆旅业的繁荣景象。分布在商业交通线上的客舍和旅店，使“行者赖以顿止，居者薄收其值，交易贸迁，各有其所”[②]，因而对于商品流通和远路客商是十分有利的。

其次是城市商业日益繁荣。西晋统一后，首都洛阳再度成为全国的政治中心和商业中心，史称洛阳“纳百万而罄三吴之资，接千年而总西蜀之用”[③]，在曹魏城市经济发展的基础上，与南部中国的经济交往又趋密切，商业活动很盛。据《太平御览》卷827引陆机《洛阳记》说，晋时洛阳有三市，“大市名金市，在大城中，马市在城东，阳市在城南”，则洛阳商业区的建置与规模，

① 《晋书》卷26，《食货志》。
② 《晋书》卷55，《潘岳传》。
③ 《晋书》卷26，《食货志》。

已远远超过魏时。洛阳市内的交易活动也十分热闹，既有列肆贩卖各种商品的，也有叫卖茶粥与饼一类饮食的。傅咸《司隶（校尉）教》中提到："闻南方有蜀妪作茶粥卖，廉事欧其器具，无为又卖饼于市"[①]，就是指此事而言。在市中交易的经纪人，仍和汉时一样称为"侩"，如牛侩、马侩、市侩等，但社会地位很低。如《晋令》规定："侩卖者皆当着巾，白帖，额题所侩卖者及姓名，一足着白履，一足着黑履"[②]，以此双足异履的特殊装束，表现他们低人一等。在其他城市中，也都有资本雄厚的商人在活动，《傅子·检商贾篇》说："都有专市之贾，邑有倾世之商，商贾富乎公室"，就是对城市商业普遍发展的真实写照。

其三是由于商业的发展，弃农经商与官僚经商日渐盛行。早在晋武帝平吴之前，西晋政府就屡有禁止游食商贩的诏令。如泰始二年（266）晋武帝下诏："豪人富商，挟轻资，蕴重积，以管其利。故农夫苦其业，而末作不可禁也"。泰始五年（269），又"敕戒郡国计吏、诸郡国守相令长，务尽地力，禁游食商贩"[③]。时齐王司马攸上奏疏称："都邑之内，游食滋多，巧伎末业，服饰奢丽，富人兼美，犹有魏之遗弊，染化日深，靡财害谷，动复万计"[④]。这些话说明当时弃农经商的小商贩不少，那些囤积居奇手握巨资的大商人也相当活跃，他们积累了巨额资财，生活就奢侈。因此西晋政府禁止游食商贩，提倡去奢即俭，正是商品交换活动日趋发展的一个侧面反映。西晋一代，官僚经商的现象也相当普遍。如大官僚王戎，"性好兴利，广收八方园田水碓。周遍天下，积实聚钱，不知纪极"；"家有好李，常出货之，恐人得种，恒钻其核"[⑤]。到后来，贵为皇太子的司马遹亦命"西园卖葵菜、蓝子、鸡、面之属，而收其利"[⑥]。时任太子洗马的江统愤然感叹道："秦汉以来，风俗转薄，公侯之尊，莫不殖园圃之田，而收市井之利。渐冉相放，莫以为耻，乘以古道，诚可

---

① 《太平御览》卷867、828引。
② 《太平御览》卷867、828引。
③ 《晋书》卷26，《食货志》。
④ 《晋书》卷38，《齐王攸传》。
⑤ 《晋书》卷43，《王戎传》。
⑥ 《晋书》卷53，《愍怀太子遹传》。

愧也。今西园卖葵菜、蓝子、鸡、面之属，亏败国体，贬损令问”①。西晋官僚经商之风日盛，从一个侧面也反映出当时商业确有较高的发展水平。

第四是由于国家统一，政治影响扩大，对外贸易也得到较大的发展。西晋与东南亚的林邑、扶南等国，有过以朝贡形式出现的商品交易活动，与朝鲜半岛诸国和日本继续保持着海外贸易关系，与中亚诸国以及天竺、安息、大秦等保持和发展了自汉魏以来的国际贸易关系。当时洛阳不仅是全国的政治、经济和文化的中心，也是对外经济交往的中心和各国朝贡贸易的聚会城市。在西晋统一后的30多年间，对外商业交往不断增多，与各国的贸易往来也更为频繁了。

总之，在三国分立的半个多世纪里，黄河流域经过曹魏政权的治理，经济不断发展，商业再见起色。继曹魏而起的西晋，虽然统一全国的时间不长，但也为商业的发展提供了一个难得的机会。由于社会安定，生产发展，商业亦因之而日趋繁荣，从而形成了自汉末以来北方商业恢复与发展的第一个高涨时期。

（二）十六国时期北方商业的破坏与重新恢复

从晋惠帝永平元年（291）开始，先是西晋统治集团内部的相互倾轧，酿成了“八王之乱”；随后匈奴、鲜卑、羯、氐、羌等族的割据势力相继入据中原，建立了许多政权，北方又形成了分裂割据的混乱局面。这次动乱的时间比汉末豪强割据更长，因而对北方社会经济的破坏程度也更加惨烈。在八王之乱和十六国混战中，黄河流域的大量人口在兵燹中被杀戮，许多城市被夷为平地。如洛阳在八王之乱中已遭破坏，永嘉五年（311）刘曜攻破洛阳，将城内洗劫一空，长期荒废不能恢复。长安一毁于刘曜之攻占，再毁于刘曜之败亡，墙宇颓毁，蒿棘成林，最惨时城中户不数百，史载“自丧乱已来，六十余年，苍生殄灭，百不遗一，河洛丘墟，函夏萧条，井堙木刊，阡陌夷灭，生理茫茫，永无依归”②。又说：“自元康（292）以来……戎翟及于中国，宗庙焚为灰烬，千里无烟炊之气，华夏无冠带之人。自天地开辟，书籍所载，大乱之

① 《晋书》卷56，《江统传》。

② 《晋书》卷56，《孙楚传附孙绰传》。

极，未有若兹者也"[1]。可见历经魏晋两朝而发展起来的北方经济，在战乱中大受摧残，百姓流亡，生产废弛，阡陌荒芜，城镇萧条，商业的发展再一次停滞和趋于衰落。

但是，在十六国分裂割据的年代里，尽管社会动荡，战乱频仍，社会经济复苏的生机并未被斫丧殆尽，商业也不是始终停滞不前的。事实上，当时各族的割据政权出于保境安民而实施的鼓励生产，促进经济复兴的措施和政策，使各区域内的地方经济得到不同程度的恢复。如后赵石勒时核定户籍，劝课农桑，鼓励发展农业生产，他又制定律令，减轻租调，革除本族落后习俗，推行汉化政策，因而控制了北方的大部分地区。在社会相对安定的时间里，生产有了发展，商品流通亦日见活跃。据《晋书》记载，后赵时有"襄国市"，"乐平市"[2]，说明城市中的商业活动已逐渐恢复。丰国也有市，"五日一会"，是定期一聚的集市[3]。由于商业恢复，石勒曾开铸"丰货钱"，令公私行钱，以便利商品流通和作为支付工具之用。石虎时也曾下令"解西山之禁，蒲苇鱼盐除岁供之外，皆无所固。公侯卿牧不得规占山泽，夺百姓之利"[4]，给予小工商以一定的发展机会。在后赵全盛时，与周边各族的贡献或聘使贸易也较频繁，与南方东晋政权的经济交往也时有发生。因此在后赵统治的一段时间里，残破的社会经济有了一点转机，商业也得到一定程度的恢复。

后赵灭亡以后，慕容燕南入中原，苻秦雄踞关中，在北方形成前燕与前秦东西对峙的局面。前秦在苻健称帝时，轻徭薄赋，注意发展生产，关中地区一时出现了比较安定的环境，经济也大有起色。史称苻健时"野蚕成茧，野禾被原，百姓采野茧而衣，收野粟而食，关西家给人足"[5]。苻坚为帝时，重用汉人王猛治理国家，"外修兵革，内崇儒学，劝课农桑，教以廉耻"[6]，结果在苻秦统治区域内，"田畴修辟，帑藏充盈"，经济日益发展，军事力量加强。

① 《晋书》卷82，《虞预传》。
② 《晋书》卷104，《石勒载记上》，卷107《石季龙载记下》。
③ 《太平御览》卷827引《赵书》。
④ 《晋书》卷106，《石季龙载记上》。
⑤ 《太平御览》卷121引《前秦苻健》。
⑥ 《晋书》卷114《苻坚载记下》，附《王猛传》。

从370年到376年，前秦先后灭掉了前燕、前凉和代，不久又夺得巴蜀，进入西域。这样，北方又出现了统一的局面。前秦统一北方后，商业的发展一时又呈现出兴旺繁荣的气象。所谓“关陇清晏，百姓丰乐，自长安至于诸州，皆夹路树槐柳，二十里一亭，四十里一驿，旅行者取给于途，工商贸贩于道”①。从长安到各地的道路驿亭得到修复，商旅往来，络绎不绝，贩运贸易十分活跃。长安经重建后，逐渐恢复了往昔的繁荣。“百姓歌之曰：长安大街，夹树杨槐，下走朱轮，上有鸾栖，英彦云集，诲我萌黎”②。当时西域与中亚各国的胡商，也纷纷来到长安。车频《秦书》记载说：“四夷宾服，凑集关中，四方种人，皆奇貌异色”③，可见前秦与西域各族以及对外贸易是比较发达的。随着商业的恢复与发展，前秦时出现了不少家累千金的富商大贾。如赵掇、丁妃、邹瓮等，“皆商贩丑竖，市郭小人，车马衣服，僭同王者”，“车服之盛，拟则王侯”。苻坚为抑制奢侈之风，还专门下了一道诏令：“非命士已上，不得乘车马于都城百里之内。金银锦绣，工商、皂隶、妇女不得服之，犯者弃市”④。前秦商人资本的大量积累及其生活的豪华侈靡，足以说明他们在经商之中积钱之多，获利之丰，这也是当时商业活跃的一个侧面反映，因此，这是自魏晋以来北方商业的第二次回升与发展时期。可惜好景不长，这样一种难得的繁荣兴旺时间还不到20年。

（三）北朝商业的恢复与发展

前秦瓦解后，原来降服苻坚的各族上层分子纷纷独立，建立了10多个割据政权。其中，鲜卑族的拓跋珪于386年建立了北魏政权，大破后燕，据有中原黄河以北之地。到太武帝拓跋焘时，北魏的势力日益强盛，先后攻灭了一度与之并存的夏、北燕、北凉3个残余的割据政权，于439年统一北方，形成与刘宋南北对峙之局。但是，在拓跋珪、拓跋嗣、拓跋焘3朝，北魏商业的恢复与发展是不快的。史称“魏初至于太和，钱货无所周流”⑤，正反映了当时商

① 《晋书》卷113，《苻坚载记上》。
② 《晋书》卷113，《苻坚载记上》。
③ 《太平御览》卷363引。
④ 《晋书》卷113，《苻坚载记上》。
⑤ 《魏书》卷110，《食货志》。

业不发达的情况。

北方统一之后，社会经济日渐复苏，商业也有了一点起色。如文成帝拓跋濬时，富商大贾已日趋活跃，他们勾结官府，要射时利，“每因发调，逼民假贷”，“旬日之间，增赢十倍”[1]。当时弃农经商的小商贩也不少，恭宗拓跋余曾下令，“禁饮酒、杂戏，弃本沽贩者”[2]，说明私营商业也在逐步恢复。由于商品交换活动有了一定程度的发展，官吏经商之风遂日渐盛行，所谓“牧守之官，颇为货利”[3]，就是指这种事情而言。到孝文帝元宏继位之后，北方经济经过近百年的休养生息，已经有了明显的发展。尤其是太和年间实行的一系列改革，如整顿吏治，实行班禄，推行均田制与三长制，改革鲜卑旧俗，迁都洛阳和进一步推行汉化等，把北魏的社会经济推向一个新阶段，商业也因此而出现了新的发展与繁荣。

自孝文帝迁都洛阳后，这个几经波折的昔日名都，又成为北方的商业中心，户口殷盛，市场繁荣。据《洛阳伽蓝记》记载，北魏洛阳有200多个里坊，居民10.9万户。城内建立了许多商业区，有大市、小市，又有通商、达货、调音、乐律、退酤，治觞、慈孝、奉终、准财、金肆十里，“凡此十里，多诸工商货殖之民。千金比屋，层楼对出，重门启扇，阁道交通，迭相临望。金银锦绣，奴婢缇衣，五味八珍，仆隶毕口”[4]，是商贾云集之地。在城南特定的区域内，北魏政府还专门设置了金陵、燕然、扶桑、崦嵫4馆与归正、归德、慕化、慕义4里，以安置四方“附化之民”和域外的商人。洛阳与外国的经济往来也颇为频繁，大批外商胡客纷至沓来，成群结队的商贾络绎而至，“自葱岭已西，至于大秦，百国千城，莫不款附。商胡贩客，日奔塞下。所谓尽天地之区已”。来洛阳贸易的各国商客，因“乐中国土风因而宅者，不可胜数。是以附化之民，万有余家。门巷修整，阊阖填列。青槐荫陌，绿柳垂庭。天下难得之货，咸悉在焉”[5]。可见洛阳不仅是北方的商业中心，还是国际性

① 《魏书》卷5，《高宗纪》。
② 《魏书》卷4，《恭宗纪》。
③ 《魏书》卷110，《食货志》。
④ 《洛阳伽蓝记》卷4，《法云寺》。
⑤ 《洛阳伽蓝记》卷3，《龙华寺》。

的商业大都市。除洛阳外，邺城也是北魏的一大都会，故史有“邺、洛市廛，收擅其利”之语[①]。只是在北魏时，邺城商业繁盛的程度尚不及洛阳。

随着商业的发展，农村中的商品交易活动也逐渐兴盛。如元淑在“孝文时为河东太守，河东俗多商贾，罕事农桑，人至有年三十，不识耒耜”[②]。说明河东地区从事商业活动的人很多，贸易关系是比较发达的。此外，在均田制推行后，自耕农经济相当活跃，农民有一些剩余生产物要出售，也有一些购买力换回所需要的生活和生产资料，这也加强了农村与市场的联系，促使农村中的商品交换活动发展起来。至于那些大田庄主，也有一部分自给有余的产品要投入市场，从事交换活动。如贾思勰在《齐民要术》一书中，就对田庄主在一年中应作的商业活动列出了一个理想的规划：二月，可粜粟、黍、大小豆、麻、麦子等，收薪炭；三月，可粜黍、买布；四月，可籴面及大麦、弊絮；五月，可粜大小豆、胡麻、籴穬大小麦，收弊絮及布帛；七月，粜大小豆麦，收缣练；八月，粜种麦，籴黍；十月，卖缣、帛、弊絮，籴粟、豆、麻子；十一月，籴粳稻、豆、粟、麻子。在这种情况下，地主不仅出售自己田庄的农副产品，还从事农副产品的买贱卖贵来获取利润，这也使得地主同市场的关系较为密切，商品交换日益活跃。

商业的发展，必然会带来贩运贸易的发达与商业资本的膨胀。在洛阳的通商、达货里中，就居住着许多“资财巨万”的大商人，他们南北穿行，足迹遍及全国。“有刘宝者，最为富室，州郡都会之处，皆立一宅，各养马一匹，至于盐粟贵贱，市价高下，所在一例。舟车所通，足迹所履，莫不商贩焉。是以海内之货，咸萃其庭，产匹铜山，家藏金穴，宅宇逾制，楼观出云，车马服饰，拟于王者”[③]。可见当时富商大贾足迹之广和财富之丰。而像刘宝这样的巨商，竟能操纵各地的物价，使之一致，此亦见其经济力量之大了。

孝文帝改革以来，北魏与西域各族及北境各族的贸易也有较大的发展，与南朝的通商互市也十分活跃。如史载“自魏德既广，西域东夷，贡其珍物，

---

① 《魏书》卷66，《李崇传附李世哲传》。
② 《北史》卷15，《常山王遵传附元淑传》。
③ 《洛阳伽蓝记》卷4，《法云寺》。

充于王府。又于南垂立互市，以致南货，羽毛齿革之属，无远不致”[①] 及宣武帝元恪即位后，这种经济交往更盛于太和之时，刑峦曾上书宣武帝说：“逮景明之初，承升平之业，四疆清晏，远迩来同。于是藩贡继路，商贾交入。诸所献贸，倍多于常”[②]。北魏与周边各国的经济联系亦相当密切，如京师洛阳为各国商人的荟萃之地，“奇伎异服，冠于都市”，“四方风俗，万国千城”[③]。北魏与日本及朝鲜半岛上的高丽、百济和新罗等，经常往来，贡使相寻；与中亚诸国以及波斯、天竺、大秦等国，贸易往来也不少。通过贸易来往，不仅丰富了北魏的国内市场，而且对加强中外经济文化交流也具有积极的意义。

总之，从孝文帝迁都洛阳（495）到孝明帝孝昌之前（525）的30多年间，由于北魏实行了一系列改革措施，促进了民族的融合和生产的发展，商业也因之呈现出一派兴旺发达的景象，这是魏晋以来北方商业的第三次回升与发展时期。

但是如同前两次一样，北魏商业发展的势头也未能持续下去。自孝昌以后，北魏政治日趋腐败，阶级矛盾不断激化，终于爆发了魏末各族人民大起义，使北魏王朝迅速衰亡，从此北魏分裂为东、西魏两个对峙的政权。后来高洋废东魏建立北齐，宇文觉废西魏建立北周，北方又形成北齐、北周东西对峙的局面。在东魏、北齐与西魏、北周相争的年代里，黄河流域又一次陷于动乱和破坏之中。其时“征伐不息，百姓疲敝”，“郡国荒残，农商废业”[④]。繁华的洛阳城在东魏孝静帝迁邺时又遭破坏，“城郭崩毁，宫室倾覆，寺观灰烬，庙塔丘墟，墙被蒿艾，巷罗荆棘”[⑤]，一片凄惨荒凉景象。经过战乱，刚刚恢复的北方经济又遭摧残，商业的发展亦形停滞和趋于衰落。

在东魏、北齐与西魏、北周相持之时，除了战乱的影响，双方在各自的统治区域内，或是注意并发展生产，或是推行汉化政策和实行改革，从而使商业得到一些恢复与发展的机会。如北齐高氏以邺为都城，营构建筑比魏时更加宏

① 《魏书》卷110，《食货志》。

② 《魏书》卷65，《邢峦传》。

③ 《洛阳伽蓝记》卷3，《龙华寺》。

④ 《隋书》卷22，《五行志上》；《周书》卷15，《于谨传》。

⑤ 《洛阳伽蓝记》序。

伟。邺都城内有东西二市，“四民辐辏，里闾阗溢”①，是河北地区的商业中心。长安为西魏、北周之都，城市经济也相当活跃。西魏大统年间（535～551），“有贾人持金二十斤，诣京师交易”②，足见都市商业的繁荣。长安还是西域商人的荟萃之所，“卉服毡裘，辐辏于属国，商胡贩客，填委于旗亭”③。西域商贾到中原贸易，先集中于此，然后再转往内地。西魏、北周又从南朝手中攻取成都与江陵两个城市。成都历来就是“水陆所凑，货殖所萃”的地方④，为西南的一大都会。到此时更是“商贩百倍”，商品流通格外活跃。江陵南接襄阳，西通岷蜀，物产丰富，商货聚集，是重要的货物集散中心。这两个商业城市的获得，扩大了西魏北周时商品流通的范围，加强了南北两地的经济联系，并为周武帝攻灭北齐，统一北部中国奠定了物质基础。

综上所述，我们可以清楚地看到，魏晋南北朝时期是北方经济巨大波动的时期，也是北方商业经历的一个极为曲折与缓慢发展的历史时期。

二、南方商业的逐步兴起与日趋繁盛

生活在西汉中期的司马迁是这样描述江南地区的：“楚越之地，地广人稀，饭稻羹鱼，或火耕而水耨，果隋蠃蛤，不待贾而足，地埶饶食，无饥馑之患，以故呰窳偷生，无积聚而多贫，是故江淮以南，无冻饿之人，亦无千金之家”⑤。可见江南一带还是亟待开发的地方，人口稀少，农业手工业落后，商品交换不发达，因此南方地区在全国商业中所占的比重是微不足道的。到了东汉，南方经济的开发速度有所加快，诸如江南人口大量增加，江渚弃地得到垦辟，农业手工业逐渐兴起，商品交换开始活跃。不过，若将东汉时南方商业的发展水平与北方相比，仍瞠乎其后，差距甚大，还只是处于刚刚起步的阶段。

进入魏晋南北朝以后，南方经济始由过去的零星与局部开发，而转入到大规模的全面开发阶段。由于南方社会环境相对稳定，受战乱的影响与破坏较

---

① 《嘉靖彰德府志》卷8，《邺都宫室志》。
② 《周书》卷22，《柳庆传》。
③ 《周书》卷49，《异域传序》。
④ 《隋书》卷29，《地理志上》。
⑤ 《史记》卷129，《货殖列传》。

小，加上北方人口的南迁，带来了中原较为先进的生产技术，致使南方经济迅速发展，商品经济日趋活跃，商业的发展历史也由此揭开了新的一页。大体说来，在魏晋南北朝时期，南方商业的发展始终保持着蓬勃向上的势头，并且形成一种持久的历史发展趋势。

（一）三国时期南方商业的初步发展

东吴时南方商业的发展，是由多方面的因素造成的。首先，汉末丧乱，黄河流域是军阀混战的主要战场，而江南地区却是“沃野万里，民富兵强”①，社会环境相对安定，从而为商业的发展提供了客观环境。其次，东汉末年，大量的北方人民为躲避战乱而被迫南迁，南下的人民不仅补充了江南的劳动力，还带来了当时足称进步的生产工具和先进的生产技术。通过南北两支生产大军的会师及其辛勤劳动，使江南的农业生产向前迈进了一大步，垦田面积增加，农业产量提高，出现了“其四野则畛畷无数，膏腴兼倍”的繁荣景象②。江南就近利用其资源的矿冶业、煮盐业、制瓷业、麻织业等，也有相当高的发展水平，造船业更为发达。因此，东吴农业与手工业的进步，为日趋活跃的商品交换活动提供了大量的商品，这是南方商业发展的物质基础。其三，江南自古河流众多，水运交通十分发达。东吴政权出于经济和军事的需要，又围绕首都建业（今江苏南京）开凿了通往太湖流域和浙东地区的人工运河“破岗渎”。史称孙权赤乌八年（245），“遣校尉陈勋，将屯田及作士三万人，凿句容中道，自小其（江苏江宁县境）至云阳（江苏丹徒县）西城”，“以通吴会船舰，号破岗渎”③。这是沟通建业与云阳的主要内河航道。后来南齐的“丹徒水道，入通吴会”④，成为破岗渎向东南的延长，实为隋代江南运河的前驱。这无疑为江南地区商业的发展提供了条件。

东吴建立之初，建业与武昌就成了两个新兴的商兴都市。建业原名秣陵，在汉代不过是扬州丹阳郡的一个小县，自孙权建都于此，户口渐盛，商贾云集，商业贸易也逐渐兴盛起来。建业城内有三市，南朝时所说的建康大市、建

---

① 《三国志》卷54，《吴志·鲁肃传》注引《吴书》。
② 左思：《吴都赋》。
③ 《三国志》卷47，《吴志·孙权传》；《建康实录》卷2。
④ 《南齐书》卷14，《州郡志上》。

康东市，是孙权时所设；建康北市是孙休时增设。左思在《吴都赋》中描述建业市肆繁华兴旺之状时说："开市朝而关纳，横阛阓而流溢，混品物而同廛，并都鄙而为一。士女伫眙，商贾骈坒，纻衣絺服，杂沓傱萃"。可见建业不仅是政治中心，也是江南第一大商业都市。武昌原名鄂，因地势重要，孙权、孙皓时曾两次迁都到这里，并改名武昌。两次建都，使武昌成为江南的第二大城市，是长江中游的军事重镇和经济重心，又是与蜀国交通贸易的要地。东吴时郡县数比汉时大增，孙权时对新设郡县"治城郭，起谯楼，穿堑发渠"①。这些因政治原因并建有防御设备的城塞，既是地方政权和征税机关的所在地，同时也自然成为一个小区域内的商品交易中心。在广大三吴地区，逐渐填补了商业上的空白点。

江南水运便利，地区间的贩运贸易也显得格外活跃。长江是江南水上交通的主要运输线，桅樯如织，商船成队，商旅往来络绎不绝。当时浮江贩运的中小商人身份较低，只能穿白衣，不能服彩色，利用这一特点，吕蒙袭荆州时曾巧妙地伪装成商船队运兵，"尽伏其精兵𦪇𦨴中，使白衣摇橹，作商贾人服，昼夜兼行"②，荆州遂定。东吴后期，官府对屯田"租入过重，农人利薄"，因此屯田兵民多浮舟长江，往来经商。吴主孙休永安二年（259）诏说："自顷年以来，州郡吏民及诸营兵，多违此业，皆浮船长江，贾作上下，良田渐废，见谷日少"③。可见泛江贸易，获利大于农耕，故屯田兵民竞相弃本而逐末，这也是长江流域商业发达的一个侧面反映。长江之外，钱塘江流域的贸易活动也较频繁。孙坚为县吏时，曾与父共载舟至钱塘，驱散"掠夺贾人财物"的海贼，"由是显闻"④。钱塘贾人，在东汉时就以财多而引起盗贼的垂涎，东吴经济发展，其买卖做得更大了。

由于商业的发展，东吴时出现了许多家财巨万的富商大贾。在吴都建业，"富中之甿，货殖之选，乘时射利，货丰巨万。竞其区宇，则并疆兼巷；矜其

① 《三国志》卷47，《吴志·孙权传》。
② 《三国志》卷54，《吴志·吕蒙传》。
③ 《三国志》卷48，《吴志·孙休传》。
④ 《三国志》卷46，《吴志·孙坚传》。

宴居，则珠服玉馔"[①]。商人财富之丰厚，生活之奢侈，于此概见一斑。到东吴末期，奢侈浮华已形成一种风气。"百工作无用之器，妇人为绮靡之饰……转相仿效，耻独无有。兵民之家，犹复逐俗，内无担石之储，而出有绫绮之服。至于富贾商贩之家，重以金银，奢恣尤甚"[②]。造成吴俗之奢，商人实起着推波助澜的作用。在富商大贾中，也有不少是经商而发财的豪族官僚。正如《抱朴子·吴失篇》中所写的，那些亦官亦商的人，"僮仆成军，闭门为市"，"商船千艘，腐谷万庾"，这就更助长了社会的浮华风气，而且使商业的发展带有一定的畸形色彩。东吴商业比曹魏地区活跃，最主要的原因是由于社会经济的发展，但在某种程度上也带有商业的虚假繁荣。

三国时期，东吴与曹魏、西蜀间的互市也颇发达，江南地近海洋，对外贸易便利，因此东吴的海上贸易十分兴盛。孙权时曾派航海大船装载货物到辽东、高丽进行贸易活动。黄龙年间（229～231），东吴又派使者到林邑、扶南诸国，各国也遣使到吴来进行朝贡与回赐贸易。天竺、大秦和东吴亦有经济交往。

总之，东吴时期是南方商业发展历史上的一个关键时期。东吴商业的活跃，一方面提高了南方商业在全国中所占的比重，使过去商品经济不发达的状况发生了历史性的转变，另一方面它又促进了南方地区商品经济的进一步发展，并为东晋南朝时商业的日趋繁荣打下了牢固的基础。

（二）东晋南朝时期南方商业的进一步发展与兴旺繁荣

东晋南朝时期，长江流域经济又有长足进步，从而为商业的发展与繁荣奠定了良好的基础。永嘉之乱后，北方人民又大量涌向江南，他们与江南人民一道，使原来农业生产发达之处，继续上升，原来荒芜之处，得到垦辟，进一步改变了南方地旷人稀的面貌。在长江中下游的太湖、鄱阳湖、洞庭湖以及浙东会稽一带，已经精耕细作，普遍推广牛耕、粪田与区种法。当地人民还开辟了许多湖田，提高了土地利用率，使垦地面积大为增加。水利事业也有发展，劳动人民利用江南湖泊纵横，水源充足的特点，兴建了大量水利灌溉工程，对于

① 左思《吴都赋》。
② 《三国志》卷65，《吴志·华覈传》。

提高农田产量起了很大作用。由于南北农民的结合，北方的生产技术与南方水田种植经验的结合，促进了南方农业的发展。史载南方“地广野丰，民勤本业，一岁或稔，则数郡忘饥”；“良田美柘，畦畎相望”[①]，可见长江流域已开发成为富饶的地区。在农业生产发展的同时，手工业也有明显进步。如“荆城跨南楚之富，扬部有全吴之沃。渔盐杞梓之利，充仞八方；丝绵布帛之饶，覆衣天下”[②]。又“永嘉有八辈蚕”[③]；豫章之蚕，一年四五熟。[④]

南方经济的持续开发，促进了商品经济的迅速发展，商业也因此而日趋兴旺与繁荣。东晋南朝时期，南方先后出现了一批较大的商业城市。如建康是东晋、宋、齐、梁、陈五朝的国都和政治中心，也是南方最大的商业都市。东晋时建康设有4个市，店铺栉比，商货备陈，是进行商品交易的专门市场。秦淮河两岸也有很多市，其“北有大市百余，小市十余所”[⑤]，各地商旅云集，交易十分繁盛。梁都建康规模更大，城中28万户，140万口，南北长各40里，商业的繁荣更盛于东晋之时。建康之外，南朝统治中心的广陵、京口、吴郡、会稽、山阴、宣城、毗陵、余杭、东阳、新安、吴兴、义兴，北境的寿春、襄阳、江陵，南境的番禺，西境的成都，都是市面繁华之处。在这些城市中，有的虽是汉时就已有较发达的商业，例如吴郡、番禺、成都即属之。但更多的城市，尤其是长江中下游的城市，却是在六朝时新兴的。东晋南朝商业城市的增多，标志着南方商业在向更广阔的方向上发展，同时也说明其商业发达程度不仅超过了前代，而且也超过北朝。

在城市商业发展的同时，南方一些原无集市的乡邑或接近农村的地方，也逐渐出现了定期一聚的集市，成为附近周围地区的一个货物交易中心。如刘宋元嘉初年，社会比较安定，“民有所系，吏无苟得，家给人足……凡百户之乡，有市之邑，歌谣舞蹈，触处成群，盖宋世之极盛也”[⑥]。这种乡邑之市，

---

① 《宋书》卷54，《孔季恭等传》末史臣论；《陈书》卷5，《宣帝纪》。
② 《宋书》卷54，《孔季恭等传》末史臣论。
③ 《太平御览》卷825引《永嘉记》。
④ 《隋书》卷31，《地理志下》。
⑤ 《隋书》卷24，《食货志》。
⑥ 《宋书》卷92，《良吏传序》。

就是定期集市，与都会中的市是不同的。后世遍布于南北各地农村的集、市、场、墟等等，都属于这种定期一聚的农村集市。值得注意的是，在一些城外交通要道和人们往来频繁的地方，还进一步形成了较为固定的市场——草市。如南齐时建康城外“各有草市”①，寿春西桥门北亦有草市，称“草市门”②。草市可能最初是农民出售草料的场所，即牲口草料市，后来别的商品也在这里买卖，因其系自然形成不免粗未草率，故称“草市”。这种市，或在都市之傍，或在商旅往来的水陆要道和津渡，自发形成，与政府的法令无关，也不设市官。久而久之，在草市内有经常进行商业活动的固定店肆铺面，也有一定数量的定居工商人户，这样一来，草市蔚成繁荣的市场，并逐渐发展成为正式的市和固定的市镇了。介于城乡之间的名为“草市”的集市的出现，是南方商业向纵深方向发展的一个标志，不仅城市商业繁荣，城市以外的市集也更见活跃了。

随着农业和手工业的发展，许多地方有各具特色的农副产品和手工业产品可以转运外地，横贯全境的长江和纵横交错的河流湖泊，又提供了转运的便利条件，因此各地区间的转运贸易相当发达。东晋时，由各地经长江去建康的商船动以万计，商品流转量非常大。如安帝元兴三年（404）的一次大风灾，便造成“贡使商旅，方舟万计，漂败流断，骸胔相望”的悲惨结果③，可见浮江商船之多与商旅之众。到了南朝，长江沿岸的商业更为繁盛。从上、中游的益、荆二州到通往下游扬州的水面上，桅樯林立，商旅不绝。在《乐府诗集》中就有不少描写商妇估客离别之情的诗歌，如《乌夜啼》：“巴陵三江口，芦荻齐如麻。执手与欢别，痛切当奈何。”《那呵滩》：“闻欢下扬州，相送江津弯，愿到蒿橹折，交郎到头还”。《估客乐》：“初发扬州时，船出平津泊。五两如竹林，何处相寻博”④。这些都反映出沿江商船旅客的频繁来往，是对浮舟贩运的估客生涯的写照，在商人所贩运的货物中，大量的是粮食、绢布、食

① 《资治通鉴》卷144齐纪和帝中兴元年条胡三省注。
② 《水经注·肥水注》。
③ 《宋书》卷33，《五行志》四。
④ 《乐府诗集》卷47～49，《西曲歌》。

盐之类的生活必需品。如刘宋时“从江以南，千斛为货，亦不患其难也”[①]。南齐时“吴兴无秋，会稽丰登，商旅往来，倍多常岁”[②]。可见粮食的交易量很大，是贩运贸易中的重要商品。食盐与绢布的流转量也相当可观，南兖州所产食盐，“公私商运，充实四远，舳舻往来，恒以千计”[③]；荆扬二州所产丝绵布帛等纺织品，运销四方，“覆衣天下”[④]。此外，像纸、席、蜡、蜜、漆、竹等土特产品，也是商人所喜贩运的商品。不过，在商人贩运的东西中，高级消费品和奢侈品也占有相当的比重。史称南朝“督作役苦，故穑人去而从商。商子事逸，末业流而浸广。……于是竞收罕至之珍，远蓄未名之货，明珠翠羽，无足而驰，丝罽文犀，飞不待翼”[⑤]，就是指奢侈品贸易而言。因此，南朝商业的繁荣，虽然主要是社会经济发展的结果，但在一定程度上也包含了奢侈品贸易的虚假繁荣。

东晋南朝的民间商业普遍发展，中小商人和小商小贩相当活跃。他们的特点是本小利微，经营零售商业或饮食业，在市场上和交通线上，常常可以见到他们在进行商贩活动。在中小商人中，有不少人是由农民转化而来的。史载南朝“人竞商贩，不为田业”[⑥]，梁时“郡县苛暴，不加劝奖”，致“商贩转繁，游食转众，耕夫日少，杼轴日空”[⑦]。说明农民改从商业或兼营商贩的日益增多，这也反映出当时民间商业发展的普遍情况。由于商品交换的发达，民间也出现了一些拥有巨额资财的富商大贾。他们贩运批发，贱买贵卖，足迹所至，莫不商贩。如刘宋时，往来于益州的大商人就很多，“远方商人，多至蜀土，资货或有值数百万者”[⑧]。他们仗其多财，生活过得豪华奢侈。齐末萧衍为大司马时，曾指出当时“淫侈竞驰”，“乃至市井之家，貂狐在御；工商之子，

① 《宋书》卷82，《周朗传》。
② 《南齐书》卷46，《陆慧晓传附顾宪之传》。
③ 《太平寰宇记》卷124引《南兖州记》。
④ 《宋书》卷54，《孔季恭传》末史臣论。
⑤ 《宋书》卷56，《孔琳之传》末史臣论。
⑥ 《隋书》卷24，《食货志》。
⑦ 《南史》卷70，《郭祖深传》。
⑧ 《宋书》卷45，《刘粹传附刘道济传》。

缇绣是袭”[1]。这些御貂狐衣缇绣的大商人，经常勾结官府，或是跻身于官吏之列，成为官僚、地主、商人三位一体的豪强势力。

东晋南朝时期，虽然南北对峙，政治上各自割据一方，但南北互市依然进行。东晋初年，后赵石勒要求与祖逖通使交市，祖逖“听互市，收利十倍，于是公私丰赡。士马日滋”[2]。南朝时，刘宋与北魏时有官方的互市活动。东晋南朝时的海外贸易更为兴盛。当时通商的国家，在东北海上有日本与朝鲜半岛诸国（高句丽、百济、新罗），在南海有扶南、林邑与马来半岛诸国（盘盘、丹丹、狼牙修、干陁利），今印尼地区与中国的贸易亦已开始。西亚欧洲的师子、波斯、天竺、大秦等国，也是“舟舶继路，商使交属”[3]，与中国的经济交往十分频繁。广州的番禺是和海外诸国贸易的大港口，南海商舶东来者大都会集于广州。南齐时，这里“藏山隐海，瑰宝溢目，商舶远届，委输南州”[4]。梁武帝时，外国船舶一岁数至或十余至，对外贸易的繁盛更“逾于前代矣”[5]。东晋南朝对海外诸国关系的发展，无论在交通、贸易与文化交流等各方面，都远远超越前代，并为隋唐时海外贸易的进一步发达与繁荣，奠定了良好的基础。

综上所述，南方地区社会环境的相对安定，北方人民的大量南迁，农业和手工业的蓬勃兴起，以及水利交通运输的发达等原因，都为南方经济的持续开发和商品经济的迅速发展创造了有利条件。六朝时期南方商业的繁荣与兴盛，就是在这样的历史背景下稳步地发展起来的。当然，由于南方各地区的开发有先有后，经济发展与商业发展也是不平衡的。长江流域是东晋南朝立国的根基，经济和商业发展水平较高，商品经济也较发达。闽江流域与珠江流域发展晚于长江流域，因此经济和商业的发展水平相对就差一些。但是，就东晋南朝南方经济发展的总体而论，不仅远远超过了前代，而且也逐渐赶上甚至是超过了同时期的北方。自隋唐以后，全国的经济重心便由黄河流域转移向长江流

① 《梁书》卷1，《武帝纪上》。
② 《晋书》卷62，《祖逖传》。
③ 《宋书》卷97，《蛮夷传》。
④ 《南齐书》卷58，《东南夷传》。
⑤ 《梁书》卷54，《海南诸国传》。

域，商业的重心也开始由北方而转移至南方。因此，东晋南朝时南方经济的长足发展，无疑在中国古代经济发展史上谱写了新的篇章，并对此后南方经济的迅速崛起产生了巨大而深远的影响。

第二节 商品的类别与贸易方式

一、商品的类别

魏晋南北朝时期，虽然自给自足的自然经济结构居支配地位，但是为了交换目的而进行的生产即商品生产，还是广泛地存在着，只是规模不及两汉时那样大而已。这一时期的商品生产有两种类型，一是手工业品的商品生产，如《晋令》规定“欲作漆器物卖者，各先移主吏者名，乃得作”[①]，就是从事漆器生产的手工业者。《洛阳伽蓝记》所载通商、达货里内的“工巧”，亦是从事商品生产的手工业者。手工业的商品范围很广，有锦、绫、绢、布等纺织品，有帽、帻、履、屐等穿戴用品，有纸、墨、笔、砚等文化用品，有酒、盐、醋、酱等生活必需品，有席、扇、畚、帚等日杂用品，还有广大人民普遍使用的铁器、铜器、漆器、瓷器制品以及车、瓦、棺椁等等，这些手工业产品都投入市场，是市场交换中常见的商品。

二是非商品生产者生产的产品也大量投放市场。像农民生产的产品，一般来说是为了满足自身的需要，而不是为了交换的目的，但是，由于种种原因，他们的产品也常常转化为商品。例如农民为了生产和生活的需要，常常出售一些剩余的农产品或家庭织妇的手工业品，以换购农具、耕牛、食盐和其他生活日用品。有时为了完纳赋税，也不得不出售一些农副产品，以应征课。如南齐永明以前，户调可以物交纳。永明四年始，诏折租布三分之二取现布，一分取钱。一年后，一半征布，一半征钱，以为永制，历梁陈不见改变。[②]

魏晋南北朝时期，地主田庄内部经济的自给自足性十分突出，并一直占据着主导地位，但在田庄内部也有一定程度的商品经济化倾向。如田庄主在满足

① 《太平御览》卷756引。

② 《南齐书》卷3，《武帝纪》。

自己的消费之外，常常将大量的粮食投入市场出售。《抱朴子·吴失篇》称那些“田池布千里”，“僮仆成军，闭门为市”的大田庄主，“商贩千艘，腐谷万庾”。说明田庄主出卖粮食很普遍，以致车船成队，远贩四方。刘宋大官僚沈庆之“家素富厚，产业累万金，奴僮千计”，曾向朝廷“献钱千万，谷万斛”①。有人问他：钱从何来？《南史·沈庆之传》说他在娄湖立园舍，“广开园田之业，每指地语人曰：钱尽在此”。可见他的钱有不少是来自出售谷物的收入。地主田庄还出售其他副产品，如水果、蔬菜、桑楮、禽畜等等。东吴时，丹阳太守李衡“密遣客十人，于武陵龙阳汜洲上作宅，种柑橘千株”，“吴末，衡柑橘成，岁得绢数千匹，家道殷足”②。及至两晋南北朝，官僚地主们更是多种果树，以要利人。西晋大官僚王戎，“性好兴利”，“家有好李，常出货之，恐人得种，恒穿其核”③。谢灵运的果园里有杏、奈、橘、栗、桃、李、梨、枣、枇杷、林檎、椹梅、稗柿，诸多品种，应有尽有。北魏广陵王元欣，“好营产业，多所树艺，京师名果，皆出其园”④。则当时市场上的果品，除一般农户种植和商贩贩运外，多数应来自地主的田庄。蔬菜也是大小田庄必种之物，而且是消费量大，市场流通快的商品，如刘宋时何承天“卖茭四百七十束与官属求贵价”⑤，柳元景有“数十亩菜园，守园人卖得钱二万，送还宅”⑥，均为其证。如果田庄内有生产手工业品，也要向市场出售。《齐民要术·种榆·白杨篇》讲，榆树可以加工成独乐、盏、魁、椀、瓶、榼等器物，比卖柴之类，其利十倍。榆树十五年后，可作车毂，一树三具，一具值绢三匹。总之，田庄产品凡是自给有余的，都可以拿到市场上出售，而田庄主一旦向市场提供产品，不管其动机如何，都为市场提供了商品。他们的这一部分产品的生产应当说是广义的商品生产，和严格意义上的商品生产有所区别。不过，我们对于这种非商品生产者产品进入市场的影响，却不能低估。

---

① 《南史》卷37，《沈庆之传》。

② 《三国志》卷48，《吴志·孙休传》注引《襄阳记》。

③ 《晋书》卷43，《王戎传》。

④ 《北史》卷19，《广陵王羽传附元欣传》。

⑤ 《宋书》卷64，《何承天传》。

⑥ 《宋书》卷77，《柳元景传》。

如果把广义的商品生产包括在内，那么，魏晋南北朝时期市场上流通的商品是十分丰富的。像人们的日常生活必需品和各种消费品，形式多样，品种繁多，但归纳起来可分为三大类：

第一类商品是生产资料，主要有铁制、木制或铁和木共同制成的各种农具、手工业生产工具以及耕牛等等。这类商品都是使用于生产消费方面的。由于农业是主要生产的部门，因而生产资料类型的商品，其基本市场是在农村。至于手工业者使用的生产工具和部分原料，则历来就是从市场上购买的商品。铁制生产工具的来源有二：一是由官府冶铸作场提供市场的产品。二是在南北朝时期，由于手工业中生产关系的变化，民间冶铁业逐渐发展起来，也向市场提供一定数量的铁制生产工具。如南朝诏书中一再提到的“传、屯、邸、冶”①，冶就是冶铸场所，有公有私，私的也不少。有的地方如益州，原先铁器是由民营的，刘道济为益州刺史时，从费谦之言，禁断私民鼓铸，结果弄得“商旅吁嗟，百姓咸欲为乱”②。北魏时，“其铸铁为农具、兵刃，在所有之”③，则民间冶铁业生产与销售的铁农具也占有相当的比重。铁制生产工具的种类很多，有犁、铧、镰、锄、铲、斧、锤、刀、锥、锯等，都是市场上广泛流通的商品。如曹魏弘农太守刘类，“多市犁辖，载所部贸丝”④。北魏太武帝时，赵柔任河内太守，“有人与柔铧数百枚者，柔与子善明鬻之于市，有从柔买，索绢二十匹”⑤。又赵琰“遣人买耜刀，得剩六耜，即令送还刀主”⑥，可见铁制农具的销路很广，在市场上颇受欢迎。

耕牛是农民进行生产耕作的重要工具，也属于生产资料的范畴，是市场交换中常见的商品。如曹魏时京兆太守颜斐，曾令郡民“畜猪狗卖以买牛”⑦。晋时洛阳有马市，是专门经营牛马交易的场所。《隋书·食货志》说“晋自过江，凡货卖奴婢、马牛、田宅，有文券……历宋、齐、梁、陈，如此以为

---

① 《梁书》卷3，《武帝纪》大同七年十二月壬寅诏。
② 《宋书》卷45，《刘粹传附刘道济传》。
③ 《魏书》卷110，《食货志》。
④ 《太平御览》卷823引《魏略》。
⑤ 《魏书》卷52，《赵柔传》。
⑥ 《魏书》卷86，《赵琰传》。
⑦ 《三国志》卷16，《魏志·仓慈传》注引《魏略》。

常”。可见东晋南朝时牛马交易是很多的。西魏、北周时，买卖耕牛仍要立文券。如孟信为赵平太守，“及去官，居贫无食。唯有一老牛，其兄子卖之，拟供薪米。券契已讫，市法应知牛主住在所。信适从外来，见买牛人，方知其卖也”①。这些都表明耕牛的买卖在南北朝时是相当普遍的。

第二类商品是人们的日常生活资料，这类商品包括食品、纺织品、日用品三大项，亦即人们通常所说的吃、穿、用等生活必需品。此类商品是全社会各阶级、各阶层共同消费的商品，其销售对象比较广泛，市场也较为广阔。

在食品方面，城市商业所经营的米、面、鱼、肉、酒、茶、菜、果等商品非常丰富，数量也很多。三国时期，魏都邺城市场上就聚集着来自中原地区及河北平原的粮食和各种果品，左思《魏都赋》在谈到各地的特产时曾说：“真定之梨，故安之栗，醇酎中山，流湎千日。淇洹之筍，信都之枣，雍丘之梁，清流之稻”。吴都建业市场上，果品交易也很盛，故《吴都赋》说：“其果，则丹桔余甘，荔枝之林，槟榔无柯，椰叶无阴，龙眼橄榄，探榴御霜，结根比景之阴，列梃衡山之阳”。茶是魏晋时新兴的商品，运销量也很大。《太平御览》卷867引《广陵耆老传》载：“晋元帝时，有老妪每旦擎一器茗，往市鬻之，市人竞买”。东晋末，桓温尝谓“每宴，惟下七奠柈茶果而已”②。这些都反映出饮茶风气之盛与茶叶销售之广。东晋南朝时，粮食贸易在所有生活必需品的贸易中，更显得引人注目。史称南方“千斛为货”，“万斛为市”，交易动以千石万石计。北魏时，首都洛阳市场经营的食品种类亦不少。据《洛阳伽蓝记》载，当时洛阳有专门出售鱼、鳖、肉、酒的市或里。如四通市，又叫永桥市，“伊洛之鱼，多于此卖”，鱼味鲜美，但价格高昂，京师语曰：“洛鲤伊鲂，贵于牛羊”。洛阳小市，“所卖口味，多是水族，时人谓为鱼鳖市也”。再如通商、达货二里所住屠贩，以宰羊贩羊为业；退酤、治觞二里之人，以酿酒卖酒为生。洛阳一些寺院种植的水果、蔬菜，也向市场出售。如宝光寺“园地平衍，果菜葱青”；白马寺“奈林蒲桃，异于余处”，“京师语曰：白马甜榴，一实值牛”；文觉、三宝、宁远三寺，“周回有园，珍果出焉，有含消梨重十斤”，“味并殊美，冠于中京”。

---

① 《北史》卷70，《孟信传》。
② 《晋书》卷98，《桓温传》。

由此可见洛阳市场上食品的丰富及其多样化了。

在纺织品方面，主要是丝、麻织品以及少量的棉、毛织品。如据《太平御览》卷820引曹植表说："欲遣人到邺，市上党布五十匹，作车上小帐帷"。则上党郡所产麻布很有名，在邺都市场上销售。成都所产蜀锦，更于丝织品中独称佳妙。曹操曾谓"吾前遣人到蜀买锦"；又史称"江东历代尚未有锦，而成都独称妙。故三国时魏则市于蜀，而吴亦资西道"①，说明蜀锦流通四远，畅销南北。在吴都建业市场上，主要出售南方所产的各种葛麻织品。《吴都赋》中曾有"蕉葛升越，弱于罗纨"之句，蕉葛是指精细的葛布，升越是指细白的越布，这些都是南方地区的著名产品。西晋时，北方的丝织品产地很多，石崇《奴券》曾提到"常山细缣，赵国之编，许昌之总，沙房之绵"②，这些精致的丝织品闻名遐迩，行销全国。东晋南朝时，南方的丝织业有长足发展，荆扬二州，"丝绵布帛之饶，覆衣天下"③，丝织品的产量和交易量大为增加。麻织品的销售面更广，由于产量不断提高，麻布价格一再跌落。如刘宋初年，一匹好布价值千钱，元嘉时跌至500，到南齐永明时只值百余钱了。南朝的统治者们也多服用麻布、蒲练等麻织品，《梁书·武帝纪》谓其"身衣布衣(麻布)，木棉皂帐"。《陈书·姚察传》载其语曰："吾所衣著，止是麻布、蒲练"。至于民间穿着麻布的，自然更多。北朝丝织业发达，丝织品的销量亦更大。如拓跋焘时，平城宫内就有"婢使千余人，织绫、锦贩卖"之事④。元子攸时，北魏官府曾抛售库藏绢帛于洛阳"二市卖之，绢匹止钱二百，而私市者犹三百"⑤。北朝的麻织品也不少，北齐时郑述祖为光州刺史，"有人入市盗布……述祖特原之"⑥。北周建德六年（577），初令"民庶以上，唯听衣绸、绵绸、丝布、圆绫、纱、绢、绡、葛、布等九种，余悉停断。朝祭之服，不拘此例"⑦。可见丝、麻织品的销售量很大，并为民庶以上的常服。除丝、麻织

① 《后汉书》卷112，《左慈传》；《太平御览》卷815引《丹阳记》。
② 《全晋文》卷33。
③ 《宋书》卷54，《孔季恭传》末史臣论。
④ 《南齐书》卷57，《魏虏传》。
⑤ 《魏书》卷110，《食货志》。
⑥ 《北史》卷37，《郑述祖传》。
⑦ 《周书》卷6，《武帝纪下》。

品外，一些棉、毛织品也在市场上出售。左思《蜀都赋》中说成都市上“布有橦华”，这个橦华就是素有盛名的桐华布，亦即云南保山一带所产的棉布。曹魏初年，新疆的棉纺织品亦大量传入中原，故魏文帝曹丕诏说：“夫珍玩所生，皆中国及西域，他方物比不如也。代郡黄布为细，乐浪练为精，江东太末布为白，故不如白叠布（棉布）鲜洁也”[①]。在北方地区，毛纺织品的种类很多，销量也较大。如三国时并州盛产毛毯，北齐时河东出产毛毡[②]，这些产品都进入市场，是深受人们喜爱的商品。总之，魏晋南北朝时期，市场上的纺织品是极为丰富的，丝织品有锦、绫、罗、绮、绢、纱、绸、缣、绵、绡等；麻织品有葛布、麻布、越布、蒲练、南布、筒中细布等；毛织品有罽、毛毯、毛毡、毛布等；棉织品有桐华布、白叠布等。

在日用品方面，有金银制作的各种装饰品，有铜或铁制作的各种日用器物器皿，其中铜镜最为名贵，在民间十分流行。漆器也是使用极广的手工业产品，在市场上出售。南朝时，富豪之家多购买和收藏漆器，如南齐梁州刺史崔庆绪死后，“家财千万，散与宗族，漆器题为‘日’字，‘日’字之器，流乎远近”[③]。魏晋南北朝是制瓷业大发展的时期，也是民间普遍使用瓷器的时期。像日常器皿如壶、罐、钵、坛、碗、盘、瓶、洗、盆、尊、唾盂、水注、虎子、香熏等，制作精致，美观实用，是南北市场上畅销的商品。此外，在文化用品中，纸墨笔砚的销量亦很广，如著名的“左伯纸”、“张芝笔”与“韦诞墨”，流行于世，为书法家所喜爱。东晋南北朝的六合麻纸、剡溪藤纸，以及河北、胶东的五色花笺等，都在市场上出售。在穿戴用品中，帽帻履屐等也大量进入市场，是普通百姓经常购买的商品。《晋书·王濛传》：“居贫，帽败，自入市买之，妪悦其貌，遗以新帽，时人以为达”。《太平御览》卷698引《晋中兴征祥记》；“虞玩之为少府，犹跻屐造席。高帝问曰：‘卿此屐已几载?’玩之曰：‘初释褐拜征北，行佐买之，着已三十年。’”帽子名目繁多，有绣帽、合欢帽、名士帽等，又有介帻、平上帻、童子帻、纳言帻、赤帻等，

① 《太平御览》卷820引。

② 《太平御览》卷708引《魏志》，《北史》卷83，《樊逊传》。

③ 《南齐书》卷52，《崔慰祖传》。

均为平民百姓喜著之物。一般文士或贫者常穿履（单底鞋）、舄（复底鞋）和长鞠靴（长筒靴），还盛行穿木屐。《晋书·谢安传》载，淝水之战获胜时，谢安“过户限，心喜甚，不觉屐齿之折”。按木屐底有两齿。《晋书·五行志》说：“初作屐者，妇人头圆，男子头方。……至太康初，妇人屐乃头方，与男无别”。可见木屐是销售面甚广的商品。在日杂用品中，席、扇、畚、扫帚、皂荚、瓦器等，也是市场上常见的商品。如前秦王猛“少贫贱，以鬻畚为业，尝货畚于洛阳”[①]。东晋时，王羲之“在蕺山见一老姥，持六角竹扇卖之。羲之书其扇，各为五字。姥初有愠色。因谓姥曰：‘但言是王右军书，以求百钱邪’。姥如其言，人竞买之”[②]。南朝时，刘休之妻王氏妒，齐明帝“使王氏亲卖扫帚、皂荚，以辱之”[③]。陈后主妃张丽华，父兄以织席贩席为业。北魏洛阳有上商里，“唯有造瓦者止其内，京师瓦器出焉”[④]。

第三类商品是高级消费品和奢侈品。这类商品的来源有二：其一是国内手工业作坊制作的高级精美的手工业品，它的产品可以概括为“雕文刻镂，锦绣纂组”几个字，是专供统治阶级挥霍享受的高级消费品。其二是通过民族贸易或对外贸易，由别族、别国输入的海外奇珍。

总之，就上述三类商品的构成来看，人们的日常生活资料是最主要的商品，因而种类最多，流通量也最大，生产资料是次要的商品，因为在自然经济占支配地位的情况下，农民经济所需要的原料多来源于自己的个体生产，扩大再生产的进程又十分缓慢，加之个体手工业者也很少需要通过购买来更新生产设备，所以，在全部商品中，此类商品的数量也明显少于前者。至于高级消费品和奢侈品数量的多少，一则取决于城市手工业与对外贸易的发展水平，再则也取决于统治者购买力的大小。大致在豪强势力膨胀，统治阶级特别奢侈和腐化时，市场上对这种商品的需求就显得迫切异常，并在很大程度上造成了商业的畸形发展。但是就总体而言，这一时期日常生活商品增多，生产资料的交易也占有一定地位，而奢侈品在整个社会商品总量中所占的比重是不大的，这是

① 《晋书》卷114，《苻坚载记附王猛传》。
② 《晋书》卷80，《王羲之传》。
③ 《南齐书》卷34，《刘休传》。
④ 《洛阳伽蓝记》卷5，《凝圆寺》。

值得注意的商品交换动向。

二、贸易方式

魏晋南北朝的商品是通过不同的渠道进入流通过程的。除了生产者与消费者的直接交换外，一般的商品流通都必须以商人的资本为中介，即通过商人的各种贸易活动，使生产者的产品进入流通领域，成为商品，再销售到消费者手中。

民间商业最普通的形式之一，是小商小贩从事的商品贩卖活动。这种商贩活动又有两种情况：一是直接生产者兼营商贩的，他们把自己的手工业品或农副产品运到农村集市或城镇市场上出售，换取货币，以购买所需的生产资料和生活资料。这些小商贩实际上并不是专业商人，其交换活动也不是经常的。如刘备少孤，“与母贩履织席为业”①，是小手工业者兼小商贩。曹魏时的刘寔少贫苦，“卖牛衣以自给。然好学，手约绳，口诵书，博通古今”②，是因家庭贫困，临时去当了亦工亦商者。刘宋时的郭原平，“以种瓜为业，世祖大明七年（463）大旱，瓜渎不复通船……乃步从他道往钱塘货卖”③，是个兼做生意的园艺人。南齐时会稽陈氏有三女，岁饥，“三女相率于西湖采菱莼，更日至市货卖，未尝亏息”④，这是贫家妇女，因岁饥不得不从湖里采集一些菱莼到市上出卖，以维持生计。个体小生产者进行的商品交换，不是为了取得利润，而是为了取得他们所需要的生活生产资料，因此，这种商品交换没有商人资本活动的余地，不存在产生利润的客观条件，只是一种商品交换的低级经营形式。另一种则是专门从事小商品贩卖活动的职业商人，他们的特点是本小利微，流动性较大，所经营的商品种类比较单一，但他们所贩卖的商品都不是自己生产的，而是把已经生产出的商品进行单纯的贩运，自己在贱买贵卖的不等价交换中获取利润。如前秦王猛少贫贱，“以鬻畚为业，尝货畚于洛阳”⑤，是小商贩出身。刘宋时的庶族官僚戴法兴，家本贫穷，其父戴硕子，“贩纻为业”，法

---

① 《三国志》卷32，《蜀志·先主传》。
② 《晋书》卷41，《刘寔传》，《太平御览》卷828引此事。
③ 《宋书》卷91，《郭世道传附郭原平传》。
④ 《南齐书》卷55，《韩灵敏传》。
⑤ 《晋书》卷114，《苻坚载记附王猛传》。

兴少时也“卖葛于山阴市”[①]。南齐时傅琰为山阴令，曾有“卖针、卖糖老姥争团丝，来诣琰，琰不辨核，缚团丝于柱鞭之，密视有铁屑，乃罚卖糖者”[②]。又梁时的贺琛，山阴人，其伯父贺阳死后，“家贫，尝往还诸暨，贩粟以自给”[③]。傅昭幼时，随外祖父“于朱雀航卖历日”[④]。沈瑀贫穷时也曾自余姚“鬻瓦器，为富人所辱”[⑤]。上述王猛所贩之畚，戴法兴父子所贩之纻、葛，卖针、卖糖老姥所贩之针和糖，贺琛、傅昭、沈瑀所贩之粟、历日与瓦器，都不是自己生产的，而是把已经生产出来的商品转运到各地市场上进行贩卖。虽然他们所贩卖的商品数量较小，利润也不大，但他们的活动已经是专业性的商业活动，这就使生产者的产品通过贩运而成为商品，也就是说，流通过程与生产过程已经通过商人资本的中介而结合在一起了。魏晋南北朝时期，从事这种经营活动的小商贩在商人中占有相当大的比例，他们是真正的商业劳动者，也是商品流通职能的实际担任者，在农村集市、城镇市场以及交通线上，常常可以见到他们的身影。

民间商业的另一种形式是贩运贸易，从事贩运贸易的既有中小商人，也有为数甚多的富商大贾。自秦汉以来，就有“富商大贾，周流天下”的情况。魏晋南北朝时，尽管社会动荡不安，国家统一的时间不长，但贩运贸易并未衰落。如西晋统一全国以后，社会安定，商路通畅，为贩运贸易的发展创造了有利条件。史称“四海会同，九服纳贡，八方翼翼，公私满路，近畿辐辏，客舍亦稠”[⑥]，使各地区间的经济联系和贸易往来明显加强。东晋南朝时，由于社会环境安定，水路交通运输便利，贩运贸易也是十分发达的。如长江及其支流赣江、湘江、汉水以及三吴的运河网，都是当时大宗货物运输的主要交通线。在通往首都建康的水道上，“贡使商旅，方舟万计”，商品的流转量非常大。从事沿江贸易的商人，既有风波险阻辛苦跋涉的一面，又有逍遥自在获利

① 《宋书》卷94，《戴法兴传》。
② 《南齐书》卷53，《傅琰传》。
③ 《梁书》卷38，《贺琛传》。
④ 《梁书》卷26，《傅昭传》。
⑤ 《梁书》卷53，《沈瑀传》。
⑥ 《晋书》卷55，《潘岳传》。

丰厚的一面。庾信《江中贾客诗》云：“五两开船头，长桥发新浦。悬知岸上人，遥振江中鼓”。陈后主《估客乐》云：“三江结俦侣，万里不辞遥。恒随鹢首舫，屡逐鸡鸣潮”。就是对浮舟长江，来往经商的贾客生涯的写照。北朝的贩运贸易亦相当普遍，如北魏的大商人刘宝，“州郡都会之处，皆立一宅”，“舟车所通，足迹所履，莫不商贩焉。是以海内之货，咸萃其庭”①。在商人贩运的各种商品中，高级消费品与奢侈品占有相当的比重。所谓“竞收罕至之珍，远蓄未名之货。明珠翠羽，无足而驰；丝罽文犀，飞不待翼”②，就是指奢侈品的贸易。因为这类商品体轻价昂，只在卷握之间，便于远程异地贩运，所以一些富商大贾无不“挟轻资，蕴重积，以管其利”③。比较著名的土特产品，因产地与销地之间有较大的差价，也是商人们所喜贩运的商品。如益州所产的蜀锦、丝绵与川马名闻天下，刘宋时，“远方商人，多至蜀土，资货或有值数百万者”，时益州长史费谦等，想聚敛兴利，刻剥商贾，限定“布、丝、绵各不得过五十斤，马无善恶，限蜀钱二万”④。引起了商人的严重不满。除了奢侈品和土特产品之外，城市消费所需的粮食、布帛、柴炭、鱼肉、食盐等生活必需品，也离不开商人的贩运贸易。至于其他消费商品如绢、帛、纸、席、荻、炭、鱼、盐之类，均需通过商人进行长途贩运而来，然后批发给城市中的坐贾或店铺零销出售。北朝情况亦然。所以，城市经济的发展与繁荣，离不开贩运商人把城市所需的大量商品贩到消费地，贩运商将农村中的部分生产物转运到城市，又促使这一部分农产品商品化。因此，贩运商在城市和农村交换中起到了重要媒介作用，而且使城市和农村分散的农户都离不开他们，这也是贩运贸易发展与繁盛的历史条件。应当注意的是，贩运贸易是独立于生产以外的流通过程，其发展反映了商业经济发展水平还不高，商业资本还未参与生产，更没有从属于生产。这正如马克思所说的：“资本作为商人资本而具有独立的、优先的发展，意味着生产还没有从属于资本，就是说，资本还是在一个和资本格格不入的、不以它为转移的社会生产形式的基础上发展。因此，商人

① 《洛阳伽蓝记》卷4，《法云寺》。
② 《宋书》卷56，《孔琳之传》末史臣论。
③ 《晋书》卷26，《食货志》。
④ 《宋书》卷45，《刘粹传附刘道济传》。

资本的独立发展，是与社会的一般经济发展成反比例的”[①]。在这一意义上，贩运贸易的独立发展，正说明自然经济仍居统治地位，商品经济发展水平还不高。但贩运贸易的发展，与过去的社会经济更为落后的状态比，也未必不是经济发展的产物。尤其是一般的生活必需品，在贩运贸易中所占比重的增加，与过去以贩运奢侈品为主要内容的情况相比，不能不说是一个历史的进步。[②]

从事贩运贸易的商人是行商，与行商相对的则为坐贾。魏晋南北朝时期，坐贾贸易仍是民间商业的一种重要形式。坐贾一般都是有市籍的商贾之户，他们长期地固定地在城市的市内营业，或是收购个体生产者的商品，或是成批购买贩运商人从远地运来的商品，然后通过设在都市或城镇上的店铺零售给消费者，因此，坐贾贸易是零售商业的性质，与贩运商经营的转运批发贸易是不同的。为了方便顾客，市内店铺均按商品种类区别，经营同类商品的，鳞次栉比，各自排成行列，这种行列称为“列”、“肆”、“列肆”或“市列”。如左思《魏都赋》说：“班列肆以兼罗，设阛阓以襟带”。《蜀都赋》亦说：“市廛所会，万商之渊，列隧百重，罗肆巨千”。可见魏、蜀都城内列肆成行，店铺林立的繁盛景象。在城市或州郡都会之处，接鬻商品的坐贾只能在官府规定的商业区内进行交易，不许错乱，以便于政府市政官员的检查与管理。东晋王彪之在《整市教》中曾谓：“近检校山阴市，多不如法，或店肆错乱，或商估没漏”[③]。王彪之对此进行了整顿，使市内店肆以类分别，整然有序。坐贾经营的店铺种类很多，这些店铺大都是专门经销某一种商品的，若干同业店铺排列一起成为“肆”。如西晋时洛阳市内有帽肆、酒肆，南朝时广陵市内有葱肆，北魏平城市内有金肆、玉肆、洛阳市内亦有金肆、书肆等等，都是经营单一的专门化商品的店肆（详见后述）。有的店铺也有女子坐列肆贩卖的，如西晋时，阮籍“邻家妇有美色，当垆酤酒”[④]，刘宋时的《读曲歌》有诗云：“登店卖三葛，郎来买丈余，合匹与郎去，谁能断粗疏”[⑤]？就是女子当垆卖酒和

---

① 《资本论》第3卷，第366页。

② 吴慧：《中国古代商业史》（第二册），中国商业出版社1982年版，第265页。

③ 《初学记》卷24引。

④ 《世说新语·任诞》。

⑤ 《乐府诗集》。

坐店卖葛之证。有的城市手工业者也开设店铺，是自行制造自行销售的“作坊店铺”。如北魏洛阳城中的退酤、治觞、慈孝、奉终、通商、达货、上商等里，“多居工商货殖之民”，其中的酿酒者、制棺椁者、造瓦者以及屠贩为生者，即设有店铺，自制自售，工商兼营。坐贾贸易的发展，是社会分工发展的必然产物。魏晋南北朝时期，由于社会分工水平的提高，地区间贩运贸易的活跃，为坐贾贸易的发展创造了条件，城市零售商业也趋于繁荣。通过坐贾的接鬻商品和整购零销，不仅促进了商品流通，而且也满足了消费者的不同需求，从而对城市商业的发展与繁荣起了重要作用。

封建政权直接经营或垄断的官营商业也是一种重要的商业形态。官营商业的主要任务是实行盐铁专卖和榷酤，其办法是由官府设置专门机构，控制盐、铁、酒这几种重要商品的生产和疏通，以便从中获取大利，增加财政收入。这类官营商业虽然也是统治者剥削劳动人民的一种手段，而且所获商业利润甚巨，但这一部分商业利润是从商人资本的利润中分割出来的，特别是历代官府采取的盐铁专卖制度，在一定程度上抑制了豪强大贾对盐铁之利的垄断及其对小生产者的剥削，对于加强中央集权封建国家的物质力量，维持和发展农业生产是有利的。

南北朝时，封建官府也参与粮食、绢布等农副产品和其他物品的买卖，称为“和市”；有时官府也大量收购粮食，称为“和籴”，从而构成官营商业活动的又一重要方面。如刘宋武帝永初元年（420），即规定“台府所须，皆别遣主帅，与民和市，即时裨直”①，这是官府所需杂物的零星采购。南齐武帝永明五年（487），诏“京师及四方出钱亿万，籴米谷丝绵之属，其和价以优黔首”。“必是岁赋攸宜，都邑所乏，可见直和市，勿使逋刻”②。南齐政府的这次大规模“和市”，主要原因是由于南齐实行通货紧缩政策，致使钱币严重缺乏，农副产品价格跌落，长此下去，作为政府赋役来源的小农阶层就难以维持，这势必会影响到封建政权统治基础的巩固。因此，由政府以平价收购粮食等农副产品，及时投放一大笔民间急需的货币，乃是稳定市场物价，保护小农

---

①《宋书》卷3《武帝纪下》。

②《南齐书》卷3《武帝纪》。

经济的措施，积极意义还是比较大的。在北朝，封建政府为防备灾荒，曾沿用西汉创行的常平仓法，和籴民谷。北魏太和十二年（488）大旱饥荒，李彪建议“宜析州郡常调九分之二，京都度支岁用之余，各立官司，年丰籴积于仓，时俭则加（应作减字）私之二，粜之于人。如此，民必力田，以买官绢，又务贮财，以取官粟。年登则常积，岁凶则直给”。孝文帝同意此议，并付诸实施。“自此公私丰赡，虽时有水旱，不为灾也”①。孝明帝神龟正光之际，“自徐扬内附之后，收纳民资，与人和籴，积为边备”②，和籴又进一步推广。东魏迁邺，曾运诸州和籴粟入邺城③，可见官府收购贮藏的粮食确实不少。总之，由官府收购粮食的和籴和收购粮食与其他产品的和市，是规模颇大的一种官营商业活动。由于对小农经济来说，历来就是“穰岁粜贱，粜贱则稼苦；饥年籴贵，籴贵则商倍”，所以官府以较合理的价格收购粮食和农副产品，对稳定小农经济，抑制富商大贾的投机倒把活动有一定的积极作用。可是发展到后来，封建政府往往借和市和籴之名抑价强买民物，名“和”而实不“和”，在各种正税和杂税之外，成了横加在人民身上的又一负担。

第三节　商业都会、市场形制与市集贸易

一、商业都会及其分布

（一）北方商业都会的分布及其兴衰

两汉时期，具有商业性的都会多分布于黄河流域，以洛阳、长安为中心。魏晋南北朝时，黄河流域屡经战乱，一些原来的繁华都市或迭遭摧残，兴废无常；或长期荒废，堙没无闻；但也有一些较小的城镇由于政治、军事以及地理位置优越、交通运输发达等方面的原因，而发展成为新兴的商业都会。兹试以洛阳、长安、邺的兴衰为例，略加申论。

自古以来，洛阳号称“居天下之中”，“阃域中华，道理辐辏”④，地理位

① 《魏书》卷62《李彪传》、卷110《食货志》。
② 《通典》卷12，《食货·轻重》。
③ 《北齐书》卷2，《神武纪下》。
④ 《史记》卷4，《周本纪》。

置十分优越。东汉时，洛阳作为全国政治、经济、文化的中心长达160年。这种多中心的统一，使洛阳在全国各都会中处于独占鳌头的地位，城市经济繁荣，对外经济交往扩大，不但是全国最大的商业都会，也是当时世界最著名的经济中心之一。自汉末董卓之乱，“烧洛阳城外面百里，又自将兵烧南北宫，及宗庙、府库、民家，城内扫地殄尽”。当汉献帝由长安再回洛阳时，“洛阳宫室烧尽，街陌荒芜，百宫披荆棘，依丘墙间”[①]，这当然不可能再有商业活动。曹丕称帝，定都于此，历数十年的经营与发展，人口又大大增加，“其民异方杂居，多豪门大族，商贾胡貊，天下四会，利之所聚”[②]，商业的恢复已略有可观。西晋时因全国的统一，有利于南北各地的经济交往和商品流通，洛阳的都市经济得到较快的发展，商业亦因之而更趋繁荣。如晋灭吴后，洛阳“纳百万而罄三吴之资，接千年而总西蜀之用”[③]；“八方翼翼，公私满路，近畿辐辏，客舍亦稠”[④]，四方商客大量汇集于洛阳。随着都市商品交换的活跃，洛阳市场的规模亦不断扩大。晋时洛阳置尉五，部三市；大市又名金市，在大城中；马市在城东，阳市在城南，是专门进行商品交易的场所。在各商业区内，店肆林立，物品杂陈，买卖交易，荟萃于此。因而晋武帝时齐王攸奏事称：“都邑之内，游食滋多，巧伎末业，服饰奢丽，富人兼美，犹有魏之遗弊”[⑤]，足见其商业的繁荣。至晋末永嘉之乱，洛阳又遭摧残，史称“自晋宋以来，号洛阳为荒土”[⑥]。直到北魏崛起朔漠，逐步统一中原，洛阳依然是“城阙萧条，野无烟火”[⑦]，衰败不堪达100多年。但从北魏孝文帝太和十九年（495）迁都洛阳起，到东魏孝静帝天平元年（534）迁邺止，洛阳又从荒败的废墟上发展成为北部中国的政治、经济、文化中心，其商业的兴盛与繁荣也远远超过了魏晋。据《洛阳伽蓝记》所载，北魏洛阳城“东西二十里，南北十五里”，城中居民多达10.9万余户，共有220个里坊。由于城市规模的扩大，

① 《三国志》卷6，《魏志·董卓传》及注引班彪：《续汉书》。
② 《三国志》卷21，《魏志·傅嘏传》注引《傅子》。
③ 《晋书》卷26，《食货志》。
④ 《晋书》卷55，《潘岳传》。
⑤ 《晋书》卷38，《齐王攸传》。
⑥ 《洛阳伽蓝记》卷2，《景宁寺》。
⑦ 《魏书》卷31，《于栗○○传》。

都市经济的发达，洛阳的商品交易市场也较晋代增多。在城东建春门外有马市，系在晋代马市旧址上所建，是进行大牲畜买卖的交易市场。晋代的金市已废，北魏时在凌云台西，千秋门外另立了一个金市（在晋金市之北），“兑为金，故曰金市”，是小本经纪的小商贩、小手工业者的营业场所。在商业上占有重要地位，并且最为繁华的，则是这时新设的洛阳大市、洛阳小市和四通市3个市。洛阳大市坐落城西，周回八里，市内满布商业和手工业的店肆，沽贩云集，商品繁多。为了便于贸易，当地的工商业者也集中居住在大市的周围，形成一个规模很大的工商业贸易区。如大市的东面有“通商、达货二里，里内之人，尽皆工巧，屠贩为生，资财巨万”；“市南有调音、乐律二里，里内之人，丝竹讴歌，天下妙伎出焉”；“市西有退酤、治觞二里，里内之人多酿酒为业”；“市北慈孝、奉终二里，里内之人以卖棺椁为业，赁輀车为事”；在大市外的东北角，“别有准财、金肆二里，富人在焉”①。“凡此十里，多诸工商货殖之民”。连里的名称也无不与工商业有关，反映出其各自经营范围，真是名副其实的工商货殖萃荟之所在。这些工商业者多以经商致富，拥有巨万资财，所谓“千金比屋，层楼对出，重门启扇，阁道交通，迭相临望。金银锦绣，奴婢缇衣。五味八珍，仆隶毕口”②，其生活奢侈，居所豪华之状，炫目惊人。从经营工商业者人数之多，财富之厚，也可看出大市内商品交易的繁盛景象。洛阳小市在城东南，孝义里东，“民间号为吴人坊，南来投化者多居其内。近伊、洛二水，任其习御。里三千余家，自立巷市，所卖口味，多是水族，时人谓为鱼鳖市也”③。四通市位于城南宣阳门外，洛水之旁，因洛水上有永桥，市即在永桥附近，故民间又谓之永桥市。四通市靠近外国商客、使臣及四方归附之人居住的四馆四里（即金陵、燕然、扶桑、崦嵫四馆与归正、归德、慕化、慕义四里），这里有“附化之民，万有余家”，“天下难得之货，咸悉在焉”④，所以四通市实际上是与诸国商旅、使臣、归附者市易的国际贸易市场，像南方来的珍奇异物，西北来的牲畜毛皮，中亚诸国以及大秦、波斯

① 《洛阳伽蓝记》卷4，《法云寺》。
② 《洛阳伽蓝记》卷4，《法云寺》。
③ 《洛阳伽蓝记》卷2，《景宁寺》。
④ 《洛阳伽蓝记》卷3，《龙华寺》。

等地出产的金银饰物、水晶钵、玛瑙杯、赤玉卮等高级工艺品和香料、石蜜、琉璃、宝石等，纷然陈列于这里的店肆中出售。可见洛阳不仅是北方地区的商业贸易中心，也是当时中外贸易的总汇，国际性的商业大城市。但是洛阳的繁荣只维持了40多年，自北魏分裂为东西魏后，这里又成了双方争夺的战场。高欢挟魏帝迁邺，连宫殿建筑的木材也拆运入邺，洛阳从此又形衰落。后来杨衒之重游洛阳，看到的是“城郭崩毁，宫室倾覆，寺观灰烬，庙塔丘墟，墙被蒿艾，巷罗荆棘。野兽穴于荒阶，山鸟巢于庭树”①。昔日繁华的洛阳城又变成断垣残壁，一片凄凉。

长安地处关中，河山四塞，据留之势胜于洛阳，故秦、西汉相继建都于此，人物殷盛，富甲天下。东汉时以洛阳为国都，长安的政治经济地位较前降低，但其凭借自身的经济实力，以及关中地区发达的经济基础，仍然是具有全国性规模的大商业都会之一。汉末董卓之乱，长安遭到严重破坏，城中几十万户居民或死或逃，“长安城空四十余日，强者四散，羸者相食，二三年间，关中无复人迹”②。至曹魏实行屯田制后，关中流民还乡生产，逐渐改变了荒凉残败的面貌，长安的城市经济日渐恢复，商品交换亦趋活跃。如魏明帝时司马懿在长安立军市，设军市侯掌管市易，但“军中吏士多侵侮县民”③。军市的设置是为了招徕商人，贸易以供军中所需；这种市不是永久固定的商品交易市场，而是在驻扎军队的地方，临时设立的一种定期的市。随着城市商业的发展，长安城内也出现了固定的交易场所，在市中交易的经纪人称为“市侩”，并由官设“市吏”进行监督与管理。《三国志·魏志·裴潜传》注引《魏略》说：长安市侩刘仲始，“为市吏所辱，乃感激，蹋其尺折之，遂行学问”。这个市吏，就是管理长安“市”的官吏，各种商业活动都在市内进行，可见当时长安的商品交易已具有一定的规模。晋末永嘉之乱，匈奴刘曜攻陷长安，将城内洗劫一空，史载“长安城中，户不盈百，墙宇颓毁，蒿棘成林”④，致使刚有起色的城市商业又趋衰落。十六国时，前秦都于此，民户渐实，尤其是苻

---

① 《洛阳伽蓝记》序。
② 《后汉书》卷102，《董卓传》。
③ 《三国志》卷16，《魏志·仓慈传》注引《魏略》。
④ 《晋书》卷5，《孝愍帝纪》。

坚统一北方之后，“关陇清晏，百姓丰乐”，从各州通往长安的道路上，“二十里一亭，四十里一驿。旅行者取给于途，工商贸贩于道”[①]，四方商客汇集长安，都市经济复见繁荣。重建之后的长安城，气势宏伟，街道整齐，杨槐成行，车马填塞，“百姓歌之曰：长安大街，夹树杨槐，下走朱轮，上有鸾栖”[②]。商业的发达，使长安城内出现了许多家累千金的富商大贾，如商人赵掇等，“车马衣服，僭同王者”；“车服之盛，拟则王侯”[③]。为了抑制大商人的奢侈风尚，苻坚时规定工商皂隶等不得服金银锦绣，“不得乘车马于都城百里之内”[④]，于此亦可见长安商业的发达和商人的豪富了。前秦瓦解后，长安又遭破坏，至后秦再建都于此，民户复渐集。但刘裕破长安时，“城内夷晋六万余户”[⑤]，徙其百工伎巧等民户而南，自后沦于荒残者110余年。直到西魏、北周时，复以长安为都，其城市经济与商业活动又得到较快的恢复与发展。“青绮春门，沟渠交映”，“绿槐秋市，舟楫相通”[⑥]。关中水道直通长安。西魏文帝时，“有贾人持金二十斤，诣京师交易”[⑦]，足见其市内商业之盛，商品交易额之大。长安还是西域商人荟萃之地，对外的商业交往也不断增多。正是因为长安都市经济的发展，对外贸易往来的扩大，不仅增强了北周的国力，最终灭掉北齐，而且为隋、唐继续建都于此奠定了坚实的基础。

与洛阳、长安不同，位于河北平原的邺原是秦的一个小县，汉代为魏郡治所。但其地北接涿蓟，南通郑卫，所谓“河北之襟喉，天下之腰脊”[⑧]，战略地位十分重要，故汉末豪强无不竭力而争之。建安年间，鉴于东西二京被董卓烧成一片瓦砾，无法寄居，曹操遂挟汉献帝建都于邺，对之经营备至，从别处迁来大量人户居住，邺遂由一个默默无闻的小县，一跃而成为当时北方的政治经济文化中心，发展为新兴的商业大都会。左思在《魏都赋》中描写邺都的

---

① 《晋书》卷113，《苻坚载记上》。
② 《晋书》卷113，《苻坚载记上》。
③ 《晋书》卷113，《苻坚载记上》。
④ 《晋书》卷113，《苻坚载记上》。
⑤ 《宋书》卷45，《王镇恶传》。
⑥ 《庾子山集》：《终南山义谷铭并序》。
⑦ 《周书》卷22，《柳庆传》。
⑧ 《读史方舆纪要》卷49，《彰德府》。

商业盛况时说："廓三市而开廛，籍平逵而九达。班列肆以兼罗，设闤阓以襟带。济有无之常偏，距日中而毕会。抗旗亭之峣薛，侈所頫之博大。百隧毂击，连轸万贯，凭轼捶马，袖幕纷半。壹八方而混同，极风采之异观。质剂平而交易，刀布贸而无算。财以工化，贿以商通，难得之货，此则弗容。器周用而长务，物背窳而就攻。不鬻邪而豫贾，著驯风之醇酞"。可见邺都市内列肆兼罗，货贿山积，摩肩接踵，熙熙攘攘，市场交易之盛，规模之大，跃然纸上。曹丕称帝，都洛阳，邺仍列为五都之一（五都是邺、洛阳、许昌、长安和曹操的老家谯）。魏末石苞为县吏，"被使到邺，事久不决，乃贩铁于邺市"，市长赵元儒见而异之，因与结交[①]。则邺作为一方都会，依然保持其固有的繁荣。十六国时期，后赵石虎曾自襄国移都于此，工商业得到较大的发展，然冉闵之乱时，诸羌胡互相杀戮，饥疫死亡，邺的工商业也毁于战乱。此后前燕慕容氏复都于此，至慕容暐败亡而再毁，苻坚徙其王公以下并鲜卑4万余户于长安，邺从此又衰落了。北魏统一北方之后，邺的地位又趋重要，史称"邺城平原千里，漕运四通"[②]；又说"邺、洛市廛，收擅其利"[③]。可见随着水陆交通条件的改善，以及社会经济的发展，邺又成为河北平原的重要都会。北朝后期，东魏、北齐相继建都于邺，人口增加，城区扩大，商业亦因之而更趋繁荣。东魏孝静帝迁邺时，随之北徙的军民有40万户，由于人多城狭，尚书仆射高隆之领营构大将，"增筑南城，周回二十五里"[④]，营构建设比之北魏更加宏伟。据《嘉靖彰德府志》卷8《邺都宫室志》载，自东魏迁邺之后，"四民辐辏，里闾阗溢，盖有四百余坊"；又说邺都有东、西二市，"东市，在东郭；西市，在西郭"。北齐时邺都为工商货殖荟萃之地，风俗流宕，浮华日滋。《隋书·地理志》说："魏郡，邺都所在，浮巧成俗，雕刻之工，特云精巧，士女被服，咸以奢丽相高，其性所尚习，得京、洛之风矣"。可见邺都是一个非常繁荣的大都会。至北周灭北齐，周武帝下令拆毁邺城宫殿等建筑。580年，北周相州总管尉迟迥为反对杨坚篡政，据邺起兵，杨坚派兵镇压，

---

① 《晋书》卷33，《石苞传》。

② 《魏书》卷67，《崔光传》。

③ 《魏书》卷66，《李崇传》。

④ 《北齐书》卷18，《高隆之传》。

“相州平，移相州于安阳，其邺城及邑居皆毁废之”[①]。这样，一代北方名城与商业都会，留下的只是荒凉残破的一片废墟了。

此外，北魏前期的首都平城（今山西大同），北齐晋阳（今山西太原），北周汴州（今河南开封），也都是当时新兴的商业都市。平城地处雁北，秦汉时属雁门郡，魏晋因之。十六国时，平城为拓跋鲜卑之代王国所有，成为拓跋猗卢的南都。北魏道武帝天兴元年（398），自盛乐（今内蒙古和林格尔）迁都于此，延续至孝文帝太和十七年（493），历六帝七世，为都凡96年。北魏平城经过历代营构扩建，有宫城、内城、外城，规模宏大。如拓跋珪天赐三年（409），发八部五百里男丁筑灅南宫，规立外城，“引沟穿池，方二十里，分置市里，经途洞达”[②]，则平城外城是重要的商业区，市里分设，整然有序，道路四达，人烟稠密，于此亦可想见商品交易的繁盛情况。献文帝时，平城市内还设有专卖高级消费品的“金肆、玉肆”[③]，宝货满目，任情交易，生意很是发达。这一时期，统治者曾规定“分别士庶，使技作屠沽，各有攸处”；有时还下令“禁饮食杂戏，弃本沽贩者”[④]，这些都反映出当时平城市内从事饮食、屠沽、贩卖等商业活动的兴盛景象。不过，平城地位偏在代北，经济生产不能满足首都日益增长的需要，加之这里是拓跋旧贵族的根据地，旧习俗浓厚，商业意识不强，这些都在一定程度上限制了平城都市商业的进一步发展，因而其商业发展实不如邺都。所以当孝文帝南徙洛阳后，由于政治中心地位的丧失，而平城本身又缺乏应具备的经济实力和有利因素，遂不可避免地陷入日益衰落的境况之中。

晋阳自古就是北方重镇，地当冲要。十六国时，刘琨、刘曜、石勒、鲜卑段匹磾、前燕慕容儁、前秦苻坚等先后交替攻战，争夺晋阳。北朝时，尔朱荣盘踞于前，高欢跋扈于后，北齐更定晋阳为别都，并进行大规模的营建。《元和郡县图志》卷13太原府晋祠条引姚最《序行记》载：“高洋天保中，大起楼观，穿筑池塘，自洋以下，皆游集焉。至今为北都之盛。”后主高纬时，又

---

① 《周书》卷8，《静帝纪》。

② 《魏书》卷2，《太祖纪》。

③ 《魏书》卷53，《李孝伯传附李安世传》。

④ 《魏书》卷60，《韩显宗传》；卷4《恭宗纪》。

“于晋阳起十二院，壮丽逾于邺下”①。由于城市的扩大，消费人口大量增加，商业也跟着发展起来。各地商人纷纷贩运商货至晋阳贩卖，一些官僚为贪图厚利，也加入贩运贸易的行列中来。如北齐中散大夫李岳，“尝为门客所说，举钱营生，广收大麦载赴晋阳，俟其寒食以求高价”②，就是典型的例子。但晋阳商业的繁荣，在很大程度上是为统治者服务的，包括了奢侈品贸易的虚假繁荣。故周武帝灭北齐后曾下诏说：“伪齐叛涣，窃有漳滨，世纵淫风，事穷彫饰”；又说：“并、邺二所，华侈过度”③。可见晋阳与邺都风俗相同，人尚浮华，末业颇盛。后来周武帝下令拆毁邺都、并州（晋阳）两地的宫殿等建筑，晋阳也随之衰落了。

北朝后期，地处黄河下游的汴州也逐渐发展起来，成为新兴的商业都会。隋初杨坚曾“恶其殷盛”，因命令狐熙为汴州刺史，“禁游食，抑工商”④。说明汴州的游食商贩不少，工商业比较发达，可见当时的汴州已是个民户殷盛和商业繁华的重要城市了。

（二）南方商业都会的勃兴

魏晋南北朝时代是南方商业都会大量兴起的时代。这一时期，除了原有的大都会（如成都）仍保持其固有的兴旺与繁荣外，又增加了许多新的商业都会。这些新兴的商业都会，不仅集中反映了当时南方商业的发达程度和繁荣景象，而且也从根本上改变了汉代以来在商业都会分布上所形成的北重南轻的旧格局。南方商业都会的大量兴起，无疑与其地理位置及当时的政治、经济、军事等因素密切相关，但具体说来主要原因有三：一是南方经济的开发和商业的发展，为商业都会的出现奠定了基础；二是南方动乱较少，社会大体安定，为商业都会的兴起及其持续稳定的发展创造了条件；三是南方水陆交通便利，贩运贸易兴旺，一些位于交道孔道或河川津渡之旁的小城镇，适宜于作商货聚散中心，从而使本来不是为商业需要而兴建的城镇，现在都很自然地发展为商业都会。因此，南方商业都会的大量兴起，从根本上说是经济发展、商业发展的

① 《北齐书》卷8，《后主纪》。
② 《太平御览》卷838引《三国典略》。
③ 《周书》卷5，《武帝纪》。
④ 《隋书》卷56，《令狐熙传》。

产物，同时也是水陆交通便利和商品流通发达的必然结果。

魏晋南北朝时，建康（亦名建业、建邺）是东吴、东晋以及宋、齐、梁、陈六朝的都城，也是南方新兴的最大的商业都会。建康原名秣陵，在两汉时仅为丹阳郡的一个小县。自孙权于建安十六年（211）在这里建都，改名建业后，民户渐实，商业繁盛，不仅是江南的政治文化中心，也是当时的商业贸易中心。左思在《吴都赋》中说："水浮陆行，方舟结驷，唱櫂转毂，昧旦永日。开市朝而并纳，横阛阓而流溢，混品物而同廛，并都鄙而为一。士女伫眙，商贾骈坒，纻衣絺服，杂沓傱萃。经舆按辔以经隧，楼船举帆而过肆，果布辐辏而常然，致远流离与珂珬。綀賄纷纭，器用万端，金镒磊砢，珠琲阑干，桃笙象簟，韬于筒中，蕉葛升越，弱于罗纨。㒍言㹤猡，交贸相竞，喧哗喤呷，芬葩荫映，挥袖风飘而红尘昼昏，流汗霡霂而中逵泥泞"。文学语言不免刻画铺张，但也确实反映出吴都市内沽贩云集，店肆林立，士女如潮，交贸相竞的繁荣景象。东晋南朝时，建康的都市经济得到进一步发展，城市商业也更为繁盛。据山谦之《丹阳记》载，东晋时，"京师四市：建康大市。孙权所立；建康东市，同时立；建康北市，永安中立（永安为吴主孙休年号）；秣陵斗场市，隆安中发乐营人交易，因成市也"①。则秣陵斗场市，是东晋安帝隆安年间（397～401）发展起来的。在秦淮河两岸也有不少市，其"北有大市百余，小市十余所"②，可见建康城内外形成了众多的商业区，大市、小市星罗棋布，列肆、店铺鳞次栉比，商品交易之盛，不难想见。南朝梁时，建康城经改建扩建，规模更加宏大，《金陵记》说："梁都之时，户二十八万。西石头城，东至倪塘，南至石子岗，北过蒋山，南北各四十里"③。如以每户五口计算，则有一百四十万人，这在当时实为罕见的大都会。梁末侯景之乱，建康受到很大破坏，及王僧辩破侯景，"都下户口，百遗一二，大航南岸，极目无烟"④。但陈时又逐渐恢复，隋炀帝灭陈后，建康仍是"小人率多商贩，君子

① 《太平御览》卷827引。

② 《隋书》卷24，《食货志》。

③ 《资治通鉴》卷162，《梁纪》18胡注引。

④ 《南史》卷80，《侯景传》。

资于官禄，市廛列肆，埒于二京”（长安、洛阳）[①]，其商业繁荣景象似在长安、洛阳之上，所以隋时犹为杨广所系恋。因此，在六朝时期，建康凭借其政治中心地位，以及三吴地区发达的经济基础，成为南方新兴的且日臻繁荣的最大商业都会。

除建康之外，长江下游三角洲一带，京口、广陵、吴兴、会稽、山阴、宣城、毗陵、余杭、东阳等处，在东晋南朝时也都是新兴的商业城市。京口即今镇江市，孙权初镇丹徒，谓之京城，后迁建业，于此置京口镇。其地“襟带江山，表里华甸，经途四达，利尽淮海”[②]。“宋氏以来，桑梓帝宅，江左流寓，多出膏腴”[③]。可知京口位处四通八达之地，又是宋刘氏南徙之故乡，故刘宋以后京口号为重镇，逐渐发展成为仅次于建康的一大商业都会。史称京口“因山为垒，望海临江，缘江为境，似河内郡，内镇优重”[④]；又说“京口东通吴、会，南接江、湖，西连都邑，亦一都会也”[⑤]。足见其商业的繁荣。山阴即今浙江绍兴市，南朝时为会稽郡治所。东晋以来即为商旅荟萃之地，市内店肆很多。宋时“山阴民户三万，海内剧邑”[⑥]。这里还是两浙绢米交易的中心，山阴道上“商旅往来”，“征货贸粒”，仅钱塘、浦阳两江的牛埭税（过堰税），一年就可征收到400万之多[⑦]。它如宣城、毗陵等地，其俗亦同丹阳、京口，是繁华的商业都会。《隋书·地理志》：“宣城、毗陵、吴郡、会稽、余杭、东阳，其俗亦同。然数郡川泽沃衍，有海陆之饶，珍异所聚，故商贾并凑”。还有临海、永嘉、新安、吴兴、义兴，这些城市在南朝时都已兴起了。以京口、山阴等富庶城市著称的长江和钱塘江下游三角洲地带，可算是当时南方的一个经济和商业重心。

长江中游的大城市首推荆州（治所江陵）。这里物产丰富，交通冲要，绾

① 《隋书》卷31，《地理志下》。
② 《宋书》卷5，《文帝纪》。
③ 《南齐书》卷14，《州郡志上》。
④ 《南齐书》卷14，《州郡志上》。
⑤ 《隋书》卷31，《地理志下》。
⑥ 《宋书》卷81，《顾觊之传》。
⑦ 《南齐书》卷46，《陆慧晓传附顾宪之传》。

“雍、岷、交、梁之会”，“良马劲卒，彼中不无；良皮美罽，商赂所聚”[①]，故史称“江左大镇，莫过荆扬”[②]。郢州与荆州隔江相对，是荆州以外的另一重镇。郢州治夏口（今湖北武汉），“边江峻险，楼橹高危，瞰临沔汉，应接司部”[③]，由于地居形要，控接湘川，边带涢沔，故也是一个重要的货物散集地和商业都会。江陵、夏口之外，豫章（今江西南昌）、湓口城（今江西九江）在东晋南朝时已开始发迹，但还未形成商业发达的都会。

南朝北境的大城市是寿春和襄阳。寿春即今安徽寿县，在淮、泗、汝、颍交错的区域，是南北交通的咽喉，军事攻守的重镇。当时南北互市主要就是在淮上进行，所以寿春遂成为淮南的一个重要都会。史称“寿春，淮南一都之会，地方千余里，有陂田之饶”[④]。又说：“彼寿阳（寿春）者，南引荆、汝之利，东连三吴之富；北接梁、宋，平涂不过七日；西援陈、许，水陆不出千里。外有江湖之阻，内保淮肥之固。龙泉之陂，良畴万顷，舒六之贡，利尽蛮越。金石皮革之具萃焉，苞木箭竹之族生焉”[⑤]。故北魏时曾于“南垂立互市，以致南货，羽毛齿革之属，无远不至”[⑥]，寿春与之相对，是南北的通商要地。襄阳据汉水中游，“疆蛮带沔，阻以重山，北接宛洛，平涂直至，跨对樊沔，为鄢郢北门”[⑦]，是南北交通的孔道，故遂为人物荟萃之所，成为南北进行物质交流的又一重镇。《隋书·地理志》说：“自晋氏南迁之后，南郡（荆州）、襄阳，皆为重镇，四方凑会”。但梁末大乱，东魏取得淮南和广陵，西魏取得益州和襄阳。陈时自巴陵（岳阳）至建康，与北朝以长江为界，于是寿春与襄阳，作为南朝在长江以北的两个重要商业都会和南北通商据点，遂成了历史的陈迹。

成都是历史悠久的大商业都会。三国时蜀汉建都于此，成为西南地区的政治经济文化中心，商业也因之而比两汉时更加繁荣。左思在《蜀都赋》中称：

---

① 《南齐书》卷25，《张敬儿传》。
② 《南齐书》卷15，《州郡志下》。
③ 《南齐书》卷15，《州郡志下》。
④ 《南齐书》卷14，《州郡志上》。
⑤ 《晋书》卷92，《伏滔传》载滔著《正淮》上篇。
⑥ 《魏书》卷110，《食货志》。
⑦ 《南齐书》卷15，《州郡志下》。

"金城石郭，兼匝中区，既丽且崇，实号成都。辟二九之通门，画方轨之广途。……市廛所会，万商之渊，列隧百重，罗肆巨千，贿货山积，纤丽星繁。都人士女，袨服靓妆，贾贸墆鬻，舛错纵横。异物崛诡，奇于八方，布有橦华，面有桄榔。邛杖传节于大夏之邑，蒟酱流味于番禺之乡。舆辇杂沓，冠带混并，累毂叠迹，叛衍相倾。喧哗鼎沸，则哤聒宇宙，嚣尘涨天，则埃壒曜灵。"可见成都商业繁盛之一斑。晋末经巴氏李氏之乱，成都颇受摧残，李焘以"郊甸未实，都邑空虚……乃徙傍郡户三丁已上以实成都"[①]，其工商业又逐步恢复。东晋南朝时，成都为西陲最大的商业城市，蜀锦、川马，驰名中外，资财百万的富商大贾，经常出没于此。史称成都"方面疆镇，涂出万里……州土瓌富，西方之一都也"[②]；又说："蜀都，其地四塞，山川重阻，水陆所凑，货殖所萃，盖一都之会也"[③]。然至萧梁末年，在萧氏内乱中，益州已归西魏所有了。

广州治所在番禺，这个汉时兴起的商业都会，是岭南最大的城市，也是东晋南朝时对外贸易的中心。《南齐书·州郡志》说："广州镇南海，滨际海隅，委输交部……卷握之资，富兼十世"。《隋书·地理志》亦说："南海、交趾，各一都会也。并所处近海，多犀、象、瑇瑁、珠玑，奇异珍玮，故商贾至者，多取富焉"。由于广州富庶，番禺商业繁盛，所以凡官广州者皆多黩货，常致巨富，以致世云"广州刺史但经城门一过，便得三千万"[④]，可见这个肥缺为贪官污吏所垂涎。广州之外，交州也是南境的一大对外贸易港口。史称"交州镇交趾……外接南夷，宝货所出，山海珍怪，莫与为比"[⑤]，故东晋南朝时常以交、广并称，是南境两大著名商业都会。

综上可知，六朝时南方有许多商业繁盛的城市。在这些城市中，有的在汉代就已有发达的商业，到这时依旧是繁华如昔，但更多的城市，尤其是长江中下游和淮河流域的城市，却是在六朝时新兴的。南方商业城市的不断增加，使

---

① 《晋书》卷121，《李焘载记》。
② 《南齐书》卷15，《州郡志下》。
③ 《隋书》卷29，《地理志上》。
④ 《南齐书》卷32，《王琨传》。
⑤ 《南齐书》卷14，《州郡志上》。

汉代以来全国商业都会的分布格局发生了巨大的变化，它不仅标志着这一时期的南方商业在朝着更加广阔的方向上发展，已不再是稀稀落落的几个商业城市，而且也标志着其商业发达程度大大超过前代，并且正逐步赶上甚至超过了同时期的北方，从而为隋唐以后南方商业的进一步发展与繁荣，打下了良好的基础。

二、城市市场的组织与管理

市场是和商品经济相联系的一个经济范畴。只要存在着商品生产，就必然有市场和商品交换。列宁指出："商品经济出现时，国内市场就出现了。国内市场是由这种商品经济的发展造成的，社会分工的精细程度决定了它的发展水平"[①]。魏晋南北朝商业的发展，首先表现在城市的繁荣上，而城市经济的发展，又是与城市市场的繁荣与稳定分不开的。因此要了解这一时期商业发展的面貌，市场活跃的情况，就必须对当时的市制、市场组织与管理等进行具体的说明。

自秦汉以来，城市规划一直是实行里市分设制度，住宅区称里（坊），商业区称市。各里各市四周都有围墙，里中的居民，市中的店肆，都在各自划定的特殊区域之内，不许混杂。在各住宅区四面设有出入之总门，除总门外，各家不得当街破墙辟门，这一制度到曹魏时迄未改变。如《初学记》卷24引《魏王奏事》："出不由里门，面大道者名曰第。爵虽列侯，食邑不满万户，不得作第，其舍在里中，皆不称第。"就是指的这种情况。只有地位特殊的大贵族才能当街辟门，他们的住宅才能称第。魏明帝时"差次舅氏亲疏高下，叙用各有差"，"以（甄）畅为射声校尉，加散骑常侍，又特为起大第"[②]，这位舅氏该是食邑满万的大贵族了。与里相分隔的市，是城市中进行商品交易的场所，市区的四周亦有围墙，并设市门供交易者出入。左思《魏都赋》说："班列肆以兼罗，设阛阓以襟带"。《吴都赋》亦说："开市朝而并纳，横阛阓而流溢"。所谓"阛阓"就是指的围墙与市门，如崔豹《古今注》曰："阛，市垣

① 《列宁选集》第一卷，人民出版社1972年版，第189页。

② 《三国志》卷5，《魏志·文昭甄皇后传》。

也；阓，市门也”。颜延之《纂要》则曰：“市巷谓之阛，市门谓之阓”①。可见三国时的邺都之市与建业之市，都设在围墙之内，市内店铺林立，列肆兼罗，交易者由市门出入，是城市中进行各种商业活动的特定场所。大都市之外，其他中小城市中的市区均设有围墙与市门。如魏文帝黄初二年（221），曹丕南巡到宛（今河南南阳），“有诏百官不得干豫郡县，及车驾到，而宛令不解诏旨，闭市门，帝闻之，愤然曰：‘吾是寇邪?’乃收宛令及太守杨俊”②。又宋文帝元嘉二十七年（450），魏主拓跋焘南伐，至彭城（时属宋，今江苏徐州），遣蒯应，李孝伯等“至小市门，致意求甘蔗及酒。孝武遣送酒二器，甘蔗百挺”③。是宛市、彭城小市皆有市门。北朝各城市的市，仍沿用围墙门禁之制。东魏孝静帝武定六年（548），规定“京邑（邺）二市、天下州镇郡县之市，各置二称，悬于市门”④。北周宇文觉即位（557），曾革除“市门税”，及周宣帝时“复兴入市之税，每人一钱”⑤。不管是买者卖者，成交还是未成交，只要进市门就得交一钱。如果不是市的四周有围墙遮挡，必须由市门才能出入，“市门税”之征收就无从谈起了。

在里、市分设制度下，城市市场由官府指定固定地点，一般是按《周礼》所规定的“左祖右社，面朝后市”的方向设置，即市区须建在城内的北部地区，位于宫庙之后。店肆只能在市内开设，商品交易活动在市内进行。在繁华的大都市中，往往有两个以上的市，市的设立、规模与多寡，主要是根据城市经济的发展和统治者的需要来决定的。如东吴时建业有3市（大市、东市、北市），至东晋时发展为4市（增设斗场市），此外秦淮河北又有大市百余和小市十余所；西晋时洛阳有3市（金市、阳市、马市），到北魏孝文帝迁洛后增设大市、小市和四通市3个市。而且北魏洛阳的市主要在城南，这种市南宫北的城市规划，与《周礼》所载宫南市北的旧制比，已大大不同了。在中小城市则设有规模较小的市，如襄平市、北海市、宛市、山阴市、广陵市、彭城

① 《初学记》卷24引。

② 《三国志》卷23，《魏志·杨俊传》注引《魏略》。

③ 《宋书》卷46，《张邵传附张畅传》；《魏书》卷53《李孝伯传》。

④ 《魏书》卷110，《食货志》。

⑤ 《通典》卷11，《食货·杂税》。

市、余杭市、襄国市、丰国市、上党市、晋阳市等等。有的还设有一个以上的市，如《三国志·魏志·公孙度传》有“襄平北市生肉长围各数尺”之语，既称北市，必有南市或东西市[①]。又上引刘宋时彭城有“小市门”，既有小市，亦应有与之对称的大市。至于市的增置与迁移，也都由官府视需要而以命令行之。如刘宋时沈邵“出为钟离太守……郡先无市，江夏王义恭为南兖州”，启宋文帝“置立焉”[②]。可见官府认为必要，可以增置市，以广招徕。有时，官府照例也可下令将市迁徙到另一地方。梁简文帝《移市教》说：“日中总会，交贸迁移，虽樊无外取，要得所求，而旗亭旧体，自有常处，不容近违孔奋，远逐曹参，正恐旧肆盈虚，或成雕废”[③]。这是说前此移市不当，宜将市场移回旧日处所。需指出的是，南北朝后期，商人们为了营业方便，多招揽顾客，已试图冲破商业活动被限制在城市市区之内的陈规，而向城外交通要道和人们往来频繁的地方发展了，有的经过官府同意已移市城外，但有时也会引起居住在城内的官僚的反对。如北周庾信在《答移市教》中说：“希风慕义之士，举袂成帷；卧辙攀车之人，摩肩相接。遂使王充阅书之处，远出荒郊；石苞贩铁之所，翻临崖岸。圣德谦虚，未安喧湫，欲令吹箫舞鹤，还返旧廛，卖卜屠羊，请辞新阛”[④]。这个代表权贵利益的大官僚不赞成将市移出城外，而主张应迁回原来的地方，以恢复那里商业的繁荣。南北朝时屡有移市之举，在多数情况下是商业的发展与原有的固定不移的旧形式之间矛盾的一种表现，它反映出在里市分设制度下，由官府设定的固定市场已日益显示出其空间结构的呆板性和落后性，越来越成为限制城市商业自由发展的一种障碍了。

各城市中的市不仅有固定地点，是城内的一个特殊区域，而且开市、罢市都有规定的时间限制。城内的各种交易活动只限定在白天进行，到了交易时间，开启市门，人皆侧肩争门而入，罢市之后，人又夺门而出，各自散去。在非交易时间，要将市门关闭，逗留不去者还要处罚。因此市内的交易活动以中午为最盛，即所谓“日中为市”。如左思《魏都赋》说：“济有无之常偏，距

① 说本李剑农，见所著《先秦两汉经济史稿》，三联书店 1957 年版，第 208 页。

② 《宋书》卷 100，《自序·沈邵传》。

③ 《全梁文》卷 9。

④ 《初学记》卷 24 引。

日中而毕会”。梁庾肩吾《看放市诗》说：“旗亭出御道，游目暂回车。……日中人已合，黄昏故未疏”[①]。陈时张正见为此还专写有《日中市朝满诗》：“云阁绮霞生，旗亭丽日明，尘飞三市路，盖入九重城”[②]。可见在正午交市的高峰时，人群拥挤，车马填塞，摩肩接踵，尘土飞扬，一派交易繁忙景象。为了掌握贸易时间，北魏官府曾设钟鼓楼，击之以开市、罢市。“（建春门外）阳渠北有建阳里，里内有土台，高三丈，上作二精舍……上有二层楼，悬鼓击之以罢市”[③]。这个土台，西晋时叫“旗亭”，击鼓开市、罢市的做法，也是从那时沿袭下来的。由于城内的市场交易活动有时间限制，时间一过，就关闭市门，停止一切营业，这样就大大限制了商人的营业时间，减少了其营利的机会，因而对于买卖双方都是非常不便的。随着城市经济的发展，这种人为的时空限制必然要被打破，到唐宋之际，一些大城市中已出现了“早市”和“夜市”，从而为市场的繁荣和正常发育提供了条件。

魏晋南北朝时期，城市市场的内部结构与组织形式，仍沿用前代的列肆制度，即经营同类商品的店铺，各自排成行列，这种行列称为“列肆”或“市列”。同类商品陈列在同一行列内为一“肆”，与后世一个店铺称一“肆”，含义是不同的。即使小贩也要按商品分类，挨次摆摊，进行交易。在各列肆中间的人行道称为“隧”，市中的空地则称为“廛”[④]。左思《蜀都赋》中所说的“市廛所会，万商之渊，列隧百重，罗肆巨千”，就是指成都市内按商品分类排列中有道路相隔的情况而言。在大小城市中，各种商品皆以类相从，集中在一肆出售。如晋时洛阳有马市，是专门进行牛马交易的场所。其时大市中又有帽肆，是贩帽的市列，《语林》载王濛（字仲祖）少酷贫，“帽败，自以形美，乃入帽肆，就帽妪戏，乃得新帽”[⑤]。卖酒的店铺相聚成列称为“酒肆”，屠贩货鬻者以类相从称为“屠肆”。东晋时司马道子曾学商人的样子，于园中穿池筑山，“山池之间处处有肆，使婢酤卖酒肉于其中。道子将见幸，乘舡至酒

① 《初学记》卷24引。
② 《初学记》卷24引。
③ 《洛阳伽蓝记》卷2，《龙华寺》。
④ 班固《两都赋》注引《汉宫阙疏》：“隧，列肆道也”。郑众《周礼》注：“市中空地谓之廛”。
⑤ 《太平御览》卷828引。

肆，辄携入肆买酒肉状，如市廛以为乐笑”[①]。正因为商人于市中开设酒肆、屠肆的现象比较普遍，故司马道子命宫人学为市廛沽酒卖肉之事，以为笑乐。南朝时，连出售大葱的摊贩也集中在一起，谓之“葱肆”。梁时吕僧珍为南兖州刺史，镇守广陵，“从父兄子先以贩葱为业，僧珍既至，乃弃业欲求州官。僧珍曰：‘吾荷国重恩，无以报效，汝等自有常分，岂可妄求叨越，但当速返葱肆耳’”[②]，就是其证。北魏前期都平城，其市内有金肆、玉肆。献文帝时与刘宋通使，“国家有江南使至，多出藏内珍物，令都下富室好容服者货之，令使任情交易。使至金玉肆问价，缵（宋使刘瓒）曰：‘北方金玉大贱，当是山川所出’。安世曰：‘圣朝不贵金玉，所以贱同瓦砾[③]。’”此事虽属北魏故意夸富，并有其政治目的，但在大都市内有金肆、玉肆，即有专为统治阶级消费服务的奢侈品交易市列，当是不容否认的事实。此外，如同前代一样，北魏的市场上也有贩卖图书的书肆。孝文帝时，崔亮孤贫，“佣书自业”，其从兄劝其依李冲，谓“彼家饶书，因可得学”。崔亮答道：“弟妹饥寒，岂可独饱？自可观书于市，安能看人眉睫乎！”[④] 可见北魏市上有书肆，书肆不仅贩书，而且容人阅览，崔亮在书肆观书增进学问，后被李冲闻之荐为中书博士。北魏洛阳有马市、鱼鳖市，是专门的交易市场，大市内更是沽贩云集，各种货物按品类列肆经营。就连工商业者也是同行萃聚，所住里的名称皆与工商业有关，如通商、达货、调音、乐律、退酤、治觞、慈孝、奉终、准财、金肆十里，各其反映出其经营范围。这种同类商品排列成行，列肆贩卖的市场制度，既是为了方便顾客的选购，但更主要的还是便于官府的监督与管理，所以魏晋南北朝时仍严格奉行，沿用不废。

各城市中的市既由官设，故政府亦设置有官吏进行管理。大小不同的市，设有品秩不同、名称不同的市官。如东吴有司市中郎将、大市刺奸，陈声、潘璋等曾任此职。[⑤] 魏晋时设有市长，石苞初为县吏时，尝贩铁邺市，“市长沛

① 《太平御览》卷828引《晋中兴征祥记》。

② 《梁书》卷11，《吕僧珍传》。

③ 《魏书》卷53，《李孝伯传附李安世传》。

④ 《魏书》卷66，《崔亮传》。

⑤ 《三国志》卷48，《吴志·孙皓传》；卷55《吴志·潘璋传》。

国赵元儒见而异之”[①]。又晋成公绥写有《市长箴》，均为其例。东晋南朝时市官称市令、市丞、市魁，通称为“司市”或“市司”。如南齐的东昏侯萧宝卷是个昏君，尝于“苑中立市，太官每旦进酒肉杂肴，使宫人屠酤，潘氏为市令，帝为市魁，执罚，争者就潘氏决判”[②]。梁时陆法和为郢州刺史，“列肆之内，不立市丞”[③]。充当市吏者往往是身份地位较低的人，高门大族以其门第尊显多不屑为之。如陈时的章华，“家世农夫”，署为南海太守，“朝臣以华素无伐阅，竞排诋之，乃除大市令”。后来章华“辞以疾”，没有去干[④]。北朝大小城市中的市，同样设有等级不同的市官，据《通典》卷26太府卿条：“后魏有京邑市令。北齐则司州牧领东西市令、丞。北周司市下大夫”。

历代官府所设市官，主要是运用行政、法律和经济等手段，通过制定各种措施，对商品经营者、市场秩序、市场交易及商业税收等几方面进行管理，借以加强对工商业者的监督与管制，确保城市市场各种商业活动的正常进行，进而达到巩固封建政权和增加官府商业税收的目的，这也是自秦汉以来一贯奉行的政策。

首先，对商品经营者的管理。主要是对城市市场上从事商品交换活动的私营工商业者和买卖经纪人的管理，它包括严格维护里市分设制度、列肆贩卖制度等内容，是市场管理的一个重要方面。如《晋令》规定：“坐垆肆者，皆不得宿肆上”[⑤]。明确规定市内不住家，肆中不住人，严禁列肆贩卖的商人留宿市内，以维护里市分设之严整。又东晋时山阴市店铺错乱，商贾不按货物种类列肆出售，官府就要出来干预。王彪之《整市教》中说：“古之同市朝者，岂不以众之所归，宜必去行物。近检校山阴市，多不如法，或店肆错乱，或商估没漏……属城承宽，亦皆如之”[⑥]。王彪之对此进行整饬，使市内店肆以类分别，整然有序；其他市面错乱之外，也皆按此法进行整顿。除商人之外，西晋

---

① 《晋书》33，《石苞传》。
② 《南齐书》卷7，《东昏侯纪》。
③ 《北齐书》卷32，《陆法和传》。
④ 《陈书》卷30，《傅縡传附章华传》。
⑤ 《太平御览》卷828引。
⑥ 《初学记》卷24引。

时对买卖经纪人的管理也很严格。在市内进行交易的经纪人称牛侩、马侩、市侩，他们传统的经营方法是介绍买卖双方，说合价格，鉴定质量，核实数量，间或直接收买某些货物，充当商人的角色。晋时规定："侩卖者皆当着巾，白帖，额题所侩卖者及姓名，一足着白履，一足着黑履"[①]。侩卖者须穿着特殊服装，双足异履，一方面是表明其身份的低贱卑微，另一方面也便于市政官吏和消费者的辨别与监督，是官府对其采取的管制措施之一。封建政府对商品经营者实行严格管理的限制措施，虽然有利于保持市场的稳定，但却不利于商人的自由经营。随着城市商业的发展，官府的许多规定被冲击，成了表面文章。如南朝时有的市区内就杂有住家，这是为了方便商人就近居住，或夜间看守货物。梁时起自寒贱、后官居南兖州刺史、镇守广陵的吕僧珍，老家就世居广陵，旧宅在市北。其姊适于氏，"住在市西，小屋临路，与列肆杂处"[②]。这个小屋既是临街而设，"与列肆杂处"，显然是在市内。可见市内不住家，肆中不住人的规定，在南朝时已稍有放松，这对城市商业的发展是比较有利的。

其次，维护市场治安和市场秩序，也是市场管理的重要内容。如东吴名将潘璋，早年曾"为吴大市刺奸，盗贼断绝，由是知名"[③]。东吴末年，孙皓"爱妾或使人至市劫夺百姓财物，司市中郎将陈声，素皓幸臣也，恃皓宠遇，绳之以法"[④]。又西晋成公绥在《市长箴》中说："曹参相齐，清净以义，奸不可扰，顾托有寄，市臣掌肆，敢告执事"[⑤]。说明维持市场秩序，是大小市官的一项重要职责。东晋时，山阴市的一些富商大贾与地方豪强相勾结，他们欺行霸市，联合为虐，"假冒豪强之名，拥护贸易之利，凌践平弱之人，专固要害之处"[⑥]，严重扰乱了市场秩序，妨碍了商品交易的正常进行。为此，王彪之特下教令当地市官整饬之，予以严厉制裁。这些管理措施，对保护商人的合法经营，打击豪强势力和维持市场秩序，都有着积极的作用。

---

① 《太平御览》卷828引《晋令》。
② 《梁书》卷11，《吕僧珍传》。
③ 《三国志》卷55，《吴志·潘璋传》。
④ 《三国志》卷48，《吴志·孙皓传》。
⑤ 《初学记》卷24引。
⑥ 《初学记》卷24引王彪之：《整市教》。

其三，为了确保城市市场各种交易活动的顺利进行，减少贸易纠纷，这一时期还加强了对度量衡、入市货币及交换契约的管理。如北魏孝文帝太和十九年（495），下诏“改长尺大斗，依周礼制度，班之天下”①。周武帝建德六年（577），“议定权衡度量，颁于天下，其不依新式者，悉追停”②。东魏孝静帝武定六年（548），高澄以民间铸钱渐复细薄，如听入市用，将损害买卖双方的利益，加之民间所用之称，轻重不一，遂下令“其京邑（邺）二市、天下州镇郡县之市，各置二称，悬于市门，私民所用之称，皆准市称以定轻重”；又规定“凡有私铸，悉不禁断，但重五铢，然后听用。若入市之钱，重不五铢，或虽重五铢而多杂铅镴，并不听用。若有辄以小薄杂钱入市，有人纠获，其钱悉入告者”③。统一度量衡，检校入市货币，对于保证商品交易的正常进行具有重要意义。

此外，城市经济的发展，导致了市场上的各种交易活动更为频繁，但另一方面，也带来了许多这样或那样的问题。为了确保商税收入和减少交易争讼，自东晋以后，政府规定大宗的特定的商品交易，双方须立契券，并向政府输纳一定的税额。《隋书·食货志》说：“晋自过江，凡货卖奴婢、马牛、田宅，有文券，率钱一万，输估四百入官，卖者三百，买者一百。无文券者，随物所堪，亦百分收四，名为散估。历宋、齐、梁、陈，如此以为常。”就是指的这种情况。东晋南朝时，商品交易盛行立券的做法，“诸有市易……明从券契”④。陈时徐陵也说：“吾市徐枢宅，为钱四万，任人市估，文券历然”⑤。可见房屋、土地等不动产的买卖都要付市评估，确定价格，立有文券。北朝时大宗的商品交易也要立文券，颜之推《颜氏家训·勉学篇》中说：“邺下谚云：博士买驴，书券三纸，未有驴字”。北周孟信曾为赵平太守，及去官，家贫无食，“唯有一老牛，其兄子卖之，拟供薪米。券契已讫，市法应知牛主住

① 《魏书》卷7，《高祖纪下》。
② 《周书》卷6，《武帝纪下》。
③ 《魏书》卷110，《食货志》。
④ 《晋书》卷39，《王浚传》。
⑤ 《徐孝穆集》卷5，《与顾记室书》。

在所。信适从外来，见买牛人，方知其卖也”[1]。买卖交易要立券契，一方面表明官府对这种买卖关系是承认的，而且予以法律保护，另一方面政府可以据之征收一定数额契约税，并作为判断买卖双方日后争讼的凭证。因此，政府对交换契约的管理，不仅有利于减少交易纠纷，调节买卖双方的利益关系，而且也有利于增加国家的商税收入。

第四，封建政府设置各级市官，除了对商品经营者、市场秩序和市场交易进行严格的管理之外，更重要的则是为了征收商税，因此对商业税收的管理，也是市场管理的一项重要内容。商税的种类很多，由于前面已有专章论述，此处从略。

三、市集贸易

市集是我国古代农村传统的交易形式。它为自然经济下的个体农民之间，农民与小手工业者之间，提供了品种调剂、余缺调剂以及家庭手工业品调剂的场所。魏晋南北朝的市集大约可分为两类：一是定期交易的市集；二是在城市郊外因商品流通需要而自然形成的草市。由于这一时期市集发展尚不普遍，史料亦不多，这里只能作一简单介绍。

在县以下的小邑以至农村中也有市，这种市是一种定期的市集。在这里不设围墙，没有市门，也不具备房屋店舍，汉时称之为“会市”，有市之邑称之为市邑。小县和人烟比较稠密的县以下的小邑，是城乡物质交流的会合点，这里的商品交换，主要是通过逢时赶集的形式进行。由于这种市集是与农村经济有密切联系的地方小市场，在这里从事交易活动的多是附近的农民，所以，为了适应农民生产时间的节拍，有的地方是三五日一市，有的地方则十数日一集，间隔时间虽长短不一，但都是一种定期市集。如“平都县，为巴郡之隶邑矣。……县有市肆，四日一会”[2]。而“丰国市，五日一会”[3]。在一些交通不便的偏僻小县，因商品交换不活跃，市集的间隔时间也更长，如鱼复县，在

---

① 《北史》卷70，《孟信传》。
② 《水经注》卷33，《江水》。
③ 《太平御览》卷827引《赵书》。

“朝阳道口，有县治，治下有市，十日一会”[1]，就是其例。东晋南朝时，随着社会经济的发展，原先无市集的县以下和接近农村的地方，市集也多起来了。在刘宋元嘉初年，社会比较安定，“民有所系，吏无苟得，家给人足……凡百户之乡，有市之邑，歌谣舞蹈，触处成群，盖宋世之极盛也”[2]。这种乡邑之市，就是定期市集，市集时有歌谣舞蹈，也是自古相沿已久的传统习俗。在乡邑市集上很少有定居的工商业者，从事交易的人聚居无常，即所谓“当集则满，不当集则虚”，故南朝时又取名为“虚市”。如沈怀远《南越志》说：“越之市为虚，多在村场，先期招集各商或歌舞以来之。荆南、岭南皆然。”据岑仲勉先生考证，沈怀远为南朝宋人[3]，可见这种乡邑市集较多在南方。

草市是在城外交通要道、人们往来频繁的地方兴起的初具市镇规模的固定交易市场。根据以往的研究，“草市”一语始见于东晋，元人胡三省注《通鉴》时说，东晋时建康“台城六门之外，各有草市”[4]，但日本学者加藤繁氏认为，这是以宋末的情形比附东晋，很不可靠，因而提出质疑[5]。到了南朝，不少地方如建康、寿春等已有草市，如《南齐书·五行志》载，“建武四年(497)，王晏出至草市，马惊走，鼓步从车而归”。这个草市是在建康南郊。郦道元《水经注·肥水注》载：“肥水左渎，又西径石桥门北，亦曰草市门”。门以草市命名，近旁当有草市，这是寿春的草市。关于草市的含义，一般认为草市最初为牲口草料市（即秣市），且多在都市之傍，主要是进行饲料和柴草交易，因其系自然形成不免粗末草率，故称草市。也可能由于市场的屋舍铺席以草盖成，故名。不过，从草市的缘起来看，似有多种途径：一是在城市郊外而又交通便利的地方，因商品流通需要而自发形成的交易场所，如建康草市、寿春草市等即属之；二是一部分乡村市集因交换趋于活跃，交换间隔时间不断缩短乃至消失，由定期市集演变为市镇或草市；三是魏晋以来，在许多州县城治的官设市场之外，也存在着一些非官方市场。如三国时的石阳（今湖北汉

---

① 《水经注》卷33，《江水》。
② 《宋书》卷92，《良吏传序》。
③ 岑仲勉：《隋唐史》，第564、574页。
④ 《资治通鉴》卷144齐纪和帝中兴元年条。
⑤ 加藤繁：《中国经济史考证》（中译本），商务印书馆1959年版，第1卷，第317页。

川县北境）属魏江夏郡，与吴夏口（今湖北汉口）相近，商品交换荟萃于此，但市场与交易却集中于城外。孙权嘉禾五年（236），陆逊遣将袭石阳，其市正盛，吴军猝至，“人皆捐物入城，城门噎，不得关”，商民被砍杀者甚众[①]。这些傍河设置的州县城市，不仅在沿江船埠形成密集的居民区与商业区，而且往往还在河对岸出现市镇，从而构成草市发生的又一途径。[②]

由于草市有相当一部分是从作为乡村交易场所的定期市集发展而来，因此草市在市场结构和商业深度上，也远远高于它的前身——定期乡村市集，而初具市镇规模。此外，自发产生于城外交通要道或津渡的草市，后来也逐渐有了旅店、饮食业和固定的店铺，史称建康草市内有“列肆裨贩”[③]，就表明在草市内已有经常从事商业活动的固定店肆铺面，以及一定数量的定居工商业者，这样草市就蔚成繁盛的市场，渐至发展成为正式的市和固定的市镇了。但是，随着草市的发展及其商品交换规模的不断扩大，封建官府垂涎其利益所得，遂将一些草市收归官有，从而把自然形成且具有非官方市场性质的草市，纳入到了官市系统。据《南齐书・鄱阳王宝夤传》载，东昏侯萧宝卷永元末年（501），“京邑骚乱，宝夤至杜姥宅，日已欲暗。城门闭，城上人射之，众弃宝夤逃走。宝夤逃亡三日，戎服诣草市尉，尉驰以启帝”。这个草市尉就是主管草市的官吏，是由政府设置的，可见草市已逐步官市化了。草市官市化以后，由于有国家政权的保护，自然比以前安全合法得多了，但却因此丧失了原来商业经营方面的自由，受到了官市制度及管理制度的种种限制。不过，总的说来，南朝时的草市还处于初步兴起的阶段，除建康草市设官管理外，大部分仍然属于非官方市场的性质。因此，草市的出现，是对传统里市制度的破坏，具有重要的经济意义。到了唐代尤其是中唐以后，草市始大量涌现，在唐代经济史中的地位也越来越引人注意了。

① 《三国志》卷58，《吴志・陆逊传》。

② 牟发松：《唐代草市略论》，《中国经济史研究》，1989年第4期。

③ 《建康志》卷16。

第四节 南北互市与商业交通

一、南北互市

在魏晋南北朝时期，由于社会分裂和动荡，各割据政权之间常互相敌视，或兵戎相见，有时统治者还在边疆地区闭关设防，严禁民间商旅越界往来。如南北朝对峙时，淮泗汝颍是双方交战的要冲，为防备对方的袭击和奸细的混入，对民间的商业交往亦悬为厉禁，史称“旧制以淮禁，不听商贩辄渡”[①]，就是典型的例子。但是，其间的贸易联系还是不绝如缕，并未中断，有时还是相当活跃和频繁的。当时贸易的方式有几种：一是双方政府之间的遣使报聘的贸易；二是双方政府同意，在边境指定地点设立互市场所，商人在官府监督下进行互市通商贸易；三是商贾秘密往来，南北穿行，私自越境的走私贸易；四是边境将吏之间的贸易。在这几种方式中，聘使贸易与互市通商由官府所掌握，其交易数额亦最大，是主要的和正规的方式；地方将吏间的贸易则是不完全合法的；商人走私更是严加取缔的，抓住了会被作为奸细看待（北魏即称南朝丝绸走私商人为“伪梁细作”）。[②] 因此，所谓南北互市，实际上是割据政权之间进行的一种官方贸易活动，但当官府的贸易关系正式建立之后，民间的商业贸易交往也随之发展起来。

三国时期，各国之间常常进行一些官方贸易往来，这种贸易往往是在聘使贡献、奉使赠答的名义下进行的，而且彼此交换方物，索求土产的经济目的相当明显。如曹魏黄初元年（220），魏文帝曹丕遣使至吴，“求雀头香、大贝、明珠、象牙、犀角、瑇瑁、孔雀、翡翠、斗鸭、长鸣鸡”。群臣以为“魏所求珍玩之物非礼也，宜勿与”。孙权说：“彼所求者，于我瓦石耳，孤何惜焉！……皆具以与之”[③]。嘉禾四年（235），“魏使以马求易珠玑、翡翠、瑇瑁。权曰：此皆孤所不用，而可得马，何苦而不听其交易”[④]。吴献方物，魏

---

① 《北齐书》卷46，《苏琼传》。

② 参阅吴慧：《中国古代商业史》（第二册），中国商业出版社1982年版，第266页。

③ 《三国志》卷47，《吴志·孙权传》注引《江表传》。

④ 《三国志》卷47，《吴志·孙权传》。

亦有以回赠。黄武元年（222），孙权遣使聘魏，“文帝报使，致鼲子裘、明光铠、騑马”[①]。吴蜀之间，也常通使互换方物。黄武二年（223），“蜀致马二百匹，锦千端，及方物。自是之后，聘使往来以为常。吴亦致方土所出，以答其厚意焉”[②] 又《太平御览》卷815引环氏《吴纪》说：“蜀遣使献重锦千端”。大体魏求于吴者，多是南方所产的珍奇宝物，而吴求于蜀者，锦、马二物是主要商品。

十六国与南北朝对峙时期，聘使贸易仍是南北互市的一条重要途径。如后赵全盛时，东晋荆州牧陶侃曾遣使聘于石勒，由此得“致江南之珍宝奇兽”[③]。南齐“永明年中，与魏氏和亲，岁通聘好”[④]。梁时南北使节往来更多，史载梁使至魏（东魏），“邺下为之倾动，贵胜子弟，盛饰聚观，礼赠优渥，馆门成市。……魏使至梁，亦如梁使至魏”[⑤]。与南朝并存的北朝，早在北魏献文帝时就与刘宋通使，进行聘使贸易，时“国家有江南使至，多出藏内珍物，令都下富室好容服者货之，令使任情交易”[⑥]。东魏与梁通和时，“要贵皆遣人随聘使交易”[⑦]。西魏时的宇文泰与梁通好，一次就赠马2000匹。[⑧] 这些都是官方的聘使贸易。

南北朝时期，不仅双方政府往往借报聘遣使的机会进行贸易活动，相互交换方物，买卖物品，而且不少官僚、贵族也遣人与赴外使节同行，营办商业，从中渔利。如东魏武定初（543），李绘为“聘梁使主”，“前后行人皆通启求市，绘独守清尚，梁人重其廉洁”[⑨]。北齐河清二年（563），魏收“以托附陈使封孝琰，牒令其门客与行，遇昆仑舶至，得奇货猓然褥表、美玉盈尺等数十件”[⑩]。在这些同行者中，很多就是官僚、贵族雇佣的商贾。如武平年间，周

① 《三国志》卷47，《吴志·孙权传》注引《吴历》。
② 《三国志》卷47，《吴志·孙权传》注引《吴历》。
③ 《晋书》卷105，《石勒载记下》。
④ 《梁书》卷48，《范缜传》。
⑤ 《北史》卷43，《李崇传附李谐传》。
⑥ 《魏书》卷53，《李孝伯传附李安世传》。
⑦ 《北齐书》卷30，《崔暹传》。
⑧ 《梁书》卷32，《兰钦传》。
⑨ 《北齐书》卷29，《李绘传》。
⑩ 《北齐书》卷37，《魏收传》。

武帝为太后发丧，齐后主高纬遣“侍中薛孤、康买等为吊使，又遣商胡赍锦彩三万匹与吊使同往，欲市真珠为皇后造七宝车，周人不与交易”[①]。可见不少达官贵人常遣人随聘使交易，乘机大捞一把，此类风气在当时极为普遍。

除了官方的聘使贸易外，在大部时期里，各国的边境主要是进行互市贸易。参与互市贸易活动的既有官府代表或仕宦臣吏，也有普通商贾和民间贩客。因此，这种贸易活动是纯粹的商业行为，而不同于上述的遣使赠答形式。

三国时期，魏蜀吴三个割据政权之间常有互市。如《太平御览》卷817引魏文帝诏说：“今与孙骠骑和，通商旅，当日月而至。而百贾偷利喜贱，其物平价，又与其绢，故官逆为平准耳”。又同书卷815引《丹阳记》说：“江东历代尚未有锦，而成都独称妙。故三国时魏则市于蜀，而吴亦资西道”。可见各国之间的官方或民间互市通商贸易活动仍在继续和发展。这些互市贸易场所，一般设在边境城市或地区。如曹魏的江夏郡与孙吴的江夏郡毗邻，是两国官方和民间互市贸易的重要地区。王经出任江夏太守，大将军曹爽曾“附绢二十匹，令交市于吴，经不发书，弃官归”[②]。豫州的弋阳（今河南潢川县）与孙吴的蕲春郡毗邻，“南北为互市”[③]，是互市贸易的又一地点。司马氏代魏后，周浚镇守弋阳，继续在此与孙吴交市贸易。但是在双方政权对峙的情况下，由于和平没有保障，边境的互市风险很大，说不定哪个时候会遭到对方军队的袭击。如石阳位于江夏郡南端，是对吴互市贸易的门户。孙权嘉禾五年(236)，陆逊“遣将军周峻、张梁等击江夏新市、安陆、石阳”等地，正值“石阳市盛，峻等奄至”，交易商民“皆捐物入城，城门噎，不得关，敌（魏）乃自斫杀己民，然后得阖”[④]。裴松之对此评论说，陆逊“奄袭小县，致令市人骇奔，自相伤害，俘馘千人，未足损魏，徒使无辜之民横罹荼酷”，可见在魏、吴互相敌视之时，边境间的互市贸易毫无安全可言。又晋初周浚在弋阳与吴互市，“而诸将多相袭夺以为功”；其时吴将蔡敏守沔中，部下也常常“袭

① 《北齐书》卷9,《穆后传》。
② 《三国志》卷9,《魏志·夏侯尚传》注引《世语》。
③ 《晋书》卷61,《周浚传》。
④ 《三国志》卷58,《吴志·陆逊传》。

夺互市”，行劫市里[①]。这些都表明边境间的互市是充满杀机的，并受到政治、军事等多方面因素的种种限制，其危险常不可测。

东晋十六国时期，南北疆界变动无常，但在一些边境地区仍不断出现互市贸易场所，南北互市亦未间断。东晋初年，祖逖北伐，尽收河南之地，后赵石勒“不敢窥兵河南，使成皋县修逖母墓，因与逖书，求通使交市。逖不报书，而听互市，收利十倍，于是公私丰赡，士马日滋”[②]。则石勒曾以成皋一带作为与祖逖互市贸易的场所。陶侃为武昌太守时，“立夷市于郡东，大收其利”[③]。又前秦苻健遣将“掠上洛郡，于丰阳县（今陕西山阳县）立荆州，以引南金奇货，弓竿漆蜡，通关市，来远商。于是国用充足，而异贿盈积矣”[④]。通过官方的互市贸易，东晋获得了南方奇缺的马匹与其他物品，结果是“公私丰赡，士马日滋”；前秦通过与东晋互市，获得大量的南金奇货，“国用充足，异贿盈积”，成为苻秦立国乃至强盛的重要资本之一。可见南北互市，不仅使双方政权因互通有无而获得巨大的商业利益，而且当官方的互市通商关系建立之后，民间的“远商”也随之跟踪而至，从而间接地加强和促进了不同政权、地区间的经济联系。

刘宋与北魏对峙时期，双方的敌对关系时张时弛，有时南征北讨，兵戎相见，有时和亲通好，聘使络绎，然双方之互有索求，仍如往昔。如宋文帝元嘉二十七年（450），魏主拓跋焘大举南伐，至彭城，宋江夏王刘义恭统军与之对峙，战争一触即发。但就是在两军对阵之际，双方犹互有所求，并在彭城小市门进行过一次大宗交易。这次交易虽非正式的互市贸易，双方也都投入了大批货物。仅见诸记载的就有骡、马、骆驼、葡萄酒、柑橘、甘蔗、石榴、胡豉、盐、毡、锦、貂裘、皮裤褶、炬烛、箜篌、琵琶、筝、笛、棋子、螺杯及杂物等20种以上。[⑤] 由于互市贸易可以满足统治者自己或本政权的经济等方

① 《晋书》卷61，《周浚传》。
② 《晋书》卷62，《祖逖传》。
③ 《晋书》卷66，《陶侃传》。
④ 《晋书》卷112，《苻健载记》。
⑤ 《宋书》卷46，《张邵传附张畅传》；《魏书》卷53，《李孝伯传》。

面的需要，因此拓跋焘“自彭城北归后，复求互市”①，即正式向刘宋王朝提出建立互市通商关系的请求。孝武帝即位后，北魏又曾“求通互市”。尽管有些大臣担心边境地区的安全，认为“獯猃弃义，唯利是视，关市之请，或以觇国”，建议拒绝关市之请，不宜许之，但孝武帝并未采纳，“时遂通之”②。此后，双方连年“通互市，纳和亲”③，保持着互市通商贸易联系。

齐、魏并存时期，南北大致以淮水为界，双方“岁通聘好”，边境互市贸易不断发展。北魏孝文帝、宣武帝时，曾于“南垂立互市，以致南货，羽毛齿革之属，无远不至”④，极大地促进了南北两地商品物质的交换与流通。梁时郁州地接北魏边陲，也是一处南北互市贸易之地，史载“郁州接边陲，民俗多与魏人交市”⑤，民间商业贸易往来是比较频繁的。

东魏与北齐前期，江淮之间防禁严密，商贾往来立为禁条，当时称为“淮禁”，所谓“旧制，以淮禁，不听商贩辄渡”⑥，就是指的这种情况。但是民间商贩渡淮互市之事，并未停止，许多官吏也常遣人渡淮交易，以经办商货。如天保初，高季式“随司徒潘乐征讨江淮之间，为私使乐人于边境交易，还京，坐被禁止”⑦。崔季舒出为齐州刺史，“坐遣人渡淮互市，亦有赃贿事，为御史所劾”⑧。由于边境互市贸易是两地人民经济生活的需要，无法人为强行阻断，因此，虽然官府淮禁森严，也难以禁止。久而久之，官府不得不默认民间的渡淮贸易活动，后来索性取消边禁，开放贸易，鼓励夹淮两岸人民互市往来。如天保中“淮南岁俭”，行徐州刺史苏琼，“启听淮北取籴”；后“淮北人饥”，苏琼“复请通籴淮南”。从此“淮禁”解除，“遂得商估往还，彼此兼济，水陆之利，通于河北”⑨，南北互市又活跃起来。

---

① 《宋书》卷75，《颜竣传》。
② 《宋书》卷85，《谢庄传》，卷95《索虏传》。
③ 《宋书》卷95，《索虏传》。
④ 《魏书》卷110，《食货志》。
⑤ 《梁书》卷16，《张稷传》。
⑥ 《北齐书》卷46，《苏琼传》。
⑦ 《北齐书》卷21，《高季式传》。
⑧ 《北齐书》卷39，《崔季舒传》。
⑨ 《北齐书》卷46，《苏琼传》。

自北魏分裂后，不仅有南北互市通商之事，而且又发生了东西互市贸易之事。北周武帝保定初，北齐遣使至玉壁（今山西稷县西南）“求通互市”，勋州刺史（治玉壁）韦孝宽款待使人，“具陈朝廷欲敦邻好”之意，此后双方在玉壁进行互市，通商往来①。

总之，在魏晋南北朝处于国土分裂、南北对峙的各个历史时期中，各个政权、地区之间的商业贸易往来固然仍在持续，并未完全断绝，可是终究受到许多人为的限制和阻碍，不能充分发挥商品流通的作用，难以加强各分裂地区之间的经济联系和物质交流。因此，打破这种障碍，变分裂为统一，也就成为南北朝以来历史发展的必然趋势，和广大人民日益迫切的要求了。

二、商业交通

魏晋南北朝时期，随着各地区间通商贸易联系的不断发展，许多商旅往来的重要交通路线非常发达，成为联络各个分裂地区的纽带。

长江是南方水运交通、货物运输的重要干线。晋时贺循曾说：“江道万里，通涉五州，朝贡商旅之所来往也”②，指出了长江水运的发达及其在通商往来方面的重要作用。东晋时，浮舟长江去建康的商船动以万计，商品流转量非常大，一旦江路断绝，运漕不通，则建康与沿江各地便立成瘫痪之状。如晋末桓玄之乱时，“于是扬土饥虚，运漕不继，玄断江路，商旅遂绝。于是公私匮乏，士卒唯给稃橡”③。南朝时长江沿岸的水运交通更为发达，《乐府诗集》的《吴声歌曲》和《西歌曲》中，就有不少反映沿江商船贾客频繁往来的诗歌；有关长江水道交通的情况，在《西曲歌》中亦有大量生动的描述。长江上游一线，沿江西直抵成都，商旅活动也十分频繁。如三国时期，著名的蜀锦就沿长江水道源源不断运抵江东，故史称“三国时魏则市于蜀，而吴亦资西道”④。北魏时邢峦曾指出：“扬州、成都相去万里，陆途既绝，唯资水路”⑤，

① 《周书》卷31，《韦孝宽传》。
② 《晋书》卷68，《贺循传》。
③ 《晋书》卷64，《会稽王司马道子传》。
④ 《太平御览》卷815引《丹阳记》。
⑤ 《魏书》卷65，《邢峦传》。

则当时人已充分认识到这条水运交通干线的重要地位和作用。东晋南朝时，在巴蜀地区一带，长江沿线两岸设市稠密，当与这条水路商船、商旅往来频繁、商业贸易发达有关。如《水经·江水注》说，平都县有“市肆，四日一会”；鱼复县“江水又东，左径夜清，而东历朝阳道口，有县治，治下有市，十日一会。江水又东，左径新市里南。常琚曰：巴旧立市于江上，今新市里是也”。由此可见，魏晋南北朝时期，横贯东西的长江是南方交通的大动脉，它把中下游的荆扬二州与上游益州联结起来，促进了沿江各地区的商品流通和物质交流，对南方经济、商业的发展有着极其重要的作用。

在北方地区，自汉代开始形成的横贯东西的“丝绸之路”，仍然畅通无阻，是主要的交通大动脉，但是交通路线又有新的发展和变化。汉时由内地通往西域的丝绸之路分南北两道，大致上是从敦煌西行出玉门、阳关西行一段后分道：一经罗布泊北边，沿塔里木盆地北沿西行，称北道；一经罗布泊南边，沿塔里木盆地南沿西行，称南道。东汉明帝时，窦固破匈奴呼延王取得伊吾地，乃开辟新道，出玉门关后西北行，直达戊己校尉驻地高昌，再转西与北道合。新道开辟后，西汉时的北道即废，所以东汉时出玉门、阳关后西行的道路仍是两条。魏晋时期，被废弃的北道又重新通行，改称中道，因而当时实际是三条道路都畅通无阻。《魏略·西戎传》曰：“从敦煌玉门关入西域，前有二道，今有三道”[①]，就指的是这样的变化。十六国北朝时期，上述道路仍是内地通往西域的重要商道，史言“商客往来，多取伊吾路”[②]，说明先经伊吾、哈密至高昌，然后再转与北道合的新道，是内地与西域商人往来的必经之途。南道亦始终未废，直到隋唐还在通行。

除原有的商路继续通行之外，这一时期又增辟了一些重要的交通路线。首先，在兰州到张掖之间，增辟了一条绕过河西走廊东端到张掖的大道。这从法显西行的道路可得到证实。法显于东晋安帝隆安三年（339）“初发迹长安，度陇，至乾归国夏坐。夏坐讫前行至傉檀国，度养楼山至张掖镇”[③]。据黄烈

① 《三国志》卷30，《魏志·乌丸鲜卑东夷传》注引。

② 《北史》卷97，《高昌传》。

③ （日）足立喜六：《法显传考证》，第30页。

先生考证，乾归国指西秦，都于苑川（今甘肃靖远西）。傉檀国指南凉，都于西平（今青海西宁）。养楼山为西宁北与大通河南之山脉。这表明从兰州到西宁，西北行越养楼山至张掖是一条绕过河西走廊东端到张掖的大道。1956 年在西宁城内出土了 76 枚波斯萨珊朝银币，证实西宁具有中西交通孔道的地位。[①] 可见这条道路在 4 ~ 5 世纪时是存在的，是河西走廊的重要补充。[②]

其次，在西域的鄯善与南方的益州之间，也增辟了一条与河西走廊并行的重要交通路线——河南道。这条道路主要是西域与南朝的陆路交通线，有时西域与中原间的商旅也走这条路，特别是当河西走廊因战乱等被阻断时，北方各个政权也常通过这条纽带，维持和发展同西域的政治经济联系。河南道取道于“张掖之南，陇西之西，在河之南”的河南王吐谷浑地区[③]。史称“其地与益州邻，常通商贾”[④]。本来，益州和西域之间的往来可以在河西走廊东头与进入关中的大道分路，不必要穿越今青海省境，但由于南北分立，来自南朝和往南朝境内去的商旅不得不绕过北朝所属的河西走廊，取道吐谷浑。因此，在南北朝时期，这条道路就显得十分重要。成为联结西域与江南间的重要交通线，并对加强两地间的政治文化经济交流，起到不可忽视的作用。唐长孺先生曾有专文论述这条路线。[⑤] 此处不多赘述。

其三，从河西走廊东端起，向东延伸，亦由原来的一条通道发展成为南北并行的两条通道了。据日本学者前田正名先生研究，北魏迁都洛阳以前，辟有一条自河西走廊通往平城的所谓“鄂尔多斯沙漠南缘路”。它由秦州东北行，穿越河西地区，在其东北部涉渡黄河，横切吕梁山北端，抵达平城（今山西大同）。太武帝拓跋焘时，“魏德益以远闻，西域龟兹、疏勒、乌孙、悦般、渴槃陀、鄯善、焉耆、车师、粟特（俱在新疆境内）诸国王始遣使来献”[⑥]，当时西域诸国与北魏平城间的朝贡和贸易活动，基本上就是沿这条交通线进行

---

① 夏鼐：《综述中国出土的波斯萨珊朝银币》，《考古学报》1974 年第 1 期。

② 黄烈：《中国古代民族史研究》，人民出版社 1987 年版，第 413 ~ 414 页。

③ 《梁书》卷 54，《诸夷 · 西北诸戎 · 河南王传》。

④ 《梁书》卷 54，《诸夷 · 西北诸戎 · 河南王传》。

⑤ 唐长孺先生：《南北朝期间西域与南朝的陆道交通》，载《魏晋南北朝史论拾遗》，中华书局 1983 年版。

⑥ 《北史》卷 97，《西域传序》。

的。同时，后燕灭亡后，北魏在中山城（今河北定县）设置定州，又把该交通线从平城沿太行山北端延伸到中山。① 建国以来，考古工作者发现了许多与这一交通线有关的遗物，其中尤以波斯萨珊银币数量最多。银币的出土地点大部分是在“丝绸之路”上，或者在它的东端的西安，以及北魏定都的洛阳、大同的延长线上。如陕西的西安和耀县，河南的陕县和洛阳，河北定县、内蒙古呼和浩特附近的坝口子等地。在河北定县城内还发现有西方输入的玻璃器皿，在山西大同市南郊也出土有波斯萨珊朝制作的金银器。② 所有这些异域之物，恐怕都是沿“鄂尔多斯沙漠南缘路”运抵北魏平城和中山城的。由此亦证明，这条东西交通路线在当时确实是存在的，成为商旅往来和运输货物的重要通道。它的开辟，不仅有利于加强平城的北魏政权与西域各族之间的通商贸易联系，而且对促进中外交通和文化经济交流，也具有重要的特殊意义。

由上述两条横贯东西的南北水陆交通大动脉为主干，在沿线两侧及周围地区又形成了许多条重要的交通支线。

广州至寻阳的南北水路，是长江以南的一条重要交通支线。它始自广州，经由溱水、东江、豫章水、赣水，抵达彭蠡湖，于寻阳入江，然后可沿江上下。这条水路东晋时已经存在，至南朝末年一直在沿用，是联结岭南交广地区与长江沿线地区之间的重要路线。如东晋末年，孙恩兵败之后，卢循退居广州，徐道覆保有始兴（今广东韶关），伺机再度进攻建康。徐道覆曾派人到南康山砍伐船材，声称运往建康出售，实则卖于民间储藏。举兵之际，赎回船材，制作成船，经由南康、庐陵、豫章等郡，进入长江，逼近建康，就是走的这条南北水路。③

连接荆、湘地区的南北水路，是长江以南的又一条重要交通支线。它始自桂阳一带的荆湘南部腹地，经由来水、湘水，抵达洞庭湖，于巴陵入江。这条水路汉魏之际即有商船通航，直到南朝末年始终通畅。建安末，全柔为桂阳太

① 前田正名：《北魏平城时代のオルドス沙漠南缘路》，见《东洋史研究》，第 31～32 页。

② 中国社会科学院考古研究所编：《新中国的考古发现与研究》，文物出版社 1984 年版，第 562～565 页。

③ 《晋书》卷 100，《卢循传》。

守，尝使其子全琮“赍米数千斛到吴，有所市易，琮至，皆散用，空船而还”①，即沿此道北上，再顺江东下抵吴的。陈初华皎任湘州刺史，他“善营产业，湘川地多所出，所得并入朝廷，粮运竹木，委输甚众，至于油蜜脯菜之属，莫不营办。又征伐川洞，多致铜鼓、生口，并送于京师”。这些土贡物产也是用船经由湘水入江送往建康的。由于湘州一带盛产杉木舟，陈文帝曾令华皎“营造大舰金翅等二百余艘，并诣水战之具”，准备进攻汉水以北、巴峡以西的北周②。因而这条水道大船亦能通行，水运交通是相当发达的，它将荆湘南北连在一起，对江南腹地的开发具有重要的促进作用。③

由会稽经吴、京口以达建康的水道，是江南沟通太湖流域、浙东地区的一条重要交通支线。它以一些天然河道为基础，加之人工的部分开凿，成为隋代江南运河的前驱。这一水道大体上有 4 段组成④：一是浙东运河段。从会稽郡治山阴西至钱塘，东迄余姚以接余姚江。《嘉泰会稽志》卷 10 引《越州图经》谓，西晋之末贺循建议修山阴运河，就是指山阴向西通至钱塘的这段水道。二是钱塘晋陵段。钱塘以北，绕太湖而达晋陵的运河，开凿较早，似在春秋末年即已通航，魏晋南北朝时仍沿用不废。三是晋陵京口段。从晋陵以北至丹阳，为丘陵地带，运河开凿比较困难。《太平御览》卷 170 引《吴志》说，东吴末年，“岑昏凿丹徒至云阳（即丹阳），而杜野、小辛间，皆斩绝陵袭，功力艰辛”，即是指开通丹阳运河及其功役之艰难。由于此段河道地处丘陵地带，水位有较大落差，运河过此，必须补充新的水源，才能保障通畅，因此西晋时陈敏在丹阳新开练湖，蓄水以调剂水量，并兼得灌溉之利。四是京口建康段。这是会稽至建康水道交通线的最后一段，即京口（今江苏镇江）至建康间的长江航道。京口“望海临江，缘江为境”，位于大江入海之处，是这条交通线的枢纽。自会稽舟行达京口后，离运河而入大江，溯流百余里，始达建康。为了缩短会稽经京口以达建康的行程，同时也为了避开自京口运河转入长江航道以

① 《三国志》卷 60，《吴志 · 全琮传》。

② 《陈书》卷 20，《华皎传》。

③ 马志冰：《魏晋南北朝时期各地区间的贸易联系及其交通路线》，载《北朝研究》1990 年下半年刊。

④ 田余庆：《东晋门阀政治》，北京大学出版社 1989 年版，第 82 ~ 88 页。

后的大江之险，这一时期又新辟了一条人工运河——破岗渎。孙权赤乌八年(245)，遣“校尉陈勋将屯田及作士三万人，凿句容中道，自小其（今江苏江宁县境内）至云阳西城，通会市，作邸阁”，“以通吴会船舰，号破岗渎”[①]。《太平御览》卷73引张勃《吴录》则说：“句容县，大皇（孙权）时使陈勋凿开水道，立十二埭（当为十四埭），以通吴会诸郡，故舡行不复由京口”。可见破岗渎开通后，吴会船舰可以不经丹阳、京口入长江至建康，而可自丹阳西行过破岗渎入秦淮水北上径达。因此，破岗渎的开通，缩短了会稽经京口以达建康的行程，大大便利了吴会与建康之间的交通往来，是联结上述地区的又一重要通道。

经由襄阳的南北路线，是长江以北的一条重要交通支线。它沿沔水、丹水等南达长江，西北抵关中、长安，再往北则直驱中原许、洛地区。鲍照《拟青青陵上柏诗》中有“飞镳出荆路，鹜服指秦川”的诗句[②]，就是对此的生动描写。

此外，南北通商的交通路线还有几条：最东面的是淮水、泗水，贯通郯、山阳与彭城、广陵的商路；往西是颍水、汝水通寿春的商路；再西是潢川、邾城、蕲黄间的商路；更西是沿汉水贯通汉中、南阳与荆郢的商路；最西是巴蜀通关中的商路。这5条商路有的自汉代就开辟了，有的是适应南北互市通商贸易的需要而增辟的，早已为人所共知。还有就是东南沿海的海道了，它北达辽东，东至南海。三国时期，孙权曾派万人船队浮海辽东，与公孙渊等进行大宗通商贸易。东晋末年，卢循退避广州和季高讨伐卢循，也都是循海道南行的。梁末陈宝应还沿海道自晋安至浙东诸郡，“载米粟与之贸易”，“大致赀产”[③]。说明这条航线是官方、民间都经常来往的重要交通路线。

魏晋南北朝时期，建立在北方的各个政权除注意利用和修复原有的陆路交通线之外，还积极发展水运事业，在黄河中下游一带，已经形成一些水上交通航线。但规模不大，线路不长，此皆从略。

---

① 《三国志》卷47，《吴志·孙权传》，《建康实录》卷2赤乌八年条。
② 《先秦汉魏晋南北朝诗》，中华书局1983年版。
③ 《陈书》卷35，《陈宝应传》。

综上所述可知，魏晋南北朝时期虽然长期分裂，南北对峙，但人民的交易往来并未阻断，水陆交通事业还是比较发达的。不仅秦汉以来的旧路大都继续通行，保持通畅，而且又开辟了一些新的通道，使水陆交通线在原有的基础上得到进一步的发展和开拓。这些贯通全国的交通网，系以长江、“丝路”两条横贯东西的水陆交通大动脉为主干，在沿线两侧又形成了数条南北纵向的交通支线，向四面辐射，以通达全国，并连接通往国外的道路。交通开发与运输便利，不仅促进了各个政权、各个地区内部经济与商业的发展，而且也为南北互市通商贸易与商旅往来创造了有利条件，从而对加强各地区间的商品流通和经济联系发挥着巨大作用。

第五节　民族贸易与对外贸易

一、与周边各族间的贸易关系

魏晋南北朝是我国历史上又一次民族大融合时期。这一时期，周边地区先后存在着若干个少数民族，它们都先后与中原地区发生过不同程度的贸易联系。其中尤以与西域各族的关系最为密切，其次是北部边境的柔然、突厥，东北地区的乌桓、勿吉、契丹、库莫奚、室韦，以及西南地区的西南夷、吐谷浑等。

（一）与西域各族的贸易关系

自西汉张骞通西域以来，内地与西域各族的交往一直十分密切，魏晋南北朝时期，尽管中原地区长期处于分裂割据状态，政权更迭频繁，但从内地通往西域的著名丝绸之路仍畅通无阻，并另辟有新道，所以除去战乱的严重影响之外，中原各王朝与西域各族的经济贸易往来始终没有中断，有时还相当活跃。

建安年间，凉州形成许多地方性割据集团，一度阻碍了中原与西域的交通。曹丕即位后，平定了凉州诸割据集团的叛乱，西域道路重又通畅，许多国家都派使臣至魏以示通好。史载：“魏兴，西域虽不能尽至，其大国龟兹、于阗、乌孙、疏勒、鄯善、车师之属，无岁不奉朝贡，略如汉氏故事”[①]。黄初

① 《三国志》卷30，《魏志·东夷传》。

三年（222），“鄯善、龟兹、于阗王各遣使奉献”，魏文帝皆“遣使者抚劳之”，“是后西域遂通”[①]。可见曹魏政权与西域各国间以贡献与回赐为形式的贸易交往，还是比较经常的。随着聘使往来的活跃，曹魏也注意与西域各族进行互市贸易，敦煌一时成了西域商人进入中原的门户。特别是魏明帝太和年间，仓慈出任敦煌太守，对西域商人亲自加以慰劳，“欲诣洛者，为封过所；欲从郡还者，官为平取，辄以府见物与共交市，使民吏护送道路。由是民夷翕然称其德惠”。由于仓慈能与西域各族人民处理好关系，在他死后，“西域诸胡闻慈死，悉共会聚于戊己校尉及长吏治下发哀，或有以刀画面，以明血诚，又为立祠，遥共祠之”[②]。

西晋十六国时期，与西域的贸易通商关系仍很密切。如晋武帝太康中（280～289），龟兹、焉耆王都曾遣使来洛阳访问，并馈赠方物。晋末永嘉之乱后，西域商人来者亦不少，并不断深入内地。如晋末刘畴“曾避乱坞壁，贾胡百数欲害之。畴无惧色，援笳而吹之，为出塞入塞之声，以动其游客之思，于是群胡皆垂泣而去之”[③]。又后赵石虎时，佛图澄“尝使弟子向西域市香”[④]。可见即使在内地混乱纷扰之时，西域商人仍是成群结队到内地来做买卖，中原人士亦不断到西域去进行市易，双方的往来与贸易关系并未中断。

北魏建国之初，忙于整顿内部，进据中原，无暇经营西域，故内地与西域的关系一时趋于衰弱。及太武帝统一北方，“魏德益以远闻，西域龟兹、疏勒、乌孙、悦般、渴般陀、鄯善、焉耆、车师、粟特诸国王，始遣使来献”[⑤]。同时，太武帝拓跋焘也先后派王恩生、许纲以及散骑侍郎董琬、高明等，“多赍锦帛，出鄯善，招抚九国”；西域诸国“遣使与琬俱来贡献者，十有六国。自后相继而来，不间于岁，国使亦数十辈矣”[⑥]。到孝文帝迁都洛阳后，西域各族与北魏政权之间，以朝贡与回赐形式的贸易关系开展得更加频繁，所谓

① 《三国志》卷2，《魏志·文帝纪》。
② 《三国志》卷16，《魏志·仓慈传》。
③ 《晋书》卷69，《刘隗传附刘畴传》。
④ 《晋书》卷95，《佛图澄传》。
⑤ 《北史》卷97，《西域传序》。
⑥ 《北史》卷97，《西域传序》。

“自魏德既广，西域东夷，贡其珍物，充于王府”；“神龟、正光之际，府藏盈溢”[①]，就是指的这种情况。直到魏末，凉州仍是西域商人聚集之所，互市贸易兴旺之状不减曩日，故历任凉州刺史者无不勒索商胡，赃贿累累。如京兆王子推之子元暹，于普泰元年（531）为凉州刺史，他“贪暴无极，欲规府人及商胡富人财物，诈一台符，诳诸豪等，云欲加赏，一时屠戮，所有资财生口，悉没自入”[②]。从这件事也可看出寄居凉州的西域商人之多与财富之厚。总之，到北魏后期，无论是聘使贡献和互市贸易都日趋频繁与兴旺，与西域的贸易关系已达到全国的兴盛时期。

北周、北齐时，与西域的贸易关系依然如故。《周书·异域传序》说：“有周承乱之后……赵魏尚梗，则结姻于北狄；厩库未实，则通好于西戎。由是德刑具举，声名遐洎。卉服毡裘，辐辏于属国；商胡贩客，填委于旗亭。”北周时的凉州与瓜州，是与西域各族进行互市的两个通商地点。如韩褒任凉州刺史时，“每西域商货至，又先尽贫者市之。于是贫富渐均，户口殷实”[③]。瓜州地处边陲，“州通西域，蕃夷往来，前后刺史多受赂遗。”韦瑱任瓜州刺史时，“蕃夷赠遗，一无所受。胡人畏威，不敢为寇，公私安静，夷夏怀之”[④]。对发展与西域的贸易通商起到了积极作用。北齐境内也有不少西域商人，如幸臣和士开，“其先西域商胡，本姓素和氏”[⑤]。平原王高隆之与杨愔邻宅，“愔尝见其门外有富胡数人，谓左右曰：我门前幸无此物”[⑥]。可见北齐邺都有不少西域胡商，他们有的已定居于此，有的则干进求仕，成为炙手可热的权贵官僚。齐宗室高思好起兵反高纬时，在与并州诸贵书中说：“商胡丑类，擅权帷幄，剥削生灵，劫掠朝市”[⑦]，指的就是这种情况。这也反映出北齐与西域的贸易往来还是比较密切的。

总之，魏晋南北朝时期，我国内地与西域各族之间的经济贸易联系进一步

---

① 《魏书》卷110，《食货志》。
② 《魏书》卷19上，《京兆王子推传附元暹传》。
③ 《周书》卷37，《韩褒传》。
④ 《周书》卷39，《韦瑱传》。
⑤ 《北齐书》卷50，《和士开传》。
⑥ 《北齐书》卷34，《杨愔传》。
⑦ 《北齐书》卷14，《上洛王思宗传附思好传》。

加强，基础更为牢固。通过这种相互间贸易联系，不仅增强了汉族与西域各族人民的友好往来，促进了民族团结，而且对于互通有无，发展经济，交流技术等方面，都起了十分重要的作用。

（二）与北方各族的贸易往来

东汉时，匈奴族已逐渐衰落，鲜卑等游牧部族继之而起，成为东汉王朝来自北方的劲敌。三国时期，曹魏曾在北部边境与鲜卑族开展贸易，即所谓“通胡市”。曹魏军事力量强大起来，与鲜卑关系才转趋正常。魏文帝黄初三年（222），鲜卑大人柯比能“帅落部大人小子，代郡乌丸修武卢等三千余骑，驱牛马七万余口交市”[①]。鲜卑其他各部也与内地通市，如鲜卑大人素利，“出马千匹与官”[②]。从鲜卑与曹魏互市的情况看，他们主要以牲畜求市，牛马是主要商品，而曹魏输出的则多是粮食、布帛与生活必需品。在北魏统治时期，北部边境的柔然日益强盛起来。402 年，柔然酋长社仑并吞邻部自立，称可汗，于是“士马繁盛，雄于北方，其地西至焉耆，东接朝鲜，南临大漠”[③]，此后与北魏一直处于敌对状态，双方经常以兵戎相见。孝明帝时（516 ~ 528），柔然大饥，其人相率入塞，朝臣建议予以救济，并建议开关市，以互通贸易。《魏书·元孚传》载尚书奏云：“贸迁起于上古，交易行于中世，汉与胡通，亦立关市。今北人（柔然）阻饥，命悬沟壑，公给之外，必求市易。彼若愿求，宜见听许”。孝明帝以后，柔然仍不断“遣使朝贡”，并馈赠方物。[④] 东魏、北齐时，与柔然的贡使往来亦很频繁，史称“及齐受东魏禅，亦岁时往来不绝”[⑤]。552 年，柔然被突厥所灭，这种关系也随之断绝了。

北方的突厥本是个小部落，原居高昌之北山（今博格多山）。5 世纪中叶，迁至金山（阿尔泰山）南麓。6 世纪初，突厥势力逐渐强大，传至木杆可汗时，北灭柔然，西破嚈哒，东击契丹，北并契骨，控制着“东自辽海以西，

---

① 《三国志》卷 30，《魏志·鲜卑传》。
② 《三国志》卷 26，《魏志·田豫传》。
③ 《资治通鉴》卷 112，晋纪安帝元兴元年条。
④ 《北史》卷 98，《蠕蠕传》。
⑤ 《北史》卷 98，《蠕蠕传》。

西至四海万里，南自沙漠以北，北至北海（贝加尔湖）五六千里”的广大土地，[1] 威服塞外诸国。突厥在土门可汗时，“始至塞上，市缯絮，愿通中国”[2]，到西魏边塞通商贸易。此后双方贡使往来频繁，如大统十一年（545），西魏文帝元宝炬遣使至突厥；次年，土门可汗“遣使献方物”；大统十七年（551），元宝炬死，土门又“遣使来吊，赠马二百匹”[3]。北周、北齐时，突厥同这两家的贸易往来又有进一步的发展，尤以北周关系密切。如周明帝时，木杆可汗“遣使来献方物”；周武帝保定初，“又三辈遣使贡献方物”[4]。后来周武帝娶木杆可汗女儿为妻，以赵王宇文招之女为公主，嫁给木杆之弟他钵可汗，因而两国间的贸易关系更为发达。史称：“朝廷既与和亲，岁给缯絮锦彩十万段。突厥在京师者，又待以优礼，衣锦食肉者，常以千数”；突厥也常“遣使献马”，最多的一次献马5万匹[5]。北齐与突厥亦有贸易往来。时周、齐相争，齐人惧北周与突厥连接，寇掠其境，“亦倾府藏之给之”，因此他钵可汗曾狂妄地说：“但使我在南两个儿孝顺，何忧无物邪!”[6] 突厥汗国的建立，及其与中原王朝的经济交往，促进了突厥社会的发展。但突厥贵族为了掠夺奴隶和财富，不断骚扰周、齐边境，成为北部边陲的一大忧患。

（三）与东北沿边各族的贸易往来

魏晋南北朝时期，东北地区的少数民族有乌桓、勿吉、契丹、库莫奚和室韦等。

乌桓是古代东胡族的一支，他们很早就与中原地区有联系。建安年间，东北的乌桓三郡（辽西、右北平、辽东）勾结袁绍，为曹操所平定，乌桓人大部分徙进塞内，与汉族人民同居。以后就和平相处，贸易往来，逐渐和汉族融合（塞外乌桓则逐渐同化于鲜卑）。乌桓“能作白酒，而不知作麴糵。米常仰中国”[7]，则粮食所需要中原供应。除了乌桓以外，曹魏时东北的夫余也是

---

① 《周书》卷50,《突厥传》。
② 《周书》卷50,《突厥传》。
③ 《周书》卷50,《突厥传》。
④ 《周书》卷50,《突厥传》。
⑤ 《周书》卷50,《突厥传》。
⑥ 《周书》卷50,《突厥传》。
⑦ 《三国志》卷30,《魏志·乌桓传》注引《魏书》。

“岁岁遣使，诣京都贡献”[1]，彼此之间进行着朝贡与回赐的贸易。魏景元三年（262），肃慎国王也曾“遣使重译入贡，献其国弓三十张，长三尺五寸，楛矢长一尺八寸，石弩三百枚，皮骨铁杂铠二十领，貂皮四百枚”[2]。晋武帝咸宁五年（279），肃慎王又遣使至洛阳，“献楛矢石砮”[3]。

5世纪末，勿吉（即魏晋时肃慎）乘夫余衰落之机占领其地。北魏孝文帝即位后，勿吉先后十多次遣使朝献，其中最大的一次遣使团人数达500多人，“自此迄于正光（孝明帝元诩年号），贡使相寻”[4]，说明勿吉与北魏王朝的联系是非常密切的。宇文鲜卑的别部契丹，分布在和龙之北数百里，以畜牧、狩猎为生，其俗颇与勿吉同。太武帝时，契丹“求朝献，岁贡名马”；献文帝时，契丹各部以其名马、文皮求通互市，北魏政府允许他们“皆得交市于和龙、密云之间，贡献不绝”。孝文帝时契丹告饥，“高祖矜之，听其人关市籴”[5]。可见契丹与北魏之间保持着密切的经济联系。东晋末至北魏，同属宇文鲜卑别部的库莫奚（居滦河上游）与中原也有贸易往来。如“库莫奚虞出库真率三千余落”，请与北燕冯跋“交市，献马千匹，许之，处之于营丘”[6]。北魏时，库莫奚“岁致名马文皮”，“遣使朝贡”；又“每求入塞，与民交易”[7]。在契丹、勿吉以北，分布在今嫩江、大小兴安岭至外兴安岭广大地区的室韦，也派使者向东魏贡献方物，以后不断遣使往来，“迄武定末，贡使相寻”[8]，同北齐保持联系。

（四）与西南各族的贸易关系

在今四川南部和云南、贵州一带，三国时称为南中，居住着许多被称为“西南夷”的少数民族。蜀建兴元年（223），建宁（今云南晋宁）豪族雍闿和彝族首领孟获起兵反蜀，南中大乱，民族关系紧张。建兴三年（225），诸葛

① 《三国志》卷30，《魏志·夫余传》。
② 《三国志》卷4，《陈留王纪》。
③ 《晋书》卷3，《武帝纪》。
④ 《魏书》卷100，《勿吉传》。
⑤ 《魏书》卷100，《契丹传》。
⑥ 《晋书》卷125，《冯跋载记》。
⑦ 《魏书》卷100，《库莫奚传》。
⑧ 《魏书》卷100，《室韦传》。

亮平定南中，对南中实行羁縻政策，任用本地或本民族的首领为地方官吏，同时又通过互市，用巴蜀所产的商品交换南中的物产，结果获得大量的“耕牛、战马、金银、犀革，充继军资”[①]。诸葛亮平定南中及其加强与西南夷经济联系的一系列措施，不仅改善了民族关系，消除了蜀汉的后顾之忧，还使南中成为蜀汉比较富庶的后方，并为蜀与曹魏的斗争，提供了大量的人力和物力，以致“军资所出，国以富饶”[②]。

在西部和西南地区的西羌故地（今甘肃临夏以南，四川松潘以西，青海东南的大片土地），十六国时为慕容鲜卑所统治，以吐谷浑为国号。吐谷浑人民以游牧、狩猎为业，逐水草为生，也种植大麦、豆、粟。南北朝时，吐谷浑对南北双方，基本上都保持了朝贡关系，接受南北政府的册封。南朝称它是“徒以商译往来，故礼同北面”，“虽复苞篚岁臻，事唯贾道”[③]，实际上是商业上的关系。对于北朝，吐谷浑在拓跋焘时与魏建立了贸易关系。当时北魏朝廷对吐谷浑要求更多的赐予，专门举行过一次讨论，认为“缯絮多少，旧典所无，皆当临时，以制丰寡”，不肯多与。此后到宣武、孝明两朝，吐谷浑的“犛牛、蜀马及西南之珍，无岁不至”[④]，贡献频繁，与北朝一直保持着有来有往的商业关系。北魏之后，吐谷浑与北齐、北周仍保持着贡使往来。如西魏大统中，吐谷浑曾“遣使献马及牛羊等”；北齐时，“又通使于齐”。时北周凉州刺史史宁，还率兵袭击了由北齐归来的吐谷浑使团，“获其仆射乞伏触板，将军翟潘密、商胡二百四十人，驼骡六百头，杂彩丝绢以万计”[⑤]。可见吐谷浑使团中有不少的商胡，是贡、贸并举。至于吐谷浑与北周的贸易来往，史载亦多。如周武帝保定中，吐谷浑“前后三辈遣使献文物”；天和、建德时，又多次遣使贡献。[⑥] 说明与北周的贡使往来是相当频繁的。

综上所述，魏晋南北朝时期，中原及内地各政权与周边少数民族之间保持

---

① 《三国志》卷43，《蜀志·李恢传》。
② 《三国志》卷35，《蜀志·诸葛亮传》。
③ 《宋书》卷96，《吐谷浑传》。
④ 《周书》卷50，《吐谷浑传》。
⑤ 《周书》卷50，《吐谷浑传》。
⑥ 《周书》卷50，《吐谷浑传》。

着比较密切的经济贸易联系。通过各族之间的物质交流和商业往来，不仅满足了统治者对域外珍奇异宝的需求，而且在客观上对广大人民也是有利的。对中原人民来说，依靠贸易交换物质，充实了中原人民物质生活的内容；对周边各少数民族人民来说，满足了他们的生产和生活的需要，尤其是铁器、农具以及先进生产技术的传入，对那里农业生产的发展更是不可缺少的条件。因此，在与周边各民族的关系中，贸易是联结中原人民与各族人民的经济纽带，是加强双方政治、经济、文化联系的一个极其有力的因素。

二、对外贸易的发展

魏晋南北朝时期的对外贸易，较之秦汉时期有很大程度的发展。它表现在下列3个方面：其一，贸易的国家和地区进一步扩大；其二，贸易的渠道和途径在逐渐增加；其三，贸易的项目和物品更为丰富多彩。现按陆路对外贸易和海外贸易两个方面，分述如下：

（一）陆路对外贸易的发展

从魏晋、十六国到北朝，对外贸易重点是在西北，通过著名的“丝绸之路”，经由西域，越过葱岭，与中亚、西亚、印巴次大陆诸国以及波斯（今伊朗）、大秦（东罗马帝国）等国开展经济的交流。

魏晋时期，经过西域到域外，或由域外经西域到中原的商路有3条。据《魏略·西戎传》载：“从敦煌玉门关入西域，前有二道，今有三道。从玉门关西出，经婼羌转西，越葱岭，经县度，入大月氏（今阿富汗），为南道。从玉门关西出，发都护井，回三陇沙北头，经居卢仓，从沙西井转西北，过龙堆，到故楼兰（今新疆罗布泊西北），转西诣龟兹（今新疆库车），至葱岭，为中道。从玉门关西北出，经横坑，辟三陇沙及龙堆，出五船北，到车师界戊己校尉所治高昌（今新疆吐鲁番），转西与中道合龟兹，为新道”①。由于“丝路”的通畅，魏晋至北朝时与中亚诸国的贸易往来就十分频繁。如大宛国（今塔吉克共和国境内）为中亚的强国，魏陈留王咸熙二年（265），大宛王遣

① 《三国志》卷30，《魏书·乌丸鲜卑东夷传》注引。

使到洛阳“献名马”[①]。晋武帝太康六年（285），遣使杨颢“拜其王蓝庾为大宛王”；蓝庾死后，其子摩之继位，又“遣使贡汗血马”，以通友好。[②] 十六国北朝时，大宛先后10多次派使臣到后赵、前秦和北魏都城，赠送珊瑚、琉璃、氍毹、白叠、汗血马等名贵之物，与中原各政权保持着以献纳，朝贡为形式的贸易交往。大宛商人来中国做生意的也不少，史称其人“善市贾，争分铢之利，得中国金银，辄为器物，不用为币也”[③]。既能得到中原的大量金银，用以制造器物，说明大宛商人携带货物之多，交易额是相当大的。大月氏（今中亚阿姆河以南至阿富汗境内）是中亚工商业比较繁荣的国家，三国魏明帝太和三年（229），大月氏贵霜王波调遣使来洛阳奉献方物，明帝曹叡“以调为亲魏大月氏王”[④]。北魏太武帝时，大月氏“国人商贩京师（平城），自云能铸石为五色琉璃，于是采矿山中，于京师铸之。既成，光泽乃美于西方来者。……观者见之，莫不惊骇，以为神明所作。自此，国中琉璃遂贱，人不复珍之”[⑤]。琉璃即玻璃，古时一向被视为珍宝，由西方输入。大月氏商人来中国贸易，不仅交流了货物，而且交流了制作琉璃的技术，这对促进两国间的文化交流无疑具有积极意义。粟特国为古之奄蔡，位于今中亚阿姆河流域。北凉时其国曾多次遣使来华，贡献方物，随使者来的还有许多商人。如北魏初年，“其国商人先多诣凉土贩贸”，及太武帝灭北凉，粟特国商人“悉见虏”。文成帝拓跋濬即位后，粟特国王派使者前来赎取这些商人，北魏统治者优礼送归，显示出泱泱大国的风度。[⑥] 6世纪初，嚈哒国征服了大月氏贵霜王朝，成为中亚的强国。魏宣武帝以后，其国王每遣使朝贡，到西魏、北周时，“并遣使来献”[⑦]，以示通好。他如康居（今中亚撒马尔汗）、忸密（今乌兹别克共和国哈拉市）等中亚国家，也都与中国通使往来，有着密切的联系。

魏晋南北朝时，印巴次大陆（今印度、巴基斯坦、斯里兰卡境内）建立

① 《三国志》卷4，《魏志·陈留王纪》。
② 《晋书》卷97，《大宛国传》。
③ 《晋书》卷97，《大宛国传》。
④ 《三国志》卷3，《魏志·明帝纪》。
⑤ 《北史》卷97，《大月氏国传》。
⑥ 《魏书》卷102，《粟特传》。
⑦ 《北史》卷97，《嚈哒传》。

有许多国家，他们和中国政府均发生过友好的使节关系和经济交往，其中北魏王朝与天竺五国（今印度）的关系最为密切。据《魏书》记载，中天竺的笈多王朝在北魏景明三年（502）、景明四年（503）、正始四年（507）、永平元年（508）、延昌三年（514），先后5次遣使来魏都洛阳访问，并馈赠骏马、金银、佛牙等珍贵礼物，从而加强了彼此间的经济文化交流。北天竺的犍陀罗国和尼婆罗国，在北魏正始四年（507）、永平二年（509）、永平四年（511）共5次（永平四年计3次）派使臣到洛阳奉献方物。另一乌苌国，在北魏宣武帝、孝明帝期间（500～528），其使节亦曾6次来到洛阳访问，并馈赠礼物。南天竺的国王婆罗化，在宣武帝时遣使献骏马、金银等物，此后于景元三年、四年（502、503）、正始四年（507）、永平元年（508）、延昌三年（514）数遣使朝贡。东天竺的盘是国以及西天竺国，在北魏时也多次派遣使臣至洛阳访问，并赠送方物。位于今克什米尔境内的罽宾国，以及阿喻陀、罗婆、婆罗捺、阿驹、可流、半社、伽比沙、胡密、步就磨、伽秀、沙尼、弗菩提、乾陀叠伏罗、伽使密、达舍越、幡弥、乾达、婆比、佐越、费实等许多国家都曾遣使来过北魏的都城洛阳朝献。可见北魏王朝与天竺各国关系之密切。

波斯是西亚大国，早在汉代就是中国的重要贸易伙伴。在中国大乱期间，贸易一度停顿，到北魏文成帝太安元年（455），波斯萨珊王朝首次遣使来华，恢复了固有关系。从文成帝至孝明帝的76年间，波斯遣使来平城、洛阳访问并奉献方物凡10次。其中神龟年间（518～520），波斯“遣使上书贡物，云：‘大国天子，天之所生，愿日出处常为汉中天子。波斯国王居和多千万敬拜。’朝廷嘉纳之，自此每使朝献”①。以后到西魏、北周时，波斯王仍遣使来献。如西魏恭帝二年（555）、北周武帝天和二年（567），其国皆“遣使献方物”②。在北魏都城洛阳，也住有不少波斯商人，如四馆之一的崦嵫馆，就是接待波斯、大秦等国使者和商旅的处所。城南四通市之西有白象、狮子二坊，里面养着乾陀罗国（今阿富汗东部）进献的白象和波斯国贡奉的狮子。狮子

① 《北史》卷97，《波斯国传》。
② 《北史》卷97，《波斯国传》。

坊里也住着一些波斯人。[①] 除文献记载外，建国以后在陕西、河南、河北等地发现了大量的波斯萨珊朝银币，这些都是当时的波斯使者、商人带来的，它不仅反映出中西交通的发达，也是我们考察中国与波斯经济交流的历史见证。

大秦在魏晋南北朝时是指东罗马帝国（都城君士坦丁堡，即今土耳其的伊斯坦布尔），其地跨欧亚大陆，除由海道通交广与南方政权保持通商关系外，还经西北“丝路”与北方政权建立了密切的联系。西晋武帝太康年间（280～289），大秦王“遣使贡献”[②]。十六国时期，张轨据前凉，“西胡致金胡瓶，皆拂菻作，奇状，并人高，二枚”[③]。拂菻即大秦。大秦金瓶从“丝路”运到河西的前凉，说明中国在战乱中和大秦的关系仍未中断。北魏时，大秦商人来华者日多，《洛阳伽蓝记》卷3记载大秦及西方诸国商人来洛阳贸易和定居的盛况时说：“自葱岭以西，至于大秦，百国千城，莫不款附，商胡贩客，日奔塞下，所谓尽天地之区已。乐中国土风，因而宅者，不可胜数。是以附化之民，万有余家。门巷修整。阊阖填列，青槐荫陌，绿柳垂庭，天下难得之货，咸悉在焉”。可见葱岭以西诸国远至大秦，均与北魏有着密切的通商往来。此外，建国后陆续在“丝绸之路”上的吐鲁番、西安以及河北、内蒙等地，发现有10多枚东罗马金币。其中吐鲁番阿斯塔那出土东罗马金币和它的仿制品；陕西咸阳出土一枚查士丁尼二世（561～587）金币；河北赞皇东魏李希宗夫妇墓发现3枚东罗马拜占廷金币，一枚为狄奥多西斯二世（408～450）金币，二枚为查士丁尼一世舅甥共治时（527年4月至8月）金币；在内蒙古毕克齐镇水鹰沟也发现一枚列契一世（457～474）金币。[④] 这些东罗马金币就是大秦商人携带来华的遗物，是与中国贸易的见证。

（二）海外贸易的兴盛

魏晋南北朝时期，据有中国东南和南部的东吴、东晋、宋、齐、梁、陈各个王朝，曾不遗余力地发展对海外诸国的贸易关系，因而海外贸易也远盛于前代。由海上对外贸易的交通路线，可分为东方航线和西方航线：东方航线通向

---

① 《洛阳伽蓝记》卷3，《龙华寺》条所载。

② 《晋书》卷97，《大秦国传》。

③ 《太平御览》卷758，引《前凉录》。

④ 夏鼐：《赞皇李希宗墓出土的拜占廷金币》，《考古》，1977年第6期。

朝鲜半岛诸国和日本；西方航线越过印度支那半岛和马来半岛，直达印度和斯里兰卡，并间接地沟通中国与西亚、北非的贸易关系。

东方航线与对外贸易。早在秦汉时期，我们的祖先就开辟了一条自北方渤海、黄海通向朝鲜半岛南部的海上航线，一些中国人曾沿此线移居朝鲜。但从南方东海直达辽东半岛和朝鲜半岛的航线，尚未开辟。三国时期，地处江南的孙吴政权出于政治、经济等方面的需要，曾多次派遣万人船队远航辽东，使我国在秦汉时代尚未形成的沟通大东北与大东南的海上直达航路，因之而得以开拓。随着这条海上直达航路的贯通。六朝时期与朝鲜半岛诸国的贸易往来也显得格外频繁。如东吴孙权嘉禾年间（232～238），曾派遣秦旦等人出使高丽，高丽王派使者25人送秦旦等还吴，并送“貂皮千枚，鹖鸡皮十具”①。隔了一年，孙权再派谢宏等出使高丽，高丽王送马数百匹，“时宏船小，载马八十匹而还”②。东晋南朝时，朝鲜半岛分为3个国家，北边是高句丽，西边是百济，东南是新罗。这3个国家与中国都建立了密切联系。东晋安帝时，高句丽遣使至建康贡献方物。宋文帝元嘉十六年（439），又遣使奉献良马800匹。后历齐梁二代，互赠方物，往来不绝。故史称“自晋过江，泛海东使有高句丽、百济，而宋齐间常通职贡，梁兴又有加焉”③。百济在东晋时也遣使前来。4世纪时，百济铸造的“七支刀”在铭文中使用东晋“泰和四年”的年号。④宋齐梁三代还曾授予百济王封号和官职。梁武帝时，百济王“累遣使献方物，并请《涅盘》等经义、《毛诗》博士并工匠、画师等，敕并给之”⑤。可见通过使节往来，不仅加强了两国的物资交流，也促进了文化技术的交流。百济还具有沟通中日两国交通的中介作用。《宋书·倭国传》载倭王致中国皇帝的表文中讲到，遣使时“道径百济”，说明日本派使团到南朝来，往往取道百济。新罗在刘宋时或称斯罗，势力较弱，“其国小，不能自通使聘”⑥。梁武帝普通二年

---

① 《三国志》卷47，《吴志·孙权传》注引《吴书》。
② 《三国志》卷47，《吴志·孙权传》注引《吴书》。
③ 《梁书》卷54，《东夷传》。
④ （日）福山敏南：《石上神宫の七支刀》，《美术研究》第158期，1951年版。
⑤ 《梁书》卷54，《东夷传》。
⑥ 《梁书》卷54，《东夷传》。

(521)，曾附于百济使者，和梁通好，贡献方物。

中日两国的友好往来历史悠久。三国时期，日本称为邪马台国，与北方的曹魏政权和南方的东吴政权都保持着密切联系。魏明帝景初二年（238），邪马台倭女王卑弥呼遣使到洛阳朝献，贡“男生口四人，女生口六人，班布二匹二丈”。魏明帝赠还“绛地交龙锦五匹，绛地绉粟罽十张，蒨绛五十匹，绀青五十匹”，作为回报日本使者“所献贡直”。另外又特赠“绀地句文锦三匹，细班华罽五张，白绢五十匹，金八两，五尺刀三口，铜镜百枚，真珠，铅丹各五十斤”①。此后在齐王芳正始年间（240～249），邪马台女王又多次遣使来朝，贡献有“倭锦、绛青缣、绵衣、帛布、丹木、狲、短弓矢”等物，曹魏则回赠有“金、帛、锦罽、刀、镜、采物”。倭女王壹与新立，又“贡白珠五千，孔青大句珠二枚，异文杂锦二十匹”②。西晋武帝泰始二年（266），邪马台使者又几次来洛阳访问，馈赠礼物。可见这一时期与日本的关系是相当密切的。当时邪马台使臣来华的航线，是从日本九州至朝鲜半岛，再从陆路到洛阳。

日本与中国江南地区的交通和贸易往来始于何时，过去研究者多认为是从5世纪开始的。③ 但近年来的考古发掘和研究结果表明，早在3世纪的东吴，就与日本有了密切的经济联系。近些年日本出土了许多3世纪至4世纪初中国吴地所产的铜镜，至1984年已发现的就达370枚之多。④ 这些铜镜究属东吴工匠东渡日本后制作的，还是由日本使者和商人从吴地带去的，目前尚未定论，但它却是东吴与日本已有经济交流的极好物证。此外，《日本书记》和《古事记》中称东晋南朝为“吴国”，称其人民为“吴人”，又称来自东晋南朝的物件如“吴织”、“吴服”、“吴床”等无不冠以“吴”字，甚至东渡的“吴人”在日本的定居地亦称“吴原”。这些都说明了3世纪东吴与日本的密切关系，否则在日本的古文献中是不会有这许多“吴”字的。到了东晋南朝和日本的倭五王（赞、珍、济、兴、武五代倭王）时期，日本始与中国南方政权正式

① 《三国志》卷30，《魏志·东夷传》。
② 《三国志》卷30，《魏志·东夷传》。
③ 参见（日）本宫泰彦：《日中文化交流史》第3章，胡锡年中译本，商务印书馆，1980年版。
④ 王仲殊：《日本三角缘神兽镜综论》，《考古》，1984年第5期。

建立了通使友好关系。据《宋书》《南史》等载，自东晋安帝义熙九年（413）起到梁武帝天监元年（502）止的90年间，日本曾12次遣使到建康，他们除上表奉献方物外，还多次请求中国皇帝赐以封号。随着通使关系的建立，两国间的贸易往来和经济交流也在不断扩大。倭王曾向南朝求织工和缝衣工，并将"吴所献手末才伎汉织、吴织、衣缝兄媛、弟媛等，泊于住吉津"，后又专门"安置吴人于陉隈野，因名吴原"[①]。与此同时，吴服、吴床等南朝物品也大量输出到日本，为日本人民所喜爱。历史事实证明，通过东方航线，不仅加强了中日两国的经济联系，中国先进的生产技术也逐渐传入日本，这些都对古代日本经济文化的发展起到了促进作用。

西方航线与对外贸易。自汉代以来，西方航线就是中国与海南诸国通商贸易的主要航线。魏晋南北朝时期，通过西方航线与海南诸国的贸易往来又有进一步的发展。据《梁书·海南诸国传》载："海南诸国，大抵在交州南及西南大海洲上，相去近者三五千里，远者二三万里，其西与西域诸国接。"可见南海诸国包括的范围甚为辽阔，由印度支那南至南洋群岛诸国，越马六甲海峡，西南通印度洋沿岸诸国，西历波斯、阿拉伯直至大秦及中东诸国，都可航海东来。通过这条航线，中国与扶南（今柬埔寨）、林邑（即占城，今越南南方）、南洋群岛诸国（今印度尼亚西）、天竺（今印度）、师子国（今斯里兰卡）及波斯、大秦等国，都建立了海上贸易关系。

扶南是印度支那半岛上的一个大国，与中国路途较近，因此贸易也比远海诸国更为密切。东吴孙权赤乌六年（243），扶南王范旃遣使献乐人及方物。后范寻为扶南王，吴"遣中郎康泰、宣化从事朱应，使于寻国"[②]，于是两国商人彼此往返，络绎不绝。据康泰归国后所著《吴时外国传》说，当时在南中国海航行的扶南国船舶，"长者十二寻，广肘六尺，头尾似鱼，皆以铁镊露装，大者载百人"[③]。通过海上贸易，扶南船舶运来了该国的吉贝、金、银、铜、锡、沉木香、象牙等特产，中国的商品也不断输入到他们那里去。两晋时

① 《日本书记·雄略纪》。
② 《梁书》卷54，《扶南传》。
③ 《太平御览》卷769引。

期，扶南王遣使频来。南朝时贡使往来更为常见，如宋末齐初，扶南王阇耶跋摩遣使携带各种货物，到广州交易，回国时有天竺道人释那伽仙，附乘于船上归去，遇风漂至林邑，受到劫夺。齐武帝永明二年（484），阇耶跋摩因此写信给齐武帝申明这桩事，并遣使送来“金镂龙王坐像一躯、白檀像一躯、牙塔二躯、古贝二双、琉璃苏鉝二口、玳瑁槟榔柈一枚”；齐武帝“报以绛紫、地黄、碧绿纹绫各五匹”[①]。梁武帝时扶南王派人送来旃檀瑞像、火齐珠、郁金苏合香等，后又遣使献生犀。自东吴至南朝，扶南遣使前来，有记载可查的即有30多次，可见关系之密切。

林邑或名临邑，其中心地区在今越南的广南、岘港省。由于历史、地理诸方面的原因，六朝时期两国往来频繁。孙权黄武五年（226），吕岱平交州，遣从事“南宣国化，徼外扶南、林邑、堂明诸王，各遣使奉贡”[②]。东晋南朝时，遣使往来进一步增多。宋永初二年（421），林邑王范阳迈遣使至建康送方物。大明二年（458），林邑王范神成又派人携带文表，并向孝武帝赠送“金银器及香布诸物”[③]。南齐时，林邑商人因频繁来华经商，看到南朝的城池宫室建筑宏伟，回去后即“教林邑王范逸起城池楼殿”[④]，可见由于商业上的往来，进而促进了建筑技术的交流。到梁武帝时，林邑曾九次遣使到建康访问。陈废帝光大二年（568），陈宣帝太建四年（572），又两次遣使赠送方物。通过聘使往来和互赠礼物，中越两国的联系越加密切了。

在今马来半岛境内的狼牙修、丹丹、盘盘诸国，也同南朝发展了交通贸易关系。梁天监十四年（515）狼牙修（今马来北大年地）国王派使者来建康奉表访问，奏表说：“今遣使问讯大意，欲自往，复畏大海风波不达。今奉薄献，愿大家曲垂领纳”[⑤]。表明与中国通好的态度是十分挚诚的。此后普通四年（523）、中大通三年（531），狼牙修国王又两次遣使献方物，梁武帝亦有答谢。丹丹（今马来吉兰丹地）于中大通二年（530）派使者来建康奉表访

① 《南齐书》卷58，《扶南传》。
② 《三国志》卷60，《吴志·吕岱传》。
③ 《宋书》卷97，《林邑传》。
④ 《南齐书》卷58，《林邑传》。
⑤ 《梁书》卷54，《狼牙修传》。

问，奏表中赞美梁武帝“信重三宝，佛法兴显”，特“奉送牙像及塔各二躯，并献火齐珠、吉贝、杂香药等”。大同元年（535）“复遣使献金、银、琉璃、杂宝、香药等物”①。盘盘（今马来北部）自南朝刘宋时已与我国交往，宋文帝元嘉，孝武帝孝建、大明中，曾多次遣使到建康访问和奉献方物。梁、陈之际，盘盘国一再遣使来华，所献之物有牙像、牙塔、沉檀等香及真舍利、菩提树叶等。

南朝时，今印尼地区有许多国家，亦同中国保持友好关系。宋元嘉时，诃罗陁国（一说在今印尼苏门答腊岛，一说在爪哇岛或兼指此二岛）遣使携带文表来华，表中说到刘宋境内“市廛丰富，珍贿无量”，“四海流通，万国交会”，因而要求“市易往反，不为禁闭”②，表明南洋诸国对南朝情况有所了解，也反映了同中国建立通商关系的愿望。干陁利国（今印尼苏门答腊岛的巨港一带）在宋孝武帝孝建时，梁武帝天监、普通年间，多次遣使来建康访问，并献金银宝器。婆利国（今印尼巴厘岛）在宋后废帝元徽元年（473），“遣使贡献”。至梁时又多次派使到中国，所献之物有白鹦鹉、兜鍪、琉璃器、古贝、螺杯、杂香、药等数十种。《南齐书·东南夷传》说南洋诸国是“分屿建国，四方珍怪，莫此为先。藏山隐海，瑰宝溢目，商舶远届，委输交州”，可见南洋群岛诸国与中国贸易的繁盛情况。

天竺商人在汉代即多由海道来中国贸易，东晋南朝时这种关系续有发展。刘宋元嘉五年（428），天竺迦毗黎国的国王月爱遣使奉表来华，表中说：“大王若有所须，珍奇异物，悉当奉送”，“愿二国信使往来不绝”，并“奉献金刚指环、摩勒金环诸宝物，赤白鹦鹉各一头”③。梁天监初年，其王屈多又遣使奉献琉璃、唾壶、杂香、吉贝等物。陈太建三年（571），天竺使臣亦来建康访问并献方物。除使节往来之外，天竺僧侣、商人来中国的也很多，而且僧侣往往是随商人同行的。如天竺僧人佛驮跋陀罗，由交趾附商船循海路至青州，后至建康。中天竺僧人求他毗地住齐建康正观寺，万里归集，南海商人咸宗事

① 《梁书》卷54，《丹丹传》。
② 《宋书》卷97，《诃罗陁传》。
③ 《宋书》卷97，《天竺迦毗黎国传》。

之。号称中国禅宗之祖的菩提达摩，南天竺人，也是在梁时泛海至广州，以后又去北方的。可见这一时期中印两国的经济文化交流是很密切的。

师子国是印度洋沿岸国家，与东晋南朝的贸易往来也很频繁。如东晋安帝隆安三年（399），高僧法显自后秦长安出发，西行到印度取经，回来时就是搭乘一艘商船，循海道经师子国回国的。据《法显传》所记，他自天竺多摩黎帝（在加尔各答西南）出发，“载商人大船，泛海西南行，得冬初信风，昼夜十四日到师子国”。法显在师子国住了两年，在寺院内“玉像前见商人以晋地一白团（绢）扇供养，不觉凄然下泪”，这是东晋与师子国贸易往来的例证。此后，法显又自师子国附乘“商人大船上，可有二百余人”，“九十日许，乃到一国，名耶婆提（今印尼爪哇）”。停5日，“复随他商人，大船上亦二百许人，赍五十日粮……东北行，趋广州。”后因途中遇风，迷失方向，经70余日，船漂至青州长广郡牢山南岸（今山东崂山湾）才登陆，法显亦于安帝义熙九年（413）返抵建康。从上述记载可知，当时远海航行是很艰苦而危险的，航行于印度洋、马六甲海峡、爪哇海、南中国海之间的海船，往往运载200多人，其中大都是商人。天竺、师子国的商船，多循此海道东来以达广州，与中国进行贸易，可见两国间的海上贸易是相当繁盛的。安帝义熙初（405），师子国国王曾派使“遣献玉像，经十载乃至。像高四尺二寸，玉色洁润，形制殊特，殆非人工”①。当时师子国的国王为优婆帝沙一世，奉献玉像的使者是沙门昙摩。这尊玉像被放置于建康瓦棺寺，与该寺的五躯佛像（戴安道手制）和壁画维摩诘像（顾恺之手画）并称为“三绝”。南朝时，师子国曾于宋元嘉五年（428）、十二年（435）、梁大通元年（527）3次遣使奉表贡献，进一步密切了两国之间的友好关系。

波斯与中国也保持着海上贸易往来。东吴时，航行于南海之上的大海舶，“大者长二十余丈，高出水三二丈，望之如阁道，载六七百人，物出万斛”②。这些大海船既有中国的，也有天竺的和波斯的。5世纪前半叶（东晋末至刘宋元嘉时），中国船舶也常远航至波斯湾。在中国商船远渡重洋，去波斯贸易的

① 《梁书》卷97，《师子国传》。

② 《太平御览》卷769，引万震：《南州异物志》。

同时，波斯商船亦“泛海陵波，因风远至”来到交广。在广东英德浛光北郊的南齐建武四年（497）墓中，发现波斯萨珊朝银币3枚，是属于公元5世纪中叶的。在曲江县南华寺附近的南朝墓中，也发现9枚波斯银币。[①] 这些散布在广东的波斯萨珊银币，是由沿着海道来的波斯商人带来的。由于广州是南朝最大的海外贸易港口，波斯商船到广州的也最多，所以在南方地区发现的波斯银币多集中在广东，这正是波斯与中国通过海路进行贸易往来的实物证据。

在所有海上通商的国家中，以大秦（东罗马帝国）距中国最为遥远。中国与大秦国的海上贸易始于东汉桓帝延熹九年（166），到东吴时，这种贸易关系得到进一步的发展。当时东来的大秦商船交织海上，络绎不绝，康泰《吴时外国传》称：“从加那调州，乘大海舶，张七帆，时风一月余日，乃入秦，大秦国也”[②]。这里载明开船的起点，船帆数和船行经过的时间，如无频繁的海上交通往来，就不可能有如此清楚明白的记述。随着海上交通的发达，到中国做生意的大秦商人日益增多，有的甚至在中国史书中留下自己的姓名。《南史·中天竺传》载：“孙权黄武五年（226），有大秦贾人，字秦论，来到交阯，太守吴邈遣送诣权。权问论方土风俗，论具以事对。时诸葛恪讨丹阳，获黝、歙短人，论见之曰：‘大秦希见此人’。权以男女各十人，差吏会稽刘咸送论，咸于道物故，（论）乃径还本国也。”这是中西之间贸易往来的一个著名故事。东晋时，大秦曾派使者来到建康，《晋起居注》载：“（哀帝）兴宁元年（363）闰月，蒲林王国新开通，前所奉表诣先帝，今遣（使）到其国慰谕”[③]。先帝系指晋穆帝，蒲林即大秦。大秦于穆帝时派使者来访，哀帝时特遣使者报聘，这也是我国第一次派遣使臣回访大秦国。可惜史籍缺载，对其具体情况已不知其详了。下至南朝，与大秦的贸易交往更为频繁，史称“大秦，天竺，迥出西溟……商货所资，或出交部，泛海陵波，因风远至。又重峻参差，氏众非一，殊名诡号，种别类殊”，“故舟舶继路，商使交属”；又称：“自梁革运，其奉正朔，修贡职，航海岁至，逾于前代矣”[④]。由此可见当时与

① 《新中国的考古发现和研究》，文物出版社1984年版，第566页。

② 《太平御览》卷771引。

③ 《太平御览》卷787引。

④ 《宋书》卷97，《蛮夷传》；《梁书》卷54，《海南诸国传》。

大秦及南海诸国海上贸易是非常发达的。

综上所述，魏晋南北朝时期的对外贸易是比较兴盛的，尤其是海外贸易的发展更快，已经超过了两汉。因为这种对外贸易能给统治者带来很大的直接的经济利益，并从域外、海外输入大量的珍奇宝货，满足统治阶级上层人物对奢侈生活和高级消费的需要，所以即使在国内社会动荡和生产不振的情况下，对外贸易仍是蒸蒸日上，持续发展，有时甚至比国内贸易显得更为活跃。由于对外贸易输入的舶来品，主要并不是广大人民所需要的，而是历代皇帝、贵族、官僚及富贵人家所渴求的海外珍异，因此这种贸易也刺激了统治集团的贪欲。不过，在对外贸易正常发展的情况下，其积极作用也是显而易见的。它加强了中外之间的政治、经济、文化交流，促进了各国人民之间的相互了解。大批外国使臣、商客回国时，带回了中国的商品和先进的科学技术，有时中国的一些能工巧匠也随之前往，使中国先进的科学技术如纺织、养蚕、制陶、造纸、建筑、医药、历法等传入各国，进一步扩大了中国文化的影响，提高了中国文明在世界上的声望。外国的先进技术如制玻璃业和先进的文化等传入中国，对中国产生了一定的影响，特别是佛教的传入与发展，则对中国文化产生了长期而深远的历史影响。同时，魏晋南北朝时期对外贸易的发展，为以后隋唐统一国家的对外贸易和对外经济、文化交流的进一步发展奠定了坚实的基础。

第六节　盛行南北的官僚经商

一、官僚经商盛行的原因及其表现

官僚、地主、商人、高利贷四位一体，是我国古代商业资本发展的特点，到魏晋南北朝时期尤为突出。

本来，官僚经商的现象，早在汉代即已有之，但那时官僚经商是非主要的。汉末以来情况发生变化。在三国鼎立，各守境界的情况下，交通阻隔，关税烦苛，普通商人的活动范围大受限制，唯有官僚权势者才便于经商，以图巨利，从而开启了魏晋南北朝时期官僚经商之风大盛的先河。

三国时期，贵族官僚经商已渐趋活跃，有时甚至还得到朝廷的允许和鼓励。如曹魏各典农机构，即可公开役使所部吏民，乘隙营求商利，史载“自黄初（220～226）以来，听诸典农治生，各为部下之计”，以求“加倍之显利”。魏明帝时司马芝任大司农，认为“诸典农各部吏民，末作治生，以要利入”①，可见诸典农官经商者不少。魏齐王芳时，王经为江夏太守，掌握与东吴互市贸易之权，“大将军曹爽附绢二十匹，令交市于吴，经不发书。弃官归”②。又陈泰为并州刺史，“京邑贵人多寄宝货，因泰市奴婢，泰皆挂之于壁，不发其封”③。正因为当时的大贵族、大官僚无不通商聚敛，故王经、陈泰的一反流俗的做法，遂作为“佳话”、“美谈”流传下来。东吴的富商巨贾中，有很多也是豪族官僚的经商。正如葛洪《抱朴子·吴失篇》中所说的，那些亦官亦商的人，“僮仆成军，闭门为市”，“商船千艘，腐谷万庾”，行商坐贾样样占尽。因此，盛行于两晋南北朝的官僚经商之风，三国时已开其端。

西晋时期，作为财富象征的钱，日益成为夸富竞侈的官僚权贵们贪婪追逐的目标，所谓“凡今之人，惟钱而已”，“钱多者处前，钱少者居后，处前者为君长，在后者为臣仆。”钱之所在，“危可使安，死可使活”；钱之所去，“贵可使贱，生可使杀”④。鲁褒在《钱神论》中所描述的这种金钱崇拜意识，已经渗透于社会生活的各个方面，其结果势必促使官僚贵势去寻求各种途径赚钱牟利，而经营商业，正是他们发财弄钱的最好门径。于是，商业经营更多地为大贵族、大官僚所垄断，兴生求利，殖货聚敛，成为王公贵族军将官僚普遍从事的活动。如竟陵王司马楙，“遂殖财货，奢僭逾制”⑤。义阳王司马望之子司马奇，“亦好畜聚，不知纪极，遣三部使到交广商货，为有司所奏”⑥。“竹林七贤”之一的大官僚王戎，“性好兴利，广收八方园田水碓，周遍天下，积实聚钱，不知纪极，每自执牙筹，昼夜算计，恒若不足”；又“家有好李，常出货之，恐人得种，恒钻其核”⑦。身为“大名士”，挖空心思，牟取商利的贪鄙面目，比之那些贪贾佞商毫不逊色。统治集团经商之风盛行，到后来，竟引

---

① 《三国志》卷12，《魏志·司马芝传》。

② 《三国志》卷9，《魏志·夏侯尚传》注引《世语》。

③ 《三国志》卷22，《魏志·陈群传附陈泰传》。

④ 《晋书》卷94，《鲁褒传》。

⑤ 《晋书》卷37，《竟陵王楙传》《义阳王望传》。

⑥ 《晋书》卷37，《竟陵王楙传》《义阳王望传》。

⑦ 《晋书》卷43，《王戎传》。

得皇太子也在宫中设立市场，学做商人的样子。史载愍怀太子遹，“于宫中为市，使人屠酤，手揣斤两，轻重不差。”他“又令西园卖葵菜、蓝子、鸡、面之属，而收其利”[①]。时任太子洗马之职的江统，因此慨然上疏道：“秦汉以来，风俗转薄，公侯之尊，莫不殖园圃之田，而收市井之利。渐冉相放，莫以为耻，乘以古道，诚可愧也。今西园卖葵菜、蓝子、鸡、面之属，亏败国体，贬损令问”[②]。可见整个统治集团都已极度腐败。谋取商利，不顾廉耻，致使贪鄙之风日甚一日，直至西晋灭亡。

东晋南北朝时期，官僚经商更为普遍。在北方，由于北魏前期未实行“班禄”，官吏无俸给，由隶属官府的官商，为市买以供官用，有司公开地合法地借经商以营利，因此官僚贪污中饱，殖货聚敛的事是很普遍的。班禄以后，因积习既成，自然难改，加之不久因国用不足，“百官之禄，四分减一”[③]，薪俸收入削减，其高消费的奢侈生活得不到保障，故官僚对经商谋利之事，自然有增无减，越益炽盛。在南方，政府对官僚经商非但不加禁止，还实行免税法，大加鼓励和纵容。如《南史·沈客卿传》载：“旧制军人、士人、二品清官，并无关市之税”。陈时由于财政困难，沈客卿始建议“不问士庶，并责关市之估”。这说明在陈以前对官僚经商实行免税。据日本学者川胜义雄先生研究，此免税法始于东晋，其适用对象是当时较高级的文武官吏。[④]在此法令下，大部分官僚都可获得免税权，并受到法律的保护，这在中国历史上也是唯一而仅有的。它为官僚经商大开方便之门，使之不仅可以免除关市之税，而且可躲过关津盘查，走私贩私，逾限贷放高利，都有护身符的保障而无所顾忌。因此，东晋南北朝时，官僚经商逐末之盛遂凌驾于魏晋而过去，业已达到了一个新的“发展水平”。可以说，当时的王公贵族、文武僚吏，资财势力踧扈已极，他们通商聚敛，贸迁营利，滔滔者天下南北皆是。其他真正的商人，非托庇于此势力之下，即难以得到活动的自由。[⑤] 因此，魏晋南北朝时期

① 《晋书》卷53，《愍怀太子遹传》。
② 《晋书》卷56，《江统传》。
③ 《魏书》卷31，《于栗磾传附于忠传》。
④ （日）川胜义雄：《六朝贵族制社会的研究》。
⑤ 李剑农：《魏晋南北朝经济史稿》，三联书店1959年版，第108页。

的官僚经商，以这一时期最为普遍，亦最为典型，对当时政治经济的影响亦最大。

由于官僚经商日益普遍化，以致东晋南北朝时期，上自皇帝、太子、公卿百官，下至州郡守宰、统兵将领、文武僚吏等，几乎全部卷入了经商活动。如东晋末会稽王司马道子辅政，于府内园中穿池筑山，“山池之间处处有肆，使婢酤卖酒肉于其中。道子将见幸，乘舡至酒肆，辄携入肆买酒肉状，如市廛以为乐笑”①。刘宋少帝刘义符，“于华林园为列肆，亲自酤卖。又开渎聚土，以象破岗埭，与左右引船唱呼，以为欢乐”②。刘宋后废帝刘昱喜入市里，晨夕驱逐。“凡诸鄙事，过目则能。锻炼金银，裁衣作帽，莫不精绝”③。南齐东昏侯萧宝卷自己学做市魁，以潘妃为市令，此事更是有名。他“又开渠立埭，躬自引船，埭上设店，坐而屠肉”。当时百姓歌云：“阅武堂，种杨柳，至尊屠肉，潘妃酤酒”④。在北朝，北魏太武帝拓跋焘的太子拓跋晃，“营立私田，畜养鸡犬，乃至贩酤市廛，与民争利。”大臣高允劝他说：“夫天下者殿下之天下，富有四海，何求而不获，何欲而弗从，而与贩夫贩妇竞此尺寸！”劝他“所在田园，分给贫下，畜产贩卖，以时收散”，拓跋晃不纳。⑤ 北齐的后主高纬，亦“于华林园立贫穷村舍，帝自弊衣为乞食儿，又为穷儿之市，躬自交易”⑥。

封建皇帝尚且如此，至于宗室藩王、公卿百官以至地方文武官僚等，自然尤有过之。如刘宋孝武帝诸子，“皆置邸舍，逐什一之利”。梁宗室藩王临贺王萧正德，“聚蓄米粟，宅内五十间室，并以为仓”⑦。北魏咸阳王元禧，“田业盐铁，偏于远近。臣吏僮隶，相继经营”。北海王元详，“贪冒无厌，多所取纳，公私营贩，侵剥远近”⑧。这是宗室藩王之经商者。北魏孝明帝的司空

① 《太平御览》卷828引，《晋中兴征祥记》。
② 《宋书》卷4，《少帝纪》。
③ 《宋书》卷9，《后废帝纪》。
④ 《南史》卷5，《齐本纪·东昏侯纪》。
⑤ 《魏书》卷48，《高允传》。
⑥ 《北史》卷8，《齐本纪·后主纪》。
⑦ 《南史》卷34，《沈怀文传》；卷51，《梁临川靖惠王宏附正德传》。
⑧ 《魏书》卷21，《咸阳王禧传》《北海王详传》。

刘腾，“公私属请，唯在财货，舟车之利，水陆无遗，山泽之饶，所在固护，剥削六镇，交通互市，岁入利息，以巨万计”[①]。这是公卿之经商者。又东晋时江州刺史刘胤，“大殖财货，商贩百万”[②]。刘宋大将吴喜到荆州作战，“因公行私”，大做生意。战事平定后仍不回朝，“属托郡县，侵官害民，兴生求利，千端万绪”[③]。南齐湘州刺史柳世隆，“在州立邸治生”[④]。梁曹景宗为郢州刺史，“在州鬻货聚敛”[⑤]。北魏文成帝时，“牧守之官，颇为货利”[⑥]。魏末大官僚李崇，“性好财货，贩肆聚敛，家资巨万，营求不息。子世哲为相州刺史，亦无清白状，邺洛市廛，收擅其利”[⑦]。北齐行青州刺史卢文伟，“经纪生资，常若不足，致财积聚”[⑧]。这些都是地方官员与军将之经商者。又刘宋益州刺史刘道济颇为货殖，其手下“长史、参军、别驾……并聚敛兴利”[⑨]。前述宋将吴喜自荆州返京时，“自喜以下迨至小将，人人重载，莫不兼资。”这是一般官吏之经商者。可见统治阶级中从上到下，无不兴贩求利，从而使商业经营越来越多地为贵族官僚所垄断，成为统治阶级发财致富的一种重要途径。

由于官僚经商之风的极度盛行，造成了官吏经商活动的多样化：首先，由于他们财力雄厚，又有权力可以调动一切，以致规模大和获利丰厚的长途贩运，几乎为官僚所垄断。如东晋刘胤为江州刺史，大殖财货，“是时朝廷空罄，百官无禄，惟资江州运漕，而胤商旅继路，以私废公”[⑩]。有的临时出差，也挟带私货，兼做买卖。刘宋时，刘义宣密谋反对其侄刘骏当皇帝，荀僧宝奉张畅之命，去找颜竣陈义宣反状，而“僧宝有私货”[⑪]。又吴喜平定荆州之乱后，“西难既殄，便应还朝，而解故盘停，托云捍蜀，实由货易交关，事未回

---

① 《魏书》卷94，《刘腾传》。
② 《晋书》卷81，《刘胤传》。
③ 《宋书》卷83，《吴喜传》。
④ 《南齐书》卷24，《柳世隆传》。
⑤ 《梁书》卷9，《曹景宗传》。
⑥ 《魏书》卷110，《食货志》。
⑦ 《魏书》卷66，《李崇传》。
⑧ 《北齐书》卷22，《卢文伟传》。
⑨ 《宋书》卷45，《刘粹传附刘道济传》。
⑩ 《晋书》卷81，《刘胤传》。
⑪ 《宋书》卷46，《张邵传附张畅传》。

展”，及“从西达，大艑小艒，爰及草舫，钱米布绢，无船不满”①。刘宋时享有高名的孔觊，其弟道存和从弟徽，“颇营产业”。“二弟请假东还，觊出渚迎之，辎重十余船，皆是绵绢纸席之属。”后孔觊自郢州刺史罢任还京，时“都下米贵”，他的后任送米500斛使其贩卖求利。② 北朝的情况也不例外。官僚经营长途贩运之事亦较常见，如前引北魏孝明帝时的司空公刘腾，就是“舟车之利，水陆无遗”，“剥削六镇，交通互市”，利用职权大搞贩运贸易。北齐时，李岳官至中散大夫，“尝为门客所说，举钱营生，广收大麦载赴晋阳，候其寒食以求高价，清明之日，其车方达。又从晋阳载化生向邺城，路逢大雨，并化为泥。息利既少，乃至贫迫，当世人士莫不笑之”③。

其次是“贩酤市廛”，正式在为官任所公开开店铺经营商业，南朝、北朝均不乏其例。如刘宋时邓琬拥兵割据江州，“贪吝过甚”，“父子并卖官鬻爵，使婢仆出市道贩卖”④。宋孝武帝时“贵戚竞利，兴货市廛”，政府曾严令禁止。无奈“明诏既下，而声实乖爽”⑤，虽有禁令，收效甚微。南齐豫章王萧嶷为荆州刺史，在降低市税的同时，曾禁“二千石官长不得与人为市”⑥，可见地方官吏“与人为市”，争利市廛的现象仍很普遍。北朝情况亦然，虽不一定能说“过之”、“更甚”，但与南朝相比并无不及之处。如前述魏太武帝之子拓跋晃，贵为储君，亦“贩酤市廛，与民争利”。又孝文帝时郑羲为西兖州刺史，“政以贿成，性又啬吝。民有礼饷者，皆不与杯酒脔肉。西门受羊酒，东门酤卖之”⑦。一面受贿，一面经商，真是贪鄙之极。李世哲为相州刺史，与其父李崇一样贪图财货，贩肆聚敛，乃至“邺洛市廛，收擅其利”⑧，在邺城、洛阳等繁华城市中大做买卖，营谋货利。到北魏后期，政治日益腐败，王公牧

① 《宋书》卷83，《吴喜传》。
② 《宋书》卷85，《孔觊传》。
③ 《太平御览》卷838，引《三国典略》。
④ 《宋书》卷84，《邓琬传》。
⑤ 《宋书》卷85，《谢庄传》。
⑥ 《南齐书》卷22，《豫章文献王嶷传》。
⑦ 《魏书》卷56，《郑羲传》。
⑧ 《魏书》卷66，《李崇传》。

守之家，已是“第宅丰侈，店肆商贩”[①]，竞行货鬻。此种贵势官僚黩货之象，有时连皇帝也觉得实在不像话，不得不表示要整饬一下。如孝明帝正光三年（522）下诏说：“七品六品，禄足代耕，亦不听锢贴店肆，争利城市”[②]。但当时的贵族官僚营贩成风，积习难改，虽禁之而收效甚微。

再次是经营邸舍，或以之作为旅舍，或以之出租，或以之囤积居奇，南北官僚均不乏为之者。邸舍设于市区之内，或设在市外以至交通要道之外，与零售店肆必设于市区内是不同的。邸舍兼有居停旅客、聚积货物和仓储批发货物等职能。邸舍的经营者多是皇族宗室和有势力的官僚，或出租于人，或自己在里面囤积商货，待价出售，其利益在市肆零售业之上。大凡在京师和各州郡商业繁华之处，邸舍业也就格外发达。如刘宋时，孝武帝的诸皇子，“皆置邸舍，逐什一之利，为患遍天下”[③]。会稽郡民物殷阜，商业活跃，邸舍尤多。所谓“王公妃主，邸舍相望，扰乱在所，大为民患”[④]。萧梁时的临川王萧宏，情况更是突出。他在“都下有数十邸”，招待各路商人，贱价买进客货，贮藏起来，等待善价，卖给市肆的零售商人。他家内宅有库屋百余间，贿货山积，“贮布绢丝绵漆蜜纻蜡朱砂黄屑杂货，但见满库，不知多少。”此人有“现钱三亿余万”，但贪吝异常，被人称为“钱愚”[⑤]。其他地方官僚，在各地经营邸舍的也比比皆是。南齐柳世隆为湘州刺史，“在州立邸治生”[⑥]。山阴人吕文度，有宠于齐武帝，“于余姚立邸，颇纵横”[⑦]。梁曹景宗为郢州刺史时，“于城南起宅，长堤以东，夏口以北，开街列门，东西数里”[⑧]。此虽未明言立邸店，然其“开街列门，东西数里，”其中必有许多邸店无疑。北朝大官僚亦有开设邸店，兴生求利之事。如北周末到隋时的杨素，“贪财货，营求产业……

① 《魏书》卷9，《肃宗纪》。
② 《魏书》卷9，《肃宗纪》。
③ 《南史》卷34，《沈怀文传》。
④ 《宋书》卷57，《蔡廓传附子兴宗传》。
⑤ 《南史》卷51，《梁临川王宏传》。
⑥ 《南齐书》卷24，《柳世隆传》。
⑦ 《南史》卷35，《顾觊之传附顾宪之传》。
⑧ 《梁书》卷9，《曹景宗传》。

爰及诸方都会之处，邸店、水碓、田宅以千百数”①。可见贵族官僚经营邸店业之普遍。

第四是经商所获，通过邸店，放高利贷。南朝官僚尤甚。当时官僚举放高利贷主要是通过邸舍来进行的，即邸舍除了经营仓储和批发贸易之外，还兼营高利贷业，是举放高利贷的集中场所。如会稽郡王公妃主所立的邸舍，“子息滋长，督责无穷”②，分明是在放高利，生息钱。邸舍放贷，要用债务人的田宅邸店为抵押，约期归还。如梁临川王萧宏，在“都下有数十邸，出悬钱立券，每以田宅邸店悬上文券。期讫，便驱券主，夺其宅。都下东土百姓，失业非一”③。可见债务人过期无力偿还的，便被夺去田舍邸店，甚至还有以妻女做质的事情。史言“邸舍为患”，放高利贷就是其为患的内容之一。不但贵族王公设立私邸，地方官府有时也立邸放债，南齐豫章王萧嶷在给齐武帝的上表中说：“伏见以诸王举货，屡降严旨。少拙营生，已应上简。府、州、郡邸舍，非臣私有，今巨细所资，皆是公润”④。

这一时期，除邸舍举放高利贷外，私家举贷的也很多。所举之物或以钱币，或以实物，贵族官僚凡拥有的多余物资，都可用为借贷求利之资。如刘宋宁朔将军王玄谟，“营货利，一匹布责人八百梨”⑤。谢朏为吴兴太守，“以鸡卵赋人，收鸡数千”⑥。又宋文帝之子刘休祐在荆州时，“多营财货，以短钱一百赋民。田登，就求白米一斛，米粒皆令彻白，若有破折者，悉删简不受。民间籴此米，一升一百，至时，又不受米，评米责钱。凡诸求利，皆悉如此，百姓嗷然，不复堪命”⑦。刘休祐以短钱100贷放给农民，等收获时责取价值千钱的白米1斛，又复不要米而要现钱偿债，结果收利10倍，搞得民不堪命。北朝时官僚经商同样也往往兼做高利贷者。北齐兰陵王长恭，家有“千金责

---

① 《北史》卷41，《杨素传》。

② 《南史》卷29，《蔡兴宗传》。

③ 《南史》卷51，《梁临川王宏传》。

④ 《南齐书》卷22，《豫章文献王嶷传》。

⑤ 《宋书》卷76，《王玄谟传》。

⑥ 《南史》卷20，《谢弘微传附谢朏传》。

⑦ 《宋书》卷72，《晋平刺王休祐传》。

券”①。高欢府佐陈元康，“溺于财利，受纳金帛，不可胜纪，放债交易，偏于州郡”②。因此，当时贵族官僚既拥有大量的田庄土地，又兼营商业和高利贷活动，这已经是官僚、地主、商人、高利贷的四结合了。

第五，还资归资。东晋南朝时，普通的地方官吏虽然不能像有权有势的大贵族、大官僚那样大肆营贩，谋取巨利，但他们大都也在所宦之地，营谋货利，去官时拥载而归。所积聚的这笔钱或是这批物资，南朝各史文中通称为“还资”或“归资”。其还资为金钱的如：萧惠开罢益州刺史，还资二千余万；张世兴拥雍州，还资现钱三千万；坦闳“罢交州还，资财巨万”，罢益州，“蜀还之货亦数千金”③。史称“梁益丰富，前后刺史莫不大营聚畜，多者至万金。所携宾掾并都下贫子，出为郡县，皆为苟得自资”④。诚然，地方官还资所得资财，并非完全来自商业，但可以肯定有相当一部分确实来源于此。还资表现为商品形态者，还在于地方官在任所以贱价购进当地土特产品，卸任时顺便将这些产品运到家乡或其他地方出售，以赚得一大笔地区差价。如王筠为临海太守，“还资有芒屩两舫，他物称是”；孔琇之为临海太守，罢任还京，“献干姜二千斤，齐武帝嫌其少”，大为不悦；张率为新安太守，“遣家僮载米三千石还宅”⑤。其中孔琇之所献干姜2000斤为馈献物品，但两船芒屩和3000石米，其载归的目的显然在于货卖以营利，这些都是归资转化为商品的例子。又东晋时谢安有一同乡，罢中宿县令还京，“还诣安，安问其归资，答曰：有蒲葵扇五万。安乃取其中者捉之，京师士庶竞市，价增数倍”⑥。蒲葵扇并不是贵重物品，经谢安拿来使用后，人竞效仿，顿时成为流行商品，中宿县令由此大获其利。可见一些地方官即使在任时未经营商业，卸任时也要把搜刮所得的钱换成土产，利用归舟运往自己的家乡贩卖，再大捞一把，这种现象在东晋南朝时是非常普遍的。

---

① 《北齐书》卷11，《兰陵王孝瓘传》。
② 《北齐书》卷24，《陈元康传》。
③ 《南史》卷18，《萧思话传》；卷25，《张兴世传》；卷25，《垣护之传》。
④ 《南史》卷15，《刘秀之传》。
⑤ 《南史》卷22，《王昙首传》；卷27，《孔靖传》；卷31，《张裕传》。
⑥ 《晋书》卷79，《谢安传》。

当然，除了上述几种经商活动外，这一时期的贵族官僚还贩卖田庄园圃里的农副产品、水果、竹木以及手工业制品，至于边将的走私贩私，利用民族贸易和对外贸易之机而乘隙牟利，也都是贵族官僚经常从事的商业活动形式，由于这些经营活动在有关章节里已作了叙述，兹不多谈。

二、官僚经商的作用及其影响

魏晋南北朝时期的官僚经商，兆始于三国，发展于西晋，大盛于东晋南北朝。其时官僚权势凭借着职权、地位、机会或特权，以超经济强制的力量进入商品流通领域，破坏了商品交换原则，阻碍了私营商业的正常发展，对社会生产力的进步，封建统治秩序的稳定起了阻碍和破坏作用。

魏晋以来，官僚权势已逐渐控制了重要的商业阵地，掌握了商业上的大权。东晋南北朝时期，他们的资财势力日益膨胀，官僚经商求利的现象更为普遍。官僚经商，凭借权势，横行不法，极力排挤普通商人。他们垄断了那些最为有利可图的行业或部门，使私营商业的发展，受到相当大的限制。如刘宋时刘道济为益州刺史，为垄断川马、蜀锦和盐铁之利，规定远方商人到蜀交易者，“限布丝绵各不得过五十斤，马无善恶，限蜀钱二万。”“府又立治，一断民私鼓铸，而贵卖铁器”，结果“商旅吁嗟，百姓咸欲为乱”①。南齐荆州刺史沈攸之，在荆楚“禁断鱼盐”，自己却大收其利。② 在商旅贩运货物的途中，有些官僚以势欺人，甚至公然进行抢劫。如西晋大官僚石崇，后房以百数，饮食穷水陆珍奇，各路的买卖，各样的生意，他都经营。在他任荆州刺史时，“劫远使商客，致富不赀”③ 结果大发横财。据此，贵族官僚除垄断各种商业经营活动外，还利用其掌管水陆交通、市场贸易等职权，对民间商人进行敲诈、掠夺等超经济的强制剥削。这正如马克思所指出的：这种商业活动“到处都代表着一种掠夺制度”④，它是与权力和暴力结合在一起的，从而严重堵塞了民间商业的正常发展道路。

① 《宋书》卷45，《刘粹传附刘道济传》。
② 《宋书》卷74，《沈攸之传》。
③ 《晋书》卷33，《石崇传》。
④ 《资本论》第3卷，第370页。

官僚对商业广泛深入的渗透，阻碍了普通商人贸易求利的途径，更多的商人只能作为小商贩进行一些获利微薄的小本经营，难以进一步发展。只有那些腰缠万贯的富商大贾，依凭权门，结交势家，才能得到贵族豪门的庇护，以拼命扩展自己的势力。如山阴的商人就“假冒豪强之名，拥护贸易之利，凌践平弱之人，专固要害之处”①，在经济上取得很大的好处。在北齐，商人与权门的勾结更密。得到商人钱帛珍宝的贵幸，处处给商人帮忙，替他们创造赚钱的机会。齐后主天统武平中（565~576），“诸商胡负官债息者，宦者陈德胜，纵其妄注淮南富家，令州县征责，又敕送突厥马数千匹于扬州管内，令土豪贵买之，钱直始入，便出敕括江淮间马，并送官厩”②。商人与贪黩的权幸官僚联合为虐，于此可见一斑。南北朝时，富商大贾趋附权门已成为一种普遍现象。普通商人，非与权贵官僚相结托，往往有被敲诈压迫的危险，有了权贵官僚的庇护，生意才容易做，财富亦可望不断地增加。而所有这些，都从一个侧面反映出豪门官僚资财势力跋扈之极，普通商人活动受其束缚与限制，难以自由发展的情况。

官僚经商不仅阻碍了民间商业的正常发展道路，而且也阻碍了社会生产力的进步，造成了商业的畸形发展。官僚经商赚取的巨额利润，很少用于扩大再生产，而主要用于其奢侈生活和高级消费的需要。“逐侈”本来就是官僚权贵经商逐末的诱发因素，而逐末的结果，又进一步加剧其逐侈贪鄙之风。二者互相促进，使统治阶级奢侈糜烂达到空前的程度。如西晋皇室和士族门阀集团，是中国历史上出名的荒淫奢侈的腐朽集团。王公贵族之家，骄奢淫逸，比阔斗富蔚成风气。外戚王恺与大官僚石崇斗富，“恺以粭澳釜，崇以蜡代薪。恺作紫丝布步障四十里，崇作锦步障五十里以敌之。崇涂屋以椒，恺用赤石脂”。晋武帝尝助王恺以高二尺许的珊瑚树，石崇见后用铁如意击之，应手而碎，即命左右取出六七个三四尺高的珊瑚树，以示炫耀。③ 当时的商业就为这些丧心病狂的统治者提供斗奢争侈的奇珍异物。在统治集团的圈外，大量的奴僮婢女

① 《初学记》卷24，引王彪：之《整市教》。
② 《北齐书》卷42，《卢潜传》。
③ 《晋书》卷33，《石崇传》。

也是“被服绮罗”，“乘轻驱肥”，为他们的奢侈生活服务。致使当时无数的社会财富、劳动力被挥霍浪费，生产力的发展受到极大的阻碍。西晋时奢侈生活、奢侈风尚和由此而来的奢侈品贸易的兴盛，又造成了商业的畸形发展和奢侈性商业的格外发达。以后到东晋南北朝时期，贵族官僚的奢侈斗富之风愈演愈烈，以致北魏高阳王元雍曾有“恨我不见石崇”之叹。① 由此可见，由于商业经营更多地为大贵族、大官僚所垄断，使商业在很大程度上成为替统治阶级消费服务的一种销售形式，和牟取暴利、发财致富的工具，而其获取的暴利，又被用于统治集团的奢侈生活和挥霍享受，从而对社会生产力的进步、社会经济的发展起了阻碍和破坏作用。

官僚经商，利用职权损公肥私，还严重败坏了吏治，侵蚀了封建政治机体。他们或贪污纳贿，残剥民众，或放纵部属，肆行劫掠，为官唯务聚敛贪黩，不亲政事，吏治由此日坏，封建统治秩序日趋混乱。更有甚者，一些边境将领亦大肆贩贸，“皆无防寇御贼之心，唯有通商聚敛之意”，以致邻国之兵“屡犯疆场”②，影响到边防安全。总之，魏晋南北朝时期的官僚经商，对社会所起的消极作用是很大的，而且对后世也产生了深远的影响。如官僚与商贾联结为弊之习，传至隋末犹然；唐代贵族官僚地主经营邸店业，亦与南北朝无异，③ 这些官僚经商的活动方式及其内容，都与此一时期有着一定的历史渊源关系。

---

① 《洛阳伽蓝记》卷4，《开善寺》。

② 《魏书》卷69，《袁翻传》。

③ 李剑农：《魏晋南北朝隋唐经济史稿》，第115、235页。

第十九章　魏晋南北朝的货币制度

第一节　金属货币流通的大混乱

魏晋南北朝时期，由于国内长时期的战祸连绵，社会经济动荡不安，商品经济严重受挫，因而货币制度也受到重大影响，一直处在衰微不振的境地之中。在金属货币流通方面，由于曹魏以来在租税方面以征收实物（绢、绵）的户调代替了汉代的算赋、口赋和更赋，使金属铸币流通的范围缩小了，加上历朝钱币的频繁改铸，特别是各个封建政府屡次实行铸币贬损政策，造成货币流通的长期混乱与物价波动。与此同时，全国经济实物化的倾向浓厚，许多地方出现了钱谷布帛杂用的情况，尤其是魏文帝曹丕于黄初二年（221）颁布的“罢五铢钱，使百姓以谷帛为市”的法令①，明文废止金属货币，确立实物货币，从此，实物货币在交换中的地位日益增强，金属货币的作用则越益削弱。至于贵金属货币的黄金，其货币性能更加减退，实际上已退出了流通。所以，总的说来，魏晋南北朝是我国货币经济极度衰退、与货币大混乱的一个时期。

一、三国时期的金属货币

自秦汉以来，铜钱在金属货币中占有非常重要的地位，为国家的法定铸币。东汉末年，原有的货币制度被董卓破坏殆尽，物价狂涨，成为此后三四百年间货币大混乱的开端。

---

① 《晋书》卷26，《食货志》。

三国时由于政治上的分裂，货币制度也随之多样化。关于曹魏的币制，《晋书·食货志》有简略记述："及献帝初平中，董卓乃更铸小钱，由是货轻而物贵，谷一斛至钱数百万。至魏武为相，于是罢之，还用五铢。是时不铸钱既久，货本不多，又更无增益，故谷贱无已。及黄初二年，魏文帝罢五铢钱，使百姓以谷帛为市"。然废除五铢钱后不久，"人间巧伪渐多，竞湿谷以要利，作薄绢以为市，虽处以严刑而不能禁也"。到魏明帝曹叡时，"司马芝等举朝大议，以为用钱非徒丰国，亦所以省刑。今若更铸五铢钱，则国丰刑省，于事为便"。魏明帝采纳了这个建议，"乃更立五铢钱"。自此以后，曹魏一直行用五铢钱，"至晋用之，不闻有所改创"。

东吴钱币，见于史书著录的有两种，即大泉五百和大泉当千，均为孙权时所铸。嘉禾五年（236）春，孙权下令"铸大钱，一当五百"；并"诏使吏民输铜，计铜畀直"；为防止私人铸钱，又"设盗铸之科"。赤乌元年（238）春，孙权又"铸当千大钱"①。但孙吴政权铸造这种比值极不合理的大钱，在民间难以行用，"钱既太贵，但有空名，人间患之"②。于是到赤乌九年（246）时，孙权不得不停止铸行，并下诏说："今闻民意不以为便，其省息之，铸为器物，官勿复出也"；其私家有者，则"计畀其值"，由官府作价收回。③

蜀汉币制较为复杂。据史书记载，刘备初入蜀时仅铸过一次"直百钱"，而且是采纳刘巴建议所铸："及拔成都……军用不足，备甚忧之。巴曰：'易耳，但当铸直百钱，平诸物价，令吏为官市'。备从之，数月之间，府库充实"④。然传世及近年出土的蜀钱有"五铢"、"直百五铢"和"直百"铜钱多种，史书所云刘备入成都时铸"直百钱"，系指"直百五铢"，抑指"直百"？则迄无定论。1978 年在四川威远县发现一罐蜀汉铜钱，共有 20 余斤，1703 枚，其中有半两钱、五铢钱、蜀汉五铢、货泉、无字小钱等，而尤以直百五铢最多，共 435 枚。⑤ 这批直百五铢又有两种：一种为光背，其大者径 2.8 厘米，

---

① 《三国志》卷 47，《吴志·孙权传》。
② 《晋书》卷 26，《食货志》。
③ 《三国志》卷 47，《吴志·孙权传》注引《江表传》。
④ 《三国志》卷 39，《蜀志·刘巴传》注引《零陵先贤传》。
⑤ 《四川威远县出土大量"直百五铢"钱》，《文物》，1981 年第 12 期。

重9.8克；另一种是背面有“为”字的，大者径2.9厘米，重9.02克。据考古发掘者认为，刘备初入蜀时所铸的“直百钱”，就是“直百五铢”，其光背无“为”字的系在成都所铸，以后取得犍为，又在犍为继续从事铸造，背面加铸“为”字。唐人刘禹锡曾有“势分三足鼎，业复五铢钱”的诗名，就是指刘备铸造“直百五铢”钱之事。可见“直百钱”不是“直百”，而是“直百五铢”。蜀汉“为”字钱的出现，在中国钱币史上有它的特殊意义，它是圆形方孔钱中最早两面有文字的，也是纪地名最早的。

有关三国时期的币制，由于史书记载严重阙略，极需地下发掘材料予以补充。从建国以来地下出土的钱币来看，还有两种钱币可以归入三国时期，这就是“太平百钱”和“定平一百”。

太平百钱和定平一百两种钱币，均为史书所未载，只是《隋书·食货志》记述南朝梁代的货币流通情况时言及：“百姓或私以古钱交易，有直百五铢、五铢女钱、太平百钱、定平一百、五铢雉钱、五铢对文等号，轻重不一”云云。梁时已称这两种钱为“古钱”，然而它们究竟是何时、何地铸造的钱币，以往曾有不同的说法。关于太平百钱，过去有吴钱、蜀钱诸说，也有人认为是西晋赵廞据蜀时所铸。但据考古发掘提供的实物材料，证明该钱应为蜀汉时在成都所铸。1980年在成都小通巷曾出土大批太平百钱和一件太平百钱铜母范，据称：这种钱范是翻模铸钱用的母范，“范高2.4厘米、周长47.2厘米，范面正中有一凸起的树干状轴将范面分为两部分，左右各双行列钱六枚，左为钱背，背纹为水波纹”；右为钱面，钱文有隶书和隶篆合书两种，均书‘太平百钱’四字”[①]。由此可见，太平百钱确为蜀钱，且是官铸。

关于定平一百，过去认为是李雄踞蜀时元晏平（306～310）所铸。[②] 但1954年在洛阳永宁二年（302）晋墓出土太平百钱、定平一百各一枚[③]，早已从事实上否定了李雄所铸的错误说法。近年来安徽马鞍山东吴朱然墓又出土有

① 陈显双：《成都市出土“太平百钱”铜母范——兼谈“太平百钱”的年代》，《文物》，1981年，第10期。

② （日）贯井银次郎：《李雄の安平一百钱にアいて》，《货币》，第201号。

③ 《洛阳晋墓的发掘》，《考古学报》，1957年第1期。

“定平一百”铜钱[①]。按朱然官拜吴左大司马右军师，孙权赤乌十二年（249）卒，这说明此钱在三国时已流通于世，它至少铸于赤乌十二年即249年以前。但这种钱币是吴钱，还是蜀钱，迄今仍难确定，还有待于更多的出土实物资料论证。

总之，三国时期钱币不统一，而且币制混乱。曹魏政权在货币政策上曾一度摇摆不定，但态度总的还是倾向于稳健的。东吴和蜀汉所铸行的“大泉五百”、“大泉当千”、“直百”、“直百五铢”等皆系虚价大钱，而且钱币重量也不断减轻，东吴后来甚至铸出了“大泉二千”和“大泉五千”的大钱，以货币减重作为财政搜刮的手段。因而吴、蜀两国的货币流通状况皆比不上曹魏，币值不稳，“物价翔涌”的现象也就是不可避免的了[②]。

二、两晋的金属货币

西晋政权数十年间一直未铸新钱，在流通中主要是沿用汉、魏的五铢钱及各种旧钱；而晋室东渡以后，则主要是沿用东吴地区原来流通的旧钱。据《晋书·食货志》说：“晋自中原丧乱，元帝过江，用孙氏旧钱，轻重杂行，大者谓之比轮，中者谓之四文。吴兴沈充又铸小钱，谓之沈郎钱。钱既不多，由是稍贵”。所谓“比轮”，言其大如车轮，当是指孙氏当五百和当千大泉；“四文”是说这些中等大小的钱币可当4枚小钱使用；“沈郎钱”是指吴兴沈充新铸的一种钱身薄小的五铢钱。由于沈充曾响应王敦的叛乱，不久被杀，所以这种小钱铸的不多，流通量也不大。

由于两晋时期长期无铸钱之事，再加之许多钱币在流通中被剪凿、毁为器皿，甚至被官吏商人输往交广，“货于夷人，铸败作鼓”[③]，这样就造成“钱荒”和“物贱钱贵”的现象，使流通中的货币量严重不足。这种情况从地下发掘出土的钱币数量较少事实得到证实。如1952～1958年在湖南长沙发掘两晋墓葬27座，仅有3座墓葬出土钱币，每墓出土的钱币皆仅数枚，而且钱币

---

① 《安徽马鞍山东吴朱然墓发掘简报》，《文物》，1986年第3期。

② 郝经：《续后汉书·食货》。

③ 《晋书》卷26，《食货志》。

种类杂乱，包括半两、五铢、货泉、直百五铢等[1]。此外，虽然在个别晋代墓葬也曾发现有大量钱币，但所出多是五铢等旧钱。如1973年在江苏丹徒高资发现一瓮东晋窖藏铜钱，总重约280余斤，钱币种类有：西汉八铢“半两”、四铢“半两”、大量五铢钱、新莽大泉五十、货泉、货布以及大泉当千、直百五铢，直百、丰货钱等。其中，汉五铢钱为最多，占总数90%以上。从上述钱币实物资料，可以清楚地看到东晋时沿用孙吴旧钱，主要是指原吴国境内流通的汉五铢钱以及其他种类的旧钱，所谓“轻重杂行”，就是对当时货币流通杂乱的真实写照。

十六国时期，原来关中、中原经济最发达的地区，遭受战乱的破坏最严重，因而货币经济极度衰落。可是在边远地区，如河西走廊一带，当获得暂时安定的时候，也会出现比较正常的货币流通情况。如前凉统治者张轨采取保境安民的政策，“中州避难来者，日月相继”[2]，他听从索辅的建议，下令铸造五铢钱，很快就出现了“钱遂大行，人赖其利”的情况[3]。

除前凉以外，其他割据政权在社会经济有所恢复、商业得到一定的发展之时，亦屡有兴铸钱币之事。如后赵石勒曾自行铸造过一次铜钱，名“丰货钱”。史载石勒于319年自称赵王时“置挈壶署，铸丰货钱”[4]；又载石勒僭号之三年（321），“令公私行钱”[5]。在四川，成蜀李焘改国号为汉后，于汉兴年间（338～343）铸造了“汉兴钱”。这两种钱都有传世品，而且近年来在江苏丹徒高资也有实物出土。“丰货钱”钱文“丰货”，篆书，重约3克弱，是对西汉以来五铢钱制的一个突破。“汉兴钱”制作薄小，重约1克强，其钱文排列可分两种：一种是上下排列，文字隶书，俗称“直汉兴”；另一种是左右排列，篆书，俗称“横汉兴”。“汉兴钱”是我国最早的年代钱。前秦时，苻坚也曾铸造铜钱。据《水经注》引《汉晋春秋》记载，秦始皇铸十二金人，董

① 《长沙西晋南朝隋墓发掘报告》，《考古学报》，1959年第3期。

② 《晋书》卷86，《张轨传》。

③ 《晋书》卷86，《张轨传》。

④ 《晋书》卷104，《石勒载记上》。

⑤ 《晋书》卷105，《石勒载记下》。

卓毁其九为钱，其在者三，“苻坚又徙之长安，毁二为钱”①，但不知所铸的是什么钱。还有一种“大夏真兴钱”，古钱币学家认为是赫连勃勃在真兴年间（419～424）所铸。然赫连勃勃在418年攻占长安，到426年即为北魏所败，因此估计这种钱的铸造量不会很多，故遗存实物也较少见。

三、南朝的金属货币流通

东晋以后，江南的商品经济较前有很大的发展，故继起的宋、齐、梁、陈4个王朝，一改两晋久不铸钱的做法，而大兴鼓铸。在南朝统治的160多年间，前后改铸铜钱达12次之多，梁时还曾行铁钱，因而流通中货币名目繁杂，币制非常紊乱。在刘宋和萧梁两朝，因受战争影响较大，封建政府曾采取铸币贬损政策，以致造成私铸盛行，物价腾贵现象。然而，每当一次通货膨胀以后，往往又出现通货紧缩的情形。在整个南朝，由于封建统治者对货币制度措置不当，市场上的货币流通量不是多了，便是少了，结果通货膨胀与通货紧缩交替发生，使货币流通和货币购买力呈现出周期性的波动现象。

刘宋时期，政府曾先后铸造过3种钱，即四铢钱，孝建四铢和永光（景和）二铢。早在刘宋建国之初，就面临着钱币紧缺的问题，刘裕即位后，“言事者多以钱货减少，国用不足，欲悉市民铜，更造五铢钱”②。但这个建议遭到一些朝臣的反对，未能实现。到宋文帝元嘉七年（430），为了改变“用弥广而货愈狭”的状况，始“立钱署，铸四铢钱”③。这次新铸的四铢钱，其轮廓形制略仿汉五铢，但钱文改名“四铢”，是针对新钱的重量比以往的五铢钱为轻而命名的。因此这次钱制改革，既是对长时期以“五铢”为名的传统钱制的又一次突破，同时也是刘宋政权为解决钱币不足和整顿钱制的一次尝试。

新铸四铢钱的行用，对于缓解当时通货不足的情况起了积极作用。但是由于新钱的法定重量比足重的五铢钱为轻，而新旧钱却一比一使用，于是不少投机者就“多剪凿古钱以取铜”改铸新钱，“民间颇盗铸”，致使大量薄劣钱币

① 《水经注》卷4，《河水注》。
② 《宋书》卷60，《范泰传》。
③ 《宋书》卷5，《文帝纪》。

充斥于市场，严重破坏了货币流通的稳定。针对这一情况，宋文帝于元嘉二十四年（447）下令："以一大钱当两，以防剪凿"①。这里所谓"大钱"，并非新铸划一形制、重量的钱币，而主要是指较为完整、足重的汉"半两"、"五铢"等旧钱，因而大钱本身也是品类多种，重轻不一；而且大钱、小钱在事实上也不易有明确的界限，规格难定。② 因而"行之经时，公私非便"③，不到一年就取消了这种办法。

宋文帝末年，北魏大举南伐，受战争的影响，刘宋财政更加困难，国用不足，货币流通状况亦趋于恶化。宋孝武帝即位初年（孝建元年，454 年），铸行"孝建四铢"钱，后来想通过货币减重以取利，去"四铢"字，另改铸一种比以前轻一半的"孝建"钱。传世的"孝建"钱少有 2 克以上者，多数重约 1 克许，即仅约二铢重。因而民间盗铸者云起，或杂以铅锡，或剪凿古钱以取其铜，结果是劣钱数量不断增加，旧的大钱也被弄得薄小，通货膨胀，物价踊贵，民人患苦之。前废帝时，刘宋政府又加铸一种比"孝建"钱更小的"二铢钱"，钱文有"永光"和"景和"两种。前者开铸于永光元年（465），只铸了一个月；后者铸行于景和元年（465 年 8 月至 12 月），也只铸了 3 个月，所以这两种钱都很少。改铸的二铢钱形制甚劣，但政府仍强制与先前的大钱等价使用，于是"官钱每出，民间即模效之，而大小厚薄，皆不及也"④。铸行景和二铢时，政府同时还允许民间私铸，这样，流通界就更加混乱了。史载"由是钱货乱败，一千钱长不盈三寸，大小称此，谓之鹅眼钱。劣于此者，谓之綖环钱，入水不沉。随手破碎"。另有一种盗铸的钱"无轮廓，不磨鑢，如今之剪凿者，谓之耒子"。这些劣钱"市井不复料数，十万钱不盈一掬"，因而一时造成"斗米一万，商贾不行"的极度混乱的状况。⑤ 幸而这种混乱情况时间不到一年，宋明帝即位（泰始元所，465 年 12 月）后，先是禁止鹅眼钱、綖环钱，其余仍旧流通，继则禁止民铸，官府的钱署亦废。到泰始二年

① 《宋书》卷 66，《何尚之传》。
② 萧清：《中国古代货币史》，人民出版社 1984 年版，第 154～156 页。
③ 《宋书》卷 66，《何尚之传》。
④ 《宋书》卷 75，《颜竣传》。
⑤ 《宋书》卷 75，《颜竣传》。

(466）三月，又完全“断新钱，专用古钱”[1]，以收缩通货，物价亦逐渐趋于稳定。自禁止新铸诸钱流通，专用古钱之后，虽然改变了钱币恶滥的混乱局面，但由此引起的钱货匮乏，国用不足等问题又趋严重和突出。这一情况，一直延续到南齐时期。

南齐政府摄于刘宋滥制钱币、通货贬值所造成的恶果，不敢轻易铸钱，而采取了通货紧缩政策。当时承刘宋废官私钱，唯用古钱之后，“圜法久废，上币稍寡”[2]，钱贵物贱的现象又出现了。齐武帝永明八年（490），刘悛建议利用西汉邓通在蜀严道山铸钱遗址，就地采铜，铸造铜钱，“上从之，遣使入蜀铸钱，得千余万”，后因铸钱“功费多，乃止”[3]。终南齐一朝，官府铸钱仅此一次，且偏在西蜀，铸钱数量也不多，因而流通中长时期地通货不足，使得钱币购买力一直偏高。在这种情况下，南齐政府却规定户调二分取钱，一分取布（永明四年起，后改为钱帛对半），而且上缴的钱必须个个圆大，这种好钱，民间用1700买1000个也还不易买到；有的则纳两钱代一钱。这就使通货更加紧缩，民间钱币更加缺乏，物价更跌，农民更苦了。所谓“农桑不殷于曩日，粟帛轻贱于当年，工商罕兼金之储，匹夫多饥寒之患”[4]。这一景象，就是对当时长期通货紧缩情况下，南齐经济及人民生活状况的恰当概括。

继齐而起的梁王朝，改变了通货紧缩政策，大量铸钱。50多年中，先后铸造了五铢钱、女钱、四柱钱、二柱钱等铜钱，而且还大量铸行铁钱。其铸钱数量之多，种类之繁，堪称南朝历代政府之冠，因而金属货币流通也最为混乱。

梁武帝即位伊始，为措筹军费，即开铸五铢钱与女钱两种新钱。《隋书·食货志》载，梁初，“武帝乃铸钱，肉好周郭，文曰五铢，重如其文。而又别铸，除其肉郭，谓之女钱，二品并行”。这两种新钱都是五铢钱，大小轻重一样，唯一的区别就在于有无外郭，有外郭的一种即五铢钱，无外郭的一种当时称为“公式女钱”。但当时民间大量使用的还是各种古钱，“百姓或私以古钱交易，有直百五铢、五铢、女钱、太平百钱、定平一百、五铢雉钱、五铢对文

① 《宋书》卷8，《明帝纪》。
② 《南齐书》卷3，《武帝纪》。
③ 《南齐书》卷37，《刘悛传》。
④ 《南齐书》卷3，《武帝纪》永明五年九月诏。

等号。轻重不一。天子频下诏书，非新铸二种之钱，并不许用。而趣利之徒，私用转盛”①。由于各种铜钱轻重不一，作价混乱，流通也非常不便，而政府又无力整顿。到梁武帝普通四年（523），索性“尽罢铜钱，更铸铁钱”②，以期币制的统一。这次铸造的铁钱是一种背有四出文的铁五铢钱，也是我国货币史上政府第一次大量铸造铁钱。可是铁钱的比价订得很不合理，“铁钱两当一（铜钱）”③，而铁较铜易得，铁价实远低于铜价，“人以铁贱易得，并皆私铸”。这样，公私铁钱遂充斥流通界，物价腾贵，而铁钱的购买力却跌价不已。大同以后（535～546），“所在铁钱，遂如丘山，物价腾贵。交易者以车载钱，不复计数，而唯论贯。商旅奸诈，因之以求利”④。在这种情况下，铁钱的货币功能已丧失殆尽，民间交易只好使用各种旧铜钱。但是由于铜钱短缺，价值高，不敷流通之用，因而民间用钱，又出现了“短陌”现象，即不足一百之数，权当一百之用。如“破岭以东，八十为百，名曰东钱。江、郢已上，七十为百，名曰西钱。京师以九十为百，名曰长钱”。中大同元年（546），梁武帝下诏“通用足陌”；诏下“而人不从，钱陌益少”。“至于末年，遂以三十五为百云”⑤。短陌的出现，乃是梁末流通中铜钱短缺而发生的一种货币流通现象，虽然朝廷明令禁止，限用足陌钱，但并无结果。

到萧梁的末代皇帝梁敬帝时，因钱币缺乏，曾于太平元年（556）下诏“杂用古今钱”。太平二年（557）又铸四柱钱，“一准二十”（小钱），这是货币的进一步贬值，行不通，后又“改四柱钱一准十”，“复用细钱”⑥。旋即又铸二柱钱，与私铸的鹅眼钱并行流通，“于时人杂用，其价同，但两柱重而鹅眼轻，私家多熔钱，又间以锡铁，兼以粟帛为货”⑦。可见终梁之世，货币流通异常紊乱，尤甚于刘宋后期。

陈朝初年，沿用梁末的两柱钱和鹅眼钱。至陈文帝天嘉三年（562），改

① 《隋书》卷24，《食货志》。
② 《隋书》卷24，《食货志》。
③ 《南史》卷25，《王懿传》引任昉赠王溉诗。
④ 《隋书》卷24，《食货志》。
⑤ 《隋书》卷24，《食货志》。
⑥ 《梁书》卷6，《敬帝纪》；《南史》卷8，《梁敬帝纪》。
⑦ 《隋书》卷24，《食货志》；《陈书》卷3，《世祖纪》天嘉三年条。

铸五铢钱，以一枚五铢钱“当鹅眼之十”[1]。经过这次整顿，五铢钱在流通中得到比较广泛的使用，自梁末以来紊乱的货币流通现象有了好转。陈宣帝太建十一年（579），政府又铸造“大货六铢”钱，“以一当五铢之十，与五铢并行”[2]。这种钱面背肉好周郭齐整，篆文清晰，重如其文，是六朝钱币中制作最精美的。但一枚大货六铢要当五铢钱十，比价太高，这种作价实际是一种榨取民财的货币贬值行为，招致民间的纷扰和不满。不久陈宣帝死，政府又“废六铢，而行五铢，竟至陈亡”[3]。

总之，南朝时紧时松的货币政策，对当时社会经济和人民生活的影响是很大的。通货紧缩时，商品交换涩滞，物价下跌，农民生活困苦；通货膨胀时，物价飞涨，一再造成“商货不行”，严重破坏了货币的正常流通。尤其是币制紊乱，官铸钱币减重，盗铸恶钱充斥，通货贬值，经济混乱，更是当时货币制度的一大弊病，也是加速那些短命王朝覆亡的一个重要因素。

四、北朝的金属货币

北魏建国后的100年间，一直没有铸钱，民间主要是以谷帛作为流通手段，租赋也都是征收实物。自孝文帝迁都洛阳后，面对经济和商业的发展趋势，再不铸钱就很不相适应。因此，太和十九年（495），孝文帝开始铸造五铢钱，名曰“太和五铢”，颁行天下。《魏书·食货志》记述此事说：“魏初至于太和，钱货无所周流，高祖始诏天下用钱焉。十九年，冶铸粗备，文曰‘太和五铢’，诏京师及诸州镇皆通行之。内外百官禄，皆准绢给钱，绢匹为钱二百。”在官府铸钱的同时，又在各地设置铸炉与钱工，“民有欲铸，听就铸之，铜必精练，无所和杂”[4]。因此，当时官私所铸之钱，皆按规定的标准成色所铸成，大小适中，钱质精良。到宣武帝水平三年（510）冬，官府又铸造五铢钱，分量足重，但数量不多。

北魏政府先后铸造的两种五铢钱，虽诏令颁行天下，然事实上都未能成为

① 《隋书》卷24，《食货志》；《陈书》卷3，《世祖纪》天嘉三年条。
② 《隋书》卷24，《食货志》；《陈书》卷3，《世祖纪》天嘉三年条。
③ 《隋书》卷24，《食货志》；《陈书》卷3，《世祖纪》天嘉三年条。
④ 《魏书》卷110，《食货志》。

流通全境的统一货币。太和五铢钱铸行后，虽“利入京邑之肆，而不入徐扬之市。土货（即土钱）既殊，贸鬻亦异，便于荆郢之邦者，则碍于兖豫之域”。有些地方，如河北州镇，“既无新造五铢，设有旧者，而复禁断，并不得行”。永平三年改铸五铢钱后，“京师及诸州镇，或铸或否，或有止用古钱，不行新铸，致商货不通，贸迁颇隔”①。可见北魏铸钱之后，因民间久不用钱，故推行新币，困难很大，或者拒绝行用，或者只用古钱，不行新铸，以致五铢钱只能流通在京师一带，其他地方的货币保留着割据的状态，造成“接境乖商，连邦隔贸”的怪现象。钱币流通的不畅，固然是由于习惯势力在作梗，但钱币本身的逐渐恶滥，也是一个很大的阻力，孝明帝熙平二年（517），北魏政府采取崔亮建议，广开铜矿铸钱以收“冶利”，同时允许民间私铸。此后私铸恶钱日多，仅 10 年时间，到孝庄帝永安初年（528），钱币滥恶已步南朝鹅眼、綖环的后尘。其时有所谓“鸡眼”、“镮凿”等劣钱，屡禁不止。有的劣钱“徒有五铢之文，而无二铢之实，薄甚榆荚，上贯便破，置之水上，殆欲不沉”；“乃至风漂水浮，斗米几直一千”②，从而造成货币流通的极度混乱。

为了统一币制，稳定钱值，孝庄帝即位后乃“重盗铸之禁，开纠赏之格”。到孝安二年（529）秋，又改铸“永安五铢”，这是北魏王朝第三次铸造五铢钱。永安五铢由官府立炉兴铸，1 斤铜只铸 76 文，铜原料至少要五十几文，加上人工、锡炭等，使私铸的人无利可图。这次铸钱的目的是为稳定币值，平抑物价，铸的钱数量不多（只铸了 4 个月），并在市场上按每匹绢 200 钱的价格抛售库藏之绢，回笼钱币：“官欲贵钱，乃出藏绢，分遣使人于二市（洛阳大市、四通市）卖之，绢匹止钱二百，而私市者犹三百”③。可是这一措施并未奏效，由于拿钱向官府买绢有利，于是奸猾之人纷纷盗铸不合规格的伪钱，史言“利之所在，盗铸弥众，巧伪既多，轻重不一，四方州镇，用各不同”④，北魏王朝并未摆脱钱币滥恶的困境。这种货币流通的混乱状况，一直延续到北魏末年。

---

① 《魏书》卷 110，《食货志》。
② 《北史》卷 50，《高道穆传》；《魏书》卷 58，《杨播传附子侃传》。
③ 《魏书》卷 110，《食货志》。
④ 《魏书》卷 110，《食货志》。

北魏分裂为东、西魏以后，也曾几次铸钱。东魏迁邺，仍沿用永安五铢钱，但当时各地私铸盛行，钱的名目也日趋歧异。《隋书·食货志》载："迁邺已后，百姓私铸，体制渐别，遂各以为名。有雍州青赤，梁州生厚、紧钱、吉钱，河阳生涩、天柱、赤牵之称。冀州之北，钱皆不行，交贸者皆以绢布"。及孝静帝武定初（543），高澄乃奏革其弊，建议另铸新钱以统一币制，"于是诏遣使人诣诸州镇，收铜及钱，悉更改铸，其文仍旧"[①]，即钱文仍旧为"永安五铢"。这次东魏政府改铸新永安五铢钱，是企图对货币流通混乱状况进行整顿，"然奸侥之徒，越法趋利，未几之间，渐复细薄"[②]。后来高澄又建议说，凡民间私铸，悉不禁断，但以钱文五铢，必须名实相称，所有重不到五铢的薄小劣币不许入市，则盗铸之风必能有所收敛。这一改革意见虽不失为整顿币制的有效办法，而因群官阻挠，致未能实施。

西魏曾于大统六年（540）、十二年（546）两次实行改铸，所铸都是五铢钱。[③] 这两种五铢钱有些同永安五铢的大小、厚薄、铜色、制作、文字等方面相似，是在西魏地区流通的主要货币。

北齐代替东魏。犹沿用魏之永安五铢，未遑兴铸。齐宣帝天保四年（553），因民间流通的永安五铢轻重不一，且皆滥恶，始改铸新钱，名曰"常平五铢"[④]。这种钱重如其文，制作精美，币值也较高，但流通仍不畅。到乾明、皇建间（560），私铸又趋转盛，"邺中用钱，有赤熟、青熟、细眉、赤生之异。河南所用，有青薄、铜锡之别。青、齐、徐、兖、梁、豫州，辈类各殊"[⑤]。可见各地币制不统一，皆根据习惯行使地方自铸之钱。到武平（570）以后，私铸之风更盛，人们甚至"以生铁和铜"铸造钱币，以致货币流通状况愈益混乱，"至于齐亡"[⑥]。

北周代替西魏后，当政虽仅24年，但对钱币却频繁改铸。北周之初，仍

① 《魏书》卷110，《食货志》。
② 《魏书》卷110，《食货志》。
③ 《北史》卷5，《西魏文帝纪》。
④ 《北史》卷7，《齐文宣帝纪》。
⑤ 《隋书》卷24，《食货志》。
⑥ 《隋书》卷24，《食货志》。

用西魏五铢钱。到武帝保定元年（561），“更铸钱，文曰‘布泉’，以一当五，与五铢并行”。建德三年（574），又铸行“五行大布”钱，以一“五行大布”当“布泉”10枚，与“布泉”钱并行流通。[①] 到周静帝大象元年（579），再铸“永通万国”钱，以一“永通万国”钱当10枚“五行大布”，并行流通。[②] 北周所铸的3种新钱，都是虚价大钱，其牟求高额铸利以进行财政搜括的目的是很明显的。如以一枚“布泉”当5枚“五铢钱”的比价并行流通，已经是货币减重了；后又以一“五行大布”钱当十枚“布泉”使用，而实际上两种钱的重量差不多，这等于又减重成十分之一，故史称北周政府铸行“五行大布”后，“以一当十，大收商估之利”[③]。在这种情况下，自然会引起私铸的盛行，当时曾规定禁止私铸的法令：“铸钱者绞，其从者远配为民”[④]。又由于边境之上人多盗铸，乃禁止五行大布不得出入四关，布泉钱则听入不听出，后来因“布泉渐贱而人不用，遂废之”[⑤]。可见因官府的减重贪利，民间的违禁私铸现象是很普遍的。但是，北周的三种钱制作皆精，尤其是永通万国钱，面背肉好周郭，铜色青白，笔法华丽，堪称魏晋以来钱中之冠，这是当时铸币工艺水平及造型艺术水平显著提高的反映。

综合上述，魏晋南北朝时期由于国家的分裂，长时期的战乱影响，社会经济遭受严重摧残，货币经济也一时呈现出极度的衰落，使得金属货币流通的范围也缩小了；而且由于南北各割据政权更迭频繁，封建政府不断实行铸币贬损政策，更加促成了金属货币流通的极大混乱。不过，我们也应看到，货币经济在国内某些地区，主要是东晋南朝时经济已发展起来的长江中下游地区，仍然是比较发达的。从金属货币的流通情况看，无论是市场上的商品交易，民间的贸易活动，还是政府的财政收支中，钱币都占有十分重要的地位。据何兹全先生研究，东晋南朝时，钱币在社会上有着极其广泛的用途，如作为交换媒介、价值尺度、支付手段、衡量财富的标准以及用作赎金、酬金、借贷、贿赂、赠

---

① 《周书》卷5，《武帝纪上》。
② 《周书》卷7，《宣帝纪》。
③ 《隋书》卷24，《食货志》。
④ 《周书》卷6，《武帝纪下》。
⑤ 《隋书》卷24，《食货志》。

遗、贮藏等等；对于国家财政来说，货币也具有许多用途，如作为赋税折变而缴纳各种商税收入、库藏、各级政府资费以及用作官吏俸禄、赏赐等等。[①]上述各项用途，归纳起来，不外乎铜（铁）钱充作货币而产生的支付作用和作为等价物而起的价值尺度的作用。这些事实，都说明魏晋南北朝的货币经济与货币流通，总的说来虽然是一个严重衰退的时期，但在某些时间和某些地区，却仍然是具有相当发展水平的。

第二节　实物货币的盛行和贵金属货币的消失

一、实物货币的盛行

魏晋南北朝时期，随着金属货币在流通中地位的减弱，谷帛的货币性却显著增强和广泛使用，这是当时货币经济衰落的明显标志。因而以布帛谷粟等实物作为流通手段在当时是十分盛行的，并一直保持着与铜钱兼行为币的作用和地位。

自汉末董卓坏五铢钱，改铸小钱之后，钱币便因滥恶而渐至废弃，谷帛遂乘隙代之而起，这是魏晋以后使用实物货币的开端。曹魏初年，北方地区使用谷帛交易的情况日益普遍，以致封建政府感到有必要用法律的形式将这种情况固定下来，即废止铜钱的货币资格，并规定布帛谷粟为法币。果然，到黄初二年（221）时，魏文帝曹丕下令“罢五铢钱，使百姓以谷帛为市”[②]，明令取消金属货币，确立实物货币，这是秦以后中国货币史上的一个重要法令，标志着货币经济的大倒退。但时隔不久，用谷帛作为流通手段的弊病就暴露出来了，史载“至明帝世，钱废谷用即久，人间巧伪渐多，竞湿谷以要利，作薄绢以为市。虽处以严刑，而不能禁也”[③]，使用谷帛为货币，本在于它的使用价值，湿谷薄绢，使其使用价值大减，且引起市场交易的混乱，虽立严刑而不能禁止。于是，到魏明帝太和元年（227），政府又恢复了五铢钱的流通，一直到

① 何兹全：《东晋南朝的钱币使用与钱币问题》，《读史集》，上海人民出版社1982年版。
② 《晋书》卷26，《食货志》。
③ 《晋书》卷26，《食货志》。

晋代仍沿用五铢钱，不闻有所改创。但是，自曹魏恢复行钱之后，由于流通中的钱币数量不多，谷帛等实物仍以货币的资格流通于市，形成了钱物并行的局面。如明帝景初年间（237～329），蒋济为护军时受贿选武官，时有谣言说："欲求牙门，当得千匹；百人督，五百匹"①。又魏末胡质为荆州刺史，其子胡威自京师省之，"临辞，质赐绢一匹，为道路粮"②，均是以布帛充当交易媒介或贿赂的例证。

三国时，吴、蜀两国的实物货币也较盛行。东吴自赤乌九年（246）下令收回大钱，改铸器物后，钱币流通额减少，民间遂多以绢帛作为交易的主要媒介。如吴末孙皓宝爱好犬，佞臣何定"使诸将各上好犬，皆千里远求，一犬至直数千匹"③。李衡在武陵龙阳汜洲上种柑橘千株，"吴末，衡柑橘成，岁得绢数千匹，家道殷足"④。西晋初年，羊祜"出军行吴境，刈谷为粮，皆计所侵，送绢偿之"⑤。可见绢帛充当货币，具有流通手段和价值尺度等作用。当时南方边远地区，尤其是闽粤一带，又有用谷米作交换媒介的。侯官人董奉，孙权时于奉居山栽杏10万余株，后杏子大熟，"奉每年货杏得谷……岁二万余斛"⑥。蜀汉流通的钱币种类虽多，有些钱币还曾流入东吴境内，但在后期，也有以实物取代钱币的趋向。如诸葛亮曾上表后主刘禅，说"若臣死之日，不使内有余帛，外有赢财，以负陛下"⑦，表明布帛可用于储藏，是积累财富的象征。此外，布帛还可作为购买手段，用于计价论值。何随为安汉令，蜀亡去官，"时巴土饥荒，所在无谷，送吏行乏，辄取道侧民芋。随以绵系其处，使足取所直"⑧。

两晋时期，由于官府久不铸钱，流通中的钱币甚为缺乏，致使谷帛的货币性显著地增强起来。在市场交易活动中，人们可以用布帛市谷、粜米、买橡实

---

① 《三国志》卷9，《魏志·夏侯玄传》注引《魏略》。
② 《三国志》卷27，《魏志·胡质传》注引《晋阳秋》。
③ 《三国志》卷48，《吴志·孙皓传》注引《江表传》。
④ 《三国志》卷48，《吴志·孙休传》注引《江表传》。
⑤ 《晋书》卷34，《羊祜传》。
⑥ 晋葛洪：《神仙传》卷6。
⑦ 《三国志》卷35，《蜀志·诸葛亮传》。
⑧ 《华阳国志》卷11，《后贤志》。

甚至购买奴隶。如：西晋初年，“（晋）武帝欲平一江表，时谷贱而布帛贵，帝欲立平籴法，用布帛市谷，以为粮储”①。孔衍用绢三匹，“以籴，得米一石，橡三斛”②。《石崇奴券》载：“买得一恶羝奴，名宜勒……下绢百匹”③。当时凡涉及物品、赃物的价值，也往往以匹计。《晋书·刑法志》载：“贼燔人庐舍，积聚盗贼，赃五匹以上弃市”。至于朝廷赏赐用绢布之事，则更为普遍，宋人王楙（1151～1213）在《野客丛书》卷27中说：“汉赏赐多用黄金，晋赏赐多用绢布，各因其时之所有而用之。……晋时赏赐绢布，绢百匹在所不论。阮籍千匹，温峤、庾亮、荀崧、杨珧等皆至五千匹，用复唐彬、琅邪王伷等皆六千匹，王浑、杜预等皆八千匹，贾充前后至九千匹，王濬、张华、何攀等皆至万匹，王导前后近二万匹，桓温前后近三十万匹。苏峻之乱，台省煨炉时尚有布二十万匹、绢数万匹，又可验晋布帛之多也”。赏赐是作为支付手段用的一种形式，因这时布帛已具有一般等价物的性质，故赏赐绢布与汉时的赏赐黄金性质相类，成为形成个人财富的一个重要来源。除此，布帛的使用范围还扩及于馈赠、悬赏、借贷等方面。如晋武帝司马炎受魏禅，以安平献王司马孚（司马懿次弟）“内有亲戚，外有交游，惠下之费，而经用不丰，奉绢二千匹”④。东晋元帝建武元年（317），传檄天下：“有能枭（石）季龙首者，赏绢三千匹，金五十斤”⑤。大官僚庾冰，“常以俭约自居，中子袭，尝贷官绢十匹，冰怒捶之，市绢还官”⑥，都是明显的例子。当时作为货币使用的实物，不限于布帛，谷粟等农产品也包括在内。《晋书·食货志》载晋安帝元兴中孔琳之的话说：“且据今用钱之处，不以为贫，用谷之处，不以为富”，可见东晋时有的地方用钱，有的地方仍旧用谷粟交易。又《汉晋西陲木简汇编》第二编“买布简”中，有“买布四升”、“买履三升”的简文，所买布、履等物的支付代价以“升”计算，则充当购买手段的实物自然是谷粟之类的农产

① 《晋书》卷26，《食货志》。
② 《太平御览》卷486，引孔舒之：《在穷记》。
③ 《太平御览》卷598引。
④ 《晋书》卷37，《安平献王孚传》。
⑤ 《晋书》卷6，《元帝纪》。
⑥ 《晋书》卷73，《庾亮传》。

品了。

十六国时期，在广大的北方地区，实物货币的使用范围也相当广泛。在前凉所辖的河西一带，自晋武帝泰始年间（265～275）起，已经完全废弃钱币，而用缣布做交易的媒介。晋愍帝即位之初（313），索辅上言张轨道："泰始中，河西荒废，遂不用钱。裂匹以为段数，缣布既坏，市易又难，徒坏女工，不任衣用"[①]。后来张轨虽然恢复五铢钱，但实际上还是钱物并行的局面。敦煌写本《沙州图经残卷》在谈到凉时敦煌刺史杨宣以粟买石事时说："北府渠……地下每年破坏。凉时刺史杨宣以家粟万斛买石修理，于今不坏"[②]，即其明证。后赵石勒于319年铸造"丰货钱"后，曾明令公私行钱，"而人情不乐"，"钱终不行"[③]。石虎建武元年（335）下令说："刑赎之家，得以钱代财帛，无钱，听以谷麦，皆随时价输水次仓"[④]。可见布帛谷麦等实物在流通中仍居于优势地位。前燕慕容评贪鄙图财，"障固山泉，鬻水与军，入绢匹水二石"[⑤]。这些事实，都反映出当时北方地区实物货币盛行的情况。

南朝时期，由于江南经济的持续开发与长足发展，商品经济比较活跃，因而钱币流通较为普遍，已渐有取实物货币的地位而代之的趋势。就史书记载来看，当时用做价值尺度和交易媒介的主要是钱币，谷帛仅占次要地位。但也不可否认，在一些经济尚未开发的落后地区和边远地区，实物货币仍较盛行，如刘宋时，汉川一带还是"悉以绢为货"[⑥]，交易时完全以绢作媒介，没有钱货流通。梁初，"唯京师及三吴、荆、郢、江、湘、梁、益用钱，其余州郡，则杂以谷帛交易"[⑦]。下至陈初，承梁末币制混乱，铁钱不行，故民间"多熔钱，又间以锡铁，兼以粟帛为货"[⑧]。而边远的岭南诸州，直到陈末，仍"多以盐

---

① 《晋书》卷86，《张轨传》。

② 《鸣沙石室碎金》卷下。

③ 《晋书》卷105，《石勒载记下》；《晋书》卷106，《石季龙载记上》。

④ 《晋书》卷105，《石勒载记下》；《晋书》卷106，《石季龙载记上》。

⑤ 《水经注》卷10，引《燕书》。

⑥ 《宋书》卷8，《刘秀之传》。

⑦ 《隋书》卷24，《食货志》。

⑧ 《隋书》卷24，《食货志》。

米布交易，俱不用钱”[1]。至于用谷帛作为价值尺度，或用于馈赠、赏赐、支付手段等等，史书中亦有记载，但不普遍。因此，在整个南朝，钱币的使用范围和地域是在不断扩大的，而谷帛的使用范围和地域则是相对地缩小了。这种情况，既异于前此的三国和两晋，亦与同时期的北朝不同。

在北朝，实物经济的色彩浓于南朝，绢帛作为货币使用尤为盛行。北魏自建国至太和十九年（386～495）的100多年间，“钱货无所周流”，因而民间交易全以实物作为货币，可以说是实物货币在流通界中占据支配地位的时代。当时实物货币（主要是绢帛）的使用范围很广，用做流通手段，绢帛可购买粮食、耕牛、农具等等：如拓跋珪天兴初（398），官府劝课农桑，“自后比岁大熟，匹中八十余斛”[2]。拓跋焘时，有人与赵柔铧数百枚，“柔与子善明鬻之于市，有从柔买，索绢二十匹。有商人知其贱，与柔三十匹”[3] 孝文帝元宏太和四年（480），薛虎子为徐州刺史，“时州镇戍兵，资绢自随，不入公库，任其私用，常苦饥寒”；虎子乃上表说：“窃惟在镇之兵，不减数万，资粮之绢，人十二匹，即自随身，用度无准，未及代下，不免饥寒。……若以兵绢市牛，分减戍卒，计其牛数，足得万头”，高祖纳之。[4] 可见作为军饷的“兵绢”，既可“资粮”，又可“市牛”，不论大小交易，都用绢帛作为购买手段。绢帛充当价值尺度，则可以表示金银珠宝、财产和各种杂物的价格：如拓跋焘时，赵柔“尝在路得人所遗金珠一贯，价值数百缣”[5]。文成帝拓跋濬时，有胡叟家于密云，高闾曾至其家，胡叟“为闾设浊酒蔬食，皆手自办集”，“闾见其贫约，以物直十余匹赠之”[6]。至于一切赃物的价值，也是用匹数来计算的。北魏初年，定盗律，“赃四十匹致大辟”；因民多慢政，拓跋焘时“峻其法，赃三匹皆死”；后至拓跋濬时， “诸司官赃二丈皆斩”[7]，可见计赃定罪皆以“匹”计，而且条例愈益严峻。此外，布帛还用于大宗的价值支付，如赏赐、

① 《隋书》卷24，《食货志》。
② 《魏书》卷110，《食货志》。
③ 《魏书》卷52，《赵柔传》。
④ 《魏书》卷44，《薛野賭传附虎子传》。
⑤ 《魏书》卷52，《赵柔传》。
⑥ 《魏书》卷52，《胡叟传》。
⑦ 《魏书》卷111，《刑罚志》。

赎身、悬赏、施舍、支付劳务代价和丧葬费用等等，都是使用绢帛。北魏的赋税也是征收实物，而且太和八年（484）开始制定的百官俸禄，也全是以绢帛计算和支付的。布帛的规格仍按汉代以后的定式，幅宽2尺2寸，长40尺为一匹（以价而论，当时三匹布抵两匹绢）。在太和十九年恢复铸钱以后，虽然金属货币日渐流通，但由于当时铸钱数量不多，加之后来钱币日益紊乱，货币贬值，人们不宝爱之，在许多地方仍然主要地以绢帛作为货币使用。如河北州镇，“既无新造五铢，设有旧者，而复禁断，并不得行”，所以，人们就完全以实物作货币，“专以单丝之缣，疏缕之布，狭幅促度，不中常式，裂匹为尺，以济有无”①。直到孝明帝元诩初年（516），洛阳以西及河北诸州镇仍然是钱币不足，民间买卖“犹以他物交易，钱略不入市也”②。这种情况，一直延续到北魏末年。

北魏王朝分裂后，继起的北齐和北周依然盛行实物货币。如北齐时，“冀州之北，钱皆不行，交贸者皆以绢布”③，则这时的河北地区，还是北魏中期以来废钱用绢布的状况。北周时，政府虽然频繁改铸铜钱，但不少地方仍使用绢帛做交易的媒介。如大官僚寇儁，“性又廉恕，不以财利为心。家人曾卖物于人，而剩得绢五匹。儁于后知之……遂访主还之”④。就连周武帝建德六年（577）颁行的《刑书要制》中，计赃定罪的价值也是布帛匹数来计算的：“持杖群强盗一匹以上，不持杖群强盗五匹以上，监临主掌自盗二十匹以上，小盗及诈伪请官物三十匹以上……至死”⑤。总之，北朝在长期钱货无所周流之后，虽然恢复了铸钱，并大力推行，但由于种种原因，钱币流通始终是困难重重，而实物货币却是上下通用，畅行无阻。钱币流通这样受限制，以致人们宁肯“裂匹为尺，以济无有”，也不愿用钱币来代替“单丝之缣，疏缕之布”。所以在北朝时，充当价值尺度和流通手段的主要是实物货币，特别是绢帛，至于钱币流行的范围还是欠广，其流通量也是有限的。

---

① 《魏书》卷110，《食货志》。
② 《魏书》卷110，《食货志》。
③ 《隋书》卷24，《食货志》。
④ 《周书》卷37，《寇儁传》。
⑤ 《周书》卷6，《武帝纪下》。

综观整个魏晋南北朝时期，都不乏以谷帛为币的事实。虽然谷帛是一种古老的实物货币，它的流通历史远比贵金属的金银和金属货币铜钱更为悠久，但谷帛作为币材，在自然属性上显然不如金属为优越，这在货币流通的历史实践上，早有充分的经验可以证明。魏晋以后，人们对于谷帛不适于为币也有充分的认识，如东晋桓玄辅政，欲废钱用谷帛，孔琳之指出："分以为货，则致损甚多，又劳毁于商贩之手，耗弃于割截之用"①。尤其是绢帛在小额交易时，寸撕尺裂，丧失其原有的使用价值，浪费损失更大。加之，投机者用湿谷、薄绢、单丝之缣、疏缕之布来牟利，也减低了谷帛作为一般商品的使用价值，并使之失去了较固定的价值尺度的作用。因此，谷帛作为流通手段，局限性是很大的。魏晋南北朝时期谷帛的货币性的增强及其广泛使用，主要是由于当时国家长期分裂、社会经济长期动荡所引起的货币经济衰退以及币制混乱、铸币贬损、币值剧烈波动所造成的。这种实物货币的牢固性，不仅在这一历史时期表现得最为明显，而且在此以后还继续沿袭了一个相当长的时间。直到唐代中叶，由于商品货币经济的高度发展，金属货币才逐渐排斥谷帛的流通和使用，并在货币流通中重新占据主币的地位。

二、贵金属货币的日趋消失

金银是贵重金属，它同其他金属货币一样，也是作为一般商品的等价物以及特殊的商品而存在的。自战国以来，随着商品经济的不断发展，黄金即已初步具备了货币的各种职能。黄金作为货币，不仅有法定的重量单位，而且还被铸成一定的形制。如战国时的楚国金版和圆形金饼，就具有大致一定的形式和重量，可以说是我国最早的原始黄金铸币。秦兼天下，规定黄金与铜"半两"钱为法定货币，黄金为上币，重量单位统一为"溢"（12两）；铜钱为下币，重如其文。汉承秦制，仍以黄金为上币，只是重量单位由溢改为斤。汉代黄金多为圆饼形，间也杂用战国时期的楚国金版。汉武帝太始二年（前95），曾对黄金形制进行过一次改革，即"改铸黄金如麟趾、袅蹄"②。但这次改铸的麟

① 《晋书》卷26，《食货志》。
② 《汉书》卷6，《武帝纪》注引应劭语。

趾金、袤蹄金并没有流通，只是作为一种纪念品，用于班赐诸王，以协祥瑞，不算是金币，所以，汉代使用黄金仍是金版和金饼并行，称重计值。汉武帝元狩四年（前119）曾铸白银币，王莽改革币制时亦曾制“银货二品”，欲将白银列为法定铸币，但都没有成功。

西汉时期，由于黄金为法定之本位货币，所以货币的各种职能，诸如价值尺度、流通手段、支付手段、贮藏手段等等，都可以黄金来表现，致使黄金的法定货币地位显著增强，形成了一个黄金大量流通的高潮。然而，进入东汉以后，黄金的数量已日益减少，黄金的货币作用亦趋衰退。到了魏晋南北朝时期，黄金进一步退出流通界，其法定的货币地位亦渐次趋于消失了。

当然，我们说魏晋南北朝时期黄金已退出流通界，逐渐失去货币的资格，只是根据它在社会经济中的总的作用而言，并不是在绝对意义上说它在流通中不被人们视为货币了。如两晋南北朝时期，就有以贵金属金银为币的情形。史载梁初，“交广之域，全以金银为货”①。陈时周文育在大庾岭旅舍中，“有贾人求与文育博，文育胜之，得银二千两”②，一次赌博即得商人之银2000两，也反映出岭南流通银子之多。又北周武帝时，河西诸郡，“或用西域金银之钱，而官不禁”③。有的商人到京师交易，也随身携带有大量的黄金。④ 不过，南朝时交广地区的商贾用金银，是因为在对外贸易中，外商持金银以通市易，外国金银币和金银的流入（拜占庭金币和波斯银币，再加上南海诸国流入的金银），使国内贸易也受其影响，因而增加了交广的金银流通量；同时，交广本身也以出产金银著名，当地金银产量既多，就更有条件用金银作货币流通或作为大额支付之用。至于河西诸郡所使用的“西域金银钱”，系指拜占庭金币和波斯银币，这些外国金银币，是随着中外经济的交流而传入中国的，它在我国新疆地区和内地许多地方都有实物出土，反映了当时中西交通的发达和经济文化交流的频繁。在交广及河西以外的其他地区，由于货币经济的衰退，黄金主要是作为赏赐、器饰和宝藏之用，施于交易者甚少，已逐步退出流通界，而

---

① 《隋书》卷24，《食货志》。

② 《陈书》卷8，《周文育传》。

③ 《隋书》卷24，《食货志》。

④ 《周书》卷22，《柳庆传》。

白银则还未取得法定货币的地位。因此，在对外贸易发达的交广和河西地区，其交易“全以金银为货”，只是一些特殊的例外而已。

在魏晋南北朝时期，我国贵金属金银的形状，主要是铸成饼和铤。金银饼是圆形的，可能是采用汉代金饼的形制，一饼的重量，似无统一定制，但多以一饼一斤较为普遍。如《南史·梁武陵王萧纪传》载：“即东下，黄金一斤为饼，百饼为篮，至有百篮。银五倍之。”金银铤为长方条形，由于铤的形状像笏（俗称“朝板”），故后世称白银一铤为一笏①。此外，这一时期的金银不但铸成饼和铤形，也有铸成金银钱的。关于金钱的最早记述，见于《南史·吕僧珍传》：“及僧珍生子，（宋）季雅往贺，署函曰：‘钱一千’。阍人少之，弗为通，强之乃进。僧珍疑其故，亲自发，乃金钱也”。关于银钱的最早记载，则见之于《北齐书·王昕传》，传称北魏孝文帝之子汝南王元悦，尝“数散钱于地，令诸佐争拾之，昕独不拾；悦又散银钱，以目昕，昕乃取其一”。金银之铸为钱，当是受到外国金银币流入的影响，这也是我国最早出现的金银铸币。但是从性质上说，这些中国式的金银钱，并不是具有一般经济意义的货币②，也不是根据政府的货币立法而铸行的，因而它不能成为当时货币制度中的一个构成因素，而只是宫廷、贵族、官僚等统治阶级上层人物的赏赐、馈赠品或玩好饰物。这种用途的金银钱币的铸造历代都有，直到明清时还散见于一些书籍的记述中。

总之，在魏晋南北朝时期，贵金属黄金已基本上退出了流通界，原来由黄金所表现的各种货币功能，也渐至趋于消失。尤其是晋代以后，黄金的计量单位已由“以斤计”变为“以两计”③，这一基本单位的变化，一方面表明当时流通中的黄金日益减少，金价逐渐增高，同时也是黄金在古代经济中货币地位趋于消失的一个标志。

---

① 于逖：《灵应录·陈太》。

② 萧清：《中国古代货币史》，人民出版社1984年版，第169页。

③ 《晋书》卷100，《王机传》曾载杜弢余党杜弘，送“金数千两”与机。

第二十章　魏晋南北朝时期的经济思想

第一节　傅玄、周朗与苏绰等人的重农思想

重农轻商，是封建社会中地主阶级经济思想的核心。因为这一思想适合以土地私有制为基础的社会经济形式和封建统治方式。封建政权维持庞大的国家机器、供养众多的官僚，皆取决于保证财政收入和徭役征发。而充足财源和役源则取决于地著形式下的人口数量、土地数量和两者的结合程度。因此，历来的封建统治者及地主阶级经济思想家，皆提倡重视本业，使民地著，养兵于农，借以达到富国强兵，巩固政权的目的。

魏晋南北朝时期的农本思想，也不例外。当时这一思想，与以下5个基本因素是关系很大的。

第一，传统重农思想的影响和沿袭。早在春秋战国时期，随着个体小农与封建生产方式的产生与形成，农本思想便已出现。经商鞅、韩非的极力提倡，以及农家学派的广为传播，使“农本工商末”的思想观念根深蒂固。秦汉时期较著名的经济思想家，如贾谊、晁错、王符、荀悦、崔寔、仲长统等人，都十分强调本末区别，提倡扬本抑末或重农轻商，从而使重农思想成为主导的传统的经济思想，对后代经济思想产生了巨大影响。魏晋南北朝时期的重农思想，是这一传统思想的延续。

第二，战乱后建设时期农业重要性的突出。魏晋南北朝的战乱特别多，每次战乱都造成大量土地荒芜，人民流离失所，农耕废弃，粮食短缺，许多人饥饿而死。因此，战乱后的建设首要的是解决温饱问题。当时的经济思想普遍倾

向于重农，因为只有使农民“地著”而流民（破产的自耕小农）回归到自己家乡的土地上去，才能带来社会的稳定和提供充足的粮食。所以，这时的人们提倡重农，与恢复战乱后的农业生产关系密切。

第三，土地制度形态转化过程的需要。战乱使土地制度受到冲击，原来的占有形态受到局部破坏。随着政局的稳定，有必要重新确立土地的占有状态。例如屯田制度、占田法令、均田制度，都是重新确立土地占有状态的制度。因此，在这种转化过程中，人们需要强调农本思想，以使土地的重要性得到社会重视。

第四，解决流民问题的客观需要。整个魏晋南北朝时期，流民与土地脱节的现象十分严重，频繁的战争和灾祸，造成了大量农户从土地的束缚中解脱出来，成为“浮浪人”、“游食”一类流民，既无籍贯，又不从事农业生产，而是追逐“末利”，使封建经济思想家认为士农工商四民不分，农业生产中劳力不足，没有充分耕种开垦土地。所以，他们认为以重农思想为指导，严格遵守行业分工，就可以使脱离了土地的劳力重新返回到原状，尚未脱离者也不至于再发生脱离土地现象，“兆庶之众，无有一人游手”①。

第五，解决人身依附关系强化使政府失去大批劳力的需要。魏晋南北朝时期，流向私家的依附民中相当一部分没有使用在生产部门，“不耕而食，不蚕而衣，或事王侯，或依将帅”②。另外，私家依附民不预国征，只服事主人，“编户虚耗”，“国弊家丰”③。因此，产生了既不正面反对封建人身依附关系强化过程，又能把依附民“征之势门，使反田桑”，脱离私家束缚的要求。于是，重农经济思想便应运而生。

由于上述原因，重农思想在魏晋南北朝时期颇为流行。比较重要的经济思想家如傅玄、周朗、苏绰等人都曾较系统地加以阐述。在其他一些人的言论中，对重农思想也常有体现。

---

① 《晋书》卷47，《傅玄传》载傅玄疏，下引此不另出注。

② 《全陈文》何之元：《梁典总论》。

③ 《晋书》卷88，《颜含传》。

一、傅玄的重农思想

傅玄（217～278），字休奕，北地泥阳（今陕西耀县）人，仕宦于曹魏西晋，官至司隶校尉，追封清泉侯。著有《傅子》一书及《傅玄集》，后大都散佚。其内容涉及哲学、文学、历史、经济、政治等广泛的领域。

傅玄经济思想与魏末晋初的经济状况、经济政策、土地占有状态的转化等是紧密联系在一起的，特别是傅玄的重农思想尤为如此。

司马炎以晋代魏之后，“欲平一江表”，“朝廷厉精于稼穑”。除“亲耕藉田”外，并下诏：“使四海之内，弃末反本，竟农务功，能奉宣朕志，令百姓劝事乐业者，其唯郡县长吏乎！”[①] 号召重视农业生产，不要从事“末业”的工商一类行业。在“敕戒郡国计吏、诸郡国守相令长，务尽地利，禁游食商贩”[②] 的气氛中，傅玄提出了一整套重农思想，并受到重视，得到晋武帝的褒奖。

傅玄经济思想的提出，是在泰始元年至二年之间，《晋书》卷47本传载武帝“初即位”，他与皇甫陶同为散骑常侍，“共掌谏职”，因而上疏。四年再次上疏，“言农事得失及水官兴废。”所以，他的经济思想与当时社会状况结合而倾向于重农。

傅玄重农思想的理论基础，是建立在沿袭传统的重农思想之上的。首先，他提出了四民分业殊务的观点。他说：“臣闻先王分士农工商以经国制事，各一其业而殊其务。”那么，先王是怎样使四民分业殊务的呢？傅玄解释道：“自士已上子弟，为之立太学以教之，选明师以训之，各随其才优劣而授用之。农以丰其食，工以足其器，商贾以通其货。故虽天下之大，兆庶之众，无有一人游手。分数之法，周备如此。”傅玄之意，也就是说事先就规定好了社会的各个阶级或阶层的责任和义务，如果不照此先王成规办理，就会带来恶果，他说：“汉魏不定其分，百官子弟不修经艺而务交游，未知莅事而坐享天禄；农工之业多废，或逐淫利而离其事；徒系名于太学，然不闻先王之风。”

---

① 《晋书》卷26，《食货志》。
② 《晋书》卷26，《食货志》。

这种四民分业不严格的现象是汉魏经济遭到失败的原因，所以他提出："今圣明之政资始，而汉魏之失未改，散官众而学校未设，游手多而亲农者少，工器不尽其宜。臣以为亟定其制，通计天下若干人为士，足以副在官之吏；若干人为农，三年足有一年之储；若干人为工，足其器用；若干人为商贾，足以通货而已。尊儒尚学，贵农贱商，此皆事业之要务也。"可见他从先王之制谈到汉魏之败，再谈到今世应采取的措施，强调四民分业殊务，根本所在是8个字："尊儒尚学，贵农贱商"。

无可怀疑，傅玄通计天下人口，然后人为地划分为士、农、工、商的所占比例，以符合社会所需的分工比率，完全是一种空想，在任何社会和时期都无可行性。问题的关键在于他的观点是以重农思想为基础推断出来的结果。因为，只有"家足食，为人则孝，为父则慈，为兄则友，为弟则悌。天下足食，则仁义之教可不令而行也。"因此，重农是政治的第一项要务，是政治的根本，为了达到重农的目的，四民分业殊务又是不能轻易忘记的，"为政之要，计人而置官，分人而授事，士农工商之分不可斯须废也。"

其次，傅玄提出改变四民分业不平衡的状况。根据上述逻辑推理，他认为士、商、工数量过多，应该裁减使之归农，"令赐拜散官皆课使亲耕"，这样就可以改变"游手多而亲农者少"的状况，就可以"天下享足食之利"了。傅玄要求官吏参加农业生产，是重农思想绝对化的反映。他认为，既然"禹稷躬稼，祚流后世，是以《明堂》《月令》著帝藉之制。伊尹古之名臣，耕于有莘；晏婴齐之大夫，避庄公之难，亦耕于海滨。昔者圣帝明王，贤佐俊士，皆尝从事于农矣"。那么，为什么晋朝无所事事的众多官吏冗员，不可以从事于农业生产劳动，而要坐食俸禄，增加百姓和国家的负担呢？因此，他积极主张："王人赐官，冗散无事者，不督使学，则当使耕，无缘放之使坐食百姓也。"特别是"今文武之官既众，而拜赐不在职者又多，加以服役为兵，不得耕稼，当农者之半，南面食禄者参倍于前"。这种四民分业的比率失调，本应占最大比率的"农者"却数量很少，本应占很小比率的官吏和军队，却臃肿膨胀，几乎占去一半人数，比过去增加数倍，怎么会不产生社会问题和危及农耕本业呢！所以必须"使冗散之官农，而收其租税，家得其实，而天下之谷可以无乏矣"。"计天下文武之官足为副贰者使学，其余皆归之于农。若百工商贾有长者，亦皆归之于农。务农若此，何有不赡乎！”也就是说，重新平衡四民比率，最大限度地增加务农人数，最大限度地提高农业生产的地位，在观念结构上树立重农思想的指导权威，便可以家给人足，国富民强，进一步则可以知荣辱，行仁义。

最后，傅玄提出了与管仲分业不同的看法。傅玄四民分业殊务观点，与管仲四民分业定居观点有其继承关系，但着眼点和目的都有着区别。管仲强调的是分工定业，世代相袭；集中定居，加强管理。傅玄强调的是分工殊务，平衡比率；以农为本，四民重农。可见，傅玄重农主张是从维护晋王朝统治，调整官吏队伍和提高官吏素质，增进财政收入和繁荣农业经济的角度出发的，以达到增强政治、军事、经济实力的目的，完成平定江南，统一全国的战略。

正因为傅玄重农思想的目的在于为当时的统治阶级政治服务，所以，他的着眼点在于抨击不相适应的官僚系统。他认为：“天下群司猥多，不可不审得其人也。不得其人，一日则损不赀，况积日乎！”他把“臣不废职于朝，国无旷官之累”作为“此王政之急也”。正因为如此，所以他提出以重农思想为核心的经济思想后，又拐了一个弯，回复到了政治、儒教和伦理纲常上去了，并总结道：“夫儒学者，王教之首也。尊其道，贵其业，重其选，犹恐化之不崇；忽而不以为急，臣惧日有陵迟而不觉也。仲尼有言：‘人能弘道，非道弘人。’然则尊其道者，非唯尊其书而已，尊其人之谓也。贵其业者，不妄教非其人也。重其选者，不妄用非其人也。若此，而学校之纲举矣。”很显然，傅玄的经济思想完全是服务于当时政治的，四民分业殊务完全是为“遵道”、“遵人”、“贵业”、“重选”张目的。无怪乎晋武帝看过傅玄这套重农经济思想的疏文后说：“恳恳于所论，可谓乃心欲佐益时事者也。”①

二、周朗的重农思想

周朗（425～460），字义利，汝南安成（今河南正阳东北）人，曾任太子中舍人、庐陵内史诸职。

周朗为刘宋时经济思想家，因其从重农角度联系到为政之道而得罪宋孝武

① 《晋书》卷47，《傅玄传》。

帝，借口“其居丧无礼”，“于是传送宁州，于道杀之。”[①] 时为大明四年（460），年仅36岁。

东吴、东晋、宋、齐、梁、陈六朝，是江南经济开发和持续发展时期。此时江南经济的特点有四：一是大量北方移民徙至江南，带来了较先进的农业生产技术和工具，也增加了大量劳动力。二是侨姓地主本无江南寸土尺地，可又“无田那得食!”[②]“无田无以立”[③]。北方徙来的侨居地主及农民都需要土地，造成土地严重缺乏和争夺激烈。三是人身依附关系严重，荫户、隐户数量极大，投附豪强大族为私家佃客、部曲者很多。四是赋税徭役沉重，逃户越多，赋役越重，引起恶性循环。正是在这种背景下，形成了周朗经济思想的基本内容。其经济思想牵涉的方面很广，详见下面几节。其重农思想则有以下8个主要论点：

第一，用教民立治。周朗的经济思想，目的是治理天下。所以，他从传统的重农思想出发，提出了“教民立治”的问题。他说：“凡治者何哉？为教而已。”他指斥当时的统治政治，违背了这条原则，南辕北辙，“今教衰已久，民不知则，又随以刑逐之，岂为政之道欤!”那么怎么解决这个问题，运用什么方法才是顺其道而行之呢？他提出的是以户籍制度结合教育和道德训练，这大概是周朗从经书中搬来一些东西，然后混杂而成的。他说：“欲为教者，宜二十五家选一长，百家置一师。男子十三至十七，皆令学经；十八至二十，尽使修武。训以书记图律，忠孝仁义之礼，廉让勤恭之则；授以兵经战略，军部舟骑之容，挽强击刺之法。官长皆月至学所，以课其能。”下面他还提出了一长串十分具体的办法，以规定对学好学坏者的奖罚，以及学习时限和内容等。对于25家选长、百家置师，等于记载中的古代居民户籍划分，与北魏设立三长制度相接近，本来是有一定可行性的。但是，周朗由此推衍出来的思想，却不啻是乌托邦，在当时刘宋朝的社会和经济环境中，根本不可能实现。而周朗偏偏又以此作为他的重农思想的第一道次序。

① 《宋书》卷82，《周朗传》，本节引此，不另出注。
② 《宋书》卷58，《王惠传》。
③ 《宋书》卷67，《谢灵运传》。

第二，以农桑为本，扩大耕地面积。周朗在教民立治之后，紧接着就谈到了重农的观点："农桑者，实民之命，为国之本，有一不足，则礼节不兴"。这与《史记》卷129《货殖列传》所载："仓廪实而知礼节，衣食足而知荣辱"；"人富而仁义附焉"之意类似。不过，司马迁是仅仅揭示必须解决了衣食住行等必备的生活条件后才能讲求礼节荣辱的连带关系，周朗则更进一步阐述了重农思想为"国本"、"民命"的农桑重要性。既然农桑如此重要，所以他也就提出了许多措施来保证农桑地位，促进农业生产的发展。例如，"田非疁水，皆播麦菽，地堪滋养，悉艺纻麻，荫巷缘藩，必树桑柘，列庭接宇，唯植竹栗。"除了灌木杂杂丛生之地和有水之处外，周朗都列入开发为耕地的范围，连巷道、围墙和庭院都注意到了。这种办法不论是否可行，至少他认为："若此令既行，而善其事者，庶民则叙之以爵，有司亦从而赏。若田在草间，木物不植，则挞之而伐其余树，在所以次坐之。"以奖罚之法来实现他的主张。

第三，用绢布代钱，以提高绢布的地位。周朗发展农业，保证重农的另一个想法，有些奇怪。他认为对农桑"若重之，宜罢金钱，以谷帛为赏罚"。这同汉人晁错贵粟主张有类似之处。本来，要刺激绢布生产，可以利用提高绢布价格的办法达到。但是，周朗却主张限制商品贸易中的货币流通，只允许小额交易用钱，"听市至千钱以还者用钱"。而此界限往上的较大额、大额以至巨额交易，"皆用绢布及米，其不中度者坐之。"以绢代替钱币并取消钱币职能的主张，实际上是一种倒退，从而是行不通的。

第四，取消计赀而税之制。赀税来源很早，两汉皆然，曹魏亦"每岁发调，使本县平赀"[①]。西晋"常年赋税，主者常自四出结评百姓家赀"[②]。此制至南朝已成超量剥削的一种征收办法，"刻又刻之……悉皆露户役门"[③]。"乃令桑长一尺，围以为价，田进一亩，度以为钱，屋不得瓦，皆责赀实。"周朗提出改革，"取税之法，宜计人为输，不应以赀。云何使富者不尽，贫者不蠲。"这关系到保护农桑本业的根本大事，"方今若重斯农，则宜务削

① 《三国志》卷9，《魏书·曹洪传》。
② 《晋书》卷70，《刘超传》。
③ 《南齐书》卷46，《陆慧晓附顾宪之传》。

兹法”。

第五，发游手佐农。周朗主张所有的人都以农耕，“凡公私游手，岁发佐农，令堤湖尽修，原陆并起。仍量家立社，计地设闾，检其出入，督其游惰。”如果碰上饥荒之年，民众流离，应该由政府出面促使互济，“今自江以南，在所皆穰，有食之处，须官兴役，宜募远近能食五十口一年者，赏爵一级。不过千家，故近食十万口矣。使其受食者，悉令就佃淮南，多其长帅，给其粮种”。这种想法的出发点，来自于重农，问题只在于很难付诸实施。

第六，反对分家和长期服丧之制。周朗从儒教学说思想出发，以伦理纲常为准，反对父子兄弟分家别居，主张以血亲关系聚众而居。他说：“今士大夫以下，父母在而兄弟异计，十家而七矣。庶人父子殊产，亦八家而五矣。凡甚者，乃危亡不相知，饥寒不相恤，又嫉谤谗害，其间不可称数。”所以他认为应以国家法令明文禁止分家，“自今不改，则没其财”。再就是服丧之期太长，影响农业生产，他认为也有必要改造。

第七，斥帝宫侈丽，主张节俭。这从重农思想来说，反对浪费和奢侈是合乎逻辑的。可是，敢于直言指责皇帝、宫内侈丽过分，却需要勇气，大概犯孝武帝逆鳞，这也是主要因素之一。他揭露当时情况是“空散国家之财，徒奔天下之货，而主以此惰礼，妃以此傲家，是何糜蠹之剧，惑鄙之甚。逮至婢竖，皆无定科，一婢之身，重婢以使，一竖之家，列竖以役。涂金披绣，浆酒藿肉者，故不可称纪。”“故凡厥庶民，制度日侈，商贩之室，饰等王侯，佣卖之身，制均妃后。凡一袖之大，足断为两，一裾之长，可分为二，见车马不辨贵贱，视冠服不知尊卑。尚方今造一物，小民明已睥睨。宫中朝制一衣，庶家晚已裁学。侈丽之原，实先宫阃。”封建贵族、地主阶级、官僚、富商，历来追求奢侈生活，反对奢侈之风的呼声也史不绝书，但明明白白地说侈丽源泉在于皇帝内宫，则是不多的。不过，周朗反对奢侈，也如其他重农思想所犯通病一样，走到了极端，对科学技术和社会生产力加以扼杀，“若工人复造奇伎淫器，则皆焚之，而重其罪”。

第八，检括州郡民户。东晋南朝北来移民甚多，故设有不少侨郡侨县，户口错乱，征发舛误，周朗认为宜加检括，恢复原有郡县户籍，“寄士州郡，宜通废罢，旧地民户，应更置立。岂吴邦而有徐邑，扬境而宅兖民，上淆辰纪，下乱畿甸。其地如朱方者，不宜置州，土如江都者，应更建邑”。这与土断措施有相通的地方，后来的侨郡县侨户籍不断新出，成为东晋南朝的一大问题，并不好解决。

以上可以知道，周朗坚持了重农思想，也捕捉到了当时经济中的一些问题，并提出了一独到的见解。不过，总体来说，想象的成分大，可行性小，杂乱而不成体系。

三、苏绰的重农思想

苏绰（498~546），字令绰，京兆武功（今陕西武功西）人，助宇文泰控制西魏政权，制定六条诏书和计账、户籍等法，授职大行台度支尚书、领著作，兼司农卿。

由于苏绰在宇文氏政权中比较重要的政治地位，宇文泰也十分信任他，所以他的经济思想对于北周经济政策，以至于政治策略都产生了相当影响。

苏绰的经济思想牵涉的面不太广，主要是从实际行政需要出发，发挥了重农思想中“敦教化”、“尽地利”、“均赋役”等部分，在其助宇文泰所拟定的六条诏书中体现出来。[①] 六条中除上述三条外，第一条是“先治心”，第四条是“擢贤良”，第五条是“恤狱讼”，综观而论，是一套政治理论和措施，以至于“太祖甚重之，常置诸座右。又令百司习诵之。其牧守令长，非通六条及计账者，不得居官”[②]。兹分别叙述如下：

第一，敦教化。此在六条诏书中列第二，是正统儒家思想和重农思想中衣食礼节观的体现。他认为民风民俗关系到国家社会“治乱兴亡”，北周之前“世道雕丧”，教化不行，而至当时，“比年稍登稔，徭赋差轻，衣食不切，则教化可修矣”。可见他认为在衣食问题已经解决的前提下，就可以实施教化措施了，如果“加之以师旅，困之以饥馑，凡百草创，率多权宜”，就不可能使人们知礼节荣辱，“致使礼让弗兴，风俗未改”。而有了衣食足的条件行教化后，“被之道德，示之以朴素”，“然后教之以孝悌，使民慈爱；教之以仁顺，

---

① 《周书》卷23，《苏绰传》。下引苏绰之文，不另出注。
② 《周书》卷23，《苏绰传》。下引苏绰之文，不另出注。

使民和睦；教之以礼义，使民敬让”。在他的思想观念中，这是传统的发展农业生产，安定社会秩序，治天下为太平盛世的“要道”。

第二，尽地利。此在六条诏书中列第三，是他主要的经济思想。作为重农观点，他分为4个层次的想法。首先，他提出历来重农思想，常提的命题：“人生天地之间，以衣食为命。食不足则饥。衣不足则寒。饥寒切体，而欲使民兴行礼让者，此犹逆坂走丸，势不可得也。”在此，他又一次提到衣食与教化、礼义间的关系，“是以古之圣王，知其若此，故先足其衣食，然后教化随之”。由此，便引出他重农思想的第一个层次：“夫衣食所以足者，在于地利尽。”也就是说可耕土地尽量利用，耕地单位产量尽量提高，使一定量土地所获收成增大到最高限额。

其次，作为尽地利的措施，以“地利所以尽者，由于劝课有方”，成其重农思想的第二个层次。他认为要以政府出面，督课农民完成尽地利，具体实现者由官吏承担。这种思想和做法是中国古代社会的一大特点，即由官吏督课劝导农民从事农业生产。他的理由是：“民者冥也，智不自周，必待劝教，然后尽其力。”“主此教者，在乎牧守令长而已。”因此，“诸州郡县，每至岁首，必戒敕部民，无问少长，但能操持农器者，皆令就田，垦发以时，勿失其所”。官吏督促农民尽力于农，不仅仅只停留在促使上，还要落实下去，并用行政权力的惩罚来保证，对于“游手怠惰，早归晚出，好逸恶劳，不勤事业者”，要让基层的正长开列名单上报给郡县政府，郡县守令分别情节、性质和种类加以处罚，起到惩一儆百，杀鸡给猴看的效果，并说“此则明宰之教也”。

再次，他强调掌握农业生产的时间规律，及时耕、种、收，作为第三个层次。他说：“夫百亩之田，必春耕之，夏种之，秋收之，然后冬食之。此三时者，农之要也。若失其一时，则谷不可得而食。……若此三时不务省事，而令民废农者，是则绝民之命，驱以就死然。”至于农作物种下地之后的各个环节，以及农隙之时，他都强调必须全力以赴，时时注意重农，不可轻废生业，并且提高到就如“援溺、救火、寇盗之将至”的紧急程度去对待。这是比较实际的，农业生产与节气时令的关系比较紧密，稍有失时便要影响收获量，当然就难于做到尽地利了。

最后，是第四层次，即要处理适中，不要走极端，“为政不欲过碎，碎则民烦；劝课亦不容太简，简则民怠。善为政者，必消息时宜而适烦简之中。”作为重农思想而从这个角度提出问题，正是兼为政治家和实干家的苏绰才具备的才干。

第三，均赋役。苏绰均赋役观点是从重农的角度对国家财政问题提出的设想。他先确定“三五以来，皆有征税之法”，但原则是“令平均，使下无匮”。也即不论是豪强还是贫弱，都以平均原则使各自承担应该承担而又能承担的定额。而他以重农角度谈此问题，则是他比较明确征收赋税先要使“财货之生”，因此要首先有“劝课，使预营理”，“先时而备，至时而输”，才能即使征税有着落，人民也无大损伤，“王赋获供，下民无困”。换句话说，即重农，发展了生产，就使人们有了承受赋税的能力，国家财政也就有了保证。而怎样才能做到这一点，即以什么手段实现此一设想，苏绰又归系于官吏，“皆事起于正长，而系之于守令”。吏治思想是封建社会的另一特点，将一切都总结为以吏治解决和提供保证，这是传统礼治，即人治政治模式的自然结果。人治必然要具体到吏治中。苏绰参与拟定的六条诏书的一个基本的、核心的思想，就是以吏治所代表的人治、礼治。所以，在他的经济思想中也深深地渗透了这一思想。

魏晋南北朝经济思想中，有关重农思想的言论还有一些，其他一些经济思想的根基往往也在重农思想，如限田、占田、均田思想等，都在以下各节详论。

第二节　魏晋南北朝货币思想种种表现

货币，因其所具备的各种职能，在社会经济中起到了重要的作用，并在调节经济关系方面产生影响。所以，各个时期的经济思想与财政管理思想必然要对货币加以重视，从而产生有关货币的种种思想主张。魏晋南北朝时期关于货币的和财政管理的思想，表现比较繁杂，主张众多，其原因在于货币本身和当时的经济状况。

汉代使用五铢钱，虽中间因王莽改动币制引起货币混乱，但大体上变化不大。东汉末年，董卓“悉坏五铢钱，更铸小钱”①，造成钱太轻而价值相应贬低，致使通货膨胀严重，物价飞涨。曹操废除小钱，重用五铢，但因没有新铸之钱，所以流通的货币很少，又使货币升值率极高，谷物和布帛与货币间的比值极不合理。加之当时战乱和分裂局面，以及经济遭受重大打击等因素，遂于黄初二年废止用钱，以实物交易。此后虽然于太和元年重新用钱，可是实物货币一直存在，并广泛运用。当时的割据政权间商品流通大为减少，各政权用钱或不用钱的现象不统一，所用钱的币值无明文规定的兑换比价等因素，都使货币所产生的现象有不同的表现。这些情况也使货币思想有繁多的主张，从而也影响到财政管理思想。

一、使用钱币的思想主张

魏晋南北朝时期是中国历史上钱币使用情况比较繁杂的时期，也是封建社会中废钱不用比较突出的时期。这就造成了该时期使用货币与否的激烈争论，形成当时货币思想的最大特征。由于使用钱币的历史渊源，以及社会经济中钱币职能带来的方便和推动作用，因此，虽然魏晋南北朝时期与中国历史上其他时期相比，是一个社会经济，特别是商品经济相应不发达的时期，可是主张使用钱币的思想主张却依然比较突出。货币思想中主张使用钱币的主要有索辅、孔琳之、孔觊，另外有鲁褒对金钱拜物教的揭露。

（一）金钱拜物教与鲁褒《钱神论》

金钱，可以给人们带来无尽的物质享受，只要有足够的金钱，就在人们心目中产生错觉，认为无论什么事情都可通过金钱办到，什么东西都可用金钱得到。普通人不会去深究货币与商品间的关系，对于什么规律在支配货币可以换取相应价值的实物或服务不感兴趣，只关心金钱的数量和魔力。

在汉代商品经济昌盛时，人们已有了崇拜金钱的心理。不过，由于政府提倡的政策和经济思想的作用，尚未出现专门批判金钱拜物教的现象。魏晋南北朝是一个追求奢侈生活的时期，不少人醉生梦死，极其挥霍之能事，如石崇与王恺斗富便属此列。在这种社会风气中，金钱当然成为人们追逐的对象，杜预

① 《晋书》卷26，《食货志》。

便说和峤有“钱癖”[①]。金钱拜物教思想在社会中是十分流行的。

因此，一些批判思想也应运而生，如魏晋之际的成公绥，曾写过《钱神论》，称“路中纷纷，行人悠悠，载驰载驱，唯钱是求”[②]。此意与韩非所说的为追求高额利润不惜性命，以及司马迁所说的天下人熙熙攘攘，都为利而来往。

在批判金钱拜物教比较完整和系统的，是另一篇《钱神论》，即晋代人鲁褒“伤时之贪鄙，乃隐姓名，而著《钱神论》以刺之”[③]，表达了反对金钱拜物的思想主张。鲁褒字元道，南阳人，生卒年不详。他在《钱神论》中形象地将金钱比拟为一种自主动，“其积如山，其流如川。动静有时，行藏有节，市井便易，不患耗折”。在流通过程中进退频繁，交易万物，人们争相占有，“为世神宝，亲之如兄，字曰孔方，失之则贫弱，得之则富昌。”有钱便有一切，没钱便什么都谈不上了。钱可以使人和物“无翼而飞，无足而走，解严毅之颜，开难发之口。钱多者处前，钱少者居后。处前者为君长，在后者为臣仆。”他还形象地说：“京邑衣冠，疲劳讲肄，厌闻清谈，对之睡寐”，可是一见到钱，便疲劳和困意一扫而光，“莫不惊视”。可见“钱之所祐，吉无不利，何必读书，然后富贵！”“无德而尊，无势而热，排金门而入紫闼。危可使安，死可使活，贵可使贱，生可使杀。是故忿争非钱不胜，幽滞非钱不拔，怨仇非钱不解，令问非钱不发。”鲁褒还提到一些具体的事例，证明有钱能使鬼推磨，以至于不管是什么身份的人，什么年龄的人，什么知识结构的人，都爱钱如命，“凡今之人，惟钱而已”。鲁褒《钱神论》确实切中了时弊和人们的金钱拜物教思想，所以文章写出来之后，盛传各地，“盖疾时者共传其文”。不过，仅靠一二篇讽刺文章，是不可能改变金钱拜物教思想倾向的。

（二）索辅用钱论

晋末中原大乱，河西偏安，张轨太府参军索辅因而主张以钱代实物，他说：“古以金贝皮币为货，息谷帛量度之耗。二汉制五铢钱，通易不滞。泰始

① 《晋书》卷34，《杜预传》。

② 《太平御览》八三六《资产部·钱》引。

③ 《晋书》卷94，《隐逸·鲁褒传》。《钱神论》各书所载有出入，本节以《晋书》为准。下引此不另出注。

中，河西荒废，遂不用钱，裂匹以为段数。缣布既坏，市易又难，徒坏女工，不任衣用，弊之甚也。今中州虽乱，此方安全，宜复五铢钱以济通变之会”①。他认为流通钱币，可以给商品经济带来方便，促进商品流通不会受到阻滞。如果不用钱，却用布帛，由于交易之时的价值不等，势必产生整匹布帛碎裂为一小段一小段的问题，使本已成形的产品反而不能利用，造成浪费；二次使用时又与所易物价值不符，何况多次流通使用，就更加问题严重了。而使用货币则没有这些难于解决的问题，货币与实物代币二者间的优劣，一目了然。所以索辅认为既然有条件，就应该使用货币。张轨接受了他的主张，“立制准布用钱，钱遂大行，人赖其利”②。可见在条件许可的情况下，用钱确实比实物方便和节约，更能发挥经济调节作用。

（三）孔琳之反对以谷帛代钱币

东晋末年，因为长期未铸新币，使用旧钱，轻重不一，加上沈充又私铸分量很轻的小钱，所以比率失调，钱少且轻，却价值较坚挺，产生不少问题。少数民族的夷人又宝贵铜鼓，不少铜钱被私贩于夷人中改铸铜鼓，使流通中的钱越来越少。至晋安帝元兴中（404），桓玄执政，提出废除钱币，改用谷帛代币以为支付手段，孔琳之因而表达了反对以谷帛代币的观点③。孔琳之（369～423），字彦林，会稽山阴（今浙江绍兴）人，官至祠部尚书。他认为商品和经济中用以作为流通手段的，只能是钱币，“交易之所资，为用之至要。”在流通中使用货币，有许多好处，“故圣王制无用之货，以通有用之财，既无毁败之费，又省运置之苦，此钱所以嗣功龟贝，历代不废者也”。假设钱币没有这些用处，又不能担负交易功能，钱就没有存在的必要，那就可以禁止用钱了。要是改用谷帛代币，那么钱币的作用既无，又使谷帛徒然浪费，他说：“谷帛为宝，本充衣食，今分以为货，则致损甚多。又劳毁于商贩之手，耗弃于割截之用，此之为敝，著于自曩”。他举了曹魏时钟繇和司马芝的言论主张来证明这一点，说明以谷帛代币将会使巧伪之民有可乘之机，湿谷薄绢以要

① 《晋书》卷86，《张轨传》。

② 《晋书》卷86，《张轨传》。

③ 孔琳之：“用钱不用谷帛议”，《晋书》卷26，《食货志》；《宋书》卷56本传和《南史》卷27本传都有载，以《宋书》所载较详，此处以《宋书》为准。下引此不另出注。

利，用不正当的方式增值。他认为之所以曾出现废钱改用实物，原因不在于钱币本身，而是因为“钱之不用，由于兵乱积久，自至于废，有由而然，汉末是也”。同时，在使用货币为流通、支付、等价、贮藏手段的时期，突然毫无道理地废钱不用，将使人民受到损害，使社会经济混乱，他说：“今既用而废之，则百姓顿亡其财。今括囊天下之谷，以周天下之食，或仓庾充衍，或粮靡斗储，以相资通，则贫者仰富，致之之道，实假于钱。一朝断之，便为弃物，是有钱无粮之民，皆坐而饥困，此断钱之立敝也。”他认为社会经济的状况以及百姓的贫富，都与钱币为流通手段还是实物代币没有关系，“用钱之处不为贫，用谷之处不为富。”他还比较公正地说用钱还是用实物，不在于是什么形式，而在于究竟是那一种实用、方便、更能体现货币功能。因此，他提到魏明帝时恢复用钱和东晋孝武帝时用钱的例子。认为魏明帝时废止钱币已30年，“以不便于民”，组织大臣讨论，“莫不以为宜复用钱”，从而“足以明谷帛之弊。”

孔琳之认为在商品流通中使用帛、谷等实物代替货币是不实用、不方便、不能体现货币功能的。社会经济并不像废钱论者认为的那样，用钱反而引起衰退。他说：“近孝武之末，天下无事，时和年丰，百姓乐业，便自谷帛殷阜，几乎家给人足，验之事实，钱又不妨民也。”根据这些看法和事实，孔琳之反对废钱不用，反对以谷帛实物为货币，而是坚持使用钱币的思想观点，并坚决主张：“救弊之术，无取于废钱。”他认为废钱必定会影响到社会经济，会阻滞商品的流通，而且对于经济调节、远距离大宗货物的周转调剂，都是一种阻碍。因此，不仅不可轻易废钱用谷帛，反而应该全面使用钱币。

（四）孔颉铸钱均货论

宋末，执政的萧道成便“有意欲铸钱，以禅让之际，未及施行”①。建元四年（482）孔颉上《铸钱均货议》。他的思想主张表现为重农基础上使货币与商品关系处于相通平衡之中。他提出：“食货相通，理势自然。”而当时宋、齐统治的中心区域内连年遭灾，粮食欠缺却价钱不高，原因在于天下钱少，食货不平衡，是值得注意的情况。他认为：“铸钱之弊，在轻重屡变。重钱患难

① 《南齐书》卷37，《刘悛传》。孔颉言论见该传，下引此不另行出注。

用，而难用为累轻；轻钱弊盗铸，而盗铸为祸深。民所盗铸，严法不禁者，由上铸钱惜铜爱工也。惜铜爱工者，谓钱无用之器，以通交易，务欲令轻而数多，使省工而易成，不详虑其为患也”。孔觊可说已经看到了钱币弊病之所在，也辩证地分析了各个环节的关系和逻辑联系，指出不考虑货币与商品的规律而一味地追求数量和减少重量，所以产生那么多问题。他说：“自汉铸五铢钱，至宋文帝，历五百余年，制度世有废兴，而不变五铢钱者，明其轻重可法，得货之宜”。比较参照历史上成功失败的经验教训，他主张铸钱均货论点，建议：“宜开置泉府，方牧贡金，大兴熔铸。钱重五铢，一依汉法。”他认为只要尊重货币规律，认清食货关系，铸造和使用合理重量的钱币，就可做到“府库已实，国用有储，乃量俸禄，薄赋税，则家给民足。”并且这么一来，剪凿盗铸之风便可以加以严格禁断，也可以取得成效。因为盗铸新钱者绝不会铸大钱，一旦官府所铸大钱流通之后，人们自然习惯使用大钱而不用小钱，就能有效地禁止剪凿，禁止小、轻、破、缺、无周郭的钱了。当然，要做到这一点，首先政府要先行做出榜样，“官钱细小者，称合铢两，销以为大。利贫良之民，塞奸巧之路。”币制与币值都要划一而行，“钱货既均，远近若一，百姓乐业，市道无争，衣食滋殖矣。”

客观地来说，南朝各种货币思想中，孔觊的观点是最趋于合理化的，也最能把握住货币轻重贵贱的规律，最能明确食货的关系。

魏晋南北朝时期由于长期战乱和分裂割据，表面上看起来社会经济并不过于发达。但是，实际上社会经济并非真的萎缩程度很高，这从货币思想方面也可以得到证实，强调使用钱币的思想主张较强烈，社会中存在的金钱崇拜思想也较严重，讨论钱币的轻重和铸造诸问题都十分热烈。反之，除了有废钱不用的时期外，主张纯用谷帛或钱帛混用的货币思想反而表现较少，证明了社会经济需要货币。

二、钱帛混用和专用布帛的各种思想主张

钱帛混用的思想，主要由刘宋时的周朗所主张。虽然中国古代社会实际上是一直存在着钱帛混用的事实，但与周朗的主张绝不相同。而纯用布帛实物的思想主张，以沈约较为突出，不过，事实上是难于推广的。

（一）周朗钱帛混用论

周朗对许多经济问题都提出了自己的看法，有一套自己的主张。在货币方面，他认为要发展生产，必须实行钱帛混用的措施，并限制钱的使用量，以法令的形式规定“听市至千钱以还者用钱，余皆用绢布及米，其不中度者坐之。”认为如此一来，钱贱谷帛贵，人们就会改变追求方向，而不会再盗铸钱币，反都努力发展农业生产来增加谷帛数量。实际上，周朗不懂经济规律和货币理论，错误地认为只要一个法令就可以人为地改变。他的小额用钱，大额用物的钱帛混用论，与废钱用谷帛代币的观点比较接近，由此产生的问题也就是孔琳之指出的那些谷帛不便的现象。周朗钱帛混用论与自然形成的钱帛混用事实也相去甚远。钱币与实物代币混用时期，往往是因钱少而只好代之以实物，不是因钱滥和轻贱而改用实物。钱少必然增值，而谷帛等实物相对于钱币来说价格低贱，那么，实际交易中，反而是小额的交易用实物，大额交易则用钱支付者居多。所以，周朗的货币思想没有可行性。

（二）沈约专用谷帛论

作为传统的物物相易，谷帛代币方式是一种事实，在社会中长期存在。特别是民间小额交易，常以谷帛实物进行。政府征收租赋，也多以谷帛为标准，进一步促进了实物交易的现象。

魏晋南北朝时期，由于战乱使社会经济遭受破坏，加之钱小，失去了真实价值，以及废钱不用等原因，所以谷帛基本代替了货币职能。东晋桓玄曾主张纯用谷帛，即是此反映。

梁朝沈约在《宋书》卷56《孔琳之传》后，以“史臣曰”的方式，对桓玄与孔琳之货币言论发表了自己的看法。沈约（441～513），字休文，吴兴武康（今浙江德清境）人，《宋书》作者，官至尚书令。沈约的货币思想，首先，他承认“民生所贵，曰食与货。货以通币，食为民天。”由此，他的观点便侧重于重农轻商思想，重弹耕织不时则饥寒交迫的老调，而因为后代弊政使耕穑役苦赋繁，人们纷纷弃农经商，从而“末业流而寖广，泉货所通，非复始造之意。于是竞收罕至之珍，远蓄未名之货”，“咸以弃本为事”。他认为，这些都严重地伤害了农耕本业。其次，他只看到社会经济的一个侧面，即在物质生产衰退之时，钱币失去作用，他说：“钱虽盈尺，既不疗饥于尧年；贝或如轮，信无救渴于汤世”。既然钱货在经济困难时，在饥荒之年，毫无用处，不能吃不能喝，不能穿不能盖，还要来干什么？而且，钱又只有破坏本业，使农民弃本从末的害处，所以沈约主张：“固宜一罢钱货，专用谷帛，使民知役生之路，非此莫由”。他批评当时人们不去遵照重农轻商思想行事，专用谷帛，反而贵重钱币，以至于“年世推移，民与事习，或库盈朽贯，而高廪未充，或家有藏镪，而良畴罕辟。若事改一朝，废而莫用，交易所寄，旦夕无待，虽致乎要术，而非可卒行。”最后，鉴于他的观点和对于时事的认识，因此他同意周朗提出的货币主张，沈约说：“夫千匹为货，事难于怀璧，万斛为市，未易于越乡，斯可使末伎自禁，游食知反。”认为这么一来，商业当然受到压制，不可能将众多实物远距离贩运谋利，无利可图，弃末归本就是有希望的了。沈约比周朗更为极端，因为周朗的主张中允许千钱以下的交易可用钱，沈约却是要走极端的重农之路，彻底取消钱币。禁止流通，停泼钱币，一切回到自给自足的自然经济状态中，而不准有一点商品经济的存在，也就根本不可能有扩大再生产的机会、条件，甚至连需求都没有，那么，社会生产力就无从谈起发展和进步了。可见沈约专用谷帛论从根本上就违反了经济规律，拘泥于先儒重农教条并使之绝对化僵死化，不仅不可能实现，也不可能成为解决当时货币问题的良方妙策。

沈约在其言论中对桓玄和孔琳之各打五十板，认为“桓玄知其始而不览其终，孔琳之睹其末而不统其本”，因此都是偏激之论，“岂虑有开塞，将一往之谈可然乎”？他自认为比桓、孔二人高明，其实他要用继粟“荡涤圜法，销铸勿遗”的主张，更为偏激，更为错误，更不可行。

三、钱币铸造与轻重的思想主张和争论

货币在社会中流通使用，必然会引起许多有关的问题，特别是如何铸造，是否容许私铸，钱的轻重与价值等问题，该时期有过不少争论。

（一）范泰反对用铜铸钱论

魏晋以来很少铸钱，所以经常碰到的货币问题是钱币不足，影响流通量，造成钱贵物贱。南朝有关货币发生过几次论战，几乎都关系到这个问题，例如是否铸钱、可否自由铸钱、以一当两使用等。范泰反对用铜铸钱，起因于

"时言事者多以钱货减少，国用不足，欲悉市民铜，更造五铢钱"①。范泰(355～428)，字伯伦，顺阳（今河南淅川）人，官至侍中、国子祭酒。他于永初二年（421）上书，反对以铜铸钱之事，他说："流闻将禁私铜，以充官铜，民虽失器，终于获直，国用不足，其利实多。臣愚意异，不宁寝默。"范泰的反对意见，表现在三个方面。首先，他以一种虚无超越的儒家观点，反对王者考虑利益和财政，他说："治国若烹小鲜，拯敝莫若务本。百姓不足，君孰与足。未有民贫而国富，本不足而末有余者也。故囊漏贮中，识者不吝；反裘负薪，存毛实难。王者不言有无，诸侯不言多少，食禄之家，不与百姓争利。"这是典型的儒家思想和重农轻商思想影响下的迂腐观点。因为钱币数量太少，对于经济、社会都不方便，也影响经济发展和扩大商品流通，对国家和人民也不方便，所以用铜多铸钱币以充需求，本是合情合理之事，范泰却用"务本"、"百姓不足，君孰与足"、"王者不言有无"的道理来反对。而实际上，可说是毫不相关的两件事。其次，他以实物为财产的观点反对依赖货币。他说："今之所忧，在农民尚寡，仓廪未充，转运无已，资食者众，家无私积，难以御荒耳。夫货存贸易，不在少多，昔日之贵，今者之贱，彼此共之，其揆一也。但令官民均通，则无患不足。若使必资货广以收国用者，则龟贝之属，自古所行。"他认为家中储积谷帛实物才是财产，至于钱币，本身不是财产，只是名义上的象征，多少贵贱可以调整，那就不必用铜铸币，只用"龟贝"一类东西代替就行了。他不知道钱币首先要具备自身价值，不仅仅是虚幻的符号，所以钱币可以成为财产的象征。那么，社会上实物数量多少虽然不是货币短缺引起的，却可以通过价值规律作为调节的杠杆。最后，他以铜实际铸器具使用远胜于铸币的观点，反对以铜铸币，他说："寻铜之为器，在用也博矣。钟律所通者远，机衡所揆者大。……器有要用，则贵贱同资；物有适宜，则家国共急。今毁必资之器，而为无施之钱，于货则功不补劳，在用则君民俱困，校之以实，损多益少。"认为用铜铸造的器皿都是有礼乐和政治大用的东西，不能马虎忽视的东西，而铸币则是贱用，可有可无的东西。因而，权衡使用中的贵贱区别，当然不能"毁必资之器，而为无施之钱。"所以范泰要坚决反对铸钱，特别是反对

① 《宋书》卷60，《范泰传》。下引此不另出注。

收集官私铜器铸币。他的货币思想，从货币的科学理论角度去考察，是令人可笑的和十分幼稚的主张，所以反对用钱铸币是毫无道理的。

（二）一钱当两问题的货币之争

元嘉二十四年（447），发生了一次关于以一大钱当两钱使用问题的货币之争。“先是患货重，铸四铢钱，民间颇盗铸，多剪凿古钱以取铜，上患之。”[①] 当时是前朝古钱与元嘉四年（427）新铸四铢钱混同流通，所以人们将五铢旧钱取一些铜下来改铸四铢，使之轻重平衡。面对这种情况，刘义恭（412～464）提出“以一大钱当两，以防剪凿，议者多同”。旧钱重量为五铢，相对四铢钱为大钱，价值应该略高，所以建议以一当两，既增加了通货数量，又防止剪凿古钱，连持反对意见的何尚之（387～460）也认为：“伏览明命，欲改钱制，不劳摞铸，其利自倍，实救弊之弘算，增货之良术。”但是，钱既然是数量和重量两方面作为确定其价值或与之等价的差率因素，那么，一大钱五铢当两四铢，其间又有重量不符的问题，而以名义上的增加使通货数量加多来平衡钱值，又没有意义，何尚之说：“夫泉贝之兴，以估货为本，事存交易，岂假数多。数少则币重，数多则物重，多少虽异，济用不殊。况复以一当两，徒崇虚价者邪。”他认为货币制度关系到大范围的经济生活，不能轻易改动，一定要慎重对待，因为货币是交易媒介，所有的人都卷入其中，一旦变化，牵动面过大，他说：“凡创制改法，宜从民情，未有违众矫物而可久也。泉布废兴，未容骤议，前代赤仄白金，俄而罢息，大货愦乱，民泣于市。良由事不划一，难用遵行，自非急病权时，宜守久长之业。烦政曲杂，致远常泥”。汉武帝和王莽改动货币制度，又不一定之规，繁杂难用，不仅没有使货币起到通货之作用，反而造成人们的巨大损失和经济活动的混乱。他认为轻易改动货币制度，还会造成富而掌握众多钱币者成倍增值，贫者无钱可以升值，两者间的贫富愈为悬殊。他说：“货偏则民病”，“若今制遂行，富人赀货自倍，贫者弥增其困，惧非所以欲均之意。”他主张要效法于古代井田制度的平均思想，“使富不淫侈，贫不过匮”，就不要以一钱当两而使贫富拉大差距，显得更加不平均。他还从实际实行过程的角度考虑，认为“钱之形式，大小

① 《宋书》卷66，《何尚之传》。下文何尚之、沈演之等人言论均见此传，不另行出注。

多品，直云大钱，则未知其格。若止于四铢五铢，则文皆古篆，既非下走所识，加或漫灭，尤难分明，公私交乱，争讼必起，此最是其深疑者也。”货币没有一定的规范准则，又因流通过程造成标识重量的文字不清，这确实是要忧虑的。至于民间剪凿古钱取铜，他认为是不必担心的，因为很容易查处和防止，他说：“民巧虽密，要有踪迹，且用钱货铜，事可寻检，直由属所怠纵，纠察不精，致使立制以来，发觉者寡”。假设严加办理，并切实对告发和查办有功者许诺的悬赏加以实现，就可以相信不会再发生剪凿取铜的事情了，也可以杜绝私自盗铸钱币了。

反对何尚之的意见，支持刘义恭的主要是沈演之[①]。他认为货币来历很久远，主要起到流通作用，并可以调节经济，“阜财通利，实国富民者也”。在现实经济生活和商品贸易中，货币又十分便利，因此要保证通货畅通无阻，但当时所面临的困难，是“采铸久废，兼丧乱累仍，糜散湮灭，何可胜计。晋迁江南，疆境未廓，或土习其风，钱不普用，其数本少，为患尚轻。”待到刘宋王朝之时，情况已经大不相同，货币需要量越来越大，广为流行，便产生了“用弥广而货愈狭”的问题了。货币短缺如此突出，派生了“竞窃剪凿，销毁滋繁，刑禁虽重，奸避方密，遂使岁月增贵，贫室日虚，管作肆力之氓，徒勤不足以供赡”。因此，必须设法解决，首先便从货币制度上加以改革，假设不考虑“釐改”，就一定会“为弊转深”，一发不可收拾。所以沈演之认为刘义恭的建议很好，主张：“愚谓若以大钱当两，则国传难朽之宝，家赢一倍之利，不俟加宪，巧源自绝，施一令而众美兼，无兴造之费，莫盛于兹矣。”是否真的会因为以大钱当两就可以人为地凭空多出一倍财富来，不是我们讨论的焦点，沈演之的论点本身虽然是错误的，却颇有吸引力，对于不懂货币理论的人来说，不需要任何投资和铸造之劳，就可以用魔力呼唤出一倍的财富，确实是难于抵御其诱惑的。

可能就是上述原因，争论的结果是实行了刘义恭与沈演之的提倡，“遂以一钱当两”。可是，这一建议在根本上就是虚假增值和货币数量虚假增加的，不可能有实质的增加。另外，何尚之所说的那些问题又确实无从解决，因而，

---

① 沈演之（397～449），字台真，吴兴武康（今浙江德清境）人，官至中领军，吏部尚书。

以一大钱当两小钱使用的新币制，“行之经时，公私非便，乃罢”，从而结束了这场争论。

（三）铸钱可否自由与减重的货币之争

这是分为两个方面的货币争论，虽然对于铸钱能否放开禁令，允许自由铸造与所铸之钱能否因铜难得而减轻分量是两个问题，但是实际上都是为了解决通货短缺与统一币制问题。参与这次论战的主要有徐爰、沈庆之、刘义恭、颜竣等人。①

这次货币思想的交锋，最早是关于铸币改制问题，“先是元嘉中，铸四铢钱，轮郭形制，与五铢同，用费损，无利，故百姓不盗铸。及世祖即位，又铸孝建四铢”。孝建三年（456）徐爰说：“贵货利民，载自五政，开铸流圜，法成九府，民富国实，教立化光。”认为货币流通十分重要，国家不能忽视，可是汉末以来，币制“无复改创，年历既远，丧乱屡经，堙焚剪毁，日月削减，货薄民贫，公私俱困，不有革造，将至大乏。”所以他主张用各种办法收集铜来铸币，解决通货短缺问题，集铜之法主要的“宜以铜赎，随罚为品”。他是反对货薄的，主张足量够重，谁知事与愿违，他的建议被接受之后，所铸之钱不仅分量不足，更为轻小，加上粗制滥造，工艺不精，无郭或不圆，致使民间盗铸者云起，并且掺杂铅锡材料，使钱币容易破碎，不牢固，剪凿古钱取铜的现象又一次突出，钱越来越轻薄，“百物踊贵，民人患苦之”。

面对如此状况，提供解决良策的各种货币思想都加以了表现，比较集中的便是上述两个争论问题。

沈庆之首先提出了解除禁铸之令，允许私人自由铸造钱币的观点，他认为汉高祖、汉文帝任由民铸，“故能朽贯盈府，天下殷富”。可见听民自由铸钱的良好效果，更何况“今耕战不用，采铸废久，镕冶所资，多因成器，功艰利薄”，原材料缺乏，通货又少，往往是熔化铜器解决材料，所以费功多而获利少，公家铸反不如私家铸。特别重要的是国家财政困难，“仓库未实，公私

① 诸人言论，均见于《宋书》卷75，《颜竣传》。下引此不另行出注，徐爰（395～475），字长玉，南琅邪开阳（今江苏南京）人，官黄门侍郎、尚书左丞等。沈庆之（386～465），字弘先，吴兴武康（今浙江德清境）人，官至太尉。颜竣（？～459），字士逊，琅邪（今山东临沂）人，官至中书令。

所乏，唯钱而已”。因而，他主张“宜听民铸钱，郡县开置钱署，乐铸之家，皆居署内，平其准式，去其杂伪，官敛轮郭，藏之以为永宝”。至于钱的形状大小和私铸过程怎么管理，他建议，“去春所禁新品，一时施用，今铸悉依此格。万税三千，严检盗铸，并禁剪凿”。沈庆之认为只要同意放任民间自由铸造钱币，就能一下解决原材料缺乏和通货稀少的两大难题；再加强管理，控制在政府的钱署之内，每铸 1 万钱收税 3000，加强法制，防止在政府控制之外铸钱，严禁剪凿使钱的重量变轻。如此一来，“数年之间，公私丰赡，铜尽事息，奸伪自止。且禁铸则铜转成器，开铸则器化为财，剪华利用，于事为益。”当然，沈庆之以器钱比较，器贱钱贵的观念与范泰不同，有所进步，但器也并非没有价值。他认为只要铸造出大量的正规的钱币就可以增加大量的社会财富，实际上只是一厢情愿，并不可能。因为物质总量不增加的情况下只增加通货量，只会引起通货膨胀，不会增加财富总量。至于将铜器都消熔而铸钱，也会产生器用匮乏问题，转使器价昂贵，又会使已贱的钱币转铸为器。所以沈庆之的主张中有许多无法解决的矛盾。

刘义恭反对沈庆之的论点，认为沈庆之的几条建议都行不通，并一条条加以驳议：第一，关于民铸入钱署控制之下，他说：“百姓不乐与官相关，由来甚久，又多是人士，盖不愿入署。凡盗铸为利，利在伪杂，伪杂既禁，乐入必寡。”第二，关于官府收藏轮郭完好的钱，他说：“上之所贵，下必从之，百姓闻官敛轮郭，轮郭之价百倍，大小对易，谁肯为之。强制使换，则状似逼夺。”第三，关于立格收税禁盗铸，他说：“禁制之设，非惟一旦，昧利犯宪，群庶常情，不患制轻，患在冒犯。今入署必万输三千，私铸无十三之税，逐利犯禁，居然不断。”第四，关于尽铜息铸，他说：“赤县内铜，非可卒尽，比及铜尽，奸伪已积。”第五，关于铜是否用于铸器或铸币，他说：“顷所患，患于形式不均，加以剪凿，又铅锡众杂止于盗铸铜者，亦无须苦禁。”刘义恭的这五条反对意见，抓住了沈庆之的弱点，同时也确实如刘义恭之所说，一旦实行必会产生上述情形。

关于沈刘二人之争，颜峻认为还是放开禁铸之令，允许私人自由铸造为好。他首先提出币制与币值有一定之规，不是那一个人所可以改变的，他说：“泉货利用，近古所同，轻重之议，定于汉世，魏、晋以降，未之能改。诚以物货既均，改之伪生故也。”但是，由于“世代渐久，弊运顿至，因革之道，宜有其术”。那么是什么改革之术呢？颜峻主张采纳沈庆之的观点建议，“今云开署放铸，诚所欣同”。可是，他又提出一些具体问题，表示担心。如铜材料来源，既然无法开采铜矿满足，只好将旧有铜器熔化使用，就会使铜器因减少而升值，“器亦弥贵，设器直一千，则铸之减半，为之无利，虽令不行”。原材料不增加，无法使通货增加。再如沈庆之建议中认为往年所铸之钱，“一时施用”，来增加钱币数量，可是，过去之铸，是什么钱都有，一旦放开，就无法防止“情伪无极，私铸剪凿，尽不可禁，五铢半两之属，不盈一年，必至于尽。财货未赡，大钱已竭，数岁之间，悉为尘土。”因为“细钱”比大钱有利可图，争铸小钱轻钱，正规合格之钱就会全用以重铸小钱，恶性循环，以致钱币再次混乱。又如币制与币值统一品式问题，他认为官府不能从中有所收益。因为“今百姓之货，虽为较少，而市井之民，未有嗟怨，此新禁初行，品式未一，须臾自止，不足以垂圣虑。唯府藏空匮，实为重忧。今纵行细钱，官无益赋之理，百姓虽赡，无解官乏”。颜峻因此认为应该讲求节俭，反对奢华，要注意避免自由铸造钱币带来的问题，他说：“唯简费去华，设在节俭，求赡之道，莫此为贵。然钱有定限，而消失无方，剪铸虽息，终致穷尽者，亡应官开取铜之署，绝器用之涂，定其品式，日月渐铸，岁久之后，不为世益耳。”假设可以避免这些，他是赞成自由铸钱的。

在是否放开自由铸币的争议中，铸钱原材料缺乏成了一大难题，因而发生另一次减重争论。“时议者又以铜转难得，欲铸二铢钱。”颜峻表示反对，认为解决“官藏空虚”的问题，而“天下铜少”，便改铸钱的形式，“以救交弊，赈国纾民”，是不可能成功的。大规模的减重，势必使货币制度混乱，问题更多，他认为：“今铸二铢，恣行新细，于官无解于乏，而民奸巧大兴，天下之货，将靡碎至尽。空立严禁，而利深难绝，不过一二年间，其弊不可复救。其甚不可一也。”这是他提出的第一个反对的理由，认为二铢细钱对国家财政困难不会有作用，反促使大批人因利益所在，争相奸伪，法令是禁不住的，最后使币制不可收拾。他提出的第二个反对理由是：“今镕铸获利，不见有顿得一二亿之理，纵复得此，必待弥年。岁暮税登，财弊暂革，日用之费，不赡数月，虽权征助，何解乏邪，徒使奸民意骋，而贻厥愆谋。此又甚不可二也。”

这个理由核心在于以减少钱的重量避免铜少和通货短缺，只能救一时之弊，治表不治本，反而开乱制之门。他的第三个理由是："民惩大钱之改，兼畏近日新禁，市井之间，必生喧扰，远利未闻，切患猥及，富商得志，贫民困窘。此又甚不可三也。"换句话说，不统一的货币制度和法令，使大家不知适从，利益看不见，损失却是马上就到，使得富商更加有机可乘，而穷民却日渐穷困。所以，他是坚决反对大规模减重行为的。

颜峻的反对意见没有得到重视，还是改铸二铢钱，"形式转细"。结果就是民间不仅仿效官铸细钱而铸之，而且更小更薄，沈庆之又申请允许私铸得到同意，"由是钱货乱败"，小到不可复加的地步，甚至丢到水中不沉，拿到手中破碎，"十万钱不盈一掬"，叫做鹅眼钱、綖环钱等。以至到宋明帝时又恢复到禁私铸、停官铸，废新钱，只准使用古钱的状况。

（四）元澄禁私铸论

北魏前期，铸币使用量很少，至孝文帝时下诏用钱。太和十九年（495）官府正式铸钱，称"太和五铢"。此后官吏俸禄改原给谷帛为给钱，按匹绢钱200折算。并在许多地方设立冶铸工场，允许民间私铸，条件是在官办工场监督下，"铜必精练，无所和杂"①。宣武帝永平三年（510）也铸五铢钱。但是，随着货币的流通使用和私铸，问题便出来了，以至于"隶宗初，京师及诸州镇或铸或否，或有止用古钱，不行新铸，致商货不通，贸迁颇隔"。这就发生了货币使用与否或可否私铸的议论，比较突出的是元澄两次上奏。

元澄（456～519），字道镜，鲜卑拓跋部人，爵封任城王。综合元澄两次所议，主要有以下方面：首先，他总结了太和以前钱货的历史，从而肯定"太和之钱，高祖留心创制，后与五铢并行，此乃不刊之式。"可是由于南北分裂，太和五铢并没有通行各地，主要在京城一带流通，从而"贫民有重困之切，王道贻隔化之讼"。于是永平三年禁止使用不依准式的钱，如鸡眼、镮凿一类，但有些地方却规定不一，以致钱货不流通。他认为，以实物交易，"裂匹为尺"，"徒成杼轴之劳，不免饥寒之苦，良由分截布帛，壅塞钱货。实非救恤冻馁，子育黎元"。因此他主张不要禁钱，不同品种、格式的钱币都可

① 《魏书》卷110，《食货志》。下引此不另行出注。

以流通使用，而由市场调节价值，他说：“自古以来，钱品不一，前后累代，易变无常。且钱之为名，欲泉流不已。愚意谓今之太和与新铸五铢，及诸古钱方俗所便用者，虽有大小之异，并得通行。贵贱之差，自依乡价。庶货环海内，公私无壅。”

其次，他认为应该禁止私铸，来实现官铸钱币流通无阻，主张“其不行之钱，及盗铸毁大为小，巧伪不如法者，据律罪之”。在这个基础上，下诏令各州镇，以法律的约束力推行官铸钱币，“其太和及新铸五铢并古钱内外全好者，不限大小，悉听行之。鸡眼、镮凿，依律而禁”。至于因各种习惯和与敌国相邻边界区域，可以有某些特殊通融，“诸方之钱，通用京师，其听依旧之处，与太和钱及新造五铢并行，若盗铸者罪重常宪。”而禁止私自盗铸是保证太和钱及新铸五铢流通各地的手段，所以他十分重视，强调说：“既欲均齐物品，廛井斯和，若不绳以严法，无以肃兹违犯。符旨一宣，仍不遵用者，刺史守令依律治罪。”他认为如此一来，就可以整齐币制，流通使用，发展经济。

最后，他坚持用钱，反对以谷帛为货币，他说：“太和五铢乃大魏之通货，不朽之恒模，宁可专贸于京邑，不行于天下！但今戎马在郊，江疆未一，东南之州，依旧为便。至于京西、京北域内州镇未用钱处，行之则不足为难，塞之则有乖通典。何者？布帛不可尺寸而裂，五谷则有负担之难，钱之为用，贯襁相属，不假斗斛之器，不劳秤尺之平，济世之宜，谓为深允。”认为用钱处推行货币自然易行，不用钱处也不难推行，不仅用钱方便，而且有利于促进原来用钱与不用钱地区的商品流通。

（五）高谦之铸三铢钱论

北魏末年，虽经元澄坚持使用官钱，严禁私铸的建议而实行之，并没有起到多大效果，“时所用钱，人多私铸，稍就薄小，乃至风飘水浮”[①]，价值十分低，所以当时朝廷讨论重新铸钱，高谦之因而建议铸三铢钱。高谦之（486～527），字道让，勃海蓨（今河北东光）人，北魏铸钱都将长史。他的观点分为以下几个方面：第一，他认为钱币本来就是“轻重大小，莫不随时而变”[②]。

① 《魏书》卷46，《杨侃传》。

② 《魏书》卷77，《高崇附谦之传》。下引此不另行出注。

因为："盖钱货之立，本以通有无，便交易。故钱之轻重，世代不同。"他列举了周朝、秦、汉、王莽、曹魏、东吴的货币，都是重量无一定之规。第二，鉴于上述理由，他主张"子母相权"，"并行小大"。他说："别铸小钱，可以富益，何损于政，何妨于人也？且政兴不以钱大，政衰不以钱小，惟贵公私得所，政化无亏，既行之于古，亦宜效之于今矣。"本来，货币理论是赞成大小钱"子母相权"的，因为加以辅币，就能使钱币使用更为方便，币值不会随意变化，轻钱无从代替重钱。不过，高谦之的本意并没有起到"子母相权"的作用，而是以三铢小钱"富益"国家财政。第三，他建议铸三铢钱后与五铢并行，他说："臣今此铸，以济交乏，五铢之钱，任使并用，行之无损，国得其益。"更证明了三铢并不是作为五铢的辅币，而是为了"以济交乏"，达到"国得其益"的目的。那么，铸三铢钱也就会成为变相使钱币减重的形式了。

（六）高道穆以大钱代小钱论

孝庄帝时期，钱币越来越轻薄，"钱徒有五铢之文，而无二铢之实，薄甚榆荚，上贯便破，置之水上，殆欲不沉"①。高道穆因而提出官铸大钱，以代替小钱，从而静息称造。高道穆本名恭之，字道穆，以字行于世，高谦之之弟，官至尚书右仆射。他说："四民之业，钱货为本，救弊改铸，王政所先。自顷以私铸薄滥，官司纠绳，挂网非一。在市铜价，八十一文得铜一斤，私造薄钱，斤余二百。"他主张学习汉文帝以四铢代五分，汉武帝以半两代三铢，"以大易小，以重代轻"的办法，他说："论今据古，宜改铸大钱，文载年号，以记其始，则一斤所成止七十六文。铜价至贱五十有余，其中人功、食料、锡炭、铅沙，纵复私营，不能自润。直置无利，自应息心，况复严刑广设也。以臣测之，必当钱货永通，公私获允"。当时接受了他的建议，加上杨侃也有如此言论，因此铸造永安五铢钱。从高道穆以大钱代替小钱的观点来说，就是以实足分量，重如其文的五铢钱发行于市场，来排挤分量不足的轻小钱，假设有充分数量的实足五铢，这种局面是可以达到的。铸造实足五铢所费成本很大，私铸无利可图，自然便停息了，何况又有严刑厉法，谁会去冒此不必要的危

① 《魏书》卷77，《高崇附谦之传》。下引此不另行出注。

险呢！

可是，实足五铢钱虽然在永安二年（529）九月开始铸造，直到次年正月止，并采取了一定措施加以发行，“官欲贵钱，乃出藏绢，分遣使人于二市卖之，绢匹止二百，而私市者犹三百。利之所在，盗铸弥众，巧伪既多，轻重非一，四方州镇，用各不同”①。又使钱向轻小变化了。历北齐北周，这个问题也没有真正解决。

综述魏晋南北朝的货币思想，有以下几个特征：一是比较实用，就解决现实货币问题发表见解，没有系统的货币理论，所以大都失之偏颇，甚至矛盾重重，不懂经济活动中货币的理论和使用情况。二是切合实际，掌握经济规律和货币规律的货币思想较少，因此各种观点都倾向于以官府的力量和法律的约束来实现自己提出的主张。三是魏晋南北朝时期是比较混乱时期，货币问题较多，所以当时的货币思想也就有了种种表现，折射了当时的货币状况和统治者的心态，也是传统儒家重农轻商思想影响较为典型的时期。四是该时期经济相对较落后，铜原料缺乏，区域割裂诸因素造成商品和货币流通都大为减少，因而废钱用实物代替货币的思想主张便相应突出。五是当时情况决定盗铸、私铸都趋向于轻、薄、小、粗糙的钱币，总是冲击官钱，不过，由于经济价值规律，又时时回归到以实足分量的古钱为币值标准，以钱币重量为本位的形式始终是实际上实行的，所以表达禁止私铸、禁止恶劣小钱的言论观点也就很多。六是钱币短缺，原材料困难也造成了一些主张减重的货币思想。他们不考虑钱币轻重有必然的规律，认为只是一种象征物，轻重都无关系，只要人为地赋予多少价值便值多少。所以，他们要用减重方式弥补原材料的不足。

四、财政管理思想

由于管理国家财政的需要，也就产生了各种各样的财政管理思想，以图解决各种各样的财政问题，指导国家财政管理过程，完善财政收支环节和理顺相互关系，满足政府财政需求。魏晋南北朝时期的财政思想主要侧重于轻赋薄敛、节俭禁奢、广开财源、发展生产等与农业和赋税地租相关的问题上。总的

---

① 《魏书》卷110，《食货志》。

来说，该时期财政管理思想处于相对萎缩时期，比较重要的财政管理思想家几乎没有，所以也就没有完整而系统的财政理论。综合该时期的财政管理思想，主要有以下一些观点，分别加以叙述。

（一）轻赋薄敛观点

魏晋南北朝的轻赋薄敛观点基于两个出发点：一是从代表国家政权和统治者的立场出发，二是从关心国家和君主利益的公卿大臣的立场出发。两个出发点都认为赋税徭役要有节制，一旦超过量，直接受害者虽然是广大的自耕小农，但真正的危险却是国家政权的不稳和君主及统治阶级利益的丧失。他们认为“百姓不足，君孰与足”①；因此，“轻徭薄赋，君人常理”②。政治之治乱，社会秩序的静乱，农业生产的丰歉，户口数量的多寡和劳动人民生产积极性的高低，都与“宁民”“息役”联系在一起。③ 北魏张惠普便认为时政应“租调务轻，赋役务省”，强烈主张“废大斗，去长尺，改重秤，所以爱万姓，从薄赋”。如此就会使百姓“歌舞以供其赋，奔走以役其勤，天子信于上，亿兆乐于下”④。

（二）节俭禁奢观点

封建统治者和地主富商总是追求奢侈生活，而魏晋南北朝的官僚贵族更为典型。如何曾父子，日餐万钱至二万钱，犹云无处下筷，石崇与王恺斗富，无不用其极。一些人士有鉴于此，所以极力反对奢侈绮丽的浪费，强调节约俭朴的财政观点。曹魏时和洽便将节俭与国家财政联系在一起，认为“民穷于役，农业有废，百姓嚣然”的“消复之术，莫大于节俭”⑤ 周朗更是反对奢侈，崇尚节俭，还要求从帝王后妃做起，认为宫中奢侈，“空散国家之财，徒奔天下之货”⑥。当时一些君臣也能率厉朴素节俭风气，与奢侈之风相抗，可惜的是这种观点的呼声很有限，历整个魏晋南北朝，奢侈之风长期盛而不衰。

---

① 《魏书》卷15，《昭成子孙传》。
② 《魏书》卷7，《高祖纪下》。
③ 《周书》卷5，《武帝纪上》。
④ 《魏书》卷78，《张惠普传》。
⑤ 《三国志》卷23，《魏书·和洽传》。
⑥ 《宋书》卷82，《周朗传》。

（三）广开财源观点

国家财政困难，在当时财政思想家看来，主要是应该成为财源的部分没有开发出来，特别是提供赋税徭役的编户民脱离了国家管理，减少了国家收入。因此，怎么控制编户民，检括人口，成了广开财源的倾向性观点。东晋范宁提到土断和黄白籍问题时便基于“明考课之科，修闾伍之法”的思想。[①] 东晋南朝先后多次土断人户，也出于这一目的，刘裕便总结“财阜国丰”实由于土断[②]。检括户口政策也是这种思想所指导的，“以实天府之饶”[③]。广开财源观点也包括保护财源，避免竭泽而渔，杀鸡取蛋，从而断绝了后来的财政收入。

（四）发展生产观点

保证国家财政，发展生产的观点是比较普遍也比较切合实际的。毛玠建议曹操屯田，其观点的重要之处就在于认为只有发展生产才是“树基建本”之业。[④] 南齐徐嗣宗将国家兴衰系于财政问题解决得好坏，而财政则系之于生产发展与否，认为下令广开屯田、耕地，“江南自丰”[⑤]。苏绰发展生产的观点比较全面、完整和系统，着眼于全局观念，分清源流收支的次序，区别对待其中发生的连锁关系，以改进财政管理，发展生产，维护正常生产程序和秩序。

（五）渠道通畅的观点

国家财政依赖于赋税征收、集中和入库，各个渠道和环节一旦堵塞，必致产生影响。因此，财政思想家很注意渠道是否通畅的问题。魏晋南北朝有关渠道通畅的观点，集中在赋调合适与组合合理两方面。关于赋调是否合适的思想，主要有傅玄、封裕、申绍的主张，[⑥] 强调赋法有恒，役之以道，调整官僚机构，平均农商赋税。关于组合合理的思想，主要有北魏李冲和东魏元孝友的主张，[⑦] 认为户籍与赋税应趋于合理的关系和合理的管理，改善赋税环节中不合理的方面。从赋役方法和户籍制度的角度理财，以便国家财政收入渠道通

① 《晋书》卷75，《范汪传附宁传》。
② 《宋书》卷2，《武帝纪中》。
③ 《晋书》卷111，《慕容暐载记》。
④ 《三国志》卷12，《魏书·毛玠传》。
⑤ 《南齐书》卷44，《徐孝嗣传》。
⑥ 《晋书》卷47，《傅玄传》；卷109《慕容皝载记》；卷111《慕容暐载记》。
⑦ 《魏书》卷110，《食货志》；卷53《李冲传》；《北齐书》卷28，《元孝友传》。

畅，也是中国古代封建社会各个时期相同的财政思想。

（六）增值流通的观点

使价值在流通中得以实现和增值，在古代经济思想中所见并不多，尤其作为国家财政管理思想，增值流通的观点就更为罕见了。其主要原因在于增值和流通都属于商贩范畴，而在重农思想影响下，商业与手工技巧业都被指斥为末业浮惰，所以不为重视，甚至不屑于增值和投入流通之中。不过，流通中增值毕竟是不以人的意愿所左右的经济规律，因而自觉不自觉地流露这种观点的现象还是存在的。北魏薛虎子便体现了这种观点，将戍兵自用资绢集中起来，变成生产资金和投入流通渠道，完成一次循环之后，使之增值。①

魏晋南北朝关于管理国家财政的思想，总体上说是在重农思想的基础上，提出增加财政收入，保证赋税征收，减少不必要支出，同时兼顾提供赋税徭役者的利益和发展生产。

第三节　魏晋南北朝的人口思想

中国古代社会特别注重人口问题，制订了完善的户籍制度。因为，赋税的征收依赖于人口数量和土地数量，办法是将一定的人口固著于一定的土地上，形成一个综合单位，作为征收赋税和征发徭役的计算标准。因此，中国古代重视人口数量，提倡生育，认为大量的人口是取得大量社会财富源泉的条件，是众多的劳动力和财政收入，魏晋南北朝自不例外。

该时期在人口问题上首先遇到的是人口数字不准确，漏脱户贯者十分多，隐匿人口没有赋税徭役负担，依附于豪强大族的户口也脱离了政府管理系统。这种现象从史书记载的人口数字扑朔迷离可以看到，从当时政府采取的一些措施也可以证明。多次的检括户口、土断白籍和整理黄籍等，都是为了解决人口隐漏和赋役不均这些直接影响国家财源、兵源、役源的问题。至于健全户籍制度，在基层设立三长以加强管理，目的就在于防止户口散失。再加打击佛、道二教，限止出家人数，勒令僧道还俗为民，也无非是为了增加可供调发的

① 《魏书》卷44，《薛野賭附虎子传》。

对象。

由于人口增加的必要，就需要提倡生育，所以当时主张早婚，禁止杀婴，奖励多孩，促进婚嫁。曹魏时实行寡妇配嫁政策，提高人口增长率正是当时的人口政策。类似的有西晋规定民女 17 岁以上必须出嫁，否则政府配嫁；北魏及南齐等政权常以宫女配嫁民间鳏夫。北周武帝更是提倡早婚，曾于建德三年（574）下诏："自今已后，男年十五，女年十三已上，爰及鳏寡，所在军民，以时嫁娶"[①]。提高婴幼成活率的事例则有曹魏时郑浑为下蔡、邵陵县令，当时百姓生活困难，"其生子无以相活，率皆不举"，郑浑"重去子之法"，规定不准弃婴，"民初畏罪，后稍丰给，无不举赡，所育男女，多以郑为字"[②]。西晋时王濬为巴郡太守，"郡边吴境，兵士苦役，生男多不养。濬乃严其科条，宽其徭课，其产育者皆与休复，所全活者数千人"[③]。这些措施无疑都能起到促进人口增长作用。

鉴于对人口问题的重视，当时有不少关于人口的言论，虽然并不完整，或是片鳞只爪，但也表达了当时的人口思想。

一、魏晋时期的人口思想

魏晋对人口问题发表过言论者有一些，可以集中其观点的，主要有徐干、杜恕、傅玄、皇甫谧等人。其中徐干死时魏虽未正式代汉，但他活动时期主要是在曹操掌权的建安时期，所以也将其列入。

（一）徐干的民数国本论

徐干（170～217），字伟长，北海剧（今山东昌乐）人，著名文学家，建安七子之一。他的人口观点，是建立在人口为国家之根本的思想基础上，认为"民数周，为国之本也"[④]。因为封建国家的财政完全依靠于对人民的赋税征收，人口数量的多少便决定了财政收入的大小，"国以之建典，家以之立度，五礼用修，九刑用措者，其唯审民数乎！"所以他强调要加强人口管理，他

---

① 《周书》卷 5，《武帝纪上》。

② 《三国志》卷 16，《魏书·郑浑传》。

③ 《晋书》卷 42，《王濬传》。

④ 《中论·民数篇》。以下引此不另行出注。

说："民数者，庶事之所自出也，莫不取正焉。"其管理的项目具体来说为以下几个方面："以分田里，以令贡赋，以造器用，以制禄食，以起田役，以作军旅。"为了达到加强管理的目的，他主张在户籍制度组织形式上借鉴管仲六乡六遂的做法，把士、农、工、商四民定业分居。世传其艺。他认为户口管理是国家最重要的大事，否则"户口漏于国版，夫家脱于联伍，避役者有之，弃捐者有之，浮食者有之"，"于是奸心竞起，伪端并作矣。小则盗窃，大则攻劫，严刑峻法不能救也"。徐干之所以如此提出问题，这与他所处建安时期的人口状况有关。东汉末年军阀割据混战，人口损失极多，名都空而不居，百里绝而无人，曹操便悲伤地感叹道："旧土人民，死丧略尽，国中终日行，不见所识，使吾凄怆伤怀"[①]。以至于说总人口尚不及汉代一郡。人民的流离散亡又使户贯版籍荡然不存，赋税徭役无所依据，而财政支出反比往日所需更大，因此徐干提出了一些加强户口管理的主张。

（二）杜恕的安民惜力论

杜恕（199~252），字务伯，京兆杜陵（今陕西西安东南）人，历御史中丞等职。他的人口观点，是从节用民力以安民来达到长期生息的角度考虑的，认为"帝王之道，莫尚于安民；安民之术，在于丰财。丰财者，务本而节用也。"[②] 可是，他批评当时在与吴、蜀对抗中，不少人为了曹魏政权可以吞并吴、蜀，"咸共忽恤民之术，修将率之事"。而杜恕认为这是反其道而行之，"农桑之民，竞干戈之业，不可谓务本；帑藏岁虚而制度岁广，民力岁衰而赋役岁兴，不可谓节用。"特别是当时人口稀少，曹魏名义上有"十州之地"，实际上"承丧乱之弊，计其户口不如往昔一州之民"，国家可以征收的赋税和调发的徭役也就全都相应减少，以如此之少的财力人力，是无法承担超量负荷的，"统一州之民，经营九州之地，其为艰难，譬策羸马以取道里，岂可不加意爱惜其力哉?"所以，他强调只有安民惜力，才能做到务本丰财，从而政治安宁。

---

① 《三国志》卷1，《魏书·武帝纪》。

② 《三国志》卷16，《魏书·杜畿附恕传》。下引此不另行出注。

（三）傅玄的四民定数论

傅玄的人口思想建立在他的重农思想基础上，由四民分业殊务观点出发，主张应根据社会生产分工来确定各种行业的数量比率，对士、农、工、商的人数调整到合理程度，也即四民定数论。他认为四民“分数之法”①，是先王以来“经国制事”的周备之法，所以国治久安，而“汉魏不定其分”，以致“农工之业多废”。所以他主张“亟定其制”，将当时总人口数统计出来，然后根据分工需要，分成一定的士、农、工、商比率，去满足社会经济的需求。社会分工是要对人口在各生产行业的数量加以调整的，某些生产领域所需劳动力很多，比率大大超过其他生产部门，像农业生产；而非生产部门，如称为士的“在官之吏”，所需人数极少，一旦膨胀臃肿，势必影响生产行业正常进行。而官僚政治下的封建社会，又无法遏止脱离生产的人数膨胀，“坐食百姓”，所以傅玄要提出四民定数论，希望能够使社会分工趋于合理化。他的思想观点是好的，但是人为的方式只能起到某种程度的干涉作用，并不能完全代替社会分工，硬性限制四民人数和比率。

傅玄人口思想有关的一些言论，详见本章第一节。

（四）皇甫谧的人口增减观

西晋皇甫谧在其所著《帝王世纪》中②，提出了自己的人口思想，集中表现为人口增减与政治关系的观点。皇甫谧（215～282），幼名静，字士安，安定朝那（今甘肃平凉西北）人，一生著述极丰。他的人口观点认为天下的土地有定数，人口在上古时比较适中，“以供财用，俭则有余，奢则不足。以男女耕织，不夺其时，故公家有三十年之积，私家有九年之储。”而夏代末年，“民离毒政”，又经殷纣之乱，“民众之损”，人口不断处于减少之中，原因都在于政治治乱与否。“及周公相成王，致治刑错，民口千三百七十一万四千九百二十三人，多禹十六万一千人，周之极盛也。”他认为周代不仅恢复增加人口，而且多于禹时，原因就在于周成王时期的德政。由此，他的人口增减观点

① 《晋书》卷47，《傅玄传》。下引此不另行出注。

② 此处所引《帝王世纪》文字，以晋代司马彪所撰《续汉书·郡国志》梁代刘昭注所引为准。刘昭注引，书名作《帝王世纪》。下引此不另行出注。

就十分明确了，即他认为得到治理的太平盛世，人口必然增加，反之，一定减少；增加和减少的幅度以治乱的程度为坐标，而参照系数则是该时期前后的人口数字。不过，皇甫谧如此精确，精确到个位数的上古人口数字根据什么，则不得而知了。皇甫谧各时期人口数字表：

时期	禹	周成王	周庄王	战国末	汉元始	中元	永寿	曹魏景元
人口	13553923	13714923	11847000	千余万	59194978	21007820	50066856	5372891
备注			受田者 9004000					与蜀通计 不含东吴

他采用上述观点，将人口至西晋时的增减都以政治关系来解释，认为至周庄王时人口减少，原因是昭王南征不反，穆王荒淫，加上幽王和厉王之乱，平王东迁一系列政治衰败因素。战国时人口稀少，也是因为自春秋以来，诸侯相并，交战不已，“残民诈力之兵，动以万计”，他举了一串“血流漂卤”的战役来证明。秦始皇统一中国后，“行参夷之刑，收太半之赋”，又广兴大型建筑工程，“十余年间，百姓死没，相踵于路”；加之秦末战争酷烈，“民之死伤，亦数百万”，所以人口不断减少。人口下降趋势到此有一个转折，汉代“与民休息”，虽经汉武帝“军征三十余岁，地广万里，天下之众亦减半矣”，但霍光秉政，“乃务省役”，所以“民户又息”，达到了元始二年人口增长至近6000万，“汉之极盛”的状况。而王莽篡位和更始赤眉战争，“百姓虚耗，十有二存”，所以中元二年人口只有2000万。“永平、建初之际，天下无事，务在养民，迄于孝和，民户滋殖。”但东汉末年，又一次政治大动乱，“豪杰并争”、“海内凶荒”、“割剥庶民”，所以“人众之损，万有一存”，造成人口急剧下降。皇甫谧总结说：“自禹至今二十余载，六代损益，备于兹焉。”也就是说，2000多年中人口数量的变化，不论是大起大落，还是因循而进，导因皆在于政治。当然，从中国历史发展过程来看，政治与战争的因素确实极大地影响到人口增减，甚至在某种程度上说，左右了人口增减。不过，皇甫谧过分强调政治原因而忽视了经济原因，遗忘了发展生产和国家财政管理、赋役征召的决定性因素，则并没有把握住人口增减规律的全部，只不过看到了一个侧面而已。

二、南朝时期的人口思想

南朝经济思想不那么发达，比较集中谈人口问题的也不多，值得介绍的有周朗和郭祖深二人。

（一）周朗的增殖人口论

周朗的经济思想，前面已有叙述。他的人口思想主要是提倡增殖人口，以各种方式促进人口增长率。他认为人口问题十分重要，“凡为国……不患土之不广，患民之不育。”① 而当时则人口太少，南北“华夷”战争的结果，造成“积尸竟邑”，“海内遗生，盖不余半”的状况。同时，当政者又不注意人口生育，反而“急政严刑”，加上“天灾岁疫”，致使“贫者但供吏，死者弗望埋，鳏居有不愿娶，生子每不敢举。”人口不仅不会增加，反而一直减少。他又看到由于战争和徭役太长时间，夫妻不能共同生活，一方面“妻老嗣绝”，另一方面“淫奔所孕，皆复不收”，使人口出生率相当低。他为此悲叹道：“杀人之日有数途，生人之岁无一理，不知复百年间，将尽以草木为世邪！此最是惊心悲魂恸哭太息者。”他认为要使“禁杀子之科”、“蚤娶之令”得到贯彻执行，要有一些相应的措施，首先是“家宽其役，户减其税”；然后规定早婚，“女子十五不嫁，家人坐之”，以法律促使早婚。由于不少贫穷之家婚姻之时无财礼可行，他主张一切从俭，“特雉可以娉妻妾，大布可以事舅姑”，也就是说一只山鸡就可以为财礼了，一匹粗布就可以为孝敬了。如果谁不崇俭而贪富，“待礼足而行，则有司加纠”。他还建议，在皇宫中的使女，由于无法婚配，所以应该挑选不能生育的妇女担任，而“庶家内役，皆令各有所配”，以便能生育的妇女有更多生育的机会，“要使天下不得有终独之生，无子之老”。他认为这是增加人口，富国强兵的必由之途，他说：“所谓十年存育，十年教训，如此，则二十年间，长户胜兵，必数倍矣”。客观地说，周朗的人口思想，是他经济思想各个方面中分析较准确，观点较鲜明，主张较适宜的一个方面。问题在于当时统治者不愿意用此办法增长人口。

---

① 《宋书》卷82，《周朗传》。下引此不另行出注。

（二）郭祖深的僧尼还俗论

魏晋南北朝时期佛教极为发达，僧尼数量超乎寻常，梁代郭祖深针对大量人口遁入空门的情况，发表了自己的见解。他认为当时僧尼数量太多，仅都城便“僧尼十余万”，“所在郡县”，则难以枚举。而且“道人又有白徒，尼则皆畜养女，皆不贯人籍”，以至于“天下户口几亡其半。”① 所以他主张让这些僧尼还俗，以增加从事农业生产的人口数量，“精加检括，若无道行，四十已下，皆使还俗附农。”他认为，如果不采取这个措施，必然会出现国家财政危机，“恐方来处处成寺，家家剃落，尺土一人，非复国有。”同时，他认为国家编户齐民由各种途径流入私家成为隐户，也是人口管理中的极大失策，致使劳动力大量散失，国家财政无从解决困难。而这些现象的出现，主要原因在于担任地方长官和将领者“不顾御人之道，唯以贪残为务，迫胁良善，害甚豺狼”。所以强调官吏素质，目的是加强户口管理，堵塞流失渠道。不过，当时依附关系正在强化过程中，依附阶层人数不断发展扩大，所以郭祖深的主张很难得到采用。

三、北朝时期的人口思想

北朝人口思想与南朝一样，值得特别介绍的并不多，稍为集中一些的，只有源贺、李冲、元孝友3人。

（一）源贺的免死戍边论

北魏前期“断狱多滥”，由此致死者甚多，源贺因而提出恕死戍边观点，主张重视人之生命和人口数量，他说：“人之所宝，莫宝于生全；德之厚者，莫厚于宥死。然犯死之罪，难以尽恕，权其轻重，有可矜恤。”② 他认为人之生命宝贵，人口数量又不是太多，而边疆戍守所需数量却很大，所以，只要有情可原的罪犯，都应考虑恕免死罪，“皆可原命，谪守边境”。他说如此一来，“是则已断之体，更受全生之恩；徭役之家，渐蒙休息之惠。刑措之化，庶几在兹。”源贺的思想观点是比较现实的，所以魏文成帝接受了这一观点，并付

① 《南史》卷70，《循吏·郭祖深传》。

② 《魏书》卷41，《源贺传》。下引此不另行出注。源贺（407～479），南凉国王秃发傉檀之子。

之实施，“已后入死者，皆恕死徙边。”一段时间之后，取得了不错的成效，以致文成帝说：“源贺劝朕宥诸死刑，徙充北番诸戍，自尔至今，一岁所活殊为不少，生济之理既多，边戍之兵有益。”可见成效挺大。

（二）李冲的户籍管理论

李冲是北魏孝文帝时较有影响的大臣，特别是他建议设立的三长制度，对北魏的人口、户籍管理和均田制度都有积极的辅助作用。他主张三长制的思想根源在于破除当时的宗主督护制，不再容忍30家、50家方为一户的情形继续半公开半合法地存在下去，以免豪强赋敛，贫弱受欺凌，而国家却损失了大量的应得财政收入。三长制的根本目的，就是要加强户籍管理，在基层核实户口数量，“苞荫之户可出，侥幸之人可止”；以户籍得到控制为基础，使“课有常准，赋有恒分”①，解决人口问题和国家财政问题。

（三）元孝友的禁妒娶妾论

北魏末年东魏时期，元孝友提出了一个维护官僚贵族封建特权的人口观点。他认为官僚贵族不应只娶一妻，而有权利根据官品高低具备不同妾媵之数。他说古时诸侯可以娶9女为妻妾，士则一妻一妾，晋代规定诸王置妾8人，郡君、侯各置妾6人，官品第一第二有4妾，第三第四是3妾，第五第六则2妾，第七第八品也各有1妾，是所谓“所以阴教聿修，继嗣有广。广继嗣，孝也；修阴教，礼也。”② 他不满意当时的鲜卑官僚贵族因氏族残余之风气，“圣朝忽弃此数，由来渐久，将相多尚公主，王侯娶后族，故无妾媵，习以为常。”这种情况，元孝友认为不正常，说什么“妇人多幸，生逢今世，举朝既是无妾，天下殆皆一妻。设令人强志广娶，则家道离索，身事迍邅，内外亲知，共相嗤怪。”他认为当时风气极坏，批评说：“凡今之人，通无准节。父母嫁女，则教以妒，姑姊逢迎，必相劝以忌。以制夫为妇德，以能妒为女工。自云不受人欺，畏他笑我。王公犹自一心，已下何敢二意。夫妒忌之心生，则妻妾之礼废，妻妾之礼废，则奸淫之兆兴，斯臣之所以毒恨者也。”根

① 《魏书》卷53，《李冲传》。李冲（450～498），字思顺，陇西狄道（今甘肃临洮）人，官至中书令、尚书仆射。

② 《北齐书》卷28，《元孝友传》。下引此不另行出注。元孝友，北魏太武帝之孙，袭爵临淮王。

据这种观点想法，他主张鲜卑族官僚贵族应脱开自己的习俗，学习汉族封建地主的制度，他提出："请以王公第一品娶八，通妻以备九女，称事二品备七，三品四品备五，五品六品则一妻二妾。限以一周，悉令充数。若不充数，及待妾非礼，使妻妒加捶挞，免所居官。其妻无人而不娶妾，斯则自绝，无以血食祖父，请科不孝之罪，离遣其妻。"元孝友奇特的观点，大概与其主张汉化，从而接受了相当的传统儒家思想影响有关，因而强调一切都以古制为准，并极力维护官僚贵族的利益，以及讲究忠孝，认为无后为最大的不孝。其实，从人口比率和增长率的角度说，他的主张完全违反了自然规律，使人口中的男女性别失调，势必造成相当一部分男子不能娶妻，或无可以相配的妇女。虽然剥削阶级在实际上是如此实行的，但元孝友如此鲜明地提出，却也并不常见。

魏晋南北朝的人口思想，总体来说，考虑最多的是如何增加人口或增加国家控制的人口数量，最终目的是为了解决国家财政困难。

第四节　魏晋南北朝的水利思想与郦道元《水经注》

魏晋南北朝时期关于水利或旱涝水灾的言论主张不少，是该时期水利思想和观点倾向的表现。特别值得重视的是北魏郦道元的力作《水经注》，是部水文学和水利思想的划时代的巨创。郦道元在书中不仅记述了水道、地理、风情、经济，也表达了其思想。

一、杜预的排涝决陂水利思想

杜预（222～284），字元凯，京兆杜陵（今陕西西安东南）人，著名学者与将军。他博学多才，政治、军事、学术成就都很突出，对于水利事业也有精到见解。曹魏时为了屯田和与东吴对抗的需要，在淮南淮北一带广建渠道陂塘，发展势头迅猛。蓄水设施过多的结果，到西晋咸宁年间发生了性质变化，水利转化成为水害，一旦雨水较多的时期，淮泗流域便因涝成灾。

咸宁四年（278），杜预接替羊祜为镇南大将军，都督荆州诸军事，他认为“今者水灾，东南特剧”①，造成各类农作物大幅度减产，连居住之处也受到威胁，耕地几乎都处于无法耕种的境况中，低处的田积水过多，高处的田土壤贫瘠，收成不好，所以“当今秋夏蔬食之时，而百姓已有不赡，前至冬春，野无青草，则必指仰官谷，以为生命。此乃一方之大事，不可不豫为思虑者也。”就是水产，也因水势浩大，根本无法捕捞。而造成这种情况的原因，就在于陂塘过多。他说：“诸欲修水田者，皆以火耕水耨为便。非不尔也，然此事施于新田草莱，与百姓居相绝离者耳。往者东南草创人稀，故得火田之利。自顷户口日增，而陂堨岁决，良田变生蒲苇，人居沮泽之际，水陆失宜，放牧绝种，树木立枯，皆陂之害也。”杜预认为陂塘太多之后，蓄水过量，地下水水位上升，所以土壤相对过薄，“土薄水浅”的情况就带来“潦不下润”的涝灾，降雨量稍有增多，各处陂塘无处存水，溢流遍野，或冲决堤坝，淹没陆田。他反驳一些人认为东南地区只能火耕水耨，“不可陆种”的观点，认为汉代时陂塘便没有今日之多，现之存水之处，汉时都为耕地，汉代的陂堨，则讲究“坚完修固”，不是粗制滥造，单纯追求数量。他说：“川渎有常流，地形有定体，汉氏居人众多，犹以无患，今因其所患而宣写之，迹古事以明近，大理显然，可坐论而得。”因此，他主张决坏一些多余的陂塘，改造成为耕地。

此项建议虽然争论比较激烈，最后朝廷还是采纳了，并加以贯彻，将曹魏时修建的一些工程废除，如占地13000余顷的泗陂和许多蒲苇水塘、马肠陂。

当然，杜预并不是一味主张排水不蓄的，他是视情形而定，如此后3年，他便主持了邵信臣水利旧设施的修复工作，利用滍水和淯水等灌溉耕地1万余顷。至于他在淮泗流域一反邓艾之蓄为排，是否真正解决水利与水害、旱与涝的矛盾问题，杜预邓艾谁是谁非，则不能轻率断言。根本的原因在于当时水文科学知识、水利手段和水利理论不发达，所以无法解决上述问题。

二、崔楷的排水网络水利思想

北魏孝明帝时，冀定数州经常发生大水灾，使如何防涝排水成了一个较迫

① 《晋书》卷26，《食货志》，下同。按《食货志》系杜预言排涝事于咸宁三年，《武帝纪》系于咸宁四年，此从《武帝纪》。

切的问题。

崔楷说当时的水害是："东北数州，频年淫雨，长河激浪，洪波汨流，川陆连涛，原隰通望，弥漫不已，泛滥为灾。户无担石之储，家有藜藿之色。华壤膏腴，变为舄卤；菽麦禾黍，化作萑蒲。"① 如此惨状，问题确实严重，不加以解决，将贻害不浅，不仅人民受灾难之苦，政府也将损失很大，而且土地碱化，更是长期的大问题。崔楷认为北方本来水潦涝灾较少，现在却连年发生，各处的河流大都经常泛滥，完全在于过去未加重视水利事业，没有建设一个人工排水网络。汉代时黄河在瓠子决口，造成大水灾，一旦堤防建好后，河水又回到河道里了。江淮南方地区，地势洿下，加上雨量大，有时连下近一个月的雨，却开发得很好，农业经济发达，也在于尽了最大的人工之力改造水的流存。崔楷以此二例加以比较冀定等州，从而认为是当地的河道水渠都十分狭窄，因而显得水量过大，加上河渠水道弯曲太多。因此水流不畅，容易阻塞。水既无处宣泻，自然就要横野漫溢，淹没良田、坟井和居民点了。他说："计水之湊下，浸润无间，九河通塞，屡有变改，不可一准古法，皆循旧堤"。基于这一观点，他提出建造一个新的完整的排水网络，以解决水潦之灾。

怎样一个排水网络才是合适的呢？崔楷说："量其逶迤，穿凿涓浍，分立堤堨，所在疏通，预决其路，令无停蹙。随其高下，必得地形，土木参功，务从便省。使地有金堤之坚，水有非常之备。钩连相注，多置水口，从河入海，远迩径通，泻其垅潟，泄此陂泽"。其布局大致如此，而规划则要仔细认真。他提出在农闲的季节开始施工，此前则每县都派出工程人员预先勘察地形、走向，选择最佳路线，作好工程预算，然后由郡中派精干官吏审查，再分派工作量，"量役计功"，"立匠表度"，就地征发役夫，到来年春季农忙之前停止工程。

崔楷这一想法作为建议提出后，得到朝廷许可，"事遂施行"。但是后来却又中断了，"用功未就，诏还追罢"。

---

① 《魏书》卷56，《崔辩附楷传》，下同。崔楷（477～527），字季则，博陵安平（今河北安平）人，历任各职，死于战乱。

三、郦道元与《水经注》

郦道元（466或472~527），字善长，范阳涿县（今河北涿县）人，在北魏任职御史中尉、关右大使，是著名地理学家、文学家，为萧宝夤杀害于阴盘驿亭。魏收撰《魏书》时，不知为何将其列入《酷吏传》中，其传实际上并无酷严之行。

相传《水经》为桑钦所撰，又称郭璞之作，至今并未确实弄清楚《水经》作者。《水经》十分简略，郦道元因此撰《水经注》。实际上，《水经注》并非给《水经》注解，而完全是一部独立的新作，其学术价值、科学性和水文资料价值远远胜过《水经》。郦道元充分掌握了各条水道的资料、历史、掌故，如数家珍。而且文笔流畅，给人一种美感，是不可多得的散文佳作。

郦道元的创作态度也十分严谨，许多河道曾亲自勘察，他自叙："脉其枝流之吐纳，诊其沿路之所躔，访渎搜渠，缉而缀之"①。至于依赖文献资料者，他也十分慎重，"经有谬误者考以附正"。而其撰作的目的很明确，就是因为"今寻图访赜者，极聆州域之说，涉土游方者，寡能达其津照，纵仿佛前闻，不能不犹深汀营也。""所以撰证三经，附其枝要者，庶备忘误之矜，求其寻省之易"。

《水经注》这部历史地理名著，原作40卷，后有散佚，现存本仍分为40卷，是后人割裂以符卷数。全书字数30余万，为《水经》原文的40倍。《水经》原记述的水道137条，《唐六典·注》称《水经注》提到的水道是1252条，但实际上，全书所涉及者超过5000条水道以上。在内容方面，该书详细记述了各大小水道的源流、走向、历史变迁和涉及该水道的地区历史、物产、风俗、地望、关塞、故墟、旧迹和传说。为了多方印证和"布广前闻"，博征广引，引书多达437种之富，为许多现已失传的古籍保留了书名和佚文。该书涉及区域极广，除了现在的中国境内，还记述了西域、印度、东南亚的一些情况。虽然郦道元生活在北方，当时南北又处在分裂状态中，因此书中内容关于北方的部分较详细，但他也没有顾此失彼，只要能够收集到资料的，都详为叙

① 《水经注·叙》。下引此不另行出注。

述。至于确实无法收集的，他便采用了“其所不知，盖阙如也”的态度，绝不随意雌黄，信口开河，草率从事。

《水经注》一书有许多特点，内容十分丰富，涉及历史、文学、水利、地理、风俗，等等。所以后代对此书极为推崇，研究者日益增多，以致成了一门专门的学科——郦学（《水经注》研究）。

后记

现在，呈现在我们面前的这部书，是国家“七五”规划重点项目《中国古代经济史断代研究》课题中的一个组成部分，即《魏晋南北朝经济史》卷。

记得1983年在湖南长沙市召开全国历史学科规划会议时，河北大学教授漆侠先生和我提出了对我国古代经济史进行断代研究的建议，得到了当时中国社会科学院历史研究所所长、研究员林甘泉同志与中国社会科学院经济研究所所长、研究员方行同志等人的支持。随后，由林甘泉、方行等同志正式倡议，制定了规划，并获得了批准。于是于1984年冬在北京香山卧佛寺召开了这一总课题的第一次编委会，确定了具体分工与编写的主要要求。我有幸作为编委会的成员之一，参加了会议，并被分工主编《魏晋南北朝经济史》卷。随着具体编写工作的开展，为了统一认识、检查进度、讨论各卷提纲和交流情况，不久又在北京香山卧佛寺召开了第二次编委会。上海人民出版社的顾孟武同志列席了会议，并提出了写作该书技术上的具体要求。

自从承担了这一任务之后，中国社会科学院通过历史研究所科研处，每年都拨给我们一定的项目经费，并委托郑州大学财务处代管。郑州大学党政领导同志，对我们的工作十分重视和支持；郑州大学科研处的负责同志为我们安排研究时间，财务处的负责同志代管项目经费也认真负责。现趁该书的《魏晋南北朝经济史》卷将要付梓之际，理所当然地应向中国社会科学院有关领导、课题编委会的同志、中国社会科学院历史研究所科研处的负责同志、上海人民出版社有关同志以及郑州大学的党政领导、科研处与财务处的负责同志等，致以崇高的敬意，感谢他们对我们工作的鼓励与多方面的支持！

1989年与1990年以来，末子高凯为我抄写稿件与查对资料，做了一些事务性工作；研究生朱和平在抄写稿件方面，也尽力不少。尽管他们都认为是应当要干的，而且是锻炼自己的好机会，但我觉得还是说明一下为好。另外，本书第二章疆域部分的地图，系历史所资料室的翁小云同志所绘制，特此致谢！

自承担此任务后，我们的具体工作是1985年正式开始的。为了工作的便利和通过这一工作进一步培养年轻一代的研究能力，我们组织了一个《魏晋南北朝经济史》编写小组，在郑大历史研究所的直接领导之下进行工作。编写小组由我和袁祖亮、张旭华与刘汉东4人组成，由我任组长，协调各种关系，以利于工作的正常进行。

为了有计划、有步骤地完成这一研究任务，我们制定了分3步进行的工作程序：第一步，各自通读魏晋南北朝的现存史籍，详细收集该时期的各种经济史料，并在此基础上编写出《魏晋南北朝经济史料汇编》一书稿。后因此类史料性书籍无法出版，才将第一步的工作降低为以各自掌握该时期有关经济史料为目标，不再在汇编资料方面多花力气。第二步，是在各自阅读材料的基础上，编写提纲和各自选定自己愿意和可能承担的研究方面，并进行专题研究。提纲的编写，是经过集体酝酿讨论提出的，并由张旭华同志执笔，拿出了第一次的编写提纲。后又经过我的认真思考、修改与补充，写成了编写提纲第二稿，这便是由我带到香山会议上提交讨论的打印稿。提纲基本确定之后，编写组成员各自按照自己选定的方面进行专题研究，并明确各自的专题研究，是为各自编写《魏晋南北朝经济史》的相关部分作准备，而不是为了抢先发表出来，也不能作为本课题的研究成果看待。以我个人的情况来说，在编写过程中，也撰写了一些专题文稿，如《魏晋南北朝奴隶制残余的特征》《佃客部曲制的形成与演变》《再论曹魏屯田制的几个问题》《东晋南朝江南经济发展的不平衡性及其原因》《吏役制的形成与演变》《魏晋南朝农业生产技术的演进》《东晋南朝商业的特征》《北朝的畜牧业》等等，都没有拿出来把它们作为阶段性成果予以发表。第三步，才是在各自进行了专题研究的基础上，正式动手编写各自选定的章节。在各自写成有关章节的单稿之后，我们本来是准备对各自所写的章节定期进行集体讨论的。但是实际进行过程中，情况千差万别，写稿快慢不一，思想作风也不一致。总之，4个人很难集中起来讨论各自所写的章节。为了解决这一问题，就只得由我先写出《绪论》来，并在《绪论》里讲明全书的指导思想与具体的编写设想，再把它交给其余3位轮流参阅，作为统一认识、体例与具体写法的依据。当各自的章节初步完成之后，由于没有许多集体讨论的时间，就改用由我负责审阅、补充、修改的办法，由我一目一目评阅，一章一章修改。在这一过程中，我感到修改他人写的文稿，在一定程度上比自己撰写还要困难。有的由于需要作较大的改动，就用提出具体修改、补充意见的办法，再交给有关撰稿人改写或全部重写。一般说来，都经过了这一步骤；有的章节，甚至修改了两次或3次才算基本定稿，力求做到全书前后一致。即使如此，包括我自己写的章节，仍不能说已经完全满意，因为各自的文风不同、具体写法不一和用功程度有别，很难做到全书各个章节都完全一致。至于各自引文的情况，我只是一再强调要核对原文，却未能代替他们去逐一核对。我虽然一再强调要避免各章节之间的重复与提法上的差异，但毕竟不能像一个人写的那样在各方面都完全一致。更想不到的是看校样时，却不能不替已经调离的刘汉东同志代劳。所有这些，大约是集体编写一部书稿所难以完全避免的。个中滋味，也只有亲身实践过的人才能体会一二。

全书共分20章，具体写作的分工情况是这样：

第一章、第四章、第五章、第六章、第七章、第八章、第九章、第十章、第十一章、第十二章　　高　敏

第二章、第三章、第十五章　　袁祖亮

第十三章、第十四章、第二十章　　刘汉东

第十六章、第十七章、第十八章、第十九章　　张旭华

以上所列，20章中，我写的占了10章；从字数来说，全书约80余万字，我写的占40多万，为全书的一半多一点。其他章节，又经过我的审阅、修改与认定。因此，毫无疑问，我应对全书的质量负主要责任。在我承担这一任务的期间内，既有历史研究所所长的行政职务，又要指导数量经常不下六七人的研究生队伍，每学期都要给他们讲课，还有若干社会兼职，都要占用较多的时间，因此，该书的写作虽从1985年开始到1990年6月止，表面上花了5年半的时间，实际上却不到一半。何况同时，我还要完成白寿彝先生主编的国家“六五”规划重点项目多卷本《中国通史》中的《秦汉史》卷的部分撰稿任务，自然会感到时间太紧迫了！但是，我决不应该以这些为理由去推卸自己应

负的责任，恰恰相反，我愿意接受各种批评与指教，并希望能在今后的工作中弥补和克服该书内容中可能出现的缺点、错误和不足！

正如我在《绪论》中所说：《魏晋南北朝经济史》的编写，是相当艰巨的。一是因为该时期的经济史料奇缺；二是有关该时期的许多经济制度，脉络不清；三是前人及今人研究者甚少，尤其是比较系统的、全面的经济史论著不多，可供借鉴者有限。即使是新近出版的傅筑夫老先生的《中国封建社会经济史》第三卷，虽是专讲魏晋南北朝经济史的部分，也缺少该时期的徭役制度、赋税制度、户籍制度、畜牧业、经济思想及疆域、人口等专章专节；他虽然讲到该时期的土地制度，却又把封建土地制度的多种不同形态混在一起，且无寺院土地私有制的内容。这就是说，傅先生的《封建社会经济史》第三卷，可供借鉴的地方也不多。再加上我们的水平十分有限，自然更增加了完成这一任务的艰巨性。连研究魏晋南北朝的著名学者周一良先生也在《纪念陈寅恪先生》的文章中说：关于魏晋南北朝经济史，陈寅恪先生也“谈得很少”，只有唐长孺先生“在这方面有所论述”，但是，“由于材料限制”，也“难作系统概论”（详见《纪念陈寅恪教授国际学术讨论会文集》，第24页），足见系统论述魏晋南北朝经济史之艰难。我等以蚊负之躯，荷此重任，就决定了我们编写的这部《魏晋南北朝经济史》，不可避免地会存在许多问题甚至错误。我们的目的仅在于提供一个在目前情况下尽可能详细的稿本，为今后的研究者在史料的收集与整理方面提供方便；间亦提出某些不成熟的看法，借以就教于方家。至于各方面问题的深入发掘，理论的详尽阐发，各种规律的准确揭示以及体系的构筑等等方面，则未敢遐想。总之，我们虔诚地希望得到学术界同好的指教，促使我们能在不久的将来有所改进与提高！

1990年6月高敏谨识于郑州大学平房院翘楚斋

最近，经济日报出版社的领导同志，出于重视学术研究、服务经济建设和填补中国古代经济史空白的考虑，主动提出愿意承担《中国古代经济史断代研究》这一国家重点课题所包含的9部专著的出版。已经由上海人民出版社出版过的漆侠先生的《宋代经济史》和由我主编的《魏晋南北朝经济史》，因系此总课题之有机组成部分，经过与上海人民出版社协商，也收入再版。因此在这里，我要感谢经济日报出版社有关领导的远见卓识和大家风范，也趁此机会改正了原书中的一些错字，统一了年代的书写方式，个别章节还做了一点文字上的修改与删削，如刘汉东（已于1997年晋升教授）同志写的第十三章，就做了一点修改，并替他核对了原文，因为他已调离郑大历史所，不能就近进行校勘之故。

1998年2月补识

主编简介

高 敏 1927年生，湖南桃江人。武汉大学历史系本科、硕士研究生毕业。历任郑州大学历史研究所名誉所长、教授，中国史学会理事，中国秦汉史学会与唐史学会顾问，中国魏晋南北朝史学会常务理事，河南省史学会会长及武汉大学教授，为博士导师。先后获国家、国家教育部及省级一、二等奖十余项。1986年被评为河南省研究生教育优秀指导教师，1989年被评为全国教育系统劳动模范，1990年被授予河南省首批优秀专家称号，同年被国家人事部评为国家有突出贡献专家，并享受国务院特殊津贴。主要著作:《秦汉史论集》《秦汉魏晋南北朝土地制度研究》《魏晋南北朝社会经济史探讨》《魏晋南北朝兵制研究》《秦汉史探讨》《云梦秦简初探》及其增订本等；点校永乐大典本《河南志》及《授堂金石跋》；论文160余篇。